中研院歷史語言研究所集刊論文類編

歷史編・魏晉隋唐五代卷

二

中華書局

魏晉南朝地方政府屬佐考

嚴　耕　望

目　次

緒　言

三國兩晉南北朝之地方制度，表面形式大抵皆承兩漢之舊；惟以時異勢殊，實多衍革。州在兩漢爲監察區，魏晉以下爲行政區，故兩漢地方爲郡縣二級制，魏晉以下並州爲三級制，此最顯而易見者。而地方政府內部之組織運用，替變尤多，當詳論之。漢世，無論地方政府或監察機構，吏員組織概歸一系；魏晉以降，干戈日尋，地方大吏多加戎號，吏員因之亦有增置；始則中央遣員參其軍事，繼則開府置佐，有長史、司馬、諸曹參軍，比於將相，是謂軍府；又承漢以來置別駕、治中、諸曹從事諸職，是謂州吏。州吏用人一承漢舊（刺史自辟，限用本州人）；軍府則由中央除授，且以外籍爲原則；故長官雖仍一人，而佐吏別爲兩系。至如荊、雍、寧、廣四州，統轄蠻夷，刺史又帶蠻夷校尉（荊州帶南蠻校尉，雍州帶寧蠻校尉，寧州帶鎮蠻校尉，廣州帶平越中郎將），並置蠻府，比於軍府，則其佐吏且有三系統矣。諸郡於承漢以來之吏制外，亦多置參軍；其軍事重鎮，或邊控蠻夷者，且置軍府（如江夏、竟陵、巴東、建平），惟或無長史耳。至於諸縣，亦有置參軍者。軍府始置，本理軍務；地方行政仍歸刺史守令自辟之吏；故論其朔，軍府本非地方政府之職。惟積時既久，漸奪州郡行政屬吏之權；至宋以後，地方行政全歸軍府，而自漢以來相承不替之地方行政屬吏轉處閑散，爲地方人士祿養仕進之階。蓋州郡屬吏雖長官自辟，然籍限本域，長官蒞任，人地生疏，率以地方豪族競相薦舉，故名雖自辟，情實疏間；軍府之職，或時君簡派，或長官腹心（軍府雖由中央除授，然長官有推薦權），挾除授之勢，恃親倖之權，以淩疏間之吏，一優一劣，不待歷史演變已判然可知；況戰爭頻繁，軍事第一，地方屬吏欲不退處閑散，豈可得乎？及隋統一，乃廢秦漢以來地方長官自辟屬吏之一系統，專以軍府掌地方行政之任，蓋前者雖有其名，後者早擅其實，廢空名，存實政，亦歷史演變之必然結果也。嘗謂秦漢及隋唐爲中國制度兩大典型成熟時期，而遞變之關鍵則在魏晉南北朝，地方政府兩系興替之過程亦爲一顯著之例證。前史載承漢以來地方長官自辟之屬吏既未詳贍，而於軍府之規制與演變之跡，尤擯而不載，故前考北朝之制（載本刊第十九本），今又續撰此文以闡明之。時民國三十七年一月十五日，於南京雞鳴寺國立中央研究院。

一　州佐吏與軍府佐

漢世州吏僅有刺史自辟之別駕治中一系統。魏世已漸有參軍事。東晉、宋、齊、梁、陳，州刺史多加將軍之號，州佐別駕之外，又有將軍府佐，其於邊遠有蠻夷之州又帶護蠻夷校尉等號，亦置佐吏如軍府。故單車刺史僅置州佐，軍府刺史則有州佐、府佐兩系統（宋書七四沈攸之傳：爲郢州。『州從事輒與府錄事鞭。攸之免從事官，而更鞭錄事五十，謂人曰：州官鞭府職，誠非體要，由小人凌侮士大夫。』州府兩系統分別至明。）若帶護蠻夷校尉，則其屬且有州佐、府佐、校尉府佐三系統矣。宋世，爨龍顏爲龍驤將軍、鎮蠻校尉、寧州刺史，其碑陰題名，吏分三組：

府長史	鎮蠻長史	別駕
司馬	司馬	治中
錄事參軍	錄事參軍	主簿
功曹參軍	功曹參軍	西曹
倉曹參軍	倉曹參軍	門下

曹參軍	戶曹參軍	錄事
中兵參軍	中兵參軍	戶曹
府功曹	蠻府功曹	記室
主簿	主簿	省事
		朝直
		麾下都督
		書佐
		幹

案：此見本所藏宋寧州刺史爨龍顏碑陰拓本（「中兵，」金石續編卷一釋作「乇兵；」八瓊室金石補正卷一〇釋作「乇兵」。並誤。）大明二年立。宋書四〇百官志上：「四夷中郎將、校尉，皆有長史、司馬、參軍。」晉書六六劉弘傳：陶侃爲弘荆州南蠻長史。南齊書五一崔慧景傳：爲南蠻長史，加輔國將軍、南郡內史。「先是，蠻府置佐，資用甚輕；至是始重其選。」卷五三良政傳琰傳：「解褐，寧蠻參軍，本州主簿，寧蠻功曹。」四夷府職較少見，今附列於此。

此雖小號將軍，置佐未繁，然最足見當時州府組織之大略。州佐由刺史自辟用本州人（後期，別駕、治中須朝命，然仍限本籍）。府佐則須經中央任命；否則謂之兼行。大抵，東晉以前，府佐之職尚僅偏重軍事，地方行政仍歸州佐；宋、齊以下，州佐治權全爲府佐所奪，轉爲地方大族寄祿之任。魏、晉之世，州佐常見史傳，且多能舉其職；宋、齊以後，州佐不常見，而府佐則隨處皆是；其故蓋即在此。

案：宋書七二建平王宏傳：爲鎮軍將軍、南徐州刺史，朝廷疑之；乃爲自防之計，與司馬、錄事參軍、記室參軍、中兵參軍等謀之。南齊書四〇魚腹侯子響傳：爲都督荆湘等七州、荆州刺史，有罪，召長史、司馬、諮議參軍、中兵參軍、典籤等殺之而叛。府主欲抗中央，所畏忌者，所與謀者，皆爲府佐，而州佐不與。即此一端，可知府佐負行政責任，州佐無足輕重也。

是以晉志僅載州佐，尚無可議；宋志以下亦僅著州佐而略府職，殊爲失之。茲就州府兩系統分別考述之。

(甲)州佐吏

漢置司隸校尉以察京畿諸郡，有佐屬。魏及西晉承之，江左乃罷。晉書二四職官志載其屬佐云：「有功曹、都官從事，諸曹從事，部郡從事，主簿，錄事，門下書佐，省事，記室書佐，諸曹書佐，守從事，武猛從事等員。凡吏一百人，卒三十二人。」據輿服志又有別駕從事，蓋非一時之制。

案：晉書二五輿服志：「先象車：……次司隸部河南從事中道，都部從事居左、別駕從事居右，並駕一。次司隸校尉，駕三，戟吏八人。次司隸主簿，駕一，中道。次司隸主記，駕一，中道。」都部卽都官，主記蓋卽職官志之記室書佐也。又晉書五一王接傳：「出補都官從事。永寧初，舉秀才。」卷六七溫嶠傳：「司隸命爲都官從事。」卷八八孝友李密傳，都官從事奏免密官。是西晉都官從事之他見者，其職蓋甚重要。

惟功曹從事、都官從事可考見於魏世，職與漢世同。

案：魏志一三鍾繇傳注引魏略，繇爲司隸校尉，有功曹從事。卷九夏侯玄傳注引世說：王經爲司隸校尉，辟河內向雄爲都官從事。晉書四五劉毅傳：「魏末，本郡察孝廉，辟司隸都官從事，京邑肅然。毅將彈河南尹，司隸不許，……毅……投傳而去。」是職稱之可考見者。

蜀益州亦有功曹從事，蓋其益州亦猶司隸也。

案：蜀志一二杜微傳：建興二年，「丞相亮領益州牧，選迎皆妙簡舊德，以秦宓爲別駕，五梁爲功曹，微爲主簿。」此司隸之制也。

西晉都官從事一稱都部從事。

案：前引晉書輿服志有都部從事，無都官從事，觀其排列次序，卽都官之異稱甚明。又西京雜記漢大駕鹵簿有司隸都部從事，蓋葛洪以晉制滲入，未必漢制也。

東晉及宋，揚州猶司隸，亦置都部從事，其員二人，分察二縣，性質與部郡從事爲近，蓋名同西京，而實異也。

宋書七四沈攸之傳，吳興人。「轉大司馬行參軍。晉世，京邑二岸，揚州舊置都部從事，分掌二縣非違。永初以後罷省。孝建三年，復置其職。攸之掌北岸，會稽孔璪掌南岸。後又罷。」

諸州刺史之屬佐，史志亦各有記載。

晉書二四職官志云：有「別駕，治中從事，諸曹從事等員。所領中郡以上及江陽、朱提郡，郡各置部從事一人，小郡亦置一人。又有主簿、門亭長、錄事、記室書佐、諸曹佐、守從事、武猛從事等。凡吏四十一人。諸州邊遠，或有山險濱近寇賊羌夷者，又置弓馬從事五十餘人。徐州又置淮海、涼州置河津、諸州置都水從事各一人。涼、益州置吏八十五人，卒二十人。荊州又置監田督一人。」（案：此段頗有脫誤，詳後考。）

宋書四〇百官志載州佐云：「今有別駕從事史、治中從事史、主簿、西曹書佐、祭酒從事史、議曹從事史、部郡從事史。自主簿以下，置人多少各隨州舊，無定制也。晉成帝咸康中，江州又置別駕祭酒，居僚職之上，而別駕從事史如故，今則無也。別駕、西曹主吏及選舉事。治中主衆曹文書事。西曹即漢之功曹書佐也。祭酒分掌諸曹：兵、賊、倉、戶、水、鎧之屬：揚州無祭酒，而主簿治事。荊州有從事史，在議曹從事史下。大較應是魏、晉以來置也。今廣州、徐州有月令從事，若諸州之曹史，漢舊名也。」

南齊書一六百官志：「州朝置別駕、治中、議曹、文學、祭酒、諸曹、部從事。」

隋書二六百官志上述梁制云：「州置別駕、治中從事各一人。主簿，西曹，議曹從事，祭酒從事，部傳從事，文學從事，各因其州之大小而置員。」據其述梁官班品，荊、雍、郢、湘、衡五州又有從事史。

隋志述陳官品，州吏有別駕從事，治中從事，主簿，西曹，祭酒從事，議曹從事。

據此諸記載，大略規模已可考見。惟職掌地位多有未詳，且有遺而未載者，玆分別考述之。惟晉志之守從事、諸州都水從事、徐州淮海從事、涼州河津從事、荊州監田督，及宋志之廣州、徐州月令從事，別無可考；至於宋志之荊州從事史、隋志之荊、雍、郢、湘、衡從事史，傳中本常見，惟不能辨其是否爲他種從事之省稱，故並不重出云。

（1）主簿　魏、蜀皆承漢制，置主簿。

案：魏志卷二四崔林傳：「太祖定冀州，召除鄔長。……擢為冀州主簿。」此猶建安中也。卷二九管輅傳，弟辰爲州主簿。晉書卷三九王沈傳，沈爲豫州刺史，主簿陳廞。皆在魏末。又蜀志一三李恢傳，先主領益州牧，以恢爲主簿。及前引杜微傳，丞相亮領益州牧，微爲主簿。是蜀亦有。

兩晉、宋、齊、梁、陳承之。

案：晉、宋、梁、陳有主簿，見前引晉志、宋志、隋志。惟南齊書百官志不載。而梁書四七孝行庾黔婁傳，起家本州主簿，遷平西行參軍，時在齊世，則亦有之，齊志失載。

又有迎新送故之目。

案：南史一九謝裕傳：謝述，宋武帝臨豫州，「謂中正以爲迎主簿。」齊書二四柳世隆傳：宋海陵王休茂爲雍州，「辟世隆爲迎主簿。」卷四三江斆傳：宋桂陽王休範臨州，辟迎主簿。梁書四一劉孺傳，本州召迎主簿。卷五三良吏庾蓽傳，弱冠爲州迎主簿，舉秀才。陳書二九蔡徵傳，高宗爲南徐刺史，召補迎主簿。蓋刺史始到而辟之歟？又宋書七七顏師伯傳：世祖爲徐州刺史，召爲主簿，「大被知遇。及去鎮，師伯以主簿送故，」從世祖。梁書四九文學庾於陵傳，齊隨王子隆爲荊州，召爲主簿。子隆代還，又以送故主簿從至京師。是送故主簿已不在州矣。

主簿掌刺史之節杖文書。

案：宋書七七顏師伯傳，世祖爲安北將軍徐州刺史，以師伯爲行參軍。「王景文時爲諮議參軍，愛其諧敏，進之世祖。師伯因求節杖，乃以爲徐州主簿……大被知遇。」觀此一條，其職已可知。此外又有數條可瞻其職者，錄之於后：

宋書四六張邵傳：爲劉裕揚州主簿。「及誅劉藩，邵時在西州直廬，卽夜誡衆曹曰：大軍當大討，可各修舟船倉庫，及曉取辦。旦日，帝求諸簿署，應時卽至，怪問其速，諸曹答曰：昨夜受張主簿處分。」

文館詞林六九九庾翼北征教：「主簿：……諸曹其各隨關部分，無令臨時一物有闕，其速宣示諸佐，咸使聞知。」

書鈔七二王隱晉書：王沈爲豫州刺史，教曰：「若能舉遺也（世）黜姦邪，陳長吏可否，皆給穀五百斛。別駕、主簿奉行。」

書鈔六八郭子：「時有爲王導主簿，被檢帳下。」

晉書七五王述傳，爲揚州刺史。「初至，主簿請諱。報曰……」

故職殊親近，時頗爲長官所委重，蓋如近世祕書之職。

北魏書四三劉休賓傳：劉彧授休賓兗州刺史，遣主簿尹文達詣白曜。白曜曰：「卿是休賓耳目腹心。」

書鈔七三檀道鸞晉陽秋：「習鑿齒爲桓溫主簿，親遇隆密。」

宋書一〇〇自序：沈璞「元嘉十七年，始興王濬爲揚州刺史，寵愛殊異。以爲主簿。時順陽范曄爲長史行州事。……太祖召璞謂曰：范曄性疏，……卿腹心所寄，當密以在意，彼雖行事，其實委卿也。」

而宋書百官志云：「祭酒分掌諸曹：兵、賊、倉、戶、水、鎧之屬。揚州無祭酒，而主簿治事。」蓋主簿員額甚多，得刺史親任者掌節杖文書，其他諸員則分曹治事，非本職，尤非諸州皆然也。

主簿職既親重，位隨以顯。大州之職皆已釋褐，或由中央除授，但不發詔耳。

梁書四七孝行何炯傳：「年十九，解褐揚州主簿，舉秀才。」

陳書二九宗元饒傳，江陵人。「梁世，解釋本州主簿。」

宋書五三庾炳之傳，爲吏部尚書。僕射徐尚之白曰：「太尉與炳之疏，欲用（劉）德願兒作州西曹，炳之乃啓用爲主簿。」據此，主簿由台除也。

隋書二六百官志上：「揚州主簿、太學博士、王國侍郎、奉朝請……並起家官，未合發詔。」

梁、陳之世，主簿、西曹且有入仕之優先權。

隋書百官志上又云：「陳依梁制；年未滿三十者不得入仕，唯經學生策試得第、諸州光迎主簿、西曹左奏（當是西曹書佐之譌）及經爲挽郎得仕。」

故地方大姓皆爭趨之。

全唐文三七二柳芳姓系論：「魏氏立九品，置中正。……其州大中正、主簿，郡中正、功曹，皆取著姓士族爲之以定門胄，品藻人物。晉宋因之。」

刺史皆顯隱士，亦多以主簿辟。

案：此僅就宋書九三隱逸傳而言，已可概見。如陶潛、翟法賜、宗炳、宗彧之、郭希林等或至數辟，並不就。

(2)西曹書佐　漢世，州置功書書佐，主選用。蜀漢仍置之。

案：蜀志一三李恢傳：「先主領益州牧，以恢爲功曹書佐，主簿，遷別駕。」卷一五楊戲傳季漢輔臣贊，先主定益州後，爲功曹書佐。建興元年爲廣漢太守。是蜀承漢置也。

魏世無考。晉及宋、齊、梁、陳皆置西曹書佐，簡稱西曹。位在主簿之下，而在部郡從事、諸曹從事之上。

案：晉書百官志諸州條無西曹書佐。考晉書七一高崧傳：父悝寓居江州，刺史華軼辟爲西曹書佐。(卷六一華軼傳，辟高悝爲西曹掾，蓋異稱)是江州有之也。卷八九韓階傳：長沙人，湘州刺史譙王承辟議曹祭酒，轉西曹書佐。是湘州有之也。而桓雄傳稱階爲西曹。一全稱，一簡稱甚明。西曹極常見。御覽二六五引王丞相集：「吳興從事謝鸞……可轉西曹。」宋書四五檀韶傳，世居京口，爲州從事、西曹。時在晉末。是揚州有之也。晉書四三郭舒傳：「荊州刺史夏侯含辟爲西曹，轉主簿。」卷八二習鑿齒傳：「荊州刺史桓溫辟爲從事，轉西曹，主簿。」是荊州有之也。卷八一桓宣傳，王隨爲豫州西曹。惟郭舒任職在西晉。宋世有之，見宋書百官志下。又見南齊書三武帝記(南徐州)、卷五二文學王智深傳(同上)、梁書一三范雲傳(郢州)，皆作西曹書佐。又見宋書六三沈演之傳(揚州。由州從事遷西曹，轉主簿，舉秀才)、卷八二沈懷文傳(揚州)、卷八四鄧琬傳(江州。由西曹轉主簿)、卷九三隱逸劉凝之傳(荊州)、南齊書四二江祐傳(徐州)、卷五二文學檀超傳、卷三七到撝傳。皆簡稱西曹。寧州刺史爨龍顏碑陰有西曹五人。南齊書百官志亦不載此職；但可考見南齊書五五孝義杜栖傳(揚州。辟議曹從事，轉西曹佐。)梁書二〇陳伯之傳(揚州)、卷一八康絢傳(雍州)、南齊書四六王秀之傳(荊州)、卷五二卞彬傳。惟康絢傳作西曹書佐，杜栖傳作西曹佐，餘並簡稱。梁陳有之，見隋書百官志上。觀上引韓階傳、王丞相集、檀韶傳、郭舒傳、習鑿齒傳、沈演之傳、鄧琬傳、杜栖傳，可知其位下主簿一階，而在部郡及諸曹從事之上。

職主吏及選舉事。卽漢功曹書佐之任也。

案：此見宋書百官志及通典三二總論州佐條。宋志云：別駕、西曹，主吏及選舉事。」蓋別駕爲外曹綱記之任，西曹則門下之任，故得職掌相同，非別駕之佐也。

梁始興王爲兗州刺史，西曹除書佐外，又有從事、循行、吏之目，蓋此時代之通制，非獨梁世爲然歟？

案：金石粹編二六梁始興忠武王碑，王曾爲都督徐、兗等五州諸軍事、鎮北將軍、兗州刺史。碑陰題名凡一千四百餘人，其可辨者有西曹書佐一人，西曹從事三人，西曹循行一人，西曹吏一百二十四人。

蓋亦有送故迎新之目。

案：宋書九三隱逸龔祈傳，武陵人，年十四，鄉黨舉爲州迎西曹。梁書二七到洽傳，彭城人，年十八，爲南徐州迎西曹。

西曹已釋褐。梁、陳之制，且與主簿同有入仕之優先權。

案：入仕優先權，見前引隋志。釋褐見南齊書到撝傳、檀超傳。

(3)錄事　晉、宋諸州置錄事，大較承漢以來之通制。

案：晉志有此職。宋爨龍顏碑陰，州吏之可辨者有錄事三人。

(4)省事　宋、齊有省事，蓋亦魏、晉以來之通制。

案：宋爨龍顏碑陰有省事二人。又南齊書二六王敬則傳：「不大識字，而性甚警黠，臨州郡，令省事讀辭，下教判決，皆不失理。」此可觀其職掌，且諸州郡多有也。

(5)朝直

案：此惟見宋寧州刺史爨龍顏碑陰，序次西曹、戶曹、記室之下。

(6)門下

(7)記室

(8)書佐

案：一般言之，門下爲主簿、西曹、錄事、省事、記室、書佐之通稱。前引晉志有記室書佐，以志載司隸之職例之，則爲一職。而寧州刺史爨龍顏碑有門下二人皆序西曹錄事之前，記室與書佐亦各爲一職稱。考郡有門下史，此門下蓋即其簡稱歟？

(9)幹　晉、宋諸州有幹，承漢以來之制也。

案：晉州幹見金石錄二〇學生題名碑。宋爨龍顏碑陰有幹二人，位次書佐。

(10)門亭長、防門　晉諸州置門亭長，其職甚微。

案：晉志有此職。又卷六〇李含傳：門寒微，有才幹，忤州里豪族皇甫商，商諷州以短檄召爲門亭長。是賤役也。

魏世，諸州有防門，地位則甚卑。

案：通典三六魏官品，述州職，除刺史外，僅州防門，位八九品。可知甚卑。

(11)齋帥　宋州郡置齋帥，地位甚低。

案：宋書八三黃回傳：「竟陵郡軍人也。……臧質爲郡，轉齋帥。……質爲雍州，回復爲齋帥……有功，免軍戶。」據此，是州職非府職也。

(12)帳下都督　魏、晉、宋以下皆置帳下都督，又有麾下都督，蓋名異耳。

案：魏志二七胡質傳，爲荊州刺史，加振武將軍。注引晉陽秋，其時有帳下都督。又見晉書九〇良吏胡威傳。他傳尙常見。宋爨龍顏碑陰：軍府、贊府及州職分別排列，州職中有麾下都督，蓋即帳下都督，且可知是州職，非府職。

(13)別駕從事

(14)治中從事

魏承漢制，諸州置別駕從事、治中從事各一人。

案：管輅爲冀州治中，轉別駕(魏志二九本傳)。王基爲青州別駕(卷二七本傳)。王祥爲徐州別駕(卷一八呂虔傳)。單固爲兗州別駕(卷二八王淩傳注引魏略)。蔣濟爲揚州治中(卷一五溫恢傳)。楊康爲兗州治中(王淩傳注引魏略)。

蜀益州亦置此二職。

案：蜀志二先主傳：建安二十五年，魏文帝稱尊號，益州羣臣上言先主請即帝位，與其事者有益州別駕從事趙祚、治中從事楊洪、從事祭酒何宗、議曹從事杜瓊、勸學從事張爽、尹默、譙周等，此五職蓋皆州之顯任也。其他先後任益州別駕者有李恢（蜀志一三本傳）、秦宓（卷八本傳及卷一二杜微傳）、汝超（卷三後主傳注引漢晉春秋）等，超任職已在蜀亡時。任益州治中者又有黃權（蜀志一三本傳）、彭羕（卷一〇本傳）、張裔（卷一一本傳）、馬忠（卷一三本傳）、楊戲（卷一五本傳）。

吳亦置之。

案：吳志一三陸遜傳：建安二十四年十一月克荊州，遷右護軍、鎭西將軍，進封婁侯。注引吳書云：「權嘉遜功德，欲殊顯之，雖為上將軍列侯，猶欲令歷本州舉命；乃使揚州牧呂範辟別駕從事，舉茂才。」是州亦置別駕也。水經注三七泿水注引鄧德明南康記云：「昔有盧躭仕州為治中，少棲仙術，……時步隲為廣州，意甚惡之。」吳志一六潘濬傳：仕為荊州治中，權既得荊州，仍以濬為治中，荊州諸軍事一以諮之。是亦置治中也。蓋此二職在吳不甚重要，故不常見諸傳。

其後歷兩晉、宋、齊、梁、陳，諸州皆置之，蓋均各以一人為限。

案：晉、宋、齊諸州置此二職，見各史百官志。宋志云：「今有別駕從事史、治中從事史、主簿、西曹書佐……自主簿以下置人多少各隨州舊，無定制也。」則別駕、治中有定制，蓋一人也。梁諸州置別駕從事治中從事各一人，陳亦置之，見隋書百官志。

晉成帝咸康中，江州特置別駕祭酒，居僚職之上，而別駕從事如故。宋以後，祭酒亦廢。

案：此見前引宋書百官志。

漢世，別駕之職甚重。自魏、晉以降，別駕仍為州之上綱，處羣僚之右。

案：晉書四三郭舒傳：王澄為荊州刺史，辟為別駕，舒自稱萬里綱紀。卷八九忠義王豹傳：為豫州別駕，自稱「大州之綱紀。」同卷易雄傳：由州主簿遷別駕，「自以門寒，不宜久處上綱，謝職還家。」卷六〇李含傳：「刺史郭奕擢爲別駕，遂處羣僚之右。」梁書九柳慶遠傳：「高祖之臨雍州……求州綱……因辟別駕從事史。」是始終爲上綱之任也。

職無不綜。晉武元會，或特召見。

晉書四一王渾傳，對惠帝曰：「先帝時，正會後，東堂見征鎭長史司馬、諸王國卿、諸州別駕。」

梁時，揚州別駕且能奉牒奏事。

梁書三三張率傳，爲揚州別駕。「率雖歷居職務，未嘗留心簿領。及爲別駕，奏事，高祖覽問之，並無對，但奉答云：事在牒中。」

宋書百官志云：「別駕主吏及選舉事。」就其要而言耳。

案：晉書五八周玘傳：「爲別駕從事……累薦名宰。」王隱晉書：「王沈遷豫州刺史。教曰：「若能舉遺世，黜姦邪，陳長吏可否，皆給穀五百斛。別駕、主簿奉行，九郡施行。」(書鈔七二引)可爲宋志注脚。而南齊書三二阮韜傳：「爲南兗州別駕。刺史江夏王義恭逆求資費錢。韜曰，此朝廷物。執不與。」是亦綰財權也。蓋職無不綜，不特此耳。

故其任至重，當時論者謂其職居刺史之半。

御覽二六三庾亮集答郭遜書：「別駕。舊典，與刺史別乘周流宣化於萬里者，其任居刺史之半，安可任非其人。」

後之論者亦有副使之目。

全唐文四七七杜佑省官議：「今略徵外官：別駕本因漢置，隨刺史巡察，若今觀察使之有副使也。」

是以賢刺史之行政，首在愼選此職，委以州任。

晉書三三王祥傳：「徐州刺史呂虔檄爲別駕……委以州任事。……州境清靜，政化大行。時人歌之曰：「海沂之康，實賴王祥，邦國不空，別駕之功。」(案：魏志一八呂虔傳、北堂書鈔七三引王隱晉書、孫盛晉陽秋略同。)

卷四三王澄傳：爲荊州刺史，「日夜縱酒，不親庶事……擢順陽郭舒於寒悴之中以爲別駕，委以州府。」

應享與諸將書：「誨命欲求佳別駕，數日臥思，始得陳國袁琇。」

宋書五七蔡廓傳：「高祖領兗州，廓爲別駕從事史，委以州任。」

南齊書三二張岱傳：宋時，「新安王子鸞爲南徐州，……高選佐吏，孝武召岱謂曰：卿美效夙著，……今欲用子爲子鸞別駕，總刺史之任，無謂小屈，終當大伸也。」

治中主衆曹文書事。

案：此見宋志。宋書五三張茂度傳，爲揚州治中從事史。「高祖西伐劉毅，茂度居守，留州事悉委之。」此例極少見。

位亞於別駕。

案：魏時，冀州刺史辟管輅爲文學從事；再相見，轉爲鉅鹿從事；三見，轉治中；四見，轉別駕。（魏志二九管輅傳並註引輅別傳）。晉時：江逌，州辟治中，轉別駕（晉書八二本傳）。江灌由治中轉別駕（卷八三本傳）及後引張茂度，沈演之，顧覬之，沈懷文，蕭惠開，殷琰，孔稚珪等轉遷之跡，亦可推見。

漢世，州郡吏無論職權輕重，其秩不過百石，須察孝秀，始爲中央之命官。魏、晉之世，別駕、治中雖職權極重，然論其身份，仍出末吏，位倘百石，須舉秀才然後騰達。

魏志二九管輅傳：「冀州刺史裴徽……辟爲文學從事……徙部鉅鹿，遷治中，別駕；正始九年，舉秀才。」注引輅別傳詳之云：「裴使君……召輅爲文學從事……再相見，使轉爲鉅鹿從事；三見，轉治中；四見，轉別駕。至十月舉爲秀才。」據此，職位選舉之次第極顯。

晉書三三王祥傳：「徐州刺史呂虔檄爲別駕……委以州事……政化大行。……舉秀才，除溫令。」

卷四五郭奕傳，爲雍州刺史「時亭長李含有俊才，而門寒，爲豪族所排；奕用爲別駕。」據卷六〇含本傳，由州門亭長，而別駕；後舉秀才，爲太保掾。

卷五八周玘傳：「名重一方……爲別駕從事……舉秀才，除議郎。」

卷七一熊遠傳：「州辟主簿，別駕，舉秀才。」

孫吳亦以別駕爲茂才之選。

案：前引吳志陸遜傳，雖爲上將封侯，權猶欲令歷本州舉命，以殊顯之。乃使揚州牧呂範辟別駕從事，舉茂才。此雖僅式形，然正可見當時之制度。

然自魏時，此制已漸破壞，觀王凌以郎中王基爲別駕而司徒王朗劾云稀聞，可知其時經制仍本漢律，而演變關鍵亦在其時。

魏志二七王基傳：「黃初中，察孝廉，除郎中。是時青土初定，刺史王凌特表請基爲別駕。後召爲祕書郎；凌復請還。頃之，司徒王朗辟基，凌不遣。朗書劾州曰：凡家臣之良則升於公輔，公臣之良則入於王職，是故古者有貢士之禮。今州取宿衛之臣，留祕閣之吏，所希聞也。凌猶不遣。」案：魏志一五溫恢傳，以丹揚太守蔣濟爲州治中，亦是特例。

蜀漢僅置益州，多以宰臣兼領，且其前期崇以「牧」稱，故綱紀之任亦特崇。

案：蜀志一三李恢傳：先主領益州牧，辟爲別駕；章武元年，爲庲降都督，使持節，領交州刺史。卷一〇彭羕傳：「先主領益州牧，拔羕爲治中從事。羕起徒步，一朝處州人之上，……囂然自矜……左遷江陽太守。」一遷一貶，其他位可見。及先主稱尊號以後，益州牧屬佐之地位如故。蜀志八秦宓傳：「建興元年，丞相亮領益州牧，選宓爲別駕，尋拜左中郎將。」卷一三馬忠傳：「（建興）八年，召爲丞相參軍，副長史蔣琬署留府事，又領州治中從事。」卷一五楊戲傳：「亮卒，爲尚書右選部郎，刺史蔣琬請爲治中從事史。」觀此數例，決非百石吏也。

東晉揚州之任亦然，常用五六品者爲之。

案：晉書七八孔坦傳：坦爲領軍司馬，王導爲揚州刺史，辟坦爲別駕，遷尚書左丞（第六品）。同卷孔嚴傳：爲尚書殿中郎，（第六品）殷浩臨揚州，請爲別駕，亦遷尚書左丞。卷八三顧和傳：歷揚州從事、司徒左曹掾、太子舍人。護軍長史（第六品）；王導爲揚州，請爲別駕，遷散騎侍郎（第五品）。同卷江逌傳：爲太末令（第七品），州檄治中，轉別駕，遷吳令（第六品）。弟灌，州辟主簿，舉秀才，爲治中、別駕，領司徒屬。觀此諸例，其地位蓋已六品。然與宋以後相比，尙還遜之。

宋、齊用人益重，卽諸外州亦然。

案：此可觀下列諸例：（括弧中數字爲品數）

張茂度：始興相（五）→太尉劉裕參軍→太尉主簿→揚州治中從事史→中書侍郎（五）→河南太守（五）→揚州別駕從事史→都督交廣二州廣州刺史（四或三）～～〔宋書五三〕

沈曇慶：尙書右丞（六）→少府（三或五）→揚州治中從事史～～〔宋書五四〕

孔琳之：尙書左丞（六）→揚州治中從事史～～〔宋書五六〕

沈演之：州從事史→西曹→主簿→「秀才」→嘉興等三縣令（六）→揚州治中→揚州別駕→尙書吏部郎（六，而職重））～～〔宋書六三〕

庾覬之：尙書都官郎（六）→護軍司馬（六）→山陰令（六）→揚州治中→北中郎左司馬→揚州別駕→尙書吏部郎（六）～～〔宋書八一〕

沈懷文：驃騎錄事參軍淮南太守（五）→揚州治中→揚州別駕→尙書吏部郎（六）～～〔宋書八二〕

（以上宋世揚州別駕治中）

徐羨之：大司馬參軍→司徒左西屬→徐州別駕→太尉諮議參軍～～〔宋書四三〕

蕭惠開：尙書水部郎（六）→征北府主簿→南徐州治中→南徐州別駕→中書侍郎（五）～～〔宋書八七〕

殷琰：鄱陽太守→晉熙太守（五）→豫州治中→廬陵內史（五）　豫州別駕→太宰屬～～〔宋書八七〕

袁彖：尙書殿中郎（六）→廬陵內史（五）→豫州治中→太傅主簿～～〔南齊書四八〕

王奐：太子洗馬（七）→州別駕→中書郎（五）～～〔南齊書四九〕

（以上宋世他州）

孔稚珪：司徒從事中郎（六）→州治中→州別駕～～〔南齊書四八〕

章叡：齊興太守→州別駕→長水校尉～～〔梁書一二〕

(以上齊世)

梁天監七年，定官階爲爲十八班，以班多者爲貴。揚州別駕第十班，治中九班，當晉、宋之五品。他州分爲五等，別駕、治中高者八、七班，低者二、一班不等。陳世，揚州別駕、治中均六品；他州高者至六品，低者至九品。

案：此見隋書百官志，詳附錄一。梁書二七陸倕傳，由中書侍郎遷給事黃門侍郎，遷揚州別駕，遷鴻臚卿。陳書三三儒林沈洙傳，爲國子博士，加員外散騎常侍，遷揚州別駕，遷大匠卿。二代揚州上綱地位之崇於此可見。然職任則日削矣。

漢世州郡屬吏皆由長官自辟用本籍人。南朝諸州，自主簿、西曹以下當仍舊制；而別駕、治中以地位崇高，常由朝廷拜除之。

案：大較言之，此二職仍由刺史自辟用；而梁書一九樂藹傳，南陽人，武帝用爲荊州治中。時在梁初。卷二〇陳伯之傳，爲江州刺史，豫章人鄧繕於伯之有大恩，用爲別駕。高祖遣人代之，伯之不受，答曰：所遣別駕，請以爲治中。是亦間由朝廷任命也。

籍貫大氐亦仍以本州爲原則，揚州似得用他州人，蓋猶漢世京畿尤異，不獨別駕治中爲然也。

案：此詳後

(15)部郡從事史　部傳從事　西部從事

魏、蜀、吳三國均承漢置部郡從事史。

案：金石補正八魏大將軍曹眞殘碑陰有雍州部從事三人。魏志二九管輅傳，輅爲冀州部鉅鹿從事。注引輅別傳，輅弟辰亦於魏末爲州部從事。魏志三〇東夷韓傳有部從事，蓋幽州之部樂浪或帶方者。晉書四三山濤傳，以魏曹爽當政時爲部河南從事。是魏世諸州有之也。蜀志一一費詩傳，以先主即位時爲部永昌從事。卷一五楊戲傳季漢輔臣贊，永南爲州書佐、部從事。卷三後主傳注引魏氏春秋，益州從事常房，觀其行事，亦是部郡之職。又隸續一六黃龍甘露碑（建安二十六年立，即備即位之年）列益州部郡從事史凡九人，蜀郡、巴西、梓橦、牂牁、永昌、□山六郡可辨，其他三郡不可辨，職與朝臣大夫議郎並列，且有兼校尉、中郎將者，可知地位之崇。是蜀置之也。吳置此職，見後引吳志一周魴傳。

晉制，中郡以上各置部從事一人；江陽、朱提等郡亦置之；蓋當時法制，邊遠小郡亦置之也。

案：晉書二四職官志：「州置刺史……所領中郡以上及江陽、朱提郡，郡各置部從事一人，小郡亦置一人。」此段文義不可通解，疑有譌誤；以意度之：當時中郡以上各置一人；小郡不置，其邊遠有置從事之必要者始置之。考晉書一五地理志：揚州本十八郡。惠帝元康元年割七郡屬江州，尚有丹陽、宣城、淮南、廬江、毗陵、吳郡、吳興、會稽、東陽、新安、臨海，共十一郡。永興元年，分淮南置歷陽郡，分吳興、丹陽置義興郡，並屬揚州，是有十三郡。太寧元年，分臨海立永嘉郡；是有十四郡。即本志亦云其時揚州統丹陽、吳郡、吳興、新安、東揚、臨海、永嘉、宣城、義興、晉陵（毗陵改）十一郡（實只十郡，錢大昕云脫會稽一郡，是也）。洪亮吉東晉疆域志亦十一郡，名同。是東晉之世，至少元明之世，揚州所統最少應有十一郡。而晉書八三顧和傳：「王導爲揚州，辟從事。……導遣八部從事之部……還，同時俱見。諸從事各言石二千石官長得失；和獨無言。」時正在元帝世。尋此文意，所有部從事全部遣出，數僅八人，則有三郡未專置從事，甚明，蓋小郡也。西晉州部郡從事，又見後引王濬傳（司州）、劉弘傳（荆州）、李密傳（司州）、趙至傳（幽州）。東晉此職極常見，詳後引。

職在檢察一郡之行政，即藩王之在境者亦兼察之。

案：此可詳觀下列諸條：

蜀志三後主傳：建興元年，牂牁太守朱褒擁郡反。注引魏氏春秋：「初益州從事常房行部，聞褒將有異志，收其主簿，按問殺之。褒怒，攻殺房。」

吳志一五周魴傳：爲鄱陽太守，「時有郎官奉詔詰問諸事，魴乃詣部郡門下，因下髮謝。」

晉書四二王濬傳：「辟河東從事，守令有不廉潔者，皆望風自引而去。」

卷八三顧和傳：「王導爲揚州，辟從事。……導遣八部從事之部，和爲下傳還，同時俱見。諸從事各言二千石官長得失；和獨無言。導問和，卿何所聞？答曰：明公作輔，甯使網漏吞舟，何緣採聽風聞，以察察爲政。導咨嗟稱善。」

書鈔七三長沙耆舊贊：「虞之爲南陽郡從事。太守張忠連親王室，自恃豪援；之依法執案。」又：「虞之轉部從事，太守芮氏不遵法度，之乃諷諫，威厲冰霜。」

晉書卷六六陶侃傳：爲廬江主簿。「會州部從事之郡，欲有所案，侃閉門部勒諸吏，謂從事曰：若鄙郡有違，自當明憲直繩，不宜相逼；若不以禮，吾能禦之。從事卽退。」書鈔七三引晉中興書潯陽陶錄略同，侃語有云：「無得吹毛以求瑕也。」

晉書八二孫盛傳：「補長沙太守，以家貧，頗營資貨。部從事至郡，察知之，服其高名而不劾之。盛與(桓)溫牋而辭旨放蕩，稱州遣從事觀採風聲，進無威鳳來儀之美，退無鷹鸇搏擊之用，徘徊湘川，將爲怪鳥。溫得盛牋，復遣從事重案之，贓私狼藉，檻車收盛到州，捨而不罪。」

世說新語言語篇注引趙至敍：「孟元基辟爲遼東從事，在郡斷九獄，見稱淸當。」(案：晉書九二文苑趙至傳較略，「清當」應從傳作「精審」)

晉書七一陳頵傳：「陳國苦人，州辟部從事，……劾沛王韜。」

又案：晉書六六劉弘傳：爲荊州刺史，「每有興廢，手書守相，丁寧款密，所以人皆感悅爭赴之，咸曰：得劉公一紙書，賢於十部從事。」是亦傳達教命也。

其權甚重，故守令畏憚憎疾之。

案：晉書八八孝友李密傳：「出爲溫令，而憎疾從事；嘗與人書曰：慶父不死，魯難未已。」此最足代表當時守令對部從事之態度。而前引周舫傳，太守至詣部郡門下，下髮爲謝；陶侃傳，至率郡吏與相抗拒，其畏憎可知。

以職在督察郡縣，故用人以非本郡爲原則。凡此並承漢制也。

案：漢世部刺史、部郡從事、部督郵皆不用本部人。三國、兩晉部郡從事籍貫之可考者雖不多，然卽此數例已可知仍以不用本部人爲原則。茲列表如次。

姓名	州部郡從事	籍貫	時代	出處	備考
費詩	益州部永昌從事	益州犍爲郡	蜀	蜀志一一本傳	
管輅	冀州部鉅鹿從事	冀州平原人，住清河郡	魏	魏志二九本傳	
山濤	司州部河南從事	司州河內郡	魏	晉書四三本傳	世說政事篇引虞預晉書作河內從事。案御覽二六五引王隱晉書，亦作河內人，爲河南從事。預書誤。
王濬	司州部河東從事	司州弘農郡	魏晉之際	晉書四二本傳	
王接	司州部平陽從事	司州河東郡	西晉	晉書五一本傳	
趙至	幽州部遼東從事	幽州遼西郡	西晉	晉書九二本傳及世說新語言語篇注	
謝燾	揚州部吳興從事	非吳興人，	東晉	御覽二六五王丞相集	
雷煥子	江州部建安從事	江州豫章郡	東晉	藝文類聚六〇雷次宗豫章記	
孟嘉	江州部廬陵從事	江州江夏郡	東晉	晉書九八本傳	江夏此時蓋屬江州
羅含	荆州部江夏從事	荆州桂陽郡	東晉	晉書九二本傳	

以其爲出督之吏，故治事蓋在傳舍。並有屬吏以佐之。

晉書九八孟嘉傳，庾亮領江州，「辟部廬陵從事。嘉還都，亮引問風俗得失。對曰：還傳，當問吏。」

宋亦置部郡從事史，但其職不重。

案：宋志列舉州職，部郡從事敍次最後，又不見諸傳，其不甚重要可知。（宋書七廢帝紀：永光元年正月，省諸州台傳。不知是否與部郡有關。）

齊、梁之世，州有部傳從事，其性質蓋猶部郡從事，惟未必郡別置員耳。

案：南齊書百官志有部從事。隋書百官志上梁職官節無部郡從事，有部傳從事。考梁書五三良吏沈瑀傳，吳興人。「（齊）竟陵王子良（大明中爲揚州刺史）聞瑀名，引爲府參軍，領揚州部傳從事。時建康令沈徽孚恃勢陵瑀，瑀以法繩之，衆憚其強。」是齊志之部從事即此部傳從事，職似督察也。

又前世部郡從事治傳舍，亦常乘傳出行，今齊、梁以傳爲稱，其爲一職甚明。

又漢建安末，曹操以幷州屬冀州，置西部都督從事以統之。

魏志一五梁習傳，爲幷州刺史。「建安十八年，州幷屬冀州，更拜議郎，西部都督從事，統屬冀州，總故部曲。」案：魏志六袁紹傳注引九州春秋：「(冀州牧)劉馥遣都督從事趙浮、程奐將強弩萬張屯河陽。」是都督之名早有之，但恐是臨時都督耳。

漢魏之際，青州亦置西部從事，但職位較輕。

案：魏志二四崔林傳注引魏名臣奏：王雄爲西部從事。據注引王氏譜，雄乃王祥之宗，是青州琅邪人也。以州之東部人爲西部從事，亦非督本部。又案：魏冀州置西部都尉，是亦因郡都尉分部之制推及於州。

(16)祭酒從事史　蜀初，益州置從事祭酒，蓋尊顯物望，並不職事。

案：蜀志二先主傳：建安二十五年，魏文帝卽位，益州吏請先主亦稱尊號，有從事祭酒何宗，位序治中下、議曹上。又卷一五楊戲傳季漢輔臣贊：有程畿亦以先主領益州時爲此職。卷八秦宓傳亦以先主領益州時辟從事祭酒；先主旣稱尊號仍在職。蓋同時不只一人。

晉世，江州、徐州置祭酒從事；他州無考。

案：晉志不載。而晉書九四陶潛傳：尋陽柴桑人，「以親老家貧，起爲州祭酒，不堪吏職，少日自解歸。」卷五八周訪傳：周虓「少有節操，州召爲祭酒。」虓亦尋陽人。是江州置祭酒也。梁書三九羊侃傳：祖規，「宋武帝之臨徐州，辟祭酒從事。」是晉末徐州置之也。職不可考。

宋世，諸州置祭酒從事史，分掌諸曹：兵、賊、倉、戶、水、鎧之屬。揚州無祭酒，而主簿治事。

案：此見宋書百官志下，敍次西曹書佐之下，議曹之上。別見宋書七四臧質傳(雍州)、齊書五四高逸劉虯傳(荆州，宋齊之際)。簡稱祭酒，見宋書五一臨川王道規傳(荆州)、南齊書三一荀伯玉傳(南徐州)、卷五二文學王智深傳(南徐州)。

齊、梁、陳，揚州及諸州並置祭酒從事史，其職或與蜀同，而與宋異。

案：齊制見齊志。梁、陳制見隋書百官志，並揚州亦置之。梁書四八儒林賀瑒傳，會稽人，齊時爲揚州祭酒，兼國子助教。卷三八賀琛傳，瑒之從子，精三禮，「普通中，刺史臨川王辟爲祭酒從事史……兼太學博士。」陳書三三儒林戚袞傳，吳郡人「受三禮於國子助教……年十七，梁武帝勅策孔子正言並周禮、禮記義，袞對高第，仍除揚州祭酒從事史……尋兼太學博士。」是齊、梁之世，揚州皆置之，惟皆以儒生任職，其職或與宋有異。

(17)議曹從事史　蜀初，益、荆二州皆置議曹從事。

案：杜瓊以先主稱尊號之際爲益州議曹從事，見蜀志二先主傳及卷一二瓊本傳。王國山以章武初爲荆州議曹從事，見蜀志一五楊戲傳季漢輔臣贊。

晉湘州有議曹祭酒，位在西曹書佐之下。他州無考。

案：晉志不載。而晉書八九韓階傳，長沙人，刺史譙王承辟爲議曹祭酒，轉西曹書佐。時在東晉初年。是湘州有之。

宋、齊、梁、陳，諸州皆置議曹從事史，多辟用高士，蓋亦無職任。

案：宋制見宋書百官志下。而揚州之職極常見。如元嘉中有虞長孫，見宋書九九元凶劭傳。又卷九三隱逸王素傳，吳郡褚伯玉，揚州辟議曹從事，不就。（又見齊書五四高逸褚伯玉傳）。南齊書三三張緒傳及梁書五二止足顧憲之傳，皆吳郡人，均以宋時州辟議曹從事，舉秀才。又宋書五九何偃傳，廬江灊縣人，州辟議曹從事，舉秀才。廬江何氏世居揚州常爲揚州吏，此當亦揚州所辟也。齊制見南齊書百官志。揚州、南徐之職常見傳中。如南齊書五四高逸徐伯珍傳，東陽人，刺史豫章王辟議曹從事，不就。卷五五孝義杜栖傳，吳郡人，刺史豫章王聞其名，辟議曹從事，轉西曹書佐。同卷吳達之傳，義興人，亦爲豫章王所辟。又梁書二七陸倕傳，吳郡人，齊時舉秀才，刺史竟陵王子良辟議曹從事。是揚州也。梁書五一處士諸葛璩傳，琅邪人，世居京口，齊時，南徐州辟議曹從事，不就。陳書三四文學徐伯陽傳，東海人，祖度之，齊南徐州議曹從事史。是南徐也。梁制見隋書百官志上。梁書三〇顧協傳，吳郡人「起家揚州議曹從事，兼太學博士，舉秀才。」卷三八朱异傳，吳郡人「舊制，年二十五方得釋褐，時异適二十一，特擢爲揚州議曹從事史。」陳書三三儒林顧越傳，吳郡人，「解褐，揚州議曹史。」卷三四文學何之元傳廬江潛人，天監末，「解褐，梁太尉臨川王揚州議曹史，尋轉主簿。」卷一一章昭達傳，吳興章法高爲梁揚州議曹從事。梁書一〇鄧元起傳，南郡人，起家，州辟議曹從事史，轉奉朝請。是揚、荆任職之可考者。陳制亦見隋書百官志。

(18)分職諸曹：戶、兵、賊、倉、水、鎧

晉書職官志述州吏有諸曹從事、諸曹書佐。

案：晉志：司隸有諸曹從事、諸曹書佐；諸州有諸曹從事、諸曹佐。比而觀之，脫一「書」字無疑；兵曹書佐見後引，亦其證。

惟曹名之可考者僅戶曹、兵曹而已。

案：魏志一五賈逵傳，爲豫州刺史，有兵曹從事。時在文帝卽位時。華陽國志八大同志有益州兵曹從事犍爲楊倉。時在晉泰始十年。文館詞林六九九庾翼傒荆州主者王謙教，有兵曹書佐。時在東晉。則魏、晉有兵曹從事、書佐也。又華陽國志八大同志有益州戶曹李苾，時在太康八年。晉書三四羊祜傳，「祜卒，荆州人爲祜諱，改戶曹爲辭曹焉。」是晉諸州置戶曹。而唐六典三〇府牧節注：「漢魏以來，州郡皆有戶曹掾，或爲左右。」蓋可信。

又晉書職官志斠注：「荀岳墓誌云應命署部徐州田曹屬。案；志云諸曹而不詳其名，田曹蓋卽諸曹之一。」案：此誌未見，據斠注所引作「部徐州田曹屬」，則似非州吏。考晉書六七溫嶠傳，王敦亂後，嶠奏七事，其二云：「司徒置田曹掾，州一人，勸課農桑，察吏能否，今宜依舊置之。」則司徒本於各州置田曹也，有掾斯有屬矣。荀岳所任當以此爲解，非州吏也。

宋書百官志：「祭酒從事……分掌諸曹：兵、賊、倉、戶、水、鎧之屬。揚州無祭酒，而主簿治事。」是雖分曹，但不專置從事。然亦有專以戶曹爲職稱者；蓋此曹最爲要職歟？

案：宋爨龍顏碑陰，州吏之可辨者有戶曹三人，次西曹之下。

梁書百官志有諸曹從事，梁、陳無考。

案：唐六典三〇注：「漢、魏以下，州郡有賊（賊）曹、決曹掾，或法曹，或墨曹。」又云：「漢、魏以下，司隸校尉及州郡皆有功曹、戶曹、(賊賊)曹、兵曹等員。」

(19)有關軍事諸從事：督軍、典軍、武猛、弓馬、軍議、軍謀等從事。

漢末，諸州或置督軍於屬郡，蓋督察一郡之兵事。

案：魏志二五高堂隆傳：「泰山太守薛悌命為督郵。郡督軍與悌爭論，名悌而呵之。隆按劍叱督軍曰：……臨臣名君，義之所討也。督軍失色，悌驚起止之。」據此，郡督軍必為州吏之督郡者，非郡吏也。

建安中，司隸校尉之屬有督軍從事，率兵出征。

案：蜀志六馬超傳注引典略：建安中（十五年以前），「為司隸校尉督軍從事，討郭援，為飛矢所中。」是蓋將兵之職，與郡督軍有別。

蜀益州亦置督軍從事，職典刑獄，與建安中制又別。

蜀志一一費詩傳：「先主領益州牧，以詩為督軍從事，出為牂牁太守。」

同卷楊洪傳注引益部耆舊傳雜記：蜀郡何祗「初仕郡，後為督軍從事。時諸葛亮用法峻密，陰聞祗游戲放縱，不勤所職；嘗奄往錄獄……。祗密聞之，夜張燈火，見囚讀諸解狀。諸葛晨往，祗悉已闇誦，對答解釋，無所凝滯。亮甚異之，出補成都令。」

卷一五楊戲傳：「年二十餘，從州書佐為督軍從事，職典刑獄，論法決疑，號為平當。」

魏於山陽公國亦置督軍，職在防察，又不同。

晉書三武帝紀：太始二年十一月，「罷山陽公國督軍，除其禁制。」

晉益州有典軍從事數人或與建安之制為近。

華陽國志八大同志：咸寧五年，王濬監梁益二州軍事，伐吳。「以典軍從事張任、趙明、李高、徐兆為牙門，姚顯、郄堅為督。」

又案：吳於廣州置部州督軍校尉，見金石補正八吳九眞太守谷朗碑。碑云：「除郎中……尚書郎……遷部廣州督軍校尉，正身率下，不畏疆禦，沐淸蕩邁，萬里肅齊，功成辭退，拜五官郎中。」據此，其職掌地位性質均可知。

蓋如漢末郡督軍之職；惟一則州以督郡，一則中央督州，是不同耳。

武猛從事，漢已置。魏、晉承之。

案：魏世，馬隆爲兗州武猛從事，見晉書五七本傳。晉置此職，見晉書職官志，又見金石錄二〇晉彭祈碑陰（蓋涼州。）

弓馬從事，晉諸州邊遠或有山險濱近寇賊羌夷者乃置之，員額甚廣。

案：此見晉書百官志，又見彭祈碑陰。志云五十餘人，想員額甚廣，亦無定也。

軍議從事、軍謀從事，亦惟晉世可考。

案：彭祈碑陰有此二職，蓋涼州之屬。「謀」、「議」或即一字，趙氏辨識未審。又晉書六一華軼傳，爲江州刺史，有軍諮祭酒杜夷，才學精博。

(20)宣化從事、和戎從事

吳於交州或廣州置宣化從事

案：梁書五四海南諸國傳序：「漢……置日南郡。其徼外諸國自武帝以來皆朝貢。……及吳孫權時，遣宣化從事朱應、郎中康泰通焉。其所經及傳聞，則有百數十國。」此當屬交廣也。

晉於西北邊州置和戎從事

案：彭祈碑陰又有和戎從事，蓋涼州吏。

(21)作部吏　州有作部，蓋有吏掌之。

案：彭祈碑陰有作部吏，不知郡職抑州職。宋書五四羊玄保傳：「先是劉式之爲宣城立吏民亡叛制，一人不禽，符伍里吏送州作部。」卷七九竟陵王誕傳：大明中爲都督南兗州刺史，起兵，「赦作部徒繫囚。」是州有作部也。

*　*　*　*

大抵主簿、西曹書佐、錄事、省事、記室、朝直、書佐、幹、門亭長、廳帥、帳下都督等爲門下諸吏；別駕、治中、部郡、祭酒、議曹諸從事及戶、兵諸曹從事以下皆爲外職。別駕、治中，州之綱紀，故位最崇；主簿、西曹爲門下之長，故位亞之。

(乙)軍府佐

漢世，將軍有長史、司馬。參軍之號亦起於東漢。魏世，州已有參軍事。

案：魏志一三王肅傳注引魏略，雍州自參軍事以下百餘人。是也。

至晉，州將府佐之制漸次形成。

案：晉書六六劉弘傳，爲使持節鎭南將軍、都督荆州諸軍事、荆州刺史，領南蠻校尉。本傳所見之屬佐有參軍蒯恆、參軍劉盤、牙門將皮初、南蠻長史陶侃。同卷陶侃傳，爲都督荆州刺史。本傳所見屬佐有長史殷羨、諮議參軍張誕、督護龔登等。他處亦常見此類職稱。惟分曹者見者，不如宋以下之多耳。

宋、齊以下，諸州之置軍府者，其組織略如公府，惟視軍號大小而遞損其規制耳。

宋書三九百官志上：「宋高祖爲諮議參軍無定員（「爲」字下當脫「相」字）。今諸曹則有錄事、記室、戶曹、倉曹、中直兵、外兵、騎兵、長流賊曹、刑獄賊曹、城局賊曹、（謝誨傳：義熙中爲太尉刑獄賊曹參軍，可證賊曹實分數稱。）法曹、田曹、水曹、鎧曹、車曹、士曹、集、右戶、墨曹，凡十八曹參軍（曹名十九，蓋有誤）。不署曹者無定員。江左初，晉元帝鎭東丞相府有錄事、記室、東曹、西曹、度支、戶曹、法曹、金曹、倉曹、理曹、中兵、外兵、騎兵、典兵、兵曹、賊曹、運曹、禁防、典賓、鎧曹、田曹、士曹、騎士、車曹參軍。其東曹、西曹、度支、金曹、理曹、典兵、兵曹、賊曹、運曹、禁防、典賓、騎士、車曹，凡十三曹今缺。所餘十二曹（實數只十一曹）也。其後又有直兵、長流、刑獄、城局、水曹、右戶、墨曹七曹。高祖爲相，合中兵，直兵置一參軍，曹則猶二也。今小府不置長流參軍者，置禁防參軍。」

南齊書一六百官志：「凡公督府置佐：長史、司馬各一人；諮議參軍二人；諸曹有錄事、記室、戶曹、倉曹、中直兵、外兵、騎兵、長流、賊曹、城局、法曹、田曹、水曹、鎧曹、集曹、右戶十八曹（實只十六曹）。局曹以上署正參軍，法曹以下署行參軍，各一人。其行參軍無署者爲長兼員。其府佐史，則從事中郎二人，倉曹掾、戶曹屬、東西閤祭酒各一人，主簿、舍人、御屬二人。加崇者，則左右長史四人（史後蓋脫「司馬」二字），中郎掾屬並增數。其未及開府，則置府，亦有佐史，其數有減。小府無長流，置禁防參軍。」

宋書三九百官志上又云：「（公府）長史、從事中郎主吏；司馬主將；主簿、祭酒、舍人主閤內事；參軍、掾、屬、令史主諸曹事。」

又云：「自車騎以下爲刺史，又都督及儀同三司者，置官如領兵。但云都督不儀同三司者，不置從事中郎。置功曹一人，主吏；在主簿上；漢末官也。漢東京，司隸有功曹從事史，如諸州治中，因其名也。功曹參軍一人，主佐記室下戶曹上（「佐」當作「在」，其前有脫字）。監以下不置諮議、記室，餘則同矣。宋太宗以來，皇子皇弟雖非都督，亦置記室參軍。」（案：車騎以下，當作驃騎以下，有衛將軍、四征、四鎮、中軍、鎮軍、撫軍、四安、四平、左、右、前、後將軍，征虜、冠軍、輔國、龍驤、四中郎，及建威、振威等以下雜號將軍。）

案：宋齊兩志所述公府佐及州軍府佐之情形大略如此。然諸州有置軍府，有不置者。宋書九九元凶劭傳：始興王濬以元嘉「十七年爲揚州刺史，將軍如故（後將軍），置佐領兵。十九年罷府。」揚州且有不開府者，其他可知。又宋書八四袁顗傳，大明中爲江州刺史義陽王昶前軍司馬，領尋陽太守。「昶尋罷府，司馬職解，加寧朔將軍。」南齊書三五鄱陽王鏘傳：「（永明）七年，出爲江州刺史。……九年……加使持節、督江州諸軍事、安南將軍，置佐史。……先是二年，省江州府；至是乃復。」是府損置不衡，損則不置長史、司馬以下也。又南齊書一六百官志：將軍「凡諸小號，亦有置府者。」則是否置府不全在軍號之大小，蓋視事任所宜耳。

隋書百官志述梁官班，庶姓持節府佐有長史、司馬（8）、中錄事、中記室、中直兵參軍（3）、錄事、記室、中兵參軍、功曹史（2）、主簿（1）、除正參軍（不登品7）、板正參軍（不登品6）、行參軍（不登品5）、板行參軍（不登品4）、長兼參軍（不登品3）、參軍督護（不登品2）、功曹督護（不登品1）。此雖不限於州將，然州將府佐必如此也。【1，2，3，……表示班數】。長史、司馬，漢世將軍之上佐，其職本重。魏世參軍本亦甚重，於府主無敬。晉世，孫楚參石苞驃騎軍事，輕慢苞，始制施敬。

魏志九曹休傳：「劉備遣將吳蘭屯下辨，太祖遣曹洪征之，以休爲騎都尉，參洪軍事。太祖謂休曰：汝雖參軍，其實帥也。洪聞此言，亦委事於休。」

晉書五六孫楚傳：「遷佐著作郎，復參石苞驃騎軍事。楚既負其才氣，頗侮易於苞。初至，長揖曰：天子命我參卿軍事。因此而嫌隙遂構。苞奏楚……訕毁時政……遂湮廢。初，參軍不敬府主。楚既輕苞，遂制施敬，自楚始也。

軍府之職，如長史、司馬及諸參軍、功曹、主簿，類由中央直接除授，或由府主表請任命之。其自板召者則爲行參軍。晉末，參軍事、行參軍又各有除有板矣。

案：晉書五九趙王倫傳，倫既僭位，「時齊王冏、河間王顒、成都王穎並擁彊兵，各據一方。秀知冏等必有異圖，乃選親黨及倫故吏爲三王參佐。」宋書三九百官志上：「蜀丞相諸葛亮府有行參軍。晉太傅司馬越府又有行參軍、兼行參軍；後漸加長兼字。除拜則爲參軍事，府板則爲行參軍，晉末以來，參軍事、行參軍又各有除、板。板行參軍，不則長兼行參軍。」唐六典二九親王府節注：「晉氏加置行參軍，以自辟召故曰行也。」公府、王府如此，州將府可知。宋書五四羊玄寶傳：羊希以泰始三年出爲寧朔將軍廣州刺史，請女夫蕭惠徽爲長史帶南海太守，不許；詔除陸法眞爲之。法眞卒，又請以惠徽代，復不許。南齊書五五孝義封延伯傳：「垣崇祖爲豫州，啓太祖用爲長史帶梁郡太守。」陳書二一謝哲傳：「高祖爲南徐州刺史，表哲爲長史。」是上佐須表請也。晉書九二文苑羅含傳：桓溫重其才，「表轉征西戶曹參軍。」書鈔六九引抱朴子：「稽君道爲廣州刺史，表洪爲參軍。」宋書七七顏師伯傳，爲世祖徐州主簿。「世祖鎭尋陽（爲都督江州諸軍事、南中郎將江州刺史），啓太祖，請爲南中郎府主簿，太祖不許，謂典籤曰：中郎府主簿那得用顏師伯。世祖啓爲長流正佐；太祖又曰朝廷不能除之，郎可自板，亦不宜署長流。世祖乃板爲參軍事，署刑獄。」梁書三六江革傳：「建安王爲雍州刺史，表求管記，以革爲征北記室參軍。」是諸參軍、主簿並須表啓也。又南齊書三三王僧虔傳，宋世，爲吏部尙書，用檀珪爲征北板行參軍。是行參軍由台除之例也。梁書九曹景宗傳，雍州刺史板爲冠軍中兵參軍。是參軍事由府主自板之例也。

長史多帶州治所之郡，司馬亦帶大郡，且常代府主行州府之事，並詳後述。諸參軍、行參軍，或署曹，或領郡、領縣，亦有署曹且領郡縣者。

案：參軍、行參軍署曹，前引宋書顏師伯傳言之最明；後述諸曹參軍亦即參軍署曹者。參軍、行參軍領郡縣例常見史傳，如晉書九二文苑伏滔傳：「征西將軍桓豁引為參軍，領華容令。」是晉世已然也。宋書四四謝晦傳：為都督荊湘等七州，荊州刺史，觀其出兵遣將令，有參軍事建武將軍建平太守安泰、參軍事建威將軍新興太守賀愔、參軍事長寧太守竇應期。南齊書四一周顒傳，為益州刺史蕭惠開輔國府參軍厲鋒將軍，帶肥鄉成都二縣令。卷四二江祏傳，為高宗冠軍參軍，帶灄陽令。是皆以參軍事帶郡縣也；謝晦傳，同時見有三人，其為常例可知。宋書七六王玄謨傳，為南蠻行參軍武昌太守；卷九五索虜傳，元嘉二十七年，南平王鑠遣左軍行參軍陳憲行汝南、新蔡二郡事。是行參軍亦領行郡事也。關於署曹參軍領縣之例尤多，且常為州治之縣，領郡者亦頗見。茲略舉如次：

宋書五九張暢傳：荊州衡陽王義季安西府記室參軍領南義陽太守。

卷八二沈懷文傳：雍州隨王誕後軍府主簿，領義成太守……>荊州竟陵王誕衛軍府記室參軍新興太守→揚州竟陵王驃騎府錄事參軍淮南太守。

卷八四孔覬傳：荊州安西府戶曹參軍領南義陽太守。

卷九七南夷林邑傳：姜仲基為交州龍驤府戶曹參軍領日南太守。

卷八一劉秀之傳：雍州撫軍府錄事參軍襄陽令。

卷八三黃回傳：韓幼宗為湘州南中郎府中兵參軍臨湘令。

梁書一三沈約傳：荊州征西府記室參軍帶闕西令。

〔以上宋世〕

梁書九曹景宗傳：雍州冠軍中兵參軍領天水太守→雍州征虜府中兵參軍帶馮翊太守。

梁書一一呂僧珍傳：雍州平北府典籤帶新城令。

南齊書二八垣榮祖傳：荊州平西府諮議帶江陵令。

卷三一荀伯玉傳：南兗州鎮軍中兵參軍帶廣陵令。

梁書九柳慶遠傳：雍州平北府錄事參軍襄陽令。

卷一〇鄧元起傳：雍州軍府錄事參軍帶襄陽令。

卷一三沈約傳：雍州征虜記室帶襄陽令。

〔以上齊世〕

陳書一高祖記：廣州軍府中直兵參軍，監安隆郡。

梁書三〇徐摛傳：南徐州安北府中錄事參軍帶郯令。

卷三三張率傳：荆州宣惠府諮議參軍領江陵令。

卷三六江革傳：雍州征北記室參軍帶中廬令。

卷四八儒林賀瑒傳：子革，荆州湘東王西中郎府諮議參軍帶江陵令。

卷五〇文學王籍傳：荆州湘東王軍府諮議參軍帶作塘令。

卷四一劉孺傳：劉遵，雍州安北諮議參軍帶邔縣令。

陳書二四周弘正傳：弟弘直，仕江荆二州湘東王府，累除錄事、諮議參軍帶柴桑、當陽二縣令。

周書四二劉璠傳：梁州軍府記室參軍領南鄭令。

〔以上梁世〕

署曹者則稱某曹參軍；不署曹則只稱參軍事、行參軍事，散閑無所職任，蓋亦無祿。

案：諸曹參軍詳後考。參軍事、行參軍極常見。如宋書七七顏師伯傳，爲劉道彥雍州輔國府行參軍，後爲衡陽王義季征西行參軍，世祖徐州安北行參軍；世祖鎮尋陽，板爲參軍事署刑獄。卷八四鄧琬傳，爲南徐征北行參軍，轉參軍事，隨府轉車騎參軍，仍轉府主簿。此二者其著例。隋書百官志上云：「諸王公參佐等官仍爲清濁，或有選司補用，亦有府牒即授者，不拘年限，去留隨意。在府之日，唯賓遊宴賞，時復修參，更無餘事。若隨王府在州，其僚佐等或亦得預催督；若其驅使，便有職務。其衣冠子弟多有脩立；非氣類者，唯利是求，暴物亂政，皆此之類。」其爲散職可知。南齊書三三王僧虔傳：宋世爲吏部尚書。「高平檀珪罷沅南令，僧虔以爲征北板行參軍。訴僧虔求祿，不得；與僧虔書曰：……質非匏瓜，實羞空懸……若使日得五升祿，則不恥執鞭。僧虔乃用爲安成郡丞。」據此，則參軍、行參軍若不署曹又不領郡縣，則無識也。

茲就有職掌諸佐分別考述之。

(1)長史、司馬及行事

宋書百官志述公府之職云：長史主吏，司馬主將。蓋一掌庶政，一掌軍事，一文職一武職；宋志亦就其要而言耳。晉世，州將長史、司馬雖爲恆制，然絕少帶郡行州府之任者。

案：晉書四一王渾傳：惠帝時奏云：「先帝時，正會後，東堂見征鎭長史司馬。」是二職普遍置員可知。晉書八四殷仲堪傳，謝玄以爲長史領晉陵太守。如此之例則極少見。

宋、齊以下，州將軍府長史例帶首郡太守，如荆州則帶南郡，雍州則帶襄陽，湘州則帶長沙，郢州則帶江夏，江州則帶尋陽，益州則帶蜀郡，廣州則帶南海，南徐州則帶南東海，南兗州則帶廣陵，東陽則帶會稽，南豫州則帶歷陽，帶他郡者絕少見。皇子年幼出藩，則多由長史行州府之任，謂之行事。其府主非皇子，或雖皇子而非年幼者，若因事不能執行政務，亦由長史代行其職。

案：此觀下列諸例自明。

張暢：徐州安北長史沛郡太守（宋志，彭城爲首郡，沛爲次郡。是例外）→荆州司空長史南郡太守～～〔宋書五九〕

張說：雍州衞軍長史襄陽太守→荆州征西長史南郡太守～～〔宋書五九張暢傳〕

韋放：雍州南平王輕車長史襄陽太守……>江州南康王雲麾長史尋陽太守～～〔梁書二八〕

范泰：荆州冠軍長史南郡太守～～〔宋書六〇〕

丘仲孚：湘州車騎長史長沙內史……>荆州安西長史南郡太守→郢州雲麾長史江夏太守行州府事～～〔梁書五三〕

王峻：荆州平西長史征遠將軍南郡太守→益州鎭西長史智武將軍蜀郡太守～～〔梁書二一〕

庾登之：荆州撫軍長史南郡太守……>南徐州衡陽王義季征虜長史，王年

少，衆事一以委之，尋加南東海太守——〔宋書五三〕

蕭惠開：南徐州桂陽王征北長史南東海太守，復爲晉平王驃騎長史，太守如故——〔宋書八七〕

程茂：郢州張冲府長史江夏大守——〔南齊書四九張冲傳〕

劉孺：郢州臨川王仁威長史江夏太守，加貞威將軍——〔梁書四一〕

褚球；臨州臨川王仁威長史江夏太守——〔梁書四一〕

庾黔婁：益州府長史巴西梓橦二郡太守，尋轉蜀郡太守——〔梁書四七〕

陸法眞：廣州羊希府長史南海太守——〔宋書五四羊玄保傳〕（羊希爲廣州刺史，請女夫蕭惠徽爲長史帶南海太守，朝廷不許，以陸法眞爲之。法眞卒，又請以惠徽代，又不許）。

裴明．南兗州安北長史廣陵太守——〔南齊書五三〕

封延伯：豫州府長史梁郡太守——〔南齊書五五〕

〔以上長史帶首郡之例〕

劉湛：荆州江夏王義恭撫軍長史行府州事——〔宋書六九〕

王奂：郢州皇子燮征虜長史。燮年四歲，奂總府州之任——〔宋書七二晉熙王昶傳〕

沈懷文：揚州（鎮會稽）西陽王子尙撫軍長史，行府州事——〔宋書八二〕

陸慧曉：「西陽王征虜、巴陵王後軍、臨汝公輔國三府長史，行府州事。後爲西陽王左軍長史領會稽郡丞行郡事。隆昌元年，徙爲晉熙王冠軍長史江夏內史行郢州事。」——〔南齊書四六〕

王僧虔：仁威南康王長史行府州國事——〔梁書三三〕

〔以上王府長史行府州事不帶郡者〕

蕭穎胄：荆州南康王西中郎長史冠軍將軍南郡太守行州府事——〔南齊書三八〕

何昌寓：荆州臨海王西中郎長史輔國將軍南郡太守行州事——〔南齊書四三〕

袁彖：荆州安西長史南郡太守行州事——〔南齊書四八〕

孔休源：荆州晉安王宣惠長史南郡太守行府州事，時王年十歲。——〔梁書三六〕

蕭惠開：雍州海陵王北中郎長史寧朔將軍襄陽太守行州府事——〔宋書八七〕

張瓌：雍州鄱陽王北中郎長史襄陽相行府州事——〔南齊書二四〕

袁詢：江州廬陵王南中郎長史尋陽太守行府州事——〔宋書五二〕

江革：江州晉安王雲麾長史尋陽太守行州府事——〔梁書三六〕

王景文：郢州安陸王冠軍長史輔國將軍江夏内史行州事——〔宋書八五〕

沈冲：郢州廬陵王冠軍長史輔國將軍江夏内史行府州事→荆州廬陵王安西長史南郡太守行府州事將軍如故——〔南齊書三四〕

江謐：湘州臨川王平西長史冠軍將軍長沙内史行州留事→驃騎豫章王嶷領湘州，職如故——〔南齊書三一〕

劉繪：湘州安陸王冠軍長史寧朔將軍長沙内史行州事→南徐州晉安王征北長史寧朔將軍南東海太守行州事——〔南齊書四八〕

江湛：南徐州隋王北中郎長史南東海太守，王未親政，政事悉委之——〔宋書七一〕

江知淵：南徐州新安王北中郎長史南東海太守行州事——〔宋書五九〕

江概：南徐州武陵王北中郎長史南東海太守行州事——〔江知淵傳〕

張纘：南徐州華容公北中郎長史蘭陵太守（梁時首郡）加貞威將軍行府州事——〔梁書三四張緬傳〕

袁粲：南兗州西陽王北中郎長史輔國將軍廣陵太守行州事——〔宋書八九〕

劉湛：豫州彭城王冠軍長史梁郡太守。王弱年未親政，府州軍事悉委湛。王徙東豫州，湛改領歷陽太守——〔宋書六九〕

王准之：南豫州江夏王撫軍長史歷陽太守行州府之任——〔宋書六〇〕

蔡景歷：東揚州豫章王宣惠長史會稽太守行州府事→江州長沙王宣義長史戎昭將軍尋陽太守行州府事——〔陳書一六〕

〔以上諸王州府長史帶首郡且行州府事之例〕

宋書七二晉平王休祐傳：爲都督南徐州刺史，「上（太宗）以休祐貪虐，不可涖民，留之京邑，遣上佐行州府事。」

卷七八劉延孫傳：世祖爲南中郎將江州刺史。及伐逆，轉延孫爲長史尋陽太守，「行留府事。」

卷一〇〇自序：沈仲玉爲寧朔長史蜀郡太守，「益州刺史劉亮卒，仲玉行府州事。」

梁書一九劉坦傳：「義師起，……輔國將軍楊公則爲湘州刺史，帥師赴夏口，……乃除輔國長史長沙太守，行湘州事。」

卷五三良吏沈瑀傳：「出爲安南長史尋陽太守。江州刺史曹景宗疾篤，瑀行府州事。」

〔以上因他故行府州事，不限年幼皇子也〕

案：觀此諸例，宋初行事之制倘未定型，故常云府主年少，政事悉以委之。其後則「行州府事」已成術語，是定型化矣。

司馬位亞於長史。然在軍事時期，其職反較長史爲重。

案：宋書四五王鎭惡傳：裕平長安，鎭惡之力也。及裕東還，留子義眞爲安西將軍雍州刺史，以鎭惡爲司馬，付以扞禦之任。卷四四謝晦傳：爲都督荆州刺史。及謀東伐，謂司馬庾登之曰：「今當自下，欲屈卿以三千人守城備禦劉粹（雍州刺史）」登之不敢受。南蠻司馬周超自以爲能。登之請解司馬南郡以授，卽於坐命超爲司馬建威將軍南義陽太守。轉登之爲長史，南郡如故。觀此二例，軍事時期司馬職重也。

亦帶大郡，且亦常爲首郡行州府事；惟事例較長史爲少耳。

案：此觀下列諸例可知：

王鎭惡：雍州劉義眞安西司馬馮翊太守～～〔宋書四五〕

毛脩之：荆州劉毅衞軍司馬輔國將軍南郡太守（首郡）～～〔宋書四八〕

范曄：江州征南司馬新蔡太守～～〔宋書六九〕

曹虎：江州南中郎司馬寧朔將軍南新蔡太守→南兗州西陽王冠軍司馬廣陵太守（首郡）→荆州鎭西司馬輔國將軍南平內史～～〔南齊書三〇〕

王廣之：南徐州長沙王鎮軍司馬南東海太守（首郡）→南兗州安陸王北中郎司馬征虜將軍廣陵太守（首郡）——〔南齊書二九〕

崔慧景：荊州平西司馬南郡內史（首郡）——〔南齊書五一〕

〔以上領郡不行事〕

張邵：荊州西中郎司馬南郡相（首郡）。時府主劉義隆年十餘，「家事悉決於邵」——〔宋書四六〕

王華：荊州府司馬南郡太守行府州事——〔宋書六三〕（時王曇首爲長史，却不領南郡，亦不行府州事。）

陸徽：湘州南平王冠軍司馬長沙內史（首郡）行府州事——〔宋書九二〕

庾深之：雍州海陵王左軍司馬行府事——〔宋書七九海陵王休茂傳〕

顧琛：南徐州新安王北中郎司馬東海太守(首郡)行府州事——〔宋書八一〕

袁顗：江州東海王平南司馬尋陽太守（首郡）行州事——〔宋書八四〕

〔以上帶首郡行府州事〕

大抵南朝之制，多以皇子出鎭方州，有年僅數歲或十餘歲者，未能親政，勢必另命他人代行政務，是卽所謂「行事」。行事例以上佐之長史或司馬爲之，亦偶有以諮議參軍爲之，但絕無僅任行事者。故行事只是職而非官名。

案：皇子年幼出蕃未親政務故置行事，前已舉數例。又南齊書三五武陵王曄傳：尋爲丹陽尹，「始不復置行事，得自親政。」梁書四四尋陽王大心傳：出爲都督郢州刺史，時年十三。「太宗以其幼，恐未達民情，戒之曰：事大小悉委行事，纖毫不須措懷。」

然行此職者，名雖府佐，實則內得節制府主。

宋書六九劉湛傳：江夏王義恭爲撫軍將軍荊州刺史；湛爲其府長史，行府州事。「義恭性甚狷隘，又漸長，欲專政事，每爲湛所裁，主佐之間嫌隙遂構。」卷七九海陵王休茂傳：爲都督雍州刺史。時司馬庾深之行府事，休茂性急疾欲自專，深之及主帥每案之，常懷忿怒，殺深之等以叛。

南齊書四二江祏傳：「劉暄初爲（江夏王）寶玄郢州行事，執意過刻。有人獻馬，寶玄欲看之，暄曰：馬何用看？妃索煮肫，帳下諮暄；暄曰：旦已煮鵝，不煩復此。寶玄恚曰：舅殊無渭陽之情。暄聞之亦不悅。」

卷四六蔡約傳：「出爲宜都王冠軍長史淮南太守，行府州事。……時諸王行事多相裁制；約在任，主佐之間穆如也。」

梁書三六江革傳：「武陵王在東州，頗自驕縱。上詔革……爲行事。……府王憚之。」

外而綜綰軍政，爲一方之重任，與都督刺史不異。

案：行事總府州之任，其權勢已顯而易見。梁書三六孔休源傳：「出爲宣惠晉安王府長史南郡太守行荊州府州事。高祖謂之曰：荊州總上流衝要，義高分陝，今以十歲兒委卿。」是直以都督刺史視之矣。

行事與典籤，同爲時君所簡派；行事以執政務，典籤以爲耳目，故其職任有聯（詳後典籤條諸例）。然權勢所在，每致不睦。

案：南齊書三二張岱傳：宋世，歷巴陵王北徐州、臨海王廣州、豫章王揚州、晉安王南兗州四府諮議參軍、行事，「與典籤主帥共事，事舉而情得。或謂岱曰：主王旣幼，執事多門，而每能緝和公私，云何致此。」可見行事與典籤相得者甚少也。

至齊，典籤之權益隆，行事又多仰其鼻息矣。

案：梁書三六江革傳：「出爲雲麾齊安王長史尋陽太守，行江州府事。……以清嚴爲百城所憚。時少王行事多傾意於籤帥；革以正直自居，不與籤帥同坐。」南齊書四六陸慧曉傳：顧憲之「行南豫、南兗二州事，典籤諮事，未嘗與色，動遵法制。人見能如此者少也。又詳後典籤條。

（2）諮議參軍　諮議之名始於晉元帝爲鎭東大將軍及丞相時。職主諷議，蓋因軍諮祭酒也（宋書百官志）。其後都督權重者亦置之。

案：晉書六六陶侃傳有左右長史、司馬、從事中郎，亦有諮議參軍，蓋特崇也。

宋制，諸州督府並置之；監以下則不置（宋志）。梁世，庶姓持節府亦不置。地位僅次於長史、司馬，而在錄事、記室之上。

案：隋書百官志述梁官班，庶姓持節府長史、司馬均第八班，其下則中錄事、中記室等第三班，是無諮議也。考宋書八四鄧琬傳：爲江州行事，「擢錄事參軍陶亮爲諮議參軍。」梁書五一處士庾詵傳：子曼倩爲荆州湘東王中錄事，轉諮議參軍。卷四九文學庾於陵傳：弟肩吾爲荆州湘東王安西錄事參軍，累遷中錄事，諮議參軍。陳書二四周弘正傳：梁世，仕江、荆二州，累除錄事、諮議參軍。階位在中錄事之上甚明。此諸例多在梁世，蓋府主非庶姓也。又宋書八三宗越傳：爲隋王誕雍州後軍府參軍督護。「誕戲之曰：汝何人，遂得我府四字？越答曰：佛貍未死，不憂不得諮議參軍。」蓋長史、司馬皆兩字，四字銜惟諮議參軍爲最尊也。

大抵諮議參軍無一定職掌，故常領錄事之任。

案：宋書七八劉延孫傳，爲江州南中郎諮議參軍，領錄事。南齊書四二江祏傳，安陸王左軍諮議，領錄事。卷四八劉繪傳，爲大司馬諮議，領錄事；驃騎諮議，領錄事。皆其例。

亦常帶大郡太守，行府州事。

宋書七八蕭思話傳：蕭斌爲彭城王江州大將軍府諮議參軍豫章太守（首郡）。

卷六八南郡王義宣傳：爲丞相都督荆州刺史。蔡超爲其諮議參軍南郡內史（首郡）。

卷七八蕭思話傳，蕭簡：「廣陵王誕爲廣州，未之鎭，以簡爲安南諮議參軍南海太守，行府州事。東海王禕代誕，簡仍爲前軍諮議，太守如故。」

南齊書二八劉善明傳：南徐州驃騎諮議參軍南東海太守，行州事。

卷三二張岱傳：「（宋）巴陵王休若爲北徐州，未親政事；以岱爲冠軍諮議參軍，領彭城太守，行州府事。後鎭海王爲征虜廣州，豫章王爲車騎揚州，晉安王爲征虜南兗州，岱歷爲三府諮議、行事。」

卷四七謝朓傳：晉安王南徐州鎭北諮議、南東海太守，行州事。

(3)錄事參軍　西晉末以下，諸州軍府有錄事參軍。

案：書鈔六九引劉弘教，言錄事參軍職。晉書三七韓延之傳：安帝時，由荆州治中轉荆州平西府錄事參軍。是兩晉有之也。宋世州軍府錄事參軍，見爨龍顏碑（寧州龍驤府及鎭蠻府各一人）、宋書七二建平王宏傳（南徐州鎭北府）、卷八一劉秀之傳（世祖雍州撫軍府）、卷八二沈懷文傳（竟陵王誕驃騎府）、卷八四鄧琬傳（晉安王江州鎮軍府）。齊世有之，見梁書九柳慶遠傳（雍州平北府）、卷一一張弘策傳（雍州輔國府）卷五〇文學何思澄傳（東揚州征東府）。梁世有之，見隋書百官志、梁書五〇文學臧嚴傳（湘東王荆州西中郎府）、陳書二四周弘正傳（湘東王江州）、北周書四六孝義杜叔毗傳。

梁又有中錄事參軍，位在錄事之上。

案：隋書百官志：梁庶姓持節府中錄事參軍位三班，錄事參軍位二班。梁書四九文學庾於陵傳，爲荆州安西錄事參軍，遷中錄事。是同時並置，班序有別也。中錄事又見梁書三〇徐摛傳（南徐州安北府）、卷三八賀琛傳（鄱陽王征西府）、卷五〇文學何思澄傳、卷五一處士庾詵傳（荆州湘東王府）。蓋位高職亦較重。

錄事總諸曹之文案，舉善彈非，甚爲親重。

案：干寶司徒儀：「錄事之職，掌總錄諸曹，管其文案。凡府自上章以下意遠失者彈正以法，掌凡詣同案之事。」又云：「掌舉直錯枉。」（書鈔六九引）。劉弘教云：「錄事參軍務舉善彈非，令史亦各隨職事修習。」（同上）是通公府諸州軍府，其職正同也。梁書一一張弘策傳：齊末，爲高祖雍州軍府錄事參軍。高祖「密爲儲備，謀猷所及，惟弘策而已。」卷一〇鄧元起傳，爲益州刺史，「以鄉人庾黔婁爲錄事參軍，任以州事。」其親任可知。

(4)記室參軍　東晉，州將軍府已有此職。

案：晉書七二葛洪傳：兄子望，爲廣州刺史鄧嶽記室參軍。據嶽本傳，遷督交廣二州諸軍事建武將軍平越中郎將廣州刺史，後遷鎮將軍，時在東晉中葉。

宋制，州將之加「督」及「都督」者置記室參軍，「監」以下不置。

案：宋書百官志云：「監以下不置諮議、記室。」是督及都督置之也。傳中常見，而寧州刺史爨龍顏傳，軍府、蠻府均無之，蓋監以下之例歟？記室之職常以他職兼領。如梁書一三沈約傳，仕郢州安西府，以外兵參軍兼；後仕荆州安西府，以法曹兼；繼以外兵兼。梁書三三張率傳，仕南兗州宣毅府，以諮議參軍兼；後仕江州宣惠府，亦以諮議領。

梁、陳以後，又有中記室參軍，位在記室之上。

案：隋書百官志，梁庶姓持節府有中記室參軍位三班，記室參軍位二班。梁書三三徐摛傳：晉安王綱出鎮江州，仍補雲麾府記室參軍，轉平西府中記室。中記室參軍，又見周書四六杜叔毗傳；時在梁世。又見陳書三四文學徐伯陽傳（南徐州新安王鎮北府），時在陳世。

又有限內記室、限外記室，蓋正員、員外之謂也。

案：梁書四七孝行劉霽傳：天監中爲宣惠晉安王府參軍兼限內記室。同卷褚脩傳：天監中，爲武陵王揚州宣惠參軍，限內記室。陳書一八沈衆傳：梁時，郢州刺史軍府限內記室參軍。卷三四文學庾持傳：梁末，爲邵陵王南徐州鎮東限外記室。是其例。

記室掌文翰。

案：干寶司徒儀：「記室之職，凡掌文墨章表啓奏弔賀之禮則題署也。」又云：「記室主書儀。凡有表章雜記之書，掌創其草。」（書鈔六九引）州府之職蓋亦同此。宋書八四鄧琬傳，琬行江州事，舉兵反，「使記室參軍荀道林造檄文，馳告遠近。」是亦起草文書之證。

故職甚華要。

案：孔覬辭荆州安西府記室牋曰：「記室之局，實惟華要，自非文行秀敏莫或居之。」又曰：「以記室之要，宜須通才敏思，加性情勤密者。」見宋書八四本傳。

（5）功曹參軍　東晉諸州府蓋已有之。宋雖小府亦置。職主糾駁獻替。

案：宋爨龍顏傳，寧州刺史龍驤府及鎮蠻府均有功曹參軍各一人。孫綽爲功曹參軍駁事牋：「綱紀居管轄之任，以糾司外內，駁議彈劾，誠無所拘；然所以獻可替否，扶直繩違也。」（書鈔六九引。「駁事」本作「騎曹」，據百三家集改。）州府之任蓋同。

（6）都曹參軍　梁有之。

案：梁書四九文學袁峻傳：天監初，爲鄱陽王郢州府都曹參軍。

(7)戶曹參軍　自晉以下，諸州軍府均置之。

案：晉書九二文苑羅含傳：爲尙書郎，桓溫雅重其才，表轉征西戶曹參軍，遷宜都太守。卷八二習鑿齒傳，爲桓溫荆州別駕，忤旨，左遷戶曹參軍，出爲衡陽太守。是東晉也。宋以後諸州戶曹參軍，見寧州刺史爨龍顏碑（龍驤府及鎭蠻府各一人）；又見宋書七四魯爽傳（豫州征西府）、卷八四孔覬傳（荆州安西府）　卷九七南夷林邑傳（交州龍驤府）、梁書二〇文學劉峻傳（梁安成王荆州府）。

版授之文或亦由之，此不可解。

案：魯爽傳：爽爲豫州刺史，與南郡王義宣、雍州刺史臧質同反，自署征北將軍。「爽酒乖謬……版義宣及臧質等並起。征北府戶曹版文曰：丞相劉補天子名義宣，車騎臧今補丞相名質……皆版到奉行。義宣駭愕。」事出酒後乖謬，其版文之出戶曹，蓋亦乖謬歟？

(8)倉曹參軍　宋世諸州大小府皆置之。掌倉穀事。

案：宋書七四沈攸之傳，爲征西將軍都督荆州刺史，有此職，是大府也。爨龍顏碑，寧州龍驤府及鎭蠻府各一人。是小府也。沈攸之傳云：下兵攻郢州行事柳世隆。「及攻郢城，夜遇風浪，米船沉沒。倉曹參軍崔靈鳳女幼適柳世隆子，攸之正色謂曰：當今軍糧要急，而卿不在意，將由與城內婚姻邪？」其職可知。

(9)中兵參軍、外兵參軍、騎兵參軍。

宋以下，諸州軍府有中兵參軍，或一人，或不止一人。

案：寧州刺史爨龍顏碑陰，軍府及蠻府均有中兵參軍各一人，而宋書七四沈攸之傳，舉兵東下，有中兵參軍十人；雖或臨時署置，然可測知平時可置多人也。又梁書二〇劉季連傳，爲益州刺史，亦有中兵參軍二人。

梁、陳又置中直兵參軍，位在中兵之上。

案：宋志，晉王公府，中兵之外又有置直兵者。宋世，曹仍爲二，但僅置一參軍。後引鄧琬傳，帥兵東伐，諸將多加中直兵。然此乃非常之制，據此一例，難斷言宋世州府亦置也。隋書百官志，梁庶姓持節府有中直兵參軍，位三班；中兵參軍位二班。陳書——淳于量傳，仕梁湘東王府「常兼中兵、直兵者十餘載。」是二職並置，位亦有別也。中直兵又見陳書一高祖紀上、卷九程靈洗傳（陳世）。而周書四六孝義杜叔毗傳，蕭循爲梁梁州刺史，有中直兵三人。

蓋均有限內限外之别。

案：陳書程靈洗傳：「子文季，世祖時，爲宣惠始興王府限內中直兵參軍。有限內必有限外，中兵蓋同。

職總兵事，內而佐統兵政，外而率軍征伐；故位雖次於諮議、錄事、記室等，而權實過之。

案：干寶司徒儀：「中兵參軍掌督帳內牙門將及軍器給其事。」又云：「中兵之任，凡在軍者各於赤錄以時科其器械，稽其人數，身上除死及老所以罰姦詐均勞逸也。」（書鈔六九引，蓋有譌誤）此雖公府，可例諸州之軍府。陳書淳于量傳，仕梁湘東王荆州軍府，常兼中兵、直兵，「兵甲士卒盛於府中。」程靈洗傳，子文秀，仕始興王揚州宣惠府限內中直兵參軍，「府中軍事悉以委之。」高祖記，爲蕭映廣州軍府中直兵參軍，「暎令高祖招集士馬，衆至千人。」是內統兵政也。宋書四五劉粹傳：劉道濟爲益州刺史，會民叛，十餘萬人圍成都，惟恃中兵參軍裴方明守禦。卷七九竟陵王誕傳；台兵來伐，誕欲逃，以中兵參軍申靈賜居守。卷八三黃回傳，南陽王爲湘州刺史，未之任，「先遣中兵參軍韓幼宗領軍防湘州。」卷一〇〇自序：彭城王出鎮豫章，申謨爲中兵參軍，「掌防城之任。」是掌居防也。宋書七四沈攸之傳：舉兵反，軍分四路，自與司馬各一路，餘二路則由中兵參軍分領之。卷八四鄧琬傳，舉兵反，擢錄事參軍陶亮爲諮議參軍領中兵，總統軍事；軍行，高級將領皆加中直兵。是行則領兵也。若府主不親戎行，則直以中兵爲帥。宋書七八劉延孫傳，爲都督南徐州刺史，竟陵王誕起兵，「延孫遣中兵參軍杜幼文率兵起討」。卷七九竟陵王誕傳，爲雍州刺史，會北伐，諸路皆敗，「唯誕中兵參軍柳元景先克宏農，關洛震動。」卷八一劉秀之傳，爲益州刺史，南譙王義宣叛，秀之遣中兵參軍率萬人襲江陵。南齊書二五張敬兒傳，爲山陽王豫州驃騎參軍事，署中兵，領軍討義嘉賊。梁書二〇劉秀連傳，爲益州刺史，遣中兵參軍宋買率兵五千襲中水，中兵參軍李奉伯率兵五千救巴西。卷四三韋粲傳侯景之亂，江州刺史遣中兵隨粲入討。陳書一二沈恪傳，爲蕭暎廣州軍府中兵，「常領兵討伐俚洞。」皆其例也。

外兵參軍，宋以下均置之。

案：宋書七四沈攸之傳，起兵命將，有外兵參軍二人。南齊書四八劉繪傳，豫章王嶷鎮西外兵參軍。梁書一三沈約傳，仕郢州安西府，荆州安西府，皆爲此職。

騎兵參軍，亦見於宋世。

案：沈攸之傳，東伐，有此職三人。

(10)城局參軍　宋以下諸州軍府多置此職。

案：宋有之，見宋書一〇〇自序（江州彭城王大將軍府）、南齊書二七李安民傳（徐州都督府）。齊有之，見南齊書二六王敬則傳（都督會稽五郡、會稽太守大司馬府）、卷二七王玄載傳（徐州平北府）、卷四〇晉安王子懋傳（江州晉安王府）、梁書一二席闡文傳（荆州西中郎府）、卷二〇劉季連傳（益州府）。梁有之，見梁書一〇夏侯詳傳（荆州府）、卷四九文學吳均傳（江州建安王偉鎮南府）。

掌城防之任。

案：王玄載傳云：「道人釋法智……作亂夜攻州城西門（徐州），登梯上城，射殺城局參軍唐穎，遂入城。」晉安王子懋傳，爲江州刺史，朝廷遣將襲盆城。「城局參軍樂賁開門納之。」劉季連傳，爲益州刺史，守成都拒義師，「城局參軍江希之等謀以城降。」夏侯詳傳：「荆州府城局參軍吉士瞻役萬人浚仗庫防火池。」是職主城防也。

(11)法曹參軍　宋諸州軍府多置之，職蓋與刑獄有聯。

案：宋世諸州府法曹參軍，見宋書七二建平王宏傳（南徐州鎮軍府）、南齊書三四沈冲傳（揚州西陽王撫軍府）、梁書一三沈約傳（晉安王安西府，蓋荆州）、同卷范雲傳（郢州府），惟范雲傳作行參軍。建平王宏傳云：爲南徐刺史，以事誅。其舊秀才上書曰：「臣昔以法曹參軍奉訊於聽朝之末。王每斷獄，降聲辭，和顏色，以待士女之訟。」蓋亦參與刑訟之事歟？然不能據此以斷。

(12)長流參軍　宋、齊、梁均可考見。職掌刑獄，而位在刑獄參軍之上。

案：長流之命名與職掌己見北朝地方政府屬佐考。宋書七七顏師伯傳：世祖爲都督江州刺史，「啓爲長流正佐。太祖又曰：朝廷不能除之，郎可自股，亦不宜署長流。世祖乃板爲參軍事，署刑獄。」蓋亦以二職相近，故不彼則此也。梁書一一鄭昭叔傳：齊末爲司州中兵參軍領長流。卷一九劉坦傳，爲齊南康王荆州西中郎府中兵參軍領長流。梁書二〇陳伯之傳，梁初爲江州刺史，以鄉人朱龍符爲長流參軍。長流將由中兵兼領，蓋以兵刑有聯歟？

(13)刑獄參軍　宋、梁，諸州府置之。職與長流相類，並置而位下之。

案：宋世江州長流刑獄並置，位有高下，見前引顏師伯傳。宋志，公府此二職並置，亦爲旁證。又齊書三一荀伯玉傳：宋世，爲南兗州冠軍府刑獄參軍。北周書四二劉璠傳：梁武時，爲北徐州輕車府主簿，領獄刑。是大小府皆置也。

(14)賊曹參軍　宋世，交州龍驤府置前部賊曹參軍，他州蓋亦有。

案：宋書九七南夷林邑傳：檀和之爲龍驤將軍交州刺史，有前部賊曹參軍。考宋書四八傅弘之傳，爲太尉（劉裕）行參軍署後部賊曹。是大小府皆置賊曹，有前後之別也。又宋志，高祖作相，有長流賊曹、刑獄賊曹、城局賊曹。宋書四四謝誨傳，義熙中爲太尉刑獄賊曹參軍。書鈔六九引袁氏家傳：袁㔨「爲大將軍參軍，署賊曹，督刑獄事，多所救免。」是賊曹名別尙多，長流、刑獄、城局皆其一種也。

(15)墨曹參軍　陳嘗置此職。

案：陳書三四文學張政見傳，爲鎭東鄱陽王府墨曹行參軍。據卷二八鄱陽王伯山傳，時爲東揚州刺史。

(16)禁防參軍　東晉揚州有禁防參軍，恭帝元熙元年省。

案：宋書三五州郡志一：「秣陵令……義熙九年移治京邑，在鬭場。恭帝元熙元年，省揚州禁防參軍，縣移治其處。」是晉亡前一年也。據此則諸參軍不必與府主同官舍也。

宋、齊之世，小府不置長流參軍，則置此職，與晉制不同。

案：此見宋書三九百官志上及南齊書一六百官志。則似與長流同一職掌。

(17)府東西曹掾　州府或又置東西曹掾屬。

案：陳書二一張種傳：「（梁）武陵王爲益州刺史，重選府僚，以種爲征西東曹掾。」當亦有西曹掾。

(18)府功曹史　宋以下，諸州軍府均置功曹，蓋門下之職，與功曹參軍同置而有別。

案：爨龍顏碑陰，寧州龍驤府及鎮蠻府均有府功曹，與功曹參軍同置。隋書百官志，梁庶姓持節府有功曹史，位二班。此外又見宋書七四沈攸之傳（荆州征西府）、南齊書四六陸慧曉傳（武陵王會稽征虜府，會稽太守比於州也）、梁書一二柳惔傳（荆州西中郎府）。惟柳惔傳作功曹史。

(19)府主簿　宋以下，諸州軍府又置主簿，位在功曹之下而親要過之。

案：爨龍顏碑陰，龍驤府及鎮蠻府主簿皆列功曹之後。柳惔傳，弟由西中郎府主簿遷功曹史。隨志，庶姓持節府主簿位下功曹一班。其位序高低，秩然可見。然宋書七七顏師伯傳，爲世祖徐州主簿，「大被知遇。……世祖鎮尋陽（江州刺史），啓太祖請爲南中郎府主簿。太祖不許，……曰中郎府主簿，那得用顏師伯。世祖啓爲長流正佐。太祖曰：朝廷不能除之，郎可自板；亦不宜署長流。世祖乃板爲參軍事署刑獄。及入討元凶，轉主簿。」朝廷對此職殊爲重視，不輕除授；而府主必欲用其親信；其職親要從可推知。南齊書四八劉繪傳，爲豫章王嶷。荆州驃騎主簿，「僚吏之中，見遇莫及。」亦其徵。又宋書四二劉穆之傳：「高祖克京城，問無忌曰：急須一府主簿，何由得之。無忌曰：無過劉道民……即馳信召焉。……穆之……見高祖。高祖謂之曰：我始舉大義，方造艱難，須一軍吏甚急；卿謂誰堪其選？穆之曰：貴府始建，軍吏實須其才，倉卒之際，當略無見踰者。高祖笑曰：

卿能自屈，吾事濟矣。」觀此及以後穆之與宋祖之關係，亦可知主簿之位甚卑而職親要也。州府之職當略如此。此外，州府主簿又見於宋書八二沈懷文傳（雍州後軍府）、卷八四孔覬傳（荆州安西府）、卷八四鄧琬傳（荆州車騎府）、南齊書四一周顒傳（益州輔國府）、北周書四二劉璠傳（北徐州輕車府）。職較親要，故亦較功曹爲常見。

蓋舊制，功曹主外，綱紀衆事，位較高；主簿，門下之任，位較低。今綱紀之任爲長史、司馬、錄事參軍等所奪，功曹轉爲冗散；而主簿親要如故也。

(20)府錄事　位甚卑，蓋亦門下之職，與錄事參軍有別也。

案：宋書七四沈攸之傳：「攸之在郢州，州從事輒與府錄事鞭。攸之免從事官，而更鞭錄事五十。謂人曰：州官鞭府職，誠非體要；由小人凌士大夫。倉曹參軍事邊榮爲府錄事所辱，攸之自爲榮鞭殺錄事。」觀此，其位甚卑，非錄事參軍之省稱甚明。

(21)防閤將軍　宋以下，諸州軍府置此職，甚親要。

案：宋書七二建平王宏傳：劉景素爲都督南徐州刺史鎮北將軍，有防閤將軍王季符。又魏書七一斐叔業傳：「承祖，廣陵人寒人也，依隨叔業爲趨走左右，……叔業待之甚厚。及出爲州（徐州），以爲防閤。」南齊書三五南平王銳傳，爲江州刺史南中郎將。延興元年害諸王，銳防閤周伯玉勸銳拒守。梁書一一呂僧珍傳，世居廣陵。齊隨王子隆爲荆州，齊武以僧珍爲子隆防閤，從之鎮。卷一八昌義之傳歷陽人，有武幹。齊世，曹虎爲雍州，以義之爲防閤，出爲馮翊戍主。觀此甚爲親近，又用他州人，其爲府職無疑。

(22)夾轂隊主、白直隊主　宋以下，州府有白直、夾轂，蓋侍衞也；各置隊主領之。

案：隋書百官志中：「自州郡縣，各因其大小置白直以役其役。」南齊書四〇晉安王子懋傳：隆昌元年，由都督雍州刺史遷都督江州。詔「留西楚部曲助鎮襄陽，單將白直、俠轂自隨。」是侍衞隊甚明。又卷三〇焦度傳：南安氐人，宋時補晉安王子勛夾轂隊主，隨鎮江州。卷二五張敬兒傳：宋時，平西將軍山陽王休祐鎮壽陽，求善騎射者，敬兒自占，領白直隊主。宋書八三黃回傳，竟陵郡軍人，臧質親任之，質在江州，擢領白直隊主。

(23)典籤帥　南朝諸君，無論賢否，皆威福自己，而以微臣執其機；宋、齊之世尤然，此班品低微之中書舍人所以權重宰相也。其在地方，亦循此規，方鎭之重，不任大臣，而以皇子領其名，置上佐以行事，蓋上佐位望未崇，易於遙制耳。宋末及齊，並上佐亦不任，而以不登流品之典籤實掌一州之政令。人微易盈，既爲時君所寄任，遂放誕縱恣，不顧大體；宗室屠戮之慘，此其一因，吏治窳敗更無論矣。茲稍徵述之。

考典籤一職之發展，可分前後兩期。故事，府州部內論事皆用籤，置吏掌之，故名典籤，有如今世文書管理員。本以小吏任職，宋初始用士人，呈事傳教，蓋已進而有類漢世之主簿，稍爲刺史所親任矣。此時典籤尙爲刺史自行任用之屬吏，是前期也。

案：南史七七恩倖呂文顯傳：「故事，府州部內論事，皆籤，前直敍所論之事，後云籤日月，下又云某官某籤，故府州置典籤以典之，本五品吏，宋初改爲七職。」南齊書高高紀考證引，「七」作「士」，是也。此言初期之本職甚碻。宋書六五吉翰傳：「元嘉中，假節，監徐、兗二州……諸軍事、徐州刺史。……時有死罪囚，典籤意欲活之，因翰入關齋呈其事。翰省訖，語令且去，明可便呈。明旦，典籤不敢復入，呼之乃來，取昨所呈事視訖，謂之曰：卿意當欲宥此囚死命……但此囚罪重，不可全貸。既欲加恩，卿便當代任其罪。因命左右收典籤付獄殺之，原此囚生命。」是宋初或中葉，庶姓刺史亦置此職，不限皇子之明證也。即此一節又可明數事。此時刺史尙可任意殺戮，與宋末齊世情勢大異，一也。職主呈事，二也。以小吏居然欲在府主前乞貸死囚，蓋必親近；此其三也。又梁書二〇陳伯之傳：齊末爲江州刺史，「得文牒辭訟，唯作大諾而已；有事，典籤傳口話，與奪決於主者。」是職主傳教令也。此雖在後期，然與「呈事」比觀，蓋亦早期已如此矣。又宋書九四恩倖戴明寶傳：「董元嗣與法興、明寶等俱爲世祖南中郎典籤。元嘉三十年，奉使還都，値元凶弑立，遣元嗣南還報上……具言弑狀。上遣元嗣下都，奉表於劭。」同卷戴法興傳：「世祖爲江州，仍補南中郎典籤。上於巴口建義，法興與典籤戴明寶、蔡閑俱轉參軍督護。」「大明二年，三典籤並以南下預密謀」封侯。起事預密謀，及爲帝，此輩仍以倖臣用事，可知元嘉中典籤爲刺史之親信近職，決非如其後命自時君，以撓刺史之權者可比。然則，典籤之命名、地位、職掌、親近諸端，均與漢世之主簿不異矣。

自宋中葉以後，幼少皇子出爲方鎮，時君皆以親近左右領典籤，其權侵重。孝武、明帝天資刻忌，雖長王出蕃、庶姓作牧，並仍幼王之制。蓋孝武感於起事之際典籤密謀爲多歟？自此，典籤之職雖或仍舊，而意在伺察，以撓刺史之權，非復主簿之比，更非專掌籤事矣。歷宋末以訖齊世，其權益隆，其員不止一人，遞互還都言事，爲時君所信納，刺史、行事之去留，往往決於其口，是以莫不折節推奉、仰其鼻息；其能威制典籤如宗慤、孔覬、顧憲之者尠矣。至於諸王出蕃，則飲食遊止，動須諮請，至乃塊肉杯羹，不得自專，實與囚徒不異。及齊明帝之害諸王，皆假其手以行，豈但威行州郡權重蕃王而已哉。此時典籤任自帝王，以制刺史之權，是後期也。

南史七七恩倖呂文顯傳述典籤之命名，本爲小吏，宋初改爲士職，已見前引。續云：「宋世晚運，多以幼少皇子爲方鎮，時主皆以親近左右領典籤，典籤之權稍重。大明、泰始，長王臨蕃、素族出鎮，莫不皆出納教命，刺史不得專其任也。宗慤爲豫州（孝武時），吳喜公爲典籤，慤刑政所施，喜公每多違執。慤大怒曰：宗慤年將六十，爲國竭命，政得一州，如斗大，不能復與典籤共臨；喜公稽顙流血，乃止。（宋書八四孔覬傳：爲尋陽王子房冠軍長史，後爲安陸王後軍長史。尤不能曲意權幸，莫不畏而疾之。……爲二府長史，典籤諮事，不呼不敢前，不令去不敢去。」南齊書四六陸慧曉傳：顧憲之「仍行南豫、南兗二州事，典籤諮事，未嘗與色，動遵法制。」）自此以後，權寄彌隆，典籤遞互還都，一歲數反，時主輒與間言，訪以方事，刺史、行事之美惡係於典籤之口，莫不折節推奉，恆慮不及。於是威行州郡、權重蕃君。劉道濟、柯孟孫等姦慝發露，雖卽顯戮，（南齊書五三良政沈憲傳：永明中，西陽王子明爲南兗州刺史，「典籤劉道濟取府州五十人役自給。又役子明左右及船仗，贓私百萬。爲有司所奏。世祖怒，賜道濟死。」）而權任之重不異。（齊）明帝輔政，深知之，始制諸州急事，宜密有所論，不得遣典籤還都；而典籤之任輕矣。」

南史四四巴陵王子倫傳：子倫爲北中郎將南琅邪南蘭陵二郡太守。「延興元年，明帝遣中書舍人茹法亮殺子倫。子倫時鎮琅邪城，有守兵……明帝恐不卽罪，以問典籤華伯茂。伯茂曰：公若遣兵取之，恐不卽可辦；若委伯茂，一小吏力耳。既而，伯茂手自執鴆逼之，左右莫敢動者。……先是高帝、武帝爲諸王置典籤帥。一方之事悉以委之。每至覲見，輒留心顧問，刺史行事之美惡係於典籤之口，莫不折節推奉，恆慮弗及。於是威行州部，權重蕃君。武陵王曄爲江州，性烈直不可忤；典籤趙渥之曰：今出都，易刺史。及見武帝，相誣，曄遂免還。南海王子罕戍琅邪，欲暫遊東堂；典籤姜秀不許，而止。還，泣謂母曰：兒欲移五步亦不得，與囚何異？秀後輒取子罕屐織飲器等供其兒昏，武帝知之，鞭二百，繫尙方；然而擅命不改。邵陵王子貞嘗求熊白；廚人答：典籤不在，不敢與。西陽王子明欲送書參侍讀鮑僎病；典籤吳修之不許，曰：應諮行事，乃止。言語行動不得自專，徵求衣食必須諮訪。永明中，巴東王子響殺行事劉寅等。武帝聞之，謂羣臣曰：子響遂反？戴僧靜大言曰：諸王都自應反；豈惟巴東？武帝問其故；答曰：天王無罪，而一時被囚，取一挺藕一杯漿，皆諮典籤；不在，則竟日忍渴。諸州惟聞有籤帥，不聞有刺史。竟陵王子良嘗問衆曰：士大夫何意諂典籤？參軍范雲答曰：諂長史以下皆無益，諂典籤便有倍本之價；不諂謂何？子良有愧色。及明帝誅異己者，諸王見害，悉典籤所殺，竟無一人相抗。孔珪聞之，流涕曰：齊之衡陽、江夏最有意，而復害之；若不立籤帥，故當不至於此。」

南齊書四〇武帝諸子傳，史臣曰：「帝王子弟，……齠年稚齒，養器深宮……朝出閫閨，暮司方岳……故輔以上佐，簡自帝心；勞舊左右用爲主帥；州國府第，先令後行，飲食遊居，動應聞啓，端拱守祿，遵承法度，張弛之要，莫敢措言。行事執其權，典籤掣其肘，苟利之義未申，專違之咎已及。……斯宋代之餘風，在齊而彌弊也。」

案：此制甚異，故李延壽、蕭子顯已甚注意，綜述頗詳，惟於前後兩期之判未甚辨耳。又據呂文顯傳遞互還都之語，可知典籤諒非一人。宋書恩倖戴法興傳，元嘉末，世祖爲江州刺史，法興與戴明寶、蔡閑三人同時爲南中郎典籤。據戴明寶傳，又有董元嗣，是同時有四人也。南齊書四〇魚腹侯子響傳，一時殺典籤吳修之、王賢宗、魏景淵，是有三人也。宋書七九海陵王休茂傳，爲雍州刺史，一夜殺典籤揚慶、戴雙，是至少有二人也。此尤不止一人之明證。

又案：二十二史劄記卷一二齊制典籤之權太重條亦有所論述。但僅多舉數例，無所發明。如：武陵王曅在江州，忤典籤趙渥，渥啓其得失；即召還京（曅傳）宜都王鏗舉動每爲籤帥所制，立意多不得行（鏗傳）。其有不甘受制而擅殺典籤者，則必治以專輒之罪。如長沙王晃爲典籤所裁，晃殺之；高帝大怒，手詔賜杖（晃傳）。魚腹侯子響爲行事劉寅、典籤吳修之等所奏，武帝遣台使檢校，子響憤殺寅、修之等，後以抗拒台兵被誅（子響傳）。（耕望案：宋書七二巴陵王休若傳，爲都督雍州刺史。典籤事休若無禮，先殺後啓。明帝大怒，降其節號。是宋末之例也。）明帝初輔政時，防制諸王，先致密旨於上佐（孔琇之傳）。又令蕭諶召諸王典籤，約不許諸王外接人物（諶傳）。又遣裴叔業害南平王銳，防閤周伯玉欲斬叔業，舉兵匡社稷，典籤叱左右斬之，銳遂見害（銳傳）云云。

又案：宋書七九海陵王休茂傳：大明中，爲都督雍州刺史。「時司馬庾深之行府事，休茂性急疾欲自專，深之與主帥每案之。左右張伯超至所親愛，多罪過，主帥常加呵責。伯超懼罪，謂休茂曰：主帥疏官罪過，欲以啓聞。如此恐無好。……唯當殺行事及主帥，且舉兵自衞。……休茂從之，……殺典籤楊慶……司馬庾深之、典籤戴雙。」卷八四鄧琬傳：明帝即位，琬爲江州行事，奉晉安王子勛起事。詔曰：「四王幼弱，不幸陷難，兵交之日不得妄加侵犯……左右主帥嚴相衞奉。」卷七二晉熙王昶傳，昶爲都督徐州刺史。「昶表入朝，遣典籤籧法生銜使，帝（前廢帝）……屢詰問法生：義陽（昶封號）謀反，何故不啓。」南齊書五一張欣泰傳：「爲隨王子隆鎮西中兵。……子隆深相敬納，……州府職局多所關領……典籤密以啓聞。世祖怒召還都。」卷四〇廬陵王子卿傳，永明中爲都督南豫州刺史。「之鎮，道中戲部伍爲水軍，上聞之大怒，殺其典籤。」是皆足見其職。大氐典籤受旨隨時輔察府主之行動以報告於時君；否則即以坐罪。小臣安敢不競爲刻薄哉。

梁初，典籤權勢似仍甚隆，然已日逐削弱矣。

案：梁書三六江革傳，爲晉安王長史，行江州事，「以清嚴爲百城所憚。時（天監初）少王行事多傾意於籤帥，革以正直自居，不與籤帥同坐。」卷三三王僧孺傳，天監中「出爲仁威南康王長史行府州事。王典籤湯道愍暱於王，用事府內，僧孺每裁抑之，道愍日遂傍訟僧孺，逮詣南司，……坐免官。」陳書三六始興王叔陵傳，都督揚州刺史，有罪，「黜其典籤親事，仍加鞭捶。」觀此，其制略與齊同，然材料已少見，知其權勢不如前世之隆矣。

此外又有所當述者二事：第一，典籤一稱主帥，一稱典籤帥，省稱籤帥，蓋皆後期歟？

案：典籤稱主帥，見前引宋書海陵王休茂傳、鄧琬傳、齊書武帝諸子傳史臣論。典籤帥見前引南史巴陵王子論傳。簡稱籤帥，見前引宋書松滋侯子房傳、梁書江革傳。均在後期。

第二，不限用本州人，爲府職。

案：宋書恩倖戴法興傳、戴明寶傳，孝武嘗爲南中郎江州刺史，二人皆爲南中郎典籤。法興，會稽人；明寶，南東海丹徒人。即此一條可知。

(24)督護及參軍督護、功曹督護　晉諸將行軍常遣督護以統之，諸州亦然。蓋臨時差遣督護諸軍以事征伐，非州職，亦非府職；後乃演爲官稱，其職甚重。

案：益州督護見華陽國志八大同志，時在西晉太安元年。荆州督護見晉書八海西公紀，時在太和元年；又見卷六六陶侃傳。江州督護見卷八哀帝紀，時在興寧元年；又見卷六七溫嶠傳。梁州督護見卷五七張光傳及水經注二七沔水注。并州督護見晉書八九忠義王育傳（京兆人）。廣州督護見卷七成帝紀咸康元年。他不盡舉。大同志云：「（刺史羅）尙遣督護巴西張龜督四十牙門，軍繁城。」沔水注云：「漢水又東，右得大勢，……依山爲城，城周二里，……梁州督護吉挹所治，苻堅遣偏軍韋鐘伐挹不能下。」海西公紀云：

「荆州刺史桓豁遣督護桓熊攻南鄭。」成帝紀云:「廣州刺史鄧嶽遣督護王隨擊夜郎……剋之。」溫嶠傳云:爲都督江州刺史。蘇峻反,「嶠屯尋陽,遣督護王愆期……率舟師赴難。」陶侃傳云:爲都督荆州刺史。蘇峻亂,「侃遣督護龔登率衆赴嶠。」是皆足見其職掌。又晉書六六劉弘傳:爲都督荆州刺史,張昌之亂,以南蠻長史陶侃爲大都護,參軍蒯恆爲義軍督護,討之。陳敏之亂,以侃爲前鋒督護,委以討敏之任。東海王越迎大駕,弘遣參軍劉盤爲督護,率諸軍會之。是臨時遣署之明證,非恆職也。

交州督護數人。此州邊海,又置海邏督護以資巡守。復以流民徙居,又置流民督護以統之。蓋本非定制,故得隨時署遣,隨事命名也。

梁書五四林邑國傳:晉穆帝永和三年稍後,「交州刺史朱藩復遣督護劉雄戍日南,(林邑王)文復屠滅之。……藩……又遣督護陶璦、李衢討之;文歸林邑。……文死,子佛立,猶屯日南,征西將軍桓溫遣督護滕畯、九眞太守灌邃帥交、廣州兵討之。……佛乃請降。……安帝隆安三年,佛孫須達復寇日南……九德,執太守……。交趾太守杜瑗遣督護鄧逸等擊破之,卽以瑗爲刺史。義熙三年,須達復寇日南,殺長史;瑗遣海邏督護阮斐討破之。」

宋書九二良吏杜慧度傳:晉末,父瑗爲交州史刺。慧度「初爲州主簿,流民督護,遷九眞太守。」後繼父爲刺史。「高祖北征關洛,慧度板(子)弘文爲鷹揚將軍流民督護,配兵三千,北係大軍。……統府板弘文爲九眞太守,……繼父爲刺史。」

宋諸州蓋亦置督護。

案:隋書經籍志一,字林音義爲宋揚州督護吳恭撰。他州蓋亦置。

南齊書一四州郡志云:廣州「俚獠猥雜,皆樓居山險,不肯賓服。西南二江川源深遠,別置督護,專征討之。」蓋承宋置也。梁、陳承之,又置東江督護。此諸督護之職益重,其位亦崇。蓋長史司馬之位矣。

齊志又云:「越州鎮臨漳,本合浦北界。……宋泰始中,西江督護陳伯紹……啓立爲越州,……元徽二年,以伯紹爲刺史。」

南齊書二九周盤傳:東平郡人,子世雄,「永光中爲西江督護……殺廣州刺史蕭季敞。」

梁書四簡文帝紀：太清三年，「廣州刺史元景仲應侯景，西江督護陳霸先起兵攻之，景仲自殺。」

陳書一高祖紀上：「（蕭）暎爲廣州刺史，高祖爲中直兵參軍……監西江督護、高要太守。」盧子略、杜天合反，「執南江督護沈顗，進寇廣州……高祖率精兵三千……以救之。」以功詔「爲交州司馬，領武平太守。」「除振遠將軍、西江督護，高要太守，督七郡諸軍事。」

陳書八杜僧明傳：「梁大同中，盧安興爲廣州南江督護，僧明與兄天合及周文育，並爲興安所啓，請與俱行，頻征俚獠有功。」

陳書一二胡穎傳：弟鑠，「歷東海、豫章二郡守，遷員外散騎常侍，……爲廣州東江督護，還預北伐。」

東晉及宋，諸公府置參軍督護。晉世，領營，有部曲；至宋，則否（宋志）。宋諸州軍府亦置參軍督護，地位甚微，而職甚親要，蓋伺察之任，如漢護軍中尉、護軍都尉之類歟？

案：宋書九四恩倖戴法興傳：「上（世祖）爲江州，仍補南中郎典籤。上於巴口建義，法興與典籤戴明寶、蔡閑俱轉參軍督護。」卷四九劉粹傳：劉道濟，文帝時爲益州刺史，以五城人帛氐奴梁顯爲參軍督護，長史固執不與。卷八三宗越傳，爲隨王誕雍州後軍府參軍督護，轉南中郎兼行參軍。又新野武念亦爲雍州參軍督護。觀宗越、戴法興等遷轉之跡，可知地位甚微。惟法興等均爲世祖倖臣，起兵而任此職，則親要可知。以意測之，必伺察之任也。

梁庶姓持節府有參軍督護、功曹督護，地位仍微，而職任不詳。

案：隋書百官志，梁庶姓持節府參軍督護，不登品二班；功曹督護：不登品一班。吏佐之最微末者矣。

大抵前述之交、廣諸督護及此參軍督護、功曹督護，皆由晉臨時差遣之督護一名演變而來。臨時遣署，本在將統兵衆，其後因事立名、部督有定，因有流民、海邏、諸江之目，此最顯而易見之理。參軍督護本既領營有部曲，則亦統兵之職，與前述督護性質正近，地位必不如此低微；後始去其部曲，轉爲親倖小吏伺察之任耳。

* * * *

綜觀府佐，蓋亦可分爲門下與外職兩類。太抵東西曹掾、府功曹、主簿、錄事、防閤將軍、白直隊主、夾轂隊主、典籤爲門下之任；長史、司馬及諮議、錄事、記室、功曹、都曹、戶曹、倉曹、中兵、外兵、騎兵、城局、法曹、長流、刑獄、賊曹、墨曹、禁防諸曹參軍事爲外職；諸督護爲外職，參軍督護、功曹督護蓋門下之任。長史、司馬職位最崇，特稱上佐，時且代行州府之事。典籤本門下之末吏，後乃轉爲時君之耳目，掣州府之柄，雖府主、上佐亦莫如之何矣。

二 郡佐吏與軍府佐

(甲)郡佐吏

三國郡吏，前史未有明文。

晉書二十四職官志云：「郡國置主簿、主記室、門下賊曹、議生、門下史、記室史、錄事史、書佐、循行、幹、小史、五官掾、功曹史、功曹書佐、循行、小史、五官掾等員。郡國戶不滿五千者，置職吏五十人、散吏十三人；五千戶以上，則職吏六十三人、散吏二十一人；萬戶以上，職吏六十九人、散吏三十九人。」而金石錄二〇晉彭祈碑陰云：「碑陰題名者凡三百十二人。有故孝廉、計掾、計史、良吏、廉吏、計佐、主簿、領校錄事、中部督郵、西部督郵、軍議從事、和戎從事、記室督、軍謀從事、錄事史、戶曹史、賊曹史、金曹史、田曹史、倉曹史、鎧曹史、兵曹史、客曹史、記室史、節史、車曹史、水部都督(水?)、中部都督、功曹典事、武猛從事、舍人、蜀渠都水、行事、中部勸農、西部勸農、東都水、蜀渠平水、門下賊曹、門下議生、錄事、金曹掾、兵曹掾、作部吏、法曹史、參戰、騎督、步督、散督、門下書佐、弓馬從事、監牧吏、戟史、金曹典事、武猛史、門下通事、門下小史。凡一官多者十人，少者不減數人。其餘稱故吏無官號者百六十餘人。」案：彭祈嘗歷西郡、酒泉、略陽三郡太守、護羌校尉。此諸屬佐官名，除軍議從事、軍謀從事、武猛從事、弓馬從事、和戎從事外，大抵爲郡屬佐。又集古錄跋尾四南鄉太守(司馬整)碑陰條云：「南鄉太守將吏三百五十人。……其名號有令，有長，有南閣祭酒、門下督、主簿、部督郵、監江督郵、部勸農、五官掾、文學掾、營軍掾、軍謀掾、府門亭長、主記史、待事掾、待事史、部曲將、部曲督；又有賊曹、功曹、議曹、戶曹、金曹、水曹、科曹、倉曹、鎧曹、左右兵曹，曹皆有掾。又有祭酒，有史，有書佐，有循行，有從掾位，有從史位，有史，有小史等。魏晉之際，太守官屬之制蓋如此。」容齋隨筆一一南鄉掾史條引此碑陰云：「掾、史以下姓名合三百五十一。議曹祭酒十一人，掾二十九人；諸曹掾、史、書佐、循行、幹百三十一人；從掾位者九十六人，從史位者三十一人，部曲督將三十六人。」八瓊室金石補正九南鄉太守郛休碑陰亦云職散吏三百二十人。則職稱員額皆過晉志所載數倍；然位次職任皆不詳。

案：隸續二一，有某碑陰，前有脫葉，不知何碑；而通鑑軒重訂本隸釋卷三〇題爲晉南鄉太守司馬整碑。今觀屬吏籍貫可辨者百人以上，皆爲酇、順陽、南鄉、丹水、武當、陰、筑陽、析八縣，又南陽二人。考晉書地理志，魏、晉之際分南陽郡置南鄉郡，武帝平吳，改名順陽，轄八縣，正是此八縣；又此碑陰職官與集古錄司馬整碑陰略同，定爲司馬整碑陰，蓋無問題；南陽二人，蓋南鄉之譌歟？隸續此碑陰不知前脫幾頁，更不知脫幾人；今存者，依次數之，有主記史一人，門下賊曹一人，議曹掾二十九人（容齋亦二十九人），戶曹掾一人，倉曹掾一人（普通本仍作議曹，通鑑軒本作倉曹。觀其排列次序，又比觀集古錄及容齋隨筆，當以「倉」爲正），金曹掾一人，賊曹掾一人，左兵曹掾一人，科曹掾一人，中部督郵一人，（此處闕一人，或卽南部督郵），北部督郵一人，監江督郵一人，中部勸農一人，南部勸農一人，北部勸農一人；從掾位五十七人，從史位十人，待事掾二人，文學史九人，部曲將□部司馬一人，部曲將武猛中郎將三人，部曲將裨將軍三人，部曲將武猛都尉二人，部曲將武猛校尉一人，部曲將□□校尉二人，騎□將裨將軍一人，部曲將軍司馬一人，部曲將廣野將軍一人。

宋書四〇百官志下：「郡官屬略如公府。無東西曹；有功曹史，主選舉；五官掾主諸曹史；部縣有部（督）郵；門亭長；又有主記史，催督期會；漢制也。今略如之。諸郡各有舊俗，諸曹名號往往不同。」此則載而不詳。

南齊書一六百官志不載郡佐。

隋書二六百官志上述郡佐云：「置丞。……郡丞，三萬戶以上置佐一人。」又云：「郡縣置吏亦各準州法，以大小而制員。郡縣更有書僮，有武吏，有醫，有迎新、送故等員，亦各因其大小而置焉。」是梁、陳之制亦不詳也。

今綜而考之，以明其職稱，序其班位，詳其職掌焉。

(1)丞、長史　魏及西晉承漢，諸郡置丞以佐守，邊郡丞為長史；東晉統謂之丞。魏時，此二職均位七品；晉位八品。

案：晉書百官志不載郡丞、長史。而宋書四〇百官志下：「秦……郡之邊戍者，丞為長史。晉江左皆謂之丞。」謂魏及西晉皆置丞、長史也。魏世郡丞見魏志一一管寧傳（北海）、卷二九管輅傳（清河）、魏略輯本卷一三（弘農）、晉書四一劉寔傳（河南尹），邊郡長史見魏志一五張既傳（隴西）。晉書武帝紀，太始四年正月，詔長吏、郡丞、長史各賜馬一匹。是西晉有丞與長史也。品位見通典職官一八、一九。

蜀亦置丞，蓋無邊郡長史之異。

案：蜀志一三呂凱傳，蜀郡王伉為永昌郡丞。永昌為邊戍郡。

東晉元帝大興二年嘗省諸郡丞。（晉書六元帝紀）旋蓋復置。至成帝咸康七年，又省之（宋書百官志下）；惟丹陽不省（通典三三原注）。

案：丹陽丞之任職者，常見諸傳，如干寶（晉書八二）、杜乂（卷九三）、卞範之（卷九九）是也。

晉末，桓玄在荆、江二州，諸郡亦置丞。

案：此見晉書九九桓玄傳。玄以安帝隆安二年為江州刺史，四年為都督荆、江、雍、秦等八州，荆江二州刺史，二州諸郡置丞，當其時也。

宋文帝元嘉四年，諸郡復置丞（宋書百官志下）。齊、梁、陳均沿置。

案：齊、梁置丞，見通典三三。考之史傳，如劉瓛為彭城丞（南齊書三九）、王思遠為吳郡丞（卷四三），皆在齊世。江革為會稽丞（梁書三六）、到仲舉為吳興郡丞（陳書二〇），皆在梁世。陳亦沿置，如蕭允帶會稽郡丞（陳書二一）、張正直帶尋陽郡丞（卷三四），是也；通典述陳官品亦有之。

宋職八品。陳，萬戶以上郡國七品，小郡八品。

案：此見宋書百官志、隋書百官志及通典三七及三八。齊、梁無考。

郡丞自漢世已是閑職；魏、晉亦然，時人視之不如令長。

御覽二五二陸機集表云：「伏見司徒下諫議大夫張暢除當爲豫章內史丞。暢才思清敏，志節貞厲，……而佐下藩……愚以爲宜解舉，試以近縣。」

南朝，郡守若以他故不能執行政務，則例由郡丞代行郡事。或皇子爲郡而年幼，亦以郡丞爲行事，或以府長史帶郡丞行郡事。諸如此類，其權則重。

梁書一四江淹傳：「景素（宋之諸王）……鎮京口，淹爲鎮軍參軍事領南東海郡丞。……會南東海太守陸澄丁難，淹自謂郡丞應行郡事；景素用司馬柳世隆。」

南齊書四三王思遠傳：「邵陵王子貞爲吳郡，世祖除思遠爲吳郡丞，以本官行郡事。」

梁書三六江革傳：「武陵王在東州，上詔革……除折衝將軍東中郎將武陵王長史會稽郡丞，行府州事。」

陳書二一蕭允傳：「鄱陽王出鎮會稽，又爲長史帶會稽郡丞。」

（2）主簿　魏承漢，置主簿。

案：魏世郡主簿，見魏志一一管寧傳（廣平）、蜀志一四姜維傳（天水尹賞）、晉書四二唐彬傳（魯國唐彬、譙郡）、晉書四三山濤傳（河內山濤）。

蜀亦置之。

案：蜀，郡主簿可考見於蜀志八秦宓傳（廣漢王普）、卷三後主傳注引魏氏春秋（牂柯）。

職甚親近，時則代表太守奉書致禮；若太守有罪，亦先刑主簿；此皆漢世常例也。

管寧傳：「鉅鹿張臶……養志不仕，……遷居任縣。……廣平太守盧毓到官三日，綱紀白，承前，致版謁臶。毓教曰：張先生……豈此版謁所可先飭哉？但遣主簿奉書致羊酒之禮。」

後主傳，牂柯太守朱褒反。注引魏氏春秋：「初益州從事常房行部，聞褒將有異志，收其主簿，按問殺之。」

晉世，郡主簿常見史傳。

案；除前引職官志、彭祈碑陰、古集錄、南鄉太守司馬整碑陰外，又見晉書二五輿服志（河南尹）、金石補正八爨寶子碑（建寧）、書鈔七三黃義仲交廣二州記（合浦尹方）。其爲郡主簿而見本傳者：河內孫鑠（晉書三三）、河東王接（卷五一）、陳國陳頵（卷七一）、會稽謝沈（卷八二）、會稽虞預（卷八二）、廬江陶侃（卷六六）、長沙易雄（卷八九）吳郡張茂度（宋書五三）、彭城劉鍾（宋書四九）。

位僅次於功曹，而在督郵、主記等之上。

案：主簿位次於功曹，見後功曹目引晉書唐彬傳（魏）、山濤傳（魏）、王接傳、謝沈傳。晉書七一陳頵傳：「仕爲郡督郵……拔爲主簿。」卷六六陶侃傳：「太守張夔召爲督郵，領樅陽令，有能名，遷主簿。」卷一二〇李庠載記，巴西人，「仕郡督郵、主簿。」是位在督郵之上也。又晉書二五輿服志，先象車，「河南尹駕駟戟吏六人，次河南主簿，駕一中道；次河南主記，駕一中道。」是位在主記之上也。

故有「綱紀」「朝右」之稱。

晉書三三孫鑠傳，河內懷人。「爲縣吏，太守吳奮轉以爲主簿。鑠自微賤登綱紀。」

晉書六八楊方傳：虞預爲郡主簿，賀循答書曰：「足下……位爲朝右。」

宋、齊、梁皆置之；陳無考，蓋亦沿置也。

案：宋志、齊志、隋志均不載；然考史傳，宋、齊、梁皆有例證。如宋世，吳郡有之，見宋書七五王僧達傳；會稽有之，見宋書五六孔琳之傳及南齊書三三王僧虔傳。其他爲郡主簿之見於本傳者尙多，如：丹陽賈淵（南齊書五二）、任昉（梁書一四）、傅昭（梁書二六）、吳郡陸澄（南齊書三九）、吳興沈文秀（宋書八八）、義興吳達之（南齊書五五）、永嘉張進之（宋書九一）、沛國劉瓛（南齊書三九）等皆在宋世。丹陽蕭琛（梁書二六）吳興丘仲孚（梁書五三）等皆在齊世。瑯邪王規（梁書四一）在齊、梁之際。丹陽周弘正（陳書二四）、會稽虞荔（陳書一九）、吳興沈崇傃（梁書四七），廣平馮道根（梁書一八）、始興薛安都（陳書八）等皆在梁世。

位序職任蓋與晉同。

案：宋書五九張暢傳，吳人，「起家爲太守徐佩之主簿。佩之被誅，暢馳出奔赴，制服盡哀，爲論者所美。」似亦親近吏。又卷七五王僧達傳，爲吳郡太守。「吳郡西郭台寺多富沙門，僧達求須不稱意，乃遣主簿顧曠率門義劫寺內沙門竺法瑤，得數百萬。」此亦非親近吏不任也。

丹陽及大郡之職，地位尤高。

南齊書五二文學賈淵傳：「太始初，辟丹陽郡主簿，奉朝請。」

梁書一四任昉傳：「宋丹陽尹劉秉辟爲主簿。時昉年十八……久之，爲奉朝請，舉兗州秀才，拜太學博士。……（齊）永明初，衞將軍王儉領丹陽尹，復引爲主簿。」

南齊書三九陸澄傳，吳郡人，「起家太學博士，……補太常丞、郡主簿……宋泰始初爲尚書殿中郎。」

同卷劉瓛傳，沛國人，辟州祭酒・主簿，舉秀才，除奉朝請，不就。「除邵陵王郡主簿。」（案：此且除授矣。）

梁書四七孝行沈崇傃傳，吳興人：「起家奉朝請，……天監初，爲前軍鄱陽王參軍事；三年，太守柳渾辟爲主簿。」

陳書二四周弘正傳，汝南人，「起家，梁太學博士，晉安王爲丹陽尹。引爲主簿，出爲鄒令。」

隋志云：梁有迎新、送故之員。考晉末主簿已有之。蓋到任新辟謂之迎新；前爲甲郡所辟之職隨太守轉在乙郡謂之送故。

宋書五三謝方明傳：義熙中，爲晉陵太守，轉南郡相。「晉陵郡送故主簿弘季盛、徐壽之並隨在西。」

(3)主記室掾史　漢有主記室掾史，簡稱主記或記室。魏、晉亦然。又有記室督，蓋掾之別稱歟？

案：魏世，天水主記梁虔，見蜀志一四姜維傳。晉書職官志有主記室、記室史。前引彭祈碑陰有記室督、記室史。晉書七〇劉超傳，仕琅邪記室掾。又河南尹主記見晉書二五輿服志。南鄉主記史見司馬整碑。合此以觀，與漢制不異。職官志、姜維傳、輿服志，主記列名皆緊在主簿後，蓋位下之也。

蜀、吳及宋以下蓋均有之。

案：宋承舊制有主記史，見百官志。

(4)錄事、錄事史　晉世，郡置錄事、錄事史。

案：晉書職官志有錄事史。前引彭祈碑陰有領校錄事，又有錄事史；是在西晉。金石補正八建寧太守爨寶子碑，有錄事一人；是在晉末。

(5)省事　晉及南朝多置之。

案：晉末建寧太守爨寶子碑有省事二人。又南齊書二六王敬則傳：「雖不大識字，而性甚警黠，臨州郡，令省事讀辭，下教判決，皆不失理。」蓋甚親近也。

(6)門下通事　晉郡或置此職。蓋親近而位低。

案：彭祈碑陰有此職，見前引。

(7)門下督、帳下督　晉或置門下督，又有帳下督者，蓋一職異稱。

案：門下督見集古錄南鄉太守司馬整碑陰。天水有帳下督，見晉書六〇張輔傳。

(8)門下賊曹　魏晉以下，郡皆承漢置門下賊曹。

案：晉志及彭祈碑陰皆有門下賊曹。隸續司馬整碑亦有一人。

(9)府門亭長　晉、宋均置此職。

案：此見集古錄南鄉太守司馬整碑陰，又見宋書百官志。

(10)門下掾、史　魏、晉有此職。宋以下無考。

案：晉書四二唐彬傳，魯國人，初為郡門下掾，轉主簿。時在魏世。卷二四職官志有門下史。

(11)門下書佐　三國皆置此職，兩晉亦置。宋以下無考。

案：魏，齊國門下書佐桓威見魏志二一王粲傳；安平太守王基有書佐，見魏志二九管輅傳。蜀，蜀郡門下書佐何祇見蜀志一一楊洪傳。吳，會稽門下書佐朱育見吳志一二虞翻傳注引典錄。晉書職官志及集古錄司馬整碑有書佐，彭祈碑陰有門下書佐，是西晉也。建寧太守爨寶子碑有書佐二人，是晉末也。

(12)門下循行　門下幹　魏、晉有此二職。宋以下無考。

案：魏志一二司馬芝傳：「黃初中，入爲河南尹，……門下循行嘗疑門幹盜簪。」卷一五梁習傳注引魏略苛吏傳，劉類，嘉平中爲弘農太守，「夜使幹廉察諸曹。」是亦門下之任也。晉志及集古錄司馬整碑陰均有此二職，且皆在書佐之下、小史之上。建寧太守爨寶子碑，書佐、小史之間亦有幹二人，但無循行。又吳志一七胡綜傳，孫策領會稽太守，綜年十四，爲門下循行，時在漢獻帝初，吳蓋必承置也。

(13)門下小史　晉有此職。

案：晉志及集古錄司馬整碑陰，幹下並有小史。彭祈碑陰有門下小史。晉書五五潘岳傳：岳父芘爲琅邪內史，「孫秀爲小史，給岳，……岳惡其爲人，數撻辱之。」是亦門下之任也。又建寧太守爨寶子碑，幹下有小吏一人，即小史也。

(14)門下其他小吏　此外小吏，如：節史、戟史，晉世有之。

案：此二職惟見彭祈碑陰。

典筆吏，宋世有之。

宋書四六趙倫之傳，子伯符，「爲丹陽尹，……典筆吏取筆不如意，鞭五十。」

典藥吏，齊世有之。

南齊書四三謝瀹傳，永明中，爲吳興太守，「使典藥吏煮湯失火，燒郡外齋南廂。」

齋帥、傳教。宋世有之。

宋書八三黃回傳：「竟陵郡軍人也。出身充郡府雜役，稍至傳教。臧質爲郡，轉齋帥。及去職，將回自隨。質爲雍州，回復爲齋帥，……有功，免軍戶。」案此二職以軍戶爲之，其卑微可知。

鈴下威儀，魏、晉有之。

案：漢制，車前小吏，謂之軨下，字一作鈴。魏晉承之。魏志二九管輅傳，安平太守王基有鈴下。魏志一五梁習傳注引魏略苛吏傳，劉類爲弘農太守，「夜使幹廉察諸曹，復以幹不足信，又遣鈴下奴婢使轉相檢驗。」其爲地位卑下而親近之小吏可知。又爨寶子碑，小史之下有威儀一人；而晉書六八楊方傳，會稽人，「爲郡鈴下威儀。」是卽一職也。

伍百，魏以下皆承漢置。

案：崔豹古今注：「伍伯，一伍之伯也。五人曰伍，伍長爲伯，故稱伍伯。一曰戶伯，漢制，兵吏五人一戶竈，置一伯，故戶伯亦曰火伯，以爲一竈之主也。漢諸公行，則戶伯率其伍以導引也。」宋書百官志云：「諸官府至郡各置五百者。舊說，古君行師從，卿行旅從，五百人也。今縣令以上古之諸侯，故立四五百以象師從旅行，依古義也。韋曜曰：五百字本作伍伯，伍當也，伯道也，使之導引當道伯中以驅除也。周制，五百爲旅帥皆大夫，不得卑之如此說也。又周禮秋官有條狼氏掌執鞭以趨辟，王出入則八人夾道，公則六人，侯伯則四人，子男則二人，近之矣，名之異耳。」導從又見續漢書輿服志。又後漢書一一〇文苑禰衡傳：「江夏太守黃祖……怒，令五百將出，欲加箠。」魏志一五梁習傳注引魏略苛吏傳：「宏農太守……使五百曳五官掾孫弼入。」是主曳箠罪犯也。故後漢書一〇八宦者傳注云：「案今俗呼行杖人爲五百。」是也。據此則自漢迄南朝均置也。

(15)門下議曹祭酒、掾、史、議生 晉、宋置議曹，有掾，或又有祭酒，多至數十人，蓋隨事遣任，不具常職。

案：南鄉太守司馬整碑陰有議曹祭酒十一人（容齋隨筆引），議曹掾二十九人（容齋隨筆及隸續）。又晉書九一儒林徐邈傳：「豫章太守范寧欲遣十五議曹下屬城採求風政。……邈與寧書曰：知足下遣十五議曹各之一縣。……吾謂不可縱小吏爲耳目也。」

宋書五二褚叔度傳：景平中爲會稽太守，有郡議曹掾虞道納。

蓋亦魏世承漢以來之通制也。

水經漸江水注引錢唐記云：「防海大塘在縣東一里許，郡議曹華位家……立此塘以防海水。」案：此記又述及桓玄之事，則爲晉末以後人所作，當時有此傳說，必其時郡有議曹也。

又有門下議生，蓋議曹卽門下之散職也。

案：晉彭祈碑陰有門下議生。晉書職官志有門下賊曹議生，門下蓋貫議生而言。

(16)諸閤祭酒　晉世，郡仍置南閤祭酒、西閤祭酒等以尊顯時彥。

案：集古錄南鄉太守司馬整碑有南閤祭酒，位冠羣僚。又晉書九五藝術索紞傳，敦煌人，太守陰澹命爲西閤祭酒，不就；亦尊顯之意也。

(17)功曹史　魏、蜀、吳三國皆承漢制，諸郡置功曹史。

案：魏河南尹有功曹，見魏志二一傅嘏傳注引傅子；北海有之，見魏志一一管寧傳。他如天水梁緒（蜀志一四姜維傳）、江夏趙濯（吳志一三陸遜傳）、魯國唐彬（晉書四二）、河內山濤（卷四三）、潁川唐峻（卷五〇）皆爲本郡功曹；東萊劉毅僑住平陽，辟平陽功曹（晉書四五）；皆在魏世。蜀世，蜀郡功曹史杜軫，見晉書九〇良吏本傳；又廣漢古林（蜀志八秦宓傳）、永昌呂凱（蜀志一三本傳）皆以蜀時爲郡功曹。吳世，會稽功曹見吳志一二吾粲傳及吳志三孫皓傳注引會稽邵氏家傳。

兩晉、宋、齊、梁皆沿置；陳必有之，惟無考耳。

案：晉世，河南尹有功曹史，見晉書輿服志。南鄉有功曹，見集古錄司馬整碑陰。彭祈碑陰有功曹典事。其他有姓名可稽者：河南王子博（晉書四九胡毋輔之傳）、龐札〔史〕（卷五〇庾純傳）、甄述（卷四九王尼傳）、河東王接〔史〕（卷五一）、潁川庾袞（卷八八）、平陽韋忠（卷八九）、會稽虞預〔史〕（卷八二）、丁譚（卷七八）、孔祗〔史〕（卷七八）、謝沈（八二）、孔季恭〔史〕（宋書五四）、臨海任旭（書鈔七七晉中興書）、建寧周悅（晉書八一王遜傳）皆任郡功曹史，或省稱功曹。宋世，丹陽陶季直（梁書五二）、吳郡張茂度（宋書五三）、吳興沈文秀〔史〕（卷八八）、吳逵〔史〕（卷九一孝義傳）、沈驎士（南齊書五四高逸傳），皆曾辟郡功曹史。又會稽有功曹，見南齊書三三王僧虔傳。齊世，東海王僧孺爲丹陽功曹（梁書三三），豫章滕曇恭爲郡功曹（梁書七七）。梁世，丹陽功曹見北史九〇藝術傳下徐謇傳及北齊書三三徐之才傳。他如會稽孔奐辟丹陽功曹史（陳書二一）、潁川庾承先辟郡功曹，不就（梁書五一處士傳），皆足見其制。

功曹史簡稱功曹，然無以掾爲稱者，此自漢世已然。

案：前引之例甚多，或功曹，或功曹史，無以掾爲稱，漢制詳拙作兩漢地方行政制度。

晉世又置書佐、循行、小史。

案：此惟見晉志。

功曹蓋亦可稱西曹，或因州制而異稱歟？

案：晉志斠注，於功曹書佐下引通典云：「晉以來改功曹爲西曹書佐。」通典言州制，而劉氏以釋郡制，非也。然金石補正八建寧太守爨寶子碑列舉屬吏，有主簿、錄事、西曹各一人，都督、省事、書佐、幹、吏各二人；則西曹似即功曹。蓋州制功曹改稱西曹，郡可變稱耳，非恆制也。

魏、晉承漢，功曹職典選舉與黜罰。

金唐文三七二柳芳姓系論：「魏氏立九品……郡中正、功曹，皆取著姓士族爲之，以定門胄，品藻人物。晉、宋因之。」

魏志二一傅嘏傳：「曹爽誅，爲河南尹。」注引傅子：「五官掾、功曹，主選職。」

晉書四五劉毅傳：「僑居平陽，太守杜恕請爲功曹，沙汰郡吏百餘人。三魏稱焉，爲之語曰：但聞劉功曹，不聞杜府君。」

卷四九王尼傳：「寓居洛陽……初爲護軍府軍士。胡毋輔之與琅邪王澄……迭屬河南功曹甄述及洛陽令曹攄解之。」亦以其職在品藻選舉也。

至於州舉秀才，亦由郡功曹下檄。

晉書八一王遜傳，爲寧州刺史，「未到，遙舉董聯（建寧郡人）爲秀才；建寧功曹周悅謂聯非才，不下版檄。遜既到，收悅殺之。」

宋以下之職蓋仍如故，惟未聞能舉其職者，蓋權已削弱矣。

案：北史九〇藝術傳下徐謇傳，子之才，梁時，丹陽尹袁昂辟爲主簿，有過失，「功曹白請免職，昂重其才術，仍特原之。」是仍主選黜也。

其位，於太守自辟之羣吏中最爲尊顯，有「朝右」之稱。

案：吳志三孫晧傳注引會稽邵氏家傳，邵疇爲會稽功曹，自云：「厠身本郡，踰越儕類，位極朝右。」

故任職者多歷他職而後擢任；及其昇遷，類察孝廉或上計掾、州從事，且有遷宰百里者。

蜀志一三呂凱傳，永昌人，「仕郡五官掾、功曹。」

晉書五一王接傳：「爲郡主簿，迎太守漚宇，宇奇之，轉功曹史；州辟部平陽從事。」

卷八二謝沈傳：「郡命爲主簿，功曹，察孝廉。」

同卷虞預傳：「太守庾琛命爲主簿……轉功曹史，察孝廉。」

卷四二唐彬傳：「初爲郡門下掾，轉主簿，……遷功曹，舉孝廉，州辟主簿。」（魏）

卷四三山濤傳：「年四十，始爲郡主簿，功曹，上計掾，舉孝廉，州辟部河南從事。」（魏）

卷五〇庾峻傳：「歷郡功曹，舉計掾，州辟從事。」（魏）

卷七八丁譚傳：「初爲郡功曹，察孝廉，除郎中。」

宋書五四孔季恭傳：「始察孝廉，功曹史，著作佐郎。」（晉末）

卷五三張茂度傳：「郡上計吏，主簿，功曹，州命從事史。」

卷八八沈文秀傳：「初爲郡主簿，功曹史。」

梁書五二止足陶季直傳：「劉秉爲丹陽尹，引爲後軍主簿，領郡功曹，出爲望蔡令。」（宋末）

卷三三王僧孺傳：「仕齊，起家王國左常侍，太學博士。……王晏爲……爲丹陽尹，召補郡功曹，……遷大司馬豫章王行參軍。」

陳書二一孔奐傳：「州舉秀才，射策高第……爲尚書倉部郎中，遷儀曹侍郎。……丹陽尹何敬容以奐剛正，請補功曹史，出爲南昌侯相。」

(18)五官掾　魏、蜀承漢，置五官掾。

案：魏，河南有之，見魏志二一傅嘏傳注引傅子。弘農五官掾孫弼，見魏志一五梁習傳注引魏略苛吏傳。蜀志八秦宓傳，廣漢人，爲師友祭酒，領五官掾。卷一三呂凱傳，永昌人，仕郡五官掾、功曹。吳無考，蓋亦置之。

兩晉、宋、齊、梁、陳承之。

案：晉制見晉書職官志。集古錄司馬整碑亦有之。其任職之可考者：晉世有會稽賀循（晉書六八）、清河范晷（卷九〇）、巴西襄珍（卷一二〇李特載記）、南郡朱千期（宋書五三謝方明傳）等。宋世，會稽有五官掾，見南齊書三三王僧虔傳。任職之可考者，有永嘉張進之（宋書九一孝義傳）、始興譚伯初（卷八四鄧琬傳）等。齊世，會稽孔逭求郡五官（南齊傳三四虞玩之傳）；又會稽王公林（卷二六王敬則傳）、丹陽殷瀾（卷四〇）皆仕郡此職。陳世，吳郡陸榮（陳書三三儒林陸慶傳）、會稽虞寄（卷一九虞荔傳）皆仕郡五官。

其他位亦甚崇顯，蓋與主簿相上下。

案：宋書張進之傳，由五官遷主簿，似在主簿之下；而據南齊書王僧虔傳，似又在主簿之上、功曹之上。又據虞玩之傳，孔逭於宋末曾爲尙書儀曹郎，齊初爲員外郎，而求會稽五官；於郡吏中自爲顯職。故宋書鄧琬傳，始興相殷孚赴尋陽，「以郡五官掾譚伯初留知郡事」矣。

而常由較高之職兼領之。蓋職無專司，有類散員耳。

蜀志八秦宓傳：「廣漢太守夏侯纂請宓爲師友祭酒，領五官掾，稱曰仲父。」

梁書三六江革傳：「丹陽尹以革爲記室，領五官掾。」

卷三〇顧協傳：「西豐侯正德爲吳郡，除中軍參軍，領郡五官。」

陳書三〇顧野王傳，吳郡人，「父烜，位臨賀王記室兼本郡五官掾。」(梁)

卷一九虞荔傳：弟寄，「會稽太守引寄爲行參軍，遷記室參軍，領郡五官掾；又轉中記室，掾如故。」

案：漢五官位崇而職不專。魏、晉以下，當承舊制。宋書百官志述漢制云：

五官掾主諸曹史事；又云今略如之；蓋得其實。主諸曹卽無一定職司矣，故常以他官兼領也。

據傅子，魏世河南五官掾亦典選事；恐不能與功曹爲比，更非歷代之通制矣。

案：魏志二一傅嘏傳注引傅子：「河南俗黨，五官掾、功曹典選職。」又宋書五三謝方明傳，義熙末爲南郡相，年終縱囚歸家過正。「一囚十日不至，五官朱千期請見，欲自討之。」似亦主罰刑。然通觀大體，恐不專於此。

(19)督郵　魏置督郵。蜀、吳蓋亦置。

案：魏世，弘農有督郵，見後引魏略。

晉志不載此職，而常見碑傳。

案：彭祈碑陰及司馬整碑陰並有之。河南尹有督郵，見藝文類聚六引傅子；太原督郵見晉書七五王湛傳；豫章督郵見卷九四陶潛傳。其他任職之可考者，有陳國陳頵（卷七一）、巴西李庠（卷一二〇）、廬江陶侃（卷六六）、張掖傅曜（卷一二二呂光載記）等。而晉志不載，殊爲疏失。又案：流沙墜簡考釋簡牘遺文第四十二節：「三月十五日具書恩頓首王卒史彥時。」第四十四節云：「十月四日具書焉耆玄頓首王督郵彥時。」又第四十六節云：「督郵王掾。」蓋承漢制，郡縣大吏皆可稱卒史稱掾也。

宋、齊、梁皆承置。陳當亦置。

案：宋諸郡皆置督郵，見宋書百官志下及宋書八五謝莊傳。又梁書一一呂僧珍傳，嘗爲丹陽督郵，時在齊世。及入梁，爲本州刺史，不以廣陵督郵臟自益私宅。是梁世亦有也。

晉世督郵且承漢制，分部置職，有中、東、西、南、北之別。

案：王國維流沙墜簡考釋簡牘遺文第四十四節考證云：「右書乃致王督郵者。卷中致王督郵之書凡四，其三稱王督郵，其一稱王卒史。……此書中既有王督郵，復云□伯進爲東部督郵，則亦每部一人……知晉制與兩漢正同也。」所論甚是，前引彭祈碑陰有中部督郵、西部督郵，隸續司馬整碑陰有中部督郵、北部督郵尤其明徵。

又或因事置員，多至數十人，非恆制矣。

案：晉書八二虞預傳，預爲郡主簿（會稽），上記云：「今統務多端，動加重制，每有特急，輒立督郵，計今直兼三十餘，人船吏侍皆當出官，益不堪命。」此當非恆制。又前引司馬整碑陰又有監江督郵，蓋亦隨事命名，非恆制。

督郵駐住傳舍。

案：藝文類聚六傳子：「樂廣爲河南尹，郡中前廳多怪病，後人皆於廊下督郵傳中治事，無敢在廳事者。」（「督郵傳中」，御覽二五二王隱晉書簡作「郵傳中」）是督郵駐住傳舍，不與郡守同廳事。然此猶在廊下也。梁書一一呂僧珍傳，世住廣陵，後爲本州刺史（南兗），「僧珍舊宅在市北，前有督郵廨。鄉人咸勸徙廨以益其宅。僧珍怒曰：督郵官廨，置立以來便在此地，豈可徙之益吾私宅」是更別在一處，不與太守廳事同所矣。

職在傳遞教令。

魏志一五梁習傳注引魏略苛吏傳：「高陽劉類……嘉平中，爲弘農太守，……外託簡省，每出行，陽勅督郵，不得使官屬曲修禮敬，而陰識不來者。」

卷一六杜畿傳注引魏略：「孟康……正始中，出爲弘農，……時出按行，皆豫勅督郵平水，不得令屬官遣人探候脩設曲敬。」

檢覈非違。

晉書七一陳頵傳：「陳國苦人，……仕郡督郵，檢獲隱匿者三千人，爲一州尤最。太守劉享拔爲主簿。」

而尤以督察屬縣爲其重職。縣囚論竟，亦須經其案驗然後施行。此輩位輕權重，不免檢校苛煩，故縣長吏常與不睦，至有憤而鞭殺者。

晉書一二二呂光載記：「張掖督郵傅曜考覈屬縣，而丘池令尹興殺之，投諸空井。曜見夢於光曰，臣張掖小吏，案校諸縣，而丘池令尹興贓狀狼籍，懼臣言之，殺臣，投於南亭空井中。」

宋書九二良吏阮長之傳：「補襄垣令，督郵無禮，鞭之去職。」

卷八二謝莊傳，孝武大明元年，奏曰：「舊，官長竟囚畢，郡遣督郵案驗仍就施刑。督郵賤吏，非能異於官長，有案驗之名，而無研究之實，愚謂此制宜革。」

又長吏之於督郵，須束帶就謁，此陶潛所以不爲五斗折腰也。

晉書九五隱逸陶潛傳：「爲彭澤令……素簡貴，不私事上官。郡遣督郵至縣（書鈔七八引晉中興書作「察縣」），吏白應束帶見之（中興書作「吏白當版履而就謁」）。潛歎曰：吾不能爲五斗米折腰，拳拳事鄉里小人。義熙三年，解印去縣。」

附載：水經江水注：「江水自建平至東界峽……卽宜都、建平二郡界也。……有五六峯參差互出，上有奇石如二人像，攘袂相對，俗傳兩郡督郵爭界於此。」案：俗傳爭界者不屬之功曹、主簿，或其他諸吏，而指爲督郵，或亦與職掌有關歟？

(20)戶曹　晉置戶曹，有掾有史；蓋漢、魏以來之通制歟？

案：晉太康末，蜀郡有戶曹掾，見華陽國志八大同志。南鄉有戶曹掾，見司馬整碑陰。彭祈碑陰又有戶曹史。晉書三四羊祜傳，祜卒，「荆州人爲祜諱……改戶曹爲辭曹焉。」蓋括郡而言。唐六典三〇注云：「漢、魏以下，州郡皆有戶曹。」

(21)田曹、部勸農

案：彭祈碑陰有田曹史、中部勸農、西部勸農。隸續司馬整碑有勸農，中部、東部、西部各一人。晉書職官志云：「郡國及縣，農月皆隨所領戶多少爲差，散吏爲勸農。」此皆沿漢制也。

(22)倉曹

案：隸續司馬整碑有倉曹掾一人，序戶曹下、金曹上。彭祈碑陰有倉曹史。

(23)金曹

案：隸續司馬整碑陰有金曹掾一人，序倉曹下、賊曹上。彭祈碑陰有掾，有史。

(24)水曹　都水

案：集古錄司馬整碑有水曹掾。彭祈碑有都水。

(25)作部吏 監牧吏 酒官

案：彭祈碑有作部吏及監牧吏。水經注三九耒水注：「(桂陽郴縣)縣有淥水……注於耒，謂之程鄉溪，郡置酒官，醖於山下，名曰程酒，獻同酃也。」又：「(酃)縣有酃湖，湖中有洲，洲上民居，彼人資以給釀，甚醇美，謂之酃酒，歲常貢之。」是皆有關庶政者。

(29)賊曹 晉又有賊曹，置掾、史，與門下賊曹各爲職，須明辨。

案：晉志序「門下賊曹」於「主簿」「主記室」與「議生」「門下史」之間。今觀彭祈碑陰亦序「門下賊曹」於「門下議生」「錄事」之上，而於「戶」「金」「田」「倉」等外曹間又別有賊曹史。又觀隸續司馬整碑陰，前有「門下賊曹」一人在「主記史」「議曹掾」之間；而後列「戶」「倉」「金」「兵」「科」諸外曹間又別有「賊曹掾」。兩碑均有「門下賊曹」，又有「賊曹掾史」；「門下賊曹」皆與門下諸職同列，且與晉志次序絕同，而「賊曹掾史」又均與分職諸外曹同列；其判然有別，必矣。又唐六典卷三〇注云漢魏以下，州郡皆置賦曹。案漢無賦曹，六典又與決曹、法曹同述，「賦」蓋「賊」之譌。

(27) 決曹、法曹、墨曹 魏、晉以下，諸郡沿漢置決曹，或法曹，或墨曹，有掾。

案：此見唐六典卷三〇注。彭祈碑陰亦有法曹史。

(28)兵曹 魏、晉以下皆置之，有掾史，且有分左右曹者。

案；唐六典三〇注云：漢魏以下州郡皆有兵曹。彭祈碑陰亦有兵曹掾、兵曹史。司馬整碑陰有左右兵曹掾。

(29)鎧曹

案：集古錄司馬整碑有鎧曹掾，彭祈碑陰有鎧曹史。

(30)塞曹 魏承漢，於邊郡置塞曹掾史。

案：魏志三〇東夷倭人傳，樂浪郡或帶方郡有塞曹掾史張政等奉使倭國。時在正始中。

(31)武猛掾、史　參戰　營軍掾　軍議掾

案：武猛掾見南鄉太守郛休碑（泰始六年），史見彭祈碑陰。彭祈碑陰又有參戰，郛休碑亦有參戰二人，皆序騎督、步督之前。　營軍掾、軍儀掾見集古錄司馬整碑陰。

(32)諸督將　漢建安中，孫權統境諸郡或置大都督以督兵家。

吳志六孫韶傳，建安八年爲丹陽太守，以嬀覽爲大都督，督兵，戴員爲郡丞並重任，蓋軍民之別也。

吳時，督將之制甚爲廣泛。郡守有部曲，置將分統之，又置部曲督以總其任，隨守遷轉。

吳志三孫皓傳，天紀三年，「郭馬反。馬本合浦太守修允部曲督。允轉桂陽太守，疾病住廣州，先遣馬將五百兵至郡安撫諸夷。允死，兵當分給；馬等累世舊軍，不樂離別，……馬與部曲將何典、王族、吳述、殷興等……攻殺廣州督虞授。」

魏，諸郡當亦有督將，惟不可考。晉世亦置都督，且或分部。又有騎督、步督、散督、部曲督、部曲將，蓋有名異而實同者。

案：晉彭祈碑陰有中部都督、水部都督（水疑北之譌）。建寧太守爨寶子碑有都督二人。彭祈碑陰參戰後又有騎督、步督、散督。郛休碑，參戰後有騎督一人、部曲督八人，部曲將三十四人。容齋隨筆引司馬整碑有部曲督將三十六人；據隸續載此碑，部曲將可辨者十五人，皆本郡籍。又晉書六三郭默傳「河內懷人……以壯勇，事太守裴整爲督將。」卷八一朱伺傳：「安陸人（晉志，安陸屬江夏）……吳平，內徙江夏。伺……不知書，爲郡將督。……張昌之逆，……伺……與同輩……攻滅之。轉騎部曲督，加綏夷都尉。伺部曲等以諸縣附昌，惟本部唱義討逆，逆順有嫌，求別立縣，因此遂割安陸東界爲灄陽縣而貫焉。……其後陳敏作亂，……伺以功封亭侯，領騎督。時西夷賊抄掠江夏，太守楊珉每請督將議拒賊之計；伺獨不言。……」是則督將地位甚高也。又隸續司馬整碑陰，部曲將或加武猛中郎將，或加裨將軍，或武猛校尉，或武猛都尉，亦見其地位之高。

宋世有馬隊主、隊副，蓋卽晉騎督之類。

南齊書二五張敬兒傳，南陽人，「南陽新野風俗出騎射，而敬兒尤多膂力，……爲郡馬隊副，轉隊主。稍官寧蠻府行參軍。」時在宋中葉，地位不高。

又案：敬兒傳始仕爲曲阿戍驛將，後爲郡馬隊副。

(33)科曹

案：司馬整碑陰有科曹掾；據隸續所載，此掾一人，序在賊曹、兵曹之下。其職不詳

(34)車曹　河橋掾　晉置之，蓋掌交通之職。

案：彭祈碑陰有車曹史，蓋掌交通者歟？河南尹有河橋掾，見晉書輿服志，先象車，此職駕一，在河南尹前之左，與功曹史爲並；蓋亦掌交通者。

(36)部傳　齊梁之世有之。

梁書一三沈約傳，少爲宗人所侮，「及貴，不以爲憾，用爲郡部傳。」

(37)客曹

案：彭祈碑陰有客曹史，蓋掌賓客事。

(38)中部掾　晉河南有之，地位甚要。

案：晉書輿服志：先象車，河南中部掾駕一，中道，在洛陽令後，河南尹屬之前，是河南屬吏也。又晉書四三樂廣傳，爲河南尹，「愍懷太子之廢也，……故臣……憤歎，皆冒禁拜辭。司隸校尉滿奮敕河南中部收縛拜送獄。廣卽便解遣。」是亦屬河南尹之的證。

(39)從掾位、從史位　待事掾、待事史

案：此惟見於司馬整碑陰；隸續所載有從掾位五十七人、從史位十人，待事掾二人。

(40)上計吏　漢世，上計之吏有掾、史、佐。魏、晉、南朝承之；亦由郡守於年終舉之，攜計簿入京師，條上郡內衆事，與漢不異。

案：彭祈碑陰有計掾、計史、計佐。其他種種情形，觀下列諸例可知。

魏志二五高堂隆傳：「遷陳留太守。犢民酉牧年七十餘，有至行，舉爲計掾，(明)帝嘉之，特除郎中以顯焉。」

卷二八鄧艾傳：爲汝南太守，舉昔所厚已吏之子爲計吏。

蜀志一四姜維傳，魏天水人，「仕郡上計掾，州辟爲從事。」

晉書四一魏舒傳，任城人，「年四十餘，郡上計掾，察孝廉。」（魏）

卷四三山濤傳，河南人，「爲郡主簿，功曹，上計掾，舉孝廉。」（魏）

卷五〇庾峻傳，潁川人，「歷郡功曹，舉計掾，州辟從事。」（魏）

楚國先賢傳：韓邦，晉武帝時爲野王令，遷新城太守；「坐舉野王故吏爲新城計吏，武帝大怒，遂殺邦。」（魏志二四韓暨傳注引）

晉書三七義陽王望傳，河內人，「仕郡上計吏，舉孝廉。」

卷四一劉寔傳，平原人，「以計吏入洛。」

卷四九向秀傳：「應本郡計入洛。」

卷三四羊祜傳，泰山人，「舉上計吏。」

卷九三外戚羊琇傳，少舉郡計。

卷九二文苑趙至傳，代郡人，占戶於遼西，「遼西舉郡計吏，到洛。」

南齊書三二張岱傳，吳郡人，「郡舉岱上計掾，不行。」

卷五二文學丘靈鞠傳，吳興人，少舉上計。

宋書四〇百官志下：「漢制，歲遣上計掾、史各一人，條上郡內衆事，謂之階簿；至今行之。」

闞駰十三州志：「計階次第歲入貢於天子……郡國封瑞山川草木萬物有無，不得隱飾。」（書鈔七九引）

續漢書郡國志四吳郡海鹽縣，劉昭注：「案今計階簿；縣之故治，順帝時陷爲湖，今謂之當湖。」案：昭、梁時人。

西晉時，計吏入洛，並參加次年之元會，受敕戒以達於郡守。此亦承漢制也。

晉書三武帝紀，太始五年正月癸巳，「申戒郡國計吏，守相令長務盡地利，禁游食商販。」

晉書二一禮志下及宋書一四禮志一引咸寧注，均云計吏參與元會。宋志所引又云：「召諸郡計吏，前受敕戒於階下。」

晉書四二王渾傳：「（惠）帝嘗訪渾，元會問郡國計吏方俗之宜。渾奏曰：

……舊三朝元會，引計吏詣軒下，侍中讀詔，計吏跪受。臣以詔文相承已久，無他新聲，非陛下留心方國之意也。可令中書指宣明詔，問方土異同，賢才秀異，風俗好尙，農桑本務，刑獄得無寃濫，守長得無侵虐。其勤心政化興利除害者，授以紙筆，盡意陳聞，以明聖指垂心四遠，不復因循常辭，且察其對答文義，以觀計吏人才之實。」

漢世，計吏常得拜郎；魏、晉以來，其事少見。

案：前引酉牧拜郎，是特榮之，非常制也。又晉書五九趙王倫傳，倫篡位，計吏之在京邑者皆署吏；此亦權制也。

惟亦頗為時所重，觀前引諸例可知。宋世，會稽計吏尤為尊顯，故皇帝常別敕用人。

宋書九一孝義郭世道傳，會稽人，子原平，又稟至行。太守蔡興宗深加貴異。「會稽貴重望計及望孝，盛族出身，不減祕著。太宗泰始七年，興宗欲舉山陰孔仲智長子為望計，原平次息為望孝：仲智，會稽高門，原平，一邦至行，欲以相敵。會太宗別敕用人，故二選並寢。」

* * * *

以上諸職，除丞由中央任命外，皆為郡守自辟之吏。自辟屬吏可別為門下與非門下兩大類：主簿、主記室、錄事、省事、門下通事、門下督、門下賊曹、門亭長、門下掾史、書佐、循行、幹、小史及門下議曹、諸閤祭酒皆門下也；功曹以下則為外職，非門下也。非門下之任又可分為綱紀、督察、分職諸曹及散職四種。綱紀者綜理衆事，功曹、五官掾是也；主簿亦有綱紀之稱，以其為門下之長也。督察惟督郵一職，外察諸縣。分職諸曹，有戶曹、田曹、勸農、倉曹、金曹、水曹，或置酒官、作部、監牧等，皆有關民、財庶政者；有賊曹、決曹，或法曹，皆有關於刑政者；有兵曹、鎧曹、部曲督將，或有武猛、軍議、參戰、塞曹，皆有關軍事者；有車曹、部傳、河橋掾等，皆有關交通者；此外又或置客曹、科曹、中部掾之屬。散職則有從掾位、從史位、待事掾、史等。年終上計，則有上計吏，類選高級郡吏以任之。綜此以觀，與兩漢大略相同，惟材料多屬晉世，蓋時愈後而制愈微矣。

案：晉書職官志述郡國吏，門幹、小史敍序五官，功曹之前；又述書佐、循行、門幹、小史甚詳，而於戶、倉、兵等重要曹掾遺而不及；似若失倫，而實頗有意義。蓋其所述，自主簿、記室以下至門幹、小史，乃郡守門下之職，五官、功曹乃綜理郡政之綱記；至於戶、兵諸曹，雖位高於小史，然職在外曹，故概從略焉。又晉書八〇王羲之傳，爲會稽太守，遺書尚書僕射曰：「自吾到此，……循常推前，取重者及綱記，輕者在五曹。」不知那五曹，意者，戶、倉、賊、兵必在其列。

凡此諸職，或置一二員，或多至數員數十員不等。魏世，弘農郡吏員二百餘人；晉世蓋三百以上。晉志載大郡職散吏不過一百零八人；小郡才六十餘人；蓋國家制令如此，其實不然也。

案：魏志一五梁習傳注引魏略苛吏傳，嘉平中，劉類爲弘農太守，「吏二百餘人，不與休假。」卷一六杜畿傳注引魏略，正始中，孟康爲弘農太守，「郡領吏二百餘人，涉春遣休，常四分遣一。」弘農非小郡，蓋其時郡吏大抵在二百左右也。晉彭祈碑陰，屬吏凡三百十二人；南鄉太守司馬整碑陰凡三百五十人，南鄉太守郛休碑陰亦云職散吏三百二十人。南鄉非大郡，可知大郡吏員猶不止此。

(乙)軍府佐

魏世，郡守已常加將軍之號，並置參軍。

案：吳志二孫權傳：建安十九年，征皖城，「獲廬江太守朱光及參軍董和。」蜀志一四姜維傳，天水人，以父死難，賜維官中郎，參本郡軍事。是魏諸郡有參軍也。

晉世，郡守加將軍，時亦開府。

案：世說企羨篇注引臨河敍有郡功曹、五官、府功曹、府主簿，又有參軍數人。軍職、府職分別甚明。

宋世，諸郡或當邊防要衝，或以臨時變亂，輒開軍府置佐吏；否則雖加將軍亦不置軍府佐吏也。

宋世五〇張興世傳：「竟陵竟陵人也。……南郡宗珍之爲竟陵郡。……竟陵舊置軍府，以補參軍督護。」

卷七四沈攸之傳:「元嘉中,巴東、建平二郡軍府富實,與江夏、竟陵、武陵並爲名郡。世祖於江夏置郢州,郡罷軍府;竟陵、武陵亦並殘壞,巴東、建平爲峽中蠻所破。」

卷五二袁湛傳:袁詢,「元嘉末,爲吳郡太守,元凶弒立,加詢建威將軍,置佐史。」

卷五七蔡興宗傳:明帝時,「遷鎮東將軍會稽太守。……尋領兵置佐,加都督會稽、東陽、新安、永嘉、臨海五郡諸軍事。」

卷七五王僧達傳:世祖「以爲征虜將軍吳郡太守。……荆、江反叛,加僧達置佐領兵。台符聽置千人,而輒立三十隊,隊八十人。」

卷七八劉延孫傳:「臧質反叛,上深以東土爲憂,出爲冠軍將軍、吳興太守,置佐史。」

卷五二褚叔度傳:褚淡之以景平中爲會稽太守。會孫法亮等之亂,攻山陰。「淡之自假凌江將軍;以山陰令陸紹領司馬,加振武將軍;前員外散騎常侍王茂之爲長史;前國子博士孔欣、前員外散騎常侍謝苓並參軍事;召行參軍七十餘人。」

案:觀此諸條,可知郡守不必加將軍;即加將軍亦未必開府置佐。其開府者,則「府」「郡」兼稱,如宋書五〇劉康祖傳,高祖西征司馬休之,「虔之時爲江夏相,率府郡兵力出湨城,屯三連。」是一例也。齊梁以下大略類此。

郡置軍府者,其佐吏蓋如州軍府,亦即如一般將軍開府者。

案:前引褚叔度傳,自假將軍置佐,郡軍府之規模略備。

有長史。宋以下,小號將軍爲大郡或邊郡置佐吏者,蓋不置此職。

案:晉書三四桓彝傳,爲宣城內史,裨惠爲其長史。卷五六孫綽傳,會稽內史王羲之引爲右軍長史。是晉世有之也。宋書百官志上云:將軍爲刺者,其置佐如公府,有長史、司馬、及諸曹參軍以下;續云:「小號將軍爲大郡邊守置佐吏者,又置長史,餘則同也。」「又」當爲「不」之譌,蓋小號將軍爲大郡太守或邊郡太守不一定置佐吏;若置佐吏,則亦無長史,惟置司馬以下而已。

又案：宋書八一顧覬傳：「孝建元年，出爲義陽王昶東中郎長史寧朔將軍，行會稽郡事。」(昶爲會稽太守)南齊書四六陸慧曉傳：顧憲之，「永明六年，爲隨王東中郎長史行會稽郡事。」梁書四〇到溉傳：「湘東王繹爲會稽太守，以溉爲輕車長史行府郡事。」卷五三良吏庾蓽傳：齊末，「出爲輔國長史會稽郡丞，行郡府事。」會稽大郡，太守恆督五郡，比於刺史；他郡則鮮此例。蓋年幼皇子出蕃，始有長史行事之制；皇子不常爲太守，故不見郡有此制也。

有司馬。

案：司馬亦常見，如南齊書三八蕭景先傳，宋末，爲廣興郡寧朔府司馬。卷五八東南夷傳，永明初，劉僧壽爲巴東軍府司馬　是也。(兩漢内郡已嘗置司馬，見漢書韓延壽傳。又蜀志關羽傳，「先主爲平原相，以羽、飛爲別部司馬。」吳志孫策傳，爲會稽郡司馬。是東漢亦置也。)

有功曹，有主簿，類冠府爲稱，以別於郡職。

世說企羡篇注引臨河敍，有郡功曹魏滂、五官謝繹、府功曹勞夷、府主簿后綿、府主簿任凝。

宋書四二劉穆之傳，江敳爲建武將軍琅邪内史，以穆之爲府主簿。

卷四六張卲傳：「初爲晉琅邪内史王誕龍驤府功曹。」

卷七三顏延之傳：琅邪人，爲後將軍吳國内史劉柳行參軍，轉主簿。

梁書五二止足陶季直傳：丹陽人，「劉秉領丹陽尹，引爲後軍主簿，領郡功曹。」

有錄事。有稱郡錄事者，其職甚重。

案：州府有錄事，郡軍府蓋同。陳書二〇華皎傳，晉陵暨陽人。「梁代爲尚書比部令史。侯景之亂，……文帝爲景所囚，皎遇文帝甚厚。景平，文帝爲吳興太守，以皎爲都錄事，軍府穀帛多以委之，……勤於簿領。及文帝平杜龕，仍配以人馬甲仗，猶爲都錄事。」皎非吳興人，又掌軍府穀帛，其爲郡軍府之職甚明。

有參軍事、行參軍。

案：晉世郡參軍頗常見。如晉書六六陶侃傳，爲龍驤將軍武昌太守，有參軍王貢。卷七一陳頵傳，陳國人，「避難於江西，歷陽內史朱彥引爲參軍。」卷七二郭璞傳，河東人，避難渡江，宣城太守殷浩引爲參軍。卷八二孫盛傳，「出補瀏陽令，太守陶侃請爲參軍。」同卷謝沈傳，「會稽內史何充引爲參軍。」又世說企羨篇注引臨河敍，郡功曹五官、府功曹主簿下有參軍數人，蓋亦郡府之職。前引褚叔度傳，置行參軍七十餘人，其無定員可知。又見前引宋書顏延之傳。

其署曹名號之可考者，惟諮議參軍、記室參軍、錄事參軍等而已。例以州軍府制，諮議、記室蓋非恆制。

案：晉書八二虞預傳，會稽太守王舒，請爲諮議參軍。梁書三六江革傳，丹陽尹以爲記室，領五官掾。會稽軍府記室參軍見梁書四九鍾嶸傳、陳書一九虞荔傳。又宋書五五傅隆傳，除給事中，爲徐羡之丹陽尹軍府錄事參軍。卷八七殷琰傳：「臨海王子頊爲冠軍將軍吳興太守，以琰爲錄事參軍，行郡事。」

晉世常置督護，宋有參軍督護，性質蓋不相同。

晉書六三李矩傳，平陽人，有功封東明亭侯。「還爲本郡督護。太守宋胄欲以所親吳畿代之；矩謝病去。」

卷七四桓豁傳：「南陽督護趙弘趙億等逐太守桓淡，據宛城以叛。」

梁書五四林邑國傳：「安帝隆安三年，……須達復寇日南，……交阯太守杜瑗遣督護鄧逸等擊破之。」

宋書五〇張興世傳，竟陵人。「南郡宗珍之爲竟陵郡……竟陵舊置軍府，以補參軍督護；不就。」

又有防郡隊主

案：南齊書二四張瓌傳，有吳防郡隊主郭羅雲。又卷二九周山圖傳，義興人，「有氣幹，爲吳郡、晉陵防郡隊主。」皆在宋世，觀其籍貫，知爲軍府職。

有典籤等職

南齊書四〇竟陵王子良傳，爲征虜將軍丹陽尹，有典籤。

附流沙墜簡中所見之諸掾屬

流沙墜簡考釋屯戍叢殘稟給類第二十八簡云：

麨二斛八斗當麥一斛四斗稟削工伍伯鈴下馬下李卑等五人人日食八斗起六

月十一日盡十七日（以上簡面第一列）

泰始四年六月十一日受倉曹掾曹頡

吏令狐承付（以上簡面第二列）

功曹史趙倫　主簿梁鸞　錄事掾曹　監量掾闞

伍佰穆成　消工郭受

馬下穆口

領下張豐　（以上簡背）

考證云：「削工，治刀劍室者。史記貨殖傳所謂洒削也。說文，削鞞也。方言，劍削，自河而北燕趙之間謂之室，自關以西，或謂之廓，或謂之削刀室之削，讀若消，故簡背又紙作消工。鈴下，謂鈴閣之下執事者。馬下者，論衡吉驗篇，光武生時有馬下卒蘇永，殆馬前之卒。」

又第三十一簡，簡背有錄事掾。

又第三十二簡，簡背有「領功曹掾梁鸞」

又第三十三簡云：

（上缺）西域長史文書事郎中闞適（下缺）

（上缺）五日倉曹掾江涼監倉掾車成洋（下缺）

（上缺）□□□百卌七斛九斗六升六（下缺）

屯戍叢殘器物類第五十七簡云：

鎧曹謹條所領器杖及亡失簿

又第七十二簡云：

水曹請繩十丈

屯戍叢殘雜事類第五十六簡云：

……五伯陠一口𩨨一合同景元四年八月八日幕下史索盧靈□將張祿(簡面)

……錄事掾(簡背)

又第六十簡云：

泰始二年八月

水曹

人□下張掾

又第六十一簡云：

(上缺)泰始六年九月十二日假督(下缺，在簡面)

(上缺)張龜錄事掾(下缺，在簡背)

又第六十五簡云：

(上缺)……泰始五年十二月廿八日(缺)

從史位車成岱(缺)(以上簡面)

(缺)主簿梁鸞(缺)(簡背)

又第六十六簡云：

(缺)泰始六年五月七日兵曹史□□從掾位趙辯

(缺)兵曹史車成岱(簡面)

(缺)吳　樞　錄事掾梁　鸞(簡背)

又第六十九簡云：

(缺)〔功〕曹趙倫　主簿梁鸞錄事掾曹　監量掾門□

又第七十二簡云：

兼倉吏(缺)

又第七十三簡云：

(缺)四月十日監藏掾趙辯

(缺)兵曹史車成岱(以上簡面)

(缺)樞　錄事(缺)　(背)

又第六十八簡云：

□□□　□曹史張闕主簿梁鸞省

又第七十四簡云：

領功曹吳　關　主簿張緦省

又第七十九簡云：

出大麥種□（缺）　（簡面）

督田掾張（缺）　（簡背）

簡牘遺文第五十三簡有兵曹史高徵

又第七十九節云：

永嘉六年二月十五日

辭曹主者去四年奉

發玉關州內……

又第四十一節云：

十一月卄五日具書浚叩

督郵王掾彥時侍者

又第四十二節云：

三月十五日具書恩頓首

王卒史彥時

又第四十四節

十月四日具書焉耆玄頓首言

王督郵彥時司馬君彥祖侍者……會聞有人從郡（行）

□徐府君糸在小城中唐長史在

□伯進爲東部督郵……

又第四十六節云：

五月七日具書敦

督郵王掾

案：此借簡有載年號者，皆魏末及西晉初年；其他諸簡蓋亦魏、晉遺物。所載官稱有：功曹史、領功曹掾、主簿、錄事掾、文書事郎中、督郵、東部督郵、倉曹掾、監倉掾、監量掾、監藏掾、督田掾、水曹、兵曹史、鎧曹、辭曹、幕下史、從掾位、從史位諸職；又有伍伯、馬下、鈐（領）下、消工諸小吏。觀此諸段材料，倉曹、監倉、監量、監藏、督田、水曹、兵曹、鎧曹、辭曹，其職皆如其名；而功曹、主簿、錄事，則爲綜覈之職，凡有文書皆關省之。又此諸簡（有爲紙片）皆出蒲昌海北。王靜安云，晉時西域長史治此，前後並未置郡。又據稟給類第三十三簡，文書郎中闞適、倉曹掾江涼、監倉掾車成泮皆爲西域長史之屬吏無疑，其他諸職蓋亦長史之屬歟？蓋西域長史總領一方，實如郡守，故得置吏比郡耳。否則，蓋敦煌之屬吏歟？附記於此，可與前考諸曹吏相比證。

三　縣佐吏

魏世縣佐吏，前史不載。晉書職官志述縣屬吏甚詳云：「有主簿、錄事史、主記室史、門下書佐、幹、游徼、議生、循行、功曹史（此三字蓋衍文）、小史（門下二字貫至此）、廷掾、功曹史、小史、書佐、幹、戶曹掾、史、幹、法曹門幹（此疑有誤）、金、倉、賊曹掾、史、兵曹史、吏曹史、獄小史、獄門亭長、都亭長、賊捕掾等員。」其後又云縣置尉與方略吏。宋書百官志云：「諸曹略同郡職，以五官爲廷掾。」據宋志文意，實括漢、魏以下而言之，蓋自漢以來沿置略同也。今據晉志略加疏述增補之。

（1）　丞　漢縣置丞以佐令長綜理庶政。魏大縣亦置，吳亦有之。

案：通典三六，魏官品，縣令千石者位六品，其丞七品。不言小縣丞，蓋省之歟？宋書一六禮志二：「孫皓……尊父和曰文皇帝，……改葬和於烏程……使縣令丞四時奉祠。」是吳亦置也。

晉志不載此職，而實置之，蓋如郡丞時置時省歟？

案：通典三三云：「自晉後無丞。宋時惟建康有獄丞。」觀此文意，晉亦無丞。然同書卷三七列晉官品，大縣丞尉八品，小縣九品，是晉仍有丞也。又晉書九〇良吏范晷傳有堂邑丞劉榮，時在西晉末，亦其徵。

宋尙沿置。

案：宋志述職官未明言有無；而於官品，則諸縣丞尉皆第九品，是亦沿置也。

其後無考，蓋不常置。

案：南齊書二武帝紀：永明元年詔「郡縣丞尉可還原秩。」此括郡而言，難斷言縣有丞也。

宋時，建康特置獄丞。

案：宋志：「後則無復丞；唯建康有獄丞。」則此職最遲於宋世仍有之。

齊以山陰大邑，亦特置之。

南齊書五三良政傳序：「太祖……以山陰大邑，獄訟繁滋，建元三年置獄丞，與建康爲比。」

梁世，建康置正、平、監，比於廷尉，蓋無獄丞矣。

隋書百官志上：「建康舊置獄丞一人。天監元年，詔依廷尉之官置正、平、監，革選士流，務使任職。又令三官更直一日，分受罪繫，事無大小，悉與令籌。若有大事共詳，三人具辨，脫有異同，各立議以聞。尙書水部郞袁孝然、儀曹郞孔休源並爲之，位視給事中。」

案：據梁書武帝紀中，建康三官以天監元年八月戊戌立。據梁書三八朱异傳，此議爲异所發。而梁書三六孔休源傳云：由尙書儀曹郞遷建康獄正。及辨訟折獄，時罕冤人，除中書舍人。則其親重可知。

而山陰獄丞則沿而未革。

案：隋書百官志敍梁官品，山陰獄正爲三品勳位。

（2）尉　西晉，洛陽置六部尉；江左以後，建康亦置六部尉。餘大縣置二人；次縣、小縣各一人。

案：此見晉書職官志。又晉書二五輿服志，先象車儀有洛陽尉二人，騎分左右。卷六九劉隗傳，元帝爲丞相時，「建康尉收護軍士，而爲府將篡取。」又云：「御史中丞周嵩嫁女，門生斷道解廬，斫傷二人；建康左尉赴變，又被斫。」卷八四王恭傳，恭敗奔桓玄，「至長塘湖……湖浦尉……收之以送京師。」（或非縣尉）卷一〇四石勒載記：「段末柸任弟亡歸遼西，勒大怒，所經令尉皆殺之。」凡此皆足見其職掌。又據卷八二虞預傳，會稽諸縣皆有尉。

宋武帝時，縣尉多省。

太平御覽二六九宋武帝詔曰：「百里之任總歸官長。縣尉實效甚微，其費不少。二（？）品縣可置一尉而已，餘悉停省。」

旋蓋復置。文帝元嘉十五年，縣小者仍省之。

案：此見宋志，而無武帝省員一節。又建康右尉見宋書七九竟陵王誕傳，建康草市尉見南齊書五〇鄱陽王鏘寶貧傳，天水顯親縣左尉見宋書九一賈恩傳。

晉大縣尉八品，小縣九品（通典三七）。宋並九品（宋志、通典三七）。

齊、梁、陳蓋亦沿置。

案：據通典三三及唐六典三〇注，宋、齊、梁、陳蓋如晉制。梁書一武帝紀上，東伐既定，令二縣長尉掩埋遺尸。則固沿置也。

自西晉以前，諸縣尉銅印黃綬，朝服武冠如漢制。江左止單衣介幘。

案：見通典三三。又宋書五六孔琳之傳，建言曰：「今世惟尉一職獨用一印，至於內外羣官，每遷悉改。」此亦一異也。

縣尉常與縣令長異治。

案：水經江水注：「北水入朐忍縣，南入於江，謂之北集渠口……朐忍尉治此。」「江水又逕魚腹縣之故陵……魚腹尉治此。」「江水又右逕揚岐山北，……山東有城，故華容縣尉舊治。」「江水自龍巢而東，得俞口……江之北岸有小城，故監利縣尉治。」水經贛水注：「贛水又北逕南昌左尉廨西。」是皆與縣異治之證，多在水濱，蓋與戍同一意義。

各有吏屬，如小史之類。

案：西晉洛陽尉部小史，見晉書三一惠賈皇后傳。

（3）方略吏　晉諸縣置方略吏四人。蓋與丞・尉爲比。

案：方略吏四人，見晉書職官志，但不與縣吏主簿、功曹等同述，而與縣尉另成一節；其性質蓋非縣令長自辟屬吏之比，而與丞尉爲近也。太始中，江原縣方略吏，見華陽國志八大同志。

（4）主簿　魏、蜀有主簿，位次於功曹。

案：此詳後功曹目引魏志東沃沮傳及登部耆舊雜紀。

晉亦沿置，爲門下之長。

案：前引晉志，主簿序最先，又見晉書五六周訪傳（尋陽）及彭祈碑陰。

宋以下當亦置。

案：宋書九一孝義許昭先傳，本邑補主簿，不就。

(5)錄事、史　魏時，縣置錄事。

案：魏志一四蔣濟傳注引列異傳，濟兒死，爲陰司泰山伍百，後轉爲錄事。俗傳陰司之縣有此職，是當時諸縣必有此職也。

晉置錄事史（晉志）宋以下無考。

(6)主紀室史　晉置之（晉志）。

(7)門下史　晉置之。

案：晉世縣有此職，見晉書三六劉卞傳。晉志失載。

(8)門下書佐　晉置之。

(9)門下幹　晉置之。

(10)門下游徼　晉置之。

(11)門下議生　晉置之。

(12)門下循行　晉置之。

案：此五職均惟見於晉志。宋書九一孝義余齊民傳，晉陵人，爲邑書吏，蓋書佐歟？

(13)門下小史　晉置之。魏有伍百、鈴下，晉以後蓋亦置。南朝有縣僮。凡此，蓋皆小史之類也。

案：晉志，功曹史兩出，其第一功曹史蓋衍文，則小史緊承循行，亦門下之任也。晉書三六劉卞傳，東平須昌人，本兵家子，爲縣小吏。卷四九光逸傳，樂安人，爲博昌小吏。蓋皆小史之類；惟未必爲門下耳。魏志二三裴潛傳注引魏略：「黄朗……黄初中爲長吏，遷長安令……魏令。……自以父故，常忌呼鈴下、伍百，而呼其姓字。」卷一四蔣濟傳注引列異傳，兒死，爲陰司泰山伍百，甚苦。是魏世尚有此二職也。此爲門下之任，蓋即門下小史之類。晉志不載。宋志云：「諸官府至郡各置伍百。」是縣不置也。乃下又云：「令縣令以上，古之諸侯，故立四伍百，以像師從旅從。」則縣令似亦有之。梁初，餘姚縣僮甚衆，亦爲吏役，見梁書五三良吏沈瑀傳。

(14)功曹　魏、蜀之世，諸縣皆置功曹。

魏志三〇東夷沃沮傳：「不耐濊侯至今猶置功曹、主簿、諸曹，皆濊民作之。……則故縣國之制也。」

蜀志一五楊戲傳注引益部耆舊傳，常播，蜀郡江原人，仕縣主簿、功曹，舉孝廉。又衛繼，嚴道人，父爲縣功曹。

晉亦沿置。職主選署與黜罰；然皆白令長而後行之。

案：晉志有功曹史；又見晉書三六劉卞傳（西晉，東平須昌）、卷五二華譚傳（甄城縣）、卷五八周訪傳（廬江尋陽）、卷七一熊遠傳（豫章南昌）、卷八二虞預傳。預傳云：「餘姚（預籍）風俗各有朋黨。宗人共薦預爲縣功曹，欲使沙汰穢濁。預書與其從叔父曰：近或聞諸君以預入仕，便應委質，則當親事，不得徒已。然預下愚，過有所懷，邪黨互瞻，異同蜂至；一旦差跌，衆鼓交鳴。毫釐之失，差以千里，此古人之炯戒，爲預所大恐也。卒如預言，未半年，遂見斥退。」此最足見其職。又周訪傳云：「爲縣功曹。時陶侃爲散吏，訪薦爲主簿。」劉卞傳：「兵家子……爲縣小吏……一功曹銜之，以他事補亭子。有祖秀才者……謂縣令曰：卞，公府掾精者……令卽召爲門下史。……無幾，卞兄爲太子長兵，旣死，兵例須代；功曹請以卞代兄役；令……不聽。」是亦其顯例也。

功曹史下有書佐，有幹，有小史。

案：此惟見晉志。

宋以下當亦沿置功曹。

案：據宋志文意，亦沿置之。水經葉水注引劉欣期交州記，龍編縣功曹左飛，不知何時。

(15)廷掾　晉沿漢置廷掾，卿郡五官之職也。

案：廷掾見晉志。又晉書五二華譚傳，爲甄城令，有廷掾張延。卷九五藝術韓友傳，舒縣廷掾王睦。此二者皆在西晉。漢世，縣廷掾猶郡之五官掾。

魏及宋以下，蓋皆置之。

(16)戶曹　晉諸縣置戶曹，有掾，有史，有幹。

案：此見晉志。晉書三四羊祜傳，祜卒，「荊州人爲祜諱，……改戶曹爲辭曹。」蓋指縣而言，是荊州嘗易名也。」

宋，齊以下當沿置。

案：南齊書一六百官志：「諸陵令，永明末置。用二品三品勳。置主簿，戶曹各一人，六品保舉。」陵制比縣，則縣亦應有也。

(17)法曹　晉置法曹，有幹；蓋亦有掾，有史。

案：晉志述縣諸曹云：「戶曹掾史幹，法曹門幹，金、倉、賊曹掾史、兵曹史、吏曹史。」門幹爲門下之任，法曹不應有，門蓋史之譌，又脫掾字；觀法曹之位序及前後諸曹之吏員，亦可知法曹應有掾史也。

宋以後亦有主律令決刑獄之吏；惟曹名無考耳。

案：南齊書四八孔稚珪傳，永明中，疏云：「寃毒之死……非但健吏之咎；列邑之宰亦亂其經。……獷情濁氣，忍幷生靈，……獄吏雖良，不能爲用。」梁書四二傅岐傳，天監中，除如新令。有囚，「法當償死。會冬節至，岐乃放其還家，……曹掾固爭，……岐曰，其若負信，縣令當坐，主者勿憂。」是律令刑獄之事亦有曹掾專理也。

(18)金曹　晉置之，有掾，有史。（晉志）

(19)倉曹　晉置之，有掾，有史。南朝又有倉監，地位甚低。

案：晉志有倉曹掾史。梁初，餘姚縣有石頭倉監，其員不止一人，亦爲吏役之一種，見梁書五三良吏沈瑀傳。

(20)賊曹　晉置之，有掾，有史。（晉志）

(21)兵曹　晉置兵曹史（晉志）

(22)吏曹　晉置吏曹史，蓋掌吏役調發之任。

案：晉志有吏曹史。此一時代之小吏皆爲一種徭役。宋書五三謝方明傳，爲會稽太守，「前後征伐，每兵運不充，悉發倩士庶。事既寧息，皆使還本；而屬所刻害，或即以補吏。……方明簡汰精當……雖服役十載，一朝從理。」卷九二良吏徐豁傳，爲始興太守，表陳三事。其一曰：「郡大田武吏，年滿十六，便課米六十斛，十五以下至十三，皆課米三十斛。」梁書二二安成王秀傳，爲荆州刺史，「簡府州貧老單丁吏，一日遣散五百餘人；百姓甚悅。」又爲郢州刺史，「主者或求召吏；秀曰：不識救弊之術，此州凋殘，不可擾也。」此例至多，即此數例，已可徵小吏實爲力役矣。此自漢已然，容別詳論。吏役多由縣鄉調發，（參看鄉里吏），縣有吏曹史，蓋職此歟？

(23)獄小史　獄門亭長　晉置之。（晉志）

(24)賊捕掾　晉置之（晉志）

(25)門亭長　晉置之。

案：晉書四九光逸傳，初爲博昌小吏，後爲門亭長。

(26)油庫吏　南朝建鄴有之。

案：南史九陳本紀上：陳霸先「至建鄴，爲油庫吏，徙爲新喻侯蕭暎傳教。」

(27)驛吏　晉置之。

案：東晉，縣有驛吏，見續漢書輿服志劉昭注，

(28)江州縣有橘官，閬中縣有守黄柑吏

水經江水注：「縣（江州）有橘官荔枝園。」

御覽九六六引晉令，閬中縣有守黄柑吏一人。

(29)勸農

晉志云：「郡曹及縣，農月，皆隨所領戶多少爲差，散吏爲勸農。」

・　・　・　・

綜此以觀，縣佐亦可分爲中央任命之上佐及令長自辟之屬吏兩種。丞，尉爲有秩命之上佐，方略吏之性質或與丞尉爲近，是上佐也。自主簿以下皆爲自辟之屬吏；然也可大別爲「門下」與非門下之外職兩類。主簿、錄事、記室、門下史、書佐、幹、游徼、議生、循行、小史，是門下也。功曹、廷掾、戶、法、金、倉、賊、

兵、吏等曹及賊捕掾、獄吏等是外職也：就中功曹、廷掾是綱紀，戶、法、金、倉、賊、兵、吏諸曹以下，皆分曹分職也。此外又有散吏。綜此職散諸吏，員額因轄戶多少而異。晉志云：「戶不滿三百以下，職吏十八人，散吏四人；三百以下（當作上），職吏二十八人，散吏六人；五百以上，職吏四十人，散吏八人；千以上，職吏五十三人，散吏十二人；千五百以上，職吏六十八人，散吏十八人；三千以上，職吏八十八人，散吏二十六人。」此乃法令規定之人數，實則恐不止此。

案：晉志云「鄴·長安置吏如三千戶以上之制。」此西晉也。

* * * *

州刺史·郡太守常加將軍之號置府佐，已如前考。縣令長亦有加將軍之號，且有開府置參軍者，其事蓋不常見。

案：册府元龜七〇一，述此一時代縣令長之制云：「亦有帶雜號將軍而爲之者。」檢之史傳，亦頗常見。又宋書四八朱齡石傳云：「遷武康令，加寧遠將軍。……武康人姚係祖招聚亡命，專爲劫盜。……齡石至縣，僞與係祖親厚，召爲參軍，……斬之。」是且置府佐也。

四　鄉里吏

宋書百官志云：「漢制，……五家爲伍，伍長主之；二伍爲什，什長主之；十什爲里，里魁主之；十里爲亭，亭長主之；十亭爲鄉，鄉有鄉佐、三老、有秩、嗇夫、游徼各一人，鄉佐、有秩主賦稅，三老主教化，嗇夫主爭訟，游徼主姦非。」沈約之意以爲自漢以下大抵沿而未革。今考晉世縣下實有鄉、亭、里、伍之制。

案：晉書三九荀勗傳，武帝時論政有云「其五等體國經遠，實不成制度，然但虛其名，其於實事，略與舊郡縣鄉亭無異。」是縣下鄉亭次第一如漢世之明徵。里伍詳後。

晉書百官志述鄉制云：「縣五百〔戶〕以上皆置鄉，三千以上置二鄉，五千以上置三鄉，萬以上置四鄉，鄉置嗇夫一人。鄉戶不滿千以下置治書史一人，千以上置史、佐各一人，正一人；五千五百以上置吏（史）一人，佐二人。」

案：晉書九四隱逸翟湯傳：「建元初，安西將軍庾翼北征石季龍，大發僮客以充戎役，敕有司特蠲湯所調。湯悉推僕使委之鄉吏，吏奉旨，一無所受。」是則鄉吏之職也。

三老、有秩亦可考見於魏、晉之世。

案：通典三六，述魏官品，諸鄉有秩三老，第八品；諸鄉有秩第九品。魏志：文帝丕傳，建安二十五年，軍次於譙，大饗父老。注引魏書云：「三老吏民上壽。」卷三〇東沃沮傳：「至今……沃沮諸邑落渠帥皆自稱三老。」

晉書一〇三劉曜載記，石勒擒曜，送歸襄國，「北苑市三老孫機上禮求見曜。」是魏、晉有之也。

亭制，晉志惟有都亭長。今考魏，晉有都亭，有野亭，可止宿其中，如漢制。

晉書三三石苞傳，苞鎮淮南，及得罪，「放兵，步出住部亭待罪。」

卷四四鄭默傳，為東郡太守，歲饑，輒開倉振給，「乃舍都亭，自表待罪。」

卷四九阮籍傳，太尉蔣濟辟之，「籍詣都亭，奏記……而……去。」

卷九四隱逸陶潛傳：王弘知潛當往廬山，乃齎酒候於半道。「潛既遇酒，便引酌野亭。」

卷九五藝術隗炤傳：「臨終書版授其妻曰：……後五年春當有詔使來頓此亭姓龔。……期日，有龔使者止亭中。」

卷七九謝萬傳：「嘗與蔡系送客於征虜亭，與系爭言，系推萬落牀。」

卷四九稽康傳：「康嘗游於洛西，暮宿華陽亭，」從鬼學琴。

同卷謝鯤傳：「避地於豫章，嘗行經空亭中，夜宿此亭。」亭舊每殺人，鯤獲鹿妖。

案：觀此諸例，與漢不異，宋以下則不常見。

亦各有部域。

魏志一五賈逵傳注引楊沛傳：「占河南夕陽亭部荒田二頃，起瓜牛廬，居止其中。」

亭置亭長、亭子、亭候。

案：都亭長見晉志，又晉書二五輿服志，先象車鹵簿有洛陽亭長九人。亭子見晉書三六劉卞傳，甚賤卑。晉書六六賀循傳，西晉末，長江多盜賊，循議曰：「沿江諸縣各有分界，……可度士分力，多置亭候，恆使徼行，峻其綱目。」是巡禁盜賊也。

蓋以一制而兼政治、警衞、交通諸任務，一如漢世也。

案：晉書三〇刑法志，武帝時，張華等「表抄新律諸死罪條目懸之亭傳，以示兆庶。有詔從之。」亭傳有驛可知。

宋以後蓋亦有亭。

案：梁書一三范雲傳之「出爲始興內史，郡多豪猾大姓，……邊帶蠻俚，尤多盜賊。……雲入境，撫以恩德，罷亭候，商賈露宿。」是梁亦有亭。

關於里制，晉志云：「縣率百戶置里吏一人；其土廣人稀聽隨宜置里吏，限不得減五十戶。」迄南朝末葉，仍有里司。

案：宋書五四羊玄保傳：「劉式之爲宣城，立吏民亡叛制，一人不禽，符伍里吏送州作部。」梁書二二安成王秀傳，天監六年，出爲都督江州刺史，「聞前刺史取徵士陶潛曾孫爲里司。」南史九陳本記上，「高祖……初仕鄉爲里司。」是終南朝皆有里司也。

里下有伍、村。

案：晉書八〇王羲之傳，爲會稽太守，遺尙書僕射書曰：「自軍興以來，征役及充運……叛散不返者衆……常制，令其家及同伍課捕；課捕不擒，家及同伍尋復亡叛。」宋書七四沈攸之傳，爲都督郢州刺史，「將吏一人亡叛，同籍符伍充代者十餘人。」是有伍也。村見宋書五三謝方明傳、卷九一孝義郭世道傳、陳書五高宗紀。

伍有吏，

案：此見前引宋書羊玄保傳。

村有長，又有路都。

南齊書五海陵王紀，詔省力役，有云：「諸縣使村長路都防城直縣，爲劇尤深，亦宜禁斷。」

梁書二武帝紀中，天監十七年詔曰：「天下之民有流移他境……本鄉無復居宅者，村司三老……卽爲詣縣告請村內官地官宅。」

五　地方學官

余前考兩漢地方學官，不與郡縣屬吏同述。今案：晉書職官志，州屬佐條不載學官之職；於郡佐條，首列屬佐職稱，次敍吏員人數，最後乃云：「郡國皆置文學掾一人。」於縣佐條，首列屬佐職稱，次敍吏員人數，次敍鄉里部吏，最後乃云：「戶千以上置校官掾一人。」又隸續二一南鄉太守司馬整碑陰，門下綱紀居前，諸曹次之，散吏又次之，最後乃列文學史九人。觀此三處排列次序，皆足顯示學校之職雖亦以掾史爲稱，然與一般行政掾史實不相同，故綜州、郡、縣文學之制別述之。

(1)州學官

魏冀州有文學從事

案：管輅以正始中爲冀州文學從事，見魏志二九本傳及北堂書鈔七三引輅別傳。

蜀益州置勸學從事數員，又置典學從事，總一州之學者。

案：蜀志二先主傳，建安二十五年，勸先主稱尊號之諸臣中有勸學從事張爽、尹默、譙周三人，敍次祭酒、議曹之後。尹默又見蜀志一二本傳。同卷譙周傳云：「建興中，丞相亮領益州牧，命周爲勸學從事(蓋再任)。亮卒，……將琬領刺史，徙爲典學從事，總一州之學者。」

吳廣州亦嘗置師友從事

吳志四士燮傳，黃武中，呂岱爲廣州刺史，以燮子匡爲師友從事。案此未必爲學官之職。

西晉益州有典學從事，東晉有勸學從事，蓋承蜀制有學校。

案：華陽國志八大同志，蜀郡何祇爲益州典學從事，時在泰始中。金石錄二〇學生題名碑(集古錄作漢碑，誤)亦有典學從事史一人，時亦在西晉。學生題名碑並有左生右生，是典學從事爲學校教育之職之明證。又宋書九一孝義恥穎傳，遂寧人，益州刺史毛璩辟爲勸學從事，時在東晉末。

西晉，華軼爲江州刺史，置儒林祭酒。

晉書六一華軼傳，永嘉中爲江州刺史。「雖逢喪亂，每崇典禮，置儒林祭酒以弘道訓。乃下教曰：今大義頹替，禮典無宗，朝廷滯議，莫能攸正……宜特立此官，以弘其事。軍諮祭酒杜夷……才學精博，道行優備，其以爲儒林祭酒。」

東晉，庾亮爲江州刺史，鎭武昌，開置學校，亦置此職，班同三署郎。又置典學從事，地位亦崇。

宋書一四禮志一：「(晉)征西將軍庾亮在武昌，開置學官。教曰……便……起立講舍，參佐大將子弟悉令入學，吾家子弟，亦令受業。……建儒林祭酒，使班同三署，厚其供給；皆妙選邦彥，必有宜者，以充此舉。……亮尋薨，又廢。」

晉書九八孟嘉傳：「庾亮領江州，辟部廬陵從事……轉勸學從事。」斠注引御覽二六五孟嘉別傳云：「庾亮拔嘉爲勸學從事，……亮盛修學教，高選儒官，嘉値尙德之舉。」

他州蓋亦常置儒官，惟不可考。

案：隋書經籍志一，有晉儒林從事黃穎注周易四卷。不知何州。

張軌爲涼州刺史，立學官，置崇文祭酒。

晉書八六張軌傳，永寧初，軌出爲涼州刺史，「徵九郡胄子五百人，立學校，始置崇文祭酒，位視別駕，春秋行鄉射之禮。」

宋，揚州、東揚州皆置文學從事。

案：宋書九一孝義孫法宗傳，吳興人，「世祖初，揚州辟爲文學從事；不就。」卷九三隱逸朱百年傳：「時山陰又有寒人姚吟亦有高趣，……義陽王昶臨揚州，辟爲文學從事；不就。」昶以孝武時爲東揚州刺史，是揚州、東揚州皆置之也。

大明中，改東揚州爲揚州，豫章王子尙爲刺史，立左學，置儒林祭酒，文學祭酒，勸學從事，職位並崇。

宋書八〇豫章王子尙傳：大明三年，以浙西爲王畿，浙東爲揚州，使子尙爲都督刺史。七年，「立左學，召生徒。置儒林祭酒一人，學生師敬，位比州治中；文學祭酒一人，比西曹；勸學從事二人，比祭酒從事。」

又案：宋書九一孝義郭世道傳，會稽永興人，孫靈馥，辟儒林祭酒；不就。是亦東揚也。

齊諸州有文學從事史（南齊書百官志）。高帝建元元年，豫章王嶷爲荆、湘二州刺史，開館立學．亦置儒林祭酒、文學祭酒、勸學從事，地位亦崇。

案：南齊書二二豫章王嶷傳：建元元年，爲都督荆湘等八州諸軍事、驃騎將軍，荆湘二州刺史。二年夏，「於南蠻園東南開館立學，上表言狀，置生四十人，取舊族父祖位正佐台郎年二十五以下十五以上補之。置儒林參軍一人，文學祭酒一人，勸學從事二人。」又卷四六王秀之傳：「遷豫章王驃騎長史，於荆州立學，以秀之領儒林祭酒。」蓋卽儒林參軍也。

梁諸州皆置文學從事，均不登品（隋書百官志上）。豫東王爲荆州刺史，亦置儒林祭酒，地位則崇。

梁書四八儒林賀瑒傳：子革，武帝時，「出爲西中郎湘東王諮議參軍。……王初於府置學，以革領儒林祭酒。」

陳蓋承梁，諸州有文學從事，惟無考。

案：隋志梁官品表有登品十八班，不登品七班；文學從事皆在不登品之七班中。至於陳班品表，僅載登品之職；不登品者概付缺如，非必無文學從事也；此觀兩揚、南徐載至主簿、西曹、祭酒、議曹爲止，荆、江等州載至主簿、西曹爲止，豫、廣、衡等州載至別駕、治中爲止，可以推知。

（2）郡學官

魏、晉亦嘗提倡教育，於郡縣立學官，恐亦俱文而已。

魏志二四高柔傳：明帝時，奏云：「昔漢末陵遲，……雄戰虎爭……遂使儒林之羣隱而不顯。太祖初興，愍其如此，……並使郡縣立教學之官。高祖卽位，遂闡其業，興復辟雍，州立課試，於是天下之士復聞庠序之教。」

晉書七九謝石傳，「於時學校陵遲，石上疏請興復國學，以訓冑子，班下州郡，普脩鄉校。疏奏，孝武帝納焉。」

案：此亦俱文，觀中央大學之事可知。

惟郡守中亦頗有留意教育者。

案：魏志一六倉慈傳注引魏略：「顏斐……爲京兆太守，……起文學，聽吏民欲讀書者復其小徭。」卷二六牽招傳：爲雁門太守，……簡選其才識者詣太學受業，還相教授，數年中庠序大興。」是魏世也。晉書七五范甯傳，孝武時，出爲豫章太守。「在郡又大設庠序，遣人往交州採磬石以供學用。改革舊制，不拘常憲，遠近至者千餘人，資給衆費，一出私錄（祿）；並取郡四姓子弟皆充學生，課讀五經；又起學臺，功用彌廣。」（又見宋書九三隱逸周續之傳）卷九三外戚王恂傳：「累遷河南尹，建立二學，崇明五經。」卷八二虞溥傳：「除鄱陽內史，大修庠序，廣招學徒，移告屬縣……乃具爲條制，於是至者七百餘人，乃作誥以獎訓之。」卷七五范汪傳，爲東陽太守，「在郡大興學校，甚有惠政。」是晉世也。宋書一〇〇自序，元嘉中，亮爲南陽太守，「時儒學崇建，亮開置庠序，訓授生徒。」是宋世也。他如會稽郡學，見宋書五四孔靖傳；吳興郡學，見宋書五三謝方明傳；皆在晉末。又陳書三二儒林顧越傳：「吳郡鹽官人也，所居新坡黃岡，世有鄉校，由是顧氏多儒學焉。」是吳郡鄉校甚有歷史也。

魏世郡學置文學掾。

案：魏志二九管輅傳，清河太守辟爲文學掾。注引別傳作北黌文學。

晉世，郡學置文學掾史，或且置主事，祭酒。

案：晉志，郡國皆置文學掾一人。晉書七一熊遠傳豫章南昌人，郡辟文學掾，不就。卷九二文苑王沈傳，高平人，仕郡文學掾。隸續司馬整碑有文學史九人。郡學主事，見華陽國志一一李毅條。祭酒見晉書八二虞溥傳（鄱陽）。

石季龍亦令郡國立五經博士。

案：此見晉書一〇六石季龍載記。

蓋魏、晉以來皆承漢置文學之職。

案：宋元嘉中，安成文學王孚，見宋書一〇〇自序。唐六典三〇注云「魏、晉以下，郡國並有文學。」蓋信。

(3)縣校官

漢諸縣多置校官。建安八年，曹操申令，縣滿五百戶卽置校官。

魏志一武帝傳，建安八年七月令曰：「喪亂以來十有五年，後生者不見仁義禮讓之風，吾甚傷之。其令郡國各脩文學；縣滿五百戶，置校官，選其鄉之俊造而教學之。庶幾先王之道不廢，而有益於天下。」

魏世，縣令亦頗有以教學爲事者。

水經沔水注：「(陰)縣東有縣令濟南劉熹字德怡，魏時宰縣，雅好博古，教學立碑；載生徒百有餘人。」

晉世，縣率千餘戶立一小學，置校官掾一人；不滿千戶者亦置立。

晉書百官志：「(縣)戶千以上置校官掾一人。」

御覽五三五引晉令：「諸縣率千餘戶置一小學；不滿千戶，亦立。」

附記：本篇第 468 面，論州佐諸曹，判斷晉書百官志斠注所引荀岳墓碣之"部徐州田曹屬"非州吏。但未見荀碣原文，究爲憾事。今整理本所所藏拓本，獲見此碣。文云：「咸寧……三年七月，司徒府辟，……應命，署部徐州田曹屬。太康元年……舉秀才。」則此田曹屬爲司徒之屬吏，甚明，絕非州吏也。晉志斠注以爲州吏，殊失之。本文已排定，不便多改，因附記於此。

五月十一日。

出自第二十本上(一九四八年六月)

舊唐書地理志「舊領縣」之表解

岑仲勉

舊唐書地理志（已下省稱舊志）如京兆府「舊領縣十八，……天寶領縣二十三，」華州「舊領縣二，……天寶領縣三」同州「舊領縣九，……天寶領縣六，」坊州「舊領縣二……天寶領縣四，」……此種書法，除少數羈縻州及唐中以後新設之州外，每州下幾於無不如是，今不必繁舉。惟「舊」字究指某一時期，向來論史者似未之及，余滋惑焉。

所謂「舊」必在天寶已前，固無疑問。天寶前爲開元，今考舊志三八有云，「開元三十一年，分天下爲十五道，」（衲本、聞本訛「五十，」據岑氏舊唐書校勘記改，已下省稱岑校記。）又云，「開元二十八年戶部計帳，凡郡府三（衲本、聞本均訛二，今據新唐書三七改，因舊志前文言貞觀十三年「凡州府三百五十八，」開元之數，斷不能比貞觀少百餘也。）百二十有八，縣千五百七十有三，」然則「舊領豈指開元廿一或廿八年言之乎？涉此猜擬，吾人試略涉獵各州下所記沿革，便可決其不然，因開元末至天寶初中間僅數年，殊未見有如許縣分之改隸也。

崇文總目云，「唐書一百三十卷，唐韋述撰。初吳兢撰唐史，自創業迄於開元，凡一百一十卷，述因兢舊本，更加筆削，刊去酷吏傳，爲紀志列傳一百一十二卷，」論兢之著作，祇謂自初唐至開元，論述則特提志傳，似「志」是述創作，顧數目僅多二卷，則又不類。夷考舊書一〇二兢傳，「中書令蕭嵩監修國史，奏取兢所撰國史，得六十五卷，……兢卒後，其子進兢所撰唐史八十餘卷，」（新書一三二兢傳前截略同，後截删去。）同卷述傳云，「國史自令狐德棻至於吳兢，雖累修撰，竟未成一家之言，至述始定類例，補遺續闕，勒成國史一百一十二卷并史例一卷，」（新一三二述傳略同）則崇文之言，不實不盡。所可決者、述書斷包羅吳兢寫作之一部，惟某爲兢舊，某是述添，後人已不可確知。兢卒天寶八載，年已八十餘，述當安祿山之亂，抱國史藏南山，至德二年、以嘗受僞官貶死。石晉修史，多本吳、韋舊稿，世所熟聞，今舊志有云，「今舉天寶十一載地理，」殆屬述之遺文。又天寶元年始改州爲郡，而志顧云，「開元二十八年戶部計帳，凡郡府……」（見前引）不曰「州府」(1)（貞觀下固曰州府。）而曰「郡府」亦露後來改削之迹。十七史商榷七二評新舊書戶口數云，「考舊紀天寶十三載之數，戶與口皆增於開元二十八年頗多，乃兩書地理志皆不據極盛者爲準，而取開元二十八年之數，非也，」則須知吳、韋之書，非至死時始絕筆，其勒成最遲殆在天寶十一。舊紀載天寶十三載之數，兢已早故，述雖及知而未必願屢屢修改，舊紀此項資料，應是令狐峘等之續貂。唐天寶至五代，屢經喪亂，戶部帳册，當已喪失，下至於宋，時代益遠，雖欲搜輯叢殘，無能爲力。舊志之取天寶元年（非開元廿八）數目，正因韋史爲當日僅能憑藉之資，新志縱欲花樣翻新，然以無他途可循，要不能不前修步武，王氏於修史源流，材料供給兩方面，未能細心體察，故有此苛評也。

唯然，則舊志祗言「開元二十八年戶部計帳、凡郡府三百二十有八、縣千五百七十有三、羈縻州郡不在此數，」不提天寶元年「郡府三百六十二、縣一千五百二十八，」及天寶十三載「管郡總三百二十一、縣一千五百三十八，」（均見舊紀九）無非韋書留下之駁雜遺文，未足爲怪。推之，舊地志之「舊領縣」亦然，韋書旣無特別說明，後人復不細心體會，夫是以千數百年下猶成懸案矣。

初唐地理名著有二；一曰魏王泰括地志，連序略五百五十卷，二曰梁載言十道志，十六卷。前者卷帙浩博，彙六朝地理學之大成，故開元司馬貞史記索隱、張守節史記正義，均常引之，吳、韋修史於開天間，自不能逃出斯例。民廿四余草括地志序略新詮（中山大學史學專刊一卷一期，）曾以爲括地志一書，雖早已散佚，然有若干遺迹（除明引其書之外，）尙存於今，而未詳其說（一頁一七及二六頁，）今試申言之，則舊志所謂「舊領縣，」卽貞觀十三年大簿之數，亦卽吳、韋原書據括地志轉錄之數。括地志敍略云，「唐貞觀十三年大簿、凡州府三百五十八，……凡縣一千五百五十一，」與舊志所云「至（貞觀）十三年定簿、凡州府三百五十八、縣一千五百五十一」相符，是可證也。

十七史商榷七九評舊志云，「又如江南東道、湖州舊領縣五，又言天寶領縣五，隴右道、河州舊領縣三，其下文言天寶領縣三，劍南道、綿州舊領縣九，其下又言天寶領縣九，其數皆合，此則何事重言之，直是草率具稿，不暇靜删衍字，」王氏之言若甚正，而其實則昧於史例之論也。史家之意，重在將天寶與貞觀比較，今如因兩期領縣相同而省「天寶」字，後世覽者或疑史有闕文，甚且妄生猜擬，不可一也。如謂可省作「舊領縣若干，天寶同」固矣，然舊志之例，係縣數與戶口數同作比較，倘依前書法，則其下又須再提「舊戶若干，口若干，天寶戶若干，口若干，」文不特不省，且復加繁，不可二也。往日史評，不兼從客觀著想，每每犯此類毛病。

舊志之「舊領，」必是貞觀十三年，如取每一州之隸屬沿革，作爲詳表，都可證明，然茲事繁重，且亦無需乎如是詳細。茲依統計學取樣（sample）之理，試就最複雜之京兆府觀之。

舊志三八、「隋京兆郡領大興、長安、新豐、渭南、（渭字據錢氏考異五八補）鄭、華陰、藍田、鄠、盩厔、始平、武功、上宜、醴泉、涇陽、雲陽、三原、宜君、同官、華原、富平、萬年、高陵二十二縣，」與隋書二九領縣名數均符。但據舊志同卷華州，義寧元年，割鄭與華陰置華山郡，（亦見考異五八）又新書三七、華原縣，「義寧二年，以華原、宜君、同官置宜君郡，」剔去此五縣，武德之始，實祇存一十七縣。茲再據舊志各條，略述貞觀十三年已前此十七縣之沿革。

1. 大興　武德元年改萬年。

2. 渭南　武德元年度華州，五年還屬。

3. 盩厔、武功　武德三年度稷州，貞觀元年還屬。

4. 上宜　貞觀八年廢入岐州岐陽縣。

5. 醴泉　後廢，貞觀十年復置。

6. 雲陽　貞觀元年改池陽，八年復舊名。

7. 三原　武德四年改池陽，六年改華池，貞觀元年復舊名。

8. 萬年　武德元年改櫟陽。

其餘長安、新豐、藍田、鄠、始平、涇陽、富平、高陵等八縣仍舊，故在貞觀十三年，唐初原有之縣，除廢去上宜外，尚存十六縣。若新置之縣，則

a. 平陵　武德元年分櫟陽置，（平陵原訛平陽，據岑校記改。）二年改名粟邑，貞觀八年廢入櫟陽。

b. 温秀　武德元年分醴泉置，三年度泉州，貞觀元年廢泉州（見雲陽縣下），按舊新志均不言此縣廢於何時，當是與州同廢。

c. 石門　武德元年分雲陽置，三年度泉州，貞觀元年廢泉州，還屬，改名雲陽，八年廢。

d. 芷陽　武德二年分萬年置，七年廢入萬年。

e. 白鹿　武德二年分藍田置，三年（舊志訛二年，據岑校記改。）更曰寧民，（舊志曰寧人，後來爲太宗諱也。）貞觀元年廢入藍田。

f. 咸陽　武德二年分涇陽、始平置。

g. 鹿苑　武德二年分高陵置，貞觀元年廢入高陵。

h. 好畤　武德二年分醴泉置，三年度稷州，貞觀元年還屬。

i. 終南　武德二年分盩厔置，貞觀八年廢入盩厔，

j. 玉山　武德三年（原訛二年，據岑校記改。）分藍田置，貞觀元年廢入藍田。

如是，則唐初新置之十縣，在貞觀十三已前，祇存咸陽、好畤二縣，連舊存十六，恰與舊志「舊領縣十八」符。如以京兆府領縣數列作數目表，則

武德元年	一九	添平陵、温秀、石門三縣，而以渭南屬華州。
二年	二四	添芷陽、白鹿、咸陽、鹿苑、好畤、終南六縣，廢醴泉。
三年	二〇	添玉山，惟武功、好畤、盩厔、温秀、石門五縣均改隸。
五年	二一	渭南回屬。
七年	二〇	廢芷陽。
貞觀元年	二一	廢鹿苑、寧民、玉山，惟武功、好畤、盩厔、石門均還屬。
八年	一七	廢粟邑、終南、雲陽、上宜四縣。
十年	一八	復置醴泉。

醴泉雖未知廢於何年，但武德元年尚分醴泉置温秀，(2) 則必在是年已後，故由武德二年至貞觀元年各數任加「一」，均不等於十八，易言之，即貞觀十年已前未嘗

育「領縣十八」之一年。

然貞觀十年已後、天寶已前又如何？茲再作表示之。

年分	沿革	領縣數
貞觀十七	華原、同官來屬。	二〇
二十	置宜君。	二一
永徽二	廢宜君。	二〇
乾封元	置明堂、乾封。	二二
咸亨元	置美原。	二三
文明元	置奉天。	二四
天授二	始平、武功、奉天、盩厔、好畤度稷州，永安（卽華原）、同官、富平、美原度宜州，渭南、高陵、櫟山（卽新豐）、櫟陽度鴻州，雲陽、涇陽、三原、醴泉度鼎州。	七
大足元	始平等十七縣還屬、	二四
長安二	廢明堂、乾封。	二二
景龍二	永壽、安業來屬。	二四
景雲元	永壽、安業各還隸。	二二
開元四	奉先來屬。	二三

卽在貞觀十六年已後至開元之末，曾無一年領縣之數，恰爲十八者；換言之，京兆府領縣十八，在天寶前祇得貞觀十至十六之七年時期，是知「舊領縣」之數，吳、章採自括地志也。

又試任摘關內道之寧州列表觀之：

義寧元	領定安、羅川、襄樂、彭原、新平、三水。	六
二	分定安置歸義，以新平、三水屬新平郡。	五
武德元	以彭原屬彭州。	四
二	分定安置定平。(3)	五
貞觀元	彭原、豐義來屬。	七
十七	廢歸義。	六

是則寧州「舊領縣七」者唯貞觀元年至十六年之一個時期。此下不必更爲繁舉，祇摘取河南、太原二府，荊、揚、益、廣四州列表觀之，其爲證已足矣。

（甲）　河南府

武德四	領河南、洛陽、偃師、鞏、陽城、緱氏、嵩陽、陸渾、伊闕等九縣，隨以陽城、嵩陽置嵩州。	七
貞觀元	新安來屬。(4)	八
三	陽城、嵩陽復來屬。	一〇
七	壽安來屬。(5)	一一
十八	省緱氏、(6) 嵩陽。(7)	九
顯慶二	以福昌、長水、永寧、澠池、河陽、濟源、温、王屋、氾水等九縣來屬。	一八
龍朔二	以陽翟、密、垣（據錢校）三縣來屬。	二一
乾封元	垣縣度絳州。	二〇
咸亨四	置栢崖、大基，隨省栢崖。	二一
上元元	復置緱氏。	二二
永淳元	復置嵩陽。	二三
二	廢嵩陽。	二二
光宅元	復置嵩陽。	二三
垂拱四	置永昌。	二四
載初元	置武臨、武泰，尋廢武泰，以鄭州之滎陽、武泰來屬。	二七
天授三	置來廷。	二八
登封元	改陽城曰告成，嵩陽曰登封。	二八
長安四	置興泰。	二九
神龍元	廢永昌、來廷(8) 及興泰，又改武泰、滎陽還鄭州。	二四
先天元	置伊陽(9) 改大基曰河清，	二五
開元十五	改武臨曰潁陽。	二五
廿二	置河陰。	二六

舊志「天寶領縣二十六」，岑校記、「張氏宗泰云，天寶領縣上、與下虢州俱闕舊領縣及戶口，疑是後來之脫，非本卽闕也」，今依本表校之，可補「舊領縣十一」五字，惟戶口不得而詳耳。

（乙）　太原府

武德元	領晉陽、太原、榆次、太谷、祁、陽直、壽陽、(10)盂、樂平、交城　石艾、文水、遼山、平城、烏河、榆社等十六縣，又置清源，以榆社度韓州	一六

三	置汾陽，(11)以盂、受陽置受州，(12)樂平、遼山、平城、石艾置遼州，太谷、祁置太州，(13)又以文水度汾州。(14)	八
六	文水、太谷、祁還屬。	一一
七	置羅陰，省陽直，改汾陽爲陽曲，以文水度汾州。	一〇
貞觀元	省烏河、羅陰，以文水還屬。	九
八	受陽、盂、樂平、石艾及順州之燕然來屬。	一四
十七	廢燕然。(15)	一三
先天二	置廣川。	一四
開元二後	省廣川。	一三
天寶元	改石艾曰廣陽。	一三

燕然無論廢於貞觀十七或十四，其十三年時并州固領十四縣，與舊志「舊領縣十四」符。

（丙） 荆州

關於鄀、温、基、郡四州之屬縣廢置，錢、王兩家未能闡說淨盡，岑校復多錯誤，茲特附見斯表以明之。

武德四	領江陵、枝江、長林、安興、石首、松滋、公安七縣。 以長壽、藍水二縣置鄀州。(16) 以京山、富水二縣置温州。 置基州及章山縣。	七
七	廢基州、以章山屬鄀州。	
八	廢玉州、以當陽來屬。(17)	八
貞觀元	廢鄀州、以章山來屬，(18)又省藍水入長壽，以長壽屬郡州。(19)	九
八	省章山入長林、(20)又廢郡州、以長壽屬温州。(21)	八
十	領江陵、枝江、當陽、長林、安興、石首、松滋、公安等八縣。	八
十七	省安興入江陵、(22)又廢温州、以京山、富水、長壽三縣置鄀州。	七

依表，知貞觀八年已後，十七年已前，荆州領縣凡八，卽舊志所云「舊領縣八」也。

（丁） 揚州

武德三	以隋江都郡爲兗州（卽南兗）、領江都、高郵。	二

七	改曰邗州、以海陵來屬。(23)	三
九	省江寧縣之揚州、改邗州爲揚州。	三
貞觀元	以六合來屬。	四
十八	分江都置江陽。(24)	五
永淳元	分江都置揚子。	六
景龍二	分海陵置海安。	七
開元十	廢海安。	六
天寶元	置千秋、（七載改曰天長）。	七

觀表，知唯貞觀元年後十八年前，揚州方是領四縣，故舊志曰「舊領縣四，江都、六合、海陵、高郵」也。

（戊） 益州

武德元	領成都、雒、九隴、郫、雙流、新津、晉原、靑城、陽安、金水、平泉、玄武、綿竹等十三縣、又置唐隆、導江二縣。	一五
二	置新都、什邡。	一七
三	分綿竹、導江、九隴三縣立濛州、陽安、金水、平泉三縣立簡州、割玄武屬梓州、又析置德陽、新繁、萬春三縣。	一三
貞觀元	改萬春曰溫江。(25)	一三
二	廢濛州、以九隴、綿竹、導江來屬。	一六
十七	置蜀縣。	一七
龍朔二	置廣都。(26)	一八
咸亨二	置金堂。(27)	一九
儀鳳二	置唐昌、濛陽。	二一
垂拱二(28)	分九隴、唐昌、濛陽、導江置彭州、(29)晉原、(30)靑城、唐隆、新津置蜀州、雒、德陽、什邡、綿竹、金堂置漢州、(31)又置犀浦。	九
久視元	置東陽、(32)（天寶元年改曰靈池）。	一〇

領縣十六者唯貞觀二至十六年之一時期，與志言「舊領縣十六」符。

（己） 廣州

武德四	領南海、增城、淸遠、政賓、寶安五縣。	五
六	廢政賓。(33)	四

貞觀元(34)	以貞陽、含洭來屬。(35)	六
十三	以四會、化蒙、懷集、洊安來屬。	一〇
長安三	置番禺。(36)	一一
開元二三	省岡州，以義寧、新會來屬。(37)	一三
	同年復立岡州，以新會、義寧屬之。(38)	一一

依表，貞觀十三年恰領縣十，與舊志「舊領縣十」相符。惟舊志云，「天寶領縣十三」，如認岡州復立，則數應少二，但余前曾言舊書內吳、韋之遺文常雜存，意者吳氏未計岡州之復立，韋氏續標岡州之獨立而又未將縣數扣出，故致略相牴牾也。

舊志舊領縣總數與括地志序略之縣數對勘

舊志之舊領縣，即貞觀十三年之數，亦卽本自括地志之數，依上表解，可算絕無疑問。今試再將各州舊領縣數相加以觀其結果如何（十三年後新設之州除外）。

雍	18	靈	5
華	2	鹽	2
同	9	豐(39)	0
宜(38a)	4	會(40)	2
坊	2	勝	4(41)
丹	5	關內道合計（23州）	120
岐	8	洛	11(42)
邠	4	鄭	8
涇	5	陝	5
隴	5	虢	6(43)
寧	7	汝	3
原	3	許	9
慶	8	汴	5
鄜	5	蔡（豫）	10
延	9	滑	7
綏	5	陳	4
銀	4	亳（及譙）(44)	8
夏	4	潁	3

宋	7
曹	5
濮	5
鄆	3
濟	5
泗	5
海	4
兗	8
徐	6
沂	5
密	4
齊	8
青	7
淄	5
萊	6
殼	4(45)
戴	2(46)
河南道合計(30州)	168
蒲	5
泰	4(47)
絳	9(48)
晉	7
隰	6
汾	4
慈	5
潞	5
韓	5
澤	6
沁	3
遼(箕)	4
并	14
代	5
蔚	2
忻	2
嵐	3
石	5
朔	1
雲(49)	1
虞(50)	4
呂(51)	4
河東道合計(22州)	104
懷	9
衛	5
相	9
魏	13
博	6
貝	9
洺	7
邢	9
趙	9
鎮(恒)	6
冀	6
深	5
滄	10
觀	6(52)
德	8
定	11
易	5
瀛	10
幽	10
檀	2
嬀	1
平	1
順	1
營	1
燕	1
威	1
崇	1
師	1
昌	1

瑞(53)	1	山南道合計(31州)	141
黎(54)	3	揚	4
井(55)	4	楚	4
河北道合計(32州)	172	滁	2
梁	5	和	2
鳳	4	濠(豪)	3
興	3	廬(58)	4
利	7	壽	4
通	7	光	5
洋	4	蘄	4
合	4	申	3
集	2(56)	黃	3
靜	4(57)	安(59)	6
巴	7	舒	5
蓬	6	沔(60)	1
壁	3	淮南道合計(14州)	50
商	5	潤	5
金	6	常	4
開	3	蘇	4
渠	4	湖	5
涪	4	杭	5
鄧	6	越	5
唐	6	台	2
均	3	婺	5
房	4	睦	3
隨	3	歙	3
温(郢)	3	處(括)	4
復	3	泉(61)	5
襄	7	建	2
荊	8	宣	8
硤	5	饒	4
歸	3	洪	4
夔	4	虔	4
萬	3	撫	3
忠	5	吉	4

江	3
袁	3
鄂	4
岳	4
潭	5
衡	5
澧	5
朗	2
永	3
道	3
郴	5
召(邵)	2
連	3
黔	5
辰	7
施	3
巫	3
夷	4
播(62)	6
思	3
費	4
南	3
牂	2
充	8
應	5
琰	4
牢	7
莊(63)	?
涪(64)	6
江南道合計(48州)	196 +
秦	6
成	3
渭	4
鄯	2
蘭	3
河	3
武	3
洮	2
岷	4
廓	2
疊	1
芳(64a)	8
宕	2
涼	3
甘	2
肅	8
瓜	2
伊	3
沙	2
淳(64b)	2
儒(65)	?
隴右道合計(21州)	55 +
益	16
眉	5
綿	9
劍(始)	7
梓	7
閬(隆)	8
果	4
遂	3
普	6
陵	4
資	8
榮	6
簡	3
嘉	6
邛	6
雅	5
瀘	6
茂	4

翼	3
維	3
塗	3
炎	3
徹	3
向	3
冉	4
穹	5
笮	3
戎	6
協	3
曲	2
郎	7
昆	4
盤	3
黎(66)	2
匡	2
髳	4
尹	5
曾	5
鉤	2
靡	2
裒	2
宗(67)	3
微(68)	2
姚(69)	2
嶲	10
松	3
文	2
扶	4
龍(70)	2
琚	2
懿	2
嵯(71)	1
閬	2

麟	7
雅	3
叢	5
可	3
遠	2
奉	3
嚴	3
諾	3
蛾	2
彭	4
軌	4
盍	4
直	2
肆	4
位(72)	2
玉	2
嶂	4
詀	2
臺(73)	0
橋	0
序	0
劍南道合計（74州）	286
廣	10
韶	4
循	5
岡(74)	2
賀	5
端	2
新	4
康(75)	4
封	4
瀧	4
春	1
高(76)	3
藤	6

義	4	白	4
竇	5	欽(79)	7
桂	10	交	8
昭	3	愛	7
富	3	驩	6
梧	4	林	3
蒙	3	景	3
龔(77)	8	峯	3
賓	3	廉	5
澄	4	雷	4
繡(78)	3	崖(80)	7
象	6	儋	5
柳	4	振(81)	4
融	3	潮(82)	3
邕	5	藥(83)	? 2
貴	8	黨(84)	4
橫	4	演(85)	4
羅	5	智(86)	3
潘	5	嶺南道合計(52州)	237
容	7	十道總計(347州)	1,529
辯	4		

依上各表總計，得州三百四十七，縣一千五百二十九。考序略、儋州複見，許是衍文，（見注80）愼州無縣，（見注55）陽、昌兩州未得考實，（見新證一五頁）其、生、出三州均無考，（同上一九頁）此外尚有與叢州同爲諸羌部落之都、流、厥、調、湊、般、匐、器、邇、率、鍾、（古香齋本初學記作鍾，與舊志四一同，朱刻括地志訛鐘。）等十一州，舊志四一云，「遙立無縣」，但若以此數（十一）加於三四七，則得三百五十八，與序略記十三年之數恰符。（序略云，「至十四年西克高昌，又置西州都護府及庭州幷六縣，通前凡三百六十州」，由三六〇減去西、庭二州，故爲三五八）。若領縣之數，本文總計一·五二九，與序略「凡縣一千五百五十一」，雖短二十二，但其中如江南道之莊，隴右道之儒，領縣若干，均未之知，嶺南道之藥，亦未確定，且叢州固領五縣，則與叢州同類之都，流等十一

州，難保後無添置，是兩數之相差，固甚微矣。

一言以蔽之，舊書地理志之文，多本自吳、韋舊稿，吳、韋稿之一部，又撮錄括地志而成，余十年前謂舊志「根據括地志者諒在不少」，（新詮一頁）得本篇可以完全證明。吾人從此更可作進一步的推論，凡依舊地志沿革所推定貞觀十三年各州領縣數目，如與「舊領縣」數不符時，則其任一必有誤。（卅六、十二、一、南京）

(1)　「州府」一辭，流傳為通俗語，粵人今呼南洋一帶為「州府」，卽其遺也。

(2)　沈炳震唐書合鈔五六、醴泉縣云，「隋寧夷縣，後廢，武德元年析置溫秀縣，二年分始平置醴泉縣」，誤也。此縣開皇十八年已名醴泉，具見岑校記引張宗泰說，倘依沈說，寧夷已廢，醴泉未立，試問武德元年析置溫秀，果從某縣析出？二年分始平置咸陽，非置醴泉。新志亦祇云醴泉「武德元年析置溫秀縣，後省醴泉」。

(3)　年分及縣名，均據新志及岑校記改。

(4)　舊志新安縣既云，「貞觀元年移穀州治澠池，新安移入廢州城，改屬洛州」，其下又接云，「顯慶二年十二月，廢穀州．以福昌、新安……並隸洛州」，末新安二字當衍，元和志及新志均言貞觀元年新安來屬。

(5)　舊志河南府，「七年，又割穀州之壽安來屬」，壽安縣，「貞觀七年移今治，屬洛州」，均作七年，惟福昌縣，「貞觀元年省熊州，以永寧屬穀州，壽安屬洛州」，則作元年。今按元和志五、壽安縣，「貞觀七年改屬河南府」，新志亦作七年，（據合鈔，惟竹簡本訛九年）。蓋貞觀元年廢熊州，以壽安屬穀州，至七年乃來屬，故云「又割穀州之壽安來屬」也。

(6)　舊志緱氏縣，「貞觀六年省」，岑校記云，「寰宇記、新志俱作貞觀十八年」，余按本志河南府亦云，十八年「省緱氏嵩陽二縣」，「六」乃「十八」兩字之誤併。

(7)　舊志登封縣，「隋嵩陽縣貞觀十七年省」，新志同，茲依注 (5) 引舊志作十八年。

(8) 舊志洛陽縣,「龍朔元年廢來廷縣,」岑校記、「張氏宗泰云,龍朔在垂拱前,不得廢在前而置在後也,當從新志作長安元年,新志作二年。」余按舊志前文河南府,「神龍元年,……廢永昌、來廷二縣」,龍朔者神龍之誤也,茲據舊志校正。

(9) 舊志河南府,「先天元年置伊闕縣」,按伊闕乃原有之縣,「闕」應「陽」訛,下文「伊陽、先天元年十二月割陸渾縣置」。

(10) 隋書三〇,「文水、舊曰受陽,開皇十年改焉」,又「壽陽、開皇十年改州南受陽縣爲文水,分州東故壽陽置壽陽、」,楊守敬隋書地理志考證五、受陽注云,「按晉志作壽陽,水經注引太康地記作受陽,盧諶征艱賦、歷壽陽而總轡,古書壽、受錯出,音同通用耳」,又壽陽注「壽、受二字本互稱,已見文水縣下,元和志故爲分別,非是、」,楊說非也。地名與普通言語異,一般語言,固音同可通,若地名則兼具時間,官書兩性,兩字通用,祇是俗人之誤,印信則有一定之字,某一時期官文書用某字,於考古有關,不得以音通而詆元和志爲強行分別也。元和志一三、壽陽縣云,「西晉於此置受陽縣,……永嘉後省,……後魏太武帝……置受陽縣,……隋開皇十年,改受陽爲文水縣,又於受陽故城別置受陽縣,屬并州,即今縣是也,……武德三年置受州,縣改屬焉,貞觀八年廢受州,縣屬并州,十一年更名壽陽」,於此發生兩個問題:(一)西晉初置是否作「受」;然後世傳刻多訛,晉書又成於貞觀十一年後,(李延壽序傳、貞觀十五年與修晉書。)安見晉志不改從新定之名,是晉志及水經注引盧諶賦作「壽」,未爲強證,隋人誤讀屯氏爲毛氏而立毛州,(參民廿五中山大學史學專刊拙著隋書州郡牧守編年表一五九頁)字之訛變,固常見之。(二)開皇十年新置者爲壽陽抑受陽;此事在余觀之,兩俱可能,惟武德三年時似確作「受」而非「壽」,因是歲以受陽、盂兩縣置受州,六年又移受州治受陽,不應州作「受」而縣作「壽」也,濠州初本從水,唐初中間誤去水爲豪,至元和三年始又加水,(參前引牧守編年表一九一一二〇頁)即使開皇作「壽」而唐初改從「受」,仍有濠州之例,可相比擬也。故知貞觀十一年更名受陽,應是官書實事,並非元和志之故爲分別。

(11) 舊志「其年置沁陽，岑校記云，「寰宇記作汾陽，按下文有「改汾陽爲陽曲縣」，又陽曲云，「武德三年分置汾陽縣」，作汾是。

(12) 舊志、「壽陽，武德三年屬遼州，六年移受州於此」，與前文三年「仍以盂、壽陽二縣置受州」異。按元和志一三、壽陽縣，「武德三年置受州，縣改屬焉」，新志亦祇云「武德六年徙受州來治」，無「屬遼州」之語，受州當因受陽之名而設立，「屬遼州」應「屬受州」之訛。

(13) 舊志、太谷、「武德三年置太原州，六年州廢，以太谷、邠屬幷州」，考異五八云，「原字衍，邠當作却」，岑校記、「張氏宗泰云，新志、元和志作太州，無原州，……邠當作祁」。余按舊志固云「廢太州，以太谷、祁二縣來屬」，錢氏因祁縣本屬幷州，故誤爲「却」，非如岑校記所云却爲祁字形近之訛也。

(14) 舊志「仍以文水屬沁州」，按下文云「仍割汾州之文水來屬」，又文水云，「武德三年屬汾州」，沁字顯訛。

(15) 舊志、「十四年廢燕然縣」，岑校記、「張氏宗泰云，陽曲下作十七年，按寰宇記亦作十四年」。

(16) 舊志郢州、「武德四年置郢州於長壽縣，置京山、藍水二縣屬焉」，錢氏考異五八云，「按京山縣下云，武德四年置溫州，領京山、富水二縣，豈有一京山而隸兩州之理，其必有誤審矣。今以荆州篇前後參校，知武德初溫州治京山，郢州所領之京山，當爲章山之譌，且武德四年初置章山縣，本隸基州，七年廢基州，乃以章山屬郢州，此云武德四年置郢州、卽置章山來屬，亦非也。」按舊志、武德五年荆州領基州，七年廢基州入郢州，錢說本不誤。顧岑校記二一乃云，「按此有脫誤，元和志云，隋末廢溫州，縣並入安陸郡，武德四年於京山縣重置溫州，貞觀十七年廢溫州，於長壽改置郢州，寰宇記、隋煬帝置安陸、竟陵二郡，唐武德四年幷二郡立溫州，於長壽縣置郢州，京山、藍水二縣屬焉，舊志脫去隋及武德、貞觀沿革，致有斯誤，基州之章山，後省入長林，若京山則終唐世未廢」。殊不知舊志例不詳敍隋代沿革，下文卽接敍貞觀，何嘗脫去，寰宇記祇承舊志訛文，章山固一度屬郢，其省入長林，乃在改屬荆州之後，觀表及下注(18)便自知之。

(17)　見舊志荆州下，惟同書當陽云，「(武德)六年改屬玉州，又省臨沮入當陽，屬荆州」，則文有脫誤，「改屬玉州」之下，應補「八年州廢」四字。

(18)　舊志郢州，貞觀元年、「又廢郢州，以長壽屬鄀州，京山屬荆州」，考異云，「都當作鄀，京當作章」，王鳴盛云，「校本都作鄀，新志亦作鄀」，按舊志、襄州樂鄉，「武德四年置鄀州領樂鄉、長壽，……」是長壽曾屬鄀州之證，但舊志作武德四年則非是。又岑校云，「按寰宇記作以長壽屬温州，章山屬荆州，章字亦當作京，章山、武德八年已省入長林矣，錢說誤」，按長壽屬温，是貞觀八年廢鄀州後之事，京山始終未嘗屬荆州，岑說殊誤。省章山入長林，是貞觀八年，見舊志荆州下，(章原訛京)若舊志長林縣、武德「七年廢基州，以章山屬郢州，州廢屬荆州，八年省入長林」，則「州廢」之上，奪去「貞觀元年郢」五字，岑氏未比勘前文，故誤以省章山入長林爲武德八年事而妄詆錢氏，此又岑校記之疎也。舊志江陵，「貞觀元年廢郢州，以京山來屬」，考異云，「京當作章」，是也，岑校乃謂「京字不誤」，其謬與前同。

(19)　舊志、長壽云，「貞觀元年廢郢州，以長壽屬荆州」，岑校記云，「據寰宇記總序，荆當作温，此志總序屬鄀州」按作鄀是，說見前注(18)，屬温則在貞觀八年廢鄀州之後，舊志、襄州樂鄉，「(貞觀)八年廢鄀州，以長壽屬温州」，可證。

(20)　舊志「又省京山入長林」，考異云，「京當作章，」是也。岑校記云，「按下長林注、省章山入長林，在武德八年，新志同，此文下七字當在上以當陽縣來屬下，京當作章」，按長林注之「八年」是貞觀八年，非武德八年，已見前注(18)，今考新志四〇，長林云，「武德四年，於東境置基州，並置章山縣，七年州廢，以章山隸郢州，郢州廢，來屬，八年省章山入長林」，如謂八年屬武德，則郢州之廢，應在武德七年，但舊志固云貞觀元年廢郢州，新志郢州亦云，「貞觀元年州廢，以長壽隸鄀州，是知「八年」之應爲貞觀八年矣。然由此可知舊志、長林下脫去「貞觀元年」字，北宋見本已如是，不自近代始也。

(21) 舊志、京山云，「貞觀八年廢鄀州，以長壽來屬，」岑校記云，「按八當作元」，非也。此處所謂來屬，承上「溫州」立言，下文長壽云，「（貞觀）八年又屬溫州」，知「八」字不誤，其誤乃在「鄀」字，鄀乃鄀訛，有舊志、樂鄉注（見前注19）可證。

(22) 舊志不分疏安興，如果天寶前安興未廢，則天寶領縣應爲八。考新志、江陵縣云，「貞觀十七年，省安興縣入焉」，如是，則與「天寶領縣七」符，是知今舊志荆州「龍朔二年」前奪去一節。

(23) 舊志、海陵祇云，「武德二年屬揚州」，新志四一則云，「武德三年更名吳陵，置吳州，七年州廢，復故名，來屬」，茲從之。

(24) 舊志作江陵，考異云，「江陵當作江陽」，岑校記二二云，「按通典作江陽」。

(25) 舊志、成都府下，「貞觀二年，……仍改萬春爲溫江」，按下文溫江云，「貞觀元年改爲溫江」，元和志三一、新志四二同，茲從衆。

(26) 舊志、成都府下，「龍朔二年，升爲大都督府，仍置廣都縣」，惟下文廣都云，「龍朔三年，分雙流置」，元和志同，元和志又云「龍朔三年，復爲大都督府」，按舊紀四、龍朔二年十二月辛丑，（十六日）「又以幷、揚、荆、益四都督府並爲大都督府」，新志、廣都云，「龍朔二年析雙流置」，蓋朝命在二年，而實施則在三年也，於事實兩俱可通。

(27) 舊志，成都府下云，「咸亨二年，置金堂、儀鳳二縣，其年又置唐昌、濛陽二縣」，按縣無儀鳳，下文彭州云，「濛陽，儀鳳二年分九隴、雒、什邡三縣置，屬益州」，元和志及新志之唐昌、濛陽兩縣，均言儀鳳二年置，舊志文顯有傳誤，應將「縣」字乙在「金堂」下，衍「其」字，如是則文爲「置金堂縣，儀鳳二年」，於事實無衝突矣。

(28) 舊志、成都府及濛陽縣下作「垂拱三年」，惟漢州、彭州、蜀州及金堂、唐昌、（據岑校記）導江、新津四縣下均作二年，元和志、新志同，「三」乃「二」訛。

(29) 舊志、彭州奪「唐昌」名，可參岑校記二三。

(30)　舊志、彭州下作晉源，岑校記云，「元和志、寰宇記，新志俱作晉原」，按舊志成都府下亦作晉原。

(31)　舊志接上云，「分維、九隴等十三縣置彭、蜀二州」，按下文彭州，「垂拱二年，分益州四縣置彭州」、蜀州，「垂拱二年，分益州四縣置」，祇兩州八縣，惟漢州云，「垂拱二年分益州五縣置漢州」，是分十三縣置彭、蜀、漢三州，「二」乃「三」訛，且奪「漢」字。

(32)　舊志、「聖歷三年，又置東陽縣」，又「靈池，久視元年分蜀縣置東陽縣」，按聖歷三卽久視元。

(33)　舊志、「清遠，隋縣，武德六年廢故賓，併入所治也」，岑校記云，「按故當作政，寰宇記、新志俱作政。

(34)　舊志、廣州云，「貞觀改中都督府，……仍以廢湹州之湞陽、湞匡二縣來屬」，岑校記云，「寰宇記觀下有中字」，余按新志四三上湹湹云，「貞觀元年州廢，以……湹湹、眞陽來屬」，又舊志下文接言二年，此顯是貞觀元年事，不過樂史見本已脫「元年」字，故加「中」字耳。

(35)　上條引舊志文作湞陽、湞匡，岑校記云，「寰宇記湞作湞，湞匡作湹湹」，余按元和志三四、湞陽縣，「本漢舊縣也，……開皇十年改爲貞陽，……武德元年復改爲湞陽」，寰宇記不誤。新志湞陽，「本眞陽，貞觀元年更名」，非是，大約直、眞、貞等字，由於形近及宋人諱避，往往誤混，常須細心別之。又舊志分疏沿革，少含湹一縣，說見岑校記。隋志、含湹，含字不從氵。

(36)　舊志、「番禺，漢縣名，秦屬南海郡，江（王鳴盛云，江字衍。）漢置交州，領郡七，吳置廣州，皆治番禺也」，前文武德四年領縣五無番禺，隋書、南海郡同，新志亦不言番禺以何時復立。今考元和志、番禺縣，「長安三年，於江南洲上別置番禺縣」，乃知舊、新志皆失載，否則貞觀十三年時領縣十一而非十矣。

(37)　舊志、「（貞觀）十三年省湞州，以四會、化蒙、懷集、洊安四縣來屬，省岡州，以義寧、新會二縣並屬廣州，其年，又以（岑校記引寰宇記無「其年」

二字，「又以」作州內。）有經略軍，管鎮兵五千四百人，其衣糧輕稅，本道自給，廣州刺史充嶺右五府經略使」，循文讀下，似岡州之省及義寧、新會之屬廣，係在貞觀十三年，余前撰括地志序略新詮，因下文新會縣亦有「貞觀十三年廢岡州、縣屬廣州」之記載，因疑岡州復立在十三年大簿旣造之後，（三五頁）今以領縣數目勘之，說亦未諦。蓋新會、義寧兩縣十三年如屬廣州，則廣州應領縣十二，與下文數目不符也。更有進者，通典一七二，「開元二十一年，……又於邊境置節度經略使，……嶺南五府經略使……(輕稅當道自給)。統經略軍，（南海郡城內，管兵五千四百人。）」舊書三八略同，經略軍使之稱，始於開元，非貞觀所有，由是以推，省岡州似亦非貞觀時事。元和志三四、新會縣，「開元二十三年，割屬廣州」，合各文比勘，「十三年」上必原奪「開元二」三字，故舊志、新會縣及新志、新會縣均承其誤而不覺，非得此次列表推詳，無從發見，至今本序略何故闕岡州，則可以其文或有闕誤解之，餘參下注（38）。

(38) 舊志、岡州，「貞觀五年州廢，以新會、義寧屬廣州，……其年又立南州，割廣州之新會、義寧來屬，……天寶元年改爲義寧郡」，岑校記云，「按下新會注，貞觀十三年廢岡州，此作五年誤，新志亦作十三年」，按十三年之不可信，已辨見注(37)。校記又云，「按旣云來屬，則屬岡州也，王氏鳴盛云，南當作岡，新志作岡州」，余按舊志下文亦云，「其年復置州於今治也」，則南爲岡訛無疑。新舊唐書互證五云，「案岡州廢於開元二十三年，舊志何以有天寶郡名及其戶口數也，攷元和郡縣志、新會縣，開元二十三年割屬廣州，義寧縣、天寶初廢岡州，以縣屬廣州，然舊志有云乾元元年復爲岡州，亦不相合，未知孰是」，趙氏之前一疑問，得「十三年」即「開元二十三年」奪文之考定，（見注37）斯可泮然冰釋，蓋惟開元廿三復立岡州，乃有天寶郡名及戶口數也。新志旣稱貞觀十三年廢岡州，又稱開元二十三年廢岡州，無非採自兩種條文，不知剪裁，吾人勿庸因此而踟躕弗決。至岡州最後之廢，據余觀之，似在乾元以後，因通典一八四倘分列義寧郡也。

(38a) 舊志、京兆府華原縣，「舊宜州，領華原、宜君、同官、土門四縣，貞觀十七年省宜州。

(39)　舊志、鹽州後爲豐州，云，「貞觀四年，以突厥降附，置豐州都督府，不領縣，唯領蕃戶」。

(40)　舊志祇云「領縣二」，不明指舊領或天寶領，據下文則會寧、烏蘭兩縣，均唐初已有。

(41)　舊志、勝州領縣二，但連谷、銀城，至天寶元年始割置麟州，則舊領縣四也。

(42)　舊志今闕，據前文補。

(43)　舊志不舉舊領縣若干，今循志文核之，得此數。

(44)　據舊志觀之，舊領縣八係連未廢之譙州計之。

(45)　舊志、河南府，顯慶二年廢穀州，以福昌、長水、永寧、澠池等四縣……來屬」，則貞觀十三年有此州。

(46)　舊志、宋州，貞觀「十七年，以廢戴州之單父、楚丘來屬」，又單父，「貞觀十七年戴州廢」，均作十七年，惟楚丘云，「貞觀七年屬宋州」、岑校記云，「元和志、七上有十字」，是也。

(47)　舊志三九、河中府龍門縣，「武德元年，於縣置泰州，領龍門、萬泉、汾陰四縣，貞觀十七年廢泰州」，岑校記、「張氏宗泰云，汾陰下當有芮字」，是也。

(48)　志脫舊領縣及天寶領縣數，今循志文求之，貞觀十三年應領正平、太平、曲沃、聞喜、稷山、翼城、絳、小鄉、垣等九縣。

(49)　舊志，雲州，「貞觀十四年，自朔州北定襄城移雲州及定襄縣置於此」，按隋書地理志及括地志序略均著雲州，則雲州中間未廢。

(50)　舊志三八、陝州安邑縣，「隋爲虞州，郭下置安邑縣，領安邑、解、桐鄉四縣，貞觀十七年，廢虞州及桐鄉縣，以安邑，解縣屬蒲州，夏縣屬絳州」，岑校記、「張氏宗泰云，所列止三縣，……解下當有夏字」。

(51)　舊志、晉州霍邑縣，「漢彘縣，後漢改爲永安，隋於此置汾州，尋改爲呂州，領霍邑、趙城、汾西、靈石四縣，貞觀十七年廢呂州」，岑校記、「張氏宗泰云，元和志、隋末置霍山郡，則汾州當爲霍山之訛，按張氏說固是，然此志不言改霍邑之由，亦有脫誤」。余按此汾州係「開皇十六年置，十八年改呂州，大業初廢，後爲臨汾郡霍邑縣，新唐書三九、義寧元年置霍山郡」，（拙著牧守編年表二九頁）曰「尋改爲呂州」，則前文先須揭出州名，是「汾州」兩字，不特不誤，且甚合於敍例，況開皇十八前尙未立霍山郡之稱，如謂此時由霍山郡改曰呂州，豈非甚謬。抑張說固不値一駁，岑校亦未爲得也，隋書三〇固云，「十八年改爲呂州，縣曰霍邑」，舊志祇云「隋於此置汾州，尋改爲呂州」，係承前史省敍法，所可議者　未敍明唐初復設呂州，下文遽言貞觀廢呂，來得稍突兀耳。

(52)　舊志三九、景州，「武德二年於（弓高）縣置觀州，領弓高、蓨、阜城、東光、安陵、胡蘇、觀津七縣，六年以胡蘇屬滄州，貞觀元年省觀津縣，復以胡蘇來屬，十七廢觀州」，是貞觀十三年觀州實領六縣。

(53)　順、瑞兩州不見於序略，當因是突厥之故。（序略新詮三三……三四頁）至鮮州一州，舊志不舉舊領縣，當非序略所有，非如余往年所疑「鮮」訛爲「明」也。（同前引三四頁）

(54)　舊志、衞州黎陽縣，武德「四年平竇建德，復置黎州，領臨河、內黃、湯陰、觀城、頓丘、繁陽、澶水八縣，其年，以澶水、觀城、頓丘三縣置澶州，又以湯陰屬相州，貞觀元年省繁陽，……十七年廢黎州」，則黎州在十三年、領黎陽、臨河、內黃三縣。

(55)　舊志、鎭州井陘縣，「義寧元年，置井陘郡並葦澤縣，武德元年，改爲井（原訛幷，據岑校記改，下同。）州，四年，又以廢嶽州之房山、蒲吾二縣，恆州之鹿泉來屬，五年，（按前文靈壽作四年。）又以恆（字訛，應作燕。）州之靈壽來屬，貞觀元年，廢蒲吾、葦澤二縣入井陘，十七年廢井州」，依此，則貞觀十三年、井州領井陘、房山、鹿泉、靈壽四縣。又序略有愼州，惟舊志不言「舊領縣」，故不錄。

(56)　舊志、「舊領縣一」，按依志前後文，貞觀十三年時應領難江、符陽二縣。志又言「天寶領縣二」，岑校記云「按二當作三」，據志、貞觀十七年已後，祇增地平一縣，天寶應領縣三，更反映舊領縣之爲二矣。

(57)　舊志、集州地平縣，武德二年置靜州，領地平、嘉川、大牟、清化四縣，貞觀十七年廢靜州」。

(58)　序略原列廬州在豪州之下，沔州之前，前草新詮時遺去，玆補正；淮南道下原作十六州，亦應正爲十七。

(59)　朱刻括地志訛安州都督府爲秦州都督，余曾正其誤，（前引新詮一六頁）今檢古香齋本初學記，字正作「安」。

(60)　貞觀時沔州本屬淮南道，說見新詮一五頁，舊志、鄂州漢陽縣云，「武德四年平朱粲分沔陽郡置沔州，治漢陽縣」。

(61)　依舊志四〇福、泉兩州計之，貞觀時泉州領閩、長樂、連江、南安、莆田五縣。

(62)　舊志播州，「貞觀九年分置郎州，領恭水、高山、貢山、柯盈、邪施、釋鷰六縣，十一年省郎州，并六縣，十三年，（據岑校記改）又於其地置播州及恭水等六縣，」是貞觀十三年播領六縣。

(63)　貞觀十三年有莊州，參拙著新詮二五……六頁，惟領縣不詳。

(64)　今舊志奪去涪州，說見新詮二三頁，據新志四〇，貞觀十一年後，涪州領涪陵、武龍、永安、賓化、樂溫、溫山等六縣。

(64a)　序略有芳州，（見新詮一八頁）領常芬、恆香、丹嶺（據岑校記改）三縣。

(64b)　序略有淳州，領索恭、烏城二縣，見新詮二〇頁。

(65)　貞觀十三年有儒州，見新詮一七頁，惟領縣未詳。

(66)　余著新詮，旣以「州」爲邛訛，（一三頁）但「曾州」（一四頁）亦多一「州」字，末「州」字殆「黎」之訛，如是，則前後兩「州」字均訛文，非衍文矣。

(67)　舊志作宋州，岑校記二三云，「寰宇記、新志宋俱作宗」，余按序略及舊志戎州下均作宗，往年曾考定「宋」爲傳刻之訛，見新詮一四頁。

(68)　舊志、徽州，岑校記云，「寰宇記、新志徽俱作徽」，余按序略作徽，唐人寫徽，徵字甚相類，「徽」當傳寫之訛。

(69) 元和志三二謂所管三縣，與州同置，從新志四二觀之，則貞觀時祇有姚城、長明二縣，長滅（後改瀘南）乃垂拱添置。

(70) 舊志、龍州，「武德元年改爲龍門郡，……貞觀元年改爲龍門州，……乾元元年復爲龍州」，岑校記云，「改爲龍門州，元和志、寰宇記無門字」，余按序略祇作龍，拙著新詮亦曾引元和志而未決定「門」字之必衍，今再思之，如非貞觀時已改「龍州」，則不應曰「復爲龍州」也，「門」字涉上龍門郡而衍。

(71) 嵯州見序略，（參新詮一九……二〇頁）據新書四三下，領縣一，今舊志失載此州，岑校記云，「按舊志所列僅二十四州，蓋脫去嵯州，」是也。

(72) 朱刻括地志作立，余經訂爲位之訛，今檢古香齋本初學記作「泣」，其字顯有偏旁，由亻訛氵也。

(73) 舊志、臺、橋、序三州均云「無縣」。

(74) 貞觀十三年應有岡州，說見前注(37)。

(75) 貞觀十三年應有康州，說見序略新詮三五頁。

(76) 舊志祇云「領縣三」，據序略及舊、新志觀之，貞觀十三年固有高州都督府，（舊志、恩州云，「貞觀二十三年廢高州都督府」。）領良德、電白、連江三縣。

(77) 舊志襲州後爲潯州，云，「舊領縣三」，按前文言貞觀「十二年廢潯州……後復置潯州」，元和志三八同作十二年，且云長壽元年重置。新志四三上作「十三年州廢」，當誤，此由序略無潯見之。

(78) 舊志祇云「領縣三」今據舊、新志數之，貞觀十三年亦領常林、阿林、羅繡三縣。

(79) 舊志領州後爲禺州，其開首「隋合浦郡之定川縣、……仍廢思城」一段及中間「舊領縣五、戶一萬七百四十八」兩句，純是前潘州文之複出，據新志、乾封三年始置禺州，不應云「舊領縣」，兩州戶口之數，尤不應完全相同也。又欽州前之牢，舊、新志均有舛誤，參拙著新詮三一——三二頁。

(80)　序略、儋州重見，余曾謂十三年應有瓊州，儋爲瓊訛，今再詳之，非也。新志、瓊州瓊山縣云，「貞觀十三年，析置曾口、顏羅、容瓊三縣」，此文爲余往日所根據，但考舊志，武德四年儋州已領顏羅，則新志之文，已不實不盡，尤其是舊志之「舊領縣七」，係包廢瓊州之領縣在內。至序略複見之儋，是衍文抑別州之訛，現在無從決定。崖州舊領縣名，今以下表示之：

武德四年　領舍城、平昌、澄邁、顏羅、臨機等五縣。

貞觀元年　改顏羅爲顏城，（據岑校記二三）平昌爲文昌。

五年　置瓊州，領瓊山、萬安，又割臨機屬之，（新志同，岑校記依別條作七年）。

十三年　廢瓊州，以臨機、瓊山、萬安三縣來屬。（舊志祇云臨機、萬安，少一縣，岑校記據寰宇記補容瓊，亦不合。蓋瓊州原領瓊山，今不提則瓊山無着，不合者一。據新志，曾口、容瓊係同時析置，今有容瓊無曾口，不合者二。申言之，容瓊係再置瓊州時析置之縣，初廢州時尚無此縣也。）

由上表解，知崖州舊領縣七，係舍城、文昌、澄邁、顏城及廢瓊州之瓊山、萬安、臨機三縣。

(81)　舊志云「領縣四」，從舊、新志合觀之，即寧遠、延德、吉陽，臨川四縣，其落屯（舊志范屯）乃天寶後置。

(82)　舊志失載此州，（參新詮二八頁）據元和志三四及新志，貞觀十三年時領海陽、潮陽、程鄉三縣。

(83)　序略有欒州，舊志云，武德四年領安遂、永寧、安南、永業四縣，但合舊、新志觀之，舊志之瀧州舊領縣四，似已包舉欒州之永寧、安南在內，則欒州祇有安遂、永業二縣。

(84)　貞觀十三年有鷰州，說見序略新詮二九頁，據新志，藤州寧風縣所記鷰州沿革，除改隸及歸併外，貞觀十二年倘存桂平、大賓、泰川、新樂、寧風、安基（舊志藤州云，「安普屬燕州」，普字係唐人因玄宗諱改。）等六縣，但據舊志潯州，貞觀七年、桂平、大賓二縣已改隸潯州，十二年廢潯，又移隸鷰州，故貞觀十三年時鬻州祇領秦川、新樂、寧風、安基四縣。

(85) 貞觀十三年有滇州，說見序略新詮二九——三〇頁，今從舊、新志考之，驩州舊領縣六，應爲九德、浦陽、安遠、曇羅、光安及安銀，滇州當日領縣四，即咸驩、安人、扶演、西源是也，（舊志言貞觀十三年省相景縣入扶演，連相景計則爲五縣）。

(86) 貞觀十三年有智州，說見序略新詮三一——二頁，據舊、新兩志，當日智州領文谷、金寧、越裳三縣。

出自第二十本上（一九四八年六月）

讀魏書李沖傳論宗主制

余遜

一 引言

——論宗主制之通用於胡漢——

魏書五三李沖傳云：

舊無三長，惟立宗主督護，所以民多隱冒，五十三十家方爲一戶，沖以『三正』治民，所由來遠，於是創三長制而上之。文明太后覽而稱善引見公卿議之。中書令鄭羲、祕書令高祐等曰：『沖求立三長者，乃欲混天下一法，言似可用，事實難行。』太尉元丕曰：『臣謂此法若行，於公私有益。』咸稱『方今有事之月，校比民戶，新舊未分，民必勞怨。請過今秋，至冬閑月，徐乃遣使，於事爲宜。』沖曰：『民者冥也，「可使由之，不可使知之。」若不因調時，百姓徒知立長校戶之勤，未見均徭省賦之益，心必生怨。宜及課調之月，令知賦稅之均。』著作郎傅思益進曰：『九品差調，爲日已久，一旦改法，恐成擾亂。』太后曰：『立三長則課有常準，賦有恆分，苞蔭之戶可出，僥倖之人可止。何爲而不可？』遂立三長，公私便之。

立三長之事，亦見於魏書百一十食貨志：

魏初不立三長，故民多蔭附。蔭附者，皆無官役，豪彊徵斂，倍於公賦。（太和）十年，給事中李沖上言，『宜準古五家立一鄰長，五鄰立一里長，五里立一黨長，長取鄉人彊謹者。其民調：一夫一婦帛一匹粟二石。民年十五以上未娶者，當一夫一婦之調。奴任耕婢任績者，八口當未娶者四。耕牛二十頭當奴婢八。其麻布之鄉：一夫一婦布一匹；下至牛以此爲準。大率十匹爲工調，二匹爲調外費，三匹爲內外百官俸，此外爲雜調。書奏，諸官通議，稱善者衆。高祖從之，於是遣使者行其事。初，百姓咸以爲不若循常，豪富幷兼者尤弗願也。事施行後，計省昔十餘倍，於是海內安之。

合上所徵引者，分析論之，可得四事：

一、魏初徵賦，以戶爲單位，分九品輸納。

二、魏初民多蔭附豪強，不納公賦，而納徵斂於其所蔭附之家。故豪強恆苞蔭人戶，戶口因以不實，有五十家三十家方爲一戶者。

三、魏初設宗主以督護百姓，宗主卽所謂豪強。

四、孝文太和時；廢除督護人戶之宗主制，及以戶爲單位之徵調制。立三長制以代宗主，計口徵調。故苞蔭之戶出，而不均之弊絕。

夫李沖之立法，首在革除豪彊苞蔭之積弊。而豪彊之苞蔭，又附託於宗主督護之制。故欲論列北魏賦稅制度，首須究明宗主制。

宗主制之來源，陳寅恪師隋唐制度淵源略論稿嘗有所論列。其禮儀篇云：

魏初宗主督護之制，蓋與道武時離散部落，改爲編戶一事有關。實本胡部之遺蹟，不僅普通豪族之兼併已也。（原書第二十八頁）

書中雖未詳論其事，然已指出魏書官氏志北史賀訥傳之紀載，足爲佐證。今案魏書一一三官氏志云：

初，安帝統國，諸部有九十九姓。

所謂九十九姓，亦卽九十九部。蓋以同屬一部之人，皆同一姓氏故也。其後西魏恭帝時宇文泰秉政，凡諸將功臣，普賜胡姓，以比附鮮卑部落時代舊制。凡統軍之將帥，得賜某胡姓者，卽爲此姓後人，亦卽此部之首領。如李虎賜姓大野氏，楊忠賜姓普六茹氏，卽認爲魏初大野普六茹兩姓之後，亦卽西魏時此兩部之部帥也。

周書二二文帝紀下云：

（魏恭帝元年）魏氏之初，統國三十六，大姓九十九，後多絕滅。至是以諸將功高者爲三十六國後，次功者爲九十九姓後。所統軍人，亦改從其姓。

按隋書四一高熲傳云：

父賓，背齊歸周，大司馬獨孤信引爲寮佐，賜姓獨孤氏。（北史七二熲傳略同。）

又隋書五五北史七三獨孤楷傳云：

本姓李氏，從齊武帝與周師戰於沙苑。齊師敗績，因爲柱國獨孤信所擒，配爲士伍，給使信家。漸得親近，因賜姓獨孤氏。

高賓李楷因隸屬獨孤信而改姓獨孤，卽周書文帝紀所云諸將所統軍人，亦改從其姓之明證。故諸將賜姓爲某部後，其職位猶鮮卑往時之部落大人，亦卽某氏之族長。周文此舉，意在規摹鮮卑部落舊制，（看隋唐制度淵源略論稿兵制篇。）則魏初鮮卑部落之情狀，較然可知矣。逮道武南定燕冀，入居中原，乃離散部落改爲編戶，以適應當時環境。魏書百二十三官氏志云：

四方諸部，歲時朝貢。登國初，太祖散諸部落，始同爲編民。

北史八十外戚賀訥傳云：

道武平中原，離散諸部，分土定居，不聽遷徙。其君長大人，皆同編戶。

同書九八高車傳云：

道武時分散諸部，唯高車以類粗獷，不任使役，故得別爲部落。

夫旣分散落部，改爲編戶，分土定居，不聽遷徙；其生活狀況，自與部落時代不同。然同部之人，必同居一處，與中國之聚族而居相似。於是嚮之君長大人，以氏族之首領，爲編戶之督護。魏初之宗主督護制，殆源於此。因卽以此制，部勒中夏，使胡漢一體。由是而宗主之制，遂爲魏初社會之基本組織。其爲胡部之遺蹟，蓋昭昭然也。

嘗竊思之，道武以此制部勒華夷，而能通用無阻者；固由胡政嚴峻，非齊民所敢抗。然其定制之始，亦必嘗相度華夏民情，知其與胡部有類似之處，乃取胡部遺蹟，被以華名，通用之於夷夏。夫惟此制與當時胡漢社會，能相比附，乃能通用而莫之或拒。故魏初之陰用胡制，實由於統治之便利，非必欲用夷變夏，強華人從胡俗以爲快也。閒嘗考之史籍，知拓拔氏入居燕冀之始，北方承大亂之後，人民多聚族自保，宗族首領，實兼鄉里魁率，其性質與部落大人無異。所不同者，胡人事遊牧，漢人則業耕稼耳。逮道武離散部落，改爲編戶，分土定居，不聽遷徙，乃與諸夏生活狀況相同。彼改爲編戶後之部落大人，必仍爲胡人之各級首領，其與漢人之宗族領袖，地位權力，殆無不同。於斯時也，以宗主制施之諸胡，往時爲部落之大人，今當督護編戶之任，名義雖更，實質未變，彼固習焉不以爲異。以之施於漢人，則昔時之鄉里魁率，爲今日之宗主，位任咸同，必能相率承用，懵然不知有改制之事，亦無『用夷變夏』之感。此由胡部遺蹟變來之宗主制，所以能通用於胡漢間也。請分論之。

二 永嘉喪亂後之聚族自保

——論宗主制適合北方環境——

永嘉喪亂，兩京傾覆，懷愍被俘。黃河流域，胡騎縱橫，盜賊遍地。南起淮漢，北盡長城，殆無寧靜之土。中原百姓，紛紛爲避兵之計，或南渡江表，或北走遼東。東晉前燕之建立，多賴此輩流人之輔助。以非本題討論範圍，不遑深論。然北方人士，亦有鄉里在腹心之地，雖亦流離轉徙，終以道阻且長，不克逃出淪陷區域者。亦有眷戀丘園，雖歷盡艱難，未嘗去父母之邦者。其人大抵糾合徒衆，或依據險阻，或築堡結壘合羣力以禦寇盜，保身家。其見於晉書者：如蘇峻糾合數千家，結壘於長廣掖縣（卷一百本傳）。郗鑒與鄉里千餘家，避難於魯之嶧山（卷六七本傳）。祖逖傳（卷六二）所載，有流人塢主張平樊雅陳川諸人；而張平所統十餘部，衆各數百。傳中又有『河上諸堡固屯塢』之文。夫「諸」者多數之義，由是知雖河上一隅之地，堡塢之數頗多，大小強弱，亦必不齊。此皆流亡之民，結塢自保者也。其北方將帥，遙受江東節度，見於晉書者，如邵續見天下漸亂，去縣還家，糾合亡命，得數百人（六三本傳）。劉遐爲塢主，壁於河濟之間（八一本傳）。劉淵攻平陽，百姓奔走，李矩素爲鄉人所愛，推爲塢主。河內懷人郭默，永嘉之亂，率遺衆自爲塢主；流人依服者漸衆，撫循將士，甚得其歡心。永嘉之末，度支校尉東郡東阿人魏浚與流人數百家保河陰之硤石，及洛陽陷，屯於洛北石梁塢，襁負至者甚衆。劉曜攻洛陽，魏該據宜陽界一泉塢，與李矩郭默相結以拒賊（以上均見六三各本傳）。此皆寇至之時，不遑奔避，乃結衆自保者也。以上所舉，或以展轉流徙，終得奔往江南；或雖遠在北土，而通使建康，受其位號，因得見於史官紀載。其他純爲自衛組織，不與朝廷通消息，史書亦莫之記者，不知其凡幾。由是言之，北方人民，因捍禦胡寇而聚衆自保者，固當所在皆是，其數目之衆，可以想見矣。

考之史籍，凡離亂之世，人民據險築壘以自衛，晉世以前即有之，非起於永嘉之時。大抵由一鄉豪傑，糾集家族親戚，號召鄰里賓客，選擇地險，聚族而居，多者數千家，少亦數百戶。如魏志十一田疇傳云：

疇得北歸，率舉宗族他附從數百人，入徐無山中，營深險平敞地而居，躬耕以養父母。百姓歸之，數年間至五千餘家。

又十八李典傳云：

典從父乾，合賓客數千家在乘氏。初平中，以衆隨太祖，破黃巾於壽張。太祖與袁紹相拒官渡，典率宗族及部曲，輸穀帛供軍。

又同卷許褚傳云：

漢末（褚）聚少年及宗族數千家，共堅壁以禦寇。

此雖漢末之事，然同值離亂之時，同爲聚族自保，與東晉時之堡塢主帥，情事相同，可以互相印證。魏志十六杜畿傳注引杜氏新書云：

（杜）恕遂去京師，營宜陽一泉塢，因其壘塹之固，小大家焉。

逮劉曜攻下洛陽，恕孫尹（預之子）仍據其地。晉書（六三）魏該傳云：

劉曜攻洛陽，杜預子尹爲弘農太守，屯宜陽界一泉塢。

則一泉塢爲前人避難之所經營，恕旣盡室遷居其中，尹又利用其壘塹之固，以抗拒寇讐，遂成杜氏世居之地矣。晉書八八孝友庾衮傳云：

齊王冏之唱義也，張弘等肆掠於陽翟。衮乃率其同族及庶姓保於禹山。是時百姓安寧，未知戰爭之事。衮乃集羣士而謀曰：『二三君子，相與處於險，將以安保親尊，全妻孥也。古人有言，「千人聚而不以一人爲主，不散則亂矣。」將若之何？』衆曰：『善！今日之主非君而誰？』衮默然有間，乃言曰：『古人急病讓夷，不敢逃難。然人之立主，貴從其命也。』乃誓之曰：『無恃險，無怙亂，無樵採人所植，無謀非德，無恵非義。戮力一心，同恤危難。』衆咸從之。於是修璧塢，樹藩障。量力任能，使邑推其長，里推其賢而身率之。及齊王冏歸於京師，踰年不朝。衮曰：『晉室卑矣！寇難方興。』乃攜其妻子適林慮山，事其新鄉如其故鄉。比及期年，而林慮之人歸之，咸曰『庾賢』。及石勒攻林慮，父老語曰：『此有大頭山，九州之絕險也，上有古人遺蹟，可共保之。』袞乃相與登於大頭山，而田於其下。

觀庾袞傳所載，足見聚族自保，必推大族中德充才盛之人，當領袖之任，為之申明約束，訓練部伍，庶乎羣衆有節制紀律，力足以抗強暴。領袖之下，必有部分小帥以輔佐之，如軍衆之有部曲督將，鄉里之有三老亭長然。其人亦必拔自各族，以才智明敏者充之。亦卽庾袞傳所謂『邑推其長，里推其賢』者也。以東西晉間事與上所陳述者相較，則郗鑒與鄉人千餘家避難嶧山，蘇峻糾合數千家，結壘本縣。李矩為鄉人所愛，推為塢主，亦田疇李乾許褚庾袞之比。避難塢堡，必為聚族而居，堡塢主帥，必為彊族領袖，足以號令宗親鄉里者，彰彰明甚矣。

南北分立之時，北人以篤於親族之誼著稱，顏氏家訓二風操篇云：

凡宗親世數，有從父、從祖、族祖。江南風俗，自茲以往通呼為尊。同昭穆者，雖百世猶稱兄弟。對他人稱之，皆云族人。河北士人，雖二三十世，猶呼為從伯從叔。梁武帝嘗問一中士人曰：『卿北人，何故不知有族？』答云：『骨肉易疏，不忍言族耳。』當時雖為敏對，於理未通。

宋書四六王懿傳云：

北土重同姓，謂之骨肉。有遠來投者，莫不竭力營贍。若不至者，以為不義，不為鄉里所容。仲德聞王愉在江南，是太原人，乃往依之。愉禮之甚薄。

魏書四八高允傳云：

顯祖平齊，徙其族望於代，多允姻媾，允散財竭產以相贍賑。

又八二常景傳云：

初，平齊之後，光祿大夫高聰徙於北京，中書監高允為之娉妻，給其資宅。聰後為允立碑，每云，『吾以此報德，足矣！』

按魏書六八高聰傳云：

聰，渤海蓨人，徙入平城，為雲中兵戶，窘困。族祖允視之若孫，大加賙濟。

蓋允與聰雖同貫渤海蓨縣，然族屬已疏。故常景傳未著明二人為同族。聰本傳雖稱允爲聰族祖，其關係不過如顏黃門所謂，河北二三十世，猶呼爲從伯從叔者。允之於聰，大加賙濟，正可爲王懿傳所云：『北土重同姓』之最好注脚。夫其厚於親親之誼如此，故北方大族，多以數世同居爲盛事。史籍所載，數見不鮮。其見於魏書者，若高陽許詢，閨門雍睦，三世同居，李神儁稱其家風（四六本傳）。博陵崔挺，三世同居，門有禮讓（五七本傳）。弘農楊椿楊侃，一家尊卑百口；椿兄弟八人在家，必同盤而食，不異居異財（五八本傳）。節義傳所載，此類尤多，如博陵李几，七世共居同財，家有二十二房，一百九十八口，長幼濟濟，風禮著聞。北海王閭，數世同居，有百口。太山劉業興，四世同居，魯郡蓋儁六世同居，並共財產，家門雍睦。此皆以厚於骨肉著稱，爲鄉里之表率，當世所敬異，史家所特書，非謂北土恆人，皆能如是。然北方風俗之重親親，厚家族，於茲可見。至於江南風俗，則大異於是。魏書七一裴植傳云：

> 植雖自州送祿奉母，及贍諸弟，而各別資財，同居異爨，一門數竈，蓋染江南之俗云。

按宋書八二周朗傳云：

> 世祖卽位，普責百官讜言。朗上書曰：『今士大夫以下，父母在而兄弟異，計十家而七矣。庶人父子殊產，亦八家而五矣，凡（魏書九十七劉駿傳作「其」）甚者，乃危亡不相知，飢寒不相卹。』又疾謗讒害其間，不可稱數。宜明其禁，以革其風。先有善於家者，卽務其賞，自今不改，則沒其財。

魏書（九七）劉駿傳特錄此文，以爲南方風俗之弊（魏書周朗作周殷）。足證北方風俗，至伯起載筆之時，猶不若是。夫父子殊產，兄弟異爨，與數世同居，長幼百口者，相去懸絕，不可計數。竊謂不但由此可以覘風俗之不同，實亦足以說明社會組織之殊異。陳寅恪師嘗論此俗之由來，以爲與中原紛擾聚族自保之事有關。夫旣數千百家，同居堡塢，苟不倡孝友睦婣之風教，則骨肉之情薄，詬誶之聲時作，而生人之道苦矣。近世學者言，道德所以適應時代環境。此類是也。

寅恪師嘗謂北方之重嫡嗣如魏書崔道固傳顏氏家訓後娶篇所敍者，與元魏宗主之制有關。宗主制中之宗主，卽如古代宗法中之宗子。今按魏書二四崔玄伯傳附道固傳云：

道固賤出，嫡母兄攸之目邃等輕侮之，略無兄弟之禮。後爲劉義隆諸子參軍事，被遣向青州募人。長史以下，皆詣道固。道固諸兄逼道固所生母自致酒炙於客前。道固因驚起接取，謂客曰：『家無人力，老親自執劬勞。』諸客知其兄弟所作，咸起拜謝其母。母謂道固曰：『我賤，不足以報貴賓，汝宜答拜。諸客咸歎美道固母子，賤其諸兄。』

顏氏家訓卷一後娶篇云：

河北鄙於側出，不預人流，是以必須重娶，至於三四，母年有少於子者。後母之弟，與前婦之兄，衣服飲食，爰及婚宦，至於士庶貴賤之隔，俗以爲常。身沒之後，辭訟盈公門，謗辱彰道路。子誣母爲妾，弟黜兄爲傭。播揚先人之辭迹，暴露祖考之長短，以求直己者，往往而有，悲夫！

北方重嫡嗣賤庶孽之風氣，流至弊於如此，可謂甚矣。推其原因，蓋與聚衆自保之事有關。夫嫡庶共處，身分不同，妾媵之子，常難與嫡嗣齒。此種習慣，至晚近猶然。必至庶孽以才行功名顯，於是母以子貴，鄉里宗親，乃亦從而禮貌之。若寇難方般之時，避居堡塢者，日以安危爲憂，自不存功名之念，且亦無奮身自效之途。側出之子，既不克致身顯達，鬱鬱居家，習爲嫡兄弟所陵忽。日久浸淫，遂成風俗。雖元魏混一北方，終以積習難返，莫之能革。此河北獨以重嫡賤庶著稱者一也。堡塢主帥，力能號令鄉黨戚族，儼然君臨一方。身沒之後，往往世繼其任（參觀下節），與古部帥封君之傳襲相同。則必采用嫡長子承繼之法，以絕鬩牆之爭，由是嫡庶之分益嚴。魏初行宗主之制，承認宗豪爲鄉里魁帥之合法地位。故宗主之於族人，猶宗法制度中之宗子。此不絕如縷之宗法遺制，乃得復活於北方社會。其後孝文雖革宗主而行三長制，然聚族而居之習慣，尙通行於河北，舊俗仍得保存，故顏黃門著書時，猶以爲言。此河北獨以重嫡賤庶著稱者又一也。由是言之，宗主之制，與夫貴嫡嗣賤側出之習慣，皆因聚族自保而起，兩者固可以互相發明也。

夫旣聚族而居，宗豪之力，足以指揮族黨，庇護同姓。北土又以數世同居，長幼百口爲美俗，則強宗大族爲人所蔭附，寖至五十家三十家方爲一戶，亦不足異矣。然戶口不實，上虧課調，所在皆然，魏廷亦知其弊，故文成時亦嘗檢校戶口。

魏書四四薛野賭傳云：

高宗初，典民籍事，校計戶口，號爲稱職。

然宗主之制，則猶存而未革。竊嘗思之，魏當明元太武之時，入中原已久，國力已盛，宗主制蔭護民戶之弊，必已顯著。何以不事改革，坐視戶口之隱冒，課調之虧損，而不之究詰耶？此其間必有不得已之故，請再申論之。

三　後魏羈縻彊族安輯流民之政策

——論魏初行宗主制之必要——

永嘉之亂，北方淪陷，五胡迭起割據者，凡百餘年。疆埸之間，數數變易。一國之力，不能長保其地。守令不克久於其位，莫能從容施其政令。且山險林藪之區，爲鄉人或流民之所保據。諸胡兵力，雖或可迫其一時服從，而不能長久深入其地，則亦因仍故俗，聽其自然。良以撫綏得宜，則不勞兵力，而四境自安。苟失其意，或且興師徒以議大軍之後，爲患滋大。故郊遂之地，惟彼豪右之言是從。宗帥塢主之指揮，轉勝於城邑守長之條教。滋擾之時旣久，鄉里魁率，大抵世繼其任。所憑者厚，其勢益強割據之君，愈不敢輕易更張。雖明知豪右所爲，不合法令，然猶不得不苞容隱忍。必俟形勢安定，乃能徐爲之所。宗主制之行於魏初，而得延遲至孝文時始變革者，其故卽由於此。宋書八八薛安都傳云：

薛安都，河東汾陰人也。世爲彊族，同姓有三千餘家。父廣爲宗豪，高祖定關河，以爲上黨太守。

是薛廣爲彊宗之領袖，故劉裕破姚泓，乃命之爲郡守，欲藉其力以綏輯關河也。考魏書北史，河東薛氏於此時降劉裕者，尙有薛辯。魏書四二辯傳云：

薛辯其先自蜀徙於河東之汾陰，亦家焉。祖陶與薛祖薛落等，分統部衆，故世號三薛。父彊復代領部落，而祖落子孫微弱，彊遂總攝三營。善綏撫，爲民所歸。歷石虎苻堅，常憑河自固。彊卒，辯復襲統其營。

北史三六薛辯傳云：

苻堅伐晉，軍敗，彊遂總宗室強兵，威振河輔，破慕容永於陳川。辯復襲統其營，仕姚興河北太守。辯知姚氏運衰，遂棄歸家，保鄉邑。

則陶彊辯三世，以大族領袖，總領宗人保衞鄉里，與廣安都父子之世爲彊族宗豪相同。考河東汾陰薛氏，其先自蜀遷來，世號蜀薛，爲河東茂族。(參看下引通鑑百四十齊紀建武三年魏主與薛起宗辯論蜀薛條。)除上文所列舉之廣彊二家外，其擁宗族部曲，見於魏書者尚多。魏書二太祖紀云：

天興元年，四月，鄜城屠各董光，杏城盧水郝奴，河東蜀薛榆氏帥苻興各率其種內屬。

又卷三太宗紀云：

泰常八年，正月，河東蜀薛定薛輔率五千餘家內屬。

永興五年，夏，河東民薛相率部內屬。

及太武之世，盧水胡蓋吳聚衆反於杏城，河東蜀薛氏亦與之相結。魏書四下世祖紀：

太平眞君六年，冬十一月，河東蜀薛永宗聚黨盜官馬數千匹，驅三千餘人，入汾曲，西通蓋吳受其位號。秦州刺史周鹿覩率衆討之，不克而還。庚午，詔殿中尚書扶風公元處眞、尚書平陽公慕容嵩二萬騎討薛永宗，車駕西征。七年，春，正月庚午，圍薛永宗營壘。永宗出戰，大敗，六軍乘之，永宗衆潰，永宗男女無少長，赴汾水死。

魏書四二薛初古拔傳(北史三六同)云：

眞君中，蓋吳擾動關右，薛永宗屯據河側。世祖親討之，乃詔拔糾合宗鄉，壁於河際，斷二寇往來之路。

夫太武之世，爲後魏兵力極盛之時，薛永宗之叛，乃能騷動河側，至勞車駕親征，且用薛初古拔，以宗族勢力，牽制其間，始得殄滅。薛氏勢力之大，與夫太武之不得不曲予優容，由此可見矣。逮孝明以後，拓跋氏衰，薛氏仍能以宗族之力，割據鄉里。魏書八十長孫稚傳云：

正平郡蜀反，假稚鎮西將軍討蜀都督。未幾，雍州刺史蕭寶夤據州反，復以稚爲行臺討之。時薛鳳賓反於正平，薛脩義屯據河東，分據鹽池，攻圍蒲坂，東西連結，以應寶夤。

又七九董紹傳云：

蕭寶夤反於長安也，紹上書求擊之，曰：『臣當出瞎巴三千，生噉蜀子』。

則寶夤之反，實憑藉河東蜀之實力。薛氏爲蜀子之雄，宜爲其主要幹部矣。魏書八十樊子鵠傳云：

元顥入洛，薛脩義及降蜀陳雙熾等受顥處分，率衆攻州城。

北史二十薛孝通傳云：

北海王元顥入洛，宋人永宗脩義等又聚徒作亂，欲以應之。孝通與所親計曰：『北海乘虛遠入，吳兵又不能久住，事必無成。』乃率其近親，與河東太守元襲嬰城固守。及寶夤平定，元顥退走，預其事者咸罹禍，惟同孝通者得免。

周書三五薛端傳云：

魏孝武西遷，太祖令大都督薛崇禮據龍門，引端同行。崇禮尋失守，遂降東魏。東魏遣行臺薛循義、都督乙干貴率衆數千西度，據楊氏壁。端與宗親及家僮等先在壁中，循義乃令其兵逼端等東度。方欲濟河，會日暮，端密與宗室及家僮等叛之。循義遣騎追端，且戰且馳，遂入石城柵得免。

按循義北史三六薛端傳作脩義，『脩』『循』形相近，當與魏書長孫稚樊子鵠傳北史薛孝通傳所載之薛脩義爲一人。蓋脩義初連結蕭寶夤，後又附和元顥，與高歡宇文泰爲同時人。元顥後爲爾朱榮所破，北史薛孝通傳雖稱預其事者咸罹禍，顧未言及脩義。蓋脩義雄踞河東，多歷年所，元顥既敗，當必擁衆歸降，轉得倖存。其後爾朱氏之衆，爲高歡所併，脩義疑亦轉屬高氏，故得爲東魏行臺。如以上所推測者不誤，則脩義轉戰十餘年，歷經挫敗，終能屹然存在，亦可謂強悍也矣。夫脩義鳳賓舉事於孝明之時，本與宗主問題無關。然薛氏在後魏入中國之前，即以強宗保據河際。廣陶子孫，世以宗豪爲魁帥。魏初統宗族部曲者，又有定輔相諸人。經獻武孝文極盛之世，行三長之制，以後宗豪在民間之勢力，當爲之減縮。然魏末薛脩義薛鳳賓猶能糾合親族，反城稱兵。信可謂強宗豪族之尤。太武之時，方且倚其力以安河際，自不肯簡料戶口，以生豪宗之反感。宗主制在魏初之不易驟革，觀此可以明其大略矣。

河東爲蜀子屬集之區，其強宗豪族除薛氏而外，尙有他姓。魏書二太祖紀云：

天興二年，八月西河胡帥護諾于、丁零帥翟同、蜀帥韓甕，並相率內附。

同書三太宗紀云：

永興三年，夏，四月戊寅河東蜀民黃思郭綜等，率營部七百餘家內屬。

是皆河東蜀民之大姓，在道武明元之世，率部歸魏者則魏初統率部曲之豪宗，固不祇一二數也。河東而外，他地之大族，如薛氏之比者亦往往而有。魏書五三李安世傳云：

（安世）出爲安平將軍相州刺史假節。初，廣平人李波，宗族彊盛，殘掠生民。前刺史薛道𢷋親往討之，波率其宗族拒戰，大破𢷋軍，遂爲逋逃之藪，公私成患。百姓爲之語曰：『李波小妹字雍容，褰裙逐馬如卷蓬，左射右射必疊雙，婦女尙如此，男子那可逢！』安世設方略誘波及諸子姪三十餘人，斬於鄴市，境內肅然。

魏書敍此事，雖在太和九年行均田制以後。然李波與前刺史交戰，當在八九年前後，（吳廷燮後魏方鎭年表繫薛道標之去相州於太和八年，殆近是。）亦卽在三長制實行以前。由是言之，魏初豪宗強族，聚衆自保者，所在多有，至孝文時尙有力能抗拒官府者，此其人恐皆不免有苞蔭民戶之弊，是皆校計戶口之阻礙也。

抑魏初之於鄉里豪右，不僅採羈縻之策，使其不爲己害而已；甚且假以位號，牢籠之、策勵之，以收其力用。夫旣撫之以恩，則自不願綜覈名實，出其苞蔭之戶，以重傷其心。宗主制者，以督護之責，委之大族豪右，而不必檢校其戶口。斯豪強之所甚願。故宗主制與羈縻政策，如輔車之相依。此立三長校戶口，必至孝文時始能行，而不能見之於魏初也。夫離亂之世，人民據守險隘，志在保全身家性命。苟非喪心病狂，自不至歸降異族。逮兵興旣久，寇難益深，一時無恢復之望。如仍據地抗拒，敵寇視爲障礙，且有剪伐芟夷之憂。於是宗族豪帥，乃或不得不降志辱身，虛與委蛇，以謀苟安。彼胡酋虜將，則亦假以名號用示羈縻。若他年華夏興恢復之師，或疆埸有風塵之警，則又歸降戰勝之國以圖保全。彼戰勝得地之主若帥，亦不吝爵位名號以綏懷新服。周旋寇難之中，疆埸之主數變，而塢主宗帥能因勢應付，首鼠兩端，往往屹然無恙。夫數更喪亂，而其地獨安全，必益爲流徙之徒所歸往，勢力因以坐大。故不必擴張師旅而徒黨日集，不營求功名而位號自來。其子若孫，迭受推戴，襲據其位，世擁官號，幾於封建時代之諸侯，部落時代之酋長矣。史籍所載，其事孔多；略舉數則，以爲例證。晉書九二祖逖傳云：

初，北中郎將劉演距於石勒也，流人塢主樊雅張平，演署平爲豫州刺史，雅爲譙郡太守。

此當地將帥，利用塢主，假以位號者也。祖逖傳又云：

逖愛人下士，由是黃河以南，盡爲晉土。河上堡固，先有任子在胡者，皆聽兩屬。時遣遊軍僞抄之，明其未附。諸塢主感戴，胡中有異謀，輒密以聞。前後剋獲，亦由此也。

此在羯胡勢力範圍內之塢主，不得不服屬石勒，及祖逖軍至，又復降晉，周旋兩軍之間，以求自存者也。前引魏書四二薛辯傳載辯祖陶父強，世領部落，歷石虎苻堅，常憑河自固。北史三六辯傳云：

強與北海王猛同志友善。及桓溫入關中，與猛皆署軍謀祭酒，俄而溫敗。及苻堅立，猛見委任。其陽平公融爲書，將以車馬聘強，堅以爲不可屈，乃止。後堅伐晉兵敗，強遂總宗室強兵，威振河輔，破慕容永於陳川。姚興聞而憚之，遣使重加禮命，徵拜右光祿大夫、七兵尚書，封馮翊郡公，轉左戶尚書，年九十八，卒。辯復襲統其營，仕姚興，歷太子中庶子，河北太守。辯知姚氏運衰，遂棄歸家，保鄉邑。及晉將劉裕平姚泓，卽署相國掾，尋除平陽太守，委以北方鎮捍。及長安失守，辯遂歸魏，仍立功於河際，位平西將軍，東雍州刺史。其年，詣闕，明元深加器重，明年，方得旋鎮。帝謂之曰：『朕委卿西蕃，志在關右，卿宜克終良算，與朕爲長安主人。』辯旣還任，務農教戰，恆以數千之衆，摧抗赫連氏。帝甚褒獎之，又除幷州刺史，卒於官。

魏書四二辯傳敍其後裔事云：

辯子謹，隨劉裕渡江。辯歸魏，謹自彭城來奔，授河東太守。始元中，世祖討赫連昌，勑謹領偏師前鋒嚮導。旣剋蒲坂，世祖以新舊之民，并爲一郡，謹仍爲太守。遷秦州刺史。眞君元年，徵除內都坐大官。五年，從駕北討，以後期與中山王辰等斬於都南，尋贈鎮西將軍，秦雍二州刺史。

長子初古拔，眞君中，蓋吳擾動關右，薛永宗屯據河側。世祖親討之，乃詔拔糾合宗鄉，壁於河際，斷二寇往來之路。又共陸眞討反氐仇傉檀強免生，平之。皇興三年，尙文成女西河長公主。

長子胤，後除河北太守。

拔弟洪隆，河東太守。

洪隆弟破胡，河東太守。

按薛氏自陶彊以來，世爲宗豪，故桓溫苻堅，俱加禮遇；姚興劉裕，假以位號，皆所以牢籠覊縻之使爲我用，非眞能指揮其部曲，統治其人民也。魏初之於薛辯，殆亦若是。逮太武之時，令薛謹從征，復以軍法誅之。蓋其時關中已平，北方大定，後魏勢力方盛，族帥莫敢相抗，故太武得以重法相繩。然不久薛永宗響應蓋吳，又不得不用薛初古拔，使其合宗鄉之力，以斷二寇往來之路。拔父謹得追諡贈官，拔尙長公主，兩弟及子先後服官鄉里，（魏河北郡，係自漢晉河東郡分出。魏書六九裴延儁傳載裴瑗以河東聞喜人，析屬河北郡可以爲證。且薛辯仕姚興，未嘗官河北太守。其地約當今山西南部，與陝西鄰接之地。故薛胤之爲河北太守，仍是服官鄉里。）蓋魏室利用薛氏宗親之力，以安河輔，所以優遇之者甚至。自不得在河東關右尙未大安之時，行操切之政，檢括戶口，以傷豪族之心。且河東蜀薛氏，如廣安都及陶彊之子孫，世以宗豪領部曲，力能安定鄉里。其薛永宗諸人稱兵叛魏者，足以騷擾河東。自鮮卑人之部落眼光視之，此與他種姓部落之酋豪無異。故前引魏書太祖紀載：

天興元年，四月，鄜城屠各董羌，杏城盧水郝奴，河東蜀薛榆，氐帥苻興，各率其部內屬。

同書二太宗紀載：

泰常三年，正月，河東胡蜀五千餘家，相率內屬。

通鑑一五一梁武帝普通七年六月條云：（參魏書二五長孫道生附稚傳、北史二二長孫道生附承業傳。）

魏絳蜀陳雙熾聚衆反，以假鎭西將軍長孫稚爲討蜀都督。

胡三省注云：

蜀人徙居絳者，謂之絳蜀。

史以胡蜀同舉，河東蜀與鄜城屠各、杏城盧水相提並論。魏又特設都督，以討蜀爲名。則鮮卑之於蜀人，認爲中國境內之一民族。（參看本所集刊第十一本陳寅恪師魏書司馬叡傳江東民族條釋證及推論上篇。）河東蜀薛氏諸人之任宗族首領者，與屠各胡帥之董羌，盧水胡帥之郝奴，同爲部族之酋豪。彼其以部勒胡部之法制，統馭蜀子，此亦事理之自然者也。

復次，宗主之制，不僅可以羈縻彊族，亦能招輯流亡。夫薛氏自廣陶諸人，保據河東，歷石虎苻堅姚氏，至魏明元泰常四年薛辯歸魏，已將百年。其祖始遷幷土，又在其前。定居既久，言語習慣，應與土著之民，無大差別。彼固視河東爲桑梓，衆亦推爲郡中茂族。魏初歸降之時，雖猶被蜀薛之名，實與其他宗豪族帥保據鄉里者情形相同。故以綏服河東蜀薛之方法，覊馭其他彊宗豪族，宜無不可；以之待遇流亡集團，亦可收安輯之效也。蓋流徙之民易動難安。定居一邑以後，政從寬大，使彼首領及部屬，咸皆悅服，懷新主之溫厚，忘轉徙之痛苦；亦勞來綏輯之要術也。魏初承亂離之後，流亡之民，所在鷹集。得賢長官綏撫之，往往成立州郡。魏書六四張彝傳云：

彝清河東武城人。曾祖幸，慕容超東牟太守，後率戶歸國。世祖嘉之，拜平遠將軍，青州刺史。祖準之襲，又爲東青州刺史。初，彝曾祖幸，所招引河東民爲州，裁千餘家。後相依合，至於罷入冀州。積三十年，析別有數萬戶，故高祖校比天下民戶，最爲大州。

按張幸爲慕容超東牟太守，(晉以後東牟郡，當即治漢東牟縣，在今山東文登縣。)義熙六年，劉裕滅慕容超，兵力當未能達海隅，幸或即以此時率戶歸魏，故史不言其曾降東晉。太武當因其間道來降之故，即其服官之土，予以青州刺史之號。考後魏時青州，見於史籍，可確知其治所者，先後凡二，皆與幸所臨之青州，區域不同。宋書七八蕭思話傳云：

元嘉二十七年，（蕭斌）統王玄謨等衆軍北伐，斌遣將軍崔猛攻虜青州刺史張淮之於樂安，淮之棄城走。

是太武時，別於樂安（今山東廣饒縣）置青州。幸招誘河東民所立之州，當仍存在。魏書五一韓均傳稱：

先是河外未賓，民多去就，故權立東青州，爲招懷之本。

河外與河內爲相對之名稱，即漢晉河東郡，今山西省南部舊河東道區域內之地。太平眞君六年，蓋吳擧兵南與宋通，河東薛永宗，聚黨入汾曲，與蓋吳聯絡，其時河東區域，尙未盡從魏，所謂『河外未賓』，當即指此時情形而言。韓均傳所云『權立東青州』即張幸所刺之州，其後因樂安復別置青州，張幸所治，在樂安之東，故別立東青州之號。至於獻文皇興二年慕容白曜平青齊後，則青州又沿晉安帝時劉裕平慕容超後之舊移治東陽，(故城在今山東恩縣西北六十里。)此即地形志所紀之青州，更在樂安之西，與張幸所立之州無與也。韓均傳又稱立東青州後，『新附之民咸得優復，然舊人奸逃者，多往投焉。』是魏廷甚注意綏懷新附，故張幸因任招誘之事，父子相繼爲刺史。投附之民，咸得復除，甚且成爲逋逃之藪，政治之疏闊可知。其流民之豪帥，魏廷遇之，亦必與他地宗豪同，位以宗主，使之督護所統，仍爲宗親之首領，以懷柔其心。縱有苞蔭人戶之弊，魏廷亦不至據籍檢括。張彝傳所云『後相依合』者，當即豪彊苞蔭所致，亦即李沖傳所云，『五十家三十家方爲一戶』者也。至其罷入冀州之故，據韓均傳載稱，均因其爲奸逃所歸，乃『言其非便，朝議罷之。』然魏書六十北史四一韓顯宗傳載顯宗上疏孝文帝云：

中州郡縣，昔以戶少併省，今人口旣多，亦可復舊。(魏書「可」字上衍「不」字，從北史刪。)

則魏之併省州郡，實以戶口稀少之故。且以張彝傳『後相依合，至於罷入冀州』之文觀之，亦以戶少爲併省之主要原因，不僅由於韓均之建議，夫丁口之數，本應與年俱增，而以豪彊苞蔭轉相依合之結果，課調之戶無幾，故遂至於罷入冀州也。史稱『高祖校比民戶』，即指太和十年立三長，遣使更比戶籍而言。(見魏書四二堯暄傳。魏書七高祖紀載延興三年，九月，亦嘗遣使「循行天下，檢括戶口，」較太和十年早十三年。時孝文尙幼，獻文方以太上皇主持國政；且東青州之罷入冀州，據韓均傳文推測，當在太武獻文之間，下逮延興三年，恐不及二十載，與張彝傳所云三十年間之言不合，當非是。)蓋東青州雖以戶少併屬冀州，實則歲有增益，苟加析別，可至數萬戶。特爲豪彊所苞蔭，政府未之稽核耳。逮孝文遣使校比戶籍，檢出苞蔭之戶，於是人戶實數乃暴露。冀州因併入舊青州人戶，丁口之多，冠於他州，故曰『最爲大州』也。故由張彝韓均兩傳所載參互觀之，魏初對於新附之民，亦行宗主之制，而不必檢校其戶口，蓋綏懷新附，其勢不得不如此也。

夫宗主督護之制，旣爲綏懷招輯之措施。則對於他地由招誘流亡而設立如東青州之比者，其處置亦宜與之同。魏書四二寇讚傳云：

> 姚泓滅，秦雍人千有餘家，推讚爲主歸順，拜綏遠將軍魏郡太守。其後秦雍之民，來奔河南滎陽者戶至萬數，拜讚安遠將軍，南雍州刺史，治於洛陽，立雍州之郡縣以撫之。由是流民繈負而至者，參倍於前。

此其情形與張幸招誘河東流民而立青州相似，朝廷之所以懷輯流民者亦應相同。其他因綏撫流亡而成立之州郡，史不載其歸附情形者，當必不少。魏廷之措置亦必與青州同。豪彊之苞蔭，民戶之隱冒不實，宜所在皆是。至孝文時，國基已定，固不得不革宗主督護制，立三長校戶口，以除隱冒蔭護之積弊也。

嘗試思之，魏初國力不克支配北方全局，苟不以宗主督護民戶，而采中夏舊法，精覈戶口，其結果當不出二途：（一）就各地流民論之，其宗豪或因此而有貳心。韓均傳言『河外未賓，民多去就，』足證人心尙動搖不定，未必歸嚮魏氏。寇讚傳言『魏立雍州郡縣以撫之，流民繈負而至，』足見魏之優遇流民，實有招來安輯之功。如事事精覈，政從苛細，則未來者將裹足不前，已至者亦心懷去就。此孟子所謂『爲淵毆魚，爲叢毆爵，』將有爲敵國驅民之病。有志兼併四方者，當不出此。（二）就豪宗強族勢力最大之地域論之，校計結果，出苞蔭之戶，絕欺隱之姦。雖增課調之入，實傷豪強之心。南朝齊武帝永明時富陽唐寓之之變，卽由檢校黃籍之僞冒而起。（參看南史四七虞玩之傳。）且孝文立三長校戶籍之時，猶爲豪強兼併者所弗願。況北方兵事未定，河外未賓之時乎。若必持之以操切，則聚黨以抗魏者，恐不止薛永宗一族而已，此固用兵征伐者之所深忌也。由是言之，魏初行宗主督護制，初不校計戶口，實羈縻豪族懷輯流民之政策。謂之出於不得已，或不致與事實相遠歟。

出自第二十本下（一九四八年十二月初版，一九六四年一月再版）

一 枝 花 話

張 政 烺

唐元稹酬翰林白學士代書一百韻：

翰墨題名盡，光陰聽話移。

句下有自註云：

樂天每與予遊，從無不書名屋壁。又嘗於新昌宅說一枝花話，自寅至巳猶未畢詞也。（元氏長慶集卷第十。按元集明嘉靖東吳董氏及萬曆松江馬氏刻本皆有缺葉，此註文不全。淸錢謙益盧文弨及近人張元濟皆嘗據宋本校補，故今見全唐詩及四部叢刊本已照補不缺。）

按新昌里在長安延興門內路北，據徐松唐兩京城坊考（卷三），白居易爲主客司郎中知制誥時居新昌里。元稹此詩追念舊遊，緬懷往事，當是貞元十八年（八〇二）稹以中書判第四等授校書郎以後，元和元年（八〇六）中才識兼茂明於體用科拜左拾遺以前，三四年間之事。（參考趙令畤侯鯖錄卷五，微之年譜。）「說話」爲宋代瓦舍技藝之一，其淵源可溯於隋代之侯白，余別有說。此處之所謂「一枝花」，則當爲今日所知小說話本之最早者。

一枝花卽白行簡所作之汧國夫人李娃傳，今見最早之本爲太平廣記（卷四百八十四）所載，題「李娃傳」，篇尾註「出異聞集」。按異聞集十卷，唐末屯田員外郎陳翰編，見新唐書藝文志子部小說家類。其書宋晁公武郡齋讀書志（卷十三），陳振孫直齋書錄解題（卷十一）皆著錄，以後失傳。國立中央研究院歷史語言研究所藏明抄本曾慥類說卷第二十六上有異聞集，已刪節不完，前有銜名題「將仕郎侍書屯田員外郎陳翰編」，與唐志及書錄解題合，猶是原書款式。其汧國夫人傳節略太甚，視太平廣記所載不及十一。末有註語：

舊名一枝花。元稹酬白居易代書一百韻云，□（翰）墨題名盡，光陰聽話移，杜（註）云，樂天從遊常題名於桂（壁），復本說一枝花，自寅及巳。

（按此文缺一翰字，註誤杜，壁誤桂。又「復本」二字當亦有誤，不敢肊定。）

此當是陳翰異聞集原有之按語，曾慥爲類說旣删節汧國夫人傳正文，亦删節陳翰附註之按語，故文字艱澀不甚明瞭。謂此註語出異聞集有一旁證，按同書謝小娥傳之末亦有註云：

幽怪錄所載小異，故兩存之。

此處之謝小娥傳雖經删節，以與太平廣記（卷四百九十一）李公佐謝小娥傳比較，可斷其原文卽李氏之作。唐李復言續幽怪錄有尼妙寂一篇（太平廣記第一百二十八卷引，涵芬樓影印宋本續幽怪錄無此篇），亦述小娥事而略有不同，編者「故兩存之」。今類說本異聞集只删存李公佐文，若續幽怪錄所述則不存一字，是知此等按語皆出陳翰而不出於曾慥也。太平廣記本李娃傳開端云：

汧國夫人李娃，長安之娼女也。節行瓌奇，有足稱者，故監察御史白行簡爲傳述。

此三十一字非白行簡原文，因此傳尾明記撰年爲貞元乙亥歲（十一年，七九五。）秋八月，時行簡尚未第（參考舊唐書本傳），何得自稱監察御史？故疑此亦陳翰異聞集之文，「汧國夫人」四字係標題，以下二十七字則其解題（類說本異聞集僅存「李娃長安娼女也」七字），太平廣記編者刊除未盡，竟竄居正文之首也。

陳翰唐末人，去元白時代未遠，謂汧國夫人傳舊名一枝花，當有所本。白行簡爲居易之弟，其作此傳在貞元十一年，元白於新昌宅聽說一枝花話則在其後七八年。傳文共三千五百餘字，而說話者自寅（上午三至五時）至巳（上午九至十一時）猶未畢詞，可見當時說話人之技術已甚進步，蓋敷演故事有多溢出傳文以外之詞也。宋代說話人往往運用唐人小說爲話本，由此觀之，知此種風氣在唐人寫作小說時已然矣。

曾慥類說成於紹興六年（一一三六），刊於庚申（一一四〇），重刊於寶慶丙戌（一二二六）。中央研究院藏明抄本卽自寶慶重刊本傳寫。此書「明人刊本多所删節」（鐵琴銅劍樓書目卷十六），其本亦不易見，文津閣四庫全書本據提要源出明刻，卷第改易與中央研究院藏明抄本不同，異聞集在第二十八卷，陳翰銜名已不存，汧國夫人傳後按語僅存十二字：

舊名一枝花本說一枝花自演

文義愈不通順，設非舊本尚存，將不解所指爲何事矣。

羅燁新編醉翁談錄（癸集卷一）有「李亞仙不負鄭元和」一篇，其起首數句云：

李娃，長安娼女也，字亞仙，舊名一枝花。有榮陽鄭生字元和者，應舉之長安。……

羅燁醉翁談錄係日本伊達氏觀瀾閣所藏孤本，昭和十五年（一九四〇）東京市文求堂影印行世，中日學者多定爲宋刻，以余觀之，或係元刻明印之本，然其書成於宋末則無問題。此「舊名一枝花」五字顯然出自陳翰異聞集，疑初爲標題下之小註，傳抄或刻板時竄入首行正文之中，故與上下文義不甚連貫。此種情形與前舉太平廣記本李娃傳首多出三十一字正復相似。（近爲友人校馬歡瀛涯勝覽，其每國標題下之小註亦常混入正文首行中，與此同例。）此後遂有謂李娃別名一枝花者，明周憲王李亞仙花酒曲江池（誦芬室董氏影印雜劇十段錦本）：

卜引正旦梅香上云：老身是這長安城中鳴珂巷陌李媽媽的便是。有箇親生的女兒名是亞仙，城中官長每見他生的好，與了他箇名字叫做一枝花。……

此言李娃所以稱一枝花之故，在明以前人書中不能得其根據，當屬周憲王臆撰，故元石君寶李亞仙花酒曲江池（元曲選乙集）及明薛近兗繡襦記（涉園陶氏影印本）並無此說也。

李娃故事哀豔動人，而「曲終奏雅」與國人之倫理觀念相投，尤其流行之最大原因。唐人小說對於後世戲劇小說影響之大，元稹鶯鶯傳外，當推此篇。鶯鶯故事除金聖歎所謂「續西廂」者外，無大改變，李娃事在宋代即多異聞。元稹有李娃行，許彥周詩話（百川學海本）嘗引其「髻鬟峨峨高一尺，門前立地看春風」二句，全文已不可見。嘗見永樂大典（卷七千三百二十八）郎字韻，有「遺策郎」條，引張君房麗情集，載鄭生李娃事，惜僅寥寥數語，其詳亦不可得而言。世傳陶穀淸異錄（惜陰軒叢書本，卷上，人事門）有鄭世尊條，「曰鄭子以李娃故行乞安

邑」。莊季裕雞肋編(卷下):

喬大觀維陽人,紹興中仕宦於朝。嘗有人戲之曰:公可與鄭元和對。喬云:某豈有遺行若彼邪?曰:非爲此也。特以名同年號,世未見其比耳。

此書自序題紹興三年(一一三三),是南宋初年已有鄭元和之稱。劉克莊後村先生大全集卷一百七十三,詩話:

……鄭畋名相,父亞亦名卿。或爲李娃傳,誣亞爲元和,畋爲元和之子。小說因謂畋與盧攜並相,不咸,攜詬畋身出娼妓。按畋與攜皆李翺甥,畋母攜姨母也,安得如娃傳及小說所云!唐人挾私忿,騰虛謗,良可發千載一笑。亞爲李德裕客,白敏中素怨德裕及亞父子,娃傳必白氏子弟爲之,托名行簡,又嫁言天寶間事。且傳作於德宗之貞元,追述前事可也,亞登第於憲宗之元和,畋相於僖宗之乾符,豈得預載未然之事乎?其謬妄如此。……

此云「誣亞爲元和」與今所見太平廣記本李娃傳不同,蓋南宋時流行之李娃傳頗有竄改,疑其變易主要者仍在篇首一段,羅燁新編醉翁談錄所載或即自此本出耶?又此所謂「小說」不知爲何書,按孫光憲北夢瑣言(卷六,雲自在龕叢書本)謂鄭畋與盧攜爲親表,「同在中書,因公事不叶揮霍,閒言語相擠詬,不覺硯瓦翻潑。」然亦無「攜詬畋身出娼妓」之說也。

明嘉靖間晁瑮撰寶文堂分類書目,子部雜類有「李亞仙記」,雜廁於詞話小說之中,當即余公仁刊本燕居筆記第七卷「鄭元和嫖遇李亞仙記」之簡稱。此記是通俗小說體裁,開端云:

話說唐明皇天寶五年間,有個官人姓鄭名畋字舉才,官拜常州府刺史,祖貫河東太原人也。夫人賈氏。生得一子名平字元和,年一十八歲,聰明標致,丰姿洒落,正是:

腸內包藏千古史　　胸中常蘊五車書

……

此述鄭生名字與後村詩話又有不同,記之可以廣異聞。結尾云:

……後來鄭元和素遷清顯,官至禮部尚書。其李亞仙誥封汧國夫人,生二子俱登高第。夫妻受享榮耀不盡,老百年而終。其歌郎執紼和聲井蓮花落流傳至今不泯。

雖是靑樓新話　　編入幽谷生春

詩曰：故人一別負佳期，受盡飢寒總不知。須記當年行樂處，夢魂三墜曲江湄。

後來有詩八句讚美李亞仙爲妓而性賢良，罕矣。詩曰：鄭子當時美少年，曲江一見墜絲鞭，李娃賢德眞難比，阿母奸心不可言。分散一春愁更切，激攻萬卷志還堅。世間少有賢良妓，筆記生春第一篇。

純屬「說話」口脗，惟鄙俚不堪，本事旣多違誤，趣味亦極低劣，似流行於說話人之口者時間甚久，故漸失眞，因疑「說一枝花話」自唐至明雖漸變質，並未失傳，謹誌於此，用質高明。

三十七年六月十二日寫，越三日改訂。

出自第二十本下(一九四八年十二月初版,一九六四年一月再版)

鉢掣逋考

李方桂

吐蕃的盛衰幾乎跟唐朝一代相終始，在這二百多年裏頭吐蕃跟唐朝打了不知道有多少年的仗，講了無數次的和。可是唐代史籍中關於吐蕃重要人物的記載很少，就是藏文的記載依我所知道的也很簡略。近來因爲讀唐蕃會盟碑覺得吐蕃會盟最重要的人是鉢掣逋，所以把關於這個人的事蹟收集了一點，寫下來紀念孟眞先生(一)。

1） 新唐書吐蕃傳下有長慶二年(822)劉元鼎赴吐蕃會盟的一大段記載，描寫贊普衙帳跟盟誓的情形。現在把這段節錄出來：

"至㦤谷就館臧河之北川，贊普之夏牙也。周以槍纍，率十步植百長槊，中剚大幟，爲三門，相距皆百步，甲士持門，巫祝鳥冠虎帶擊鼓，凡入者搜索乃進。中有高臺，環以寶楯，贊普坐帳中，以黃金飾蛟螭虎豹，身被素褐，結朝霞冒首，佩金鏤劍，鉢掣逋立于右，宰相列臺下。(中略)盟壇廣十步，高二尺，使者與虜大臣十餘對位，酋長百餘坐壇下。上設巨榻，鉢掣逋升告盟，一人自旁譯，授于下。已歃血，鉢掣逋不歃。盟畢以浮屠重爲誓，引鬱金水以飲，與使者交慶乃降。"

這一段顯然是劉元鼎的報告的節錄。雖然簡略的很，但是可以看出鉢掣逋這個人的重要來了。

2） 册府元龜外臣部卷九八一也有這段記載，稍加詳細。現在也節錄如下：

"時贊普建衙帳于野，以柵槍爲壘，每十步攢長朔百枝，而中建大旆。次第有三門，相去百步，門有甲士，巫祝鳥冠虎帶擊鼓搒篇，入者必搜索而進。內起高臺，環以寶楯，帳曰金帳，其中緣飾多以金爲蛟螭虎豹之狀，至甚精巧。元鼎既見贊普年可十七八，號可黎可足，戔衣白褐，以朝霞纏頭，坐佩金劍，國政蕃僧號鉢掣逋立于座右，侍中宰相列于臺下。翼日於衙帳西南具饌。(中畧)所築盟臺濶十步高二

(一) 這是我在華盛頓大學 Inner Asia Project 的工作之一，蒙主持人 Paul Kirchhoff 許我發表，謹此致謝。

尺，漢使與蕃相及高位者十餘人相向列位。酋領百餘人坐于壇下，壇上設一榻，高五六尺。使鉢掣逋讀誓文，則蕃中文字，使人譯之。讀訖歃血，惟鉢掣逋不預，以僧故也。盟畢于佛像前作禮，使僧諷文以爲誓約，鬱金咒水飲訖，引漢使焚香行道，相賀而退"。

這段裏就說明鉢掣逋是"國政蕃僧"，並且表明他不歃血的緣故。這個年輕贊普的名字可黎可足就是藏文 khri gtsug lde brtsan (815—838) 前兩個字的譯音。中國史書又管他叫彝泰贊普。彝泰是他的年號 skyid rtog 的譯文 (參看陳寅恪: 吐蕃彝泰名號年代考，集刊二本一分)。

3) 鉢掣逋又叫鉢闡布。新唐書吐蕃傳下説"(元和)五年(810)以祠部郎中徐復往使，並賜鉢闡布書，鉢闡布者虜浮屠豫國事者也。亦曰鉢掣逋。"這封勑書很幸運的保存在白氏長慶集卷三十九裏頭。這封信雖然沒有年月，但是起頭有"勑吐蕃宰相沙門鉢闡布"，結尾有"仍令祠部郎中兼御史中丞徐復及中使劉文璨等同往，其餘事已具與贊普書內，卿宜審謀議，速副誠懷"等語。所以唐書中所提到的信似指這封無疑。這封信已提及議和的事，唐朝的要求是把安樂，秦，原三州割還。吐蕃不肯，所以一直到長慶元年才立盟約。

4) 從上面的記載我們知道鉢掣逋或鉢闡布是吐蕃宰相並且是個沙門，他已經在贊普可黎可足的父親的時代作了宰相。這麼一個重要的人藏文文獻裡有沒有吶？我覺得第一個重要的是唐蕃會盟碑。這碑上有唐蕃參與盟約的官員的名字。依劉元鼎的報告看來，似乎他的名字應當佔第一名。可惜吐蕃官員中的第一人的名字的漢文譯文，模糊不能讀。只剩中間的六個字"……政同平章事沙……"。可是藏文還相當的清楚(參看羅常培: 唐五代西北方音 (1933) 的拓片)。現在把他用羅馬字拼出來:

[b]ka' chen po la gtogs te phyi na[ng]

[gnyi]s la dbang zhing cha b srid 'dzin[ ]

[ban] de chen po dpal chen po yon [tan]

這三行的兩頭兒的字都蝕落了，是我照文義補的。這是去年夏天的事，後來見到佐藤長:唐蕃會盟碑研究(東洋史研卷十第四號)，他所補的跟我大致相合。照藏文次序譯成漢文，這個人的官爵姓名應當是"同平章事，權及內外，執政大沙門鉢闡布(或鉢掣逋，義譯當作大吉祥）功德”。這個人名位之高正合乎劉元鼎所稱說的。他的全名字是 dpal chen po yon tan 以鉢闡布譯 dpal chen po 依唐代音韵看來恰好[二]。鉢掣逋不大好。但是唐書裏以掣逋譯 chen po 的地方很多，如內大相曰曩論掣逋，整事大相曰喻寒掣逋，摠號曰尙論掣逋突瞿，等等。這也許與吐蕃及當時音韵有關，現在不能詳論。

5）贊普可黎可足的父親 Khri lde srong brtsan（804—814）有一段尊揚佛教的誓文（見 G. Tucci, The Thombs of the Tibetan kings, 1950，5—55，100—104頁）。在這誓文的後頭有后妃大臣等相隨立誓的名字。后妃的名字後頭是小王的名字，其後是大臣的名字。大臣中頭一名是:

ban de bka' chen po la gtogs pa ban de bran ka yon tan

譯成漢文當是“沙門同平章事沙門勃闌伽功德。”勃闌伽是地名，大約是他的家鄉。這個地名見唐蕃會盟碑第十四位吐蕃官名中：給事中勃闌伽論悉諾熱合乾。這個沙門宰相，除去 dpal chen po 這個尊號沒有錄上，官銜畧簡畧以外，跟盟碑所載的相同。他就是白居易在元和五年（810）所草的勅書的對象。

6）布敦大師的佛教史也提到這個人（參看 E. Obermiller, History of Buddhism by Bu-ston，1931—1932，197頁）。他說那時藏王 Ral pa can（按卽可黎可足）委政與沙門 yon tan dpal。後來謠言說他跟王妃私通，因此被害，王妃自殺，不久藏王也被暗殺。H. Hoffmann 引了好幾部藏文史籍（參看 Hoffmann, Quellen zur Geschichte der Tibetischen Bon Religion，1950，225—226頁），都說這個時候國政由一個 Bran kha 的沙門 dpal gyi ron tan（又稱 Bran kha dpal yon）主持，被誣與王妃私通被害。藏史人名地名往往不一致，這裏的 Bran kha 卽是 Bran ka, yon tan dpal（功德吉祥），dpal gyi yon tan,（吉祥功德）等，也就是會盟碑的 dpal chen po yon tan（大吉祥功德）。至於這個傳說是否可靠，我們無法得知。也許不是完全無稽之談。

7）從上面的各種記載看來，關於這個人的事蹟雖仍然很零碎，但是頗有可注意之點：

a）鉢掣逋是 Bran ka 地方人。就我們所知道的他是以沙門而作宰相的重要人

(二) Laufer 誤以鉢掣逋爲 'ba chen po（見 TP XV, 28頁），Pelliot 的看法是對的（見TP XVI, 14頁）

物。bka' chen po la gtogs pa 這官銜在唐蕃會盟碑中拿來譯唐代的"同平章事"，也就是入相的意義。他入相當在元和初年(810年以前)，長慶二年(822)會盟時，他毫無疑問是贊普最親信的宰相，可以說兩朝元老，吐蕃政治的中心人物。他死在什麼時候不能確定，大約在可黎可足死(838)前不甚久。

b) 鉢掣逋既然以沙門做宰相，當權幾乎二十多年。他必然靠他的政治勢力來發展佛教。這是佛教侵入西藏政治的一個重要的關鍵，引起後一代贊普達磨 Glang dar ma (838—842) 對於佛教的大摧毁。西藏史籍差不多都是喇嘛的著作，不但宗教政治不分，並且往往拿政治的鬥爭認作宗教的鬥爭。所以我們常聽說佛教與 Bon po 教鬥爭。我疑心佛教侵入政治是宗教爭鬥的起因。

c) 佛教往往跟別的宗教並存不悖。自贊普棄宗弄贊接受佛法以後，雖然不免有異教相排斥之舉，但是沒有什麼大的糾紛。二百年後在唐蕃會盟時，仍是刑牲歃血然後才到佛像前作禮。贊普衙帳內乃有巫祝鳥冠虎帶等。這是在鉢掣逋正當權的時候尚且如此。册府元龜外臣部卷九八一有這麼一條:

"肅宗元年(756)建寅月，吐蕃使來朝請和。勅宰相於中書宴設(當是設宴之誤)，將詣光宅寺爲盟。使者曰：蕃法盟誓，取三牲血歃之，無向佛寺之事。請明日復於鴻臚寺歃血，以申蕃戎之禮。從之"。

這一條亦見舊唐書吐蕃傳上，但是脫去或刪去"使者曰蕃法盟誓"七字，因此文義不甚清楚。可見長慶之盟仍從吐蕃舊俗，或者也就是 Bon po 教的舊俗。後來再加上佛教儀式。正是兩教相容的現象。後來達磨大滅佛法者正是因爲鉢掣逋之流從事政治活動，壓迫舊教的反動。喇嘛的著作往往注重宗教之爭，而忽略了政治的因素，這是讀西藏史不可不注意的一點。

出自第二十三本下(一九五二年七月)

論唐代尚書省之職權與地位

嚴耕望

目次

約論

漢代國家政令，丞相總其綱，而九卿分掌之；尚書乃皇帝之秘書機關，非行政機關。西漢之末，尚書已漸侵宰相之權，東漢魏晉以下，權勢益隆，既奪宰相之權，兼分九卿之職，直接參預行政。經數百年之演變，至隋及唐初，則尚書令僕爲宰相正官，而六部分曹，共行國政，故尚書省爲宰相機關兼行政機關。及神龍以後，僕射雖被摒於衡軸之外，然尚書省上承君相，下行百司，爲國家政事之總樞紐，仍不失其爲國家最高行政機關之地位。然自漢季以來，尚書六部雖侵九卿之權，參預行政，而九卿亦沿置不廢，與尚書皆承君相之命，分行政務，故尚書六部與九卿之職權常至重複混淆，不能析辨。唐世亦置九寺諸監，粗觀六典兩志之文，其職務似幾盡與六部相重複（如司農太府兩寺之與戶部，太常鴻臚光祿三寺之與禮部，太僕衞尉兩寺之與兵部，太理寺之與刑部，少府將作兩監之與工部），學者不易通曉其故，易滋疑惑而生誤解。且安史亂後，制度劇變，尚書省之地位職權大見墜落，行政體系之紊亂視魏晉南北朝猶有過之。故即中唐之世，亦惟唐制專家如蘇冕等，對於前期之行政系統，對於尚書省之本來地位，尚能具體言之，瞭如指掌，一般人士則已模糊不清。不幸爲後世推重之杜佑，對於前期舊制亦無真切之認識，不免以正在劇變中百弊叢生之當時現狀，上砦開元以前之舊制。後世學者既震於杜氏通典之權威，又不能通曉六典兩志之文義，於是沿誤千載，砦議百出，或謂六部與寺監之職權重複混淆一如魏晉南北朝，或謂九寺諸監皆閒司矣。然試觀尙書六部與九寺諸監之組織：尙書都省與六部之組織極簡單，置官不過一百五十餘員，置吏不過一千一百餘人；而寺監官吏員額不下萬人，其組織較尙書六部遠爲複雜而龐大，其首長之品秩亦幾與尙書均等；若寺監之職果與尙書六部相類，均衡而重複，則寺監首長之權勢及其在政治上之地位不應低於尙書，乃事實上，卽視尙書二十四司之郎中（五品）亦遠有遜色，何耶？若謂寺監爲閒司，姑無論何以任其組織龐大如此，而國家大政亦決非尙書省一百五十餘員之官，一千一百餘人之吏，所能集辦。由此觀之，六部與寺監之職權，似同實必不同，而寺監亦決非閒司，可斷言矣。

然則尙書六部與九寺諸監之職權所異何在？彼此間有無相聯之關係歟？此則所極當解決者。

余嘗就六典兩志敍六部與寺監職掌之文，愼思精析，發現戶部與司農太府兩寺雖皆掌財計，禮部與太常鴻臚光祿三寺雖皆掌禮樂，兵部與太僕衞尉兩寺雖皆掌兵事與甲仗，刑部與大理寺雖皆掌刑法，工部與少府將作兩監雖皆掌繕作，然作者用字遣詞却截然不同，並時露六部與寺監間之關係；再參以朝廷制勅、唐人議論、敦煌殘卷與日本令解徵引之唐令，則尙書六部與九寺諸監，其職掌之性質大異，而有下行上承之關係。蓋尙書六部之職是「掌政令」，以「行（君相之）制命」；而九寺諸監之職是「掌諸事」，以「行（尙書之）政令」。卽尙書六部上承君相之制命，製爲政令，頒下於寺監，促其施行，而爲之節制；寺監則上承尙書六部之政令，親事執行，復以成果申於尙書六部。故尙書六部爲上級機關，主政務；寺監爲下級機關，掌事務。六部爲政務機關，故官員不必多；寺監爲事務機關，事類叢瑣，故組織常龐雜。六部長官爲政務官，故地位特崇隆；寺監長官爲事務官，故權勢自遠遜。蘇冕謂「九寺三監各勤所守以奉職事。尙書准舊章立程度以頒之。」尙書與寺監性質地位之不同如此，蘇氏爲中唐時代研究唐制之專家，宜其有此卓職。與蘇氏同時之權德輿亦謂大農事有「恆規」，乃「守之之才」，度支「權其輕重」，必恃「通識」，此言確切說明度支與大農性質職權之不同，亦可推而廣之視爲六部與九寺諸監性質職權之共同差異。此與近代行政學論政務官與事務官性質職權之不同，尤合若符契。前人於六典、兩志之文研讀未精，致滋疑誤耳。

九寺諸監既爲承望於尚書省之下級機關；而諸衛亦文屬於兵部，故蘇氏以與寺監並列，而屢次議革諸衛皆委兵部，亦其旁證；至於東宮官屬亦文屬於尚書省，更明見於六典、兩志；天下州府之上隸尚書省，更不待言矣。然則唐代中外各級之行政機關如九寺、諸監、諸衛、東宮官屬以及諸道州府，縱不皆直接統轄於尚書省，然在行政上皆承受於尚書省，則無疑也。故有事皆申尚書省取裁聞奏，不能逕奏君相；君相制敕亦必先下尚書省詳定，然後下行百司；廼至京師諸司之互相關移，或有符移關牒下諸道州府者，諸道州府上京師諸司者，皆由尚書都省勾檢轉致。上下左右之公事文移畢會於尚書省而勾決發遣，或奏上之，其被「會府」「政樞」之稱宜矣。

尚書六部職權之性質，尚書六部與九寺、諸監、諸衛、東宮官屬、諸道州府之關係，以及上下公文之運行既如此，則尚書省在唐代全部行政機構中所居之地位自顯。大抵尚書六部上承君相之制命，而總其政令，於天下大政無所不綜，然直接由六部執行者則甚少。凡事屬地方性質者，則下地方政府執行之，尚書只處於頒令節制之地位。凡事屬中央性質者，小部份蓋亦最重要部份，由六部自己執行，如吏部兵部之銓選，禮部之貢擧是也；大部份則符下寺監等事務機關執行之，尚書六部亦只處於頒令節制之地位，如財計、兵政、刑獄、繕作是最顯者。故尚書省上承君相，下行中外百司，爲全國行政之總樞紐，爲政令之製頒而節制之之機關，非實地執行之機關也。（作行政系統圖見第42頁）

以上所論乃以開元時代之制度爲標準而言之。其在唐初（或當溯至隋代），所異於此者，惟僕射爲宰相正官，尚書省爲行政機關兼宰相機關，故其對於寺監及其他中外百司之首長有任免之權，是即對於寺監等之控制權力視開元爲强；至於下行上承之行政關係則無異也。

唐人自稱立政作制師仿周官；其實唐代政府之官司組織大體與南北朝不異，「師仿周官」殊非事實。然若但就行政部門之機關組織而言，則稍近似。蓋寺監等雖與尚書六部並存，且極龐大，然皆事務機關，非政令所自出，政令所出，惟在六部，此正周禮六官之遺意矣。（此當制度演變之偶合，原非有意之模仿）。然則唐代行政制度，形式上雖承南北朝之舊貫，有六部亦有九寺諸監，然已釐革變通，加以系統化，於是舊官不廢，而體系精神煥然一新，「化臭腐爲神奇」，此之謂矣。

以上所論乃唐初及盛唐時代之行政系統，與尚書省之地位，而盛唐時代尚書省之地位已遠較唐初爲低落。及安史亂後，尚書省各部之職權普被剝奪分割與轉移，如吏部所掌銓選之權上爲君相所侵奪，下爲諸司諸使諸道州府所分割，兵部所掌軍政之權爲禁軍中尉及諸道藩鎮所攘奪，戶部所掌財政經濟之權爲度支鹽鐵轉運等使所分割與轉移，刑工兩部之權亦見衰落。惟禮部貢舉之權悉隆不替，然其事例由閣下權知，且與宰相中書之關係至切，而與本部尚書及都省僕丞反渺不相涉，然則其職其事形式上雖仍在禮部，事實上，亦不管一使職矣。各部既失其權，則尚書省徒有軀殼，其在行政系統中所居之地位自大爲墜落，不復爲全國行政之眞正中樞矣。

方尚書省地位職權墜失之始也，君相尙深惜之，故代宗及德宗之初年，亂事稍平，卽屢敕規復舊章，而卒無成效。其後文宗亦欲舉舊章，如恢復僕射上事儀及力謀恢復吏部銓選權，然卒亦不能行，更遑論整個尚書省之舊章矣。此其故何在？自昔一般論者，大抵皆以爲安史亂後，軍期迫促，政務紛煩，一切皆從權便，而宦官擅權，藩鎮跋扈，亦促成之。以吾觀之，宦官擅權，藩鎮跋扈，兵部軍權因而悉被剝奪，自屬莫可如何；然軍期迫促，政務紛煩之際，尚書省何竟不能因應，致使事權必爲其他機關所攘奪呼？此則所當進一步求解者。

前論唐代初年尚書省爲宰相機關兼行政機關，其時行政只尚書省與寺監百司之兩級，兩僕爲宰相正官，對於寺監百司之長官有任免進退之權，卽尚書省對於寺監及其他中外百司能絕對控制，亦卽無異爲直接統轄之機關，故其所頒政令之推行，既能便捷迅速，復能切實貫徹，絕無留滯之弊。及兩僕被摒於衡軸之外，尚書省之權勢大削，只爲行政機關，非復宰相機關，一切政命之製定，須上承中書門下之制命，而實際執行則仍下之寺監及其他中外百司，而自處於節制之地位，故行政體系由二級制變爲三級制，卽政事之推行多一層轉折。且寺監雖在行政上承受於尚書省，亦可謂文屬於尚書省，然究非尚書省之直屬機關，其首長之品秩與各部尚書略均，其任免進退，尚書省不能干涉，是卽尚書省對於寺監及其他中外百司之控制力極爲薄弱，非復唐初之舊觀，故上下之間難免不相接，政令推行之際時或有留滯，承平之世尚可因應，軍興之後，政事既已增繁，又必期其敏速，以云開元舊制，實有周轉不靈之感。尤以戶部都領天下戶口土地財政經濟之政令，其職實當國家政事之半，軍興之後，支度浩繁十倍往昔，斷非一尙書二侍郎及四司郎中員外郎十數人高駐京輦，指揮曠遠不相接之州府所能集辦，亦非符下非直屬機關不能指揮自如之司農太府所能集辦。度支鹽鐵轉運等使對上直承君相之制命，製爲政令，指令遍佈京師四方之直屬機構，爲之施行，故政令之推行，能貫徹，能迅速，其運用較戶部符下司農太府及天下州府以施行者，自遠爲靈活，此其所以廢而復置，而戶部職權終難復舉也。至於吏部之失權，固由於君相之侵奪與諸使諸道之擅權，上侵下擅，吏部不能自振。然吏部銓選並非一合理完善之制度，實爲根本原因之所在。蓋天下士衆，權衡於數人，百寮庶職，專斷於一司，考行究能，折衷於一面，簿書檢勘，必至於循資，故文宗有「選曹豈辨賢愚，但若配官」之嘆（冊府六九）；如此用人，則人不稱事，事不稱人，必矣。故唐世明智之士已多言之，不待今日贅論矣。制度既不合理，治平之世尙可因循，天下大亂，才須稱職，縱諸道州府不自擅事，吾恐吏部銓選之權亦不能長行不革矣。

以上所論乃整個尙書省職權地位之隆替與轉變。玆再就尙書省內部之轉變略贅數言。唐初僕射爲宰相正官，權重位尊，自不待言；六尙書與兩僕射同稱八座，權勢亦隆，位任尤美。丞郎雖衣冠華選，然爲僕尙之佐貳，其權位不逮僕尙遠甚。然自唐初以來，尙書常內參相職，外事征伐，開元中，尙書之任幾皆內參相職，外領節度或充留守。宰相之職至煩，先天以前，尙以餘力治本司事，開元以後更不復視本司事矣。至於征伐四裔，動逾數月，領節度，充留守，更經常在外，本官之職亦不得不廢。而自武后之世，侍郎委任漸重，歷中睿至玄宗，尙書之職既已漸廢　丞郎遂以佐貳代行省務；惟此時地位仍不逮僕尙遠甚。及安史之亂，僕尙位尊而無職事，故朝廷用之以酬勳績，代德之世，行之稍久，除吏部外，職事益失，而位任轉輕，常爲方鎭廻翔之地，而時人視之仍不如方鎭遠甚。此時僕尙事權既失，位任又輕，且或闕而不除；而丞郎任才望，當省務，位任驟隆，駕凌僕尙。故議政事則擧丞郎而遺僕尙，論六官，則數侍郎而摒尙書矣，李肇云「議者以丞郎爲貴」，不亦宜乎？惟整個尙書省之地位與職權既已墜落，故丞郎雖當省務，然比於前期之僕尙，其權任又不侔遠甚耳。

此篇全文甚長，故綜合要點作約論如此，以下分上下兩章論證之。

上 前期尚書省之職權及其在行政系統中所居之地位

(一) 都省六部分職之概況

尚書省之分職，若詳述之，非數萬言不能了，然本文主旨在論證尚書省之地位及其職掌之性質，至於分職並無詳述之必要，故僅就六典兩志挈要錄之。惟僕射上儀及吏兵兩部之銓選與禮部之貢舉，關係尚書省地位之隆替最劇，故稍詳論之。

(1) 都　　省

尚書省分六部，有都省以統之。都省卽左右僕射左右丞之辦公廳也。兩僕本尚書令之貳，自廢令而兩僕爲全省之長，總判省事，綱紀百揆，兼劾御史糾不當者。

六典一：「尚書都省，尚書令一人，正二品，總領百官，儀刑端揆。其屬有六尚書。………凡庶務皆會而決之。」「尚書左丞相一人，右丞相一人，並從二品，掌總領六官，綱紀百揆（舊志作庶務），以貳令之職。」兩志略同。舊志又云：「自不置令，僕射總判省事。御史糺劾不當，兼得彈之。」新志同，略。

唐初，兩僕爲宰相正官，綜詳朝政，貞觀二十三年九月，李勣由開府儀同三司同中書門下三品拜左僕射，其開府同三品如故，是爲僕射加同中書門下三品之始。至神龍元年五月，豆盧欽望拜左僕射不言同三品，遂不敢參議政事，數日後有詔加知軍國重事；至景雲二年十月，韋安石除左僕射東都留守，不帶同三品，自後空除僕射不是宰相。

按：李勣事見舊紀。會要五七左右僕射條：「尚書左右僕射，自武德至長安四年已前並是正宰相。初豆盧欽望自開府儀同三司拜左僕射，既不言同中書門下三品，不敢參議政事，數日後始有詔加知軍國重事。至景雲二年十月韋安石除左僕射東部都留守，不帶同一(三)品，自後空除僕射，不是宰相，遂爲故事。」南部新書甲，太唐新語卷十略同。

唐初，僕射既爲宰相正官，且禮絕百僚，實百僚之長，雖在別司皆爲統屬，不以尚書省爲限，故位權極隆，群臣至或不敢居其任。

按：師長百僚，雖在別司，皆爲統屬，詳後。貞觀十七年六月，右僕射高士廉請致仕，詔以爲開府儀同三司同中書門下三品。二十二年正月以司徒長孫無忌兼檢校中書令知尚書門下省事。二十三年六月，以無忌爲太尉仍兼檢校中書令，知尚書門下省事；無忌固辭知尚書省事，帝許之，仍令以太尉同中書門下三品。同年九月，李勣爲左僕射同中書門下三品；永徽元年十月，勣固求解職，詔解左僕射，仍以開府儀同三司同中書門下三品。永隆二年，左僕射劉仁軌以老乞骸骨，七月詔聽解左僕射，仍以太子少傅同中書門下三品。（詳拙作唐僕尚丞郎表稿卷五、六）。是皆唐初群臣辭僕射不敢居，而於中書門下之職則居之不疑之例也。

其後雖位權日落，至神龍景雲之世被擯於衡軸之外，然在形式上仍爲百僚之長，禮絕百僚如故。所謂禮絕百僚，觀其上事儀注最足徵知。蓋自唐初以來，兩僕於都堂上事，宰相皆送，文武三品以上官升階列坐，左右丞、各部侍郎、御史中丞及其他四品五品以下官羅拜階下，不答拜。至永貞元年伊慎爲右僕射，以人望甚輕，權削舊儀。元和三年裴均爲左僕，復行舊儀，惟左右丞各部侍郎及御史中丞階下拜後，召升階答拜；議者已非之。元和七年二月，復削去舊儀，準三公上儀，百官列班送上，拜皆答之，然後宰相百僚會食都堂。

唐國史補下：「南省故事，左右僕射上，宰相皆送，監察御史捧案，員外郎奉筆，殿中侍御史押門，自丞郎御史中丞皆受拜。而朝論以爲臣下比肩事主，儀注太重。元和以後悉去舊儀，唯乘馬入省門如故，上訖，宰相百僚會食都堂。」會要五七左右僕射條：「元和三年四月裴均于尚書省都堂上僕射，其送印及呈孔目唱案授案皆尚書郎爲之，文武三品以上官升階列坐，四品五品郎官侍御史以次謁見拜於廳下，然後召御史中丞、左右丞、侍郎升階答拜。初開元中張說爲右丞相，元宗令其選日上，因制儀注，極其尊大，自非中書門下及諸三品已上，是日皆坐受其禮。時人或徵其所從來，答曰：聖曆中王及善豆盧欽望同日拜文昌左右相，亦嘗用此儀。當時以說方承恩寵，不敢復詰，因爲故事，非舊典也。」舊紀元和三年記裴均事與此同，下云：「雖修故事行之，議者論其太過。」新書一〇八本傳略同。

舊書一六九王璠傳，寶曆元年，李絳上疏云：「左右僕射師長庶寮，開元中名之丞相。後雖去三事機務，猶總百司之權，表狀之中不署其姓，尚書已下每月合衙。上日百僚列班，宰相居上，中丞御史列位於廷，禮儀之崇，中外特異，所以自武德貞觀已來聖君賢臣布政除弊不革此禮，謂爲合宜；苟有不安，尋亦合廢。近年緣有才不當位恩加特拜者，遂從權便，不用舊儀；酌於群情，事實未當。今或有僕射初除就中丞院門相看，即與欲參何殊？或中丞新授亦無見僕射處。及參賀處，或僕射先至，中丞後來，憲度乖宜，尊卑倒置。儻人才忝位，自合別授賢良，若朝命守官，豈得有虧法制。伏望下百僚詳定事體，使永可遵行。」勅旨令兩省詳議。兩省奏曰：「元和中伊慎忝居師長之位，太常博士韋謙削去舊儀。今李絳所奏於禮甚當。」

按：據李絳疏，此儀蓋自唐初已然。會要云張說所定，又以武后時嘗行之。武后非尊禮大臣之主，當不始作此制，似不如李絳之言爲可信。又據兩省奏議，舊儀之不行始於伊慎，故舊紀於裴均事有「雖修故事」之語。又按：會要與國史補所述舊儀頗異，其捧案送印者固不同，即受拜事似亦異。國史補「受拜」不云答拜，而會要記裴均事，丞郎中丞雖拜階下，但仍召上階答拜，據後引太和四年中書門下奏議及會昌二年陳夷行奏議，知舊儀，於兩丞侍郎中丞皆不答拜也。或者舊儀本不答，裴均以舊儀已廢，故雖復之，仍稍謙遜歟？

舊紀，元和七年二月「辛丑，尚書省重定左右僕射上事儀注。」會要五七：「(元和）六年十月，御史中丞竇易直奏：臣謹案唐禮，諸冊拜官與百僚相見，無受拜之文。又諫儀大夫至拾遺，御史中丞至殿中侍御史並爲供奉官，不合異禮。今僕射初上之日，或答拜階上，（蓋脫「或」字)合拜庭中，因循踳駁之制，每致沸騰之議。伏請下尚書太常禮院詳議，永爲定制。……于是太常卿崔邠召禮官等參議。禮官議曰：按開元禮有冊拜官上儀，初上者咸與卑官答拜。今左右僕射皆冊拜官也，令準此禮爲定。伏尋今之所行儀注，其非典禮之文，又無格勅爲據，斯乃越禮隨時之法，…豈待議而後革也？………議者或云，致敬之禮，或有三品拜一品四品拜二品，如之何？致敬則先拜，…非不答拜。何者？禮記云大夫士相見，貴賤不敵，主人敬客則先拜客，客敬主人則先拜主人，是謂致敬。又曰、非國君無不答拜者。……又曰，君于士不答拜；非其臣則答之。……今僕射不答拜，是臣其百僚，不亦重乎？……伏以左右僕射舊左右丞相也，次三公。(此處脫「三公」三字）答拜，而僕射受之，故非倫也。且約三公上儀及開元禮而爲儀注，庶幾等威之序，允歸至當之論。…於是修改舊儀，送都省集衆官詳議。七年二月，尙書左丞段平仲奏曰：謹按開元禮，應受冊官初上儀併合與卑官答拜，又准令文，僕射班品在三公之次，三公上儀而嘗與卑僚答拜，僕射上，獨受侍郎中丞等拜，考之國典，素無明文。…太常所定儀制依據三公上儀，…事體深爲折衷，…可以施行。…制可。」

按：此處未記新儀禮數如何。同書同卷，太和三年李碆奏云：「准元和七年二月七日勅，雖停拜禮，每至上日，臺官就僕射廳事列班送上，與尙書省官不異。」舊紀，長慶二年四月「甲子，左僕射韓臯赴省上，中使賜酒饌，宰臣百寮送，一如近式。」是百官送上也。又據前引國史補及後引會要，則禮數略可曉。

太和四年九月，中書門下奏請折衷舊新儀注，僕射上日，左右丞各部侍郎御史中丞拜則答之，郎官御史以下及其他諸司四品以下官，拜則受而不答。從之。十一月復請一依舊儀；又從之。

會要五七：「（太和）四年九月，中書門下奏：…伏准僕射上儀，故事自御史中丞吏部侍郎以下羅拜階下。准元和七年雖定儀注，全無拜受之禮。當時蓋以僕射非其人，所以殺禮。臣等以爲祗合係官之輕重，不合爲人而升降。受中丞侍郎拜則似太重，答郎官以下拜則似太輕。臣等商量，令諸司四品以下官及御史臺六品以下並郎官並望准故事；餘依元和七年勅處分。勅旨宜依。」（舊書一七一李漢傳同）。「其年十一月，中書門下奏，左右僕射上，請受四品六品丞郎以下拜，並望准元和七年以前儀注。…從之。」

其後亦時有議革，勅旨未詳。

按：此見舊紀太和六年八月，七年七月。

至會昌二年正月，宰臣陳夷行崔珙爲僕射，請用元和新儀如三公，從之。自後蓋爲定式。

舊紀、會昌二年正月，「宰相崔珙陳夷行奏定左右僕射上事儀注。」會要五七：「會昌二年正月，宰臣陳夷行崔珙等請改僕射上日受京四品官拜儀注。臣等伏尋禮令，並無僕射上日受京四品官拜儀注。近年禮變多傳舊例，省司四品官自左右丞六部侍郎御史中丞皆羅拜階下，以爲隔品致敬。按諸禮，致敬是先拜後拜之儀，非受拜之謂。…僕射與四品官並列朝班，比肩事主，豈宜…獨示優崇。…又按禮記云，大夫士非見國君，無不答拜。又曰君于士不答拜。今僕射不答拜，是臣其百僚。傳爲故事，何所取法？伏准……左右僕射……位次三公，三公答拜，而僕射受之，固非宜也。臣等上日伏請依三公上儀，垂爲定制。……從之。」

舊儀之隆，蓋以兩僕師長百僚雖在別司皆爲統屬之故。

會要五七:「太和三年四月，中書舍人李啓奏:……按舊儀，僕射上日，除兩省供奉官外，倘書省御史臺及諸司四品以下皆拜于階下。蓋以端揆之重，師長百僚，雖在別司，皆爲統屬，故用隔品拜禮。」又:「勅旨，僕射實百僚師長，國初爲宰相正官，品秩至崇，儀制特異。」

中葉以後，僕射雖有師長之名，而其權其位皆無師長之實，用人又非望重者，故此種隆崇禮數自難再行，(據會昌二年陳夷行等奏，爲行此禮，百官有拂衣而請告者，蓋恥之也。)群議革之，是矣。然謂僕射位在三公下故禮數不能崇過三公，此在中葉以後固然，若以非議舊儀，則殊失當。蓋三公品秩雖高，然不率衆官，僕射則百寮師長，地位固不同也。

左右丞爲左右僕射之副貳，故太宗勅云:「倘書細務屬左右丞，惟大事應奏者乃關僕射。」(會要五七)。左右丞掌管轄省事，糾擧憲章，以辨六官之儀制，而正百僚之文法。分而視焉:左丞勾管吏戶禮三部十二司，右丞勾管兵刑工三部十二司，左缺則右兼知，右缺則左兼知，皆得糾正省內八座以下，並劾御史擧不當者。

按:六典一:「左右丞掌管轄省事，糾擧憲章，以辨六官之儀制，而正百僚之文法，分而視焉。」本注云:「若左闕則右兼知其事，右闕則左亦如之，若御史有糾劾不當，兼得彈奏。」新志:「左丞……右丞……掌辨六官之儀，糾正省內，劾御史擧不當者。吏部戶部禮部，左丞總焉。兵部刑部工部，右丞總焉。」與六典略合。而舊志:「左丞掌管轄諸司，糾正省內，勾吏部戶部禮部十二司，通判省事；若右丞闕則併行之。右丞管兵部刑部工部十二司，若左丞闕，右丞兼知其事。御史有糾劾不當，兼得彈之。」似左丞糾正省內通判省事；右丞則否。右丞劾御史擧不當者；左丞則否。與六典新志左右通職者殊異。考會要五八左右丞條：「會昌二年十月，左丞孫簡奏……且左丞官業至重，得彈劾八座，主省內官業及宗廟祠祭之事，御史糾劾不當，得彈奏之。」據此，左丞亦得劾御史舉不當者。則六典新志爲近實。然此處言左丞朝班事不及右丞事，云左丞舉劾省內，不足明右丞卽否。又舊書一六八韋溫傳：「遷尚書右丞。吏部員外郎張文規父弘靖，長慶初在幽州爲朱克融所囚，文規不時省赴，人士喧然罪之。溫居綱轄，首糾其事，出文規爲安州刺史。」冊府四六九亦作右丞。御覽收入右丞條。又余考溫由給中遷右丞在開成三年九月，其時崔珙尙在左丞任，則此「右」字必不誤，(詳拙作唐僕尙丞郎表稿卷七、八)是右丞亦糾劾省內也。惟溫任右丞經四年至五年始卸。據冊府，溫此事在四年，而自三年冬至五年，左丞無考(參看同書卷二卷七)，溫亦可能以右丞兼知左事。是此條仍不能證明舊志之必非，且隋志書北齊官制，兩丞分統諸曹司，左丞糾彈省內，右丞則否。隋及唐初因承齊制亦有可能，故舊志書之如此。其後蓋有更張，左右通職，故六典於舉劾省內及御史事，已不分言左右矣。

兩丞分勾六部，故六部文案各送屬所之丞勾稽施行，而於所勾諸司之事似亦負連帶責任。

會要五七尙書省條：「建中三年正月，尙書左丞庾準奏：省內諸司文案準式並合都省發付諸司，判訖，都省勾檢稽失。近日以來舊章多廢，若不由此發勾，無以總其條流。其有引勑及例不由都省發勾者，伏望自今以後不在行用之限，庶絕舛繆，式正彝倫。從之。」又同書五八左右丞條：「龍朔二年，有宇文化及子孫理資蔭，所司理之。至於勾曹，右肅機楊昉(當作左)未詳案狀；訴者自以道理已成，而復疑滯，劾而逼昉。……昉遽命案立判之曰：父殺隋主，子訴蔭資，生者猶配遠方，死者無宜使慰。」是勾稽吏部事例也。又大唐新語九從善類：「韋悰爲右丞，勾當司農木橦七十價，百姓四十價，奏其隱沒。太宗切責有司，召大理卿……書司農罪。」此當是勾司農上戶部事也。

又考金石粹編一〇二顏魯公書朱巨川行起居舍人告身，其尙書省長官書銜除左右僕射吏部尙書及侍郎外，有左丞而無右丞，蓋吏部歸左丞勾稽，故書之耳。

既職在勾稽舉劾，故有勾曹綱紀之稱。

按：會要五八左右丞條，永昌元年進兩丞秩從三品。勑曰：「元閣會府，區揆實繁，都省勾曹，管轄綦重。」同條述楊昉事，亦稱兩丞爲勾曹。稱綱轄尤常見，如會要同條，會昌二年左丞孫簡奏云：「左丞品秩既高，又居綱轄之地。」又云：「左右丞紀綱六聯。」又全唐文六六二白居易庾承宣可尙書右丞制：「吾前命崔戎（一作從）持左綱，今命承宣操右轄，……必能爲我紐有條之綱，梠妄動之輪……決會政要，扶樹理本。」他不多舉。故舊書七四劉洎傳，貞觀中上疏曰：「比者綱維不舉……宜精簡四員左右丞左右司郎中，如並得人，自然綱維略舉。」又會要五八：「儀鳳四年，韋仁約除尙書左丞。（仁）約奏曰：陛下……今不惜美錦，令臣製之，此陛下知臣之深矣，微臣盡命之日矣。仁約遂振舉綱目，略無留事，群曹肅然。」丞之權任乃至如此。

兩丞又有進退郎官之權。先是諸司郎官皆由兩丞薦舉，貞元八年以後，雖六部諸司郎官各委本部尙書與侍郎薦舉，然兩丞於所轄諸司郎官，仍有執退與不放上之權。

全唐文六六二白居易庾承宣可尙書右丞制：「坐曹得出入郎官，立朝得奏彈御吏。」出入郎官，爲兩志所失載。會要五七尙書省條：「貞元八年……。先是郎官缺，左右丞舉之。及趙憬陸贄爲相，建議郎官不宜專於左右丞，宜令尙書及左右丞侍郎各舉本司。……從之。」舊紀書此事於八年五月戊辰，又「各舉本司」作「各舉其可」。意義頗異，待考。是前期郎官皆由兩丞薦用，其權重可見。唐語林三：「夏侯孜……爲右丞，以職方郎中裴誠虞部郎中韓瞻無聲績……誠改太子中允，瞻爲鳳州刺史。」東觀奏記卷下同。按：職方屬兵部，虞部屬工部，是兩丞執退所轄諸曹郎吏之例也。舊書一六八韋溫傳，開成中爲右丞。「鹽鐵判官姚勗知河陰院，嘗雪冤獄，鹽鐵使崔珙奏加酬奬，乃加權知職方員外郎。制出，令勗上省。溫執奏曰：國朝已來，郎官最爲清選，不可以賞能吏。上令中使宣諭言勗能官，且放入省。溫堅執不奉詔。乃改勗檢校禮部郎中。翌日，帝謂楊嗣復曰，韋溫不放姚勗入省，有故事否？嗣復對曰：韋溫志在銓擇清流，然姚勗士行無玷……若人有吏能不入清流，孰爲陛下當煩劇者，此衰晉之風也。上素重溫，亦不奪其操。」通鑑二五二，咸通十三年「韋保衡欲以其黨裴條爲郎官，憚左丞李璋方嚴，恐其不放上，先遣人達意。璋曰朝廷遷除，不應見問。秋七月乙未，以瑨爲宣歙觀察使。」舊書一七八鄭畋傳：「咸通中……劉瞻鎭北門，辟爲從事，入朝爲虞部員外郎。右丞鄭薰，令狐之黨也，摭畋舊事，覆奏不放入省。畋復出爲從事。」新書一七七李景讓傳：「弟景溫……累遷尙書右丞。盧攜當國，弟隱繇博士遷本（水？）部員外郞，材下資淺，人疾其冒，無敢繩。景溫不許赴省。時故事久廢，景溫旣舉職，人皆韙其正。」

是兩丞不放所轄諸曹郎吏上省之例也。然觀韋溫傳李景讓傳，此權亦不常行使。

不放新除郎官上省，已是封駁制詔；卽其他制詔，亦有封駁之權。

按：舊書一五四呂元膺傳：「入爲尙書左丞，度支使潘孟陽與太府卿王遂迭相奏論，孟陽除散騎常侍，遂爲鄧州刺史，皆假以美詞。元膺封還詔書，請明示枉直。江西觀察使裴堪奏虔州刺史李將順贓狀，朝廷不覆案，遽貶將順道州司戶。元膺曰，廉使奏刺史贓罪，不覆檢卽謫去，縱堪之詞足信，亦不可爲天下法。又封還詔書，請發御史按問。宰臣不能奪」。（事在元和九年正月。册府四六九作十五年。會要五八作十五年五月。並誤，詳拙作唐僕尙丞郞表稿卷七）

卽此一例，可見其職。

(2) 吏 部

六典二：「吏部尙書侍郞之職掌天下官吏選授、勳、封、考課之政令；凡職官銓綜之典，封爵册勳之制，權衡殿最之法，悉以咨之。其屬有四，一曰吏部，二曰司封，三曰司勳，四曰考功；尙書侍郞總其職務而奉行其制命。凡中外百司之事由於所屬皆質正焉。」舊志同，惟無「凡職官」至「咨之」一句，又省「奉」字而已。吏部之所以見重，尤在其掌官吏之銓授，今特稍詳之。

取士之制，對於一代政治最具影響。唐世取士，文武分途，武歸兵部，文歸吏部。開元以後，文人有官者歸吏部銓選，其無官者移歸禮部貢舉。

按：新書選舉志：「凡選有文武，文選吏部主之，武選兵部主之。」全唐文七三文宗能童子科詔：「朝廷設科取士，門目至多，有官者合詣吏曹，未仕者卽歸禮部。」又會要七七科目雜錄：「大和元年十月，中書門下奏：凡未有出身未有官，如有文學，秖合于禮部應舉。有出身有官方合于吏部赴科目選。近年以來，格文差誤，多有白身及用散試官並稱鄕貢者並赴科目選。……」册府六三一同。此言吏禮二部分職最爲扼要，然開元二十四年以前，貢擧亦在吏部。

唐初，吏部尙書及侍郎各一員，分品掌選（詳後）。總章二年四月加侍郎一員。本員爲中銓，新加員爲東銓，而尙書所掌則稱尙書銓。是稱三銓，各有印。永昌元年三月又加侍郎一員，蓋稱西銓。聖曆二年五月復省之。尙書銓中銓東銓並如故。乾元二年八月，改中銓爲西銓；以久次侍郎爲東銓，新除侍郎爲西銓。太和四年七月改以久次侍郎居西銓，新除侍郎居東銓。

新書選擧志：「文選吏部主之，武選兵部主之，皆爲三銓，尙書侍郎分主之。」六典二：「以三銓分其選，一曰尙書銓，二曰中銓，三曰東銓。」會要五八吏部尙書條：「尙書侍郎分爲三銓，尙書爲尙書銓，侍郎二人分爲東西銓。」舊志同。會要吏部侍郎條：「吏部侍郎本一員，總章二年四月一日加一員，以裴行儉爲之。本員爲中銓，新加員爲東銓。永昌元年三月二十一日又加一員，以李景諶爲之，通前三員。聖曆二年五月八日減一員。乾元二年八月二日，侍郎崔器以中銓闕承前多貶降，遂奏改爲西銓，仍轉廳居之。」册府六二九同，略。而云：「（三銓）各有印。」會要七五選部雜處置：「太和四年七月，吏部奏當司兩銓侍郎廳。伏以……侍郎爲尙書貳職，銓庭所宜順序，廳事固有等衰。舊以尙書廳之次爲中銓，其次爲東銓。自乾元中侍郎崔器以當時休咎爲虞，奏改中（册府有銓字）爲西銓，以久次侍郎居左（卽東銓），以新次（册府作除）侍郎居右（卽西銓），因循倒置，議者非之。伏請自今以後，以久次侍郎居西銓，以新除侍郎居東銓。勑旨依奏。」册府六三一同。

又按：通鑑景雲元年紀云：「尙書曰中銓，侍郎曰東西銓。」尙書稱中銓，此不知何時制，檢兵尙稱中銓，侍郎稱東西銓，豈乾元以後，吏部侍郎稱東西銓，因稱尙書爲中銓如兵尙歟？否則，通鑑綜合之誤耳。

唐初，貞觀中，四品以上，由宰相擬進，册授制授。五品選事，尙書銓掌之。六品以下，侍郎銓掌之。其後（蓋高宗時），五品亦歸宰相進擬。而尙書銓掌六品七品選（員外郎御史等供奉官雖六品，亦由勑授，詳後。）侍郎銓掌八品九品選。景雲元年，宋璟爲吏部尙書，「始相通與侍郎分知」。卽自六品以下不論品階，三分其闕而註擬之。

按：會要七四論選擧條：「舊制，內外官皆吏部啓奏授之，大則署置三公，小則綜覈流品。自隋以降，職事五品以上官，中書門下訪擇奏聞，然後下制授之。唐承隋制，初則尚書銓掌六品七品選，侍郎掌八品，（脫九品）選。……其後尚書侍郎通掌六品以下選。」舊書職官志：「五品已上，舊制吏部尚書進用。自隋以後，則中書知政事官訪擇聞奏，然後下制授之。……六品已上（下）吏部選擬錄奏書旨授之。」新書選舉志：「初尚書銓掌七品以上選，侍郎銓掌八品以下選，至是（宋璟爲尚書）通其品而掌焉。」又會要五八吏部尚書條，「吏部尚書掌銓六品七品選，侍郎掌銓八品九品選。至景雲元年宋璟爲吏部尚書，始相通與侍郎分知，因爲故事者。」（此條冊府六二九同，惟「分知」作「分職」，又無「因爲故事」四字，）蘇氏駁曰：貞觀二十二年二月，民部侍郎盧承慶兼檢校兵部侍郎，仍知五品選事。承慶辭曰，五品選事，職在尚書，臣今掌之，便是越局。太宗不許，曰朕今信卿，卿何不自信也。由此言之，卽尚書兼知五品選事明矣。」檢承慶事又見舊書八一，新書一〇六本傳，足證太宗時尚書知五品選，而六品以下皆侍郎掌之，至尚書掌六品七品，侍郎掌八品九品，乃後制耳。此項改制蓋始于高宗時（詳後論員外郎勑授事）。又按：據前引新志及會要論選舉條，景雲以後，尚書及侍郎通掌六品以下選，似無所分，而會要吏尚條則云「始相通與侍郎分知」，冊府亦云「分職」，何耶？考舊書一四九令狐峘傳：「初大曆中劉晏爲吏部尚書，楊炎爲侍郎，晏用峘判吏部南曹事。峘荷晏之擧，每分闕，必擇其善者送晏，不善者送炎。炎心不平。」旣爲通掌，何云「分闕」「善惡」（云善惡自無階品意）？又會要七四掌選善惡條：「太和二年三月，都省奏落下吏部三銓注……六十七人，勑……尚書侍郎注擬不一，致令都省以此與詞，鄭絪丁公著宜罰一季俸，東銓所落人數較少，楊嗣復罰兩月俸。」冊府六三一同。時鄭絪爲尚書，丁公著爲西銓，而東銓楊嗣復以所落人數少，減罰一月俸，是亦分闕注擬之證。然則所謂「通掌六品以下選」，又云「分知」「分職」者，謂通六品以下之闕，不論階品而三分之，各掌其一耳。

先是蓋高宗時尚書諸曹員外郎雖六品然以供奉官亦進名制授。武后時以監察御史爲耳目之任，雖秩六品亦下制授之。至開元四年六月十九日，勑員外郎御史及其他供奉官皆進名勑授。吏部之權益奪矣。

按：大唐新語一〇釐革類：「隋制，員外郎監察御史亦吏部注諾詞，即尚書侍郎與之。自貞觀已後，員外郎盡制授。則天朝，御史始制授。」會要七四論選舉：「其員外郎監察御史亦吏部唱訖，尚書侍郎爲之典選。自貞觀以後，員外郎乃制授之。又至則天朝，以吏部權輕，監察亦制授之。」而會要七五選部雜處置：「開元四年六月十九日勅，六品以下官令所司補授，員外郎御史並餘供奉，宜進名勅授。」冊府六三〇同。武后以御史爲耳目，其制授固宜。然貞觀二十二年，五品選事尚屬吏部（見前），不應六品之員外郎已收歸制授。考新書選舉志：「中宗時，韋后及太平安樂公主等用事，於側門降墨勅斜封授官，號斜封官，凡數千員……當時謂之三無坐處，言宰相御史及員外郎也。」則員外郎收歸君相制授固當在中宗以前，不始于玄宗也，或者卽始于高宗之世，所謂貞觀以後，實不包括貞觀而言歟？玄宗開元四年之勅乃重申前制，又並餘供奉官亦進名勅授耳。新書選舉志述開元中「詔員外郎御史諸供奉官皆進名勅授。」又云：「由是銓司之任輕矣。」

又開元中詔吏部補署法官，則與刑部大理議其可否，然後注擬。建中元年更申此制，並太常博士亦與太常商擬，以儒經刑法皆專家之學也。

按：六典一八大理寺節：「凡吏曹補署法官，則與刑部尚書侍郎議其人可否然後注擬。」舊志同，惟無「與」字，非。檢冊府六三四「（開元）十四年十一月二十五日勅，比來所擬法官，多不愼擇，或以資授，或未適才，宜令吏部每年先於選人內精加簡試，灼然明閑法理者留擬，其評事以上仍令大理長官相加簡擇。」是此制始于開元十四年也。其刑部參議，當亦始于開元二十五年前。又會要六五太常寺條：「建中元年正月五日（冊府有勅字），大理法官太常博士（冊府作禮官）委吏部擇才與本司同商量注擬。」冊府六三〇同。

其他伎術之官，則皆本司銓注訖，送吏部附甲而已。

六典二：「凡伎術之官皆本司注銓訖，吏部承之附甲焉。」（舊志同）本注：「謂秘書殿中太僕寺等伎術之官。 ….」

其銓綜之程序，會要綜述云：「南曹綜覈之，廢置與奪之，銓曹注擬之，尚書僕射兼書之，門下詳覆之。覆成而後過官。」（卷七四論選舉條）其侍郎兩銓注擬又必先經尙書核可乃送兩僕。凡此諸程序，有一不能通過，則選人不能得官，然亦有申訴得通過者。

冊府六二九：「其六品以降，計資量勞而擬其官，五品以上，不試，列名上中書門下，制勑處分。凡選，始集而試，觀其書判，已試而銓，察其身言，已（已原譌作也）銓而注，詢其便利而擬其官。已注而唱，示之，不厭者得反通其辭也。日更其官而告之如初，又不厭者，亦如之。三唱而不服，聽冬（原誤作各）集。服者以類相從，攢爲甲（原譌爲申），先簡僕射，乃上門下省，給事中讀之，黃門侍郎省之，侍中審之。不審者，皆得駁下。旣審然後上門下（新志作「然後以聞」，則此「門下」爲「聞」之譌），主者受旨而奉行焉。各給以符而印其上，謂之告身。」新書選舉志同，略。六典：「凡三銓注擬訖，皆當銓團甲以過左右丞相，若中銓東銓，則亦先過尙書訖，乃上門下省，給事中讀，黃門侍郎省，侍中審，然後進甲以聞。」本注：「若尙書、丞相、門下批官不當者，則改注，亦有重執而上者。」舊志同。如會要七四掌選善惡條：「太和二年三月都省奏落下吏部三銓注今春二月七日甲內超資官洪師敏等六十七人。勑都省所執是格，銓司所引是例，互相陳列，頗似紛紜……其三銓已受官……都省落下者，並依舊注，重與團奏……尙書侍郎注擬不一，致令都省以此興詞。……宜罰……俸。……時尙書左丞崔（韋）宏景以吏部注擬多不守文……糾案其事，落下甲勑，選人輩惜已成之官 經宰相喧訴，故特降此勑。」是都省駁下經申訴得過者。凡此皆述銓審程序甚詳，惟略南曹廢置。考會要五八吏外條：「判廢置一員，判南曹一員。南曹起于總章二年司列少常伯李敬元奏置。未置以前，銓中自勘責。」冊府六三〇：「（開元）十二年三日詔曰：文武選人，十月下解，旣逼銓注，勘簡難周，不能自親，並委猾吏，恣成姦濫，爲蠹尤深。自今以後，兵吏部兩司專定員外兩人判南曹事，每年選舉起五月一日所是文狀即預勘責關簡，判南曹官親自就覆，每包攢作簿書，對本司長官連書印記，不得委其胥吏。勘責畢，各具人數奏聞。其判南曹官，所司即進名，朕自簡擇。」又六三一：「（太和）五年……六月勑，應選人未試已前南曹駁放後經廢置詳斷及准堂判却收……」「是月詔南曹簡勘，廢置詳斷，選人倘有屈事，足以往覆辨明。近年已來不問有理無理，多經中書門下披訴，致令有司失職。」後條，會要七四同，據此可見南曹廢置之職且可駁放，而選人亦可申訴也。又六典二：「(吏部)員外郎一人掌選院，謂之南曹(舊志作「掌判南曹」)，每歲選人有解狀簿書資歷考課，必由之以覆其實，乃上三銓。其三銓進甲則置焉。」舊志同，皆不云廢置，豈廢置爲後期制耶。

銓選舉行之時限，初承隋制，赴選者以十一月爲始，至春即停。貞觀二年正月改爲四時聽選，隨到注擬。

按：舊書八一劉祥道傳：「父林甫……貞觀初再遷吏部侍郎。初隋代赴選者以十一月爲始，至春即停。選限既促，選司多不究悉。時選人漸衆，林甫奏請四時聽選，隨到注擬，當時甚以爲便。」冊府六二九，此奏在貞觀二年正月。會要五七，無月。

十九年十一月，改爲十月一日赴省，三月三十日銓畢。

會要七五選限條：「貞觀十九年十一月，馬周爲吏部尚書，以吏部持衡略無暇休，遂奏請取所由文解十月一日赴省，三月三十日銓畢。」(冊府六二九同)本注：「按工部侍郎韋述唐書云：貞觀八年唐皎爲吏部侍郎，以選集無限，隨到補職，時漸太平，選人稍衆，請以冬初一時大集，終季春而畢，至今行之。諸史又云是馬周，未知孰是，兩存焉。」六典二：「凡選授之制，每歲孟冬以三旬會其人。」又云：「凡大選終季春之月」舊志略同。即此時所定者。

開元二十年正月，一度改爲正月三十日內團甲，二月內畢。明年六月復舊制。

會要七五選限：「開元二十年正月二十二日，吏部尚書裴光庭奏文武選人承前三月三十日始畢，比團甲已至夏末。自今已後並正月三十日內團甲，二月內畢。至二十一年六月二十八日，蕭嵩奏吏部選人請准舊例至三月三十日團畢。」冊府六〇三同。

又按：冊府六二九：「先時五月頒格於郡縣，示人科限而集之。初皆投狀於本郡，或故任所，述罷免之繇，而上尚書省。限十月至省，仍考覈資序郡縣鄉里、名籍、父祖官名、內外族姻、年齒形貌、優劣課最、譴負刑犯必具焉………。」又前引冊府六三〇載開元十二年三月勑兵吏部定員外郎兩人判南曹詔，亦云起五月一日勘覆文狀。則銓事幾亦全年進行，惟大選注擬在冬春一時耳。

銓選本每年進行。蓋肅代之世，吏部失權，遂三數年一置選。至貞元八年，陸贄奏復每年集選。

會要七五選限：「貞元八年春，中書侍郎平章事陸贄始復令吏部每年集選人。舊事，吏部常每年集人，其後遂三數年一置選，選人併至，文書多不可尋勘，眞僞紛雜，吏因得大爲奸巧，選人蹉跌，或十年不得官，而官之闕者，或累歲無人。贄令吏部分內外官爲三分，計闕集人，歲以爲常，其弊十去八九；天下稱之。」冊府六三〇同，惟「三分計闕」作「新分計闕」，蓋誤。

流外小銓，舊委郎中專知。開元二十五年，勅尚書侍郎定留放。

六典二：「郎中一人掌小選，凡未入仕而吏京師者復分爲九品，通謂之行署。其應選之人，以其未入九流，故謂之流外銓，亦謂之小銓。其校試銓注與流內銓略同。」注：「舊制，郎中專知小銓。開元二十五年，勅銓試訖應留放，皆尚書侍郎定之。」舊志同。

京師銓選之外，又常置東都選及南選。東都選始於貞觀元年，其後屢有舉行，皆以權知吏部侍郎行之。南選始於高宗上元三年以前，每「四年一度差强明清正五品已上官充使選補，仍令御史同往注擬。」安史亂後，幾每年遣使。選補使或駐廣州，或移桂州，且有駐洪州者，而黔中福建亦時別遣使職。

按：會要七五東都選及南選兩條已稍詳之，今不詳引。又六典二：「其嶺南黔中三年一置選補使，號爲南選。」舊志同。豈開元初制，三年一置使耶？

（3） 戶　　部

六典三：「戶部尚書侍郎之職，掌天下戶口井田之政令；凡徭賦職貢之方，經費賙給之算，藏貨贏儲之准，悉以咨之。其屬有四：一曰戶部，二曰度支，三曰金部，四曰倉部；尚書侍郎總其職務而奉行其制命。凡中外百司之事由於所屬皆質正焉。」舊志作「掌天下田戶均輸錢穀之政令。」「其屬」以下同，惟省「奉」字而已。

（4） 禮　　部

六典四：「禮部尚書侍郎之職，掌天下禮儀祠祭燕饗貢舉之政令。其屬有四：一曰禮部，二曰祠部，三曰膳部，四曰主客；尚書侍郎總其職務，而奉行其制命。凡中外百司之事由於所屬皆質正焉。」舊志同，惟「祠祭燕饗」作「祭享」，又省「奉」字而已。禮部之所以見重，尤在其掌貢舉，中葉以後權任尤美，今特稍詳之。

貢舉之制始于隋。唐武德四年四月始詔興貢舉。明年十月諸州貢舉人始集京師，十一月引見，十二月付考功郎中考試。是爲唐代貢舉之始。貞觀中乃以考功員外郎專掌之。

按：摭言一五：「高祖武德四年四月十一日（同書卷一作「一日」）勅諸州學士及白丁，有明經及秀才俊士，明於理體，爲鄉曲所稱者，委本縣考試，州長重覆，取上等人，每年十月隨物入貢。至五年十月，諸州貢明經一百四十三人，秀才六人，俊士三十九人，進士三十人。十一月引見，勅付尚書省考試。十二月，吏部奏付考功員外郎申世寧考試，秀才一人，俊士十四人。所試並通，勅放選爲理人官。其下第人，各賜絹五疋充歸糧，各勤修業。自是考功之試，永爲常式。」而通典一五：「武德舊制，以考功郎中監試貢舉；貞觀以後，則考功員外郎專掌之。」與摭言自始卽由員外郎者不同。考會要五八：「考功員外郎，貞觀已後知貢舉。」則通典爲可信，摭言後出，蓋通言之耳。

開元二十四年三月十二日，以貢舉務重而員外郎望輕，乃詔移貢舉於禮部，以侍郎主之。是爲禮部侍郎掌貢舉之始。

新書選舉志：「（開元）二十四年，考功員外郎李昂爲舉人詆訶，帝以員外郎望輕，遂移貢舉於禮部，以侍郎主之。禮部選士自此始。」國史補卷下略同。摭言一進士歸禮部條述昂爲舉人所詆甚詳。

會要五九禮部侍郎條：「開元二十四年三月十二日，以考功員外郎李昂爲舉人所訟，乃下詔曰：每歲舉人，頃年以來惟考功郎所職，位輕務重，名實不倫。欲盡委長官，又銓選委積。但（冊府作且）六官之列，體國是同，況宗伯掌禮，宜主賓薦。自今以後，每年諸色舉人及齋郎等簡試並於禮部集，旣衆務煩雜，仍委侍郎專知。」冊府六三九同。

貢舉移歸禮部後，雖詔宰相詳覆試卷，然于及第後舉行，且事實上行之未久，故於掌貢舉之權無所撓奪。長慶元年，令中書舍人重試及第舉人；乃復申禮部放榜後宰相詳覆之詔。三年正月知貢舉王起奏請先經宰相詳覆然後放榜，從之。論者謂起爲失職。

新書選舉志：「初開元中，禮部考試畢，送中書門下詳覆。其後中廢。是歲（按前一年代爲元和十三年，此「是歲」無所屬，當作長慶元年。）侍郎所舉送，覆試多不中選，由是貶官。而舉人雜文復送中書門下。長慶三年侍郎王起言故事禮部已放榜而中書門下始詳覆，今請先詳覆而後放榜。議者以爲起雖避嫌，然失貢職矣。」

會要七五：「（開元）二十五年二月（冊府作正月）勅……其應試進士等唱第訖，具所試雜文及策送中書門下詳覆。」本注：「此詔因侍郎姚奕奏。」冊府六三九同。

會要七六：「長慶元年（冊府有「三月」）勅：今年禮部侍郎錢徽下進士鄭朗等一十四人，宜令中書舍人王起主客郎中知制誥白居易重試。覆落十三人。三月丁未（冊府作四月）詔……今後禮部舉人，宜准開元二十五年勅，及第人所試雜文先送中書門下詳覆。」冊府六四〇同。

冊府又云：「（長慶）三年，禮部侍郎王起掌貢舉。先是貢舉猥濫，勢門子弟交相酬酢，寒門俊造十棄六七。及元稹李紳在翰林，深怒其事，故有覆試之科。及起考貢士，奏曰：伏以禮部放榜，已是成名，中書重覆，尙未及第。若重覆之中，萬一不（本作「不一」，據會要改）定，則放榜之後，遠近誤傳，其於事理，實爲非便。請今年進士堪及第者，本司考試訖，其詩賦先送中書門下詳覆，候勅却下本司，然後准例大字放榜。從之。」會要七六有「奏曰」以下一段，云在正月。舊書一六四王起傳與冊府同，略。又云：「議者以爲起雖避是非，失貢職也。」

太和八年，宰相王涯識大體，請以取士之權仍却歸禮部。

新書選舉志：「太和……八年，宰相王涯以爲禮部取士乃先以牓示中書，非至公之道，自今一委有司。」會要七六：「（太和）八年正月中書門下奏，進士放榜，舊例禮部侍郎皆將及第人名先呈宰相，然後放榜。伏以委任有司，故當精愼，宰相先知取舍，事匪至公。今年以後，請便令放榜，不用先呈人名。」冊府六四一同。

會昌中，宰相李德裕等奏廢呈榜舊例，然亦數行重試，多有覆落。自大中元年詔不得別有聞奏。覆試之制乃廢。

冊府六四一:「會昌三年正月……宰臣李德裕等奏:舊例進士未放榜前……禮部侍郎遍到宰相私第先呈及第人名,謂之呈榜。比聞多有改換,頗致流言。宰相稍有寄情,有司固無畏忌,取士之濫,莫不繇斯。將務責成,在於不撓,旣無取舍,豈必預知。臣等商量,今年便任有司放榜,更不得先呈臣等,仍向後便爲定例。如有固違,御史糾舉奏者(?)。其時有勑重試進士,因栖靈塔災且止。」會要無。

會要七六:「(會昌)四年二月,權知貢舉左僕射太常卿王起放及第二十五人,續奏五人堪放及第,楊質至、竇緘、楊嚴、鄭朴、源重。奉勑祗放楊嚴及第,餘並落下。」冊府六四一同。

又:「五年二月,諫議大夫權知貢舉陳商及第三十七人。其年三月勑戶部侍部翰林學士白敏中重試,覆落七人。」冊府無。

又:「大中元年正月,禮部侍郎魏扶放及第二十三人,續奏堪放及第三人……其父皆在重任,不敢選取,其所試詩賦封進奏進止。令翰林學士戶部侍郎知制誥韋琮等考,盡合程度,……並付所司放及第。有司考試祗合在公,如涉徇私,自有典刑。從今已後,但依常例取舍,不得別有聞奏。」冊府六四一同。

綜而觀之,覆試黜落及宰相詳覆之事行之甚暫,且或僅偶爾舉行,對於一代掌貢舉之權,實無所撓奪。

中葉以後,貢舉之任尤重,其權任逾於吏部銓選遠甚。蓋吏部銓選之權日奪,而進士科舉爲士林所重,一登貢榜,身價十倍。此種風氣,愈後愈熾。士人藉此建立其在政治社會上之地位,朝廷藉此凝聚四方對於中央之向心力,上下交重其事,而掌貢舉者與登貢榜者,又有座主門生之關係,互相結納,互植聲華,卽無異爲政治上一種勢力。故文柄之任,最爲重選。

按:此通觀唐史自明,不能一一詳證(參看陳寅恪唐代政治史述論稿中篇政治革命與黨派分野)。而摭言一四蕭倣蘇州刺史謝上兼知貢舉敗闕表:「伏以朝廷所大者莫過文柄,士林所重者無先辭科。」二語道當時情事最悉。語林七李衛公條:「(李)宗閔在位,衛公爲兵部尙書,次當大用。……京兆尹杜悰卽宗閔黨,一日見宗閔曰,何慼慼也……非大戎乎?曰是也,何以相救?……杜曰大我有詞學而不由科第，至今怏怏；令知貢舉，必喜。宗閔默然，曰更思其次。曰，與御史大夫，亦可平治慊恨。宗閔曰此亦得。悰再三與約，遂詣衞公……言亞相之拜。衞公驚喜。」掌貢舉之重由此可見。

惟中葉以後，多由閣下（中書舍人）權知，然後正拜禮侍，是亦近乎君相收權之一種趨勢也。

摭言一四蕭倣與浙東鄭商綽大夫雪門生薛扶狀：「伏以近年貢務，皆由閣下權知，某叨歷清崇，不掌論誥，去冬遽因銓衡，叨主文柄，珥貂載筆，忝幸實多。」按：此在咸通初。據此，閣下權知似末葉事，實則開元末韋陟由中舍遷，天寶年間達奚珣、李暐、陽浚皆以中舍權知，是其例卽始於移貢舉於禮部後不久也。其後姚子彥（乾元三）、蕭昕（廣德元）、薛邕（大歷元）、常袞（九）、令狐峘（十四）、趙贊（建中二）、張濛（貞元五）、高郢（一四）、權德輿（十七）皆由中書舍人權知。自元和以後，類由中舍權知一榜然後正拜，不由中舍者蓋極少。是閣下權知，肇於玄宗，盛于中葉元和以後也。具詳拙作唐僕尙丞郎表稿卷三及卷十六。

貢舉本在京師舉行，武后居神都，故嘗兩都舉行。

按：登科記，載初元年「進士，神都十二人，西京四人。」（徐松登科記考卷三）是爲兩都貢舉之始。普通稱始于永泰元年，非也。

安史之亂，道路阻塞。至德元年春，蜀中、鳳翔、江淮、江東四地同時舉行。

按：掌貢舉者，蜀中爲裴士淹，鳳翔爲薛邕，江淮爲崔渙、江東爲李希言、詳唐僕尙丞郎表稿卷三及卷十六。

廣德二年秋以時艱歲歉，遂分兩都試舉人。至大曆十年五月，以貢舉人合謁見，觀國光，故詔停東都貢舉人。

按：舊書一九〇中賈至傳：「廣德二年轉禮部侍郎。是歲，至以時艱歲歉，舉人赴省者奏請兩都試舉人，自此始也。」新書選舉志同。舊紀，廣德二年九月已未「尙書左丞楊綰知東京選，禮部侍郎賈至知東都舉，兩都分舉選，自此始也。」此「東京選」當作「西京舉」，「分舉選」選字衍，詳唐僕尙丞郎表稿卷十六。冊府六四〇：「永泰元年始置兩都貢舉，禮部侍郎官號皆以知兩都爲名，每歲兩地別放及第。」「(大曆)十年五月，詔今年諸色舉人，並赴上都集。」本注:「先是禮部侍郎賈至以時艱歲歉，舉人赴省者衆，權奏兩都分理。時禮部侍郎常袞以貢舉人合謁見，異於選人，並合上都集，舉舊章也。是後，不置東都貢舉。」會要七六略同（無注文)，而「五月」下有「十九日」，足補册府。又「元年」下有「七月」。按: 兩都置舉之議與制置在廣德二年秋，而實施在年冬，至永泰元年春發榜，故稱兩都舉人始於永泰元年可也。若有「七月」，則二年春始放東西榜矣，此誤也。停東都舉之詔在大曆十年五月，則是年仍東西榜，明年始僅西京一榜，故摭言一、册府六三九又稱十一年停東都舉，並不爲誤。

至太和元年七月，又詔權於東都置舉，明經進士在東都赴集，考試畢仍同上都考國子監學等舉人，並同在西京過堂。是分兩地考試而已，侍郎則一人也。

册府六四一:「文宗太和元年七月勅、今年權於東都置舉，其明經進士任使東都赴集。其上都國子監舉人，合在上都試。」(會要七六同）又「八月，禮部貢院奏東都置舉條件: 其上都國子監宗正寺鴻臚寺舉人並請東都考試畢，却廻就上都考試。從之。」「十月京兆府鄉貢明經孫延嗣等三百人進狀，擧大曆六年七年例，請同國子監生上都考試。許之。」

摭言三:「太和二年，崔郾侍郎東都放榜、西都過堂。杜牧有詩曰: 東都放榜未花開，三十三人走馬廻，秦地少年多釀酒，却將春色入關來。」

貢舉之舉行，每年一次。

按: 考功掌貢舉時期常停一兩年，如貞觀二、十六、永徽三、四、龍朔三、總章二、咸亨二、三、儀鳳二、三、調露元、延載元、景龍三諸年春貢舉皆停。其後僅咸通十一年、天復二、三年春停貢舉。並詳徐松登科記考。

例以九、十月始事，並明年春二月或正月放榜，間有三月放榜者。夏榜不過一兩次。

按: 州縣貢舉人與方物同時送集上都，故例在十月。又觀中葉以後，中舍權知貢舉例在九、十月。在七月十一月者則甚少。放榜例在明年春，月日則無定。其春榜月日之可考者多在正二月，如建中元年二月十九日稍前，元和七年二月十三日稍前，十一年二月九日，十五年閏正月十五日，長慶元年二月十七日，會昌四年二月，五年二月，大中元年正月二十五日，咸通四年二月十三日稍前，乾寧二年二月十九日稍前，天祐三年二月二十一日，皆詳僕尚丞郎表稿卷十六。而摭言一：「光宅元年閏七月二十四日劉廷奇重試下十六人。」徐考引作閏五月是。又光啓二年六月放榜，亦詳僕尚丞郎表稿卷十六。夏榜僅此兩見，而光啓事以天子播越，自是不得已耳。

（5）兵　　部

六典五：「兵部尚書侍郎之職，掌天下軍衛武官選授之政令；凡軍師卒戍之籍，山川要害之圖，廐牧甲仗之數，悉以咨之。其屬有四，一曰兵部，二曰職方，三曰駕部，四曰庫部。尚書侍郎總其職務而奉行其制命。凡中外百司之事，由於所屬咸質正焉。」舊志作：「掌天下武官選授及地圖與甲仗之政令。」「其屬」以下同，惟省「奉」字而已。是前期之兵部，實總掌兵馬軍政也。故內而三衛，外而鎮戍折衝府皆總領其士籍而爲之調補，即其機關亦文屬焉。

按：會要七二府兵條：「凡府兵以衛士一千二百人爲上府，一千人爲中府，八百人爲下府……每歲十一月以衛士帳上于兵部，以俟徵發。」六典二五：「諸府折衝都尉……每歲十一月以衛士帳上尚書天下兵馬之數以省聞。」（舊志「省」在「尚書」下，是也）而同書五述衛士隸兵部，兵部定其番第甚詳，不具引。又會要七二京城諸事條：「貞元四年八月，勅左右羽林軍飛騎等，兵部召補，格勅甚明，軍司不合擅有違越。自今以後，不得輒自召補。」此格勅蓋天寶以前之舊章也。又會要五九兵侍條：「元和六年八月，中書門下奏：得兵部侍郎許孟容等狀，當司准六月二日減省官員及釐革三衛等。應管京官及外官共三千三百二十九員。京官七百六員……在中書門下兩省御史臺左右神策及諸軍諸使挾勅驅使，員闕至少，難議停省，並請仍舊。外官二十（當作千）六萬（當作百）二十三員，所管諸府，自折衝以下，總無料錢，例多闕乏，空有府額。其鎮戍官等或有任者，不過數員，……伏請存舊例。六番三衛都四千九百六十三人，縱使分番當上配役處多移牒勘會須得詳，請續商量聞奏。」同條太和五年亦載兵部釐革三衛事。則三衛鎮戍折衝府等且文屬兵部也。

兵馬軍政既歸兵部，故練兵、講武、田狩亦皆主之。

按：全唐文二六元宗練兵詔：「戰兵別簡爲隊伍，專令教練，不得輒有使役，仍令兵部侍郎裴漼大常卿姜晈往軍州計會便簡支配；有見集後軍兵，宜令兵部侍郎韋抗紫微舍人王琁即簡擇以聞。」是練兵屬之也。唐開元禮八五皇帝講武條：「仲冬之月，講武於都外。前期十有一日，所司奏請講武，兵部承詔，遂命將帥，簡軍士，有司先芟除地爲場，方一千二百步，四出爲和門，又於其內墠地爲步騎六軍營域處所。……前一日，講武將帥及士卒集於墠所，……大將以下，各有統帥如常式。……鑾駕至墠所，兵部尙書介冑乘馬奉引至講武所，入自都墠之北，……」是兵部實主講武也。舊紀開元元年十一月「癸卯 講武於驪山，兵部尙書代國公郭元振坐虧失軍容，配流新州。」(詳本傳) 尤其證。又唐開元禮八五皇帝田狩：「仲冬田狩之禮，前期十日，兵部徵衆庶循田法。……前狩二日，本司建旗於所田之後，隨地之宜。前一日未明，諸將各帥士徒集於旗下。質明，……兵部分申田令，遂圍田。」是田狩亦兵部主之也。

發兵亦先降勑於兵部，及出征將帥諸軍節度使皆統於兵部；有捷，申兵部上其露布。

按：新志：「凡發兵，降勑尙書，尙書下文符放十人發十馬，軍器出十，皆不待勑。」以兵籍在兵部也。又云：「節度使掌總軍旅顓誅殺。初授，具帑抹兵仗，詣兵部辭見。觀察使亦如之。」舊書一七二令孤楚傳，太和九年甘露之變後，「奏：諸道新授方鎭節度使等具帑抹帶器仗，就尙書省兵部參辭。伏以軍國異容，古今定制 ……如須參謝，即具公服。從之。」是此儀文，至文宗時始廢也。節度使始於開元，即出征將帥之別種，料將兵出征，亦內統於兵部。唐開元禮八四遣使勞軍將條：「前一日，執事者預設使者次於營南門之外道右南向，……使者將到，兵部預集大將以下於南門之外……」兵部率大將迎勞使，亦兵部統征將之旁證也。其詳待考。又會要五四：「露布，謂諸軍破賊申尙書兵部而聞奏焉。」開元禮八四平蕩寇賊露布條，述其儀甚悉，此又出征將帥內統於兵部之一證。

大約除軍令由君相外，凡軍政之權咸屬兵部，故其職務甚煩，其權亦極重，居之者或避嫌焉。

按：全唐文二五八蘇頲韋抗神道碑：「遷兵部尙書(侍郎之譌)，戎政孔殷，夏司多僻，作姦犯科者莫忌，接利乘便者皆是。公凡易四年，濯然一變，發其狙詐，成我鷹揚。」是兵部事煩也。又冊府六二九：「開元以前，兵吏尙書權位尤美，則宰相多所兼領。」舊書六九姚崇傳：「長安四年……拜相王府長史……又令元之兼知夏官尙書同鳳閣鸞臺三品。元之上言，臣事相王，知兵馬，不便。臣非惜死，恐不益相王。則天深然其言，改爲春官尙書……知政事如故。」兵部權任，由此可見。

其銓選之制一如吏部，五品以上皆奏聞制授，六品以下兵部注擬，分爲三銓，尙書爲中銓，侍郎爲東西銓。擧行時期及手續，其過程皆如吏部之制。

六典五：「兵部……選授之制，每歲孟冬以三旬會其人……以三銓領其事，一曰尙書銓，二曰東銓，三曰西銓（本注：「尙書爲中銓，兩侍郎爲東西銓。」）。……五品已上皆奏聞而制授焉。六品已下則量資注擬。其在軍鎭要籍不得赴選，委節度使銓試，具等第以申焉。……凡官階注擬團甲進甲皆如吏部之制。凡大選終於季春之月。」舊志同。是其制與吏部同。新書選擧志：「韋氏旣敗，始以宋璟爲吏部尙書，李乂盧從愿爲侍郎，姚元之爲兵部尙書，陸象先盧懷愼爲侍郎，悉奏罷斜封官。……初尙書銓掌七品以上選，侍郎銓掌八品以下選。至是通其品而掌焉。」故冊府六二九述吏部銓選之制後云「兵部武選亦然。」

按：兵部典選事，史傳並不常見。舊書一〇〇裴漼傳：「轉兵部侍郎，以銓敍平允，特授一子爲太子通事舍人。」是開元初也。舊書一五九衛次公傳：「徵爲兵部侍郎，選人李勣徐有功之孫……」是元和中也。舊書一七七崔瑄傳：「以本官（左丞）權判兵部西銓，吏部東銓事。」時開成二年，銓別惟此一見。

長安二年正月始置兵部貢擧，亦以孟冬之月隨計赴省，由兵部員外郞考試之。開元二十六年十一月始委侍郎專知。貞元十四年九月勑停武擧。元和三年五月復故。

會要五九兵部侍郎條：「長安二年正月十七日勑，天下諸州宜敎武藝，每年准明經進士貢擧例送。」（此條冊府六三九同，惟無日。）

又：「開元二十六年十一月十四日勑，所設武擧以求材實，仕進之漸，期爲根本，取舍之間，尤重審愼。比來所試，但委郎官，品位旣卑，焉稱其事。自今以後，應武擧人等，宜令侍郎專知。」（冊府無）

又：「貞元十四年九月勑，鄕貢武擧並應百隻箭及三十隻箭人等，今年宜權停。」（冊府六四〇同）

又:「元和三年五月,兵部奏:伏准貞元十四年月勅鄉貢舉人權停者。伏以取士之方,文武並用,選舉之制,國朝舊章,參調者旣積資勞,入仕者必先貢舉,自經停廢,今已十年,則趨倖門,漸絕根本,典彝具在,可舉而行,其鄉貢武舉恐須准式却置。勅旨依奏。」(冊府六四〇同,略。)

按:六典五:「(兵部)員外郎一人,掌貢舉諸及雜請之事。……州縣歲貢皆孟冬隨朝集使以至省,勘責文狀而引試焉,亦與計科偕。」舊志同。蓋開元二十六年以前之制也。

其事雖如禮部貢擧,然社會不重武事,而武官出身又另有他途,不以武擧爲重,故每年應擧者不過數百人,或僅十數人而已。

新書選擧志:「又有武擧…亦以鄉飮酒禮送兵部,其選用之法不足道,故不復書。」按:冊府六四〇:「(貞元)十四年九月詔鄉貢武舉……今年宜權停。時諫議大夫田敦因蒙召對,奏言兵部武舉等每年嘗數百千人(會要五九無千字)持挾弓矢出入皇城間,恐非所宜。上聞而瞿然,故命停之。其實武舉者每歲不過十數人(會要無數字),時議惡敦貴欲非短舊事,奏議不實。」應選者如此少數,故新志云不足道。

(6) 刑部

六典六:「刑部尙書侍郎之職,掌天下刑法及徒隸勾覆關禁之政令。其屬有四:一曰刑部,二曰都官,三曰比部,四曰司門;尙書侍郎總其職務而奉行其制命(原脫「奉」字,據本書例補)。凡中外百司之事由於所屬咸質正焉。」舊志全同,惟省「奉」字而已。

(7) 工部

六典七:「工部尙書侍郎之職 掌天下百工屯田山澤之政令。其屬有四:一曰工部,二曰屯田,三曰虞部 四曰水部;尙書侍郎總其職務而奉行其制命。凡中外百司之事由於所屬咸質正焉。」舊志全同,惟省「奉」字而已。

(二) 尙書省在行政系統中所居之地位

上節所述乃都省六部分職之概況,而尙書省在行政系統中所居之地位,尙書省與中外百司如九寺諸監諸衛東宮官屬以及天下州府之關係究竟若何，尚未論及；此爲數百年來學者所致疑困惑誤解之問題，亦卽本文之主題，請於此節論證之。

唐初尚書令僕爲宰相正官，故尚書省爲宰相機關兼行政機關，自爲國家政事之總樞，故太宗謂：「尚書省天下綱維，百司所稟。」（舊書七〇戴胄傳及會要五八左右丞條）神龍以後，僕射雖被摒於衡軸之外，然尚書省爲天下行政之總樞如故，故唐世語文常以「會府」「政本」稱之。

按：此類語句不勝舉，姑檢數例如次：舊書七四劉洎傳，貞觀中，「上疏曰，尚書萬機，實爲政本。」（會要五八同）。會要五七尚書省條：「龍朔三年六月十五日，上謂左肅機崔餘慶曰，中臺政本，衆務所歸。」同書五八左右丞條：「永昌元年三月二十日勑曰，元閣會府，區揆實繁。」此猶可謂神龍以前也。又會要五八左右司員外郎條：「（開元）五年四月九日勑，尚書省天下政本。」全唐文三三二郭子儀讓加尚書令表：「臣聞王政之本繫於中臺，天下所宗，謂之會府。」此則神龍以後矣。

然其與中外百司之關係及其總會國政而推行之之方式究竟如何，政書未有明文，有之亦不具體，而敍六部與寺監之職又往往似有相類處，如戶部之與司農太府，禮部之與太常鴻臚，兵部之與太僕衛尉，刑部之與大理，工部之與少府將作，所掌幾若相類；故古今學者不無困惑致疑，有所誤解，以爲六部與寺監之職權多有相同重複混淆者，且有謂寺監爲閑司，研究唐制可不具論者。（最早在唐代中葉以後卽有此議，蓋其時尚書省之職權已失墜，其與寺監之關係，其與寺監性質之差異皆已模糊不明顯故也，如杜佑卽最著者，詳本節之末）實皆不然。何者？六典載尚書省及九寺諸監之官吏員數（舊志新志略同，無大出入），都省及六部官僅一百五十七員，吏僅一千一百二十一人，而寺監官吏之員額皆數倍於尚書省，總共不啻萬人。卽就一般人所謂職掌相類之部與寺監而言，則寺監官吏員額恒爲職掌相類之部之數倍乃至十餘倍不等，則尚書六部之組織極簡單，而九寺諸監之組織極龐大也。

按：六部中惟吏部職務較爲綜合性，與寺監關係較少。其餘諸部，據六典，戶部四司自尚書以下官僅二十五員，吏一百九十八人，而掌倉儲之司農寺轄四署數監，官吏多至六百數十人，掌財貨之太府寺轄八署，官吏亦近三百人。兵部四司自尚書以下官亦二十五員，吏二百二十三人，而掌厩牧車輿之太僕寺轄四署數牧監，官吏多至二千四百人以上，掌兵械之衞尉寺亦轄三署，官吏數百人(手頭所用六典有脫文而兩志吏數大異)。禮部四司自尚書以下官十八員，吏七十二人，而掌禮之太常寺轄八署，官吏多至一千五百以上，光祿鴻臚國子官吏亦千百數。工部四司自尚書以下官十九員，吏一百零六人，而掌工程之將作少府兩監官吏亦八九百人。惟刑部自尚書以下官二十四員，吏一百六十七人，而大理寺官三十七員，吏二百四十八人，不及刑部之兩倍，斯爲相關諸部寺中官吏員數最相近者矣。

寺監之組織既視諸部遠爲龐大，而寺卿諸監之品秩固與尚書略均（尚書正三品，卿監從三品)，若謂寺監與部之職掌性質相同，爲並行之施政機關，則卿監之權勢及其在當時政治上之重要性至少不應低於尚書，然事實上，不但不及各部尚書及侍郎，卽比之各司郎中（五品）亦有遜色，何耶？若謂九寺諸監皆是閒司，姑無論何以任其組織龐大如此，而國家大政亦決非尚書省一百五十七員之官，一千一百餘人之吏所能集辦。由此觀之，六部與寺監之職權似同實必相同，而寺監亦決非閒司，可斷言矣。

然則尚書六部與九寺諸監之職權所異何在？彼此間亦有相聯之關係否？此則所當申論者。

按：漢代國家政令，丞相總其綱，而九卿分掌之。尚書仍皇帝之秘書機關，非直接行政機關。漢季、魏、晉以下，尚書漸奪九卿之職權，直接參預行政，然九卿沿置不廢，與尚書皆承君相之命，推行政務，故職權常至重複混淆，不能析辨。前賢及近人謂六部九卿之職權多有重複，惟此時爲然。經過三百餘年之釐革調整，至唐（隋或已然待考），雖寺監與六部並存，然其性質職權及其在行政系統中所居之地位已大有區別。今存唐代政書對於此種區別雖未具體明言，然朝廷詔勑、唐人議論、敦煌殘卷及日本令集解中則頗有流露，復參以六典兩志敍述六部寺監職權之文，諦審詳思，則六部與寺監諸衞之性質不同，且其間有下行上承之關係，非平行之關係也。

唐代前期尚書省之地位及其六部職權之性質皆與寺監諸衞東宮官屬逈異，當世之人蓋知之甚審，惟習於其事，以爲當然，故少言之耳。及中唐之世，尚書職廢，諸使繁興，朝野君臣有惜舊章之墜落者始發於議論，見於制勑。其論職權性質之不同者，以蘇冕之言最爲具體且極扼要。其言曰:「九寺、三監、東宮三寺,十二衛及京兆河南府是王者之有司,各勤所守 以奉職事。尙書准舊章立程度以頒之。」(會要七八諸使雜錄條引蘇氏駁議)此誠一語中綮。執此以衡六典舊志敍六部九寺諸監之文,則知六典舊志雖未具體說明六部職權之性質與寺監不同,然其記述官職之行文遣詞則大有區別,而職權性質之不同,卽隱寓其中;惟前人疏忽,未深思耳。

前論尙書六部之職權所引六典舊志之文,皆採同一之方式云:「某某尙書侍郎之職掌天下某某……之政令。其屬有四,一曰某,二曰某,三曰某,四曰某,尙書侍郎總其職務而奉行其制命。凡中外百司之事由於所屬皆質正焉。」而敍九寺諸監職權之方式則迥異。玆據六典舊志(新志多簡略)詳列於下:

太常寺

六典一四:「太常卿之職掌邦國禮樂郊廟社稷之事,以八署分而理焉,一曰郊社,二曰太廟,三曰諸陵,四曰太樂,五曰鼓吹,六曰太醫,七曰太卜,八曰廩犧,總其官屬,行其政令。(新志無此八字)」舊志同。

光祿寺

六典一五:「光祿卿之職掌邦國酒醴膳羞之事(新志作「之政」), 總太官、珍羞、良醞、掌醢四署之官屬,修其儲備,謹其出納。」舊志同。

衛尉寺

六典一六:「衛尉卿之職掌邦國器械文物之政令(舊志作「之事」,新志無),總武庫、武器、守宮三署之官屬,……凡天下兵器入京師者,皆籍其名數而藏之。」舊志同。

宗正寺

六典一六:「宗正卿之職掌皇九族六親之屬籍,以別昭穆之序,紀親疏之列,並領崇元(玄)署。」舊志同。

太僕寺

六典一七:「太僕卿之職掌邦國廐牧車輿之政令,總乘黃、典廐(舊志脫此二字)、典牧、車府四署,及諸監牧之官屬。」舊志同。

大理寺

六典一八:「大理卿之職掌邦國折獄詳刑之事(新志無「之事」)。」舊志同。

鴻臚寺

六典一八:「鴻臚卿之職掌賓客及凶儀之事,領典客、司儀二署,以率其官屬而供其職務。」舊志同。

司農寺

六典一九:「司農卿之職掌邦國倉儲委積之政令(舊志作「之事」,新志同),總上林、太倉、鈎盾、導官四署與諸監之官屬,謹其出納,而修其職務。」舊志同。

太府寺

六典二〇:「太府卿之職掌邦國財貨之政令,(舊志無「之政令」亦無「之事」,蓋脫文,新志作「掌財貨廩藏貿易」亦無「之政令」),總京都四市、平準、左右藏、常平八署之官屬,舉其綱目,修其職務。」舊志同。

國子監

六典二一:「國子祭酒司業之職掌邦國儒學訓導之政令,有六學焉,一曰國子,二曰太學,三曰四門,四曰律學,五曰書學,六曰筭學,」兩志同。

少府監

六典二二:「少府監之職掌(舊志「掌」下有「供」字)百工伎巧之政令(新志作「之政」,舊志作「之事」),總中尙、左尙、右尙、織染、掌冶五署之官屬(新志五署下有「及諸冶鑄錢互市等監」九字),庀其工徒,謹其繕作。」舊志同。

將作監

六典二三:「將作大匠之職掌供邦國修建土木工匠之政令,總四署三監百工之官屬以供其職事。」兩志同。

都水監

六典二三:「都水使者掌川澤津梁之政令,總舟檝河渠三(二)署之官屬。」兩志同。舊志又云:「凡虞衡之採捕,渠堰陂池之壞決,水田斗門灌溉,皆行其政令。」

據此則敍寺監之用字遣詞不一。就九寺言:六典之衛尉、太僕、司農、太府四寺作「掌某某之政令」;太常、光祿、大理、鴻臚四寺作「掌某某之事」;宗正寺則作「掌某某之屬籍」，是亦「事」也。舊志竄改「之政令」爲「之事」，惟太僕失改耳（亦可能今本之誤）。則大體言之，九寺之職是掌某某之事也。就四監言，六典皆作「之政令」，舊志改少府監「之政令」爲「之事」，餘則未改。然監之地位，又次於九寺，且其職掌均極具體，是掌事務非掌政令也。且九寺四監除宗正大理鴻臚三寺及國子一監外，其餘六寺三監皆云有某事則供某物，或云「以供其職事」。（殿中監亦然。又全唐文五一〇陸長源上宰相書論官曹職廢云「光祿不供酒，衛尉不供幕」亦以寺監之職在供事物也。）益徵作「掌某某之事」爲正確，舊志之竄改，是也。復按：六部所統二十四司之職多在審度勾稽，頒節制，辨名數；云「掌某某之事」者僅戶、倉、祠、膳、虞及主客六司而已，然其事之性質亦審勾辨節之類，仍非實地掌管也。而九寺諸監所統諸署，十之八九皆云「掌某某之事」，間有云掌某某之法，之儀，之物，之屬，皆具體之事物，與二十四司職在審勾辨節者迥異；是亦寺監爲掌事機關之明證也。又最首太常寺之職云「掌某某之事，以八署分而理焉。……總其官屬，行其政令。」最末都水監亦云「行其政令」。是敍寺卿之職之形式或亦與六部略同，惟易「之政令」爲「之事」，易「奉行其制命」爲「行其政令」，又無「凡中外百司之事由於所屬皆質正焉」之類之語句耳。然則尚書六部之職是「奉行制命」，以「掌政令」，而頒其節制，「凡中外百司之事由於所屬皆質正焉」；九寺諸監之職則「行政令」以「掌諸事」，上有所需，則供之；此正與蘇冕所謂尚書「立程度以頒之」，寺監「勤所守以奉職事」相應矣。

以上皆就六典兩志總敍六部與寺監職掌之文推其性質之不同如此，參以蘇氏之言，已可想見尚書六部與寺監有下行上承之關係，非平行之關係也。又冊府六〇云：「（高宗）上元三年閏三月，詔曰：制敕施行，既爲永式，比用白紙，多有蟲蠹。自今已後，尚書省頒下諸司諸州，及州下縣，宜並用黃紙。」諸司即指寺監等中央行政機關而言，是寺監爲承受於尚書省之下級機關一如州府，非平行機關也。今更就六典兩志及會要各卷，隨時偶露此等關係處臚列而觀之。

六典一六宗正寺：「凡太皇太后皇太后皇后之親分五等，皆先定於司封，宗正受而統焉。」（會要六五同。新志同，略。）

又：「凡大祭祀及冊命朝會之禮，皇親諸親應陪位豫會者則爲之簿書，以申司封。若皇親爲王公子孫應襲封，亦如之。」（舊志同。新志同，略。）

六典二吏部，本注：「舊齋郎隸太常，則禮部簡試。開元二十五年隸宗正，則十月下旬，宗正申吏部應試。」(會要五九略同。)

新志：宗正寺崇玄署，「僧尼道士女冠，……每三歲州縣爲籍，一以留縣，一以留州，僧尼一以上祠部，道士女冠一以上宗正，一以上司封。」按：此制行時，僧尼屬祠部，道士女冠屬宗正，屬宗正者必上籍於司封，屬祠部者不必副籍於太常或鴻臚，正見尚書爲上級機關，寺監爲下級機關也。

——以上顯示吏部與宗正寺之關係——

六典三戶部：「倉部郎中員外郎掌判天下倉儲受納租稅出給祿廩之事。」(兩志同)又云：「乃置木契一百枚以與出給之司相合(舊志同，新志略同)，以決(南宋本作次)行用隨符牒內(南宋本無內字)而給之。」注：「倉部置木契一百隻，三十隻與司農寺合，十隻與太原倉監合，十隻與永豐倉監合，二十隻與東都司農寺合，二十隻行從倉部與京倉部合，十隻與行從司農寺合。」

——以上顯示戶部之倉部與司農寺之關係——

六典三戶部：「金部郎中員外郎掌庫藏出納之節，金寶財貨之用，權衡度量之制，皆總其文籍而頒其節制……凡庫藏出納皆行文傍季終而會之，若承命出給則於中書省覆而行之，百司應請月俸則符牒到所由皆遞覆而行之，乃置木契與應出物之司相合，以次行用，隨符牒而合之，以明出納之愼。」(舊志同，略)注：「金部置木契一百一十隻，二十隻與太府寺合，十隻與東都合，十隻與九成宮合，十隻與行從太府寺合，十隻行從京部(南宋本作「金部」是)與京金部合，十隻行從金部與東都合，二十隻與東都太府寺合，二十隻東都金部與京金部合。」

新志太府寺條：「凡在署爲簿，在寺爲帳，三月一日報金部。」六典二〇太府寺，「丞掌判寺事，凡左右藏庫帳……請受輸納人名物數皆要於簿書，每月以幕印紙四張爲之簿……月終留一本於署，每季錄奏，兼申所司。

——以上顯示戶部之金部與司農寺之關係——

會要五七尚書省條：「會昌五年六月勑……比事深關禮法羣情有疑者，令本司申尚書省下禮官參議。」按禮官謂太常。

六典一四太常寺:「太樂署……凡習樂,立師以教,每歲考其師之業課爲上中下三等申禮部。」(舊志同)

會要五九太府齋郎條:「開元二十四年三月十二日,勑齋郎簡試並於禮部集。至二十五年正月七日,勑諸陵廟並宜隸宗正寺,其齋郎遂司封補奏。至天寶十二載五月十一日,陵廟依舊隸太常寺,齋郎遂屬禮部。至大曆二年八月二十五日,勑陵廟宜令宗正寺檢校,其齋郎又司封收補聞奏。至貞元三年九月二十六日,禮部尚書蕭昕奏,太廟齋郎准式禮部補,大曆三年後被司封官稱管陵廟便補奏齋郎,亦無格勑文。准建中元年正月五日制,每事並歸有司,其前件齋郎合於禮部補奏。勑旨依付所司准格式處分。至今禮部員外郎補。」

——以上顯示禮部與太常寺之關係兼示吏部司封與宗正寺之關係——

六典一八鴻臚寺:「凡二王之後及夷狄君長之子襲官爵者,皆辨其嫡庶,詳其可否,以上尚書。」

又:「凡天下寺觀三綱及京都大德,皆取其道德高妙爲衆所推者補充,上尚書祠部。」(舊志同)

新志:「海外諸蕃朝賀,……凡客還,鴻臚籍衣齎賜物多少,以報主客,給過所。」

——以上顯示禮部主客祠部與鴻臚寺之關係——

六典二一國子監:「承掌判監事,凡六學生每歲有業成上於監者,以其業與司業祭酒試之。……登第者,白祭酒上于尚書禮部。」(舊志同;新志同,略。)

會要六六國子監:「長慶二年閏十月,祭酒韋乾度奏:當監四館學生每有及第闕員,其四方有請補學生並不曾先於監司陳狀,便自投名禮部,計會補署。監司因循日久,官吏都不檢舉,但准禮部關牒收管,有乖大學引進之路。臣忝守官,請起今已後,應四館有闕,其每年請補學生者,須先經監司陳狀請替某人闕,監司則先考試通畢,然後具姓名申禮部,仍稱堪充學生。如無監司解申,請不在收管之限。……勑旨宜依。」

——以上顯示禮部與國子監之關係——

六典一六衛尉寺:「丞掌判寺事,凡器械出納之數,大事則承制勑,小事則由省司。」新志作「小事則聽於尚書省。」

——以上顯示兵部之庫部與衛尉寺之關係——

六典一七太僕寺:「凡監牧所通羊馬籍帳則受而會之,以上尚書駕部,以議官吏之考課。」(舊志同;新志同,略。)

——以上顯示兵部之駕部與太僕寺之關係——

六典一八大理卿:「凡諸司百官所送犯……詳而質之,以上刑部,仍於中書門下詳覆。」(兩志同。)

新志:「刑部郎中員外郎掌律法,按覆大理及天下奏讞,爲尚書侍郎之貳。」

會要三九定格令條:「貞觀(元之譌)二年七月二十三日,刑部侍郎韓洄奏:刑部掌律令定刑名,按覆大理及諸州應奏之事。」

會要六六大理寺條:「開元八年勅,內外官犯贓賄及私自侵漁入已至解免已上有訴合雪及減罪者,並令大理審詳犯狀申刑部詳覆;如實寃濫,仍錄名送中書門下。其有遠年斷雪近請除罪,亦准此。」

又:「元和四年九月,刑部大理覆斷繫囚,過爲淹滯,是長奸倖。自今以後,大理寺檢斷不得過二十日,刑部覆下不得過十日。如刑部覆有異同,寺司重斷不得過十五日,省司重覆不得過七日。」

同書五七尚書省條:「會昌五年六月勅……比事深關(略)刑獄,亦先令法官詳議,然後申刑部參覆。」

又一四獻俘條:「元和十二年……李愬平淮西,擒逆賊吳元濟……獻于太廟。……攝刑部尚書王播奏請付所司,制曰可。大理卿受之以出,斬于子城之西南隅。」

——以上顯示刑部與大理寺之關係——

六典七工部:「凡興建修築材木工匠,則下少府將作以供其事。」舊志云:「凡京師東都有營繕,則下少府將作以供其事。」(新志同)

六典二二少府監:「丞掌判監事,凡五署所修之物須金石齒革羽毛竹木而成者(舊志無「須」字以下),則上尚書省,尚書省下所由司以供給焉(以上舊志同,略)。凡五署之所入于庫物,各以名數並其州土所生以籍之,季終則上于所由，其副留于監。」

同書二三將作監：「丞掌判監事，凡內外繕造百司供給，大事則聽制勅，小事則俟省符（新志同，略），以諮大匠而下於署監以供其職。」又云：「凡營造修理土木瓦石不出於所司者，總料其數上於尙書省。」

——以上顯示工部與少府監將作監之關係——

據政書此類條文，則尙書之於寺監曰下，曰頒；寺監之於尙書曰申，曰上，曰報，曰受，曰聽；此乃下行上承之關係，決非平行之關係之明證也。且寺監之於尙書省非籠統之關係，而爲分別之關係，最顯者如司農寺承受於戶部之倉部司，太府寺承受於戶部之金部司，衛尉寺承受於兵部之庫部司，太僕寺承受於兵部之駕部司，大理寺承受於刑部，少府監作將監承受於工部，太常寺鴻臚寺國子監承受於禮部，他如宗正寺亦幾承受於吏部，惟光祿寺不言所承，推其性質，蓋亦承受於禮部者。

按：此種承受關係皆已見前引材料。而會要五九大廟齋郎一條記大廟隸屬，前後五易，始隸太常寺，開元二十四年改隸宗正寺，天寶十二載復隸太常寺，大曆二年又改隸宗正寺，貞元三年復隸太常寺；其隸太常，則齋郎由禮部奏補，其隸宗正，則齋郎由吏部司封奏補，更足證某寺之與某部本有固定之承受關係矣。

尙書六部與寺監之關係如此，故尙書省亦以符下於寺監，且以「符到奉行」命之。

按：會要二六牋表例條：「舊制，上所及下，其制有六：天子曰制曰勅曰册，皇太子曰令，親王公主曰教，尙書省下州，州下縣，縣下鄉皆曰符也。」六典一及舊志同。皆不言尙書省以符下寺。而敦煌發現經卷紙背開元公式令殘卷之符式如次：

「尙書省　　　爲某事

某寺主者云云，案主姓名，符到奉行…………

……………………………………………………

右尙書省下符式，凡應爲解上者，上官向下皆爲符，首判之官署位………」（轉引自唐令拾遺頁五五八）

又日本公式令符式條集解云：

「釋云:………唐令符式云:尚書省下諸寺……」(同上頁五五九)

則「上官向下皆爲符」;尙書省行諸寺文書亦曰符,且以「奉行」命之,一如下諸州矣。檢六典二三,將作監之職云:「凡內外繕造百司供給,大事則聽制勅,小事則俟省符。」新志同。政書中惟存此一條足資參證。

前論六部與寺監職掌之性質逈異,尙書六部「奉行制命」而「掌政令」,九寺諸監「行政令」而「掌諸事」。今考六部與寺監下行上承之關係如此,則所謂「行政令」者,卽奉行尙書省之政令耳。全唐文四六六陸贄論裴延齡姦蠹書:「總制邦用,度支是司,出納貨財,太府攸職,凡是太府出納,皆禀度支文符,太府依簿以奉行,度支憑按以勘覆,互相關鍵,用絕姦欺。其出納之數,每月中旬申聞,其見在之數,則每月計奏,皆經度支勾覆。」此段論度支與太府寺之關係及其職權之分別,最爲顯豁。同書四八六權德輿論度支疏:「判度支裴延齡……往者貳大農之卿,長司太倉出納,號爲稱職;蓋有恆規。陛下……切於賞善,權委邦賦。……度支所務,天下至重,量入爲出,從古所難,……調其盈虛,制其損益,苟非全才通識,則有所壅。」又云:「權其輕重(此云度支),固與守之之才(此云大農)不同。」此段論度支與大農寺之關係及其職權之分別亦極顯豁。此處度支雖指判度支使而言,然判度支卽判戶部之度支司兼及倉部金部者,足證戶部與太府大農兩寺之關係本如此也。陸權此論確切說明戶部與司農太府兩寺之性質絕異而有下行上承之密切關係,尤爲政書强有力之旁證。又按六典六,大理寺有獄,而刑部則無獄,此亦刑部掌刑律政令而非執行機關,其執行則在大理之强證也。

綜上以觀,尙書六部與九寺諸監之性質、職權及其在行政系統中所居之地位釐然有別。蓋尙書六部二十四司上承君相之制命,製爲政令,下於寺監,促其施行,而爲之節制;寺監則上承尙書六部之政令,親事執行,復以成果申於六部。故六部爲上級機關,主政務;寺監爲爲下級機關,掌事務;六部爲政務機關,寺監爲事務機關;六部長官爲政務官,寺監長官爲事務官。權德輿謂:大農事有「恆規」,乃「守之之才」;度支「權其輕重」,必恃「通識」。此雖僅論戶部與大農性質職權之不同,亦可推而廣之,視爲六部與九寺諸監性質職權之共同差異,此論較蘇冕之言更爲具體明確,且與今代行政學論政務官與事務官性質職權之不同合如符契矣。尙書六部既爲政務機關,掌政令,故官員不必多,而地位權勢特隆;九寺諸監爲事務機關,故地位權勢不甚隆而組織常龐雜；前設之疑可渙然氷釋矣。

或者曰：尙書六部與九寺諸監之性質不同而有下行上承之關係如此，則寺監縱不直轄於尙書省，至少亦文屬焉；何以六典兩志不具體明言歟？應之曰：古代記載官制之書特注意其職掌及其本機關之組織，至於上隸下轄例多忽略，習以爲常，讀者心知其義亦不致疑；如漢書百官公卿表敍丞相不云統九卿，敍九卿不云隸丞相，然其上下統隸之關係，固無人致疑也。六典兩志敍尙書令僕則云「綱紀百揆」，「禮絕百僚」，「天下大事不決者皆上尙書」；敍六部則云「凡中外百司之事由於所屬皆質正焉」。諸如此類語句，比之其他史書職官志已較能顯豁尙書省之地位；所以啓後人之疑者，乃唐制掌政掌事分爲兩橛，此其特點，爲前代所未嘗有，爲學者所不習見，故或疑其參差雷同，或疑其閒司無職耳。

唐代行政機關除尙書省外，惟九寺諸監諸衛及東宮官屬以及諸道州府耳。尙書六部與九寺諸監之性質不同而有下行上承之關係，已詳考如上。其諸衛亦文屬兵部，凡有興革則兵部主之，亦見前考。至於東宮官屬，則六典兩志明言其爲承望於尙書省之下級機關。

> 六典二六：「太子詹事之職統東宮三寺十率府之政令（以上新志同），擧其綱紀而修其職務……凡天子六官之典制皆視其事而承望焉。」舊志同，略。六典又云：「凡勑令及尙書省二坊符牒下於東宮諸司者，皆發之。（以上新志同）。若東宮諸司之申上者，亦如之。」同書二七：「太子家令寺……凡寺署之出入財物役使工徒，則刺詹事上于尙書。」按：所謂六官之典卽六部也，又唐制上之逮下其制有六，曰制、勅、冊、令、敎、符，此稱尙書省符，又云上于尙書，則東宮官屬爲承望尙書省之下級機關必矣。

而諸道州府之承望於書省，亦明見政書，自昔無人致擬矣。

> 按：前引會要、六典、舊志，上之逮下其制有六，尙書省下州，州下縣，縣下鄉，皆爲符，則州府上承尙書省自不待言。又六典三〇：「京兆河南大原牧及都督刺史掌淸肅邦畿，考覈官吏……皆附于考課以爲褒貶，若善惡殊尤者隨卽奏聞，若獄訟之枉疑，甲兵之徵遣，興造之便宜，符瑞之尤異，亦以上聞。其常則申于尙書省也。」舊志同。

綜上所考，則唐代各種行政機關如九寺、諸監、諸衛、東宮官屬及諸道州府，縱不皆直接統轄於尙書省，然在行政上皆承受於尙書省，則無疑也。按唐代東宮官屬卽朝廷全部機構之縮型，有左右春坊以擬門下中書二省，有三寺以擬九寺諸監，有十率府以擬諸衛，其詹事府則擬尙書省者。六典兩志皆云：太子詹事府詹事少詹事「掌統東宮三寺十率府之政令。」而於尙書省則未具體明言其統九寺諸監諸衛，致啓後人之疑。然六典舊志敍各部職掌皆云：「凡中外百司之事由於所屬皆質正焉」；新志總敍尙書省亦云「天下大事不決者皆上尙書省」；又政書皆云尙書省政事會府，僕射師長百僚；諸如此類語句，亦足徵尙書省總統內外矣。今所詳考惟在更明確說明：就職權性質言，尙書六部與寺、監、諸衛、東宮官屬、天下州府截然不同，就行政統系言，則有下行上承之密切關係，以釋古今之疑耳。

九寺、諸監、諸衛及東宮官屬以及諸道州府旣均爲承受於尙書省之下級機關，故有事皆申尙書省取裁聞奏，不能逕奏君相。

按：代宗時，慼尙書舊章之墜廢，屢申復舉舊章之詔，故時時涉及舊章之體制。如會要五七尙書省條：「永泰二年四月十五日制：……朕纂承丕緒，遭遇多難，典章故事久未克舉。其尙書宜申明令式，一依故事，諸司諸使及天下州府有事准令式各（合）申省者，先申省司取裁，並所奏請，勅到省，有不便于事者，省司詳定聞奏，然後施行。」諸司卽指九寺諸監諸衛及東宮官屬等而言，是開元以前之舊制，中央諸司諸使及天下州府有事皆先申尙書省取裁也。又册府六四：「（大曆）十四年正月（會要五七作六月）赦書（會要作勅）…諸使（會要作天下諸使）及州府有須改革處置事，一切先申尙書省，委僕射以下商量聞奏，外使及州府（會要無此五字）不得輒自奏請。」此僅就外使及州府而言。按前制申明中外百司有事皆申尙書省取裁一如舊式，蓋時異世易，事實上已行不通，故思其次，但期外官使司有事必申尙書省耳。自此中央行政系統已大紊矣。

君相制敕亦必先下尙書省詳定然後下行中外百司。

按：六典一：「凡制敕施行……必由於都省以遣之。」又前引册府六〇，高宗上元三年詔云：「制勅施行旣爲永式，比用白紙，多有蟲蠹，自今已後，尙書省頒下諸司諸州及州下縣，宜並用黃紙。」尤足與六典相印證。又前引會要五七尙書省條，永泰二年四月制，已明言「勑到省有不便於事者，省司詳定聞奏，然後施行。」同條又云：「（開元）十九年四月二十六日勑，尚書省諸司有勑後起請及勑後所司商量事，並錄所請及商量狀送門下及中書省，各連於元勑後。所申仍于元勑年月前云起請及商量如後。」是制勑必經尚書省且經詳定也。又會要尚書省條：「神龍二年九月一日勑，門下及都省宜日別錄制勑，每三月一進。」蓋亦以制勑由中書下行後必經之機關惟門下與尚書省耳。

其京師諸司如寺監等有符移關牒下諸州者，亦必送都省勾檢然後下行。

會要五七尚書省條：「故事，內外百司所受之事，尚書省皆印其發日爲立程限，京府（六典舊志作京師）諸司有符移關牒下諸州府者，必由都省以遣之。」六典一及舊志同。敦煌發現經卷紙背開元公式令符式云：「上官向下皆爲符……其出符者皆須案成並案送都省檢勾，（若事當計會者仍別錄會同與符俱送都省），其餘公文及內外諸司應出文書者，皆准此。」（轉引自唐令拾遺頁五五八）

推此而言，則州府之上京師諸司及諸司之相關移當亦由都省轉致矣。上下左右之公事文移畢會於尚書省而勾決發遣或奏上之，其被「會府」「政樞」之稱不亦宜乎？

關於尚書六部職權之性質，尚書六部與九寺、諸監、諸衛、東宮官屬、諸道州府之關係，以及上下公文之運行，既已考論如上。則尚書省在唐代全部行政機構中所居之地位自顯。大抵尚書六部上承君相之制命，而總其政令，於天下大政無所不綜，然直接由六部執行者則甚少。凡事屬地方性質者，則下地方政府執行之，尚書只處於頒令節制之地位。凡事屬中央性質者，小部份蓋亦最重要部份，由六部自己執行，如吏部兵部之銓選與禮部之貢擧是也；大部份則下寺監等事務機關執行之，尚書亦只處於頒令節制之地位，如財計、兵政、刑獄、繕作是最顯者。故尚書省上承君相，下行中外百司，爲全國行政之總樞紐，爲政令之制頒而節制之之機關，而非實地執行之機關。今作行政系統圖如次：

開元時代行政系統圖

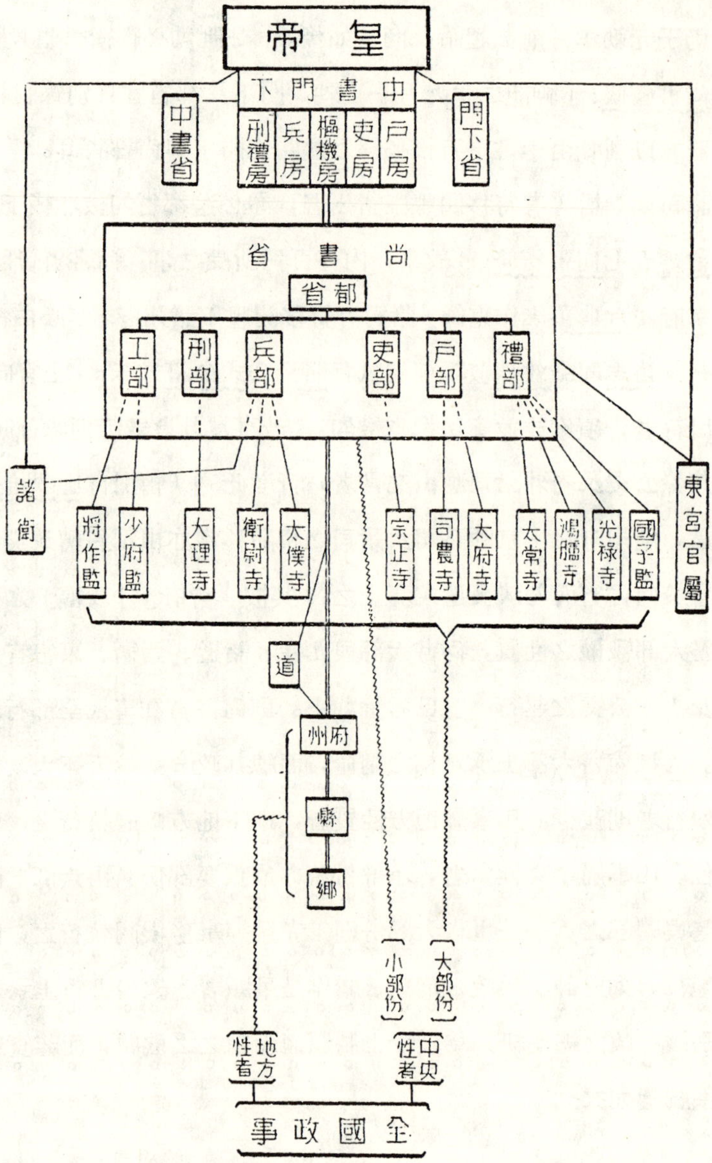
皇帝
中書門下
中書省
門下省
戶房
吏房
樞機房
兵房
刑禮房
尚書省
都省
工部
刑部
兵部
吏部
戶部
禮部
諸衛
將作監
少府監
大理寺
衛尉寺
太僕寺
宗正寺
司農寺
太府寺
太常寺
鴻臚寺
光祿寺
國子監
東宮官屬
道
州府
縣
鄉
小部份
大部份
地方性者
中央性者
全國政事

此圖乃玄宗開元時代之制度。唐初與此畧同，惟無「道」。又其時尚無「中書門下」之機關，而僕射爲宰相正官，尚書省爲宰相機關兼行政機關，故其時尚書省實兼有此圖「中書門下」與「尚書省」之地位，權任更隆矣。及安史亂後，使司繁興，旣奪六部之權，且侵寺監之職矣。

按：會要五七尚書省條：大曆五年詔政歸尚書，有云：「省寺之務多有所分，簡而無事，曠而不接，今大舉綱目，重頒憲章，並宜詳校所掌，明徵典故。」此統言尚書省及九寺職權爲諸使所分奪也。全唐文五一〇陸長源上宰相書：「尚書六司，天下之理本，兵部無戎帳，戶部無版圖，虞水不管山川，金倉不司錢穀，光祿不供酒，衛尉不供幕，秘書不校勘，著作不修撰，官曹虛設，祿俸枉請。」時在貞元中。又會要五九度支使條：「貞元初（當作元和初，或貞元末）度支杜佑讓錢穀之務，引李巽自代。先是，度支以制用惜費，漸權百司之職，廣置吏員，繁而難理。佑始奏營繕歸之將作，木炭歸之司農，染練歸之少府，綱條頗整，公議多之。」舊書一四七本傳同。是使司不但奪六部之權，且侵寺監之職也。

於是尚書省之職權與地位遽見墜落，上表所示之行政體系因而破壞，諸使固直承君相之制命，推行政務，寺監百司有事亦不一定先上尚書，（故代宗特詔諸事先上尚書以矯之），尚書省徒具軀殼，已失其行政總樞紐之地位，制度丕變，體系自紊。當時學者對於舊制固尚有能深切瞭解如蘇冕者，而一般人士則已模糊不清。不幸爲後人推重之杜佑對於前期之制度亦無眞切之認識，不免雷同俗見，往往據正在劇變中百弊叢生之當時現狀，上眥開元以前之制，似唐初以來卽如此者。此大謬也。後人震於杜氏通典之權威，又不精究六典兩志之文，遂致困惑，貽誤千載矣。

按：謂唐代尚書省六部與寺監重複，職掌混淆，如一南北朝者，當始於中唐時代之杜佑。通典職官一：「蓋尚書省以統會衆務，擧持繩目，……九寺五監以分理羣司。」（此亦可能爲劉秩語）此言尚書省與寺監不同，雖不如前引蘇冕陸贄權德輿之言之具體，然亦庶幾近之。而同書職官七本注云：「隋代復廢六官，多依北齊之制，官職重設，庶務煩滯，加六尚書似周之六卿，又要別立寺監，則戶部與太府分地官司徒職事，禮部與太常分春官宗伯職事，刑部與大理分秋官司寇職事，工部與將作分冬官司空職事，自餘百司之任多類於斯，欲求理要，實在簡省。」是以尙書省與寺監爲重設矣。又全唐文四七七杜佑省官議(亦已採入通典職官二二)云;「昔皋繇作士師,正五刑,今刑部尙書大理卿是二皋繇也。垂作共工,利器用,今工部尙書將作監是二垂也。契作司徒,敷五敎,今司徒戶部尙書是二契也。伯夷秩宗,典邦禮,今禮部尙書禮儀使是二伯夷也。伯益作虞,掌山澤,今虞部郞中都水使者是二伯益也。伯冏作太僕,掌車馬,今太僕卿駕部郞中尙輦奉御閑廐使者是四伯冏也。」是以尙書省與寺監及司徒諸使爲重設矣。重設之意義有二:一則上下之重,卽余此文所論前期制度,政事推行分爲上下兩橛,尙書掌政令,寺監掌執行;一則並列之重,卽一般論魏晉以下之制,尙書與寺監並掌政務,混淆不淸也。杜氏以隋唐之制與南北朝並論,又以尙書寺監之重與尙書司徒諸使之重等量齊觀,(司徒實不掌政事,若掌政事自與戶部並列不相上下,至禮儀使則與禮部並行者),又列駕部於太僕之下,則其命意皆並列之重,非余所謂上下之重也。范祖禹唐鑑二云:「官名之紊莫甚於唐,且旣有太尉司徒司空,又有尙書省,是政出於二也。旣有尙書省,而又有九寺,是政出於三也。」是卽承杜氏之言而推衍者。杜佑、唐人且爲權威學者,宜乎千餘年相承云然,未有非議者。然杜氏此論實未精審。蓋杜氏對於尙書、寺監與諸使三者之性質,不能別其異同也。其所以不明尙書寺監諸使三者性質之有別,亦自有故。蓋尙書掌政令,寺監掌諸事,其間有下行上承之關係,乃開元以前之制,安史亂後,尙書省之地位墜落,職權已廢,魏晉南北朝惟諸寺與尙書並承君相之命推行政務,至此時則尙書寺監之外又有諸使並行政事矣。制度之弊蓋有過於南北朝,杜氏就時制爲言,以爲並行重設,固不謬也;惟其意似以爲自唐初以來卽如此,則大謬耳。大抵杜氏對於唐代前期尙書省之制度並無深切之認識,自亦不能辨時制與舊制之差異,故其對於官制所發之議論皆以時制爲出發點而並訾舊制矣。此觀其僕射議尤爲明徵(全唐文四七七,已收入通典職官四)。按:唐初尙書令僕爲宰相正官,統率百僚,侍中中書令雖處機密,不能比也。三公雖品秩爲崇,亦不能比也。其時惟太宗以開國元勳兼爲親王,故得居尙書令之位;其後人臣均不敢居。太宗爲人外寬宏而內忌刻,卽僕射亦常不除任,末年更缺人數歲,親如長孫無忌亦只居太尉知中書門下二省事，不敢知尚書省僕射事，以避嫌疑。高宗即位，元勳如李勣，亦只居司空同中書門下三品之位，不敢居僕射之任。凡此皆僕射在政治上之地位遠非三公及侍中中書令可比之强證。是以師長百僚者，固應爲僕射，非三公侍中中書令也。其後僕射旣被摒於衡軸之外，又失其行政總匯之地位，殺其禮儀，事固應然。而杜氏以爲僕射品秩尊崇不如三公，統宰國政不如侍中中書令，因而非毁舊儀，是亦以時事論舊制也。議時事則是，訾舊制則謬矣。其所以致誤之由，亦與論尚書寺監爲並列重複者，如出一轍矣。杜氏論職官不但不明時制與舊制已異，而出言亦殊輕率，「契作司徒」下照杜氏意旨當云:「今戶部尚書、司農、太府、度支使、鹽鐵轉運使，是五契也。」乃言不出此，而云:「今司徒，戶部尚書，是二契也。」夫太尉司徒司空，本爲閒官，毫無職事，謂應省廢，可也。而以毫無職事之司徒與戶部尚書並論，以爲重設亂政，豈不大謬。蓋因「契作司徒」，唐有司徒之官，故率爾言之耳，不自知其大謬也。論證輕率如此，則其議論非眞知灼見，從可知矣。行文至此，吾有一設想。杜氏通典旣本自劉秩政典而擴充之，成書又在居高位當權柄之時，蓋集衆學士之力而成，非杜氏一人工力所至也。然則杜氏本人之學力究竟如何，實大有問題。(實則卽就通典本書而言，前人固皆推其精博，然若以現代史學考證方法衡之，實亦甚粗疏)陸贄權德輿皆與杜氏同時之碩學名相，當時宗仰過於杜氏，其識力決不在杜氏之下，且其所論之事極具體實指，非泛泛言之，尤爲可信。至於蘇冕，官低職卑，毫無憑藉，惟以藏書博學馳譽朝野，尤精唐制，起武德至貞元撰會要四十卷，爲會要體裁之始。蘇氏旣爲唐制專家，又能創作體裁，其對於唐代制度之認識必在杜氏通典之上，可斷言矣。今觀其論尙書與寺監性質職權之不同，參以代宗勅文，與陸權二氏之說以釋六典兩志之文，無不盡合；徵之敦煌殘卷開元公式令與日本令集解所引唐令，亦無不圓通；故吾據此諸證以發千載之覆，杜氏訾議可不攻自破矣。(此稿寫成，偶檢國史補下云:「大曆已後專學者……地理則賈僕射，兵賦則杜太保，故事則蘇冕蔣乂……」按杜氏一生經歷皆掌財賦，故通典亦以食貨爲首，謂其精於兵賦是也；可與鄙說參看。)

下 後期尙書省地位職權之轉變與墜落

(一) 僕尙丞郎地位職權之消長

李肇國史補下云:「國初至天寶常重尙書;……兵興之後,官爵寖輕,八座用之酬勳不暇,故今議者以丞郎爲貴。」時在元和長慶中(按自序云「予自開元至長慶,撰國史補。」)其言是矣,玆略疏論之。

唐代初葉,兩僕爲宰相正官,師長百僚,其地位極爲崇重,前已論之。卽尙書之任,亦位尊職重,或兼任宰相,或用舊相碩德,不輕授也。

按:冊府六二九:「開元以前,兵吏尙書權位尤美,則宰相多所兼領。」卽其他尙書亦多以宰相兼領,或用舊相,參看拙作唐僕尙侍郎表稿。又按:大唐新語七:「牛仙客爲涼州都督……軍儲所集萬計……玄宗大悅,將拜爲尙書。張九齡諫曰:不可,尙書古之納言,有唐以來多用舊相居之;不然,歷踐內外淸貴之地,妙行德望者充之。」新書一二六張九齡傳及通鑑二一四略同。此已開元末事,其在國初,六部尙書什九爲當世名臣,尤不輕授。通鑑貞觀二十一年六月「以司農卿李緯爲戶部尙書。時房玄齡留守京師,有自京師來者,上問玄齡何言。對曰,玄齡聞李緯拜尙書,但云李緯美髭鬢。帝遽改除緯洛州刺史。」卽此一事足見不輕授矣。

卽兵興之初,仍以尙書爲貴。

按:全唐文四三肅宗加李輔國兵部尙書詔:「元從開府儀同三司判元帥行軍司馬充閑廐五坊宮院營田栽接總監等使兼隴右羣牧使京畿鑄錢使長春宮使勾當內作少府監及殿中都使上柱國郕國公李輔國。……豈有業構經綸,任兼軍國,尙居散列,獨謝崇班,宜膺喉舌之寵,……加兵部尙書,餘如故。」以輔國判使之重,仍謂「獨謝崇班」,不如尙書之榮,足見此時尙書仍極尊重。

代德以後,惟吏部尙書尙稍有職事,亦用淸德有望者居之。至於僕射及其他各部尙書,以職事淸閒,不常除官,有任職者,其地位亦不必高,常爲方鎭廻翔之地,而時人視之,仍不如方鎭遠甚。

按:舊書一七二蕭俛傳,長慶元年,罷相爲吏部尙書,「俛又以選曹簿書煩雜,非攝生之道，乞換散秩。其年十月改兵部尚書。」唐初吏兵兩尚書事最煩，此時兵尚已爲閒職，戶禮刑工亦大略如此，惟吏尚稍有職任，然選權早落於侍郎掌中（詳後）。中葉以後，吏尚仍用舊德，檢拙作表稿卷三吏尚行自瞭。全唐文六六三白居易鄭絪可吏部尚書制：「天官太宰……自昔迄今，冠諸卿首，非位望崇盛者不可以處之，而朕即位以來，凡命故相領者三矣，逭此而四，可不重乎。」是亦特重吏尚之意。而全唐文六四五李絳論僕射中丞相見儀制疏：「左右僕射師長庶僚……近年緣有才不當位，恩加特拜者。」又舊書一五八鄭餘慶傳：「（元和）十三年拜尚書左僕射。自兵興以來，處左右端揆之位者，多非其人；及餘慶以名臣居之，人情美洽。」是中葉以後，授任多非其人也。又全唐文六六八白居易論嚴綬狀：「嚴綬在太原之事，聖聰備聞，天下之人以爲談柄。陛下罷其節制、追赴朝廷，至今人情以爲至當。今忽再用（爲荆南），又替宗儒，臣恐制書下後，無不驚嘆。」按，綬由太原入爲右僕，出爲荆南，觀此狀，可知時人視僕射遠不如方鎮。其他以僕尚爲方鎮廻翔之例甚多具詳僕尚丞郎表。而舊書一六五殷侑傳：「太和四年加檢校工部尚書滄齊德觀察使。……六年（正月）入爲刑部尚書，尋（二月）復檢校吏部尚書（畧）充天平軍節度（畧）等使。……九年，御史大夫溫造劾侑……（正月）授侑刑部尚書。八月，檢校右僕射，復爲天平軍節度使，上以溫造所奏深文故也。開成元年，復召爲刑部尚書。……其年七月檢校左僕射，出爲襄州刺史山南東道節度使。」此實尚書爲方鎮廻翔之佳例。又按：會要五七左右僕射條：「大中三年正月三日勅節文，三公僕射不常除官。」足見其無實職實權。即尚書亦多缺任，看拙作僕尚丞郎表，畧見梗槪。

至末葉，僕尚之官雖亦多宰相兼領，然爲宰相序位之官，與唐初以位尊職重故兼領宰相者，殊不侔矣。

按：唐初兩僕固爲宰相正官，其以尚書參政事、同三品、同平章事者，尚書亦即底官，非序位也。唐末，宰相雖亦多兼僕尚，然其時宰相底官什九爲中書侍郎，門下侍郎，而以兼六尚書兩僕射爲序進之次，通常由兼工禮遷兼刑戶，遷兼兵吏，進兼右僕左僕，而後三公，具詳拙作表稿，其形式與事實皆與唐初不侔。

蓋自唐初僕射固宰相正官，尚書亦以位崇職重，故朝廷多藉其威望內參相職，外事征伐。開元中更常有帶尚書之官外領節度兼充留守者。宰相之職至煩，先天以前，以尚書領宰相者尚以餘力治本司事，開元以後，更不復視本司事矣；至於征伐四裔，動逾歲月，領節度，充留守，更經常在外矣。在此種情形下，本官之職亦不得不廢。安史亂後，八座用以酬勳，故職事益失，而位任轉輕矣。

按：尚書內參政事，外事征伐，自武德貞觀至開元間常有其例。開元中，兵部尚書非領宰相卽兼節度，且有兩兼者；戶禮亦多此例；刑工兩尚書幾恆充兩都留守；惟吏尚僅有平章事者，無兼領外職者；具詳拙作唐僕尚丞郎表。吏兵尚書因參政事而廢本職，見後引冊府六二九。而舊書一〇六楊國忠傳：「先天已前，諸司官知政事，午後歸本司決事。開元已後，宰相數少，始崇其任，不歸本司。」新書二〇六本傳略同，最後一句作「不復視本司事」。是諸司官知政事者皆然，不獨吏兵兩尚書也。

丞郎之職本僕尚之亞，僕尚既失其職，丞郎位任自隆。僕尚失職既不始於軍興，丞郎得權亦自有漸，蓋自高宗之世，吏部銓選之權已歸侍郎，及武后竊權，不任大臣，侍郎委任漸重。歷中睿至玄宗，僕尚內參相職，外領節鎮，本職既廢，丞郎益能乘虛代行省務。此種情形，吏兵二郎最爲顯著。

按：舊紀永淳元年四月「丁亥，黃門侍郎郭待舉、兵部侍郎岑長倩、中書侍郎郭正一、吏部侍郎魏玄同並同中書門下同承受進止平章事。上謂參知政事崔知溫曰：待舉等歷任尚淺，且令預聞政事，未可卽與卿等同名稱。自是外司四品已下知政事者，遂以平章爲名。」考此前未嘗以侍郎爲相，此次任命，自有提高侍郎地位之作用。

又按：會要七四論選事：「天寶十載……劉迺獻議于知銓舍人宋昱曰……近代主司獨委一二小冢宰。」冊府六二九：「吏部侍郎掌選補流內六品以下官，是爲銓衡之任，凡初仕進者無不仰屬，選集之際，勢傾天下，列曹之中資位尤重。」開元初，侍郎與尚書通掌六品以下，此所云云，亦開元初以後選權在侍郎之謂也。而冊府同卷又云：「開元以前，兵吏尚書（刊本作「兵部」，明鈔本作「兵吏」。按本卷常見「兵吏」，又據此敍事當兼吏部而言，且後引通鑑亦作「兵吏」，故從鈔本。）權位尤美，則宰相多所兼領，而從容衡軸，不自銓綜，其選試之任皆侍郎專之，尚書通署而已。」通鑑二一六，天寶十一載紀亦云：「故事，兵吏部尚書知政事者選事悉委侍郎以下。」此言兵吏銓選權所以下委侍郎之故。尚書既當衡軸，不親選事，故吏部行政責任由侍郎獨負。舊書一一三苗晉卿傳：「(開元)二十九年拜吏部侍郎。……時天下承平，每年赴選常萬餘人，李林甫爲尚書，專任廟堂，銓事唯委晉卿及同列侍郎宋遙舉之。……天寶一(二)載春御史中丞張倚男奭參選，……分甲乙丙科，奭在其首。……玄宗……親試，……奭……竟日不下一字。……上怒，晉卿貶爲安康太守，遙爲武當太守。」是顯例也。又開元四年，帝以銓注縣令非才，貶侍郎盧從愿李朝隱(舊書一〇〇本傳)，檢其時尚書爲盧懷愼兼黃門監，是亦尚書兼宰相，選事委侍郎專負其行政責任之例也。

又按：吏兵兩部之職多委侍郎，此種情形蓋亦甚早，且可能推溯到貞觀末。貞觀二十二年，太宗命兵部侍郎盧承慶知五品選事，卽其例。又會要七四掌選善惡條，列貞觀中六人，尚書及侍郎各三；高武中睿凡十人，皆爲侍郎，無一尚書，是亦銓選權漸移侍郎之證。又會要七四論選擧：「上元元年劉嶢上疏曰……今國家以吏部爲銓衡，以侍郎爲藻鑑。」按此條置於開耀元年垂拱元年之後，開元三年天寶十載之前，不知究爲高宗之上元抑爲肅宗之上元，次序必誤無疑。檢通典(十七)，通鑑(二〇二)，皆以爲高宗之上元，然劉嶢論事兼及貢擧云：「國家以禮部爲孝秀之門，考文章於甲乙……」(通典通鑑皆作禮部)，按高宗時貢擧尚在吏部，不在禮部，若非禮爲吏之譌，則當爲肅宗之上元誤編爲高宗之上元也。今檢御史精舍碑、郎官石柱及登科記考均不見劉嶢之名，其人其事究在高宗時抑肅宗時，今不可確知，以意度之，通典通鑑編次或不誤，惟誤吏爲禮耳。若此推測不誤，則高宗時吏部選權已移於侍郎矣。

又按：通鑑二一四，開元二十五年紀，考異引實錄，十月丙午以京城囚少，制「刑部侍郎鄭少微等各賜中上考」。是刑部亦由侍郎負責也。至於禮部侍郎，自貢擧權由吏部移來後，地位日高，寖駕諸部尚書及侍郎矣。

安史亂後，八座既爲勳臣敍位之官，益失其職，故代德之世，議政事則擧丞郎而遺僕尚，論六官則數侍郎而摒尚書；故此時僕尚雖爲都省六部之長，而敍勳庸，無權職丞郎雖爲僕尚之貳，而任才望，當省務。

按：舊書一九〇中賈至傳：「寶應二年爲尚書左丞，時禮部侍郎楊綰上疏請依古制……舉孝廉。……詔令左右丞、諸司侍郎、大夫、中丞、給、舍等參議。」舉丞郎不及僕尚，此大可注意。此猶可謂偶然。全唐文五九八歐陽詹唐天文述：「皇唐百七十有一載，皇帝御宇之十四祀（實十三祀）也。歲在辛未，實貞元七年。……是歲也，扶風竇公參、河中董公晉輔政之三年。趙郡李公紓爲天官之四年。范陽盧公徵爲地官之元年。范陽張公濛爲春官之三年。昌黎韓公洄爲夏官之三年。吳郡陸公贄同爲夏官之二年。京兆杜公黃裳爲秋官之二年。清河張公彧爲冬官之五年。夫太宰六官，於天子之爲理棼澄派而清洪流者，故列於斯志之末。」檢此所列六官皆爲侍郎，無一尚書（詳拙作唐僕尚丞郎表），此侍郎當權尚書失職之最强有力證據矣。册府四五七：「長慶四年十月，以韋顗爲御史中丞兼戶部侍郎，以御史中丞鄭覃爲權知工部侍郎，以刑部侍郎韋弘景爲吏部侍郎，以權知禮部侍郎李宗閔爲權知兵部侍郎，以工部侍郎于敖爲刑部侍郎，以中書舍人楊嗣復權知今年貢舉。是日（二十七日）尚書六曹無不更換，人情異之。」六曹無不更換，而皆爲侍郎，無一尚書，足徵侍郎負行政責任，尚書則否也。又會要九三諸司諸色本錢下：「開成三年七月勑……如聞尚書丞郎入省日，每事闕供，須議添助。」此無「僕射」，則「尚書」當連丞郎爲詞，謂尚書丞及尚書侍郎也，此亦僕尚不當省務之證。

自唐初以來，丞郎本爲衣冠之華選；今旣駕淩僕尚代當省務，「議者以丞郎爲貴」，固宜。

按：議者云云已詳前引國史補。而大唐新語一一：「賀知章自太常少卿遷禮部侍郎兼集賢殿學士，一日併謝二恩。時源乾曜與張說同秉政，乾曜問說曰……學士與侍郎何者爲美？說對曰：侍郎自皇朝已來爲衣冠之華選，自非望實具美，無以居之。」則開元以前，侍郎已爲士林所重如此。

丞郎之地位旣日高，故任職之節儀亦漸隆，如開元末始聽表讓，寶曆中始有宣授，太和中卒日廢朝。此雖屬儀節，亦足爲丞郎地位職權日隆之旁證。

會要二六册讓：「景雲九（元）年八月十四日勑：左右丞相、侍中、中書令、六尚書已上，欲讓者聽，餘並不頌（須）。至開元中，宰相李林甫奏，兩省侍郎及南省諸司侍郎、左右丞，雖是四品，職在清要，亦望聽讓。」

舊紀，寶曆元年「四月甲戌，……宜中書，以諫議大夫劉栖楚爲刑部侍郎。丞郎宜授自栖楚始也。」舊書五四本傳，會要五九同。

舊紀，太和九年三月「庚午，左丞庾敬休卒，廢朝一日。詔曰，官至丞郎，朕所親委，不幸云亡者，宜爲之廢朝。自今丞郎宜準諸司三品官例廢朝一日。」

（二） 尚書省地位職權之墜落

安史之亂以前，尚書省之地位與職權本已有逐漸降落之勢。蓋唐初左右僕射爲宰相正官，則尚書省爲宰相機關兼行政機關，及兩僕被摒於衡軸之外，則尚書省僅爲行政機關非復宰相機關，此對於尚書省之地位自爲一嚴重打擊。又如五品以下文武官員之任用權，本在尚書吏兵兩部，高武以後君相旣收五品選授權，又收六品清要如郎官御史之選授權，吏兵兩部僅能選用下級官吏，對於中級官員，絲毫不能干與；此種轉變自亦削弱尚書省之地位。而僕尚失職，丞郎代行政務，以其品位較低，對於尚書省之地位自亦有不良之影響。凡此諸端並詳前論。

及安史之亂，戎機逼促，不得從容，政事推行，率從權便。故中書以功狀除官，隨宜遣調，而吏兵之職廢矣。軍需孔急，國計艱難，權置使額，以集時務，而戶部之職廢矣。至於刑工之職亦不克擧。諸部之中，所職未廢者惟禮部貢擧耳。

大抵軍旅始興，吏部失職最甚，刑工次之，軍事期間兵部尚有若干權職，財計諸使亦未完全脫離戶部之控制，故代宗初年于邵尚謂「惟禮部、兵部、度支職務尚存。」

文淵英華六〇一于邵爲趙侍郎（全唐文四二五作「侍御」誤）陳情表：「臣……始自給事驟遷侍郎，貳貳冬官，典司邦教。屬師旅之後，庶政從權，會府舊章多所曠廢，惟禮部兵部度支職務尚存，頗同往昔，餘曹空閑，案牘全稀，一飯而歸，竟日無事，此臣所以……俯仰增慚。」按此表在大曆元二年，詳拙作唐僕尚丞郎表稿卷二十二。

厥後政局稍定，吏部略能擧職，而方鎭跋扈於外，宦官擅兵於內，兵部遂失其權。同時財計諸使位權日重，形成所謂三司制度，戶部之權亦奪。天寶以前，尚書省爲最煩劇機關；至此除冬春之際禮部貢舉吏部銓選外，全若閒曹矣。

按：全唐文五一〇陸長源上宰相書：「尚書六司，天下之理本，兵部無戎帳，戶部無版圖，虞水不管山川，金倉不司錢穀，光祿不供酒，衛尉不供幕，秘書不校勘，著作不修撰，官曹虛設，祿俸枉請。」此貞元中事。上距前表不過兩十年，而兵戶兩部亦失其職矣。六部失職，故多閒暇，卷六八〇白居易祭崔相公（羣）文云：「太和之初，連徵歸朝，公長夏司，愚二秋曹……南宮多暇，屢接遊遨。」是也。事閒，故間日視事矣，詳後引會要五七尚書省條貞元二年（當作三年）三月三日勑。

代宗大曆中及德宗初年，君相深惜舊章之墜失，屢勑規復舊章，重建尚書省之地位與職權：如大曆元年勑諸司諸使及天下州府有事准令式申尚書省取裁；五年勑廢度支使及西路鹽運等使；十四年勑諸使州府須有改革處置事申尚書省商量聞奏，不得自請；建中元年廢鹽鐵轉運等使，天下錢穀復歸金部倉部；三年重申都省兩丞發付勾稽之舊章；貞元二年廢度支諸道江淮轉運使，併職尚書本司，其天下兩稅錢物仍委觀察刺史部送上都；又以宰臣分判六部，以加强尚書省之職權；三年欲事歸省司，故勑省司每日視事。

會要五七尚書省條：「永泰二年（大曆元）四月十五日制：周有六卿分掌國柄，……今之尚書省即六官之位也，古稱會府，實曰政源，庶務所歸，比于喉舌，猶天之有北斗也。朕纂承丕緒，遭過多難，典章故事久未克舉。其尚書宜申明令式，一依故事，諸司諸使及天下州府有事准令式各（合之譌）申省者先申省司取裁。並所奏請，勑到省有不便于事者，省司詳定聞奏，然後施行。自今……六行之內衆務畢擧，事無巨細 皆中職司，酌于故實，遵我時憲。」

唐大詔令集九九復尚書省故事制（大曆五年三月）：「……西漢以二府分理，東京以三公總務，至於領錄天下之綱，綜覆萬事之要，邦國善否，出納之由，莫不處正於會府也。令僕以綜詳朝政，丞郎以彌綸國典，法天地而分四序，配星辰而統五行，元元本本於是乎在。九卿之職亦中臺之輔助，小大之政多所關決。自王室多難，一紀于兹，東征西伐，略無寧歲，內外薦費，徵求調發皆迫於國計，切於軍期，率以權便裁之，新書從事，且救當時之急，殊非致治之道。今外虞既平，罔不率俾……宜昭畫一之法，未（舊紀、會要作「大」是）布維新之令，甄陶化源，去末歸本。魏晉有度支尙書，校計軍國之用，國朝但以郎官署領，辦集有餘；時艱之後，方立使額，參佐既衆，簿書轉煩，終無弘益，又失事體。其度支使及關內河東山南西道劍南東川西川（舊紀無「東川」二字，會要五七「關內」以下作「諸道」）轉運常平鹽鐵等使宜停。……又省事（會要作「省寺」）之務多有所分，簡而無事，曠而不接。今大舉綱目，重頒憲章，並宜詳校所掌，明徵典故。」會要、舊紀略同，舊紀云：「于是悉以度支之務委於宰相。」是仍未廢使職也。按：此次爲將貶第五琦而發。

會要五七：「（大曆）十四年六月勅，天下諸使及州府須有改革處置事，一切先申尙書省，委僕射以下商量聞奏，不得輒自奏請。」

舊紀建中元年正月「甲午，詔東都河南江淮山南東道等轉運租庸青苗鹽鐵等使尙書左僕射劉晏，頃以兵車未息，權立使名，久勤元老，集我庶務，悉心瘁力，垂二十年。朕以征稅多門，鄉邑凋耗，聽于群議，思有變更。將置時和之理，宜復有司之制。晏所領使宜停，天下錢穀委金部倉部，中書門下揀兩司郎官准格式調掌。……三月……癸巳，以諫議大夫韓洄爲戶部侍郎判度支。時將貶劉晏，罷使名歸尙書省本司，今又命洄判度支，令金部郎中杜佑權勾當江淮水陸運使，一如劉晏韓滉之則，蓋楊炎之排晏也。」會要八七略同，云：「晏既罷黜，天下錢穀歸尙書省；既而出納無所統，仍復置使領之。」

會要五七：「建中三年正月，尙書左丞庾準奏，省內諸司文案準式並合都省發付諸司，判訖，都省勾檢稽失。近日以來舊章多廢，若不由此發勾，無以總其條流。其有引勅及例不由都省發勾者，伏望自今以後不在行用之限，庶絕舛謬，式正彝倫。從之。」

舊書一三〇崔造傳：「拜吏部郎中，給事中，貞元二年正月與中書舍人齊映各守本官同平章事。……造久從事江外，嫉錢穀諸使罔上之弊，乃奏天下兩稅錢物委本道觀察使本州刺史選官典部送上都。諸道水陸運使及度支巡院江淮轉運使等並停。其度支鹽鐵委尙書省本司判。其尙書省六職令宰臣分判。乃以戶部侍郎元琇判諸道鹽鐵榷酒等事，戶部侍郎吉中孚判度支及諸道兩稅事。宰臣齊映判兵部承旨及雜事。宰臣李勉判刑部。宰臣劉滋判吏部禮部，造判戶部工部。……造與元琇素厚，罷使之後，以鹽鐵之任委之，而韓滉方事轉運，朝廷仰給其漕發。滉以司務久行，不可遽改，德宗復以滉爲江淮轉運使，餘如造所條奏。……其年秋初，江淮漕米大至京師，德宗嘉其(滉)功，以滉專領度支諸道鹽鐵轉運等使。造所條奏皆改。物議亦以造所奏雖舉舊典，然凶荒之歲，難爲集事，乃罷造知政事。」舊紀略同。

會要五七尚書省條：「貞元二年……(此當脫「三年」字，蓋延賞元年曾拜相，未到職卽罷爲左僕，三年正月復相，七月薨，則二年不在相位也。)三月三日勑尙書郎(?)除休暇，以每日視事。自至德以來，諸司或以事簡，或以餐錢不充，有間日視事者，尙書省皆以間日。先是(?當作「至是」?)宰相張延賞欲事歸省司，恐致稽擁，准故事令每日視事。無何，延賞薨，復間日矣。」

凡此屢次改革，欲舉舊章，然卒不能矯。推其原因，雖有僅屬人事之調處，本無規復舊章之誠意(如大曆五年及建中元年)，然就事實而論，欲言規復，殊亦難能。何者？前論尙書省總領要重而組織甚簡，職在奉行君相之制命，製爲政令；至於實際執行則下之寺監諸衛與天下州府而自處於節制之地位。此種政務官與事務官分爲兩橛之制度，就行政系統之理論而言，固甚理想，然寺監首長之品秩與尙書略均，其任免進退，尙書不能干與，是卽尙書省對於寺監之控制力極爲薄弱，故上下之間難免不相接，政令推行之際，時或有留滯，承平之世尙可因應，軍興之後，政事旣已增繁(看李泌傳)，又必期其敏速，以云舊制，實有周轉不靈之感。尤以戶部都領天下戶口土地財政經濟之政令，其職實當國家政事之半，軍興之後，支度浩繁，十倍往昔，斷非一尙書二侍郎及四司郎中員外十數人高駐京師指揮曠遠不相接之州府所能集辦(觀前引崔造傳卽可知)。度支鹽鐵轉運諸使對上直承君相之命，製爲政令，指令自己直轄遍佈京師四方之判官判院爲之施行，故政令之推行能貫徹，能迅速，其運用較戶部符司農太府及天下州府爲之施行者自遠爲靈活，此其所以廢而復置，而戶部舊章終難舉復也。至於方鎭跋扈，宦官擅兵，愈演愈烈，「尺籍符伍，不校省司」，故兵部舊章遂永無復舉之望。在上相權日伸，而諸使節鎭之判職吏員率由奏請，故吏部之權雖不盡墜，然亦日見削弱，無力自振。推此而言，刑部失權，蓋亦由此。整個行政系統旣已紊亂，工部於六官中位最低，權最少，雖無掣肘，亦欲振乏力矣。惟禮部貢舉爲朝野所重，四方士子藉此以自樹聲華，朝廷藉此以凝聚四方之向心力，故中葉以後反權勢日隆，位任尤美。惟貢舉之任，例於貢舉舉行之前夕命中舍權知，榜放然後正拜侍郎，此已有君相收權之跡象。又尙書省制，凡有職事，在形式上雖須經尙書及都省通署然後上達君相，而貢舉放榜與本部尙書及都省僕丞均無干涉，其於宰相則有榜前呈榜，榜後過堂，皆足徵貢舉之任，直關宰相，是貢舉之任形式上雖仍在禮部，事實上亦不啻一使職矣。

按：放榜之前，知貢舉侍郎以榜名遍呈宰相定予奪，謂之呈榜，已見前論禮侍職時引冊府六四一會昌三年李德裕奏事。又摭言三過堂條：「其日，先於光範門裏東廊供帳備酒食，同年於此候宰相上堂後參見。于是，主司亦召知聞三兩人會於他處。……宰相旣集，堂吏來請名紙，生徒隨座主過中書，宰相横行，在都堂門裏敍立。堂吏通云，禮部某姓侍郎領新及第進士見相公。俄有一吏抗聲屈。主司乃登階，長揖而退，立於門側，東向，然後狀元已下敍立於階上，狀元出行致詞云，今月日禮部放榜，某等幸忝成名，獲在相公陶鑄之下，不任感懼。言訖退揖，乃自狀元已下一一自稱姓名。稱訖，堂吏云無客，主司復長揖，領生徒退。詣舍人院。主司欄簡，舍人公服靸鞋延接主司，然舍人禮貌謹敬有加，隨事敍杯酒，列於階前，鋪席褥，請舍人登席，諸生皆拜，舍人答拜，狀元出行致詞。又拜，答拜，如初，便出於廊下，候主司出，一揖而已，當時詣宅謝恩，便致歓席。」是貢舉之事與宰相中書之關係甚深，然其與禮部尙書及僕丞並無若何儀式顯示其關係。（禮部尙書雖有大座主之稱，却與貢舉事渺不相干涉。）

綜上以觀，自武后前後，丞郎地位漸高，漸代僕尙行使職權，開元天寳中此種發展更爲明顯，軍興以後，僕尙失職，位任轉替，丞郎當務，位任尤美。卽與此種趨勢同時，整個尙書省之地位與職權亦有逐漸低落之勢。中葉元和長慶以後，尙書省之職事益殺，卽丞郎之位任益閑，惟其官清班崇，故漸以爲翰林學士資深者之底官，不理本司之事，大中以後翰學遷官至中舍者，例遷工刑侍郎，歷戶兵侍郎仍居翰院矣。

按：據丁氏翰學壁記，貞元中以侍郎充學士者僅陸贄（兵）、王叔文（戶）二人，元和中亦僅衛次公（兵）、王涯（工）、杜元穎（戶）三人，太和開成間凡八人，其數漸多(另有工尙數人),大中以後人數乃衆。(岑仲勉補僖昭哀三朝翰林學士記,張策下云「中唐以後禮侍知舉,宰相翰學無帶禮侍者,吏部主選,帶吏侍者亦甚少,大率初授工侍,次轉戶,轉兵,其慣例可以翰學壁記見之。」)全唐文六四九元穎授楊嗣復權和尙書兵部郎中制:「兵部郎中二員,一在侍從,不居外省,旁求其一,頗甚難之。」此制當行於元和末或長慶元年,侍從謂翰學也。則元和中以某官充學士卽不知本官事矣。侍郎充翰學自不例外。

故此時僕射尙書既爲宰相序位之兼官,與方鎭之廻翔,六部侍郎除吏禮外亦多充翰學,否則爲宰相資淺者及充度支諸使者之底官(兩丞此種情形較少),皆有劇職,不理本司,則尙書省益空虛無職事從可知矣。

禮部貢舉職事未失,惟性質頗變,已詳前論。刑工兩部職事失墜,觀前列論證亦足以明,其他材料較少,不再論列。戶部職權轉移於三司,其事最顯,無待贅言。今僅就吏部職權之日削與兵部職權之失墜更稍詳析論之。

吏部銓選權之日削

前論前期吏部銓選權之範圍,由五品以下,削爲爲六品以下,終至郎官御史及其他供奉官,雖是六品,亦歸中書門下,則吏部之權日削甚明。軍興前夕,天寶九載又勑畿望緊上中縣令委宰相奏授,是七品重要官員亦不由吏部矣。

會要七五:「(天寶)九載三月十三日勑……自今以後,簡縣令但才堪政理,方圓取人,不得限以書判及循資格注擬,諸畿望緊上中每等爲一甲,委中書門下察問選擇堪者,然後奏授。」冊府六三〇同。

軍興之初,詔刺史、上佐、錄事參軍、縣令,委宰相補擬,判司丞簿以下由吏部。

冊府六三〇:「肅宗至德二年二月詔,其刺史上佐綠事參軍(此官高者從七品上,低者從八品上)縣令委中書門下速於諸色人中精加訪擇補擬。判司丞以下官令所繇先於兩京潛藏不事逆賊及故託疾病官中,簡擇考資深才堪者銓注。」

而中書以功狀除官,品資官別毫無限制。至大曆六年元載奏請別勑所除六品以下官,吏兵兩部便附甲團奏,不得檢勘,君相侵吏部兵部之權至此達最高潮。

大唐新語一〇釐革:「肅宗於靈武卽大位,以强寇在郊,始令中書以功狀除官,非舊制也。」會要七四論選舉,同。又舊書一一八元載傳:「初(大曆)六年,載條奏應緣別敕授文武六品以下，敕出後，望令吏部兵部便附甲團奏（冊府止此，文小異）不得檢勘。從之。時功狀奏擬結銜多謬，載欲權歸於己，慮有司駮正。」冊府六三〇云「六年七月十四日」。

功狀授官，一方面由中書直除，另方面又付諸道自授，兵吏兩部但寫官告而已。大曆已後，諸道自寫官告，兵吏兩部更無所事事矣。大曆初年于邵論事以吏部最閒，尙不如兵戶兩部之稍存職事，良然。

會要七五:「廣德元年二月敕，諸州府及縣令，今後每有闕官，宜委本州府當日牒報本道觀察節度及租庸使，使司具闕由附便使牒中書門下送吏部依闕准式處分。其所闕官有職務稍重者，委本府長官於見任及比司官中簡擇權會勾當，正官到日停，不得更差前資及白身等攝。」冊府六三〇同。足見其時差攝之風正盛也。會要五七:「（貞元）十一年十月罷吏部司封司勳寫急書告身官九十一員。自天寶以來征伐多事，每年以軍功授官十萬數，皆有司寫官告送本道。兵部因置寫官告官六十員，給糧經五年後酬以官。無何，吏部司封司勳兵部各置十員。大曆已後，諸道多自寫官告，急書官無事，但爲諸曹役使，故宰臣請罷之。」同書七四:「（貞元）十一年十月罷吏部兵部司封司勳寫急獲告身凡九十員。」有「兵部」無「一」字，是也。按：天寶以來，蓋不數天寶而言，是以軍功授官不專在宰臣，而諸道擅授官職視宰臣似又過之。甚矣吏部之失權也。于邵論事見前引爲趙侍郎陳情表。

至貞元二年及五年兩次下敕，除臺省常參官餘六品以下並准舊例付吏部銓注，兵部亦然，復舊章也。故貞元中陸長源論六部失權不及吏部。

會要七四:「貞元二年三月，吏部奏伏（冊府誤作「劚」）准今年二月十三日敕，除臺省常（冊府誤作「嘗」）參官餘六品已下並准舊例都（冊府作「部」）付本司處分者……又立功狀奏請要有褒揚等令並委本司注擬卽不同常格選人……」冊府六三〇同，本注云:「二月敕，實錄不載。」

冊府六三〇:「（貞元）五年十二月十六日敕，除嘗參官及諸使判官等餘並附所司申，其兵部選人亦准此。」按：陸長源有上宰相書，已詳前引。

然不數年後君相侵權如故。

按：冊府六三〇：「(貞元) 十一年五月，左降官于邵劉别等並量移授官。故事，量移六品以下官皆吏部旨授，至是始特制授之。」據此則不數年君相又復侵吏部之權。又觀後引天祐二年詔，直至唐之將亡，六品以下仍多由中書矣。

而諸道節鎮日强，離心力日甚，更非一紙勑書所能遏制，故中葉以後諸道州府奏授官員者日盛，即中央諸司諸使奏官判案之風亦熾，會要冊府載歷年制勑與論奏甚多，頗足徵其梗槪。

按：歷次詔勑奏論所言之事，大體不外限制諸司諸使諸道州府奏授官闕，所以擇要詳列者，足徵詔勑並不能發生實際效用也。會要時代較早，然多所缺載，故以冊府爲主：

會要七五：「(元和) 七年十二月，魏博奏：管內州縣官二百五十三員內，一百六十三員見差假攝，九十員請有司注擬。從之。」

冊府六三一：「(元和)十四年三月，吏部奏請用鄆曹濮等一十二州州縣官員闕。先是淄青不申闕，至是叛將李師道誅，始用闕焉。」

又：「(敬宗寶歷)二年……十一月詔 (會要作「勑旨」) 京百司應 (會要作「應合」) 帶職 (會要作「職事」) 奏正員官者，自今已後宜於諸司及府縣見在 (會要無在字) 任官中選擇，便以本官充職。如見任無相當者，即任於當 (會要作「其」) 年選人中奏用，便據資序 (會要作「歷」) 與官，不要更待銓試，仍永爲常式。」會要七五同。

又：「是月 (十二月) 吏部又奏：伏以吏部每年 (略) 注擬皆約闕員，近者入仕歲增，由 (會要作「申」是) 闕日少，實由諸道州府所奏悉行，致令選司士子無闕，貧弱者凍餒滋甚，留滯者喧訴益繁，至有待選十餘年，裹糧千餘里，累駁之後方敢望官，注擬之時別遇勑授，私惠行於外府，怨謗歸於有司，特望明立節文，令自今以後諸司諸使天下州府選限內不得奏六品以下官。勅旨依奏。」會要七四同。

又：「文宗太和元年……九月，中書門下奏：諸道應奏州縣官御散試官及無出身人幕府遷授致仕官，諸京司奏流外，諸道進奏官等，兩畿及諸道奏長馬 (長史司馬)、縣令、錄事參軍、簿、尉等。兩京及諸道州府六品已下官，除初 (勅)

授外，並合是吏部注擬。近日優勞資蔭入仕轉多，每年選集，無闕可授，若容濫請，是啓倖門，遂使平人，不無受屈。今請並停。淮(「唯」之譌)山南三川硤內及諸道比遠，雖吏部注擬不情願赴任者，及元不注擬者，其縣令參軍，長吏倚賴，義不容私，如有才術優長假攝勞効，特許前資見任及有出身人中奏請，每道不得過三五人。如諸道縣令錄事參軍，政事異能決疑，及緝理殘破，若須旌賞者，許所在奏論，然須指事而言，在選限內亦請准寶歷二年十二月七日勑處分。京諸司流外官，並每年繫部闕員，今並不許奏請。致仕，酌法循舊，頗越典章，自今請自嘗參官五品以外官及四品者許致仕，餘停。……又諸道進奏官，舊例皆不奏正官，近既奏請，仍於別道占請有俸祿處，頗乖典制，今請並奏當道官……。從之。近歲倖門雜啓，以前四條者又甚（上錄其三，另一條言章服事，未錄）時宰相方貞百度，故次第矯革焉。」

又:「（二年）六月勑，應諸軍使及諸道軍將兼特授正官。如聞內外官曹悉皆充滿，上自要重，下至卑散，班行府縣，更無闕員，或未經考便須更替，相沿薦請，爲弊滋深。況設官有定額，不可增加，列職無常數，難兼命秩。又文武各分，授受各殊，其諸道將較等自今後宜依注例，除舊有正官外，並不得兼授正官。」

會要七九諸使雜錄:「太和二年六月，中書門下奏，諸道觀察等使奏請供奉官及見任郎官御史充幕府。貞元長慶已有勑文，近見因循，多不遵守，然酌時議制，事在變通，如或統帥專征，特恩開幕，戎府初建，軍幄藉才，事關殊私，別聽進止。此外一切請准前後勅文處分。勅旨宜依。」（冊府無）

冊府六三一:「（太和）四年五月中書門下奏:准太和元年九月十九日（會要無「十九日」）勑釐革兩畿及諸道奏請（會要無「道奏請」）州縣官唯山劍三川硖內及諸道（會要作「州」）比遠許奏縣令錄事參軍，其餘並停。自勑下以來，諸道累（會要作「並」）有奏請。如滄景德棣，勑後已與（會要作「三」）數員。伏以勑令頒行，不合違越，苟有便宜，則須改張，自今已後，山劍三川硤內及諸道比遠州縣官，有出身及前資正員官人中每道除（會要有「令」字）錄事外望各許奏三數員。如河北諸道滄景德棣之類經破傷（會要作「蕩」）之後，及靈夏邠寧鱗坊涇原振武豐州（涇原以下，會要作「等州」）全無俸料，有出身人

（會要無人字）及正員官悉不肯去，吏部從前多不注擬，如假攝有勞，望許於諸色人中量事奏三數員。其餘勒約及期限並依太和元年九月十九日勑處分。可（會要作「從」）之。」（會要七四同）

又：「開成元年……十月，中書門下奏，兩畿及兩京奏六品以下官除勑授外並吏部注擬。准太和五年五月（會要作「正月」）二十六日勑，中書門下奏近勑隔絕諸司奏六品已下寬（會要作「官寬」。按作「官」是，寬字一誤一衍）免占吏部闕員，亦稍絕邪濫。其兩府司錄及尉知捕賊（會要有道字）皆藉幹能，用差事任，吏部所注或慮與事稍乖。自今已後，京兆府及河南府司錄及知捕賊滿（會要作盜）據官員合入者充，其餘並准太和元年九月勑及太和四年五月四日勑處分。」會要七五同。

又：「（開成三年）十二月，詔曰：應諸道奏請軍將兼巡內州別駕長史判司等。近日諸色入流人多，官途隘窄。諸道軍將自有衣糧，優厚之處仍兼月俸，若更占州縣員闕，則文吏無所容身。……起今已後，諸道節度團練防禦等使不得更奏大將充巡內上佐等官。……應京有司有專知別當及諸色職掌等，近日諸司奏請州縣官及六品已下官充本司職掌，援引舊例，色目漸多，致使勾留，溢於舊額，起今已後各於本司見任官寮之中揀擇差署，不得別更奏官；如是勑額職名當司無官員相當者，卽任准舊例奏請。」

又：「武宗會昌元年五月，中書奏：州縣攝官，假官求食，常懷苟且，不卹疲人。其州縣闕少官員，今後望委本州刺史於當州諸縣官中量賢劇分配公事勾當，如官員數少，力實不逮處，卽於前資官選擇淸謹有能者差攝，不得取散試官充。」

又：「二年四月制（會要作「赦文」），准太和九年（全唐文同，會要作「元年」）十二月十八日勑，進士初合格竝令授諸州府參軍及緊縣尉，未經兩考，不許奏職。蓋以科第之人必宏理化，黎元之弊，欲使諳詳。近者州府長吏漸不遵承，雖注縣官（會要作「寮」），多靡使職，苟從知己，不念蒸人，流例寖成，供費不少。況去年選格更改新條，許本郡奏官，便當府充職。一人從事，兩請料錢，虛名（會要作占）吏曹正員，不親本任公事。其進士宜至合選年，許諸道依資奏授，試官充職，如（會要同，全唐文無以上七字）奏授諸縣官，卽不在兼職之限。」會要七五，全唐文七八加尊號赦文同。

又：「六年五月制：縣令員數至廣，朝廷難悉諳知，吏部三銓，秖憑資考，訪於近日，多不得人；委觀察使於前資攝官內精加選擇，當具薦論，如後犯贓，連坐所舉人及判官重加懲責。」

又：「宣宗大中六年正月，中書門下奏，應天下令錄簿掾有闕，及見任見者（？）改正，委長吏舉其能者代之。如舉之不當，請准前後勑，殿其舉主。從之。」

又：「懿宗咸通十二年七月，中書門下奏：准今年六月十二日勑釐革諸道及在京諸司奏官並請章服事者，其諸道奏州縣官司錄錄事參軍，或見任公事敗闕不理切要替換，及前任實有勞效且見有闕員，即任各舉所知，每道奏請仍不得過兩人。其河東潞府邠寧涇原靈武鹽夏振武天德鄜坊滄德易定三川等道觀察防禦等使及嶺南五管，每道每年除令錄外許量奏簿尉及中下州判司及縣丞共三人，偏州不在奏州縣官限。其黔中所奏州縣官及大將管內即任准舊例處分。在京諸司及諸道帶職奏官或非時充替，考限未滿，並却與本資官。諸道節度及都團練防禦使下將較奏轉試官及憲御等，令諸節度使每年量計五人，都團練防禦量許三人爲定，不得更於其外奏請。其御史中丞已下，即准勑文條流，須有軍功方可授任。自今後如顯立戰伐功勞者，任具事績申奏，如簡勘不虛，當別具商量處分，以外輒不得更有奏請。其幽鎮魏三道望且准承前舊例處分。勑旨從之。」

按：唐自開元以來，使職繁興，漸奪品官之權。中葉以後，官與差職截然不同：設官有定額，重在品秩，多無事權；差職無常員，隨事設置，無秩命而實掌事權，如中央宰相即是使職，此下有翰林學士，度支鹽鐵轉運等使，地方則節度觀察以下諸使名目尤多，諸使之屬員有判官、推官、巡官、掌書記、進奏官等等亦皆差職，非官也。其職雖劇重，然仍藉兼帶品官以序班位。今綜合册府會要所載詔勑奏論，可識中葉以後六品以下官與諸使佐職（使職之長自由君相勑授）之授任方式數事：（一）凡諸使佐職皆由使職之長奏請勑授，（參看前段引册府六三〇貞元五年十二月勑），與吏部不相涉。（二）六品以下官本由吏部三銓注擬，然長使職者多越權奏請以佐職兼帶。（三）諸道州府錄事參軍及長史司馬與縣令、丞、簿、尉本當由吏部注擬，而地方長官亦多逕奏請勑授，否則即多自差人假攝，不申官闕。（四）第二三兩種情形對於吏部銓選權之影響日益嚴重，至文宗即位之初（寶歷二年十二月），吏部以「諸道州府所奏悉行」，「申闕日少」，「致令選司士子無闕」，「至有待選十餘年……方敢望官，注擬之時，別遇勑授，私惠行於外府，怨謗歸於有司。」特請「自今以後諸司使天下州府選限內不得奏六品以下官。」勑旨依奏。嗣後大和開成間屢申禁約，或不得已在某種情形下允予例外，然皆不見有若何效果。至武宗時乃更採放任政策，始則「許本郡奏官，便當府充職。」繼則制觀察使於攝官內選薦縣令。至大中中，天下令錄簿椽有闕卽委長吏舉代矣。懿宗雖限制諸道奏請員額，恐亦具文。（五）河北諸道呈獨立狀態，根本不向朝廷申闕，請注官員。靈夏邠寧涇原振武諸鎮州縣官全無俸料，選人都不肯去，吏部亦不注官。——綜觀此五事，中葉以後旣職爲重，官爲輕，職旣不由吏部，是吏部之選權已大削弱，而官又爲諸司諸使諸道州府之長官所擅占，或自奏請勑授，或自差人假攝，吏部所能注擬者蓋甚少。況河北諸道早已不申官闕，西北諸州全無俸料，非選人所欲往，吏部銓注之權可謂微矣。回想天寶以前吏部掌天下銓衡之任，「凡初仕進者無不仰屬，選集之際，勢傾天下。」（冊府六二九。）以與中葉以後相況，誠不可同日而語矣。及黃巢亂後，已呈分崩離析之局，諸道州府更不申闕，吏部無可注擬，但憑選人指射，此誠莫可奈何矣。

冊府六三二：「（天祐）三年四月吏部奏：比者格式申送員闕，選人多有重疊，皆是兩人同到本道，致使磨勘之際各有爭論。蓋是選人指闕之時，妄稱事故，銓司無因得知，具狀須與注擬，如到任替闕參差，請准舊條殿選。除此外，如是格式申送員闕，仰且穩便去處請官，不得更妄指射（略）者。詔曰：比者吏部注官，只憑格式送闕，近以諸州不申闕解，且從權指揮，選人指射之時旣不詳審，銓司注唱之際，遂使交加，頗屬弊訛，頻起論訟，所司釐革，合議允從。」

天祐二年，詔宰相以令錄除授之權却還吏部，而諸道薦奏如故。蓋其時君相亦已失權，爲方鎮之最大者朱全忠所控制所奴役，此詔雖行，於吏部之權，實無絲毫增益矣。

舊紀，天祐二年四月丁未勑（冊府作三月詔），「設官分職各有司存，銓衡旣任於吏部（冊府作曹），除授寧煩於宰職（冊府作執），但所司注擬申到中書，過（冊府作通）驗酌量，苟或差舛，難可書（冊府作盡）定。近年除授，其徒實繁，占選部之闕員，擇公（冊府作切）當之優便，遂致（冊府作使）三銓注擬之時（冊府作閒）皆曠職務。且以宰相之（冊府作所）任提舉百司（冊府作辟），唯務公平無私，方致漸臻有道（八字冊府作「將致無私克臻有道」），應天下州府令錄並委吏部三銓注擬，自天祐二年四月十一日已後，中書（冊府作中書門下，在自字上）並不除授。或諸薦奏量留即可施行（或以下冊府作「或有諸道薦守量留據狀詳度可否施行。」）庶各司其局，免致紊隳，宰相提綱，永存事體。付所司（三字，冊府作「從宰臣所奏也。」）。」冊府六三二同，會要七四文略。

五代繼統，方鎮割據之局如故，即離心力之發展未遏，地方官員非出奏請正授即是權宜差攝矣。

按：冊府六三二：「後唐莊宗同光二年三月中書門下奏：糾轄之任，時謂外臺，宰字之官，古稱列爵，如非朝命，是廢國章。近日諸道多是各例（列）官御（銜）便指州縣，請朝廷之正授，樹藩鎮之私恩，頗亂規程，宜加條制……」。

又同月「中書門下奏：……其州縣官任三考滿即具闕申送吏部格式候勑除銓注，本道不得擅差攝官輒替正授者。從之。」則此時情形至少不比唐末爲佳。又「四年二月左拾遺李愼儀吏部員外王松上表云：諸道州縣皆是攝官，誅剝生靈，漸不存濟。」

以上所論乃君相收權與地方擅權致吏部銓選權大爲削弱底於式微也。又縣令親民之官，最關吏治，錄事參軍糾察屬縣，實爲州府綱紀，故開元以來君相即常下干令錄之選任；至貞元元年又勑清資常參官每年各舉選人堪任令錄者一人，吏部依資注擬；九年乃令諸尙書左右丞及吏部侍郎會同試問；

冊府六三〇：「貞元元年三月勑：宜令淸資嘗（常）參官每年於吏部選人中各舉一人堪任縣令錄事參軍者，所司依資注擬 便於甲歷具所舉官名銜仍牒報御史臺，如到任政理尤異及無（？）贓犯 ……所司錄舉官姓名聞奏，當議褒貶；仍長名後二十日內舉畢，仍永爲嘗（常）式。」

又：「九年……十一月，制以冬薦官，其令諸司尙書左右丞本司侍郎引於都堂訪以理術，兼試時務狀，……定爲二等，並舉姓名錄奏，仍令御史臺一人監試。如授官有課效尤著及犯贓不任者，仍委御史臺及觀察使聞奏，以殿最舉使。」

元和二年又詔委臺省長官節度觀察各舉堪任江淮大縣令者，蓋得隨時集注；四年乃詔仍分入三銓注擬，稍復舊章也。使內外官薦舉，本是善政，然不免謬舉多僥倖者，故十三年詔停薦舉。

冊府六三一：「憲宗元和二年正月制曰：江淮大縣每歲據闕委三省御史臺諸司長官節度觀察使各舉堪任縣令，不限選數，並許赴集……如有能否，與元舉人同賞罰。」

又：「四年正月中書門下奏……中外所舉縣令並依表狀十月三十到省，省司精加磨勘，依平選人例分入三銓注擬。……時集望停。從之。令長親人之吏也，比以資授，多才不稱官，故令庶僚舉也，上才或不屑就，受薦者多不出其類，徒以未涉資序，遂起踐優，論者以爲啓倖門，故稍復舊制焉。」

又：「十三年六月停每年舉薦縣令。」（十一年尚有一條申明坐罰，文長不錄）

至太和七年蓋深感令錄之重，吏部注授多不得才，諸道奏請勅除亦長僥倖；乃令天下諸道州府每年於本道州府常選人中舉堪任令錄者具課績聞奏，仍付吏部試問時務理人之術，優與注擬；政績優劣，獎懲舉主。

冊府六三一：「（太和）七年五月中書門下奏：國之根本繫於生靈，……親人之切，無如縣令；……又錄事參軍糾察屬縣，課責下僚，一郡紀綱，藉其提舉；若曰令吏曹注擬，無由得盡人才，眞僞難知，貪廉莫辨。……去年吏部舉（？）請令郎官御史等舉薦勘（堪）爲縣令錄事參軍者，雖有保任之言，殊非責成之道。臺省官……既非得於任官，未必究其事實，豈若考績效於理所，聽善惡於甿謠，……臣等商量，望令京兆河南尹及天下刺史各於本府本道嘗（常）選人中揀堪爲縣令司錄錄事參軍人各具課績才能聞薦，其諸州先申牒觀察使都加考覈，申送至吏部。至選集日，不要就選場更試書判，吏部尚書侍郎引詣銓曹試時務狀一道，訪以理人之術，……取其理識優長者以爲等第，便於大縣及難理處注擬，仍取稅五萬貫以下縣注授；卽免盡占嘗選人闕員。其刺史所舉縣令錄事參軍如并有人人得上下考（略）者便優與改進……如所舉縣令錄事參軍犯贓一百貫已下者，刺史量削階秩，一百貫已上者移僻遠小郡，觀察使望委中書門下奏聽進止。……可之。」

按：此種方法頗類漢代郡國察舉制度，旣可對常選人之行政經驗與才幹能有較深刻之認識以免吏部全權注擬之病，而諸道州府所薦並非即補本道州府之官闕，亦免自擅一方任用私人包庇廻護之弊。若在盛隆之世，必能成爲經制，惟其時地方勢力已强大難馭，朝廷雖屢次詔勑禁約諸道不得隨意奏授官闕 但其效未宏，已詳前論，則此詔雖行，亦未能使諸道各饜所欲暫息奏請也，惜哉。

綜上考論，唐初吏部銓選之權極重，其後稍漸削弱，軍興之後遂一蹶不可復振。此其故雖由君相侵權，與諸司諸使諸道州府之奏請勅授，上收下擅，吏部不能自振；然吏部銓選制度之本身亦極有可議之處。夫「選曹以檢勘爲公道，以書判爲得人。」（劉嶢語）循資觀文，以定留放，至於德行政事無以審鑑，欲得良才，實所難能。故自高武開元之世有識之士已多論議，而魏元同張九齡言之尤切。

會要七四：「垂拱元年七月，鸞臺侍郎兼天官侍郎魏元同以吏部選舉不得其人，上表曰：漢諸侯得自置吏四百石以下，其傅相大官則漢爲之置，州郡椽史督郵從事悉任之牧守。爰自魏晉始歸吏部，遞相祖襲，以迄於今，用刀筆以量才，案簿書而察行，法令之弊由來久矣。……今選司所行者非上皇之令典，乃近代之權道，所宜遷革，實爲至要。且天下之大，士人之衆，而可委之數人之手乎？假如平如權衡，明如水鏡，力有所極，照有所窮，銓綜旣多，紊失斯廣，……加以厚貌深衷，險如溪壑，擇言觀行，猶懼不勝。今使考行究能，折衷於一面，百寮庶職事斷於一司，不亦難乎？……裴子野有言曰：官人之難先王言之尙矣，居家觀其孝友，鄉黨取其誠信，出入觀其志義，憂難取其知謀，煩之以事，以觀其能，臨之以義，以察其度，始於學校，掄於州里，告諸六事，而後貢之於王庭。其在漢家，尙猶然矣，州郡積其功能，而爲五府所辟，三公舉其掾屬而升於朝廷……一人之身所關者衆，一賢之進，其課也詳，故能官得其人，鮮有敗事。晉魏反是，所失宏多。子野所論區區之宋耳，猶謂不勝其弊，而況於當今乎。今不待州縣之舉，直取於書判，恐非先德行而後言語之意也。……今國家不建長久之策，爲無窮之根，盡得賢取士之術，而但顧望魏晉之遺風，留意周隨之末事，臣竊惑之。伏願依周漢之規，以分吏部之選，卽望所用精詳，鮮於差失。」

同上：「開元三年，右拾遺張九齡上疏曰……臣以爲吏部始造簿書以備人之遺忘，今反求精於案牘，不急於人才，……可爲傷心。凡有稱吏部之能者，則曰從縣尉於主簿，從主簿於縣丞，斯選曹執文而善知官次者也。唯論合與不合，不論賢與不賢，大略如此，豈不謬哉！……夫以一詩一判定其是非，適使賢人君子從此遺逸，斯亦明代之闕政，有識者之所嘆息也。」

安史亂後，明智之士亦有議革，要不出元同九齡此論之範圍矣。自肅代至元和，雖諸道州府奏請日滋，而朝廷於重舉舊章並未採取積極態度，且令臺省常參官及節度觀察舉堪任令錄者委吏部注授，良有以也。寶歷以後，蓋鑑於地方離心力日强，將至不可控制，故屢下詔勅，期復吏部選權，然於煩劇之任亦不能不承認「吏部所注或慮與事稍乖」，特許地方長官例外奏授矣。至太和七年乃折衷吏部注擬與諸道奏授之利弊，更詔令諸道州府於本道州府常選人中舉堪任令錄者，付吏部注擬於他地任官，則亦庶幾漢代郡國察舉之制矣。若在盛唐，必當有益吏治，行之能久；惜乎此時內則宦官干政，外則方鎮擅權，政府不能自振，雖有良法美意，終不勝方鎮之奏授矣。夫天下大小官吏盡歸中央除授，此制之唯一作用與優長在能收中央集權之效，而其弊害乃不可勝言。方國家盛時，此制有害吏治，而無所用其優長；及安史之亂，政局突變，一兩年間大一統之國家一變而呈分崩割據之局，此制之所優長亦不能有以發揮。故此制本身非一優良制度，又遇政局突變，其日見削弱底於式微，宜矣。

兵部職權之失墜

唐代之前期兵部實掌兵馬軍政，諸凡六品以下武官之選授，兵馬甲仗之簿籍，與夫內而三衛外而將帥節度鎮戍諸府（折衝府），皆總領之，故權隆而職煩。此並已詳前論。軍興之初，雖選權大削，然舊日規模尚畧見存，此觀于邵之言（見前引）足可知之。大曆以後，其權漸爲宦官所移奪。蓋其時府兵彍騎之制早廢，代之者在中央則有禁軍，在地方則爲方鎮兵。自至德至代宗初年，李輔國程元振皆以宦者相繼判元帥行軍司馬，專掌禁兵，魚朝恩繼之爲天下觀軍容宣慰處置使，亦專典神策軍（參看舊書一八四宦官傳），彼輩皆干事朝政，威動一時，自然擅領兵籍，不樂下屬於兵部。

按：此實當然之發展，檢會要七二京城諸事條：「貞元四年八月敕，左右羽林軍飛騎等，兵部召補，格敕甚明，軍司不合擅自違越，自今以後不得輒自召補。」

同條又云:「開成三年九月勅，左右神策軍所奏將吏改轉，比多行牒中書門下，使覆奏處置。今後令軍司先具聞奏，狀到中書，然後檢勘進覆。」是軍司自擅軍籍自調將吏不關兵部之明徵也。又舊書一三五王叔文傳:「謀奪內官兵柄，乃以故將范希朝統京西北諸鎭行營兵馬使，韓泰副之。初中人尚未悟，會邊上諸將各以狀辭中尉，且言方屬希朝，中人始悟兵柄爲叔文所奪，中尉乃止諸鎭無以兵馬入。希朝韓泰已至奉天，諸將不至。」可見禁軍全歸宦官調度，不關兵部。

至於方鎭多自割據一方，否則亦出禁軍指授，其將校簡調無論事實上與形式上皆與兵部無涉。

按: 舊書宦官傳:「自貞元之後，威權日熾，……藩方戎帥必以賄成。」又舊書一六二高瑀傳:「自大曆已來，節制之除拜多出禁軍中尉，凡命一帥必廣輸重賂，禁軍將校當爲帥者，自無家財，必取資於人，得鎭之後，則膏血疲民以償之。及瑀之拜(太和初拜忠武)，以內外公議，搢紳相慶曰，韋公作相，債帥鮮矣。」堪爲宦官傳之注足。此猶可謂宦官操縱，然形式上或仍歸兵部也。復考冊府六三一:「長慶二年三月詔曰……又有諸道薦送大將或隨節使歸朝，自今已後宜令神策六軍使及南衙營（常）參武官，具由歷並前後功績牒送中書門下，若勳伐素高，人才特異者量加奬擢。」方鎭內繫中尉，見於明詔如此，則卽形式上亦不歸兵部矣。

宦官「內則參秉戎權，外則監臨藩嶽。」(舊宦官傳）建中之年已有「尺籍伍符不校省司」之語，則「夏官不知兵籍」也久矣。

按: 舊書一九〇下劉蕡傳，對策曰:「今則不然，夏官不知兵籍，止於奉朝請，六軍不主兵事，止於養勳階，軍容合中宮之政，戎律附內臣之職。」此論最明切昭著，惟在太和二年，時代較後。復考舊書一二三班宏傳:「遷刑部侍郎，兼(京)官考使。時右僕射崔寧考兵部侍郎劉迺上下。宏駁曰，夷荒靖難，專在節制，尺籍伍符，不校省司，夫上行宣美之名，則下開超競之路……因削去之。」時在建中三四年，會要八一考上作貞元八年誤也（詳拙作唐僕尙丞郎表卷十八)。是兵部失權當早在大曆中矣。

其所掌知者，惟承旨（?）及雜事與夫徒存虛名之三衛與鎭戍折衝府而已。故職事最閒，然侍郎之官本重，故用爲翰學判使之底官矣。

按：舊書一三〇崔造傳：「貞元二年正月……守本官（給事中）同平章事……乃奏……請……尙書省六職令宰臣分判。……宰臣齊映判兵部承旨及雜事，宰臣李勉判刑部，宰臣劉滋判吏部禮部，造判戶部工部。」會要五七同。此次造請改制，盡廢度支鹽鐵使歸於戶部，且以宰臣兼判六郎，欲以加重尙書省之職權以期恢復舊章。宰臣分判六部，而兵部下特標「承旨及雜事」數字，乍觀此文令人不解，詳審思之，實亦有故，蓋各部舊章職權皆可恢復，惟兵部之權爲宦官所移奪，雖宰相亦莫之何，只好任之，故齊映判兵部，實際只能判「承旨及雜事」耳。

又會要五九：「元和六年八月，中書門下奏：得兵部侍郎許孟容等狀，當司准六月二日減官員及釐革三衛等。應管京官及外官共三千三百二十九員，京官七百六員……又在中書門下兩省御史台左右神策及諸軍諸使挾勅驅使，員闕至少，難議停省，並請仍舊。外官二十（當作千）六萬（當作百）二十三員，所管諸府自折衝以下總無料錢，例多闕乏，空有府額。其鎮戍官等或有任者，不過數員，……伏請存舊例。六番三衛都四千九百六十三人，縱使分番當上配役處多移牒勘，會須得詳，請續商量聞奏。勅旨依奏。」按其時天下內外武官當不下十萬，兵部所管不過三千餘員，且三衛鎮戍折衝府均已有名無實，則此時兵部之失權可知。

兵部失權如此，故最爲閒曹。舊紀，會昌三年七月宰臣奏請李回奉使河北三鎮，又云「若以臺綱闕人（時回爲中丞），卽兵部侍郎鄭涯……雖無詞辯，言事分明，官重事閒，最似相稱。」冊府一三六同。「官重事閒」最足形容當時兵侍之實況，故以此充翰學判使職，亦有同平章事者，並詳拙作唐僕尙丞郎表。

一九五二年十一月於楊梅

出自第二十四本(一九五三年六月)

略論唐六典之性質與施行問題

嚴 耕 望

新唐書五八藝文志職官類有六典三十卷，本注述其纂修始末云:

「開元十年，起居舍人陸堅被詔集賢院修六典。玄宗手寫六條: 曰理典、教典、禮典、政典、刑典、事典。張說知院，委徐堅，經歲無規制；乃命毋煚、余欽、咸廙業、孫季良、韋述參譔，始以令式象周禮六官爲制；蕭嵩知院，加劉鄭蘭、蕭晟、盧若虛；張九齡知院，加陸善經；李林甫代九齡，加苑咸。二十六年書成。」（會要三六則謂「二十七年二月，中書令張九齡等撰六典三十卷成上之，百官稱賀。」）

此條已略及內容之材料，但未云行否。關於唐六典之施行問題，唐人已有「行」與「不行」兩說。劉肅大唐新語卷九云:

「開元十年，玄宗詔書院撰六典以進。時張說爲麗正學士，以其事委徐堅，沈吟歲餘，謂人曰，堅承乏已曾七度修書，有憑准，皆似不難；唯六典歷年措思，未知所從。說又令學士毋嬰（煚）等檢前史職官，以今（令）式分入六司，以今朝六典象周官之制。然用功堅難，綿歷數載。其後張九齡委陸善經，李林甫委苑咸，至二十六年始奏上，百寮陳賀，迄今行之。」

是謂已行也。而韋述撰集賢記注則云:

「開元十年，起居舍人陸堅被旨修六典，上手寫白麻紙凡六條，曰理、教、禮、政、刑、事典，令以類相從撰錄以進。張說以其事委徐堅，思之歷年，未知所適；又委毋煚、余欽、韋述，始以令式入六司，象周禮六官之制，其沿革並入注。然用功艱難。其後張九齡又委苑咸。二十六年奏草上。至今在書院，亦不行。」（陳振孫書錄解題卷六唐六典條引）

是謂未行也。肅書成於元和二年稍前，時間較後；述既時代較前，且曾直接參與修撰

工作，其言宜最可信，故四庫提要（卷七十九）從之，又引呂溫代陳（鄭之譌）相公請刪定施行六典開元禮狀以證實韋氏之說云:

「書錄解題引韋述集賢記注曰:……(云云與上文同，「不行」下多「用」字，誤)……。程大昌雍錄則曰: 唐世制度，凡最皆在六典。或曰書成未嘗頒用。今案會要，則牛僧儒奏升諫議爲三品，用六典也; 貞元二年定著朝班次序，每班用尙書省官爲首，用六典也; 又其年竇參論祠祭當以監察涖之，亦援六典也; 此類殆不勝述。草制之官每入院必首索六典，則時制盡在故也。二說截然不同。考呂溫集有代陳（鄭）相公請刪定施行六典開元禮狀一篇，稱宜示中外，星紀六周，未有明詔施行，遂使喪祭冠昏，家猶異禮，等威名分，國靡成規。請於常參官內選學藝優敏者三五人，就集賢院，各盡異同，量加刪定; 然後特降德音，明下有司云云。與韋述之言相合。唐人所說當無訛誤，大昌所引諸事，疑當時討論典章亦相引據，而公私科律則未嘗事事遵用，如明代之會典云爾。」

據此論證，六典所載之制度，雖當時討論典章者亦相引據，然爲新創新造之理想中之制度，却非已行之制度，故鄭相公有此請也。今人深信提要以爲定論，如陳寅恪前輩隋唐制度淵源畧論稿第三篇職官論六典云:

「關於此書之施行問題，四庫全書柒玖史部職官類唐六典提要已有正確之論斷，近日本西京東方文化研究所東方學報第柒冊內藤乾吉氏復於其所著就唐六典施用一文詳爲引申，故六典一書在唐代施行之問題已大體解決，不必別更討論。」

此足爲近人深信提要之代表。然提要及韋述之言前後似頗矛盾。提要前云「未行」，然同條後段又云:「然一代典章釐然具備」，此明白承認六典所載爲已行之制度，何云未行耶? 卽韋述亦固已明云:「委毋煚余欽韋述始以令式入六司………其沿革並入注。」此與劉肅之語正同，卽採取當時行用之令式以成書，不但非新造新創，亦且未加修訂也，何得復云「未行」? 寅恪前輩畧論稿論六典之性質云:

「開元時所修六典乃排比當時施行令式以合古書體裁，本爲粉飾太平制禮作樂之一端，故其書在唐代行政上遂成爲一種便於徵引之類書，並非依其所託之周官體裁以設官分職實施政事也。」

按: 陳先生此文卽謂六典雖用當時施行之令式分類排比而成，然其組織體系乃取合於周官，既非當時制度之體系，書成之後亦未照此設官分職實施政事也。此似可解釋韋述及提要所以自相矛盾之故；然檢畧論稿另一段論六典編撰所以艱難徐堅無從措手之故云：

「唐玄宗欲依周禮太宰六典之文，成唐六官之典，以文飾太平。帝王一時興到之舉，殆未嘗詳思唐代官制近因(北)齊隋，遠祖漢魏，與周禮之制全不相同，難强爲傅會也。故以徐堅之學術經驗，七次修書，獨於此無從措手。後來修書學士不得已乃取唐代令式分入六司，勉强遷就，然猶用功歷年，始得畢事。今觀六典一書並未能將唐代職官之全部分而爲六，以象周禮之制，僅取令式條文按其職掌所關，分別性質，約畧歸類而已。其書只每卷之首列敍官名員數同於周禮之序官，及尙書省六部之文摹仿周禮，比較近似；至於其餘部份，則周禮原無此職，而唐代實有其官，儻取之以强附古經，則非獨眞面之迥殊，亦彌感駢枝之可去，徐堅有見於此，是以無從措手。後來繼任之人固明知其如是，但以奉詔修書，不能不敷衍塞責，即使爲童牛角馬不今不古之書，亦有所不能顧，眞計出無聊者也。」

此段論六典編撰所以困難之故，兼及六典之性質，以爲六典雖經文士勉强編成，但與周禮並不相類。其言極正確，極精闢；然亦與前一段自相矛盾。

今按六典之材料爲現行之令式，此觀前引劉肅「以今（令）式分入六司」之言及韋述「以令式入六司，其沿革並入注」之言，固已爲極堅强之證據。再檢六典本文述制度，而注文載其來歷沿革甚詳，且與會要冊府無不盡合。或本文偶載開元二十五六年以前之制，注中亦明言之。如貢舉之職已於二十四年由考功員外郎移歸禮部，本文兩載之，而於考外之下注明是舊制，非現行制。又如太常寺有八署，其二曰太廟署，注云：「開元二十四年敕廢太廟署，令少卿一人知太廟事。」（舊志仍舊，新志已刪）。又如都水使者「總舟檝河渠二署之官屬」。注云「舟檝置（署），開元二十三年省。」（舊志仍舊；新志已刪，注云二十六年廢。）如此之類不枚擧。蓋書以二十六年奏上，然採令式編撰則非一年之功，其已編入，而令式有更革者，便於注中明之，不改本文也。又或本文所無，而注云過去曾有者，如殿中省注云「舊屬官又有天藏府，開元二十三年省。」亦足反證本文乃現行之令式也。然則六典本文所載者乃現行之令式，非新創新造之令式，亦非過去之令式必矣。足見劉肅韋述此語爲不誤，卽寅恪前輩所謂「六典乃排比當時施行令式」爲不誤。所當討論者惟六典之組織形式組織體系是否合於周禮，抑是否爲現行制度之體系耳。

今按，前引劉肅新語「毋煚檢前史職官」云云，是明言以唐代職官爲綱領也。又舊唐書職官志及新唐書百官志記載官司組織與職掌，甚至於文章之組織，均以六典爲藍本。陳振孫書錄解題云:「案新書百官志皆取此書，卽太宗貞觀六年所定官令也。」雲麓漫鈔五云:「本朝修唐書……今觀百官志乃唐六典。」云云。其言是也。而舊志抄撮六典尤爲具體，不失原形。兩志所與六典異者，惟低級官之員額常有出入，其他雖亦偶有異者，什之八九皆已注明爲天寶以後某年所改革，某年所增置，其改革增置以前仍與六典不異也。此類情形之最著者: 如武官，六典有十六衛及左右羽林軍，而兩志除此之外，有左右龍武軍，注云開元二十七年增置，又有左右神武軍、左右神策軍，皆安史亂後始置。又如將作監之長官，六典作將作大匠，舊志從之，新志改作將作大監，注云本名大匠，天寶九載改。又如六典祕書省之屬有太史局，注云本名太史監，開元十四年更名。而兩志作司天監，注云: 開元十四年太史監復爲局，天寶元年復爲監，乾元元年三月十九日改名司天監，又增置官員甚多，注中並詳明之。如此之類甚多，採乾元、永泰、大曆、貞元、元和、長慶各時代之令式不一而足。(其增省六典之制，而不注明時代者極少，如六典，太府寺掌八署，其五爲平準，舊志從之，新志爲七署，無平準，亦不注明省廢之年代，蓋偶疏耳。) 然官司組織與職掌仍什九不失六典之規模，尤以大的機構如三省九寺諸監御史臺等所異於六典者尤絕少。然則兩志作者固及見開元以後之令式制度，所以採六典爲底本爲骨幹者，良以六典旣集前期令式制度之大成，而後期令式制度亦無大增省耳 (中葉以後，雖實質上變化甚大，惟形式上並無大變動)，並非無其他令式可取而盲目的取六典以充數也。然則，以兩志證六典，是六典所載實開元中現行官制之組織體系，非新創新造而未行用之制度體系也。

又按: 周官分政事爲六類，稱爲六典，一曰治典，二曰敎典，三曰禮典，四曰政典，五曰刑典，六曰事典; 又分官守爲六官，各掌一典: 一曰天官冢宰，掌邦治; 二曰地官司徒，掌邦敎; 三曰春官宗伯，掌邦禮; 四曰夏官司馬，掌邦政; 五曰秋官司寇，掌邦禁; 六曰冬官闕，蓋掌邦事也。其書亦分爲六部門，每一部門各載一官掌一典，體系整然。反觀唐六典全以開元時代之官司組織爲綱領，以三師、三公、尙書省、門下省、中書省、秘書省、殿中省、內官、內侍省、九寺、三監、諸衛、東宮官屬、諸王官屬及地方官守爲次，各詳其組織與職掌；此與歷代正史之職官志亦復有何區別？此與周官六典亦復有何相類之處？有之，則惟將有關行政方面之令式分繫於尙書六部之下耳。蓋唐代官制雖承秦漢演變而來，然尙書省掌統天下行政，爲之總匯，其部數適亦有六，若以吏部擬於天官冢宰，固不相類，然以戶部擬地官，禮部擬春官，兵部擬夏官，刑部擬秋官，工部擬冬官，就性質大體而言，則甚相近，此亦制度演變之偶合，故武后時已改尙書六部之名爲天地春夏秋冬矣。玄宗蓋有鑒及此，遂有仿周禮作六典之玄想。揣玄宗之初意，乃欲仿周禮之治、教、禮、政、刑、事六典，將當時施行之令式分爲六類，並仿周禮之形式編爲一書，名曰六典，而對於現行制度則並無改革之意。將政令分爲六類，並非不可勉强湊成，然周禮之編纂以官制爲綱領，若仿周禮編撰，勢必亦以官制爲綱領，然當時官制旣承秦漢制度逐漸演變而來，雖尙書六部之名稱偶與周禮六官有若相類，然周禮六官乃政府全部組織，而唐之六部僅爲行政官之統領，此外尙有中書門下之輔政機關，御史臺之監察機關，又有三公三師及宮官如內侍省殿中省等，故全部官制之組織體系與周禮六官之體系絕對不同，以現行官制爲綱領，則絕對不能與周禮相類，若欲眞仿周禮編撰，勢必亦改全部官制爲六種官守不可，然此又非玄宗所願者；故徐堅思之歷年，無所措手。事實上，此爲一無法完成之荒謬使命，任何人思之，雖千百年，亦無從措手。蓋欲全部摹仿周禮，即不能牽就現行官制，欲牽就現行官制，即不能全部摹仿周禮，此兩原則絕對不能兼顧也。後來學士於莫可奈何中，乃毅然放棄全部摹仿周禮之原則，一以現行職員令之官制爲綱領，詳其組織。而對於周禮則儘可能的摹擬之，故組織以外之令式亦分別繫於職掌相關之官司組織之下。六部職權最廣，除中書門下殿中內侍諸省及三師三公御史臺等非行政機關外，其餘九寺諸監諸衛東宮官屬及天下州府等行政機關皆統隸或文屬於尙書六部，此已並詳前論尙書省之職權與地位。尙書六部旣掌統全國行政事宜，故凡各種屬於行政方面之令式亦分別歸繫於六部。（韋述劉肅「以令式分入六司」之語亦只是就大體而言，蓋六部之職權雖廣，然仍有很多令式與六部事類無關，而與其他官司有關，勢必歸於他司，不能强入六部也；且各種官守之組織職掌即是令式，謂令式盡入六部，絕誤。）

若謂六典與周禮有若何相類之處，則惟此點近之，然此僅六典之一部份（即行政官制），以六典之一偏當周禮之全部，以云合乎周官之制度，實亦近乎解嘲，然在編修者實已盡其摹擬之能事矣。且尙書六部分繫之諸多令式亦卽本部職權原所攸關，絕非原有職分之外者，故其所完成之六典不但其他部門無摹擬周禮之處，卽尙書六部統繫許多令式有摹擬周禮之跡，然其所分繫之令式旣卽本部職掌原所攸關者，固仍未背棄以現行官制組織爲綱領之原則，非出乎現行官制職掌之外也。故此六典仍卽一部詳明之唐代前期職官志，非新創新造之制度體系也。亦惟如此，故內容組織與六典之名不符，（若删去中書門下殿中內侍諸省及三師三公御史臺等機關，稱爲六典，庶或近之；然又非唐代制度之全豹），惟其名早已御定，只好用之，以應詔命。內容組織如此，自非玄宗之初意，惟其事更易衆學士，綿歷十餘年，終不能如原意完成，其故在於「不改制」與「仿周禮」兩原則不能兼顧，此必當早有大臣爲之進言者，玄宗稍一思索，必當有悟，故書成之後亦卽受之耳。

綜上所考，可得一結論：六典一書之編撰，以開元時代現行官制爲綱領，以現行令式爲材料，其沿革則入注中，故其性質卽爲一部開元時代現行職官志，惟歸納政事條例繫於官司組織之下，視一般正史之職官志爲詳耳；故兩唐志皆卽取爲藍本損益成篇。其性質其組織其內容旣只是現行職官志，與周禮六官之體系絕異，故此書自與周禮不相合。所謂作六典以摹仿周禮，只是玄宗之玄想，此書雖在此種玄想之詔命下完成，且承用其名稱，然其實際內容與名稱不符，與玄宗之理想不符，與周禮之組織體裁不符，名爲六典，實非六典，名仿周禮，實未眞仿周禮也。前人有惑於六典之名，以爲唐代官制得周禮之遺意者，固不足盡信；其謂六典一書實仿周禮，惟其所載之制度並未施行，而成爲一種便於徵引之類書者，是卽無異謂六典所載之制度非現行制度者，此亦惑於六典之名，惑於玄宗之原意，而有所誤解也。甚矣，名號之眩惑也。

或者曰，如子之言，六典內容卽爲開元時代之現行職官志，故舊新兩書之官志皆取六典爲藍本以成篇，此言固極有理，然韋述躬自參與編修工作，何亦自言「不行」歟？又呂溫代鄭相公請删定施行六典開元禮狀作於元和初，去六典編撰不過七十年，何亦明言「未有明詔施行」歟？應之曰，此亦有故。檢呂和叔集卷五有請删定施行狀原文云:

「草奏三復，祇令（此處當脫兩字），宣示中外，星周六紀，未有明詔施行；遂使祭喪冠婚，家猶異禮，等威名分，官靡成規，不時裁正，貽弊方遠。………伏見前件開元禮、六典等先朝所制，鬱而未用，奉揚遺美，允屬欽明，然或損益之間討論未盡，或弛張之間宜稱不同。……臣請於常參官內選學藝優深、理識通敏者三五人，就集賢院各盡異同量加刪定，然後冀紓睿覽，特降德音，明下有司，著為恆式。……如此則職官有制，……風俗大同……。」

按：此狀顯示兩事：第一，玄宗於書成之時曾宣示中外，但當時迄元和中皆無明詔施行。第二，呂溫作狀時之現行制度必與六典頗異，故有「官靡成規」，「鬱而未用」，「如此則職官有制」之語。考開元之制經安史之亂已大破壞，即中央官司組織表面上形式上雖一切仍舊，很少變動，但運用體系則大有變化。尤以尚書省之職權地位大見削弱，僅存軀殼，前論唐代尚書省之職權與地位已詳證之；又如九寺諸監諸衛亦多失其職事；再如中書舍人，開元以前大詔令皆出其手，職位極清要，中葉以後，翰林學士起而代之，稱為內相；而官制組織形式則均未變動也。形式雖未變動，而運用體系已大壞，故元和時代之現行制度與六典不同，亦不妨六典之為編修時之現行制度。呂氏據元和之制與六典不同一事實，遂想像六典原為理想之創作並非曾經實際施行之制度，必待憲宗明詔頒行始為實際之制度，此則不明歷史演變有以致誤耳（中唐以後一般人對於前期制度多不瞭解，非呂氏一人，詳前論）。至於玄宗當時「未有明詔施行」，亦自有故，蓋六典所載既為現行之制度，固不必明詔頒行也；又其仿周禮之目的既未達，明詔頒行更失其意義矣。至於韋述亦有「不行」之語。竊嘗深思其故：蓋六典一書之內容，亦即其所載之制度，是否為現行之制度，抑為過去行用之制度，抑為新造新創而未曾行用之制度，此為一事；書成之後，其書是否頒行朝野，即其書是否傳世，此為又一事；此為兩事，不應混為一談。隋唐史籍常稱某書「行於世」「行於代」「行於時」，皆謂傳於世也。而隋書隱逸傳，崔賾「著詞賦碑誌十餘萬言，撰洽聞志七卷，八代四科志三十卷，未及施行，江都傾覆，咸為煨燼，」云云。此所謂「未及施行」者謂不傳世耳。韋述云「至今在書院，亦不行」，亦即謂藏於書院不傳於世之謂。其書不行，固不害其所載之制度為已行者，且為現行者。是韋述之言前後並不矛盾也。韋氏「不行」之語及呂氏請施行狀為提要判斷六典制度未曾施行所僅有之兩證。今余論證如此，則據呂氏狀只能說元和之制與六典不同，但不足以否定六典之爲開元時代現行制度；而韋述之語亦僅指書之行否而言，不關制度。此二證既皆不足以證明六典非開元時代之制度，提要之說乃至其他之說皆不攻自破矣。

一九五二年十二月於楊梅

出自第二十四本(一九五三年六月)

杜黃裳拜相前之官歷

嚴耕望

全唐文卷八〇載宣宗以杜黃裳裴度配享憲宗廟廷詔云：「憲宗皇帝道叶中興…。開啓聖意，則有杜黃裳；弼成功業，則有裴度。」新唐書卷一六九杜黃裳傳亦云：「黃裳達權變，有王佐大略。」又云：憲宗「平夏，翦蜀，滅蔡，復兩河，以機秉還宰相，紀律設張，赫然號中興，自黃裳啓之。」舊唐書卷一四七杜黃裳傳略同。觀其行事，信然爲中唐時代之名相。兩唐書諸宰相列傳於稍具相業者陳述其官歷皆儘量詳悉，裴度一時物望，獨佔一卷，固宜。而於杜黃裳拜相前之官歷，舊傳僅云：

「登進士第，宏辭科，……爲郭子儀朔方從事。……子儀入朝，令黃裳主留務於朔方，邠將李懷光與監軍陰謀代子儀，乃僞爲詔書，欲誅大將溫儒雅等，黃裳立辨其僞。……後入爲臺省官，爲裴延齡所惡，十年不遷。貞元末，爲太常卿，……尋拜平章事。」

新傳亦僅云：

「擢進士第，又中宏辭。郭子儀辟任朔方府，子儀入朝，使主留務。……入爲侍御史，爲裴延齡所惡，十期不遷。貞元末，拜太子賓客……遷太常卿。皇太子(憲宗)總軍國事，擢黃裳門下侍郎同中書門下平章事。」

按舊唐書卷一二一李懷光傳，大曆十三年，爲邠寧慶三州都將。又通鑑卷二二五唐紀，大曆十四年閏五月甲申，「詔尊子儀爲尚父，加太尉兼中書令，……所領副元帥諸使悉罷之。」參之舊唐書卷一二、新唐書卷七德宗紀，舊唐書卷一二〇、新唐書卷一三七郭子儀傳，無不盡合。則黃裳爲子儀朔方從事不能遲過大曆末年。自大曆末至貞元末凡二十餘年，兩傳只稱其入爲臺省官，爲裴延齡所扼不得遷；一若此二十餘年中，黃裳未曾任重要官職者。實殊不然。今就侍御史以後官歷之可考者以次考述之。

考郎官石柱題名，金部郎中第六行：

「……盧杞、柳建、杜黃裳、杜佑、樊澤……」

檢舊唐書卷一三五盧杞傳：「歷刑部員外郎，金部吏部二郎中，……出爲虢州刺史。建中初，徵爲御史中丞，……遷御史大夫。旬日，爲門下侍郎同中書門下平章事。」據新唐書卷六二宰相表二，杞由御史大夫遷門下侍郎同平章事，在建中二年二月乙巳；則杞官金部郎中當在大曆中葉或末葉。又檢舊唐書卷一四七杜佑傳：「改……容管經略使。楊炎入相，徵入朝，歷工部、金部二郎中，並充水陸轉運使。」新唐書卷一六六杜佑傳略同，惟無工部二字。按新唐書宰相表二，楊炎以大曆十四年八月甲辰拜相。又舊唐書卷一二德宗紀上，建中元年三月癸巳，「令金部郎中杜佑權勾當江淮水陸運使。」則佑代杜黃裳爲金部郎中，當在大曆十四年八月以後，建中元年三月以前。

舊唐書德宗紀上，建中四年十二月癸酉，「司封郎中杜黃裳爲給事中。」檢郎官石柱題名，司封郎中第七行，杜黃裳在吉中孚前一人。惜吉中孚任司封郎中年代亦不可詳考。不知黃裳卸金部郎中卽遷司封，抑中間曾任其他官職也。

由司封遷給事中年月日既明見於本紀。又冊府元龜卷一六二，興元元年正月，「給事中杜黃裳兼御史中丞江淮宣慰使。」是兼官奉使亦可考見。

舊唐書卷一三德宗紀下，貞元五年三月丙寅，「以給事中杜黃裳爲河南尹。」黃裳官河南尹，亦見李翺東川節度使盧公(坦)傳，詳後引。

又全唐文卷五九八歐陽詹唐天文述云：

「皇唐百七十有一載，皇帝御宇之十四祀(實十三祀)也，歲在辛未，實貞元七年……。是歲也，扶風竇公參、河中董公晉輔政之三年，趙郡李公紓爲天官之四年，范陽盧公徵爲地官之元年，范陽張公濛爲春官之三年，昌黎韓公洄爲夏官之三年，吳郡陸公贄同爲夏官之二年，京兆杜公黃裳爲秋官之二年，清河張公彧爲冬官之五年。」

按：除張彧無考外，李紓此時爲吏部侍郎，見新唐書卷一六一本傳（舊唐書卷一三七本傳誤作禮部）及唐會要卷七四論選事條。盧徵此時爲戶部侍郎，見舊唐書卷一四六本傳、新唐書卷一四九本傳、冊府元龜卷六三〇及八瓊室金石補正卷三二龍門觀世音石像銘。張濛官止禮部侍郎，見新唐書卷七二下宰相世系表。韓洄此時爲兵部侍郎，見舊唐書卷一二九韓滉傳及全唐文卷五〇七權德輿太中大夫守國子祭酒韓公(洄)行狀。陸贄此時爲兵部侍郎，見舊唐書卷一三德宗紀下、同書卷一三九本傳、新唐書卷一五七本傳、順宗實錄卷四、全唐文卷四九三權德輿翰苑集序、丁晦居翰林學士廳壁記。皆詳拙作唐僕尙丞郎表各卷。然則杜黃裳之爲秋官，亦刑部侍郎，非尙書也。蓋唐中葉六部尙書失其權柄，而侍郎實主六部政務，故歐陽詹述六官摒尙書而擧侍郎耳；詳拙作論唐代尙書省之職權與地位(歷史語言研究所集刊第二十四本)。是則黃裳於貞元五年爲河南尹，六年卽遷刑部侍郎，七年尙見在任也。

然徐松登科記考卷一二云：

「貞元七年春知貢擧：禮部侍郎杜黃裳。」本注云：「本傳不言黃裳以何官知擧，廣卓異記云：『貞元七年，禮部侍郎杜黃裳下三十人及第。』今從之。」

檢徐考本年各進士項下所引材料有關知擧者：(一)劉禹錫令狐公集序（全唐文卷六〇五）：「公名楚，……司空杜公以重德知貢擧，擢居甲科。」舊書楚傳，「貞元七年登第。」唐才子傳（卷五）：「令狐楚，貞元七年尹樞榜進士及第。」(二)唐摭言（卷八自放狀頭條）：「杜黃門第一榜，尹樞爲狀頭。」太平廣記(卷一八〇)引閩川名士傳：「貞元七年杜黃裳知擧，聞尹樞時名籍籍，乃微服訪之。」——據此數條，則七年春知貢擧者爲黃裳無疑。蓋以刑部侍郎權知貢擧，非必正拜禮部侍郎也。按此榜狀元爲尹樞；樞自放狀頭事，千古傳爲佳話。而此榜三十人，今可考者十二人，令狐楚、蕭俛、皇甫鎛、薛放皆在其列，徐考引能改齋漫錄云：「貞元七年進士爲宰相者四人，令狐楚、竇楚(？)、皇甫鎛、蕭俛。」而放亦爲名臣，足見此榜得人之盛。卽此一事，足見黃裳之精識，且能爲人所不敢爲。宜乎爲一代名相也。

復考唐會要卷七四選部上掌選善惡條：「貞元九年正月，御史中丞韋貞伯刻(劾)奏稱，吏部貞元七年冬，以京兆府踰濫解送之人已授官總六十六人，或有不到官銓試，懸授官告……非陛下求才審官之意。由是刑部尙書劉滋以前吏部尙書及吏部侍郎杜黃裳皆坐削階。」據此則七年冬黃裳又由刑部侍郎遷吏部侍郎矣。同書卷八一考上：「貞元八年十月，以刑部尙書劉滋爲校外官考使，吏部侍郎杜黃裳爲校京官考使。」又卷八二甲庫條：「貞元八年十一月九日，吏部侍郎杜黃裳奏」云云。是至八年冬尙在任。又據前引掌選善惡條，九年正月，仍在任。又全唐文卷六四〇李翺故東川節度使盧公(坦)傳:「歷宣城、鞏、河南三縣尉……杜黃裳爲河南尹……日加重。及黃裳爲吏部侍郎,將授以太常博士,會鄭滑節度使李復表請爲判官,得監察御史。」及復卒,尙在任。據舊唐書卷一三德宗紀下及同書卷一一二李暠傳,李復以貞元十年三月爲鄭滑節度使,十三年四月卒官。則十年三月稍後,黃裳仍在吏部侍郎任也。又唐會要卷五八尙書省中吏部員外郎條:「貞元十一年閏八月一日,侍郎杜黃裳奏當司郎官判南曹廢置,請準舊例轉廳……。」則此時亦尙在任。復考舊唐書卷一三八趙憬傳,憬爲相,「時吏部侍郎杜黃裳爲中貴讒譖及他過犯,……將加斥逐,憬保護救解之,故……從輕貶。」檢新唐書卷六二宰相表中,趙憬以貞元八年四月乙未拜相,十二年八月丙戌薨於位。則黃裳之貶當在十一年閏八月以後,十二年八月以前,共任吏部侍郎逾四年之久。

又據趙憬傳,黃裳之貶坐中貴讒譖,非裴延齡,亦與本傳不同。惜所貶何官仍不可知,然既云輕貶,當非惡職。

綜上所考:黃裳以大曆末年由朔方從事主留務,入爲侍御史,遷金部郎中。建中時爲司封郎中。四年十二月癸酉遷給事中。興元元年正月以本官兼御史中丞充江淮宣慰使。貞元五年三月丙寅出爲河南尹。明年遷刑部侍郎,以本官知七年春貢擧,選拔三十人,盛稱得士。是年遷吏部侍郎。以十一年閏八月至十二年八月間,貶官。此後數年官歷待考。貞元末拜太子賓客,遷太常卿。及憲宗卽位,拜相。據徐松登科記考引卓異記及柳宗元集注,黃裳以廣德元年春登進士第。則登第後不得意者蓋十年,自主朔方留務以後,一帆風順,歷踐臺省要職。知貢擧爲當時最重要之使職,比於鹽鐵轉運使,權要不及而淸譽過之,黃裳掌之,特稱得士;吏部侍郎爲六部之首班,銓選之任爲當時六部職權之僅存者,黃裳居之,逾四年之久;由吏部貶官,始處散數年,終致相位。兩唐書本傳盡略處散以前之歷任要職,蓋史料遺佚,非史臣故略之也,故一一考出之,以補正史之闕文。

此外,幽閒鼓吹云:

> 潘炎侍郎……妻劉晏女也。……子孟陽,初爲戶部侍郎,夫人憂惕,謂曰:以爾人材而在丞郎之位,吾懼禍之必至也。戶部解諭再三,乃曰:不然,試會爾列,吾觀之。……旣罷會,喜曰,皆爾之儔也,不足憂矣。末後綠衣少

年，何人也？答曰補闕杜黃裳。夫人曰：此人全別，是有名卿相。」

唐語林卷三識鑒類亦轉錄此條。按舊唐書卷一六二潘孟陽傳云：「德宗末，……擢授權知戶部侍郎，年未四十。順宗卽位，永貞內禪，王叔文誅，杜佑始專判度支，請孟陽代叔文爲副，……仍加鹽鐵轉運副使」。則其時杜黃裳年向七十，官太子賓客、太常卿，皆正三品官，安得爲少年，又安得爲從七品之補闕耶？說部之書，殊不足信。若此事屬實，則當爲潘炎任侍郎時。蓋前考黃裳約以大曆末年爲朔方從事，旋入朝爲侍御史，位從六品下。而舊唐書卷一一代宗紀，大曆十二年四月癸未，「以右庶子潘炎爲禮部侍郎。」其時黃裳年未四十，推其年代官位殆有爲從七品補闕之可能。今姑存之。

出自第二十六本(一九五五年六月)

魏晉南朝都督與都督區

嚴　耕　望

目　次

引　言

唐代節度方鎭之制，影響於有唐一代之治亂者至深且鉅。李吉甫撰元和郡縣圖志，諸道之下，以節鎭綱紀諸州；歐陽修撰新唐書，亦有方鎭表以志其分合演變；皆具卓識。故後之讀唐史者，於節鎭制度瞭然在目。按唐代節鎭實脫胎於隋及唐初之總管都督之制；而隋及唐初之總管都督則本之於魏晉南北朝之都督軍事制度。魏晉南北朝時代，都督對於屬州之控制權雖較唐代節鎭之於屬州爲弱，然影響政局亦至深遠。且就督區而言，其固定性旣不在唐代節度區之下，而幅員則又過之，故魏晉南北朝之此一制度實爲一重要而至堪注意之制度。迺此一時代之各朝正史，惟宋書百官志及南齊書百官志略述其職權；至都督與刺史之關係，以及都督區域之演變，曾不涉筆；致千百年來，不但讀史者只明州制而闇於都督，卽考史者亦囿於舊典，每取輕而遺重。如近人吳廷燮撰魏晉方鎭年表，以刺史與都督並列，事猶可諒；至東晉以下，更通列州刺，不注都督，蓋以都督統軍例由重要州刺史兼充、不別用人故耳。實則刺史位任頗輕(四五品)，加都督或且督數州者，稱爲統府或都督府，乃爲重任，是爲方鎭；僅爲刺史，非方鎭之任也。晉書范甯傳，疏云：「夫府以統州，州以監郡，郡以莅縣。」同書應詹傳，疏云：「都督可課佃二十頃，州十頃，郡五頃，縣三頃。」宋書索虜傳，燾(魏太武帝)與太祖書更曰：「可善敕方鎭、刺史、守、宰，嚴供張之具，來秋當往取揚州。」皆爲明證。吳表目標方鎭，通列刺史而忽都督，得非更失輕重之權歟？至於東晉以下都督統攝之區域，更歷千載曾無論及者，亦得非一大憾事歟？爰不揣魯鈍，輯諸史傳，考而述之。惟北朝督區除關中之外，其固定性皆較小，故此文所論以魏晉南朝爲限。

一九五五年八月廿二日於南港舊莊

一、都　　督

宋書百官志上述持節都督之起源云：

「持節都督無定員。前漢遣使始有持節。光武建武初征伐四方，始權時置督軍御史；事竟罷。建安中，魏武帝爲相，始遣大將軍督軍。二十一年征孫權還，夏侯惇督二十六軍，是也。魏文帝黄初二年，始置都督諸州軍事，或領刺史。三年，上軍大將軍曹眞都督中外諸軍事，假黄鉞；則總統內外軍事矣。」

而南齊書百官志則云．

「魏晉世，……刺史任重者爲使持節、都督，輕者爲持節、督。起漢順帝時御史中丞馮赦討九江賊，督揚徐二州軍事。而何、徐、宋志云起魏武遣諸州將督軍，王珪之職儀云起光武，並非也。」

按：齊志云起於漢順帝時，是也。後漢書馮緄傳：「拜御史中丞。順帝末，以緄持節督揚州諸郡軍事，與中郎將滕撫擊破羣賊。」隸釋有車騎將軍馮緄碑，作「御史中丞督使徐揚二州討賊。」齊志所云馮赦，卽緄也，而後漢書順帝紀亦作馮赦，並誤。

又按宋志云：「魏文帝黄初二年，始置都督諸州軍事，或領刺史。」則大多數不領刺史也。而南齊書百官志則云：

「晉太康中，都督知軍事，刺史治民，各用人。惠帝末，乃並任。非要州，則單爲刺史。」

此亦與宋志頗異。按：馮緄督徐揚二州諸郡軍事，卽不領刺史。其定制當始於魏，不始於晉。魏志曹爽傳注引魏略，桓範爲都督青徐諸軍事，另有徐州刺史鄒岐，同治下邳。又滿寵傳，太和三年，以前將軍都督揚州諸軍事，與揚州刺史王凌共事，不平。此二事卽其明證。吳廷燮三國方鎭年表，揚州、荆州、雍州諸卷，皆都督與刺史並列，任都督者與任刺史者絕大多數皆同時各用人，則桓範滿寵兩事，決非偶然。惟亦有以都督領刺史者，舉例如次：

夏侯尙傳：文帝踐阼，……遷征南將軍，領荆州刺史，假節，都督南方諸軍事。

毋邱儉傳：遷左將軍，假節，監豫州諸軍事，領豫州刺史。

王基傳：遷鎭南將軍，都督豫州諸軍事，領豫州刺史。

曹休傳：文帝初，以休爲鎭南將軍，假節，都督諸軍事，遷征東將軍，領揚州刺史。

此幾爲魏志中僅見之事例，則宋志是也。晉武帝世亦有此類情形，如：

衞瓘傳：泰始中，除征北大將軍、都督幽州諸軍事、幽州刺史。

王渾傳：泰始中，轉征虜將軍，監豫州諸軍事，假節，領豫州刺史。

胡威傳：累遷監豫州諸軍事、右將軍、豫州刺史。

東莞王伷傳：泰始初，拜右將軍、監兗州諸軍事、兗州刺史。

按此四例皆在武帝初泰始年間。據此而言，自魏迄晉初，都督與刺史例各用人，惟亦偶有以都督領刺史耳。蓋太康中始有嚴格之規制，二者必各用人，不得兼領，故南齊志云然。但太康至惠帝末不過二十年，自此以後凡都督必領治所之刺史矣。惟宋書江夏王義恭傳，元嘉十七年，爲使持節、侍中、都督揚南徐兗三州諸軍事、司徒、錄尙書事，不領刺史；陳書亦有二三事；皆爲絕無僅有之事例。

宋書百官志上又述晉世統軍加節之制云：

「晉世，都督諸軍爲上，監諸軍次之，督諸軍爲下；使持節爲上，持節次之，假節爲下。使持節得殺二千石以下；持節殺無官位人，若軍事，得與使持節同；假節，唯軍事得殺犯軍令者。」

此段敍事甚簡明，但未上遡魏制。與前引齊志云「魏晉世」者小異。考之史傳，魏世都督諸軍事極常見，不待擧例。而監諸軍事亦數見。如魏志趙儼傳，明帝卽位，復爲尙書，監豫州軍事；齊王卽位，以儼監雍涼軍事。毋丘儉傳，遷左將軍、假節、監豫州諸軍事，領豫州刺史。晉書魯芝傳，常道鄉公卽位，遷監青州諸軍事、振武將軍、青州刺史。同書王沈傳，魏末，出監豫州軍事、奮武將軍、豫州刺史。是也。又趙儼傳，監雍涼軍事下，復云：「遷征西將軍、都督雍涼。」晉書文帝紀甘露四年六月，「使石苞都督揚州，陳騫都督豫州，鍾毓都督徐州，宋鈞監青州諸軍事。」是明「監」

與「都督」不同，位在「都督」之下也。至於督軍事則稀見。魏志田豫傳，「督青州諸軍事，假節。」夏侯尙傳，許允「爲鎭北將軍、假節、督河北諸軍事。」是幾爲僅見之史例矣。魏世，「假節」亦常見於三國魏志諸列傳，不待擧例。至於「持節」「使持節」者，魏志諸傳中雖不常見，然亦不無其例。如毋丘儉傳，青龍中，「徙爲幽州刺史，加度遼將軍、使持節、護烏丸校尉。」田豫傳，文帝初，「使豫持節護烏丸校尉。」是也。惟諸州都督則不見此例。而晉書諸開國功臣傳述魏末諸州都督則頗有「使持節」「持節」者。如衞瓘傳，鍾會事平，除使持節、都督關中諸軍事。陳騫傳，壽春平，拜使持節、都督淮北諸軍事。王沈傳，魏末，遷征虜將軍、持節、都督江北諸軍事。是其例。又魏志王粲傳，吳質「官至振威將軍、假節、都督河北諸軍事。」而注引魏略，作「使持節、督幽幷諸軍事。」劉馥傳，子靖「遷鎭北將軍、假節、都督河北諸軍事。」而水經鮑邱水注引劉靖碑：「魏使持節、都督河北諸軍事、征北將軍、建城鄕侯沛國劉靖」云云，時在嘉平中。則魏諸州都督實有「使持節」者，魏志失書耳。綜此而言，魏世任職者，有「假節」，有「使持節」，而「持節」甚少，或竟無；「都督諸軍事」爲多，亦有「監諸軍事」，而「督諸軍事」則少見。又魏志曹爽傳注引魏略：「桓範……明帝時，……遷征虜將軍、東中郞將、使持節、都督青徐諸軍，治下邳，與徐州刺史鄒岐爭屋，引節欲斬岐。」是持節之威權亦不始於晉也。然則宋志所述晉制，實亦承魏者。南齊志云「魏晉世」爲是。

統軍既有「都督」、「監」、「督」三級，加節亦有「使持節」、「持節」、「假節」三級。其配合方式並非「都督」即「使持節」，「監」即「持節」，「督」即「假節」。而採較複雜配合方式，茲就各種方式略擧常見事例如次：

(1)〔都督諸軍事〕+〔使持節〕……自西晉終南朝，此類最多，傳中隨處可見。

(2)〔都督諸軍事〕+〔持節〕……此例亦極多，茲就晉宋齊梁陳五書各擧三四例如次：

晉書汝南王亮傳：持節、都督關中雍涼諸軍事。

同書王浚傳：持節、都督幽州諸軍事。

同書新蔡王騰傳：持節、都督幷州諸軍事、幷州刺史。

同書高密王泰傳，子略：持節、都督沔南諸軍事。

宋書劉道憐傳：持節、都督兗青二州晉陵京口淮南諸郡軍事、兗青二州刺史。

同傳：持節、都督荆湘益秦寧梁雍七州諸軍事、荆州刺史。

同書沈攸之傳：持節、都督荆湘雍益梁寧南北秦八州諸軍事、荆州刺史。

南齊書安陸王子敬傳：持節、都督荆湘梁雍南北秦六州、荆州刺史。

同書宜都王鏗傳：持節、都督南豫司二州諸軍事、南豫州刺史。

同書武陵王曅傳：持節、都督會稽東陽新安永嘉臨海五郡諸軍事、會稽太守。

同書崔慧景傳：持節、都督梁南北秦沙四州軍事、梁南秦二州刺史。

梁書長沙嗣王業傳：持節、都督梁南北秦沙四州諸軍事、梁南秦二州刺史。

同書元法僧傳，子景隆：持節、都督廣越交桂等十三州諸軍事、廣州刺史。

同書羊雅仁傳：持節、都督南北司豫楚四州諸軍事、北司州刺史。

同書蕭藻傳：持節、都督益寧二州諸軍事、益州刺史。

陳書鄱陽王伯山傳：持節、都督東揚豐二州諸軍事、東揚州刺史。

同書晉熙王叔文傳：持節、都督江州諸軍事、江州刺史。

同書江夏王伯義傳：持節、都督合霍二州諸軍事、合州刺史。

同書淳于量傳：持節、都督桂定東西甯等四州諸軍事、桂州刺史。

(3)〔都督諸軍事〕+〔假節〕……三國魏志，凡「都督」皆云「假節」。晉世尙多此類，聊舉五例如次：

晉書高密王泰傳：假節、都督關中諸軍事。

羊祜傳：假節、都督荆州諸軍事。

胡奮傳：假節、都督荆州諸軍事。

淮南王允傳：假節、都督揚江二州諸軍事。

荀組傳：假節、都督豫州諸軍事。

宋以後則少此例，列舉如次：

南齊書張冲傳：假節、都督青冀二州北討諸軍事、青冀州刺史。

陳書南康王曇朗傳：子方慶：假節、都督定州諸軍事、定州刺史。

同書陳詳傳：假節、都督臮州諸軍事、臮州刺史。

(4)〔監諸軍事〕+〔使持節〕……此例於晉宋齊亦頗常見，舉例如次：

晉書唐彬傳：使持節、監幽州諸軍事。

同書周馥傳，裴憲：使持節、監豫州諸軍事。

宋書文帝紀：使持節、監徐兗青冀四州諸軍事、徐州刺史。

同書劉道憐傳，子義欣：使持節、監豫司雍并四州諸軍事、豫州刺史。

同書武昌王渾傳：使持節、監雍梁南北秦四州、荆州之竟陵隨二郡諸軍事、雍州刺史。

同書劉秀之傳：使持節、監益寧二州諸軍事、益州刺史。

同書晉熙王昶傳，子燮：使持節、監郢州、豫州之西陽、司州之義陽二郡諸軍事、郢州刺史。

同書建平王宏傳：使持節、監湘州諸軍事、湘州刺史。

同書始安王子真傳：使持節、監廣交二州始興始安臨賀三郡諸軍事、廣州刺史。

南齊書張岱傳：使持節、監南兗兗徐青冀五州諸軍事、南兗州刺史。

同書垣崇祖傳：使持節、監豫司二州諸軍事、豫州刺史。

同書王奐傳：使持節、監湘州軍事、湘州刺史。

(5)〔監諸軍事〕+〔持節〕……此例於宋齊兩書所見較多。

宋書蕭思話傳：持節、監徐兗青冀四州、豫州之梁郡諸軍事、兗徐二州刺史。

同書沈攸之傳：持節、監郢州諸軍事、郢州刺史。

同書吉翰傳：持節、監司雍并三州諸軍事、司州刺史。

南齊書安陸王子敬傳：持節、監南兗兗徐青冀五州諸軍事、南兗州刺史。

同書王玄載傳：持節、監兗州緣淮諸軍事、兗州刺史。

同書長沙王晃傳：持節、監豫司二州(有脱文)之西陽諸軍事、豫州刺史。

同書曹虎傳：持節、監雍州、郢州之竟陵、司州之隨郡軍事、雍州刺史。

同書晉安王子懋傳：持節、監湘州諸軍事、湘州刺史。

(6)〔監諸軍事〕+〔假節〕……此例於晉書所見最多，其後則甚少。

三國魏書毌邱儉傳：假節、監豫州諸軍事，領豫州刺史。

晉書汝南王亮傳：假節、監豫州諸軍事。

同書胡奮傳：假節、監幷州諸軍事。

同書王虔傳：假節、監青州諸軍事。

同書荀崧傳：假節、監沔北諸軍事。

同書謝萬傳：假節、監司豫冀幷四州軍事、豫州刺史。

宋書吉翰傳：假節、監徐兗二州、豫州之梁郡諸軍事、徐州刺史。

南齊書張冲傳：假節、監青冀二州刺史。

(7)〔督諸軍事〕+〔使持節〕……此例於宋書以下多有之。

宋書劉敬宣傳：使持節、督北青州軍郡事、北青州刺史。

同書垣護之傳：使持節、督豫司二州諸軍事、豫州刺史。

同書邵陵王友傳：使持節、督江州、豫州之西陽新蔡晉熙三郡諸軍事、江州刺史。

同書始安王休仁傳：使持節、督江州、南豫州之晉熙新蔡、郢州之西陽三郡諸軍事、江州刺史。

同書黃回傳：使持節、督郢州、司州之義陽諸軍事、郢州刺史。

同書沈攸之傳：使持節、督雍梁南北秦四州、郢州之竟陵諸軍事、雍州刺史。

同書張興世傳、劉遵考傳、袁凱傳，使持節督諸軍事略同。

同書張茂度傳：使持節、督益寧二州、梁州之巴西梓橦宕渠南漢中、秦州之懷寧安固六郡諸軍事、益州刺史。

同書同傳：使持節、督廣交二州諸軍事、廣州刺史。

同書臾喜傳：使持節、督交州、廣州之鬱林寧浦二郡諸軍事、交州刺史。

南齊書安成王暠傳：使持節、督江州、豫州之晉熙諸軍事、江州刺史。

同書鄱陽王鏘傳：使持節、督雍梁南北秦四州、郢州之竟陵、司州之隨郡軍事、雍州刺史。

同書同傳：使持節、督江州諸軍事、江州刺史。

梁書元樹傳：使持節、督郢司霍三州諸軍事、郢州刺史。

同書夏侯亶傳，弟夔：使持節、督司州諸軍事、司州刺史。

同書蕭景傳：使持節、督雍梁南北秦、郢州之竟陵、司州之隨郡諸軍事、雍州刺史。

同書同傳：使持節、督南北兖北徐青冀五州諸軍事、南兖州刺史。

(8)〔督諸軍事〕+〔持節〕……此例亦於宋書以下多有之。

晉書溫嶠傳：「咸和初，代應詹爲江州刺史，持節、都督、平南將軍，鎭武昌。」

宋書顏師伯傳：持節、督青冀二州、徐州之東安東莞、兖州之濟北三郡諸軍事、青冀二州刺史。

同書朱齡石傳：持節、督關中諸軍事、雍州刺史。

同書武陵王贊傳：持節、督郢州、司州之義陽諸軍事、郢州刺史。

同書劉道產傳：持節、督雍梁南秦三州、荆州之南陽竟陵順陽襄陽新野隨六郡諸軍事、雍州刺史。

同書蕭惠開傳：持節、督益寧二州諸軍事、益寧二州刺史。

南齊書陸慧曉傳：持節、督南兖兖徐青冀五州諸軍事、南兖州刺史。

同書垣崇祖傳：持節、督兖青冀三州諸軍事、兖州刺史。

同書裴叔文傳：持節、督徐州諸軍事、徐州刺史。

同書桓康傳：持節、督青冀二州、東徐之東莞琅邪二郡朐山戍、北徐之東海漣口戍諸軍事、青冀二州刺史。

同書建安王子眞傳：持節、督南豫司二州軍事、南豫州刺史。

同書始安王道生傳、崔慧景傳：持節、督皆略同。

同書沈文秀傳：持節、督郢州、司州之義陽諸軍事、郢州刺史。

同書晉熙王銶傳：持節、督略同。

同書和帝紀：持節、督荆雍益寧梁南北秦七州諸軍事、荆州刺史。

同書蕭赤斧傳：持節、督雍梁南北秦四州(略)軍事、雍州刺史。

同書張瓌傳：持節、督同上。

同書曹虎傳：持節、督梁南北秦沙四州諸軍事、梁南秦二州刺史。

同書陳顯達傳：持節、督廣交越三州、湘州之廣興軍事、廣州刺史。

梁書昌義之傳：持節、督南兗兗徐青冀五州諸軍事、南兗州刺史。

同書明山賓傳：持節、督緣淮諸軍事、北兗州刺史。

同書裴邃傳：持節、督豫北豫霍三州諸軍事、豫州刺史。（馬仙琕傳全同）

同書夏侯亶傳：持節、督司州諸軍事、司州刺史。

同書安成王秀傳，子機：持節、督湘衡桂三州諸軍事、湘州刺史。

同書韋粲傳：持節、督衡州諸軍事、衡州刺史。

同書樂藹傳：持節、督廣交越三州諸軍事、廣州刺史。（衡陽王元簡傳全同。蕭景傳略同）

陳書趙知禮傳：持節、督吳州諸軍事、吳州刺史。

(9)〔督諸軍事〕+〔假節〕……此例大都爲小鎭，齊梁爲多。

晉書謝尙傳：假節、督揚州之六郡諸軍事、豫州刺史。

南齊書王廣之傳：假節、督徐州諸軍事、徐州刺史。

同書周山圖傳：假節、督兗青冀三州、徐州東海朐山軍事、兗州刺史。

同書蘇侃傳：假節、督巴州軍事、巴州刺史。

同書傅琰傳：假節、督益寧二州軍事、益州刺史。

梁書康絢傳：假節、督北兗州緣淮諸軍事、北兗州刺史。

同書昌義之傳：假節、督北徐州諸軍事、北徐州刺史。

同書馮道根傳：假節、督豫州諸軍事、豫州刺史。

同書張齊傳：假節、督益州外水諸軍事、巴西太守。

綜上觀之，統軍之「都督」、「監」、〔督〕三等與加節之「使持節」、「持節」、「假節」三等交互配合，卽此三等之任何一等可與彼三等之任何一等配合，共得九種方式。而史傳又有「都督」「監」「督」而不書加節者，其例且甚多，疑爲史家省書。然下列數例可注意：

宋書王宏傳：「(義熙）十四年，遷監江州、豫州之西陽新蔡二郡諸軍事、撫軍將軍、江州刺史。永初九(元)年，加散騎常侍。……太祖卽位，……加使持節、侍中，改監爲都督，進號車騎大將軍。」

同書謝晦傳：「少帝旣廢，司空徐羡之錄詔命，以晦行都督荊湘雍益寧南北秦七州諸軍事、撫軍將軍，領南蠻校尉、荆州刺史。欲令居外爲援；慮太祖至，或用他人，故遽有此授。太祖卽位，加使持節，依本位除授。」

同書豫章王子尙傳：「遷揚州刺史。大明二年，加撫軍將軍。三年，浙江西立王畿，以浙江東爲揚州，命子尙都督揚州、江州之鄱陽晉安建安三郡諸軍事、揚州刺史，將軍如故。……七年，加使持節，進號車騎大將軍。」

同書始平王子鸞傳：「都督南徐州諸軍事。……前廢帝卽位，……加持節，之鎭。」

南齊書晉安王子懋傳：永明六年，「徙監湘州、平南將軍、湘州刺史。明年，加持節、都督。」

觀此五事，先不書加節者非省書也。據此以推，其他不書加節者或亦不盡屬省書歟？姑存待者。

統軍加節旣有種種情形表現其輕重高低，故任職者往往有因功進級者，有因過降級者，擧例如次：

宋書劉道憐傳：子義欣，「遷使持節、監豫司雍幷四州諸軍事、豫州刺史。……(元嘉)十年，進號鎭軍將軍，進監爲都督。」

同書松滋侯子房傳：「景和元年，……子房以本號(右將軍)督會稽東陽新安臨海永嘉五郡諸軍事、會稽太守。太宗卽位，改督爲都督，進號安東將軍。」

同書劉秀之傳：「遷使持節、督益寧二州諸軍事、寧朔將軍、益州刺史。……進號征虜將軍，改督爲監。」

同書蕭惠開傳：「爲持節、督青冀二州諸軍事、輔國將軍、青冀二州刺史。不行。改督益寧二州刺史，持節將軍如故。……太宗卽位，……進平西將軍，改督爲都督。」

同書黃回傳：「爲使持節、督郢州、司州之義陽諸軍事、平西將軍、郢州刺史。……回至鎭，進號鎭西將軍，改督爲都督。」

同書邵陵王友傳：「出爲使持節、督江州、豫州之西陽新蔡晉熙三郡諸軍事、南中郞將、江州刺史。……順帝卽位，進號左將軍，改督爲都督。」

南齊書垣崇祖傳：「徙爲使持節、監豫司二州諸軍事、豫州刺史，將軍如故

(冠軍將軍)。……及破虜，……進爲都督，號平西將軍。」

同書張敬兒傳：「爲持節、督雍梁二州、郢司二郡軍事、雍州刺史。……(沈)攸之反，……敬兒告變，……進號鎮軍將軍，加散騎常侍，改爲都督。」

同書曹虎傳：「隆昌元年，遷督雍州、郢州之竟陵、司州之隨郡軍事、冠軍將軍、雍州刺史。建武元年，進號右將軍。二年，進督爲監，進號平北將軍。」

梁書夏侯夔傳：「授持節、督司州諸軍事、信武將軍、司州刺史。……魏郢州刺史元顯達請降，……改魏郢州爲北司州，以夔爲刺史，兼督司州。(大通)三年，遷使持節，進號仁威將軍。」

宋書巴陵王休若傳：「遷梁雍南北秦四州、荆州之竟陵隨二郡諸軍事、寧蠻校尉、雍州刺史，(使)持節(散騎)常侍(衛)將軍如故。……上大怒，……降號左將軍，貶使持節都督爲監，行雍州刺史。」

觀此數例，多爲「督」「監」「都督」之升降，而節之升降僅梁書一例。宋書巴陵王休若傳或亦可作如是觀。蓋當時所重仍在統軍之等級，而加節之等級或尚次要歟？

通典職官一九晉官品條，諸持節都督，第二品。宋官品條全同。其職之重，於此可見。

凡統軍，不論「都督」「監」「督」，皆加將軍，開府置佐。三國魏志杜恕傳：「爲河東大守。歲餘，遷淮北都督護軍。」趙儼傳：「徙都督護軍。」是魏都督諸州軍事有護軍也。晉書羊祜傳，爲散騎常侍、衛將軍、假節、都督荆州諸軍事；有軍司徐胤。又金石萃編二五關中侯劉韜墓誌：「晉故使持節、都督青徐諸軍事、征東將軍軍司、關中侯劉府君之墓……。」潛研堂金石文跋尾考魏晉公府將軍皆置軍司，其字當作軍師，晉避諱改司。考論甚詳。晉書石崇傳：「假節、監徐州諸軍事，鎮下邳。……至鎮，與徐州刺史高誕爭酒相侮，爲軍司所奏，免官。」則軍司蓋爲監視都督而設者歟？通典職官一八魏官品條有諸軍司及都督護軍，皆第五品。職官一九晉官品條全同。是通魏晉皆置此兩職，且位甚重也。又晉官品條有都督長史、司馬，第六品。按漢世將軍有長史、司馬。魏志滿寵傳，爲揚州都督，有長史。則晉官品條之都督長史司馬當亦承襲於魏者。劉宋以下，護軍軍司蓋已省，而以長史司馬爲上佐，其下置參軍，名目甚多，拙作魏晉南朝地方政府屬佐考(刊本所集刊第二十本上册)已詳考之，今不重出。

二、都督與屬州刺史之關係

前引通典一九晉官品條，諸持節都督，第二品。宋官品條，同。又晉官品條，州刺史領兵者，第四品；宋官品條亦同，又云刺史不領兵者，第五品。則都督與刺史之地位懸距頗遠。

都督本爲治軍而設，南齊志云：「晉太康中，都督知軍事，刺史治民。」其實不始於晉，自不待言。晉書溫嶠傳，奏云：「古鎭將多不領州，皆以文武形勢不同故也。」時入東晉不過十一二年，所謂「古」當指魏世，殆可斷言。惟其職在統軍，故顧和云：「非犯軍戎，不由都督。」見晉書本傳。

都督既與刺史分統軍民。都督地位既高，且常兼統兩州以上，而刺史爲一州行政長官，亦勢不能與軍事毫不相涉，故在軍事方面，刺史勢必統隸於都督。魏畧云：「是時冀州統屬鎭北。」(魏志曹爽傳注引。)晉書華軼傳：「永嘉中，歷振威將軍、江州刺史。……軼自以受洛京所遣，而爲壽春所督。」是其證。又陳騫傳云：「出爲都督揚州諸軍事。……牽弘爲揚州刺史，不承順騫命。」亦謂刺史本應承順都督之命也。至於遣刺史用兵，更所常見。由此言之，都督對於刺史似有統轄指揮權，但事實上又不能完全運用；刺史似統屬於都督，但似又有獨立之地位；故二者之關係殊不正常。又晉書羊祜傳，奏云：「昔魏武帝置都督，類皆與州相近，以兵勢好合惡離。」二者之關係既不正常，又常同駐一城，故往往發生齟齬，魏世尤甚。茲就魏志列傳舉例如次：

> 滿寵傳：「以前將軍代(曹休)都督揚州諸軍事。……吳將孫布遣人詣揚州求降，……乞兵見迎。刺史王凌騰布書請兵馬迎之。寵以爲必詐，不與兵。……寵會被書當入朝，勑留府長史，若凌欲往迎，勿與兵也。凌於後索兵不得，乃單遣一督將步騎七百人往迎之，布夜掩擊，……。初寵與凌共事不平。凌支黨毁寵疲老悖謬，故明帝召之，既至，體氣康彊，見而遣還。
>
> 崔林傳：「文帝踐阼，拜尙書，出爲幽州刺史。北中郎將吳質統河北軍事，涿郡太守王雄謂林別駕曰：吳中郎將，上所親重，國之貴臣也。仗節統事，州郡莫不奉牋致敬；而崔使君初不與相聞。若以邊塞不修斬卿，使君寧能護

卿耶？別駕具以白林。林曰，刺史視去此州如脫屣，寧當相累耶？……以不事上司。左遷河間太守。」

杜畿傳：子恕，「出爲幽州刺史，加建威將軍、使持節、護烏丸校尉。時征北將軍程喜屯薊，尚書袁侃等戒恕曰：程申伯處先帝之世，傾田園讓於青州，足下今俱仗節使，共屯一城，宜深有以待之。而恕不以爲意。至官未期，有鮮卑大人兒不由關塞，徑將數十騎詣州，州斬所從來小子一人，無表言上，喜於是劾奏恕，下廷尉。」

田豫傳：「太和末，公孫淵以遼東叛，……乃使豫以本官(汝南太守)督青州諸軍事，假節，往討之。……豫以太守督青州，青州刺史程喜內懷不服，軍事之際，多相違錯。

曹爽傳注引魏略：「桓範……明帝時……遷征虜將軍、東中郎將、使持節、都督青徐諸軍事，治下邳。與徐州刺史鄒岐爭屋，引節欲斬岐。爲岐所奏。不直，坐免。還復爲兗州刺史……聞當轉爲冀州牧。是時，冀州統屬鎭北。而鎭北將軍呂昭才實仕進本在範後。範謂其妻仲長曰，我寧作諸卿向三公長跪耳，不能爲呂子展屈也。其妻曰，君前在東，坐欲擅斬徐州刺史，衆謂君難爲作下；今復羞爲呂屈，是復難爲作上也。範忿其言觸實，……竟稱疾不赴冀州。」

按：觀此五例，都督與刺史間不正常之關係至爲明顯。魏世史料至簡，竟有此五條詳明之記載，足見此類事情必所常有。下訖西晉，此類例證則甚少，晉書石崇傳云：「出爲征虜將軍、假節、徐州諸軍事，鎭下邳。……與徐州刺史高誕爭酒相侮。」此爲僅見之事例矣。蓋都督持節統軍，威權日隆，時間既久，其與刺史間之統隸關係逐漸定型化，故刺史常事退避以免衝突，如晉書高密王略傳：「遷安北將軍、都督青州諸軍事。略逼青州刺史程牧，牧避之，略自領州。」稽紹傳：「拜徐州刺史，時石崇爲都督，性雖驕暴，而紹將之以道，崇甚親敬之。」即其證。

都督既漸能控制刺史，故遂亦有越權兼理民事者。如西晉之世即多此例，略舉如次：

杜預傳：爲鎭南大將軍、都督荆州諸軍事。吳既平，「修立泮宮，江漢懷德，化被萬里。……又修邵信臣遺跡，激用滍淯諸水以浸原田，萬餘頃，分疆刊石，使有定分，公私同利，衆庶賴之，號曰杜父。舊水道唯沔漢達江陵千數百里，北無通路，又巴丘湖，湘沅之會，表裏山川，實爲險固，荆蠻之所恃也。預乃開揚口，起夏水達巴陵千餘里，內瀉長江之險，外通零桂之漕，南土歌之。」

扶風王駿傳：「遷鎮西大將軍、使持節、都督雍凉等州諸軍事，……鎮關中。……勸督農桑，與士卒分役，已及寮佐並將帥兵士等人限四十畝，具以表聞。詔遣普下州縣，使各務農事。」

唐彬傳，爲使持節、監幽州諸軍事，領護烏丸校尉。「至鎮，訓卒利兵，廣農重稼，……兼修學校，誨誘無倦，仁惠廣被。」

劉弘傳：「爲鎮南將軍、都督荆州諸軍事。時荆部守宰多缺，弘請補選，帝從之。弘迺叙功銓德，隨才補授。爲論者所稱。乃表曰……夫慶賞刑威，非臣所專……。」

按此皆刺史之職，而都督侵之也。故西晉之末，即令都督兼領治所之州刺史，既免爭衡不睦，又收事權統一之效，實爲一大進步。

自此以後，都督例兼領治所之州刺史，本州之內，軍民刑政，由一人全權處理，自無問題。然都督常兼統兩三州，或四五州以上，且有兼統某某州之某某數郡者，則此都督被稱爲統府或督府，而所督州郡則爲屬州，彼此間亦有上下統屬之關係，茲舉數例如次：

晉書譙王承傳：「元帝……以承監湘州諸軍事、南中郎將、湘州刺史。……承行達武昌，釋戎備，見王敦。敦……聽承之鎮。時湘土荒殘，……承……傾心綏撫，甚有能名。敦恐爲已患，詐稱北伐，悉召承境內船乘。承知其奸計，分半與之。」按王敦時爲都督荆湘等州諸軍事、荆州刺史。

同書殷仲堪傳：假節、都督荆益寧三州諸軍事、荆州刺史。「時朝廷徵益州刺史郭銓，犍爲太守卞苞於坐勸銓以蜀反。仲堪斬之以聞。朝廷以仲堪事不預察，降號鷹揚將軍。」

同書劉毅傳：「都督荆寧秦雍四州（略）諸軍事、荆州刺史。……毅表荆州編戶不盈十萬，器械索然。廣州雖凋殘，猶出丹漆之用；請依先準。於是加督交廣二州。」

宋書庾悅傳：「盧循逼京師，以爲督江州、豫州之西陽新蔡汝南潁川、司州之松滋五郡諸軍事、建威將軍、江州刺史。……盧循平後，(劉)毅(時爲荆州都督)求都督江州。……以江州內地，治民爲職，不宜置軍府。……於是解悅都督將軍官，以刺史移鎭豫章。毅以親將趙恢領千兵守尋陽，建威府文武三千，悉入毅府。符攝嚴峻，數相挫辱。悅不得志，疽發背……卒。」

同書褚叔度傳：「除都督交廣二州諸軍事、建威將軍，領平越中郎將、廣州刺史。……義熙八年，盧循餘黨劉敬道窘迫，詣交州歸降。交州刺史杜慧度以事言統府。叔度以……事非款誠，報使誅之。慧度不加防錄，敬道招集亡命攻破九眞。……叔度輒貶慧度號爲奮揚將軍。惡不先上，爲有司所糾。詔原之。」

同書杜慧度傳：「義熙……七年，除使持節、督交州諸軍事、廣武將軍、交州刺史。……慧度板(長子)弘文爲鷹揚將軍、流民督護。……統府板弘文行九眞太守。」

同書張茂度傳：子永。「(元嘉)二十九年，以永督冀州、青州之濟南樂安太原三郡諸軍事、揚威將軍、冀州刺史。督王玄謨申坦等諸將經略河南，……爲虜所乘，死敗塗地。永及申坦並爲統府撫軍將軍蕭思話所收，繫於歷城獄。」(蕭思話傳，此時爲監徐兗青冀四州、豫州之梁郡諸軍事、撫軍將軍、兗徐二州刺史。)

南齊書蕭景先傳：「出爲持節、督司州軍州事、寧朔將軍、司州刺史，領義陽太守。是冬，虜出淮泗，……景先言於督府。驃騎豫章王遣輔國將軍中兵參軍蕭惠朗二千人助景先。」(按時在建元初，豫章王嶷爲都督荆州刺史。)

梁書世祖子方等傳：「時河東王爲湘州刺史，不受督府之令。」(按此謂不受荆州都督之命也。)

觀此諸條，屬州刺史須聽命於統府，有事須上言於統府；而統府對於屬州，有指揮督察之權，可徵聚兵戎，可調用財物，可扳授郡守，且可上言黜陟刺史。據此而言，都督與屬州刺史間之統隸關係迥非西晉以前所可比擬矣。惟當統府反叛中央時，屬州刺史常有不聽命者，茲舉荆州都督府爲例：

> 宋書劉秀之傳：督益寧二州諸軍事、益州刺史。時南譙王義宣都督荆湘雍梁益寧南北秦八州諸軍事、荆州刺史。欲叛，徵兵於秀之。秀之不應，斬其使。
>
> 同書張邵傳：「分荆州立湘州，以邵爲刺史。……謝晦反，遣書要邵，邵不發函，馳使呈帝。」(按晦時爲都督荆湘等州諸軍事、荆州刺史。)
>
> 同書沈攸之傳：都督荆湘雍益梁寧南北秦八州諸軍事、荆州刺史。蕭道成將謀篡，攸之舉兵，「遣使要雍州刺史張敬兒、梁州刺史范伯年、司州刺史姚道和、湘州行事庾佩玉、巴陵(屬郢州)內史王文和等。敬兒文和斬其使，……伯年道和佩玉懷兩端。」
>
> 南齊書張敬兒傳：以功求爲雍州刺史。「乃微動太祖(蕭道成)曰：沈攸之在荆州，公知其欲何所作，不出敬兒以防之，恐非公之利也。太祖笑而無言，乃以敬兒爲持節、督雍梁二州郢司二郡軍事、雍州刺史。」

按觀此諸事例，都督對於屬州雖有統率指揮之權，但不能絕對控制如州刺史之於屬郡者，殆可斷言。

綜而觀之，魏晉南朝之世，都督與刺史之關係，及此種關係演變之過程，可略述如此：

一、魏世，都督統屬一州或二三州，掌軍事，州皆另置刺史掌民政，刺史雖統屬於都督，但頗富獨立性，故二者間之關係殊不正常。加以都督與治所之州刺史同駐一城，是以爭衡不睦之事時見史傳。

二、西晉之世，二者間之關係，形式上仍同於魏，但都督對於治所之州刺史之控制力加强，且時有侵奪刺史治民之權者。

三、西晉末葉，以都督兼領治所之州刺史，俾事權統一。此爲一大進步之改革。

四、此次改革以後，都督除完全控制本州軍民刑政外，對於其他屬州亦以統府之地位有指揮督察徵調物力之權，但此等州刺史仍有半獨立之地位，都督不能完全控制。

由此言之，此一時期都督刺史之關係及其演變過程，實與清代總督巡撫之設置及其關係演變之過程如出一轍。

三、都 督 區

晉書地理志揚州條云：

「舊江州督荆州之竟陵郡。及何無忌爲(江州)刺史，表以竟陵去州遼遠，去江陵三百里，荆州所立綏安郡，人戶入境欲資此郡助江濱戍防，以竟陵還荆州。……安帝從之。」

又同書殷仲堪傳云：

「尙書下，以益州所統梁州三郡人丁一千番戍漢中。益州未肯承遣。仲堪乃奏之曰：夫制險分國，各有攸宜。劍閣之隘實蜀之關鍵，巴西梓橦宕渠三郡去漢中遼遠，在劍閣之內，成敗與蜀爲一，而統屬梁州；蓋定鼎中華，慮在後伏，所以分斗絕之勢，開荷戟之路。自皇居南遷，守在岷邛，衿帶之形，事異曩昔。是以李勢初平，割此三郡配隸益州；將欲重複上流，爲習坎之防；事經英略，歷年數紀。梁州……盛陳事力之寡弱……論求三郡；益州以本統有定；更相牽制，莫知所從，致令巴宕二郡爲羣獠所覆。……今遠慮長規，宜保全險塞，又蠻獠熾盛，兵力寡弱，如遂……號令不一，則劍閣非我保，醜類轉難制。此乃藩扞之大機，上流之至要。昔三郡全實，正差文武三百以助梁州；今浮沒蠻獠，十不遺二，加逐食鳥散，資生未立，苟順符指，以副梁州，恐公私困弊，無以堪命；則劍閣之守無擊柝之儲，號令選用，不專於益州，虛有監統之名，而無制御之用，懼非……經國之遠術。謂今正可更加梁州文武五百，合前爲一千五百；自此之外，一仍舊貫。設梁州有急，蜀當傾力救之。書奏，朝廷許焉。」

按晉世竟陵郡本屬荆州，而爲江州所督，巴西、梓橦、宕渠三郡本屬梁州，而爲益州所督，據此兩條，此四郡之號令選用專於督將，幾與本州無涉。又宋書劉粹傳云：

「永初……三年，以本號(征虜將軍)督豫司雍并四州、南豫州之梁郡弋陽馬頭三郡諸軍事、豫州刺史，領梁郡太守。」

按：梁郡屬南豫州，而爲豫州刺史所督，且領其郡守，則此郡在行政上軍事上皆統隸於豫州督區，而與本屬之州毫不相干，殆可斷言。綜此而言，督區之重要過於州域亦斷可知矣。

督區不但在行政區域上之限制性超過州區，卽其固定性亦常逾於州區。如自東晉以後時或分荆州置湘州，分荆、益置巴州，皆仍屬荆州都督；分揚州置東揚州，仍屬揚州都督；分交、廣置越州，後又分置十餘州，皆仍屬廣州都督；分豫州爲南北二州，而督區則一。又如宋、齊世，竟陵郡時屬荆州，時屬郢州，隨郡時屬荆州，時屬郢州，時屬司州，然皆屬雍州都督。諸如此類情形，事例甚多，並詳後文，皆都督區反較州區爲固定之明證。

又宋書州郡志二，梁郡屬豫州。「孝武大明元年，度徐州。二年，還豫。」而孝武帝紀，大明三年「正月丁亥，割豫州梁郡屬徐州。」四年五月「乙酉，以徐州之梁郡還屬豫州。」度徐還豫各差誤兩年。今姑不論其是非。然梁郡經常屬豫州，屬徐州者纔一年，則無疑也。然據後考宋代徐州都督區，元嘉八年以後，督區可考者凡十人，除臧質外，其餘九人皆兼督豫州之梁郡。則梁郡雖恆屬豫州，但就督區而言，又恆屬徐州都督也。觀於前論督區之限制性超過州區之限制性，則梁郡與徐州督區之關係超過其與豫州之關係明矣。如此事例亦甚多，今姑舉此一事以見梗概耳。

都督之權既重，督區又常較州域爲固定，其在行政區域上之限制性復超過州域，故此一時代之都督區至爲重要，而晉宋齊隋諸書之地志記此一時期之行政區劃皆以州爲單位，而於都督區全不涉筆，殊爲缺憾；玆綜合史傳考之如次：

(甲) 三國與西晉

(A) 魏

魏置司、豫、兗、冀、幽、幷、青、徐、揚、荆、雍、凉十二州，沿邊諸州皆置都督。魏志杜畿傳附子恕傳云：

> 「(太和中) 鎭北將軍呂昭又領冀州。乃上疏曰：……以武皇帝之節儉，府庫充實，猶不能十州擁兵。……今荆、揚、青、徐、幽、幷、雍、凉緣邊諸州皆有兵矣，其所恃內充府庫，外制四夷者，惟兗、豫、司、冀而已。……冀州戶口最多，田多墾闢，……國家徵求之府，誠不當復任以兵事也。」

按：有兵卽隸都督，就此一段，已可知魏世置都督之概況。而洪飴孫三國職官表與吳廷燮三國方鎭年表復詳爲輯考，惟頗有出入譌誤，今略爲銓次，約舉其員數，以明其督區如次：

（1） 雍涼都督——自魏初置都督雍涼州諸軍事一人，治長安，以備蜀。曹眞、司馬懿、趙儼、夏侯玄、郭淮、陳泰、司馬望相繼爲之。甘露元年，鄧艾爲隴右都督，而司馬望尙在任。其後鍾會衞瓘相繼爲關中都督，而李允繼鄧艾爲隴右都督，則自甘露元年實分雍涼爲關中、隴右兩都督也。

（2） 荆豫都督——魏初，曹仁爲都督荆揚益州諸軍事，夏侯尙爲都督南方諸軍事領荆州刺史。此初期制未定也。太和元年，司馬懿爲都督荆豫二州諸軍事，治宛，以備蜀吳。夏侯儒繼之。正始中，王昶繼之，移治新野。甘露四年卒官。據本傳，其督區始終未變。晉書文帝紀，是年六月，「分荆州置二都督，王基鎭新野，州泰鎭襄陽。」又云：「陳騫都督豫州。」蓋同時分昶督區爲三也。

（3） 揚州都督——自魏初置揚州都督，治壽春，以備吳。曹休、滿寵、王淩、諸葛誕、毌丘儉、王基、石苞相繼爲之。而自甘露二年陳騫爲淮北都督，盧欽、司馬駿相繼爲之；是揚州督區亦分爲二也。

（4） 青徐都督——置青徐都督一人，治下邳。夏侯楙、桓範、胡質、胡遵、石苞相繼爲之。苞在甘露中。晉書文帝紀，甘露四年六月，「鍾毓都督徐州，宋鈞監青州諸軍事。」其後衞瓘繼爲徐州都督，魯芝繼爲監青州諸軍事。是青徐分區亦甘露中事也。

（5） 河北都督——置河北都督以備胡。吳質、呂昭、程喜、陳本、劉靖、許允、何曾、王乂相繼爲之。吳質治信都，呂昭兼領冀州刺史，是督區兼及冀州也。自程喜都督河北幽幷軍事，治薊；劉靖亦治薊；蓋督區惟幽幷二州矣。

（B） 蜀

蜀漢於緣邊諸郡並置都督：有漢中都督，以備魏；有江州都督及永安都督（一名巴東都督），以備吳；有庲降都督，先治南昌縣，徙治平夷縣，又徙味縣，以備南蠻。三國職官表已列之頗詳。蓋蜀漢地限益州，故其督區視州爲小，所督不過數郡而已。此與魏制大異。

(C) 吳

吳於緣江軍事要地置督以備魏蜀，其督區似更小。據洪飴孫三國職官表及陶元珍三國吳兵考(燕京學報第十三期)，自西而東有信陵、西陵、夷道、樂鄉、江陵、公安、巴邱、蒲圻、沔中、夏口、武昌(今鄂城)、半州(洪引通典，在蘄春尋陽縣；略當今富池口田家鎮一帶)、柴桑、吉陽(今安徽東流北三十里有吉陽鎮吉陽磯)、皖口、濡須、蕪湖、徐陵、牛渚、京下諸督(又有中夏督，不知在今何地)。亦有稱都督者。洪陶二氏皆僅謂權輕者曰督，權重者曰都督。然考吳志陸抗傳云：

「永安二年，拜鎮軍將軍，都督西陵，自關羽(楊圖益陽有關羽瀨)至白帝。三年，假節。孫晧即位，加鎮軍大將軍，領益州牧。建衡二年，大司馬施績卒，拜抗都督信陵、西陵、夷道、樂鄉、公安諸軍事，治樂鄉。」

據此，抗先爲西陵都督，後爲都督，治樂鄉，其都督區全同，惟治所有遷徙耳。抗傳下文又述抗所統有西陵督步闡、江陵督張咸、公安督孫遵、水軍督留慮、宜都太守雷譚等，是都督統轄數督之明證，不僅權位視督爲重而已也。

按樂鄉都督始於朱然。吳志朱然傳云：

「蒙卒，權假然節，鎮江陵。……諸葛瑾子融，步騭子協，雖各襲任，權特復使然總爲大督。……赤烏十二年卒。」

據步騭傳，協爲西陵督；據諸葛瑾傳，融爲公安督；則然爲大督，除督江陵外，又兼統西陵公安兩督也。大督卽都督之謂。然卒，子績繼之。然傳附績傳云：

「然卒，績襲業，拜平魏將軍、樂鄉督。明年，魏征南將軍王昶率衆攻江陵城，不克而退。績與奮威將軍諸葛融(時爲公安督)書曰：昶遠來疲困，……力屈而走，此天助也。今追之，力少。可引兵相繼，……宜同斷金之義。融答許績。績便引兵及昶於紀南，紀南去城三十里，績先戰勝，而融不進，績後失利。」

按：吳之督將例皆世襲。績繼然爲樂鄉督，而江陵實無督，然傳所謂「鎮江陵」者，以樂鄉在江陵對江不遠，屯樂鄉，卽以鎮江陵也。績傳又云：

「建興……二年，……假節。太平二年，拜驃騎將軍。……永安初，遷上大將軍，都護督自巴丘上迄西陵。元興元年，就拜左大司馬。」

據此，然以樂鄉督兼統西陵公安兩督，績先僅爲樂鄉督，後則都護督自巴丘至西陵，視然都督區爲擴大矣。按：朱然本姓施，至績復姓，則陸抗傳繼施績爲樂鄉都督者，即此朱績也。

西陵都督始於陸遜，然遜傳不云督。步隲繼之，本傳云：

「權稱尊號，拜驃騎將軍，……是歲都督西陵，代陸遜撫二境。……赤烏九年，代陸遜爲丞相，……在西陵二十年，……。十一年卒，子協嗣，統隲所領，加撫軍將軍。協卒，……弟闡繼業爲西陵督，加昭武將軍。」

遜隲都督區包括若干地方不可知，然就二人地位事業而言，其轄區決不局限於西陵一地，殆可斷言。隲之後，可考見於史傳之都督即陸抗矣。據前引抗傳，先爲西陵都督，後爲樂鄉都督，督區則未變，其後西陵僅置督，無都督。然晉書武帝紀云：

「太康元年……二月……庚申，又剋西陵，殺西陵都督鎮軍將軍留憲、征南將軍成璩，西陵監鄭廣。壬戌，濬又克夷道樂鄉城，殺夷道監陸晏、水軍都督陸景。甲戌，杜預剋江陵，斬吳江陵督五延（吳志孫晧傳五作伍）。」

則吳將亡之際，復置都督於西陵，而江陵僅置督矣。而通鑑晉紀三記此事云：

「大康元年……二月……庚申，濬克西陵，殺吳都督留憲等。壬戌，克荆門夷道二城，殺夷道監陸晏。杜預遣牙門周旨等帥奇兵八百，汎舟夜渡江，襲樂鄉。吳都督孫歆懼，與江陵督伍延書曰，北來諸軍乃飛渡江也。旨等伏兵樂鄉城外，歆遣兵出拒王濬，大敗而還，旨等發伏兵隨歆軍而入，歆不覺，直至帳下，虜歆而還。」

按通鑑此段係據王濬杜預兩傳，與武紀小異。又吳書孫賁傳注引吳歷，孫歆爲樂鄉督，非都督。然吳末江陵樂鄉並有督將，如陸抗時，則斷可知矣。

綜上所論，大抵自巴丘洞庭以上西接蜀境爲一都督區，其都督或治西陵，或治樂鄉（或江陵）。若孫歆都督爲可信，則末際此都督區又以西陵樂鄉爲中心分而爲二矣。

又吳志陸遜傳云：

「還西陵，黃龍元年，拜上大將軍・右都護。是歲，權東巡建業，留太子皇子及尚書九官，徵遜輔太子，並掌荆州及豫章三郡（蓋即後文討擊豫章鄱陽廬陵三郡賊之三郡）。……赤烏七年，代顧雍爲丞相。其州牧都護領武昌事如故。」

同書呂岱傳云：

「及陸遜卒，諸葛恪代遜，權乃分武昌爲兩部，岱督右部，自武昌上至蒲圻。遷上大將軍。拜子凱副軍校尉，監兵蒲圻。孫亮卽位，拜大司馬。」

按其後任右部督者有陸凱，見本傳。任左部督者，有范愼，後遷太尉，見孫登傳注引吳錄；又有薛瑩，見本傳；徐平，見虞翻傳注引會稽典錄。又按陸遜所管甚廣，自不待言。卽分左右兩部，右部督區自武昌上至蒲圻，當包括夏口督，或且包括沔中督；而左部督區當自武昌下迄半州、柴桑兩督。由此言之，武昌上下地區，諸督之上亦有統督者，惟不以「都督」名耳。然晉書陶璜傳：「晧以璜爲使持節、都督交州諸軍事、前將軍、交州牧。……徵璜爲武昌都督。」吳志虞翻傳注引會稽典錄，虞昺，「晉軍來伐，遣昺持節都督武昌已上諸軍事。」是末葉亦以「都督」名矣。

又吳志陸凱傳：

「五鳳二年，……拜巴丘督、偏將軍，封都鄉侯。轉爲武昌右部督。……孫晧立，遷鎭西大將軍，都督巴丘，領荊州牧，進封嘉興侯，……遷右丞相。」

據此條記事，亦可知都督之異於督者，不但位尊權重；且由武昌右部遷來，並領荊州牧，其督區必甚廣，殆可斷言。

又吳志賀齊傳云：

「拜安東將軍，封山陰侯，出鎭江上，督扶州以上至皖。黃武初，魏使曹休來伐，齊以道遠後至，因住新市爲拒。會洞口諸軍遭風流溺，所亡中分，將士失色，賴齊未濟，偏軍獨全，諸將倚以爲勢。……軍還，遷後將軍假節，領徐州牧。」

同書呂範傳云：

「權破羽，還都武昌，拜範建威將軍，封宛陵侯，領丹陽太守，治建業；督扶州以下至海。……曹休……來伐，範督徐盛全琮孫韶等以舟師拒休等洞口，遷前將軍，假節。……軍還，拜揚州牧。」

據此兩條記載，吳初，呂範以丹陽太守督扶州以下至海，領揚州牧；同時，賀齊督扶州以上至皖，領徐州牧。扶州在今何地雖待考(必在建業濡須口間殆可斷言)，或者卽洞口牛渚上下歟？)，然大江下流亦分上下兩大督區，此明證也。

以上皆沿江諸都督區也。至於沿海一帶亦置督。具舉如次：

吳志孫破虜吳夫人傳注引吳書云：

「權征荆州，拜(吳)奮吳郡都督，以鎭東方。」

按此爲沿海置督之最北者。

又吳志孫皓傳云：

「鳳凰三年，……會稽妖言，章安侯奮當爲天子，臨海太守奚熙與會稽太守郭誕書，非論國政。誕但白熙書，不白妖言；送付建安作船。遣三郡督何植收熙。」

按此三郡督之督區，臨海必其一。又按：吳世，浙東至閩僅會稽、東陽、臨海、建安四郡，東陽位處內陸；餘三郡濱海，而臨海郡居中。吳制，惟緣邊置督，此所督三郡，當不數東陽，而數會稽、建安。則北接吳郡，南連廣交兩督矣。

又吳志孫皓傳云：

「天紀……三年夏，郭馬反，……攻殺廣州督虞授。馬自號都督交廣二州諸軍事、安南將軍。(殷)興，廣州刺史。」

晉書滕脩傳云：

「廣州部曲督郭馬等爲亂，(孫)皓以脩宿有威惠，爲嶺表所伏，以爲使持節、都督廣州軍事、鎭南將軍、廣州牧，以討之。未尅，而王師伐吳，……皓已降，……與廣州刺史閭豐……各送印綬。詔以脩爲安南將軍，廣州牧、持節、都督如故。」

據此兩條，吳末廣州亦置督。惟晉書滕脩傳，脩在吳世任職，官銜即爲「使持節都督廣州軍事」與魏晉制同，而與吳志所記諸將只爲「督」或「都督」者不同。按：孫皓傳書事，虞授官名「廣州督」，此吳志常例也；而郭馬自號「都督交廣二州諸軍事」，與刺史各一人，此純魏晉之制，極可能與晉取得聯絡（觀晉書陶璜傳書呂興事，即爲佳例），故名號不同，非吳志簡書虞授官名，而全書郭馬僭僞官名也。意者滕脩官名亦只當爲廣州都督、假節、領廣州牧；晉書所書乃以晉制例書之耳。

又晉書陶璜傳云：

「南中監軍霍弋又遣犍爲楊稷……等自蜀出交趾，破吳軍于古城，斬大都督脩則、交州刺史劉俊。吳遣虞汜爲監軍，薛珝爲威南將軍、大都督，璜爲蒼梧太守。……珝……以璜領交州，爲前部督。……皓以璜爲使持節、都督交州諸軍事、前將軍、交州牧。……徵璜爲武昌都督；以合浦太守脩允代之。」

按：曰大都督，曰使持節都督交州諸軍事，皆都督也。

據上所考，吳緣海一帶自吳郡至交趾，有吳郡都督，有會稽臨海建安三郡督，有廣州都督，有交州都督，凡爲四都督區。

(D) 西　晉

西晉承魏、蜀、吳，有司、豫、兗、冀、青、徐、幽、幷、雍、涼、益、荆、揚、交、廣十五州。又分益置梁(武帝泰始三年)、寧（泰始七年），分雍涼置秦（泰始五年)，分幽置平(咸寧二年)，共凡十九州。

通鑑晉紀二，咸寧五年，傅咸上書曰：「舊都督有四，今並監軍乃盈於十。」胡三省注云：

「魏初置都督諸軍，東南以備吳，西以備蜀，北以備胡，隨其資望輕重而加以征、鎭、安、平之號，有四而已。其後增置，有都督鄴城守諸軍，都督秦雍涼諸軍，都督梁益諸軍，都督荆州諸軍，都督揚州諸軍，都督徐州諸軍，都督淮北諸軍，都督豫州諸軍，都督幽州諸軍，都督幷州諸軍，凡十；其資輕者爲監軍。」

按平吳以後，此制不廢。吳廷燮晉方鎭年表載之頗詳。據此表，司兗二州不置督，幷州及梁益偶置督，交廣二州常以刺史加都督，寧州蓋亦然，皆非經制；其經常置督者凡八：

（1）豫州都督——都督豫州諸軍事，鎭許昌。

（2）鄴城督——督鄴城守諸軍事，鎭鄴城；末葉始有都督冀州之號，仍鎭鄴。

（3）幽州都督——都督幽州諸軍事，兼督平州，鎭薊。

（4）關中都督——都督關中(或曰關西，或曰雍涼)諸軍事，統雍涼秦三州，鎭長安。

（5）沔北都督——都督沔北諸軍事，鎭宛城。

（6）荆州都督——都督荆州諸軍事，鎭襄陽。

（7）青徐都督——都督青徐諸軍事，鎭下邳。

（8）揚州都督——都督揚州諸軍事，鎭壽春。

惠帝分荆揚置江州，常屬揚州都督區；懷帝分荆廣置湘州，常屬荆州都督區。則州分爲二十一，而督區則未增置也。

（乙）東 晉

東晉仍分區置都督，惟承西晉末葉之制，以刺史兼充，不別用人。吳廷燮東晉方鎭年表以州刺史爲單位，致都督區劃不顯。然晉書紀傳所載有關都督區之材料多已輯入表中。今卽利用吳表所輯之材料，參之史傳，述東晉都督區如次：

（1）揚州都督區

揚州都督區因人而異，最無定型。比較常見者爲兼督豫州，或加江州，或加兗州，如何充爲都督揚豫二州諸軍事、揚州刺史（康帝紀），桓冲爲都督揚豫江三州諸軍事、揚州刺史（孝武紀），庾冰爲都督揚豫兗三州諸軍事、揚州刺史（本傳）；又如殷浩都督揚豫徐兗青五州諸軍、揚州刺史（穆帝紀）。然其地皆不出西晉揚州之域。至如謝安爲大都督揚江荆司豫徐兗青冀幽并梁益雍涼十五州諸軍事、揚州刺史（孝武帝紀），司馬元顯爲都督揚豫徐兗青幽冀并荆江司雍涼益交廣十六州諸軍事、揚州刺史（安帝紀），是無異都督中外諸軍事矣。

（2）荆州都督區

西晉末，荆州都督已偶統湘、交、廣、益、寧諸州。如永嘉三年，山簡都督荆湘交廣四州諸軍事，尋加督益寧軍事（懷帝紀），是也。東晉，此區都督以荆州刺史兼充，鎭江陵。吳廷燮東晉方鎭年表輯荆州刺史兼督諸州材料最詳，茲錄其自陶侃以下十四人之督區如次：

陶侃：都督荆雍梁交廣益寧七州諸軍事、荆州刺史。（咸和四年已廢湘州併入荆州。）後加督江州，並領刺史。（成帝紀、本傳）。

庾亮：都督江荆豫益梁雍六州諸軍事、江豫荆三州刺史。（通鑑）。

庾翼：都督荆江司雍梁益六州諸軍事、荆州刺史。（建康實錄、通鑑。）後又加督寧州（穆帝紀）。

桓溫：都督荆司雍梁益寧六州諸軍事、荆州刺史。（穆帝紀）。

桓豁：都督荆梁益寧交廣六州諸軍事、荆州刺史。（孝武紀）。

桓冲：都督荆江梁益寧交廣七州諸軍事、荆州刺史。（孝武紀）。

桓石民：都督荆益寧三州諸軍事、荆州刺史。（孝武紀）。

王忱：都督荆益寧三州諸軍事、荆州刺史。（孝武紀、通鑑）。

殷仲堪：都督荆益梁三州諸軍事、荆州刺史（孝武紀）。〔傳作荆益寧三州〕。

桓玄：都督荆江司雍秦梁益寧八州諸軍事、荆州刺史。（本傳）。

司馬休之：監荆益梁寧秦雍六州諸軍事、荆州刺史。（通鑑）。

劉道規：都督荆益寧秦梁雍、司州之河南諸軍事、荆州刺史。（宋書本傳）。

劉道憐：都督荆湘（分荆廣置，旋省）益秦寧梁雍七州諸軍事、荆州刺史。（宋書本傳）。

劉義隆：都督荆益寧雍梁秦六州、豫州之河南廣平、揚州之義成松滋四郡諸軍事、荆州刺史。（宋書文帝紀）。

據此而言，荆州都督區通常統轄荆益寧雍梁五州，爲上流重鎮。時或兼統江州，時或兼統交廣。則東晉實土大半在其隸督之下。

（3）江州都督區

江州通常多自成一督區。雖時或統隸於揚州都督，時或統隸於荆州都督；然非經制。江州都督始僅督本州 。建元中 ，庾氷都督江荆寧益梁交廣七州、豫州之四郡軍事，領江州刺史（本傳），是爲江州都督兼統零郡之始。其後都督他州之零郡者常見紀傳，如：

謝尙：督豫州四郡，領江州刺史。（本傳）。

桓冲：興寧三年，監江州、荆州之江夏隨郡、豫州之汝南西陽新蔡潁川六郡諸軍事、江州刺史。（哀帝紀、本傳）。

桓嗣：督荆州之三郡、豫州之四郡軍事、江州刺史。（本傳）。

桓伊：都督江州、荆州十郡、豫州四郡軍事、江州刺史。（本傳）。

何無忌：都督江荆二州（當作江州、荆州）江夏隨義陽綏安、豫州西陽新蔡汝南潁川八郡軍事、江州刺史。（本傳）。

庾悅：督江州、豫州之西陽新蔡汝南潁川、司州之松滋五郡軍事〔當與孟懷玉同〕、江州刺史。(宋書本傳)。

孟懷玉：爲江州刺史。尋督江州、豫州之西陽新蔡汝南潁川、司州之〔錢大昕曰「之」下脫「恆農揚州之」五字〕松滋六郡諸軍事。(宋書本傳)。

據此而言，江州都督區，除本州外，常包括荆州之漢水以東諸郡及豫州之西南諸郡。溫嶠爲都督江州刺史，鎭武昌；上言宜鎭尋陽。朝廷未許(本傳)。其後陶侃庾亮皆都督荆江諸州領二州刺史，鎭武昌(成帝紀及本傳)。庾冰亦以荆江諸州都督江州刺史，居武昌(本傳)。太元中，桓伊爲都督江州刺史，請移州還鎭豫章，詔令移州尋陽（本傳）。其後多鎭尋陽。

(4) 徐州都督區

徐州刺史多加都督。大體言之，其督區爲徐青兗三州。如蔡謨(本傳)、桓溫（康帝紀）、褚裒(本傳)、荀羨(本傳，參穆帝紀)、庾希(哀帝紀)、王坦之(本傳)、謝玄(本傳)、劉道憐(宋書本傳)皆是也。但加督揚州之晉陵者亦甚多。如褚裒、劉道憐除督三州外，又督揚州之晉陵；蔡謨除督此三州外，又督揚州之晉陵、豫州之沛郡；謝玄除督此三州外，又督揚州之晉陵、幽州之燕國；是也。又何充都督徐州、揚州之晉陵諸軍事(本傳)，郗愔都督徐兗青幽四州、揚州之晉陵諸軍事(慶帝紀、本傳)，亦其例。此諸州郡惟徐州及揚州之晉陵郡爲實土。其鎭地，先爲淮陰（卽下邳，如劉隗、王邃），繼鎭廣陵(如郗鑒)，還鎭京口(如郗鑒、何充)，後復進鎭下邳（如荀羨、庾希)，又還鎭廣陵(如王坦之)，終鎭京口(如桓冲、劉道憐)。爲京師東北之重鎭。

(5) 豫州都督區

豫州僑置於揚州，故所督皆揚州之郡。如庾亮都督豫州、揚州之江西、宣城諸軍事、豫州刺史(成帝紀、本傳)；庾懌以豫州刺史監宣城廬江歷陽安豐四郡諸軍事（本傳)；謝尙督揚州之六郡諸軍事、豫州刺史(本傳、穆帝紀)；桓石虔監豫州、揚州五郡諸軍事、豫州刺史(本傳)；朱序爲揚州、豫州(揚豫當乙)五郡諸軍事、豫州刺史（本傳）；劉毅都督豫州、揚州之淮南歷陽廬江安豐(脫堂邑？)五郡諸軍事、豫州刺史，後又兼都督宣城(本傳)；劉道規都督豫江二州、揚州之宣城淮南廬江歷陽安豐堂邑六郡諸軍事、豫州刺史（宋書本傳）；諸葛長民都督豫州、揚州之六郡諸軍事、豫州刺史，領淮南太守(本傳)；皆其例。是其督區爲今安徽省中南部。本都督爲京師西北之重鎮。初多鎮蕪湖(成帝紀、庾懌傳、晉書地理志)。永和二年，謝尚鎮蕪湖，四年進壽春，九年還鎮歷陽，十一年又進鎮馬頭。(宋書州郡志。)其後謝萬(本傳)、袁眞(哀帝紀)復鎮壽陽。寧康元年，移鎮姑孰(晉書地理志)。太元十年，朱序戍馬頭；十二年，桓石虔戍歷陽。(宋書州郡志。)其後庾準庾楷兄弟及刁逵、魏詠之皆鎮歷陽(各本傳)。義熙二年，劉毅戍姑孰(宋書州郡志)。諸葛長民領淮南太守，是又鎮壽陽(本傳)。義熙十三年，劉義慶亦鎮壽陽(宋書州郡志)。大抵鎮歷陽時間最多，進則馬頭、壽陽，退則姑孰、蕪湖也。

(6) 會稽都督區

會稽爲東晉人口最殷之一郡，任其職者地位不在大州刺史之下，且常都督浙東五郡，爲一督區。王舒傳，爲會稽內史，會蘇峻作逆，「陶侃立行臺，上舒監浙東五郡軍事。」是爲都督五郡見於史傳之始。時在成帝咸和中。王羲之傳，爲會稽內史，「求分會稽爲越州。」時在永和中。事雖未成，但浙東五郡有獨立爲一區之勢，其來舊矣。郗愔傳，爲會稽內史。「簡文帝踐阼，就加鎮軍、都督浙東五郡軍事。」自後以會稽內史都督五郡，常見紀傳。如王蘊(本傳)、王薈(本傳)、謝琰(通鑑隆安三年)、劉牢之(通鑑次年)、孔季恭(宋書本傳)是也。又司馬休之傳，爲會稽內史。盧循作逆，加督浙東五郡軍事。蓋或加或不加也。按浙東五郡卽會稽臨海東陽永嘉新安，詳後宋齊節。又按五郡旣皆屬揚州，故此一都督自統隸於揚州都督。

(7) 沔中都督區

沔中諸郡常自爲一都督區，晉書所載材料多已輯入吳表雍梁兩刺史卷，玆檢其有關督區者以時次條錄於後：

甘卓傳：爲安南將軍、梁州刺史、督沔北諸軍事，鎮襄陽。

王敦傳：以義陽太守任愔督沔北諸軍事、南中郎將。

周撫傳：督沔北諸軍事、南中郎將，鎮沔中。後再爲監沔北諸軍事、南中郎將，鎮襄陽。

桓宣傳：監沔中軍事、南中郎將、江夏相。後進鎮襄陽。庾亮謀北伐，以宣爲都督沔北前鋒征討諸軍事、司州刺史，仍鎮襄陽。

庾翼傳：以子方之爲義成太守，代宣鎭襄陽。

庾翼傳：以劉惔代方之監沔中軍事，領義成太守。

袁喬傳：督沔中諸戍，江夏隨義陽三郡事、江夏相。

桓冲傳：督荆州之南陽襄陽新野義陽順陽、雍州之京兆、揚州之義成七郡軍事、寧朔將軍、義成新野二郡太守，鎭襄陽。

桓豁傳：督沔中七郡軍事、新野義成二郡太守。

同傳：爲都督荆州刺史。張天錫陷沒，豁表以梁州刺史毛憲祖(穆之)監沔北軍事，兗州刺史朱序爲南中郎將監沔中軍事，鎭襄陽，以固北鄙。(本紀，序亦爲梁州刺史。)

毛穆之傳：督揚州之義成、荆州五郡、雍州之京兆軍事、襄陽義成河南三郡太守。又進領梁州刺史。

孝武紀：太元十三年，以朱序都督雍梁沔中九郡諸軍事、雍州刺史。

郗恢傳：梁秦雍司荆揚并等州軍事、雍州刺史，鎭襄陽。(按此所謂諸州皆指某州之某郡而言。)

楊佺期傳：都督梁雍秦三州諸軍事、雍州刺史。

桓玄傳：以刁暢督八郡，鎭襄陽。

據此觀之，此一督區以襄陽爲中心，包括南陽、新野、義陽、義成等七郡或八九郡，多鎭襄陽。以其位於沔水(漢水)中流，故稱沔中，又以其地區在沔水以北者遠較以南爲多，故一稱沔北。且有沔北沔中分置兩督者。其職或以郡守兼充，或以雍梁刺史兼充，無定制。觀其地區與兼充都督者，自統隸於荆州都督無疑，而前引桓豁傳，尤爲明證。

(8) 益州都督區

東晉之初，益州爲李成所據，晉置巴東監軍，領益州刺史，以資攻守。周撫傳，爲監巴東諸軍事、益州刺史。尋加督寧州諸軍事。永和初，桓溫征蜀，進督梁州之漢中巴西梓潼陰平四郡軍事，鎭彭模。(既滅成，當還鎭成都)。在州三十餘年卒。子楚代監梁益二州、益州刺史。卒官。復以督寧州諸軍事、寧州刺史周仲孫監益州梁州之三郡軍事、益州刺史。仲孫，撫弟光之子也。而廢帝紀，興寧三年，周撫卒，書銜爲都督益寧二州、益州刺史。太和六年，楚卒，書銜爲監益寧二州諸軍事、益州刺史。與傳小異，蓋周氏三世在益州四十餘年，其督區爲益寧二州及梁州之三四郡。殷仲堪傳云：

「尙書下以益州所統梁州三郡人丁一千番戍漢中，益州未肯承遣。仲堪乃奏之曰：夫制險分國，各有攸宜，劍閣之隘，實蜀之關鍵，巴西梓橦宕渠三郡去漢中遼遠，在劍閣之內，成敗與蜀爲一，而統屬梁州。蓋定鼎中華，慮在後伏，所以分斗絕之勢，開荷戟之路。自皇居南遷，守在岷邛，衿帶之形，事異曩昔，是以李勢初平，割此三郡配隸益州，將欲重複上流，爲習坎之防，事經英略，歷年數紀……。」

按時在太元末，是尤自桓溫取蜀以來益州兼督梁州之巴西梓橦宕渠三郡之證，且蓋卽此終東晉世。又按周氏三世都督益寧梁諸州郡，自成帝至孝武帝三四十年中，歷任荆州都督，庾亮庾翼兼督梁益，桓溫桓豁兼督梁益寧，是周氏三世始終在荆州都督統轄下。自後荆州都督幾例督益寧或梁益，則此一督區與荆督之關係於此可見。

(9) 廣州都督區

交廣亦常爲一督區，以廣州刺史兼充都督。如陶侃傳，爲廣州刺史，加都督交州諸軍事。阮孚傳，都督交廣寧三州諸軍事、廣州刺史。鄧嶽傳，督交廣二州諸軍事、平越中郎將、廣州刺史；咸康三年，加督寧州。弟逸繼之。是也。時皆在東晉初年。據吳表所輯材料，此後三十餘年間，未嘗見有督交州者。太元以後，都督交廣二州諸軍、平越中郎將、廣州刺史始又常見紀傳。如孔汪(孔愉傳)、桓玄(本傳)、吳隱之(安帝紀、本傳)、褚裕之(宋書褚叔度傳)、王鎭之(宋書本傳)、張裕(宋書張茂傳)皆然。按鄧嶽爲都督交廣寧三州時，陶侃正在都督荆江雍梁交廣益寧八州諸軍事任。則此區統於荆州都督也。然自孔汪以下，都督荆州者皆不及交廣，則此交廣都督又獨立爲區矣。

* * * * * *

東晉都督區略如上述。約而言之，揚州都督以揚州刺史兼任，其督區最無定域，或僅都督本州，或東兼徐、兗，或西兼豫、江，或都督全國諸州，或都督中外諸軍事。督區雖伸縮無常，然其鎭衞京師則一也。以京師爲中心，東北重鎭有徐州都督，以徐州刺史兼任，督徐兗青三州及揚州之晉陵，鎭廣陵。西北重鎭有豫州都督，以豫州刺史兼任，督豫州及揚州之宣城、廬江、歷陽、安豐、淮南諸郡，鎭歷陽。徐豫兩都督東西夾輔以臨北方之强敵，時或進鎭下邳與壽陽，時或退戍京口與姑孰，與時進退，總以外拒强敵，內衞京師爲目的。此二督區通常皆獨立，直隸中央，亦偶統隸於揚州都督。浙東沿海一帶，自晉室東渡以後，人口漸殷，是爲京師之後屛，而距京師懸遠，故置會稽都督，以會稽內史兼任，督會稽、臨海、東陽、永嘉、新安五郡。此皆揚州屬郡，故此都督自統隸於揚州。荆州爲上流重鎭，故置都督，以荆州刺史兼任，督荆雍梁益寧諸州，時或兼統江州，時或兼統交廣，其督區視其他督區爲特大。在此督區內，又置沔中都督，督沔中諸郡（襄陽、南陽、新野、義陽、順陽、義成等），常以郡守或雍梁刺史兼任，鎭襄陽，以爲荆州之前衞；又置益州都督，以益州刺史兼任，督益、寧二州及梁州之巴西、梓潼、宕渠三郡，鎭成都，以爲荆州之西翼。至於交廣，遠懸南鄙，蠻夷雜處，故別置都督，以廣州刺史兼任，督二州，鎭番禺；先統屬於荆州都督，後獨立爲職，直隸中央。江州北當長江中流，南盡今贛閩全境，地屬要衝，統轄遼闊，爲中流重鎭，故亦置都督，以刺史兼任，督江州及荆州之漢水以東江夏隨等郡，先鎭武昌，徙鎭尋陽。

自晉室南渡，殷富之區惟長江一帶狹長之地，而北有强敵壓境，故軍政局勢回復孫吳時代，形成揚荆兩大中心，對外固有東西併力之利，對內亦有東西抗衡之害，屢次政變，多由於此。江州爲中流重鎭，東西均勢之轉變，常繫於此州。東晉之初，王敦以荆江兩州凌逼中央。永和中，殷浩都督揚、豫、徐、兗、青五州，桓溫都督荆、司、雍、益、梁、寧六州，均不及江州，而維持均勢。永和末，桓雲爲江州，均勢遂破，終至桓溫東下，領揚州，專國政。及桓溫與荆州都督桓豁相繼卒，桓冲不能支持全局，迫而退處荆州，都督荆、江、梁、寧、益、交、廣七州，而揚州則爲謝安所代，又成東西抗衡之勢。其時，江州爲冲督區，安以中央執政地位欲用刺史，冲怒，求自領（事見冲傳）。此爲東西爭江州控制權之顯例者一。隆安中，司馬道子、司馬元顯相繼領揚州，執國政，而桓玄爲荆州都督。玄傳，「表求領荆江二州。詔以玄都督荆、司、雍、秦、梁、益、寧七州、後將軍、荆州刺史。……玄上疏固爭江州，於是進督八州及揚豫八郡（當卽江州都督所常領之郡），復領江州刺史。」此爲東西爭江州控制權之顯例者二。玄旣兼據荆江,遂成東下篡國之勢。義熙中,劉裕領揚州,執國政;而宗室司馬休之爲都督荆、雍、梁、秦、寧、益六州軍事、荆州刺史。宋書孟懷玉傳,義熙八年,遷江州刺史,都督江州、豫州之西陽新蔡汝南潁川、司州之松滋六郡諸軍事。「時荆州刺史司馬休之居上流,故授懷玉此任以防之。」此爲東西爭江州控制權之顯例者三。裕旣兼據揚、江,亦不旋踵而取荆州。故荆、揚爭衡得江州者恆勝,此殆終南朝不變之局也。

(丙) 宋　　齊

晉末,劉裕北伐,拓地甚廣。及篡位稱宋,雖屢爲北魏所蠶食,但秦嶺以南全部土地及黄河以南大半州郡均在宋室統治範圍內。分置諸州,有揚、南徐(徐州改)、徐(晉末分徐州淮北地爲北徐,宋初但曰徐)、南兗(文帝分南徐之江北地置,治廣陵)、兗、南豫、豫、江、青、冀、司、荆、湘(自晉以來屢置屢廢)、雍(原僑州郡,文帝元嘉二十六年割荆州五郡置,治襄陽)、梁、秦、益、寧、廣、交,凡二十州。孝武帝分荆、湘、江、豫置郢州;明帝分交廣置越州;孝武又嘗分揚州置東揚州,旋仍廢併揚州;故終宋世爲二十二州。齊承之,惟分荆益置巴州;凡二十三州。

宋書、齊書本紀詳書各州刺史,但不書都督區域;至列傳始詳書之。吳廷燮撰宋齊梁陳方鎭年表,惟取本紀,鮮採列傳,故詳閱吳表仍不能悉其督區。兹更採列傳考之如次:

(1) 揚州都督區

宋初,廬陵王義眞及徐羡之爲揚州刺史,不加都督。文帝元嘉三年,王宏以錄尙書事領揚州刺史,亦不加都督。彭城王義康傳,元嘉六年,由荆州入爲司徒錄尙書事,都督揚、南徐、兗三州諸軍事,領南徐州刺史;與王宏共輔政。九年,弘卒,改領揚州刺史。是爲宋代揚州都督之始。江夏王義恭傳,元嘉十七年,繼義康爲司徒、錄尙書、都督揚南徐兗三州諸軍事;明年解督南兗。按其時始興王濬、廬陵王紹等相繼爲揚州刺史,故義恭僅爲都督,不領州。同傳,二十九年,領南徐州刺史,仍鎭東府、錄尙書事。孝武帝卽位,爲侍中、都督揚南徐二州諸軍事、太尉、錄尙書事、南徐徐二州刺史,鎭京口。孝建二年,徵爲揚州刺史。旋解揚州刺史以授西陽王子尙。

地志，大明三年，罷揚州爲王畿；八年，復爲揚州。豫章王子尙傳，此時，黴爲都督揚南徐二州諸軍事；而據本紀，子尙實領刺史。又據本紀，此後建安王休仁、桂陽王休範、王景文、安成王準、晉熙王燮、蕭道成相繼爲揚州刺史。按：休仁傳，爲侍中、都督揚南徐二州諸軍事、司徒、尙書令、揚州刺史。順帝紀，準爲揚州刺史，後加都督揚南豫二州諸軍事。晉熙王昶傳，燮爲都督揚南徐二州諸軍事、揚州刺史；及齊王爲南徐州，燮解督南徐，進督南豫江州諸軍事。南齊書高帝紀，道成爲都督中外諸軍事、揚州牧。而休範、景文則不加都督。據此言之，宋代揚州都督，大體督揚及南徐二州，偶不督南徐而督南豫，且偶有都督不領刺史，刺史不加都督者，足見制度尙未定型化。

至齊，則不然。據南齊書本紀，豫章王嶷、臨川王映，竟陵王子良，新安王昭文（海陵王）、西昌侯鸞（明帝）、始安王遙光、晉安王寶義及蕭衍（梁武帝）相繼爲揚州刺史，考之各人列傳本紀，皆爲都督揚南徐二州諸軍事、揚州刺史；是督區完全確定矣。

（2） 南徐都督區

劉宋時代，南徐州刺史均見於宋書本紀，茲據各人列傳明其督區如次：

長沙王道憐（晉末——宋永初三）——都督徐兗青三州、揚州之晉陵（即後日南徐南兗徐青兗五州地）諸軍事、徐兗二州刺史。

彭城王義康（永初三——元嘉三）——都督南徐兗二州、揚州之晉陵諸軍事、南徐州刺史。

江夏王義恭（元嘉三——六）——監州郡刺史同上。

彭城王義康（元嘉六——九）——都督州郡刺史同上。

衡陽王義季（元嘉九——一六）——都督南徐州刺史。

南譙王義宣（元嘉一六——二一）——都督刺史同上。

廣陵王誕（元嘉二一——二六）——南徐州刺史。

始興王濬（元嘉二六——二九）——都督南徐兗二州諸軍事、南徐兗二州刺史。（二十八年解南兗州刺史。）

江夏王義恭（元嘉二九——孝建二）——都督揚南徐二州諸軍事、南徐刺史。

竟陵王誕(孝建二——大明元)——都督南徐兗二州諸軍事、南徐刺史。

劉延孫(大明元——五)——南徐州刺史。

新安王子鸞(大明五——泰始元)——南徐刺史,加都督。

永嘉王子仁(泰始元)——南徐刺史。

桂陽王休範(泰始元——五)——都督南徐徐南兗兗四州諸軍事、南徐刺史。

晉平王休佑(泰始六——七)——都督南徐南兗徐兗青冀六州諸軍事、南徐刺史。

巴陵王休若(泰始七)——都督南徐南兗徐兗青冀六州諸軍事、南徐刺史。

劉秉(泰始七——泰豫元)——都督南徐徐兗豫青冀六州諸軍事、南徐刺史。

建平王景素(泰豫元——元徽四)——都督南徐南兗徐兗青冀六州諸軍事、南徐刺史。「齊王(蕭道成)爲南兗州,景素解都督。」

武陵王贊(元徽五——昇明元)——督南徐兗青冀(脫?)五州諸軍事、南徐刺史。

蕭道成(昇明元——宋亡)——都督南徐南兗徐兗青冀六州諸軍事、南徐刺史。

按:宋世南徐都督以刺史兼充,鎮京口。據上列所引材料,宋初都督區爲徐兗二州及揚州之晉陵;此與晉末略同。元嘉九年至末年,南徐刺史似僅督本州。其後或加督南兗,則與宋初實同。至於義恭加督揚州,則特例也。至明帝泰始以後,絕大多數都督南徐、南兗、徐、兗、青、冀六州,幾成定型矣。與前揚州都督比照觀之,宋初,揚州不置都督,故南徐都督獨立爲區,不統屬於揚州。及揚州置都督,例多統督南徐,然南徐都督又兼統南兗徐兗青冀諸州,則非揚州都督所統,其時制度歧駁如此。

南齊書本紀,齊初,長沙王晃、南郡王長懋(文惠太子)、竟陵王子良、桂陽王鑠相繼爲南徐刺史。檢各人本傳,自晃至子良皆都督南徐、(南)兗二州。而鑠傳云:「永明二年,出爲南徐州刺史,鎮京口。歷代鎮府,鑠出蕃,始省軍府。」其後歷任刺史,例不加都督。惟明帝以後,巴陵王寶義加督本州,晉熙王寶嵩加督南徐兗二州,江夏王寶玄爲南徐兗二州刺史加二州都督,爲例外;然督區亦不廣。按齊世,揚州都督例督南徐,則南徐無論有無軍府皆統於揚州都督;而南兗不在揚州督區內,與宋亦同。

(3) 南兗都督區

據宋書諸帝本紀及諸人列傳，歷任南兗州刺史者，其督區如次：

劉道憐(晉末——宋永初三)——都督徐兗青三州、揚州之晉陵諸軍事、徐兗二州刺史。

檀道濟(永初三——元嘉三)——監南徐兗之江北淮南諸郡軍事、南兗州刺史。後增督青州、徐州之淮陽下邳琅邪東莞五郡諸軍事。

劉遵考(元嘉八)——督南徐兗州之江北淮南諸軍事、南兗州刺史，領廣陵太守。

江夏王義恭(元嘉九——一七)——都督南兗徐兗青冀幽六州及豫州之梁郡諸軍事、南兗州刺史，鎮廣陵。

臨川王義慶(元嘉一七——二一)——同前，惟無豫州之梁郡。

衡陽王義季(元嘉二一——二二)——都督刺史先與義慶同，後與義恭同，鎮彭城。

武陵王駿(元嘉二八)——元嘉二十五年，爲都督南兗徐兗青冀幽六州、豫州之梁郡諸軍事、徐州刺史，鎮彭城。始興王濬爲南兗州，駿解督南兗。二十八年，復督南兗州、南兗刺史，「當鎮山陽」。

江夏王義恭(元嘉二八——二九)——都督南兗南徐揚豫徐兗青冀幽幷司雍秦十三州諸軍、南兗州刺史，移鎮盱眙，以禦魏師。

沈慶之(元嘉三〇——孝建二)——都督南兗徐兗豫四州諸軍事，南兗州刺史，鎮盱眙。後還鎮廣陵，加督青冀幽三州。

西陽王子尚(孝建三)——都督南徐兗二州諸軍事、南兗州刺史。〔本傳書事如此，與竟陵王誕都督南徐兗二州相重複。按本紀，是年六月丙子「以西陽王子尚爲揚州刺史，秘書監建安王休仁爲南兗州刺史。」二王相代，督區蓋同。而休仁傳固作都督南兗徐二州。則子尚「南徐、兗」當作「南兗、徐」。〕

建安王休仁(孝建三——大明元)——都督南兗徐二州諸軍事、南兗州刺史。

竟陵王誕(大明元——三)——都督南兗(此處原衍「南」字)徐兗青冀幽六州

諸軍事、南兗刺史。

沈慶之(大明三——四)——都督南兗徐兗三州諸軍事、南兗刺史。

晉安王子勛(大明四——七)——都督南兗州、徐州之東海諸軍事、南兗刺史。

蕭道成(泰始四——七)——督南兗徐二州諸軍事、南兗刺史。五年,進督兗青冀三州。

張永(元徽二)——都督南兗徐青冀益(并?)五州諸軍事、南兗州刺史。

蕭道成(元徽二——五)——都督南兗徐兗青冀五州諸軍事、南兗州刺史。

黃回(昇明二)——同上。

按:南兗都督鎮廣陵。據上所列,自元嘉中葉以後其督區最大時為南兗、徐、兗、青、冀、幽六州,或無幽,或又無青、冀,而南兗及徐為最基本督區。又比觀南徐都督與南兗都督之年代,可知元嘉大明中,此二都督各自獨立,惟孝建中南兗都督之子尙休仁統隸於南徐而已。泰始以後,南兗都督皆用異姓,故督區雖仍北至青冀,其權甚重,但形式上却統隸於南徐。

蕭齊之世,據南齊書各本紀,先後為南兗州刺史者有王敬則、陳顯達、柳世隆、竟陵王子良、呂安國、張岱、安陸王子敬、晉安王子懋、西陽王子明、南海王子罕、王玄邈、廬陵王寶源、蕭穎冑、邵陵王寶攸、張冲、陸慧曉、張稷十七人。而裴叔業傳,於永元元年亦官南兗刺史。據各人本傳,此十八人者就中十五人皆以南兗刺史都督南兗、兗、徐、青、冀五州諸軍事。惟蕭穎冑、邵陵王寶攸、張稷三人傳文稍異。蕭穎冑傳云,督南兗、徐、青、冀、荊五州,「荊」字必誤無疑。寶攸傳云,都督南北徐、南兗、青、冀五州。按,齊世,南徐例不隸南兗都督,且有青冀,而無兗州,亦不合理。張稷傳,為都督南兗州諸軍事、南兗州刺史,進督北徐徐兗青冀五州諸軍事。此文是否有誤,亦待考。總之,蕭齊之世,南兗都督區定型為南兗、兗、徐、青、冀五州。惟淮北之地多已入魏,故此督區實轄之地亦惟洪澤東南江淮之間而已。

(4) 徐州都督區

宋世歷任徐州刺史,多加都督。茲據各人本傳,列其督區如次:

劉懷愼(永初元)——督徐兗青淮北諸軍事、徐州刺史。

竟陵王義宣(元嘉七——八)——都督徐兗青冀幽五州諸軍事、徐州刺史。

吉翰(元嘉八)——監徐兗二州、豫州之梁郡諸軍事、徐州刺史。

臧質(元嘉一八)——都督徐兗二州諸軍事、徐兗二州刺史。

衡陽王義季(元嘉二二——二四)——元嘉二十一年,爲都督南兗徐兗青冀幽六州、南兗州刺史。二十二年,進督豫州之梁郡,遷徐州刺史,都督如故。

武陵王駿(元嘉二五——二八)——都督南兗徐兗青冀幽六州、豫州之梁郡諸軍事、徐州刺史,鎭彭城。尋領兗州刺史。始興王濬爲南兗州,駿解督南兗。

蕭思話(元嘉二八——三〇)——監徐兗青冀四州、豫州之梁郡諸軍事、徐兗二州刺史。

垣護之(孝建元)——督徐兗二州、豫州之梁郡諸軍事、徐州刺史。

沈曇慶(大明元)——督徐兗二州及梁郡諸軍事、徐州刺史。

湘東王彧(大明八)——都督徐兗二州、豫州之梁郡諸軍事、徐州刺史。

義陽王昶(大明八——泰始元)——都督徐兗南兗青冀幽六州、豫州之梁郡諸軍事、徐州刺史,鎭彭城。

王玄載(泰始三)——監徐州、豫州之梁郡諸軍事、徐州刺史。

按:徐州都督鎭彭城。據上引十二例,其四爲都督徐、兗二州及豫州之梁郡,其一爲都督徐、兗二州,其一爲監徐州及豫州之梁郡,其三爲都督徐、兗、青、冀諸州,或加豫州之梁郡。其三爲都督南兗、兗、徐、青、冀等州及豫州之梁郡。由此觀之,其基本都督區爲徐、兗二州及豫州之梁郡,或北兼青冀,且或南兼南兗耳。最後一種情形,其督區與前考南兗都督之督區全同。是東方自江以北諸州常統一爲一個都督區,通常固多以南兗刺史兼充都督,鎭廣陵;然亦偶以徐州刺史兼充,鎭彭城也。至於其他各種情形,盡屬淮北之地。在此兩種情形下,本區都督或與南兗都督平行分立,或統隸於南兗都督,此比觀前引曾任兩區都督者之年代可知也。

自宋末盡失淮北之地,緣淮一帶爲國防前線,而淮陰爲重鎭。淮陰爲兗州治所,故以兗州刺史都督緣淮諸軍事,如王玄載、垣崇祖、周盤龍、蕭遙欣皆是也。又如周山圖以兗州刺史督兗青冀三州、徐州東海朐山軍事，桓崇祖以兗州刺史督兗青冀三州諸軍事，實亦緣淮而已。各見本傳。

(5) 青冀都督區

宋世，青冀二州，地狹民稀，通常皆置刺史一人兼領二州，或治東陽，或治歷城。以其在東北邊境，例加都督。其督區有溢出二州者，如杜驥督青冀二州及徐州之東莞東安二郡，顏師伯督區較驥多兗州之濟北郡，張永監青冀幽并四州；惟沈文秀督區僅青州及徐州之東莞東安二郡。各見本傳。又蕭斌督區較杜驥多幽州，見索虜傳；實土則同。按此一督區或常在徐州都督統隸之下。如索虜傳，元嘉二十七年北伐，以蕭斌爲使持節督青冀幽三州、徐州之東安東莞二郡諸軍事、青冀二州刺史。「推三齊之鋒，爲之統帥。」以武陵王駿爲使持節都督徐兗青冀幽五州、豫州之梁郡諸軍事、徐兗二州刺史。「總四州(幽州無實土)之衆，水陸並驅。」此青冀都督隸於徐州都督之佳例，一也。又張茂度傳，元嘉二十九年，「以(張)永督冀州、青州之濟南樂安太原三郡諸軍事……、冀州刺史。」督申坦等經略河南。兵敗。「永及申坦並爲統府撫軍將軍蕭思話所收，繫於歷城獄。」按蕭思話傳，元嘉二十七年，「監徐兗青冀四州、豫州之梁郡諸軍事、撫軍將軍、兗徐二州刺史。二十九年，統揚武將軍冀州刺史張永圍碻磝。」軍敗。「永坦並繫獄。」此又青冀都督隸於徐州都督之佳例，二也。

(6) 會稽都督區

宋書州郡志一：「孝建元年，分揚州之會稽、東陽、新安、永嘉、臨海五郡爲東揚州。大明三年，罷州(揚州)，以其地爲王畿；……而東揚州直云揚州。八年，罷王畿，復立揚州；揚州還爲東揚州。前廢帝永光元年，省東揚州并揚州。」則置東揚州時間甚短。齊則未嘗置州矣。前考東晉時代常以會稽內史都督浙東五郡，卽此五郡也。宋書武帝紀，永初二年正月，「罷會稽郡府。」則宋初已省會稽都督。而竟陵王誕傳：「遷都督廣交二州諸軍事(略)廣州刺史。……未行，改授都督會稽東陽新安臨海永嘉五郡諸軍事、安東將軍、會稽太守。元凶弑立，以揚州(略)浙江東五郡立會州，以誕爲刺史。」據本紀，誕爲廣州刺史在元嘉二十八年五月。則元嘉末復置會稽軍府也。其後如晉熙王昶(元嘉三〇——孝建元年)、張永(泰始三)、劉蹟(後廢帝卽位時，見江夏王義恭傳)；及齊世竟陵王子良(宋昇明三——齊建元元)、武陵王曅(建元三)、王敬則(建元——永明初)、隨郡王子隆(永明四)、西陽王子明(永明一〇)、廬陵王寶源(建武中)爲會稽太守，皆都督會稽、東陽、新安、臨海、永嘉五郡，各見本傳。惟宋書巴陵王休若傳：「泰始元年……出爲使持節、都督會稽東陽永嘉臨海新安五郡諸軍事，領安東將軍、會稽太守。率衆東討。進督吳吳興晉陵三郡；尋……又進督晉安□□二郡諸軍事。」此蓋因軍事臨時隨宜，非恆制也。又宋書晉熙王昶傳：「世祖(孝武帝)踐祚，遷太常，出爲東中郎將、會稽太守；尋監會稽東陽臨海永嘉新安五郡諸軍事。」觀「尋監」之語，知亦廢置不恆歟？

(7) 南豫、豫州都督區

宋初承晉，豫州刺史鎮壽陽。永初三年，分淮東爲南豫州，治歷陽。自後時合時分。玆就其分合之督區情形排列如次；(年代據紀，督區據各人本傳。)

<table>
<tr><th>南豫州</th><th>豫州</th></tr>
<tr><td colspan="2">彭城王義康(永初元——三)：督豫司雍并四州軍事、豫州刺史。又領司州刺史，進督徐州之鍾離、荊州之義陽諸軍事。</td></tr>
<tr><td>彭城王義康(永初三年二月)：監南豫豫司雍并五州諸軍事、南豫州刺史。
廬陵王義眞(永初三——元嘉元)：都督南豫豫雍司秦并六州諸軍事、南豫州刺史，鎮歷陽。
江夏王義恭(元嘉元——三)：同上。
到彥之(元嘉三——六)：監六州諸軍事刺史同上。</td><td>劉粹(永初三年二月——元嘉元)：督豫司雍并四州、南豫州之梁郡弋陽馬頭三郡諸軍事、豫州刺史。</td></tr>
<tr><td colspan="2">長沙王義欣(元嘉七——一六)：監豫司雍并四州諸軍事、豫州刺史，鎮壽陽。</td></tr>
<tr><td>始興王濬(元嘉一六——一七)：都督南豫豫司雍并五州諸軍事、南豫州刺史。
武陵王駿(元嘉一七——二二)：都督五州刺史並同上，戍石頭。
南平王鑠(元嘉二二)：都督南豫豫司雍秦并六州諸軍事、南豫州刺史。</td><td>劉遵考(元嘉一六——二一)：監豫司雍并四州、南豫之梁郡弋陽馬頭、荊州之義陽四郡諸軍事、豫州刺史。</td></tr>
<tr><td colspan="2">南平王鑠(元嘉二二——三〇)：仍都督豫司雍秦并五州諸軍事、豫州刺史，鎮壽陽。
宗慤(孝建三——大明三)：豫州刺史，監五州諸軍事。</td></tr>
<tr><td>湘東王彧(泰始元)：都督南豫豫司江四州、揚州之宣城諸軍事、南豫州刺史，鎮姑孰。
劉遵考(泰始元年九月至十二月)：都督南豫州諸軍事、南豫刺史。</td><td>山陽王休祐(泰始元)：都督豫司二州、南豫州之梁郡諸軍事、豫州刺史。</td></tr>
</table>

山陽王休祐(泰始二年正月至九月)：都督豫江司三州、豫州刺史。按時江州刺史晉安王子勛叛，以休祐討之。	
	殷琰(泰始元年十月)：督豫司二州、南豫州之梁郡諸軍事、豫州刺史。 劉勔(泰始三——五)：都督豫司二州諸軍事、豫州刺史。
邵陵王友(昇明二——三)：都督南豫豫司三州諸軍事、南豫刺史。	蕭晃(昇明二——三)：監豫司二州、〔錢大昕曰脫郢州二字〕之西陽諸軍事、豫州刺史。

綜觀此表，豫州無論分合，其督區則同。卽合爲一州，則豫州刺史都督豫司雍幷等州；分爲二州，則南豫刺史都督南豫豫司雍幷等州，而豫州刺史都督豫司雍幷及南豫州之梁郡等郡。自泰始以後皆不督雍幷，蓋雍州本爲一都督，統屬荆州，固不宜又遠隸豫州都督也。

齊世，南豫州刺史通常加都督南豫司二州。如柳世隆、建安王子眞、巴陵王子倫、廬陵王子卿、宜都王鏗皆是也。各見本傳。惟晉安王子懋傳，都督南豫豫司三州，「魚復侯子響爲豫州，子懋解督。」按：時在齊初。則終齊世其督區爲南豫司二州。而豫州刺史通常加都督豫州及郢州之西陽、司州之汝南二郡。如魚復侯子響、西昌侯鸞、王敬則、崔慧景、王廣之、蕭遙欣、蕭遙昌皆是也，各見本傳。惟子響後又加督南豫州之歷陽、淮南、潁川、汝陽四郡。時亦在齊初。

(8) 荆州都督區

自晉末以來，荆州刺史例加都督荆雍益寧梁秦諸州，或分荆置湘，仍隸督之。入宋以後，歷任荆州刺史者，據宋書南郡王義宣傳及各帝本紀，有宜都王義隆(文帝)、謝晦、彭城王義康、江夏王義恭、臨川王義慶、衡陽王義季、南譙王義宣(兩任)、始興王濬、隨王誕、朱修之、臨海王子頊、山陽王休祐、巴陵王休若、建平王景素、蔡興宗、沈攸之、武陵王贊。據此諸人本傳，修之爲荆州刺史加都督，不書州數，今不具論。而義隆、義康（云「荆湘雍梁益南北秦八州」明脫「寧」字)、義恭、義季、誕、子頊、休祐、休若、景素、興宗、攸之、贊十二人及義宣第二任皆爲都督荆、湘、雍、益、寧、梁、南北秦八州諸軍事、荆州刺史。惟義慶、濬及義宣第一任都督荆雍益寧梁南北秦七州，少湘州；謝晦都督荆湘雍寧益南北秦七州，少梁州。按：宋書州郡志，湘州，文帝元嘉八年省，十七年又立，二十九年又省，孝武帝孝建元年又立。檢義慶爲荆州，在元嘉九年，義宣第一任在元嘉二十一年，濬爲荆州，在元嘉三十年，皆併湘州入荆州時也。又按謝晦傳云：「都督荆湘雍益寧南北秦七州諸軍事。」但後文奏啓云「八州之政」，悲人道云「臨八方以作鎮」，是亦八州。蓋後又加督梁州也。則宋世荆州都督皆督荆、湘、雍、益、寧、梁、南北秦八州之地也。

南齊書各帝本紀，載歷任荆州刺史者，有豫章王嶷、臨川王映、廬陵王子卿、安陸王子敬、巴東王子響、隨郡王子隆、臨海王昭秀、永嘉王昭粲、聞喜公遙欣、南康王寶融（和帝）、建安王寶寅、邵陵王寶攸、蕭穎冑十三人。檢諸人列傳：嶷督八州如宋制。映於八州外又督巴州。子卿督荆湘益寧梁南北秦七州；「始興王爲益州，子卿解督。」按其時鄱陽王鏘爲雍州，故子卿亦不督。子敬督荆湘梁雍南北秦六州，少益寧二州。子響督七州，少益州。按二人事在永明五年至八年，其時始興王鑑爲益州，故也。子隆督荆雍梁寧南北秦六州。「其年（永明八年），始興王鑑罷益州，進號督益州。……十二年，晉安王子懋爲雍州，子隆復解督。」按永明六年至十年，子懋爲湘州，十年至隆昌元年，南平王銳爲湘州，故子隆亦不督湘州。自昭秀至寶寅五人皆督荆雍益寧梁南北秦七州，不督湘州。按此五人任職自建武元年至永元三年，時宗室安陸侯子寶晊爲湘州，故不督歟？寶攸傳不書。而穎冑亦監八州。故綜觀齊世，荆州督區仍爲荆湘雍益寧梁南北秦八州，惟諸王爲屬州刺史，則解督耳。

（9）湘州都督區

自晉以來，湘州屢置屢廢，至宋孝武帝孝建元年復置以後，其事始定。宋書張邵傳：「武帝受命，……分荆州立湘州，以邵爲刺史，將置府。邵以爲長沙內地，非用武之國，置署妨人，乖爲政要。帝從之。」則宋初置湘州，不置都督也。元嘉八年罷州。十六年復置，以始興王濬爲刺史，加都督湘州諸軍事。十七年，南平王鑠繼爲都督湘州諸軍事、湘州刺史。其後迄齊，爲湘州者多加督監或都督湘州諸軍事。如巴陵王休若、建平王景素、王僧虔（以上宋世）、王奐、呂安國、柳世隆、晉安王懋（以上齊世），皆是也。各見本傳。宋書海陵王休茂傳：「庾深之……元嘉二十九年……爲長沙內史，南郡王宣義爲荆湘二州，加深之寧朔將軍，督湘川七郡。」是亦都督之類也。

（10）雍州都督

雍州刺史例加都督，鎮襄陽。宋書各帝本紀，記歷任雍州刺史三十四人，茲據各人本傳載有督區者條例於次：

褚叔度(永初三——元嘉元)：監雍梁南北秦四州、(脫荆州二字)之南陽竟陵順陽義陽新野隨六郡諸軍事。

劉粹(元嘉元——三)：督雍梁南北秦四州、荆州之南陽竟陵順陽襄陽新野隨六郡諸軍事。

劉遵考(元嘉三——五)：督雍梁南北秦四州、荆州之南(脫陽字)竟陵順陽襄陽新野隨六郡諸軍事。

劉道產(元嘉八——一九)：督雍梁南秦三州、荆州之南陽竟陵順陽襄陽新野隨六郡諸軍事。

蕭思話(元嘉二〇——二二)：監雍梁南北秦四州、荆州之南陽竟陵順陽襄陽新野隨六郡諸軍事。

武陵王駿(元嘉二二——二五)：都督雍梁南北秦四州、荆州之襄陽竟陵南陵(陽)順陽新野隨六郡諸軍事。

蕭思話再任(元嘉二五——二六)：監雍梁南北秦州、荆州之竟陵隨二郡諸軍事。

廣陵王誕(元嘉二六——二八)：都督雍梁南北秦四州、荆州之竟陵隨二郡諸軍事。

臧質(元嘉二八——三〇)：監雍梁南北秦四州諸軍事。

柳元景(元嘉三〇)：監雍梁南北秦四州、荆州之竟陵隨二郡諸軍事。

再任(孝建元)：都督州郡同上。

武昌王渾(孝建元——二)：監州郡同上。

海陵王休茂(大明二——五)：都督雍梁南北秦四州、郢州之竟陵隨二郡諸軍事。

永嘉王子仁(大明五)：監州郡同上。

劉秀之(大明五——八)：都督州郡同上。

晉安王子勛(大明八)：同上。

湘東王彧(泰始元)：都督雍梁南北秦四州、郢州之竟陵諸軍事。

袁顗(泰始元二)：督雍梁南北秦四州、郢州之竟陵隨二郡諸軍事。

沈攸之(泰始二)：督雍梁南北秦四州、郢州之竟陵諸軍事。

巴陵王休若(泰始二——四)：都督雍梁南北秦四州、荆州之竟陵隨二郡諸軍事。

張興世(泰豫元——元徽三)：督雍梁南北秦、郢州之竟陵隨二郡諸軍事。

張敬兒(元徽三——昇明三)：督雍梁二州、郢司二郡諸軍事。(錢大昕曰：「郢司二郡殊未核。據柳世隆傳，書敬兒官銜，作郢州之竟陵、司州之隨郡。」)

按：此雖僅二十二任，然所缺十二人年月皆較短，故此二十二人卽可代表全宋時代。

又按：據前列材料可知：(1) 自褚叔度至武陵王駿凡六人爲一階段。其時代自宋初至元嘉二十五年。其督區爲雍梁南北秦四州及荆州之南陽、竟陵、順陽、襄陽、新野、隨六郡。(褚叔度傳「四州」下明奪「荆州」二字，又此諸傳皆有襄陽無義陽，獨此傳有義陽無襄陽，「義」字蓋誤。劉遵考傳「荆州之南」下明奪「陽」字。武陵王駿傳「南陵」蓋「南陽」之誤。)(2) 自蕭思話之再任至武昌王渾凡六任，爲一階段。其時代自元嘉二十五六年至孝建元二年。其督區爲雍梁南北秦四州及荆州之竟陵、隨二郡。檢宋書州郡志三，雍州條：「文帝元嘉二十六年，割荆州之襄陽南陽新野順陽隨五郡爲雍州。」則此時雍州已包括襄陽南陽等郡，卽此時期之督區，與第一階段，名異而實土則全同。(州郡志此條有隨，共五郡。然郢州條，孝武帝孝建元年，分荆州之江夏竟陵隨等郡立郢州。則元嘉末隨郡仍屬荆州也，與雍州條異。據前引蕭思話再任至武昌王渾事，知雍州條當作四郡；「隨」爲衍文。)(3) 自海陵王休茂至張興世凡九人，爲一階段。其時代自大明二年至元徽三年。其督區爲雍梁南北秦四州及郢州之竟陵隨二郡。(州郡志二，司州隨陽郡條，隨郡原屬荆州，「孝武孝建元年度屬郢，前廢帝永光元年度屬雍，明帝泰始五年還屬郢，改爲隨陽，後廢帝元徽四年度屬司州。」永光元年、泰始五年兩事，亦見本紀。則湘東王彧傳、沈攸之傳「竟陵」下無「隨」郡，張興世傳「竟陵」下有「隨」郡，皆是也；而袁顗傳、休若傳「隨二」皆衍文，休若傳「荆」又「郢」之譌。)據州郡志郢州條，此郢州之竟陵隨二郡由荆州分來，則名與第一第二階段異，而其實土亦同也。然則終宋之世，雍州都督區毫無變動，惟末際張敬兒不督南北二秦耳。

南齊書文惠太子傳(長懋)，爲都督雍梁二州、郢州之竟陵、司州之隨郡諸軍事、雍州刺史。其後,刺史蕭赤斧(建元二)、鄱陽王鏘(建元四——永明四)、張瓌(永明四)、陳顯達(永明五——八)、安隆侯緬(永明八——九)、王奐(永明九——一一)、晉安王子懋(永明一一——建武元)、曹虎(建武元——永泰元)等,其督區皆爲雍梁南北秦及郢州之竟陵、司州之隨郡。各見本傳。按宋書州郡志二,司州隨陽郡,本屬郢州。「元徽四年,度屬司州。」南齊書州郡志下,隨郡亦屬司州。則齊世雍州督區實亦與宋世全同。惟初期無南北二秦耳。

按前考宋齊之世,荆州刺史例督荆湘雍梁益寧南北秦八州。則此雍州都督經常統隸於荆州都督也。

(11) 梁秦都督區

宋齊之世,梁南秦恆置一刺史,亦常加都督。如吉翰、劉道產、蕭思話等皆爲督梁南秦二州諸軍事、梁南秦二州刺史,劉秀之、王玄載皆爲督梁南北秦三州諸軍事、梁南秦二州刺史,崔慧景、曹虎皆爲都督梁南北秦沙四州諸軍事、梁南秦二州刺史。皆見宋書齊書各人本傳。

按:前考宋齊之世,雍州刺史例督雍梁南北秦四州及竟陵隨二郡,則此梁秦都督經常統隸於雍州都督也。雍州都督又統隸於荆州都督。是軍府大小相轄,上下三層矣。

(12) 益州都督區

前考東晉時代,益州刺史常督益寧及梁州之巴西梓橦宕渠諸郡。宋書朱齡石傳:「義熙……九年,遣諸軍伐蜀,令齡石爲元帥,以爲建威將軍、益州刺史。……尋加節益州諸軍事。……平蜀,……進號輔國將軍,尋進監益(當作梁)州巴西梓橦宕渠南漢中、秦州之安固懷寧六郡諸軍事。」張茂度傳:「元嘉元年,出爲使持節、督益寧二州、梁州之巴西梓橦宕渠南漢中、秦州之懷寧安固六郡諸軍事、冠軍將軍、益州刺史。」吉翰傳:元嘉三年,爲益州刺史,督州郡如茂度。是督區視晉稍廣。檢宋書州郡志四,巴西梓橦宕渠南漢中懷寧安固六郡皆於元嘉十六年度屬益州。故此後以迄於齊,任益州刺史者皆僅云督益寧二州,如陸徽、劉秀之、蕭惠開、王玄載、傅琰、陳顯達、劉悛諸人皆是也。各見本傳。

(13) 江州都督區

前考東晉江州都督大體督本州及荆州東部豫州西部數郡,但尚未完全定型。宋書檀韶傳，義熙十二年「遷督江州、豫州之西陽新蔡二郡諸軍事、江州刺史。」王弘傳，義熙十四年，爲江州刺史，所監州郡與韶同。則督區較爲縮小。弘任職直至宋元嘉初。其後檀道濟、南譙王義宣、臨川王義慶、彭城王義康、廬陵王紹相繼爲江州，時間自元嘉初至二十六年，據各人本傳，其督區如次：

道濟：都督江州之江夏、豫州之西陽新蔡晉熙四郡諸軍事。

義宣：都督江州、豫州之西陵西熙新蔡三郡諸軍事。

義慶：都督江州之西陽晉熙新蔡三郡諸軍事。

義康：都督江州諸軍事。

紹：都督江州、豫州之西陽晉熙新蔡三郡諸軍事。

按：道濟條，「江州」下脫「荆州」二字。義慶條，「江州」下脫「豫州」二字。義宣條，「西陵」爲「西陽」之誤、「西熙」爲「晉熙」之誤。則其時督區已定型爲江州及豫州之西陽晉熙新蔡三郡也。而建平王宏傳，元嘉末，「出爲征虜將軍江州刺史。」不言督。檢文帝紀，宏官江州，在元嘉二十六年。考竟陵王誕傳：「元嘉……二十六年，出爲都督雍梁南北秦四州(略)諸軍事、後將軍事、雍州刺史。……上欲大舉北討，乃罷江州軍府，文武悉配雍州。」時省軍府，故宏傳不言「都督」或「監」「督」也。然孝武帝(駿)紀云，元嘉二十八年，「遷都督江州、荆州之江夏、豫州之西陽晉熙新蔡四郡諸軍事。」則江州旋復置軍府也。自此迄宋末，臧質、蕭思話、義陽王昶、桂陽王休範、晉安王子勛、建安王休仁、山陽王休祐、王景文、邵陵王友、蕭賾、蕭嶷相繼爲江州刺史。據各人本傳，其督區如次：

質：都督江州諸軍事。

思話：都督江州、豫州之西陽晉熙新蔡諸軍事。

昶：都督江州、郢州之西陽、豫州之新蔡晉熙二郡諸軍事。

休範：都督江郢司廣交五州、豫州之西陽新蔡晉熙、湘州之始興四郡諸軍事，鎮尋陽。

子勛：督江州、南豫州之晉熙新蔡、郢州之西陽三郡諸軍事。

休仁：同上。

休祐：都督江郢雍湘五州。(脫一州)

景文：都督江州、郢州之西陽、豫州之新蔡晉熙三郡諸軍事。

友：督江州、豫州之西陽新蔡晉熙三郡諸軍事。

熙：督區較友少西陽郡。

嶷：同上。

據此所列，其督區仍爲江州及豫州之晉熙新蔡二郡，西陽雖由豫州度屬郢州，然仍常在江州軍府統督之下。至於休範、休祐所督，非恆制矣。

宋末，江州都督已不督西陽。南齊書王延之傳，爲江州刺史，都督江州、豫州之新蔡晉熙二郡諸軍事。時在齊初，與宋末全同。安成王暠傳，督江州、豫州之晉熙諸軍事。時在建元四年。是又不督新蔡郡矣。王奐傳：「永明二年，徙爲散騎常侍、江州刺史。初省江州軍府。」故其後隨郡王子隆、武陵王曅、巴東王子響皆不云都督，各見本傳。而鄱陽王鏘傳，永明中（八年）「出爲江州刺史。……九年始親府州事。加使持節、都督江州諸軍事、安南將軍，置佐史。……先是二年省江州府，至是乃復。」然此後爲江州者只云都督本州，無兼督他州之零郡者矣。

總上所考，自東晉，歷宋齊，江州軍府之督區，逐日縮小。

(14) 郢州都督區

宋書州郡志三：「孝武孝建元年，分荆州之江夏竟陵隨武陵天門、湘州之巴陵、江州之武昌、豫州之西陽，……立郢州。天門後還荆。」鎮夏口，見宋書何尙之傳及蕭思話傳。何尙之傳又云：「荆揚二州戶口半天下，江左以來，揚州根本，委荆以閫外。至是並分，欲以削臣下之權(時分揚州置東揚州)，而荆揚並因此虛耗。尙之建言復合二州。上不許。」蓋孝武天性忌刻，寧可令上下虛耗，不使大臣有凌逼之勢也。齊世因之不改。爲上流一大重鎭。梁武帝云：「郢州控帶荆湘，西注漢沔。」(梁書武帝紀）是也。

蕭思話傳，始置郢州，以思話爲刺史，「都督郢湘二州諸軍事。」其後歷任刺史者，如劉秀之(孝建二)監郢州諸軍；蔡興宗(泰始三——五)都督郢州諸軍事；沈攸之(泰始五——泰豫元)監郢州諸軍事，後又進監豫州之西陽司州之義陽諸軍事；劉秉(泰豫元)亦都督郢州、豫州之西陽、司州之義陽二郡諸軍事；晉熙王燮（元徽元——昇明元）監州郡與秉同。劉秉事見長沙王道憐傳；餘各見本傳。是宋世督區除本州外，多有西陽義陽二郡。黃回傳，爲郢州刺史，督郢州、司州之義陽諸軍事。按時在昇明元年，西陽郡已度屬郢州故也。

齊以後，任郢州刺史者，先有西昌侯鸞(建元二——四)、廬陵王子卿(建元四——永明元)、安陸侯緬(永明元——五)，皆都督郢州、司州之義陽軍事。是與宋末全同。自永明七年以後，建安王子眞、晉熙王銶、蕭遙昌、江夏王寶玄、張沖相繼爲郢州刺史，皆都督郢司二州諸軍事。各見本傳。蓋義陽一郡爲司州重地，且即爲司州刺史治所，郢州都督旣統義陽，卽無異兼統全司州也。是名異而實亦同。

(15) 廣州都督區 附交州都督區

宋承東晉，廣交二州自爲一都督區，以廣州刺史兼充都督。如張茂度、劉湛、陸徽、隨王誕皆爲督交廣二州諸軍事、平越中郎將、廣州刺史，各見本傳。自元嘉末以後，督區偶有擴張，舉例如次：

廬江王褘：都督廣交二州、荊州之始興臨安二郡諸軍事。(本傳)〔按無臨安郡，當作「臨賀始安三郡」〕

臨海王子頊：都督廣交二州、湘州之始興始安臨賀三郡諸軍事。(本傳)

始安王子眞：監廣交二州、始興始安臨賀三郡諸軍事。(本傳)

陳顯達：督廣交越三州、湘州之廣興軍事。(南齊書本傳)

周盤龍：督交廣越寧、湘州之廣興諸軍事。(宋書沈攸之傳，而南齊書盤龍傳作交廣二州)

按：越州乃由廣交分置，故無所擴充，所擴充者惟湘州之南部耳。考竟陵王誕傳，元嘉末，「遷都督廣交二州諸軍、安南將軍、廣州刺史，當鎭始興。未行。」據文帝紀，元嘉二十八年五月，以誕爲廣州刺史。二十九年五月，「以始興臨賀始安三郡屬廣州。」據州郡志，三十年，此三郡復度湘州。蓋誕以諸王出鎭，故廣其地，近其鎭所；旋此三郡雖仍度屬湘州，但以地在嶺南，於廣交爲近，故仍屬廣州都督也。

交州雖隸廣州都督，但本州刺史亦常加督。如蕭景憲督交州、廣州之鬱林寧浦二郡諸軍事、交州刺史，見南夷林邑傳。又吳喜亦同，見本傳。

入齊以後，廣交似不置督，其詳待考。

(丁) 梁　陳

梁書、陳書皆無地志,據徐文范輿地表,梁武帝天監初有州二十三,天監末有州四十五,大通時有州八十六,中大同時有州一百零四,梁末江北及荆雍以西之地盡失,存州五十四。陳宣帝太建初收復淮南地,故有州八十餘;其後又失江北之地,存州六十四。據此而言,梁武一代分置諸州,四倍於初,史多闕略,督區不能盡詳。然諸紀所記刺史任免仍惟舊州,諸傳所記加都督者亦類爲舊州刺史,則置州雖多,然重要州鎮仍存舊觀也,茲仍採諸紀傳,考其梗概。

(1) 揚州都督區

前考宋齊之世,揚州刺史例督揚及南徐兩州。今考梁代任揚州刺史加都督者,先後有臨川王宏(天監元——一七)、晉安王綱(中大通二——三)、武陵王紀(中大通四——大同三)、宣城王大器(大同四——太清三)、南海王大臨、王僧辯(承聖元——四)皆都督揚、南徐二州諸軍事,各見本傳。末葉分揚置東揚,故王僧辯傳,爲揚州刺史都督揚、南徐、東揚三州諸軍事。實際督區則未變。入陳以後,諸傳記刺史加都督者,安成王頊(高宗)(天嘉三——光大二)都督揚、南徐、東揚、南豫、北江五州諸軍事,始興王叔陵(太建九——一二)、新安王伯固(太建一三)皆爲都督揚、南徐、東揚、南豫四州諸軍事。則視齊梁小異。

(2) 南徐都督區

梁書安成王秀傳,梁開國,秀爲使持節、都督南徐兗二州諸軍事、南徐刺史。此尚承齊末之制。其後,鄱陽王恢(天監二——四)、建安王偉(天監四——五)、豫章王綜(天監五——一〇)、南康王績(天監一〇——一五)、廬陵王續(普通四——中大通二)新興王大莊(太清三——大寶二)、侯安都(紹泰元)爲南徐刺史,皆都督本州。各見本傳。(續傳有脫誤)。入陳以後,侯安都(永定三——天嘉四)、周寶安、黄法𣰋(光大元二),淳于量(光大二——太建五)爲南徐刺史,亦都督本州。徐度(永定元——三)、鄱陽王伯山(天嘉六——光大元)爲南徐刺史,加緣江都督。各見本傳。其職實同。惟新安王伯固傳,太建七年,遷使持節、散騎常侍、都督南徐南豫南北兗四州諸軍事、鎮北將軍、南徐州刺史。此特例也。

（3）南兗都督區

南齊時代，南兗都督區，爲南兗、兗、徐、青、冀五州。入梁以後，蕭景(天監元——五)、昌義之(天監初)、長沙王業(天監七——八)、始興王憺(天監八——九)、晉安王綱(天監九——一二)、蕭景(天監一二——一三)、南康王績(天監一七——普通四)、豫章王綜(普通四——六)、蕭藻(中大通三——六)爲南兗州刺史，皆都督南兗、兗、徐、青、冀五州諸軍事。各見本傳。「兗」或作「北兗」(景、憺、綱、績)，其實一也。故與南齊全同。惟南康王績傳，子會理爲都督南北兗、北徐、青、冀、東徐、譙七州諸軍、南兗州刺史。此爲特例。時在太淸中，其後數年，江北之地盡爲北齊所有。

（4）徐兗都督區

徐兗爲東北邊境，故爲刺史者多加都督軍事。茲舉北徐刺史加都督之例如次：

梁書昌義之傳：天監二年，假節、督北徐州諸軍事、北徐州刺史。十五年，復爲都督北徐州緣淮諸軍事、北徐刺史。

裴邃傳：普通中，除持節、督北徐州諸軍事、北徐州刺史。

同傳：子之禮，都督北徐仁睢三州諸軍事、北徐刺史。時在武帝末。

魏故侍中吳郡王蕭正表墓誌：武帝末，爲都督北徐西徐仁睢安五州諸軍事、北徐州刺史。(吳表引)

按：武帝紀，大同六年九月，「移安州置定遠郡，受北徐州都督。」西徐、仁、睢不知何時屬北徐督。茲再舉北兗州刺史加都督之例如次：

梁書張惠紹傳：天監初，都督北兗州諸軍事、北兗州刺史。

康絢傳：天監九年，督北兗州緣淮諸軍事、北兗州刺史。

明山賓傳：天監十五年，督緣淮諸軍事、北兗州刺史。

陳慶之傳：普通中，都督緣淮諸軍事、北兗州刺史。

據此而言，徐、兗刺史各加都督軍事，似不相統率，然都督緣淮亦可能兼統淮水中下流南北諸州。其詳待考。

（5）豫州都督區與司州都督區

梁亦置豫州都督，茲舉刺史加都督之例如次：

馮道根傳，天監八年，假節、督豫州諸軍事、豫州刺史。

馬仙琕傳，天監十一年，持節、督豫北豫霍三州諸軍事、豫州刺史。

裴邃傳，普通二年，督州刺史同上，鎮合肥。

夏侯亶傳，普通六年，都督豫州緣淮、南豫霍義定五州諸軍事、豫南豫二州刺史。

同傳，弟夔，中大通六年，督豫淮陳潁建霍義七州諸軍事、豫州刺史。

據此而言，梁世，豫州都督不統司州。而陳慶之傳，中大通二年，都督南北司西豫豫四州諸軍事、南北司二州刺史。羊雅仁傳，大同七年，都督南北司豫楚四州諸軍事、北司州刺史，遷都督豫司淮冀殷應西豫等七州諸軍事、司豫二州刺史，鎮懸瓠。則司豫亦常爲一都督區，惟以司州刺史兼充都督，與梁不同耳。

按梁世，南豫先治歷陽，徙治合肥，後移壽陽；司州治義陽。梁末司豫之地盡失，南豫州移治姑孰。陳承之，爲刺史者多加本州都督，如周文育、侯安都、魯廣達、徐敬成、黃法𣰰、樊猛皆是也。敬成見陳書徐度傳，猛見樊毅傳，餘各見本傳。又程靈光傳，督南豫州緣江諸軍事、南豫州刺史；高宗紀(太建十二年)，爲南豫刺史，督緣淮軍防事；亦督本州之變文耳。太建中，江北舊南豫之地曾一度入陳，亦置豫州都督，如吳明徹傳，都督豫合建光朔北徐六州諸軍事、豫州刺史。黃法𣰰傳全同。鎮壽陽。然不數年復失之。

(6)　會稽東揚州都督區

梁初，承齊置會稽都督。梁書永陽王伯游傳，天監四年，督會稽、東陽、新安、永嘉、臨海五郡諸軍事、會稽太守。是其例也。武帝紀，普通五年三月，分揚州江州置東揚州，以會稽太守武陵王紀爲刺史。考臨城公大連傳，太清中，爲東揚州刺史，而有中兵參軍；是仍置督府也。又陳書高祖紀上，梁簡文帝大寶二年十一月，「授高祖使持節、都督會稽東陽新安臨海永嘉五郡諸軍事、平東將軍、東揚州刺史。」既爲本州刺史，不云都督本州，而云都督五郡，何耶？然加都督則不待言。又陳書世祖紀，梁東揚州刺史張彪起兵，世祖擊平之，還以世祖爲「持節、都督會稽等十郡諸軍事、宣毅將軍、會稽太守。」據梁書本紀，事在太平元年。則梁末將禪前又廢東揚州，置會稽都督也。陳初，沈恪「除散騎常待、忠武將軍、會稽太守。世祖嗣位，進督會稽、東陽、新安、臨海、永嘉、建安、晉安、新寧、信安九郡諸軍事，將軍太守如故。」見陳書本傳。徐度傳，亦於天嘉初爲使持節、都督會稽太守，與沈恪同。則梁末陳初之會稽都督區視梁初以前爲廣矣。陳書世祖紀，天嘉三年六月，「以會稽、東陽、臨海、永嘉、新安、新寧、晉安、建安八郡置東揚州。」則視舊日東揚州反爲擴大。自是至陳亡，東揚州不曾廢罷。然豫章王叔英傳，大建初，爲都督東揚州諸軍事、東揚州刺史。永陽王伯智傳，至德初，「爲使持節、都督東揚豐二州諸軍事、平東將軍，領會稽太守。」據本紀，實爲東揚州刺史。鄱陽王伯山傳，「至德四年，出爲使持節、都督東揚豐二州諸軍事、東揚州刺史。」則置州以後仍置都督府也。

（7）荆州都督區

梁書諸帝本紀載荆州刺史甚詳備，玆據各人本傳錄其督區如次：

始興王憺（天監元——七）：都督荆湘益寧南北秦六州諸軍事。

安成王秀（天監七——一一）：都督荆湘雍益寧南北梁秦九州諸軍事。

鄱陽王恢（天監一一——一三）：都督荆湘雍益寧南北梁南北秦九州諸軍事。

晉安王綱（天監一三——一四）：都督荆雍梁南北秦益寧七州諸軍事。

始興王憺再任（天監一四——一八）：都督荆湘雍寧南梁南北秦七州諸軍事。

鄱陽王恢再任（天監一八——普通七）：都督荆湘雍梁益寧南北秦八州諸軍事。

湘東王繹（普通七——大同五）：都督荆湘郢益寧南梁六州諸軍事。

廬陵王續（大同五——太清元）：都督荆郢司雍西北秦梁巴華九州諸軍事。

湘東王繹再任（太清元——大寶元）：都督荆雍湘司郢寧梁南北秦九州諸軍事。

據此而言，則梁亦承齊，荆州都督督荆、湘、雍、益、寧、梁、秦諸州，普通以後增督郢州，大同以後又增督司州耳。惟憺首任不督雍梁，再任不督益州，綱不督湘州，繹首任不督雍秦，再任不督益州，續不督湘益寧三州而督巴華二州，此數者爲例外耳。檢吳表引本紀：天監元年至四年，建安王偉爲雍州刺史；天監十四年至十八年，鄱陽王恢爲益州刺史；則憺不督雍益，蓋避諸王也。普通四年至中大通二年，晉安王綱爲雍州刺史；則繹首任不督雍州，亦避諸王也。又自大同三年以後，武陵王紀爲益州刺史；則續及繹再任皆不督益州，蓋亦避諸王也。

(8) 湘州都督區

梁初承齊，湘州刺史仍多加都督本州軍事。如天監中，楊公則、柳琰、柳忱、昌義之、王珍國皆是也，各見本傳。自普通至陳末，湘州刺史多增督他州。茲依時代列舉如次：

安成王機(梁普通三——大通二)：督湘衡桂三州諸軍事。

桂陽王象(與機相先後)：督湘衡二州諸軍事。

張纘(大同九年)：都督湘桂東寧三州諸軍事。

侯瑱(陳永定中)：都督湘桂郢巴武沅六州諸軍事。

徐度(天嘉中)：都督湘沅武巴郢桂六州諸軍事。

吳明徹(光大中)：都督湘桂武三州諸軍事。

始興王叔陵(太建四)：都督湘衡桂武四州諸軍事。

晉熙王叔文(至德中)：都督湘衡武桂四州諸軍事。

岳陽王叔愼(禎明元)：都督湘衡桂武四州諸軍事。

據此而言，普通以後，大體以湘、桂爲主體，而常兼統衡、武，偶且兼統郢、巴，則與郢州都督併爲一區矣。按：梁初，湘州轄境南及嶺南之始安、臨賀、始興三郡，武紀，天監六年，分湘廣置衡州，有此三郡(所得廣州地蓋極少)。同年，又分廣州置桂州，有桂林(今馬平東南)、蒼梧、鬱林等郡。十一年，於郢州之武陵郡置武州。大同六年十二月，「置桂州於湘州始安郡，受湘州督。」而其時臨賀郡已另置靜州，則此時湘桂衡武四州全境亦略相當於舊日湘州之域耳。

(9) 雍州都督區

前考宋齊時代，雍州刺史督雍梁南北秦四州及郢州之竟陵、司州之隨郡諸軍事。梁書武帝紀，齊末，在雍州，卽都督此四州二郡。入梁以後，爲雍州刺史其督區可考見於本傳者，有建安王偉(天監元——四)、柳慶遠(天監四——七)、蕭景(天監七——一一)、蕭藻(天監一一——一二)、柳慶遠再任(天監一三)、安成王秀(天監一六——一七)、晉安王綱(普通四——中大通二)、廬陵王續(中大通二——大同元)、岳陽王詧(中大同元——)等。偉、慶遠(再任)、景、秀、綱五任皆都督雍、梁、南北秦四州、郢州之竟陵、司州之隨郡諸軍事。慶遠首任都督雍梁南北秦四州。藻都督雍梁秦三州及竟陵隨二郡。綱後權進都督荆、益、南梁三州。續都督雍、梁、秦、沙四州。詧都督雍、梁、東益、南北秦五州、郢州之竟陵、司州之隨郡諸軍事。各見本傳(綱爲紀，詧傳在北周書)。又張纘傳，湘東王繹以纘爲都督雍、梁、北秦、東益、郢州之竟陵、司州之隨郡諸軍事、雍州刺史，以代詧。據此而言，梁世雍州都督仍督雍梁南北秦四州及郢州之竟陵、司州之隨郡諸軍事，如齊世，偶增督沙或東益，非恆制也。梁末以後，地陷北朝矣。

(10) 梁秦都督區

梁世，梁秦刺史仍常加都督。如天監中，吉士瞻爲梁秦二州刺史，加都督；見南史本傳。武帝世，曹義宗爲梁秦二州刺史，加都督；見南史曹景宗傳。大通中，韋放爲持節、督梁南秦二州諸軍事、梁南秦二州刺史；蘭欽爲使持節、督南梁、南北秦、沙四州諸軍事、梁南秦二州刺史；各見本傳。其後杜懷寶爲梁州刺史，大同初進督華州；見杜山則傳。陰子春都督梁秦華三州諸軍事、梁秦二州刺史；見本傳。則督區仍與宋齊略同，且統隸於雍州都督，雍州都督又統隸於荆州都督，並與宋齊相同。

(11) 益州都督區

梁世，益州刺史亦常加都督。天監初，其督區與宋齊全同；如梁書長沙王業傳，天監元年，都督益寧二州諸軍事、益州刺史。其後則頗異，舉例如次：

始興王憺傳：天監九年，都督益寧南梁南北秦沙六州諸軍事、益州刺史。

鄱陽王恢傳：天監十三年，都督益寧南北秦沙七州(蓋脫南北梁)諸軍事、益州刺史。

簡文帝紀：普通元年，都督益寧雍梁南北秦沙七州諸軍事、益州刺史。

武陵王紀傳：武帝末，都督益梁等十三州諸軍事、益州刺史。

據此而言，梁世益州刺史常兼督梁秦沙等州，似與雍州都督衝突。蓋益州都督之基本督區仍爲益寧也。梁末以後，地入北朝。

(12) 江州都督區

梁世，江州刺史仍常加都督，但以都督本州爲限。如王茂(天監元——六)、安成王秀(天監六——七)、建安王偉(天監九——一二)、王茂再任(天監一二——一四)、晉安王綱(天監一四——一五)、廬陵王續(天監一六——普通元)、南康王績(普通五——大通二)、桂陽王象、湘東王繹(大同六——太清元)皆是也。各見本傳。入陳以後,頗不一定。有以刺史都督本州者;如晉熙王叔文(至德元)、始興王叔重(至德二——四)是也。亦有不限本州者;如周文育傳,都督江、廣、衡、交等州諸軍,江州刺史;侯安都傳、黃法氍傳,皆爲都督江吳二州諸軍事、江州刺史;章昭達傳,都督江郢吳三州諸軍事、江州刺史;是其例也。又始興王叔陵傳,先爲持節、督江州諸軍事、江州刺史,進爲使持節、都督江郢晉三州諸軍事、江州刺史。亦其例。

(13) 郢州都督區

梁初承齊,郢州刺史多都督郢司二州諸軍事。如曹景宗(天監元——四)、鄱陽王恢(天監四——)皆是也;各見本傳。恢傳又云,七年進督霍州。據徐表,六年已分豫州置霍州也。其後豫章王綜(天監一〇——一三)、安成王秀(天監一三——一六)、衡陽王元簡(天監一七——一八)、蕭景(普通元——四)、元樹(普通中)、桂陽王象(?)皆以郢州刺史都督郢司霍三州諸軍事;各見本傳。而潯陽王大心傳,大同元年,爲使持節、都督郢、南北司、定、新五州諸軍事、郢州刺史。邵陵王綸傳,大同七年爲使持節、都督郢、定、霍、司四州諸軍事,郢州刺史。是末葉督區又頗變異。

入陳以後,爲郢州刺史者,章昭達(天嘉二)都督郢巴武沅四州,沈恪(天嘉中)都督郢武巴定四州,淳于量(太建中)都督郢巴南司定四州,程靈洗(天嘉末至光大二)、黃法氍(光大中)、錢道戢(太建中)、荀法尚(禎明中)皆爲都督郢巴武三州,孫瑒都督郢巴武荆湘五州,陳慧紀(太建中)都督郢巴二州,各見本傳。則經常督區爲郢巴武三州也。

(14) 廣州都督區

梁陳之世,廣交兩州分置州郡最多,故廣州督區所督州名亦逐漸增多。茲就曾任廣州刺史其督區可考見於本傳者,依時間先後錄之於次:

樂藹:天監二年,督廣交越三州諸軍事。

蕭昌:天監六年,督廣交越桂四州諸軍事。

柳惲:天監八年,都督廣交桂越四州諸軍事。

衡陽王元簡:天監十三年,督廣交越三州諸軍事。

元景隆(法僧子)：普通末，都督廣越交桂等十三州諸軍事。

元景隆：太清初，再任，都督同上。

歐陽頠：陳永定元年，都督廣交越成定明新高合羅愛建德宜黃利安石雙十九州諸軍事。永定三年，增督衡州。

歐陽紇：天嘉五年，繼頠，都督交廣等十九州諸軍事。

沈恪：太建元年，繼紇，都督廣衡東衡交越成定新合羅愛德宜黃利安石雙十八州諸軍事。

陳方泰：太建四年，繼恪，都督廣衡交越成定明新合羅德宜黃利安建石厓十九州諸軍事。(少一州)

沈君高(君理弟)：太建八年，都督交廣等十八州諸軍事。

據此而言，梁世廣州都督仍以交廣越三州爲基本督區，時加桂州等而已。陳世廣州都督雖督至十八九州，實際地區，視梁世少桂州而多衡州東衡等耳。

(15) 新都督區

梁陳既分置新州甚多，雖其重要者仍爲舊有諸州，置都督；但新州刺史亦有加都督獨立爲區者。如梁世有衡州都督，其例如次：

梁書蕭景傳：弟昌，天監六年，遷持節、督廣交越桂四州諸軍事、廣州刺史。九年，分湘州置衡州，以昌爲持節、督廣州之綏建、湘州之始安諸軍事、衡州刺史。

蘭欽傳：持節、都督衡桂二州諸軍事、衡州刺史。(按前官爲梁秦刺史。據武帝紀，大同元年見在梁秦任，則官衡州亦在大同中。)

韋粲傳：中大同十一年，遷持節、督衡州諸軍事、衡州刺史。

陳書歐陽頠傳：梁元帝承制以始興郡爲東衡州，以頠爲持節、都督東衡州諸軍事、東衡州刺史。尋授使持節、都督衡州諸軍事、衡州刺史。

據前考湘州都督與廣州都督，梁世皆不督衡州，則此衡州都督爲一獨立督區也。

陳不置衡州都督，而置桂州都督。如陳書淳于量傳，梁元帝承聖中，出爲持節、都督桂定東西寧等四州諸軍事、桂州刺史。高祖受禪，累進將軍都督刺史並如故。世祖天康元年入朝。則在任十餘年。前考湘州都督，此時期兼督桂州，則此桂州都督非獨立督區也。

此外，陳世新置諸州都督尚可考見諸傳。如黃法氍傳，「(梁末)太平元年，割江州四郡置高州，以法氍爲使持節、散騎常侍、都督高州諸軍事、信武將軍、高州刺史，鎮于巴山。」是高州刺史加都督也。荀朗傳，天嘉中，爲使持節、都督霍晉合三州諸軍事、合州刺史。黃法氍傳，太建中，爲使持節、都督合霍二州諸軍事、合州刺史。是合州刺史加都督也。徐敬成傳，持節、都督安元潼三州諸軍事、安州刺史。是安州刺史加都督也。陳詳傳，天嘉中，假節、都督吳州諸軍事、吳州刺史。趙知禮傳，持節、督吳州刺史同。是吳州刺史加都督也。南康王曇朗傳，子方慶，太建中，假節、都督定州諸軍事、定州刺史。是定州刺史加都督也。其詳不能盡考，要多僅督本州，非大都督區矣。

✻　✻　✻　✻　✻　✻

魏、蜀、吳三國，都督皆用勳臣爲之。西晉則多用親王。據吳廷燮晉方鎮年表，關中都督及督鄴城守諸軍事皆用諸王，豫州都督多用諸王，餘則或用勳臣或用親王無定例。晉書荀勗傳云：「時議遣王公之國。帝以問勗。勗對曰，諸王公已爲都督，而使之國，則廢方任。」是諸王例爲都督也。至東晉則用大臣。宋齊以下，荆揚仍如東晉有抗衡之勢。爲其權重，亦用親王爲之，以鞏政權。沈約論之云：

「江左以來，樹根本於揚越，任推轂於荆楚。揚土自廬蠡以北，臨海而極大江，荆部則包括湘沅，跨巫山而掩鄧塞，民戶境域過半於天下。晉世幼主在位，政歸輔臣，荆揚司牧，事同二陝。宋室受命，權不能移，二州之重，咸歸密戚。」(宋書何尚之傳史臣曰)

所云「密戚」謂親王也。

按宋書南郡王義宣傳云：

「初高祖以荆州上流形勝，地廣兵彊，遺詔，諸子次第居之。謝晦平後，以授彭城王義康；義康入相，次江夏王義恭；又以臨川王義慶宗室令望，且臨川武烈王有大功於社稷，義慶又居之。其後應在義宣，上以義宣人才素短，不堪居上流。十六年，以衡陽王義季代義慶，而以義宣代義季爲南徐州刺史，都督南徐州軍事。……而會稽公主(太祖之姊)每以爲言，上遲回久之。

二十一年，乃以義宣都督荆雍益梁寧南北秦七州諸軍事、車騎將軍，荆州刺史……」

又臨川王道規傳云：

「子義慶。……元嘉……九年，出爲使持節、都督荆雍益寧梁南北秦七州諸軍、平西將軍、荆州刺史。荆州居上流之重，地廣兵强，資實兵甲居朝廷之半，故高祖使諸子居之。義慶以宗室令美，故特有此授。」

則荆州之用親王，乃出武帝遺命，以義慶之親賢猶爲特授，其嚴於任授可知。至於揚州，雖無具體之遺命與規制，然王景文傳云：

「太宗翦除暴主，……徵爲尙書左僕射，領吏部、揚州刺史。……景文屢辭內授。上手詔譬之曰：庶姓作揚州，徐干木、王休元、殷鐵並處之不辭。……司徒以宰相不應帶神州；遠遵先旨，京口鄉基義重，密邇畿內，又不得不用驃騎(晉平王休祐)；陝西任要，由來用宗室，驃騎旣去，巴陵理應居之(巴陵王休若)；中流雖曰閑地，控帶三江，通接荆郢，經塗之要，由來有重鎭；如此則揚州自成闕刺史；卿若有辭，更不知誰應處之？」

據此而言，揚州雖不必絕對用親王宗室，但庶姓爲之究屬異常也。又劉延孫傳云：

「大明元年，……出爲鎭軍將軍、南徐州刺史。先是高祖遺詔，京口要地，去都邑密邇，非宗室近戚不得居之。延孫與帝室雖同是彭城人，別屬呂縣，……由來不序昭穆。延孫於帝室本非同宗，不應有此授。時司空竟陵王誕爲徐州，上深相畏忌，不欲使居京口，遷之於廣陵。廣陵與京口對岸，欲使心腹爲徐州，據京口以防誕，故以南陵授延孫，而與之合族，使諸王序親。」

按宋武帝由京口起事平內亂，成大業，故特重其地，遺詔亦以宗室居之也。

大抵宋世都督以揚荆爲重，南徐次之，故皆用親王或宗室諸王爲之。其次南兗、南豫、江、湘、會稽五鎭亦半用諸王爲之。郢、雍、徐、豫、廣諸鎭參用諸王爲之，餘則庶姓任職矣。齊、梁、陳三代，郢、雍形勢轉重，故亦多用親王，餘則略承宋制，無所改易。

〔附記〕 本文承陳槃广先生百忙中抽暇惠閱一過，特此謹致謝忱。又本文原擬繪製附圖，事忙未果。俟有再版時機，當爲補繪。 一九五六年一月廿八日校畢記

出自第二十七本(一九五六年四月)

唐人讀書山林寺院之風尚

兼論書院制度之起源

嚴　耕　望

(一)

漢世，中央太學之規模極大，學生經常數千人，時或多至三萬人；郡縣亦置學官，學生亦常數百千人；官辦教育可謂極其發達。私家講學，生徒雖亦常以千百數，梁書四八儒林傳序至稱漢時「學於山澤者至或就爲列肆，」(南史儒林傳序同。疑此序文乃就南朝情形上推漢世加以想像者。)，然其勢終不敵公立學校之發達。而中央太學尤有極大之凝聚力，四方士子欲振名譽者，恆趨太學，論學會友，傾動京師。故就當時情勢而言，教育中心在中央之太學，地方學官及私家教授實非其比。私家教授亦多在平原鄉邑，其在山林川澤如劉昆魏應者，其例實不甚多，且多在政局方亂之時。後漢書儒林傳序云；「王莽更始之際，天下散亂……四方學士多懷協圖書遁逃林藪。」是也。漢末喪亂以後，政府不以教育爲意，而政治中心之大都市又常有變亂，雖有太學，實同虛設，州郡更不待言，故士子多散處四方。當時政治社會皆爲世家大族所把持，讀書仕宦亦幾爲世族之特權。南朝承之，又會佛教興盛，當時第一流學者多屬僧徒，且兼通經史；貴族平民皆尊仰之。吾人想像當時教育中心固在世家大族，然必亦有不少士子就學於山林巨剎者。南齊書五四高逸傳：明僧紹隱長廣郡嶗山，聚徒立學。顧歡於剡之天台山開館，聚徒常近百人。沈驎士隱餘干吳差山，講經教授，從學者數十百人。徐璠之隱祛蒙山，立精舍講授。只觀此數例，足徵山林講學之概。而梁書五一處士何點傳云：

「後在吳中石佛寺建講，於講所晝寢………」

又云：

弟胤「居(會稽)若邪山雲門寺。……高祖踐阼，……乃敕胤曰；比歲學者殊爲寡少，良由無復聚徒，故明經斯廢。……當敕後進有意向者就卿受業。……於是遣何子朗、孔壽等六人於東山受學。……胤以若邪處勢迫隘，不容生徒，乃遷秦望山。山有飛泉，西起學舍，卽林成援，因巖爲堵，別爲小閣室，寢處其中，……山側營田二頃，講隙從生徒遊之。……胤年登祖(尙之)壽(七十二)，乃移還吳，居虎丘西寺，講經論學，徒復隨之」。

是何氏兄弟二人講學皆直在佛寺矣。雖此所舉，皆爲隱逸者流，不能以概其餘，然已有此種傾向，殆可知矣；惟其詳待考耳。北方情形稍有不同，經學教育之盛雖不及兩漢，然遺風餘韻，尙見史傳，只觀魏書儒林傳已可知其大略。及隋統一天下，頗重教育而提倡之。隋書七五儒林傳序云：

「京邑達乎四方皆啓黌校，齊魯趙魏，學者尤多，負笈追師，不遠千里，講誦之聲，道路不絕。中州儒雅之盛，自漢魏以來一時而已。」

參之隋書及兩唐書列傳，隋世大儒教授生徒或有至數百人，足爲此序之證。亦有教學於山澤者，如隋書四一蘇威傳：

「威每屛居山寺，以諷讀爲娛。」

同書七七隱逸崔廓傳：

「逃入山中，遂博覽書籍，多所通涉。」

同書七八藝術盧太翼傳：

「徙居林慮山茱萸峒，請業者自遠而至。」

新唐書八四李密傳：

「感厲讀書，聞包愷在緱山，往從之。」

錢起歸義寺題震上人壁(全唐詩第四函第五册)原注：

「寺卽神堯皇帝(唐高祖)讀書之所，龍飛後，創爲精舍。」(據詩，寺在山中。)

按此五例者，或在隋世，或在隋前，且有卽讀書山寺者。參以前引齊書、梁書，吾人可以推想此種情形不始於隋，而始於南北朝亂離之世。蓋世亂逼人，不能不投身山林，俾能安心肄業也。

唐初，中央置國子學、太學、四門學及書學、算學、律學、宏文館學，州縣亦各置學。舊唐書一八九儒學傳序，述貞觀初之盛況云：

「於國學增築學舍一千二百間，太學四門博士亦增置生員，其書算合（各？）置博士學生以備藝文，凡三千二百六十員……。是時四方儒士多抱負典籍，雲會京師。俄而高麗及百濟、新羅、高昌、吐蕃等諸國酋長亦遣子弟請入於國學之內，鼓篋而升講筵者八千餘人，濟濟洋洋焉。」

度此盛況蓋略近於漢世。而私家教授見於史傳者則甚少。（兩唐書儒林學傳中私家教授者數人，皆在隋世。）至如新書一九六儒學馬嘉運傳：「貞觀初……退隱白鹿山，諸方來受業至千人。」（冊府七六八略同。）山居講學，此為僅見之例外。此種情形延續數十年之久，蓋政治社會安定，公立學校發達，士子羣趨學官，故私家教授衰替，更無隱遁山林之必要也。

武后擅權，薄於儒術，舊唐書一八九上儒學傳序云：

「則天稱制，以權道臨下，不恡官爵，取悅當時……博士助教有學官之名，多非儒雅之實……二十年間，學校頓時隳廢矣。」

其後學官日衰，而士子讀書山林者却日見衆多。中葉以後，中央太學鞠為茂草（參看全唐文五三二李觀請修太學書及卷七二七舒元輿問國學記）；而讀書山林寺院，論學會友，蔚為風尚，及學成乃出應試以求聞達，而宰相大臣、朝野名士亦即多出其中。茲先舉比較概括性可據以推想一般盛況者，凡得八事，以明之。

摭言三慈恩寺題名雜記條：

「文皇帝撥亂反正，特盛科名，志在牢籠英彥。邇來林棲谷隱，櫛比鱗差。美給華資，非第勿處；雄藩劇郡，非第勿居。」

按此條「鱗差」下疑有奪文。但此處述設科取士使居內外重任，中間插入「邇來林棲谷隱……」一段，自是說士子為求前途發展，乃林棲谷隱，潛心習業以取科第。此其命意至為明顯，而以「櫛比鱗差」為喻，足見其盛。此其一。

李頎緩歌行（全唐詩第二函第九冊）云：

「男兒立身須自強，十年閉戶潁水陽，業就功成見明主，擊鐘鼎食坐華堂。」

按「閉戶潁水陽」即讀書山澤之謂，也許即指嵩山而言。鼓勵青年立身自強，不曰入學從師，而日閉戶山谷，足見當時風氣矣。此其二。

摭言七起自寒苦條，共六事，其中李義琛兄弟及鄭朗相公兩事述應舉，李絳一事與題無關。其他徐商、韋昭度、王播三事述少年讀書情形云：

「徐商相公常（嘗）於中條山萬固寺泉入院讀書。家廟碑云，隨僧洗鉢。」

「韋令公昭度少貧窶，常依左街僧錄淨光大師，隨僧齋粥。淨光有人倫之鑒，常器重之。」

「王播少孤貧，嘗客揚州惠昭寺木蘭院，隨僧齋飡；諸僧厭怠，播至，已飯矣。後二紀，播自重位出鎭是邦，因訪舊遊，向之題已皆碧紗幕其上。播繼以二絕句曰……（其二）上堂已了各西東，慙愧闍黎飯後鐘，二十年來塵撲面，如今始得碧紗籠！」

按此記寒苦讀書至宰相者凡三條，而皆在僧寺，且隨僧齋飡。當時寺院爲寒士聚讀之所，亦可想見。此其三。

同書一〇海敘不遇條云：

「段維……年及壯士，殊不知書。一旦自悟其非，聞中條山書生淵藪，因往請益。衆以年長，猶未發蒙，不與授經。或曰，以律詩百餘篇俾其諷誦。翌日，維悉能强記。諸生異之……因授之孝經。自是未半載，維博覽經籍，下筆成文。於是請下山……。咸通乾符中，聲名籍甚。」

按此條最足顯示士子多讀書於山林。中條山既爲書生淵藪，有書籍，有教有學；其他名山亦可例推。此其四。

全唐文八二六黃滔司直陳公（嶠）墓誌云：

「閩越江山，莆陽爲靈秀之最。貞元中（七年），林端公藻冠東南之科；十年而許員外稷繼翔。其後詞人亹亹，若陳厚慶、陳泛、陳黯、林顥、許溫、林速、許龜圖、黃彥修、許超、林郁，俱……半生隨計，沒齒銜冤。曠乎百年，而公追二賢之後（光啓三年及第），七年而徐正字寅捷（乾寧元年及第，徐考誤），八年而愚□（乾寧二年及第），莫不以江山之數耶？」

按同卷又有黃滔祭陳侍御嶠文，與此略同。皆謂有唐一代（二文作於光化二三年）莆陽進士及第止此五人也。又按林藻黃滔先後讀書於莆山之靈岩寺，見黃滔莆山靈岩寺碑；陳嶠讀書於莆之北岩精舍，又讀於北平山，見本誌；許稷深入終南山隱學三年，然後應舉及第，見閩中名士傳；並詳後引。是全縣數百年間進士及第五人中惟徐寅習業情形不可知，其餘四人皆在山林寺院也。足見習進士業者多在山林寺院矣。此其五。

全唐文三三七顏真卿泛愛寺重修記云：

「予不信佛法，而好居佛寺，喜與學佛者語，人視之若酷信佛法者然。而實不然也。予未仕時，讀書講學恒在福山；邑之寺有類福山者，無有無予蹟也。始僦居，則凡海印、萬福、天寧諸寺，無有無予蹟者。既仕於崑，時授徒於東寺，待客於西寺……。目予實信其法……則非知予者矣。」

又雲溪友議一李相公紳條云：

「李初貧，遊無錫惠山寺，累以佛經爲文藁，被主藏僧毆打，故終身憾焉。後之剡川天宮精舍……有老僧……知此客非常，延歸本院，經數年而辭別赴舉。將行，贈以衣鉢之資，因諭之曰：郎君身必貴矣，然勿以僧之多尤，貽於禍難。及領會稽，僧有犯者，事無巨細，皆至極刑。」

按此兩事可合併論之。顏公不信佛法，亦居佛寺肄業講學，則當時風尚本如此，從可知矣。而觀李紳事，歷居無錫惠山寺、會稽剡川佛寺讀書，又居華山讀書（見後文終南華山節），紳貧士，必亦寺觀也。李紳屢爲寺僧所厭惡，乃至毆打，恨憾銘骨，而習業屢遷，皆在山寺，不能更改其環境。則讀書寺院不但已成風尙，且必寺院中有其優良條件，貧士縱所不願，亦不得不寄寓寺院以便習業也。此其六。

舊唐書一七七裴休傳云：

「家世奉佛。休尤深於佛典，太原鳳翔近名山，多僧寺，視事之隙，遊踐山林，與義學僧講求佛理。」

據此，則太原鳳翔諸山佛寺多有義學，而其師則僧也。又圓覺經大疏鈔卷一之下云：

「宗密家貫果州，因遂州有義學院，大闡儒風，遂投詣進業。經二年後，（道圓）和尙從西川遊化至此州，遂得相遇。」

觀此一段文意，叁之裴休傳義學事，則此義學院當與佛寺有關，殆可斷言。又日人那波利貞作唐鈔本雜鈔考（刊支那學第十卷特別號），臚列法國國立圖書館所藏敦煌文書之有關敦煌寺學者甚多，其最足證明敦煌諸寺多有寺塾者，有下列十一條：

第貳六〇九號俗務要名林殘卷紙背署：

丁亥年正月十六日靈圖寺學仕郎張盈潤寫記之耳。

第貳六二一號漁父歌滄浪賦末署：

長興五年歲次癸丑八月五日燉煌郡淨土寺學郎翟員義。

第貳六叁叁號楊滿山詠孝經壹拾捌章紙背署：

壬午年正月九日淨土寺南院學仕郎。

第貳七壹貳號貳師泉賦末署：

貞明六年庚辰歲次二月十九日龍光寺學郎張安八寫記之耳。

第參壹八九號開蒙要訓末署：

三界寺學士郎張彥宗寫記。

第叁叁八壹號秦婦吟末署：

天復伍年乙丑歲十二月十五日燉煌郡金光明寺學仕張龜信。

第叁叁九叁號雜鈔末署：

辛己年十一月十二日三界寺學士郎梁流慶書記之耳。

第叁四六六號吉凶書儀殘卷紙背署：

金光明寺學師題須等。

金光明寺學郎索憨。

第叁六四九號雜鈔末署：

丁己年正月十八日淨土寺學仕郎賀安住自手書寫誦讀過記耳。

第叁六九壹號新集書儀殘卷紙背署：

淨土寺學士郎氾安德筆記。

第叁六九八號孝經紙背署：

靈圖寺學郎正月二日書記張富通。

那波氏斷語略云：「此所見學郎、學士郎冠以寺名者，必即寺塾之學生，而觀其姓名，皆係俗家子弟，所書寫者，皆爲外典，非佛典。可知此等寺塾所教所學者爲普通教育，非佛家教育。而金光明寺有學師題須、學郎索憨，則學者雖爲俗人，而教者則爲僧侶也。此種情形當非敦煌一地之特殊現象，而可視爲大唐天下各州之共同現象。」按此論甚的。而此所列諸材料適足與前引裴休傳之義學、圓覺經大疏鈔之義學院相印證。唐會要三五學校條：「貞元三年正月，右補闕宇文炫上言，請京畿諸縣鄉村廢寺並爲鄉學。……疏奏不報。」蓋佛寺本多義學、或學子寄寓，故炫有此奏耳。佛寺既多置義學，僧侶自爲之師，以敎授俗家子弟，既爲社會服務，亦藉此可以吸收優良信徒。寒士既不能自給，自樂於投身寺院習業，度其數必甚多也。此其七。

復考唐會要三五學校條：

「會昌五年正月，勅公卿百官子弟及京畿內士人寄客修明經進士業者，並宜隸於太學，外州縣寄學及士人並宜隸名所在官學。」

按：舊唐書一八上武宗紀書檢括天下寺及僧尼人數之勅於會昌五年四月，通鑑二四八書於同年五月乙丑，似會要此條與毀佛事無關。但通鑑後文補敍毀佛事又云「乃先毀山野招提蘭若。」則毀佛事不始於此月日也。考圓仁入唐求法巡禮行記卷四，會昌三年已有毀佛跡象。其同年七月敍事云：

「又勅下令毀折天下山房蘭若、普通佛堂、義井、村邑齋堂等未滿二百間不入寺額者。其僧尼等盡勒還俗，宛入色役。具令分析聞奏。且長安城裏坊內佛堂三百餘所，佛像經樓等莊嚴如法，盡是名工所作，一箇佛堂敵外州大寺，准勅併除罄盡；諸道天下佛堂院等，不知其數。天下尊勝石幢僧墓塔等，有勅皆令毀拆。勅召國子監學士及天下進士及第身有學者，令入道教。」

下文述毀佛事，逐步加緊，至五年四五月澈底執行。則會要此條勅令實在毀佛運動進行將至最激烈階段時所頒佈者，頗疑此條關於學校之勅令與毀佛運動有關。蓋習進士業者多寄寓佛寺，甚至隸名佛寺，前引敦煌文書多有署名某某寺學仕郎者是也。今既廢毀佛寺，故令改隸太學州縣學矣。即觀上引行記之末段，一面折毀佛寺，一面令國子監學士及進士改入道敎，亦足徵知學士進士與佛敎寺院之關係必極密切也。此其八。

只觀此八事，已可徵知唐代學子多讀書山林寺院，學成然後出而應試以取仕宦矣。今試以名山爲中心，分區列舉具體例證以見其盛。亦有借寓道士觀習業者，性質相類，亦並錄焉。

(二)

唐代士人喜居山林，故名山之區並不很寂寥(詳後)，非如今日士人皆集中都市生活。其中有眞隱，有僞隱，有永居，有暫息，今並不取；惟就眞正讀書習業以取功名爲職志者分別列舉之。

(1) 終南、華山及長安南郊區

新唐書一九六隱逸傳序云：「放利之徒假隱自名，以詭祿仕，肩相摩於道，至號嵩少終南爲仕途捷徑。」此雖士風不競，但終南嵩少逼近兩都，爲文士聚處之所，則可想見。其在終南，有純以習業爲事者。唐才子傳二：

閻防「河中人，開元二十二年李琚榜及第……。於終南山豐德寺結茆茨讀書。」

唐詩紀事二六閻防條：

「防與薛據在終南山豐德寺讀書……。」

全唐詩第八函第九冊李商隱安平公詩：

「送我習業南山阿。」

太平廣記一七盧李二生條：

「昔有盧李二生隱居太白山讀書，兼習吐納之術。(出逸史)。」

同書三〇七張仲殷條：

「張滂之子曰仲殷，於南山內讀書，遂結時流子弟三四人。(出原化記)。」

閩川名士傳(徐松登科記考一五引)：

「許稷挾策入關，……深入終南山隱學三年，出就府薦，遂擢第。」

又全唐詩第七函第二冊白居易秋霖中過尹縱之仙遊山居：

「林下有志士，苦學惜光陰，歲晚千萬慮，併入方寸心。」

按白居易摯友王質夫，隱居仙遊寺，故此寺屢見於白集，亦見長恨歌傳。寺在盩厔縣之南境。仙遊山居者當即其地，是亦終南北麓也。

按僅此數條，已得十一人。至於在華山習業者，亦得三例。太平廣記二七唐若山條：

「相國李紳字公垂，嘗習業於華山。(出仙傳拾遺)」

同書六三玉女條：

「華山雲臺觀……大歷中有書生班行達者……爲學於觀西序。(出集異記)」

北夢瑣言四：

「張策早爲僧，敗道歸俗，後爲梁相。先在華山雲臺觀修業。」

至於長安，爲首都所在，士子所聚自不待言。赴舉者旣至長安，蓋多寄寓寺院，一面作人事活動，一面溫習課業以便應試。南部新書乙：

「長安舉子，自六月已後，落第者不出京，謂之過夏，多借靜坊廟院及閑宅居住，作新文章，謂之夏課。亦有十人五人醵率酒饌，請題目于知已朝達，謂之私試。七月後，授獻新課，並于諸州府拔解。」

按此條雖專指落第者爲準備下一次應試而言，實亦可視爲一般入京謀科第者之共同行徑，決不限於落第者。如摭言七升沈後進條，牛僧孺始舉進士入京，先謁韓愈皇甫湜，並謀所居。二公囑其「於客戶坊稅一廟院。」並設計爲之延譽。此爲有名之實例也。唐世科第取士，每年錄取雖不過二三十人，但應試者例近千人。吾人可以想像，入闈前後，士子之寄寓長安寺院者必以數百計。惟此或究爲暫時性質，故讀書長安寺院之實例除前引摭言七起自寒苦條記韋昭度依左街僧錄淨光一事外，僅見廣記二四三竇乂借嘉會坊伯父廟院習業一條。但讀書長安郊區之實例則頗多。如全唐詩第五函第五冊王建秋夜對雨寄石甕寺二秀才云：

「對坐讀書終卷後，自披衣被掃僧房。」

太平廣記三七三楊稹條：

「進士楊稹家于渭橋，以居處繁雜，頗妨肄業。乃指（詣）昭應縣長借石甕寺文殊院居……(出纂異記)。」

全唐詩第三函第七冊韋應物灃上精舍答趙氏外生伉：

「遠跡出塵表，寓身雙樹林，如何小子伉，亦有超世心，擔書從我遊……」

同書第六函第五冊孟郊登華嚴寺樓望終南山贈林校書兄弟（詩從略）。

又題林校書花嚴寺書窗（詩從略）。

雲笈七籤一一七道教靈驗記文銖臺條：

「文銖者，長安人也，父母令於別業讀書，爲莊前堆阜之上置書堂焉。」

按：南部新書已：「石甕寺者在驪山半腹石甕谷中。」是在長安東南郊區。灃上在西南郊區，華嚴寺在南郊區。文銖於別業讀書自亦郊區。要皆當終南北麓，亦卽可視爲終南華山之同一區域也。

此外，太平廣記三〇七沈聿條云：

「聿曾於同州法輪寺寓居習業。(出集異記)」

按此亦近於華山區者。又酉陽雜爼續集二(又見廣記三七三引)。

「寶歷二年，明經范璋居梁山讀書。」

按梁山之名，陝、晉、蜀、皖、閩諸省皆有之，而陝西凡三處，在韓城、乾縣及南鄭，據此條前後紀事，似當屬陝西者，今附錄於此。

（2） 嵩山及其近區諸山

嵩山人文之盛，觀前引新唐書一九六隱逸傳序，已可徵知。就中亦有眞正以教授肄業爲事者。如新唐書一九六隱逸盧鴻傳云：

「廬嵩山。玄宗開元初，備禮徵，……鴻至東都，謁見不拜。……鴻到山中，廣學廬，聚徒至五百人。」(白孔六帖勸學條，誤鴻爲洪。)

北夢瑣言(說嵩一七引)云：

「後唐淸泰中，進士龐式在嵩陽觀聚課生徒。」

又(說嵩二二引)云：

「薛學子(？)聚課嵩陽觀。」

按：此三條以教授生徒爲事者。而記讀書習業於嵩少之材料尤多，如舊唐書一七一李渤傳：

「勵志於學，……隱於嵩山，以讀書業文爲事。」(新唐書一一八本傳：「刻志於學，與仲兄涉偕隱廬山，……久之，更徙少室。)」

同書一九二隱逸孔述睿傳：

「述睿少與兄克符弟克讓皆事親以孝聞。旣孤，俱隱於嵩山。述睿好學不倦，……代宗以太常協律郎徵之。」(按全唐文五一八梁肅送韋拾遺歸嵩陽舊居序：「初士儀與孔君述睿，同隱於嵩邱，」云云。觀下文官歷，此卽述睿。)

同書一六〇韓愈傳：

「孟郊者，少隱於嵩山，稱處士。……留守鄭餘慶辟爲賓佐。」(按此亦讀書，非隱也。)

全唐文三五八岑參感舊賦序：

「參相門子，五歲讀書，九歲屬文，十五隱於嵩陽，二十獻書闕下。」

全唐詩第九函第六册劉駕送李垣先輩歸嵩少舊居：

「文章滿人口，高第非苟得，要路在長安，歸山却爲客。」

大唐西域求法高僧傳：

「智弘律師者，洛陽人也。……年纔弱歲，往少林山……樂誦經典，頗工文筆。旣而悟朝市之諠譁，尙法門之寂澄，遂……捨素裓，而擐緇服。」(按其始必習儒業者。)

太平廣記四二三韋思恭條：

「元和六年，京兆韋思恭與董生王生三人結友於嵩山岳寺肄業。(出博物志)。」

同書四五八嵩山客條：

「元和初，嵩山有五六客皆寄山習業。(出原化記)。」(按此與前條述同一事，而人數較多。)

同書六八封陟條：

「寶曆中，有封陟孝廉者居于少室……志在典墳……探義而星歸腐草，閱經而月墜幽窓。(出傳奇)。」

同書三四七韋安之條：

「韋安之者，河陽人……，往少室尋師。至登封，逢一人……，曰吾姓張名道，……欲往少室山讀書。……所往一志，乃約爲兄弟，……同入少室，師李潛。經一年，張道博學精通，爲學流之首。一日語安之曰：兄事業全未，從今五載方成名………。安之五年乃赴舉，其年擢第。」

雲笈七籤一一三上仙傳任生條：

「任生者，隱居嵩山讀書，志性專靜。」

唐才子傳二劉長卿傳：

「長卿，河間人，少居嵩山讀書。……開元二十一年徐徵榜及第。」

又崔曙傳：

「曙，宋州人，……苦讀書，高栖少室山中。」

又張諲傳：

「諲，永嘉人，初隱少室下，閉門修肄，志甚勤苦。…後應舉，官至員外郎。」

同書四張謂傳：

「謂，河內人也，少讀書嵩山。……二十四，受辟。」

太平廣記三一三龐式條：(說嵩二二摭異引洛中紀異，略同)

「唐長興三年，進士龐式肄業于嵩陽觀之側，臨水結菴。……薛生……少年純愨，師事於式。……後龐式登第。(出玉堂閒話)」

此外，嵩少近區諸山，如龍門、陸渾、昌谷及汝潁上流諸山，亦多有文士讀書之例。

如太平廣記三八八齊君房條：

「大和元年，李玫習業在龍門天竺寺。(出纂異記)。」

舊唐書一一一房琯傳：

「少好學……與東平呂向於陸渾伊陽山中讀書爲事，凡十餘歲……。」

新唐書二〇二文藝呂向傳：

「少孤，託外祖母，隱陸渾山……彊志於學。」

全唐詩第六函第七冊李賀一始爲奉禮憶昌谷山居(詩從略)。

又李賀三昌谷讀書示巴童云：(按昌谷在宜陽西)

「蟲響燈光薄，宵寒藥氣濃，君憐垂翅客，辛苦尙相從。」

同書第九函第七冊司馬札送進士苗縱歸紫邏山居：

「汝上多奇山，高懷愜淸境，强來干名地，冠帶不能整。常言夢歸處，泉石寒更冷。」

按觀此諸例證，參以前引李頎緩歌行稱山居讀書，舉潁水陽爲說，可知嵩少地區爲一大習業中心，明矣。

(3) 中條山、太行山(今太行山脈南端)區

中條太行爲北方一大讀書中心，只觀前引唐摭言海敍不遇條已可徵知。其他材料節錄如次：

摭言七起自寒苦條：

「徐商相公常於中條山萬固寺泉入院讀書。」(新書徐商傳只云幼隱中條山)

全唐文七五五(杜樊川文集九)杜牧范陽盧秀才(霈)墓誌：

「霈……竊家騾馬，日馳三百里，夜抵襄國界，捨馬步行，徑入王屋山，請詣道士觀。道士憐之，置於門外廡下，席地而處。始聞孝經、論語。布褐不襪，捽草爲茹，或竟日不得食。如此凡十年，年三十，有文有學。……開成三年來京師，舉進士。」(全唐詩第八函第八冊杜牧三句溪夏日送盧霈秀才歸王屋山將欲赴舉。又杜牧五盧秀才將出王屋高步名場江南相逢贈別。兩詩皆贈此人。)

舊唐書一九二陽城傳：

「隱於中條山，遠近慕其德行，多從之學。」(新唐書一九四本傳：「隱中條山……遠近慕其行來學者跡接于道。」冊府元龜九八，同。)

南部新書丙：

「王龜，起之子……。太和初，從起于蒲，於中修(條)葺書堂以居之。」

太平廣記六四姚氏三子條：

「唐御史姚生罷官，居于蒲之左邑，有子一人，外甥二人……。姚惜其不學…遂於條山之陽結茅以居之，冀絕外事，得專藝學。林壑重深，囂塵不到(出神仙感遇傳)。」

同書同卷張鎬妻條：

「張鎬，南陽人，少爲業勤苦，隱王房(屋？)山，未嘗釋卷。(同上)。」

同書三二八閻庚條：

「張仁亶幼時貧乏，恒在東都北市寓居……將適白鹿山。…庚…謂仁亶曰，方願志學，今欲偕行。仁亶奇其志許焉。(出廣異記)」(山在修武輝縣間)

同書三七二李華條：

「唐吏部員外李華幼時與流輩五六人在濟源山莊讀書。(出廣異記)。」

新唐書一四六李栖筠傳：

「特喜讀書……居汲共城山下，……舉進士。」

同書一一四徐彥伯傳：

「七歲，能爲文，結廬太行山。薛元超安撫河北，表其賢良，對策高第。」

按此諸條，或在僧寺，或在道觀，或自結茅，皆足與摭言海敍不遇條相印證。范堯佐書詩(全唐詩第十二函第六冊)云：「書，憑雁寄魚，出王屋，入匡廬，……別後莫睽千里信，數封緘送到閑居。」(本注，「同王起諸公送白居易分司東都作。」)此雖道士所作，但參以前列材料及廬山情形，中條王屋諸山爲北方一大人文淵藪，殆可斷言。

又舊唐書一七七崔愼由傳云：

「父從，少孤貧，寓居太原，與仲兄能同隱山林，苦心力學，……不出山巖…者，十年。」

按此條爲唐人讀書山林地區可考之最北者，附著於此。

(4) 泰山及其近區諸山

讀書泰山之例，最佳者爲杜甫八哀詩。其哀武功蘇源明詩云：

「武功少也孤，徒步客徐兗，讀書東岳中，十載考墳典。……灑落辭幽人，歸來潛京輦，射君東堂策，宗匠集精選。」

觀「灑落辭幽人」之句，知同時讀書東岳者尙有他人，蓋亦結伴而讀。此外如太平廣記四一七光化寺客條：

「兗州徂徠山，寺曰光化，客有習儒業者，堅志棲焉。(出集異記)。」

同書四九〇東陽夜怪錄條：

「前進士王洙，……元和十三年擢第。嘗居鄒魯間名山習業。」

又新唐書一六三孔巢父傳：

「少力學，隱徂徠山。……廣德中，李季卿宣撫江淮，薦爲左衞兵曹參軍。」

舊唐書一九〇下文苑李白傳：

「父爲任城尉，因家焉。少與魯中諸生孔巢父、韓沔、裴政、張叔明，陶沔等隱於徂徠山……時號竹溪六逸。」

按此實亦結伴讀書山林也。東岳、徂徠爲東方名山，讀書者必甚多。中葉以後鄒魯一帶爲方鎭割據，變儒雅爲獷戾，故讀書之風轉衰耳。

此外，舊五代史九四高漢筠傳云：

漢筠……齊州歷山人也。……少好書傳，嘗詣長白山講肄。會唐末齊魯交兵，梁氏方霸，乃擲筆謁焉。」

又全唐詩第十二函第四冊齊已酬九經者云：

「九經三史學，窮妙又窮微，長白山初出，青雲路欲飛，江僧酬雪句，沙鶴識麻衣，家在黃河北，南來偶未歸。」

檢古今地名大辭典，此長白山當指山東鄒平淄川間之長白山而言，枹朴子以爲泰山之副嶽者也。此山僻在泰山之東北，距中原兵亂之區較遠，故唐末頗有士子讀書其中也。

（5）廬　山

廬山爲一大讀書中心。唐詩紀事四六劉軻條云：

「樂天云：廬山自陶謝後，正（貞）元初有符載、楊衡輩隱焉。今讀書屬文結茅嵓谷者猶一二十人。其中秀出者，有彭城劉軻，……異日必能跨符楊而攀陶謝矣。」

此泛言之，可想見平時經常有不少人讀書其中。至於逐一記載之材料甚多。卽宋陳舜兪廬山記卷二（大正新修大藏經第二〇九五）已有五條：

「凌雲庵，舊名凌雲書堂。九江錄云：劉軻書堂在凌雲峯下，早年居此。廉使裴公美其才，薦之上第。」

「證寂院，舊名折桂庵，唐相李逢吉舊依李渤學于此山。逢吉去而爲僧居，故名折桂。」

「慧日禪院，……院記云：唐乾寧中僧如義始結庵舍。……如義之居山也，朱朴嘗依以肄業，今謂之朱朴書堂。」

「薛諫議書堂，卽劉弇侍御舊居。會昌中，薛自南海書記滿秩，親經營之。」

「棲賢院，……南齊永明七年……，置寺於潯陽西二十里。唐寶歷初，刺史李渤徙置是山，以僧智常(此處當有脫文)智常學者數百人。」

此外，就余所收，見於全唐文者四篇。卷六九〇符載荆州與楊衡說舊因送遊南越序云

「載弱年與北海王簡言、隴西李元象洎中師高明會合於蜀，……乘扁舟，沿三峽，道潯陽廬山，復營蓬居，遂我遁棲。二三子以道德相播，以林壑相尙，精綜六籍，翺翔百氏。……居五六載……。」

同書七四二劉軻上座主書云：

「元和初，方結廬於廬山之陽，………農圃餘隙，積書窓下，日與古人磨礱前

心。歲月悠久，寖成書癖，故有三傳指要十五卷、十三代名臣議十卷、翼孟子三卷。……一日從友生計，裹足而西……。」

又劉軻與馬植書云：

「元和初，方下羅浮……抵於匡廬。匡廬有隱士茅君，腹笥古今史，且能言其工拙贅蠹。……予又從而明之者，若出井置之於泰山之上。」

同書八七二李徵古廬江宴集記云：

「匡廬……奇峯，……乾貞己酉歲(當作己丑，卽後唐天成四年)予遊旅及此，得國朝四門博士庭筠書堂故基。

見於全唐詩者十一首，玆列舉如次：

韋應物題從姪成緒西林精舍書齋：「慕謝始精文，依僧欲觀妙，……郡有優賢榻，朝編貢士詔。……」(第三函第七册)

楊巨源題五老峯下費君書院。(第五函第九册)

許渾贈元處士：「紫霄峰下絕韋編，舊隱相如結襪前。」本注：「元君舊隱廬山學易。」(第八函第八册)

李羣玉勸人廬山讀書：「憐君少雋利如鋒，氣爽神淸刻骨聰，片玉若磨唯轉瑩，莫辭雲水入廬峯。」(第九函第三册)

許彬酬簡寂熊尊師以趙員外廬山草堂見借：「廬山得此峯，……窮經業未慵。」(第十函第六册)

杜荀鶴哭山友：「十載同棲廬嶽雲，寒燒枯葉夜論文。」(第十函第八册)

唐求送友人江行之廬山肄業：(第十一函第三册)

伍喬聞杜牧赴闕：「舊隱匡廬一草堂，今聞攜策謁吾皇。」(第十一函第四册)

又廬山書堂送祝秀才還鄉：「東書辭我下重巔，……。」(同前)

又送江少府授延陵後寄：「五老雲中勤學者，遇時能不困風塵，東書西上謁明主，捧檄南歸慰老親。」(同前)

(按伍喬此三詩皆有關讀書廬山。小傳云：「喬，廬江人，南唐時舉進士第一。」此蓋據南唐書書之。而唐才子傳七，伍喬「少隱居廬山讀書，工爲詩，與杜牧之同時擢第。」不知是否有誤。然此三詩中之第一第三兩詩爲唐時作品則無疑。)

李中壬申歲承命之任淦陽再過廬山國學感舊寄劉鈞明府：「三十年前共苦辛，囊螢曾寄此煙岑，讀書燈暗嫌雲重，搜句石平憐蘚深。各歷宦途悲聚散，幾看流輩或浮沈。」(第十一函第五册)(按壬申爲梁乾化二年，三十年前當唐僖宗中和中，時尚未建國學。觀末句，同時讀書者，尚有他人。)

此外見於北夢瑣言者兩條。卷一二：

「唐相楊收，江州人，……少年於廬山修業，……堅進取之心。」(廣記一五五亦引此條)

同卷又云：

「廬山書生張璟，乾寧中，以所業之桂州，欲謁連帥……。」

見於唐才子傳者三條，卷四李端條：

「(端)少時居廬山，依皎然讀書。……大歷五年，……進士擢第。」

同書五楊衡條：

「衡，雲人。天寶間，避地西來，與符載、竇羣、李渤同隱廬山，結草堂於五老峯下，號山中四友。」

又李涉條：

「涉，洛陽人，渤之仲兄也。……卜隱匡廬香爐峯下石洞間，嘗養一白鹿，甚馴狎，因名所居白鹿洞，與兄(弟)渤、崔膺昆季茅舍相接……。」(新唐書一一八李渤傳：「刻志於學，與仲兄涉偕隱廬山。」)

又太平廣記一七薛肇條：

「薛肇……與進士崔宇於廬山讀書，同志四人，二人業未成而去。崔宇勤苦，尋已擢第。(出仙傳拾遺)。」

雲笈七籤一一三下續仙傳閭丘方遠條：

「閭丘方遠……年十六，精通詩書，學易於廬山陳山晤。」(時在唐末)。

白鹿書院志：

「先是魯公顏眞卿寄居郡之五里牌，厥後裔孫顏翊率子弟三十餘人授經洞中。」(盛朗西中國書院制度引)。

據此而言，唐中葉以後，讀書廬山之風甚盛，宰相如楊收、李逢吉、朱朴，名士如符載、劉軻、竇羣、李渤、李端、溫庭筠、杜牧、杜荀鶴皆出其中。大抵皆數人同處，或結茅，或居寺院，且有直從寺僧肄業者。唐末五代此風尤盛。全唐文八六九陸元浩仙居洞永安禪院記云：

「匡廬之名岳……永安禪院者，……甲戌歲（後梁乾化四年）……仙居禪宇，自是聿興，參學之流，遠邇輻湊……。師……以詩禮接儒俗……，羈旅書生咸成事業，告行之日，復遺資糧，登祿仕者甚多，榮朱紫者不一。……大與……大和……四年……題。」

同書八七二李徵古廬江宴集記云：

「匡廬……奇峯……(吳)乾貞己酉（當作丑）歲，予遊旅及此，得國朝四門博士庭筠書堂故基，背五乳之峯，帶遷鶯之谷。……予方肄業，乃結廬而止。俄而長樂從弟兄洎親友十餘人繼至。明年予倚金印峯復營小堂以自居……。」(按廬山記二有李徵古書堂。)

同書八八八徐鍇陳氏書堂記云：

「廬山之陽，有陳氏書堂。其先蓋陳宜都王叔明之後曰（略）伯宣來居廬山，遂占籍於德安之太平鄉常樂里，合族同處，迨今千人。……衮……我唐烈祖中興之際，詔復除而表揭之。……衮以爲族既庶矣，居既睦矣，……遂於居之左二十里……築爲書樓，堂廡數十間，聚書數千卷，田二十頃，以爲遊學之資，子弟之秀者弱冠以上皆就學焉。」「門生前進士章谷嘗所肄業，筆而見告，思爲之碣。」

南唐書一先主書云：

「（昇元三年）江州陳氏，元和給事中京之後，宗族七百口，……建書樓於別墅以延四方之士，肄業者多依焉。」

只觀此數事，唐末五代，書生肄業廬山之風之盛，可以想見。他如雅言雜載（五代詩話三引）云：

「陳沆，廬山人，立性僻野，不接俗士，黃損、熊皎、虛中師事之。……齊已贈沆云：四海方磨劍，深山自讀書。」

十國春秋（同上）云：

陳貺，閩人。性澹漠，孤貧力學，積書至數千卷，隱廬山幾四十年，……學者多師事之。元宗聞其名，以幣帛往徵……」

馬令南唐書一四儒者劉洞傳：

「洞，廬陵人，少遊廬山，學詩於陳貺，精思不懈，至浹日不盥。貺卒，猶居二十年。」

又江為傳：

「建陽人，遊廬山白鹿洞，師事處士陳貺，居二十年，有風人之體。」

觀此數事，亦見當時之盛況。書生就讀廬山之風之盛如此，而白鹿洞蓋尤為諸生聚處之中心，南唐昇元中遂於白鹿洞建國學，為國家正式教育機關。茲錄關於廬山國學材料數條於次：

陳舜俞廬山記二：

「白鹿洞，……南唐昇元中因洞建學館，置田以給諸生，學者大集，以國子監九經李善道為洞主，以主教授。」

白鹿書院志：

「南唐昇元，即其地聚徒建學，置田，乃命國子監九經李善道為洞主，號曰廬山國學。」

全唐詩第十一函第五冊李中送相里秀才之匡山國子監。(詩從略)

同書第十二函第三冊僧貫休懷匡山山長。(詩從略)

廬山雜記（五代詩話三引）：

南唐孟歸唐能詩，肄業廬山國學，嘗得瀑布詩：練色有窮處，寒聲無盡時。隣房生亦得此聯。遂交爭之，助教不能辨。」

閩書（五代詩話二引）：

「楊徽之，少通羣經，尤刻意於詩，……嘗肄業廬山白鹿洞，……周顯德中舉進士。」

馬令南唐書一四儒者伍喬傳：

「喬，廬江人，性嗜學。以淮人無出己右者，遂渡江，入廬山國學，苦節自勵，……數年……出與郡計，……舊果第一。」

同書一五隱者毛炳傳：

「炳，豐城人也。好學不能自給，因隨里人入廬山，每與諸生曲講，苟獲貲鏹，即市酒盡醉。時彭會好茶，而炳好酒，或嘲之曰，彭生說賦茶三斤，毛氏傳經酒半升。」(按此當即在國學。)

據此諸條，廬山國學，亦稱國子監。有洞主或稱山長，掌教其中，有助教以佐之，諸生甚衆，有學田以給之。至宋初，遂擴而大之爲白鹿書院。此亦事勢發展之必然結果也。

此外，全唐文九二〇釋澄玉疏山白雲禪院記：

「大順元年……(撫州)太守危公……令……曾公……巡到茲山，廻對曰去此六十里有山曰書山，是周廸王匡覇之地，古儒讀書之場，因而俗號也。」

摭言八夢條：

「鍾輻，虔州南康人也，始建山齋爲習業之所，因手植一松於庭際，俄夢朱衣吏白云，松圍三尺，子當及第。」

按此爲江西除廬山外讀書山林可考之兩事。

(6) 衡山

唐代士人讀書南岳衡山之記載凡得五六條。太平廣記三八李泌條：

「泌嘗讀書衡岳寺。(出鄴侯外傳)。」

同書九六嬾殘條：

「嬾殘者，唐天寶初，衡嶽寺執役僧也。……時鄴侯李泌，寺中讀書，察嬾殘爲非凡物。(出甘澤謠)。」(南嶽總勝集下，全同。)

南嶽總勝集(大正新修大藏經第二〇九七)卷中：

「聖壽觀，……唐咸通中建。……舊記云，故靈武盧璠鎭黔南日，奏請以舊書堂爲觀。」

又：

「承天禪寺，……唐韋寘書堂故基尙存。」

全唐文三四九李白送戴十五歸衡嶽序：

「屬明主未夢，且歸衡陽，憩祝融之雲峯……。」

全唐詩第六函第四册呂溫同恭夏日題尋眞觀李寬中秀才書院云：

「願君此地攻文字，如煉仙家九轉丹。」（按中國書院制度引衡州府志云：「石鼓書院在石鼓山，舊爲尋眞觀。唐刺史齊映建合江亭於山之右陸。元和間，士人李寬結廬讀書其上。刺史呂溫嘗訪之，有題尋眞觀李秀才書院詩。」卽此。）

按此所獲材料雖不多，但衡山爲南方之一讀書中心，仍可想見。

（7）羅浮山

自東晉南朝以來，羅浮山已爲嶺南宗教文化之中心。至唐，海上交通發達，此山之爲人文淵藪，自不待言。士子習業其中者亦必甚多，觀楊衡有送鄭丞之羅浮習業詩（全唐詩第七函第九册）可知也。其他事例，如全唐文七四二劉軻與馬植書云：

「（軻）浮滄溟，抵羅浮，始得師于壽春楊生。楊生以傳書爲道者也。……邇來數年，……元和初，方下羅浮……抵於匡廬。」

太平廣記五四劉瞻條：

「劉瞻，小字宜哥，唐宰相瞻之兄也。……入羅浮山。初瞻與瞻俱讀書爲文，而瞻性唯高尙，瞻情慕榮達。瞻嘗謂瞻曰，鄙必不第，則逸於山野；爾得第，則勞於塵俗。……瞻進士登第……昇輔相。」

羅浮山志會編卷五人物志：

「古成之，字亞奭，惠州河源人。五季末，避地增城。性簡靜寡欲，結廬羅浮山，力學不怠，淹通羣籍，中梁顯榜第二人。」

同書卷六隱逸條：

「楊環，南海人。力學工詩，隱居羅浮。咸通末進士。」

僅此數條，已可見其梗概。

（8）蜀中諸山寺觀

讀書蜀中山林寺觀之例，卽杜詩所詠已有四首。其一，冬到金華山觀因得故拾遺陳公學堂遺跡（全唐詩第四函第一册）云：

「陳公讀書堂……。」（按鏡銓九引輿地紀勝：「陳拾遺書堂在射洪縣北金華山玉京觀後。」唐才子傳一，陳子昂「初年十八時未知書……後入鄉校，感悔，

卽於州(梓州)東南金華山觀讀書,痛自修飭。」〔新唐書本傳恰省「金華山觀讀書」一句。〕)

其二,不見(原注,「近無李白消息」)(全唐詩第四函第三冊)云:

「不見李生久,佯狂眞可哀,……匡山讀書處,頭白好歸來。」(按鏡銓八引杜田補遺:「白之先客蜀之彰明,太白生焉。幼讀書於大匡山,其讀書堂尙存。……語出揚天惠彰明逸事。」唐詩紀事一八李白條略同。又全唐詩第十二函第六冊杜光庭讀書台亦云:「山中猶有讀書台……青蓮居士幾時來!」)

其三,題柏大兄弟山居屋壁(全唐詩第四函第四冊)云:

「叔父朱門貴,郎君玉樹高,山居精典籍,文雅涉風騷。……筆架霑窗雨,書籤映隙曛,蕭蕭千里足,箇箇五花文。」

其四,送竇九歸成都(同前)云:

「文章亦不盡,竇子才縱橫,……讀書雲閣觀,問絹錦官城。」

按此四事,就人論,其二爲大文學家,就地論,其二爲道觀,足見蜀中讀書山林寺觀者之多。其他可考見之材料,如全唐文六九〇符載荆州與楊衡說舊因送遊南越序:

「載弱年與北海王簡言、隴西李元象洎中師高明會合於蜀,四人相依約爲友,同詣青城山,斬刈蓁葦,手樹屋宇,俱務佐王之學。初載未知書,其所覽誦,章句而已。中師發明大體,……誘我於疏通廣博之地……。」

北夢瑣言五符載條云:

「載……本蜀人,有奇才,始與楊衡宋濟棲青城山以習業。楊衡擢進士第,宋濟老死,唯符公以王霸自許,恥於常調。」(唐詩紀事五一及太平廣記一九八均同)。

全唐文七八九劉蛻山書一十八篇序云:

「予於山上著書一十八篇,……自號爲山書。」

又同人梓州兜率寺文冢銘云:

「文冢者,長沙劉蛻復愚爲文不忍去其草,聚而封之也。」(按蛻大中中進士,官至中舍。)

全唐詩第九函第四冊賈島送獨孤馬二秀才居明月山讀書云:

「家辭臨水郡，雨到讀書山。」(按此山在蓬溪。)

唐詩紀事五〇段文昌條：

「(文昌)有別業在廣都縣之南龍華山，嘗杜門力學于此，俗謂之段公讀書台。長慶初……授劍南節度使，有邑人贈詩曰：昔日騎驢學忍饑，今朝忽着錦衣歸。」

太平廣記四六〇元庭堅條：

「唐翰林學士陳王友元庭堅者，昔罷遂州參軍，於州界居山讀書。(出紀聞)」

按此十人者，段文昌爲宰相，符載、楊衡、劉蛻、元庭堅等亦皆一時名士，亦見蜀中讀書山林寺觀之風之盛。又圓覺經大疏鈔卷一之下云：

「宗密，家貫果州，因遂州有義學院，大闡儒宗，遂投詣進業。」

按義學院似亦爲寺院所建(參考第一章)，則一代禪宗大師之宗密，本亦居寺學習儒業，後乃皈依佛法者。

(9) 九華山

此山本名九子山，古未知名。李白深愛之，更名九華，播於風詩，其名大著，(全唐詩第十一函第九冊李白等改九子山爲九華山聯句詩序。)故中唐以後士子多有隱逸讀書其中者，末年尤盛。如全唐文八一五顧雲唐風集序云：

「大順初，……河東裴公掌邦貢，……得九華山杜荀鶴，拔居上第。……次年寧親江表，以僕故山偕隱者，出平生所著五七言三百篇。……」

唐詩紀事六七顧雲條：

「(雲)池州鹽鹺之子也……與杜荀鶴、殷文圭友善，同肄業九華。咸通中登第。」

同書六八殷文圭條：

「(文圭)池州人，居九華，……苦學，所用墨池底爲之穴。舉進士。」

唐才子傳一〇〇張喬傳：

「(喬)池州人也，隱居九華山，有高致，十年不窺園，以苦學。……大順中，京兆府解。」

全唐詩第十函第六冊鄭谷題慈恩寺默公院：

「雖近曲江居古寺，舊山終憶九華峯。」

同書第十函第八冊李昭象赴舉出山留寄山居鄭參軍：

「還如費冠卿，向此振高名。」(按費冠卿隱九華山十五年以上，見唐詩紀事六〇；知此出山指九華而言。又山中寄崔諫議：「半生猨鳥共山居。」)

按杜荀鶴、殷文圭、顧雲、張喬、鄭谷、李昭象皆一時文壇名士，均出其中，足見九華山於唐末時代亦爲江南一大肄業中心。

(10)　揚州寺院及淮南其他諸寺山

揚州爲中唐以後中國之最大經濟中心，寺院甚多(圓仁行記云四十餘寺，當指大者言)士子肄業其中者必不少。前引摭言云，王播少孤貧，嘗客揚州，讀書於惠昭寺。是爲著例。又全唐文六二八呂溫送薛大信歸臨晉序云：

「大信與予最舊，始以孝弟餘力皆學於廣陵之靈巖寺。雲卷其身，討論數歲，常見大信述作必根乎六經……不離聖域。……」

按：此呂薛二人所肄業之雲巖寺似亦在山中。又舊唐書一八九下儒學王紹宗傳云：

「揚州江都人也。……少勤學，徧覽經史，尤工草隸。家貧，常傭力寫佛經以自給。……寓居寺中，以清淨自守，垂三十年。」

同書一四八李藩傳云：

「年四十餘未仕，讀書揚州，困於自給，妻子怨尤之；晏如也。」

按前條王紹宗固是讀書寺中。即後條李藩事，度當時情形，亦必寄寓佛寺或道觀也。

綜觀前引史料，習業於揚州寺院者凡得王播、呂溫、薛大信、王紹宗、李藩五人。播藩二人爲有唐名相，溫才氣縱橫，一時名士，紹宗亦一時名儒，足徵讀書揚州佛寺道觀者亦必甚多也。

此外淮南諸寺山曾爲儒生習業之可考者，尚得兩處。

鑒誡錄八衣錦歸條云：

羅使君向本廬州人，……常投福泉寺僧房寄足。每旦隨僧一食學業而已。歷二十年間，持節歸郡。洎入境，專遊福泉寺，駐旌戟信宿，書其壁曰：二十年前此布衣，鹿鳴西上虎符歸。行時賓從歌前事，到處杉松長舊圍。」

按廬州屬淮南節度。而全唐詩第十一函第七冊羅炯行縣至浮查寺：「二十年前此布衣」

云云，與鑒誡錄所載全同，則炯向同爲一人。復考全唐文四四六陳詡懷海禪師塔銘云：

「既而歎曰，將滌妄源，必遊法海，豈惟心證，亦假言詮。遂詣廬江，閱浮槎經藏，不窺庭宇者積年。」

又同書七三一賈餗揚州華林寺大悲禪師(靈坦)碑云：

「師既佩眞訣（天寶末得法於神會）……以爲非博通不足以圓證，故閱大藏於廬江浮查寺；非廣問不足以具足，故參了義於上都忠禪師。」

按宋高僧傳一〇唐揚州華林寺靈坦傳略同，而作廬江浮槎寺。則羅炯習業之浮查寺即廬江之浮槎寺也，與鑒誡錄所記州名亦合，不知浮槎福泉是否爲一寺也。懷海、靈坦兩大高僧皆曾詣浮槎閱藏，想此寺規模必甚大，藏經必極有名，故高僧遠道來閱。或許亦藏儒書，故炯亦習業其中歟？

又舊唐書一四〇盧羣傳云：

「羣……范陽人，少好讀書，初學於太安山。淮南節度使陳少遊聞其名，辟爲從事。」

而新唐書一四七盧羣傳云：「少學於垂山」。下文略同。按垂山無考。據地名大辭典，大安山有二，一在河北房山縣。另一在湖北安陸縣西六十里，唐許紹家焉。安陸在淮南境，羣所習業者當即安陸之太安山也。

(11) 慧(惠)山寺及浙西其他諸山

無錫惠山（慧山）爲東南名勝，宰相李紳少時嘗習業惠山寺中。雲溪友議一李相公紳條載其事云：

「李初貧，遊無錫惠山寺，累以佛經爲文藁，被主藏僧毆打，故終身憾焉。」

又全唐文八一六李濬慧山寺家山記云：

「金陵之屬郡毗陵南無錫縣有佛寺曰慧山寺，濬家山也。貞元元和中，先丞相太尉文肅公心寧色養，家寓是縣，因肄業於慧山。始年十五六。至丙戌歲，擢第歸寧，爲朱方强留之。……李庶人……兵敗，公以忠節聞於天下，……遂退歸慧山寺僧房，猶孜孜勤經史。洎十年，手寫書籍前後約五百軸。」

又名士李騭亦肄業此寺，全唐詩第九函第八册有李騭慧山寺肄業送懷坦上人。又全唐文七二四李騭題惠山寺詩序云：

「太和五年四月，予自江東將西歸涔陽，路出錫邑，因肄業於惠山寺。居三歲，其所諷念，左氏春秋、詩、易及司馬遷、班固史，屈原離騷，莊周、韓非書記及著歌詩數百篇。其詩凡言山中事者悉記之於屋壁，文則不載。……」

此自述讀書情形甚詳：

此外，士子習業於浙西山林寺院之材料，尚數見。如全唐詩第九函第一冊項斯送顧非熊及第歸茅山云：

「吟詩三十載，成此一名難……。」

此讀書茅山之例也。又全唐文七八八李蠙請自出俸錢收贖善權寺事奏云：

「寺在縣南五十里離墨山，是齊時建立，……臣太和中在此習業。」

此習業於常州離墨山善權寺之例也。又舊唐書一七九張濬傳云：

「田衣野服，隱於金鳳山，學鬼谷縱横之術，欲以捭闔取貴仕。」

新唐書一八五本傳，略同。據地名大辭典，金鳳山卽福山，「在江蘇常熟縣北四十里，瀕於大江。琴川志，福山本名覆釜山，唐改名金鳳山，梁改今名。」又有金鳳城，「唐天祐中吳越所築，在金鳳山下，故名；卽今福山城址。」按張濬事正在唐末，當卽此山。又全唐文三三七顏眞卿汎愛寺重修記云：

「予未仕時，讀書講學恆在福山，邑之寺有類福山者，無有無予蹟也。」

按下文述事，皆在崑山、姑蘇。檢黃本驥顏魯公年譜（黃編顏集卷首），開元九年，公年十三，「隨母外祖殷子敬於吳縣令任。」則此福山寺，或卽常熟之福山歟？年譜云，開元二十一年，年二十五，「讀書於長安福山寺。」檢唐代長安與洛陽索引，無福山寺名，則黃說長安福山寺，疑不足信。以上兩條皆習業於常熟山寺之例也。又唐才子傳二邱爲傳云：

「爲，嘉興人，初累舉不第，歸山讀書數年，天寶初，劉單榜進士。」

此習業嘉興某山之例也。又全唐詩第七函第九冊楊衡送鄭丞之羅浮習業云：

「始從天目遊，復作羅浮行。」

此習業杭州天目山之例也。又新唐書二〇三文藝李頻傳云：

「睦州壽昌人，少秀悟，逮長，廬西山，多所記覽。……大中八年擢進士第。」

此習業睦州西山之例也。觀此諸例，雖不集中，但其風甚盛，殆可斷言。蓋此區爲人文淵藪，而又無大名山便利學人聚處，故事例甚多而不集中也。

（12） 會稽剡中及浙東其他諸山

會稽山水秀麗，自古爲文士棲息之所，唐時文士讀書其中，可以想見。他如玉笥山、石門山、四明山、蕺山昌安寺、若耶溪雲門寺及東陽某寺皆有文士讀書之例。如雲溪友議一李相公紳條云：

「李初貧，遊無錫惠山寺，累以佛經爲文藁；被主藏僧毆打。……後之剡川天宮精舍，……老僧知此客非常，延歸本院，經數年而辭別赴舉。」

舊唐書一三六齊抗傳云：

「抗少隱會稽剡中讀書。」

全唐文五二九顧況玉笥山書堂石傘峯銘云：

「齊侯賁趾，以隱爲榮。」

同書六八四陳諫登石傘峯詩序：

「中書侍郎平章事高陽齊公，昔遊越鄉，閱翫山水者垂三十載。初棲於剡嶺，後遷於玉笥，自解薜此山，未二紀而登台鉉。」

同書七九一趙璘書戒珠寺：

「浙東觀察治勾踐故城，其東北二里有山曰蕺，……在晉爲王逸少別址，……陳太建初有天竺徒……死葬山上，……所擕華壯……所謂昌安寺者……。余長慶中始冠，將爲進士生，寓此肄業。」

全唐詩第六函第三册劉禹錫送曹璩歸越中舊隱詩：

「數間茅屋閑臨水，一盞秋燈夜讀書，地遠何當隨計吏，策成終自詣公車。」

同書第十二函第二册僧皎然送裴秀才往會稽山讀書。（詩從略）。

又同明府章送沈秀才還石門山讀書。（詩從略）。

唐才子傳三道人靈一傳：

「靈一，剡中人，童子出家……隱麻源第三谷中，結茆讀書。後百業精進，居若耶溪雲門寺，從學者四方而至。」

太平廣記一一二李元平條：（又三三九李元平條引廣異記略同。）

「唐李元平，故睦州刺史伯誠之子。大曆五年，客於東陽寺中讀書。歲餘，薄暮見一女子……容色美麗……來入僧院，元平悅之。（出異物誌）。」

同書一九六許寂條：

「蜀許寂少年棲四明山，學易於晉徵君。（出北夢瑣言）」

按據此諸例，則剡川、玉笥山、石門山、四明山、蕺山、若耶溪及東陽某寺皆有文士習業其中，且所寄寓多在佛寺。而李仲、齊抗皆至宰相，趙璘、李元平皆一時名士，足見其盛。

(13) 福建諸山寺

福建山寺讀書之風似以莆陽之莆山為盛，觀黃滔兩文可略知。全唐文八二五黃滔莆山靈巖寺碑銘云：

「今僕射瑯琊王公……雅隆淨土，……繕經五千卷於茲華（？），創藏而藏焉，即天祐二年春二月也。初侍御史濟南林公藻與季水部員外郎蘊，貞元中谷茲而業文。歐陽四門捨泉山而詣焉。（原注：四門家晉江泉山，在郡城之北，其集有與王式書云，莆陽讀書，即茲寺也。）其後皆中殊科。……大中中，潁川陳蔚、江夏黃楷、長沙歐陽碣兼愚，慕三賢之懿躅，葺齋於東峯，十年。咸通乾符之際，豪貴塞龍門之路，平人藝士十攻九敗，故潁川……與二三子率不西邁，而遇（愚）奮然凡二十四年於舉場，幸忝甲第。」

同書八二六黃滔司直陳公嶠（墓）誌云：

「齠齔好學，弱冠能文，與高陽許龜圖、江夏黃彥修居莆之北巖精舍，五年而二子西去，復居北平山。兩地穴管寧之榻，十霜索隨氏之珠，然後應詔諸侯，求試宗伯。」

據此兩文已得八人，而五人進士及第，足見其盛。

又據上兩文，泉山、北平山亦有讀書者。復考新唐書二〇三文藝歐陽詹傳云：

「詹與羅山甫同隱潘湖，往見袞（時為福建觀察）。袞奇之……舉進士。」

馬氏南唐書一五隱者毛炳傳云：

「炳，豐城人，……後聚生徒數十，講誦於南臺山。」

按南臺山在閩侯縣南，潘湖必亦在福建境內。觀此諸條，亦見福建士人習業山林之風亦盛。

(14) 敦煌諸寺院

敦煌爲西北佛教中心，亦爲文化教育之中心，士子讀書佛寺者必不少。自清末以來敦煌發現之古文書中不少題署爲「學郞」「學士郞」某某書寫者。即僅就學郞、學士郞且冠以寺名者而言，據那波利貞所見法國國立圖書館所藏敦煌卷子中已有十一條，具見前引。按中晚唐時代，敦煌大寺可考者二十左右。就此十一條所見，寺之有學郞者已有靈圖、淨土、龍光(興)、三界、金光明五寺，可徵士子讀書寺院，在敦煌亦爲一普遍現象。

(15) 其 他

其他讀書山林寺院而地望不可考之材料尙多，即全唐詩所見已有下列二十首：

韋應物善福精舍示諸生：「諸生時列坐，共愛風滿林。」(第三函第七册)

李嘉祐送王正字山寺讀書(第三函第九册)。

高適靈巖寺：「草堂棲在靈山谷，勤苦讀書向燈燭。」(第三函第十册)

錢起山齋讀書寄時校書杜叟(第四函第五册)。

元結遊石溪示學者：「小溪在城下」「勸引辭學輩。」(第四函第六册)。

又遊潓泉示泉上學者(同前)。

閻防百丈谿新理茅茨讀書(第四函第七册)。

顧況題元陽觀舊讀書房贈李範：「此觀十年遊，此房千里宿，還來舊窗下，更取君書讀。」(第四函第九册)。

王建山中寄及第故人：「去年與子別……天路忽騰驤……十年居此溪，松桂日蒼蒼。自從無故人，山中不輝光，盡棄所留藥，亦焚舊書堂。……」(第五函第五册)。〔參看同册王建寄舊山僧。〕

于鵠題宇文褧山寺讀書院：「讀書林下寺，不出動經年，……年少今頭白，删詩到幾篇。」(第五函第六册)。

元稹感夢：「…裴相(垍)未相時，讀書靈山寺，住處接園籬，指言他日貴，晷刻似不移。」(第六函第八册)。

白居易及第後憶舊山：「偶獻子虛登上第，却吟招隱憶中林。」(第七函第三冊)。

揚發南溪書院：「茅屋住來久，山深不置門。」(第八函第六冊)。

朱慶餘韓協律相送精舍讀書四韵奉寄呈陸補闕：「白鶴西山別」「遙知尋寺路」(第八函第六冊)。

杜牧途中逢故人話西山讀書早曾遊覽：「西巖曾到讀書堂，穿竹行莎十里強。」(第八函第七冊)。(按第八函第八冊又收入許渾集)。

許渾卜居招書侶：「微雨秋栽竹，孤燈夜讀書，憐君亦同志，晚歲傍山居。」(第八函第八冊)。

又送薛秀才南遊，一作送薛洪南遊訪山習業，一作送洪秀才南遊訪僧習業，有云：「從此草玄應有地，白雲青嶂一相招。」(同前)。

劉得仁送車濤罷舉歸山：「要路知無援，深山必遇師。」(第八函第十冊)

莫宣卿答問讀書居：「書屋依麒麟，不同牛馬路，牀頭萬卷書，溪上五龍渡……茅齋無外物，只見青雲護。」(第九函第三冊)。

崔塗入蜀赴舉秋夜與先生話別：「失計方期隱，修心未到僧，雲門一萬里，應笑又擔簦。」(第十函第六冊)

按此二十事者，半在寺院，而裴垍官至宰相，餘亦多名臣名士。此外可考見之材料，如舊唐書一七九柳璨傳：

「璨少孤貧，好學，僻居林泉，晝則採樵，夜則燃木葉以照書。」

太平廣記三六五許敬張閑條：

「唐貞元中，許敬張閑同讀書於偃月山，書堂兩間，人據其一。(出傳信志)。」

同書四二一任頊條：

「建中初，有樂安任頊者，好讀書，……居深山中……。」(出宣室志)。」

按柳璨亦至宰相。

(16) 一般生活

至於唐人在山林寺院中之讀書生活情況，觀上文所引，已略可知，不須特爲繁引，茲僅擇要補述如次：

全唐詩第四函第二冊杜甫八哀詩故秘書少監武功蘇公源明云：

「武功少也孤，徒步客徐兗，讀書東岳中，十載考墳典。時下萊蕪郭，忍饑浮雲巘，負米晚爲身，每食臉必泫，夜字照爇薪，恬衣生碧蘚，庶以勤苦志，報兹劬勞願。學蔚醇儒姿，文包舊史善，灑落辭幽人，歸來潛京輦，射君東堂策，宗匠集精選。」

舊唐書一七七崔慎由傳：

「父從，少孤貧，寓居太原，與仲兄能同隱山林，苦心力學。屬歲兵荒，至於絕食，弟兄採梠拾橡實，飲水棲衡，而講誦不輟，怡然終日，不出山巖。如是者十年。貞元初，進士登第。」

同書一七九柳璨傳：

「璨少孤貧，好學，僻居林泉，晝則採樵，夜則燃木葉以照書。……光化中登進士第。」

按前引唐詩紀事段文昌條，始讀書廣都縣龍華山，後爲劍南節度，邑人贈詩云：「昔日騎驢學忍饑，今朝忽着錦衣歸。」蓋寒士讀書山林，例甚清苦，而此三條尤足見寒士在山林苦學之況。至於寄寓寺院讀書者，往往爲寺僧所厭惡，只觀前引摭言起自寒苦條記王播事已可徵知。又雲溪友議一李相公紳條云：

「李初貧，遊無錫惠山寺，累以佛經爲文藁，被主藏僧毆打，故終身憾焉。後之剡川天宮精舍，……老僧知此客非常，延歸本院，經數年而辭別赴舉。將行，贈以衣鉢之資。因諭之曰，郎君身必貴矣，然勿以僧之多尤，貽於禍難。及領會稽，僧有犯者，事無巨細，皆至極刑。」

按此條記紳讀書寺院，屢次轉移，皆爲寺僧所厭惡，或至毆打；紳亦終身憾之，必予報復。可以想見一般寒士讀書山寺困辱之情形，惟諸僧格於律規與社會風尙，有供給士子之義務，不能驅逐耳。

此外又如全唐文七四二劉軻上座主書云：

「元和初，方結廬於廬山之陽，日有芟夷畚築之役，雖震風淩雨，亦不廢力火耨。或農圃餘隙，積書窗下，日與古人磨礱前心。歲月悠久，寖成書癖，故有三傳指要十五卷（下略）。一日從友生計，裹足而西。」

又與馬植書云：

「脫祿不及厚孤弱，名不及善知友；匡廬之下猶有田一成，耕牛兩具，僮僕爲相，雜書萬卷，亦足以養高頤神。」

南嶽總勝集（大正新修大藏經第二〇九七）卷中云：

「聖壽觀，……唐咸通中建，……舊記云，故靈武盧璠鎭黔南日，奏請以舊書堂爲觀。六年，奏捨莊田屋宇永充觀中常住。」

按始入山林，卽芟夷開闢，且耕且讀，作永居之計，以便進可取功名，退可足衣食者，是爲山林讀書生活之又一類型。

(三)

以上所舉凡二百餘人，就此二百餘人歸納觀之，可得數點：

(一)除極少數幾條外，皆在開元以後，中葉以後尤盛。

(二)士子讀書大抵以以名山爲中心。北方以嵩山、終南山、中條山爲盛，華山次之，東岳泰山蓋盛於安史之亂以前，其後遂衰，而僻處其東北之長白山則較盛。南方以廬山爲最盛，衡山、羅浮山、九華山次之。浙東西及劍南道皆爲人文蔚盛之區，士子習業山林寺院之風甚盛，但不集中，就中以惠山、會稽剡中、青城諸山爲盛。揚州大都市，士子讀書寺院者亦甚多。而閩中諸山亦頗有之。綜觀此諸區域：嵩山、終南、中條、華嶽在河渭兩岸，逼近兩都。廬山當東西南北水道交通之樞紐。衡山爲自昔名嶽，亦當南北交通要道。羅浮山則逼近西域南海海上交通貿易中心之廣州。九華山北距大江不遠，且鄰池口津渡之要。惠山、會稽則在自昔人文蔚盛之中心地帶。青城山則鄰接西南軍政經濟文化中心之成都。揚州尤爲中葉以後東南水陸交通之最大中心，亦爲當時中國第一大商業都市。敦煌爲西北對外交通之樞紐，亦爲西北宗教文化之中心。是則雖曰山林寺院，却非荒徼僻壤，而爲交通便利，經濟繁榮，人文蔚盛之區域。

(三)此二百餘人中，宰相十九人。曰韋昭度（依左街僧錄淨光大師），曰張鎬（王屋山），曰徐商（中條山萬固寺），曰張仁亶（白鹿山），曰房琯（陸渾山），曰李逢吉（廬山），曰朱朴（廬山，依僧如義），曰楊收（廬山），曰李泌（衡嶽寺），曰劉瞻（羅浮山），曰段文昌（廣都華龍山），曰王播（揚州惠昭寺），曰李藩（揚州寺院），曰李紳（惠山寺、剡中寺院、華山），曰張濬（金鳳山），曰齊抗（會稽剡中），曰裴垍（靈山寺），曰柳璨(林泉)。此十八人中，房琯時代僅次於張仁亶，當在開元中，亦爲唯一之世家子弟（裴垍或亦爲世家子弟），餘皆貧寒，或至隨僧洗鉢。唐中葉以後宰相約一百數十人，其幼年習業山林可考見於載籍者已得十七人(張仁亶較早不算)。另一人則爲梁相張策（華山雲臺觀）。此十九人之外，有一代文章宗伯，如陳子昂、李白、白居易等。有一代名臣，如顏眞卿、孔巢父、李栖筠、崔從、盧羣等。有詩文名家，如徐彥伯、劉長卿、岑參、李華、孟郊、李賀、呂溫、符載、劉軻、杜牧、李商隱、溫庭筠、李端、王建、顧雲、杜荀鶴等。其他亦多一時才子名士。凡此皆足徵知習業山林寺院之盛。

(四)山居孤寂，例結伴同處，故許渾有卜居招書侶詩。然普通亦不過兩三人，或三五人，多亦不過十餘人；過此則甚少。至於讀書生活，一般皆甚清苦，且多寄寓寺院，隨僧洗鉢，時或爲寺僧所厭惡，致遭毆打者。

唐中葉以後，士子讀書山林寺院之風如此其盛，推原其故，蓋有數端：

(一)經學衰，文學盛。　南北朝時代，北方尙經學，南方尙文學。南北教育情形之不同，亦與此有相應之關係。唐初承北朝風尙，儒學頗盛，漢代經學之發展至此作一大結集。其後儒風漸替，文學轉盛。唐代科舉以明經與進士爲兩大要途。唐初此兩種出身在政治上均不居重要地位。自武后擅權，廣開文士仕進之路，進士科第遂漸佔優勢。此種情形，愈演愈烈。中葉以後，政治上之勢力幾爲出身進士科第之文士所獨佔，明經出身轉爲時人諷譏之口實，文學經學之盛衰於此可見。此種情形對於教育大有影響。

第一，自漢以來學官教育例爲經學，武后既重文不重儒，故學官頓廢。中葉以後，經學既已大衰，學官教育遂益式微。李觀請修太學書(全唐文五三二)、舒元輿問國學記(同書七二七)言之甚詳，茲不俱引。學官既衰，習業者勢必散處四方。

第二，經學尙師法，重師承，既習經業，必有所師。故自漢以來私家教授生徒得以千百計。唐中葉以後，經學既衰，文學方盛。文學尙性靈，重個性發展，不重師承。時風所煽，人不相師。柳宗元答韋中立論師道書（全唐文五七五）云：

「今之世不聞有師；有輒譁笑之，以爲狂人。韓愈奮不顧流俗，犯笑侮，收召後學，作師說，因抗顏而爲師，世果羣怪聚罵，……愈以是得狂名。」

此爲當時實情，故時人多三五成羣，最多不過數十人聚居習業，相與切磋，至教授生徒至數千百人已幾絕無其事。

第三，自漢以來之經學，章句而已。習其業者，所賴於師承者多，所賴於優美寧靜之環境以陶冶性靈者則甚少，且大規模之講學亦非深山邃谷所能容。詩文習業，所賴於師承者少，所賴於環境之陶養者則甚大，且羣居不必多人，故深山邃谷最宜習業。徐鍇陳氏書堂記（全唐文八八八）云：

「稽合同異，別是與非者，地不如人；陶鈞氣質，漸潤心靈者，人不若地。學者察此，可以有意於居矣。」

此言誠是。按稽同異別是非，乃經學所矜重；陶氣質，潤心靈，乃習文之津途。一重人，故覓師；一重地，故擇勝。唐中葉以後，人務詩賦以取進士，宜其擇山林寺院之勝地，以爲習業之所矣。

(二)世家大族之沒落與平民寒士之進用。　此實亦由經學衰微與進士科第之盛所促成。蓋魏晉以來之世家大族，由通經致用而形成，亦隨經學衰微而沒落，政治上人才之登進由經學與蔭襲一變爲進士科第，世家子弟固亦有入山林讀書者，但家有藏書，有學塾，自以留讀莊宅者爲多。世家大族既衰，政治人才惟進士科第一途。進士科第之盛不但如上所論，促成文學之發達，且因其較有客觀之標準，平民寒士可有平等權利自由參加考試，無論孤貧寒微，一經登第，便有進用之望，且有數年之間，便致位卿相者。平民寒士得此誘發，自多習進士業者。然彼輩家屋仄陋，不宜習業，勢必擇山林靜境建茅以居，尤貧困者更唯寄寓寺院隨僧洗鉢之一途。故進士科第愈盛，山林寺院讀書之風尙亦愈熾。

(三)佛教鼎盛　唐代佛教承南北朝之盛況繼續發展，臻於鼎盛，此亦助長讀書山林之風尙。

第一，當時第一流思想家多爲佛家，而彼輩亦類能詩文，故士子樂從遊學。如前引李端居廬山從皎然讀書，又如陸希聲自稱洗心求道於仰山通智大師，爲門人之首（全唐文八一三陸希聲仰山通智大師塔銘），是其顯例。至於相與切磋爲詩文友，更無論矣。

第二，寺院衆多，且多在山林。張籍送朱慶餘及第歸越詩云：「有寺山皆遍，」（全唐詩第六函第六册）是也。其實南北名山無不佛寺林立，而江西、湖南、福建、浙西、宣歙、亦決不在浙東之下。寒士出身既惟有勤習詩賦以取進士科第，而貧無特營山居之資，勢必借寓寺院靜境以爲習業之所。況佛寺中固頗有置義學者乎。抑且安史亂後，北人南遷，無所居止，輒寄寓寺觀，故新唐書三五五行志以「天寶後詩人多……寄興于江湖僧寺」爲世將亂離士人寄寓僧寺之兆。又常衮禁天下寺觀停客制（全唐文四一〇）：「如聞天下寺觀多被軍士及官吏諸客居止」「其官吏諸客等，頻有處分，自合遵承……」云云。而亂後文士寄寓僧寺見於詩文雜記之例證亦俯拾卽是。皆足見此爲當時極普遍之現象。（參看道端良秀唐代佛教史研究第四章第五節）。一般文士且多寄寓僧寺，肄進士業者自可藉此靜境以資進修。

（四）一般文士山居之風尚　　總觀唐人詩文雜記小說，一般文士所交遊者，除同行友朋外，非達官貴人，卽寺觀僧道（僧侶多道士少）。所居處，非京師及通都大邑，卽在山林溪谷。卽各級官吏亦就林泉建別墅精舍，藉資遊憩。全唐詩四萬八千餘首中，與山林寺觀有關者幾佔半數，正反映一般文士山居風尚之盛。全唐文八八九與崇重修開元天寶觀記云：

「八海之羽人頻至，五山之詞客如歸。」

詞客而云「五山」，於此亦得一正解。故其時山林中除寺觀外，各級官吏所建之別墅與寒士所建之茅廬均甚多，而大家屋、大莊園亦常見載記。然則唐時山林中固頗熱鬧，非今日冷淸之比也。一般文士既喜過林泉生活，自助長書生肄業山林之風尚。

（五）山林寺院之藏書　　此當與文士山居與士子習業山林之風尚互爲因果。關於唐代寺院亦藏經史子集書，第觀近代發現之敦煌千佛洞藏書，已可徵知。又全唐文六七五白居易白氏長慶集後序云：

「白氏……長慶集……前後七十五卷，詩筆大小凡三千八百四十首。集有五本；一本在廬山東林寺經藏院，一本在蘇州南禪寺經藏內，一本在東都勝善寺鉢塔院律庫樓，一本傳姪龜郎，一本付外孫談閣童，各藏於家，傳於後。」

據白居易東林寺白氏文集記（同書六七六），遠大師與諸文士唱和集尙藏寺中，「不借外客，不出寺門。」長慶集亦依此例。此雖白氏信仰佛教，然五本除姪及外孫各傳一本外，三本皆藏寺院，他處概不寄藏，實耐人尋味。蓋當時除中央有秘書監集賢書院藏書外，實無固定藏書機關，惟大寺院藏書可以恆久，如遠大師唱和集者，故時人樂於寄藏耳。

關於私家藏書山林之例未詳搜考；但廬山已得三條：

全唐文七四二劉軻與馬植書：

「脫祿不及厚孤弱，名不及善知友；匡廬之下猶有田一成，耕牛兩具……雜書萬卷，亦足以養高頤神。」

十國春秋：

「陳貺……孤貧力學，積書至數千卷，隱廬山幾四十年……學者多師事之。」

馬氏南唐書一五隱者鄭元素傳：

「避亂南遊，隱於廬山青牛谷，高臥四十餘年，採薇食蕨，絃歌自若，構椽剪茅，於舍後會集古書殆至千餘卷。」

按：劉軻習業山林兼爲隱居，陳鄭皆純隱者。隱士多有藏書乃意中事。諸名山多有隱者，藏書總數必相當豐富。又遼史七二宗室義宗倍傳：

「義宗……太祖長子，……市書至萬卷，藏于醫巫閭絕頂之望海堂。」

按此事當在五代初葉，雖在遼境，更可以徵知中國。是貴族亦有藏書山林者，藏書山林之風殆可想見。藏書山林之風既盛，寒士自多就之肄業，是無疑亦助長山林讀書之風尙。

(四)

唐代士子習業山林寺院之風尙已粗述如上，茲略論其與宋代書院制度之關係。

朱文公集七九衡州石鼓書院記云：

「予惟前代庠序之教不修，士病無所於學，往往擇勝地立精舍，以爲羣居講習之所，而爲政者乃或就而褒美之，若此山，若嶽麓，若白鹿洞之類是也。」

按此不啻已明白承認書院制度乃由士人讀書山林之風尙演進而來。又按宋書院之最早者，莫過於白鹿、石鼓、太室（後更名嵩陽）、睢陽（即應天書院）、嶽麓五院。就中惟睢陽書院始於五代晉末戚同文之講學，餘均即唐代士人讀書最盛之山林，已見前考。此爲鐵的事實，足證宋代書院卽淵源於唐代士人讀書山林寺院之風尙，可爲朱說之注脚。至於中條山，蓋五代時戰爭破壞過甚，浙東西及蜀中雖讀書山林之風極盛，然不集中於大山名岳，故均不及形成書院歟？

不但書院之形成淵源於唐人讀書山林之風尙，而「書院」之名稱實亦沿唐人讀書之堂構。

按唐代中央有書院。唐會要六四集賢院條：「（開元）六年，乾元院更號麗正修書院，以秘書監馬懷素右散騎常侍褚無量充使。」是爲修書使。舊唐書玄宗紀，開元十三年四月丁巳，「改集仙殿爲集賢殿，麗正殿書院改集賢殿書院。」白氏長慶集六九香山居士寫眞詩序稱之爲「集賢殿御書院。」就其性質而言，大體爲藏書修書之所。然全唐詩第二函第四册張說恩制賜食於麗正殿書院宴賦得林字云：「東壁圖書府，西園（一作垣）翰墨林，誦詩聞國政，講易見天心。」是好學之君亦卽以此爲讀書之所也。

至於私人讀書，達官第宅往往有「學院」俾子弟肄業。如太平廣記一四九崔圓條：

「崔相國圓少貧賤落拓……表丈人李彥先爲刑部尙書，崔公自南方至京候謁…李公處於學院，與子弟肄業。」（出逸史）。」

酉陽雜俎五怪術篇：

「石旻……寶歷中，隨錢徽尙書至潮州，常在學院，子弟皆文丈呼之。」

同書一九草篇：

「韓愈侍郎有疏從子姪自江淮來，年甚少，韓令學院中伴子弟，子弟悉爲凌辱。」

是其例也。而山林習業者則多稱書堂，卽匡廬一山，書堂之可考者已數見，具詳前引。又有稱書院者，全唐詩中屢屢見之。玆略引如次：（盛朗西中國書院制度已多徵引）

盧綸同耿拾遺春中題第四郎新修書院（一作同錢員外春中題薛載少府新書院）：

「得接西園會，多因野性同……學就晨昏外，歡生禮樂中。」（第五函第二册，）

又宴趙氏昆季書院因與會文並率爾投贈：「詩禮挹餘波，相懽在琢磨，琴尊方會集，珠玉忽駢羅……。」（同前）。

王建杜中丞書院新移小竹云云。（第五函第五册）

于鵠題宇文褒(一作裴)山寺讀書院：「讀書林下寺，不出動經年……年少今頭白，删詩到幾篇。」(第五函第六册)。

楊巨源題五老峯下費君書院：「已將心事隨身隱，認得溪雲第幾重。」(第五函第九册)。

呂溫同恭夏日題尋眞觀李寬中秀才書院：「願君此地攻文學，如煉仙家九轉丹。」(第六函第四册)。

楊發南溪書院：「茅屋住來久，山深不置門……。」(第八函第六册)

李羣玉書院二小松：「……從此靜牕聞細韻，琴聲長伴讀書人。」(第九函第三册)。

賈島田將軍書院：「……行背曲江誰到此，琴書鎖著未朝廻。」(第九函第四册)。

曹唐題子姪書院雙松：「……能藏此地新晴雨，却惹空山舊燒烟。」「……莫教取次成閑夢，使汝悠悠十八年。」(第十函第二册)。

僧齊已宿沈彬進士書院：「相期只爲話篇章，踏雪曾來宿此房，喧滑盡消城漏滴，窗扉初掩岳茶香……。」(第十二條第四册)。

據此所引諸詩句，略可徵知其時書院之性質：一、私人營構。二、讀書之所，非藏書之所。三、絕大多數在山林中，且有即在寺中者。故此所謂「書院」與前述之「書堂」名異而實全同。由此言之，宋代書院制度，不但其性質由唐代士子讀書山林寺院之風尙演進而來，即「書院」之名稱亦由此種風尙中所形成。宋人承之而大其規制，以爲羣居講學之所耳。

附　　記

一九五一年二月，余曾寫唐人多讀書山寺短札一則，刊於同月二十八日出版之大陸雜誌第二卷第四期。其後續獲材料十倍於前，遂於一九五四年九月二十四日，撰竟唐人讀書山林寺院之風尙初稿，刊於民主評論第五卷第二十三期。近數年來，復有所獲。會本所編輯三十週年紀念刊，而余方自海外歸來，不暇撰述新稿，爰就前稿增補訂正，以應之。述證雖有進境，論點則無大異也。回憶本文初稿撰竟後，得讀劉某唐代政教史。其第一〇〇頁有私人講學與讀書一節，全取拙作唐人多讀書山寺一文，而竟自以考證方式出之。附此申明，以免誤會。

一九五九年十月五日於南港「中央研究院」

又本文取材，頗多唐五代筆記小說家言。此類記事或不無失實之處。然本文主旨不在考證個別事項之準確性，而在闡明當時社會之一般風尙。稗官所記容有失實，然仍足反映當時社會風氣，此無可否認者，故取之不疑。本文所採此類材料，以太平廣記爲主，惜閱此書時，影印談本尙未開箱，僅取掃葉山房本用之。頃再取影談本閱之，已及三百五十八卷，得掃葉本所闕者三四條，會本文排版送來初校，爲之補入，惜不得終卷也。然亦有掃葉本見載而談本或闕者，固當參合用之也。

同年十二月十八日初校並補訂後記

昨日元旦，閱影談本太平廣記完畢，復得三條。再校稿，不便增改太多，爰附記於次：

卷四〇九染牡丹花條：「韓文公愈有疎從子姪自江淮來，年甚少，韓令學院中伴子弟，子弟悉爲凌辱。韓知，遂送街西僧院中，令讀書。經旬，寺主綱復訴其狂率。（出酉陽雜俎）」

卷四二二盧翰條：「唐安太守（安上或下脫一字）盧元裕子翰，言太守少時嘗結友讀書終南山。（出紀聞）」

卷四一七趙生條：「天寶中有趙生者……兄弟數人俱以進士明經入仕，獨生性魯鈍，雖讀書，然不能分句詳義，由是年壯尙不得爲郡貢。……生益慙且怒……棄其家遁去，隱晉陽山，葺茅爲舍。生有書百餘編，笈而至山中，晝習夜息，雖寒熱切饑，食粟襲紵，不憚勞苦。……後歲餘，以明經及第。（出宣室志）」

按第一條染牡丹花，掃葉本有之，前次失收。本文第二章第一節終南山區，附記讀書長安城內寺院者，只韋昭度與竇乂兩條，並此爲三。第二條盧翰，爲掃葉本所缺。本文第二章第一節終南山區，記讀書終南山者凡十一人，得此爲十二。第三條趙生，掃葉本有之，前次失收。本文第二章第三節中條太行山區，附記讀書太原附近者只崔從兄弟一條，並此爲二。

一九六〇年元月二日晨

出自第三十本下(一九五九年十月)

大唐同光四年具注曆合璧

董　作　賓

一九四三年，在四川南溪縣李莊板栗坳的時候，我就覺到這一個題目的重要，所以我替說文月刊第三卷第十期，寫了一篇敦煌紀年，這篇論文，中間第九節，就提到「天成曆的合璧」一個問題。所謂後唐莊宗的同光四年，也就是明宗的天成元年，所以也名爲「天成曆」。一直等到十六年之後，一九五九年的秋季，我又在香港替東方學報一卷二期，重編一次敦煌紀年表，也提到這一個問題，現在抄在下面：p. 1-50)

九二六(西元)九八六(民前)　丙戌　後唐明宗天成元年

大唐同光四年具注曆　翟奉達編　　　　巴三二四七

天成元年殘曆(與上條前半卷，月日密接)　　貞一

丙戌年，姑洗三月十四日，題畢。　　　　曆卷後記

現在就把這年號不同的殘卷，合璧在此。以下研討其中幾個問題：

1. 關於定名　以前我寫作「天成曆合璧」，這是不對的。考原卷之後，有抄寫者的題字一行，「作丙戌年姑洗之月題畢」。丙戌年，卽五代時後唐明宗之天成元年，原卷並不稱「天成」。定丙戌爲天成元年，乃是羅振玉編入敦煌石室碎金中之標題，並非原卷題名。大唐同光四年具注曆之名，乃劉半農氏後抄自巴黎敦煌經卷之原名，以後收入他所編的敦煌掇鎖中者。又考後唐莊宗李存勗在同光四年四月丁丑朔，因洛陽兵亂，中流矢而殂。李嗣源（後稱明宗）入洛平亂，立爲「監國」，四月二十八日甲寅，卽帝位，大赦改元，始稱「天成元年」。敦煌遠在西陲，原卷稱「丙戌姑洗之月」，禮月令「季春之月，其音角，律中姑洗」，是三月十四，距莊宗變亂，半月有餘，距改元「天成」，一月有半，就原卷定名，不應稱「天成曆」的。是我在紀年文中所擬小節目，和雪堂碎金所擬目，一概都是錯的。

2. 關於欵式　敦煌寫本曆卷，原爲下行而左，劉氏在巴黎所抄，當據原卷。但掇瑣中列正月至七、八月，原卷正、閏正、二、三、四、五、六各月，係單排一行；七、八兩月，當係雙排，二行。原卷如此，或當限於紙張，此種情形，劉氏未加說明。但半農頗細心，我們是相可以信的。他在瑣八八，三六六面，眉注有云：

七月廿二日以下，缺八日。

又在三六八面，眉注云：

下缺。

可知七月二十二日以"下"，八月二十二日以"下"，都有殘缺，此行甚爲整齊，可知是七月八月，原卷列爲雙排，其原因可能後邊紙已不够長了，下邊可能是兩紙相接處，觀羅氏原卷可知。劉氏未注明雙排，是其疏失。但注明眉上，也足證半農的細心了。羅氏碎金唐曆天成元年殘曆一月之下，第一行，卽爲雙排，前一行註「前缺」二字，可見羅氏據原卷鈔錄，並有錯誤。後記云：(四葉)

殘曆一卷，自正月至六月全佚。七、八月則二十三日以前亦佚。九、十月以下尙存。末署「丙戌年姑洗之月，十四日巳時題畢」。

羅氏甚爲細心，他已知：

巴黎圖書館藏「同光四年具注曆」一卷，後署「隨軍參謀翟奉進撰」，又顯德六年（西元959後周世宗）曆，翟奉達撰，雍熙三年（西元986北宋太宗）曆，安彥成撰，英倫博物館藏顯德三年（西元956後周世宗）曆，亦翟奉達撰。……此卷雖無撰人名，而天成元年卽同光四年，殆亦出奉進之手，但不知與巴黎所藏異同何如？安得據彼卷以補是卷之佚文也。(附記)

雪堂此段文字，足見他的思考周密，半農早卒，雪堂繼之，此兩老友，皆不及見今日之璧合了，良堪慨嘆！

劉氏掇瑣，一切遵重寫本，其中訛誤之字，依其原狀木刻，冀不失眞。原卷「密」「奠」「社」「藉田」「啓源祭」「祭風伯」「祭川源」「祭雨師」「初伏」「中伏」「末伏」等字，皆用朱色套印。而羅氏碎金唐曆附記又云：

此書每七日輒朱書一「密」字，乃記日曜日。巴黎所藏同光四年曆與此正同。

> 巴黎又藏七曜律，其七曜之名，曰密，曰莫空，曰雲漢，曰嘀，曰溫沒斯，曰那溢，曰雞緩了，殆卽番語日月火水木金土，但不知爲何國語耳。至每日下所注吉、凶、宜、忌、每節候記月令語，與今曆略同。足徵今曆淵源之古。

以上記劉羅二氏，於古曆流傳之眞切，至爲敬佩。但現在仍有小問題，無法解決者，據劉書翟奉「達」，羅書後記書翟奉「進」，達進兩字形近易訛，今猶不能決其孰是孰非，爲可憾耳。

3. 關於年曆 我在香港的三年，（西元1955—1958）全部精力，集中在編一部「中國年曆總譜」，分爲上下二册，上册考定古代年曆，（年，自黃帝元年西前2677，至商盤庚十四年1385，曆，自殷盤庚十五年，西前1384至西元前1年，西漢哀帝元壽二年庚申），（以上凡稱西元前皆史家年）下册起西元1年西漢平帝元始元年訖西元2000年，中華民國八十九年庚辰。經香港大學排印行世。玆據總譜下册，列後唐明帝天成元年（卽莊宗同光四年）原譜如下：

中國年曆總譜之一例：（有括弧者，原譜無之，今附加說明。）

年世欄	中曆欄(夏正月、日)				西曆欄(月、日及儒略周日)			
丙戌 225	庚寅	正	(大)	戊午	2	15	205	9325
Ping-hiü (干支紀年) (西曆紀元)	(天文月) (卽節令月)	(太陰月) (卽政治月)		(朔日干支)	(太陽月序)	(日序)		(儒略周日)
後唐	辛卯	二	(小)	戊子	3	17		9355
P. T'ang (朝代)	壬辰	三	(大)	丁巳	4	15		9384
明宗	癸巳	四	(小)	丁亥	5	15		9414
Ming-T'sing (帝號)	甲午	五	(大)	丙辰	6	13		9443
李嗣源	乙未	六	(小)	丙戌	7	13		9473
(帝王姓名)	丙申	七	(大)	乙卯	8	11		9502
天成	丁酉	八	(大)	乙酉	9	10		9532
T'ien-C'heng (年號)	戊戌	九	(小)	乙卯	10	10		9562
元 1	己亥	十	(大)	甲申	11	8		9591
	庚子	十一	(大)	甲寅	12	8		9621
(年數)	(926年25元旦)			戊寅	1	1		9645
986 (民元前) 5639 (儒略周年) (314)	辛丑	十二	(小)	甲申	1	7		9851
(囘曆紀年)			(23)(囘曆元旦)	355 (全年日數)				

總譜下册116面右3欄

附錄回曆之一例

回　曆	(本年爲「平年」354日，前一年爲「閏年」355日)				相當於中曆天成元年之月日	
314年	正　月	大	30日	一日(元旦)＝	二月三日	(庚寅)
	二　月	小	29日	一日＝	三月四日	(庚申)
	三　月	大	30日	一日＝	四月三日	(己丑)
	四　月	小	29日	一日＝	五月四日	(己未)
	五　月	大	30日	一日＝	六月三日	(戊子)
	六　月	小	29日	一日＝	七月四日	(戊午)
	七　月	大	30日	一日＝	八月三日	(丁亥)
	八　月	小	29日	一日＝	九月三日	(丁巳)
	九　月	大	30日	一日＝	十月三日	(丙戌)
	十　月	小	29日	一日＝	十一月三日	(丙辰)
	十一月	大	30日	一日＝	十二月二日	(乙酉)
	十二月	小	29日		天成二年正月三日	(乙卯)
			共354日			
315年	正　月	大	30日	一日(元旦)＝	二月三日	(甲申)

年曆總譜，所根據的曆法，乃據司馬光的通鑑目錄，他在目錄的前面，有所說明：

臣聞古之爲史者，必先正其歷以統萬事。故謂之春秋。故崇文院檢討劉羲叟，徧通前代歷法，起漢元以來爲長歷，臣昔嘗得其書。今用羲叟氣朔並閏，及采七政之變著於史者，置於上方。……以爲目錄云。

及清人汪曰楨氏長術輯要，當代陳垣氏中西回史日曆，高平子氏史日長編，皆本於此，略加考證而已。茲錄其天成元年，推算如下：

柔兆閹茂（丙戌）唐明宗亶天成元：

正戊午　三丁巳　五丙辰　七乙卯　十甲申　正二日雨水　十一十冬至

取此，與上列總譜朔閏相校，與劉氏長曆密切相合。天成元年丙戌之前，爲

旃蒙作噩（乙酉）唐莊宗同光三

閏十二己丑朔

上年有閏十二月，又爲小月，自周初以來，用無中置閏法，天成元年既正月二日爲雨

水，(正月中) 前一年同光三年閏在十二月，十二月自當有「立春」(正月節) 在十五日，故此月無中氣，爲是閏月。此自然之勢，清以前皆用「恒氣」。自唐代武德二年(619)傅仁均造「戊寅元曆」去「平朔」用「定朔」，爲中國曆法上一大改進。五代曆法，亦祖述之，沿用定朔不替。以史志日食可證。目錄在天成元年上方云：

本志：八乙酉朔，食二分，甚在辰初。

朱文鑫氏歷代日食考內五代日食考曾列比條，如下：

史記日食						西曆			儒略周日	合朔		數別	所經地帶
五代	帝號	年號	年	月	日	年	月	日		時	分		
唐	明宗	天成	元	八	乙酉朔	926	9	10	2059532	8	1	環	西比利亞

五代史司天考作「甚在辰初」，「食二分」，皆合，蓋環食在西伯利亞，中國洛陽，僅可見「偏食」了。朱氏日食考所據中國古代記載，參以奧伯爾氏日月食表，非常可信，以證總譜八月朔日乙酉，所列西曆，儒略周日，此爲「定朔」，必無問題。可足見敦煌本同光四年八月甲申朔所據，定朔推算「先天」，不準確了。附列如下：

同光四年具注曆　翟奉達撰 (卽天成元年，西元926)

正月小	潤正月小	二月大	三月大	四月大	五月小	六月小	七月大	八月小	九月大	十月大	十一月小	十二月大
建庚寅	(閏)	建辛卯	建壬辰	建癸巳	建甲午	建乙未	建內申	建丁酉	建戊戌	建己亥	建庚子	建辛丑
(卽總譜所列「天文月」或「節氣月」，可以對照干支紀月無誤)												
一日 己丑	一日 戊子	一日 丁亥	一日 丁巳	一日 丙辰	一日 丁巳	一日 乙酉	一日 甲寅	一日 甲申	一日 癸丑	一日 癸未	一日 癸丑	一日 壬午

據羅氏唐曆後記云：

今以汪謝城(曰楨)長術輯要考之，知此曆當後唐明宗天成元年。謝城先生推是年七月爲乙卯朔，八月乙酉朔，九月乙卯朔，十月甲申朔，十一月甲寅朔，十二月甲申朔，此卷則七月爲甲寅朔，八月甲午朔，九月癸丑朔，十月癸未朔，十一月癸丑朔，十二月壬午朔，或差一日，或差二日，蓋當日西陲行用之曆，非頒自中土，邊人疏于學術，故推衍多誤。

雪公知西陲推曆之差誤，而不知翟奉達固自有所據，差一日或二日者，皆爲「先天」。

以上所舉，係敦煌石室所出曆書卷子，卽本文標題之「大唐同光四年具注曆合璧」

之全卷日曆了。其要點爲總譜所謂「天文月」卽「節氣月」之干支紀月也。古曆書莫不列之，足見吾國曆法爲重要之太陽曆，分一個太陽年爲十二段。據二十四節氣；全部列入。一節一中，兩「恒氣」爲一月，此辦法，絕不與太陰曆的月亮相干，雖自古有「月」之名，而無「月」之實。此爲國曆之特點，應該大書特書的，（讀者請以總譜所列天文月校之）

唐武德二年起，中國曆法上始用「定朔」，定朔全憑日食證之，據上節八月乙酉朔確爲日食，確爲「定朔」。但唐世亦有用「平朔」者。今敦煌卷子本，每月一日爲朔，較之劉氏長曆，相差前一日或二日，究竟翟奉達所據是何曆術，殊難考定。據汪氏輯要，可以稍見端倪，輯要卷下，古今推步諸術考（六葉）云：

前蜀向隱術無考。北夢瑣言云：「胡秀林進術（正象術），移運在丙戌年正月。隱亦進術，用宣明法，閏乙酉年十二月。因更改閏十二月。按乙酉，乃後主王衍咸康元年，卽後唐同光三年。蓋其法本于「宣明術」也。蜀亡在乙酉年十一月，實不及至閏月。

同書又云：

前蜀「正象術」無考。

前云向隱術（用宣明法）無考，此云「正象術」無考。但由置閏，可以概見。劉氏所據「閏乙酉年十二月」之術，近於「宣明」，敦煌寫本翟奉達所據，近於丙戌年閏正月「正象」之術。又查宣明術有「歲實」及「朔策」，以較今測，據通志通典，舉如下：

宣明術 歲實 365.24464285 朔策 29.53059523

今 測 歲實 365.24219879 朔策 29.53058800

較之氣朔，氣朔，皆近今測。以曆校之，宣明爲精，正象爲疏，敦煌本根據正象，朔策爲差，故朔日干支，比宣明「先天」一二日者。氣當驗之節令，有「冬至」可考。羅氏碎金唐曆後記有云：

謝城先生考是年冬至在十一月十日癸亥。通鑑目錄誤作十一月一日，宋本則作十日冬至不譌。今此卷乃十一月十一日癸亥冬至，是月爲甲寅朔，故十一日乃得癸亥，雖差一日，而癸亥冬至，則與宋本通鑑目錄合，足正今本十日誤作一日之失，至可喜也。

雪公亦注意此問題也。羅氏引汪氏輯要丙戌天成元年（卷八葉三）下注云：

按通鑑目錄十一月一日冬至，與今推十日癸亥冬至不合。宋本作「十日冬至」，不譌。舊明宗紀「癸丑日南至」，亦不合。

汪氏注重版本學，校宋本十日癸亥冬至不譌，確有見地。至舊五代史明宗本紀日南至，譌亥爲丑耳。又按陳垣中西回史日曆，卷十，後唐（葉七）同光四年下，儒曆十二月十七，申曆十二月十日旁注有朱書「冬」字，示「冬至」也。檢甲子表12，相當部位，確爲「癸亥」，陳氏著錄，蓋所據乃譚三雲所推淸以前之冬至。（見陳氏日曆例言）

總譜考節氣，憑儒曆改爲格勒高里曆，西元後，儒曆每400年多閏3日，則923年多閏6日，故儒曆冬至退六日，則格曆應增加六日，換儒曆爲格曆則儒曆六日，卽變爲格曆，今932年之冬至在十二月十七日，故加六日，變爲格曆十二月廿三日也。如此，則以日食證朔，以冬至證氣，我的中國年曆總譜，確是「合天」的曆譜，偶然就此一個寫本同光四年曆譜，也可以完全證明的了。

又敦煌寫本曆表，旣以「密」字表示禮拜日，由總譜亦足以證之。由儒略周日以求星期日之法，卽就周日加1，以7除之，所得卽星期日數。卷子本，本年八月初二日爲乙酉，此乙酉在總譜爲定朔，有日食可證。上有朱色「密」字，卽指星期日。總譜八月乙酉朔，當周日「2059532」加1，爲「2059533」，以7除之，得0，爲日曜日，絕無訛誤是卷子與總譜，皆極準確。

中華民國四十九年四月廿六日，夏曆庚子歲四月甲申朔，夜寫訖於平廬。

（一）敦煌掇瑣　八八　三四七至三六八面

民國二十年木刻本中央研究院歷史語言研究所印行劉復編纂

大唐同光四年具曆一卷干火支土納音土凡三百八十四並序隨軍參謀翟奉達夫曆日者是陰陽秘法（「刻本眉批云秘法下，原本空兩行半，當是留出抄寫序文地位，而未及補抄者。」）

每月人神注在當日足下

一日在足大指　二日在外踝　三日在股內　四日在腰　五日在口　六日在手小指

七日在內踝　八日在長腕　九日在尻尾　十日在腰背　十一日在鼻柱　十二日

在髮際　十三日在牙齒　十四日在胃管　十五日在遍身　十六日在智　十七日在氣衝　十八日在股內　十九日在足　廿日在內踝　廿一日在手小指　廿二日在外踝　廿三日在肝　廿四日在手揚明　廿五日在足揚明　廿六日在胷　廿七日在膝　廿八日在陰　廿九日在膝胫　卅日在足趺

正月小　潤正月小　二月大　三月小　四月大　五月小　六月小　七月大　八月小　九月大　十月大　十一月小　十二月大

正月小建庚寅　天道南行　宜修南方　宜向南行

一日己丑火建　拜官吉

二日庚寅木除　除足甲葬吉

三日辛卯木滿　剃頭裁衣吉

四日壬辰水平　魁

五日癸巳水定鷙鳥厲疾祭祀大吉

密六日甲午金執滅毋倉大吉

七日乙未金破上弦往言治病吉

八日丙申火危　葬斬吉

九日丁酉火成　壙埋吉

十日戊戌木收水澤腹堅罡

十一日己亥木開　通渠吉

十二日庚子土閉　修磑塞穴吉

密十三日辛丑土建　拜官造車吉

十四日壬寅金除望　解除吉

十五日癸亥金除立春正月節東風解凍療病吉

十六日甲辰火滿　除手足爪吉

十七日乙巳火平　罡

十八日丙午水定　修宅吉

十九日丁未水汁　伐木吉

密廿日戊申土破蟄蟲始振服藥吉

廿一日己酉土危　天恩大吉

廿二日庚戌金成下弦天恩修造吉

廿三日辛亥金收藉田種蒔吉

廿四日壬子木開啓源祭母倉通渠吉

廿五日癸丑木閉沒祭風伯天恩塞穴吉

廿六日甲寅水建魚上氷拜官吉

密廿七日乙卯水除　治病吉

廿八日丙辰土滿　裁衣吉

廿九日丁巳土平　罡

潤正月小十五日已前依前正月行事 十五日已後依二月行事

一日戊午火定　修宅吉

二日己未火汁雨水正中 獺祭魚修造吉

三日庚申未破　治病吉

四日辛酉木危　葬墳吉

密五日壬戌水成　祭祀吉

六日癸亥木收　魁

七日甲子金開上弦鴻鴈來天恩大吉

八日乙丑金閉　起土吉

九日丙寅火建　移徙吉

十日丁卯火除　嫁娶吉

十一日戊辰木滿　修造吉

密十二日己巳木平草木萌動罡

十三日庚午土定　地囊解吉

十四日辛未土汁　修碓吉

十五日壬申金破望治病吉

十六日癸酉金危　安床帳吉

十七日甲戌火危驚蟄二月 節桃始花修造吉

十八日乙亥火成　解鎮吉

十九日丙子水收　罡

廿日丁丑水開　修造吉

廿一日戊寅土閉　天赦

廿二日己卯土建下弦鶡鴠鳴嫁娶吉

廿三日庚辰金除　天恩大吉

廿四日辛巳金滿　天恩大吉

廿五日壬午木平　魁

廿六日癸未木定　地囊納財吉

廿七日甲申水執鷹化爲鳩洗頭吉

廿八日乙酉水破　治病吉

廿九日丙戌土危　嫁娶吉

二月大建辛卯天道西南行　宜修西南方　宜向西南行

一日丁亥土成　嫁娶吉

二日戊子火收社罡

三日己丑火開春分二月中玄鳥至入學吉

密四日庚寅木閉　葬壙吉

五日辛卯木建　立柱大吉

六日壬辰水除　治病吉

七日癸巳水滿　加官大吉

八日甲午金平上弦雷乃發聲魁

九日乙未金定　市買大吉

十日丙申火執　壙葬吉

密十一日丁酉火破滅　治病吉

十二日戊戌木危　安床吉

十三日己亥木成始電嫁娶吉

十四日庚子土收往亡罡

十五日辛丑土開望　通渠大吉

十六日壬寅金閉　嫁娶吉

十七日癸卯金建　修車吉

密十八日甲辰火建清明三月節桐始華立柱吉

十九日乙巳火除　拔白髮吉

廿日丙午水滿　葬埋吉

廿一日丁未水平　罡

廿二日戊申土定　出行吉

廿三日乙(應作己)酉土汁下弦田鼠化爲鴽葬吉

廿四日庚戌金破　壞屋吉

密廿五日辛亥金危　剪爪甲吉

廿六日壬子木成　修宅吉

廿七日癸丑木收　魁

廿八日甲寅水開虹始見地囊葬吉

廿九日乙卯水閉　塞穴吉

卅日丙辰土建　解献吉

三月小建壬辰天道北行　宜修北方　宜向北行

一日丁巳土除　修造吉

二日戊午火滿　母倉吉

三日己未火平穀雨三月節萍始生罡

四日庚申木定　葬斬吉

五日辛酉木汁　解鎮吉

六日壬戌水破　治病吉

七日癸亥水危沒上弦安床帳吉

八日甲子金成祭川源裁衣吉

密九日乙丑金收鳴鳩拂習魁

十日丙寅水開　修造葬吉

十一日丁卯火閉　起土葬吉

十二日戊辰木建　上樑吉

十三日乙巳木除　母倉修造吉

十四日庚午土滿望戴勝除桑葬斬吉

十五日辛未土平　罡

密十六日壬申金定　沐浴吉

十七日癸酉金汁　祭祀吉

十八日甲戌火破　治病吉

十九日乙亥火破四月節螻蟈鳴壞屋吉

二十日丙子水危　嫁娶吉

廿一日丁丑水成往亡入學吉

廿二日丙寅土收下弦罡

廿三日己卯土開　嫁娶吉

廿四日庚辰金閉蚯蚓出修造吉

廿五日辛巳金建　天恩大吉

廿六日壬午木除　天恩大吉

廿七日癸未木滿　天恩大吉

廿八日甲申水平祭雨師魁

廿九日乙酉水定玉蒧生嫁娶葬吉

四月大建癸巳　天道西行　宜修西方　宜向西行

一日丙戌土執　嫁娶吉

二日丁亥土破　洗頭吉

三日戊子火危　祭祀吉

四日己丑火成　地囊入學吉

五日庚寅木收小滿四月節中苦菜秀罡

六日辛卯木開　修宅葬吉

七日壬辰水閉　解猒吉

密八日癸巳水建上弦往亡修井吉

九日甲午金除　天赦

十日乙未滿靡草死入財吉

十一日丙申火平　魁

十二日丁酉火定　葬殯吉

十三日戊戌木執　嫁娶吉

十四日己巳木破　解鎮吉

密十五日庚子土危望減暑至鎮猒吉

十六日辛丑土成　入學吉

十七日壬寅金收　罡

十八日癸卯金開　母倉大吉

十九日甲辰火閉　塞穴吉

廿日乙巳火閉芒種五月節螗螂生起土吉

廿一日丙午水建　修車吉

密廿二日丁未水除　解猒吉

廿三日戊申土滿下弦洗頭吉

廿四日己酉土平　罡

廿五日庚戌金定鵙始鳴天恩吉

廿六日辛亥金汁　天恩大吉

廿七日壬子木破　治病吉

廿八日癸丑木危　天恩大吉

密廿九日甲寅水成　葬殯吉

卅日乙卯水收反舌無聲魁

五月小建甲午　天道西行　宜修西方　宜向西行

一日丙辰土開　修造吉

二日丁巳土閉　塞穴吉

三日戊午火建　地囊鎮吉

四日己未火除　苻解吉

五日庚申木滿夏至五月中鹿角解葬迸吉

密六日辛酉木平　罡

七日壬戌水定上弦市買吉

八日癸亥水汁　入財吉

九日甲子金破　壞屋吉

十日乙丑金危蜩始鳴安床吉

十一日丙寅火成　葬鎮吉

十二日丁卯火收　魁

密十三日戊辰木開　地葬治病吉

十四日己巳木閉望　獣鎮吉

十五日庚午土建半夏生解狀吉

十六日辛未土除往亡拔白髮吉

十七日壬申金滿　葬斬吉

十八日癸酉金平沒罡

十九日丙(應作甲)戌火定　嫁娶吉

密二十日辛(應作乙)亥火汁　嫁娶吉

廿一日丙子水執小暑六月節溫風至起土吉

廿二日丁丑水破下弦治病吉

廿三日戊寅土危　拜官吉

廿四日己亥(應作卯)土成　裁衣吉

廿五日庚辰金收　初伏

廿六日辛巳金開蟋蟀居壁出行吉

密廿七日壬午木閉　嫁娶吉

廿八日癸未木建　沐浴吉

廿九日甲申水除　葬埋吉

六月小建乙未　天道東行　宜修東方　宜向東行

一日乙酉小滿　嫁娶吉

二日丙戌土平鷹有習學魁

三日丁亥土定　洗頭吉

四日戊子火執　市買吉

密五日己丑火破　治病吉

六日庚寅木危　葬殯吉

七日辛卯木成上弦大暑六月中腐草爲螢葬起土吉

八日壬辰木收　罡

九日癸巳水開　修造吉

十日甲午金閉　天赦

十一日乙未金建　嫁娶大吉

密十二日丙申火除土潤溽暑葬除爪甲吉

十三日丁酉火滿　修造葬斬吉

十四日戊戌木平望魁

十五日己亥木定　剃頭吉

十六日庚子土執中伏裁衣吉

十七日辛丑土破大雨時行治病吉

十八日壬寅金危　嫁娶葬吉

密十九日癸卯金成滅嫁娶葬吉

廿日甲辰火收　罡

廿一日乙巳火開　入學吉

廿二日丙午水開立秋七月節涼風至葬斬吉

廿三日丁未水閉　母倉吉

廿四日戊申土建往亡天赦

廿五日己酉土除　天恩大吉

密廿六日庚戌金滿末伏母倉大吉

廿七日辛亥金平白露降罡

廿八日壬子木定　裁衣吉

廿九日癸丑木汁　天恩大吉

七月大建丙申　天道北行

宜修北方　宜向北行

一日甲寅水破　壞屋吉

二日乙卯水危　葬埋吉

三日丙辰土成(寒蟬鳴)修造吉

密四日丁巳土收　魁

五日戊午火開　嫁娶吉

六日己未火閉　沐浴吉

七日庚申木建　內財吉

八日辛酉水除(處暑七月中鷹祭鳥)剪足甲吉

九日壬戌水滿(往亡)修井吉

十日癸亥水平　罡

密十一日甲子金定　天恩大吉

十二日乙丑金汁　天恩大吉

十三日丙寅火破(天地始肅)地囊葬吉

十四日丁卯火危　天恩大吉

十五日戊辰木成(望)天恩大吉

十六日己巳木收　魁

十七日庚午土開　天恩大吉

密十八日辛未土開(禾乃登)母倉大吉

十九日壬申金建　嫁娶吉

廿日癸酉金除　□埪葬吉

廿一日甲戌火滿　母倉大吉

廿二日乙亥火平　魁

(瑱八八，三六六面，眉註，

「七月廿二日以下，缺八日」)

八月小建丁酉　天道東行　宜修東方

宜向東行

一日甲申水閉　葬埋吉

密二日乙酉水建　修車吉

三日丙戌土除　母倉大吉

四日丁亥土滿賓(羣鳥養羞)修造吉

五日戊子火平社魁

六日己丑火定　母倉大吉

七日庚寅木執(上弦)修造吉

八日辛卯木破　治病吉

密九日壬辰水危(秋分八月中雷乃收聲)母倉大吉

十日癸巳水成　嫁娶吉

十一日甲午金收　罡

十二日乙未金開　母倉大吉

十三日丙申火閉　葬埋吉

十四日丁酉火建(望　蟄蟲壞戶)洗頭吉

十五日戊戌木除　母倉大吉

密十六日己亥木滿　祭祀吉

十七日庚子土平　魁

十八日辛丑土定(往亡)母倉大吉

十九日壬寅金執(水始涸)葬鎮吉

廿日癸卯金破　葬埋吉

廿一日甲辰火危　嫁娶吉

廿二日乙巳火成(下弦)

(瑱八八，三六八面，原眉註「下缺」)

(二)唐天成元年殘曆

敦煌石室碎金乙丑（民國十四年）五月東方學會印羅振玉校錄

此行原註「下闕」

廿三日丙子水平下弦 八月節鴻雁來 罡

廿四日丁丑水定 沐浴吉

廿五日戊寅土執 密 伐木吉

廿六日己卯土破 天恩大吉

廿七日庚辰金危 天恩修造吉

廿八日辛巳金成玄鳥歸天恩大吉

廿九日壬午木收 沒 罡

卅日癸未木開 母倉大吉

九月大建戊戌天道南行宜修南方宜向南行

一日癸丑木平 密 罡

二日甲寅水定 起土吉

三日乙卯水執 葬嫁娶吉

四日丙辰土破 治病吉

五日丁巳土危菊有黃花伐木吉

六日戊午火成 嫁娶吉

七日己未火收 魁

八日庚申木開密上弦祭祀葬吉

九日辛酉木閉 起土吉

十日壬戌水建霜降九月中豺乃祭獸修井吉

十一日癸亥水除 洗頭吉

十二日甲子金滿 天恩大吉

十三日乙丑金平 罡

十四日丙寅火定 天恩大吉

廿三日丙午水收滅 密 罡

廿四日丁未水收寒露九月節鴻雁來賓魁

廿五日戊申土開 天赦

廿六日己酉土閉 天恩修造吉

廿七日庚戌金建 天恩大吉

廿八日辛亥金除 天恩修造吉

廿九日壬子木滿雀入大水爲蛤天恩大吉

十月大建己亥天道東行宜修東方宜向東行

一日癸未木成 起土吉

二日甲申水收 罡

三日乙酉水開 通渠吉

四日丙戌土閉 塞穴吉

五日丁亥土建野鷄入大水爲蜃移徙吉

六日戊子火除 密 治病吉

七日己丑火滿 起土吉

八日庚寅木平上弦 魁

九日辛卯木定嫁娶吉

十日壬辰水執 沒往亡嫁娶吉

十一日癸巳水破小雪十月中虹藏不見壞屋吉

十二日甲午金危 修造吉

十三日乙未金成 密 入學吉

十四日丙申水收 罡

十五日丁卯火執 密[illegible]天恩修造 吉

十六日戊辰木破 望 地囊治病 吉

十七日己巳木危 修造吉

十八日庚午土成 母倉大吉

十九日辛未土收 魁

廿日壬申金開蟄蟲咸附 祭祀葬吉

廿一日癸酉金閉 起土葬吉

廿二日甲戌大建 密 加官吉

廿三日乙亥火除下弦 治病吉

廿四日丙子水滿 嫁娶吉

廿五日丁丑水滿立冬十月節水始氷 入財 吉

廿六日戊寅土平 魁

廿七日己卯土定往亡修造吉

廿八日庚辰金執 嫁娶吉

廿九日辛巳金破 天恩大吉

卅日壬午木危地始凍天恩大吉

十一月小建庚子天道東南行宜修東南方宜向東南行(案建下應有庚子二字)

一日癸丑木除武始交 天恩修造吉

二日甲寅水滿 入財吉

三日乙卯水平 罡

四日丙辰土定 密 內財吉

五日丁巳土執 嫁娶吉

六日戊午火破荔挺出 治病吉

七日己未火危上弦 伐木吉

八日庚申 困國 母倉葬吉

九日辛酉木(收) 魁

十日壬戌水開 修造吉

十五日乙酉火開 望 葬埋吉

十六日戊戌木開天氣上騰地氣下降起土鎮吉

十七日己亥木建 上梁立柱吉

十八日庚子土除 地囊鎮吉

十九日辛丑土滿 內財吉

廿日壬寅金平 密 魁

廿一日癸卯金定閉塞如成冬 嫁娶吉

廿二日甲辰火執 修造吉

廿三日乙巳火破下弦 治病吉

廿四日丙午水危 伐木吉

廿五日丁未水成 修井吉

廿六日戊申土成大雪十一月節鶡始不鳴母倉吉

廿七日己酉土收 滅 密魁

廿八日庚戌金開 天恩大吉

廿九日辛亥金閉 修宅吉

卅日壬子木建 天恩大吉

十二月大建辛丑天道西南行宜修西南方宜向西南行

一日壬午木執 天恩大吉

二日癸未木破鶡始巢 壞屋吉

三日甲申水危 密 祭祀吉

四日乙酉水成 地囊葬吉

五日丙戌土收 罡

六日丁亥土開 治病吉

七日戊子火閉野雉始鳴 苻鎮吉

八日己丑火建上弦 裁衣吉

九日庚寅木除 嫁娶吉

十日辛卯木滿 密 移徙吉

十一日癸亥水閉　密　冬至十一月中蚯蚓結　洗頭吉

十二日甲子金建　天赦

十三日乙丑金除　天恩大吉

十四日丙寅火滿　望　裁衣吉

十五日丁卯火平　罡

十六日戊辰木定　鹿角解　天恩大吉

十七日己巳木執　嫁娶吉

十八日庚午土破　密　葬埋吉

十九日辛未土危　地囊安床吉

廿日壬申金成　往亡　母倉葬吉

廿一日癸酉金收　水泉動　魁

廿二日甲戌火開　下弦　治病吉

廿三日乙亥[火][閉]　修造吉

廿四日丙子[水][建]　嫁娶吉

廿五日丁丑水除　治病吉

廿六日戊寅土除　小寒十二月節雁北鄉　裁衣吉

廿七日己卯金(疑作土)滿　修造吉

廿八日庚辰金平　魁

廿九日辛巳金定　天恩大吉

十一日壬辰水平　臘　魁

十二日癸巳水定　大寒十二月中雞始乳　出行吉

十三日甲午金執　母倉大吉

十四日乙未金破　望　地囊吉

十五日丙申火危　望　葬鎮吉

十六日丁酉火成　裁衣吉

十七日戊戌木收　密　鷙鳥厲疾　罡

十八日己亥木開　治病吉

十九日庚子土閉　嫁娶吉

廿日辛丑土建　安牀吉

廿一日壬寅金除　沒　治病吉

廿二日癸卯金滿　葬送吉

廿三日甲辰火平　下弦　水澤腹堅　罡

廿四日乙巳火定　密　修造吉

廿五日丙午水執　母倉葬吉

廿六日丁未水破　壞屋吉

廿七日戊申土危　伐木吉

廿八日己酉土危　立春正月節東風解凍　葬埋吉

廿九日庚戌金成　起土吉

卅日辛亥金收　往亡　罡

丙戌年姑洗之月十四日巳時題畢

附　　錄

本文草成時，曾就劉氏敦煌掇瑣，羅氏敦煌石室碎金，所列原卷不同點有三：

一、同光四年具注曆之注字，劉氏作「同光四年具曆」，羅氏則作「同光四年具注曆」。

二、劉氏本撰者爲翟奉達，羅氏本跋翟奉達作翟奉進，而翟奉達、翟奉進，實係二人。

三、推測該曆原卷各月當爲雙排。

因敦煌原卷,現存巴黎國家圖書館,不得窺其全貌,頃由徐高阮先生函巴黎友人翁同文先生,就近查核,茲得覆函如下:

作賓先生著席,上月底接高阮兄來函,適值巴黎國家圖。因假期關閉,致所囑之事,無從進行,該館直至昨日(九日),始復開放,走閱「大唐同光具曆」寫卷,關於所提三點,謹覆如後:

一、該卷原標題爲「同光四年具曆」,並無「注」字,劉氏敦煌掇瑣無誤。

一、寫者翟奉達,羅氏跋作「進」,誤。

一、各月實爲雙排,惟察其所以雙排之故,似並無深意。緣正月各日原分二行如下:

一日	十六日
二日	十七日
……	………
十五日	廿九日

自閏正月起,則自一日至月底作一行,下部空虛,故可以二月各日實之,另作一行,遂成雙排形式如下:

閏正月	二月
一日	一日
二日	二日
……	……
廿九日	卅日

以後三、四等月如例。

……專此敬復、並頌

撰安　　後學 翁同文　五月十日

由此函內,可知敦煌原卷全貌,除函托翁先生代爲照相外,謹誌於此,並謝謝徐高阮先生及翁同文先生。

—1062—

出自第三十本下(一九五九年十月)

蜜日考

莊 申

〔壹〕引言

西元一九〇七年(民國五年)，已故之法國漢學家伯希和教授 (Prof. Paul Peilliot 1878～1945 A. D.) 繼原匈牙利籍之探險家斯坦因爵士 (Sir Aruel Stein, 1862–1943 A. D.) 之後，前往我甘肅省敦煌縣屬之鳴沙山千佛洞石窟，作第二次舉世聞名之學術考察。次年九月，取道北平，離華返國。至其考察所得之珍貴寫本，則經庋藏巴黎之法蘭西國家圖書館 (Bibliothèque Nationale, Paris)，成其因擁有此等敦煌卷子，而特享盛名之『寫本部』(Départment des Manuscripts) 焉。在爲伯氏取去之寫本中，包括若干五代及北宋初年之具注曆日，斯卽本文所論部分資料之來源。

今按法京國家圖書館之寫本部中，藏有後唐莊宗同光四年 (926 A. D.) 之具注曆日一段，蓋卽自該歲歲首以至八月二十三日之一段也。現由該館編號 3247 號。民國十四年六月，已故之劉復半農先生，於其旅居巴黎之際，爲之手錄，並發表於其所編之敦煌掇瑣一書之中(註一)。至其所缺之後半段，卽自八月二十四以至同年歲末之一部分，則爲羅振玉叔言先生所得，並以之影印於其所編之貞松堂西陲秘籍叢殘一書之中(註二)。合劉、羅二家書而並觀之，則此距今千有餘年之晚唐具注曆日，遂得破鏡重圓，公諸於世人學者之前矣。敦煌所出寫本，散離何止萬千，惟此一曆，分而復合，豈不

(註一)：見劉復編敦煌掇瑣中輯 p. p. 347—368，編號88。本所專刊之二，民國十六年，北平。原題爲『大唐同光四年具曆一卷』，疑應原爲具注曆，此遺一『注』字也。

(註二)：見羅振玉貞松堂西陲秘籍叢殘第一集第二册 p. p. 15—21，原書未附出版年月。

幸中之大幸歟！

此曆之後段，何時得入羅氏手，今以其書序跋俱缺，難以明悉。要之，或不外民國初立數年間事。就本文所欲討論之事項言之，此點本不為最重要之關結所在，蓋今所欲論者，以此曆書每隔六日，輒以朱色書一『密』字。則此密字究具何等意義，而其起源如何，皆為不可不知之急務也。羅氏叔言曩昔嘗有簡略之考釋，其詳則國人未曾詳述，當於外籍求之。今節錄羅氏原文如下(註一)：

> 次此書每七日輒朱書一密字，乃記日曜日。巴黎所藏同光四年曆與此正同。巴黎又藏七曜律，其七曜之名曰密、曰莫漢、曰嘀、曰溫沒斯、曰那溢、曰雞緩。了殆番語日、月、火、水、木、金、土，但不知為何國語耳。

按羅氏所謂密，莫漢，嘀等名為日月五行七曜之番語一節，其言固是，然此等曜日之名稱，究出何種語言，則為其文之所未詳者也。方羅氏著書之際，當民國初年(註二)，敦煌所出寫本，固有部份資料，業已公諸於世，然時當草創，未足以資比勘其譯名之異同。近三十年來，中外學者既於敦煌寫本每有論述，較之羅氏所見，又已稍廣。再者，唐代番僧傳譯之密教經典，亦於七曜之名，多所及之，故亦可以據此唐代之譯經，乃至其他涉及七曜之諸寫本，並資勘斠，以補羅氏之所不見。至若晚近學者於我古代西域探險所得之資料與其研究之結果，尤堪為評論此等譯名之正誤與其音讀之借鏡，凡此種種，皆為本文所欲討論之主要內容。而此密日或七曜曆日之傳播，既乃關係於唐代摩尼教徒之行用，故於其輸入之來源，與摩尼教在中國傳播之簡略情節，亦不得不為扼要之敘述，附之文末，以見其源流之所自也。

〔貳〕異　　譯

(一)　文殊師利菩薩及諸仙所說吉凶時日善惡宿曜經

就中國方面之文獻觀之，密日之譯名固有多種，然其最具歷史性之一種，則推唐

(註一)：見羅振玉著敦煌石室碎金一書，『後唐天成元年殘曆』跋，p. p. 4—5。乙丑(民國十四年)東方學會印。按同光四年莊宗崩，明帝繼，改元天成，是同光四年即天成元年也。觀羅氏所云，似尚未明巴黎所藏之同光四年曆，與其刋印之天成元年曆爲一事也。

(註二)：按羅氏於上揭殘曆跋後，末註壬戌八月，壬戌即民國十一年也。

肅宗乾元二年(759)，由大興善寺之天竺番僧不空 (Amogha) 所譯，楊景風所注釋之文殊師利菩薩及諸仙所說吉凶時日善惡宿曜經(註一)。此經現存上下二卷(以下簡稱宿曜經)，其下卷於『宿曜曆經七曜直日曆品第八』條下，曾記密日與其他諸曜之譯名云：

日曜太陽，胡名密，波斯名曜森勿，天竺名阿儞底耶。

月曜太陰，胡名莫，波斯名婁禍森勿，天竺名蘇上摩。

火曜熒惑，胡名雲漢，波斯名勢森勿，天竺名糞盎聲哦囉迦盎。

水曜辰星，胡名咥，波斯名掣森勿，天竺名部陀。

木曜歲星，胡名鶻勿，波斯名本森勿，天竺名勿哩訶娑跛底。

金曜太白，胡名那歇，波斯名數森勿，天竺名戍羯羅。

土曜鎮星，胡名枳院，波斯名翕森勿，天竺名賒乃以室折囉。

觀此，知前引羅氏文中所記之密、莫漠、嘀、溫沒斯、那溢、鷄緩等名，當卽宿曜經中按日、月、火、水、木、金、土之順序而排列之蜜、莫、雲漢、咥、鶻勿、那歇、與枳院等七曜日名也。經中固稱此七曜爲胡名，然究爲何種族之用語，則不及之。羅氏旣斷後唐同光四年殘曆上所書之密字，卽爲此七曜中之首曜，惟於七曜之名稱來源，『不知爲何國語』，殆以據此而爲其說之所本歟？

（二） 七 曜 攘 災 決

唐代密教有關七曜之譯經，除前揭宿曜經外，尙有爲西天竺國婆羅門僧金俱吒撰集之七曜攘災決兩卷(註二)。其上卷於日月五星『七宮占災攘法』之後，又有『七曜旁通』與『九執至行年法』二項，其中於七曜之名，亦有所述，茲錄如下：

七曜旁通　　九執至行年法

十二宮　日月　金木水火土　一羅睺凶男二鷄睃凶三嗹吉水

命室　平飲食平先快後凶凶熱病凶四那頡吉金五蜜吉日六雲漢大凶火

財宮　吉財吉吉吉吉吉財吉　七計都凶女八莫吉月九溫沒斯吉木

如按宿曜經中所述日月五行之順序爲之董理，則此決中所記蜜日等七曜之譯名，當如下述之排列：蜜、莫、雲漢、嗹、溫沒斯、那頡，鷄睃。其最初之三名，固無異於

(註一)：見大藏經 Vol. XXI. p. p. 387-399. 日本昭和三年(1928)，東京。以下所述大藏經皆指此本。

(註二)：見大藏經 Vol. XXI. p. p. 427-452.

不空所譯，然自第四曜以下諸名，則皆不同，蓋宿曜經中之咥、鶻勿、那歇、枳院，此則各作喹、溫沒斯、那頡、與鷄暖也。尤足異者，此決之譯名，固異於宿曜經，然同決中之譯名，亦多不一，其上卷中之七曜譯名既如上述，然其中卷於『七直日與所生宿』一項之中，則於七曜中之若干曜，又有不同之譯名，茲再引錄此項原文如下：

蜜日生者，穩重忍辱，好善質直孝順。端省憂惱，不乏財食。多謙恭，高朋友，得人欽仰，得他人財物。遇安重和善。輕躁等宿，有官祿財食，心當富貴。

莫日生者，端正慈好，妻妾能言語，高交遊。榮辱不常少。子孫多福祿。

雲漢日生者，合長大堅剛，容貌帶胡。心性高柢，嗔喜不定。愛兵好殺多如足。衰厄生宿，與日和善，卽有官祿無災橫。

咥日生者，合輕法，愛戲翫，多欲心。性隨邪，善能輔助。

溫沒斯日生者，能言語足理詞，端正好色，性快健。愛伎術，有學問，高交友，得人欽仰。

那頡日生者，合足語詞舌。多色好遊。吏性沈審，爲事堅剛。不伏弱，有信義。

鷄綏日生者，合敦重好事，愛藝術，多智謀，質直毒惡，矜堌貧乏。官祿晚成。

觀此，知此決卷上於水、土兩曜譯作『喹』、與『鷄暖』者，卷中又譯作『咥』與『鷄綏』，是兩卷所譯，前後實非一致。較之不空所譯諸曜名稱，差異可以立見，今此同一決中於此七曜之名，尙無定譯，則於與其同時代之其他涉及七曜之譯文中，自更難有完全相同之譯名可求矣。

(三) 梵天火羅九曜

爲證此言之不謬，余將更舉晚唐宣宗時代一行禪師所譯之梵天火羅九曜(註一)以爲證。惟此經於上述諸曜日之名稱未曾連述，故以下所引之文，大多單獨爲句爲行，未可連讀也。梵天火羅九曜所記如下(以下此經簡稱火羅九曜)：

二中宮土宿星王在四季鷄綏　眞言

(註一)：見大藏經 Vol. XXI, p. p. 459-462.

行年至此宿者是中宮土星，其星周九十里。

三嘀北辰星（水星王在冬三月）明曰

行年至此宿名北辰，一名毚星，一名滴星，周廻一百里。

四西方大白星（金星，金神也。王在秋三月。）明曰

行年至那頡□，是太白星，西方金精也。其星一名大白，一名長庚，一名那頡。其星周廻一百里。

五太陽密日星眞言曰

行年至此宿者，主大陽屬日，其星廻一千五百里。

六南方火熒惑星（火王在夏三月）火星眞言曰

行年至此星，一名南方熒惑星，一名四利星，一名虛漢，其星周廻七十里。

八暮，太陰（月天）明曰

行年至此宿位者，是太陰也，屬月。

九東方歲星（王在春三月）木星明曰

行年至嗢沒斯者，是歲星，東方木精，一名攝提，其星周廻一百里。

據前例，以宿曜經中所述之七曜順序理之，火羅九曜所記七曜譯名當如下述：密日、暮、虛漢、嘀、嗢沒斯、那頡、鷄緩。其日曜日，譯作『密日』，此密字既與前揭唐代其他經典之譯作蜜字者異，其下復多一日字。至其月曜之日，譯作『暮』，火曜之日，譯作『虛漢』，俱與他本異。又按水曜之日，不空譯作『咥』、金俱吒譯作『啌』，一行禪師又譯作『嘀』與『滴』（按說文解字口部無嘀字，作滴者是也）。是在此三家所譯密敎經典中，於此一曜，所寫幾無一同。則有唐一代於此等七曜名稱之譯寫，本未調協，其例至顯，毋庸詳論矣。

（四） 雍熙三年具注曆

巴黎國家圖書館之寫本部內，又藏有宋太宗雍熙三年（986）歲次丙午之具注曆日一件（以下簡稱雍熙曆），編號3403號。亦伯希和自敦煌携去珍貴寫本之一也。茲據首頁所揭劉半農先生所抄錄之刋行本，轉錄其曆日之歲首部分形式如下（註一）：

（註一）：見敦煌掇瑣中輯，p. p. 369—378，編號89。

那頡日受歲 一日庚午土定歲首　歲位地囊復祭祀加官拜謁裁衣吉　人神人神在足大指日遊

二日辛未土破　歲位起土修造除手甲吉　人神在外踝

三日壬申金破　歲位解除殯洗頭吉

然該曆於全歲排比具注之前，另有『推七曜直日吉凶法』一則。則中於七曜之名，亦有所述，茲再轉錄如下：

第一蜜，太陽直日，宜出行，捉走失。吉事重吉，凶事重凶。

第二蜜，太陰直日，宜納財治病，修井灶門戶吉。忌見官凶。

第三雲漢，火直日，宜買六畜，合火下書契，合市吉，忌針炙凶。

第四嘀，水直日，宜入學，造功德，一切功巧皆成，人畜走失自來吉。

第五温沒斯，木直日，宜受法，忌見官，市口馬着新衣修門戶吉。

第六那頡，金直日，宜見官禮。事買莊宅、下文狀，洗頭吉。

第七鷄緩，土直日，宜典莊田市，買牛馬利加萬倍，修倉庫吉。

然其曆於『推七曜直日吉凶法』一則之後，又有下語：

今年那頡日受歲，月虛日不煞生祭神。入魁日不開墓。復日不爲凶事。九焦九坎日不種蒔及蓋屋。天李地李日不祭祀及入官論理。蜜日不弔死問疾。……

觀此，則其『那頡』與『蜜』二曜日名，又與前引『那頡』與『密』之寫法有別。故知其日曜之名，既作『密』，亦作『蜜』。土曜之名，既作『那頡』，亦作『那頡』。其譯名既前後不同，是亦如唐譯之火羅九曜也。其尤異者，爲月曜日之名，既不稱『莫』，亦不稱『暮』，獨稱『第二蜜日』，是乃大異於現知之其他諸本所譯之名稱者也。

（五） 七曜吉凶避忌條項

巴黎之國家圖書館寫本部內，又藏有未記時日之七曜吉凶避忌條項一種（下簡稱避忌條項），編號3081。亦係伯希和自敦煌千佛洞中取去珍貴文獻之一種。劉半農先生擬爲半殘之件(註一)。今按此條項共分七則，每則各有名目如下：

一、七曜日忌不堪用等

二、七曜日得病望

(註一)：見敦煌掇瑣中輯，p. p. 391—397，編號92。

三、七曜日失脫逃走禁等事

四、七曜日生福祿推刑

五、七曜日發兵動馬法

六、七曜日占出行及上官

七、七曜日占五月五日直

其每一則，又各按日、月、火、水、木、土、金等七曜之順序，分別言述吉凶等事。玆錄其首則『七曜日忌不堪用等』之全文如下，聊見其內容之一斑也。

蜜日不得弔死問病出行，往亡殯葬。鬭競咒誓，速見恥辱。凶。

莫日不得裁衣冠帶，剃頭剪甲。買奴婢、六畜、及歡樂凶。

雲漢日不得聚會作樂，結交朋友。合火下及同財迎妻納婦吉。

滴日不得出行，未曾行處不合去。冠帶沐浴着新衣吉。

欝沒斯日不得惡言啾唧，奸非盜賊。弔死問病鬭訟凶。

郍頡日不得合和湯藥，往亡殯葬，哭泣興易凶。

鷄換日不得出財，一出不迴。作歡樂聚會，賞歌舞音聲凶。

按此寫本中所見七曜之譯名，如欝沒斯，郍頡、鷄換等，固與前揭數本異，然在同一寫本中之其他各則所用譯名，似亦不一，一如前述之火羅九曜、與七曜攘災決也。爲證其說果爾，余可再引避忌條項第四則『七曜日生福祿推刑』之內容如下：

密日出行興易平善，上官重，上官吉。

莫日出行興易平安遲迴。上官不畢正非時被替。

雲漢日出行興易，遇逢賊，水火損，上官遭口舌訴訟之事。

嘀日出行興易，失財物，上官失利無成益。

欝沒斯日出行興易，多利，平安迴。上官不畢一政加職掌吉。

郍頡日出行興易，因女人損財，上官被女人亂惑，亦被謗毀。

鷄換日出行興易，遲滯迴軍，上官畢一政後，更不得官。

觀此則知第四則內之『欝沒斯』及『郍頡』兩曜日名，又與第一則內之『欝沒斯』及『郍頡』兩名寫法有別。總核此寫本全文，蓋木曜譯名首字之作『欝』者爲第一、第四、第五等三則，作『欝』者爲第二、第三、第六、第七等四則。土曜之作『郍頡』者爲第一、第三兩則，作『舥頡』者爲第四以後之五則，亦非盡同也。

(六) 七曜曆日

巴黎之國家圖書館寫本部內，又藏有未記年月之『七曜曆日』一件，編號2693。亦係伯希和自敦煌携去之卷子。後經伯希和與已故之日本京都大學羽田亨教授所合編之敦煌遺書一書，爲之攝影著錄(註一)。此曆之形式，蓋按上述日、月、火、水、木、土、金等七曜之順序，而分別書以諸曜之名稱，次於每一曜日之名下，加以吉凶禍福之解說，復按子、丑、寅、卯、辰、巳、午、未、申、酉、戌、亥等十二支時之順序，按次以爲具注。前揭羅氏文中所引述之七曜律，當卽此七曜曆日之誤也。

就此曆書中所記七曜之名觀之，亦有不同於前揭諸本之所譯寫，蓋其所寫者爲蜜、莫空、雲漢、嘀日、溫沒斯、舥溢、鷄緩。其中『舥溢』一名，舥字固已見於避忌條項，『莫空』之『空』與『舥溢』之『溢』，則爲前所未見。要之，莫空與舥溢仍爲前所未見之新出譯寫，可無議也。

(七) 宋史律曆志

除上揭六種佛經與唐宋具注寫本中之譯名外，宋史卷七十一律曆志四，亦記有此七曜之名稱。且志文所載，雖無大異，然亦有其不盡相同之一二處。爰錄其文如下：

> 道體爲一，天地之元，萬物之祖也。散而爲氣，則有陰有陽，動而爲數，則有奇有偶，凝而爲形，則有剛有柔，發而爲聲，則有淸有濁，其著見而爲器，則有律有呂。凡禮樂、刑法、權衡、度量、皆出于是。自用衰樂懷，而律呂候氣之法不傳，西漢劉歆、揚雄之徒，僅存其說，京房作準以代律分六十聲，始于南事，終于去滅，然聲細而難分，世不能用，歷晉及隋唐，律法微隱，宋史止載律呂大數，不獲其詳，今摭。仁宗論律及諸儒言鐘律者，紀于篇以補續舊學之闕。仁宗著景祐樂髓新經，凡六篇，述七宗二變及管分陰陽，剖析淸濁，歸之于本律，次及間聲，古今之樂，參之以六壬遁甲，其一釋十二均日黃鐘之宮：爲子，爲神后，爲土，爲鷄緩，爲正宮，調太簇商。
>
> 爲寅，爲功曹，爲金，爲般頡，爲大石，調姑洗角。

(註一)：見燉煌遺書第一集 p. p. 14-21，大正十五年(1926)，弘文堂，京都。

為辰，為天剛，為木，為嗢沒斯，為小石，角林鐘徵。

為未，為小吉，為火，為雲漢，為黃鐘，徵南呂羽。

為酉，為從魁，為水，為滴，為般涉，調應鐘變宮。

為亥，為登明，為日，為密，為中管黃鐘，宮蕤賓變徵。

為午，為勝光，為丹，為莫，為應鐘，徵太呂之宮。

按律曆志中所列密、莫、等七曜日名，雖為律曆所用，然其譯寫，仍與前揭諸本，大致無異。其『嗢沒斯』與『般頡』二名則前所不見，故亦附錄於此。

以上所引七本，於此七曜之譯寫，前後雖有若干類似，然其差異亦復不少。此殆三十年前羅氏叔言於考訂密字來源，因而述及七曜之名稱時所不及者也。玆將諸異譯，彙為簡表，一一臚列，以見異同，且資比勘之用焉。

附表一：七曜漢文異譯表

曜日名稱	宿曜經	禳災決	火羅九曜	雍熙曆	避忌條項	七曜曆日	律曆志	備註
日曜日	密	蜜	密日	蜜+	蜜	蜜	密	+蜜亦作密
月曜日	莫	莫	暮	蜜	莫	莫空	莫	
火曜日	雲漢	雲漢	虛漢	雲漢	雲漢	雲漢	雲漢	
水曜日	咥	啞+	嘀×	嘀	嘀	嘀日	滴	+卷上作啞，卷中作咥 ×嘀亦作滴
木曜日	鶻勿	溫沒斯	溫沒斯	溫沒斯	鬱沒斯+	溫沒斯	嗢沒斯	+鬱亦作鬱
土曜日	那歇	那頡	那頡	那頡+	郙頡×	郙溢	般頡	+那頡，亦作那頡 ×郙頡，亦作郙頡
金曜日	枳院	雞睃+	雞緩	雞緩	雞換	雞緩	雞緩	+卷上作雞睃，卷下作雞睃

〔叁〕原 音

以上所論，悉與密日或其他六曜之譯名有關。然此那歇、枳院等名，觀其譯字，察其音讀，卽知本非中土之所舊有。不空於宿曜經中既稱此七曜之名為胡名，然不詳其為何種胡語，羅氏雖定其『了殆番語』，然亦恨『不知為何國語』，則其原名之為何國語文，誠為不可不知之急務矣。

惟此等癥結之所在，非僅民國初年宿學如上虞羅氏之中國學者，難以尋求，卽時日稍遠之西洋漢學界，似亦曾爲之結舌，未能有其合宜之解說也。試舉下例以釋之，卽可瞭然明矣。十八世紀末(淸高宗乾隆四十六年，1781)，英籍學者卡斯台里斯 (Carstairs Douglas)嘗於其論文中，述及中國福建省厦門地方稱日曜日爲蜜，並稱此事究因何由，殊不可解(註一)。九十年後，卽十九世紀末(淸穆宗同治十年，1871)，另一英籍學者威里(Wylie)復爲文論及此事(註二)，然猶未能確知此密日之來源與及原文爲何也。又後威里之文三十五年，卽至二十世紀初期(淸德宗光緒三十二年，1906)，法籍學者赫伯 (M. Ed. Huber)，又於位於越南河內 (Hanoi) 之法國遠東學校，且專以研究中國與越南史地爲事之法蘭西學院學報中揭出一文，並以爲此密，莫諸曜日名，係出突厥族語(註三)。然此僅係赫伯推測之論，未有確證也。

至光緒三十三年(1907)，由德籍勒柯克 (Von Le Coq) 教授所組成之德國探險隊在我新疆省吐魯番一帶(卽古之高昌或火州，Karakhoja)，發現中古時代摩尼教(Manicheism) 教徒所用之曆書斷簡後，此等七曜原音之探索，始有圓滿之解釋。蓋據另一德籍學者繆勒(F.W.K. Müller)於此殘曆研究之結果，判明高昌所得之曆書，係以索格底語所書就者。所謂索格底者，卽西域之古國 Sogdiana 也。其地於我史乘之中，向以康居之國稱之。至其地望，則以今俄屬中央亞細亞之撒馬爾罕 (Samarkand) 一帶爲中心。新唐書卷二二一西域傳下篇所列康國傳，當卽此國。至所謂索格底語者，亦卽以舊稱索格底，今稱撒馬爾罕一地爲中心之流行語也。而此摩尼教徒所用殘曆上之文字，據繆勒研究所得，亦係七曜日之名稱，至若 Huber 及日本學者所合編之佛教大辭典(註五)，雖於此七曜之康居語原音，與 Müller 所還原者稍有異，然其差別亦不甚大。如 Müller 所擧之古代中亞索格底語之原文，順序各爲 Mir, Māx, Wn-

(註一)：見 "Notes and Querries on China and Japan", by C. Dongles, 1781.

(註二)：見 "On the Knowledge of a Weekly Sabbath in China", by Wylie, 載 "Chinese Recorder".

(註三)：見 "Etudes de Littératau Bouddhique", VII. Termes Petsansdans L'Astrologie Donddhique Chinoise, 載 "Bulletin de l'Ecole Francaise d'Extrême-Orient", Vol. VI. p.p. 39-43, 1906.

(註四)：見 F.W.K. Müller: "Die Persischen", Kalenderansdrüche im Chinesischen Tripitaka Sitzungsberichte der Kön.—Prenss Akad der Wisseirsch, 1907, p.p. 458-465.

(註五)：見月望信亨佛教大辭典册一 p.p. 731-732, 世界聖典刊行協會出版，京都昭和32年(1956)，增訂本。

xan, Tir, Wrmzt, Naxid 與 Kēwān。就其音讀驗之，上節所舉諸曜日名，赫然在焉。故前表所列七曜日名諸異寫，實不外唐宋兩代於此等索格底語之相對譯音。

且夫晚近考古家探險所得，若干唐代附有藏語對音之漢文寫本，今日尚可幸覩(註一)。羅常培先生即嘗根據此等藏漢對音之寫卷，以爲唐五代西北方音之研究(註二)。前述有關七曜之寫本，既自敦煌出者泰半，則以唐與五代之西北方音，以驗敦煌所出寫本之七曜音讀，或亦不失爲推敲蜜、莫等曜名譯音，與索格底原音差別之一途也。

(一) 日 曜 日

據繆勒氏文，索格底語中日曜日爲 Mir，然據 Huber、又日本學者所合編之佛教大辭典其原音則爲 Mihr。宿曜經、雍熙曆、宋史律曆志之『密』，七曜星辰別行法

(註一)：按此等藏漢文字相對之寫本，據讕聞所及，計有下列五種：

(1) 漢藏對音千字文殘卷

法京巴黎國家圖書館現藏後梁周興嗣所撰千字文殘卷一種，亦係伯希和所得珍本之一，編號3419。原卷已甚汚損，自『而登詠樂殊』至『徘徊瞻』止，共存五十三行，每行十三字。除兩行完整外，餘均殘缺。自第二行至第四十四行，每字左側，附記西藏字之對音。

(2) 藏文譯音金剛經殘卷 (Vajracchedikā)

現知有兩種，均係斯坦因得自燉煌石窟者。其一爲厚黃紙之殘卷，正面橫書四十行，其中六行破碎不全，又卄四行尤爲殘缺。其二爲較少之殘卷，正面有十行，首尾皆殘，然此卷適與前卷銜接，自三十九至四十兩行間之文字，可得爲之補充。而其時代，兩卷均爲第八至第十世紀物，詳見 F. W. Thomas and G. L. M. Claudon: "A Chinese Baddhist Text in Tibetan Writing", p. 508 小註。載 J. R. A. S. 1926.。

(3) 藏文譯音阿彌陀經殘卷 (Smaller sukhāvati-Vyūha)

現藏倫敦印度部 (India Office) 圖書館，亦係斯坦因得自敦煌者。編號 ch. 77, ii 3.。紙粗而厚，或爲雙層。共五頁，書以藏文楷書(Dbu. Can)，背面有直書之漢文三十一行，橫書之藏文二行。其第一行爲『Hdi•yaṅ•de•hi•tshe•Thu•Pod•yaṅ•Hbrug•gis•bris•Pa•he』，意卽『此亦當時一布丹人 (Hbrug) Thu. Pod (yan) 所寫』。故其正面所書阿彌陀經當亦出自同一人之手筆。今所存者爲自『舍利弗於汝意云何，此佛何故號阿彌陀』至卷末『歡喜信受□□作禮而去』之一部分，卷末且有『佛說阿彌陀經一卷』八字之標題。

(4) 漢藏對音大乘中宗見解 (Mahāyāna-Mādhyamika-Dars'ana)

現藏印度部圖書館，亦斯坦因敦煌所得物。編號 Ch. 9, II, 17。紙卷，正面二百九十行，反面一百九十六行。所書則爲藏文所譯寫之漢語對音。另一種編號 Ch. 80, xi，亦紙卷，正面有漢文一二八行，行間有小草體之藏文。據 Thomas 之校勘，第一種爲第二種之譯音本。此等藏譯漢音之寫本，均爲吐蕃佔據隴西時代爲學習漢語方便而作，故其時代，皆應在唐代宗寶應二年至唐宣宗大中五年 (763-857 A. D) 之間。詳見註二所揭羅氏書第二節『從燉煌漢藏對音寫本中所考見唐五代西北方音』頁十五註一。

(註二)：見羅常培著唐五代西北方音（下簡稱方音），本所單刊甲種之十二，二十二年，上海。

(註一)及火羅九曜之『密日』、與攘災決、避忌條項、七曜日之『蜜』，當皆是 Mir 或 Mihr 二字之對譯也。按密之唐音爲 mi̯wet，蜜則爲 mi̯et (註二)。故於漢文譯音中，其聲母實與康居語之原音相同。至其尾音雖 r 爲顫音，t 爲塞音，然皆同爲舌尖之音。惟密在微部，合口，蜜在脂部，開口，當以譯蜜者尤近於原音耳。

如就敦煌所出寫本之註音核之，則法京巴黎國家圖書館所藏漢藏對音千字文，其第二十一行第一字之蜜字，據羅常培先生之還原，其音則爲 'bir，又倫敦所藏大乘中宗見解殘卷亦有蜜字，其音則爲 'byir (均見前頁所揭羅氏唐五代西北方音一書第十七頁附表)。似是易聲母之 m 爲 b 者也。按 b 與 m 之發音部位言，雖同爲唇音，然 b 爲塞音，m 則帶鼻音，亦略有別。然 'bir 雖與 Mir 相近，或有藏語之音調也。

密或蜜之聲母，均與 Mir 同，是 Mir 之對譯，無論作密作蜜，皆僅爲 Mir 一字前一音階之對音，其尾音 r 則以『日』爲對譯。故就上列諸譯名言，七曜星辰別行法與梵天火羅九曜所譯之『密日』，當是 Mir 一字之全譯，其他譯作『蜜』或『密』者，皆是省譯，蓋其尾音 r 未曾譯出也。至若康居語中水曜日 Tir 之僅譯爲咥、嚏、或嘀，而無日字，或於水曜日之名下，日字並非 r 之譯音也。

(二) 月　曜　日

月曜日於索格底語中原音，Müller 所推者爲 Māx, Huber 與月望所推者則爲 Mah。其譯寫除火羅九曜作『暮』，七曜曆日作『莫空』外，餘俱作『莫』。按暮之唐音爲 Muo，莫一音 Muo，一音 Muak，空亦有二讀，一爲 K'ung 之去聲，一爲平聲(註三)。按暮與魚部模韵之莫，均無 x 或 h 之擦音，故其漢譯，當以在魚部鐸韵之莫音最近於康居原音。且知七曜曆日之譯作『暮空』者，當是略去空字之韵母，而以其聲母 k 以對譯 Māx 或 Mah 之尾音也。是其譯作莫空之莫，必與暮字同讀，而爲魚部模韵字也。

(三) 火　曜　日

火曜日於索格底語中原音，由 Müller 還原者爲 Wnxān，由 Huber 還原者爲

(註一)：申按七曜星辰別行法一卷，一行撰。見大藏經 Vol. XXI, pp. 452-457。經文於七曜之名，僅及日曜日爲密日，別無述。

(註二)：據董同龢上古音韻表稿(下簡稱表稿)，本所集刊第十八本，三十七年，南京。密見 p. 216. 蜜見 p.227.

(註三)：暮、莫見表稿 p. 165., 空見 p. 153.

Bahram，由月望信亨還原者爲 Vāhram。其譯寫除火羅九曜獨作『虛漢』外，餘俱作『雲漢』。按虛之唐音爲 xiwo ，雲之唐音爲 ɣiwən，漢爲 xân (註一)。按虛、雲字本同譯 wnxan 之 wn，虛字則或僅譯 wn 中之 w ，其聲母之 x 與 ɣ 雖有清濁之別 ，然與 wn 同是舌面後與舌根之音 。至漢音 xân ，則與 wnxan 之後一音階全同。對譯甚妥 。Huber 及月望所還原者之後一音階爲 ram，叉與 xan 大異。蓋 r 爲舌尖顫音 ，x 爲軟顎擦音。m 與 n 雖同爲鼻音 ，然 m 爲雙唇音 ，n 爲舌尖齒齦音，設從 Huber 及月望兩家所還原之 am，漢音當爲『喊』而非『漢』矣。是三家所推似仍以 Müller 所還原之 wnxan 一字較準。

(四) 水 曜 日

水曜日於索格底語中之原音 ，三家還原者俱爲 Tir 。其譯寫有五：宿曜經作『咥』、攘災決作『啌』、火羅九曜作『嘀』、叉作『滴』、雍熙曆作『嘀』。然余疑嘀即嘀之簡寫(說詳下)。叉說文解字卷二口部有咥無啌，疑啌是咥之譌誤。嘀亦滴之俗寫。故其譯寫實應咥、滴二種。此二字唐代讀音各如下(註二)：

咥 t'i̯et tiet d'iet

滴 tiek

咥滴與 Tir 之聲母全同，尾音部分 ，雖 r 爲顫音，t 爲塞音 ，如前所述 ，然 Tir 旣無軟顎 k 音，故其漢譯，當以咥之讀爲 t'i̯et 或 tiet 者爲準。滴與 d'iet 較遠於原音 Tir 也。

據前揭上古音韻表稿，滴與嫡字同音 (佳部入聲開口) ，敦煌所出千字文，有嫡字，其音作 ti̯g (註三) 。則滴於唐代敦煌，叉讀爲 ti̯g 矣。g 與 k 同爲舌面後與舌根之軟顎音，故 tig 當與 tiek 近，而於 Tir 或 tiet 遠。此亦可證敦煌一帶之西北方言不及關中長安一帶用語爲準也。

據前節譯名表，以『嘀』譯 Tir 者，雖僅見於雍熙曆一本之中，然此等略商爲『商』之例，亦可於宋代之其他文獻中見之。前述之德國探險家勒柯克，於發現索格底語殘

(註一)：虛見表稿 p. 157, 方音 p. 25、雲見表稿 p. 221, 方音、漢見表稿 p. 197, 方音 p. 25。

(註二)：咥見表稿 p. 227, 滴見 p. 176.

(註三)：嫡見西北方音頁，64, eg 攝第二十二表。

曆之同年(1907),又嘗於高昌附近之 Singim 谷,獲得木柱若干,其中一柱有刻文十八行,茲錄其有關之刻文如下(註一):

□□□□□□□□　猗奴　摩藥　多思　点利都密施爲天特銀(第十二行)

□□□□願天特銀壽命延長福命威增河沙比壽海滴无壽(第十三行)

□□□神雍衞　□此功德願五人　世世生生値遇四果聖仁(第十四行)

第十二行之『点』字,凡三見(又見第四行,五行,文不錄),推之,當爲『點』之簡筆『点』之省寫。第十四行之『雍』,學者亦嘗推爲『擁』之省寫(註二)。則第十三行之『滴』字,亦應爲『滴』之簡筆或省寫無疑。至此木柱刻文之時代,與所在之地點,亦可求之於木柱刻文之中;蓋刻文又云:

□□□□歲次癸未之載五月廿五日辛巳(第一行)

新興谷內高勝巖崿福德之處(第八行)

伯希和即據刻文第一行而定爲宋太宗太平興國八年(註三)。按雍熙曆本宋太宗雍熙三年具注曆之簡稱。太平興國八年爲西元九八三年,雍熙三年爲九八六年,二者相去不過三年,足證當十世紀之末年,宋人常有簡筆之書寫。復就刻文第八行所述之新興谷一名觀之,當即木柱發現地 Singim 之漢寫。今新疆吐魯番東七十五里處,有地曰勝金。勝金者,昔新興之今稱也。自吐魯番折而向東,復經哈密而向南,過星星峽即至敦煌。此自河西往天山北路所必經之路線。新興者,木柱刻文之發現地也,敦煌者,雍熙曆之發現地也。兩地之位置,既相近如此,刻文與曆日所成之時日,復密切相近,則知此木柱與曆書中之簡寫字,或爲北宋初年,即十世紀末西北邊陲書人之慣例,相沿成習,不足爲異。今查火羅九曜於 Tir 一字之對譯,本有嘀、滴兩種,雍熙曆之成,既在火羅九曜之後,則雍熙曆中之嘀,當如火羅九曜,本是嘀字。但木柱刻文既略『滴』爲『滴』,則雍熙曆中『嘀』字,顯係『嘀』之簡筆省筆,無復可疑也。

(註一):刻文引自岑仲勉吐魯番木柱刻文略釋,文載本所集刊第十二本,三十六年,南京。

(註二):見繆勒(F. W. K. Müller)吐魯番兩柱刻 p. 20,原文未見,此引自20註前岑文。

(註三):見突厥以十二屬紀年之最古紀錄一文,馮承鈞譯,文載輔仁學誌第三卷第一期,中亞史地譯叢。民國二十年,輔仁大學,北平。

至若七曜曆日之於嘀下復多一日字，亦當同於前舉宿曜經於密下多一日字之例，蓋以日字以譯其尾音 r 者，無庸深考也。

（五）木 曜 日

康居語中之木曜日原音，三家所還原者，亦無一同，蓋 Müller 作 Wrmzt，Huber 作 Ormonzd，月望則作 Hurmuzd。其對譯除宿曜經作『鶻勿』、避忌條項作『欝沒斯』、又作『欝沒斯』，宋史律曆志作『嗢沒斯』外，餘悉作『温沒斯』。今按鶻、勿、温、沒、斯五字之唐音各如下(註一)：

鶻	ɣuət	kuət	勿	mi̯wət	斯	sie
温	·uət		沒	muət		
嗢	·uət					
欝	·iwət	ɣiwət				

按欝或欝皆鬱之俗寫，與鶻、温同譯 Wr，或 or、Hur。勿、沒以譯 mzt，後加斯字者，則以更譯 t 前之 z 音。故鶻勿二字，僅是對譯由 Wrmzt 一字由前三字母所表出之音階，其尾音則無論是 d 是 t，所異僅為清濁之別。又按唐宋中古音韻，並無收 d 尾之音，故勿或沒之尾音 t，亦未始不可以譯 Huber 或月望兩家所還原字之尾音 d 也。

設以敦煌所出寫本所註之古音校核，温於大乘中宗見解音 ·on(註二)，雖 n 為鼻音，r 為顫音，然 n, r 又同為舌尖音。故譯作温者，或與 Huber 等所還原之 or 之音相近。又如巴黎所藏之千字文殘卷中，有一欝字，然其註音則為 'gur (註三)，按 g 與 w 同為舌根音，故譯作欝者，似又與 wr 之音相近也。

（六）土 曜 日

土曜日於索格底語之原音，Müller 還原者為 Naxid，Huber 及月望還原者為 Nanid。其漢譯有四：宿曜經作『那歇』、攘災决作『那頡』、七曜曆日作『舥溢』、宋史律曆志作『般頡』。舥當是那之另寫。又雍熙曆作『𨚗頡』、避忌條項作『𨚗頡』，

(註一)：鶻見表稿 p. 216，勿見p. 216，欝見p.216，温、嗢見p.216. 温又見 p.219，沒見 p. 216，斯見 p.173。

(註二)：見唐五代西北方音 p. 25, 組第六表。

此『郁』、『鄅』當與『䢵』同，並是那字另寫之一種。至其唐時音讀則各如下(註一)：

那 nâ　　　　頡 ɣiet

歇 xi̯ɐt　　　　溢 ·i

那與 Naxid 之 na 音全同，對譯最穩。至就敦煌所出之藏漢對音寫本而言，『那』於金剛經中音 'da (註二)，按 d、n 皆舌尖音，僅以鼻音爲別。歇、頡、或溢則皆 xid 或 hid 之譯音。雖其推測還原之人，國籍不同，然此二字，仍可以相同之一字視之，蓋 Müller 所還原之音，凡用 x 處，Huber 皆用 h。如月曜日之原音，Müller 作 Māx，Huber 即作 mah 者是也。自發音之部位言之，x 雖爲軟顎音，h 爲喉音，然二者又同爲擦音而無別，故『那歇』或『那頡』之譯，當較七曜曆日之譯作『那溢』者，更近於康居語音也。

(七) 金　曜　日

金曜日之索格底語，Müller 還原者爲 Kēwān，餘二家則作 Kevan。其漢文異譯有四：宿曜經作『枳院』、攘災決作『雞暖』，火羅九曜作『雞緩』，避忌條項作『雞換』。覈其唐音各如下(註三)：

枳 ki̯e　　　　緩 ɣuân

雞 kie　　　　換 ɣuân

院 ɣiwän

按雞與枳同爲佳部見母，同爲 ke 之譯音。院、緩、與換，則同爲元部匣母，同爲 wan 之譯音，攘災決所譯者爲雞暖，此暖或是『暖』字之譌誤。暖字古有三讀：一讀 xiwɐn 平聲，一讀 xiwɐn 上聲，一讀 ɣuân。其音皆與 Müller 所還原之 wān 相近，其他二家所還原之 van，其音於漢文適爲『萬』字，則去院、緩等音爲遠。故由漢文之譯名核之，當以 kewan 較 kevan 爲確也。

(註一)：見唐五代西北方音 p. 25, 組第六表。

(註二)：按那見表稿 p. 184，歇見 p. 193 (祭部)，頡見 p. 227 (脂部)，溢見 p. 223 (脂部)。

(註三)：按枳雞並見表稿 p. 173 (佳部)，院見 p. 205，緩換並見 p. 203，暖之一二兩讀見 p. 206，三讀見 p. 203 (此四字悉在元部)。

密、莫、雲漢等七曜之索格底語原文，今雖可據繆勒氏等三家之研究，而得還原，然據本文『異譯』第一節，所引之宿曜經文，又知此七曜之波斯語與天竺語之譯名(註一)，而 Hubar 氏文與月望信亨之佛教大辭典中，於此等譯名之原文，亦均嘗爲之還原。茲亦將此二處所舉者，與索格底語之譯名原音表，合併彙列如下，期減學者翻閱之勞也。

附表二：七曜譯名還原表

曜日	索格底語		波斯語		天竺語	
	譯名	原文	譯名	原文	譯名	原文
日曜 太陽	(1)密 (2)蜜	(1) mir (2) mihr (3) mihr	曜森勿	(1) yek-chambah (2) yek-sumbad	阿儞底耶	(1) āditya (2) āditya
月曜 太陰	(1)莫 (2)暮 (3)莫空	(1) māx (2) mah (3) mah	婁禍 森勿	(1) chambah (2) douh-sumbad	蘇上摩	(1) soma (2) sōma
火曜 熒惑	(1)雲漢 (2)盧漢	(1) wnxān (2) bahram (3) vāhram	勢森勿	(1) sih-chambah (2) sch-sumbad	糞盎聲哦 囉迦盎	(1) angaraka (2) aṅgāraka
水曜 辰星	(1)咥 (2)咥 (3)嘀 (4)滴	(1) tir (2) tir (3) tir	掣森勿	(1) čehâr-chcmbah (2) chehar-sumbad	部陀	(1) budha (2) budha
木曜 歲星	(1)鶻勿 (2)溫沒	(1) wrmzt (2) ormonzd (3) hurmuzd	本森勿	(1) penj-chambah (2) penj-sumbad	勿哩河 婆跛底	(1) brhaspati (2) brhaspati brihaspati
土曜 太白	(1)那歇 那頡	(1) naxid (2) nahid (3) nahid	數森勿	(1) chech-chambah (2) shesh-sumbad	戍羯羅	(1) çukra (2) s'ukra
金曜 鎮星	(1)枳院 (2)雞緩 (3)雞嗳 (4)雞換	(1) kēwān (2) kevan (3) kevan	翕森勿	(1) cham-mat (2) haft-sumbad	賒乃以 室折囉	(1) canaiccra (2) s'anais'cara
備註	譯名綜合前引諸經文及寫本	(1) 據 Müller (2) 據 Hubar (3) 據月望信亨	譯名據宿曜經	(1) 據 Hubar (2) 據月望信亨	譯名據宿曜經	(1) 據 Hubar (2) 據月望信亨

觀上表，則七曜之譯實譯胡音。今檢清康熙中勅修之協記辨方書『二十八宿配日』條云：

宿曜之名各從其國語。假如日曜太陽，在回鶻則日『蜜』，在波斯則『日曜森勿』，在天竺則日『阿彌底耶』。重譯之，則中國之日也。

(註一)：申按明天啓五年(1625)頃出土之大唐景教流行中國碑，碑後有『建中二年歲在作噩，太簇月七日，大耀森文日，建立。』等語。按此碑文中之『大耀森文日』，據馮承鈞景教碑考（廿二年、三月。上海商務印書館。）p. 65，亦卽宿曜經中所記之曜森勿日也。爲安息語卽波斯語『ev-sambat』之譯音。

按其說是也。申按宿曜經文原云:『日曜太陽,胡名密』,協記辨方書必易胡爲回鶻,蓋淸廷本自關外入主,忌言胡也。

〔肆〕 來　　源

(一) 七曜曆與摩尼教之關係

就上揭各寫本及各經文之內容觀之,七曜之曆,不外吉凶禍福之具注曆也。按中國於曆法方面之迷信,固然甚早,就此等具注形式之曆書覓之,似乎漢代已肇其始,蓋就今存之漢代遺物中尋,已有形式頗爲相近之曆簡可見;如下簡卽云(註一):

壬癸亥子入官視事及舉事百凶。

惜晚近居延出土之漢簡雖夥,反未見有。按今所可見之具注曆簡,其數固尠,然此等吉凶禍福之觀念,漢已有之,則無可疑,如史記卷一二七日者列傳第六十七卽云(註二):

昔先王之定國家,必先龜策日月,而後乃敢代,正時日乃敢入。家產子,必先占吉凶,後乃有之。……夫家之敎子孫,當視其所以好,好含苟生活之道,因而成之,故曰:制宅命子,足以觀士,子有處所,可謂賢人。臣爲郎時,與太卜待詔爲郎者同署,言曰:『孝武帝時,聚會占家問之,某日可取婦乎?』五行家曰可、堪輿家曰不可、建除家曰不吉、叢辰家曰大凶、歷家曰小凶、天人家曰小吉、太一家曰大吉。

又前漢書卷三十藝文志五行類有堪輿金匱十四卷、鍾律叢辰日苑二十二卷,天一六卷、泰一二十九卷。是吉凶禍福之觀念,漢代早已有之(註三)。惟其源始何時,未能確定耳。降至有唐一代,彊域大擴,鄰近旣多,異域文明亦卽隨之傳入,此如天文星占與曆法上,所受西亞系統文化之影響至深,卽爲殊爲明顯之一例也。姑舉一例以爲證,前揭天竺僧不空於唐肅宗乾元二年所譯之文殊師利菩薩及諸仙所說吉凶時日善惡宿曜經,卽爲根據印度星占之術而成之密敎經典。蓋此經卷下於『二十七宿十二宮圖』下有註云:『又說云:西國以子丑十二屬紀年』,旣云西國,顯係泰西文化之產物而非中土

(註一):見張鳳漢晉西陲木簡彙編 p. 49. pl. 4. 民二十年。

(註二):此條係由陳槃庵先生檢示,謹此致謝。

(註三):據續漢書律曆志卷二及註文所引袁山松書,後漢時劉洪有七曜術一卷。今佚。

之所舊有者也。又按此經中『卷宿曜曆經七曜直日曆品第八』一節所記七曜日名，已見本文第二節，然該品於記此七曜日名之前，另有文云：

夫七曜者，所謂日月五星，下直人間，一日一易，七日周而復始。其所用各名，於事有宜不宜者，請詳細用之。忽不記得，但當問胡及波斯並五天竺人總知。尼乾子末摩尼，常以密日持齋。亦事此日爲大日。

按其經文既明言摩尼，是知此經內容，誠與摩尼教(Manicheism)之信仰有關。一九〇七年(民國五年)五月，斯坦因在敦煌千佛洞所得之大批寫本中，發現世所罕覯之摩尼教經典下部讚一卷。內有摩尼教徒讚偈數叠（文長不錄），偈後註明每偈所應用之時間(註一)。內有二則記云：

此偈凡莫日用爲結願。

此偈凡至莫日與諸聽者懺悔願文。

其記時既公然以七曜曆中曜日胡名爲用，則七曜之爲摩尼教徒所用，無復可疑。蓋下部讚中所記曜日名稱，雖僅及莫日而不言其他，然必亦有若干讚偈，行於蜜日或其他曜日，惜今但未得見此等記述耳。故蜜日之爲摩尼教徒所用，既得莫日之記載爲證，自亦昭然揭矣。

所謂摩尼教者，初本創始於塞珊朝(Sassanian Dynasty)之波斯人摩尼(Mani)。其人西紀二一五年（當後漢獻帝建安二十年），生於梯格里斯河(Tigris R.)東岸克泰錫封(Ktesiphon)附近之瑪第奴(Mardiun)，故址在今伊朗(Iran)國都報達(Baghdad)附近。其教固亦耶穌之後，摩訶末(Mohamond)前，西方一有力之宗教也。至其雜義，則以巴比倫古教爲根本，復雜糅祆教(Zoroastrianism)、基督教(Christianity)、佛教諸教義於中，更以濃厚之東方思想色彩，而倡其二宗三際論。並以波斯王蘇巴一世(Shāpūr I 241～272 A. D.)即位之日，爲其宣教之第一日。然其教義既主善惡二宗永遠對立，各如光明與黑暗(註二)，故不容於以祆教爲國教之波斯，因乃轉而傳布於羅馬東境及印度之北境，或謂其曾親至中國(註三)，然學者嘗謂因後來中國

（註一）：影本見鳴沙餘韻篇外『稀覯殘卷』，No.104,-I，矢吹慶輝編，昭和五年十月，東京，岩波書店。經文見大藏經 Vol. LIV pp. 1270-79.。

（註二）：見許地山摩尼教之二宗三際論，文載燕京學報第一卷第三期，民十七年，燕京大學，北京。

（註三）：見 William S. Hans: "Iran", Chap III: Religion, p. 74, Columbia University Press, 1946. 又國人張星烺中西交通史料匯篇第四册 p. 26，亦有相同之說，民國十九年北平輔仁大學出版。

有摩尼教之故而誤，不得因中國有佛教、基督教，遂謂釋迦、耶穌曾至中國也(註一)。

摩尼教始雖不容於波斯，然其後因波斯王弟之改宗，摩尼曾一度歸國。至霍蜜色底一世 (Hormizd I) 爲波斯王時，頗獲新教之自由。摩尼且嘗得此王之庇護，寓其達斯他格 (Dastagird) 之城堡中。惜新王僅在位一年而已(註二)。至法拉莫一世 (Bahrām I, 273～275 A. D.) 爲王時，乃復遭迫害。卒以波斯舊教徒之攻擊，摩尼被逮，當時刑法極慘，剝皮實草，揭示門市，時西紀二七七年，晉武帝咸寧三年也。然據四裔編年表，則爲法拉莫二世 (Bahrām II, 276～283 A, D) 卽位之次年也。摩尼既死，信徒四散，故其教傳布極速。西紀三百年至六百年間，中央亞細亞各國，及地中海環岸諸邦，皆爲摩尼教流行之地。中古大聖奧古斯丁 (St. Thomas Angustine, 354-430 A, D.)，亦曾一度崇奉摩尼教者也。

至若摩尼教之始通中國，就今所知，蓋在武后延載元年 (694)，按宋志磐佛祖統紀卷三十九(註三)：

延載元年，波斯國人拂多誕西海大秦國人持二宗經僞教來朝。

然何以知此『僞教』卽摩尼教耶？蓋舊京師圖書館(卽後之國立北平圖書館)所藏原出敦煌莫高窟之摩尼教經殘卷中，亦有『拂多誕』之名，及二宗義說，故可明也。經文嘗云(註四)：

慕闍、拂多誕等，於其身心，常生慈善，柔濡別識，安泰和同。

又云(註五)：

注主慕闍，拂多誕等，所教智惠，善巧方便，威儀進止，一一依行，不敢改

(註一)：見陳垣摩尼教入中國考，文載國學季刊第一卷第二期，民十二年，北京大學故出版。

(註二)：見 Clément Huart: "Ancient Persia and Iranian Civilization", part III, chap. I, p.p. 123-125. Kegan Paul, London, 1927.

(註三)：見大藏經卷四十九 p. 370.

(註四)：卷長十九尺五寸。京師圖書館編號宇字第五十六。按北平圖書館之珍藏，除與圖若干外，均未能移來臺灣。現行經文係據陳援庵校錄本(載國學季刊第一卷三期)。見國學季刊 p. 540. 民十二年七月，北京大學出版。

(註五)：見國學季刊 Vol. I. No. 3. p. 542. 慕闍，敦煌本下部讚作暮闍，據矢吹慶輝，其名爲粟格底語mučk之對音。見鳴沙餘韻解說第一部 p. 310，昭和八年四月，東京，岩波書店。

換，不專已見。

一九〇七年（民國五年），五月，斯坦因於敦煌千佛洞所獲之古寫本中，有極珍貴之史料一卷，斯卽現藏倫敦英國博物館（The British Museum）之摩尼光佛教法儀略是也（註一）。此卷於經名之側，有記時題名云：

開元十九年六月八日大德拂多誕奉詔集賢院譯。

同卷於『五級儀第四』一條之下，又明述摩尼教教友五階級云：

第一	十二慕闍	譯云	承法教道者
第二	七十二薩波塞	譯云	傳法者，亦號拂多誕
第三	三百六十默奚悉德	譯云	法堂主
第四	阿羅緩	譯云	一切純善人
第五	耨沙喭	譯云	一切淨信聽者

卽古波斯語（pahlavī language）中 mōže、ʻispasag、mahistag、xrōhxuān、與 niyōšāy 諸字之對音也（註二）。五級儀中旣以慕闍名列第一，故『玩其詞義，拂多誕者非人名，乃教中師僧之一種職名，位在慕闍之次者也。』二宗經今不傳，然摩尼教經殘卷中猶有斷續之文可尋，例其言意樹時所稱（註三）：

其樹根者，自是智惠，莖是二宗義，枝是明法辯才。

是一例也。又其言信心時所稱（註四）：

一者信二宗義，心淨无疑，棄暗從明，如聖所說。二者於緒戴律其心決定。

亦一例也。其所謂明與暗者，卽二宗義也。旣知此僞教卽摩尼教，則其教於武后朝中傳入中土，乃可斷言。易言之，亦卽當在第七世紀末葉之際也。今檢册府元龜卷九七一曾記玄宗開元七年（719）六月吐火羅國、康國、南天竺國遣使朝貢事，其文云：

其吐火羅支汗那王帝賒，上表獻天文人大慕闍。其人智慧幽深，問無不知，伏乞天恩喚取慕闍，親問臣等事意，及諸教法，知其人有如此之藝能，望請令其

（註一）：見鳴沙餘韻篇外『稀覯殘卷』No. 104, II，經文見大藏經 Vol. LIV p. p. 1279—1281。

（註二）：見石田幹之助敦煌發見『摩尼光佛教法儀略』に見えたる二三の言語に就いて一文，載白鳥庫吉士還曆記念東洋史論叢 p. p. 157-172，大正十四年，東京，岩波書店。

（註三）：見國學季刊 Vol. I, No. 3. p. 538.

（註四）：見國學季刊 Vol. I, No. 3. p. 541.

供奉，並置一法堂，依本教供養。

又考新唐書卷二二一列傳一四六西域傳下吐火羅傳嘗記其國址云：

居葱嶺西，烏滸河之南古大夏地。

所謂烏滸水，卽漢代之嬀水 (Oxus)，今日位於中央亞細亞、發源於帕米爾 (Pamir) 之 Sor-Kul (Victoria Lake)，止於鹽海 (Aral-Sea) 之阿姆河 (Amu Darya) 是也。其流旣在阿富汗境內，而吐火羅一名，本爲梵語 Tukhāra 或 Tuhkhara 之對音，其地今稱 Tukharastan，亦位於前述之撒馬爾罕 (Samarkand) 以南，今阿富汗國 (Afghanistan) 之境內。據已故之法籍漢學家沙畹教授 (E. Chavannes) 於新唐書吐火羅傳中之註釋(註一)，支汗那爲 Djaghanyan，帝賒爲 Tes，大慕闍爲 Moze 對音，並於 Moze 之下註有『摩尼教師』四字。據此可知第八世紀之中央亞細亞，所信多爲摩尼教，且知當時之摩尼教宣教師(大慕闍)，本爲深知天文曆算之人矣。

唐肅宗時，旣因安史之亂以致國勢不振，至至德二年(757)，迴鶻 (Uigars) 馳援兩京，摩尼教徒隨之東來唐土者益衆。蓋是時摩尼教旣盛行於中央亞細亞，且以康居國(卽前述之索格底，Sogdiana)爲其宣教之中心。迴鶻部族旣得控制西域之一部分，其宗教之信仰則以摩尼之所創爲準，是其宣教之人亦多以索格底人，卽康居國人爲主。唐廷旣與迴鶻之接觸頻頻，故在中亞傳教之摩尼教師與教徒，遂以迴鶻爲之媒介，而得源源流入，無礙事也。然何以能知摩尼教在迴鶻部族中有其盛行？余固可以下列二事以證之；一曰實物之記載，二曰史籍之記載，玆分述之：

所謂實物之記載，余可舉九姓迴鶻愛登里囉汨沒蜜施合毗伽可汗聖文神武碑以對之(以下簡稱九姓迴鶻碑)。此碑在今外蒙古鄂兒河左岸，迴鶻舊都遺址之 Kara Balgassum。清德宗光緒十六年(1890)，芬蘭人赫基爾 (Heikel) 氏至蒙古旅行，始行發現，後二年，並以碑文發表於其所編之 "Inscriplions de l'ornhon" 一書中，自是遂引學界之注意。國人之著述中，則以清李文田之和林金石錄爲首(註二)。

(註一)：見 "Documents Sur les Tou-Kiue (Tures) Occidentaux" (西突厥史料)，馮承鈞譯本第三編 p. 116. 民二十三年，上海，商務印書館。

(註二)：見靈鶼閣叢書第四集，淸德宗光緒二十三年丁酉(1897)二月刻。羅振玉有校定本，見松翁居遼後所著書內居遼雜著，民國十八年己巳 (1929) 十月印行。

九姓廻鶻碑之碑文，係以漢文、突厥文、與 Sord 文三體合書而成。其漢文部分已斷爲數片(註一)，其中兩片文理相屬，存二十四行，其餘所存數不等，亦不能得其序順。今錄與摩尼教有關之碑文如下(註二)：

+李本作「泥」，羅本作「泥」。+李本作「マ」

師，將睿息等四僧入國。闡揚二祀，洞徹三際。泥+法師妙達明門，精通+七部，才高海岳，辯若懸河，故能開正教於廻鶻+。以茲重興運路爲法，立

+李氏自此下闕　有□者從羽田亨本補入

+羅本作史

大功績，乃曰：汝傒悉德、于時都督、刺使+、內外宰相、司馬僉（第八行）

李本自此復有碑文　+李本作□

曰：今悔前非，願事+正教，奉　旨宣示，此法微妙，難可受持。再三懇惻，

+李本羅本作事　李本自此下闕

往者無識，謂鬼爲佛，今已悞眞，不可復+非，特望□□□□□曰既有志誠，

+羅本作任　+羅本作受　+羅本作燹

往+即持齋+，應有刻畫魔形，悉令焚爇+，祈神拜鬼，並圜匠（第九行）

羅本作受李本自此復有碑文　+羅本作蔬李本作卄

而受明教，薰血異俗，化爲茶+飯之鄉，宰殺邦家，變爲勸善之國。故聖人之

+此二字李本作一共　李本自此下闕　+羅本作德

官+人，上行下效，法王聞受正教，深讚虔誠，□□□□+愿+領諸僧尼入

羅、李本均作在　羅本自此下缺

國，闡揚自道+，今慕闍徒衆，東西循環，往來教化，願還（第十行）

+羅本作後

按碑文有『闡揚二祀，洞徹三際』之語，二祀者，摩尼教之二宗門也，即永遠相對之光明 (Licht) 與黑暗 (Finsternis) 也(註三)。三際者，即初際、中際、與後際，意即過去，現在、與未來也(註四)。又有『妙達明門，精通七部』之語，按『明門』者，即下文所述之明教，『七部』者，據斯坦因所發現之摩尼光佛教法儀略『經圖儀第三』一條所列，其名如下：

(註一)：李文田謂斷爲五片，見和林金石錄。陳援庵從之，見頁十八所揭文。羽田亨謂斷爲六片，說見羽田博士史學論文集 p. 304, 唐代回鶻史の研究附錄二：九姓廻鶻愛登里囉汨沒蜜施合毗伽可汗聖文神武碑考。昭和32年(1950)，京都。

(註二)：行數及每行字數悉據前註所揭羽田亨博士文。然以羅、李兩本校之，二家所無者則自羽田本補入。

(註三)：二宗門，據丘蒙 (Franz Cumont) 之研究，或爲希臘語 Kephalaia，或爲波斯語 Do Bun，意爲二根或二頭，詳見頁二八九所引許地山氏文。

(註四)：按巴黎國家圖書館所藏在敦煌所發現之摩尼教殘經有云（經文引自前揭國學季刊 Vol. I, No. 3. 附錄 p. p. 545-46)：

初際者，未有天地，但殊明暗，明性智慧，暗性愚癡，諸所動靜，無不相背。

中際者，暗既侵明，恣情馳逐，明來入暗，委質推移，大患厭離於形體，火宅願求於出離。勞身救性，聖教固然。即妄爲眞，孰敢聞命？事須辯折，求解脫緣。

後際者，教化事畢，眞妄歸根，明既歸於大，明暗亦歸於積暗。二宗各復，二者交歸。

第一	大應輪部	譯云	徹盡萬法根源智經
第二	尋提賀部	譯云	淨命寶藏經
第三	泥萬部	譯云	律藏經，亦稱雜藏經
第四	阿羅瓚部	譯云	秘密法藏經
第五	鉢迦摩帝夜部	譯云	登明過去教經
第六	俱緩部	譯云	大力士經
第七	阿拂胤部	譯云	讚願經

碑文又有『受明教，薰血異俗，化爲蔬飯之鄉，宰殺邦家，變爲勸善之國』等語，明教者，亦以二宗門中之光明以稱此摩尼教也。蓋其教義旣以光明爲美善、理智、平和、秩序，黑暗爲凶惡、愚癡、紊亂、物質，故碑文遂謂迴鶻於受明教之後『化爲蔬飯之國，變爲勸善之邦』。碑文又述及慕闍之名，據前述，已知慕闍爲 Moze 之音譯，卽摩尼教之宣教師，故碑文稱『令慕闍徒衆，東西循環，往來教化』也。凡此種種(自二祀、三際、明教、慕闍諸點觀之)，無不皆可證明迴鶻之所信爲摩尼教也。

至其碑題所記之愛登里羅汨沒蜜施合毗伽可汗，究爲何人，亦可以約略考之。按冊府元龜卷九六五記云：

元和三年五月，使命冊九姓迴鶻可汗爲愛登里囉汨沒蜜施合毗伽保義可汗。

新唐書卷十四所述亦同。史文所述旣與此碑封號相同，是此愛登里囉汨沒蜜施合毗伽可汗，當卽保義可汗也。據前所揭羽田亨博士論文，保義可汗之全名與原音如下：

愛 登里囉 汨 沒密施 合 毗伽 可汗

Ai tängridä qut bulmiš alp bilgä xaɤan

保義可汗之立本在憲宗元和三年，其卒則在穆宗長慶元年(808-821)，故此碑之立，陳援庵先生以爲當在長慶間(821-824)中國摩尼教正盛之時(見頁290所揭文)，沙畹則以爲稍早，卽保義可汗在位之時(註一)，羽田亨亦覺後說較當(註二)。然此立碑時代，爲另一事，余不擬於此深究，惟無論就上揭之任何一說觀之，爲時皆在第九世紀之初葉。斯卽可證當第九世紀之初葉，摩尼教在迴鶻部族流佈之盛矣。

(註一)：見 J. A. 1897. jan-fevr. p. 44.

(註二)：見頁293註一所揭羽田亨文附錄二，載羽田博士史學論文集 p. p. 319-320.

至所謂史籍之記載，則又不勝枚舉，茲但引述其重要之數事以爲證。首請述者，蓋據僧史略卷下與佛祖統紀卷四十一及四十五，代宗大曆三年（768），摩尼教徒嘗奉勅建築摩尼教堂，賜額『大雲光明之寺』。又據僧史略卷下，大曆三年正月，又勅於荆、越、洪諸州，各置大雲光明寺一所（然據佛祖統紀卷三十九則又多揚州一地）。及憲宗嗣，迴鶻朝獻，摩尼教徒又爲之增，據册府元龜卷九九九，元和二年（807），上許迴鶻使者之請，在河南府、太原府置摩尼寺三所，又據同書卷九九七，元和十二年（817），迴鶻又遣摩尼八人來華。唐書卷二一七迴紇傳又記元和十二年十二月二日、『宴歸國迴鶻摩尼八人，令至中書見宰相』。穆宗卽位次年，嘗封第十妹爲太和公主以降迴鶻，唐會要更記長慶元年五月：

迴鶻宰相、都督、公主、摩尼等至，迎所降公主也。初保義可汗求婚，許降以永安公主，保義旣卒則宜改定，而虜人固請永安，尋以第五（十之誤）妹，封太和公主出降迴鶻。

斯皆可證摩尼之教，旣盛於迴鶻部族，更藉迴鶻人之來東中土，而得活動於唐境也。李肇唐國史補卷下又稱：

大摩尼數年一易，往來中國，小者，年數轉江嶺。

此大摩尼實指其『承法教道者』，卽前述之慕闍（Moze），小摩尼則指其一般之，『傳法者』，卽薩波塞（‘ispasag），亦卽前述之拂多誕（Furaštadan）也。則唐代後期摩尼教徒之東來唐域，實相接踵。今就上述之史籍與碑文觀之，『天寶以前傳摩尼教至中國者，爲波斯及吐火羅，至德以後，傳摩尼教至中國者爲迴鶻。蓋中國固謂摩尼爲邪教，而嚴加禁絕，其於迴鶻，則君臣上下，一致尊崇，故在迴鶻能風靡一時，並隨迴鶻傳入唐土，且宣其教義於大江南北，歷久弗衰也。』

迴鶻部族雖然深信摩尼之教，然摩尼教之主要宣教分子，則爲前述之索格底人。故其教徒所用之曆日，均不惜以康居國語，卽索格底語以譯出之。如勒柯克在高昌所發現之殘曆，就繆勒研究之結果，其曆上所記各曜日名，係用索格底語、突厥語、與漢語等三種不同語言之稱呼而相連並述者。詳言之，卽將此七曜之名稱，首先書以索格底語之文字，次將中國甲、乙、丙、丁、戊、己、庚、辛、壬、癸等十干之音聲，就索格底語次第譯出，末則再以索格底語之鼠、牛、虎、兔等獸，配成各與中國十二地支相當之獸名。且在其上之每一第二日，各以索格底語譯出中國之木、火、土、水、金等五行之名，並以朱色表出之。斯卽前述之密、莫、那頡、鷄緩諸曜日名也。

按此曆中以十二地支各獸之獸名以稱日之方法，原起何時，迄猶未得判明。然此文化絕非中國之所舊有，則可想見。蓋就中國方面之文獻驗之，遠自殷商以來，卽用甲、乙、丙、丁、戊、己、庚、辛、壬、癸等十天干，與子、丑、寅、卯、辰、巳、午、未、申、酉、戌、亥等十二地支，輪廻相配之法以記歲時，驗諸晚近殷墟所出各期卜辭，卽可瞭然明矣。以獸名稱日之法，則古未之有也。推之，其俗或爲蒙古與突厥部族之習俗。如唐書卷二一七列傳一四二黠戛斯傳卽稱其國：

謂歲首爲茂師哀，以三哀爲一時，以十二物紀年，如歲在寅則曰虎年。

又宋史卷四九二列傳二五一吐蕃傳內唃廝囉傳云：

康定元年，遣屯田員外郞劉渙使邈川，……延坐勞問稱『阿舅天子安否？』道舊事則數十二辰屬曰：兎年如此，馬年如此云。

續資治通鑑長編卷一二八所述亦同。又宋趙珙蒙韃備錄亦云：

珙每見其所行文字，猶曰大朝，又稱年號曰兎兒年，龍兒年。至去年方改曰庚辰年，今日辛巳年是也。

又徐霆黑韃事略亦云：

其正朔昔用十二支辰之象如子曰鼠兒年之類，今用六甲輪流如曰甲子年正月一日或卅日，皆漢人、契丹、女眞敎之。若韃之本俗，初不理會得，但是草青則爲一年，新月初生，則爲一月，人問其庚若干，則倒指而數幾靑草。

又不著撰人元朝秘史卷五(據漸西邨舍叢刊李文田注解本)云：

其後鷄兒年合塔斤等十一部落，於阿勒灰石剌阿地面聚商會議。

同書卷十五又云：

鼠兒年七月，於客魯漣河闊迭額阿剌地面處下時，寫畢了。

按上引所謂黠戛斯，卽今俄屬中央亞細亞之吉爾吉斯(Kirgis)，其族本是突厥之一支，趙珙與徐霆所謂之韃(Tartar)，均指蒙古(註一)。突厥與蒙古既皆曾以獸名紀

(註一)：參閱王國靜蒙韃備錄箋證跋，與黑韃事略箋證跋，見海寧王靜安先生遺書第三十七册，民十七年。蒙韃備錄之作者，原作孟珙，王氏考爲趙珙，今依其說。

年，則以獸名紀日之俗，或亦本爲此等部族之所舊有。故德國探險隊在高昌方面所得摩尼教徒所用之殘曆，既於十二支之名稱，不依譯對十干之例以註其原音，特以索格底語以譯十二支獸之名，故就此等使用之法則判之，或是第七世紀之索格底人，學習突厥與蒙古部族，以獸名稱呼日名之方法，而轉用於其曆日者也。

由勒柯克教授所率領之德國探險隊，在今吐魯番所得之索格底語殘曆，究竟成於何時，學界迄未論定，但就唐代之史實考之，或在迴鶻部族於第八世紀移居高昌之後。摩尼教之索格底籍宣教師，或爲應當時之需要而爲之者。此於殘曆上之文字，乃所謂摩尼文亦卽索格底文之一事而可知。果爾，則分藏法國巴黎國家圖書館內；及昔爲羅氏叔言所得之後唐莊宗同光四年具注曆，其曆上所行用之五行、七曜、十干、十二支、十二生屬，乃至以朱色表記日曜日之諸方法，或恐皆自索格底曆書之形式，轉襲或沿用而來。徒以所隔既久，其源已晦，世人難悉其詳所自耳。

〔伍〕影　　響

（一）七曜曆對中國之影響

按此七曜之曆，雖然輸自異域，惟就中國史籍中之記載觀之，似頗不乏行用，且本似限於官家，民間不得有也。唐高宗永徽四年（653）十一月二十九日，長孫無忌等進唐律疏議四十卷，第九卷內卽稱七曜之曆，『私家不得有，違者徒二年。』，廣德三年(763)，復詔七曜曆『私家不得有，及私吏傳習，有則並須焚燬。』又據唐書代宗紀代宗大曆二年(767）正月，復詔七曜曆爲『私家不合輙有，今後天下諸州府，切宜禁斷。』（按册府元龜卷六十四亦載比詔，並作大曆二年，惟唐大詔令集則作三年，未知孰是）。又唐李涪刊誤卷下『七曜曆』條下並記：

> 賈相國躭日月五行曆，推擇吉凶，無不差謬。夫日星行度，遲速不常。謹按長曆與水星一年一周天，今賈公言一星直一日，則是唐堯聖曆，甘氏星經，皆無準憑，何所取則？是知賈公之作，過於率爾。復有溺於陰陽，曲其理者曰：『此是七曜日直，非干五星常度。』所言既有遲速，焉可七日之內，能致一周？賈公好奇而不悟其怪妄也。

其曆既言日月五行，又言推擇吉凶，則其曆或與前揭金俱吒所譯之七曜攘災決，又巴黎國家圖書館所藏之七曜吉凶避忌條項、七曜曆日相同，並爲七曜曆日或星占書之一種也。新志丙部五行類又有賈耽七聖曆一卷，七聖者，疑是七曜之譌也。然賈躭既爲德宗時相，所用仍是高層階級。然細究之，此等曆日既便於占卜吉凶，與問訊禍福之用，適合民間一般之需要，宜其流行最廣，官家雖屢詔禁，終未能澈底根絕。試觀下列新唐書藝文志於曆算類所載有關七曜曆日書目甚夥，卽可知矣。其書目云：

夏侯陽算經五卷、七曜曆算二卷，七曜本起曆五卷

劉孝孫隋開皇曆一卷，七曜雜術二卷

曹士蔿七曜符天曆一卷

今巴黎國家圖書館又藏後晉高祖天福四年(939)具注殘曆一件(註一)，勘其形式、內容，亦與後唐同光年之殘曆相同。可證自其輸入，以至五代之末，七曜之曆仍於民間流行，一如有唐之世，當無可疑也。

今敦煌所出寫本中，既有宋太宗雍熙三年(986)之具注七曜曆，復取宋史卷二〇六藝文志第一五九之曆算類中載記觀之，宋人有關七曜曆之著述，較之唐代，尤見多多：

衞林七曜細行一卷

莊宋德七曜神氣歌一卷

錢明逸西國七曜曆一卷

裴伯壽陳得一統元七曜細行曆二卷

洪範七曜氣袖星禽經三卷楊惟德、王六翰、李日立、何堪等撰

呂佐周地論七曜一卷

斯卽可證此等七曜之曆術，迄宋猶盛未衰也。

然此猶不足以說明此曆流傳之廣與歷時之久。據前揭英籍學者道格拉斯(Douglas)氏之論文，十八世紀之後半期(卽1781年)，我福建廈門之沿海，猶以密日以稱日曜之日。今查南唐徐鉉稽神錄卷三有云：

清源西城有大第，爲鬼所踞，摩尼教徒來逐之。

按清源縣唐置，故地在今福建仙遊縣西北(尋移治改名仙遊)。卽今仙遊(註二)，是亦

(註一)：見羅振玉貞松堂西陲秘籍叢殘第一集第二册 p.p 21—22。

(註二)：見中國古今地名大辭典 p. 388，民國二十年，商務印書館，上海。

福建沿岸之城市。果爾，則在第十世紀末年，福建已有摩尼教之信徒，宣教於閩矣。又檢何喬遠閩書卷七方域志云：

泉州府晉江縣華表山，與靈源相連，兩峯角立如華表。山背之麓有草庵，元時物也。祀摩尼佛。摩尼佛名『末摩尼光佛』，蘇鄰國人又一佛也。

按所謂蘇鄰國者，爲 Seleukia 一字之對音，其舊址在今伊朗梯格里斯河西岸，魏書卷一〇二西域傳所謂波斯國都宿利城，周書卷五十異域傳所謂蘇利城，皆與蘇鄰同爲 Seleukia 一字之異譯。其地與摩尼之生地瑪第奴 (Mardiun) 隔河相望，故 Seleukia 與 Mardiun 常並稱。今其不擧瑪第奴而言蘇鄰者，蓋後者爲波斯國都，爲人所知也(註一)。

何書成於明萬曆時，當是時華表山之摩尼庵，似尚存在。則此又當爲其教至明末尚未全絕於域內之一證。而七曜之曆或亦卽藉此等摩尼之信徒，而得保存於後歟？

然密日一名行使之久遠，猶不僅止於適格拉斯所述及之第十八世紀後半期。余嘗於臺中市上購得中華民國四十九年歲次庚子之諏吉堂李棨峰通書便覽一冊，斯卽民間通行之農曆也，其曆右行直書，上下共分五欄(如附圖)，其初四戊午之一日，於第五欄日，赫然註有密日二大字。察其第一欄，則書卅一星期字樣，復察其前之三十日，爲土曜，其後之一日爲月曜，是知三十、卅一等數字，表示通行之格列高里曆，而其下所謂之曜名，則爲中國農曆中與其相當之曜日，再觀其次週之第七日，亦註七日星期，第二欄註密日，其前之六日爲土曜，其後之八日爲月曜。而以後每週無不若是。是此曆書亦以密日稱日曜之日也。其密日固不以朱色書之，一如後唐同光四年殘曆，然此稱日曜日爲密日之事，豈非唐代自異域輸入七曜曆後之殘存遺俗者乎？則此受有摩尼教影響之索格底用語，卽自相當於唐末之第九世紀爲始而計之，迄今亦已十一世紀，千有餘年，則其歷時之久遠，與流行之廣泛，亦爲殊可驚異之一端也。

（二）七曜曆對日本之影響

本文既於七曜曆於中國方面之影響，勾要述之，然此以索格底語爲準之摩尼教文化，亦可於日本現存之古曆書中見之。如日本後一條天皇寬仁二年(宋眞宗天禧六年，1017)

(註一)：見張星烺中西交通史料滙篇第四册 p. 56, 又63, 又142。

四月之曆書，卽日本所謂之御堂關白藤源道長具注曆，卽與前揭之同光四年殘曆，屬於同一形式，蓋此一具注之曆，旣備列日、月、七曜星名，十干、十二支、五行、十二生屬、以及諸星之位置，並附註月之盈虧，更於每日各欄附有日誌，以表每日人事之吉凶禍福。其第一行十五日上，記有日字，日字上欄則記有朱書之『宀』字。此『宀』字顯係『密』或『蜜』字之略寫。而『宀』下之日字，所指當係日曜日之意也。

除此御堂關白日記上所存之日曆而外，尚有兵部卿平信範之日記兵範記，卽於日本崇德天皇保延五年(宋高宗紹興九年，1139)所記載之具注曆日，以及源俊房之日記水左記，藤原家實之日記猪熊關白日記等等，皆曾書有此等以朱色爲誌之蜜字(註一)。今按日本之學界，從事於具注曆日硏究之學者，固不乏人，且於兵範記、水左記、御堂關白日記、與猪熊關白日記等古文獻上所見之密字或略寫之『宀』字，雖亦各有其一面之辭，然於勒柯克敎授之探險隊，在高昌所獲得之摩尼敎七曜殘曆尙未發現，與繆勒之報告尙未發表之前，亦皆不知此一『蜜』或『宀』字之確義何在，或與自西域傳來之索格底文明，有何關繫也。御堂關白雖於其用爲日記之曆日上，於日曜日下註以朱色之『宀』，然質之作註之人，於其是否能有釋辭，羽田亨博士亦嘗疑其或恐未能注意及之也(註二)。

今可斷言者，日本所存之古曆，就其形式與內容言之，完全蹈襲中國自第九世紀以後，所流行之七曜具注曆日之體裁，而中國所流行之體裁，則又自索格底籍之摩尼敎徒所用之曆日沿襲而來。如是，則摩尼敎於曆法上之影響，非特獨於中國之官方與民間，俱有其深遠之影響，卽東瀛扶桑三島，亦有同等之情形，就上述所舉之若干古曆觀之，可以概然明矣。

〔陸〕結　　語

據上述，吾人旣知今日臺灣所行農曆中所書之『密日』，本係第八世紀時自異域傳入中土之七曜曆之殘存，則就此等曆日所流傳之空間言之，由中央亞細亞而入唐土，

(註一)：見石田幹之助隋唐時代に於けるハラン文化の支那流入一文，載長安之春 p. 168，昭和十六年(1927)，東京，創元社。

(註二)：見羽田亨西域文明史概論第十章 p. 181，昭和十五年(1926)六月，東京，弘文堂。

又越東海而及日本、臺灣，其流傳所經之地域，不可謂之不廣，再自其行用之時間言之，自第八世紀而迄於今，千有餘年，亦不可謂之不長也。

摩尼教徒所用之七曜曆日，雖然略受西亞文化系統之影響，惟其所寫旣以索格底語爲主，固是地方色彩於文化影響之一種，而以獸名紀日之方法，則恐又自突厥人或蒙古人之文化轉衍而來，本文旣得闡明此等輾轉爲因之文化影響，則旣可證明異域文明，於東亞之中日兩國及其舊有文化，有一時空深遠之影響可見，且亦足證任何文化之傳播，無論其當時之使用情形若荷，必有若干當時難料之遺跡，流被於後世。易言之，有唐一代文化之特燦爛於中國史乘，僅就七曜曆日之一點爲事觀之，亦知其絕非可以單獨形成，自爲體系，絲毫不受其他文化系統之影響者也。

本文初稿，嘗於本年五月三十一日，在本所一九六〇年度第十一次學術演講會中略讀，並承到會諸先生多所敎正，寫成後，前後經董彥堂、勞貞一、陳槃庵、龍宇純四先生賜閱一過，寫作期間，又得『國家長期發展科學委員會』本年度人文科學乙種研究補助金之補助，謹此一併　致謝。

一九六〇年農曆九月校畢，時在南港。

出自第三十一本(一九六〇年十二月)

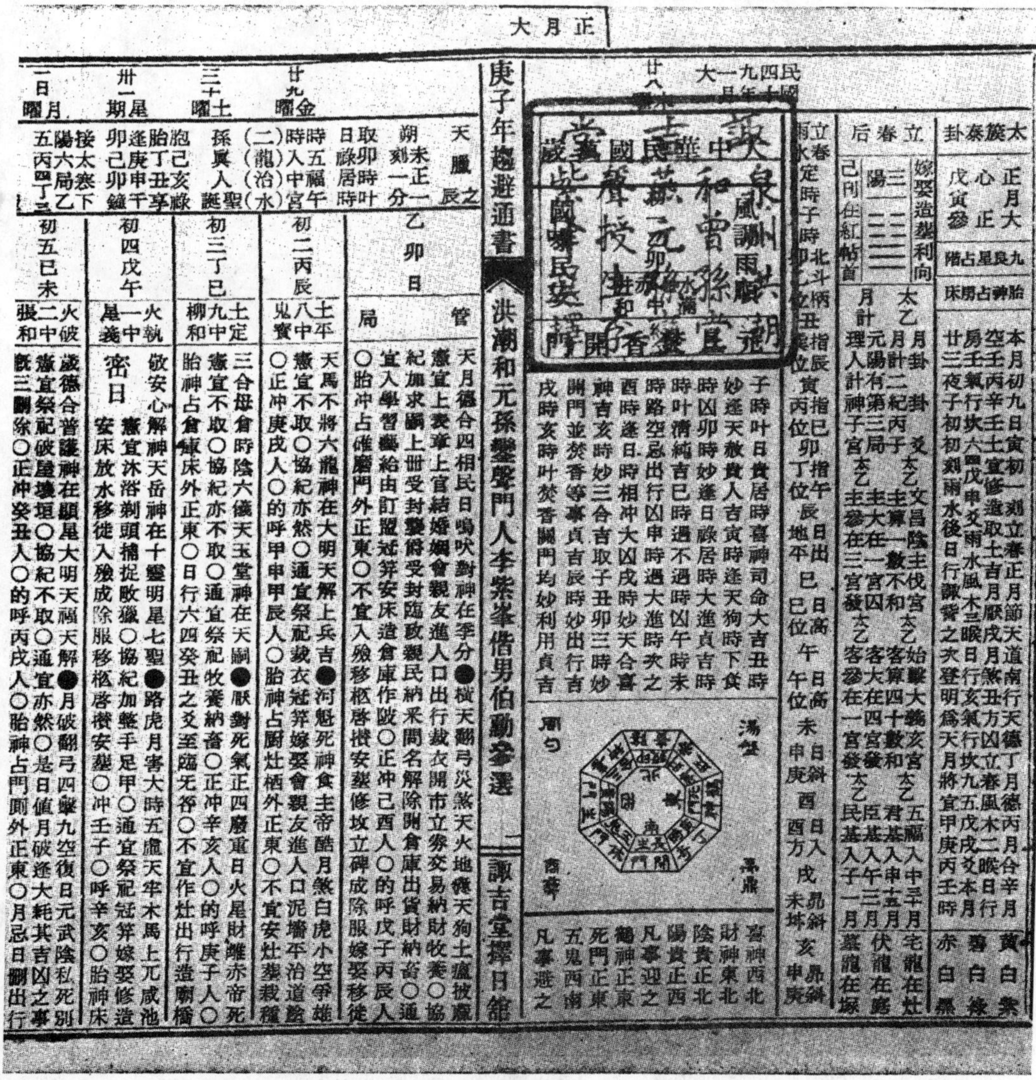

正月大

庚子年趨避通書

洪潮和元孫繼聲門人李紫峰偕男伯勳參選

諏吉堂擇日館

廿九 金曜　三十 土曜　卅一 星期　一日 月曜

初二丙辰 土平 八中 鬼寶
天馬不將六龍神在大明天解上兵吉●河魁死神食主帝酷月煞白虎小空亭雄
憲宜不取○協紀亦然○通宜祭祀裁衣冠笄嫁娶會親友進人口泥墻平治道塗
○正冲庚戌人○的呼甲申甲辰人○胎神占廚灶栖外正東○不宜安灶葬栽種

初三丁巳 土定 九中 柳和
三合母倉時陰六儀天玉堂神在天嗣●厭對死氣正四廢重日火星財離赤帝死
憲宜不取○協紀亦不取○通宜祭祀牧養納畜○正冲辛亥人○的呼庚子人○
胎神占倉庫床外正東○日行六四癸丑之交至臨无咎○不宜作灶出行造廟橋

初四戊午 火執 一中 星義
敬安心解神天岳神在十靈明星七聖●路虎月害大時五虛天牢木馬上兀咸池
密日
憲宜沐浴剃頭捕捉畋獵○協紀加整手足甲○通宜祭祀冠笄嫁娶修造
安床放水移徙入殮成除服移柩啓攢安葬○冲壬子○呼辛亥○胎神床

初五己未 火破 二中 張和
歲德合普護神在願尾大明天福天解●月破翻弓四擊九空復日元武陰私死別
憲宜祭祀破屋壞垣○協紀不取○通宜亦然○是日值月破逢大耗其吉凶之事
概三關除○正冲癸丑人○的呼丙戌人○胎神占門厠外正東○月忌日翻出行

1. 此圖採自諏吉堂李紫峰通書便覽之首頁。

2. 通書便覽爲一九六〇年通行之農曆。

3. 請注意此曆戊午日第五欄註有『密日』二大字。

北魏州郡志略

勞榦

北朝地理糾紛最多，其記載地方區畫之書惟有魏書地形志。隋志號稱五代史志，然地理志則以大業爲主，無從一一遠溯而上也。魏收爲魏書地形志，當大亂之後，文簿散亡。而收之爲人又屬文章之士，雖有史才，亦不願多費工力，以搜集闕遺，參斠得失。於是魏書地形志踳駁糾結，遂爲諸史之最。且收本齊人，專主東魏，序稱錄自武定之世，而武定之世，已分東西。於是西魏之地，遂據永熙時之舊籍以足之。錢氏大昕考異謂伯起志州郡不述太和全盛之規，轉錄武定分裂之制，而秦雍以西，乃據永熙綰籍，未免自亂其例，其言是也。今觀魏氏之志，矛盾歧互，紛擾百端，讀北魏統一時史事者，深致疑惑。重爲整次，事在當爲。昔溫曰鑑作有魏書地形志校錄三卷，刋於適園叢書，然其書僅限於考證得失，未依太和延昌之制，量爲比次。嘉惠讀者，仍有未足。張穆曾作延昌地形志十二卷，並由何秋濤爲之增訂，誠爲自來治北魏地理者之巨著。惟其書未及刋行，遂歸散佚。僅歷史語言研究所藏有稿本尙餘司州之半，其後各章，有目無文。所能窺見者，其體例而已。今成此篇，原欲補其闕遺，使前人偉績，復顯於世。乃以殘存之河南尹節爲準，計其字數，全書將超過百萬言，補輯之事，決非三五年中，所能卒業。然張氏之志延昌，上下古今，實未嘗以元氏一朝自畫。以言功用，則似未必盡爲讀魏書者而作也。故今但以北魏爲斷限；取其目錄所列之州郡，以伯起地形志所記，列爲附注，以溯其淵源流變。有未詳者，更據元和郡縣志，隋書地理志，水經注諸書足之。張何分畫有誤訂者，則改正之。雖未能盡復延昌之舊規，庶幾其有助於讀史之一得乎。

本工作進行時，承『中國東亞學術計劃委員會』推薦哈佛燕京學社補助，特此表謝。

一九六〇年六月勞榦序。

北魏州郡志略

司州 領郡二十，縣一百二十一。

河南尹 領縣十五

洛陽 元和志：『本秦舊縣，歷代相因，貞觀六年自金墉城移入郭內。』

河南 元和志：『本漢舊縣，後魏靜帝改爲宜遷縣。』

河陰 元和志：『本漢滎陽縣地開元二十二年以地當汴河口分氾水滎陽武陟三縣地於輸場東，以便運漕』魏書地形志『河陰郡河陰，晉置。』水經河水注：『河水又東逕平陰北，魏文帝改曰河陰，』溫曰鑑曰此云晉置非也。

鞏 元和志：『戰國時韓獻於秦，至漢以爲縣。』地形志：『二漢晉屬河南，天平初屬（成皐郡。）』

東垣 魏書地形志『新安郡東垣，二漢晉屬河東。』

新安 元和志：『晉爲屬河南郡，後魏屬新安郡。』

潁陽 元和志：『後魏太和中，於綸氏縣城置潁陽縣，屬河南尹。又分潁陽置堙陽縣。

堙陽 元和志綸氏縣下：『後魏太和中，於綸氏縣城置潁陽縣，屬河南尹，又分潁陽置堙陽縣。隋開皇六年改堙陽爲武林，十八年又改爲綸氏。』

治城 地形志汝北郡『孝昌二年置，治治，陽仁城。天平二年罷，武定元年，復移治梁崔塢』治城在汝北郡下。按汝北郡在孝昌未置以前，當屬河南尹。

梁 地形志，梁在汝北郡下。晉志河南郡『梁，戰國時謂爲南梁，別少梁也。』

石臺 地形志，石臺在汝北郡下。

東汝南 地形志，東汝南在汝北郡下。

南汝原 地形志，南汝源在汝北郡下。

新城 元和志伊闕縣：『古戎蠻子國，漢爲新成縣屬河南郡，周武帝時屬伊川郡。』

伏流 元和志河南府陸渾縣：『本陸渾戎所居，秦晉適陸渾之戎於伊川，至漢爲陸渾縣屬弘農郡，後屬河南尹後魏改爲伏流縣。』

滎陽郡

滎陽 元和志：『晉武帝分河南置滎陽郡，東魏孝靜帝萬滎陽置成皐郡。』

成皐 地形志：『二漢曾屬河南，後屬。』

京 地形志：『二漢曾屬河南後屬。』

密 元和志：『漢屬河南郡，隋大業二年廢。』地形志：『二漢屬河南，晉屬，治容城。』

卷 地形志：『二漢曾屬河南，晉屬，眞君八年省，太和八年復，有卷城。』

陽武 元和志：『本漢舊縣屬河南郡，晉屬滎陽郡。』

中牟 元和志：『本漢舊縣屬河南郡，晉屬滎陽郡，魏太武帝省。』

苑陵 地形志廣武郡：『范陵二漢屬河南晉屬汝陽天平初屬。』

開封 地形志開封郡：『開封二漢屬河南，晉屬滎陽，眞君八年併苑陵，景明元年復，孝昌中屬陳留。

潁川郡 領縣六。

長社 元和志：『鄭長葛地，漢更名長社，後漢屬郡不改，陳文帝廢郡，以縣屬汴州。』

許昌 元和志：『黃爲縣屬潁川郡，後漢因之，魏太祖迎獻帝，都許，文帝受禪改爲許昌、高齊文宣帝省鄢陵入許昌。』

陽翟 元和志：『後魏復置陽發郡，隋開皇六年廢。』

鄢陵 元和志：『後魏潁川置許昌郡，仍立鄢陵縣以屬焉。高齊文宣帝廢鄢陵，以其地入許昌縣。』

新汲 地形志：『二漢晉屬潁川有新汲城。』

陽城 元和志告成縣：『本漢陽城縣，屬潁川郡。因陽城山爲名，後魏置陽城郡屬司州。隋開皇三年，廢郡，以縣屬洛州。十六年於此置嵩州。仁壽四年省嵩州。以縣屬河南郡。萬歲登封元年，則天因封中岳，改名告成。』(張稿未錄，今補。)

臨潁 元和志：『本漢舊縣，屬潁川郡，歷代因之。隋開皇三年罷郡，以縣屬許州。』

扶溝 元和志：『本漢舊縣，後漢屬陳留郡，魏屬許昌郡，高齊文宣帝自今縣北移於今理。』

汲郡 領縣七

汲 地形志：『二漢屬河內，晉屬(汲郡)，後罷，太和二年後治汲城。』

朝歌 地形志：『二漢屬河內，晉屬。』

獲嘉 地形志：『二漢屬河內，晉屬，後省。太和二十三年復治新洛城，有獲嘉城。』

修武 地形志南修武『三漢屬河內，晉屬（汲郡)』。又北修武『孝昌中分南修武置。』

共 地形志杜盧郡：『共二漢屬河內，晉屬汲，天平中屬。』

山陽 地形志：『二漢晉屬河內，後屬。』

林慮 地形志林慮郡：『林慮二漢屬河內，晉屬汲郡，前漢名隆慮，後漢避殤帝名改焉。眞君六年併鄴，太和二十一年復。』

東郡 領縣十三

白馬 地形志東郡：『二漢屬，晉屬濮陽，後屬。』

凉城 地形志屬東郡。

東燕 地形志東郡：『二漢屬，晉屬濮陽，後屬。』

酸棗 地形志東郡：『酸棗二漢，晉屬陳留，後屬。』

長垣 地形志東郡:『長垣二漢晉屬陳留，後屬，眞君八年併外黃，景明三年復。』

小黃 地形志陳留郡：『小黃二漢晉屬：眞君八年併外黃，太和中復。』

封丘 地形志陳留郡：『封丘二漢晉屬，眞君九年併酸棗，景明二年復。』

濟陽 地形志陽夏郡：『濟陽二漢晉屬陳留，延和二年置徐州，皇興初罷，有濟陽城，外黃城，東緡城，崔城。』

尉氏 地形志開封郡:『二漢晉屬陳留，興安初併苑城，太安三年復，治尉氏城。』

扶溝 地形志許昌郡：『扶溝，前漢屬淮陽，後漢晉屬陳留，眞君併長平屬焉，後屬。』

陽夏 地形志陽夏郡：『陽夏，前漢屬淮陽，後漢屬陳國，晉初併梁，惠帝復、眞君七年併扶溝，太和十二年復，治陽夏城，有大小扶溝。』

雍丘 地形志陽夏郡：『孝昌四年分東郡陳留置，治雍丘城。』又陽夏郡：『雍丘，二漢晉屬陳留，郡治。有抱城，廣陵城，高陽城，少姜城，華城。』

圉城 地形志陽夏郡：『二漢晉曰圉，前漢屬淮陽，後漢晉屬陳留，後罷，景明元年後，有沙城。』

河內郡 領縣十一。

野王 地形志河內郡：『野王二漢，晉屬。州，郡治。』

懷 地形志武德郡(天平初分河內置)：『懷二漢，晉屬河內。』

州 地形志武德郡：『州二漢，晉屬河內。』

平皐 地形志武德郡：『平皐二漢，晉屬河內。』

溫 地形志武德郡：『溫二漢，晉屬河內。』

沁水 地形志河內郡：『二漢，晉屬，治沁城。』

軹 地形志河內郡：『後漢，晉屬。治軹城。』

白水 地形志邵郡：『皇興四年置邵上郡，太和中併河內，孝昌中改復。白水，有馬頭山。』

清廉 地形志邵郡：『清廉有清廉山，白馬山。』張志目誤作清廉。

蒖平 地形志邵郡：『蒖平有王屋山。』

西太平 見地形志邵郡。

建興郡 領縣四。

陽阿 地形志長平郡：『陽阿二漢屬上黨，晉罷，後復屬。』

高都 地形志長平郡：『二漢，晉屬上黨後屬。』

玄氏 地形志長平郡：『玄氏二漢，晉屬上黨郡。』

長平 圭和志王屋縣：『本周時召康公之采邑，漢爲垣縣地後魏獻文帝分垣縣置長平縣，周明帝改爲王屋縣。』地形志高平郡（永安中置)：『高平永安中置，冶高平城』按高平卽長平所改。

安平郡 領縣二，地形志無自注。

端氏 地形志：『二漢屬河東，晉屬平陽，後屬，眞君七年省，太和二十年復。』

濩澤 地形志：『二漢屬河東，晉屬平陽，後屬。』

平陽郡 領縣八 地形志，晉分河東置，眞君四年置東雍州，太和十八年罷，改置。

楊 地形志永安郡:『楊二漢屬河東，晉屬平陽，後罷，太和十一年復，後屬。』

平陽 地形志平陽郡：『平陽二漢屬河東，晉屬，州治。六年併禽昌，太和十一年復。』

禽昌 地形志平陽郡：『禽昌，二漢屬河東，晉屬，卽漢之北屈也。神麚元年，世祖禽赫連昌，仍置禽昌郡，眞君二年改，七年併永安屬焉。』

襄陵 地形志平陽郡:『二漢屬河東，晉屬。』

臨汾 地形志平陽郡：『臨汾，二漢屬河東，晉屬。眞君七年併泰平，太和十一年復。』

泰平 地形志平陽郡:『泰平眞君七年置。』

北絳 地形志北絳郡:『孝昌三年置，治(北絳)。』又北絳縣:『二漢屬河東，晉屬平陽，二漢晉曰絳，後罷，太和十二年復，改屬。』

永安 地形志永安郡:『建義元年(置)，治永安城』又永安縣:『永安，二漢屬河東，晉屬平陽，前漢曰彘，順帝改，眞君十年併禽昌，正始二年復屬。』

正平郡 領縣三 地形志正平郡，『故南太平，神麚元年改爲征平，太和十八年復。』

聞喜 地形志正平郡:『聞喜二漢，晉屬河東，復屬。』

曲沃 地形志正平郡:『曲沃，太和十一年置。』

南絳 地形志南絳郡:『建義初置，治會交川。』又南絳縣:『太和十八年置，屬正平郡，建義初屬。』

河東郡 領縣五 地形志下，河東郡:『秦置，治蒲阪。』

蒲阪 地形志下，河東郡:『蒲阪，二漢，晉屬，有華陽城。』

安定 地形志下，河東郡:『安定，太和元年置。』

北解 地形志下，河東郡:『北解，太和十一年置。』

南解 地形志下，河東郡:『南解，二漢，晉曰解，屬，後改。』

猗氏 地形志下，河東郡:『猗氏，二漢，晉屬河東，後復屬。』

北鄉郡 領縣二 地形志下，有北鄉郡。

汾陰 地形志下，北鄉郡:『汾陰，二漢，晉屬河東，後屬，有北鄉城。』

北猗氏 地形志下，北鄉郡：『北猗氏，太和十一年置，有解城。』

高凉郡 領縣二。

高凉 地形志高凉郡：『高凉太和十一年分龍門置。』

龍門 地形志高凉郡：『龍門，故皮氏，二漢屬河東，晉屬平陽，眞君七年改屬。』

河北郡 領縣四 見地形志下

大陽 地形志下，河北郡：『大陽，二漢，晉屬河東，後屬，有虞城，夏陽城。』

河北 地形志下，河北郡：『河北，二漢，晉屬河東，後屬，有芮城，立城。』

北安邑 地形志下，河北郡：『北安邑，二漢，晉曰安邑，屬河東，後故，太和十一年置爲郡，十八年復屬。』

南安邑 地形志下，河北郡：『南安邑，太和十一年置。』

恆農郡 領縣九

北郟 張稿目作陜。地形志義州恆農郡：『北郟，興和中置。』

陜中 地形志下，陜州恆農郡，有陜中縣。

崤 地形志義州恆農郡（興和中置）：『崤，興和中置。』

盧氏 地形志，盧氏在金門縣下。

南陜 元和志長水縣：『本漢盧氏縣地，後漢，晉，宋不改。後魏宣武帝分盧氏東境置南陜縣屬弘農郡，西魏廢帝改爲長淵。』地形志南陜在金門郡下。

宜陽 地形志宜陽郡（孝昌初置）有宜陽縣。

金門 地形志金門郡（天平初置）有金門縣。

東亭 地形志，東亭在宜陽郡下。

南澠池 地形志南澠池在金門縣下。

西恆農郡 領縣一

恆農 地形志下西恆農郡：『恆農二漢，晉屬恆農，後屬。』

石城郡 領縣二 地形志下，石城郡，正始二年置縣，後改。

石城 地形志下，石城郡，正始二年置縣。

同堤 地形志下，石城郡有同堤縣。

澠池郡 領縣二 地形志下，澠池郡。

北澠池 地形志下，澠池郡：『北澠池，太和十一年置。』

俱利 地形志下，澠池郡有俱利縣。

魯陽郡 領縣二。地形志魯陽郡:『太和十一年置鎭，十八年改爲荆州，二十二年罷，置。』

山北 地形志魯陽郡：『山北，太和十一年置。』

河山 地形志魯陽郡：『河山，太和二十一年置。』

襄城郡 領縣十三。

襄城 地形志，廣州襄城郡，『晉置。』襄城縣：『二漢屬潁川，晉屬。』

繁昌 地形志廣州襄城郡：『繁昌，晉屬。』

龍山 地形志順陽郡：『太和中置縣，後改。』又龍山縣『太和十七年置。』

龍陽 地形志順陽郡：『龍陽太和十七年置。』

雲陽 地形志定陵郡：『雲陽太和十一年置。』(定陵郡皇興元年置，在此以前當屬襄城郡。)

北舞陽 地形志定陵郡：『北舞陽，皇興元年置。』

西舞陽 地形志定陵郡：『西舞陽，天完元年置，正光中陷，興和二年後。』

汝南 地形志汝南郡：『永安元年置』在此以前皆屬襄城郡。汝南縣：『太和十八年置。』

符壘 地形志汝南郡：『永安元年置，治符壘城。』符壘『太和中置。』

昆陽 地形志漢廣郡：『永安中置』，在此以前，應屬襄城。又漢廣郡昆陽縣:『二漢屬潁川，晉屬襄城，後屬。』

高陽 地形志漢廣郡：『高陽，太和元年置。』

相州 領郡六，縣四十六。

魏郡 領縣七。

鄴 地形志魏尹:『二漢，晉屬，天平初併蕩陰，安陽屬之。蕩陰，太和中置，今罷。』

蕩陰 地形志魏尹：『蕩陰太和中置，今罷。』元和志『湯陰，後魏省。』蓋孝昌以後省也。

安陽 元和志河北道相州：『安陽縣，本七國時魏寧新中邑，秦昭襄王拔之，改名安陽，漢初廢，以其地屬湯陰縣，晉於今理西南三里置安陽縣屬魏郡，後魏，併入湯陰』今按後魏時應有安陽，志闕。

內黃 元和志『後魏省』今檢地形志無內黃，然洹水注云：『洹水逕內黃縣北，東流注於白溝』不云故縣，則酈道元時嘗未省也。

魏 元和志河北道魏州:『魏縣本漢舊縣，屬魏郡，後魏孝文帝分魏縣置昌樂，高齊省，魏縣屬昌樂縣，隋開皇六年又分昌樂置魏縣。』

昌樂 元和志魏州魏縣：『北魏孝文帝分魏縣置昌樂。』又昌樂縣：『本漢舊縣屬東郡，後漢省，後魏孝文帝於漢舊昌樂城置昌樂郡及昌樂縣。』按昌樂郡後屬。

長樂 元和志相州洹水縣：『本漢內黃縣地，晉相於此置長樂，後魏省，孝文帝復置流樂縣，高齊省入臨漳縣。』

陽平郡 領縣八。

館陶 地形志陽平郡：『館陶二漢屬魏郡，晉屬。』

清淵 地形志陽平郡：『清淵二漢屬(魏郡)，晉屬。』

元城 地形志魏尹：『元城二漢屬，晉屬陽平，天平初屬。』

發干 地形志陽平郡：『發干二漢屬東郡，晉屬。』

樂平 地形志陽平郡：『二漢屬東郡，晉屬。』

臨清 地形志陽平郡：『臨清太和二十一年置。』

武陽 地形志陽平郡：『二漢晉屬東郡，曰東武陽，後改屬。』

陽平 地形志陽平郡：『二漢屬東郡，晉屬，永嘉後併樂平，太和二十一年，復屬。』

廣平郡 領縣十四。

曲梁 地形志廣平郡：『曲梁前漢屬，後漢屬，魏，晉屬。』

廣平 地形志廣平郡:『廣平前漢屬，後漢屬鉅鹿，晉屬，後罷，太和二十年復。』

平恩 地形志廣平郡：『平恩二漢屬魏郡，晉屬。』

曲安　地形志廣平郡:『曲安,景明中分平恩置。』

邯鄲　地形志廣平郡:『二漢屬,趙國,晉屬,後屬魏,眞君六年屬。』

肥鄉　地形志魏尹:『臨漳天平初分鄴併內黃,斥丘,肥鄉置。』

列人　地形志魏尹:『前漢屬廣平,後漢屬,晉屬廣平,天平初屬。』

斥漳　地形志魏尹:『前漢屬廣平,後漢屬鉅鹿,晉屬廣平,眞君三年係列人,太和二十年後。』

易陽　地形志魏尹:『二漢屬趙國晉屬廣平,天平初屬。』

武安　地形志魏尹:『武安二漢屬,晉屬廣平,天平初屬。』

襄國　地形志北廣平郡:『襄國,秦爲信都,項羽更名,二漢屬趙國,晉屬,後併任,太和二十年復。』

南和　地形志北廣平郡:『永安中分廣平置,領縣三,南和,任,襄國。』『南和前漢屬廣平,後漢屬鉅鹿,晉屬,後併任,太和二十年復。』

任　地形志北廣平郡:『前漢屬廣平,後漢屬鉅鹿,晉屬。』

頓丘郡　領縣五。

頓丘　地形志黎陽郡:『二漢屬東郡,晉屬頓丘,太和十八年屬汲,後屬。』又頓丘郡:『頓丘,太和中併汲郡,餘民在畿外者,景明中置。』

衛國　地形志頓丘郡:『衛國二漢屬東郡,晉屬。漢曰觀,後漢光武改。』

臨黃　地形志頓丘郡:『臨黃眞君三年併衛國,太和十九年復。』

繁陽　地形志魏尹:『繁陽二漢屬,晉屬頓丘,眞君六年併頓丘,太和十九年復,天平二年屬。』

陰安　地形志頓丘郡:『陰安二漢屬魏郡,晉屬,眞君三年併衛國,太和十九年復。』

淸河郡　領縣四。

武城　地形志淸河郡:『武城二漢晉曰東武城,屬,後改。』

淸河　地形志淸河郡:『淸河二漢晉屬。』

侯城　地形志淸河郡:『太和三年置。』

貝丘　地形志淸河郡:『二漢晉屬。』

南趙郡　領縣六　地形志殷州南趙郡：『太和十一年爲南鉅鹿，屬定州，十八年屬相州，後改，孝昌中屬。

廣河　地形志南趙郡：『廣河，前漢屬鉅鹿，後罷，太和十三年復。』

平鄉　地形志南趙郡：『平鄉晉屬，後罷景明二年復，治鉅鹿城，有平鄉城。』

鉅鹿　地形志南趙郡：『二漢晉屬鉅鹿，後屬。』

南欒　張穆曰誤南樂，地形志南趙郡：『南欒，二漢屬鉅鹿，晉罷，後復。眞君六年併栢人，太和二十一年復。』

柏人　地形志南趙郡：『柏人二漢晉屬。』

中丘　地形志南趙郡：『中丘，前漢屬常山，後漢晉屬趙國，晉亂罷，太和二十一年復。』

定州　領郡五，縣三十。

中山郡　領縣十。

盧奴　地形志中山郡：『盧奴州郡治，二漢屬。世祖神䴥中置新城宮。』

唐　地形志中山郡：『二漢，晉屬。』(北平郡孝昌中分中山置)

望都　地形志北平郡：『望都二漢，晉屬中山。』

上曲陽　地形志中山郡:『上曲陽前漢屬常山，後漢屬。晉屬常山，眞君併新市，景明元年復，屬。』

魏昌　地形志中山郡：『魏昌二漢晉屬，前漢曰苦陘，後漢章帝改爲漢昌，魏文帝改爲魏昌。』

新市　地形志中山郡：『新市，二漢，晉屬。』

毋極　地形志中山郡：『毋極，二漢屬，晉罷，太和十二年後。』

安喜　地形志中山郡：『安喜二漢，晉屬，前漢曰安險，後漢章帝改。』

蒲陰　地形志北平郡：『蒲陰，二漢晉屬中山，前漢曰曲逆，章帝改名。』

北平　地形志：『北平郡，孝昌中分中山置，治北平城。』又：『北平，二漢，晉屬中山。』

常山郡　領縣七。

九門　地形志常山郡：『九門，二漢，晉屬。』

眞定　地形志常山郡：『前漢屬眞定國，後漢晉屬，故東垣，漢高帝十一年改。』

行唐　地形志常山郡：『行唐，二漢，晉曰南行唐，屬，改改。太和二十四年置唐郡，二十一年罷郡主。』

蒲吾　地形志常山郡：『二漢，晉屬。』

靈壽　地形志常山郡：『二漢，晉屬。』

井陘　地形志常山郡：『二漢，晉屬。』

石邑　地形志常山郡：『前漢屬，後漢罷，晉復屬。』

鉅鹿郡　領縣四。

曲陽　地形志鉅鹿郡：『曲陽二漢晉屬，趙國曰下曲陽。』

槀城　地形志鉅鹿郡：『槀城，前漢屬眞定，後漢屬。晉罷太和十二年復。』

鄡　此字張穆目誤爲鄵。地形志鉅鹿郡：『鄡，二漢，晉屬。』

癭陶　地形志殷州鉅鹿郡：『癭陶，二漢，晉屬。』又：『殷州鉅鹿郡，永安二年分定州鉅鹿置。』

趙郡　領縣五。

平棘　地形志趙郡：『平棘，二漢屬常山，晉屬。』

房子　地形志趙郡：『房子二漢屬常山，晉屬。』

元氏　地形志趙郡：『元氏，二漢屬常山，晉屬。』

高邑　地形志趙郡：『二漢屬常山，前漢曰鄗，後漢光武改，晉屬。』

欒城　地形志趙郡：『欒城，太和十一年分平棘置。』

博陵郡　領縣四

安平　地形志博陵郡：『安平前漢屬涿，後漢屬安平，晉屬。』

饒陽　地形志博陵郡：『前漢屬涿，後漢屬安平，晉屬。』

深澤　地形志博陵郡：『前漢屬涿，後漢屬安平，晉屬。』

安國　地形志博陵郡：『安國二漢屬中山，晉屬。』

冀州　領郡三，縣二十六。

長樂郡　領縣十一　地形志：『漢高帝置爲信都郡，景帝二年爲廣川屬，明帝更名樂成，安帝改爲安平，晉改。』

信都 地形志長樂郡：『信都二漢，晉屬。』

南宮 地形志長樂郡，『南宮，前漢屬，後漢，晉屬安平，後屬。』

扶柳 地形志長樂郡：『前漢屬，後漢晉屬安平國，眞君三年併堂陽，景明元年復。』

堂陽 地形志長樂郡：『堂陽前漢屬鉅鹿，後漢，晉屬。』

棗强 地形志長樂郡：『棗强，前漢屬清河，後漢罷，晉復屬廣川，神瑞二年併廣川，太和二十二年復屬。』

索盧 地形志長樂郡：『索盧，晉屬廣川，神瑞二年併廣川，太和二十年復屬。』

廣川 地形志長樂郡：『廣川，前漢屬，後漢屬清河，晉屬廣川，復屬。』

廣宗 地形志廣宗郡：『太和十一年立，尋罷孝昌中復。』又：『廣宗縣，後漢屬鉅鹿，晉屬安平，中興中立南北廣宗，尋罷。』

武强 地形志武邑郡：『武强，神光（䴥）二年併武邑，太和十八年復。』又廣宗郡：『武强，眞君三年併信都，太和二十一年復。

經 地形志廣宗郡：『經，後漢，晉屬安平，眞君二年併南宮，後復屬。』

下博 地形志長樂郡：『下博，二漢，晉屬。』

渤海郡 領縣十 地形志清州渤海郡：『故臨淄地，劉駿置，魏因之。』

地形志冀州渤海郡：『漢高帝置，世祖初改爲滄水郡，太和二十一年後。』

東光 地形志冀州渤海郡：『東光，二漢，晉屬，有渤海城。』

南皮 地形志冀州渤海郡：『南皮，二漢，晉屬，有渤海城。』

蓨 地形志青州渤海郡有蓨縣。

地形志冀州渤海郡：『前漢屬，號修，後改。』

安陵 地形志冀州渤海郡：『安陵，晉置，渤海屬。』

繹幕 地形志安德郡：『二漢，晉屬清河，眞君三年併武城，太和二十一年後，後屬。』又地形志冀州安德郡：『太和中置尋併渤海，中興中復。』

般 地形志滄州安德郡：『中興初分樂陵置，太昌初罷，天平初復，治般界。』又：『般，二漢晉屬平康後屬渤海，熙平中屬樂陵，復屬，治般城。』

重合 地形志青州渤海郡有重合縣。按卽馬援祖馬通封國。

平昌 地形志滄州安德郡:『平昌,二漢,晉屬平原,後漢,晉曰西平昌,後罷,太和二十二年復,屬渤海,熙平中屬樂陵,後屬,治平昌城。』

平原 地形志冀州安德郡:『平原,二漢,晉屬,眞君三年併鬲,太和二十一年屬渤海,後屬。』

安德 地形志安德屬青州樂安郡。

鬲 地形志冀州安德郡:『鬲,二漢,晉屬平原,後屬渤海,後屬,治臨齊城。』

長樂 地形志青州渤海郡有長樂縣。

武邑郡 領縣五。地形志武邑郡:『晉武帝置。』

武遂 地形志武邑郡:『武遂,前漢屬河間,後漢,晉屬安平,後屬。』

阜城 地形志武邑郡:『前漢屬渤海,後漢屬安平,晉屬渤海,後屬,有弓高城。』

灌津 地形志:『前漢屬信都,後漢,晉屬安平,後屬。』

武邑 地形志:『前漢屬信都,後漢,晉屬安平,後屬。』

武强 地形志:『正光二年併武邑,太和十八年復。』

瀛州 領郡四,縣二十五。

地形志:『太和十一年分定州,河間,高陽,冀州常武,浮陽置,治趙都軍城。』

高陽郡 領縣九。地形志瀛州高陽郡:『晉置高陽國後改。』

高陽 地形志高陽郡:『前漢屬涿,後漢屬河間圖,晉復。』

博野 地形志高陽郡:『博野有博陸城。』按博陸卽霍光封邑。

蠡吾 地形志高陽郡:『蠡吾,前漢屬涿,後漢屬中山,晉屬。』

易 地形志高陽郡:『易前漢屬涿,後漢,晉屬河間,後屬。有易京。』

扶輿 地形志高陽郡:『扶輿前漢屬涿,後漢罷,晉復,屬,前漢晉曰樊輿後罷,太和中改復。』張志目誤爲扶輿。

新城 地形志高陽郡:『二漢,晉曰北新城,前漢屬中山,後漢屬涿,晉屬。』

樂鄉 地形志高陽郡:『前漢屬信都,後漢罷,晉復屬,有樂鄉城。』

永寧 地形志高陽郡有永寧縣。

淸苑 地形志高陽郡：『淸苑，高祖太和元年分新城置。』

章武郡 領縣八。地形志章武郡：『晉置章武國後改。』東魏時別爲浮陽郡，屬滄州。

平舒 地形志章武郡：『平舒，前漢屬渤海，後漢屬河間國，晉屬，二漢，晉曰東平舒，有章武城，平鄉城。』

成平 地形志章武郡：『成平，前漢屬渤海，後漢，晉屬河間國，後屬，治京城。』

束州 地形志章武郡：『束州，前漢屬渤海，後漢屬河間國，晉屬，有束州城。』

文安 地形志章武郡：『文安，前漢屬渤海，後漢屬河間國，晉屬，有文安，安平，曲城。』

章武 地形志章武郡：『西章武，正光中內滄州章武置，有章武城。』又地形志滄州浮陽郡：『章武二漢屬渤海，晉屬章武，後屬，治章武城。』

饒安 地形志滄州浮陽郡：『太和十一年分渤海，章武置，屬瀛州，景明初併章武，熙平二年復。』又饒安縣：『二漢，晉屬渤海，前漢曰千童，靈帝改。』

浮陽 地形志滄州浮陽郡：浮陽郡治，二漢，晉屬渤海。』

高城 地形志滄州浮陽郡：『高城二漢，晉屬渤海，治高城。』

河間郡 領縣四。地形志河間郡：『漢文帝置河間國，後漢光武併信都，和帝永元三年復，晉仍爲國，後改。』

武垣 地形志河間郡：『前漢屬涿郡，後漢，晉屬，有武垣城少陵城。』

樂城 地形志河間郡：『柴城，二漢，晉屬，治河間城。』

中水 地形志河間郡：『中水前漢屬涿郡，後漢，晉屬河間國。』

鄚 地形志河間郡：『鄚，後漢，晉屬，治陵城，有鄚城。』

樂陵郡 領縣四。地形志樂陵郡：『故千乘地，劉義隆置，魏因之。』

樂陵 地形志樂陵郡：『樂陵有姑城。』

陽信 地形志樂陵郡：『陽信，有千乘城，博昌城。』

厭次 地形志樂陵郡有厭次。

濕沃 地形志樂陵郡有濕沃。

安州 領郡三，縣七。

地形志安州：『皇興二年置，治方城，天平中陷，元象中寄治幽州北界。』

廣陽郡 領縣二。地形志安州廣陽郡:『延和元年置益州,眞君二年改爲郡。』

燕樂 地形志廣陽郡:『燕樂,州郡治,延和九年置,眞君九年併永樂。』

廣興 地形志廣陽郡:『廣興延和二年置,眞君九年併恆山屬。』

密雲郡 領縣三。地形志密雲郡:『皇始二年置,治提携城。』

密雲 地形志密雲郡:『密雲,眞君九年併方城屬焉。』

要陽 地形志密雲郡:『要陽前漢屬漁陽,後漢,晉罷,後復屬。』

白檀 地形志密重郡:『白檀,郡治。』

安樂郡 領縣二。地形志安樂志:『延和元年置交州,眞君二年罷州置。』

安市 地形志安樂郡:『安市二漢,晉屬遼東,眞君九年併當平屬焉。』

土垠 地形志安樂郡:『土垠眞君九年置。』

平州 領郡二,縣五。

遼西郡 領縣三。

肥如 地形志遼西郡:『肥如,二漢,晉屬。』

陽樂 地形志遼西郡:『陽樂,二漢,晉屬。』

海陽 地形志遼西郡:『海陽,二漢,晉屬。』

北平郡 領縣二。地形志云:『秦置』按本作右北平。

新昌 地形志北平郡:『新昌,前漢屬涿,後漢,晉屬遼東,後屬。』

朝鮮 地形志北平郡:『二漢,晉屬樂浪,後罷。延和元年徙朝鮮民於肥如,復置,屬焉。』

營州 領郡二,縣六。

地形志營州:『治和龍城,太延二年爲鎭,眞君五年改置,永安末陷,天平初復。』

昌黎郡 領縣四。地形志昌黎郡:『晉分遼東置,眞君八年併冀陽屬焉。』

龍城 地形志昌黎郡:『龍城,眞君八年併柳城,昌黎,棘城屬焉。』

廣興 地形志昌黎郡:『廣與,眞君八年併徒何,永樂,蒸昌屬焉。』

平剛 地形志『冀陽郡眞君八年併昌黎郡,武定五年復』,冀陽郡凡二縣:平剛及柳城,故武定五年以前當屬昌黎也。

柳城 見地形志冀陽郡。

建德郡 領縣二。地形志建德郡：『眞君八年置，治白狼城。』

石城 地形志建德郡：『石城，前漢屬右北平。後屬，眞君八年併遼陽路大樂屬焉。』

廣都 地形志建德郡：『廣都眞君八年併白狼，建德，望平，屬焉。』

恆州 領郡四，縣十六。

地形志恆州，『天興中置司州，治代，都平城，太和中改，孝昌中陷，天平二年置，寄治肆州秀容郡城。』

代尹 領縣八。地形志：『秦置，孝昌中陷天平二年復。』

平城 地形志代郡：『平城，二漢，晉屬雁門，後屬。』

武周 地形志代郡：『武周，二漢屬雁門，晉罷，後復屬。』

永固 見地形志代郡。

太平 見地形志代郡。

善無 地形志善無郡：『天平二年置』又善無縣：『前漢屬雍門，後漢屬定襄，後屬。』

沃陽 見地形志善無郡。

參合 地形志梁城郡：『天平二年置。』又參合縣：『前漢屬代，後漢，晉罷，後德屬。』

旋鴻 見地形志梁城郡。溫氏考錄云：『通鑑注引此作旋鴻，考水經注如渾水出涼城旋鴻縣，今志作桓及祇，未詳。』案字當以旋字爲是，又水經注之『涼城旋鴻縣』是時尚無梁城郡，蓋梁城本是城名，亦或作涼城。『涼城旋鴻縣』實爲『旋鴻縣涼城』之倒文，此處有誤，然水經注文以後猶屬見旋鴻縣及旋鴻池，故『旋』字猶可以據改也。

繁時郡 地形志：『天平二年置』，按繁時，靈丘在崞山之南，別爲一區，不應舊不置郡，此言天平二年置，當爲天平二年復，蓋其地大亂之後，舊籍淪廢，遂以復郡爲置郡耳。』

崞山 地形志繁是郡：『天平二年置。』又崞山縣：『二漢晉曰崞，屬雍門，後改屬。』

繁時 地形志繁畤郡:『繁時,二漢,晉屬雍門,後改屬。』

靈丘 地形志北靈丘郡:『天平二年置。』又靈丘縣:『前漢屬代,後漢,晉罷,後復屬。』

莎泉 見地形志靈丘郡。

高柳郡 地形志:『永熙中置。』

安陽 地形志高柳郡:『永熙中置。』又,安陽縣:『二漢曰東安,屬代郡,晉屬,後改屬。』

高柳 地形志高柳郡:『二漢屬代郡,晉罷,後復屬。』

內附郡 無領縣。

燕州 領郡六,縣八。魏地形志上東燕州,太和中分恆州東部置燕州,孝昌中陷,天平中領流民寄治幽州宣都城。

廣寧郡 領縣二

廣寧 見通典一七八幽州。水經㶟水注:『于延水又東……逕小寧縣故城南,……魏土地記曰,「大寧城西二十里,有小寧城。」……延河又東逕大寧故城南,地理志云:「廣寧也」。』故廣寧亦卽大寧,張志原目,分廣寧與大寧爲二郡,而大寧郡下又分大寧小寧二縣,失之無據,今不取。

潘漢 故縣

平昌郡 領縣二。地形志東燕州平昌郡:『孝昌中陷,天平中置。』

昌平 地形志平昌郡:『昌平天平中置』按此爲陷後收復,非創置也。通典一七八『漢舊縣,故城在今縣東南,古居庸關在縣西北北齊改爲納疑。』

萬言 地形志平昌郡:『萬言,天平中置。』

東代郡 領縣一。

平舒 地形志上谷郡:『平舒,孝昌中陷,天平中置。』

平原郡 無領縣。

上谷郡 領縣二。

居庸 地形志東燕州上谷郡:『居庸孝昌中陷,天平中置。』

平舒 地形志上谷郡：『平舒孝昌中陷，天平中置。』

偏城郡 領縣二。地形志下東夏州偏城郡：『太和元年置。』

廣武 地形志編城郡：『前漢屬太原，後漢，晉屬所門，後屬，有三城，偏城。』

沃野 地形志偏城郡：『二漢屬朔方，晉罷，後復屬。』

幽州 領郡三，縣十八。

燕郡 領縣五。

薊 地形志燕郡：『薊，二漢屬廣陽，晉屬。』

廣陽 地形志燕郡：『廣陽二漢屬廣陽，晉屬。』

良鄉 地形志燕郡：『二漢屬涿，晉屬范陽，後屬。』

軍都 地形志燕郡：『軍都前漢屬上谷，後漢屬廣陽，晉屬。』

安城 地形志燕郡：『安城前漢屬渤海，後漢屬廣陽，晉屬。』

范陽郡 領縣七。

涿 地形志范陽郡：『二漢屬涿，晉屬。』

固安 地形志范陽郡：『二漢屬涿，晉屬。』

范陽 地形志范陽郡：『二漢屬涿，晉屬。』

萇鄉 地形志范陽郡：『晉屬。』

方城 地形志范陽郡：『前漢屬廣陽，後漢屬涿，晉屬。』

容城 地形志范陽郡：『前後漢屬涿，晉屬，後罷，太和中復。』

遒 地形志范陽郡：『二漢屬涿，晉屬。』

漁陽郡 領縣六。

潞 地形志漁陽郡:『二漢屬，晉屬，燕國後屬，眞君七年併安樂，平谷屬焉。』

雍奴 地形志漁陽郡：『二漢屬，晉屬，燕國後屬，眞君七年併泉州屬。』

無終 地形志漁陽郡：『二漢，晉屬。』

漁陽 地形志漁陽郡：『二漢屬，晉罷，後復。』

土垠 地形志漁陽郡：『二漢，晉屬右北平，後屬。』

徐無 地形志漁陽郡：『二漢晉屬右北平，後屬。』

并州 領郡三，縣十九。

太原郡 領縣十。

晉陽 地形志太原郡:『晉陽二漢晉屬,眞君九年罷屬楡次屬焉。』

祁 地形志太原郡:『祁,二漢晉屬。』

楡次 地形志景太原郡:『楡次二漢晉屬,眞君九年併晉陽,景明元年復。』

中都 地形志太原郡:『中都二漢,晉屬。』

鄔 地形志太原郡:『鄔二漢,晉屬,後罷太和十九年復。』

平遙 地形志太原郡:『平遙二漢晉爲平陶屬焉。後改。』

沾 地形志太原郡:『沾二漢屬上黨晉屬樂平,眞君九年罷樂平屬焉。』

受陽 地形志太原郡:『受陽晉屬樂平,眞君九年罷樂平郡屬焉。』

長安 地形志太原郡:『長安,泰常二年置,眞君中省,景明初復。』

陽邑 地形志太原郡:『陽邑二漢晉屬,眞君九年罷,景明二年復。』

上黨郡 領縣五。

屯留 地形志上黨郡:『屯留,二漢,晉屬。』

長子 地形志上黨郡:『長子二漢,晉屬,慕容永所都。』

壺關 地形志上黨郡:『壺關二漢,晉屬,後罷,太和十二年復。』

寄氏 地形志上黨郡:『寄氏,二漢爲猗氏,屬,晉晉明元年復改。』

刈陵 地形志襄垣郡:『刈陵,二漢,晉曰潞,屬上黨,眞君十一年後,復屬。』

鄉郡 領縣四。

鄉 地形志鄉郡:『鄉,郡治,晉屬上黨,眞君入罷遼陽屬焉。』

涅 地形志鄉郡:『陽城二漢,晉屬上黨曰涅,永安中改。』

襄垣 地形志鄉郡:『襄恆,二漢晉屬上黨。』

銅鞮 地形志鄉郡:『銅鞮二漢晉屬上黨。』

肆州 領郡三,縣十一。地形志:『後漢建安中置新興郡,永安中改。』

新興郡 領縣五。地形志永安郡:『後漢建安中置新興郡,永安中改。』

定襄 地形志永安郡:『定襄,前漢屬定襄,後漢屬雲中,晉屬新興,眞君七年,併雲中九原晉昌屬焉。』

平寇 地形志永安郡:『平寇眞君七年併三堆,朔方,定陽屬焉,永安中屬。』

陽曲　地形志永安郡：『陽曲二漢，晉屬太原，永安中屬。』

蒲子　地形志永安郡：『蒲子始光三年置，眞君七年併平河屬焉。』

驢夷　地形志永安郡：『驢夷二漢屬太原曰慮虒，晉罷，太和十年復改。』

秀容郡　領縣四。地形志秀容郡：『永興二年置，眞君七年併肆盧，敷城二郡屬焉。』

秀容　地形志秀容郡：『秀容永興二年置。』

石城　地形志秀容郡：『石城，永興二年置。』

肆盧　地形志秀容郡：『肆盧治新會城，眞君七年併三會屬焉。』

敷城　地形志秀容郡：『敷城，始光初置郡，眞君七年改治敷城。』

雁門郡　領縣二。

廣武　地形志雁門郡：『廣武，前漢屬太原，後漢，晉屬。』

原平　地形志雁門郡：『原平前漢屬太原，後漢，晉屬。』

汾州　領郡四，縣十二。

地形志『延和三年爲鎭，太和十二年置州，治蒲子城，孝昌中陷，移治西河。』

吐京郡　領縣二。地形志：『眞君九年置，孝昌中陷，寄治西河。』

吐京　地形志吐京郡：『吐京，世祖名嶺西，太和二十一年改。』

新城　地形志吐京郡：『新城，世祖名嶺東，太和二十一年改。』

五城郡　領縣四　地形志：『正平二年置，孝昌中陷，寄治西河。』

長秋　張志目作長春，似宜作長秋，北周韋孝寬於此築塞。

五城　地形志五城郡：『五城，世祖名京軍，太和二十一年改。』

平昌　地形志五城郡：『平昌，世祖名刑軍，太和二十一年改。』

石城　地形志五城郡：『石城，世祖爲定陽，太和二十一年改。』

定陽郡　領縣二　地形志定陽郡：『舊屬東雍州，延興四年分屬焉，孝昌中陷，寄治西河。』

定陽　地形志定陽郡：『定陽延興四年置。』隋改爲吉昌縣。張志目作吉昌。

昌寧　地形志定陽郡：『昌寧，延興四年置。』

西河郡　領縣三。地形志：『漢武帝置，晉亂罷，太和八年復，治幾氏城。』

隰城 地形志西河郡:『隰城二漢,晉屬,太延中改爲什星軍,太和八年復。』

永安 地形志西河郡:『永安,太和十七年分隰城置。』

介休 地形志西月郡:『介體二漢屬太原,晉屬,晉亂罷,太和八年復。』

兗州 領郡七,縣四十。

泰山郡 領縣六。

鉅平 地形志泰山郡:『鉅平二漢,晉屬,治平樂城。』

奉高 地形志泰山郡:『奉高,二漢,晉屬。』

博平 地形志泰山郡:『博平,二漢,晉屬。』

嬴 地形志泰山郡:『嬴,二漢,晉屬。』

牟 地形志泰山郡:『牟,漢晉屬。』

梁父 地形志泰山郡:『梁父二漢,晉屬。』

魯郡 領縣六

魯 地形志魯郡:『魯,二漢,晉屬。』

汶陽 地形志魯郡:『汶陽,二漢,晉屬。』

鄒 地形志魯郡:『鄒,二漢,晉屬。』

陽平 地形志魯郡:『陽平劉駿置,魏因之。』

新陽 地形志:『新陽,前漢屬東海,後罷,劉駿復,魏因之。』

牟 隋書地理志魯郡博城:『舊曰博,置泰山郡,後齊改郡曰東平,又併博陵,牟,入焉。』

高平郡 領縣七。地形志:『故梁國,漢景帝分爲山陽國,武帝改爲郡,晉武帝更名。』

高平 地形志高平郡:『高平,二漢屬山陽,晉屬,前漢橐也,後漢章帝更名。』

方與 地形志高平郡:『方與,二漢屬山陽,晉屬。』張志目誤爲方輿。

金鄉 地形志高平郡:『金鄉,後漢屬山陽,晉屬。』

平陽 地形志高平郡:『平陽二漢,晉曰南平陽,漢屬山陽,晉屬。』

任城 地形志任城郡:『後漢孝章帝分東平爲任城國。晉永嘉後罷,神龜元年分高平置。』又任城郡任城縣:『前漢屬東平,後漢晉屬。』

亢父 地形志任城郡:『亢父前漢屬東平,後漢,晉屬。』

鉅野 地形志任城郡：『鉅野，二漢屬山陽，晉屬高平，後屬。』張志目誤爲鉅陽。

東平郡 領縣七。張志目誤爲昌平郡。

無鹽 地形志東平郡：『二漢晉屬。』

范 地形志在東平郡。

須昌 地形志東平郡：『須昌前漢屬東郡，後漢晉屬。』

壽張 地形志東平郡有壽張縣。

平陸 地形志東平郡：『平陸二漢晉屬。』

富城 地形志東平郡：『富城二漢晉屬。』

剛 地形志東平郡：『剛，二漢晉屬。』

東陽平郡 領縣五。地形志東陽平郡：『故東平地，劉義隆置，尋罷，劉駿復魏，因之。』

元城 地形志東陽平郡：『元城，劉義隆置魏因之。』

樂平 地形志東陽平郡：『樂平，劉義隆置，魏因之。』

頓丘 地形志東陽平郡：『頓丘，劉駿置，魏因之。』

館陶 地形志東陽平郡：『館陶，劉義隆置，魏因之。』

平原 地形志東陽平郡：『平原劉駿置，魏因之。』

東泰山郡 領縣三。

南城 隋書地理志琅邪郡顓臾：『舊曰南武陽，開皇十八年改名焉，又有南城縣，後齊廢。』

新泰 隋書地理志琅邪郡新泰：『後齊廢濛陰入焉。』

武陽 隋書地理志琅邪郡顓臾：『舊曰南武陽。』

濟陰郡 領縣六。

定陶 地形志濟陰郡：『定陶，二漢晉屬，有定陶城。』

離狐 地形志濟陰郡：『離狐，前漢屬東郡，後漢，晉屬。』

冤句 地形志濟陰郡：『冤句，二漢晉屬。』

乘氏 地形志濟陰郡：『乘氏二漢晉屬。』

考城 地形志西兗州沛郡:『興和二年置,有考城。』

己氏 地形志西兗州沛郡:『己氏前漢屬梁國,後漢晉屬濟陰,後屬。』

睢陵 地形志彭城郡:『睢陵,前漢屬臨淮,後漢晉屬下邳,晉亂屬濟陰,武定五年,屬(彭城)。』

南兖州 領郡七,縣十九。

渦陽郡 領縣無考。

陳留郡 領縣五。地形志:『漢武帝置太和十八年罷,孝昌中復。』

小黃 地形志陳留郡:『二漢晉屬,眞君八年併外黃,太和中復。』

開封 地形志開封郡:『天平元年分陳留置,治開封城。』又開封縣:『二漢屬河南,晉屬滎陽,眞君,八年併苑陵,景明元年復,孝昌中屬陳留。』

浚儀 地形志陳留郡:『浚儀州郡治,二漢晉屬,後罷,孝昌二年復。』

谷陽 隋書地理志淮郡谷陽:『後齊省,開皇六年復。』

武平 元和志亳州鹿邑縣:『武平故在縣東北十八里。』

封丘 地形志陳留郡:『二漢晉屬,眞君八年併,酸棗,景明二年復。』

陳留 隋書地理志梁郡陳留:『後魏廢,開皇六年復。』

尉氏 地形志開封郡:『尉氏,二漢,晉屬陳留,興安初併苑陵,太安三年復。』

梁郡 領縣三。地形志梁郡:『故秦碭郡,漢高帝爲梁國,後改,治梁國城。』

睢陽 地形志梁郡:『睢陽,二漢,晉屬,郡治。』

襄邑 地形志陽復郡:『襄邑,二漢晉屬陳留,後罷,景明元年復。』

地形志梁郡:『襄邑,二漢晉屬陳留,後屬,治胡城。』

下邑 地形志馬頭郡:『下邑,前漢,晉屬,晉屬梁國,孝昌元年置臨渙郡,縣屬,興和中罷郡屬。』

下蔡郡 領縣四。地形志下蔡郡:『太和十九年置,孝昌中陷,興和中復。』

樓煩 地形志下蔡郡:『樓煩,孝昌中陷,興和中復。』

下蔡 地形志下蔡郡:『下蔡,前漢屬沛,後屬,孝昌中陷,興和中復。』

臨淮 地形志下蔡郡:『臨淮,永平二年置,孝昌中陷,興和中復。』

龍亢 地形志下蔡郡:『龍亢,二漢屬沛,晉屬譙國,後罷,永安三年復屬,孝昌中陷，興和中復。』

譙郡　領縣三。地形志：『二漢縣屬沛，晉以爲郡，太昌中陷，武定中復。』

蒙　地形志譙郡：『蒙，二漢，晉屬梁國，後屬。』

蘄　地形志馬頭郡：『蘄，正光中陷，天平中復。』又地形志譙郡：『蘄，二漢屬沛，晉屬。』按此爲一縣曾分爲二治也。

寧陵　地形志譙郡：『寧陵，前漢屬陳留後漢，晉屬梁國，後屬，孝昌中陷，後復。』

沛郡　領縣二。地形志：『延昌中置，正光中陷，後復，治黃楊城。』

蕭　地形志沛郡：『蕭，延昌中置，治虞城。』

相　地形志沛郡：『相，延昌中置。』

馬頭郡　領縣二。地形志：『司馬德宗置，魏因之，正光中陷，天平中復，治建平城。』

己吾　地形志馬頭郡：『己吾，後漢屬陳留，正光中陷，興和中徙治平石城。』

蘄　地形志馬頭郡：『蘄，正光中陷，天平中復。』

徐州

領郡四，縣十八。地形志：『後漢治東海郡，魏，晉治彭城。』

彭城郡　領縣二。地形志：『漢高帝置楚國，宣帝改，後爲楚國，後漢章帝更名彭城國，晉改。』

彭城　地形志：『前漢屬楚國後漢晉屬。』

呂　地形志：『前漢屬楚國，後漢，晉屬。』

薛　地形志：『二漢，晉屬魯國，後屬。』

龍城　見地形志彭城郡。

留　地形志：『二漢，晉屬。』

蕃　地形志蕃郡：『二漢晉屬魯國，後屬』又蕃郡：『孝昌三年置，元象二年併彭城，武定五年後。』

永興　地形志：『皇興初置，屬建昌郡，太和十五年罷郡屬彭城，武定五年屬。』

永福　地形志蕃郡：『皇興初置，建昌郡，太和十九年罷郡屬彭城，武定五年屬

南陽平郡　領縣三。地形志：『治沛南界，後寄治彭城。』

襄邑　見地形志南陽平郡，又隋地理志梁郡：『襄邑，後齊廢開皇十六年復。』

陽平　見地形志南陽平郡。

濮陽　見地形志南陽平郡。

蘭陵郡　地形志:『晉置,後罷,武定五年後,治永城。』
領縣四。

昌慮　地形志:『二漢,晉屬東海,後屬。』

承　地形志:『二漢晉屬。』

合鄉　地形志:『二漢晉屬。』

蘭陵　地形志:『二漢晉屬。』

北濟陰郡　領縣三。地形志:『劉駿置,魏因之,治單父城。』

豐　地形志:『二漢,晉屬沛後屬。』

離狐　地形志:『晉亂置,郡治。』

城武　地形志:『前漢屬山陽,後漢,晉屬濟陰,後屬。』

下邳郡　領縣五。地形志東徐州有下邳郡。

下邳　地形志東徐州下邳郡:『下邳,前漢屬東海,後漢,晉屬。』

良城　地形志東徐州下邳郡:『良城,前漢屬東海,後漢,晉屬。』

僮　地形志東徐州下邳郡:『僮,前漢屬臨淮,後漢,晉屬。』

武原　地形志東徐州武原郡『武定八年分下邳置。』武原縣:『前漢屬楚國,後漢,晉屬彭城後城。』

下相　地形志東徐州臨清郡:『孝昌三年置盱眙郡,武定八年改。』下相縣:『前漢,晉屬臨淮,後漢屬下邳,後屬。』

琅邪郡　領縣二。地形志南青州琅邪郡:『秦置後漢建武中省城陽國,以其縣屬。』

即丘　地形志南青州琅邪郡即丘:『前漢屬東海,後漢,晉屬。』

費　地形志南青州琅邪郡費:『前漢屬東海,後漢屬泰山,晉屬。』

南濟陰郡　領縣二。地形志作濟陰郡。

頓丘　地形志東陽平郡頓丘:『劉駿置魏因之』(今見東陽平郡)又東魏郡亦有頓丘縣。

定陶　地形志濟陰郡定陶:『二漢,晉屬。』

臨潼郡 領縣二 地形志雎州臨潼郡：『治臨潼城孝昌中陷，武定六年置。』

臨潼 地形志臨潼郡治臨潼城。

取慮 地形志睢州臨潼郡取慮：『州治。』

平陽郡 領縣無考。

濟州 領郡三，縣十六。

地形志濟州：『治濟北碻磝城，泰常八年置。』

濟北郡 領縣六。地形志濟北郡：『漢和帝置。』東魏更分爲東濟北郡。

盧 地形志濟北郡：『虎前漢屬泰山，後漢，晉臨。』

臨邑 地形志濟北郡：『臨邑，二漢屬東郡，晉屬。』

東阿 地形志濟北郡：『東阿，二漢屬東郡，晉屬，有東阿城。』

肥城 地形志東濟北郡：『孝昌三年置。』又，肥城，『前漢屬泰山，後漢屬濟北，晉罷，後復屬，治肥城。』

穀城 地形志東濟北郡：『穀城，後漢屬東郡，晉屬濟北，後屬。』

蛇丘 地形志東濟北郡：『前漢屬泰山，後漢，晉屬濟北，後屬。』

平原郡 領縣六。

地形志:『漢高帝置，皇始中屬冀州，太和十一年分屬，武泰初立南冀州，永安中罷州。』東魏更分爲南清河郡。

聊城 地形志平原郡：『聊城二法屬東郡，晉屬，魏置太平鎭，後罷併郡，有王城。』

博平 地形志平原郡：『博平二漢屬東郡，晉屬，有博平城。』

茌平 地形志平原郡：『茌平前漢屬東郡，後漢屬濟北，晉屬，治封城有茌平城，陽城。』

鄃 地形志南清河郡『晉泰寧中分平原置，治莒城。』又鄃：『二漢，晉屬清河，太和中屬平原，治鄃城。』

零 地形志南清河郡：『零，二漢，晉屬清河太和中屬平康，後屬，治零城，有莒城。』

高唐 地形志南清河郡：『高唐二漢屬平原，後屬，景明三年復。』

濮陽郡 領縣四 地形志司州濮陽郡:『晉置,天興中屬兗州,太和十一年屬齊州,孝昌末又屬西兗州,天平初屬。』

廩丘 地形志濮陽郡:『廩丘,前漢屬東郡,後漢屬濟陰,晉屬。』

濮陽 地形志濮陽郡:『濮陽,二漢屬東郡,晉屬。』

城陽 地形志濮陽郡:『城陽,二漢晉屬濟陰,後屬。』

鄄城 地形志濮陽郡:『鄄城,二漢晉屬濟陰,後屬。』

青州 領郡九,縣十八。地形志青州:『後漢治臨淄,司馬德宗治東陽,魏因之。』按青州諸郡無東陽縣,蓋是高陽之誤。

齊郡 領縣九。

臨淄 地形志齊郡:『臨淄二漢,晉屬。』

昌國 地形志齊郡:『昌國,二漢,晉屬。』

益都 地形志齊郡:『益都,二漢,晉屬。』

盤陽 地形志齊郡:『盤陽,二漢,晉屬。』

平昌 地形志齊郡:『平昌前漢屬琅邦,後漢屬北海,晉屬城陽,延興三年屬。』

廣饒 地形志齊郡:『廣饒,二漢晉屬。』

西安 地形志齊郡:『西安,二漢,晉屬。』

安平 地形志齊郡:『安平,二漢,晉屬。』

廣川 地形志齊郡,有廣川縣。

北海郡 領縣五。地形志:『北海郡漢景帝置,治平壽城。』

平壽 地形志北海郡:『平壽,二漢屬,晉屬齊郡,後屬。』

劇 地形志北海郡:『劇,二漢屬,晉屬琅邪,後屬。』

下密 地形志北海郡:『前漢屬膠東國後漢屬,晉屬齊郡,後屬。』

都昌 地形志北海郡:『都昌二漢屬晉屬齊郡,後屬。』

膠東 地形志北海郡:『前漢的膠東國,後漢屬北海,晉屬齊郡,後屬。』

樂安郡 領縣四。

千乘 地形志樂安郡:『千乘,前漢屬千乘,後漢屬,晉罷後復屬。』

博昌 地形志樂安郡:『博昌前漢屬千乘,後漢晉屬。』

安德　見地形志樂安郡。

般　見地形志樂安郡。

勃海郡　領郡三。地形志勃海郡：『故臨淄地，劉駿置，魏因之。』

長樂　見地形志勃海郡。

蓮合　見地形志勃海郡。

脩　見地形志勃海郡。

高陽郡　領縣五。地形志高陽郡『故樂安地，劉義隆置，魏因之。』

高陽　見地形志高陽郡。

新城　見地形志高陽郡。

鄚　見地形志高陽郡。

安次　見地形志高陽郡。

安平　見地形志高陽郡。

河間郡　領縣六。地形志河間郡：『劉義隆置，魏因之。』

阜城　見地形志河間郡。

城平　見地形志河間郡。

武垣　見地形志河間郡。

樂城　見地形志河間郡。

韋武　見地形志河間郡。

南皮　見地形志河間郡。

樂陵郡　領縣五。地形志樂陵郡：『故千乘地，劉義隆置，魏因之。』

陽信　見地形志樂陵郡。

樂陵　見地形志樂陵郡。

厭次　見地形志樂陵郡。

新樂　見地形志樂陵郡。

濕沃　見地形志樂陵郡。

高密郡　領縣五。地形志高密郡:『漢文帝爲膠西國，宣帝更爲高密國，後漢併北海，晉惠帝復，劉駿併北海，延昌中復』按地形志屬南兗州州。爲正光中置，故此郡原當屬青州。

高密 地形志高密郡:『前漢屬,後漢屬北海,晉屬城陽,後屬。』

夷安 地形志高密郡:『前漢屬,後漢屬北海,晉屬城陽,後屬。』

黔陬 地形志高密郡:『前漢屬琅邪,後漢屬東萊,晉屬城陽,後屬。』

平昌 地形志高密郡:『前漢屬琅邪,後漢屬北海,晉屬城陽,魏初屬平昌郡,延昌中屬。』

東武 地形志高密郡:『東武,二漢屬琅邪,晉屬城陽,後屬。』

平昌郡 領縣六 地形志:『平昌郡魏文帝置,後廢,晉惠帝復。』按地形志屬南兗州,今按正光以前當歸青州。

昌安 地形志平昌郡:『昌安,前漢屬高密,後漢屬北海,晉屬城陽後屬。』

淳于 地形志平昌郡:『淳于,二漢屬北海,晉屬城陽,後屬。』

營陵 地形志平昌郡:『營陵,二漢屬北海,晉屬琅邪。後屬。』

安丘 地形志平昌郡:『安丘二漢屬北海,晉屬琅邪。』

朱虛 地形志平昌郡:『朱虛,前漢屬琅邪,後漢屬北海,晉屬琅邪,後屬。』

琅邪 地形志平昌郡:『琅邪二漢屬琅邪,晉罷,後復屬。』

南青州 領郡二,縣六。地形志南青州:『治團城,顯祖置爲東徐州,太和二十二年改。』

東莞郡 領縣三。地形志東莞郡:『晉武帝置。』

東莞 地形志東莞郡:『東莞,二漢晉屬琅邪,後屬。』

莒 地形志東莞郡:『莒前漢晉屬城陽,後漢屬琅邪,後屬。』

諸 地形志陳莞郡:『諸,二漢屬琅邪,晉屬城陽,後屬。』

東安郡 領縣三。地形志:『二漢縣,晉惠帝置。』

蓋 地形志:『二漢屬泰山,晉屬琅邪,後屬。』

新泰 地形志新泰屬東安郡。

發干 地形志發干屬東安郡。

齊州 領郡六,縣三十五。地形志齊州:『治歷城,劉義隆置冀州,皇興三年更名。』

濟南郡 領縣六 地形志濟南郡：『漢文帝爲濟南國，景帝爲郡，後漢建武中復爲國，晉改。』

歷城 地形志濟南郡：『歷城二漢晉屬。』

著 地形志濟南郡：『著，二漢晉屬，治著城。』

東平陵 地形志濟南郡：『平陵，二漢晉屬，曰東平，陵後。』

土鼓 地形志濟南郡：『土鼓，二漢屬，晉罷，後復。』

逢陵 地形志濟南郡有逢陵。

朝陽 地形志濟南郡：『朝陽二漢屬，後漢曰東朝陽，後改，晉屬樂安，後屬，有朝陽城。』

東魏郡 領縣九。地形志東魏郡：『劉駿置魏因之，治歷城，後徙臺城。』

聊城 地形志東魏郡：『聊城，有臺城，笈城。』

蠡吾 地形志東魏郡：『蠡吾，劉駿置，魏因之。』

頓丘 地形志東魏郡：『頓丘，劉駿置，魏因之。』

肥鄉 地形志東魏郡：『肥鄉有平陵城巨合城。』

衛國 地形志東魏郡：『衛國，有挺城。』

博平 地形志東魏郡：『博平，有七鼓城，逢陵城。』

安陽 地形志東陽魏郡有安陽縣。

東魏 地形志東魏郡有東魏縣。

臨邑 地形志東魏郡：『臨邑，劉駿置，魏因之。』

東平原郡 領縣六。地形志東平原郡：『劉裕置，魏因之，治梁鄒。』

平原 地形志東平原郡有平原縣。

鬲 地形志東平原郡：『鬲，有高苑城，平原城。』

臨濟 地形志東平原郡：『臨濟，有邵平城，建新城。』

茌平 張志目作荏平誤抄。地形志東平原郡：『茌平有剛城。』（又濟州平原郡亦有此縣）攜此縣以仍屬平原郡爲是，地志重出：或古代設治以屬人爲主，而兩郡各有此縣戶口也。

廣宗 地形志東平原郡：『廣宗有平郭城。』

高唐 地形志東平原郡有高唐縣(又濟州南清河郡亦有此縣)按此縣以仍屬平原郡爲是,地形志重出。

東清河郡 領縣七 地形志東清河郡:『劉裕置魏因之,治盤陽城。』

貝丘 地形志東清河郡有貝丘。

清河 地形志東清河郡有清河。

繹幕 地形志東清河郡有繹幕。

鄃 地形志東清河郡有鄃(又濟州南清河郡亦有此縣)按此縣以屬平原郡爲是地形志重出。

零 地形志東清河郡有零(又濟州南清河郡亦有此縣)按此縣以屬平原郡爲是,地形志重出。

武城 地形志東清河郡有武城。

饒陽 地形志東清河郡:『饒陽,舊屬青州,太和十八年分屬。』

廣川郡 領縣三 地形志廣川郡:『劉裕置,魏因之。』

武強 地形志廣川郡有武強。

索盧 地形志廣川郡有索盧。

中水 地形志廣川郡有中水。

東太原郡 領縣四 地形志太原郡:『劉義隆置,魏因之。』

太原 地形志太原郡:『太原,司馬德宗置,魏因之,治斗城。』

祝阿 地形志太原郡:『祝阿,二漢屬平原,晉屬濟南,後屬。』

山茌 地形志太原郡 :『山茌,二漢晉屬泰山,後屬。』茌从艸从仕,地形志誤爲荏,張志目誤爲茬。

盧 地形志太原郡:『盧,前漢屬泰山,後漢晉屬濟北,後屬。』

光州 領郡二,縣十三。

東萊郡 領縣七 地形志光州東萊郡:『漢高帝置。』

掖 地形志東萊郡:『掖州郡治,二漢屬,晉罷,後復。』

西曲城 地形志東萊郡:『二漢,晉曰曲城,屬,後改。』

東曲城 地形志東萊郡:『皇興初分曲城置。』

盧鄉 地形志東萊郡：『二漢晉屬。』

牟平 地形志東牟郡：『孝昌四年分東郡陳留置，治雍丘』，指應作分東萊置，地重方合。東牟郡：『卽牟平二漢屬東萊，晉罷後復。』

黃 地形志東牟郡：『二漢晉屬東萊，有黃城。』

㡉 地形志東牟郡：『㡉，二漢晉屬東萊，有弦城。』

觀陽 地形志東牟郡：『觀陽前漢屬膠東，後漢屬北海，後罷，興和中復屬。』

長廣郡 領縣六 地形志，晉武帝置，治膠東城。

卽墨 地形志長廣郡：『卽墨郡治，前漢屬膠東國，後漢屬北海，晉屬。』

昌陽 地形志長廣郡：『昌陽二漢置東萊，後罷，晉惠帝後，後屬。」

長廣 地形志長廣郡：『長廣前漢屬琅邪，後屬東萊，晉屬。』

不其 地形志長廣郡：『不其前漢屬琅邪，後漢屬東萊，晉屬。』

挻 地形志長廣郡：『挺前漢屬膠東，後漢屬北海，晉屬。』按當作挻，地形志誤。

當利 地形志長廣郡：『當利，二漢晉屬東萊，後屬。』

雍州 領郡五，縣三十三。地形志雍州：『漢改曰涼，治漢陽郡隴縣，後治長安。』

京兆郡 領縣八。地形志京兆郡：『秦爲內史，漢高帝爲渭南郡，武帝爲京兆尹，後漢因之，屬司隸，魏改屬。』

長安 地形志京兆郡：『長安漢高帝置，二漢晉屬。』

霸城 地形志京兆郡：『郡治二漢曰霸陵，晉改，屬。』

杜城 地形志京兆郡：『杜，二漢晉屬，二漢日杜陵，晉日杜城，後改。』

鄠 地形志京兆郡：『鄠，二漢屬右扶風，晉屬始平，眞君七年分屬。』

山北 地形志京兆郡有山北縣。

新豐 地形志京兆郡：『新豐漢高帝置二漢晉屬。』

陰槃 地形志京兆郡：『陰槃二漢屬，晉屬，眞君七年併新豐，太和十一年復。』

藍田 地形志京兆郡：『藍田，二漢屬，晉屬，眞君七年併霸城，太和十一年復。』

馮翊郡 領縣七。地形志:『故秦內史,漢高帝二年更名河上郡,九年復為內史,武帝為左內史,後為左馮翊,後改。』

高陸 地形志馮翊郡:『高陸郡治,二漢曰高陵,屬,晉屬京兆,魏明帝改屬。』

頻陽 地形志馮翊郡:『頻陽秦置,二漢,晉屬,為廣武城。』

萬年 地形志馮翊郡:『萬年,漢高帝置,二漢,晉屬京兆後屬。』

蓮勺 地形志馮翊郡:『蓮勺,二漢晉屬,有據城,下邽城。』

夏封 元和志關內道華州下邽縣:『後魏避道武帝諱改為夏封,隋大業二年復舊。』

廣陽 地形志馮翊郡:『廣陽,景明元年置。』

郭 地形志馮翊郡:『郭太和二十二年置。』

扶風郡 領縣五。地形志:『扶風郡,故秦內史,漢高帝二年更名為中地郡,九年,復為內史,武帝為右內史,太和中更名主爵都尉為右扶風,後改,世祖眞君中,併始平郡屬焉。』

好畤 地形志:『好畤郡治,前漢屬,後漢晉罷,後復,有武始城。』

始平 地形志:『始平,魏置,晉屬始平。』

美陽 地形志扶風郡有美陽,按此縣,應歸武功郡,地形志重出。蓋戶籍並屬於兩郡也。

槐里 地形志扶風郡:『槐里,二漢晉屬始平,周曰犬丘,秦更名廢丘,漢高帝改。』

盩厔 地形志扶風郡:『盩厔,漢武帝置屬,後漢,晉罷,後復屬,眞君七年併武功屬焉。』

咸陽郡 領縣五。

池陽 地形志咸陽郡:『池陽,郡治二漢屬左馮翊,晉屬扶風,後屬。』

石安 地形志咸陽郡:『石勒置,秦孝公築渭城,名咸陽宮。』

靈武 地形志咸陽郡:『前漢屬北地,後漢罷,晉復,眞君七年分屬焉。』

寧夷 地形志咸陽郡有寧夷。

涇陽 地形志咸陽郡:『涇陽,眞君七年併石安,景明二年復屬。』

北地郡 領縣八。地形志北地郡:『魏文帝分馮翊之祋祤置。』

富平　地形志北地郡：『富平眞君八年罷泥陽戈尼屬焉，有此地城。』

泥陽　地形志北地郡：『泥陽二漢晉屬，眞君七年併富平，景明元年復。』

弋居　地形志北地郡：『戈居二漢屬，晉罷，後復，眞君七年併富平，後復。』

雲陽　地形志北地郡：『雲陽，二漢屬左馮翊，晉罷，後復屬。』

銅官　地形志北地郡：『銅官，眞君七年置。』

土門　地形志北地郡：『土門，景明元年置。』

宜君　地形志北地郡：『宜君，眞君七年置。』

三原　元和志關內道京兆府：『三原，本漢池陽縣……苻秦於此山北置三原護軍……魏太武七年罷，改置三原縣，屬北地君。』

岐州　領郡三，縣九。地形志岐州：『太和十一年置，治雍城鎭。』

平秦郡　領縣三　地形志岐州：『平秦郡，太延二年置。』

雍　地形志岐州平秦郡：『雍，二漢晉屬右扶風，後屬。』

周城　地形志平秦郡：『周城，眞君六年置。』

橫水　地形志平秦郡：『橫水，眞君十年分周城置。』

武都郡　領縣四　地形志岐州：『武都郡，太和年置。』

虢　元和志鳳翔府虢縣：『古虢國，周文王弟虢叔所封，是曰西虢，秦武公滅爲縣，周的洛邑縣，隋大業三年復爲虢縣。

苑川　隋地理志扶風郡：『陳倉後魏曰苑川，西魏改曰陳倉。』

平陽　地形志武都郡：『平陽，眞君六年置。』

高車　地形志武都郡有高車縣。

武功郡　領縣二。地形志太和十一年分扶風置。

美陽　地形志武功郡：『美陽二漢晉屬扶風，眞君七年罷郡屬焉，後屬。』

武功　元和志京兆府：『武功，漢舊縣，』此縣至唐未廢，北魏應仍屬武功郡。

漠西　地形志武功郡：『漠西，太和十一年分好時置。』

華州　領郡三，縣十三。地形志『太和十一年分秦州之華山澄城白水置。』

華山郡　領縣五。地形志有華山郡。

鄭　地形志華山郡：『鄭，二漢屬京兆後屬。』

華陰 地形志華山郡：『華陰前漢屬京兆，後漢晉屬恒農後屬。』

夏陽 地形志華山郡：『夏陽，二漢晉屬馮翊，後屬。』

敷西 地形志華山郡：『敷西，太和十一年，分夏陽置。』

郃陽 地形志華山郡：『郃陽，二漢晉屬馮翊後罷，太和二十年復屬。』

澄城郡 領縣五。地形志華州澄城郡：『眞君七年置。』

澄城 地形志澄城郡：『澄城眞君七年置，有杏城。』

五泉 地形志澄城郡：『五泉，眞君七年置。』

三門 地形志賢城郡：『三門，眞君七年置。』

宮城 地形志澄城郡：『宮城眞君七年置。』

南五泉 地形志澄城郡：『南五泉，太和十一年置。』

白水郡 領縣三地形志華州白水郡，『太和二年分澄城置。』

白水 地形志白水郡：『白水太和二年置。』

南白水 地形志白水郡：『南白水太和十一年分白水置。』

姚谷 地形志白水郡：『姚谷太和二年置。』

秦州 領郡五，縣十九，地形志下秦州：『神䴥元年置雍州，延和元年改，太和中罷，天平初復，後陷。』又：『秦州，治上邽城。』

天水郡 領縣四 地形志下，秦州天水郡：『漢武帝置，後漢明帝改爲漢陽，後復。』

上封 地形志，『前漢屬隴西，後漢屬漢陽，晉屬，犯太祖諱（按原名上邽，與珪音同），改。』

顯新 地形志天水郡：『顯新，後漢屬漢陽，晉屬，眞君八年併安夷，後屬。』

平泉 地形志天水郡有平泉縣。

當亭 地形志天水郡：『當亭，眞君八年置。』

略陽郡 領縣八。地形志下，秦州，略陽郡：『晉武帝分天水置。』

安戎 地形志略陽郡：『安戎，前漢曰戎邑，屬天水，後漢晉罷，後改屬。』

綿諸 地形志略陽郡：『綿諸前漢屬天水，後漢晉罷，後復屬。』

隴城 地形志略陽郡：『隴城前漢屬天水，後漢屬漢陽，晉罷，後復屬。』

清水 地形志略陽郡：『清水，前漢屬天水，後漢罷，晉復屬。』

阿陽 地形志略陽郡：『阿陽，前漢屬天水，後漢屬漢陽，晉罷，太和十一年復屬。』

彰 地形志渭州廣寧郡有彰縣。

新興 地形志渭州廣寧郡有新興縣：『眞君八年罷中陶㴖部襄武屬焉。』

南田 地形志武都郡有南田。

漢陽郡 領縣三。地形志：『眞君七年分天水置。』

黃瓜 地形志漢陽郡：『黃瓜，眞君八年置，有始昌城。』

陽廉 地形志漢陽郡有陽廉縣。張目誤陽爲楊。

階陵 地形志漢陽郡有階陵縣。

隴西郡 領縣二。地形志渭州隴西郡：『秦置。』

襄武 地形志渭州隴西郡有襄武。

首陽 地形志渭州隴西郡有首陽。

南安陽郡 領縣二。地形志渭州有南安陽郡。

桓道 地形志南安陽郡有桓道。

中陶 地形志南安陽郡有中陶。

南秦州 領郡九(附二)，縣二十七。地形志下，南秦州:『眞君七年置仇池鎭，太和十二年爲渠州，正始初置，治洛谷城。』

仇池郡 領縣二。見地形志下。

階陵 地形志：『眞君四年置。』

倉泉 地形志：『太和二年置。』

廣業郡 領縣二。見地形志下。

下辨 見地形志廣業郡。

白石 見地形志廣業郡。

固道郡 領縣三。地形志『延興四年置。』元和志山南道鳳州：『後魏太平眞君二年，招定仇池，其年於此城立鎭，太和元年置固道郡。』

兩當 元和志：『兩當縣本漢故道縣地……後魏變文爲固，於此置固道郡領兩當廣鄉二縣，因縣界兩當水爲名。』

廣鄉 元和志兩當縣:『後魏變文為固,於此置固道郡領兩省廣鄉二縣。』

梁泉 元和志:『梁泉本漢故道縣地,後魏太和元年於此置梁泉縣。』

廣化郡 領縣三。見地形志下。元和志二十二山南道鳳州,河池縣:『本漢舊縣,河池一名仇池……永嘉以後 ,沒於氐羌,縣名絕矣 ,後魏於此置廣化郡廣化縣,隋開皇三年罷郡,縣屬鳳州,仁壽元年改為河池縣,復漢舊名,皇朝因之。』案卽今甘肅徽縣,河池在其西也。

廣化 本漢河池縣見前引元和志。

階陵 見地形志下,仇池郡:『階陵,眞君四年置。』

倉泉 見地形志下,仇池郡:『倉泉,太和四年置。』

天水郡 領縣三。與秦州天水郡異地,地形志下:『眞君七年置。』

水南 地形志南秦州天永郡:『水南郡治,眞君二年置。』

平泉 地形志:『眞君三年置。』

平原 見地形志南秦州天水郡。

漢陽郡 領縣二。與秦州漢陽郡異地,地形志下,南秦州漢陽郡:『眞君五年置。』

蘭倉 地形志下,南秦州漢陽郡:『蘭倉,郡治,眞君三年置。』

穀泉 見地形志下,南秦州天水郡。

武都郡 領縣五。地形志下,南秦州武都郡,『漢武帝置。』

石門 地形志下,南秦州武都郡:『石門,郡治,眞君九年置。』

白水 地形志下,『白水眞君九年置鎮,後改。』

東平 地形志下,『東平眞君九年置。』

孔提 地形志下,南秦州武都郡有孔提縣。

建昌 元和志山南道文州,『長松縣,後魏之建昌縣也。』

武階郡 領縣四。見地形志下,南秦州屬。

甋當 隋書地理志武都郡覆津:『後魏初曰甋當,置武階郡。』

北部 見地形志下。

南五部 地形志下南秦州武階郡:『南五部,太和四年置郡後改。』

赤萬 地形志南秦州武階郡:『赤萬,太和四年置後改。』

脩武郡 領縣四 見地形志下，南秦州。

廣長 地形志南秦州脩武郡：『廣長郡治，太和四年置。』

平洛 地形志脩武郡：『平洛，太和四年置。』

和樹 地形志脩武郡：『和樹，太和八年置。』

下辨 地形志脩武郡：『下辨二漢晉屬武都郡，太和四年分屬焉。』

馬盤郡 領縣一。元和志三十三龍州清川縣『本後魏已馬盤郡，領馬盤一縣。』

馬盤 見前引元和志。

油江郡 領縣一。通典一七六龍州：『漢及魏爲無人之境，晉得之屬陰平郡，宋齊皆因之，後魏置河江郡，西魏置龍州。』

油江 見前引通典。

東秦州 領郡三，縣七。地形志北華州：『太和十五年置，東秦州，後改，治杏城。』

中部郡 領縣四。見地形志北華州。

中部 地形志中部郡：『姚興置，魏因之。』

石保 見地形志中部郡。

狄道 見地形志中部郡。

長城 見地形志中部郡。

敷城郡 領縣三。見地形志下，北華州。

洛川 見地形志敷城郡：『眞君中置。』

敷城 見地形志敷城郡。

定陽 見地形志敷城郡。

豳州 領郡三，縣九。地形志下:『豳州，皇興二年爲華州，延興二年爲三縣，太和十一年改爲班州，十四年爲邠州，二十年改焉。』

趙興郡 領縣五。地形志豳州趙興郡：『眞君二年置。』

定安 地形志趙興郡：『定安眞君二年置。』

趙安 地形志趙興郡：『趙安，眞君二年置。』

高望 地形志趙興郡：『高望眞君二年置。』

獨樂 地形志趙興郡:『前漢屬上郡,後漢晉罷,後復屬。』

陽周 地形志趙興郡:『陽周,前漢屬上郡,後漢,晉罷,後復屬,有橋山黃帝冢。』

西北地郡 領縣二。地形志豳州西北地郡:『秦昭王置。』

富平 地形志西北地郡:『富平二漢晉屬北地,後屬。』

彭陽 地形志西北地郡:『彭陽,二漢晉屬安定晉罷,後復屬。』

安武 地形志西北地郡:『安武,前漢屬安定,後漢,晉罷,後復屬。』

襄樂郡 領縣二。地形志豳州襄樂郡,太和十一年置。

襄樂 地形志襄樂郡:『襄樂前漢屬上郡,後漢罷,後復屬。』

膚施 地形志襄樂郡:『膚施,二漢屬上郡,晉罷,後復屬。』

洛州 領郡五,縣七。地形志下,洛州太延五年置荆州,太和十一年改治上洛城。』

上洛郡 領縣二。地形志洛州上洛郡:『晉武帝置。』

上洛 地形志上洛郡:『上洛,前漢屬恆農,後漢屬京兆晉屬。』

拒陽 地形志上洛郡有拒陽縣。

上庸郡 領縣二。地形志『皇興四年置東上洛,永平四年改。』

豐陽 地形志上庸郡:『豐陽郡治,太安二年置。』

商 地形志上庸郡:『商,前漢屬恆農後漢屬京兆,晉屬上洛,後屬。』

魏興郡 領縣一。地形志洛州魏興郡:『太延五年置。』

陽亭 地形志魏興郡陽底:『太和五年置。』

始平郡 領縣一。地形志洛州始平郡:「景明元年置。』

上洛 地形志洛州始平郡有上洛縣。

蒖和郡 領縣一。地形志洛州蒖和郡:『景明元年置。』

南商 地形志洛州蒖和郡有南商。

涇州 領郡六,縣十六。地形志,『治臨涇城。』

安定郡 領縣五 地形志涇州安定郡:『漢武帝置,太和十一年罷石堂郡,以其縣屬。』

安定 地形志涇州安定郡：『安定前漢屬，後漢晉罷，後復。』

臨涇 地形志安定郡：『臨涇，二漢晉屬。』

朝那 地形志安定郡：『朝那，二漢晉屬。』

烏氏 地形志安定郡：『烏氏，二漢晉屬。』

石堂 地形志安定郡有石堂縣。

隴東郡 領縣三。地形志涇州有隴東郡。

涇陽 地形志隴東郡：『涇陽，前漢屬安定，後漢晉罷，後復。』

祖厲 地形志隴東郡誤作祖居，案當作祖厲：『前漢屬罷，後復屬武成，晉罷。』

撫夷 地形志隴東郡：『前漢屬安定，後漢晉罷，後復屬。』

新平郡 領縣四。地形志下，涇州新平郡：『後漢獻帝建安中置。』

白土 地形志新平郡：『白土，二漢屬上郡，晉屬金城，後屬。』

爰得 地形志新平郡：『爰得，前漢屬安定，後漢晉罷，後復屬。』

三水 地形志新平郡：『三水二漢屬安定，晉罷，後復屬。』

高平 地形志新平郡：『高平，二漢屬安定，晉罷，後復屬。』

隨平郡 領縣二。地形志下，涇州有隨平郡張目誤爲趙平郡。

鶉觚 地形志隨平郡：『鶉觚前漢屬山城，後漢晉屬安定，後屬。』

東檠 地形志隨平郡有東檠。

平凉郡 領縣二。地形志下，涇州有平凉郡。

鶉陰 地形志平凉郡：『鶉陰郡治，前漢屬安定，後漢屬武威，晉罷，後復屬。』

陰密 地形志平凉郡：『陰密，前漢屬，安定，後漢罷，晉復屬。』

平原郡 領縣一。地形志涇州，有平原郡。

陰槃 地形志平原郡：『陰槃二漢屬安定，晉屬京兆，後屬。』

夏州 領郡四，縣九。地形志下，夏州：『赫連屈孑所都，始光四年平爲統萬鎮，太和十一年改置，治大夏。』

化政郡 領縣二。地形志夏州化政郡：『太和十二年置。』

革融 地形志化政郡有革融縣。

巖綠 地形志化政郡有巖綠縣。

闡熙郡 領縣三。地形志闡熙郡:『太和十二年置。』

山鹿 地形志闡熙郡有山鹿縣。

新囶 地形志闡熙郡有新囶縣。

長澤 地形志闡熙郡有長澤縣。

金明郡 領縣三。地形志下,金明郡:『眞君十二年置。』

永豐 地形志金明郡:『永豐眞君十三年置。』

啓寧 地形志金明郡有啓寧縣。

廣洛 地形志金明郡:『廣洛,眞君十年置。』

代名郡 領縣二。地形志代名郡:『太安二年置。』

呼酋 地形志代名郡:『呼酋太安二年置有橫水。』

渠搜 地形志代名郡:『渠搜太和二年置。』

涼州 地形志:『涼州,漢置治隴,神鹿中爲鎭,太和中復。』

領郡十,領縣二十。

武安郡 領縣一。見地形志涼州。

宜盛 地形志武安郡有宜盛縣。

臨杜郡 領縣二。見地形志涼州自注杜亦作社。

安平 地形志臨杜郡有安平縣。

和平 地形志臨杜郡有和平縣。

建昌郡 領縣三。見地形志涼州。

楡中 地形志建昌郡有楡中縣。

治城 地形志建昌郡有治城縣。

蒙水 地形志建昌郡有蒙水縣。

番和郡 領縣二。見地形志涼州。

彰 地形志番和郡有彰縣。

燕支 地形志番和郡有燕支縣。

泉城郡 領縣一。見地形志涼州。

新陽 地形志泉城郡有新陽縣。

武興郡 領縣三。見地形志涼州。

晏然 地形志武興郡有晏然縣。

馬城 地形志武興郡有馬城縣。

休屠 地形志武興郡有休屠縣。

武威郡 領縣二。地形志涼州武威郡：『漢武帝置。』

姑臧 元和志四十涼州姑臧縣：『本漢舊縣。』

林中 地形志武威郡有林中縣。

襄城 地形志武威郡有襄城縣。

昌松郡 領縣三。見地形志涼州。

溫泉 地形志昌松郡有溫泉縣。

揟次 地形志昌松郡有揟次縣。

莫口 地形志昌松郡有莫口縣。

東涇郡 領縣一。見地形志涼州。

台城 地形志涼州有臺城縣。

梁寧郡 領縣二。見地形志涼州。

園池 地形志梁寧郡有園池縣。

貢澤 地形志梁寧郡有貢澤縣。

廣武郡 領縣三。

廣武 元和志三十九蘭州廣武縣：『本漢枝陽縣地，前涼張駿三年，分晉興置廣武郡，隋開皇三年罷郡，置廣武縣，屬蘭州。』

允吾 漢舊縣。

令居 漢舊縣。

魏安郡 領縣無考。

張掖郡 領縣二。

永平 元和志四十甘州張掖縣：『本漢觻得縣，晉改名永平縣。』

刪丹 元和志四十甘州刪丹縣：『本漢舊縣屬張掖郡，按焉支山一名刪丹山故以名縣。』

湟河郡 領縣二。通典一七四廓州：『漢末屬西平郡，前涼於此置湟河郡。』張志目誤抄爲淸河郡。

石城 元和志三十九廓州化城縣：『本後魏石城縣地。慶帝二年因境內有化隆谷改爲化隆縣。』

廣威 元和志三十九廓州米川縣：『本前涼張天錫於此置邯川式後魏孝昌二年於戍城置廣威縣。』

酒泉郡 領縣三。通典一七四酒泉郡(肅州)：『舊月支地，匈奴居焉，漢武開之，置酒泉郡，涼武昭王遷都於此，後魏亦爲酒泉郡』按酒泉，晉昌，敦煌三郡張目無，今補。

酒泉 漢書地理志作觻得縣。

祿福 按漢書地理志作祿福唐人作福祿蓋沿用常語也。

玉門 通典『漢舊縣』

晉昌郡 領縣二。通典一七四晉昌郡(瓜州)『古西戎地，戰國時爲月支所居，秦末漢初屬匈奴，武帝以後爲敦煌郡地，後漢魏晉皆因之，後魏屬常樂會稽二郡。』

晉昌 通典：『後魏明帝正光中置會稽郡於此』是延爲時尙無會稽郡也。

常樂 通典：『漢廣至縣地。』

敦煌郡 領縣二。通典敦煌郡(沙州)：『漢武帝開其地，後分酒泉置敦煌郡，後漢魏晉皆因之，源武昭王始都於此，後魏後周並爲敦煌郡。』

敦煌 通典『漢舊縣』

壽昌 通典『漢龍勒縣』

河州 領郡四，縣十二。地形志下，河州：『眞君六年置鎭後改治抱至(罕)。』

金城郡 領縣三　地形志河州金城郡：『漢昭帝置，後漢建武十三年(闕)隴西，孝明復。』

五泉 元和志三十九蘭州五泉縣：『本漢金城縣地，屬金城郡，前涼張實徙金城郡理焉。』

楡中 地形志金城郡楡中縣：『二漢，晉屬。』

大夏 地形志金城郡大夏縣：『二漢屬隴西，晉屬晉興，皇興三年改爲郡，後復屬。』

武始郡 領縣三。地形志河州武始郡：『晉分隴西置。』

勇田 地形志武始郡勇田縣：『眞君八年置郡，後改。』

狄道 地形志武始郡狄道縣：『二漢屬隴西，晉屬。』

陽素 地形志武始郡有陽素縣。

洪和郡 領縣三。地形志河州有洪和郡。

水池 地形志洪和郡水池縣：『眞君四年置郡，後改。』

藍川 地形志洪和郡藍川縣：『眞君八年置郡，後改。』

蕈州 地形志洪和有蕈州縣。

臨洮郡 領縣四。地形志河州臨洮郡，『二漢晉縣屬隴西，眞君六年改置。』

臨洮 漢舊縣。

龍城 地形志臨洮郡龍城縣，『太和十年置。』

石門 地形志臨洮郡石門縣：『太和九年置。』

赤水 地形志臨洮郡有赤水縣。

梁州

領郡六，縣十四。地形志梁州：『蕭衍梁秦二州，正始初改置。』

晉昌郡 領縣四。見地形志下，梁州。

龍亭 見地形志晉昌郡。

興勢 見地形志晉昌郡。

南城 見地形志晉昌郡。

宣安

褒中郡 領縣三。見地形志下，梁州。

褒中 地形志褒中郡褒中：『二漢晉屬漢中，後罷，永平四年復屬。』

武鄉 地形志褒中郡，武鄉，『延昌元年置。』

廉水 見地形志褒中郡。

安康郡 領縣二。地形志梁州安康郡：『劉準置，魏因之。』

安康 地形志安康郡安康：『二漢曰安陽，屬漢中，漢末省，魏復，武帝更名，屬魏興郡，後屬。』按安康郡漢之西城。

寧郡

漢中郡 領縣三。地形志梁州漢中郡:『秦置。』

南鄭 地形志漢中郡南鄭:『二漢,晉屬。』

漢陰 見地形志漢中郡。

城固 地形志漢中郡城固:『二漢晉屬『,按漢作成固。

華陽郡 領縣三。地形志下,梁州有華陽郡。

華陽 地形志華陽郡有華陽縣。

沔陽 地形志華陽郡沔陽縣:『二漢晉屬漢中,後屬。』

嶓冢 地形志華陽郡有嶓冢縣。

豐寧郡 領縣三。

豐寧 元和郡縣志二十二洋州本漢漢中郡成固縣地,先主分成固立南鄉縣,爲蜀重鎭晉改爲西鄉縣,後魏宣武帝正始中於豐寧戍置豐寧郡。

西鄉 元和志,本漢成固地,蜀先主置南鄉,晉武帝改名西鄉。

興勢 元和志興道縣本漢成固縣地,後魏宣武分置興勢縣。

巴州 領郡二,縣六。地形志闕。

通典一七五巴州,『古巴國也,秦二漢屬巴郡,晉宋之間,爲夷獠所據,不置郡縣,宋末於嶺之南置歸化郡,卽今郡是也,齊因之,梁置歸化木蘭二郡,後魏得其地,置大谷郡,隋初郡廢,置巴州。』

大谷郡 領縣三。

大谷 通典一七五歸化城:『漢宕渠縣地,後漢置漢昌縣,梁曰大谷,後周改之。』

伏强 通典一七五淸化縣『漢葭萌地有淸水,梁置伏强縣,隋改之。』

難江 通典一七五盤道縣:『梁置難江縣,後魏改之』案盤道縣改名事在西魏恭帝三年,前此仍作難江也。張志作盤道,今改。

歸化郡 領縣三。

曾口 通典一七五曾口縣:『漢宕渠縣地,梁置今縣。』通考三二一曾口縣:『梁縣,有木蘭山。』

其章 通典一七五其章『漢宕渠縣地，梁置今縣』，隋唐作奇章。

平州 通典一七五：『歸仁，梁置平州，隋改爲縣。』按宋書三十八地理志：『巴西太守，平州令，晉武帝太康元以野民歸化立』，故平州仍舊縣名，非州名，隋以前當作平州縣，隋始改爲歸仁縣耳。

益州 領郡六，縣十四。附僑郡二

地形志益州：『正始中置。』

東晉壽郡 領縣四。地形志東晉壽郡：『司馬德宗置，魏因之。』

黃 見地形志東晉壽郡。

石亭 見地形志東晉壽郡。

興安 地形志東晉壽郡：『司馬德宗置，魏因之。』

晉壽 地形志東晉壽郡：『晉惠帝置，屬梓橦，後屬。』元和郡縣志二十二：『益昌縣本漢葭萌縣地晉改置晉壽縣，周改爲益昌縣。

西晉壽郡 領縣二。地形志西晉森郡屬益州。

陰平 見地形志西晉壽郡。

三泉 地形志西晉壽郡三泉：『司馬德宗置，魏因之。』

新巴郡 領縣二。地形志益州新巴郡：『司馬德宗置魏因之。』

新巴 地形志新州郡新巴：『司馬德宗置，魏因之。』

晉安 元和郡縣志二十二利州葭萌縣：『本漢葭萌縣地，東晉於今縣南置晉安縣隋改爲葭萌縣，取淡舊名也。嘉陵江在縣城南。』

南泉郡 領縣二。見地形志益州。

始平 見地形志南泉郡。

京兆 見地形志南泉郡。

宋熙郡 領縣三。見地形志益州。

興樂 見地形志宋熙郡。

元壽 見地形志宋熙郡。

巴西郡 領縣二。通典一七五閬中郡『秦二漢屬巴郡晉爲巴郡，宋齊因之，……梁置北巴州及北巴郡西魏平蜀，置崇州。』按北魏盛時，疆域當有之，故列入。

閬中

伏虞

宕渠

南陽郡　僑郡

始平郡　僑郡

東益州　領郡七，縣十六。地形志東益州：『治武興。』

武興郡　領縣四。見地形志東益州。

景昌　見地形志武興郡。

武興　地形志武興郡武興：『州治。』

石門　見地形志武興郡。

武安　見地形志武興郡。

仇池郡　領縣二。見地形志東益州。

西鄉　見地形志仇池郡。

西石門　見地形志仇池郡。

槃頭郡　領縣二。張穆目漢爲樂頭郡，見地形志東益州。

武世　見地形志槃頭郡。

萇舉　見地形志槃頭郡。

廣萇郡　領縣二。見地形志東益州。

萇廣　見地形志廣萇郡。

新巴　見地形志廣萇郡。

廣業郡　領縣二。見地形志東益州。

廣業　見地形志廣業郡。

廣化　見地形志廣業郡。

梓橦郡　領縣二。見地形志東益州。

華陽　見地形志梓橦郡。

興宋　見地形志梓橦郡。

洛聚郡　領縣二。見地形志東益州。

武都　見地形志洛聚郡。

明水　見地形志洛聚郡。

豫州　領郡十一，縣四十三。治懸瓠城。

地形志中，別豫州及東豫州爲二，東豫州：『太和十九年晉(置)，治廣陵城，孝昌三年陷，武定七年復。』與此不同，見下。

汝南郡　領縣八。地形志豫州汝南郡：『漢高帝置。』又地形志東豫州汝南郡：『孝昌三年陷，歲定七年復。』凡南新息，北新息，安陽，汝陽，長平五縣與此不同，別爲一郡，見下文東豫州下。

上蔡　地形志豫州汝南郡上蔡：『州郡治，二漢晉屬。』

臨汝　地形志汝南郡臨汝：『劉裕置，魏因之。』

平輿　地形志汝南郡平輿：『二漢，晉屬。』

安城　地形志汝南郡安城：『二漢，晉屬。』

西平　地形志汝南郡西平：『二漢，晉屬。』

瞿陽　地形志汝南郡瞿陽：『二漢晉爲濾陽，屬後改。』

陽安　地形志汝南郡陽安：『二漢晉屬。』

保城　地形志汝南郡保城：『劉駿置，魏因之。』

南潁川郡　領縣三。地形志豫州潁川郡：『太和六年置。』

邵陵　地形志豫州潁川郡邵陵，『二漢屬汝南，晉屬。

臨潁　地形志豫州潁川郡臨潁：『二漢晉屬。』

曲陽　地形志豫州潁川郡曲陽：『前漢屬東清，後漢屬下邳，晉罷，後漢屬。』

汝陽郡　領縣三。地形志豫州有汝陽郡。

汝陽　地形志豫州汝陽郡汝陽：『郡治，二漢晉屬，汝南，後屬。』又東新蔡郡亦有汝陽縣：『孝昌三年陷，武定七年復。』又『財丘梁興二郡』亦有汝陽縣『蕭衍置，魏因之。』

武津　地形志豫州汝陽郡有武津縣。

征羌　地形志豫州汝陽郡征羌：『後漢屬汝南，後屬。』

新蔡郡　領縣二。地形志豫州有東新蔡郡。

鮦陽　地形志東新蔡郡鮦陽縣:『太和二十三年置,孝昌中陷,武安七年復。』

固始　地形志東新蔡郡固始縣:『太和二年置,孝昌中陽,武定七年復。』

初安郡　領縣四。地形志預州初安郡:『延興二年置,孝昌中陷,後復。』

新懷　地形志初安郡有新懷縣(張稿誤爲新德)。

安昌　地形志初安郡安昌縣::『前漢屬汝南後屬。』

懷德　地形志初安郡有懷德縣。

昭越　地形志初安郡有昭越縣。

襄城郡　領縣三。地形志豫州襄城郡:『晉武帝置,治襄城。』

義綏　地形志襄城郡有義綏縣。

遂寧　地形志襄城郡有遂寧縣。

武陽　地形志襄城郡有武陽縣。

陳郡　領縣四。地形志北揚州陳郡:『漢高帝置爲淮陽國,後漢章帝更名爲陳國,晉初併梁國後復改。』

項　地形志郡項縣:『二漢屬汝南,晉屬梁國,後屬。』

長平　地形志陳郡長平前漢屬汝南後漢屬陳國,晉屬潁川,……晉初省,惠帝永康元年復。』

西華　地形志陳郡西華:『二漢屬汝南,晉初省,惠帝永康元年復,原潁川,後屬。』

襄邑　地形志陳郡有襄邑縣。

南頓郡　領縣三。地形志北揚州南頓郡:『晉惠帝置。』

南頓　地形志南頓郡南頓,『二漢晉屬汝南,後屬。』

和城　地形志南頓郡有和城縣。

平鄉　地形志南頓郡有平鄉縣。

汝陰郡　領縣四。地形志在北揚州。

汝陰　地形志北揚州汝陰郡汝陰:『二漢屬汝南,晉屬』又地形志汝陰縣在『汝陰,弋陽二郡』髮頭郡。

宋　地形志北揚州汝陰郡宋縣:『前漢曰新鄴,屬汝南,後漢改,晉屬,後罷,太和元年後屬。』又地形志在『汝陰，弋陽二郡。』

許昌 地形志在潁州『北陳留潁川二郡』

新蔡 地形志新蔡縣在南頓郡：『二漢屬汝南，晉屬汝陰後屬。』（按或亦屬新蔡郡）。

丹陽郡 領縣四。地形志中北揚州有丹陽郡。

秣陵 地形志丹陽郡有秣陵縣（志作秣陵，秣字誤）。

邵陵 地形志丹陽郡有邵陵縣。

南陽 地形志丹陽郡有南陽縣。

白水 地形志丹陽郡有白水縣。

城陽郡 領縣五。地形志中豫州城陽郡：『太和三年置，後罷。武定初復。』

安定 以下各縣並見地形志中豫州城陽郡。

淮陰

眞陽

建興

建寧

東豫州

領郡八，縣十八。

地形志中東豫州：『太和十九年置（原作晉），治廣陵城，孝昌三年陷，武定七年復。』

汝南郡 領縣五。地形志東豫州汝南郡：『孝昌三年陷，武定七年復。』

南新息 地形志東豫州汝南郡南新息：『孝昌三年陷，武定七年復。』

北新息 見地形志東豫州汝南郡。

安陽 見地形志東豫州汝南郡。

汝陽 見地形志東豫州汝南郡。

長平 見地形志東豫州汝南郡。

東新蔡郡 領縣四。地形志東豫州有東新蔡郡。

固始 地形志東新蔡郡固始：『太和二年置孝昌中陷武定七年復。』

鮦陽 地形志東新蔡郡鮦陽：『太和二十三年置，孝昌中陷，武定七年復。』

苞信　地形志東新蔡郡苞信：『孝昌中陷，武定七年復。』

汝陽　地形志東新蔡郡汝陽：『孝昌三年陷，武定七年復。』

新蔡郡　領縣三。地形志東豫州新蔡郡『孝昌中陷，武定七年復。』

新蔡　地形志南頓郡有新蔡縣：『二漢屬汝南，晉屬汝陰，後屬。』

苞信　地形志新蔡郡苞信：『孝昌三年陷，武定七年復。』

長陵　見地形志新蔡郡。

弋陽郡　領縣一。地形志東豫州弋陽郡：『孝昌三年陷，武定七年復。』

弋陽　地形志東豫州戈陽郡弋陽縣：『孝昌三年陷，武定七年復，有戈陽城，黃水。

陽安郡　領縣一。地形志東豫州陽安郡：『太和十九年(置)』

永陽　見地形志東豫州陽安郡。

光城郡　領縣二。地形志光州：『蕭衍置，魏因之，治光城』有南光城郡及北光城郡，均有光城及景安二縣，北光城郡，光郡縣：『州治』是以北光城郡爲主也。此光州在河南，與前列之光州在山東者不同。

光城　見地形志光州北光城縣。

樂安　見地形志光州北光城縣。

宋安郡　領縣二。見地形志光州宋安郡，地形志宋安郡自注曰『治大城』而其下樂寧縣又自注曰：『郡治』兩相矛盾，或樂寧縣有大城故爲郡治所在也。

樂寧　見地形志宋安郡。

宋安　見地形志宋安郡。

安蠻郡　領縣一。見地形志湘州。

新化　地形志湘州安蠻郡新化『州郡治』蓋其地本齊梁邊區，而遙屬於魏也。

揚州　領郡十，縣二十一。地形志中揚州後漢治歷陽，魏治壽春，後治建業，晉亂置豫州，劉裕蕭道成並同之，景明中改，孝昌中陷，武定中復。

梁郡　領縣二　見地形志中，揚州梁郡。

崇義　見地形志，揚州，梁郡。

蒙　見地形志中，揚州梁郡。

淮南郡 領縣三。見地形志中，揚州淮南郡。

壽春 見地形志中，揚州淮南郡。

汝陰 見地形志中，揚州淮南郡。

西宋 見地形志中，揚州淮南郡。

北譙郡 領縣二。見地形志中，揚州北譙郡。

安陽 見地形志中，揚州北譙郡。

北譙 見地形志中，揚州北譙郡。

陳留郡 領縣二。見地形志中，揚州陳留郡。

浚儀 見地形志中，揚州陳留郡。

雍丘 見地形志中，揚州陳留郡。

北陳郡 領縣一。見地形志中，揚州北陳郡。

長平 見地形志中，揚州北陳郡。

邊城郡 領縣二。見地形志中，楊朔州邊城郡。

期思 見地形志中，揚州邊城郡。

豐城 見地形志中，揚州邊城郡。

新蔡郡 領縣二。見地形志中，揚州新蔡郡。

新蔡 見地形志中，揚州新蔡郡。

固始 見地形志中，揚州新蔡郡。

安豐郡 領縣二。見地形志中，揚州安豐郡。

安豐 見地形志中，揚州安豐郡。

松茲 見地形志中，揚州安豐郡。

下蔡郡 領縣二。見地形志中，揚州下蔡郡。

下蔡 見地形志中，揚州下蔡郡。

樓煩 見地形志中，揚州下蔡郡。

潁川郡 領縣三。見地形志中，揚州潁川郡。（張志目誤作川爲州）。

相 見地形志中，揚州潁川郡。

西華 見地形志中，揚州潁川郡。

許昌 見地形志中，揚州潁川郡。

郢州 領郡三，縣八。

齊安郡 領縣三。通典一八三齊安郡(黃州)『晉爲西陽國，宋爲西陽郡，齊(南齊)又分置齊安郡，北濟置衡州，領齊安一郡。』

邾城 元和志二十七黃州黃岡縣：『故邾城在縣東南一百二十里，古邾國也，後爲楚所滅，漢以爲縣。』

酈 元和志九申州鍾山縣：『本漢鄳縣地(鄳同酈)，屬江夏郡，宋永初中屬義陽郡，高齊於此置齊安郡，後改爲萬歲郡。』按齊安郡見於南齊書十五，州郡志，同州，則部爲南齊所置，元和志謂爲高齊置，非也。

齊安 見南齊書十五州郡志司州，齊安縣。

義陽郡 領縣三。見地形志中，南朔州。

永陽 元和志六十七江南道安州應山縣：『本漢隨縣地，梁大同以隨州北界應濃山戍置應州，又分隨縣置永陽縣(張志作平陽似宜改爲永陽。)』

義陽 見地形志南朔州。

溉西 見南齊書十五，州郡志，南義陽郡厥西縣，按字當作溉，南齊書筆誤。

宋安郡 領縣二。見地形志中，光州。

樂寧 見地形志中，光州宋安郡。

東隨 見地形志中，光州宋安郡。

荊州 領郡十一，縣四十八。附郡一

地形志下：『荊州，後漢治漢壽，魏晉治江陵。太延中治上洛，太和中治穰城。』

南陽郡 領縣十。地形志荊州南陽郡：『秦置。』

宛 地形志南陽郡，宛：『二漢晉屬。』

新城 地形志南陽郡新城：『太和二十二年置。』

冠軍 地形志南陽郡冠軍『漢武帝置，二漢晉屬。』

舞陰 地形志南陽郡舞陰：『二漢晉屬。』

酈 地形志南陽郡酈：『二漢晉屬。』

云陽 地形志南陽郡云陽：『二漢，晉，曰育陽屬，司馬昌明改，魏因之。』

西平 見地形志南陽郡。

湼陽 見地形志南陽郡。

上陌 見地形志南陽郡。

西鄂 見地形志南陽郡。

順陽郡 領縣五。地形志荆州順海郡：『魏分南陽置曰南鄉，司馬衍更名，魏因之。』

南鄉 地形志順陽郡南鄉，『後漢屬南陽，晉屬南鄉。』

丹水 地形志順陽郡丹水：『前漢屬恆農，後漢屬南陽，晉屬南鄉。』

臨洮 見地形志順陽郡。

槐里 見地形志順陽郡。

順陽 地形志順陽郡：『二漢屬南陽，晉屬南鄉，漢哀帝置，卽博山也，後漢明帝改。』

新野郡 領縣三。地形志荆州新野郡：『晉惠帝置。』

穰 地形志新野郡穰：『二漢屬南陽，晉屬義陽，後屬。』

新野 地形志新野郡新野：『二漢屬南陽，晉屬義陽後屬。』

池陽 地形志新野郡有池陽。

東恆農郡 領縣六。地形志荆州東恆農郡：『太和中置。』

西城 地形志東恆農郡西城：『二漢屬漢中，晉爲魏興，後屬。』

北酈 見地形志東恆農郡。

南鄉 見地形志東恆農郡。

左南鄉 見地形志東恆農郡。

上𢡟 見地形志東恆農郡。

東石 見地形志東恆農郡。

漢廣郡 領縣二。見地形志荆州。

南棘陽 地形志漢廣郡南棘陽：『二漢屬南陽，晉屬義陽，二漢晉曰棘陽，後改。』

西棘陽 見地形志漢廣郡。

襄城郡 領縣九。見地形志荆州，按地形志荆州凡兩襄城郡，前襄城郡九縣，與此同，後襄城郡在襄州（志云：『孝昌中置』），自注云：『蕭道成置，魏因之，治赫陽城』則爲六縣，無淸水，鄭，北平。蓋魏世本郡僑郡往往並置，甚至宋齊僑郡歸魏，亦因仍其設治系統，而不計其重複也。後襄城郡爲孝昌中置，今補文不必收入，附志於此。

方城 見地形志襄城郡。

郏城 見地形志襄城郡。

伏城 見地形志襄城郡。

舞陰 見地形志襄城郡。

淸水 見地形志襄城郡。

翼陽 見地形志襄城郡。

鄭 見地形志襄城郡。

北平 地形志在襄城郡，又北南陽郡有北平縣地形志云：『北南陽郡孝昌中置爲定義郡後改州治。』

赭城 地形志在襄城郡。

北淯郡 領縣三。見地形志荆州，地形志作北淸郡，字誤。今從張志目。

武川 見地形志北淯郡。

北雉 地形志北淯郡：『北雉，二漢晉曰雉，屬南陽，後改屬。』

向城

恆農郡 領縣四。見地形志荆州。

國 見地形志荆州恆農郡。

恒農 見地形志荆州恆農郡。

南鄺 見地形志荆州恆農郡。

邯鄲 見地形志荆州恆農郡。

析陽郡 領縣二。見地形志析州析陽郡。

西析陽 見地形志析陽郡。

東析陽 見地形志析陽郡。

朱陽郡 領縣二。見地形志析州朱陽郡。

朱陽 見地形志朱陽郡。

何曰：『司州石城郡前，石洲有朱陽，移此。』

黃水 見地形志朱陽郡。

脩陽郡 領縣二。見地形志析洲脩陽郡。

葢陽 見地形志脩陽郡。

脩陽 見地形志脩陽郡。

安樂郡（附）領縣無考

東荊州 領郡二，縣四。

見地形志下通典一百七十七淮安郡，唐州:『秦漢並南陽郡地，後漢亦然，晉屬南陽國，後魏置東荊州，西魏改為淮州，為重鎮，置兵以備東魏。』

江夏郡 領縣三。錢大昕考異曰：『隋志淮安郡慈丘縣，後魏曰江夏，並置江夏郡蓋卽南郢州之江夏郡也。』

江夏 通典一百七十七：『慈邱，後魏置江夏郡。』

比陽 通典一百七十七：『比陽，漢舊縣，』屬淮安郡，按通典又曰：『比陽……後魏置殷州及陽城郡。』

陽平 隋志三十淮安郡，比陽：『帶郡，後魏曰陽平，開皇七年改為饒良，大業初又改焉。』今按比陽及陽平當為一縣，姑仍張志目分為二。

漢廣郡 領縣一。隋書三十地理志淮安郡平氏縣：『舊置漢廣郡，開皇初郡廢。』

平氏

附西北各鎮（西北鎮戍，糾紛甚多，今但錄鎮名，本篇不為詳考。）

懷朔鎮

武川鎮

撫冥鎮

柔玄鎮

懷荒鎮

禦夷鎮

薄骨律鎮

宏靜鎮

沃野鎮

平高鎮

鄯善鎮　卽鄯州

敦煌鎮　卽瓜州

明壘鎮

出自第三十二本(一九六一年七月)

北魏軍鎭制度考

嚴耕望

引言

北魏統治地方之制度，較之中國史上任何其他時代爲複雜。除了沿襲於漢魏兩晉之州郡縣與都督制度外，尙有軍鎭、護軍、領民酋長等制度，而軍鎭制度尤屬重要。千餘年來，學者撰述皆僅注意到承襲於兩漢之州郡縣制，至於其他制度一概摒而不論，殊以爲憾。自清代中葉以後，漸有人注意北邊六鎭之地望，然亦僅限於六鎭，且不考其制度。至近人周一良始撰北魏鎭戍制度考及續考兩短文，刊於禹貢第三卷第九期與第四卷第五期，雖極簡略，且多疏誤，然草創之功，自不可沒。(參看本文上篇末附記)。余頃撰北朝地方行政制度，以北魏軍鎭制度之重要性遠在州郡制度之上，故特詳爲考論之。草稿粗竣，乃見周氏兩考，取以參訂，益近完備。會本所編刊胡故院長適之先生紀念論文集，爰抽出此章，先爲刊佈。此文旣考制度兼詳地理，故分爲上下兩篇，各別論之。考論繁瑣，篇幅遂多，故復作約論冠諸篇首，俾閱者先得其要旨焉。

約論

北魏統治地方之制度，以軍鎭制度最爲重要。蓋當時統治政策，因地區、民族與軍事情勢之不同而各異其制。孝文遷都以前尤見其然。其於東南漢人區域，則襲用漢人舊制，以州郡縣治之；其於鮮卑本族，則以鮮卑舊俗之領民酋長治之；其於漢人以外之被征服民族，則常以護軍治之。故此諸制度皆非普遍推行於全國各地區、各民族者。惟軍鎭制度則不然。不但推行於平城以北以西地區，亦且推行於東南州郡區，不但統治漢人，亦且統治鮮卑與其他被征服之民族。故此制推行於全國各地區各民族，而各鎭統轄廣遠，時或兼督數州，鎭將權勢之隆遠在州刺史之上，此其所以視州郡制度爲重要也。至於護軍酋長之制更不足比矣。

鎭之初興，就文獻可考者而言，蓋起於劉石苻姚之世，如杏城鎭、三堡鎭是也。魏初建置稍多。及太武帝開拓疆土，普遍置鎭，北魏重要大鎭幾皆建於此時。至孝文銳意華化，對於此一爲魏晉南朝所無之軍鎭制度，逐漸廢除，尤以太和十一年至遷都前後所廢尤多。其後所存大鎭惟六鎭及禦夷、薄骨律、高平、鄯善、敦煌等西北邊境十一鎭與若干較小軍鎭而已。故北魏軍鎭制度之盛行時代爲太武帝至孝文帝太和十年前後之六十年間。其後惟西北邊鎭之制仍得保存，以迄魏末之亂。至於東南地區雖亦有鎭，然位卑職輕，遠非前期之比矣。

北魏軍鎭，就其地區與統轄情形而言，可大別爲三類：

第一、不設州郡縣地區之鎭。如沃野、懷朔、武川、撫冥、柔玄、懷荒六鎭及赤城、禦夷、薄骨律、統萬、高平、枹罕、鄯善、涼州、晉昌、敦煌、焉耆諸鎭是也。其地望皆在北邊及西北地區。此類諸鎭皆統治廣大地區與民戶，既不設州，亦無郡縣，惟置軍戍以治之。以其非純漢人區域、本無州郡，且職在禦邊，不以治民爲重，故孝文廢鎭，而此類仍多得保存也。

第二、與州並置且同治所之鎭。如和龍(始置時屬第一類)、雲中、長安、上邽、仇池(同和龍)、虎牢、懸瓠、彭城、瑯邱、東陽、東萊等鎭是也。此類諸鎭，除雲中外，其地望皆偏於東南邊境與西南邊境地區。以其與州同治所，自不統土地與民戶。然鎭將例加都督本州以及附近諸州軍事，且或兼本州刺史，故此類鎭將事實上亦統土地治民事，以與西北諸鎭都大將相比較，其權力往往過之。如長安、仇池、虎牢、彭城諸鎭都大將，皆威鎭一方，遠非西北鎭將可比矣。然以其所統爲漢人區域，且已有州郡，故孝文華化，一切廢之。後期軍鎭之屬於此類者僅平城一鎭；旋亦廢除。惟與郡同置之鎭則往往而有，如隴西、新野、汝陰、盤陽等是也，其位卑矣。

第三、參間於州郡區域內自統面積土地與民戶而無州郡與之同治之鎭。如靈丘、廣昌、九原、離石、吐京、柏壁、廣阿、平原、枋頭、河內、杏城、李潤、三縣、雍城、武都、武興、隆城、陜城、魯陽、臨濟、穀陽、宿豫等鎭是也。其分佈統攝情形較不一致，而大要在中部與南邊地區，或以鎭攝山胡，或以徼清羣盜，或以鎭遏邊防，而於鄰近諸州或督或否，故地位高低、威權强弱亦頗不一致。孝文華化亦多改置爲州，間亦爲郡。後期雖有此類，不恆見矣。

綜此三類諸鎮，據余所考，凡得九十三個，而絕大多數在孝文遷都以前。若由和龍(今朝陽)向西南，經平城(大同)、太原、龍門，橫過渭北，經上邽，至仇池，劃一斜線，恰將北魏疆域約等分爲西北與東南兩部。第一類之鎮皆在西北部。第二類之鎮除雲中外，皆在東南部，而以河渭以南爲多。其第三類之鎮則分佈於斜線之兩側與東南地區。其在斜線兩側者，性質多近於第一類，其在東南地區者，性質多近於第二類，此又其別也。而第二第三兩類分佈之地區亦即州郡縣分佈之地區。吾人觀此，可得北魏前期各類軍鎮與州郡縣分佈之概略矣。

北魏軍鎮類別與分佈情形既畧論如上，茲續述其地位之演變。

北魏前期，州鎮並稱，而論其實，鎮之地位遠在州上，只觀鎮將統軍常督數州可以徵知，故當時史臣已有鎮將「重於刺史」之言，不待今日論定矣。後期之制，第一類之鎮尙多保存，而地位則已降低，故時人有「州名差重於鎮」之言。至於東南地區，大鎮已廢，所存者多郡之比，鎮將、郡守相互兼帶，統屬於州。是則不但地位降低，抑且降格爲州之統屬機關矣。

至於鎮府組織，則置都大將爲之長，例加將軍之號，且絕大多數以親王或鮮卑族人爲之，持節統軍，兼治民事，鎮攝一方，威權極隆。有副將爲之貳。又開府置佐如將軍、公府之制：有長史、司馬爲上佐，諸曹參軍分職主事。又下統軍戍，亦各置軍將。大抵一府官員蓋近千數。後期東南小鎮則無「都大」之號，而開府置吏蓋仍舊制，惟員額稍省歟！

上篇　軍鎮名稱及其分佈

(一)　六鎮及其以南以東諸鎮

●北邊六鎮——沃野、懷朔、武川、撫冥、柔玄、懷荒　六鎮爲北魏時代之重要建置。後代學人論其地望者多家，就中以沈垚六鎮釋(載落帆樓文集)最能得其大要。然近百年來，學者仍多誤會，且有謬引沈文以禦夷爲六鎮之一者。今稍詳徵史料，重爲考述，約略指其今地之所在，並論其建置始末以及可能之變動如次：

元魏北邊有所謂「六鎮」。高宗紀，太安五年十二月戊申，詔曰：「六鎮、雲中、高平、二雍、秦州，徧遇災旱，年穀不收。」是六鎮一詞之最早見者。其後如高祖紀，皇興元年九月，「詔賜六鎮貧人布三匹。」太和十八年，「詔六鎮及禦夷城人年八十以上」云云。又高閭傳，於高祖時上書論禦邊之策，屢云六鎮。廣陽王深傳，詔復鎮爲州，「會六鎮盡叛，不得施行。」是終北魏之世有「六鎮」之名也。

六鎮者當指沃野、懷朔、武川、撫冥、柔玄、懷荒六鎮而言。何者？肅宗改北邊諸鎮爲州，主要者指六鎮言，而魏書酷吏酈道元傳云：「肅宗以沃野、懷朔、薄骨律、武川、撫冥、柔玄、懷荒、禦夷諸鎮並改爲州。」則六鎮必在此八者之中。據前引高祖紀太和十八年之詔書，稱「六鎮及禦夷城人」，則禦夷自不在六鎮之列。且禦夷鎮爲太和中所置，明見水經注(詳後禦夷鎮條)，決不在高宗時已見於史之「六鎮」之列，自不待言，近人有以禦夷爲六鎮之一者，眞不思也。復檢元和志四記北魏六鎮之西三鎮云：

「沃野故城在軍（天德軍）城北六十里，卽後魏時六鎮從軍〔當作西，蓋誤爲東又譌爲軍〕第一鎮也。」(天德軍條)

「光祿城東北有懷朔古城。其城卽後魏六鎮從西第二鎮。」(東受降城條)

「武川城，今名黑城，後魏六鎮從西第三鎮，在軍(振武軍)北三百里。」(同上)

據此，北魏六鎮係由沃野向東數之，薄骨律不在其列也。然則酈道元傳八鎮中之最東禦夷鎮與最西薄骨律鎮皆不在六鎮之列，而所謂六鎮卽沃野、懷朔、武川、撫冥、柔玄、懷荒是矣。此其證一也。

又高祖紀，太和十八年書事云：

「八月……甲辰，幸陰山，觀雲川。丁未，幸閱武臺，臨觀講武。癸丑，幸懷朔鎮。己未，幸武川鎮。辛酉，幸撫冥鎮。甲子，幸柔玄鎮。乙丑，南還。所過皆親見高年，問民疾苦，貧窘孤老，賜以粟帛。丙寅，詔六鎮及禦夷城人年八十以上而無子孫兄弟，終身給其廩粟。七十以上，家貧者各賜粟十斛。」

巡幸四鎮，親見高年，問民疾苦，旋卽下詔加惠於六鎮及禦夷城之孤老，則此條紀事所幸之懷朔、武川、撫冥、柔玄四鎮，必皆在六鎮之列無疑。加以元和志所記最西第一鎮沃野，已得其五矣。然則所未知者惟懷荒一鎮是否列在六鎮之一耳。按懷荒置鎮極早，不能遲於太延初年(詳後文)，又介在柔玄禦夷之間(詳下文柔玄鎮條)，自沃野向東數之，此適爲第六鎮，其爲六鎮之一亦無疑。則六鎮卽爲沃野、懷朔、武川、撫冥、柔玄、懷荒之證二矣。

以下就各鎮地望略加考論：

沃野鎮　魏書刁雍傳，爲薄骨律鎮將。眞君七年上表曰：「奉詔，高平、安定、統萬及臣所守四鎮，出車五千乘，運屯穀五十萬斛，付沃野鎮。」是沃野置鎮不能遲於太武帝時也。又城陽王長壽傳：「皇興二年封。拜征西將軍，外都大官。出爲沃野鎮都大將。」此鎮將之可考者。其時代當在孝文初。關於沃野鎮之地望，前引元和志四，已明後魏沃野在唐天德軍北六十里。又新唐書地理志末附載賈耽所記通四夷七道，其三爲夏州塞外道，云自夏州北行六百七十餘里至安樂戍。又云：

「戍在河西壖。其東壖有古大同城。今大同城，故永濟柵也。北經大泊，十七里至金河。又經故後魏沃野鎮城，傍金河，過古長城，九十二里至吐俱麟川。」

按同志豐州中受降城條云：「大同川有天德軍。……乾元後徙屯永濟柵，故大同城也。……北有安樂戍。」是賈耽所記，亦謂後魏之沃野鎮在唐天德軍北不到九十里地也。按唐天德軍之地望大體可曉，約在北河折而南流處之東北岸。惟不能絕對確定其地位耳。復考太平寰宇記四九雲州雲中縣條引入塞圖云：

「從平城西北行五百里至雲中。又西北五十里至五原。(雲中至五原決不止五十里。沈垚改十爲百，蓋略近之。)又西北行二百五十里至沃野鎮。又西北行二百五十里至高闕。又西北行二百五十里至郎君戍。又眞北三千里至燕然山。又北行千里至瀚海。」

按此條記里程方位尤詳，且高闕因地形立名，易可追究。檢水經河水注云：

「河水又屈而東流爲北河，……東逕高闕南。史記，趙武靈王旣襲胡服，自代並陰山下至高闕爲塞。山下有長城。長城之際，連山刺天，其山中斷，兩岸雙闕，善能雲舉，望若闕焉。卽狀表目，故有高闕之名也。自闕北出荒中，闕口有城，跨山結局，謂之高闕戍，自古迄今，常置重捍，以防塞道。……河水又東逕臨河縣故城北……。」

此段描寫高闕地形頗詳，又當河水北流東折處，故其地易知。綏乘七要隘考云，河外狼山隘口甚多,「狼山口正當古黃河北流折東處,意卽古高闕塞也。」所指當可信。其地約在東經一〇六・五至一〇七度,北緯四一・二至四一・五度。(參看申報館圖及民四參謀部百萬分之一圖。)〔如非狼山口,當卽其北之筆架山。〕按懷朔鎮,本名五原,當卽寰宇記此條之五原,則沃野鎮東去懷朔,西去高闕皆爲二百五十里,則其地當在東經一〇八度左右,狼山東端之南北也。此與李吉甫、賈耽說之在天德軍北者尤相吻合。而元和志稱此鎮在天德軍之北六十里。按軍在北河之東北岸,則鎮亦去黃河不遠,當亦北緯四一・五度上下也。

然通典一九六邊防蠕蠕條本注云:

「六鎮並在今馬邑雲中單于界。後魏宣武正始中,尙書原思禮撫巡北蕃,以跋(沃)野置鎮居南,與六鎮不齊,更立三戍,亦在馬邑等郡界。」

按此段書事不可置信。而正始中以下一段又見寰宇記引陸恭之風土記。沈垚校唐述山房日錄(落帆樓集十三)曾引而辨之云:

「太平寰宇記靈州下引陸恭之風土記云,朔方故城,太和十年改爲沃野鎮。朔方故城在夏州北七百餘里,當天德軍之南黃河南岸。則沃野鎮在河南,與元和志不合。懷遠縣下又引風土記云,正始三年尙書原思禮、侍郎韓貞撫巡蕃塞,以沃野鎮居南,與蘭山澤六鎮不齊,別置三戍。則沃野鎮偏南,似不在河北。……抑初在河南後遷河北歟。按刁雍爲薄骨律鎮將,眞君七年上表云:臣鎮去沃野鎮八百里。薄骨律鎮卽靈州也。考靈州東北至天德軍及朔方故城皆千餘里,與雍言不合。惟至永豐縣界適八百里。則漢沃野舊縣所在也。然則魏初置鎮在漢舊縣,故雍言里數如此。後移在朔方故城,故陸恭之謂太和十年改朔方故城爲沃野鎮。後又以鎮偏南,與他鎮不齊,益移而北。故在天德軍城北六十里。然沃野於靈州無涉。樂史不引陸說於天德軍下,而引於靈州下,與上下文不貫。且沃野爲六鎮之一,曰與六鎮不齊,則似沃野在六鎮外矣。必有缺誤。但據刁雍言,則斷魏初置鎮在漢舊縣。據李吉甫言,則又可斷後移河北矣。」

按刁雍傳,薄骨律去沃野鎮八百里之言最爲强證。且懷朔鎮置於漢之五原,卽名五原鎮,後始改稱懷朔。(詳下文。)則沃野始置,當亦在漢之沃野縣,故以爲名。其地在黃河北流將分南北河處之東,去河不遠。後始北移至高闕東二百五十里狼山東端,當唐天德軍北六十里耳。

懷朔鎮 魏書地形志上云：

「朔州，本漢五原郡。延和二年置爲鎮，後改爲懷朔。孝昌中改爲州。後陷。」

按北魏始興之時，漢五原之名仍見在，如太祖紀，登國六年九月，帝襲衞辰五原，屠之；於稒陽塞北樹碑記功。又登國九年「三月，帝北巡，使東平公元儀屯田於河北五原至於稒陽塞外。」是其證。此志云「本漢五原郡，延和二年置爲鎮。」置爲五原鎮也。其後改名懷朔。此爲六鎮中建置年代之唯一可確考者。按漢五原郡在今綏遠包頭西北地區。而郡城之確實地望已難詳考。關於北魏懷朔鎮之地望，主要材料有下列三條。

水經河水注：「河水又東流，石門水南注之。水出石門山。地理志曰，北出石門障。卽此山也。西北趣光祿城。……城東北卽懷朔鎮城也。其水自障東南流逕臨沃城東，東南注于河。」

又：「芒干水（今黑河）又西南，逕雲中城北，白道中溪水注之。……芒干水又西，塞水出懷朔鎮東北芒中，南流經廣德殿西山下。……其水歷谷南出（趙本有陰字）山，西南流入芒干水。」

元和志四東受降城條：「光祿城東北有懷朔古城。其城卽後魏六鎮從西第二鎮。在今中城界向北化柵側近也。」

按綏乘（卷六山川考及卷首地圖）以爲石門水卽今昆都倫河，又楊守敬唐志圖置中受降城於昆都倫河口之西，蓋皆不誤。檢視申報館地圖，則魏之懷朔鎮當在今安北固陽二縣間或稍北地區，卽東經一〇九至一一〇度間，北緯四十一度稍北也。

武川鎮 此鎮建置時代無考。魏書遼西公意列傳，拓跋叱奴爲武川鎮將。時代不明。觀前引高祖紀太和十八年孝文北巡諸鎮次第，已可知武川在懷朔之東。至於具體說明其地望者，前引元和志四東受降城條云：

「武川城，今名黑城，後魏六鎮從西第三鎮，在軍北三百里。」

又水經河水注云：

「芒干水又西南逕白道南谷口。有城在右，縈帶長城，背山面澤，謂之白道城。自城北出有高阪，謂之白道嶺。……芒干水又西南，逕雲中城北，白道中溪水注之。水發源武川北塞中。其水南流，逕武川鎮城，城以景明中築(望按蓋重築)以禦北狄矣。其水西南流歷谷，逕魏帝行宮東，世謂之阿計頭殿。宮城在白道嶺北阜上……。」

據河水注，武川鎮在白道嶺之北。據元和志，鎮在軍北三百里。按軍即振武軍也，在今和林格爾境，而白道則在今歸綏縣北。然則，度其地正在歸綏縣北之武川縣也。

撫冥鎮　魏書京兆王黎傳，世仁「高祖時除使持節、安北將軍、撫冥鎮都大將。」安定王休傳，「蠕蠕犯塞，出爲使持節、征北大將軍、撫冥鎮大將。」陽平王熙傳，元篤爲北中郎將撫冥鎮將。皆在孝文帝時。足見爲一重鎮。惜其建置時代無考。然周書史寧傳，「魏平涼州，祖灌，隨例遷於撫寧鎮，因家焉。」觀「隨例遷」「因家焉」之文句，與史傳常見之遷武川懷朔文例相同，是撫寧亦北鎮也。然實無考。疑史寧傳「撫寧鎮」即「撫冥鎮」之形譌。魏平涼州在太武帝太延末年，則其時已有撫冥鎮也。

至於其地望，高祖紀述太和十八年北巡諸鎮次第云：

「七月……辛丑，幸朔州(雲中)。……八月……甲辰，行幸陰山，觀雲川。丁未，幸閱武臺。……癸丑，幸懷朔鎮。己未，幸武川鎮。辛酉，幸撫冥鎮。甲子，幸柔玄鎮。乙丑，南還。」

據此，武川東至撫冥僅一二日程，由撫冥東至柔玄亦僅二三日程。則撫冥在武川、柔玄二鎮之間，或略偏西，或未必偏。武川鎮既在今武川縣，柔玄鎮在興和縣北亦見下文。檢視申報館地圖，則撫冥鎮正當在今綏遠之陶林縣或稍西地區，即東經一一二・五度左右，北緯四一・五度上下也。

柔玄鎮　魏書羅結傳，子斤，從太武平涼州，「除長安鎮都大將。會蠕蠕侵境，馳駟徵還，除柔玄鎮都大將。後……與王俊使蠕蠕，迎女備後宮。」是太武帝時已有柔玄鎮也。又京兆王黎傳：世仁，「高祖(時)……轉都督柔玄、撫冥、懷荒三鎮諸軍事、鎮北將軍、柔玄鎮將。」是柔玄鎮將之又一可考者，且見此三鎮必相毗連。據前引高祖紀行幸次第，柔玄緊接撫冥之東，六鎮東西排列，則懷荒必又在柔玄之東，以地遠不至，亦猶沃野在懷朔之西，地遠不至也。而拓跋世仁以柔玄鎮將兼督撫冥懷荒二鎮者，亦正以柔玄居中，兼督東西兩鄰鎮也。通鑑一四九梁普通四年紀，胡注引宋白曰：「懷荒鎮在柔玄鎮之東，禦夷鎮之西。」是也。而楊守敬北魏地形志圖繪懷荒於撫冥、柔玄之間，方位殊誤。且慕容白曜傳：弟子契，「正始初……轉都督禦夷懷荒二鎭諸軍事、平城鎭將。」禦夷在六鎭東端之東。若如楊圖，柔玄在懷荒之東，則在懷荒禦夷之間，慕容契不容都督禦夷懷荒兩鎭而不督居間之柔玄鎭也。此亦足證楊圖所繪柔玄懷荒兩鎭之方位必東西倒置無疑。

然則柔玄鎭究在何處？考水經㶟水注云：

「㶟水又東，左得于延水口。水出塞外柔玄鎭西長川城南小山。山海經曰，梁渠之山無草木，多金玉，脩水出焉，東南流逕且如縣故城南。……于延水出縣北塞外，卽脩水也。」

按漢且如縣在今綏遠興和縣境。據此注，柔玄鎭又在且如之北。又于延水卽今洋河，據民四參謀部百萬分之一圖，洋河有東西兩源，東源出興和縣北，西源出興和、平地泉（集寧）之間以北地區，則柔玄鎭當在今興和之北，約東經一一四度，北緯四一·五度地區也。

懷荒鎭　魏書陸俟傳：「出爲平東將軍、懷荒鎭大將。未朞，諸高車莫弗訟俟嚴急待下無恩，還請前鎭將郎孤。世祖詔許之。徵俟還京。」後又從駕征破涼州，遷長安鎭都大將，擒蓋吳。按破涼州事在太延末年，擒蓋吳事在眞君七年，則任懷荒大將必在太延末年以前。而俟之前又有懷荒鎭將郎孤。是懷荒鎭之建置不能遲於太延初（太延凡有五年）也。又陽平王熙傳，比陵以太延五年爲司空，除安遠將軍懷荒鎭大將。是亦置鎭不能遲於太延年間之證。

懷荒鎭將之可考者，除郎孤、陸俟、拓跋比陵外，又如陳留王虔傳：侄建，位鎭北將軍、懷荒鎭大將。李寶傳，「高宗初，代司馬文思鎭懷荒」。周書達奚武傳，「祖眷，魏懷荒鎭將。」皆是也。其大將可考者於六鎭中爲最多，可見爲一重鎭。

其地望在柔玄之東，已見前考。茲復稍詳論其地。考太平寰宇記四九雲州雲中縣條引入塞圖云：

「……馬邑又東北行二百五十里至平城。又眞東行二百二十里至高柳城。又東行一百八十里至代郡城。又東北行一百七十里至大寧城，當涿郡、懷從縣（岑仲勉先生隋唐史卷上隋史第十四節引作懷戎縣，是也。）北三百里也。從大寧西北行百里至懷荒鎭。又北行七百里至揄關，又北行二百里至松林。又北行千里方至瀚海。」

按懷戎縣，在今察哈爾涿鹿縣西南七十里。又漢有廣寧縣，晉置廣寧郡，亦曰大寧，在今宣化縣西北。漢又有寧縣，為上谷西部都尉治，亦在今宣化縣西北。楊守敬漢地理志圖，置寧縣於萬全，而廣寧在稍東地區。蓋略得其眞。檢視申報館地圖，懷荒鎮當在今萬全(張家口)以北之張北縣附近，約當東經一一五度稍西，北緯四一度稍北地區也。至於地形志上：「蔚州，永安中改懷荒禦夷二鎮置，寄治幷州鄔縣界。」此謂以懷荒禦夷二鎮之流民置蔚州，非其原地也。

六鎮之名稱、地望以及其建置或見史之時代已略考如上。北魏前期，北邊軍鎮與此六者之性質相類者甚多。例如此六鎮外，東有禦夷，西有薄骨律。另外可老之名鎮有統萬、高平、鄯善、涼州、敦煌等鎮。何以沃野至懷荒等六鎮獨有「六鎮」之目？

前考六鎮建置或見史傳之年代：懷朔本名五原，以延和二年置。其餘諸鎮之建置，懷荒鎮不能遲於太延初，撫冥鎮不能遲於太延末，沃野鎮不能遲於眞君初，柔玄鎮不能遲於太武帝世。惟武川一鎮無考。然武川正當白道嶺，為中古時代中國通漠北之第一主道，北魏北伐亦常以白道為中軍主力路線。其東西五鎮皆置於太武世，當時以白道地位之重要，不容不置鎮，則武川鎮之建置亦必在太武世，決無可疑也。懷朔鎮既置於延和二年，延和只有三年，太延只有五年，則懷荒、撫冥、沃野三鎮見於史傳之年代後於懷朔鎮建置年代少僅一、二年，多亦不過五七年，其餘二鎮亦太武帝所置。則此五鎮之建置，縱後於懷朔，亦決不過數年。

考陸俟傳云：

「出為平東將軍、懷荒鎮大將。未朞，諸高車莫弗訟俟嚴急，待下無恩，還請前鎮將郎孤。世祖詔許之。徵俟還京，……言於世祖曰：陛下今以郎孤復鎮，以臣愚量，不過周年，孤身必敗，高車必叛。……明年，諸莫弗果殺郎孤而叛。」

是懷荒鎮所統大抵皆高車也。復考天象志云：

「(神䴥)二年五月……上北征蠕蠕，大破之，虜獲以鉅萬計。遂降高車，以實漠南，闢地數千里。」

又世祖紀神䴥二年條述伐蠕蠕事，最後云：

「冬十月振旅凱旋于京師。告於宗廟，列置新民於漠南，東至濡源，西暨五原陰山，竟三千里。詔司徒平陽王長孫翰、尚書令劉潔、左僕射安原、侍中古弼鎮撫之。」

按此兩條即書一事，西至五原陰山東至濡源正是六鎮地帶，懷荒鎮即在其中。懷朔鎮始置於延和二年，僅後於此事三年有餘。頗疑神䴥二年冬始置降民於漠南時，僅詔平陽王等四人鎮撫之，尚無定制。至延和二年置懷朔鎮(時名五原)，其他五鎮亦同時所建置，東西並列，以鎮撫降民，且備禦北寇，故有「六鎮」之名耳。(「六鎮」一詞始見於太安五年詔書，後於此時不過二十六年。) 禦夷鎮尤與懷荒鎮地近勢接，而不連稱「七鎮」者，正以其建置在後，故也。而至今尚有人以禦夷重要，故誤列爲六鎮之一者，蓋不考「六鎮」一詞已見於高宗詔書，更不解六鎮建置之本源耳。

六鎮之建置已考論如前。以其邊防重要，故保存體制直至肅宗孝明帝正光五年八月丙申，始改建爲州，事見肅宗紀。(參見廣陽王深傳及北齊書魏蘭根傳。) 是六鎮建置前後凡歷九十二年 (西元四三三——五二四) 而後廢也。

考六鎮至此已竣，惟余尚有一項獻疑。前引世祖紀及天象志，列置新降高車部族於漠南，「東至濡源，西曁五原。」濡水即今灤河，其源在今獨石口東南。而上六鎮中，最東之懷荒鎮在濡源之西蓋兩百里。又懷朔鎮本名五原鎮，而置於五原。沃野又在其西北二百五十里。若據刁雍傳，沃野鎮初置本在南河之南，則在五原西南約三百里以上。然則沃野至懷荒六鎮與「東至濡源西曁五原」亦不全吻合。即此兩線長度雖略相同，且在一條線上，然六鎮最東之懷荒鎮在列置降民東端濡源之西約二百里，而六鎮最西之沃野鎮，又在列置降民西端五原之西南約三百里以上也。此又當作何解釋？

按北邊各鎮統地東西皆二百里以上，懷荒轄境東達約近二百里之區，本不足異。至於西端沃野置鎮在列置新民區域以外者，蓋懼西翼空虛，爲防漠北敵人迂迴突襲計，故於列置新民之西端五原以外又置一沃野鎮，以固西北防線耳。否則，沃野一鎮或本亦不在六鎮之列，而懷荒以東別有一鎮歟？然禦夷在北魏前期只稱城不稱鎮，明見孝文詔書；其置鎮在太和中又明見酈氏水經注。此皆當時直接史料，無可否認者。則別有一鎮究爲何鎮歟？

今按下條所考赤城鎮在濡源西南約僅數十里，多不過百里，既爲魏初軍事重地，且太武時已見有鎮將。可能當太武帝列置降民東至濡源時即於赤城置鎮，與懷朔(此時名五原鎭)至懷荒五鎭並稱「六鎭」。如此則「六鎭」防線，不但與列置新民「東至濡源西暨五原」相吻合，且與太宗紀(泰常八年)築長城「起自赤城，西至五原」相吻合。蓋此防線魏初最爲重視，故太宗築長城以五原赤城爲起訖，數年以後，太武帝置降民於此線之外，並置六鎭，亦以五原、赤城爲起訖也。

惟赤城鎭僅趙逸傳一見。其後無聞，蓋旋廢之歟？而沃野鎭已由南河之南遷於北河之北，在六鎭線上，去懷朔(五原)僅二百五十里，故代赤城鎭列稱六鎭之一耳。然則，北魏自中葉(孝文帝)以後，六鎭之目固當自西端沃野數之，至懷朔爲止，此不誤也。惟太武始制，可能有異，或許西不數沃野，而東端當數赤城。但此仍難遽作論定也。

⊙**赤城鎭**　魏書趙逸傳：「神䴥三年三月上已，帝幸白虎殿，命百僚賦詩，逸製詩序，時稱爲善。久之，拜寧朔將軍、赤城鎭將。綏和荒服十有餘年，百姓安之。」據此，太武帝世曾置赤城鎭也。

考水經注有兩赤城。河水經云：

「又東過雲中楨陵縣南。又東過沙南縣北。從縣東屈南過沙陵縣西。又南過赤城東。又南過定襄桐過縣西。」(據合校本)

按此赤城在今綏遠清水縣，黃河西岸。又沽水注云：

「沽河出禦夷鎭西北九十里丹花嶺下，東南流，大谷水注之。水發鎭北大谷溪；南逕獨石西，又南逕禦夷鎭城西，……南注沽水。(沽水)又南出峽……沽水又西南，逕赤城東。……故河有赤城之號矣。沽水又東南，與鵠谷水合。水有二源，南卽陽樂水也，出且居縣，……歷女祁縣故城南，……又東南傍狠山南，……又逕赤城西，屈逕其城南，東南入赤城河(沽河)。」

據此，此赤城在禦夷鎭南，當陽樂水與沽河會合處之稍北地區也。按今察哈爾省沽源縣南沽河西岸有赤城縣，又陽樂水卽今龍門水，則沽水注之赤城當在今赤城縣南，龍門水與沽河合流處之稍北地區也。

又考太祖紀、太宗紀屢書赤城事云：

太祖登國二年「十月癸卯，幸濡源。……十一月遂幸赤城。十二月，巡松漠。」

三年「二月、帝東巡。夏四月，幸東赤城。五月癸亥，北征庫莫奚。六月大破之。……七月，帝還赤城。」

六年「六月，慕容賀驎破賀訥於赤城。帝引兵救之，驎退走。」

太宗泰常八年「二月戊辰，築長城於長川之南，起自赤城，西至五原，延袤二千餘里；備置戍衛。」

按此諸事所見之赤城，皆卽沽水注之赤城也。蓋因河水經之赤城於北魏時尚見存，故此沽水所經者有東赤城之目。據本紀所書，此赤城爲軍事交通重地。趙逸傳，爲赤城鎮將，「綏和荒服」，必爲沽水注之赤城無疑矣。

△禦夷鎮　前引高祖紀太和十八年八月北巡諸鎮後所下詔書，尚稱六鎮及禦夷城人。已可徵知其時似尚未置鎮。而水經沽水注云，禦夷鎮，「太和中置以捍北狄也。」則卽太和中所置，蓋卽十八年稍後耳。其改鎮爲州，當在孝明帝正光五年八月，與六鎮改州同時，見酈道元傳。

關於此鎮之地望，水經注有數條可供稽考，先引錄於次：

沽水注：「沽河出禦夷鎮西北九十里丹花嶺下，東南流，大谷水注之。水發鎮北大谷溪，西南流逕獨石北界，石孤生不因阿而自峙。又南，九源水注之。……大谷水又南逕獨石西，又南逕禦夷鎮城西，魏太和中置以捍北狄也。又東南，大谷水注之。水源出鎮城東北尖溪，西南流逕鎮城東，西南流注大谷水，亂流南注沽水。(沽水)又南出峽，夾岸有二城，世謂之獨固門，以其藉險憑固，易爲依據，巖壁升聳，疎通若門，故得是名也。……沽水又西南，逕赤城東，……故河有赤城之號矣。沽水又東南，與鵲谷水合。水有二源，南卽陽樂水也。出且居縣，……歷女祁縣故城南。又東，左與候鹵水合。水出西北山，東南流逕候鹵城北。城在居庸縣西北二百里，故名云候鹵，太和中更名禦夷鎮。又東南流注陽樂水。」

鮑邱水注：「鮑邱水出禦夷北塞中，南流逕九莊嶺東，俗謂之大榆河。又南逕鎮東南九十里西密雲戍西，……有東密雲，故是城言西矣。大榆河又東南出峽，逕安州舊漁陽郡之滑鹽縣南，……世謂之斛鹽城，西北去禦夷鎮二百里。……鮑邱水又南逕傂奚縣故城東，……又西南逕獷平縣故城東，……又東南逕漁陽縣故城南，漁陽郡治也。」

濡水注：「濡水出禦夷鎮東南。……又西北逕禦夷故城東。鎮北百四十里，北流，左則連淵水注之。水出故城東，西北流逕故城南，又西北逕綠水池南，…又西屈而北流，又東逕故城北，連結兩沼，謂之連淵浦，又東北注難河。難河右則汙水入焉，水出東塢南，鎮東北二百三十里，西北入難河。……濡水又北逕沙野西，……屈而東北流逕沙野北。……濡水又東北流逕孤山南。東北流，呂泉水注之。水出呂泉塢西，……逕塢南，東北流，三泉水注之，其源三泉，合爲一水，鎮東北四百里，東南注呂泉水。呂泉水又東逕孤山北，又東北……注濡河。……濡水又東南，水流廻曲，謂之曲河，鎮東北三百里。又東出峽，入安州界，東南流逕漁陽白檀縣故城。」

沽水，今又名白河。據沽水注，禦夷鎮本名俟鹵城，太和中更名置鎮，在沽河發源地之東南九十里，在獨石稍南，故居庸縣西北二百里。鎮南有峽，曰獨固門，地極險要。按故居庸縣在今察哈爾延慶縣北。又今沽水上源有沽源縣，縣南沽水入長城處仍有獨石口。則禦夷鎮當在今沽源縣、獨石口地區。鮑邱水今名潮河，據此水注，鎮在西密雲戍西北九十里，戍南有峽，峽南有滑鹽縣，鎮在滑鹽西北二百里。按滑鹽在今古北口南。(據楊氏漢地志圖。一說在承德南，非也。)西密雲戍當在古北口西北，鮑邱水出峽者卽古北口也。據此里距，則禦夷鎮亦當在沽源、獨石口東南。又濡水卽今灤河，據此水注，禦夷鎮在灤河上流上都河源之西北，上都河西北流至多倫以西，屈曲東流，至多倫又折而東南流，據注，此地有曲河之稱，在鎮城東北三百里，卽當今多倫地。多倫西南三百里亦正在沽源獨石口地區也。酈注記禦夷鎮之位置詳悉如此，今日雖不能親履其地爲之實測，然要在今察哈爾之沽源縣獨石口或稍東數十里地區，則無疑也。

又按前條考太武帝世有赤城鎮，在今察哈爾赤城縣稍南數十里地帶，爲魏初東北邊鎮軍事要地。據沽水注，禦夷鎮本名俟鹵城，距赤城鎮不過百里上下，疑魏初，此城本赤城鎮之前哨。孝文時代勢力擴張，移鎮於此，更名禦夷，故赤城鎮遂不復見於史傳也。

㈤昌平鎮　周書梁椿傳：「代人也。祖屈朱，魏昌平鎮將。」是北魏後期見有此鎮也。檢地形志上，東燕州平昌郡領昌平等二縣。郡縣名上下二字互易。通典一七八幽州條有昌平縣。寰宇記六九幽州昌平縣條，「後魏……于今縣郭城置東燕州及昌平郡昌平縣。」是作昌平爲正，亦與梁椿傳合，地形志郡名「平昌」二字當互乙。按古昌平在今河北昌平縣西十七里，通典、寰宇記皆云居庸關在縣西北。是此鎮即鎮居庸關者。

⊙崎城鎮　魏書張袞傳，子度「除使持節、都督幽州廣陽、安樂二郡諸軍事、平東將軍、崎城鎮都大將。又轉和龍鎮都大將。」按袞以明元帝永興二年卒，年七十二，度其次子，其任職蓋不能遲於太武帝世。檢地形志上安州條，「廣陽郡，延和二年置盆州，眞君二年改爲郡。」「安樂郡，延和元年置交州，眞君二年罷州置。」時代正合。又按寰宇記七一，檀州治密雲縣。其屬縣有燕樂，在州東北七十五里，「後魏于此置廣陽郡。」密雲卽今河北密雲縣。是廣陽今地可考，安樂當亦不遠，則崎城當亦不遠，豈鎮今古北口隘道者歟？

㊀北平鎮　芒洛冢墓遺文上隨口隨墓誌：「祖，魏揚麾將軍、北營州長史，北平鎮將。」檢地形誌，平州北平郡治朝鮮縣，縣以「延和元年徙朝鮮民於肥如復置。」按肥如在今河北灤縣東。此北平鎮蓋卽其地。

⊙和龍鎮　地形志上：「營州治和龍城。太延二年爲鎮。眞君五年改置。永安末陷。天平初復。」按和龍城爲慕容燕所都，在今熱河朝陽縣治。魏太武帝太延二年夏，代燕，燕王慕容弘奔高麗，卽以是年置鎮也。魏書張袞傳，次子度，爲和龍鎮都大將，當在太武世。

據志，置鎮僅逾八年卽改置爲營州，不復爲鎮。然考魏書于栗磾傳云：

「子洛拔襲爵。……世祖甚加愛寵。……出爲使持節、散騎常侍、寧東將軍、和龍鎮都大將、營州刺史。以治有能名，進號安東將軍。又爲外都大官。會隴西屠各王景文等恃險竊命。……高宗詔洛拔與南陽王惠壽……討平之。」

據高宗紀：屠各王景文之叛在興安元年十一月。是于洛拔之爲和龍鎮都大將在世祖太武帝末年也。其後仍屢見有爲和龍鎮將者，例如：

任城王雲傳：「和平五年封。拜使持節、侍中、征東大將軍、和龍鎮都大將。」

安定王休傳：「高祖初，庫莫奚寇邊，以休爲使持節、侍中、都督諸軍事，領護東夷校尉、儀同三司、和龍鎮將。」

安豐王猛傳：「太和五年封。加侍中，出爲和龍鎭都大將、營州刺史。

樂陵王胡兒傳：子思譽「出爲使特節、鎭東大將軍、和龍鎭都大將、營州刺史。加領護東夷校尉。」(時在孝文帝中葉)

自世祖太武帝末至孝文帝中葉，和龍鎭將之屢見如此，惟時兼營州刺史耳。蓋眞君五年於和龍置營州，而鎭未廢，志文誤書耳。此猶後考涼州鎭，雖置州刺史，而鎭不廢，志亦誤書也。孝文中葉以後，營州刺史常見於史傳，而竟不見鎭將，豈後廢之耶？

⊙雲中鎭　魏書司馬楚之傳云：

「世祖聞而嘉之。尋拜假節、侍中、鎭西大將軍、開府儀同三司、雲中鎭大將、朔州刺史。……在邊二十餘年。以清儉著聞。和平五年薨。」(紀云五年十月。)

子金龍，「拜侍中、鎭西大將軍、開府、雲中鎭大將、朔州刺史。徵爲吏部尙書。太和八年薨。」

「金龍弟躍……代兄爲雲中鎭將、朔州刺史。」

「楚之父子相繼鎭雲中，朔土服其威德。」

是自太武帝眞君中至孝文太和中，雲中皆置鎭兼置朔州也。(又周書閻慶傳，「曾祖善仕魏……雲州鎭將，因家於雲州之盛樂郡。」當卽雲中鎭將。)復考安同傳，安原「太宗時爲獵郎，出監雲中軍事。時赫連屈丐犯河西，原以數十騎擊之，殺十餘人。太宗(略)知原驍勇，遂任以爲將，鎭守雲中。」是太宗時已置雲中鎭矣，不始於太武帝也。按雲中卽魏故都所在，在今綏遠和林格爾縣北。

⊙善無鎭　北史孝行傳，乞伏保「出爲無善鎭將。」(魏書孝感傳同。)約在孝文帝世。按魏世不見有無善地名，而善無郡縣，在北魏極有名，疑孝感傳誤乙也。若果爲善無，則在今山西右玉縣。

㊀平城鎭　芒洛冢墓遺文上魏岐州刺史于纂墓誌：「正始元年，轉威遠將軍、平城鎭平北府長史。」慕容白曜傳，弟子契「轉都督禦夷懷荒二鎭諸軍事、平城鎭將。」亦在宣武帝世。又樓伏連傳，孫禀「稍遷趙郡太守。更滿還京，除冠軍將軍，城門校尉。出爲征虜將軍、平城鎭將，遷朔州刺史。」北史常山王遵傳，有平城鎭將元淑。此二人事亦皆在孝文遷都以後，是孝文南遷以後，亦於平城置鎭也。其地在今山西大同縣。然地形志，恒州，「天興中置司州，治代都平城。太和中改。」又輿氏後魏方

鎭年表，恒州刺史，自太和十八年歷宣武孝明世有陸叡等二十餘人，則平城鎭與恒州並置，且同治所也。

⊙靈丘鎭　魏書靈徵志上「(太和九年)六月，洛肆相三州及司州靈丘、廣昌鎭實霜。」又云「(太和)九年六月庚戌，濟洛肆相四州及靈丘廣昌鎭暴風折木。」按靈丘廣昌兩鎭與四州對舉，必亦各爲統治面積地土之鎭也。又漢置靈丘縣。地形志上，恒州之北靈丘郡有靈丘縣，郡以天平二年置，蓋卽靈丘鎭改置者歟？其地在今山西靈丘縣。

⊙廣昌鎭　此鎭除見於前條所引靈徵志外，又高湖傳，子「各拔，廣昌鎭將。」按湖長子眞，第三子謐，各拔蓋次子或季子，謐卒於延興二年，年四十五，則各拔爲鎭將，正當在太和遷都以前。按漢置廣昌縣，在今河北淶源縣北，晉後廢，後周復置廣昌縣，隋改曰飛狐，正與靈丘毗連，北魏廣昌鎭必卽其地。

(二)　河東河北諸鎭

⊙九原鎭　地形志上：「肆州，治九原，天賜二年爲鎭。眞君七年置州。」據志一般書例，此「爲鎭」者卽爲九原鎭也。按秦置九原郡，漢改稱五原郡，有九原縣，在雲中以西地區。今綏遠有五原縣，蓋略近之。後漢僑置九原縣於今山西忻縣。地形志所書肆州治九原者，卽後漢僑置之九原也。

⊙離石鎭　元和志一四，石州「在秦爲西河郡之離石縣。……石勒時改爲永石郡。後魏明帝改爲離石鎭。」周考疑「明帝」當作「明元帝」。考陸俟傳：「父突，太祖時率部民隨從征伐，數有戰功，拜厲威將軍、離石鎭將。天興中，爲上黨太守。」是太祖道武帝之初年已置鎭也。又奚斤傳，孫受眞，「高宗卽位，拜龍驤將軍，……遷給事中，出爲離石鎭將。」是此鎭至高宗時尙見在。惟據吐京鎭條引穆崇傳，高祖孝文帝初葉，吐京鎭所屬有離石都將，則其時鎭已見廢矣。離石在今山西離石縣。

⊙吐京鎭　地形志上：「汾州，延和三年爲鎭。太和十二年置州，治蒲子城。」不書鎭名。考穆崇傳，穆羆「轉征東將軍、吐京鎭將。……時西河胡叛，羆欲討之，而離石都將郭洛頭拒違不從，羆上表自劾，以威不攝下，請就刑戮。高祖乃免洛頭官。……後改吐京鎭爲汾州，仍以羆爲刺史。」是延和三年所置者卽吐京鎭也。又元和志一二隰州條「在漢爲蒲子縣，……後魏……孝文改蒲子爲長壽縣，太和十二年于此置汾州。……隋開皇五年改爲隰州。」是北魏汾州治蒲子，與隋唐之隰州同治也。而石樓縣條云：「本漢土軍縣也。……後魏孝文帝于此城置吐京郡，卽漢土軍縣。蓋胡俗音訛以軍爲京也，開皇……十八年，改吐京爲石樓縣。」又同書一三汾州條亦云：「按吐京鎭，亦隰州西北九十里石樓縣是也。十二年改吐京鎭爲汾州。」此二者與隰州條書事不同。疑吐京鎭本在隋唐之石樓，亦卽今之石樓縣地，改鎭爲汾州，移理蒲子，卽今隰縣歟？

據穆羆傳，鎭所屬尙有離石都將、又元和志汾州條「後魏孝文帝太和八年復于茲氏舊城置西河郡，屬吐京鎭。……十二年改吐京鎭爲汾州，西河郡仍屬焉。」是且有屬郡西河也，足見統攝地區相當大。

又水經文水注：「滕水……東逕六壁城南，魏朝舊置六壁于其下，防離石諸胡，因爲大鎭。太和中罷鎭，仍置西河郡焉。」按地形志上顯州條，汾州有六壁城，疑此鎭當卽指吐京鎭而言。

⊙**柏壁鎭**　元和志一二絳州正平縣條：「柏壁在縣西南二十里，後魏明〔元〕帝元年于此置柏壁鎭。太武帝廢鎭置東雍州及正平郡。周武帝于此改置絳州。……按柏壁(此字從土)高二丈五尺，周廻八里。」寰宇記四七絳州條同，而字從「土」，疑從「土」爲正。按正平縣卽今山西新絳縣，則鎭在今縣西南二十里也。

⊙**絳城鎭**　魏書杜銓傳，杜洪「太和中，除鷹揚將軍、絳城鎭將，帶新昌、陽平二郡太守。」按今新絳縣，在北周改置絳州之前尙無絳名。此前絳地多在汾水之東，一在今翼城縣東南十五里，一在今曲沃縣西南二里，一在今絳縣東南十里，此絳城當爲此三地之一，其地距明元帝所置之柏壁鎭固不遠也。

⊙**蒲坂鎭**　于栗磾傳，太武世，爲豫州刺史，「還蒲坂鎭將。時宏農河內上黨三郡賊起，栗磾討平之。轉虎牢鎭大將。」又劉裕傳，魏「蒲城鎭將何難於風陵堆濟河。」亦在太武世，卽蒲坂也。按蒲坂城在今山西永濟縣北三十里虞都鎭。

㊀**稷山鎭**　北齊書薛循義傳，薛鳳賢爲龍驤將軍、假節、稷山鎭將。時在魏孝明帝末年正光末至孝昌中。在今山西稷山縣境。

㊀**龍門鎭**　北齊書薛循義傳，爲龍門鎭將。時在魏孝明帝末年正光末至孝昌中。按此龍門係指今山西河津縣西者，北魏於此置龍門縣，龍門郡，蓋亦置鎭也。

㊉虜口鎮　寰宇記六三深州饒陽縣條：「按饒陽縣，卽後魏虜渠口，置虜口鎮于此。後爲縣。」在今河北饒陽縣東北。

⊙廣阿鎮　叔孫建傳，太祖世，歷幷州刺史。太宗卽位，以建爲相州刺史。「遷廣阿鎮將，羣盜斂跡，威名甚震。久之，除使持節、都督(略)徐州刺史。」按太宗明元帝紀，泰常三年五月，「詔叔孫建鎮廣阿。」卽此事。費于傳：「祖峻，仕赫連昌。……泰常末率衆來降，……後遷征南將軍、廣阿鎮大將。」是太宗明元帝世已置廣阿鎮，且地位已極高。而韓茂傳附子均傳云：

「廣阿澤在定冀相三州之界，土廣民稀，多有寇盜，乃置鎮以靜之。以均在冀州，刼盜止息，除本將軍、廣阿鎮大將，加都督三州諸軍事。……」

按此事在顯祖獻文帝世。據此段敍事，似鎮爲此時始置者，豈中間曾廢，今復置之耶？抑均傳「置鎮以靜之」一段係追敍往事歟？莫能詳矣。

又靈徵志上：

「(太和六年)八月，徐、東徐、兗、濟、平、豫、光七州，平原、枋頭、廣阿、臨濟四鎮大水。」(同卷又書同年八月此七州四鎮「蝗害稼」)

是至孝文帝世，此鎮仍存在，地位與州均。

檢元和志一七趙州昭慶縣條云：「本漢廣阿縣，屬鉅鹿郡。後漢省。後魏別置廣阿縣。隋仁壽元年改爲象城縣。……天寶元年改爲昭慶縣。廣阿澤在縣東二十五里。……淮南子曰：鉅鹿，大陸，廣阿，咸一澤也。」是自古有名之大澤藪，在今河北隆平縣東。正北魏之定相冀三州之間也。

地形志上：「殷州，孝昌二年分定相二州置，治廣阿。」其屬有「南趙郡，太和十一年爲南鉅鹿郡，屬定州。十八年屬相州。後改。孝昌中屬。」郡屬縣有「廣阿，前漢屬鉅鹿。後罷、太和十三年復，有廣阿城。」疑卽以太和十一年改鎮置鉅鹿郡，十三年又置縣也。

⊙樂陵鎮　韋閬傳，族弟珍，「除左將軍、樂陵鎮將。」時在孝文世，尙未遷都時。按地形志中，青州所屬有樂陵郡樂陵縣。故城在今山東樂陵縣西南三十里。

⊙平原鎮　水經河水注云：

「黃溝……又東北逕王城北。魏太常七年安平王鎮平原所築，世謂之王城。太和二十三年罷鎭立平原郡，治此城也。」

檢地形志中，濟州平原郡，首列聊城縣。本注：「有王城，郡縣治。」是酈注平原鎭所治之王城卽聊城縣之王城也。又元和志一六博州，「後魏明元帝於此置平原鎭。孝文罷鎭置平原郡。」按博州卽治聊城，與此合。其地在今山東聊城縣西北十五里。

平原鎭地位衝要，故魏書中屢見任平原鎭將者，如遼西公意烈傳，子拔干，「太宗(明元帝)踐阼，除渤海太守，……轉平原鎭將。」是平原鎭將之最早見者。其後世祖太武帝世有叔孫建，拓跋提皆爲平原鎭大將，各見本傳。高宗文成帝時有平原鎭將，見堯暄傳。又穆翰爲平原鎭將，亦在太武、文成世，見穆崇傳。靈徵志上：「(太和六年)八月，徐、東徐、兗、濟、平、豫、光七州，平原、枋頭、廣阿、臨濟四鎭大水。」又云此七州四鎭「蝗害稼。」是孝文帝初年平原仍爲大鎭，位與州等也。而叔孫建傳云：

「世祖以建威名南震，爲義隆所憚，除平原鎭大將，封丹陽王，加征南大將軍、都督冀、青、徐、濟四州諸軍事。」

又河南王曜傳附子提傳云：

「拜使持節、鎭東大將軍、平原鎭都大將。在任十年，大著威名，……遷使持節、車騎大將軍、統萬鎭都大將。」

是此鎭或常置都大將，且曾都督冀、青、徐、濟諸州，其地位更在州之上矣。

又地形志中，濟州平原郡治聊城。本注云：「魏置太平鎭。後罷，併郡。」太平疑平原之訛。或者孝文帝改平原鎭爲平原郡，其時或其後又於故地置太平鎭，地位蓋較舊平原鎭爲低，旋復併入平原郡歟？莫能詳也。

⊙枋頭鎭 世祖紀，太平眞君十一年，「王玄謨西攻滑臺。詔枋頭鎭將、平南將軍、南康公杜道儁助守兗州。」是太武帝世已置鎭也。又于栗磾傳：「遷使持節、都督兗桓二州諸軍事、鎭南將軍、枋頭都將。」當卽鎭將，時亦在太武世。復考薛野賭傳，子虎子於顯祖世爲枋頭鎭將。靈徵志上：「(太和六年)八月，徐、東徐、兗、濟、平、豫、光七州、平原、枋頭、廣阿、臨濟四鎭大水。」同卷又云此七州四鎭，「蝗害稼。」是直至孝文帝未遷都前，此鎭見在未廢也。據靈徵志兩條，其地位與州均等。而薛虎子傳云：

「及文明太后臨朝，出虎子爲枋頭鎭將。……因小過黜爲鎭門士。及顯祖南巡，……時山東饑饉，盜賊競起，相州民孫誨等五百餘人稱虎子在鎭之日土境淸晏，訴乞虎子。乃復除枋頭鎭將，卽日之任。至鎭，數州之地姦徒屛跡。顯祖璽書慰喩。」

兼參之前引于栗磾傳，則此鎭且統攝數州之地，地位在州之上矣。又按枋頭當古淇水口，在今河南濬縣西南八十里。

⊙**河內鎭**　羅結傳：「太宗時，除使持節、散騎常侍、寧南將軍、河內鎭將。」又于栗磾傳云：

「(太宗)永興中，……轉鎭遠將軍、河內鎭將。……栗磾撫導新邦，甚有威惠。劉裕之伐姚泓也，栗磾慮其北擾，遂築壘於河上，親自守焉。……裕甚憚之…遺栗磾書，遠引孫權求討關羽之事，假道西上，題書曰黑矟公麾下。栗磾以狀表聞，太宗許之，因授黑矟將軍，……遷豫州刺史。」

據此，河內鎭實一重鎭，地位極高。檢地形志上，「懷州，天安二年置，太和十八年罷。」有河內郡，治野王縣。按天安爲顯祖獻文帝年號，疑太宗時置河內鎭，至天安二年改鎭置州郡也。在今河南沁陽縣。

(三)　黃河以西，南至隆城西至焉耆諸鎭

⊙**統萬鎭**　地形志下：「夏州，赫連屈孑所都。始光四年平爲統萬鎭。太和十一年改置，治大夏。」元和志四夏州條：「晉末，赫連勃勃于今州理僭稱大夏，……名曰統萬城。至子昌，爲魏太武所滅，置統萬鎭。孝文太和十一年改置夏州。」按魏書紀傳所記，統萬夏州長官甚多，太和中葉以後皆稱夏州刺史，以前多稱鎭統萬，此其別也。其直稱統萬鎭將者，魏書紀傳亦數見，例如：

陳留王虔傳，姪崘「世祖時襲父爵，以功除統萬鎭將。……高宗卽位，除秦州刺史。」

高宗紀，興安元年十一月，「隴西屠各王景文叛，詔統萬鎭將南陽王惠壽討平之。」

河南王曜傳，長子提「遷使持節、車騎大將軍、統萬鎭都大將。…太安元年薨。」

高祖紀：延興二年九月「戊申，統萬鎭將河間王閭虎皮坐貪殘賜死。」

尉元傳：「太和初，徵爲內都大官。旣而出爲使持節、鎭西大將軍、開府、統萬鎭都將。甚得夷民之心。」

京兆王子推傳，子太興「拜長安鎭都大將。……拜統萬鎭將。後改鎭爲夏州，仍以太興爲刺史。」

章武王彬傳：「出爲使持節、都督東秦、豳、夏三州諸軍事、鎭西大將軍、西戎校尉、統萬鎭都大將、夏州刺史。」(高祖紀，太和十三年三月甲子「夏州刺史章武王彬以貪賕削封。」)

按魏書稱爲統萬鎭將者略盡於此，其爲一大鎭自不待言。尤可注意者爲最後兩條。據子推傳，其任職當始於太和十一年改鎭爲州以前，置州後仍在任。而章武王彬事，據高祖紀，太和十三年尙在任，是在改鎭爲州之後也；而傳云統萬鎭都大將、夏州刺史、都督夏豳東秦三州，蓋太和十一年雖於統萬置夏州，但鎭未卽廢，正如和龍鎭、涼州鎭之例耳。然其後只有夏州刺史，不見鎭將，蓋旋亦廢鎭也。

又此鎭之名，魏書皆作統萬。而芒洛冢墓遺文四編補遺，魏元昭墓誌：「祖連，使持節侍中征西大將軍、都督河西諸軍事(畧)、統萬突鎭都大將常山王。」疑此城本名統萬突，漢語省之歟？按統萬故城在今陝西橫山縣西，長城外，綏遠境。

●高平鎭　地形志下：「原州，太延二年置鎭。正光五年改置，並置郡縣。治高平城。」不言鎭名。通典一七三州郡典原州條：「後魏太武帝置高平鎭，後爲太平郡，兼置原州。」是地形志所謂置鎭者，卽高平鎭也。復考之碑傳有下列諸例：

皮豹子傳，興安二年，「詔高平鎭將苟莫于率突騎二千以赴之。」

高宗文成帝紀，和平二年六月，詔陽平王新成等督統萬高平諸軍討吐谷渾什寅。

穆崇傳，穆羆「遷都督夏州、高平鎭諸軍事，……夏州刺史，鎭統萬。」

芒洛冢墓遺文四編卷一後魏于景墓誌：「延昌中，朝廷以河西二鎭，國之蕃屏……遂除君爲寧朔將軍、薄骨律、高平二鎭大將。」

魏書閹官張祐傳，養子顯明，「正光二年爲衞尉少卿，出爲高平鎭將。」

是高平爲一重鎭，見於史料之時間亦與地形志合，通典以爲高平鎭是也。其地在今甘肅固原縣治。

⊙**長安鎮** 靈徵志下，太和元年六月「長安鎮獻玉印一。」南安王楨傳，高祖戒之：「長安鎮年饑民儉。……」是長安置鎮也。在今陝西西安西北。

詳考紀傳，以將軍「鎮長安」者甚衆，而正稱爲「長安鎮都大將」「長安鎮將」者亦不少，今僅取正稱鎮將諸例列之於次：

李順傳：「世祖……以順爲太常，策拜(沮渠)蒙遜爲太傅、涼王。(世祖紀在神䴥四年九月。)使還，拜使持節、都督秦、雍、梁、益四州諸軍事、寧西將軍、開府、長安鎮都大將。」

樂安王範傳：「世祖……拜範都督五州諸軍事、衞大將軍、開府儀同三司、長安鎮都大將。」(據世祖紀，事在延和二年正月，五州爲秦、雍、涇、梁、益。又袁式傳稱，範爲雍州刺史。蓋兼刺史也。)

竇謹傳：「初定三秦，人猶去就。拜使持節、散騎常侍、都督秦雍二州諸軍事、長安鎮將。……在鎮八年。」

陸俟傳：都督秦雍二州諸軍事、平西將軍、長安鎮大將。

羅結傳：子斤，從平涼州。「除長安鎮都大將。……還除柔玄鎮都大將。……又以本將軍開府爲長安鎮都大將。卒。」

——以上世祖太武帝世——

樂安王範傳：長子良，「高宗時，……拜長安鎮都大將、雍州刺史。」

京兆王子推傳：「大安五年封。位侍中、征南大將軍、長安鎮都大將。」

——以上高宗文成帝世——

東平王翰傳：子道符，「顯祖踐阼，拜長安鎮都大將。」

李惠傳：「轉雍州刺史、征南大將軍，加長安鎮大將。」(顯祖紀，在皇興元年。)

陸眞傳，嘗兩任長安鎮將，一在道符前，一在道符後。

——以上顯祖獻文帝世——

任城王雲傳：「遷使持節、都督陝西諸軍事、征南大將軍、長安鎮都大將、雍州刺史。……太和五年薨於州。」

京兆王子推傳：子太興襲爵。「拜長安鎮都大將。」

源懷傳：「出爲長安鎮將、雍州刺史。」

南安王楨傳：「出爲使持節、侍中、本將軍(征西大將軍)、開府、長安鎮都大將、雍州刺史。……聚歛肆情，……削除封爵，以庶人歸第。」(高祖紀，太和十三年六月，安南王楨坐贓賄，免爲庶人。)

——以上高祖孝文帝世——

按世祖平定關中在神䴥年間，據此所列材料，是自平關中即置長安鎮，並置都大將以鎮之也。歷文成、獻文至孝文帝中葉，時見有任長安鎮都大將，多都督數州，或兼雍州刺史者。至南安王楨爲都大將，以太和十三年六月免。其後史傳不見有任長安鎮將者。孝文中葉常改鎮置州，雍州本與長安鎮同置，蓋至此時廢鎮，單置雍州歟？故其後雍州刺史極常見，(參看吳廷燮後魏方鎮年表上。)而迄不見有長安鎮都大將也。

⊙**杏城鎮**　元和志三坊州條：「漢爲左馮翊翟道縣之地。魏晉陷于夷狄，不置郡縣。劉石符姚時，于今州理西七里置杏城鎮，常以兵守之。後魏孝文帝改鎮爲東秦州，孝明帝改爲北華州。」又鄜州條略同，惟不云在州理西。蓋鎮治在唐之坊州，而鄜州亦鎮之轄區耳。寰宇記三五坊州條同，而鄜州條云：「(奪文)於今坊州中部界置杏城鎮。後魏太和十五年改鎮爲東秦州。」又坊州中部縣條云：「杏城鎮，姚萇置。」若兩書記載屬實，則此爲可考諸鎮中最早建置者。檢地形志下，「北華州，太和十五年置東秦州。後改。治杏城。」(又華州澄城縣亦有杏城，非鎮所在。)與元和志、寰宇記合。記稱太和十五年改鎮爲東秦州者，蓋即據此而言歟？其鎮將見於史傳者：韋閬傳，「世祖徵拜咸陽太守，轉武都太守。屬杏城鎮將郝溫及蓋吳反，關中擾亂。」安同傳，安國位至冠軍將軍、杏城鎮將。(其父𩓥，「太宗時爲樂陵太守卒。」)又尉撥傳「出爲杏城鎮將。在任九年，大收民和，山民一千餘家，上郡徒各，盧水胡八百餘落盡附爲民。」是其例也。時間皆在太和十五年以前，故改鎮立州是也。周考引安國、尉撥事，以爲州鎮並置，誤矣。按地形志北華州之杏城在今陝西中部縣。

⊙**李潤鎮**　周考有李潤堡一條云：「安定王燮傳：『世宗初……除華州刺史。燮表曰：謹惟州治李潤堡，……胡夷內附，遂爲戍落。……爰自國初，護羌小戍，及改鎮立郡，依岳立州，因藉倉府，未刊名實。』知世宗以前華州州治李潤堡曾立鎮。」按閹官王遇傳：「馮翊李潤鎮羌也。……自晉世以來，恆爲渠長。父守貴，爲郡功曹。」則周云前曾爲鎮是矣。然王守貴已爲郡功曹，知改鎮立郡不能遲於太和中，非世宗世也。其地在今陝西大荔縣。

●**三堡鎮**　　元和志三丹州條：秦漢上郡地。「晉時戎狄居之。苻姚時爲三堡鎮。後魏文帝大統三年，割鄜延二州置汾州，理三堡鎮，廢帝……改爲丹州。」寰宇記三五丹州條同。按唐丹州在今陝西宜川縣。

⊗**安人鎮**　　元和志三延州延水縣條：「後魏……置安人縣並安人鎮，屬東夏州。隋文帝廢鎮，置安人戍。」按唐延水縣在今陝西延川縣東南。

⊗**石龜鎮**　　元和志四：麟州銀城縣：「後魏時置石城縣，廢帝改爲銀城關。周武帝保定二年移于廢石龜鎮城，卽今縣理是也。」寰宇記三八麟州銀城縣條略同。按保定二年上距孝昌之亂，不過三十餘年，此稱廢石龜鎮，當是統一時代未亂以前之舊鎮也。其地在今陝西神木縣南四十里。

⊙**三縣鎮**　　元和志三寧州，「後魏延興二年爲三縣鎮。孝文太和十一年改置班州，十四年改爲邠州。」按地形志下，豳州「皇興二年爲華州。延興二年爲三縣擬，太和十一年改爲班州，十四年爲邠州。」擬乃鎮之譌。是孝文時嘗置此鎮也。在今甘肅寧縣。

⊙**安定鎮**　　世祖紀：延和二年二月，「征西將軍金崖與安定鎮將延普及涇州刺史狄子玉爭權，構隙、〔崖及子玉〕舉兵攻普，不克，退保胡空谷，驅掠平民，據險自固。詔散騎常侍、平西將軍、安定鎮將陸俟討獲之。」(按此段記事，又見天象志二及三，今據志三補「崖及子玉」四字。) 陸俟傳，由都督洛豫二州諸軍事虎牢鎮都大將轉平西將軍、安定鎮大將。是太武帝世有安定鎮，地位崇高也。又皮豹子傳，興安二年，表曰：「統萬、安定二鎮。」云云，是文成帝時仍見在。按地形志下，涇州有安定郡安定縣，在今甘肅涇川縣北。

⊙**雍城鎮**　　地形志下：「岐州，太和十一年置，治雍城鎮。」元和志二鳳翔府：「後魏太武于今州(岐州)理東五里築雍城鎮。文帝(文上脫孝字)改鎮爲岐州。按岐州在今陝西鳳翔縣。考張袞傳，季子「那，寧遠將軍，雍城鎮將。」其時代不能遲於獻文帝世。又劉藻傳云：

「爲北地太守。藻推誠布信，諸羌咸來歸附。藻書其名籍，收其賦稅。朝廷嘉之。遷龍驤將軍、雍城鎮將。先是氐豪徐成楊黑等驅逐鎮將，故以藻代之。至鎮，擒獲成黑等，斬之以徇，羣氐震慴。……在任八年。遷離城鎮將。太和中改鎮爲岐州，以藻爲岐州刺史。」

據此，雍城鎮之地位與統攝皆可略見。而末段之「遷離城鎮將」，接云「改鎮爲岐州」，似改離城鎮爲岐州者，疑「改」下奪「雍城」二字。而離城鎮所在亦不可考。

●**長蚳鎮**　陸眞傳：「是時初置長蚳鎮。眞率衆築城未訖，而氐豪仇傉檀等反叛，氐民咸應，其衆甚盛，眞擊平之，殺四千餘人，卒城長蚳而還。東平王道符反於長安，……以眞爲長安鎮將。」按道符之反，據顯祖紀在皇興元年，是長蚳鎮之置在高宗文成帝末年也。又周書趙昶傳「(大統)十年，拜安夷郡太守，帶長蚳鎮將。」是直至西魏此鎮仍見在。

檢地形志下，秦州天水郡顯新縣，「眞君八年併安夷。」安夷郡當在此。又地名大辭典五五七頁「長蛇水，在陝西隴縣西南，注於汧水。水經注，渭水東與楚水合，世所謂長蛇水。闞駰以楚水爲汧水。」鎮當以水名，是蓋在今隴縣以西陝甘接界地區。楊圖，有長蛇縣，繪於今隴縣南，蓋略近之。

△**汧城鎮**　周書達奚武傳，「父長，汧城鎮將。」按武以周天和五年卒，年六十七，則其父爲鎮將，當在魏末未分東西時。其地無考，或亦在今陝甘接境汧水流域，是與長蚳鎮爲近也。

⊙**上邽鎮**　元和志三九，秦州上邽縣，本秦漢舊縣，「後魏以避道武諱改曰上封，廢縣爲鎮。」考世祖紀，太延五年十二月，「楊難當寇上邽，鎮將元勿頭擊走之。」是太武帝已置鎮。而氐傳：「太延初(楊)難當立鎮上邽，世祖遣車騎大將軍樂平王丕等督河西高平諸軍取上邽。」是此鎮爲楊難當所創置，魏太武取其地，仍置鎮也。又靈徵志下，「高祖太和五年六月，上邽鎮將上言，於鎮城西二百五十里射獵……。」是至太和間，尙見存，且統區或甚廣。檢地形志下，秦州天水郡有上封縣，其地在今甘肅天水縣。不知何時廢鎮，置郡縣也。而與氐後魏方鎮表，自世祖時至魏末，秦州刺史可考者甚多，則亦州鎮並置矣。

△**隴西鎮**　薛安都傳，孫巒，「尙書郞；秦州刺史；鎮遠將軍、隴西鎮將，帶隴西太守。」時在肅宗孝明帝世，或稍前。蓋在今甘肅隴西縣西南。

⊙**仇池鎮**　地形志下：「南秦州，眞君七年置仇池鎮。太和十二年爲渠州。(蓋梁之譌，詳下文。）正始初置(南秦州)，治洛谷城。」元和志二二成州條：「有山曰仇池，地方百頃。……後于魏此置仇池鎮，理百頃岑上，後又改爲郡。」按其地在今甘肅成縣仇池山。

仇池爲一大鎮，歷任都大將多都督數州。例如：

皮豹子傳：「眞君三年，劉義隆遣將裴方明等侵南秦王楊難當，遂陷仇池。世祖徵豹子，復其爵位，尋拜使持節、仇池鎮將，督關中諸軍，……十道並進。四年……仇池平。……尋除都督秦雍荊梁益五州諸軍事，進號征西大將軍、開府、仇池鎮將，持節公如改。十一月……。」

閭大肥傳，弟驎「出爲仇池鎮將。」時在孝文帝以前。

皮喜傳：高祖初，「拜爲使持節、侍中、都督秦雍荊梁益五州諸軍事，本將軍、開府、仇池鎮將。……以其父豹子昔鎮仇池，有威信故也。」

穆亮傳：「除都督秦梁益三州諸軍事、征南大將軍、領護西戎校尉、仇池鎮將。」(立宕昌王彌承，據紀在太和九年七月。)

南安王楨傳：子英「高祖時，……遷都督梁益寧三州諸軍事、安南將軍、領護西戎校尉、仇池鎮都大將、梁州刺史。」

按余搜史傳所見仇池鎮將有上列五人，就中都督秦雍荊梁益五州者二，都督秦梁益，都督梁益寧者各一人，足見統區甚大。又皮豹子始爲鎮將在眞君四年，則地形志云七年始置，誤也。元英爲鎮將，傳云：「在仇池六載，甚有威惠之稱，父憂解任。」按英父楨以太和二十年五月卒，其始任不能早於太和十四年，則志云十二年爲渠州，亦誤也。又志文「爲渠州」，殿本及百衲本並同，而吳廷燮後魏方鎮年表引作梁州。按史傳不見有任渠州刺史者，而元英所任正爲仇池鎮都大將兼梁州刺史，疑作梁是也。

又前引史例，鎮將督州者四人，而梁州爲基本督區，元英爲鎮將且兼梁州刺史，疑前期梁州與仇池鎮並置且同治所也。然靈徵志：「高祖太和三年七月，雍朔二州及枹罕、吐京、薄骨律、敦煌、仇池鎮並大霜，豆禾盡死。」按靈徵志述災異常某某州及某某鎮並提，其鎮皆無州與之同治所者。雍朔二州有長安鎮雲中鎮與之同治所，此條舉州不舉鎮，若梁州與仇池鎮並置且同治所，則亦當舉梁州。乃此條不曰梁州而曰仇池鎮，且枹罕至敦煌四鎮亦皆爲無州與之並置之鎮，則太和三年仇池鎮之性質亦當與枹罕等四鎭同，未有州與之並置且同治所也。

⊙**武都鎭**　元和志三九武州條：「後(魏)平仇池，于仙陵山東置武都鎭。宣武帝于鎭城復置武都郡。廢帝復置武州。」其地在今甘肅武都縣西北。按魏平仇池，事在世祖眞君年間，是置鎭甚早。長生肥傳，烏孤「高祖初，出爲武都鎭將，入爲散令。」則此鎭蓋與郡位均者。

⊙**駱谷鎭**　呂羅漢傳：「出爲鎭西將軍、秦益二州刺史。時仇池(當乙)氐羌反，攻逼駱谷，鎭將吳保元走登百項，請援於羅漢。」時在獻文帝世或孝文初年。按此鎭又見於皮喜傳，可考地望。傳云：

「太和元年，劉準葭蘆戍主楊文度遣弟鼠竊據仇池。詔喜率衆四萬討鼠。軍到建安。……進攻濁水，遣平西將軍楊靈珍擊文度所置仇池太守楊眞。眞衆潰。……喜遂軍於覆津，……追奔西入，攻葭蘆城，拔之，斬文度。詔曰，……仇池，國之要蕃，防守事宜，尤須完實。從前以來，駱谷置鎭，是以奸賊息闚𨵦之心，邊城無危敗之禍。近由徙就建安，致有往年之役。前敕卿等部率兵將，駱谷築城，……卿等不祗詔命，至于今日。……今更給軍糧一月，速於駱谷築城，使四月盡，必令成就。若不時營築……以軍法從事。」

按寰宇記一五〇：「成州同谷郡，今理同谷縣。」是在今甘肅成縣。又云：「州理卽楊難當所築延安城也。」是建安城卽今成縣治。復檢地名大辭典，葭蘆在今武都縣東南七十里。則皮喜進兵路線係由今成縣向西偏南進行，駱谷當在建安以西，葭蘆以北，或卽在此進兵路線西北地區也。則與仇池山爲近矣。

又地形志下，南秦州「眞君七年置仇池鎭，太和十二年爲渠州，正始初置(南秦州)。治洛谷城。」周考以皮喜傳之駱谷鎭卽此洛谷城。檢通典一七六、「成州今理上祿縣。」又云：「上祿，漢舊縣，有仇池山。」「所理處名洛谷。」卽地形志之洛谷也。地名辭典：「上祿縣，漢置，故治在今甘肅成縣西南，晉太玄中，楊氏割置仇池郡，後廢。」又云：「隋改倉泉縣置，唐沒於吐蕃。故城在今甘肅成縣西北。」地形志、通典之洛谷當在今成縣西南之上祿。與前據皮喜傳推定駱谷之地望爲近。又南齊書氐傳：「氐楊氏……漢世居仇池，地號百頃。……仇池四方壁立，……有二十二道可攀緣而升，東西二門盤道七里。上有岡阜泉源。氐於上平地立宮室菓園倉庫。……所治處名洛谷。」

魏書氐傳「先是(世祖)詔保宗鎮上邽，又詔鎮洛谷，復其本國。」一云「所治」，一云「復其本國」而谷名「駱」「洛」音同字異，亦當爲一地之證。則周考謂駱谷卽洛谷，蓋可信。

然據地形志，洛谷卽在仇池。與前考仇池鎮衝突。但前引呂羅漢傳，駱谷鎮將走登百頃(卽仇池)求援。南齊書魏虜傳：「懿遣氐人楊元秀還仇池，說氐起兵，斷虜運道。氐卽舉衆攻虜歷城、睪蘭、駱谷、仇池、平洛、蘇勒六戍。」則駱谷與仇地必非一地可知。魏書氐傳「歷城去仇池百二十里」，駱谷去仇池必亦有若干距離也。乾隆一統志二一一階州卷引辛氏三秦記：「仇池(山)在倉洛二谷間，形如覆壺。」蓋得其實。是洛谷當爲仇池外圍之一谷口。按宋書氐胡傳「仇池地方百頃，因以百頃爲號，四面斗絕、高平，地方二十餘里。羊腸盤道三十六囘。」又前引南齊書氐傳，仇池有二十二道可攀登，東西二門、盤道七里。則其地外圍當在百五十里以上，洛谷卽駱谷，距離仇池可能有三五十里，故駱谷鎮將走登百頃求援也。而據皮喜傳，洛谷可能在山之南側。

⊙**葭蘆鎮**　前條引皮喜傳斬葭蘆戍主楊文度事，宋書索虜傳作茄蘆。南齊書氐傳亦作茄蘆，並云魏曾置鎮主云：

> 「宋元嘉十九年，龍驤將軍裴方明等伐氐克仇池。後爲魏虜所攻失地。氐王揚難當從兄子文德聚衆茄蘆，宋世加以爵位。文德死，從弟僧嗣、文慶傳代之。難當族弟廣香先奔虜，元徽中爲虜攻殺文慶，以爲陰平公、茄蘆鎮主。……太祖卽位欲綏懷異俗，建元元年詔曰：……僞虜茄蘆鎮主陰平郡公楊廣香，……當宋之世，遂舉地降敵。茄蘆失守，華陽暫驚。近單使先馳，宣揚皇威，廣香等，……肉袒請附，復地千里，氐羌雜種咸同歸順……。以廣香爲督沙州諸軍事、平羌校尉、沙州刺史、尋進號征虜將軍、梁州刺史。」

梁書諸夷傳武興國條亦云楊廣香爲茄蘆鎮主。是孝文帝初年曾一度置葭蘆鎮也。南齊書氐傳又云：「白水居晉壽上流，……北連陰平、茄蘆。」檢元和志三九武州盤堤縣條云：「西北至州百五十里。」「縣城，魏鄧艾與蜀將姜維相持，于此築城置茄蘆戍。後于此置縣。」地名辭典云在今甘肅武都縣東南七十里。蓋得其正。

●**武興鎮**　魏書氐傳(楊)文度自立爲武興王，遣使歸順。顯祖授文度武興鎮將。

既而復叛。」是前期已曾一度置爲鎭也。又云：「安西將軍邢巒遣建武將軍傅豎眼攻武興，克之，……以爲武興鎭。復改鎭爲東益州。前後鎭將唐法樂、刺史杜纂邢豹以威惠失衷，氐豪仇石柱等相率反叛。朝廷以西南爲憂。正光中詔魏子建爲刺史。」據邢巒傳，巒以世宗時爲安西將軍梁秦二州刺史，經營漢中以西地區。則世宗時代，又得其地置鎭也。惟寰宇記一三五興州條：「楊鼠既王武興……鼠子集稱藩于魏，後謀叛魏，魏遂廢武興以爲藩(衍)鎭。其年改鎭爲東益州。」是置鎭時間甚促。檢地形志下，東益州治武興郡。其地在今陝西略陽縣。

㊀隆城鎭　魏書獠傳：「朝廷以梁益二州控攝險遠，乃立巴州，以統諸獠。後以巴酋嚴始欣爲刺史。又立隆城鎭。所綰獠二十萬戶。彼謂北獠，歲輸租布。……孝昌初……始欣見中國多事，……謀將南叛。始欣族子愷時爲隆城鎭將，密知之，……遂禽蕭衍使人……表送行台。子建乃啓以鎭爲南梁州，愷爲刺史。」其地，楊氏地形志圖置於四川之閬中巴中縣間。

●薄骨律鎭　地形志上：「靈州，太延二年置薄骨律鎭，孝昌中改。」元和志四靈州條：「後魏太武帝平赫連昌，置薄骨律鎭。後改置靈州。」寰宇記三六靈州：「後魏太武帝平赫連昌後，置薄骨律鎭，在河渚上，舊赫連果城也。孝昌二年置靈州。」其置廢年代可詳如此。今考刁雍傳：「(眞君)五年，以本將軍爲薄骨律鎭將。至鎭，表曰：臣蒙寵出鎭，奉辭西藩，總統諸軍，戶口殷廣。」芒洛冢墓遺文四編一後魏于景墓誌：「延昌中，朝廷以河西二鎭，國之藩屛，……遂除君爲寧朔將軍，薄骨律、高平二鎭大將。」又靈徵志上：「高祖太和三年七月，雍朔二州及枹罕、吐京，薄骨律、敦煌，仇池鎭並大霜，禾豆盡死。」「延昌四年五月，薄骨律鎭上言，羊羔一頭，六足兩尾。」是自太武帝歷孝文帝至宣武帝末年皆見在，且爲一大鎭，地位與州相等，地形志元和志及寰宇記所記年代蓋可信矣。

其治所，按靈州通常皆云在今寧夏靈武縣西南。而寰宇記引括地志云：「薄骨律鎭城以在河渚之中，隨水上下，未嘗陷沒，故曰靈州。初在河北胡城。大統六年於果園復築城以爲州，卽今之州城也。」是薄骨律鎭本在河北胡城，與後之靈州異地也。

㊀宏靜鎭　元和志四靈州保靜縣條：「後魏立宏靜鎭，徙關東漢人以充屯田，俗謂之漢城。隨改置宏靜縣。」蓋中葉以後置鎭。其地在今寧夏寧夏縣東南，接靈武縣界。

◎榆中鎮　周書王傑傳：「傑，金城直城人也。……父巢，龍驤將軍榆中鎮將。」按下文云傑以「魏孝武初，起家子都督。後從西遷」，以大象元年卒，年六十五。其生當在魏延昌四年，魏分東西時，年已二十一。其父巢爲榆中鎮將在魏分東西前之可能性甚大。檢地形志，河州金城郡、涼州建昌郡皆有榆中縣。巢爲金城郡人，其爲榆中鎮將當卽以本郡豪望而任職，必金城之榆中也。其地在今甘肅榆中縣西北。

⊙枹罕鎮　地志志下：「河州，眞伏乾(闕二字)眞君六年置鎮。後改。治抱至。」按「抱至」當作「枹罕」。元和志三九河州條：「後魏平定秦隴西，改置枹罕鎮。孝文太和十六年改鎮爲河州。」按枹罕鎮，孝文世屢見，如靈徵志上：「高祖太和三年七月，雍朔二州及枹罕、吐京、薄骨律、敦煌、仇池鎮並大霜，禾豆盡死。」足見爲一大鎮。又天象志「(太和)四年正月癸卯，洮陽羌叛，枹罕鎮將討平之。」高祖紀，太和十五年「二月乙亥，枹罕鎮將長孫百年請討吐谷渾所置洮陽泥和二戍，許之。」靈徵志上「(太和)十六年十月癸巳，枹罕鎮蝗害稼。」皆在元和志所云改鎮置州年分以前。則志文年代甚確。其地在今甘肅臨夏縣。

●鄯善鎮　元和志三九鄯州條：「後魏以西平郡爲鄯善鎮。孝昌二年，改鎮立鄯州。」按王建傳，王安都「世祖拜爲太子庶子，出爲鄯善鎮將。高宗時爲內都大官。卒。」是此鎮亦置於太武帝世。其後此鎮常見史傳。例如：樓伏連傳，毅「後轉都督涼河二州、鄯善鎮諸軍事、涼州刺史。」高湖傳，孫「猛虎，鄯善鎮錄事。」皆約在孝文帝世。南安王楨傳，元怡爲鄯善鎮將，在宣武帝世。靈徵志上「世宗正始元年七月鄯善鎮送羊羔一頭，兩身八脚。」「二年正月，鄯善鎮送八脚羊。」靈徵志下，肅宗熙平二年十一月「鄯善鎮獻白兎。」皆是也。其地在今青海樂都縣。又金石萃編補略一周鞏賓墓誌，張掖人。祖幼文爲西平鎮將。時在魏未分東西前。是蓋鄯善鎮之異名也。

⊙涼州鎮、姑臧鎮　地形志下：「涼州，漢置，治隴。神䴥中爲鎮。太和中復。」元和志四〇涼州條：「魏分雍州置涼州，領河西五郡。……後魏太武帝改州置鎮。置四軍戍。孝文太和十四年，復爲涼州。」按涼州入魏版圖在太延末年，地形志云神䴥中已置鎮，必誤。世祖紀，太延五年八月「丙申，車駕至姑臧。」九月丙戌，牧犍面縛軍門降。「十月辛酉，車駕東還。……留驃騎大將軍樂平王丕、征西將軍賀多羅鎮涼州。」此當爲涼州置鎮之始。治所在今甘肅武威縣治。

又按本志文例，常云置鎭，而不書鎭名。此亦其一也。考之史傳，稱爲鎭涼州者甚多，但亦有正稱爲涼州鎭將者，例如：

叔孫建傳：子隣，「轉尙書令，出爲涼州鎭大將，加鎭西將軍。隣與鎭副將奚牧，……競貪財貨……坐伏誅。」(時在太武或文成帝世。)

廣平王連傳：繼子渾，「徙涼州鎭將、都督西戎諸軍事、領護西域校尉。」

南安王楨傳：「高祖卽位，除涼州鎭都大將。尋以綏撫有能，加都督西戎諸軍事、征西大將軍，領護西域校尉、儀同三司、涼州刺史。」

城陽王鸞傳：「高祖時，……出爲持節、都督河西諸軍事、征西大將軍、領護西戎校尉、涼州鎭都大將。改鎭立州，以鸞爲涼州刺史、姑藏鎭都大將，餘如故。」

據此四例，置涼州以前之鎭名卽爲涼州，稱爲涼州鎭。此爲一特例，與一般以城名爲鎭名者不同。又據楨傳，在孝文帝初(或其以前)，涼州置鎭大將外，又置州刺史，故楨以鎭將加兼刺史也。而據鸞傳，所謂「改鎭立州」者，惟改涼州鎭名爲姑藏鎭耳；州刺史則已先置也。然此後亦不見有任姑藏鎭將者，蓋旋仍廢之歟？又按鸞傳續云：「後朝於京師。會車駕南討，領鎭軍將軍，定都洛陽。」則改易鎭名必在太和十七年以前。元和志云十四年，蓋可信。

●敦煌鎭　元和志四〇沙州條：「後魏太武帝于郡置敦煌鎭。明帝罷鎭立瓜州，以地爲名也。」同卷肅州條：「後魏太武帝平沮渠氏，以酒泉爲軍，屬敦煌鎭。明帝孝昌中改鎭立瓜州，復置酒泉郡。」據此，敦煌鎭建置時間極長，且東境及於酒泉。今考之魏書尉眷傳，都督豫洛二州及河內軍事、開府，鎭虎牢。又鎭涼州，都督涼沙河三州諸軍事。轉敦煌鎭將。時在太武帝世。穆亮傳，「遷使持節、征西大將軍、西戎校尉、敦煌鎭都大將。」周書閻慶傳：「祖提，使持節、車騎大將軍、敦煌鎭都大將。」是自太武帝以來卽爲一大重鎭。又魏書靈徵志上：「高祖太和三年七月，雍朔二州及枹罕吐京薄骨律敦煌仇池鎭並大霜，禾豆盡死。」同志下，肅宗熙平元年，「十二月，敦煌鎭上言，晉昌戍木連理。」是遲至魏末此鎭尙見在，且東境及於晉昌，足徵元和志所記兩條皆正確。其地在今甘肅敦煌縣。

⊙晉昌鎭　前條引靈徵志下，晉昌戍屬敦煌鎭。而尉撥傳：「除涼州軍將，擊吐谷渾，獲其人一千餘落。……以功進爲子，遷晉昌鎮將，綏懷邊民，甚著稱績。入爲知臣監。出爲杏城鎮將，在任九年，……高宗以撥清平有惠績，……」是高宗文成帝時曾於晉昌置鎮也。觀其地位不甚高，蓋郡之比，雖爲鎮亦屬敦煌鎮歟？按此晉昌當在今甘肅安西縣東。

⊙**焉耆鎮**　車伊洛傳：「車伊洛，焉耆胡也。世爲東境部落帥，恒修職貢。世祖錄其誠，延和中，授伊洛平西將軍，封前部王。……伊洛征焉耆，留其子歇守城。而(沮渠)安周乘虛引蠕蠕三道圍歇。……歇走奔伊洛。伊洛收集遺散一千餘家，歸焉耆鎮。世祖嘉之。正平元年詔伊洛曰……。」是太武時有此鎮也。通鑑一二五，宋元嘉二十七年紀述此事云：「歇走就伊洛，共收餘衆保焉耆鎮，遣使上書於魏主，……乞垂賑救。魏主詔開焉耆倉以賑之。」胡注：「魏破焉耆以爲鎮。」按魏書西域傳焉耆國條：「恃地多險，頗剽刧中國使。世祖怒之，詔成周公萬度歸討之，……進屠其城，四鄙諸戎皆降服。……度歸破焉耆露板至，世祖省訖，賜司徒崔浩書曰，……自古帝王雖云卽序西戎，有如指注，不能控引也。朕今手把而有之，如何？……遂命度歸鎮撫其人。」此雖未云置鎮，然觀太武得意之語，參以當時於邊地置鎮之一般制度，焉耆置鎮必卽在此時無疑，命度歸鎮撫當卽爲鎮大將也。其地在今新疆焉耆。

(四) 河南諸鎮

⊙**虎牢鎮**　地形志中：北豫州，「司馬德宗置司州。泰常中復，治虎牢。太和十九年罷，置東中府。天平初罷，改復。」按虎牢在今河南汜水縣西北，據志文，似虎牢未嘗置鎮者。然魏書中關於虎牢鎮之記事甚多，茲列舉如次：

王建傳：「孫度，太宗時爲虎牢鎮監軍。世祖卽位，徵拜殿中給事。」

韓延之傳：「太常二年，與司馬文思來入國，以延之爲虎牢鎮將。」

——以上太宗明元帝世——

陸俟傳：太武時，爲都督洛豫二州諸軍事、龍驤將軍、虎牢鎮大將。

王慧龍傳：「眞君元年，拜使持節、寧南將軍、虎牢鎮都副將。」

陽平王熙傳：他，「世祖(時)，……封淮南王，除使持節、都督豫洛河南諸軍事、鎮南大將軍，……鎮虎牢。……拜使持節、都督雍秦二州諸軍事、(略)雍州刺史，鎭長安。……復爲虎牢鎭都大將。高宗時轉鎭西大將軍。」時亦在太武帝世。

——以上世祖太武帝世——

汝陰王天賜傳：「和平三年封，拜鎭南大將軍、虎牢鎭都大將。」

——以上高宗文成帝世——

宦官仇洛齊傳：養子儼，「太和中爲虎牢鎭將。」

——以上高祖孝文帝世——

據此諸條，是明元帝始得虎牢地區卽置鎭，歷太武、文成至孝文帝世，此鎭皆存在，且爲一大重鎭，並常兼督他州。其督區，陸俟督洛豫二州，拓跋他督洛豫河南，于栗磾兼督河內。而尉眷傳：「爲假節，加侍中，都督豫洛二州及河內諸軍事、安南將軍，開府，鎭虎牢。」(事在太武世。)參之拓跋他事，知眷亦爲虎牢鎭將，督豫洛二州及河北之河內也。是虎牢鎭居咽喉之地，不但爲一重鎭且督區甚廣，就中包括豫州，據志，豫州亦治虎牢，是州鎭同治也。

⊙**洛城鎭**　王慧龍傳：「慧龍歸國。……後拜洛城鎭將，配兵三千人，鎭金墉。旣拜十餘日，太宗崩，世祖初卽位，咸謂南人不宜委以師旅之任，遂停前授。」是亦曾置洛城鎭也。鎭金墉卽在洛陽也。

⊙**陝城鎭**　崔玄伯傳附崔寬傳，爲「鎭西將軍，拜陝城鎭西將(二字誤乙，北史作「將。二」是也。)峭地嶮，民多寇刼。寬性滑稽，誘接豪右宿盜魁帥，與相交接，……是以能得民庶忻心。……弘農出漆蠟竹木之饒，路與南通，販貿來往，家產豐富，而百姓樂之，諸鎭之中，號爲能政。及解鎭還京，民多追戀，……高祖嘉之。延興二年卒。」是獻文帝至孝文帝初，弘農曾置陝城鎭也。檢地形志下，陝州，「太和十一年置，治陝城。」疑卽此時罷鎭置州也。其地在今河南陝縣。

△**大谷鎭**　周書陽雄傳：「上洛邑陽人也。……父猛，魏正光中，万俟醜奴作亂關右，朝廷以猛商洛首望，乃擢爲襄威將軍、大谷鎭將，帶胡城令，以禦醜奴。」按猛以大谷鎭將帶胡城令，則此鎭縱不卽在胡城，必亦去胡城不遠。胡城不見於地形志。而劉玉墓誌云，弘農胡城人也。據周一良考證，(史語所集刊第二十本上册領民酋長與六州都督，頁七六。)胡城亦見水經注，卽漢地志之湖縣，在今閿鄉縣東。所論極碻。則大谷

鎭當距今閿鄉縣不遠。其地旣屬商洛地區，又與當時西禦醜奴事勢正合。（北齊書破六韓常傳亦有太谷。地在洛陽荊州間。據斛律金傳，又當在宜陽以東。則卽後漢洛陽八關之太谷關地，在洛陽之南，非此大谷鎭地也。）然同傳下文又云：「孝武卽位，甚嘉之，授征虜將軍行河北郡守。尋轉安西將軍、華山郡守。頻典三郡，頗有聲績。」按猛僅典河北華山兩郡，而云三郡者，其一指大谷鎭而言也。是此鎭乃郡之比矣。

⊙**襄城鎭**　穆崇傳：穆安國爲乙渾所殺，子吐萬襲爵，爲襄城鎭將。是北魏前期置此鎭也。疑此卽古襄城地，在今河南襄城縣。

⊙**魯陽鎭**　地形志中：「魯陽郡，太和十一年置鎭。十八年改爲荊州，二十二年罷置。」元和志六：汝州魯山縣，「後魏太和十一年，孝文南巡，置魯陽鎭。十八年改鎭爲荊州。二十二年罷荊州置魯陽郡。」其地在今河南魯山縣。

△**馬圈鎭**　寰宇記一四二鄧州穰縣：「馬圈鎭在縣北，後魏立爲鎭。」按馬圈爲孝文南伐時之重地，當亦孝文立以爲鎭也。在今河南鄧縣北。

△**新野鎭**　周書獨孤信傳：「建明初，出爲荊州新野鎭將，帶新野郡守。尋遷荊州防城大都督、南鄉守。」按建明卽孝莊帝永安三年。其地在今河南新野縣。

⊙**沘陽鎭**　芒洛冢墓遺文三編後魏寇臻墓志，爲振武將軍、沘陽鎭將。事在孝文帝太和中葉，未遷都以前。而魏書寇讚傳云，臻爲「振武將軍、北陽鎭將。」北爲比之譌。又韋閬傳，韋珍爲樂陵鎭將，「高祖詔珍，移鎭北陽。」亦比陽鎭將，字譌爲北也。（魏書比北常互譌，如北部尙書譌爲比部尙書，詳拙作北魏尙書制度考。）比陽卽沘陽，在今河南泌陽縣。

△**下溠鎭**　元和志二一：隨州唐城縣，「本漢隨縣地。梁于此置下溠戍。後沒魏，改爲下溠鎭。開皇三年，改鎭爲唐城縣。」寰宇記一四四：隨州棗陽縣，「下溠戍，梁天監中置，在縣東南一百里。後魏宣武帝正光（按正光誤）初，南伐破之，置爲鎭。」按唐五代棗陽縣卽今縣地，則此下溠鎭在今湖北棗陽縣東南近百里也。

⊙**梁國鎭**　費于傳：「子萬……太和初，除平南將軍、梁國鎭將。後高祖南伐，萬從駕渡淮戰歿。」按地形志中，南兗州梁郡「漢高帝爲梁國。後改。治梁國城。」費萬爲梁國鎭將，蓋鎭此也。其地在今河南商邱縣南。

⊙**瑕丘鎭**　游明根傳：「顯祖初，……出爲東靑州刺史……遷散騎常侍、平東將軍、都督兗州諸軍事、瑕丘鎮將。尋就拜東兗州刺史。」丘堆傳：「子麟襲爵，位駕部令。出爲瑕丘鎮將、平南將軍、東海公。遷東兗州刺史。」亦不得遲於獻文世。是孝文以前有此鎮無疑。檢地形志中：兗州，「劉義隆治瑕丘，魏因之。」顯祖紀，天安元年十一月，「劉彧兗州刺史畢敬衆遣使內屬。」是卽東兗州也。蓋宋兗州來降，卽以爲東兗州，仍治瑕丘，並置瑕丘鎮以治軍。其地在今山東滋陽縣。〔按獻文帝初天安元年及皇興元年兩年間，宋之豫徐兗青四州一時俱降，州名仍舊，但於治所置鎮以統軍事，卽懸瓠彭城瑕丘東陽四鎮是也。可互參考。〕

△**盤陽鎮**　魏書崔光傳：子勔，「寧遠將軍、清河太守，帶槃陽鎮將。爲逆賊崔景安所害。」按光以正光四年卒，年七十三，有十一子，勔行第三。由此推之，勔爲鎮將被害，當仍在魏未分東西前。又房法壽傳：房士隆，「興和中，東清河太守，帶盤陽鎮將。」是至東魏仍見置也。(房傳屢見字皆作「盤」。)檢地形志中，齊州東清河郡「劉裕置，魏因之，治盤陽城。」通典一八〇，淄州「後魏置東清河郡。」淄川縣「漢般陽縣。」是盤陽卽東清河所治也。楊圖在今山東淄川縣。亦卽盤陽鎮與東清河郡同置且同治所也。

⊙**東陽鎮**　陸俟傳：子尼，「內侍校尉，東陽鎮都將。」此事不能遲於獻文帝世。屈遵傳：屈車渠，「高祖初，出爲東陽鎮將，卒，贈青州刺史。」又魏侍中大司馬華山王妃故公孫氏墓誌：「父諱壽字敕斤陵，散騎常侍，左光祿大夫，都督秦雍荆梁益五州軍事、征西將軍、仇池；東陽鎮都大將、征東將軍、都督青州諸軍事、青州刺史、蜀郡公，謚曰莊王。」(吳氏後魏方鎮年表梁州表引。) 事亦在前期。是北魏前期實置東陽鎮也。檢地形志中：青州，「司馬德宗治東陽，魏因之。」又顯祖紀，皇興元年正月「劉彧青州刺史沈文秀、冀州刺史崔道固並遣使請舉州內屬。」蓋青州旣降，卽以置州，並於治所置鎮也。其地在今山東益都縣。故屈車渠卒於東陽鎮將，卽贈青州刺史。而公孫壽之官歷，蓋以仇池鎮將都督秦雍等五州，又以東陽鎮將兼青州刺史都督青州軍事也。

⊙**臨濟鎮**　靈徵志上：「太和六年……八月，徐、東徐、兗、濟、平、豫、光七州，平原、枋頭、廣阿、臨濟四鎮，大水。」又同卷書同年月事，此七州四州「蝗害稼。」是孝文前期有臨濟鎮，位與州均也。而芒洛冢墓遺文三編後魏顯祖獻文帝一品巍侯夫人墓誌：「考伊莫汗，世祖之世爲散騎常侍、遷侍中尚書，尋出鎮臨濟，封日南郡公。」是太武文成時或已置此鎮矣。按地形志中，齊州東平原郡有臨濟縣。故城在今山東高苑縣西北。蓋卽鎮之所在。

⊙**東萊鎮**　地形志中：光州，「治掖城。皇興四年分青州置。延興五年改爲鎮。景明元年復。」不書鎮名。檢光州領郡首爲東萊郡。又呂羅漢傳：「大檀弟豹子，東萊鎮將。後改鎮爲州，行光州事。」是志云延興五年改州爲鎮者，爲東萊鎮也。又孔伯恭傳，弟伯孫「拜鎮將軍、東萊鎮將。轉本將軍、東徐州刺史。」孝文紀太和十三年正月「乙丑，兗州民王伯恭聚衆勞山，自稱齊王，東萊鎮將孔伯孫討斬之。」足見此鎮地位頗高，轄地頗廣。其治所掖縣，卽今山東掖縣也。

又據地形志，延興五年改光州爲東萊鎮，至景明元年，始復爲州。則始終太和世無光州也。然周考云：

「考之紀傳，延興五年以後，景明元年以前，光州及東萊鎮並見。如任城王雲傳附元瞻傳：『高祖時：稍遷……光州刺史。』高句麗傳：『至高祖時，……光州于海中得璉所遣詣蕭道成使。』高祖紀：『太和七年正月丁卯，詔青齊光徐四州……』又『十九年冬十月，詔徐兗光……六州。』靈徵志：『太和十九年二月己未……光州地震，東萊之牟平虞邱山陷。』……高祖紀『太和十三年正月乙丑，兗州民王伯恭聚衆勞山……東萊鎮將孔伯孫討斬之。』知高祖時兼有光州及東萊鎮。」

此論甚確，是孝文世，光州與東萊鎮並置，且同治所也。

⊙**懸瓠鎮**　尉撥傳：「顯祖卽位，爲北征都將。復爲都將，南攻懸瓠，破劉彧將朱湛之水軍三千人，拜懸瓠鎮將。……進爵安城侯。顯祖嘉其聲效，復賜衣服，轉平南將軍、北豫州刺史。」是獻文帝世有懸瓠鎮也。又薛胤傳：「拜中散，襲爵鎮西大將軍河東公，除懸瓠鎮將。蕭賾遣將寇邊，詔胤爲都將，與穆亮等拒於淮上。尋授持節義陽道都將。十四年……。」按胤父初古拔以太和八年卒，是胤爲鎮將當在太和十年頃也。然則自獻文帝世至太和中均置懸瓠鎮，且地位崇高也。而顯祖紀，天安元年「九月，劉彧司州刺史常珍奇以懸瓠內屬。」〔珍奇降後亦曾爲玄瓠鎮將。見芒洛冢墓遺文四編補遺尼慈慶墓誌。〕地形志中：「豫州，劉義隆置司州，治懸瓠城。皇興中改。」謂皇興中改司州之名爲豫州，仍治懸瓠也。檢吳氏方鎮表，皇興至太和末豫州刺史七八人，則豫州與懸瓠鎮並置，且同治所也。懸瓠在今河南汝南縣。

⊙**彭城鎮**　地形志中：徐州，「魏晉治彭城。」顯祖紀，天安元年九月，「劉彧徐州刺史薛安都以彭城內屬。」薛安都傳，以彭城內附，卽以爲徐州刺史。據吳氏後魏方鎮表，自薛安都以下至太和末，徐州刺史凡八人，是魏之徐州卽始於天安元年，一直未廢也。而孔伯恭傳：「(皇興)二年，以伯恭爲散騎常侍、都督徐南兗州諸軍事、鎮東將軍、彭城鎮將、東海公。三年十月卒。」薛野賭傳：子虎子，「以本將軍爲彭城鎮將。至鎮，雅得民和，除開府、徐州刺史。」李靈傳，李元茂，太和中，「除振威將軍、南征別將、彭城鎮副將。」是自薛安都以徐州初降，卽置彭城鎮，與徐州並置且同治所也。其後徐州刺史常見於史傳，而不見鎮將，蓋鎮卽廢於太和中歟？彭城今江蘇銅山縣。

⊙**穀陽鎮**　地形志中：睢州「穀陽郡，治穀陽城。太和中置鎮。世宗開置平陽郡。」所謂置鎮者，置穀陽鎮也。按其地今在安徽靈壁縣西南。

△**宿豫縣**　地形志中：「東楚州，司馬德宗置宿豫郡。高祖初立東徐州，後陷。世宗初，改爲鎮。後陷。武定七年復，改爲宿豫郡。」是世宗時嘗置宿豫鎮。其地在今江蘇宿遷縣東南。

⊙**汝陰鎮**　傅永傳：「爲揚武將軍、汝陰鎮將，帶汝陰太守。景明初，……」是孝文帝末見有此鎮。在今安徽阜陽縣。

⊙**梁城鎮**　穆崇傳：度孤，「平南將軍、梁城鎮將。」時亦在前期。檢地形志，北魏至少有二梁城。一爲梁城郡，天平二年置，屬恆州，必非其地。一爲梁城縣，蕭衍置，魏因之，屬潁州之財丘梁興二郡(雙頭郡)。當距今安徽阜陽不遠。水經注亦有二梁城。其一見於汝水注，約在今河南中部。其一見於淮水注云：「淮水于壽陽縣西北，肥水從城西而北入于淮。……淮水又北逕山硤中，謂之硤石。……淮水又北逕下蔡縣城東，……又東逕梁城，臨側淮川。」是在硤石下蔡以東，鳳台稍東地區，臨濱淮水。此當卽地形志潁州之梁城也。然志稱「蕭衍置。魏因之。」時代與穆崇傳事不合。然章武王太洛傳：孫融，「世宗初，復先爵，除驍騎將軍。蕭衍遣將寇逼淮陽，梁城陷沒，詔融假節(略)南討，大摧賊衆，還復梁城。」亦卽水經淮水注之梁城也。

疑穆度孤加平南將軍爲梁城鎭將，亦卽此地。志稱「蕭衍置，魏因之。」乃就置縣而言，不害其原名梁城也。且觀融傳，梁城地位之重要，非縣之比，蓋獻文帝初，懸瓠彭城同時降魏，梁城亦同時入魏，因置梁城鎭，後乃陷於蕭梁改置爲縣耳。

⊙郯城鎭　良吏鹿生傳：「後歷徐州任城王澄、廣陵侯元衍征東安東二府長史，帶淮陽太守、郯城鎭將。」按任城王澄傳，爲征東大將軍徐州刺史。時在遷都以前。又按郯城在今山東郯城縣西南三十里。

⊙團城鎭　魏書孝感趙琰傳：「初爲兗州司馬，轉團城鎭副將。」時在太和遷都以前。檢地形志中：南青州「治國城，顯祖置爲東徐州。太和二十二年改。」國城，殿本百衲本並同，而楊氏地形志圖作團城。徐文範東晉南北朝輿地表六，太和時代之東徐州亦治團城。未知何據。考尉元傳，顯祖天安元年，薛安都之舉彭城來降也，「劉彧東徐州刺史張讜據團城，徐州刺史王玄載守下邳。……保險自固。元遣〔使〕慰喩。張讜及青州刺史沈文秀等皆遣使通誠。……於是遣南中郎將中書侍郎高閭領騎一千，與張讜對爲東徐州刺史……以安初附。」又水經沂水注：「沂水又東南逕東莞縣故城西。……魏文帝黃初中立爲東莞郡，東燕錄謂之團城。……魏南青州刺史治。」是作「團城」是也。地形志作「國」誤。其地在今山東沂水縣。

⊗臨海鎭　元和志一一海州東海縣，後魏「於此置臨海鎭。高齊廢臨海鎭。周武帝復置東海縣，後遂因之。」按其地在今江蘇灌雲縣鬱洲，舊在海中，今連陸地。

（五）地望無考諸鎭

⊙明壘鎭　魏書許謙傳，子洛陽「爲雁門太守。……世祖善之，……加鎭南將軍，出爲明壘鎭將。居八年卒。」按明壘地望無考。云加鎭南將軍，疑當在今山西境。

⊙瓦城鎭　奚斤傳，孫延「出爲瓦城鎭將，卒。」時在太武帝以後，孝文帝以前。其地無考。

△固州鎭　金石萃編二七魏故寧朔將軍固州鎭將鎭東將軍漁陽太守司馬元興墓誌銘，以永平中立。其地待考。

△撫宜鎭　北齊書孫騰傳：「尋爲高祖都督府長史，從高祖東征邢杲，師次齊城，有撫宜鎭軍人謀逆，將害督帥。騰知之，密啓高祖，俄頃事發，高祖以有備，擒

破之。」據神武紀，東征邢杲，平濟南，在孝武世。是北魏末有此鎮也。然據騰傳文意，此鎮軍人乃高歡部下，其鎮不在齊城附近也。其地無考，頗疑亦撫冥之譌，姑存此目。

△**金門鎮**　新唐書高祖紀：「歆生重耳，魏弘農太守。重耳生熙，金門鎮將，戍于武川，因留家焉。熙生天賜，爲幢主。天賜生虎。」其時當在魏之後期。其地無考。

賀侯延鎮　周考引元偃墓誌。又云「元寧墓誌作賀延，當卽賀侯延之省稱。」按陽平王新成傳附長子安壽傳有侯延河。蓋其地，然地望亦無考。

永固鎮　周考云見元賢墓誌。

附記：以上凡九十三鎮。其八十九爲余所考，又據周考補大谷、撫宜、賀侯延、永固四鎮。按周氏兩考所列鎮名凡九十六。其姑藏鎮實卽涼州鎮之後名，蒲城鎮卽蒲坂鎮，六壁鎮亦卽吐京鎮之異稱，周考誤重列之。此外周考有洪洞鎮，云據元和志。然據通典一七九，實東魏北齊之鎮。有武平鎮，云據魏書(不云某卷)。然地形志中，南兗州陳留郡「武平(縣)，正始中置，有武平城。……天平二年置鎮，武定七年罷。」是亦東魏之鎮也。又有歷城鎮，云據宋書索虜傳。按此傳兩稱宋歷城鎮主崔道固，非魏制。又檢宋書崔道固傳，「爲冀州刺史，鎮歷城。」則此「鎮」爲動詞，亦非鎮也。周考又有狹石、安陽、貞陽三鎮，云據宋書索虜傳。按傳云：「泰豫元年(魏孝文帝延興二年)，虜狹石鎮主白虎公、安陽鎮主莫索公、貞陽鎮主鶩落生、襄陽王桓天生等山蠻馬步二萬餘人攻圍襄陽。」以同傳歷城鎮主崔道固事例之，此三「鎮主」者亦未必爲鎮也。今姑不錄。周考又有濟陰鎮，云據刁雍傳。按雍傳在鎮七年係指爲徐州刺史而言，非鎮將也。又有撫寧鎮，云據周書史寧傳。按此蓋撫冥之譌，已詳撫冥條。又有張掖鎮；則改字爲之，故不取。此外周考又有且末、循城、固道、東城、陽名五鎮，皆云見於魏書，而實無考。疑其中多誤收，兼有魏分東西以後所置如洪同武平之類歟？周氏兩考考鎮名節共僅四千餘字，列鎮名九十六，而半數只云見魏書紀傳，宜其粗略，且多疏誤也。

北魏諸鎮置廢表

以上所考凡八十九鎮，玆據考證結果作簡表於次：〔●表示見史之時代〕

鎮名	今　地	道武帝	明元帝	太武帝	文成帝	獻文帝	孝文帝	宣武帝	孝明帝	孝莊至孝武帝	
沃野	約東經 108 度北緯 41.5 度地區			●蓋與懷朔同時置	●	●	●	●	●正光五年八月改州		
懷朔	綏遠之安北固陽二縣間或稍北地區			●延和二年置	●	●	●	●	●同上		始置時名五原
武川	綏遠武川縣境			●蓋與懷朔同時置	●	●	●	●	●同上		
撫冥	綏遠陶林縣境或稍西地區			●蓋與懷朔同時置	●	●	●	●	●同上		
柔玄	綏遠興和縣北境			●蓋與懷朔同時置	●	●	●	●	●同上		
懷荒	察哈爾張北縣境			●蓋與懷朔同時置	●	●	●	●	●同上		
赤城	察哈爾赤城縣南數十里			●							
禦夷	察哈爾沽源縣獨石口或稍東數十里地區						●太和中置	●	●同上		
昌平	河北昌平縣西蓋鎮居庸關							●			
碕城	河北密雲縣地區蓋鎮古北口			●							
北平	蓋河北灤縣東								●		
和龍	熱河朝陽縣			●太延二年置	●	●	●太和中廢				眞君五年置營州與鎮同治鎮將多兼刺史
雲中	綏遠和林格爾縣北		○或已置	●	●	●	●太和中廢				與朔州同治鎮將常兼刺史
善無	山西右玉縣						●				
平城	山西大同縣							●	●		與恆州同治
靈丘	山西靈丘縣東						●太和九年見				
廣昌	河北淶源縣北						●同上				
九原	山西忻縣	●天賜二年置	●	●眞君七年置肆州							

(鎮名)	(今　地)	(道武)	(明元)	(太武)	(文成)	(獻文)	(孝文)	(宣武)	(孝明)	(孝莊至孝武)	
離石	山西離石縣	○或已置	●	●	●						
吐京	山西石樓縣			●延和二年置	●	●	●太和十二年改汾州				
柏壁	山西新降縣西南二十里		●元年置	●改置東雍州							
絳城	汾水東距柏壁不遠						●				
蒲坂	山西永濟縣北三十里			●							
稷山	山西稷山縣境								●		
龍門	山西河津縣西								●		
廣口	河北饒陽縣東北							●			
廣阿	河北隆平縣東		●	●	●	●	●蓋太和十一年改鉅鹿郡				鎮将或督定冀相三州
樂陵	山東樂陵縣西南二十里						●				
平原	山東聊城縣西北十五里		●泰常七年置	●	●	●	●太和中廢				鎮将或督冀青徐濟等州
枋頭	河南濬縣西南八十里			●	●	●	●				鎮将或督兗相等州
河內	河南沁陽縣		●	●	●	●天安二年置懷州蓋改鎮爲之					
統萬	陝西橫山縣西綏遠境			●始光四年平其地置	●	●	●太和十一年置夏州與鎮同治旋廢鎮				鎮将或督夏豳東秦等州兼夏州刺史
高平	甘肅固原縣			●太延二年置	●	●	●	●	●正光五年八月改置原州		
長安	陝西西安西北			●	●	●	●蓋太和十三年廢				太武已置雍州與鎮同治鎮将常督雍秦梁益等州或兼雍州刺史
杏城	陝西中部縣	●	●	●	●	●	●太和十五年改置東秦州				苻姚已置
李潤	陝西大荔縣			○	○	○	●太和中改置華州馮翊郡				
三堡	陝西宜川縣	●	●	●	●	●	●	●	●	●	苻姚已置

(鎮名)	(今　地)	(道武)	(明元)	(太武)	(文成)	(獻文)	(孝文)	(宣武)	(孝明)	(孝莊至孝武)	
安人	陝西延川縣						●				
石龜	陝西神木縣南四十里						●				
三縣	甘肅寧縣						●延興二年置太和十一年改班州				
安定	甘肅涇川縣			●	●						
雍城	陝西鳳翔縣			●	●	●	●太和十一年改岐州				
長蛇	蓋陝西隴縣境				●文成末年置	●	●	●	●	●	
汧城	蓋與長蛇相近								●		
上邽	甘肅天水縣			●	●	●	●太和中廢				有秦州與鎮同治
隴西	甘肅隴西縣西南							●			
仇池	甘肅成縣仇池山			●眞君四年置	●	●	●太和十二年稍後廢				時或置梁州與鎮同治而鎮將常督梁益秦等州兼梁州刺史
武都	甘肅武都縣西北			●眞君中置	●	●	●	●改武都郡			
駱谷	在仇池南甚近					●	●				
葭蘆	甘肅武都縣東南七十里						●				
武興	陝西略陽縣					●置旋廢		●置旋改東益州			
隆城	四川閬中巴中兩縣間								●		
薄骨律	寧夏靈武縣西黄河外			●太延二年置	●	●	●	●	●正光五年八月改靈州		
宏靜	寧夏寧夏縣東南							●			
椒中	甘肅椒中縣西北									●	
枹罕	甘肅臨夏縣			●眞君六年置	●	●	●太和十六年改河州				

(鎮名)	(今　地)	(道武)	(明元)	(太武)	(文成)	(獻文)	(孝文)	(宣武)	(孝明)	(孝莊至孝武)	
鄯善	青海樂都縣			●	●	●	●	●	●孝昌二年改鄯州		一名西平鎮
涼州	甘肅武威縣			●太延末得其地置	●	●	●孝文初已有涼州與鎮同治太和十四年改鎮名爲姑臧旋廢				鎮將常加都督河西西戎諸軍事兼涼州刺史
敦煌	甘肅敦煌縣			●得其地置	●	●	●	●	●孝昌中改瓜州		
晉昌	甘肅安西縣東				●						後爲戍屬敦煌鎮
焉耆	新疆焉耆縣			●得其地置							
虎牢	河南氾水縣西北		●	●	●	●	●蓋太和中廢				置豫州與鎮同治而鎮將常督豫洛河南北諸軍事
洛城	河南洛陽縣		●								
陝城	河南陝縣					●	●太和十一年置陝州蓋罷鎮改				
大谷	河南閿鄉縣東南								●		位與郡等
襄城	蓋河南襄城縣			●							
魯陽	河南魯山縣						●太和十一年置十八年改荊州				
馬圈	河南鄧縣北						●蓋太和末置				
新野	河南新野縣									●	
沘陽	河南泌陽縣						●				
下溠	湖北棗陽縣東南約百里							●始置			
梁國	河南商邱縣南						●				
瑕邱	山東滋陽縣					●天安元年宋兗州來降置鎮州如故	●蓋太和中廢				與兗州同治
盤陽	山東淄川縣									●	與清河郡同治

(鎮名)	(今　地)	(道武)	(明元)	(太武)	(文成)	(獻文)	(孝文)	(宣武)	(孝明)	(孝莊至孝武)	
東陽	山東益都縣					●皇興元年宋青州來降置鎮州如故	●蓋太和中廢				與青州同治
臨濟	山東高苑縣西北				●	●	●				
東萊	山東掖縣						●延興五年置	●景明六年廢			與光州同治
懸瓠	河南汝南縣					●天安元年宋司州來降改置豫州並置鎮	●蓋太和中廢				與豫州同治
彭城	江蘇銅山縣					●天安元年宋徐州來降置鎮州如故	●蓋太和中廢				與徐州同治
穀陽	安徽靈壁縣						●太和中置	●蓋廢			
宿豫	江蘇宿遷縣							●改東徐州置			
汝陰	安徽阜陽縣						●	●			與汝陰郡同治
梁城	蓋近汝陰					●					
郯城	山東郯城縣						●				位與郡等
團城	山東沂水縣						●				與東徐州同治
臨海	江蘇灌雲縣之鬱州						●				
明壘	?			●							
瓦城	?				●						
固州	?							●			
撫宜	?									●	
金門	?						●				
賀侯延	?										
永固	?										

下篇　鎮之種類、地位與鎮府組織

(一)　鎮之種類及其統轄情形

鎮之種類、周考已略有論述云：

「鎮之種類約有二別：或設於全不立州郡之地；或設於州郡治所，易言之，即州郡與鎮並立於一地。前者鎮將兼理軍民政務，後者則鎮將綰軍而刺史治民，然多以鎮將兼刺史之任。」

按此論已得其大要。今可別爲三類稍詳考述之。

(1) **不設州郡縣地區之鎮**　此卽周考所謂「設於全不立州郡之地」者。就前文所考，確知其屬於此類者，有下列諸鎮：

沃野鎮

懷朔鎮

武川鎮

撫冥鎮

柔玄鎮

懷荒鎮

赤城鎮

禦夷鎮

薄骨律鎮

統萬鎮(太和中此鎮廢除前之一短時期，曾並置夏州，與同治。)

高平鎮

枹罕鎮

鄯善鎮

涼州鎮(太和中此鎮廢除前之一短時期，曾並置涼州，與同治。)

晉昌鎮

敦煌鎮

焉耆鎮

以上十七鎮大抵皆在北邊及西北邊區（另和龍鎮初置時之數年間亦屬此類。仇池鎮亦然。）各統治廣大地區。凡此諸鎮皆前期所置（赤城、禦夷可視爲一鎮之承替），且大多數歷後期至末年始廢鎮改置爲州。

（2）**與州郡並置且同治所之鎮** 前文所考，確知其屬於此類者亦十餘鎮。其與州並置且同治所者，計有下列十二鎮州：

和龍鎮——與營州同治所

雲中鎮——與朔州同治所

平城鎮——與恆州同治所

長安鎮——與雍州同治所

上邽鎮——與秦州同治所

仇池鎮——時或與梁州同治所

虎牢鎮——與(北)豫州同治所

懸瓠鎮——與(南)豫州同治所

彭城鎮——與徐州同治所

瑕邱鎮——與東兗州同治所

東陽鎮——與青州同治所

東萊鎮——與光州同治所

其與郡並置且同治所者，計有下列四鎮：

隴西鎮——與隴西郡同治所

新野鎮——與新野郡同治所

汝陰鎮——與汝陰郡同治所

盤陽鎮——與東淸河郡同治所

按此鎮州並置之十二者中，除平城鎮係孝文遷都以後所置，且至宣武中葉尚見存外，其餘十一鎮皆前期制度，太和中葉皆已廢鎮僅置州矣。至於與郡同置者，惟汝陰一例在太和末，餘皆太和末以後事。此亦可以窺測制度之轉變。

此諸鎮既與州郡並置，且同治所，則不統土地與人民，自可想像而知。然就鎮州同置者而言，鎮將例都督本州軍事且或兼督附近諸州，並有兼本州刺史者。當時制度，既督軍事，實卽干豫一切，是此類鎮將事實上亦統土地治民事也。以與西北邊鎮大將相比較，其權力往往過之，如長安、仇池、虎牢、彭城諸鎮都大將皆威鎮一方，遠非西北邊鎮直接統土地人民者可比也。

(3) **參間於州郡區域內，自統面積土地與人民，而無州郡與之同治之鎮**　例如韓均傳云：

「廣阿澤在定冀相三州之界，土廣民稀，多有寇盜，乃置鎮以靜之。以均在冀州，刼盜止息，除本將軍廣阿鎮大將加都督三州諸軍事。」

此明在三州之間，非州郡治也。又靈徵志上云：

「高祖太和……六年……八月，徐，東徐、兗、濟、平、豫、光七州，平原、枋頭、廣阿、臨濟四鎮大水。」(大水條)

同年月同七州四鎮「蝗害稼。」(蝗蟲螟條)

此四鎮與七州並舉，以述大水蝗螟，則四鎮各統面積土地更不待言。然間在諸州郡之間，又與西北邊區之鎮不同。此諸鎮亦前期制度，後多改置爲州郡。茲就上文所考確知其屬於此類者列舉如次：

靈丘鎮——後改置靈丘縣、靈丘郡。

廣昌鎮。

九原鎮——眞君七年改置肆州。

離石鎮。

吐京鎮——太和十二年改置汾州。

柏壁鎮——太武帝改置東雍州。

廣阿鎮——太和中，蓋卽十一年，改置鉅鹿郡。

平原鎮——太和中改置平原郡。

枋頭鎮。

河內鎮——蓋天安中改置懷州。

杏城鎮——太和十五年改置東秦州。

李潤鎮——蓋太和中改置華州馮翊郡。

三縣鎮——太和十一年改置班州，旋改邠州。

雍城鎮——太和十一年改置岐州。

武都鎮——宣武帝復置武都郡。

武興鎮——後改置東益州。

隆城鎮——後改置南梁州。

陜城鎮——太和十一年改置陜州。

魯陽鎮——太和十八年改置荆州。

臨濟鎮。

穀陽鎮——宣武帝改置平陽郡，後爲穀陽郡。

宿豫鎮——後改置宿豫郡。

以上二十二鎮例中，除四鎮不可知外，餘十八鎮中之十一鎮改置爲州，七鎮改置爲郡。其改置時間絕大多數在太和中，而以十一年爲最多。

又此諸鎮雖同在州郡區域內，統轄土地人民，然其所統之人民則又有別。大抵淮北及黃河南北之鎮所統似與一般州郡不異，故無特殊記載足資考證。而黃河東西與隴坂左右地區之鎮所統多雜夷族。北邊與西北邊區諸鎮略同。下文續就北西邊區及黃河東西隴坂左右諸鎮所統之民戶部落情形作一簡考：

北邊六鎮所統多爲蠕蠕高車部族，此於上篇總論六鎮時已引世祖紀（神䴥二年）、天象志及陸俟傳證明之。其他史料，例如廣陵王羽傳云：

「高祖將南討，遣羽持節安撫六鎮，發其突騎，夷人寧悅。」

是至孝文帝時，六鎮所統仍以夷民爲主要份子也。其西北地區諸鎮，亦多胡族。例如：

高祖紀：延興元年「十月丁亥，沃野統萬二鎮敕勒叛，詔太尉隴西王源賀追擊……斬首三萬餘級。」二年正月乙卯，「統萬鎮胡民相率北叛。」

源賀傳：「是歲（延興元年），河西敕勒叛，遣賀率衆討之，降二十餘萬……斬首五千餘級，虜男女萬餘口，……復追統萬高平上邽三鎮叛敕勒，至於金城，斬首三千級。」

陸俟傳：「平涼休屠金崖（時爲征西將軍）、羌狄子玉（時爲涇州刺史）等叛，復轉使持節（略）安定鎮大將。既至，懷柔羌戎，莫不歸附。」

按此類材料甚多，今不過就記憶所及略拈數例耳。涼州敦煌焉耆諸鎮，去漢人中心區域更遠，其多羌胡固不待言。

卽較東地區之黃河東西一帶，自漢末曹魏以來亦多胡人雜居，(參看唐長孺魏晉南北朝史論叢魏晉雜胡考。) 北魏於此地帶置鎮特多，蓋亦所以鎮攝也。例如：

太宗紀：永興二年，詔將軍周觀率衆詣西河離石，鎮撫山胡。」(時離石爲鎮。)

穆羆傳：「轉征東將軍、吐京鎮將。羆賞善罰惡，深自克勵。時西河胡叛，羆欲討之，而離石都將郭洛頭拒違不從。」又云：「山胡劉什婆寇掠郡縣，羆討滅之。自是部內肅然。」

尉撥傳：「出爲杏城鎮將，在任九年，大收民和。山民一千餘家，上郡徒各、盧水胡八百餘落，盡附爲民。」

安定王燮傳：「除……華州刺史。燮表曰：謹惟州治李潤堡，雖是少梁舊地，晉芮錫壤，然胡夷內附，遂爲戎落，……爰自國初護羌小戍，及改鎮立郡，依岳立州，因藉倉府，未刊名實。」

按此諸鎮地非邊遠，而爲之立鎮者，蓋卽所以鎮攝胡羌耳。

而北邊諸鎮除此類被統治之民族外，尙有所謂「府戶」。此類「府戶」本多鮮卑貴族或漢人中之優秀份子由政府有計劃的遷居北鎮，寄以爪牙。北齊書魏蘭根傳，正光末，蘭根說尙書令李崇曰：

「緣邊諸鎮，控攝長遠。昔時初置，地廣人稀，或徵發中原强宗子弟，或國之肺腑，寄以爪牙。中年以來，有司乖實，號曰府戶，役同厮養，官婚班齒，致失淸流。而本宗舊類，各各榮顯，顧瞻彼此，理當憤怨。」

此段議論卽吐露「府戶」之本原及其淪替之積漸。又魏書高閭傳，太和中，表曰：

「竊以北鎮新徙，家業未就，思親戀本，人有愁心，一朝有事，難以禦敵。可寬其往來，頗使欣慰，開雲中馬城之食，以賑恤之，足以感德，致力邊境矣。」

此卽太和中曾新徙一批，鎮扞邊防也。時尙未遷洛，徙者已自不樂，其後更不待言。及正光五年北鎮已叛，朝廷始改鎮立州。肅宗紀載改州詔文云：

「諸州鎮城人，本充爪牙，服勤征旅，契闊行間，備嘗勞劇。逮顯祖獻文皇帝自北被南，淮海思乂，便差割强族，分衛方鎮。高祖孝文皇帝遠遵盤庚，將遷嵩洛，規遏北疆，蕩闢南境。選良家酋帥增戍朔垂，戎捍所寄，實惟斯等。」

此更詳述歷世遷徙彊宗豪族良家酋帥以就北鎮之事實，蓋所以內鎮夷落，外禦强敵，在當地本爲統治階級。如魏書賀拔勝傳：「祖尒逗，選充北防，家於武川，以窺覘蠕蠕」是也。而周書述諸臣先世，常云「以良家子鎭武川，因家焉。」如寇洛、趙貴、獨孤信、侯莫陳崇、梁禦、賀蘭祥、王盟等傳，皆是也。(賀拔勝傳同一語法。)亦卽其類。及遷都以後，北鎭去都遙遠，文化差距益大，「官婚班齒致失淸流。」蓋與夷落同伍矣。

又高祖紀，太和十二年詔曰：「鎭戍流徙之人年滿七十孤單窮獨，雖有妻妾而無子孫……聽解名還本。」又肅宗紀，正光五年改鎭爲州詔亦云：「諸州鎭軍貫元非犯配者，悉免爲民。」是諸鎭鮮卑漢人，除前述之特遷良家子弟外，尙有犯罪流配者。故北鎭統隸相當複雜。

凡直接統治土地人民之鎭，境內例不置郡縣。北齊書魏蘭根傳，正光末說尙書令李崇云：

「緣邊諸鎭控攝長遠。……更張琴瑟，今也其時。……宜改鎭立州，分置郡縣。」

魏書酷吏酈道元傳云：

「肅宗(孝明帝)以沃野、懷朔、薄骨律、武川、撫冥、柔玄、懷荒、禦夷諸鎭並改爲州，其郡縣戍名，令準古城邑。」

地形志下云：

「原州，太延二年置鎭(高平鎭)。正光五年改置(爲州)，並置郡縣。」

元和郡縣志四云：

勝州，「後魏太武帝平赫連昌之後，訖於周代，往往置鎭，不立郡縣。」

觀此諸條卽爲明證。然旣統治一廣大地區，則鎭下必尙有分置之機構，此卽軍戍是也。

西北諸鎭置軍之可考者，元和志四云：

「魏分雍州置涼州，領河西五郡。……後魏太武帝改州置鎭，置四軍戍。」(涼州條)

「後魏太武帝平沮渠氏，以酒泉爲軍，屬敦煌鎭。明帝孝昌中，改鎭立瓜州，復置酒泉郡。」(肅州條)

是涼州鎭下置四軍，敦煌鎭下亦置若干軍，其地位略相當於州下之郡也。又地形志上云：

汾州，「延和三年爲鎭(吐京鎭)，太和十二年置州。」

汾州之西河郡隰城縣，「太延中改爲什星軍，太和八年復。」(元和志一三汾州：「後魏孝文帝太和八年復于玆氏舊城置西河郡，屬吐京鎭。按吐京鎭今隰州西北九十里石樓縣是也。十二年改吐京鎭爲汾州，西河郡仍屬焉。」與此正合，或即本之地形志。) 五城郡五城縣，「世祖名京軍。太和二十一年改。」同郡平昌縣，「世祖名刑軍，太和二十一年改。」

是內地之鎭亦置軍也。然據此可知鎭州改替之際，下轄軍郡亦常參差。此處吐京鎭改汾州之前四年，什星軍已改爲西河郡；鎭改州之後九年，京軍、刑軍始改置郡縣；此二事卽爲佳例。

北方六鎭是否轄軍雖無考，然西北諸鎭既置軍，內地之鎭亦置軍，北方諸鎭當亦置軍無疑。

戍爲州鎭皆置之戍守單位。鎭下置戍，例如張袞傳，張法，「世宗時，除懷荒鎭金城戍將。」靈徵志下，肅宗熙平元年「敦煌鎭上言晉昌戍木連理。」是也。又源懷傳云：

「正始元年，……蠕蠕……欲直趣沃野懷朔，南寇恆代。詔懷……出據北番，……以便宜從事。……懷……案視諸鎭左右要害之地可以築城置戍之處，皆量其高下，揣其厚薄，及儲糧積仗之宜，犬牙相救之勢，凡表五十八條。……世宗從之。今北鎭諸戍東西九城是也。」

是諸鎭皆普置戍城之明證矣。

(二) 鎭之地位

鎭與州地位相等，故史臣與詔書常州鎭並舉。如世祖紀，眞君元年，「州鎭十五民飢。」此州鎭並舉見於敍事之最早者。(僧史略：「神𪊨四年，敕州鎭悉立道場。」按州鎭並舉，爲北魏時代特殊書法，此不亂書例，疑必有據。是又在眞君以前矣。) 其後諸帝本紀敍災害，皆云州鎭若干。如高宗太安三年，和平五年，顯祖天安元年，皇興二年、四年，高祖延興二年、四年，太和二、四、五、七、八、九、十三、二十三諸年皆有之。天文志所見尤多。而靈徵志上云：

「(太和六年)八月，徐東徐兗濟平豫光七州、平原枋頭廣阿臨濟四鎭大水。」(另條云七州四鎭蝗害稼。)

「太和三年七月，雍朔二州及枹罕吐京薄骨律敦煌仇池鎭並大霜，禾豆盡死。」

此更列名並舉之矣。以上諸例皆書災害也。玆再就其他事例引列於次：

世宗紀：正始二年六月甲子，詔尙書李崇等四人「俱爲大使，糾斷外州畿內。其守令之徒咎失彰露者，便施決。州鎭重職，聽爲表聞。」(此事又見于忠傳。)

遼西公意列傳附庫汗傳：「顯祖卽位，拜殿中給事。……每奉使察行州鎭，折獄以情。」

源賀傳，源奐「遷中散，前後使檢察州鎭十餘所。」

良吏宋世景傳，爲源懷行臺郎，「巡察州鎭。」

食貨志：「高祖始詔天下用錢焉。十九年冶鑄粗備，文曰太和五銖。詔京師及諸州鎭皆通行之。」「肅宗初，京師及諸州鎭，或鑄或否。」

又熙平初，尙書令任城王澄奏章中有「河南州鎭」「河北州鎭」「諸方州鎭」「京西京北域內州鎭」諸詞。

禮志三：「(太和十五年九月)丁亥，高祖宿於廟……引諸王……已下及刺史鎭將立哭於廟庭。」

釋老志：「於是僧祇戶粟及寺戶徧於州鎭矣。」(時在高宗世。) 又：「延興二年詔曰，……令民間五五相保，不得容止無籍之僧，精加隱括。有者送付州鎭。其在畿郡，送付本曹。若爲三寶巡民教化者，在外賫州鎭維那文移，在臺者賫都維那等印牒，然後聽行。」

是則史述行政、財經、宗教、禮儀諸事亦常以州鎭並舉也。然觀世宗紀一條以「州鎭」與守令對舉，似鎭仍低於州一級。玆更舉兩例如次，以釋此疑。

官氏志：「太和十九年詔曰……原出朔土，舊爲部落大人，而自皇始已來有三世官在給事之上及州刺史鎭大將及品登王公者，爲姓。……諸部落大人之後，而皇始已來官不及前列，有三世爲中散監已上，外爲太守、子都，品登子男者，爲族。」

釋老志：「(熙平)二年春，靈太后令曰……自今有一人私度，皆以違旨論。……縣滿十五人，郡滿三十人，州鎭滿三十人，免官。(此兩「三十」必有一誤，疑上「三十」當作「二十」，或下「三十」當作「四十」。)」

吾人觀此二例，州鎭地位相等，絕不容疑。此猶孝文遷都以後也。而官氏志云：

「舊制，緣邊皆置鎭都大將，統兵備禦，與刺史同城隍，倉庫皆鎭將主之，但不治，故爲重於刺史(疑)」

「延興二年五月詔曰……舊制，諸鎭將刺史假五等爵(略)者，皆不得世襲。」按第一條明言鎭將重於刺史，第二條敍事鎭將居刺史之前，亦顯示地位在刺史之上。鎭將視刺史權重位尊，亦卽鎭之地位在州之上也。然遷都以後，銳意華化，漸有重文輕武之趨勢。西北邊區僅置鎭者，其鎭及鎭將地位漸降居州及刺史之下。如李崇傳，啓辯改六鎭爲州云：「州名差重於鎭，謂實可悅彼心。」又任城王澄傳：「澄以北邊鎭將選舉彌輕。」此明徵也。至於東南地區與州郡參置之大鎭悉已廢除，所存者類爲小鎭，地位益居州下矣。

軍鎭地位之由隆轉替，固已甚明，而足資證實此一情勢之最具體材料，尤莫佳於鎭將都督州郡兼帶刺史郡守之事例，玆就此點續論之。

前期東南地區，州鎭參置，而恆以鎭將都督同治所之州或附近之州，且或兼任同治所之州刺史。前考諸鎭建置，所引史例甚多，玆綜合各鎭都督兼刺史之情形如次：

長安鎭都大將——常都督關西秦雍等州諸軍事，兼雍州刺史。

仇池鎭都大將——常都督秦梁益等州諸軍事，或兼梁州刺史。

統萬鎭都大將——或都督夏豳東秦三州諸軍事，兼夏州刺史。

廣阿鎭都大將——或都督定冀相三州諸軍事。

平原鎭都大將——或都督冀青徐濟四州諸軍事。

枋頭鎭都大將——或都督兗桓等州諸軍事。

虎牢鎭都大將——或都督洛豫二州及河內諸軍事。

瑕邱鎭將————或都督兗州諸軍事。

彭城鎭將————或都督徐南兗州諸軍事。

和龍鎭都大將——常兼營州刺史。

雲中鎭都大將——常兼朔州刺史。

涼州鎭都大將——常都督河西(或作西戎)諸軍事，或兼涼州刺史。

吾人觀此類情形可知鎭將位在刺史之上，卽鎭之地位在州之上也。至於穆羆以夏州刺史都督夏州高平鎭諸軍事，樓毅以涼州刺史都督涼河鄯善鎭諸軍事。(見穆崇傳，樓伏連傳，並見前引。)乃已入後期之史例，且夏州本統萬鎭，涼州本涼州鎭，蓋此兩鎭本分督高平鄯善兩鎭，改州以後仍因舊制歟？至太和中，州鎭參置地區之大鎭悉已廢除，所存皆較小之鎮，其兼帶之官常爲郡太守，而非州刺史。例如：

杜銓傳：杜洪「太和中，除鷹揚將軍、降城鎮將，帶新昌陽平二郡太守。」

傅永傳：高祖詔「可揚武將軍、汝陰鎮將，帶汝陰太守。」

薛安都傳：薛巒「鎮遠將軍、隴西鎮將，帶隴西太守。」

周書獨孤信傳：「(孝莊)建明初，出爲荆州新野鎮將，帶新野郡守。」

至魏末及分東西後，更有以郡守兼帶鎮將者。例如：

崔光傳：子勔「寧遠將軍、清河太守，帶盤陽鎮將。」(約肅宗世)

房法壽傳：士隆「興和中，東清河太守，帶盤陽鎮將。」

周書趙昶傳：「(大統)十五年，拜安夷郡守，帶長虵鎮將。」

按南北朝時代官吏任用，有稱曰「帶」，實兼任也。而所帶之官其地位恆較本官爲低。由此以衡上列諸史料：前期鎮將都督諸州兼帶州刺史。自太和中葉以後，州郡區內大鎮悉廢，所存之鎮，其鎮將不兼刺史而帶郡守，其地位已猛降可知。逮魏末及分東西以後，轉以郡守帶鎮將，是其地位似又降居郡守之下矣。鎮將地位之逐步降低亦卽鎮位之逐步降低也。

前期諸鎮地位高，常統州而不統於州，觀前引諸史料已得明證。後期鎮之地位既已降低，南方諸鎮之地位至與郡相上下，然則此時鎮統於州如郡之比歟？抑仍直隸中央，如州之比歟。按此當分別論之：北邊西邊諸大鎮仍直隸中央自不待言。而南方諸鎮似已降統於州。何者？前引諸傳，有以郡守帶鎮將者，郡屬於州，則鎮亦不得不屬於州。此其一。又良吏鹿生傳，「歷徐州任城王澄、廣陵侯元衍征東安南二府長史，帶淮陽太守、郯城鎮將。」正始中卒。以州府上佐帶鎮將，其鎮必統於州亦無疑。此其二。又元和志三延州延水縣：「後魏……置安人縣並安人鎮，屬東夏州。隋文帝廢鎮置安人戍。」同書一四雲州：「平城……文帝遷都洛邑，改置恒州，……高齊文宣天保七年置恒安鎮。……其年廢鎮，又置恒州。周武平齊，州郡並廢，又於其所置恒安鎮，屬朔州。」此猶可謂唐人記載，容有以後事誤述古制之嫌。而周書靜帝紀，宣帝大象二年八月丙戌，「廢河陽總管爲鎮，隸洛州。」則最遲周齊時代鎮已統於州矣。再與其一其二相比照，鎮統於州必魏末已然，不始於齊周。此其三矣。檢初學記引括地志云：

「後魏孝文帝都洛陽，開拓土宇。明帝熙平元年凡州四十六，鎮十二，郡國二百八十九，」(御覽一五七引通典云云，與此同。但通典實無此文。)

按熙平爲孝明帝之第一年號，據前文所考，此時大小鎮尙近二十，事實必不止此數。而云「十二」者，蓋僅就比於州之鎮而言，謂沃野懷朔武川撫冥柔玄懷荒禦夷薄骨律高平鄯善敦煌諸鎮也。(另一不知爲何鎮。)其餘蓋統於州，故不入數歟？及正光孝昌之際，此十二鎮皆已改置爲州，其此後之鎮不但位比於郡，且皆統於州矣。

然周書中又往往州鎮並舉，茲列十例如次：

王思政傳：奪侯景所統七州十二鎮。

于翼傳：「徑到洛陽，齊(略)河南九州三十鎮一時俱下。」

同傳：「大象初……除幽定七州六鎮諸軍事、幽州總管。」

宇文神舉傳：「授并潞肆石等四州十二鎮諸軍事、并州總管。」

王慶傳：「大象元年……總管汾石二州五鎮諸軍事、汾州刺史。」

達奚震傳：「原州總管三州二鎮諸軍事、原州刺史。」

王軌傳：「拜徐州總管七州十五鎮諸軍事。」

韋孝寬傳：「除徐兗等十一州十五鎮諸軍事，徐州總管。」

崔謙傳：「保定二年，遷安州總管隨應等十一州甑山上明魯山三鎮諸軍事、安州刺史。」

司馬消難傳：爲邳(本譌爲交)州總管。隨文輔政，舉兵反，「所管邳(鄖)隨溫應土順沔環岳九州、魯山甑山沌陽應城平靖武陽上明涢水八鎮並從之。」(陳書高宗紀亦作八鎮)

按此十例中之前二者述東魏末北齊事，後八者述北周事，皆州鎮並舉，又似鎮仍比於州，而不統於州者。按如此文句本可作兩種解釋。一則州鎮在行政上具有同等地位不相統屬，如前引魏書諸條州鎮並舉之例是也。一則鎮雖統於州，而地位重要，故亦連稱州鎮也。是以只觀此種書例，不能決定鎮究屬於州或獨立不屬於州。前文考魏前期鎮之地位引此種書例甚多，仍嫌不足，乃另引其他更具體之材料爲之說明者，正爲此也。據此十條既不能肯定鎮必與州有並列之地位，參以前引魏末周世鎮實統屬於州之證，則此十條所顯示者當作第二種解釋，即鎮仍屬於州，但地位較郡重要，故特提出與州並書之耳。蓋鎮究爲統軍機構，軍事時代，鎮在本質上遠較郡爲重要，故地位較郡爲高。北周書文帝紀，泰爲關西大行台，傳檄方鎮，有云「其州鎮郡縣。」足見其序矣。〔隋書趙煚傳，「與齊人前後五戰，斬郡守鎮將縣令五人。」敍鎮將次於郡守，地位益卑矣。〕

〔附註〕此段引周書諸傳稱總管若干州若干鎮。似周之制有如魏齊仍稱鎮者。實則此爲特例，而一般通例皆稱總管若干州若干防。其例極多，不能盡舉，今姑就指名某某防者列舉數例如次：

李和傳：「拜延綏丹三州、武安伏夷安民三防諸軍事、延州刺史。……建德元年，改授延綏銀三州、文安伏夷安民周昌梁和五防諸軍事。」

尉遲運傳：「出爲同州、蒲津潼關等六防諸軍事、同州刺史。」

崔猷傳：「都督梁利等十二州、白馬儻城二防諸軍事、梁州刺史。」

紀王康傳：「總管利始等五州、大小劍二防諸軍事、利州刺史。」

崔謙傳：「荆州總管荆淅等十四州、南陽平陽等八防諸軍事、荆州刺史。」

庾信周大將軍鄭偉墓誌：「江陵防主、都督十五州諸軍事。」

庾信周大將軍崔說傳：「大都督崇德安義建忠九曲安樂三泉伏流周張平泉固(有脫文)安蠻通谷凡十三防禦、熊和中三州、黄蘆起谷王晏供超牽羊溫狐交河大嶺避雨木柵等十一戍諸軍事、崇德防主。」

據此諸史例，防之性質地位與魏末北齊之鎮全同，蓋北周實改鎮曰防，偶稱曰鎮，用舊名耳。然前引諸「鎮」例，大抵皆在東南方後期征服地區。又崔謙傳，爲荆州總管荆淅等十四州南陽平陽等八防。又爲安州總管隨應等十一州甑山上明魯山三鎮。同一傳中防鎮互歧，而此所稱三鎮恰在前引司馬消難傳八鎮之列，或者周雖改鎮曰防，然東征齊地，仍卽原名，未改爲防歟？是周書稱鎮者亦未必爲亂用舊名也。

(三) 鎮 府 組 織

前期諸大鎮，位與州均，皆置都大將爲之長。其後南方有較小之鎮，位與郡等，則只稱鎮將，無「都大」之號。都將之下有副將、長史、司馬及諸參軍等。惜太和末年兩次訂製職員令，摒鎮將一系諸官職而不載。蓋此爲前期制度，孝文欲盡廢之也。

今惟就見於史傳者擬拾於次：

(1)都大將　官氏志云：

「舊制，緣邊皆置鎮都大將，統兵備禦，與刺史同城隍，倉庫皆鎮將主之，但不治，故為重於刺史。」

按官氏志記鎮將惟此一條，實僅就第二類之鎮而言。「但不治」下蓋脫「民」字，職在「統兵備禦」，與刺史分治軍民也。至於西北地區以及內地統轄土地人民之鎮，其職權則不限於軍事，而實兼治軍民。刁雍傳云：

「(眞君)五年以本將軍為薄骨律鎮將。至鎮，表曰，臣蒙寵出鎮，奉辭西藩，捴統諸軍，(此軍為鎮統轄之機構，即前考鎮下統若干軍也，非謂軍隊，故下文又云「總勒戎馬」。)戶口殷廣；又捴勒戎馬，以防不虞。督課諸屯，以為儲積。夙夜惟憂，不遑寧處。」

按此實為鎮將兼治軍民之佳證。此外，如穆亮傳為敦煌鎮都大將，「政尙寬簡，賑恤窮乏。」尉元傳，為統萬鎮都將，「甚得夷民之心。」尉撥傳，為杏城鎮將，「在任九年，大收民和。山民一千餘家，上郡徒各、盧水胡八百餘落，盡附為民。」是皆亦鎮將兼治民事之證。

鎮將最基本之官銜為加持節、將軍。羅結傳：「太宗時，除持節、散騎常侍、寧南將軍、河內鎮將。」蓋為最早之事例。其後史傳所見極多，不必詳舉。(參看上篇諸例。)而持節又有「使持節」「持節」「假節」之別，蓋亦如魏晉南朝有此三等，權有等差歟。(詳拙作魏晉南朝都督與都督區，載集刊第二十七本。)至於另加侍中、(羅結為散騎常侍即與侍中性質相同類。)開府等號。如司馬楚之傳，世祖時「拜假節、侍中、鎮西大將軍、開府儀同三司、雲中鎮大將、朔州刺史。」是其例。然此非每一鎮將皆俱備矣。

鎮將又往往加都督附近州鎮。余嘗考北魏前期地方長官加都督附近州鎮者例為鎮將，而州刺史則為絕少之例外。(另詳，此不贅。)其東南地區與州並置之鎮，常加都督同治所之州及附近諸州，前考鎮名及其分佈時已列事例甚多，而考鎮之地位時亦已有所綜述，今亦不重論。孝文以後，南方大鎮悉已廢除，自無以鎮將都督他州者，但北邊所置第一類諸鎮，則仍往往擇地位適中之鎮將加都督附近諸鎮。例如：

京兆王黎傳：世仁，「高祖時……轉都督柔玄撫冥懷荒三鎮諸軍事、鎮北將軍、柔玄鎮大將。」

陸眞傳：子延，「正始初，……都督沃野武川懷朔三鎭諸軍事、安北將軍、懷朔鎭大將。」

宇文福傳：孝明帝初，「出除散騎常侍、都督懷朔沃野武川三鎭諸軍事、征北將軍、懷朔鎭將。」

慕容白曜傳：弟子契，「正始初，……徙都督沃野、薄骨律二鎭諸軍事、沃野鎭將。轉都督禦夷、懷荒二鎭諸軍事、平城鎭將。」

按前考北邊六鎭，自西而東數之，爲沃野、懷朔、武川、撫冥、柔玄、懷荒，懷荒更東則爲禦夷，沃野更西南則爲薄骨律。據此所引四傳五任都督觀之，六鎭亦或分爲東西兩區，每區三鎭，而以中間一鎭之都大將都督本區之三鎭。又或以沃野鎭將兼督更西南之薄骨律鎭，或以懷荒鎭與禦夷鎭併爲一區而以平城鎭將都督之也。蓋北方東西兩千里，諸鎭分立，兵力分散，應敵欠靈，故分區置都督，期收統一指揮之效歟。

第二類諸鎭旣與州同治所，故其鎭將往往兼同治所之州刺史，此在前考鎭名及地位時已引證材料甚多，今不重列。然亦有別任刺史者，例如陸眞傳云：

「東平王道符反于長安，殺雍州刺史魚玄明，關中草草。以眞爲長安鎭將，…長安兵民素伏威信……皆怡然安靜。咸陽民趙昌……據赤谷以叛，直與雍州刺史劉邈討平之。」

按道符反於長安殺雍州刺史事又見顯祖紀，據東平王道符傳，時爲長安鎭都大將，則道符爲鎭都大將，魚玄明爲雍州刺史；及陸眞爲鎭都大將，劉邈爲雍州刺史；是鎭將刺史各用人之最佳例證。(李惠傳，「轉雍州刺史、征南大將軍，加長安鎭大將。」是亦各用人之證，後始加鎭將也。) 他如前考鎭名引用材料甚多，有兼刺史有不兼者，蓋不兼者或多另有刺史，非必史傳省書之也。

鎭將刺史各用人，雖軍民分權，而實牽涉難分，常致爭權不睦。例如天象志云：

「(延和元年) 征西將軍金崖，安定鎭將延普，涇州刺史狄子玉爭權，崖及子玉舉兵攻普不克，據胡空谷反。」(實爲二年，事又見世祖紀，但有脫字。)

按地形志下，涇州治臨涇城，而安定臨涇兩城同屬安定郡，則安定鎭將縱不與涇州刺史同治一城，然必極近，故致爭權也。又酈範傳云：

範爲青州刺史。「是時鎭將元伊利表範與外賊交通。高祖詔範曰，卿身非功舊，位無重班，所以超遷顯爵任居方夏者，正以勤能致遠，雖外無殊效，亦未有負時之愆。而鎮將伊利妄生姦撓，表卿造舡市玉與外賊交通，規陷卿罪，窺覦州任。有司推驗，虛實自顯，有罪者今伏其辜矣。卿其明為籌略，勿復懷疑。」
按範既為青州刺史，則此鎮將當為東陽鎮將。此條材料表現兩項意義：其一，鎮將位權亞於州刺史，故孝文有「窺覦州任」之言。其一，則爭權不睦，致相表誣也。

最後更進一步略分析鎮將之用人。前期鎮都大將往往以諸王任之，出為鎮都大將，入為三都大官，此只觀景穆十二王傳（魏書卷十九上中下三卷）可知梗概。此外亦多鮮卑族人。官氏志，天賜二（三之譌）年「制諸州置三刺史，用品第六者，宗室一人，異姓二人。」此制雖未必久行，但至顯祖時仍有兩刺史對治之事，是親疏之意識固未泯也。則統兵之鎮將用人惟親亦自然趨勢矣。前引天象志，征西將軍金崖、涇州刺史狄子玉反，聯合攻安定鎮將延普。據陸俟傳，崖為休屠人，子玉為羌人。延普蓋為鮮卑人，統兵權重，實事鎮撫，休屠羌人雖有將軍刺史之名，不過羈縻，故合力攻延普而不能有功。此亦鎮州並置鎮將刺史而用人有親疏之佳例也。又王慧龍傳，入魏「拜洛城鎮將，配兵三千人，鎮金墉。既拜，……太宗崩，世祖即位，咸謂南人不宜委以師旅之任。遂停前授。」取此一條與用人惟親之實例參合觀之，則鎮將用人之無形格例可知矣。

（2）副將　諸鎮皆置副將。王慧龍傳：「眞君元年，拜使持節、寧南將軍、虎牢鎮都副將。」閹官封津傳：「祖羽，眞君中為薄骨律鎮副將。」世祖紀，眞君六年，長安鎮副將元紇討蓋吳。顯祖紀，皇興元年，東平王道符反於長安（時為鎮將。），殺副將萬古眞、李恢，雍州刺史魚玄明。唐和傳，子欽，「太和中，拜鎮南將軍、長安鎮副將，轉陝州刺史。」叔孫建傳，子鄰「出為涼州鎮大將，……與副將奚牧並以貴戚子弟，競貪財貨，專作威福，遂相糾發。坐伏誅。」穆亮傳，仇池鎮副將楊靈珍。李靈傳，元茂，太和中除振武將軍、彭城鎮副將。南安王元略傳，黜為懷荒鎮副將。孝感趙琰傳，約太和初，「為兗州司馬，轉團城鎮副將。」足知副將常見史傳。而大鎮或不止一人。又或且加「使持節」稱「都副將」，又有與大將相糾發者，足見其地位之高僅亞於都大將也。

（3）監軍　王建傳：孫度「太宗時為虎牢鎮監軍。」又安同傳：安原，「太宗時為獵郎，出監雲中軍事。」似即雲中鎮監軍也。

(4)長史 芒洛冢墓遺文上魏岐州刺史于纂墓誌：「正始元年，轉威遠將軍、平城鎮平北府長史。永平元年，授寧遠將軍、懷朔鎮冠軍府長史。」高湖傳，高幹「歷南青州征虜府司馬，威遠將軍、鄯善鎮遠府長史，仍轉汾州後軍府長史。」賈顯度傳，父道監爲沃野鎮長史。皆其例。又高湖傳，高陁「字難陁，沃野鎮長，卒贈琅琊太守。」鎮長之名僅此一見，不知何職，疑「長」下脫「史」字，故得贈郡太守也。

(5)司馬 高涼王孤傳：「瓌，位柔玄鎮司馬。」儒林梁祚傳，「出爲統萬鎮司馬。」東平王翰傳，子道符爲長安鎮大將。「皇興元年謀反，司馬段太陽討斬之。」周書楊忠傳，「高祖元壽，魏初爲武川鎮司馬。」又王士良傳，「祖公禮，平城鎮司馬，因家於代。」皆是也。觀東平王傳，司馬實掌兵權，此猶一般軍府之制。

(6)錄事參軍 高湖傳：高猛虎爲鄯善錄事參軍。本所藏北齊豫州鎮城都督高建墓誌銘（天保六年）：「父猛，鄯善鎮錄事參軍，任居心腹，似見取於棼林。職參謀議，如有求於榜道。」按錄事參軍居參軍之首，總攝諸曹，故建誌云然。

(7)功曹史 南史侯景傳，懷朔鎮人也。「爲鎮功曹史。」

(8)省事 北齊書神武紀，歡「與懷朔鎮省事雲中司馬子如爲奔走之友。」

(9)戶曹史 北齊書神武紀，歡與「懷朔戶曹史孫騰、外兵使侯景亦相友結。」

(10)獄隊尉 北齊書神武紀：「養於同產姊婿鎮獄隊尉景家。」

(11)門士 薛虎子傳：「文明太后臨朝，出虎子爲枋頭鎮將，……因小過黜爲鎮門士。」

(12)外兵使 見戶曹史條引齊書神武紀。

(13)函使 北齊書神武紀：懷朔鎮人。「自隊主轉爲函使。嘗乘驛過建興，……每行道路，往來無風塵之色。……爲函使六年，每至洛陽，給令史麻祥使，……笞四十。」是其職蓋主送信函，位甚低。

(14)統軍、別將 周書賀拔勝傳：「父度拔，性果毅，爲武川軍主。魏正光末，……懷朔鎮將楊鈞聞度拔名，召補統軍，配以一旅。……勝少(略)善騎射，……時亦爲軍主，從度拔鎮守。」足見統軍地位頗高，下統若干軍主也。又賈顯度傳，「初爲別將，防守薄骨律鎮。」蓋亦統軍之類。

(15)軍主 此職極常見，除前引周書賀拔勝傳外，魏書賀拔勝傳亦云：「祖尒逗，選充北防，家於武川，……有戰功，顯祖賜爵龍城男，爲本鎮軍主。父度拔襲爵。」是勝三世爲軍主也。又周書宇文盛傳，曾祖伊與敦，祖長壽，父文孤，並爲沃野鎮軍主。」是亦三世軍主也。又魏書常景傳，「獲賊將禦夷鎮軍主孫念恒。」亦一例。廣陽王傳，元深上書曰：「豐沛舊門，仍防邊戍，……征鎮驅使，但爲虞候，白直一生，推遷不過軍主。」則軍主之多而地位不高可知。

(16)隊主　北齊書神武紀，懷朔鎮人，「家貧，及聘武明皇后，始有馬，得給鎮爲隊主，……自隊主轉爲函使。」則地位猶居函使之下矣。

(17)軍將　前考邊鎮統轄情形，鎮下置軍如州之有郡。諸軍必有長之者，頗疑即爲軍主，如戍之長官稱戍主也。然軍主地位似太低，視爲比郡之軍之長官，似不甚當。尉撥傳：「除涼州軍將……遷晉昌鎮將。」北齊書任延敬傳，「伯父桃，太和初，爲雲中軍將。」疑或近之。而穆崇傳，穆羆「轉征東將軍、吐京鎮將。……時西河胡叛，羆欲討之，而離石都將郭洛頭拒違不從，羆上表自劾，以威不攝下，請就刑戮。高祖乃免洛頭官。」按離石前曾獨立爲鎮，此時置都將統屬於吐京鎮。前考吐京鎮所統有什星軍、京軍、刑軍，離石當爲另一軍，置將守之，地位甚高，故曰都將也。

(18)戍將　南北朝時代，邊疆州郡皆置戍，守將稱爲戍主，諸鎮既置戍，必亦置戍主，而史傳竟不見。但張袞傳，張法「世宗時除懷荒鎮金城戍將。」不知「戍將」爲正名抑別稱矣。

鎮爲前期制度，故鎮將以下諸職員較爲難考。就以上所考觀之，都大將爲之長，有副將以輔之，監軍則中央特派從事監察者。自長史、司馬以下至函使，蓋府屬吏員；統軍、軍主、隊主，蓋外領軍隊；軍將、戍將則統地方如太守縣令，又兼治軍事如統軍軍主也。關於府屬吏員必有各曹參軍甚多，惜不可考，然官氏志云：神䴥元年「七月，詔諸征鎮大將，依品開府，以置佐吏。」鎮將例加將軍，亦必依品置佐吏。太和末所訂職員令，雖無鎮將一系之職吏，而於將軍府佐則記之甚詳，余嘗綜合製爲將軍府佐表(見拙作北朝地方政府屬佐制度考，載集刊第十九本第二七九頁)，今更就正二品至五品將軍之府佐，綜合列錄於次：

長史

司馬

諮議參軍事（從三品至五品將軍府不置）

錄事參軍事

功曹參軍事

記室參軍事（從三品至五品將軍府不置）

戶曹參軍事

倉曹參軍事

中兵參軍事

功曹史（從三品至五品將軍府不置）

主簿

列曹參軍事

參軍事（四品五品將軍府不置）

列曹行參軍事

行參軍（正三品至五品將軍府不置）

長兼行參軍（同前）

參軍督護（同前）

鎮將既皆以將軍爲之，亦必置佐吏如上，徵之州府組織略與此同，尤爲旁證。惟史傳闕略，鎮府所置不可確考耳。隋書百官志中，述北齊諸鎮置官云：

「三等諸鎮，置鎮將、副將、長史、錄事參軍、倉曹、中兵、長流、城局等參軍事，鎧曹行參軍、市長、倉督等員。」

此當就魏制而簡化之。而有長流、城局、鎧曹等目，魏世州之軍府已均有之，（詳北朝地方政府屬佐制度考），疑北邊鎮府亦置也。

綜此鎮府吏佐與軍戍治軍諸官，員額甚廣。源賀傳，世宗時上表曰：

「北鎮邊蕃，事異諸夏，往日置官，全不差別。沃野一鎮，自將以下八百餘人，黎庶怨嗟，僉曰煩猥，邊隅事尠，……請主帥吏佐五分減二。」

足見當時鎮府組織相當龐大矣。

一九六二年四月二十九日初稿

同年九月五日修訂　一九六三年正月八再訂

本文寫作期間曾得「中國東亞學術研究計劃委員會」之補助特此申謝嚴耕望於南港「中央研究院」

出自第三十四本上（一九六二年十二月）

括地志序略都督府管州考略

嚴　耕　望

(1) 鄜府	(8) 幷府	(15) 夔府	(22) 瀘府	(29) 松府	(36) 高府
(2) 原府	(9) 相府	(16) 荊府	(23) 巂府	(30) 軌府	(37) 廣府
(3) 靈府	(10) 幽府	(17) 梁府	(24) 揚府	(31) 疊府	(38) 崖府
(4) 夏府	(11) 營府	(18) 遂府	(25) 安府	(32) 潭府	(39) 桂府
(5) 勝府	(12) 徐府	(19) 益府	(26) 秦府	(33) 黔府	(40) 交府
(6) 潞府	(13) 齊府	(20) 茂府	(27) 蘭府	(34) 越府	(41) 龔府
(7) 代府	(14) 洛府	(21) 戎府	(28) 涼府	(35) 洪府	(42) 驩府

魏王泰所撰括地志，書雖不傳，然徐堅初學記州郡部載其序略云：「唐貞觀十三年大簿，凡州府三百五十八。」本注列舉此三百五十八州府名稱甚備。惟余所用古香齋本初學記訛字甚多，今據岱南閣叢書本孫星衍輯括地志及史學專刊第一期岑仲勉括地志序略新詮，參以鄙見，校錄如次。加〔　〕者，其前一字當爲此字之訛；加（　）者，原文奪逸，今補之也。說詳隋唐地方行政制度唐代行政區劃章。

雍、華、同、宜、岐、隴、幽〔豳〕、涇、寧、鄜州都督府、坊、延、原(州)都督府、靈州都督府、丹、夏(州)都督府、銀、孟〔鹽〕、勝州都督府、綏、慶、家〔豐〕、蒲、虞、汾、絳、秦〔泰〕、晉、隰、慈、呂、石、潞州都督府、沁、韓、澤〔澤〕、岱〔代〕州都督府、忻、朔、蔚、雲、幷州都督府、其〔箕〕、嵐、懷、相州都督府、衞、黎、魏、洺、邢、覇〔貝〕、博、冀、德、觀、深、瀛、滄、定、恒、幷〔井〕、幽（州都督府）、易、嬀、檀、平、明〔燕〕、營州都督府、遼〔趙〕、師、昌、崇、槇〔愼〕、威、虢、陜、穀、唐、究〔兖〕、陳、頴〔潁〕、徐州都督府、滑、泗、譙、豫、亳、密、靑、濟、濮、萊、齊州都督府、滔〔淄〕、宋、鄆、許、冀〔戴〕、曹、海、沂、洛州都督府、鄭、汴、汝、襄、夔州都督府、万〔萬〕、開、隨、硤、蓬、鳳、忠、渠、通、集、與、利、溫、復、合、鄧、歸、荆州都督府、梁州都督府、均、靜、金、巴、商、洋、渝〔渝〕、房、壁、閬、始、梓、資、嘉、陵、果、遂州都督府、益州都督府、綿、大〔炎〕、榮、眉、雅、普、翼、茂州都督府、簡、向、塗、戎(州)都督府、瀘州都督府、巂州都督府、冉、笮、維、徼、穹、郎、協、曲、褒、靡、微、姚、髳〔髳〕、州〔邛〕、匡、宗、尹、曾、州〔?〕、樂〔檠〕、鈞、昆、陽、光、蘄、申、壽、昌、豪〔濠〕、廬、沔、荆〔舒〕、揚州都督府、除〔滁〕、楚、和、安州都督府、黃、秦州都督府、成、武、渭、蘭州都督府、河、鄯、廓、儒、岷、洮、宕、臺、橋、梁〔涼〕州都督府、肅、甘、瓜、沙、尹〔伊〕、芳、文、松州都督府、扶、居〔岷〕、巖、奉、雅、叢、遠、其、生、諸〔諾〕、眞〔直〕、都、閤、出、老〔嵯〕、懿、河〔可〕、湊、般、鍾、匐、厥、器、調、流、邇、率、序、渲、執州都督府、潼〔嶂〕、津、泣〔位〕、王〔玉〕、彭、祐、蛾、疊州都督府、龍、會、潭州都督府、費、江、涪、鄂、郢〔澧〕、潤、施、郎〔朗〕、岳、黔州都督府、睦、括、常、撫、郴、台、饒、虔、衡、永、郡〔邵〕、連、婺、道、吉、越州都督府、洪州都督府、袁、杭、宣、湖、蘇、歙、辰、至〔巫〕、南、夷、應、琰、莊、祥〔牂〕、充、播、年〔牢〕、恩〔思〕、高州都督府、循、建、振、昭、韶、廣州都督府、羅、崖州都督府、繡、辨〔辯〕、端、新、春、潜〔潘〕、竇、邑〔邕〕、潮、賀、封、梧、蒙、卽〔柳〕、龍〔瀧〕、桂州都督府、廉、賓、藥、泉、欽、橫、貴、藤、象、交州都督府、儋、雷、峯、融、容、愛、驩州都督府、澄、鸞、演、白、景、林、義、智、驩州都督府、儋〔康〕、崖〔岡〕州是也。」

據此,州府混合連續書之,原無以府統州之意。而孫星衍輯本,凡都督府皆提行頂格獨佔一行,府後各州皆低一格書於府後,以示統屬於前行之府。於是雍、華、同等九州爲畿州,不屬府;鄜州都督府管坊延二州;原州都督府不統州,靈州都督府管丹州;夏州都督府管銀、鹽二州。以此類推。如此排列,不但與史志多不合,而靈府遠統丹州;滕府遠統蒲、虞;梁府遠統嘉、陵;營府遠統陝、虢、唐、兗、陳、潁;巂府遠統光、蘄、申、壽、廬、沔;黔府東越潭、洪,遠統睦、括、常、撫、饒、婺;洪府西越潭、黔,遠統巫、夷、莊、牂、播、牢;皆爲事勢所絕不可能者。岑仲勉先生作新詮，論孫氏排列之非，是也。然括地志序略所舉之四十二都督府究各管何州，岑先生未作進一步之論述。蓋以舊志記載已詳之故歟？然志文奪訛特甚，有待校訂。且志文究不能詳述各府歷年管州之增減，若只據志文所述前後年份與管州增減之演變，以推定貞觀十三年大簿應管之州數，則往往不合。如秦府松府皆是也。爰本之舊志，加以校訂，並取碑傳詔勅參互稽證，俾括地志所記各都督府之管州略能列舉。惜本刊付印期迫，不及作括地志州府圖。倘能作一圖，當更能有所補正也。

（1）**鄜州都督府** 舊志一鄜州條：「貞觀二年置都督府。六年又改爲大都督府。九年復爲都督府。」寰宇記三五，同。管州無考。

（2）**原州都督府** 舊志一原州條：「貞觀五年，置都督府，管原、慶、會、銀、亭、達、要七州。十年，省亭、達、要三州，唯督四州。」寰宇記三三，同。惟"銀"作"寧"。按序略有銀寧二州，未知孰是。然銀州距原州太遠，且中隔延州，疑以"寧"爲正。(至於舊志，貞觀六年曾於平高置銀州，領突厥降戶。此爲羈縻州，非正州。) 按貞觀十年管原、慶、會、寧四州，十三年當略同。

（3）**靈州都督府** 舊志一靈州條：「貞觀四年，於廻樂縣置廻環二州，並屬靈武〔州〕都督府。十三年，廢廻、環二州。靈州都督入靈、塡二州。二十年，鐵勒歸附……。」寰宇記三六，同。惟"塡"作"鎮"。按"入"字不詞，此處顯有訛誤。而靈州地區既無塡州，亦無鎮州。檢舊志鹽州條，「貞觀二年，平梁師都後，復於舊城置鹽州及五原、興寧二縣，隸夏州都督府。其年改爲靈州都督府。」寰宇記三七鹽州條同，而"改爲"作"改屬"是也。是靈府兼統鹽州，前引舊志、寰宇記作"塡"作"鎮"皆"鹽"之形訛也。

（4）**夏州都督府** 舊志一夏州條：「隋朔方郡。貞觀二年，討平梁師都，改爲夏州都督府，領夏、綏、銀三州。」寰宇記三七，同。按括地志序略有綏、銀二州，可能其時仍管此三州也。

（5）**勝州都督府** 管州無考。

（6）**潞州都督府** 岑文本冊韓王元嘉文(全唐文一五〇)，元嘉具官爲「使持節、潞沁韓澤四州諸軍事、潞州刺史。」時在貞觀十二年四月己卯，則十三年括地志之版籍當同。檢舊志二潞州條：「隋上黨郡。武德元年，改爲潞州。……二年，置總管府，管潞、澤、沁、韓、蓋五州。……貞觀元年，廢都督府。八年置大都督府。十年，又改爲都督府。貞觀十七年廢韓州。」寰宇記四五，同。又舊志澤州條，蓋州以貞觀元年廢。則潞府自始置卽督潞、澤、沁、韓、蓋五州，貞觀元年罷府，同時廢蓋州。八年置府卽管潞、澤、沁、韓四州，至十二年四月如故，明年當亦管此四州無疑。

（7） **代州都督府** 舊志二代州條：「隋爲雁門郡。武德元年，置代州總管，管代、欣、蔚三州。……五年，廢總管。六年又置。管代、蔚、州四州。貞觀四年，又督靈州。六年，又督順州。十二年省順州，以懷化縣來屬。今督代、欣、蔚、朔、靈五州。高宗廢懷化縣。證聖元年，置武延縣。天寶元年，改爲雁門郡，依舊爲都督府。」寰宇記四九，同。而"欣"皆作"忻"，又六年事作「管代、蔚、忻、朔四州。」皆是也。舊志或形訛，或奪文。

又此條有「今督」云云，時代不明。檢舊志記都督府之沿革，屢稱"今督"某某若干州。除代州此條已見上引外，玆備錄如次：

營州條：武德「七年改爲都督府，督營、遼二州。貞觀二年又督昌州。三年，又督師、崇二州。六年又督順州。十年又督慎州。今督七州。萬歲通天二年，爲契丹李萬榮所陷。……」(寰宇記七一，同。)

黔州條：貞觀「四年置都督府，督務、施、業、辰、智、牂、充、應、莊等州。其年，以相永萬資二縣置費州，以都上分置夷州。十年以思州高富來屬。十一年，又以高富屬夷州。以智州信寧來屬。今督思、辰、施、牢、費、夷、巫、應、播、充、莊、牂、琰、池、矩十五州。其年罷都督府。」(寰宇記一二〇，同。惟無"今"字。蓋奪文，或誤省。又"罷都督府"上"其年"作"聖曆元年"。據元和志，"聖曆元年"爲正，志有奪訛。)

蘭州條：武德「八年，置都督府。督蘭、河、鄯、廓四州。貞觀六年，又督西鹽州。十二年，又督涼州。今督蘭、鄯、儒、淳六州。(此奪河廓二州詳後文。)……顯慶元年罷都督府。」(寰宇記一五一，同。惟"今督"作"後督"。)

廣州條：貞觀「二年，省循州都督，以循、潮二州隸廣府。八年(略)。十二年(略)。十三年，省湞州，……省岡州，……並屬廣州。其年又……立岡州。今督廣、韶、端、康、封、岡、雒〔新〕、藥、瀧、竇、義、雷、循、潮十四州。永徽以後，以廣、桂、容、邕、安南府皆隸廣府都督統攝。」(寰宇記一五七，同。)

桂州條：「貞觀元年，以欽、玉、南亭三州隸桂府。二年(略)。五年(略)。八年(略)。十年(略)。十二年廢晏州……蒶州……。省宣風縣。今督桂、昭、賀、富、梧、藤、容、潘、白、廉、繡、欽、橫、邕、融、柳、貴十七州。天寶元年改爲始安郡。」(寰宇記一六二，同。)

安南都護府條：武德中置交州都督府。「貞觀元年，省南宋州，(略)隆州(略)龍州，(略)並隸交府(略)。二年(略)。六年(略)。十一年，廢仙州，以平道縣來屬。今督交、峯、愛、驩四州。調露元年八月，改交州都督府爲安南都護府。」(寰宇記一七〇，同。)

以上六條，並代州爲七條。觀其年份序次，知其所謂"今督"之"今"，不能早過貞觀十三年，亦不能遲於永徽元年，正是括地志編纂之時代，非舊志編纂時代之"今"也。大約舊志編者抄襲括地志之原文，未加潤飾。寰宇記又因之。前代地志往往直抄如此，不足爲怪。

據此，括地志時代，代州都督府督代、忻、蔚、朔、靈五州。然靈州距代州太遠，且其時自爲督府，不得遠屬代府，而代、忻、朔、蔚毗鄰地區似亦未見曾別置靈州。檢舊志雲州條，「隋馬邑郡之雲內縣界恆安鎮也。武德………六年，置北恆州。七年，州廢。貞觀十四年，自朔州北定襄城，移雲州及定襄縣置於此。」元和志一四，略同。則貞觀十四年前，雲州本寄治於朔州定襄城。疑舊志代州條此"靈州"爲"雲州"之訛形。(蔚州始亦寄治於代州，忻州。) 至十四年，雲州北移至舊恆安鎮後，是否仍統屬於代府，不可知。考許洛仁碑 (金石粹編五四、全唐文九九一)，以龍朔二年卒，贈「使持節、都督代、忻、□、蔚四州諸軍事、代州刺史。」李孝同碑(萃編五七、全唐文九九二)，以總章二年卒，贈「使持節、都督代、忻、朔、蔚四州諸軍事、代州刺史。」則高宗龍朔以後，雲州已不統於代府，可斷言矣。

(8) 并州都督府 舊志二北京太原府條：「武德元年改爲并州總管。……三年，廢總管。……七年改爲大都督府。……貞觀元年，(略)……八年，以廢受州之壽陽孟樂平石艾，又割順州之燕然，凡五縣來屬。督并、汾、箕、嵐四州。十四年廢燕然縣。」寰宇記四〇，同。則貞觀十三年時代當管并、汾、箕、嵐四州。復考并府統此四州，屢見於詔冊與碑版。如太宗貞觀二十一年賜高士廉陪葬詔，二十三年賜李靖陪葬詔(皆全唐文八)，皆贈「司徒使持節都督并、汾、箕、嵐四州諸軍事、并州刺史。」(靖贈官又見全唐文一五二許敬宗景武公碑)。又婁師德鎮軍大將軍契苾君碑(全唐文一八七)，父何力，贈「使持節并、汾、箕、嵐四州諸軍事、并州大都督。」泉男生墓誌(芒洛冢墓遺文四編補遺)，儀鳳四年卒，「贈使持節大都督并、汾、箕、嵐四州諸軍事、并州刺史。」所贈官皆與志合。又上官儀冊周王顯爲并州都督文(全唐文一五四)，具官亦爲「使持節、都督并、汾、箕、嵐四州諸軍事、并州刺史。」時在龍朔元年，督區亦同。是自貞觀中葉至高宗末年，并府管區似未嘗變也。惟太宗賜房玄齡陪葬詔(全唐文八)作贈「太尉、使持節、都督并、箕、嵐、勝四州諸軍事，守并州刺史。」有勝無汾。又許敬宗尉遲恭碑(全唐文一五二)，贈「都督并、蔚、嵐、代四州諸軍事、并州刺史。」有蔚代無汾箕。是不同。按玄齡之卒在貞觀二十二年，(據通鑑。)時在高士廉李靖之間，督區不應有異。勝州越在河西，并府似不應遙統，疑勝爲汾之訛。恭之卒在顯慶三年，時在龍朔儀鳳之前，豈其時曾一度統蔚、代耶？其詳待考。

（9）　**相州都督府**　舊志二相州條：「武德元年，置相州總管府。……四年廢總管府。……六年，復置總管府，管慈、洺、黎、衞、邢六州。九年，廢都督府。貞觀……十年，復置都督，管相、衞、黎、魏、洺、邢、貝七州。十六年罷都督府。」寰宇記五五，同。按通鑑一九四，貞觀十年二月乙丑，出諸皇子爲都督，泰爲相州都督。檢太宗冊越王泰改封魏王文(全唐文九)云：「命爾爲使持節、都督相、衞、黎、魏、洺、邢、貝七州諸軍事、相州刺史。」(卷一五〇岑文本集重收此文。)時間管區均與志合。十三年管州蓋同。

（10）　**幽州都督府**　舊志二幽州條：「武德……九年，改大都督爲都督，(督)幽、易、景、瀛、東鹽、滄、蒲、蠡、北義、燕、營、遼、平、檀、玄、北燕等十七州。貞觀……八年，都督幽、易、燕、北燕、平、檀六州。」寰宇記六九略同。不知貞觀十三年究仍管此六州否也。考于志寧碑(金石萃編五六)，以麟德二年卒，追贈「使持節、都督幽、易、嬀、檀、平、燕六州諸軍事、幽州刺史。」(同書六三于大猷碑，祖志寧贈官同，惟蝕平燕二字。)龐履溫碑(萃編八一)，曾祖卿惲，「贈幽、平、燕、易、嬀、檀等六州諸軍事、幽州刺史。」時代不詳。此二碑皆有嬀，無北燕。按舊志嬀州條：「武德七年討平高開道，置北燕州……以貞觀八年改名嬀州。」則北燕與嬀前後名耳。是自貞觀八年至麟德二年，幽府皆管幽、易、燕、嬀、平、檀六州也。

(11) 營州都督府 舊志二營州條：「隋柳城郡。武德元年，改爲營州總管府，領遼、燕二州……七年改爲都督(府)，督營、遼二州。貞觀二年，又督昌州。三年，又督師崇二州。六年，又督順州。十年，又督愼州。今督七州。」寰宇記七一，同。"今督"即抄襲括地志原文，已詳前代府條。則十三年督營、遼、昌、師、崇、順、愼七州也。然此時遼州已改名威州。

(12) 徐州都督府 舊志一徐州條：「貞觀……八年，廢仁州入譙州。其徐州都督徐、泗、譙三州。十七年罷都督府。」寰宇記一五，同。考太宗册徐州都督徐王元禮文(全唐文九)，具銜爲「使持節、都督徐、譙、泗三州諸軍事、徐州刺史。」據通鑑，此事在貞觀十年二月乙丑。則貞觀十三年管州蓋同。

(13) 齊州都督府 舊志一齊州條：「貞觀……七年，又置都督府，管齊、青、淄、萊、密五州。」寰宇記一九，同。貞觀十三年大簿當略同。

(14) 洛州都督府 舊志一河南府條：「武德……九年，罷行臺，置洛州都督府，領洛、懷、鄭、汝四州。……十八年廢都督府。」寰宇記三，同。貞觀十三年大簿管州當仍有此四州。

(15) 夔州都督府 舊志二夔州條：「武德……二年……改信州爲夔州，仍置總管，管夔、硤、施、業、浦、洛(寰宇記作涪爲正)、渝、谷、南、智、務、黔、克(寰宇記作充，皆充之訛)、思、巫、平十九州。……貞觀十四年爲都督府，督歸、夔、忠、萬、涪(寰宇記訛作諮)、渝、南七州。」寰宇記一四八，同，惟字有小異。按志述武德二年及貞觀十四年兩事皆有問題，有待商榷。先論武德二年事。按志云武德二年管"十九州"而州名僅十六，初疑"九"爲"六"之形訛。但考劉禹錫夔州刺史廳壁記(全唐文六○二)，「武德二年，詔書以信州爲夔州。七年，增名都督府，督黔、巫一十九郡。」則"十九"不訛，而州名脫書其三耳。(壁記云七年，乃改總管爲都督之誤，非置府始於七年也。)按下文督夔、歸、忠、萬、涪、渝、南七州，皆沿江流者。萬州卽前列十六州名中之浦州，貞觀八年更名。又忠州本名臨州，亦貞觀八年更名。十六州名之"谷"無考，疑卽"臨"之壞字，否則必失書"臨"字。又歸州乃武德二年割夔州所置，亦沿江流而介於夔硤二州之間，武德初夔府既東統硤州，必亦統歸州，志文奪"歸"字無疑。又舊志，思州本名務州，貞觀四年改名，此處何以並列？其餘平州亦可能有問題。次論貞觀十四年事。志云：「貞觀十四年爲都督府。」然本志前文不云罷府，此時何以突曰"爲"，必有問題。且括地志據十三年大簿，夔州爲府。又舊紀，貞觀十二年二月「甲子，夜郎獠反，夔州都督齊善行討平之。」是貞觀十二三年夔州皆見爲府，益證十四年爲府必誤或有奪文。然乙速孤行儼碑(金石萃編七五)，「聖曆二年，授使持節都督夔、歸、忠、萬、渝、涪、□七州諸軍事夔州刺史。」(涪下闕文，全唐文二三四劉憲乙速孤府君碑作"肅"，蓋"南"之誤釋。)又劉氏壁記亦云：「開元中猶領七州。」則志文督夔、歸、忠、萬、涪、渝、南七州又不誤。所成問題者"爲都督府"必誤，始督此七州之年份亦有問題耳。今就前列十九州論之：據舊志荆州條，硤州已於武德五年改隸荆府，歷貞觀至龍朔年間均隸荆府不改。又據元和志三〇黔州條，貞觀四年黔州已置都督府，原屬夔府之施、務、業、智、充等州皆屬之。又據舊志黔州條，貞觀十三年，黔府又見管原隸夔府之巫州。巫州遠在施黔之南，其屬黔府亦必在貞觀四年時也。至於平州，若爲當陽之平州，此時已廢入荆州，若爲牢州之形訛，則亦屬黔府。是夔府於貞觀四年所管已僅夔、歸、浦、臨、涪、渝、南七州耳。及貞觀八年改浦爲萬，改臨爲忠，即與本志下文七州之名相同。然則"貞觀十四年爲都督府"蓋衍"十"字及"爲都督府"一句歟？貞觀四年已管此七州，下至聖曆二年仍同，則貞觀十三年大簿必亦督此七州無疑。

(16) 荆州都都府 舊志二荆州條：「貞觀……二年，降爲都督府。……十年……都督硤、澧、朗、岳四州。……龍朔二年，昇爲大都督，督硤、岳、復、郢四州。」寰宇記一四六，惟「硤、澧、朗、岳四州」作「荆、硤、澧、朗、岳五州」，實全同也。考太宗賜蕭瑀陪葬詔(全唐文八)，「贈使持節、都督荆、峽、岳、朗、澧五州諸軍事、荆州刺史。」時在貞觀末。則自貞觀十年督此五州，終貞觀世未變也。

(17) 梁州都督府 舊志二梁州條：「貞觀……六年，廢都督府。八年又置，依舊督(梁)(本脫據記補)、洋、集、壁四州。十七年又罷。顯慶元年，復置都督府，督梁、洋、集、壁四州。」寰宇記一三三，同。考岑文本冊漢王元昌文(全唐文一五〇)，貞觀十二年四月己卯，冊元昌爲「使持節、都督梁、洋、集、畢四州諸軍事、梁州刺史。」時世與志合，惟誤壁爲畢耳。又高宗降太子忠爲梁王詔(全唐文一一)，封忠爲梁王，「持節、都督梁、洋、集、壁四州諸軍事 、 梁州刺史。」「梁州仍置都督府。」紀書此事在顯慶元年正月辛未，與志合。復考高宗顯慶四年九月癸卯册曹王明梁州都督文，總章三年二月壬子册趙王福梁州都督文，督區皆同。(全唐文一四)。又宣州刺史陶大舉德政碑 (金石續編六)，儀鳳四年，「授使持節、都督四州諸軍事、守梁州刺史。」是自貞觀八年復置府後，督梁、洋、集、壁四州始終未變也。

(18) **遂州都督府** 舊志四遂州條：「貞觀……十年，復置都督(府)，督(遂)、果、普、合四州。十七年罷都督府。」寰宇記八七，同。考岑文本册彭王元則文(全唐文一五〇)云：「都督遂、普、果、合四州諸軍事、遂州刺史。」據通鑑一九四，此事在貞觀十年二月乙丑。蓋卽復置府之月日也。

(19) **益州都督府** 舊志四益州條：「武德……九年罷行臺，置都督府，督益、綿、簡、嘉、陵、眉、犍、卭、(雅)、(濛)(二字據記補) 十州，並督嶲、南會、寧都督府。貞觀……六年，罷南寧都督，更置戎州都督，屬益州。……十年，又督益、綿、簡、嘉、陵、雅、眉、卭八州，茂、嶲二都督。……龍朔二年，升爲大都督府。」寰宇記七二，同。

(20) **茂州都督府** 舊志四茂州條：「隋汶山郡。武德元年，改爲會州。……三年置總管府，管會、翼二州。四年，改爲南會州。七年，改爲都督府，督南會、翼、向、維、州、穹、炎、徹、笮十州。貞觀八年，改爲茂州。」寰宇記七八，同。而"維"後之"州"字作"塗冉"二字，是也。舊志奪訛。又按此所督十州，僅南會、翼、維、塗四州爲武德時所置，其餘炎、向、徹、冉、穹、笮六州皆貞觀五年置。則武德七年所督僅四州，志總後事書之耳。此類情形甚多，不可泥。然亦足證貞觀五年以後，實管茂、翼、向、維、塗、冉、穹、炎、徹、笮十州。十三年大簿當略同。

(21) **戎州都督府** 舊志四戎州條：「貞觀四年，……置都督府。督戎、郎、昆、曲、協、紫、盤、曾、鉤、公、分、尹、匡、褒、宋、靡、姚、徽十七州。……天寶元年，改爲南溪郡。」寰宇記七九，"紫"作"黎"，是也；"曾"作"會"，蓋誤。"徽"則括地志之"微"也。又"公分"，寰宇記亦同，然據志後文，此二字當是"髳"之離訛，卽括地志之"髳"也。如此恰得十七之數。此十七州中之戎、郎、昆、曲、協、盤、曾、鉤、髳、尹、匡、褒、宋、靡、姚、微十六州皆見於括地志序略，惟黎不見，豈貞觀十三年時已無黎州耶？

（22）**瀘州都督府**　舊志四瀘州條：「武德三年置總管府，(管)一州。……貞觀……十七年，置溱珍二州。」寰宇記八八，同。據此，貞觀十七年以前惟管本州，其後皆管瀘、溱、珍三州也。然楊炯瀘州都督王湛神道碑：「龍朔三年，遷使持節、都督瀘、榮、溱、珍州四諸軍事、瀘州刺史。」是亦督榮州。按括地志序略有榮州，其前後鄰近諸州皆屬督府，惟榮州不見屬府。其地與瀘毗鄰，疑貞觀十三年大簿實屬瀘府都督也。

（23）**嶲州都督府**　舊志四嶲州條：「武德……三年，置總管府，管一州。……天寶元年，(改)越嶲郡，依舊都督府。」寰宇記八〇，同。貞觀十三年蓋亦僅管本州歟？

（24）**揚州都督府**　舊志三揚州條：「武德……九年，……改邗州爲揚州，置大都督，督越(越字衍)揚、和、滁、楚、舒、廬、壽七州。貞觀十年，改大都督爲都督，督揚、滁、常、潤、和、宣、歙七州。龍朔二年，昇爲大都督府。」寰宇記一二三，同；但不衍"越"字。考段志元碑(萃編四五、全文九九一)，贈都督揚、和、□、潤、常、□、□七州諸軍事(下闕)。」時在貞觀十六年。高宗册潞王賢揚州都督文，具官爲「都督揚、和、滁、潤、常、宣、歙等七州諸軍事、揚州刺史。」時在龍朔元年十月十七日。督區皆與志合，且知貞觀十三年大簿必亦管此七州也。而房仁裕母李氏碑(八瓊金石補正三六)，以顯慶元年立，其碑陰述事，仁裕官「行揚、潤、宣、常、滁、和六州諸軍事、揚州都督府長史。」何以少"歙"字？

（25）**安州督都府**　舊志三安州條：「武德四年，……安州置總管，管環應二州。七年，州(衍文)廢環應二州，縣屬安州。改爲大都督府，督安、申、陽、溫、復、沔、光、黃、蘄九州。六年罷都督府。七年又置，督安、隋、溫、沔、復五州。十二年，罷都督府。天寶元年，改爲安陸郡，依舊爲都督府，督安、隋、郢、沔四州。」寰宇記一三二，同。按"改爲大都督府"上，或"六年"上，顯奪"貞觀"年號。考舊唐書李靖傳：「(武德)八年，突厥寇太原，以靖爲行軍總管，……屯大谷。時諸軍不利，靖衆獨全。尋檢校安州大都督。……九年，……徵靖爲靈州道行軍總管。」是武德八年，安州已見爲大都督府。然則必"六年"上奪"貞觀"二字也。又志云：「貞觀十二年罷都督。天寶元年，改爲安陸郡，依舊爲都督府。」前旣云罷，後又云依舊，是自相矛盾。今括地志序略，安州爲都督府，是貞觀十三年大簿，仍見爲府。又張柬之父元弼官益府功曹，贈「都督安、隨、郢、沔四州諸軍事、安州刺史。」見張軫墓誌、張漪墓誌(八瓊補正五四)及張孚墓誌(八瓊補正五六)。其贈官必在中宗初柬之立功時，則安州其時爲都督府也。具見志文有誤無疑。

(26) 秦州都督府 舊志三秦州條：「武德二年，……置秦州，仍立總管府，管秦、渭、岷、洮、疊、文、武、成、康、蘭、宕、扶等十三州。……四年，分清水置邽州。六年，廢邽州，以清水來屬。八年，廢文州，又以隴成來屬。其年，又廢伏州，以伏羌來屬。……貞觀……十四年，督秦、成、渭、武四州，治上邽。」寰宇記一五〇，同。惟"十三州"作"十二州"，"隴成"作"隴城"，是也。據此，至貞觀十四年始管秦、成、渭、武四州。十三年大簿管州似不止此數。然試檢其時前列十二州管領情形：文州既於武德八年已廢除(另一文州隸松府)，而疊州已於此年置都督府，岷、洮、宕三州皆隸之；蘭州已置府，扶州隸松州都督府。各見本條。又舊志成州條，「貞觀元年，割廢康州之同谷縣來屬。」則康州亦久廢。然則貞觀十三年秦府所管已僅秦、渭、武、成四州，不始於十四年也。又考高宗冊許王孝秦州都督文(全唐文一四)，孝督秦、成、武、渭四州。時在顯慶元年十二月。靈廓宣州刺史陶君德政碑(全唐文九一二)，咸亨五年，授秦州都督、督四州諸軍事。楊炯中書令薛振行狀(全唐文一九六)，光宅元年季冬薨，贈使持節「都督秦、成、武、渭四州諸軍事、秦州刺史。」則都督秦、成、武、渭四州，自太宗，歷高宗至武后時未變也。

(27) 蘭州都督府 舊志三蘭州條：「隋金城郡。……武德二年，……置蘭州。八年，置都督府。督蘭、阿〔河〕、鄯、廓四州。貞觀六年，又督西鹽州。十二年，又督涼州。今督蘭、鄯、儒、淳六州。……顯慶元年，罷都督府。」寰宇記一五一，同。惟"阿"作"河"是也，"今督"作"後督"則誤。"今督蘭、鄯、儒、廓六州。""今督"即括地志原文，已詳前代府條。是貞觀十三年大簿蘭府督此諸州也。然舉四州之名，而後云"六州"，非"六"字訛誤，卽奪兩州名。按蘭府始置，督蘭、河、鄯、廓四州，貞觀六年增督西鹽州，十二年增督涼州，適爲六州。檢新志羈縻州條，慶州都督府所屬有儒州，「本西鹽州。貞觀五年，以拓拔部置，治故後魏洪和郡之藍川地。八年，更名。開元中廢，後爲羈縻。」是"今督"六州中之儒州卽前文之西鹽州也。

又十二年增督之涼州與今督之淳州,“涼”“淳”必有一因形近致訛。按涼州爲自北朝以來之督府,此時亦爲督府,似不應單隸蘭府,故疑以淳爲正。淳州見於新志羈縻州條,云靈州都督府所屬有淳州。「貞觀十二年,以降戶置於洮州之境。……開元中廢。後爲羈縻。」亦以貞觀十二年置州,與舊志本條十二年隸蘭府時代正合。“涼”爲“淳”之形訛殆可斷言。然則至貞觀十二年爲止,蘭府實督蘭、河、鄯、廓、儒、淳六州,明年當仍督此六州。志文“今督”句之“六州”不訛,而州名奪“河”“廓”二字耳。復考舊紀,顯慶元年,「罷蘭州都督。鄯州置都督。」則鄯府爲蘭府之替。又高宗冊張允恭鄯州都督文(全唐文一四),允恭爲使持節都督鄯、蘭、河、儒、廓、淳等州諸軍事、鄯州刺史。」時在顯慶元年十一月八日。卽罷蘭府置鄯府爲替之時事,而所督六州亦正卽前考蘭府應管之六州。益證前考涼州當爲淳州之形訛,“今督”句實奪“河”“廓”二字無疑。

(28) **涼州都督府** 舊志三涼州條:「武德二年,……置涼州總管府。……七年,改爲都督府,督涼、肅、甘、沙、瓜、伊、芳、文八州。……咸亨元年,爲大都督府,督涼、甘、肅、伊、瓜、沙、雄七州。」寰宇記一五二,同。高宗冊畨師望涼州刺史文(全唐文一四),爲「使持節八州諸軍事、涼州刺史。」時在顯慶三年十月。是自武德七年至顯慶間,涼州皆管涼、肅、甘、沙、瓜、伊等八州也。

(29) **松州都督府** 舊志四松州條載貞觀中所管州甚詳,然奪訛特甚。幸松州之後分述各州之建置,尙可據以正松州條之奪訛。玆先取松州條督州原文,並據後文及寰宇記八一,校錄如次:

> 「武德元年,置松州。貞觀二年,置都督府。督(松)(據記補)、崌、懿(後文及記作懿是也)、嵯(後文脫)、闊、隣(後文作麟,記作鄰)、雅、叢(後文同,記作聚蓋訛)、可、遠、奉、嚴(記同,後文作巖,括地志亦作巖)、諸、峩(後文作蛾,記作莪)、彭、軌、蓋(後文及記作盍)、直、肆、位、玉、璋、祐、(臺)(記亦脫,據後文補)、(橋)(據後文及記補)、序等二十五羈縻州。永徽之後,生羌(或降)(據記補)忽(記作或)叛,屢有廢置。」

按志文無“松”字,而據後文補“臺”“橋”二字,恰爲二十五州。寰宇記八一,略同,但脫“臺”字,而最前有“松”字,亦足二十五州之數。然此皆羈縻州,似松府所督皆羈縻州,殊可疑。寰宇記並松州亦爲羈縻之一,尤可怪。檢本志後文,述松州所督羈縻州之建置，以岷州爲首，與前條述松府督州合。又松州都督府之後，岷懿等二十五羈縻州之前，又列文、扶、龍、當、悉、靜、恭、柘、保、眞、霸十一正州，述其建置始末，連松州數之爲十二正州。且結云：「已上十二州舊屬隴右道。永徽已後，割屬松州都督，入劍南道。諸州隸松州都督，相繼屬劍南也。」是此十一正州亦隸松府也。就中文、扶、龍三州皆貞觀元年以前所置。疑舊志松州條述督州事本云：「督松、文、扶、龍……若干州，岷、懿、嵯、閣、隣、雅、叢、可、遠、奉、巖、諾、峩、彭、軌、蓋、直、肆、位、玉、璋、祐、臺、橋、序等二十五羈縻州。」後奪“松文扶等若干州，”又奪“臺”字。寰宇記撰述時乃加“松”字以足二十五羈縻州之數；不悟前脫正州也。抑猶有可論者：松府所督此二十五羈縻州，與後文疊州都督府條引舊志所督多重複。如序、壹〔臺〕、枯〔祐〕、璋、玉、蓋、立〔位〕、橋八州是也。彼云貞觀十三年置府，所督有此諸州，則十三年大簿，此八州必隸疊府，不隸松府。又此時軌州自爲都督府。然則此時松府所管除正州外，只有岷、懿、嵯、閣、隣、雅、叢、可、遠、奉、巖、諾、峩、彭、直、肆十六羈縻州。至永徽元年疊府旣罷，軌府後亦罷，此九州乃歸松府，故舊志綜後事述之爲二十五州歟？

（30） **軌州都督府** 舊志四軌州都督府條：「貞觀二年，處黨項置。領縣四，與州同置。……無戶口。」按此州府，舊志列爲松州都督府二十五羈縻州之一，當非正州。然括地志序略有軌州都督府，蓋貞觀十三年時尙列爲正州，後始改爲羈縻州歟？

（31） **疊州都督府** 元和志三九，疊州，貞觀「十三年置都護府。永徽元年罷。」“護”蓋“督”之訛。舊志三疊州條：「武德二年，置疊州。……（貞觀）（原脫，據記補）……十三年，置都督府，督疊、岷、洮、宕、津、序、壹、枯、嶂、王、蓋、立、橋等州。永徽元年，罷都督府。」寰宇記一五五，同；而有“貞觀”年號，是也。又“王”作“玉”，是也。“枯”作“柘”，當卽“祐”字。“壹”“立”皆同，當卽“臺”“位”字。新志羈縻州條有蓋、臺、橋、玉、位等州。蓋貞觀中尙爲正州，後改爲羈縻州。

（32） **潭州都督府** 舊志三潭州條：「武德四年平蕭銑，置潭州總管府，管潭、衡、永、郴、連、南梁、南雲、南營八州。……七年廢雲州，改南梁爲邵州，南營爲道州，……督潭、衡、郴、連、永、邵、道等七州。天寶元（原訛作七，據記改）年，改爲長沙郡。」寰宇記一一四（補闕），同。考嚴識元潭州都督楊志本碑（全唐文二六七）云：「除都督潭、衡等七州諸軍事、潭州刺史。」時在高宗武后世。所督七州當卽此七州。是自武德七年督潭、衡、郴、連、永、邵、道七州，至高宗武后世未變。則貞觀十三年大簿當亦同也。

(33)　**黔州都督府**　舊志三黔州條：「隋黔安郡。武德元年改爲黔州。……二年，又分置盈隆、洪社、相永、萬資四縣。四年，置都督府，督務、施、叢、辰、智、牂、充、應、莊等州。其年以相永萬資二縣置費州。以都上分置夷州。十年，以思州高富來屬。十一年，又以高富屬夷州，以智州信寧來屬。今督思、辰、施、牢、費、夷、巫、應、播、充、莊、牂、琰、池、矩十五州。其年，罷都督府，置莊州都督府。」顯奪貞觀年號。寰宇記一二〇，略同；惟無"四年"，"今督"無"今"字，又"十五州"下之"其年"作"聖歷元年"。檢元和志三〇黔州條：「貞觀四年，于州置都督府，總務、施、業、辰、智、牂、充、舊(衍文)、應、莊九州。……聖歷元年罷都督府。」則舊志"四年"上奪"貞觀"年號，寰宇記奪"貞觀四年"四字也。又記"聖歷元年"爲正，志云"其年"奪訛也。"今督"卽舊志用括地志原文，已詳前代州條。則括地志所用貞觀十三年之版籍，黔府實管黔、思、辰、施、牢、費、夷、巫、應、播、充、莊、牂、琰、池、矩十六州也。但池、矩二州不見於括地志序略。蓋廢置之間，序略與本文稍有參差，亦可能字有脫訛(序略中尙有數州無考)，殊難懸斷耳。

(34)　**越州都督府**　舊志三越州條：「武德四年，平李子通，置越州總管，管越、嵊、姚、鄞、浙、綱、衢、穀、麗、嚴、婺十一州。……七年，改總管爲都督，督越、婺、鄞、嵊、麗五州。……八年廢鄞州爲鄮縣，嵊州爲剡縣，來屬。麗州爲永康，屬婺州。省山陰縣。督越、婺二州。貞觀元年，更督越、婺、泉、建、台、括六州。」寰宇記九六，同。考高宗册段寶元越州都督文(全唐文一四)，寶元具銜爲「都督越、台、括、婺、泉、建六州諸軍事、越州刺史。」時在顯慶三年七月十九日。則自貞觀元年至高宗初年督此六州未變也。貞觀十三年當同。

(35)　**洪州都督府**　舊志三洪州條：「武德五年，平林士弘，置洪州總管府，管洪、饒、撫、吉、虔、南平六州。……貞觀二年，加(當作督)洪、饒、撫、吉、虔、袁、江、鄂等八州。顯慶四年，督饒鄂等州。」寰宇記一〇六，同。饒鄂二州，貞觀二年已隸督，何以有顯慶四年一句？疑有誤。考左監門大將軍樊興碑(八瓊三五、萃編補略一)，興以永徽元年卒，贈「洪州都督江、饒、吉、袁、鄂、虔、撫八州諸軍事、洪州刺史。」則自貞觀初年至高宗初年，洪府督區未變也。又朔坡府折衝都尉段會墓誌（芒洛三編），父師，贈洪州都督八州諸軍事。顔惟貞長安縣丞蕭君墓誌（全唐文二五九），祖季符，贈光祿卿、洪鄂等八州諸軍事、洪州刺史。皆當亦此八州。其督區可謂極穩定。貞觀十三年大簿卽督此八州無疑。

(36) 高州都督府 舊志四恩州條：「武德四年，平蕭銑，置高州都督府，管高、春、羅、辨、雷、崖、儋、新八州。七年割崖、儋、雷、新屬廣州。貞觀二十三年，廢高州都督府，置恩州。」寰宇記一五八，同。則貞觀十三年似應管高、春、羅、辨四州。然所謂八州，頗有異說。如舊書馮盎傳：「（武德）四年，盎以南越之衆降。高祖以其地爲（高）、羅、春、白、崖、儋、林等八州。仍授盎上柱國高羅總管。……貞觀……二十年，卒。」新傳作「爲高、羅、春、白、崖、儋、林、振八州。授盎上柱國高州總管。」通鑑一九〇武德五年條，與新傳同。按舊傳亦云八州，而實舉六州，前奪一"高"字無疑。此七州之名與新傳通鑑同，惟少"振"字。就地形言，振州與儋州同時所置，高府既督崖儋二州，卽不會不管振州。疑舊傳卽奪"振"字耳。然則兩傳通鑑實同，以視舊志，有白、林、振，而無辨、雷、新。其實所云管八州，非皆始於武德四年，觀諸州之建置年分可知。則管區先後有異，不足爲怪。所可知者，唐初林州有二：其一以林邑命名。寄治驩州屬南德州總管府。其一在常林，武德六年改爲繡州。此二林州皆距高府甚遠，中隔他州，不可能屬高府。則此"林"當是壞字，或卽"新"之形訛歟？又就地形而言，前云高府既管崖儋二州，卽不會不管振州。而雷州當高府至崖儋振之通道，亦不得越雷州而不領。然則所成問題者惟辨白二州耳。惟就貞觀十三年而言，白州既屬桂府，必不仍隸高府；而辨州不見別隸，或當仍隸高府歟？前文僅據舊志推論，貞觀十三年大簿，高府當管高、羅、春、辨四州，與此所論亦正合。

(37) 廣州都督府 舊志四廣州條：「貞觀……十二年改南康州。（此處有奪文。）十三年，省滇州。……今督廣、韶、端、康、封、岡、雜（當作新）、藥、隴（當作瀧）、竇、義、雷、循、潮十四州。永徽以後，……」云云。寰宇記一五七，同；惟奪"新"字。按"今督"卽括地志原文也，已詳前代州都督府條。又劉憲乙速孤行儼碑（萃編七五、全唐文二三四），聖曆「三年，授使持節、都督廣、韶、端、康、封、岡等十二州諸軍事、守廣州刺史。」則六十年間管區仍少變化也。

(38)　**崖州都督府**　舊志四崖州條：「武德四年，平蕭銑置崖州。……貞觀元年置都督府，督(崖)、儋、振三州。……三年割儋州屬廣府。」寰宇記一六九，同。惟"割儋州"作"割崖州"，蓋訛。又"三年"作"二年"，未知孰是。志、記皆不詳貞觀中葉以後之情形。按貞觀十三年，廣府不管崖、儋、振三州，就地形言，崖府必復管此三州無疑。

(39)　**桂州都督府**　舊志四桂州條述桂府歷年管州增減極詳，最後云，貞觀「十年，廢姜州。十二年，廢晏州。……今督桂、昭、賀、富、梧、藤、容、潘、白、廉、繡、欽、橫、邕、融、柳、貴十七州。」寰宇記一六二，同。按"今督"即引括地志原文，已詳前代州都督府條。考李道素清平公世子李君墓誌（芒洛四編二）父弘節，「贈桂州都督廿七州諸軍事。」時在貞觀中。"廿"當為"十"之譌釋。復考隋書令狐熙傳：「徵拜桂州總管十七州諸軍事。」同書侯莫陳穎傳亦云：「拜桂州總管十七州諸軍事。」則隋世桂府已管十七州，惟州名不盡相同，另詳隋唐地方行政制度隋總管府節。

(40)　**交州都督府**　舊志四安南都護府條云，武德五年置交州總管府。以下述歷年管州廢置甚詳。最後云：貞觀「十一年廢仙州，以平道縣來屬。今督交、峯、愛、驩四州。調露元年八月，改交州都督府為安南都護府。」寰宇記作"十年"，又訛"驩"為"權"。按"今督"即括地志原文，已詳前代州都督府條。

(41)　**龔州都督府**　舊志四龔州條：「隋永平郡之武林縣。貞觀三年置鷰州。七年，移鷰州於今州東，仍於鷰州之舊所置龔州都督府，督龔、潯、蒙、賓、澄、鷰七州。(少一州名)……十二年廢潯州。」寰宇記一五八，同。惟誤"鷰"為"燕"。是貞觀十三年大簿可能督龔、蒙、賓、澄、鷰等州。

(42)　**驩州都督府**　舊志四驩州條：「貞觀……二年，置驩州都督府，領驩、演、明、智、林、源、景、海八州。十二年，廢明、源、海三州。」寰宇記一七一，同。是十三年大簿應管驩、演、智、林、景五州也。

以上就括地志序略所見四十二都督府考其所管之州既竣，茲據以作表如次：其分道則參取岑仲勉先生之說也。

括地志序略四十二都督府管州表

道別	府名	管州	附注
關內道	鄜州都督府	不詳	
	原州都督府	貞觀十年管原、慶、會、寧四州。十三年當略同。	會州屬隴右道
	靈州都督府	本管靈、鹽、廻、環等州。是年廢廻、環二州，管靈、鹽等州。	
	夏州都督府	貞觀二年置，管夏、綏、銀三州。十三年可能仍管此三州。	
	勝州都督府	不詳	
河東道	潞州都督府	貞觀十二年四月見管潞、澤、沁、韓四州。十三年管州當同。	
	代州都督府	管代、忻、蔚、朔、雲五州。	
	并州都督府	管并、汾、箕、嵐四州。	
河北道	相州都督府	貞觀十年見管相、衛、黎、魏、洺、邢、貝七州。十三年管州當同。	
	幽州都督府	管幽、易、平、檀、燕、嬀六州。	
	營州都督府	管營、威、昌、師、崇、順、愼七州。	
河南道	徐州都督府	貞觀八年，管徐、泗、譙三州。十三年管州當略同。	
	齊州都督府	貞觀七年，管齊、青、淄、萊、密五州。十三年管州當略同。	
	洛州都督府	武德九年置，管洛、懷、鄭、汝四州。貞觀十三年所管當仍有此四州。	
山南	夔州都督府	貞觀四年，管夔、歸、忠、萬、涪、渝、南七州。十三年仍管此七州。	涪、南二州屬江南道。
	荊州都督府	管荊、峽、岳、朗、澧五州。	岳、朗、澧三州屬江南道。

道	梁州都督府	管梁、洋、集、壁四州。	
劍	遂州都督府	貞觀十年管遂、果、普、合四州。十三年管州當同。	
	益州都督府	貞觀十年，管益、綿、簡、嘉、陵、雅、眉、邛八州，兼統茂、巂兩都督府。十三年管州府當同。	
南	茂州都督府	貞觀八年，管茂、翼、維、塗、炎、向、徹、冉、穹、笮十州。十三年當略同。	
	戎州都督府	貞觀四年置，管戎、郎、昆、曲、協、黎、盤、曾、鈎、髳、尹、匡、褒、宗、靡、姚、微十七州。十三年當略同，但無黎州。	
道	瀘州都督府	管本州，或兼管榮州。	
	巂州都督府	蓋僅管本州。	
淮南道	揚州都督府	管揚、滁、常、潤、和、宣、歙七州。	常、潤、宣、歙四州屬江南道。
	安州都督府	管安、隨、溫、沔、復五州。	隨、溫、復三州屬山南道。
隴	秦州都督府	管秦、成、渭、武四州。	
	蘭州都督府	管蘭、鄯、河、儒、廓、淳六州。	
	涼州都督府	管涼、甘、肅、瓜、沙、伊等州。	
右	松州都督府	管松、文、扶、龍等正州及峼、懿、嵯、闊、麟、雅、叢、可、遠、奉、嚴、諾、峩、彭、直、肆十六羈縻州。	十六羈縻州除麟(隣)以外皆見於括地志序略。蓋其時實正州也。而括地志，與此十六州相間者有其生出三州，蓋有為麟州之奪訛。
	軌州都督府	蓋僅管本州	

道	疊州都督府	本年置，管疊、岷、洮、宕、津、序、壹〔臺或懿〕、𨚗〔祐〕、嶂、玉、蓋、位、橋等州。	舊志松府下稱津序以下爲羈縻州。此時蓋正州也。就中惟蓋州不見於括地志序略，或有訛文。
江	潭州都督府	管潭、衡、郴、連、永、邵、道七州。	
	黔州都督府	管黔、思、辰、施、牢、費、夷、巫、應、播、充、莊、牂、琰、池、矩十六州。	池矩二州不見於括地志序略。
南	洪州都督府	管洪、饒、撫、吉、虔、袁、江、鄂八州。	
道	越州都督府	管越、婺、台、括、泉、建六州。	泉建二州屬嶺南道。
	高州都督府	當管高、羅、春、辨等州。	
嶺	廣州都督府	管廣、韶、端、康、封、岡、新、藥、瀧、竇、義、雷、循、潮十四州。	康州不見於括地志序略。據舊志，屢經置廢，至貞觀十二年復置。
	崖州都督府	當管崖、儋、振三州。	
南	桂州都督府	管桂、昭、賀、富、梧、藤、容、潘、白、廉、繡、欽、橫、邕、融、貴、柳十七州。	富州不見於括地志序略。
	交州都督府	管交、峯、愛、驩四州。	
	龔州都督府	貞觀七年置，管龔、潯、蒙、賓、澄、燕七州(實六州)。十二年廢潯州。十三年當管龔、蒙、賓、澄、燕等州。	
道	驩州都督府	貞觀二年置，管驩、演、明、智、林、源、景、海八州。十二年廢明、源、海三州。十三年當仍管驩、演、智、林、景五州。	

以上四十二府管州可考者二百六十四。則其時不隸府之州當甚少，可斷言矣。其中有此道之府管及鄰道之州者，蓋其時之道只是地理名稱，非行政區域，故對於行政並無嚴格拘束力耳。

一九六四年二月二十四日

出自第三十五本(一九六四年九月)

景雲十三道與開元十六道

嚴　耕　望

史家敍事例云，唐太宗貞觀元年分天下爲十道，至玄宗開元中分天下爲十五道。按貞觀十道事，史無異說。然彼時十道僅爲地理名稱，對於施政無大關係。而玄宗時代之道則爲監察區域，對於施政頗具影響。惟開元時代之道，其建置之年份與道名、道數，頗有歧異，玆略考論之。

通典一七二州郡典序目云：「開元二十一年分爲十五道，置採訪使，以檢察非法。」舊書地理志從之。新志亦云二十一年。通鑑二一三亦書此事於二十一年，云「是歲」，蓋卽據通典、舊志，故不得月日。而通典三二職官典，「開元二十二年，改置採訪處置使。」舊紀，開元二十二年二月「辛亥，初置十道採訪處置使。」會要七八採訪使條，「開元二十二年二月十九日，初置十道採訪處置使，以御史中丞盧絢等爲之。」是始置年份有開元二十一，開元二十二年兩說。

又十五道採訪使之名稱及其治所。通典一七二州郡典述之云：

京畿採訪使——理西京城內。

都畿採訪使——理東都。

關內採訪使——多以京官遙領。

河南採訪使——理陳留。（汴州。）

河東採訪使——理河東。（蒲州。）

河北採訪使——理魏郡。（魏州。）

隴右採訪使——理西平郡。（鄯州。）

山南東道採訪使——理襄陽郡。（襄州。）

山南西道採訪使——理漢中郡。（梁州。）

劍南採訪使——理蜀郡。（益州。）

淮南採訪使——理廣陵郡。(揚州。)

江南東道採訪使——理吳郡。(蘇州。)

江南西道採訪使——理章郡。(洪州。)

黔中採訪使——理黔中郡。(黔州。)

嶺南採訪使——理南海郡。(廣州。)

舊志、新志道名治所全採通典。通鑑十五道名稱亦同。惟唐六典戶部卷述州府分道,有河西,而無黔中。是與通典、兩志、通鑑亦異。

今考冊府一六二:「開元二十三年二月……辛亥,初置十道採訪處置使。」其道別及兼領之官人如次:

京畿採訪使——以御史中丞裴曠兼領。

都畿採訪使——以御史中丞盧絢兼領。

關內道採訪使——以華州刺史李尚隱兼領。

河南道採訪使——以汴州刺史嗣魯王道堅兼領。

河東道採訪使——以太原尹崔隱甫兼領。

河北道採訪使——以魏州刺史宋瑤兼領。

山南(東)道採訪使——以荆州長史韓朝宗兼領。

山南西道採訪使——以梁州刺史宋詢兼領。

隴右道採訪使——以秦州刺史裴敦復兼領。

河西道採訪使——以涼州都督河西節度副大使牛仙客兼領。

淮南道採訪使——以楊州長史韋虛心兼領。

江南(東)道採訪使——以潤州刺史劉日正兼領。

江南(西)道採訪使——以宣州刺史班景倩兼領。

劍南道採訪使——以益州長史劍南節度副大使王昱兼領。

嶺南道採訪使——以廣州〔都督〕嶺南經略使李朝隱兼領。

是冊府亦有河西無黔中,與六典合,而與通典兩志通鑑異。年份却與前列任何材料不相合。

按開元二十二年二月辛亥正是十九日,是會要與舊紀合。冊府作「二月辛亥,」

而云「二十三」年。檢冊府此條之前一條書事爲二十一年四月，則「三」決非「一」之訛。是當爲「二」之譌，則與舊紀、會要完全吻合。（二十三年二月辛亥非十九日。）是此事在二十三年二月十九日辛亥，可無疑矣。舊志、新志、通鑑作二十一年者似誤。然陳簡甫宣州開元以來良吏記（全唐文四三八）云：「開元癸酉歲，詔分十道置廉察以督之。此州統江南之西……而班公景倩始受命焉。」癸酉爲二十一年。或者二十一年冬已定議，至二十二年二月辛亥始正式命使，故所記有歧歟？

至於十五道之名稱，六典爲開元二十六年所奏上者，時代遠較前列通典兩志、通鑑爲早，而冊府所載尤爲原始材料。六典、冊府皆有河西無黔中，自當從之。考元和志三〇黔州條，「開元二十六年又于黔中置採訪處置使，以(黔中)都督渾瑊爲使。」則黔中爲道置採訪使，乃二十六年唐六典完成以後之事。兩志、通鑑以爲二十二年始置，誤矣。然則二十六年置黔中道後，並前爲十六道，非十五道矣。

抑尤有進者，山南、江南之分東西，隴西之析置河西，以及京畿都畿兩道之特制，亦皆不始於二十二年。試續論之。

唐初十道僅爲地理名稱，而非行政或監察區域。但遣使巡察，亦時或以某道爲奉職範圍耳。冊府一六二，中宗神龍二年二月遣使者「二十人，分爲十道巡察使，二周年一替，以廉察州部。」道自此始見有監察區之性質。此後常遣十道使臣，道漸成爲正式監察區。以其對於政治發生作用，乃發現道區太大之不便。會要七〇州縣分道條，「景雲二年五月，出使者以山南控帶江山，疆界闊遠，于是分爲山南東西兩道。又自黃河已西分爲河西道。」舊志河西道條，及通鑑二一〇，略同。是此時已分十道爲十二道矣。按此年正是朝廷上下感到地方政治有加强控制之必要，故先有置二十四都督之議。旋以都督之權太重，恐生弊端，故改爲分道置按察使。（見會要六八都督府條、舊睿宗紀景雲二年條、通鑑二一〇。）此年分山南爲東西，析隴右爲河西，蓋卽因置按察使時所考慮到之實際困難而制置者。

此後命使，雖常仍爲十道，如冊府所載：玄宗先天元年，太上皇遣宣勞使尙只十人，各往一道。二年七月，遣宣撫使，亦僅十道。然蘇頲遣王志愔等各巡察本管內制（全文二五三）云：

「頃分連率，則曰使臣。……諸道按察使：揚州長史王志愔、廣州都督宋璟、益州長史韋抗、博〔蒲〕州都督程行諶、汴州刺史倪若水、魏州刺史楊茂謙、靈州都督强循、潤州刺史李濬、荆州長史任昭理、秦州都督張嘉貞、洪州都督楊虛受、梁州都督張守潔等……。」

按制首云，「上天降禍，大行皇帝厭代升遐。」是開元四年事。則其時不但山南道由荆州長史與梁州都督分別巡察；卽江南道亦由潤州刺史與洪州都督分別巡察矣。且此潤州刺史李濬入舊書良吏傳。傳云，「開元初，……授濬潤州刺史江東按察使。」又舊李麟傳亦云，父濬，「爲潤州刺史，江南東道按察使。」則其時不但山南已分東西，其江南道亦已分東西矣。復考舊張廷珪傳：「景龍末，爲中書舍人，再轉洪州都督，仍爲江南西道按察使。開元初，入爲禮部侍郎。」其爲禮侍在開元元年，卽先天二年正二月。（看拙作唐僕尙丞郎表卷十六禮侍。）則江南之分東西且不能遲於先天元年。此前一年便是景雲二年。疑江南之分東西，當與山南分東西同在景雲二年，會要、舊志失書江南分道事耳。然則景雲二年置按察使實已分十三道矣。蓋按察使之始置本擬漢代刺史之制，遂卽因道域廣大乃分析爲十三，以擬漢之十三部歟？

其後山南江南常分別置使。如册府一六二，開元八年五月遣十道按察使，有「潤州刺史趙升卿充江南東道按察使。」「宣州刺史霍廷玉充淮〔江〕南西道按察使。」「荆州長史盧逸充山南(東)道按察使。」「裴寬爲梁州都督山南(西)道按察使。」是也。又如開元十三年正月，遣使疏決囚徒宣慰百姓，制云。

都城內，委中書門下當日疏決處分。

京城，委劉〔留〕守，制到日處分。

仍令中丞蔣欽緒往河南。

大理少卿明珪往關內。

刑部郎中張櫓往河東。

兵部郎中崔珣往山南東道。

右庶子高仲舒往江西道。

職方郎鄭續之往劍南道。

秘書丞張履氷往淮南道。

殿中侍御史孫濟往隴右道。

贊善大夫張景幽往河西道。

右諭德李林甫往山南西道。

主客郎中張烈往江南東道。

其嶺南五府、磧西四鎮……各委節度使及本管都督府，處分。」

據此，不但山南、江南各分東西，河西亦已析出，而且京城，都城亦分別處理。然則十三道外，又有京城都城兩單位，十五道之分劃至遲已萌始於此時矣。（此處少河北道，當有奪文，不會不置。）前史稱二十二年分天下爲十五道置採訪使。蓋重在置採訪使，非分十五道始於二十二年也。至二十六年又置黔中道，故並前爲十六道也。

復按前引十三年制文已「磧西四鎭」與「嶺南五府」並稱。又同書一六二載天寶五年正月遣使巡按天下詔云：

「（席）豫巡河北道。

（王）鉷巡京畿、關內及河東道。

（蕭）隱之巡東畿及河南道。

（韋）見素巡山南東道、江南西道、黔中、嶺南等道。

（李）麟巡河西、隴西、磧西等道。

（崔）翹巡劍南及山南西道。

（源）光裕巡淮南及江南東道，……。

其嶺南、黔中、磧西途路遙遠，……使臣……各精擇判官准舊例分往。」

則十六道外，磧西亦正式成爲一道。並前爲十七道矣。通鑑兩志及通鑑數十五道，而摒河西、磧西不數者，蓋中葉以後，此兩道已棄，故退之以符十五道之數耳，非所當也。

至於諸道治所，因爲按察採訪使職除京畿都畿外，皆即以轄境之大州都督刺史兼領，故兼領之州即爲治所。茲就所見材料作表如次：

道別	開元四年按察使（前引蘇頲制）	開元八年按察使（册府一六二）	開元二十二年始置採訪使（册府一六二）	六典	兩志	其他
京畿			御史中丞兼充		治京城內	王鉷（舊傳）、王敬從、蕭諒（全唐文三〇八孫逖集）皆以御史中丞兼充採訪使。

都畿			御史中丞兼充		治東都城內	蕭隱之以御史中丞兼充採訪使（全唐文三〇八孫逖集）
關內道	靈州都督兼充	御史大夫兼充	華州刺史兼充	首京兆府次華州	以京官遙領	元行沖以岐州刺史充按察使。王鉷以御史中丞兼充採訪使。吉溫以御史中丞兼充京畿關內採訪使。
河南道	汴州刺史兼充	右庶子兼充	汴州刺史兼充	首河南府	治汴州	裴寬、陸景融（各傳）王濬（會要七八）皆以陳留大守兼充，即汴州也。惟崔翹（全唐文三〇八孫逖集）及李憕皆以河南太守兼充。
河東道	蒲州刺史兼充		太原尹兼充	首太原府	治蒲州	陸象先，開元初以蒲州刺史兼充按察使。又韋陟、李麟、苗晉卿、李憕皆以河東太守兼充採訪使，即蒲州也。
河北道	魏州刺史兼充		魏州刺史兼充	首懷州	治魏州	張說以相州刺史充按察使。楊茂謙以魏州刺史充按察使，時在開元初。 苗晉卿以魏郡太守兼充採訪使。而張守珪以幽州長史充河北節度副使加採訪使。裴寬以天寶中爲范陽節度兼採訪使。
山南東道	荊州長史兼充	荊州長史兼充	荊州長史兼充	首荊州次襄州	治襄州	陸景融、韋陟（各傳）源洧（源乾曜傳）皆以襄陽太守兼充採訪使。
山南西道	梁州都督兼充	梁州都督兼充	梁州刺史兼充	首梁州	治梁州	
隴右道	秦州都督兼充	秦州都督兼充	秦州刺史兼充	首秦州	治鄯州（不分河西道）	
河西道			涼州都督兼充	首涼州		
淮南道	揚州長史兼充	揚州長史兼充	揚州長史兼充	首揚州	治揚州	
江南東道	潤州刺史兼充	潤州刺史兼充	潤州刺史兼充	首潤州	治蘇州	開元二十五年，齊澣以潤州刺史充採訪使。 韋陟（本傳）趙居貞（全唐文二九六趙居貞集）皆以吳郡太守充使。 董琬（全文三六六元宗禁茅山採捕勑）及劉同昇（全文三六四趙晉用賽雨文）皆以晉陵太守兼充。
江南西道	洪州都督兼充	宣州刺史兼充	宣州刺史兼充	首宣州	治洪州	先天中，張廷珪以洪州都督兼充按察使。
劍南道	益州長史兼充	少府監兼充	益州長史兼充	首益州	治益州	李濬陸象先畢構皆於開元初以益州長史充按察使。
嶺南道	廣州都督兼充		廣州都督兼充	首廣州	治廣州	張九齡以桂州都督充按察使。
黔中道					治黔州	開元二十六年置黔中採訪使，以黔中都督兼充（元和志三〇）
磧西道						

據此，迺玄宗之世：京畿、都畿兩道例以御史中丞兼充，分治京城與都城。畿外之道，治所不變者，山南西道治梁州，河西道治涼州，淮南道治揚州，劍南道治益州；又黔中道治黔州當亦不變。其餘，河南道例治汴州。天寶中亦或治河南。河東道例治蒲州，惟開元二十二年初置採訪使時治太原。河北道例治魏州，亦偶治相州或幽州。治幽州則節度使兼領也。山南東道，開元中治荆州，天寶中治襄州。隴右道例治秦州，而兩志治鄯州。蓋天寶中採訪使爲節度使所兼領故也。江南東道，開元中例治潤州，天寶中或治吳郡（蘇州），或治晉陵（常州）。江南西道，先天中及開元初治洪州，後例治宣州，末葉蓋又治洪州。嶺南道例治廣州，偶治桂州。惟關內道或以京官御史大夫御史中丞領使，或以靈州都督或以華州刺史或以岐州刺史充使，最無定制。至於磧西道，似未置專使，故不見治所。根據治所之分析，兩志所載蓋亦天寶之制，非開元之制也。

一九六四年八月十六日重訂

出自第三十六本上（一九六五年十二月）

評崔維澤(D.C. Twitchett)教授對于唐代財政史的研究

全　漢　昇

D. C. Twitchett, *Financial Administration under the T'ang Dynasty*. (Cambridge, England: The University Press, 1963. xiii+374. $ 18.50.)

過去西方漢學家有關中國中古歷史研究的著作，以四裔的研究爲最有成績，關于中國內部社會經濟的研究可說少之又少。英國倫敦大學崔維澤 (D. C. Twitchett) 教授撰寫的唐代財政，對于我國在唐代(618～907)的財政措施及其有關問題都一一加以探討，顯現出自第二次世界大戰以來，西方漢學家對于中國中古社會經濟史的研究向前邁進了一步。不特如此，當二次大戰後在西方研究中國問題的學者，由漢學探討轉變爲"中國研究"(Chinese Studies)，從而多半只自近百餘年中國歷史的衍變來瞭解中國的時候，崔維澤教授把近代以前的中國財政制度及和牠有連帶關係的經濟情況加以研究，讓讀者把視線擴大，當可使西方人士對于中國經濟、文化作較深入的瞭解。

崔維澤教授曾經把舊唐書食貨志譯成英文。他寫唐代財政這本書的目的，本來是要把牠作爲舊唐書食貨志英譯的導論及註釋之用。可是，如果把食貨志的英譯和唐代財政都放在一起來印行，困難太多，費用太大，故只好先把唐代財政這本著作單獨付印。崔維澤教授在本書序文中很謙遜的說，他寫這本書的一個目的，是要把最近兩代中、日學者有關唐代歷史研究的一些成果介紹給西方讀者。事實上，除日本學者的各種著作以外，崔維澤教授對于本所研究唐史的同人，如陳寅恪先生、岑仲勉先生、嚴耕望先生的著述，以及拙作，都一一加以徵引參考。因此，崔維澤教授這本學術鉅著的出版，我們當然是感到欣慰的。

本書共分六章。第一章論述唐代的土地制度。中國自兩漢大一統帝國崩潰以後，經過長期的戰亂，到了唐初建國的時候，國家仍然擁有廣大面積的無主的土地，故可實行計口授田的均田制度，由政府把公有土地定期重新分配給農民來耕種。關于唐代田地的分配，崔維澤教授發見當日耕種的農民中，婦女所佔的比例非常之大。他根據日本學者仁井田陞的研究，說在西北邊境，如敦煌一帶，領有永業田的農民中，男姓佔百分之六七，女姓佔百分之三三。在農業人口中，婦女所佔的這種比例，可說非常之大。對于這種有趣的特點，崔維澤教授曾試加解釋，說這可能因爲婦女可以免稅及不用服役，故好些農民都由家中婦女出名分配到土地來耕種，以便減輕租稅與徭役的負擔。在同一章中，崔維澤教授又把北周一夫一婦授田一百四十畝，唐代一丁男授田百畝，和一九三二年國民政府估計每一農家平均只有耕地二十一畝，來加以比較，發見唐代每人平均田地仍然相當的大。因此他說唐朝政府之所以實行均田制度，主要由于要鼓勵人民開墾新地或邊際土地來耕種，而不像法國漢學家馬伯樂（Henri Maspero）那樣認爲均田制度的主要目的是要限制每人土地所有數量，以平均地權。

第二章討論唐代的直接稅制。在以農業爲主的唐代社會中，土地是最主要的所得來源。當均田制度實行，每一丁男授田百畝，每人每年的所得大體上都差不了多少的時候，他們對政府的租、庸、調的負擔，數量也大體一樣，而以絹、綿、粟、米等實物來繳納。可是，事實上，隨着社會經濟的發展，在全國各階層人口中，每人所得的大小，或土地所有的數量，並不完全一樣，所以唐代政府又按照戶的等第的高下來徵收戶稅，按照每人實在擁有的土地面積的大小來徵收地稅。戶稅須以錢繳納，和以實物繳納的租、庸、調不同，是一種貨幣租稅，在天寶年間(742～756)每年的收入額，約爲租、庸、調(就價值來說)的二三十分之一。地稅原來是因爲政府要在各地設立義倉以備凶年賑貸而徵收的，稅率爲每畝二升，在天寶年間每年的收入額爲12,400,000石，約與租(12,600,000石)相等。當江南的租改以布帛繳納，以便減輕運費負擔來運送給中央政府的時候，江南因徵收地稅而得到的穀物便成爲漕運米糧的主要來源。其後到了安、史之亂(755～762)前後，由于社會的激劇變動，各地逃戶、客戶越來越多，原來賴以徵收租、庸、調的丁籍變爲有名無實，租、庸、調法便漸漸破壞。因此到了建中元年(780)，宰相楊炎便把租稅制度加以改革，開始實行兩稅法。對于兩稅法，崔維澤教授認爲過去學者未免過于重視貨幣租稅這一個特點，事實上在兩稅法實行以前唐代政府徵收的戶稅也是以錢繳納的。不過，我仍然認爲，兩稅法在中國貨幣經濟發展的歷史上仍有牠的特殊意義；因爲事實很明顯，當唐代政府只靠戶稅來徵收錢幣的時候，在每年政府歲入中錢所佔的比例非常之小，其後到了兩稅法實行以後，國庫收入中的錢却大量增加。

第三章敍述唐代的專賣制度與茶稅的課徵。唐代政府自安、史之亂爆發以後，軍事費用開支增大，由于財政上的迫切需要，先後實行鹽、酒、茶(初時徵收茶稅)的專賣。關于鹽的專賣，由第五琦、劉晏先後充任鹽鐵使，規定在產鹽地區的"亭戶"(鹽生產者)，可以免除徭役，但他們製出的鹽，只能按照一定的價格，出賣與政府在產鹽區設立的"監院"。監院收購到鹽後，再加上"榷價"(爲自亭戶買到的鹽價的十倍)，然後賣與鹽商，再由鹽商把鹽運往特定的銷鹽區域，轉賣給消費者。爲着要保證鹽的專賣有效，政府特別在交通便利的地方設立"巡院"，查緝私鹽。唐在安、史之亂以後，藩鎭跋扈，他們自己掌握着軍隊，在管轄的區域內徵收到的租稅，往往擅自霸佔使用，不繳交中央政府。因爲鹽的生產集中于某些地區，而煮鹽的生產設備，規模又相當的大，故中央政府比較容易管制，把自亭戶收購到的鹽，加上榷價賣與商人，再由商人轉運往政府統治力量比較薄弱的地方，以高價出賣。而鹽又是人民日常生活必需品，就是價格昂貴也非消費不可，故鹽商可以把政府徵收的榷價轉嫁給消費者。由于鹽的專賣事業的成功，唐自安、史亂後，每年的鹽利收入增多到六百萬貫(或緡)，約爲當日政府錢幣歲入中的二分之一。除鹽利外，唐在中葉以後，酒、茶也由國家專賣，不過專賣收入遠在鹽利之下。榷酒錢的收入，每年約爲1,560,000貫。茶在專賣以後的收入不詳，但在專賣以前每年的茶稅收入，不過四十萬貫而已。

第四章研究唐代的貨幣與信用。在唐代流通的貨幣，以銅錢爲主。不過銅錢本身的價值較低，當商業發展，在市場上須支付較高貨價的時候，人們往往使用絹或金、銀(尤其是銀)來做交換的媒介。可是，有如開元二十二年(734)的詔令所說，"布帛不可以尺寸爲交易，菽粟不可以秒勺貿有無，"故唐代到了中葉以後，當商業發達，交易頻繁的時候，絹帛這一類實物貨幣的重要性是遠不及金屬貨幣那麼大的。不獨如此，當商人向遠地購買貨物的時候，相當于現在滙票的"飛錢"已經開始使用。同時，在特別發展的商業中心，代替現欵的支票已經開始使用。在那裏有“櫃坊”的設立，牠因爲有保險櫃這一類的設備，爲人存放欵項及價值貴重的物品，其後存欵者如果要提取存欵，不必親自前往，只要開出一張相當于現在支票的“帖”(初時只用存欵人常用的某種物品作記號)便成。說到唐代的貨幣政策，在唐高宗(650～683)東征高麗及與突厥作戰時，及後來在安、史之亂時，政府由于財政收支不平衡，都曾經發行面値遠較實値爲高的大錢，以致造成貨幣貶值，私鑄盛行，物價狂漲的局面。自從建中元年(780)兩稅法實行以後，因爲夏、秋兩稅須以錢繳納，銅錢的需要激增。可是，在另外一方面，鑄造錢幣所用的銅，供應却常感不足(例如在806年，全國產銅266,000斤，847～860年間每年產銅655,000斤，可是到了北宋，以1078年爲例，產銅却多至14,605,969斤)，從而鑄錢數額也大受限制。結果錢幣價値越來越增高，物價越來越下跌，以致造成通貨緊縮的局面。當錢幣價値越來越上漲的時候，有錢的人都爭着囤積錢幣來投機取利，從而物價更爲下落，通貨緊縮的危機更爲嚴重。爲着要緩和這種危機，中唐以後政府曾經屢次命令人民使用絹帛作交換媒介，不要光是用銅錢作貨幣來交易。可是，隨着當日社會經濟的發展，大家旣然都感覺到“布帛不可以尺寸爲交易”，政府這種開倒車的行爲，當然是沒有多大效果的。爲着要解救貨幣緊縮的危機，到了唐武宗會昌五年(845)，政府便實行毀法(佛法)，下令把全國佛寺中的銅像、鐘、磬都加以沒收，改鑄成銅錢，以增加錢幣的流通量。

第五章論述唐代的運輸系統。中國自漢代以後，經過長時期的變動，全國的經濟重心，由西北轉移到長江流域，尤其是江、淮一帶。在另外一方面，因爲在北方及西北要防禦外患，或向外擴展，大唐帝國的軍事、政治重心仍然留在北方。位于西北的關中，農業生產常因旱災而歉收，可是在那裏及其附近却駐屯了重兵，集中了大量的人口(因爲位于關中的長安，是全國政治中樞所在的地方)。爲着要滿足這許多軍隊及其他人口的需要，政府每年須把自江、淮各地因課徵賦稅而收集到的米糧以及其他物資，大量北運。對于江、淮物資大量北運貢獻最大的交通線，是溝通南北的運河。在本章中，崔維澤教授把拙著唐宋帝國與運河(重慶，民國三三年；上海，民國三五年)所探討的問題，如唐高宗把洛陽建爲東都之經濟的原因，唐玄宗(712～756)時代裴耀卿、韋堅等對于漕運改良的貢獻，安、史亂後運河交通的阻塞與劉晏的改革，代宗

(762～779)、德宗(779～805)時代跋扈藩鎮與强悍軍人先後對于運河交通的騷擾，唐憲宗(805～820)對于運河交通管理的加强，以及唐末運河運輸效能銳減的情況，都摘要予以介紹，這當然有助于西方讀者對于這些問題的瞭解。

第六章敍述唐代的財務行政。唐代掌管全國財務行政的機關，稱爲戶部。到了唐玄宗時代，財經事務日趨複雜，由于事實上的需要，政府把許多財務行政，特別集中在一二人身上，稱之爲“使”。例如宇文融曾經被委任爲“勸農使”,“勾當租、庸、地稅使”，及“諸色安輯戶口使”。及安、史之亂以後，由于財政上的迫切需要，鹽改由國家專賣，以“鹽鐵使”負責主持；因爲鹽的專賣對于全國財政的貢獻很大，故鹽鐵使在財務行政中更佔有重要的地位。

以上不過把本書內容很粗略的介紹一下。讀者如果想知道崔維澤教授對于唐代財政史研究的詳細內容，還得要親自把原書閱讀一下纔成。事實上，崔維澤教授在本書中並不限于介紹中、日學者的研究成果，他對于某些有關的史實曾加以細心的分析，對于某些有關的問題更從事深入的研究。舉例來說，在拙著唐宋帝國與運河頁三五至三六，我曾經引用通典卷一〇關于陝州、洛陽間陸運改革的記載(“天寶九年九月，河南尹裴廻以遞重恐傷牛，……擇近水處爲宿場，……”)，說，“爲着要免除耕牛的損傷，他(裴廻)廢除八遞場的陸運，改在陝、洛間黃河沿岸設立若干宿場，以便在各宿場間用水運來互相傳遞。”日本學者濱口重國也像我那樣，說裴廻在陝、洛間黃河沿岸設立若干宿場。可是，崔維澤教授却很細心的指出：(1) 通典卷一〇說“遞重恐傷牛”，既然是用牛來運輸，顯然是陸運，而不是水運。(2) 裴廻于陝、洛間“擇近水處爲宿場”的水是穀水，而不是黃河，因爲沿着穀水來在陝、洛間運輸，距離要近得多。(原書頁三〇八)我想他這種說法是對的。復次，崔維澤教授對于拙著唐代物價的變動(集刊第十一本)一文所徵引的物價資料，也有他的看法。他說歷史上記載的物價資料，主要是特別高或特別低的價格，故利用這些資料，只能看出物價變動的大概趨勢而已；如果把這些資料用來製成物價變動曲線，往往有偏高或偏低的危險。(原書頁二八六)崔維澤教授對于唐代物價的記載採取這樣審愼的態度，也是很恰當的。

不過，崔維澤教授對于唐代財政史的研究雖然非常小心謹愼，本書仍然免不了有疏忽錯誤的地方。崔維澤教授在書中把許多有關史料譯成英文，大體上都忠實而通暢，對西方讀者作進一步的研究大有幫助。可是，當我把中國史料原文與他的英譯比對一下的時候，却發見有不少的錯誤，例如：

頁一五三：第一八行的“8,200,000+”，應改爲“8,900,000+”。

頁一五五：在“Shuo-fang, 800,000”之後，應加上“Ho-hsi, 800,000”，因爲通典卷六原文爲“朔方、河西各八十萬。”

頁二六七：“……where the nominal rate was 1000 cash, only 300 and no more were actually collected.”按新唐書卷五四食貨志原文爲，“率千錢不滿百三十而已，”故“300”應改爲“130”。

頁二九九：“From this time onwards any estates should be exchanged for horses or as previously employed silk cloth, hemp cloth, fine silk, gauze, silk thread, silk floss, etc.”這句話是根據唐會要卷八九，册府元龜卷五〇一的“自今以後，所有莊宅以馬交易，並先用絹、布、綾、羅、絲、綿等”繙譯而成的。可是，文中的“以”字，據全唐文卷三五命錢物兼用勅應作“口”(見拙著中古自然經濟，集刊第十本，頁一五三)。因此，這句話應該改爲，“From this time onwards any business transactions on estates, slaves and horses, silk cloth, hemp cloth, fine silk, gauze, silk thread, silk floss, etc. should be first employed as means of exchange”。

頁三〇五：把册府元龜卷四八七開元九年十月勅的“不合有欠”，譯爲“the amounts do not correspond and there are deficiencies”，應改爲“there should not be deficiencies”。又把“肆行逼迫”譯爲“cause trouble in the shops and stores”，也應改爲“recklessly cause trouble”。

頁三一一：把全唐文卷四六代宗緣汴河置防援詔的“如聞自東都至淮、泗緣汴河州縣……”，譯爲“We have heard that in the prefectures and counties along the Huai and the Ssu rivers from the eastern capital……”，應改爲“We have heard that in the prefectures and counties along the Pien river from the eastern capital to the Huai and the Ssu rivers……”。又把“漕運商旅，不免艱虞”，譯爲“The merchants using the canals do not escape hardship and mishaps"，應改爲 "The transportation of tribute rice and the merchants do not escape hardship and mishaps."

頁三一二：把新唐書卷五三食貨志的"輕貨自揚子至汴州"，譯爲 "On light commodities taken from Yang-chou to Ho-yin"，應改爲 "On light commodities taken from Yang-tzu county to Pien-chou."

除上述外，本書還有其他各種錯誤，茲分別敍述如下：

（1）名詞的錯誤　例如頁一六，二二五及二四五的 *"hsi-huang"* 應改作 *"chieh-huang"*（借荒）；頁一四一，二四六及三六四的 *"pu-chü"*，應改作 *"pu-ch'ü"*；（部曲）；頁一五七的 *"kuan-chi"*，應改作 *"chi-kuan"*（籍貫）；頁一五九的 *"tsai-i"*，應改作 *"tsai-yao"*（雜徭）；頁二二九的 *"hsi-yung"*（借用），應改作 *"chieh-yung"*（借傭）；頁二四七及三六四的 *"shuai-huo"*（率貨），應改作 *"shuai-tai"*（率貸）；頁二九一及三六六的 *"t'ing-huan"*，應改作 *"yen-huan"*（綖環）。

（2）人名的錯誤　例如頁三二的 "T'ai Chou"，應改作 "Tai Chou"（戴冑）；頁九六的 "Wang Hsien-i"，應改作 "Wang Hsien-chih"（王仙芝）；頁三一五的 "Liu Hsüan-tsu"，應改作 "Liu Hsüan-tso"（劉玄佐）；頁三六二的 "李安石"，應改作 "李安世"；頁三六七的 "嚴礪"，應改作 "嚴礪"。

（3）地名的錯誤　例如頁一三的 "Kuan-chang"，應改作 "Kuan-chung"（關中）；頁三一四的 "Hua-k'ou"（滑口），應改作 "Wo-k'ou"（渦口），又 "Hsiang-chou" 應改作 "Hsiang-yang"（襄陽）。

（4）書名的錯誤　例如頁一九八的 *"Liang Chin Nan-pei-ch'ao shih"*, "Liang" 應改作 "Wei"；頁二四八的 *"T'ang Yüan Tz'u-shan wen-chi"*, "T'ang" 字應取消；頁三〇六的 *"Ch'en-Po-wang Chi"*，應改作 *"Ch'en Po-yü Chi"*（陳伯玉集）；頁三一三，第一三至一五行，繙譯陸贄一篇奏摺的名稱，頭兩個字 "Ch'ing mien" 應改作 "Ch'ing chien"（請減），末了應該加上 "shih-i chuang"（事宜狀）三個字。

（5）中文的錯誤　例如頁三五九的 "出正洒戶"、"榷洒錢" 及 "榷洒（爲）錢" 的 "洒" 字，都應改作 "酒"；頁三六三的 "馬田"，應改作 "廨田"。

(6) 其他錯誤　例如頁一二，第三六行，“than” 應改作 “that”；頁二〇四，第一九行，“much” 應取消。

崔維澤教授經過長期的努力，寫成唐代財政這本鉅著，雖然如上述仍有若干錯誤，可是並不足以損害牠對于中國經濟史研究的貢獻。我現在把一些錯誤列舉出來，不過是希望將來本書再版時，能够加以改正而已。在我國各朝代的正史的食貨志中，漢書、晉書、隋書及元史的食貨志，都已經先後有英譯本的印行。如果崔維澤教授繙譯的舊唐書食貨志，也印出來供大家參考，對于西方學者的研究中國經濟史，當然大有幫助。因此，我希望崔維澤教授這一大著的印行能够早日實現。

一九六五年五月廿四日，臺北市。

出自第三十六本下(一九六六年六月)

兩晉南北朝主要文官士族成分的統計分析與比較

毛　漢　光

壹、前　言

晉書卷九十二文苑傳中王沈傳說：

王沈少有俊才，出於寒素，不能隨俗浮沈，爲時豪所抑，仕郡文學掾，鬱鬱不得志，乃作釋時論。其辭曰：……百辟君子，奕世相生，公門有公，卿門有卿。指禿腐骨，不簡蚩儜。多士豐於貴族，爵命不出閨庭。四門穆穆，綺襦是盈。仍叔之子，皆爲老成。賤有常辱，貴有常榮。肉食繼踵於華屋，疏飯襲跡於耨耕。

王沈或許因爲在當時極不得意，說出上面的話，但也不是無病呻吟，無的放矢。因爲士族(註一)的醞釀，到東漢時開始轉盛。建安年間，曹操爲了平定中原，立法用人，或

(註一)　兩晉南北朝正史，以及後來學者對該期間累世官宦家族之稱呼，共得二十八種。曰高門；曰門戶；曰門地；曰門第；曰門望；曰膏腴；曰膏粱；曰甲族；曰華僑；曰貴遊；曰勢族；曰勢家；曰貴勢；曰世家；曰世胄；曰門胄；曰金張世族；曰世族；曰著姓；曰右姓；曰門閥；曰閥閱；曰名族；曰高族；曰高門大族；曰士流；曰士族。上列二十八種稱呼，所指意義小異而大同，由於各人對同一事實

有不利於士族子弟處。這種現象，隨魏文帝曹丕登基而轉變，他採取吏部尚書陳羣的建議，訂立以九品中正爲用人取士的制度。九品中正的精神，是想恢復古代鄉舉里選的遺意，所以朝廷任命官吏，特別重視鄉評(註一)。因此，九品中正起初並不是爲士族而設立，然而這個制度漸漸士族化(註二)，成爲士族把持政治地位的有力工具，加上高門大族在經濟上的特權，教育重心聚集於家族，以及門第婚姻和社會觀念等因素，推波逐浪，越變越烈。從西晉東晉的優階士族(註三)，相沿到宋、南齊、梁、陳而無法改。拓拔元氏入主中國北方，爲了政權能够保持長久計，學習中國的文物。尤其尾隨元氏的部落大人酋豪們，很容易地接受中原漢族的門第觀念，所以在變胡姓爲漢姓之後，門第階級順理成章地漸漸替代了種族階級，於是乎評定四海士族(註四)，作爲銓量選舉百官的準則。在事實上，不論南朝或北朝，士族子弟是當時官吏的主要候選人。在私天下時代，父祖不問自己子孫賢能與否，用盡一切方法與手段，想使後代高位厚祿，長保富貴，乃是人情之常。所以『公門有公，卿門有卿』的現象，可以說歷代皆有，所不同的只是程度差別而已。但是，正如索魯金氏(Pitirim A. Sorokin)在他的社會和文化變動論書中所說(註五)。

世界上幾乎可以說沒有一個社會，其階級變動完全閉塞。

百分之百的階級社會，旣不存在。因此，士族在當時究占若干，便値得研究了。本文的主旨，想用淸晰的數字與比例，表明士族在兩晉南北朝時各種主要官吏所占的成分，藉此分析比較當時政治社會的現象。在行文之前，先簡述士族標準的劃分及取材的方法。

所着重之點不同，遂有名詞上的差異。且觀乎新唐書卷一九九柳冲傳：『魏氏立九品，置中正，尊世胄，卑寒士，權歸右姓，其州大中正主簿，郡中正功曹，皆取著姓士族爲之，以定門胄……。郡姓者以中國士人差第閥閱爲之……』。短短數言之中，接連應用『世胄』、『右姓』、『士族』、『著姓』、『門胄』、『閥閱』等六名詞，由所指事物則一。本文爲便利起見，權且以『士族』一詞作爲代表。

(註一) 二十二史劄記卷八九品中正條。

(註二) 參見宮崎市定著九品官人法の研究，頁168、九品官人法の貴族化條。

(註三) 顏氏家訓卷四涉務篇第十一。

(註四) 魏書卷六三宋弁傳。

(註五) Pitirim A. Sorokin, "Social and Cultural Mobility" p. 161.

(一) 士族、小姓、寒素標準的劃分

兩晉南北朝的士族，門第有高低大小之分。南朝以王謝爲首；北朝以崔盧爲大。各姓的政治社會地位，隨族望的不同而有差異；這點在兩晉南北朝史書裏，隨處可見。族望高低的差別，全是相對的觀念。如有一士族，比上不足，比下有餘；這個士族對於較高士族而言，將被稱爲寒族。然而對於較低的士族而言，儼然又以膏粱自居了。例如北朝崔氏有兩大支。一個是清河崔氏；一個是博陵崔氏。前者門望比後者爲高，後者每受前者輕視。北齊書崔㥄傳說：

> 㥄每以籍地自矜。謂盧元明曰：『天下盛門，唯我與爾，博崔、趙李，何事者哉？』崔暹(博陵崔氏)聞而銜之。

甚至有人將博陵崔氏視爲寒族。魏書高陽王雍傳說：

> (高陽王雍)元妃盧氏薨，後更納崔顯妹，甚有色寵，欲以爲妃。世宗以博陵崔氏，世號東崔，地寒望劣，難之，久乃聽許。

其實博陵安平的崔氏，也是北方大族。北齊書崔暹傳中說：

> 崔暹，博陵安平人，漢尙書寔之後也，世爲北州著姓。

博陵崔氏與清河崔氏比較之下，被稱爲東崔，被視爲「地寒望劣」。這並非博陵崔氏眞正屬於寒劣之族，而是與清河崔氏相形之下不如罷了。這都是在相對的情況下所產生的高族與低族的稱呼。所以在研究士族時，需要排除這種高低大小之分，而建立一個較爲客觀的具體標準。士族的主要內容，實指累世官宦、門閥顯耀及經學傳家等諸方面而言，而尤其以在官宦上顯達爲士族主要的高低標準。所以「世二千石」、「累世公卿」等名詞，常見於史冊，而父祖高官崇職，亦被子孫們視爲家族門第高低的象徵。然而累世幾代，居官幾品以上，方爲士族的最低標準呢？這是亟需先予解決的問題。誠如瑯邪臨沂王氏，「七葉之中，名德重光，爵位相繼，人人有集」(梁書卷三十三王筠傳)，及弘農楊氏「自震至彪，四世太尉，……爲東京名族」(後漢書楊彪傳)。若以這兩族的累官世數及居官品位作爲士族的最低標準，則兩晉南北朝幾百年間沒有幾個士族了。所以過嚴或過寬的標準，都將不合於當時社會的實情。本人暫定兩個辨別士族的標準，作爲研究的基礎。卽累官三代以上及居官五品以上，同時合於

這兩個條件者，視爲士族。理由申述於下：

(1) 累官三代以上的理由有三：

其一、依據新唐書卷一九九柳冲傳說：

郡姓者，以中國士人，差第閥閱之制。凡三世有三公者曰膏粱；有令僕者曰華腴；尙書領護而上者爲甲姓；九卿若方伯者爲乙姓；散騎常侍，大中大夫爲丙姓；吏部正員郎爲丁姓；凡得入者，謂之四姓。

又魏書卷一一三官氏志中說：

原出朔土，舊爲部落大人。而自皇始已來，有三世官在給事以上，及刺史鎭大將，及品登王公者爲姓；若本非大人，而皇始已來，職官三世尙書以上，及品王公，而中間不降官緒，亦爲姓；諸部落大人之後，而皇始已來，官不及列，而有三世爲中散監已上，外爲太守子都，品登子男者爲族；若本非大人，而皇始以來，三世有令已上，外爲副將子都太守，品登侯已上者，亦爲族。

由上列的例子，知當時制定門第，以三代任官作爲標準。而且元魏分訂族姓，含有門第的意思，亦以三代官宦爲依據。

南朝官方從未制定門第，但有見於柳冲傳中北朝所行的辦法，必定與當時社會上所共認的事實相類似，方可行得通，這極易推想得到。然而北朝「中國士人」，其閥閱與南朝都濫觴於西晉，所以南朝社會對士族的共認標準，當與北朝相去不遠。

其二、研究士族，與研究該人父輩祖輩的遺烈有深切的關連。通典志十四歷代選舉制中說：

晉依魏氏九品之制。……凡吏部選用，必下中正，徵其人居及父祖官名。

所以取三代官宦作爲士族標準，亦較合理。

其三、資料不足的理由。兩晉南北朝各正史記載人物出身時，大率只錄父祖名號與官職，記載曾祖或高祖的甚少。有的可以繼續考證索尋，有的已無從查得。如若局限四代或五代方可稱爲士族，則這些因沒有記載曾祖的人物，都將被排除於士族定義以外，顯然不甚合理。所以取三代作標準，也因資料的限制所致。

(2) 居官五品以上的理由亦有三：

其一、五品以上的品級，已將主要的官吏包羅殆盡。依據通典職官表中所列，晉、宋、南齊、梁、陳、北魏、東魏、西魏、北齊、北周各朝的官職品位，雖然不盡相同，屢有增減，但大體上下列幾種主要官吏的品位，各朝都列在五品或五品以上：（梁行十八班制，班大爲大；周行九命制，命大爲大；但都是九品制的變化而已）

司徒府自司徒左長史以上。

尙書省自吏部郎以上。

中書省自中書侍郎以上。

門下省自給事黃門侍郎以上。

太子府屬官自太子中庶子以上。

散官自散騎侍郎以上。

地方官自太守以上。

其二、北魏差第閥閱，分膏粱、華腴、甲、乙、丙、丁四姓。如以五品爲士族的標準，可以包括四姓。見下列北魏四姓表：

姓第	三世有官	後令品	姓第	三世有官	後令品
膏粱	三公	正一品	乙姓	九卿 方伯	正三品 正三品
華腴	尙書令 尙書僕射	正二品 從二品	丙姓	散騎常侍 大中大夫	從三品 從三品
甲姓	尙書 領軍、護軍	正三品 正三品	丁姓	吏部郎中 正員郎	正四品上 正五品上

附註：一、本表根據新唐書卷一九九柳冲傳。

二、本表之品位依據魏書卷一一三官氏志太和後令之品位。

其三、資料之理由。兩晉南北朝各朝史書的列傳，皆取官大者記載之。大約五品以下的官吏而有記載者甚少。五品作爲標準，可包羅絕大部份列傳所載的官吏。是資料限制以五品作標準也。

與『士族』相對的名詞爲『寒素』，寒素的定義，當時人言之甚詳。晉書李重傳中荀組嘗曰：『寒素者，當謂門寒身素，無世祚之資也。』至於介于『士族』與『寒素』之間，即稍有門資，父祖之一任官，而又未達士族標準者，特以『小姓』稱之，以與前兩者區別。

爲使士族、小姓、寒素三者間界限更爲淸晰，又有下列幾點補充：

一、所謂父祖，係包括從父、從祖。

二、從其他證據中確知其爲士族，但其父祖已不可考者，仍歸類於士族。

三、父祖皆爲六品或七品者，列爲小姓。

四、父祖有一代五品以上者，列爲小姓。

五、遠祖爲士族，但該族已趨衰微，間仕間歇者，列爲小姓。

×　　　×　　　×

以居官五品以上及累官三代以上二個條件作爲士族的標準，本人從晉書、宋書、南齊書、梁書、陳書、魏書、北齊書、周書中收羅可以尋覓得到的官吏。得各朝代官吏人數如下：

晉	836人		
宋	423人	北魏	1434人
南齊	197人	東魏北齊	289人
梁	308人	西魏	178人
陳	153人	北周	319人

總計　4137人（其中有仕二朝者）

判斷以上四千一百三十七人之中，何人屬於士族類？何人屬於小姓類？何人屬於寒素類？再將各個官吏所歷任的主要官職，悉數列出。玆舉例說明各類的判斷，及官職的登載。

例一：晉書卷七十七諸葛恢傳：

諸葛恢字道明，琅邪陽都人也。祖誕，魏司空(一品官)。父靚，奔吳爲大司馬(吳國無中正制，但大司馬相當九品中之一品官)。又據吳士鑑及劉承幹晉書斠注引御覽四百七十晉中興書曰：司空誕名蓋海內，爲天下盛族。是可判斷諸葛恢屬於士族類。

諸葛恢的歷官如下：試守卽丘長、轉臨沂令(七品)、安東主簿(七品)、再遷江寧令(七品)、鎮東參軍(七品)、鎮東從事中郎(六品)、尚書郎(六品)、會稽太守(五品)、秩中二千石(四品)、中書令(三品)、丹陽尹(三品)、後將軍會稽內史(三品)、侍中(三品)、左民尚書(三品)、武陵王師(三品)、吏部尚書(三品)、尚書右僕射加散騎常侍銀青金紫光祿大夫領選本州大中正(三品)、尚書令(三品)。

例二：晉書卷六十六陶侃傳。

陶侃字士行，本鄱陽人也，吳平徙家廬江之尋陽。父丹、吳陽武將軍。……伏波將軍孫秀以侃爲舍宦……。按侃既不及士族標準，然亦非寒素，應列爲小姓類。

陶侃的歷官如下：領樅陽令(七、八品)、長沙郡主簿(七品)、除郎中(七品)、武岡令(七品)、爲郡小中正、公府南蠻長史(六品)、江夏太守加鷹揚將軍(五品)、參東海王太傅軍事(五品)、加奮威將軍(四品)、龍驤將軍武昌太守(三品)、使持節寧遠將軍南蠻校尉荊州刺史(三品)、平南將軍都督交州軍事領江州刺史(二品)、征西大將軍開府儀同三司(一品)、侍中太尉(一品)。

例三：晉書卷四十四石鑒傳。

石鑒字林伯，樂陵厭次人也，出自寒素。

石鑒的歷官如下：魏時歷尚書郎侍御史(六品)、尚書左丞(五品)、御史中丞(四品)、并州刺史假節護匈奴中郎將(四品)、司隸校尉(三品)、尚書(三品)、鎮南將軍豫州刺史(三品)、光祿勳(三品)、特進(二品)、右光祿大夫開府領司徒(一品)、司空(一品)。

當我們要研究某一項官職中士族占若干成分？小姓占若干成分？寒素占若干比例？僅須將所有歷任該項官職的官吏找出統計之。依據這種統計的結果作爲基礎，然後觀察當時政治社會的現象。

但是，兩晉南北朝時期的官職名目非常多，如每一個都加以討論，必然會非常瑣碎。若能將主要的官吏加將研究，也足够觀察當時的社會了。依照兩晉南北朝的政治制度，玆選出十六種主要官職，作爲本文研究士族成分的抽様。卽：司徒府的司徒及司徒左長史；尙書省的尚書令、尚書僕射列曹、吏部尚書、尚書郎丞、尚書吏部郎；

中書省的中書監令、中書侍郎；門下省的侍中、給事黃門侍郎；諸卿的九卿、御史中丞；地方官的刺史、太守；以及主持選舉推薦的中正。這十六種官職包括了決策官、執行官、監察官、選舉官及地方官，代表了政府中的主要機能。茲先分別討論，最後綜合比較。有一點需申明於前的，卽司徒、尙書令、中書監令、侍中、中正官，因爲有特別的意義，所以分類列舉人名。其他官職，不一一列舉官吏人名，一方面是因爲這些官吏的個人重要性並不太大，一方面是因爲人數過多，如刺史、太守等、皆有千名以上，此非刋幅所能容納得下。所以只有統計數字。

貳、統 計 分 析

(一) 司 徒

文獻通考職官卷四十八司徒條稱：

> 秦置丞相，省司徒。漢初因之，哀帝元壽二年罷丞相，置大司徒。後漢大司徒主徒衆，敎以禮義，凡國有大疑大事，與太尉同(議)。建武二十七年去大司馬爲司徒公，建安末爲相國，魏黃初元年改爲司徒。晉司徒與丞相通職，更置迭廢，未嘗並立。永嘉元年，始兩置焉。宋制司徒金章紫綬……與丞相並置。齊亦有置司徒府。梁罷丞相置司徒。歷代皆有，至後周以司徒爲地官，謂之大司徒卿。

司徒的權限，也有很大的變化，在西漢時總理萬機，東漢時則「敎以禮義，凡國有大疑大事，與太尉同(議)」。到「晉武帝卽位，八位並置，蓋皆臺司之職，然特假以名號，不必盡知國政」(註一)。「宋制司徒掌治民事……凡四方功課，歲盡則奏其殿最，而行賞罰……。齊司徒之府，領天下州郡名敎，戶口簿籍……。後周大司徒卿掌邦敎，職如周禮」(註二)。除此以外，司徒至少對選舉事務，有相當的權力。例如司徒對中正官有任命之權。晉書卷五十李含傳中稱：

> 司徒選含領始平中正。

(註一) 歷代官職表卷二內閣上。

(註二) 通典卷二十職官司徒錄。

又魏書卷四十五裴詢傳中稱：

時本邑中正缺，司徒召詢爲之，詢族叔昞自陳願此官，詢遂讓焉。

又晉書卷四十五劉毅傳中稱：

司徒舉毅爲青州大中正，尙書以毅懸車致仕，不宜勞以碎務……。於是青州自二品以上，光祿勳石鑒等共奏曰：前被司徒符，當舉州大中正，僉以光祿大夫毅純孝至素，著在鄉里，等語。

司徒對於中正所評定的品級，有審核之權。二十二史箚記卷八九品中正條中稱：

魏文帝初定九品中正之法，郡邑設小中正，州設大中正。由小中正品第人才，以上大中正，大中正審核，以上司徒，司徒再核，然後送尙書選用。

因此，司徒在各朝名稱雖屢次變更，但均有存在；職權雖不如往昔（指西漢的丞相），然在列公之中，仍較具有權力與代表性。今將各朝的司徒分類於下：

西晉：

何曾：『父夔，魏太僕陽武亭侯。曾咸熙初拜司徒。武帝襲王位，以曾爲晉丞相。（晉武帝）踐祚拜太尉。泰始初詔曰：以曾爲太保侍中如故，久之以本官領司徒。』（晉書卷三十三本傳）。『（夔）曾祖父熙，漢安帝時官至車騎將軍。……集解引魏書曰：夔從父衡爲尙書。』（三國志魏志卷十二何夔傳）。士族。

石苞：『苞爲御司馬。（相者）郭玄信曰：子後當至卿相。苞曰：御隸也，何卿相乎？（晉武帝）以苞爲司徒。』（晉書卷三十三本傳）。寒素。

荀顗：『魏太尉彧之第六子（按荀氏爲魏晉間大士族）。晉武帝時以顗爲司徒。』（晉書卷三十九本傳）。士族。

魏舒：『少孤，爲外家寧氏所養。及山濤薨（晉武帝時），以舒領司徒，有頃即眞除。』（晉書卷四十一本傳）。寒素。

李憙：『父佺，漢大鴻臚。魏帝告禪于晉。憙以本官（司隸校尉）行司徒事。』（晉書卷四十一本傳）。小姓。

王渾：『父昶，魏司空。（按渾爲太原晉陽王氏，爲魏晉時大士族）。太熙初遷司徒。』（晉書卷四十二本傳）。士族。

山濤:『父曜,宛句令。濤早孤居貧,永寧後,拜司徒。』(晉書卷四十三本傳)。寒素。

王戎:『琅邪臨沂人。祖雄,幽州刺史。父渾,涼州刺史。戎拜司徒。晉書斠注引書鈔五十二類聚四十七王隱晉書曰:代王渾(太原晉陽王氏)爲司徒。』(晉書卷四十三本傳)。士族。

王衍:『王戎弟衍。成都王穎以衍爲中軍師,累遷尙書僕射領吏部,後拜尙書令、司空、司徒。』(晉書卷四十三王戎傳)。士族。

李胤:『祖敏,漢河內太守,去官還鄉里,遼東太守公孫度欲彊用之。敏乘輕舟浮海,莫知所終。胤父信追求積年,不仕。(晉武帝時)以胤爲司徒。晉書斠注引御覽二百八荀勖答詔曰:咸寧四年,司徒何曾遷太宰。詔問勖司徒誰可也。勖表李胤。在位五年。』(晉書卷四十四本傳)。小姓。

石鑒:『出自寒素。(晉武帝時)稍加特進右光祿大夫開府領司徒。晉書斠注引讀史舉正曰:案本紀自平吳後至太康末,李胤、山濤、魏舒、王渾、相繼爲司徒,不見有鑒。紀又云以右光祿大夫石鑒爲司空,然則無領司徒事。鑒傳云太康末拜司空,是否兩職均拜過,今已不可考。』(晉書卷四十四本傳)。寒素。

溫羨:『祖恢,魏楊州刺史。父恭,濟南太守。懷帝卽位,遷左光祿大夫開府領司徒。在位未幾病卒。』(晉書卷四十四本傳)。士族。

傅祗:『父嘏,魏太常。從祖父巽,漢漢陽太守。太傅東海王越輔政,祗遷司徒。及洛陽陷沒,遂共建行台,推祗爲盟主,以司徒持節大都督諸軍事。』(晉書卷四十七本傳)。士族。

何劭:『何曾之子。永康初遷司徒。』(晉書卷三十三何曾傳)。士族。

東晉:

荀組:『潁川荀氏。組乃遣使移檄天下,共勸進。(晉元)帝欲以組爲司徒,以問太常賀循,循曰:組舊望清重,忠勤顯著,遷訓五品,實允衆望。於是拜組爲司徒。』(晉書卷三十九荀勖傳)。士族。

王導:『琅邪臨沂王氏。明帝卽位,導受遺詔輔政,解揚州遷司徒。』(晉書卷六十五本傳)。士族。

王謐：『導之孫，桓玄以爲中書令、領軍將軍、吏部尚書，遷中書監加散騎常侍，領司徒。』(晉書卷六十五王導傳)。士族。

蔡謨：『世爲著姓。曾祖睦，魏尚書。祖德，樂平太守。康帝即位，徵拜左光祿大夫開府儀同三司，領司徒。』(晉書卷七十七本傳)。士族。

宋：

徐羨之：『東海郯人也。祖寧，尚書吏部郎、江州刺史，未拜卒。父祚之，上虞令。太祖即位，進羨之司徒。』(宋書卷四十三本傳)。小姓。

王弘：『琅邪臨沂王氏。徐羨之等誅。徵弘爲侍中、司徒、揚州刺史、錄尚書事。』(宋書卷四十二本傳)。士族。

袁粲：『陳郡陽夏袁氏，順帝即位，遷中書監、司徒、侍中如故。』(宋書卷八十九本傳)。士族。

南齊：

褚淵：『河南陽翟人。祖秀之，宋太常。父湛之，驃騎將軍。……建元元年，進位司徒、侍中、中書監如故。』(南齊書卷二十三本傳)。士族。

梁：

謝朏：『陳郡陽夏人。祖弘微，宋太常卿。父莊，右光祿大夫。……改授中書監、司徒、衛將軍，並固辭不受，遣謁者敦授乃拜受焉。』(梁書卷十五本傳)。士族。

王僧辯：『右衛將軍神念之子也，太原祁人。世祖即位，以僧辯功進授鎮衛將軍司徒。』(梁書卷四十五本傳)。小姓。

陳霸先：『父道巨。祖猛，太常卿。曾祖詠，安成太守。……晉太尉準之後也。授中書監、司徒、揚州刺史。』(陳書卷一本紀)。士族。

陳：陳無異姓司徒者。

北魏：

長孫冀歸：『莊帝初，遷司徒公加侍中。』(魏書卷二十五長孫道生傳)。按長孫氏是七族之一。

劉尼:『本獨孤氏。高宗末遷司徒。』(魏書卷三十本傳)。按獨孤氏改姓劉，爲諸部大人之一。

陳建:『代人也。祖渾，右衞將軍。父陽，尙書。高祖時建遷司徒。』(魏書卷二十四本傳)。士族。

崔浩:『清河崔氏。父玄伯，白馬公。』(魏書卷三十五本傳)。

『世祖太平眞君五年，司徒東郡公崔浩等輔太子。』(魏書卷四下世祖紀下)。士族。

長孫嵩:『代人。父仁，昭成時爲南部大人。嵩歷侍中、司徒、相州刺史。』(魏書卷二十五本傳)。按長孫氏是七族之一。

陸麗:『代人。世領部落。高宗時以麗遷侍中、撫軍大將軍、司徒公。』(魏書卷四十陸俟傳)。爲諸部大人之一。

源思禮:『與魏源同，因事分姓。授撫軍大將軍、司徒公。』(魏書卷四十一源賀傳)。諸部大人之一。

尉元:『世爲豪宗。太和十三年進位司徒。』(魏書卷五十本傳)。部落大人。

崔光:『清河鄃人。祖曠，樂陵太守。父靈延，龍驤將軍、長廣太守。正光二年四月，以光爲司徒。』(魏書卷六十七本傳)。士族。

高敖曹:『渤海人。父次同，撫軍將軍定州刺史。從祖祐，光祿。敖曹天平中司徒。』(魏書卷五十七高祐傳)。士族。

蕭贊:『祖蕭鸞，蕭衍之子也。莊帝徵爲司徒。』(魏書卷五十九蕭寶夤傳)士族。

爾朱彥伯:『榮之從弟也，祖侯眞，幷安二州刺史。父買珍，華州刺史。廢帝時遷司徒。』(魏書卷七十五本傳)。士族。

馮誕:『父熙，侍中、太師。祖朗，秦雍二州刺史。高祖太和十九年，以誕爲司徒。』(魏書卷八十三上馮熙傳)。士族。

李延實:『隴西人。尙書僕射沖之長子。沖乃敦煌公寶之子。莊帝時轉爲司徒公。』(魏書卷八十三下本傳)。士族。

賀拔允:『祖爾頭，賜爵龍城男爲本鎭軍主。父度拔，襲爵。魏中興初轉司徒。』(魏書卷八十賀拔勝傳，北齊書卷十九本傳)。小姓。

東魏北齊：

尉粲：『父景，隨神武起兵，歷位太保太傅。粲位司徒太傅。』（北齊書卷十五尉景傳）。小姓。

婁昭：『祖父提雄，以功封眞定侯。父內干，未仕而卒。神武時遷司徒。』（北齊書卷十五本傳）。士族。

婁叡：『昭兄子。太寧河清三年間拜司徒。』（北齊書卷十五婁昭傳）。士族。

韓軌：『神武帝時歷司徒。』（北齊書卷十五本傳）。寒素。

潘樂：『廣寧石門人，本廣宗大族。父永襲爵廣宗男。齊受禪，樂進璽綬，進封河東郡王，遷司徒。』（北齊書卷十五本傳）。士族。

斛光：『祖那瓌，光祿大夫。父律金，左丞相。河清三年三月，遷司徒。』（北齊書卷十七斛律金傳）。士族。

斛律金：『祖幡地斤，殿中尚書。父那瓌，光祿大夫。顯祖時進位右丞相，遷左丞相。』（同上）。士族。

孫騰：『祖通，仕沮渠氏爲中書舍人。高祖天平年間，除司徒。』（北齊書卷十八本傳）。小姓。

高隆之：『本姓徐氏云出自高平金鄉，父幹魏白水郡守，爲姑婿高氏所養，因從其姓。後高祖命爲從弟，仍云渤海蓨人。高祖時，進位司徒公。武定中爲河北括戶大使。』（北齊書卷十八本傳）。士族。

高昂：『渤海蓨人也。父翼，以翼山東豪右，卽家渤海太守。武帝時爲司徒公。』（北齊書卷二十一高乾傳）。士族。

趙彥深：『高祖父難爲淸河太守。父奉伯，仕魏位中書舍人行洛陽令。武平四年徵司空，轉司徒。』（北齊書卷三十八本傳）。小姓。

西魏：

李弼：『祖貴醜，平州刺史。父永，太中大夫。廢帝時……六官建，拜太傅大司徒。』（周書卷十五本傳）。士族。

王盟：『祖珍，魏黃門侍郎。父羆，伏波將軍。大統三年，徵拜司空，尋遷司徒。』（周書卷二十本傳）。士族。

將以上所舉各朝司徒分類統計於下：

	士族	小姓	寒素	合計
西晉	8	2	4	14
東晉	4	0	0	4
宋	2	1	0	3
南齊	1	0	0	1
梁	2	1	0	3
陳	0	0	0	0
北魏	14	1	0	15
東魏北齊	7	3	1	11
西魏	2	0	0	2
合計	40	8	5	53
百分比	75.5%	15%	9.5%	100%

附記：本統計表不包括宗室任司徒的人數。

依表中所示，寒素在西晉時有四位官拜司徒，東魏北齊有一位；東晉、宋、南齊、梁、陳、北魏、西魏等朝沒有寒素任司徒者，而這幾朝小姓任司徒者亦極少。以全期而論，在異姓五十三個司徒之中，士族占四分之三，寒素占十分之一弱，小姓占六分之一弱。這至少可代表列公的士族成分。

(二) 司徒左長史

司徒府中最主要的屬官是司徒左長史，乃是因爲司徒左長史的職權是協助司徒主持選舉事務，這是司徒權職萎縮後所餘剩可以參與的重要權力。司徒左長史可參與選事見文獻通考卷四十八總序三公三師以下官屬條稱：

魏泰初三年。司徒加置司徒左長史，長差次九品，銓衡人倫。

又通典志十四歷代選舉制中稱：

晉依魏氏九品之制，內官吏部尚書、司徒左長史，外官州有大中正，郡國有小中正，皆掌選舉。

從有關列傳的行文中，也可發現司徒左長史參與選事。如晉書卷七十八孔愉傳中說：

孔愉爲司徒左長史，以平南將軍溫嶠母亡，遭亂不喪，乃不過品。

又晉書卷四十六李重傳中也說：

燕國中正劉沉舉霍原爲寒素，司徒府不從，沉又抗詣中書奏原，而中書復下司徒參論，司徒左長史荀組曰：寒素者當謂門寒身素無世祚之資。

且將司徒左長史依類統計於下：

	士族	小姓	寒素	合計
晉	20	2	2	24
宋	14	0	0	14
南齊	10	1	0	11
梁	10	1	1	12
陳	7	0	0	7
北魏	8	5	0	13
東魏北齊	4	1	1	6
西魏	3	0	0	3
合計	76	10	4	90
百分比	84.5%	11.1%	4.4%	100%

寒素能擔任司徒左長者，寥若晨星，宋、南齊、陳、北魏、西魏等朝則不見有寒素。卽以小姓而論，亦只占全期的九分之一而已。九十個司徒左長史之中，士族有七十六個之多。

(三) 尙 書 令

尙書的權職，從東漢起便蒸蒸日上。通典卷二十二尙書條中說：

後漢衆務悉歸尙書，三公但受成事而已。尙書令主贊奏事，總領紀綱，無所不統。

魏晉重中書，所以尙書權稍減，但這是一種比較的說法。尙書雖沒有東漢時權重，在兩晉南北朝時仍極華貴。如宋書卷六孝武帝紀中說：

尙書百官之元本，庶績之樞機。

又南齊書卷三武帝紀也說：

尙書令，是職務根本，委王匽、徐孝嗣。

又陳書卷二十七江聰傳中說：

昔晉武帝時，荀公(勗)曾曰：周之冢宰，今之尙書令也。

無論是決策或執行，尙書省仍有很大的權力。尙書令在中央官吏之中，其地位仍然是主要的。今將各朝尙書令分類列舉於下：

晉：(士族)王沈、王浚、荀勗、荀藩、王戎、王衍、華廙、和郁、王導、刁協、桓謙、王述、王彪之、陸玩、陸納、何充、諸葛恢、謝石、顧和。

(小姓)衞瓘、賈充、高光、李胤、樂廣、郄鑒。

(寒素)楊珧。

宋：(士族)王僧虔、王敬弘、何尙之、袁粲、柳元景、褚淵。

(小姓)徐羨之。

南齊：(士族)王儉、柳世隆、王晏、徐孝嗣。

梁：(士族)沈約、謝朏、王亮、王瑩、袁昻、謝舉、何敬容。

(小姓)王僧辯。

陳：(士族)王冲、江總、謝貞。

北魏：(士族)張彝、穆亮、穆紹、叔孫隣、于洛拔、于忠、萬拔、陸叡、陸儁、源思禮、楊津、蕭寶夤、王肅、爾朱榮、爾朱仲遠、爾朱度律、爾朱天光、王叡。

(小姓)劉潔、韓茂、高肇、王顯。

(寒素)李崇。

東魏北齊：(士族)獨孤信、侯莫陳崇。

西魏：(士族)斛美、高隆之、賀拔允、斛孝卿、元景安。

(小姓)趙深彥、綦連猛、高阿那肱。

(寒素)孫騰、唐邕、胡長仁、和士開。

將上列所舉尙書令分類統計於下：

	士族	小姓	寒素	合計
晉	19	6	1	26
宋	6	1	0	7
南齊	4	0	0	4
梁	7	1	0	8
陳	3	0	0	3
北魏	18	4	1	23
東魏北齊	2	0	0	2
西魏	5	3	4	12
合計	64	15	6	85
百分比	75.3%	17.7%	7%	100%

宋、南齊、梁、陳南朝四代皆無寒素居尙書令。晉及北魏各有一名寒素，西魏稍多。以小姓而言，南朝亦寥寥無幾。以全期而論，士族占四分之三，小姓占六分之一强，寒素則僅百分之七。尙書令的士族成分，無論以各朝看，或以全期看，與司徒的士族成分頗有相似之處。

（四） 尙書僕射與列曹

所謂尙書僕射，乃是指尙書僕射、尙書左僕射、尙書右僕射。如通典卷二十二僕射條中所說：

經魏至晉於江左，省置無恆，置二則爲左右僕射，或不兩置，但曰尙書僕射。後魏二僕射，北齊僕射置二，則爲左右僕射。

而列曹尙書，即通典卷二十二歷代尙書條所說：

晉初有吏部、三公、客曹、駕部、屯田、度支六曹。太康有吏部、殿中、五兵、田曹、度支、左民爲六曹尙書。及渡江有吏部、祠部、五兵、左民、度支五尙書。宋有吏部、祠部、度支、左民、都官、五兵六尙書。齊梁與宋同，亦別有起部，而不常置也。陳與梁同。後魏初有殿中、樂部、駕部、南部、北部、五尙書，其後亦有吏部、兵部、都官、度支、七兵、祠部、民曹等尙書。

又金部、庫部、虞曹、儀曹、右民、宰官、都牧、牧曹、右曹、太倉、太官、祈曹、神都儀同曹等尚書。北齊有吏部、殿中、祠部、五兵、都官、度支六尚書。後周無尚書。

尚書僕射，「本副尚書令」（註一），「位副朝端」（註二）。各部尚書至魏晉南北朝時也已蠶食九卿的職權，而成爲中央的主要執行官。其士族成分分類統計於下：

	士族	小姓	寒素	合計
晉	86	26	10	122
宋	66	9	2	77
南齊	28	8	3	39
梁	37	8	8	51
陳	24	2	2	28
北魏	105	53	21	179
東魏北齊	23	12	8	43
西魏	23	5	7	35
合計	392	123	61	576
百分比	68%	21.5%	10.5%	100%

晉南朝比北朝的士族成分稍高。以全期而言，士族占三分之二强，小姓占五分之一强，寒素占十分之一强。

各曹尚書中，吏部的地位較高（註三），有時任尚書僕射以後再遷吏部尚書，因爲吏部尚書主管選舉用人的緣故。陳書卷三十六徐陵傳中說：

自古吏部尚書，品藻人物，簡其才能，尋其門胄，逐其大小，量其官爵。

有時吏部尚書在尚書省中，表現出獨立的權職，對於選事僅與錄尚書事（錄吏部者）商議。如宋書卷八十五謝莊傳中說：

宋孝武詔曰：吏部尚書由來與錄共選，良以一人之識，不辨洽通，兼與奪權不

（註一）通典卷二十二僕射條。

（註二）宋書卷四十二王弘傳中云。

（註三）通典卷二十二歷代尚書條：『歷代吏部尚書及侍郎品秩悉高於諸曹。』

宜專一也。

又宋書卷五十七蔡廓傳中說：

蔡廓徵爲吏部尙書，廓因北地傅隆問亮選事，若悉以見付，不論，不然不能拜也。亮以語錄尙書徐羨之，羨之曰：黄門以下，悉以委蔡，吾徒不復厝懷，自此以上，故宜共參同異。廓曰：我不能爲徐干木署紙尾，遂不拜。干木羨之小字也。選案黄紙，錄尙書與吏部尙書連名，故廓云署紙尾也。

又如魏書卷十九中元順傳說：

元順除吏部尙書兼右僕射……時三公曹令史朱暉素事錄尙書高陽王雍，雍欲以爲廷尉評，頻請託順，順不爲用，雍遂下命用之，順投之於地。雍聞之大怒，曰：身爲丞相、錄尙書，如何不得用一人爲官。順曰：未聞別旨令殿下參選事。

吏部尙書因爲特別的重要性，故單獨提出研究之。統計如下：

	士族	小姓	寒素	合計
晉	23	10	3	36
宋	33	1	0	34
南齊	13	1	1	15
梁	18	2	3	23
陳	9	2	2	13
北魏	22	10	8	42
東魏北齊	10	0	1	11
西魏北周	5	0	2	7
合計	132	28	20	180
百分比	73.3%	15.6%	11.1%	100%

在各項權力之中，用人權是主要權力之一。無論是君主、士族、或其他人物，都希望獲得或控制此項權力。吏部尙書既主管選舉事用人事務，當然是各方爭取的焦點。從上面吏部尙書士族成分統計表中，我們且研究選舉任用權歸屬的動向。宋朝三十四個吏部尙書之中，寒素獨缺，小姓僅一，士族有三十三人。士族的比例甚高，這

不僅不利於小姓與寒素，且構成對君主的威脅，所以宋帝分吏部尚書爲二，以輕其任。如宋書卷八十四孔覬傳中稱：

孝武帝不欲威權在下，其後分吏部尚書，置二人，以輕其任。

又宋書卷八十五謝莊傳中說：

孝武帝常慮權移臣下，以吏部尚書選舉所由，欲輕其勢力……於是置吏部尚書二人。

而北魏君主爭取吏部尚書的方法另外有二。其一爲任命宗室居此職，所以該朝宗室任吏部尚書者有八人之多。其二爲任命宦官或近倖之人居此職。北魏八個寒素吏部尚書之中，趙黑、王遇、苻承祖、王質四位係宦官。董紹乃兼吏部尚書；甄深爲吏部尚書，未幾又除。百鞆及皮豹子皆北魏建國初期世祖時的吏部尚書。四位宦官出身者，都是以恩倖而居位，他們除協助君主以外，已無爲子孫而徇私選舉的可能。除此之外，兩晉南北朝又常有錄尚書事，若分錄吏部事，則亦寓有分權之意。總之，選舉任用權在兩晉南北朝時期，似乎是君主與士族之間的爭衡，寒素與小姓很少能够參與。

(五) 尚書郎丞

在尚書省中，直接執行各種職務的有尚書丞及尚書郎，尚書丞分左右，尚書郎的數目各朝不一，據通典卷二十二歷代郎官條說：

晉尚書郎選極淸美，號爲大臣之副，武帝時有三十四曹，後又置運曹爲三十五曹，置郎中二十三人，更相統攝，或爲三十六曹，東曹有十五曹。自過江之後，官資小減。宋高祖時有二十一曹。後魏三十六曹。至西魏十二年改爲十二部。北齊有二十八曹，其吏部三公各二人，餘並一人，凡三十郎中。

在兩晉南北朝正史裏，共找出五七八人。分類統計於下：

	士族	小姓	寒素	合計
晉	69	27	14	110
宋	57	11	4	72
南齊	21	17	10	48
梁	50	20	14	84

陳	20	8	2	30
北魏	134	36	5	171
東魏北齊	31	7	2	40
西魏北周	12	4	3	19
合計	394	130	54	578
百分比	68%	22.5%	9.5%	100%

尙書郎丞士族、小姓、寒素三者間的比例，與尙書僕射列曹的比例相似。士族占三分之二强，小姓占十分之二强，寒素占十分之一弱。同樣地原因，在各曹尙書郎中，以尙書吏部郎較華貴。唐六典卷一郎中條中稱：

其吏部郎歷代品秩皆高於諸曹郎。自魏至宋齊，吏部郎品第五，諸曹郎品第六。梁吏部郎班第十一，諸曹郎班第六(梁班大者爲大)。陳吏部郎品第四，諸曹郎品第六。後魏北齊吏部郎品正第四上，諸曹郎品正第六上。

所以士族子弟聚集在尙書吏部郎。今自尙書郎中抽出吏部郎研究之，可知其比例。

	士族	小姓	寒素	合計
晉	31	11	3	45
宋	34	1	0	35
南齊	12	3	1	16
梁	22	4	3	29
陳	4	2	0	6
北魏	23	4	2	29
東魏北齊	11	3	1	15
西魏北周	7	2	4	13
合計	144	30	14	188
百分比	76.5%	16.0%	7.5%	100%

吏部郎的士族成分占四分之三强，顯然較尙書郎丞的三分之二的比例爲大。晉書卷七十五王湛傳中也說：

(王)國寶少無士操，不修廉隅，婦父謝安惡其傾側，每抑而不用。除尙書郎，國寶以中興膏腴之族，惟作吏部，不爲餘曹郎，甚怨望，固辭不拜。

(六) 中書監令

兩晉南北朝另一個權力機構，爲中書省。其長官中書監、令，有時權重如宰相。通典卷二十二尚書省條中說：

魏置中書省，有監令，遂掌機衡之任，而尚書之權漸減矣！

同書卷二十一中書省條中說：

魏晉以來，中書監令掌贊詔命，記會時事，典作文書，以其地在樞近，多承寵任，是以人因其位，謂之鳳凰池焉。

今尋出各朝中書監令，分類列舉於下：

晉：(士族)裴楷、荀勗、荀組、王戎、王衍、盧志、盧諶、華廙、溫羡、和嶠、傅祇、潘岳、潘尼、劉畢、王導、王洽、王珉、王謐、桓脩、王述、王坦之、王國寶、王綏、何充、諸葛恢、謝安、謝混、王獻之、袁湛、王恭、褚裒、王敦、傅亮、溫嶠、庾亮、庾冰。

(小姓)張華、庾純、繆播。

宋：(士族)王弘、傅亮、謝晦、褚湛之、王球、殷景仁、何尚之、徐湛之、王僧達、謝莊、袁粲、褚淵、何戢、王僧虔、蔡興宗。

(小姓)蕭思話。

南齊：(士族)褚淵、王儉、王延之、張緒、王亮、王志。

(小姓)江祐。

梁：(士族)沈約、謝朏、王亮、王志、蔡撙、袁昂、王僧辯、何脩、王勱。

(小姓)殷不害。

陳：(士族)王勱、沈衆、謝哲、謝嘏、張種、王固、孔奐、王瑒、徐陵。

(小姓)沈邁。

北魏：(士族)穆壽、穆平國、穆羆、穆紹、李敷、王瓊、李神儁、陸子彰、高允、李冲、高閭、游肇、劉芳、崔光、裴延儁、爾朱菩提、山偉、胡國珍、胡祥、胡僧洗、李彧、魏蘭根。

(小姓)胡方回、劉昶、李平、袁飜、羊深、馮熙、仇洛齊。

(寒素)屈遵、劉仁、鄭儼。

東魏北齊:(士族)殷孝言、李元忠、杜弼、楊愔、崔劼。

(小姓)李元康、平鑒、徐子才、魏收。

(寒素)韓軌、白建。

西魏:(士族)王謙、鄭孝穆、蘇亮、薛眞。

(寒素)周惠達、盧柔。

將上列所舉中書監令分類統計於下:

	士族	小姓	寒素	合計
晉	36	3	0	39
宋	15	1	0	16
南齊	6	1	0	7
梁	9	1	0	10
陳	9	1	0	10
北魏	22	7	3	32
東魏北齊	5	4	2	11
西魏	4	0	2	6
合計	106	18	7	131
百分比	80.9%	13.7%	5.4%	100%

有一個很明顯的現象,即晉、宋、南齊、梁、陳五朝不見寒素任中書監令者,就以小姓而論,除晉有三位小姓中書監令以外,宋、南齊、梁、陳四朝每朝只有一名,似乎北朝的中書監令士族成分較低。以全期而論,士族占十分之八,寒素二十分之一。

(七) 中書侍郎

中書省中的主中書省中的主要屬官是中書侍郎。除協助監令以外,其任務爲入直從駕。通典卷二十一中書令條中說:

晉置四員，及江左初，右改爲通事郎，尋復爲中書郎，其職掌王言，更入直五日，從駕則正直從，次直守。……齊梁皆四人。後魏北齊置四員。

從各正史中尋找出中書侍郎二八八人，分類統計於下：

	士族	小姓	寒素	合計
晉	33	22	6	61
宋	28	8	2	38
南齊	23	7	2	32
梁	35	6	6	47
陳	11	1	3	15
北魏	55	20	3	78
東魏北齊	10	2	1	13
西魏	4	0	0	4
合計	199	66	23	288
百分比	69%	23%	8%	100%

(八) 侍　　中

繼中書省而起的重要中央機構是門下省，其長官稱爲侍中。唐六典卷八侍中條：

初秦漢置侍中曹，無臺省之名，自晉始有門下省。

又文獻通考卷五十門下省條說：

東晉以來，天子以侍中常在左右，多與之議政事，不專任中書，於是又有門下，而中書權始分矣！降至南北朝，大體皆循此制。

侍中的名額，各朝都有定數。通典卷二十一侍中條謂：

魏晉以來，置四人，別加官者則非數。江左興寧四年，桓溫奏省二人，後復舊。後魏置六人，加官在其數。北齊侍中亦六人。

由於晉南朝的侍中有本官與加官之別，數目不定，人數稍多，今已無法分開，故一併計入，因就其對中央政治的影響力而言，加官與本官無甚區別。茲依各朝分類於下：

晉：(士族)王祥、何劭、何遵、何嵩、陳輿、裴頠、裴楷、荀勗、荀邃、荀闓、荀組、荀奕、馮紞、王渾、王濟、華廙、華混、李式、傅祗、阮孚、庾珉、江虨、索綝、周謨、周馥、王謐、王薈、紀瞻、周閔、甘卓、庾準、庾冰、桓石民、王坦之、王淡、荀崧、王彪之、王彪、顧衆、虞潭、陸曄、陸玩、陸始、蔡謨、諸葛恢、孔愉、孔汪、孔坦、孔琳之、謝安、謝邈、王禎之、王操之、袁猷、王協之、庾楷、顔含、羊玄之、褚裒、王敦、劉弘、孔季泰、孔琳之、范泰、王敬弘。

(小姓)石崇、賈充、高光、山簡、樂廣、鄭球、李胤、向雄、庾峻、繆播、陶侃、溫嶠、劉隗、劉超、熊遠、高崧、庾願、嵇紹、鄧攸、徐邈、鄭鮮之、江逌。

(寒素)石苞、楊駿、劉寔、山濤、侯史光、鍾雅、祖台之、車胤、盛彥、麴允、臧燾。

宋:(士族)王孺、王練、謝晦、張悅、褚淡之、張永、陸仲元、庾炳之、謝方明、江夷、孔季泰、孔岦、孔靈符、謝弘微、王球、殷沖、張暢、江粲、范泰、范晏、王韶之、王華、王曇首、殷景仁、殷恒、沈演之、何尚之、何悠之、徐湛之、江湛、王僧綽、顔竣、柳元景、顔師伯、沈慶之、沈文叔、蕭惠明、蕭惠基、蕭斌、劉延孫、顧琛、沈懷文、周淳、袁顗、謝莊、王蘊、劉緬、殷琰、袁粲、王悅、阮萬齡、陸泊、陸子眞、褚淵、柳世隆、阮韜、王僧虔、王奐。

(小姓)劉遵考、蔡興宗、蕭思話。

(寒素)檀道濟。

南齊:(士族)褚淵、褚賁、褚澄、王儉、劉懷珍、江謐、王琨、褚炫、王倫之、王僧虔、沈冲、虞悰、王晏、江斆、何昌寓、謝瀹、王奐、王思遠、沈昭略、王秀之、王慈、蔡約、袁象、王繢、謝朏、王瑩、王泰、張克、蔡撙。

(小姓)張敬兒、李安民、江祐、江祀、徐孝嗣、蔡慧景、檀超、夏侯亶。

(寒素)王敬則、陳顯達、夏侯詳。

梁:(士族)柳琰、柳憕、柳忱、王亮、王瑩、王峻、王訓、王份、柳惲、江蒨、徐勉、蕭琛、裴子高、袁昂、謝舉、元法僧、元景隆、元樹、元願達、羊侃、王褒、王承、褚翔、蕭介、劉孝先、王僧辯、王勱、王瑒。

(小姓)王茂、柳廣遠。

(寒素)曹景宗、夏侯詳、范雲、徐世譜。

陳:(士族)輿明徹、章大寶、袁樞、袁泌、謝嘏、謝儼、張維才、王固、王寬、孔奐、王瑜、陸繕、孫瑒、徐陵、江總。

(小姓)侯鎮、淳于量、章昭達。

(寒素)黃法氍、杜稜。

北魏:(士族)長孫敦、長孫抗、長孫冀歸、穆壽、穆平國、穆羆、穆亮、奚拔、安原、李韶、陸麗、李訢、蕭正表、爾朱世承、爾朱度律、胡祥、胡僧洸、高隆之、賀拔元。

(小姓)韓茂、劉思逸、竇泰。

(寒素)賈思同、周紇。

東魏、北齊:(士族)殷琛、司馬子如、高乾、封隆之。

(小姓)李祖昇、韓鳳。

(寒素)張亮、唐邕、白建、和士開。

西魏:(士族)劉亮、楊忠、王盟、王懋、楊寬、蔡祐、申徽、柳敏、庫狄峙、韓褒、盧光。

(小姓)梁禦、賀蘭祥、梁椿、梁台、史寧、高琳。

(寒素)王羆、赫連達、李穆。

將上列所舉侍中分類統計於下:

	士族	小姓	寒素	合計
晉	65	22	11	98
宋	58	3	1	62
南齊	29	8	3	40
梁	28	2	4	34
陳	15	3	2	20
北魏	19	3	2	24
東魏北齊	4	2	4	10

西魏	11	6	3	20
合計	229	49	30	308
百分比	74.3%	16%	9.7%	100%

宋與北魏士族任侍中者較多。全期士族占四分之三弱，寒素僅十分之一弱。

（九）黃門侍郎

門下省的主要屬官是黃門侍郎，職掌與侍中同，地位僅次於侍中，號稱小門下。如通典卷二十一侍中條中謂：

> 魏晉以來，給事黃門侍郎並爲侍衞之官，員四人。宋多以中書侍郎爲之。齊亦管知詔令，呼爲小門下。梁增品第，與侍中同掌侍從，儐相威儀，盡規獻納，糾正違闕，監合嘗御藥，封璽書。陳制亦然。後魏亦有。北齊置六人，所掌與侍中同。

黃門侍郎的出身，可見下列統計表：

	士族	小姓	寒素	合計
晉	50	20	4	74
宋	54	5	2	61
南齊	22	10	12	44
梁	35	9	6	50
陳	16	3	2	21
北魏	58	19	8	85
東魏北齊	20	6	3	29
西魏	19	1	5	25
合計	274	73	42	389
百分比	70.8%	18.4%	10.8%	100%

（十）九卿

本節從各朝正史中所收集的四百六十三個卿，即通典卷二十五諸卿條所述：

漢以太常、光祿勳、衞尉、太僕、廷尉、大鴻臚、宗正、大司農、少府謂之九寺。晉以太常等九卿(卽漢九卿)兼將作大匠、太后三卿、大長秩皆爲列卿。宋齊及梁初皆因舊制。梁武帝天監七年,以太常卿加置宗正卿,以大司農爲司農卿,三卿是爲春卿;加置太府卿,以少府爲少府卿;加置太僕卿,三卿是爲夏卿;以衞尉爲衞尉卿,廷尉爲廷尉卿,將作大匠爲大匠卿,三卿是爲秋卿;以光祿勳爲光祿卿,大鴻臚爲鴻臚卿,都水使者爲大舟卿,三卿是爲冬卿;凡十二卿。後魏又以太常、光祿勳、衞尉謂之三卿;太僕、廷尉、大鴻臚、宗正、大司農、少府爲六卿。北齊以太常、光祿、衞尉、宗正、大理、鴻臚、司農、太府是爲九寺。

將上述諸卿都歸在一類,統計如下:

	士族	小姓	寒素	合計
晉	68	35	15	118
宋	22	3	5	30
南齊	9	2	5	16
梁	18	15	8	41
陳	18	6	4	28
北魏	106	29	37	172
東魏北齊	21	12	6	39
西魏	14	4	1	19
合計	276	106	81	463
百分比	59%	23.5%	17.5%	100%

(十一) 御 史 中 丞

監察羣司百官的責任,在兩晉南北朝時期,大部由御史中丞來負擔。正如通典卷二十四中丞條稱:

晉亦因漢,以中丞爲臺主,與司隸分督百僚,自皇太子以下,無所不糾,初不得糾尙書,後亦糾之。……宋孝武帝孝建二年,制中丞與尙書令分道,雖丞郎下朝相値，亦得斷之，餘內外衆官，皆受停駐。齊中丞職無不察，專道而行，騶輻禁呵，加以聲色，武將相逢，輒致侵犯，若有鹵簿，至相毆擊。梁國祁建，又置御史大夫，天監元年，復曰中丞，中丞一人掌督司百僚，皇太子其在宮門行馬，內違法者，皆糾彈之，雖在行馬外，而監司不糾，亦得奏之，專道而行。陳因梁制。後魏爲御史中尉，督司百僚，其出入千步淸道，與皇太子分路，王公百辟，咸使遜避，其餘百僚下馬弛車止路傍。其違緩者亦棒棒之。自東魏徙鄴，無復此制。北齊武成以其子琅邪王儼兼爲御史中丞，欲雄寵之，復興舊制，儼出北宮，凡京畿之步騎領軍之官屬，中丞之威儀，司徒之鹵簿，莫不畢備。

在一百五十三個實例之中，其分類比例如下：

	士族	小姓	寒素	合計
晉	21	15	6	42
梁	21	3	0	24
南齊	10	4	2	16
魏	16	10	3	29
陳	8	1	1	10
北魏	9	4	7	20
東魏北齊	5	4	2	11
西梁	1	0	0	1
合計	91	41	21	153
百分比	59.5%	26.8%	13.7%	100%

南朝的宋、齊、梁、陳的御史中丞，寒素的比例較低，約占十分之一而已。晉及北朝寒素較多。以全期而論，士族未超過十分之五，與上節諸卿的百分比相似。

（十二） 中 正

依選舉的程序而言，要經過推薦與任用兩階段。兩漢時公府辟掾屬，州郡選曹僚，都是由自己薦舉而後自己試用，魏晉南北朝行九品中正制度，推薦與任用各有主管。如馬端臨文獻通考卷二十八舉士條中說：

按魏晉以來，雖立九品中正之法，然仕進之門則與兩漢一而已。或公府辟召，郡國薦舉，或由曹掾積累而升，或由世胄承襲而用，大率不外此三四塗轍。然諸賢之說，多欲廢九品罷中正，何也。蓋鄉舉里選者，採毀譽於衆多之論，而九品中正者，寄雌黃於一人之口。且兩漢如公府辟掾屬，州郡選曹僚，皆自薦舉而自試用之，……至中正之法行，則評論者自是一人，擢用者自是一人。

推薦人物的職責，文官委諸中正，武官委諸護軍。通典卷十四選舉制中說：

魏延康元年，吏部尚書陳羣以爲天朝選用，不盡人才，乃立九品官人之法。州郡皆置中正，以定其選，擇州郡之賢有識鑒者，爲之區別人物，第其高下。又制郡國口十萬以上，歲察一人，其有秀異，不拘戶口。其武官之選，俾護軍主之。

文獻通考卷二十八舉士條亦說：

州郡縣俱置大小中正，各取本處人在諸府公卿及臺省郎令有德充才盛者充之，區別所管人物，定爲九等。其有言行修著，則升進之，或以五升四，以六升五。倘若道義虧缺，則降下之，或自五退六，自六退七矣。

在「臺閣選舉，徒塞耳目，九品訪人，唯問中正」(註一)的制度之下，中正的地位，顯然地非常重要。人都有某些感情偏好，絕對的公平，仍屬理想，如果「九品所取大概多以世家的主」爲因，則「其起自單族匹士而顯貴者蓋所罕見」(註二)爲果，當是順理成章的邏輯推論。且將正史中尋找得到三百二十八名中正依其士族成分分類於下：

晉：(士族)華恒、劉毅、傅咸、庾珉、華譚、刁協、王述、王嶠、范汪、張闓、顧衆、陸曄、陸玩、陸納、何充、諸葛恢、丁譚、徐廣、江逌、顧含、徐邈、何澄、王蘊、袁湛、褚秀之、江夷、王淮之。

(小姓)胡毋輔之、陳壽、杜良。

(寒素)魏舒、劉沉、伏滔。

宋：(士族)張茂度、張永、庾炳之、孔季恭、沈曇慶、徐廣、孔琳之、蔡興宗、王

(註一)　晉書卷四十八段灼傳中語。

(註二)　文獻通考卷三十四任子條中語。

球、王韶之、荀伯子、沈演之、裴松之、劉湛、江湛、柳元景、劉延孫、顧琛、顧覬之、鄧琬、袁顗、孔覬、王鎭之、柳世隆。

（小姓）劉遵考、蕭思話。

（寒素）檀道濟。

南齊：（士族）王儉、劉懷珍、崔祖思、垣榮祖、王琨、王延之、張緒、虞玩之、庾杲之、虞悰、陸澄、王晏、江斅、徐孝嗣、蔡約、袁彖、孔稚珪、王奐、沈約、謝朏、江蒨、傅昭、何胤。

（小姓）周奉叔、胡諧之、丘靈鞠、虞愿、劉懷慰、范岫。

（寒素）呂安國。

梁：（士族）柳慶遠、鄭紹叔、沈約、張稷、王份、周捨、傅昭、蕭琛、陸杲、陸倕、陸襄、夏侯亶、袁昂、江革、蕭子雲、何敬容、何佟之、丘遲、顧憲之、王冲、沈衆。

（小姓）范岫、劉之遴、庾黔婁、庾於陵、庾肩吾。

（寒素）樂藹、明山、范雲。

陳：（士族）王通、袁敬、袁泌、虞荔、謝哲、謝嘏、張種、王固、孔奐、陸繕、周弘正、徐陵、江總、陸瓊。

（小姓）司馬暠、沈洙。

（寒素）宗元饒。

北魏：（士族）崔鍾、張倫、崔僧淵、長孫嵩、穆亮、穆紹、于忠、于昕、崔隆宗、封鑒、封軌、王憲、張靈符、谷纂、李先、賈秀、李憲、李騫、李秀林、李義、李曒、司馬纂、刁整、王慧龍、王瓊、李韶、李彥、李虔、陸琇、源思禮、源子雍、源纂、薛鳳子、房堅、房景先、宇文福、費穆、韋儁、韋崇、韋休之、裴宣、裴詢、柳崇、柳慶和、柳楷、柳永、柳範、許琰、許璣、盧淵、盧道裕、盧道虔、盧道約、盧昶、盧元明、盧洪、李瑾、李憑、李宣茂、崔合、慕容暉、游肇、劉芳、劉懌、劉隲、劉筠、鄭道昭、鄭敬叔、高讜、崔挺、崔孝芬、崔勉、楊暐、楊儉、楊寬、韓顯宗、薛承華、畢祖朽、畢義暢、李諧、崔亮、崔光、崔勵、崔鴻、崔子元、崔長文、崔休、裴延儁、裴良、裴植、裴粲、裴炯、房亮、房詮、房超、爾朱世隆、盧同、辛珍之、綦洪賓、祖瑩、袁聿修、竇瑗、趙邕、崔浩、王肅、王衍、宋弁、張彝、邢巒、邢晏、張袞、邢遜、李元忠、李遠、高肇、封津、郭祚。

(小姓)畢聞慰、李平、李崇、袁翻、李神、夏侯夫、賈思同、路景略、朱元旭、宋翻、辛雄、辛纂、樊子鵠、張偉、溫子昇、裴佗、劉靈助、王仲興、茹皓、侯詳、平季。

(寒素)甄深、陽尼、李叔虎、寇猛、侯剛、成軌。

東魏北齊:(士族)殷深、劉元孫、高季式、高永樂、魏明朗、崔倰、崔贍、崔顯、崔勃、陽休之、袁聿修、李稚廉、羊烈、源彪。

(小姓)劉貴秀、張遵業、魏收、趙彥深、唐邑。

(寒素)張亮、王峻、王松年、馬敬德。

西魏:(士族)李絢、閻慶、楊寬、辛威、宇文盛、楊紹、崔謙、崔訦、崔猷、薛端、崔彥穆、司馬裔、蘇亮、李昶、泉元禮、泉仲禮。

(小姓)梁台、權景宣、韓雄、豆盧寧。

(寒素)叱羅協、王悅、張軌、陳忻、糞儁。

將下列所舉中正作表統計於下:

	士族		小姓		寒素		合計
晉	27	81.8	3	9.1	3	9.1	33
宋	24	85.2	2	9.9	1	4.9	27
南齊	23	76.7	6	20.0	1	3.3	30
梁	21	74.5	5	15.2	3	10.3	29
陳	14	82.0	2	12.0	1	6.0	17
北魏	117	81.2	21	14.6	6	4.2	144
東魏北齊	14	61.0	5	21.5	4	17.5	23
西魏	16	64.0	4	16.0	5	20.0	25
合計	256	78.0	48	14.5	24	7.5	328

上列表中,已將各朝各類的百分比算出,宋朝士族占的比例最高,達百分之八十

五。晉陳北魏次之，亦在百分之八十一以上。梁陳占四分之三。東魏北齊及西魏又次之，弱於三分之二。以全期而論，中正官士族占十四分之十一；小姓占十四分之二；寒素占十四分之一。正如本節初所云，文官的推薦官是中正。如果我們認爲推薦官對用人有影響的話，士族占中正官的十四分之十一這件事實，就值得注意了。

（十三） 刺　　史

嚴師耕望在其中國地方行政制度史上編(三)卷中魏晉南北朝地方行政制度上册的第一章中指出：

> 魏晉南朝之地方行政，通常認爲是州、郡、縣三級制。實則州之上尙有更大之行政區域曰都督區，州刺史之上尙有更具權力之統制機構曰都督府。

又在同書引言中說：

> 就地方行政制度言，此一時代旣非典型時代，而爲秦漢型演化爲隋唐型之過渡時代，故其特徵在變遷，在演化，常見其紛亂而複雜。北魏以異族入主，立政作制，時參胡俗，更增加制度之複雜性。

制度在過渡時期的特點是權職不定，尤其是都督與刺史的關係。都督因軍事需要而設立，蠶食刺史的職權，正如同刺史由監察官變成地方行政官一樣，有地官行政官的雛型，但軍事意義似乎還大於行政意義，「都督其時雖有其制，但尙未能完全視爲地方官」(上書引言)。且根據嚴師書中尋錄的各區都督，似乎王室子弟占了絕大部份，所以對於都督的分類，缺而勿論。又縣令長從正史中所得無幾。故地方官的士族成分，且以刺史及太守爲代表。今從正史中得刺史一千二百九十七人，分類於下：

	士族		小姓		寒素		合計
西晉	23	46.0	16	32.0	11	22.0	50
東晉	116	62.0	37	19.0	34	18.2	187
宋	70	61.4	22	19.3	22	19.3	114
南齊	23	41.9	12	25.0	13	27.1	48
梁	32	39.0	19	23.2	31	37.8	82
陳	19	39.6	10	20.8	19	39.6	48

北魏	332	62.1	119	22.4	83	15.5	534
東魏北齊	73	53.0	34	24.5	31	22.5	138
西魏北周	55	57.3	23	24.2	18	18.5	96
合計	743	57.3	292	22.5	262	20.2	1,296

上列表中所示，東晉及宋的刺史士族所占比例最大，自南齊始漸漸下降，至梁陳達到最低點。最值得注意的事實，乃是梁陳二朝的刺史，士族與寒素的比例相等，士族、小姓、寒素三者間的比例爲40：20：40，士族成分之低，爲各種主要官吏之最。北朝則以北魏爲最高，略與東晉及宋相等；東魏北齊及西魏北周次之。但北朝自北魏以後各朝刺史雖亞於北魏，其差異並不及南朝下降之驟。茲對各朝刺史的變化略與討論之。

西晉初年，「內官重，外官輕」(註一)，所以人皆喜歡任朝官，不喜歡地方官。晉書卷四十賈充傳中謂賈充曾想盡千方百計以擺脫持節都督刺史，如下：

> 侍中任愷因進說請(賈)充鎮關中，……詔以充爲使持節都督秦涼二州諸軍事侍中車騎將軍如故、假羽葆鼓吹給第一駙馬，朝之賢良欲進忠規獻替者，皆幸充此舉，望隆惟新之化。充既外出，自以爲失職，深銜任愷，計無所從，將之鎮，百僚餞于夕陽亭，荀勖私焉，充以憂告，勖曰：公國之宰輔，而爲一夫所制，不亦鄙乎？辭之甚難，獨有結婚太子，不頓駕而自留矣！充曰：然，孰可寄懷？對曰：勖請言之。俄而侍宴論太子婚姻事，勖因言充女才質令淑，宜配儲宮，而楊皇后及荀顗亦並稱之，帝納其言。會京師大雪，平地二尺，軍不得發，既而皇儲當婚，遂不西行，詔充居本職。

再者，刺史的品位不高，司隸校尉只第三品，刺史有的四品有的五品，僅及朝官的黃門中書侍郎等官而已。

永嘉之亂時，京師連年交戰，懷愍二帝被虜，朝中公卿大臣常慮危殆。當中央控制力微衰的時候，擁有地方實力的長官，日見重視，當時北方豪族甚多築塢堡以自保，何況刺史爲地方最高長官，自然爲士族們所謀求的對象，晉書卷四十三王戎傳說

(註一) 晉書卷四十六李重傳語。

得好：

司徒王衍雖居宰輔之重，不以經國爲念，而思自全之計。說東海王越曰：中國已亂，當賴方伯，宜得文武兼資以任之。乃以弟澄爲荆州，族弟敦爲青州。因謂澄敦曰：荆州有江漢之固，青州有負海之險，卿二人在外，而吾留此，足爲三窟矣！

而東晉元帝係由一百八十個地方官勸進(註一)，表面上則爲對地方官(尤其刺史)優容，實際上則東晉甚難控制地方官，尤其荆州及揚州的刺史，且已對中央政府構成威脅與危機。這當然是該二州與其他州極不均衡所致。以揚州而論，東晉定都建康，揚州無異於漢之司隸，而三吳(丹陽、會稽、吳郡)則爲建康的藏府。如晉書卷七十七諸葛恢傳中說：

元帝調諸葛恢爲會稽太守，臨行，帝爲置酒，謂曰：今之會稽，昔之關中，足食足兵，在於良守，以君有莅位之方，是以相屈。

而荆州戶口百萬，荆州刺史又常兼督梁益寧交廣五州軍事，地居西偅，與揚州同爲東晉南朝的重鎭。江州居荆揚之間，亦甚重要。這幾州過於强大，有「藩帥强盛，宰相權弱」(註二)之感。所以自東晉以來，士族常居刺史，尤以荆揚江爲最。如：

王敦旣進位丞相、都督中外諸軍事、錄尚書事，又領江州牧。(晉書卷六元帝紀永昌元年)。

敦並以乃兄含爲荆州刺史，屯武昌。(同上書)。

桓溫旣位大司馬、都督中外諸軍事、錄尚書事，而又以荆州刺史，遙領揚州牧，鎭姑孰。(晉書卷九十八桓溫傳)

庾亮爲征西將軍、都督江荆豫益梁雍六州諸軍事，領江荆豫三州刺史，鎭武昌。(晉書卷七十三庾亮傳)

謝安以中書監、驃騎將軍、錄尚書事，領揚州刺史。(晉書卷七十九謝安傳)

庾冰以中書監、揚州刺史、都督揚豫兗三州諸軍事、征虜將軍、假節。旣又遷車騎將軍、都督江荆寧益梁廣七州豫州之四郡諸軍事，領江州刺史、假節，鎭

(註一) 晉書卷六帝紀建元元年。

(註二) 晉書卷八十四王恭傳中語。

武昌。(晉書卷七十三庾冰傳)

桓玄以後將軍、都督荊江司雍秦梁寧益八州諸軍事荊州刺史,假節,鎭江陵。既又進位都督中外諸軍事、假黃鉞、錄尚書事、揚州牧,領徐州刺史,鎭姑孰。(晉書卷九十九桓玄傳)

以上僅列舉幾個大士族任荊揚江刺史,而又對中央政治具有相當形響者。說明士族對在東晉時對刺史的興趣,較在西晉時濃厚些。

東晉士族既聚集中央官吏,復控制地方行政,對皇室自有不良的形響,所以自宋高祖始,採取一項政策,卽重要州刺史以宗室子弟任之,如宋書卷六十六何尙之傳中稱:

晉世幼主在位,政歸輔臣,荊揚司牧,實同二陝。宋室二州,咸歸密戚。

而自宋朝以來,士族子弟漸漸不作實際事務,專尙清職,刺史一則需主持地方行政,再則當時刺史大都帶兵,漸非士族所喜,這種風氣,至梁時達到頂點。「梁士大夫皆尙褒衣博帶,大冠高履,出則車輿,入則扶侍」(註一)。而梁陳之際,南方戰事頻起,軍人任刺史者日多,士族似乎已漸漸不能控制地方了。梁陳刺史的出身,士族與寒素相等,正是這件事實之數字表示。

北朝北魏刺史的士族成分,與東晉及宋相似,這是因爲鮮卑族的「世爲部落大人」輩,常常任地方長官。但自爾朱氏亂起,魏分東西,雙方屢有戰爭,授予寒素武人興起的機會,州牧之任,寒素遂增,所以東魏北齊與西魏北周刺史的士族比例下降。正如北齊書卷四十三羊烈傳中說:

近日刺史,皆是疆場之上,彼此而得。

然而北朝的鮮卑士族,雖然亦漸趨文事(註二),必竟未若南朝士大夫聞馬鳴而認爲虎嘯者,此所以北朝的刺史士族比例稍高於南朝的原因所在。

(十四) 太　　守

在一千八百六十五個太守中,其出身分類於下:

(註一) 顏氏家訓卷四涉務篇十一中語。

(註二) 參見孫同勛拓拔氏的漢化頁七十四北魏歷代狎將人數及所佔全體宗室百分比表。

	士族		小姓		寒素		合計
晉	252	62.2	81	20.0	71	17.6	404
宋	170	66.4	46	18.0	40	15.6	256
南齊	64	52.9	28	23.1	29	24.0	121
梁	80	54.4	29	19.7	38	25.9	147
陳	25	43.9	10	17.5	22	38.6	57
北魏	317	67.4	104	21.8	51	10.6	472
東魏北齊	38	70.4	7	13.0	9	16.6	54
西魏北周	21	55.3	5	13.1	12	31.6	38
合計	967	62.4	310	20.2	272	17.4	1,549

太守出身的各朝變遷曲線，與刺史頗有相似之處，在此不再重複。

叁、綜合比較

以上各種主要官吏，着重於分朝比較，今將兩晉南北朝視爲一個整體，將各種主要官吏綜合比較之，玆作總表如下：

	士族		小姓		寒素		合計
	人數	百分比	人數	百分比	人數	百分比	
司徒	40	75.5	8	15.0	5	9.5	53
司徒左長史	76	84.5	10	11.1	4	4.4	90
尙書令	64	75.3	15	17.1	6	7.0	85
尙書僕射列曹	392	68.0	123	21.5	61	10.5	576
吏部尙書	132	73.0	28	15.6	20	11.1	180
尙書郎丞	394	68.0	130	22.5	54	9.5	578
尙書吏部郎	144	76.5	30	16.0	14	7.5	188
中書監令	106	80.9	18	13.7	7	5.4	131
中書侍郎	199	69.0	66	23.0	23	8.0	288
侍中	229	74.3	49	16.0	30	9.7	308

(給事)黄門侍郎	274	70.8	73	18.4	42	10.8	389
九卿	276	59.0	106	23.5	81	17.5	463
御史中丞(尉)	91	59.5	41	26.8	21	13.7	153
刺史(尹)	743	57.3	292	22.5	262	20.2	1297
太守(內史、相)	967	62.4	310	20.2	272	17.4	1549
中正	256	78.0	48	14.5	24	7.5	328

比較表中各種官吏士族、小姓、寒素的百分比，得下列幾點看法：

(1) 郡相的士族成分高。

何謂郡相？要先解釋這個問題，必須先將西晉南北朝時期的制度略予陳述。西漢的相權屬於丞相一人，丞相僅在皇帝之下，總理萬機。自東漢以後，相權開始演變；尙書省的尙書令，中書省的中書監令，門下省的侍中，相繼而起，相權歸屬一人的現象，不復存在。如文獻通考卷四十九宰相條陳述其演變的痕跡說：

按自後漢時，雖置三公，而事歸臺閣，尙書始爲機衡之任。然當時尙書不過預聞國政，未嘗奪三公之權也。至魏晉以來，中書尙書之官，始眞爲宰相，而三公遂爲具員。其故何也？蓋漢之典事尙書中書者，號爲天子之私人，及叔季之世，則姦雄之謀簒奪者，亦以其私人居是官，而所謂三公者，古有其官，雖鼎命將遷之時，大權一出於私門，然三公未容遽廢也，故必擇其老病不任事，依違不侵權者居之。東漢之末，曹公爲丞相，而三公則楊彪趙溫，尙書令中書監則二荀華歆劉放孫資之徒也。魏之末，司馬師昭爲丞相，而三公則王祥鄭冲，尙書令中書監則賈充荀勗鍾會之徒也。蓋是時凡任中書者，皆運籌帷幄，佐命移祚之人，凡任三公者皆備員高位，畏權遠勢之人，而三公之失權任，中書之秉機要，自此判矣。

又同書卷五十門下省條亦說：

謹按西漢以丞相總百官，而九卿分治天下事。光武中興，身親庶務，事歸臺閣，尙書始重，而西漢公卿稍以失職矣！及魏武佐漢，初建魏國，置秘書令，典尙書奏事。文帝受禪，改秘書爲中書，有監有令，而亦不廢尙書。然中書親近，而尙書疏外矣。東晉以來，天子以侍中常在左右，多與之議政事，不專任中書，於是又有門下，而中書權始分矣！降至南北朝，大體皆循此制。

從西漢的單一尙相至唐朝的三省分權，魏晉南北朝的中央政制，呈現出過渡時期的特色。嚴格地說，在制度上權職沒有固定，司徒、尙書令、中書監令、侍中權限的大小，完全基於當皇帝對他個人的信任程度。司徒權限雖被三省所浸，但司徒地位崇高，在名義上是宰相，王導任司徒十餘年，從任何觀點而論，不能認爲司徒權限已被剝奪無遺。而尙書令、中書監令、侍中的權限也並非某一官職與起代替前一官職的現象。制度在變遷時，人的影響力變大，這幾種官吏都是當時中央的首要人物，對中央政治都有巨大的影響，稱其爲羣相，是基於當時事實，並非基於當時制度。晉朝張華曾說：『威柄不一，而可以安乎？』（晉書卷三十六本傳）。宋朝王華亦說：『宰相頓有數人，天下何由得治？』（宋書卷六十三本傳）。正可以說明當時的羣相現象。這些羣相的士族成分如下：司徒 75.5%；尙書令 75.3%；中書監令 80.9%；侍中 74.3%；而寒素僅在 9.7%至 5.4%之間。易言之，兩晉南北朝中央政治決策的首腦人物，士族占四分之三以上，而寒素在十分之一以下。（此項比例，並排除宗室的名額）與其他官吏比較，士族顯然比例較高。

(2) 三省長官的士族成分，較其主要屬官爲高。

依上列表中顯示，得：

尙書令的士族成分，較尙書僕射列曹與尙書郎丞高 7.5%。

中書監令的士族成分，較中書侍郎高 11.9%。

侍中的士族成分，較給事黃門侍郎高 3.5%。

(3) 三省與司徒府的士族成分，顯然較九卿爲高。

三省與司徒府中士族成分最高的是司徒左長史，比九卿的比例高出 25.5%；三省與司徒府中士族成分最低的是秀書郎丞，亦比九卿高出 9 %。士族不喜九卿之位的原因，是司徒府與三省地居樞機，且有實權。而九卿已成爲制度上的盲腸。太平御覽卷二百三職官三總敍官中說：

古以九卿綜事，不專尙書，今事歸內臺，則九卿爲虛設，皆宜省併。

(4) 三省與司徒府的士族成分，比御史中丞爲高。

御史中丞掌糾察大權，但不爲士族所喜，士族成分之低，一如九卿。通典卷二十四御史中丞條中也說：

江左中丞，雖亦一時髦彥，然膏粱名士猶不樂。

杜佑又引實例說：

宋顏延之爲御史中丞，何尙之與延之書曰：絳騶淸路，白簡深效，取之仲容，或有虧耶。王球甚矜曹地，遇從弟僧朗除御史中丞，球謂曰：汝爲此官，不復成膏粱矣！齊王僧虔遷御史中丞，甲族由來多不居憲賦，王氏分枝居烏衣巷者爲官微減，僧虔爲此官曰：此是烏衣諸郎坐處，我亦可試爲耳。

此語與上列表中所顯示的比例相符合。

(5) 中央官士族成分高於地方官。

刺史的士族成分，比所有上列主要中央官爲低。太守除稍高於九卿與御史中丞以外，亦較其他中央官爲低。若將表中所有中央官與地方官士族所占比例的平均數作一比較，則中央官與地方官士族成分之比爲68%比60%。

(6) 選舉官的士族成分較高。

按主持選舉的官吏，可以分爲二類，一類是推薦官，即大小中正。一類是任用官，即司徒、司徒左長史、尙書令、吏部尙書、尙書吏部郎、錄尙書事(錄尙書事因不知是否錄吏部事，故從缺不計)。從推薦到任用所經過的官吏程序如下圖：

訪問⟶郡邑小中正⟶州大中正⟶司徒(司徒左長史)⟶尙書令⟶

吏部尙書⟶尙書吏部郎⟶各機關。

而其中負責推薦的中正，士族占78%；小姓占14.5%；寒素占7.5%。任用官之中，士族比例最高者爲司徒左長史84.5%，最低者爲吏部尙書，亦有73.3%。所有任用官的士族成分平均數爲77.7%；小姓占15.5%；寒素占6.8%。推薦者與任用者的士族比例極爲相似。且士族均占四分之三以上，而寒素均在7.5%以下。

從選舉程序及選舉官士族成分推測當時選舉可能產生的現象，或可瞭解士族把持政治地位的一因。

(7) 表中所列的主要官吏，從其士族所占比例高低排列如下：

第一：司徒左長史。 第二：中書監令。 第三：中正。

第四：尙書吏部郎。 第五：司徒。 第六：尙書令。

第七：侍中。　第八：吏部尙書。　第九：黃門侍郎。

第十：中書侍郎。　第十一：尙書郎丞。　第十二：尙書僕射列曹。

第十三：太守。　第十四：御史中丞。　第十五：九卿。

第十六：刺史。

在「官以人清」的風氣之下，士族所喜愛的官職，頓成爲清要官，其地位因此提高。中書監令、司徒等固不論矣；卽以司徒左長史與尙書吏部郎而言，因被士族所喜，在當時引爲第一等的清要官，有時且可以超遷(註一)。兩者之間，由吏部郎遷爲司徒左長史的情況較多。似乎司徒左長史較吏部郎更清些。此正吻合司徒左長史士族成分的統計。

(8) 以上各種官吏士族比例孰多孰少的論述，僅爲一種比較的說法。一般而論，各種主要官吏士族均占絕對多數。士族、小姓、寒素三者的比例，最高爲85：11：5；最低爲57：23：20；主要官吏的平均比較約爲70：20：10。

簡而言之，在兩晉南北朝期間，主要官吏的出身比例如下：

士族：小姓：寒素＝7：2：1

(註一) 參見宮崎市定九品官人法の研究。頁二〇八。

出自第三十六本下(一九六六年六月)

三國吳地的地方勢力

許倬雲

兩漢金甌不缺，自是中國史上第一個全盛時期，在這四百多年中，中國幅員不僅廣大，而且日漸充實，由西京到東漢，長江流域逐漸成爲國力所在，此點已成爲一般常識，可無贅說。本文所擬討論的。則是人口移動以及南方居民與政權間的關係。

兩漢人口頗有詳細記載，以現存資料看來，此處可列表以覘人口增減的情形與人口耕地的關係(註一)：

年代(公元)	人口(人)	墾地(畝)	比率(畝/人)
2	59,594,978	827,053,600	13.9
26	21,007,820		
75	34,125,021		
88	43,356,367		
105	53,256,229	732,017,080	13.7
125	48,690,789	694,289,213	14.2
144	49,730,550	689,627,156	13.9
145	49,524,183	695,767,620	14.0
146	47,566,772	693,012,338	14.5

由這一個表看來，兩漢人口的特點是：(1) 人口越過越少；(2) 每口分攤墾地，也就是上稅的田地平均數則未減，反而有些增加的跡象；(3) 最後三列數字，時間相去只有一年，實數則頗有出入。

人口減少若是實質上的，大率由于死亡率高或食糧供應不足，後者又可歸結爲三種可能：天災、生產不進步、可耕土地不足。以兩漢情形來說，天災雖常有，究竟只是局部的短期的現象。漢代的農業技術頗有改進，趙過的代田和氾勝之的區種，都足

(註一) 漢書補注（藝文印書館影印，長沙，虛受堂本）XXVIIIb/49。後漢書集解（藝文印書館影印，長沙，乙卯王氏刊本）章懷太子注引伏無忌所記諸帝戶口墾田大數，XXIIIb/31-32。

以增加單位面積的產量(註一)。而由本表，顯然土地不僅够用，抑且每人有分攤得比以前多些的現象。後漢書上也提到肥田未墾，例如章帝紀元和三年(86)就有過詔書：

今肥田尙多未有墾闢，其悉以賦貧民，給與糧種，務盡地利，勿令游手(註二)。

農業技術很好，土地又未見不敷，人口應該有自然的增加，然而東漢人口大致少於西漢，其中緣故當是由於人口與墾地的數字不代表眞實數字，而僅代表納稅的人數和地畝。由此解釋，方易於瞭解一年之間人口與墾地的鉅額出入及人口耕田相當穩定的比率。

三國人口，方之兩漢，差額極鉅，所謂不及漢一大郡(註三)。三國末季，全中國登記的戶口總和，戶1,463,423；口7,672,891，只佔了東漢末年六分之一左右(註四)。三國龍爭虎鬪，殺人盈野，但也殺不了全國六分之五的人口，這個減少的數字實在多半是由於逃隱的戶口未計在內，是以「邑有萬戶者，著籍不盈數百」(註五)。諸葛亮綜核名實，可以使荊州游戶自實，劉備以是强盛(註六)。但諸葛亮死後，以蜀郡亡命卽在萬餘口以上(註七)。由此可見三國人口之數字，事實上並不代表眞正的人口(註八)。同樣的，東漢人口數字，恐怕也不過是納稅數字而已。

如果這個猜測近於眞相，則兩漢人口的差額，可能不是人口的減少，而是藏匿的數字。如果東漢的人口有若干百分比的增殖率，隱匿未報的數字自然也就大了。可惜今天遺存的史料沒有數字可據之估計這個總和。

(註一)　趙過代田，實是一種就地輪耕和宿根堆肥的混合方法，參看漢書補注XXIVa/17-19。氾勝之的區種，則是深耕密植法和灌漑系統的配合，參看齊民要術(四部叢刊本)I/13-15。

(註二)　後漢書集解 III/16。

(註三)　如三國志補注(藝文印書館影印，長沙易氏本)魏志蔣濟傳：「今雖有十二州，至於民數，不過漢時一大郡。」XIV/31。參看陳嘯江三國時代的經濟(史學專刊第一卷第二期)pp. 223 以下。

(註四)　後漢書集解志 XXIIIb/30a。三國志補注蜀志後主傳注引王隱蜀記 III/8。三國志補注吳志孫皓傳注引晉陽秋III/26。

(註五)　三國志補注魏志袁紹傳注引九州春秋 VI/22。

(註六)　同上，蜀志引魏略：「亮曰：『今荊州非少人也，而著籍者寡，平居發調，則人心不悅，可語鎭南，令國中凡有游戶，皆使自實，因錄以自實可也。』備從其計，故衆遂强。」V/3。

(註七)　同上蜀志呂乂傳：「蜀郡一都之會，戶口衆多，又亮卒之後，士伍亡命，更相重冒，姦巧非一，乂到官爲之防禁，開喻勸導，數年之中，漏脫自出者萬餘口。」IX/10。

(註八)　陳嘯江三國時代的人口移動(食貨第一卷第三期) p. 15.

漢代亡命之徒，有部份以山澤爲逋逃藪，其中有人安份的過日子，如黨錮人物中就有人以川澤爲隱身，後漢書黨錮傳：

晊與牧遁逃亡，匿齊魯之間，會赦出，後州郡察舉，三府交辟，並不就。及李杜之誅，因復逃竄，終于江夏山中云(晊逃于江夏山中，徙居吳郡……)。(註一)

其惡劣的就免不了作些打家刼舍的事業了，如三國志鄭渾傳：

(渾)遷左馮翊，時梁興等略吏民五千餘家爲寇鈔，諸縣不能禦，皆恐懼寄治郡下……渾率吏民前登斬興及其支黨，又賊靳富等脅將夏陽長邵陵令，並其吏民入磑山，渾復討擊破富等…前後歸附四千餘家，由是山賊皆平，民安產業(註二)。

偶爾也有一些避入山地的人，在演變爲山賊前被別人勸住，如三國志韓暨傳：

韓暨字公至，南陽堵陽人也(楚國先賢傳曰：暨，韓王信之後，祖術河東太守，父純南郡太守)，同縣豪右陳茂譖暨父兄，幾至大辟，暨陽不以爲言，庸賃積資，陰結死士，遂追呼尋禽茂，以首祭父墓，由是顯名，舉孝廉司空，辟皆不就，乃變名姓隱居，避亂魯陽山中，山民合黨欲行寇掠，暨散家財以供牛酒，請其渠帥，爲陳安危，山民化之，終不爲害。避袁術命召，徙居山都之山。(註三)

又如管寧傳：

建安十六年，百姓聞馬超叛，避兵入山者千餘家，飢乏，漸相刼略，昭常遜辭以解之。是以寇難消息，衆咸宗焉。故其所居部落中，三百里無相侵暴者(註四)。

無論如何，這些進了山的戶口，顯然不再是國家戶籍所載，另一方面說，他們也就不在政府法令約束之下，韓暨一類人物，似乎就成爲這些獨立社羣的領袖，管寧在遼東也正是同樣的角色(註五)，而這一類人物中最著名的是田疇，他在徐無建立的秩序未必是這一類中最典型的，但其過程接近最完美的自治社羣。據田疇傳：

疇得北歸，率舉宗族，他附從數百人，掃地而盟曰：「君仇不報，吾不可以立

(註一) 後漢書集解 LXVII/20b。

(註二) 三國志補注魏志 XVI/22。

(註三) 同上魏志 XXIV/1。

(註四) 同上魏志注引 XI/30。

(註五) 同上魏志 XI/22。

於世」，遂入徐無山中，營深險平，敞地而居，躬耕以養父母。百姓歸之，數年間至五千餘家，疇謂其父老曰：「諸君不以疇不肖，遠來相就，衆成都邑而莫相統一，恐非久安之道，願推擇其賢長者以爲之主。」皆曰：「善！」同僉推疇，疇曰：「今來在此，非苟安而已……疇有愚計，願與諸君共施之，可乎？」皆曰「可！」疇乃爲約束相殺傷犯盜諍訟之法，法重者至死，其次抵罪，二十餘條；又制爲婚姻嫁娶之禮；興舉學校，講授之業，班行其衆，衆皆便之，至道不拾遺，北邊翕然服其威信(註一)。

也有一些人則以長江以南爲逋逃之所。江南，遠離中央政權的核心地區，再加上土地肥沃，氣候溫和，其成爲人口遷徙的目標，自然順理成章。此處只須舉一個例子，據後漢書逸民傳，梁鴻有志「隱居避患」，先隱居霸陵山中，又不巧在過京師的途中，對於宮室崔嵬的帝京作了一番感慨，感嘆世人的不免一死，感嘆帝王的享受只是建築在百姓的勞苦上；這一番牢騷，惹起了皇帝的不滿，梁鴻不能不逃到更遠的地方，先到山東，終于逃到吳郡，也老死在吳郡。在他南去時，口氣中有一些希冀「異州」的人會崇尚賢德，對於中原，他稱之爲舊邦(註二)，這一個態度把江南與中原對立，簡直就是孔子道不行則乘桴游於海的翻版。只有在中央對江南的控御力較薄弱時，這種態度才比較有意義。否則普天之下，莫非王土，梁鴻也不必多此一舉，想在「異州」可以擺脫漢室的統治。我們更須注意梁鴻在吳郡得到了「大家」皐伯通的庇蔭。皐伯通敢於收容庇蔭這個皇帝不喜歡的人，也多少透露一些中央力量相對削弱的地區，地方酋豪大姓的相對強大(註三)。

長江以南，似乎有一些地區由這種逋逃人口發展爲殷富的聚落，例如今天福建的昭武。在三國時有一個區域，據說「後漢時，此村民居殷富，土地廣濶……鄰郡逃亡，或爲公私苛亂，悉投於此，因有長樂將檢二村。」(註四)

(註一) 同上魏志 XI/9-10。關於大族率衆避居山間之詳細探討，參看龐聖偉論三國時代之大族(新亞學報第六卷第一期) pp. 149-152.。

(註二) 後漢書集解 LXXXIII/8-9。

(註三) 同上，LXXXIII/9-10。參看陳嘯江前引「人口移動」，又龐聖偉前引文 p. 177 以下。

(註四) 三國疆域志補志(洪亮吉著，謝鍾英補)引建安記 XI/24b-25a。按建安郡昭武的鄰縣是將樂，縣名與此處長樂將檢二村是否有關，不易懸斷，但其近似的程度，頗足玩味。

由這些情形推測，東漢以來，長江以南當有人口的增加，下表(註一)正顯示兩漢在江南諸郡人口的比較，在東漢人口一般都趨於減少時，江南的人口增長是一個異常的現象。若以前文假設的情況說，東漢農耕技術進步，墾田不慮匱乏，人口應該是有增無減。如此，江南諸郡卽使有了這種鉅量而普遍的增加，由增加比率的懸殊來看，這些人口數字仍有極大的隱匿；例如零陵與武陵長沙地處相接，不該有長沙增四倍半，零陵增七倍，而介於兩者之間的武陵只增一又三分之一倍，換句話說，整個的江南應有大羣未申報戶籍的人口。

	前漢	後漢	%
會稽(吳)	1,032,604	1,181,978	114.5
丹陽	405,171	630,545	155.6
江夏	219,218	265,464	121.1
豫章	351,965	1,608,906	457.1
桂陽	156,488	501,403	320.4
武陵	185,758	250,913	135.1
零陵	139,378	1,001,578	718.6
長沙	235,825	1,059,372	449.2
南海	94,253	250,282	286.7
蒼梧	146,160	466,975	319.0
合浦	78,980	86,617	109.6
九眞	166,013	209,894	126.4
日南	69,485	100,676	145.8

這些逃匿的人口，在中原只逃到山地，也許只稱爲山賊，在江南稱爲山民，也許爲此之故，有人把山民與「山越」合稱，近世學者就有把「山中名帥」認爲就是江南少數民族的酋長，而宗部賓民也混爲一談了(註二)。

再換一個角度看，三國志的「山越」，幾乎是一個前無來龍後無去脈的名詞。自從

(註一) 據漢書補注地理志及後漢書集解郡國志。

(註二) 陳寅恪魏書司馬叡傳江東民族條釋證及推論（中央研究院歷史語言研究所集刊第十一本）pp. 15-16. 周一良南朝境內之各種人及政府對待之政策（中央研究院歷史語言研究所集刊第七本第四分）pp.449-504. 近頃推衍此說的著作是高亞偉孫吳開闢蠻越考（大陸雜誌第七卷第七、八兩期）。駁斥此說的是何焯，見何義門讀書記（石香齋刻本）後漢書 III/13。

漢武遷移越人以來,越人分散在關中淮上,故地已「虛」(註一)。此後在漢代典籍中未出現過越族。東漢征伐五谿蠻是一件大事,蠻亂區域與所謂山越區域壤土相接,距離匪遙,也未見有挑動越人叛亂的事。默證雖不是史學上的好方法,但在如此情況下,如果越族果有三國志諸葛恪傳及其他各處所說的强悍山居部落,漢書後漢書都不該失記如此。更妥當一點的說法,毋寧是承認越族已漢化,再加上有若干「宿惡」「逋亡」的逃籍戶口(註二)。關於前者證據仍不算多,有人把後漢書劉寵傳的山民作爲山越。

> 拜會稽太守,山民愿朴,乃有白首不入市井者,頗爲官吏所擾,寵簡除繁苛,禁察非法,郡中大化,徵爲將作大匠,山陰縣有五六老叟,龐眉皓髮,自若耶山谷間出,人賫百錢以送寵,寵勞之曰:「父老何自苦!」對曰:「山谷鄙生,未嘗識郡朝。它守時,吏發求民間,至夜不絕,或狗吠竟夕,民不得安。自明府下車以來,狗不夜吠,民不見吏。年老遭值聖明,今聞當見棄去,故自扶奉送。」(註三)

細按原文,頗不見有任何越人痕跡,倒是一些逋逃戶口,卻有明證,三國志吳志諸葛恪傳:

> 衆議咸以丹陽地勢險阻,與吳郡會稽新都鄱陽四郡鄰接,周旋數千里,山谷萬重,其幽邃民人未嘗入城邑,對長吏皆仗兵野逸,自首於林莽,逋亡宿惡,咸共逃竄(註四)。

這些「逋亡宿惡」是匿跡於山林,而山林中未嘗見郡朝的山民,除非有劉寵傳中所說去民間發求的催租吏,他們也未必會繳納賦稅。換句話說,這些都是政治權力不能及到的人民。

本文作者在西漢政權與地方勢力的交互作用一文中,曾討論到中央政權的下達地方,必須在地方大姓自覺在參與政權時,也就是說,必須由地方勢力選拔人材參加政

(註一) 史記會注考證敍越人分種關中水田。又漢書補注:「東越險阻反覆,爲後世患,遷其民於江淮間,遂虛其地。」VI/24,參看同書 XCV/16, 18。

(註二) 唐長孺孫吳建國及漢末江南的宗部與山越,見魏晉南北朝史論叢(北京,1955)pp. 3-13.

(註三) 後漢書集解 LXXVI/13b-14a。

(註四) 三國志補注吳志 XIX/2。

府（註一）。這些大姓是地方的實際統治者，所以在中央政權力量削弱時，原來構成郡縣統治機構的地方勢力，就難免成爲一些半獨立的自治集團，著名的海昏上繚宗伍，可能卽是這種自治集團——他們對於强有力者的需索，作有限度的肆應，但是絕對不容許部伍被人打散，所謂「有五、六千家相結聚作宗伍，惟輸租布於郡耳，發召一人，遂不可得。」（註二）郡太守討穀討得太多時，宗帥們也只是打折扣應付。只有在領袖被殺後，宗伍才可能由地方政權掌握，變成割據首領的實力。（註三）

由這一個角度看，東吳的民帥宗部，深險彊宗，都是以宗族爲核心的舊族名帥；號爲舊族，號爲名帥，顧名思義，卽是地方上的大姓與著名領袖，絕不是少數民族的酋長了（註四）。

前面曾經顯示東漢人口向江南的移動，若是遷移到江南的是一些單獨的個人，自然很容易的爲這些舊族名帥吸納入勢力圈內，正如梁鴻的逃避到吳郡後，必須托庇於大姓。天高皇帝遠，江南的大姓，大概可以比輦轂下洛陽三河的大姓威風些。據一個例子，三國志吳志步隲傳：

> 步隲字子山，臨淮淮陰人也，世亂避難江東，單身窮困，與廣陵衞旌同年相善，俱以種瓜自給，晝勤四體，夜誦經傳。會稽焦征羌，郡之豪族，人客放縱，隲與旌求食其地，懼爲所侵，乃共修刺奉瓜以獻征羌。征羌方在內臥，駐之移時，旌欲委去，隲止之曰：「本所以來，畏其强也，而今舍去，欲以爲高，祇結怨耳。」良久，征羌開牖見之，身隱几坐帳中，設席致地，坐隲旌於牖外。旌愈

（註一）許倬雲西漢政權與地方勢力的交互作用（中央研究院歷史語言研究所集刊第三十五本）pp.261以下。

（註二）三國志補注吳志太史慈傳注引江表傳 IV/8。

（註三）同上，吳志孫策傳注引江表傳：「（劉）勳糧食少，無以相振，乃遣從弟偕告糴於豫章太守華歆，歆郡素少穀，遣吏將偕就海昏上繚，使諸宗帥共出三萬斛米以與偕，偕往歷月，才得數千斛。」I/14。又如魏志劉表傳注引戰略：「表初到，單馬入宜城，而延中廬人蒯良蒯越、襄陽人蔡瑁與謀，表曰：『宗賊甚盛，而衆不附，袁術因之，禍今至矣！吾欲徵兵恐不集，其策安出……遂使越遣人誘宗賊，至者五十五人，皆斬之，襲取其衆，或卽授部曲。」VI/36。按後漢書劉表傳有相似記載，只是被殺者只有十五人，見後漢書集解 LXXIVb/8。

（註四）三國志補注吳志孫策傳注引異同評：「深險强宗，未盡歸服。」I/16。又吳志太史慈傳注引江表傳：「鄱陽民帥別立宗部。」IV/8。又吳志周魴傳：「（魴）被命密求山中舊族名帥爲北賊所聞之者，令譎挑魏大司馬楊州牧曹休。」XV/11。

恥之。隲辭色自若。征羌作食，身享大案，殽膳重沓，以小盤飯與隲旌，惟菜茹而已。旌不能食，隲極飯至飽，乃辭出。旌怒隲曰：「何能忍此！」隲曰：「吾等貧賤，是以主人以貧賤遇人，固其宜也，尙何所恥。」(註一)

征羌的一付土豪面目，宛然若畫，而這位焦征羌的履歷，不過是做過征羌令而已。(註二)因這個例子，可以推想中央政權控御力較薄弱的地方，地方上的實際勢力，不屬所謂大族如金張之類，而在這些地頭蛇的小酋豪手裏。整個東吳所謂民帥，所謂山賊，可能卽不外乎這種人。其紀錄大致如下：(註三)

地區	敍述	來源
會稽郡	吳會、丹陽多有伏匿，……會稽山賊大帥潘臨，	陸遜傳
(1) 剡	縣吏斯從，……族黨遂相糾合，衆千餘人。	賀齊傳
(2) 漢興餘汗	賊洪明、洪進、苑御、吳免、華尙等五人率各萬戶。	同上
丹陽郡	賊帥費棧……扇動山越，丹陽山險，民多果勁……莫能禽盡。	諸葛恪傳
(1) 宣城	計六縣山賊……而山賊數千卒至。	周泰傳
(2) 陵陽始安	丹陽、宣城、涇陵、始安、黟、歙諸險縣大帥祖郎焦已。	孫策傳引江表傳
新都郡	歙賊帥奎奇萬戶……毛甘萬戶……黟帥陳僕、祖山等二萬戶。	賀齊傳
	賊帥黃亂、常俱等出其部伍。	鍾離牧傳
建安郡	建安賊洪明、洪進、苑御、吳免、華尙等五人率各萬戶。	賀齊傳
(1) 東冶	會稽東冶五縣賊呂合、秦狼。	呂岱傳

(註一) 同上，吳志 VII/17-18。

(註二) 同上，吳志裴松之注引吳錄 VII/17。

(註三) 這種資料蒐集甚全者爲高亞偉「孫吳開闢蠻越考」，但高氏以所有山賊民帥爲山越，則頗有可商之處，請參看唐長孺前引文及本文前節。高氏以爲這些民帥動輒數千戶數萬戶，係「山越」氏族組織之證據(請參看高氏原文，在大陸雜誌第七卷第七期，p.15)。按「氏族」二字爲極模糊之中文名詞，在文化人類學上頗不易找到其定義，此處所指亦甚不清楚。以本文作者愚見，合戶服屬原是三國部曲之普通型態，例如三國志陳武傳：「初表所受賜復人，得二百家，在會稽新安縣。」(三國志補注吳志 X/8)，關於部曲與領主的討論，參看楊中一「部曲沿革略考」(食貨第一卷第三期)。易言之，此處「戶」之出現，正足說明上列諸「賊」帥之爲地方豪强。

	會稽東冶賊隨春。	同上
(2) 侯官南平	賊帥張雅、詹彊。	賀齊傳
東陽郡	陳表受賜復人二百家。	陳武傳
吳郡	錢唐大帥彭式。	周魴傳
吳興郡		
(1) 烏程	彊族嚴白虎。	呂範傳
(2) 餘杭	餘杭民郎稚合宗起。	賀齊傳
(3) 永安	山賊施但聚衆數千人。	孫皓傳
豫章郡	海昏上繚宗帥。	孫策傳引江表傳
臨川郡	賊帥董嗣負阻刼鈔豫章、臨川。	周魴傳
廬陵郡	廬陵賊李桓、羅厲。	孫權傳
鄱陽郡	鄱陽賊彭綺。	同上
	鄱陽大帥彭綺作亂。	周魴傳
	鄱陽民尤突……化民爲賊。	賀齊傳
	賊帥黃亂、常俱等出其部伍。	鍾離牧傳
	山中舊族名帥……。	周魴傳
武陵郡	大姓艾布、鄧凱等合夷兵數千人。	陸遜傳
高涼郡	賊帥錢博……以博爲高涼西部都尉。	呂岱傳
	揭陽賊帥曾夏。	鍾離牧傳引會稽典錄
	交趾、九眞夷賊？……高涼渠帥黃吳等支黨，三千餘家。	陸胤傳
	賊帥百餘人民，五萬餘家，深幽不羈。	同上

有地方大帥的區域，似乎集中在今天的浙、閩、皖、贛，夾在贛水和錢塘江之間的地區。只有武陵（在今天湘水與沅水）高涼（在廣東海濱），而且也只有這二個地區，史書說到蠻夷或夷兵夷賊（註一）；其他地區都未有風俗或種族異於漢人的「大族」。

再把另一羣統計來比較，其地區的分佈，與上述「大帥」」「山賊」的分佈成一

（註一） 三國志補注吳志陸胤傳 (XVI/12-13)、陸遜傳(XIII/3)、薛綜傳 (VIII/8-10)、潘濬傳(XVI/2)、呂岱傳 (XV/8)。

有趣的對比。東吳人物有世系三人以上可排列者,可有:

吳郡十二家:吳人　顧氏、陸氏、兩張(張布、張允)氏、朱氏、吳氏

錢塘　全氏

陽羨　周氏

富春　孫氏、徐氏

餘杭　凌氏

雲陽　殷氏

會稽七家:會稽　周氏

山陰　丁氏、鍾離氏、謝氏、賀氏

長山　留氏

餘姚　虞氏

丹陽四家:丹陽　紀氏、芮氏

故鄣　朱氏

句容　何氏

廬江三家:廬江　王氏

舒　周氏

松滋　陳氏

蒼梧一家:廣信　士氏

武陵一家:漢壽　潘氏

此外則有九江壽春蔣氏、九江下蔡周氏、廬陵張氏華氏、彭城嚴氏張氏蔣氏、臨淮魯氏步氏、汝南呂氏屈氏、沛郡薛氏、北海滕氏、琅琊諸葛氏,共十四家,不是江南土著(註一)。那些江南土著大族共二十八家,壓倒多數集中在吳郡、會稽、丹陽三郡,若把這三郡除去,則前面有地方大帥分佈的地區將剩下新都、建安、東陽、吳興、豫章、臨川、廬陵、鄱陽、武陵、高涼諸郡。

若把三國時新立郡縣作爲人口集中已成聚落的指標,新設縣邑的地區,也正表示設治以前某些地區已有了不小的聚落。設治是政治權力的正式建立,如此則新設的縣治

(註一) 參照周明泰三國世系表王祖彝三國志人名錄合編(世界書局本)。

越多，似乎可以引申出兩重意義：(1) 這一個地區有了相當數量的人口；(2) 這些人口在此以前並未置於政治勢力的統治下。以第二點再加申論，這些不在政權掌握下的人口，勢須另有一種地方勢力維持秩序。下面是一個東吳新增縣邑的統計，並且把新分置的縣邑除以舊有漢縣，各得一個百分率：

荆州	舊	新	合計	新/全
南郡	6	入武陵之作唐、孱陵	8	25%
宜都	2	改夷陵爲西陵	3	
建平	2	分置興山、信陵、沙渠	5	60%
江夏	3	分浦圻、陽新 入豫章之柴桑	6	33%
蘄春	2	入廬江之尋陽、安豐 （廢西陵、西陽、軑）	4	
零陵	4	分祈陽、觀陽、永昌	7	43%
營陽	3	復置舂陵	4	
昭陽	3	分高平、新域 入長沙之昭陵	6	33%
始安	1	分尙安、永豐、始興、平樂 入蒼梧之荔浦	6	67%
桂陽	6		6	0%
始興	4	分始興、陽山 入交州南海之中宿	7	29%
武陵	7	分龍陽、黚陽、後置舞陽 改漢壽曰吳壽	11	18%
天門	2	分漊中	3	33%
長沙	5	分吳昌、建寧、劉陽	8	37.5%
湘東	2	分棃陽、新平、新寧、陰山	6	67%
衡陽	3	分湘西、新陽、衡陽、臨蒸	9	44%

		入零陵之重安湘鄉		
丹陽	9	復宣城	18	44%
		分永平、廣德、懷安、寧國、安吳、臨城、始安、泗陽		
新都	2	分始新、新定、黎陽、海陽	6	67%
廬江	3	入九江之歷全阜三城	6	
會稽	8	改餘暨爲永興	10	10%
		漢末分始寧		
臨海	2	分臨海、南始平、寧海、安陽、松陽、羅江	8	75%
建安	1	分建安、吳興、將樂、昭武、建平、東安、南平	8	87.5%
東陽	2	分長山、永康、新安、吳寧、豐安、定陽、平昌、武義	10	80%
吳	5	改丹徒（武進）、曲阿（零陽）、由拳（嘉興）	14	36%
		（復錢塘）		
		分建德、桐廬、新昌、鹽官、新城		
吳興	3	分永安、臨水	9	22%
		入丹陽之故鄣、於潛		
		分安吉、原鄉		
		省無錫		
		缺安樂		
豫章	7	分上蔡、富城、永修、吳平、西安、陽樂、新吳、宜豐	15	53%
鄱陽	4	分廣昌、葛陽、樂安、新都、上饒	9	56%
臨川	2	分西平、新建、永城、東興、宜黃、安浦、西城、南豐	10	80%
廬陵	1	改廬陵（高昌）	9	78%
		分西昌、東昌、吉陽、巴邱、興平、陽城、新興		
廬陵南部	3	分楊都、平陽、安南、陂陽	7	57%
安城	2	分新喻、永新、萍鄉	6	50%
		入長沙之安城		
南海	6	分平夷	7	14%

蒼梧	5	分豐城、建陵、元溪、武城 入合浦之臨允	10	40%
臨賀	5	分建興、新寧	7	19%
鬱林	3	改廣鬱（陰平）、領方（臨浦） 分新邑、長平、建始、懷安	9	44%
桂林	3	分武安、武豐	5	40%
合浦	1	分珠官	2	50%
朱崖	2		2	
高涼	1	分思平、安寧、石門	4	75%
高興		領廣化、莫陽、海寧	3	
北部都尉		領平山、連道、昌平	3	
交趾	10	分吳興、武安、武寧、軍平	14	24%
新昌	1	分嘉魚	2	50%
武平	1	分吳定、武平	3	67%
九眞	3	復都龐 分建初、常樂	6	33%
九德	1	分九德、陽成、越常、西安	5	80%

把上表百分率中超過67%的挑出，計有始安、湘東、新都、臨海、建安、東陽、臨川、廬陵、高涼、武平、九德。其中與大帥出現地區相比，兩相疊合的計有六郡，後者中的豫章、鄱陽也各有58%和56%的比率。這種重疊，不能說完全是巧合。

更有進者，吳郡、會稽、丹陽的各個東吳統治份子的大族，論其籍貫，竟都不在新分各郡的新分縣邑內。這一現象更說明了建立新縣邑的特殊性，若把東吳統治大族的分佈，地方大帥分佈地區和增設縣邑的現象作一三分對比，以吳郡、會稽、丹陽作一區對立於其他各區，其情形如下面圖解：

	吳會丹區	其他各郡
統治大族的出現	+	—
地方大帥的出現	—	+

新設縣邑現象　　一　　十

如前所設新設縣邑象徵統治權的建立的可能，則上面圖解或可解釋爲東吳政權以吳、會、丹的已開發地區爲基地，剷除了在東漢政權還未曾確實建立地區的各種地方勢力。這些地方勢力，原先可能如焦征羌一類人物，是新到者望門投帖的地頭蛇；到了地方有事時，他們就可以糾集數千戶乃至萬戶的部曲，盤據屯聚於山谷之間。東吳與他們的衝突，是爲了建立統治權，增加兵源與財源。因之，東吳才有以三郡大族爲主要基幹的領兵制度，也就是一種變相的分封制度(註一)。

蜀漢的情形與東吳甚不相同，根據華陽國志，幾乎漢中巴蜀和南中的每一個縣份都可以出現甲族大姓(註二)。

以蜀漢的中央政府及益州地方政府兩個系統言，中央政府的丞相尙書官屬，固以荆州及其他郡人士隨劉備入蜀者爲多；地方掾屬却仍由地方大姓充任。而且這些地方大姓顯然在東漢已逐漸形成，經過蜀漢以至晉代，始終爲地方勢力的中心(註三)。勸蜀漢政權少出兵作戰的是這種大姓中人物，如周羣，如張翼(註四)，勸劉禪投降的也是同一類人物，如譙周。

蜀漢政權中的重要人物，雖是來自益州以外的比率數字、遠大於孫吳的揚州以外人仕；益州本處出身人物，則頗爲平均的分配在各郡(註五)。以蜀漢世系三人以上的家族計算，有二十三家：

襄陽五家：	羅氏、龐氏、習氏、馬氏、向氏
右扶風三家：	馬氏、射氏、法氏
汝南兩家：	陳氏、許氏
南郡兩家：	霍氏、董氏

(註一)　唐長孺前引文，p. 19 以下。陶元珍三國吳兵考(燕京學報第十三期)pp. 65-76。

(註二)　華陽國志(四部備要本)：巴志蜀志南中志。

(註三)　狩野直禎蜀漢政權の構造〔史林42(4)〕p. 100。宮川尙志六朝史研究 pp. 221-2。

(註四)　三國志補注蜀志周羣傳：羣論劉備伐關中，說是出軍不利。XII/2-3。按周羣是巴西閬中人。又如三國志補注蜀志張翼傳：張翼累次廷爭，以爲姜維歷年出兵，「國小民勞，不宜黷武。」XV/5。按張氏自東漢以來即是犍爲武陽名族。

(註五)　參照周明泰三國世系表王祖彝三國人名錄合編。

義陽兩家： 鄧氏、來氏

零陵一家： 蔣氏

江夏一家： 費氏

南陽一家： 呂氏

常山一家： 趙氏

偃師一家： 郤氏

陳留一家： 吳氏

河東一家： 關氏

東海一家： 糜氏

琅琊一家： 諸葛氏

另一方面，益州人氏有十一家：

巴西南充國兩家： 張氏、譙氏

巴西閬中兩家： 馬氏、周氏

犍爲武陽兩家： 李氏、張氏

蜀郡成都一家： 張氏

蜀郡郫縣一家： 何氏

廣漢郪縣一家： 王氏

永昌不韋一家： 呂氏

建寧俞元一家： 李氏

前節曾計算過孫吳外來人士爲十四家，土著爲二十八家，其1：2的比率與蜀漢2：1的比率恰巧成爲倒數。而益州人士的平均分佈，又異於東吳集中吳、會、丹三郡的情形。

以單一人物來說，楊戲輔臣贊所列人物有荆州二十二人、益州十九人、司隸五人、徐幽豫三州各二人、涼冀青襄各一人；其中益州十九人的分佈爲巴西六人、犍爲四人、梓潼三人、廣漢二人、蜀郡二人、建寧永昌各一人(註一)。

蜀漢地方大族的遭遇，可說由於劉備立國之初就有意於拉攏蜀才俊；立國之後，

(註一) 三國志補注蜀志 XV/9-18。參看狩野直禎前引文 p. 101。

也並用諸葛亮李嚴以取悅蜀士；往前可以追溯劉焉初入益州時用地方勢力自重，往後推論又可看出諸葛亮用張裔以沖淡楚、蜀界線的苦心(註一)；同時，蜀漢地方政權的用地方大族，固爲漢世州郡掾屬由地方察舉本地人擔任的常規(註二)，諸葛亮治益州，可能更要依賴大族維持政權，庶幾可以把全部武力用於伐魏防吳；在沒有大族的地區，他甚至還有意的扶植一些大族。南中平後，他把南中勁卒青羌萬餘家遷入蜀地，作爲精銳的選鋒，同時在南中「分其羸弱配大姓焦、雍、婁、爨、孟、量、毛、李爲部曲，置五部都尉，號五子。」而且以「夷多剛很，不賓大姓富豪，乃勸令出金帛，聘策惡夷爲家部曲，得多者奕世襲官。」(註三)

本文作者曾經討論兩漢中央政權與地方勢力間的關係，提出一個擬議，以爲中央政府用察舉徵辟選拔地方人士，以建立橋樑，使地方勢力成爲兩漢政權的基礎(註四)，本文提出的孫吳與蜀漢的地方大族遭遇，適足爲兩種不同情勢的例子：東吳的民帥是中央政權控制最弱地區的地方領袖，他們之中有些人可能根本沒有納入上述選拔的過程中，各個獨立單位間的共同秩序，沒有成例可以達成統一；孫氏本身是其中之一，因此只能聯合一些三郡豪右，用武力使其他地區的民帥降服；其維持政權的方法，也只有利用近似分封的領兵制度。蜀漢的情形則是漢制的延續，劉備繼承劉焉劉璋的益州，地方行政系統並未經過摧毀，因此漢代選拔參與統治權的運行系統依然生效，地方大族也就因此仍繼續爲蜀漢政權的主要基礎。這兩種型態恰好代表了兩種權威的形成：孫吳代表了用暴力建立的秩序；蜀漢代表了靠傳統權威建立的秩序。前者是草創的，後者是因襲的。

(註一)　三國志補注蜀志劉焉傳(I/1)、李嚴傳(X/9)、張裔傳(XI/6)、楊戲傳季漢輔臣賓注(XV/12)。並參看何焯前引書中之三國志II/9b。狩野直禎後漢末之世相と巴蜀の動向〔東洋史研究15(3)〕及同氏蜀漢國前史(東方學16)。

(註二)　顧炎武日知錄(世界書局本)掾屬條，p. 184. 嚴耕望中國地方行政制度史(本所專刊之四十五)第二册，pp. 351-383. 顧氏始發其端，但嚴先生之文實爲漢氏官吏籍貫限制最徹底的研究。

(註三)　華陽國志 IV/4。

(註四)　許倬雲前引文。

出自第三十七本上(一九六七年三月)

我國中古大士族之個案研究—瑯琊王氏

毛　漢　光

甲、王氏之源流

新唐書卷七十二中宰相世系表稱：

王氏出自姬姓，周靈王太子晉以直諫廢爲庶人，其子宗敬爲司徒，時人號曰：王家。因以爲氏。八世孫錯爲魏將軍。生賁，爲中大夫。賁生渝，爲上將軍。渝生息，爲司寇。息生恢，封伊陽君，生元。元生頤，皆以中大夫召不就。生翦，秦大將軍。生賁，字典，武陵侯。生離，字明，武城侯。二子元盛。元避秦亂，遷於瑯琊，後徙臨沂。四世孫吉，字元陽，漢諫(議)大夫，始家皐虞，後徙臨沂都鄉南仁里。生駿，字偉山，御史大夫。二子崇游。崇字德禮，大司空扶平侯。生遵，字伯業，後漢中大夫義鄉侯。生二子旹音。音字少玄，大將軍掾。四子誼叡典融。融字巨偉，二子祥覽。

依晉書卷三十三王祥傳記載：

王祥，字休徵，瑯琊臨沂人。漢諫議大夫吉之後也。祖仁，青州刺史。父融，公府辟不就。

又前漢書卷三十二王吉傳云：

王吉字子陽，瑯琊皐虞人也。

比較上列三部正史的記載，晉書及前漢書對於瑯琊王氏的源流，皆云始於前漢的王吉，而歐陽修撰新唐書遠在班固撰前漢書及唐太宗御撰晉書之後，却能自王吉以上，祖述至周靈王，是必歐陽修有新證據之發現；然而，魏晉之際，門第標榜之風盛極，各族皆喜將祖先追溯極遠，以「舊門」自豪，若這些遠祖有高官偉業的事蹟，則更以此作爲炫耀家族地位的最佳資料，設如瑯琊王氏果與周靈王、王翦輩有蛛絲馬跡的關係，則魏晉間王氏們必不會闕漏，蓋王氏家譜在當時亦甚著稱。故瑯琊王氏源起周靈王之說，可能隋唐以後的王氏附會之說。因此，我們寧以最早出現於記載的王吉爲王氏的始祖。

據漢書王吉傳云：「王吉少好學明經，以郡吏舉孝廉，爲郎，補若盧右丞，遷雲陽令。舉賢良，爲昌邑中尉」。從這段文章裏，我們不能確切知道他的家世，但王吉先做郡吏，因爲舉孝廉而才得爲郎(漢制舉孝廉者大多可補郎，見勞貞一師「漢代察舉制度考」刊於歷史語言研究所集刊第十七本)，可見王吉之父祖不會是大官，因爲漢有蔭子制度，大官之子不必在郡做吏。所以其父祖最多是地方掾吏，甚或未仕。王吉出仕似乎全憑其自己的才學與品德，因爲「好學明經」，獲得一個吏，吏的地位甚低，何況又是在郡國裏做吏，所做的事不外乎抄寫文書之類，這種職位若無其他因素，不易升遷。然而，王吉是漢武帝昭帝時代的人物，自武帝始以孝廉、賢良方正等科作爲大量吸收郡國有才華者的橋樑，王吉因明經，被舉孝廉，爲郎，補若盧右丞(按顏師古注：少府之屬官有若盧令丞，漢舊儀以爲主治庫兵者)，從地方掾吏踏進了中央掾屬，外遷拜雲陽令，其地位已在秩六百石至千石間；又舉賢良，爲昌邑中尉。所以王吉之起，建立於本身明經及適逢漢朝開始以孝秀擢拔人才的兩個因素上，據許倬雲先生「西漢政權與社會勢力的交互作用」(註一)一文指出，從武帝以孝秀取士以後，功臣子孫出身的官吏比例日減，由孝秀出身的儒生比例日增，因而使西漢政權與社會勢力更密切結合。王吉碰上了官吏社會成分的變動時期，成爲「上升變動」運動中的上升角色之一，由此我們把王吉看作瑯琊王氏參加政治的始祖是合理的。另一點值得注意者，即王吉從那裏學得經術？當時受教育的途徑主要有三。第一是入太學；第二是從師學經；第三是經術家傳。王吉入太學的可能性極小，因爲當時太學生出身的不會派到郡國中當小吏。王吉之所以能明經多半是出於第二及第三途徑。究竟他有沒有從

(註一) 刊於中央研究院歷史語言研究所集刊第三十五本。

師，我們已不可考，但家傳的可能性最大，因為若從經學大師學經，正史可能記上一筆，而家傳常被視為當然，除非有特別的必要，正史不特別注明，但是這僅可作為推測而已。王駿的經學確實是乃父吉所傳授，「初吉兼通五經，能為騶氏春秋，以詩、論語教授，好梁丘賀說易，令子駿受焉」，因此我們可以假定自王吉以後，王氏已有世世承襲的家學家風，東漢時王遵、王旹、王音、王誼、王叡、王典、王融等記載不詳，魏晉時的王祥曾受命為太學的三老，「祥南面幾杖，以師道自居，天子北面乞言，祥陳明王聖帝君臣政化之要以訓之」。王吉沉浮宦海，歷盡風波，坐昌邑王之罪髡為城旦，終於諫議大夫；乃子駿因受吉之經學，「舉孝廉為郎左曹，陳咸薦駿賢，父子經明行修，宜顯以厲俗，光祿勳匡衡亦舉駿，有專對材，遷諫議大夫」。王駿歷趙國內史、幽州刺史、司隸校尉、京兆尹、御史大夫。「駿子崇，以父任為郎，歷刺史、郡守、河南太守、御史大夫、大司農、衞尉、左將軍、大司空，封扶平侯」。

從前漢書王吉傳中的記載，及上述之分析，我們對瑯琊王氏的早期有下列幾點認識：

第一：形成士族有三大主要途徑。一是經過政治主要途徑，即由於參與新政權的建立或輔助新君的登基，或由於皇帝的寵倖，或由於外戚等因素而居官位，其後並能保持若干代官宦的家族。一是經過文化途徑，即由於經傳、法律、曆法等學問的精通，藉此入仕而能若干代官宦的家族。一是經過經濟途徑，即憑藉經濟的力量，或由大地主、或由巨商大賈入仕，而能若干代官宦的家族(註一)。西漢時的瑯琊王氏，顯然是經過文化途徑而演變成為士族者。

第二：正因為王氏是經過文化途徑演變而成的士族，因此王氏從開始便具有若干文化人的特質，除上述注意子弟的培養而發展成家學外，由於服膺儒家的經典，在做事方面灌注有儒家的精神，例如王吉為昌邑中尉，王好游獵驅馳國中，動作亡節，吉上疏諫曰：「……今者大王幸方與，曾不半日，而馳二百里，百姓頗廢耕桑，治道牽馬，臣愚以為民不可數變也。……夫廣夏之下，細旃之上，明師居前，勸誦在後，上論唐虞之際，下及殷周之盛，考仁聖之風，習治國之道，訢訢焉發憤忘食，日新厥德，其樂豈徒銜橛之間哉？」宣帝時，吉為諫議大夫，嘗奏曰：「孔子曰：安上治民，莫善於禮，非空言也，王者未制禮之時，引先王禮，宜於今者而用之，臣願陛下承天

(註一) 參見拙著「兩晉南北朝士族政治之研究」p. 48.

心，發大業，與公卿大臣，延及儒生，述舊禮，明王制。」(前漢書卷七十二本傳)。在做人方面則以儒家最强調的禮作爲行爲規範，王吉以友聞名，王祥以孝聞名，正是王氏這類經過文化途徑而發展成士族的特質。其源見於王吉。

第三：漢書云：「自吉至崇，世名清廉，然材器名稱，稍不能及父，而祿位彌隆」。這種現象，若列表說明，則更易找出其中道理。

世系	姓名	才學	出身	最高官
I	王吉	兼通五經	先爲郡吏，舉孝廉拜郎	諫議大夫
II	王駿	吉授駿經	舉孝廉爲郎左曹	御史大夫
III	王崇	材器名稱，不及乃父	以父任爲郎	大司空

才學是前代爲佳，官位則後代爲高，其關鍵在於入仕之難易，王吉入仕最難，王駿舉孝廉以後，陳咸及光祿勳匡衡交相推薦拜命，比乃父舉孝廉以後升遷得快，王崇入仕更易，以父蔭爲郎。才學品德是當時人所重視的任官條件，才學與品德是可以努力獲得的，但上述例子，似乎已發展着非由於才能而獲得高官的因素，也就是說「世資」因素已漸次重視了。西漢哀帝曾詔王崇曰：「朕以君有累世之美(師古曰：謂自祖及身皆有名也)，故踰列次」。這正是士族發展的濫觴。

第四：嚴格地說，士族可有許多型態，有的擁有廣大的田地產，僕僮千餘，或牛羊谷量；有的是部落酋豪，占塢堡而自雄，同時又做官吏者；有的是依附朝廷的官僚。西漢時的瑯琊王氏是屬於官僚型的士族。據云：「皆好車馬衣服，其自奉養極爲鮮明，而亡金銀錦繡之物，及遷徙去處，所載不過囊衣，不畜積餘財，去位家居，亦布衣疏食。」並沒有廣大的田地產，亦沒有龐大的地方勢力。

第五：王吉、王駿、王崇及東漢的王遵、王音而至王祥等，都是以中央官爲其主要事業，顯然地，自西漢以來，瑯琊王氏已是中央級的士族了。

第六：婚姻關係是研究家族社會地位的重要坐標，在非自由戀愛的社會中，門當戶對的觀念常常存在，相互婚嫁，至少表示兩家的社會地位相去不遠。王氏的婚嫁關係可得一例。即：「是時成帝舅安成恭侯，夫人放，寡居，共養長信宮，坐祝詛下獄，(王)崇奏封事，爲放言，放外家解氏與崇爲昏，哀帝以崇爲不忠誠……」。從這件婚姻關係中，瑯琊王氏在西漢時似乎已晉升於高階層的社會地位之中。

乙、王氏政治地位之研究

兩漢是我國中古時期大士族的醞釀時代，許多大士族的源流皆可溯尋至東漢或西漢，正如上節分析，瑯琊王氏便是例子，但是，王氏在兩漢時期一直是細水長流型的發展，與當時政治社會中的士族相比較，王氏並不算强盛的士族。例如後漢書卷四十六鄧禹傳：「鄧氏自中興後，累世寵貴，凡侯者二十九人，公二人，大將軍以下十三人，中二千石十四人，列校二十二人，州牧郡守四十八人，其餘侍中、將、大夫、郎、謁者，不可勝數」。東漢耿弇家族亦非常興隆，後漢書卷四十九耿弇傳記載：「耿氏自中興以後，迄建安之末，大將軍二人，將軍九人，卿十三人，尙公主三人，列侯十九人，中郎將護羌校尉及刺史二千石數百人」。又後漢書卷五十三竇融傳記載：「竇氏一公、兩侯、三公主、四二千石，皆相與並時」。而後漢書卷六十四梁統傳亦云：「梁冀一門，前後七封侯，二大將軍，其餘卿相尹校五十七人」。到了東漢末年，袁氏楊氏是當時的名族。魏志卷六袁紹傳：「袁安爲漢司空，自安以下，四世居三公，由是勢傾天下」。後漢書卷四十八楊彪傳：「自震至彪，四世太尉，德業相繼，與袁氏俱爲東京名族」。觀乎瑯琊王氏在東漢時的人物，正史僅錄遵及音旹，而官位只是中大夫義鄉侯及大將軍掾而已。降至曹魏之際，才漸漸地由細水長流型而一變爲滔滔江水型的士族。晉書卷三十五裴秀傳云：「初，裴、王二族盛於魏晉之世，時人以爲八裴方八王」。因此本文研究的重點，放在東漢以後王氏在政治社會種種現象之分析。

一個家族的興旺，應當指多方面的成就，因此亦應多元探討，本節從政治地位入手，一則因爲官品官職較易成爲科學分析的具體坐標，再則因爲政治地位一直被視爲判別社會地位的重要標準。

一、官位之統計

爲了統計運用便利，我們須假定王氏某一代作爲我們研究本文的第一代，最理想的是採取連續不斷的世系的最早的一代，王祥之祖王仁最合於這一條件。王仁之前，系數不明，王仁之後，代代相襲。但是，王祥之祖有二種不同的說法。新唐書卷七十二中宰相世系表說：「吉生駿，御史大夫。二子崇游；崇，大司空扶風侯。生遵，後漢中大夫義鄉侯。生二子旹音，大將軍掾。四子誼叡典融，融生祥覽」。而晉書卷三十三王祥傳說:「漢諫議大夫吉之後也。祖仁，青州刺史。父融，公府辟不就。」王祥之父融，兩書之說相同，固無疑問。祖父究竟是誰?按前漢書卷七十二王吉傳記載，王吉、王駿、王崇皆前漢時人;王祥係曹魏西晉時人;在王崇與王祥之間，亦即整個後漢二百十幾年之中，新唐書只記載王遵、王音、王融三代，殆不可能，其間必定漏列了若干代，而王仁亦可能是漏列者之一。因此承認王仁爲王祥之祖，似較合理。故本文以王仁第一代，王融爲第二代，王祥爲第三代……。從三國志、晉書、宋書、南齊書、梁書、陳書、魏書、北齊書、北周書、隋書、新舊書、舊唐書、南史、北史、及中央研究院歷史語言研究所收藏大量墓志銘搨本中，共找到瑯琊王氏後裔凡676人。尋其脈絡，追其世系，一一加以整理歸類，自漢末至唐亡，歷七百十年，得二十三世，茲依各人最高品製成「瑯琊王氏各代官品統計表」。爲了易於明瞭王氏各代活動於何朝何代?又製「瑯琊王氏各代主要活動之時間幅度表」，作爲本文研究之基礎。瑯琊王氏之世系雖可以排列至第二十三代，但王氏活動事蹟的記載，只有魏晉南北朝時較爲詳細。隋唐之際，因王氏官位微減，正史中很少發現他們的詳細動態，上表自第十三代以下(第十三代亦有一部份王氏進入隋唐時期)，皆屬隋唐時期，主要的資料來源，是出於新唐書卷七十二上宰相世系表及現存之墓志銘，只有人名官職及世系，而無實際活動現象。故本文以魏晉南北朝時期(即第一代至第十二代外加部分第十三代)的王氏人物作爲一個研究單元，並視爲重點之所在，隋唐部分則隨資料之多寡，略加討論。

瑯琊王氏各代官品統計表

世系＼官品	一	二	三	四	五	六	七	八	九	合計	不仕	總計
1				1						1		1
2											1	1
3	1		1	1						3		3
4			2	1	4	4	1			12	3	15
5	5		3	2	2	1				13	4	17
6			9	2	6		2	3		22	4	26
7	1	1	6	1	8		2	1		20	6	26
8	1	2	16	2	6	2				29	4	33
9		1	14	3	4	1	4			27	3	30
10		3	14	2	6	3	1	1		30	10	40

11	1	1	9	1	7	4	1			24	9	33
12	1	6	11	1	10	1				30	6	36
13		4	4	6	6	3	4	1	2	30	4	34
14		1	2	4	6	2	6	7		28	4	32
15			3	7	2	7	12	13	3	47	7	54
16				8	2	4	8	5	12	39	25	64
17			1	7	3	1	2	5	5	24	32	56
18			3	6	6	2	8	5	6	36	30	66
19			1	2		1	4	5	7	20	33	53
20				3	3	1	3	1	1	12	19	31
21					1	1	1	3	1	7	4	11
22								1		1	6	7
23				1					3	4	3	7
合計	10	19	99	60	82	38	60	51	40	459	217	676
百分比												

瑯琊王氏各代主要活動之時間幅度對照表

世系	活動之朝代及建元年號	代表人物
1	漢獻帝建安——曹魏文帝景初	仁
2	曹魏	融
3	曹魏齊王芳正始——西晉武帝太熙	祥、覽
4	西晉	裁
5	西晉惠帝永熙——東晉成帝咸康	敦、導
6	東晉元帝建武——東晉海西公奕太和	洽、羲之
7	東晉穆帝永和——東晉武帝太元	珣、珉
8	東晉安帝隆安——宋文帝元嘉	弘、曇首
9	宋	景文、僧虔
10	宋世祖孝建——南齊	儉、志
11	南齊——梁武帝中大通	亮、暕、肅
12	梁——陳	冲、詡、猛
13	陳——唐高祖武德	褒、冑、寬
14	隋——唐太宗貞觀	鼒、德素、儆
15	隋煬帝大業——唐高宗宏道	弘讓
16	唐高宗永徽——唐玄宗開元	方泰、同皎
17	唐中宗文明——唐玄宗天寶	繇、景、鴻
18	唐中宗神龍——唐代宗大歷	志悌、訓
19	唐玄宗開元——唐德宗貞元	治
20	唐肅宗至德——唐穆宗長慶	敬元
21	唐德宗建中——唐武宗會昌	鐬師、甫
22	唐順宗永貞——唐懿宗咸通	摶
23	唐敬宗寶慶——唐亡	倜

二、起家官職與官品之研究

研究政治地位首先需注意出發點平等與否？如果不平等，其不平等的程度如何？當時一個人最初就任的官職，專稱爲「起家官」，初次任官有許多專用名稱，如：「起家」「釋褐」「解褐」「解巾」「初任」「初拜」等。依當時所實行的九品官人法，起家官需與中正官對該人的品評相符合，卽中正評品高者起家官亦較高之意。由於大士族力量强大，控制了選舉機構（參見拙著：兩晉南北朝士族政治之研究），大士族子弟，中正評品極佳，因此起家官亦極高。瑯琊王氏當然是大士族，其起家官分析於下：

六品官起家者有：

以秘書郎起家者得：瑒、固、質、勵、通、冲、訓、錫、僉、褒、規、承、泰、寂、儉、慈、績、僧虔、恢之、誕、謐、羲之等二十二人。

以駙馬都尉起家者：暕、亮、瑩、志、琨、嘏、敦等七人。

以騎都尉起家者得：肇、珉。

七品官起家者：

以著作佐郎起家者：長玄、秀之、彪之。

以王國常侍起家者：晏、逡之、淮之、敬弘。

以嗣王三品將軍參軍起家者：琳、筠、峻、鎭之、僧達、弘。

以一品將軍參軍起家者：惠、球、徽之。

以司徒祭酒起家者：儆。

以州別駕起家者有：祥。

以太子舍人起家者：衍。

八品官起家者：

以一品官掾起家者：戎、珣、曇首。

以三品將軍參軍起家者：韶之、協。

以三品將軍主簿起家者：份。

以州祭酒起家者有：智深。

以州主簿起家者有：獻之、華、思遠。

以侍講東宮起家者有悅，應本郡之召者有覽。而王氏舉秀才者共發現三起，即王祥及有齊的琨及延之。其他因資料不全，不能一一查出。

由上列各種起家事例中得知王氏最高可以六品官起家，最低亦可以八品官起家，而以六品及七品起家爲常態。王氏無以九品官起家者，這點可解釋「瑯琊王氏各代官品統計表」中在魏晉南北朝時期無九品官之原因。

隋朝瑯琊王氏似以第九品起家，例如：

唐貝州臨清縣令王宏墓志銘（登記號13927；14234）記載：

宏釋褐隋謁者台散從郎（九品），從班例也。

唐開封右尙令王仁則墓志銘（登記號14188）記載：

王仁則解褐王府典籤（九品）。（按仁則起家在隋朝）

唐通泉金城二縣令王素墓志銘（登記號05238）記載：

王素起家（隋朝）州都督府典籤（九品）。

唐朝瑯琊王氏起家事蹟見諸記載者有：

唐武榮州南安縣令王基墓志銘（登記號13473；14024）：

王基弱冠明經擢第，補州參軍（六品）。

唐雅州名山縣尉王大義墓志銘（登記號13862）：

弱冠以永徽三年明經擢第，拜縣主簿（九品）。

唐南陽郡臨湍縣尉王志悌墓志銘（登記號01553；05962）：

判入甲科，授相州成安縣尉（九品）。

唐右翊衞清廟臺齋郎天官常選王豫（登記號13392）：

年二十一門調宿衞，州舉孝廉，補清廟臺齋郎（九品）。

唐行京兆府涇陽主簿王郊墓志銘（登記號07762）：

自弘文館明經，授弘農尉（九品）。

唐吏部常選王元墓志銘（登記號12964；13578）：

始以門蔭宿衞，續以戶選奉銓衡（即吏部常選，九品）。

唐朝散大夫譙郡司馬王秦客墓志銘（登記號13789）：

以門蔭補太廟齋郎，解褐授左清率府胄曹參軍（九品）。

唐衛州司馬王善通墓志銘(登記號13762):

敕授州參軍(九品)。

唐王虔暢墓志銘(登記號08877):

釋褐縣尉(九品)。

唐彬州司士參軍王公度墓志銘(登記號13585):

弱冠調補州參軍(九品)。

唐襄州襄陽尉同州馮翊縣丞王鴻墓志銘(登記號13210;14174):

初任縣尉。

唐忠孝王府文學王固已墓志銘(登記號01539):

解褐滑州衛南尉(九品)。

從上列十二個例子中,有幾點値得注意的。第一:皆以九品官起家,似乎像魏晉南北朝時期以六七品起家的現象,已不復存在,我們最低限度可以說唐朝王氏以九品起家爲常態。第二:沒有發現以流外官起家者,顯示在唐朝王氏仍然保持其士族地位。第三:十二個例子中有五個是經由「明經擢第」「判入甲科」「自弘文館明經」等方式入仕,這是一種以才華任官的途徑,這種途徑是允許任何階級競爭,也就是說唐朝王氏已不能全靠門資,亦須與他人平等求進了。這與整個魏晉南北朝時間只有三個王氏以舉孝廉出身相比較,其中變化甚鉅。第四:仍有以門資入仕者,但這種現象似乎並不普遍,且以門資入仕者皆需經過一段實習時期,如「門調宿衛」「以門蔭宿衛」「以門蔭補太廟齋郎,解褐授左清率府胄曹參軍」。這亦表示王氏在唐朝仍有相當的地位。無論如何,王氏起家官位,在唐朝遠不如魏晉南北朝時期。

三、升遷速度之研究

魏晉南北朝期間(即第1—13代),約有五分之一的王氏不見拜任何官職,對於研究王氏家族的政治地位而言,這些未拜任何官職者,其重要性一如拜官者,爲何大部份的王氏皆任官而這小部份不居官?其原因何在?都是値得推敲的問題,但是這些未任官職的王氏,歷史書上的記載語焉不詳,不能完全地找出其客觀及主觀的因素,僅能就可得的記載分析之。王氏未任官職的原因,首推「早卒」,如王祥的三個兒子芬、烈、夏,皆夭折,若他們能够達到弱冠之齡,相信以王祥官居太保的身份,任官極其可能。其他如王裁之子卽王導之弟王穎。王羲之之子王玄之。王僧祐之孫卽王藉之子王碧。王羅雲之子王思玄等，皆因早卒而未仕。第二個原因是父兄謀逆。如南齊書卷四十九王奐傳云：王奐叛逆，奐第三息彪隨奐在州，凡事是非皆干豫扇搆，奐敗，彪被誅，彪弟爽亦卒，而奐弟伷雖得保留性命，但終身廢於家。第三原因是品德不良，如宋書卷六十三云：王宣侯子王長，襲嗣，坐駡母奪爵，其後不見仕宦。第四原因是庶出，如南齊書卷三十二云：王薈子王懌，不慧，侍婢生，未仕。又如晉書卷四十三王戎傳云：「有庶子興，戎所不齒，以從弟陽平太守愔子爲嗣。晉書斠注引五禮通考一百四十六曰：有子立嗣，似屬創見，然繼體祖宗事關重大，子出微賤而猥以承祧，是不敬其先人也。」一般而論，庶子不慧並不得乃父喜愛者才不仕。第五原因是襲爵承嗣，但未任職。如晉書卷七十六云：王晞之承襲乃父王允之番禺縣侯，嗣卒。王肇之又承襲乃父王晞之之爵，嗣侯卒。其他如宋書卷八十五，王絢之子王媐。宋書卷四十二，王錫之子王僧亮。宋書卷六十三，王定侯之子王終等，皆是。第六原因是自己拒絕徵詔不仕。如南史卷二十四王素傳云：「素少有志行，家貧，母老，隱居不仕。宋孝建大明泰始中，屢徵不就，聲譽甚高，山中有蚿，淸長聽之，使人不厭，而其形甚醜，素乃爲蚿賦以自況，卒年五十四。王素祖王泰之，曾祖王望之皆不仕」。其他原因不詳者有：王會之子王邃、王廙之子王耤之、王廙之孫王承之、王允之之子王仲之、王晏之之子王峴之、王峴之之子王陋之、王羅雲之子王思微、王敬弘之孫王閔之、王倫之之子王昕、王峻之子王玩、王錫之子王泛及王湜、王泰之子王廓及王祁、王翼之之子王法興、王曄之之子王眄等。但依事實而論，王氏未宦之最大原因厥爲未能及旣冠之年而早卒。除早卒以外，襲嗣承爵而未任職者，亦有例子多起。其餘如父兄謀逆、品德不良、庶出爲乃父不喜、拒徵不仕等原因，比較少見，似乎是特例。

王氏未見拜命第九品官職，因王氏起家最低者拜第八品，上節已有細論。

第八品、第七品、第六品，是王氏起家的官品，故將六、七、八品合而論之。硏究的主旨是：如何升遷？升遷之速度如何？未能再上升之原因何在？

止於第八品者共有五人，其中一人被害而亡，其他四人的年歲及死因不淸，但顯然這五人皆起家卽拜第八品者。

止於第七品者共有九人，其中丞相祭酒王敞、元帝撫軍參軍王協、平西長史王羅雲三人早卒，其餘六人的年壽及死因不詳。從資料中顯示，似乎這些第七品者並非由第八品上升而來，可能皆起家即拜第七品官。九人之中只有一人曾經平級轉遷，即王偉之曾由烏程令(七品)遷爲本國郎中令(七品)。

止於第六品者共有十六人，其中三人因早卒，另三人被殺或賜死，另一人卒年二十九歲，一人卒年六十三歲，其餘八人年歲及死因不詳。十六人之中，十三人起家即拜第六品官，其餘五人由第七品升至第六品。

王孚　海鹽令(七品)→司徒記室參軍(六品)。

王徽　司徒祭酒(七品)→司徒主簿(七品)→始興王後軍功曹記室參軍(七品)→太子中庶人(六品)→始興王友(六品)。

王弘之　瑯琊王中軍參軍(七品)−司徒主簿(七品)→烏程令(七品)−衛軍參軍(七品)→南蠻長史(六品)→右軍司馬(六品)。

王弘之轉遷最多，這是一個特例，因爲他是一位高士，很早就脫離官海，故最高品只達第六品，卒年六十三。研究六品以下而升至第六品之速度問題，不但要注意到以上由第七品升至第六品而止於第六品的五個例子，且要兼顧到升至第六品而又再上遷的人們在其上升至第六品時的速度。一般而論，王氏以七品起家者多於以八品起家，以六品起家者又多於以七品起家(詳見上節之分析)，起家六品而止於六品者暫且勿論，七品八品起家者大多數經過二至三遷便升至第六品。上列王徽似乎是一個較爲典型的例子，他在第七品這一階級上經過三遷而升至第六品，他卒年是二十九歲，死在始興王友任上，因此我們可以推定王氏若從第八或第七品起家者，至遲在三十歲以前便可升達第六品官。

在魏晉南北朝之際，王氏曾任第六、七、八品這些階官職者共有二百零六人，能够跳出第六品而進入第五品者有一百七十六人，透過這一階的比率達85%，只有15%滯留在六、七、八品。爲何這15%不能上升至第五品呢？我們沒有積極的資料，在此只能作邏輯上的推論。滯留未升的15%共有人數三十。已知被害而死者四人，另一人年壽六十三，因此餘下二十五人，這二十五人占王氏總人數二百五十八人的10%弱。我們若推定二十幾時死去王氏總人數的10%，亦甚合理。因此這二十五個未能再上升的王氏們，我們假定其最大的原因是年壽不永（事實上二十五人中已知七人記載是早卒）。

止於五品者共有五十九人。在九品中正制度之下，第五品已漸次重要；中央官如給事黃門侍郎、中書侍郎、尙書吏部郎、尙書左右丞、太子中庶子、散騎侍郎等，地方官如單車刺史、太守等皆屬第五品。除宗室以外，一般士族沒有以第五品起家者，所以第五品皆由低品升至。就王氏而言，第五品如何升達？其比不能升達第五品的其他王氏有何特點？升遷路線與速度如何？再者，這些止於第五品者爲何不能再向上爬一層，其原因安在？自第六品升至第五品早遲幅度較大，一個起家卽拜六品的王氏，若一帆風順，可能不久便上遷第五品，則其年歲可能只有二十左右，如王錫：年十二爲國子生，年十四舉清茂除秘書郎(六品)→太子舍人(六品)→中書侍郎(五品)→黃門侍郎(五品)→吏部郎(五品)。卒於吏部郎任內，年二十四，則當其初升至第五品時，其年齡約僅二十歲左右。一般而論，王氏自二十歲弱冠之年起家，由第八品（大多數由七品或六品）幾經升遷，在三十歲以前，若無特殊事故，或年壽不永，皆能升至第五品官。另一方面有一種現象，卽第五品官的最大年齡除王僉達四十五歲以外，似乎皆未過四十，如第五品官的王錫卒於三十六、王融卒於二十七、王悅先乃父王導而卒，亦必四十以內，王絢終於秘書丞，宋書稱其早卒；王徽之居黃門侍郎，年壽短。

五品官皆由六品升達，固無疑問，一般而論，王氏在第六品上同級遷官者通常僅二三遷而已，卽王氏自六品升五品的速度與自七品升六品的速度相似，五品以下同級累遷而滯留不升的現象甚少，但一旦升至五品官時，就常出現在第五品這一階級上屢次轉移職務。如：

王琳　舉南徐州秀才，釋褐征虜將軍建安王府法曹參軍(七品)→司徒東閤祭酒(七品)→南平王文學(六品)→中書侍郎(五品)→衞將軍長史(五品)→明威將軍東陽太守(五品)→司徒左長史(五品)。

王錫　少以宰相子起家爲員外散騎侍郎(六品)→中書侍郎(五品)→太子左衞率(五品)→江夏內史(五品)。

王僉　補國子生，對策高第，除兼秘書郎(六品)→尙書郎(六品)→太子中庶人(五品)→建安太守(五品)→威武將軍始興內史(五品)→黃門侍郎(五品)

→戎昭將軍尚書左丞(五品)→太子中庶子(五品)。

這種現象有兩種含義。其一:表示自五品升四品的速度比六品升五品爲慢。其二:在第五品這一階內多遷,是必增長其升四品的年歲,而使年壽不够長者自然淘汰。

魏晉南北朝之際,王氏做過第五品官者共一百七十六人,其中一百一十七人更上一層樓,占66.6%,只有三分之一止於五品,年壽仍然是最大原因,因爲升至四品或三品需要更長的時間。另有一個理由支持這一種說法,卽當時司徒左長史、吏部郎、黃門侍郞、中書侍郞等皆是「淸要官」,不但升遷只是時間問題,而且常常可以超遷,卒於這幾種淸要官者若天假年壽,再升一二級當無問題,而卒於這些官的王氏甚多。如卒於黃門侍郞者有:王融、王僧祐、王茂璋、王粹、王彭之、王徽之、王祥(父銙)、王攸。卒於司徒左長史者有:王廞、王靜之。卒於中書侍郞者有:王耆之、王悅。卒於吏部郞者如王錫。

第四品的官職除御史中丞及都水使者以外,都是些四品將軍,這些將軍大多是將軍號的加官而已,其實際職多是第五品;如寧朔將軍晉安太守,太守屬第五品,爲了提高其品位,加以第四品將軍號寧朔將軍,於是乎這位太守便屬第四品了,而實際上仍然是做第五品太守之職。卽以御史中丞及都水使者而言,其品位雖屬第四品,但有時其政治地位還不如第五品的司徒左長史及吏部郞,御史中丞有發現上遷第五品司徒左長史,而司徒左長史亦有不經第四品的任何官職超遷第三品者。所以第四品的官職大都含有濃厚的過渡性,又因第四品的官職很少,卒於此階者魏晉南北朝時只得十二例,資料不全,然而以第五品官的分析適用於第四品,似乎不會與事實相差太遠。

第三品的官職已非常重要,包括中央政治的決策人物。如門下省的侍中;尙書省的尙書令、尙書僕射、列曹尙書;中書省的中書監令。武官如諸征鎭安平將軍、中領中護軍。瑯琊王氏在魏晉南北朝期間曾經居五品者共得一百七十六人,其中有一百零五人能够跳出第四五品而至第三品,占三分之二弱。大部份皆可升至第三品,據上段分析不能升達三品者的最大原因仍然是足够的年壽。然則升達第三品時需達幾歲呢?早晚隨各人不同,其平均年齡研究於下;卒於第三品而有年歲記載者,凡三十二人,我們且從其卒年與在第三品這一階平行遷官的次數而推論其初任第三品的年歲。

卒時年歲	人數	百分比	三品官平行遷職次數
30～39歲	5人	15%	1～2遷
40～49	10	30%	2～3
50～59	9	28%	3～4
60～69	7	21%	3～11
70～79	2	6%	3～8

40～49歲卒於第三品，且曾經過2～3遷者，我們推論其初任第三品時在40歲以內。以此得王氏初拜三品的年歲得：

～39歲拜三品者占		45%
40～49	〃	45%
50～	〃	10%

上列曾經說王氏能否升至第三品是年壽問題，卽王氏若有足够的年壽，最後必可升達第三品之謂也，如果 30～40 歲沒有升達三品，40～50 很有希望爬上這級，如果在40～50仍然沒有升達三品，則除非此人是高士或特殊事由，必可在50歲以後遷升至第三品。但是我們必須注意一件事實，升達三品有的早在三十歲以前，有的在五十歲以後，其時間早晚之幅度達二十幾年，關於升至三品孰早孰晚却是依據「才」「資」爲其條件。所謂「才」是當時人所認爲的才；所謂「資」者，因王氏是大士族，分枝分房很多，房與房之間的資蔭亦有高低之分。例如在三十歲以前升達三品者有王儉、王訓（儉之孫），這兩人是各房之中最貴的一枝，其世系爲：

導	洽	珣	曇首	僧綽	儉	暕	訓
丞相（一品）	中書令（三品）	衞將軍（二品）	侍中（三品）	侍中（三品）	侍中（三品）	尙書左僕射（三品）	侍中（三品）

王訓在二十六歲以前卽拜三品，梁書卷二十一本傳對其才資的敍述如下：

> 十六召見文德殿，應對爽徹，上目送之，顧謂朱异曰：可謂相門有相矣！補國子生，射策高第……俄遷侍中，既拜入見，高祖從容問何敬容曰：「褚彥回年幾爲宰相」。敬容對曰：「少過三十」。上曰：「今之王訓無謝彥回」。訓美容儀，善進止，文章之美，爲後進領袖，在春宮特被恩禮，以疲終於位，時年二十六。

第一品及第二品官職於其說有實質上的意義毋寧說是一種榮譽地位。一品官是指列公及開府儀同三司驃騎車騎大將軍等，蓋自魏晉以降，三公無權，實際權力在三省長官手中（皆三品官），列公只是德高望重的大臣，開府儀同三司是文散，車騎驃騎大將軍大半是武散。二品官是包括三品官冠以「特進」字銜，武官則驃騎車騎將軍、諸大將軍及諸持節都督者。凡此只是階級增高，與三品比較並沒有實質上的變更。一品二品這種榮譽，當時人似乎亦很重視，不輕易授與，例如魏晉南北朝之際，王氏曾任三品官者達一百零五人，但是能够升至一二品者（一品十人；二品十人），僅二十人，只占19%而已，絕大部份沒有獲得這項榮譽。且將一品及二品官列舉於下：

王祥　司空、太尉、司徒。　年七十餘。

王敦　丞相、大將軍。　年五十六。

王導　丞相、司徒、太傅。　年六十餘。

王戎　司徒。　年七十二。

王衍　司空、司徒。　年五十六。

王謐　司徒。　年四十八。

王弘　司徒、太保。　年五十四。

王含　開府儀同三司驃騎大將軍。　年五十餘。

王肅　（北魏）使持節都督車騎將軍刺史開府儀同三司。　年三十八。

王敬弘　特進尚書令。　年八十。

王僧朗　特進侍中。

王僧虔　特進左光祿大夫。　年六十。

王份　特進左光祿大夫。　年七十九。

王冲　特進光祿大夫。　年七十六。

王通　特進光祿大夫。　年七十二。

王猛　鎮南大將軍。

王晏　驃騎將軍。

王珣　衛將軍。　年五十二。

王延之　使持節都督安南將軍江州刺史。　年六十四。

其中王肅北奔被魏主特別寵愛，年三十餘卽登一品官外；王謐初任司徒則係由桓玄稱帝時所命。除此二人以外，其餘一二品者皆年五六十歲。早期的人物如王敦、王導等以功業晉級外，似乎以德望人才升至一二品者爲多。總之，王氏升至一二品時才有若干選擇性。

上列各段提及年壽對王氏官宦升遷之重要性，且綜合列表如下：（魏晉南北朝時期）。

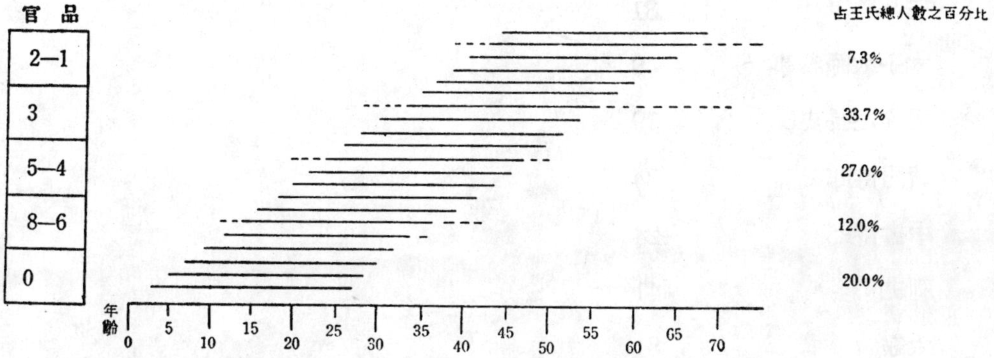

上述强調年壽與升遷之關係，並非完全不重視才華因素，王氏自始便是以學業承襲的家族，對家族成員的每一個人的學業皆有某些標準，王氏的學業水準似乎很得當時人的信心（詳細討論見下節），再加以崇高的門資，於是乎就造成上述年壽與官品升遷有密切關係的現象。

隋唐時期的升遷資料極端缺乏，無法作系統研究。但是有一點可作肯定者，卽依據「瑯琊王氏各代官品統計表」所示，王氏在隋唐的政治地位已遠不如前，因此上述魏晉南北朝時期升遷速度之研究，不適用於隋唐時期。

四、擔任官職之分析

魏晉南北朝時，王氏所擔任官職統計如下：

司徒	5
侍中	43
尙書令	3
尙書僕射	14
中書監	4

中書令	10
列曹尚書	35
光祿大夫	16
散騎常侍	16
列卿	25
秘書監	5
三品將軍	31
太子太師詹事	9
司徒左長史	19
黃門侍郎	34
中書侍郎	24
刺史	41
太守	81

丙、王氏在政治社會中的動態

一、王氏政治行爲之分析

魏晉南北朝期間，王氏們的政治行爲大致可以分爲三大類型：

第一類是無爲型。其代表人物有王戎、王衍。試以此二人爲例，從其對政治上各種觀點及作風諸方面看這一類型的具體行爲。

a、王戎。

晉書卷四十三王戎傳記載：

惠帝反宮，以戎爲尚書令。既而河間王顒遣使說成都王穎，將誅齊王冏，檄書至，冏謂戎曰：孫秀作逆，天子幽逼，孤糾合義兵，掃除元惡，臣子之節，信著神明，二王聽讒，造構大難，當賴忠謀以和不協，卿其善爲我籌之。戎曰：公首舉義衆，匡定大業，開闢以來，未始有也，然論功報賞，不及有勞，朝野失望，人懷貳志，今二王帶甲百萬，其鋒不可當，若以王就第，不失故爵，委權崇讓，此求安之計也。冏謀臣葛旟怒曰：漢魏以來，王公就第寧有得保妻子乎？議者可斬。於是百官震悚，戎僞藥發墮厠得不及禍。

尋轉司徒，以王政將圮，苟媚取容，屬愍懷太子之廢，竟無一言匡諫。

晉書給他的評論最能表現出其政治行爲，云：戎無蹇諤之節，自經典選（爲吏部尚書），未嘗進寒素，退虛名，但與時浮沉，戶調門選而已。

b、王衍。王戎之從弟，其風格與戎極相似。

晉書卷四十三王衍傳記載：

（王衍爲尙書令時）女爲愍懷太子妃，太子爲賈后所誣，衍懼禍自表離婚。賈后旣廢，有司奏衍曰：衍與司徒梁王肜書寫呈皇太子手與妃及衍書，陳見誣之狀，肜等伏讀，辭旨懇惻，衍備位大臣，應以義責也。太子被誣得罪，衍不能守死善道，卽求離婚，得太子手書，隱蔽不出，志在苟免，無忠義之操，宜加顯責，以厲臣節，可禁錮終身。從之。

及東海王越薨，衆共推爲元帥，衍以賊寇鋒起，懼不敢當，辭曰：吾少無宦情，隨牒推移，遂至於此，今日之事，安可以非才處之。俄而舉軍爲石勒所破，勒呼王公與之相見，問衍以晉故，衍爲陳禍敗之由，云計不在己，勒甚悅之，與語移日，衍自說少不豫事，欲求自免，因勸勒稱帝號。勒怒曰：君名蓋四海，身居重任，少壯登朝，至於白首，何得言不豫世事邪？破壞天下正是君罪。塡殺之。衍將死顧而言曰：嗚呼！吾曹雖不如古人，向若不祖尙浮虛，戮力以匡天下，猶不至今日。

第二類是積極型。有抱負有才能的人物，對現實政局採取積極的態度，有的失敗，有的成功，我們且不論其成功與失敗，其積極則一也，當西晉末葉，王氏在兩個積極型的代表人物，卽王導與王敦。

a、王導。

王導處理當時局面，頗有開創的氣魄。晉書卷六十五王導傳云：

導知天下已亂，遂傾心推奉（晉元帝），潛有興復之志，帝亦雅相器重，契同友執，帝之在洛陽也，導每勸令之國，會帝出鎭下邳，請導爲安東司馬，軍謀密策，知無不爲。

建立東晉之初，王導又有一連串的新猷，他樹立了南朝規模，他的政策一直被南朝遵循着，簡述其重要作風如下：

(1) 收攬士著民心，任用吳郡賢才，使新政府能在南方生根，採取恩威並用的手段。

晉書云：及徙鎭建康，吳人不附，居月餘，士庶莫有至者，導患之，會敦來朝，導謂之曰：瑯琊王仁德雖厚，而名論猶輕，兄威風已振，宜有以匡濟者。會三月上巳，帝親觀禊乘肩轝具威儀，敦導及諸名勝皆騎從，吳人紀瞻、顧榮皆江南之望，竊覘之，見其如此，咸驚懼，乃相率拜伏道左。導因進計曰：古之王者莫不賓禮故老，存問風俗，虛己傾心，以招俊乂，況天下喪亂，九州分裂，大業草創，急於得人者乎？顧榮賀循此土之望，未若引之以結人心，二子既至，則無不來矣！帝乃使導躬造循、榮，二人皆應命而至，由是吳會風靡，百姓歸心焉。

(2) 安慰流亡人士，並選用其賢才。

王導傳云：俄而洛京傾覆，中州士女，避亂江左者十六七，導勸帝收其賢人君子，與之圖事，時荊揚晏安，戶口殷實，導爲政務在清靜。

(3) 規勸君主。王導傳云：

每勸帝尅己勵節，匡主寧邦，於是尤其委杖，情好日隆，朝野傾心，號爲仲父。

(4) 勉勵士大夫積極爲國。王導傳云：

過江人士，每至暇日，相要出新亭飲宴，周顗中坐而歎曰：風景不殊，帶目有江河之異，皆相視流涕。惟導愀然變色曰：當共戮力王室，尅復神州，何至作楚囚相對泣耶？衆收淚而謝之。

(5) 提倡教育。

於時軍旅不息，學校未修。導上書曰：夫風化之本，在於人倫，人倫之正，存乎設庠序，設五教明德禮洽通，彝倫攸敍，而有恥且格，父子兄弟夫婦長幼之序順，而君臣之義固矣！易所謂正家而天下定者也，故聖王蒙以養正，少而敎之，使化霑肌骨，習以成性，遷善遠罪而不自知，行成德立，然後裁之……。

(6) 安定王儲。

初帝愛瑯琊王裒，將有奪嫡之議，以問導，導曰：夫立子以長，且紹又賢，不宜改革，帝猶疑之，導日夕陳諫，故太子卒定。

(7) 協調大臣。

于時庾亮以望重地逼，出鎭於外，南蠻校尉陶稱說亮當舉兵內向，或勸導密爲之防。導曰：吾與元規（亮字）休戚是同，悠悠之談，宜絕智者之口，則如君言，元規若來，吾便角巾還第，復何懼哉？又與稱書以爲庾公帝之元舅，宜善事之。於是讒閒遂息。

又大司馬庾亮將徵蘇峻，訪之於導，導曰：峻猜險必不奉詔，且山藪藏疾，宜包含之，固爭不從，亮遂召峻，旣而難作。

上列若干項王導的政治措施，與古今任何宰輔比較毫無遜色。更值得注意者，這種種措施，皆基於儒家的政治理論。王導的作風被南朝士族子弟們所效法，雖然模仿他的人只學到一部份，且在實行時遠不如王導積極，但王導似乎已替士族子弟們樹立了一種政治行爲的典範。

b、王敦。

對於州郡的控制，地方勢力的鏟平，王敦的貢獻不亞於從弟王導。例如元帝初鎭江東之時，悉賴王敦武力支持。王敦是另一方面的積極行爲代表人物。

第三類是因循型。這類人的政治行爲是兢兢業業，不求有功，但求無過，隨波逐流，憂讒畏譏，但並非完全不做一點事情，有時做一點，大部份時間皆蕭規曹隨，因循不變。如晉書卷三十三王祥傳中的王祥是代表人物之一。

徐州刺史呂虔檄爲別駕……委以州事，于時寇盜充斥，祥率勵兵士，頻征之，州界淸靜，政化大行，時人歌之曰：海沂之康，實賴王祥，邦國不空，別駕之功。

王祥比王戎輩無爲作風而言，要積極些，但其積極程度亦達此而已。王祥傳又云：

爲大司農，高貴鄉公卽位，亦參與定策。轉司隸校尉，亦曾從討征毌丘儉。祥爲三老，高貴鄉公之弑也，朝臣舉哀，祥號哭曰：老臣無狀，涕淚交流，衆有愧色。而及晉受禪，頃之拜（祥）司空，轉太尉。

王祥臨卒時對其子孫的一段話，可作爲最佳的自我抽述：

吾生値季末，登庸歷試，無毗佐之勳，沒以報，氣絕但洗手足，不須沐浴…。

因循人物在南朝末期被王氏們發揮至極，形成一種爲人處事的典型，試舉數例。

陳書卷十七王冲傳：

性和順，事上謹肅，習於法令，政在平理，佐藩莅人鮮有失德，雖無赫之譽，久而見思。

陳書卷十七王通傳：

爲政淸簡，吏民便安之。

陳書卷二十一王固傳：

以固淸靜。

陳書卷二十三王瑒傳：

除吏部尙書，居選職務在淸靜，謹守文案，無所抑揚。

政治行爲的分類，是一件不容易之事，因循型與無爲型之間之明確標準爲何？積極型與因循型是否毫無重疊之處？這種種問題都無法得到完整的答案。同時政治行爲是否只能分爲這三類，亦頗値得商榷。本文這種分類是將就資料的分法。且將魏晉南北朝在政壇上主要人物依上列三種類型歸類列表於下：

王氏政治行爲分類表（魏晉南北朝時期，即自第一代至第十三代）

世系	積極型	因循型	無爲型
第1代			
第2代			
第3代		祥、覽	
第4代			
第5代	敦、導、含、廙	舒、彬	戎、衍、澄
第6代	恬、允之、彪之	洽、劭、薈、瑜、羲之、胡之、翹之	
第7代		混、珣、珉、謐、恢、獻之	徽之、凝之
第8代		弘、虞、柳、孺、曇首、朗、練、球、智、僧朗華、琨、敬弘、鎮之、訥之	惠
第9代		僧達、猷、遠、僧綽、僧虔、景文、翼之、普曜準之、韶之	
第10代		懋、僧衍、瞻、儉、慈、志、絢、績之、蘊、份瓚之、昇之、晏、逡、思遠、奐、暕、泰	
第11代		瑩、亮、騫、筠、融、延之、秀之	
第12代		冲、褒、銓、通、勱、質、固、峻、訓、錫、承	
第13代		瑒、瑜、寬	

表中有二點值得注意。其一：前三代因記載不詳，第五代及第六代時三種類型皆有有名人物出現。其二：因循型者逐代增加。討論於下：

上列粗分的三種政治行爲類型，也可視爲王氏對現實社會的三種反應，作風雖有不同，其基本心理則一也，卽保持家族的生存與地位。當永嘉亂起，正值王氏第五及第六代出現於歷史舞臺，面臨如此複雜巨大的變局，很容易產生各種不同的應變方法。有人認爲採取消極態度做人處事可免許多爭執，不做不錯，少做少錯的心理產生，於是乎老莊思想最吻合於這些人的思想，他們認爲「無爲」是保家保身的萬靈丹。例如，「當鍾重伐蜀，過與(王)戎別，問計將安出？戎曰：道家有言，爲而不恃，非成功之難，保之難也。」又「當東安公繇專斷刑賞，威震外內。(王)戎誡繇曰：大事之後，宜深遠之。及戎主持選舉時，與時沉浮，戶調門選而已」。很容易看出他的無爲保家思想。又王戎雖知族弟王敦有高才，但反對他的積極作風，認爲是招禍之因，故「敦有高名，戎惡之，敦每候戎，輒託疾不見。」另一位主張無爲的王衍，曾有狡兎三窟的設計，由此可見這類無爲型的人物，其政治行爲是無爲，其心理乃是因爲保家。另一類型者認爲國家危難之秋，得積極匡正才能保國保家，若說王導完全出於愛護司馬睿之心，毋寧說王導欲保家而以瑯琊王司馬睿做個招牌，這不但是王導一個人的想，當時大部份僑姓及與姓士族們的一般想法。而王敦的政治行爲積極之至，但是他的心理基礎可由他病倒時的一段話中得到若干啓示。「鐵鳳謂敦曰：脫有不諱，便當以後事付應。敦曰：非常之事，豈常人所能，且應年少，安可當大事，我死之後，莫若解衆放兵，歸身朝廷，保全門戶，此計之上也」(晉書卷九十八王敦傳)。第三種人介於無爲型與積極型之間，採取中庸之道，因循故事，不急不緩，如王祥、王覽。這三種類型的人，在永嘉之亂以後皆得到充分的實驗，其結果是主張無爲作風者因爲完全失去政府設官治事之基本原則，這種人居位是敗事有餘而成事不足，王衍之死便表示無爲型的政治行爲的完全失敗，而時人亦漸以「浮華」稱之，遭人唾棄，故自戎、衍以後眞正在政治上採取無爲者漸少。積極型的人物對國家有創造性的貢獻，但是在權力鬬爭之下，一旦走上了「螺旋進程」之途(註一)，可能會騎虎難下，如王敦是也，王敦給王氏家族之打擊至深且鉅，王氏幾乎族滅。卽以王導而論，亦曾遭元帝及他人

(註一) 參見朱堅章著：「歷代篡弒之研究」第五章篡弒的動機——權力與自保。

之忌，故王導在其晚年亦以「清靜」聞。經過這些實驗，因循型的政治行爲似乎最能保持家族的生存及政治社會地位的續繼，自東晉以後，王氏皆服膺這種作風。然而，因循作風的盛行是否因爲該家族活力之衰微，非現存資料所能證明。

二、王氏與軍旅

這是從另一個角度看王氏之行爲風格。依與軍旅接近之深淺，且分爲三類，卽「活躍」「不活躍」「未涉」。將魏晉南北朝主要的王氏歸類於表中：

王氏參與軍旅分類表(魏晉南北朝時期)

世系	活躍	不活躍	未涉
第1代			
第2代			融
第3代			祥、覽
第4代	乂	彥、裁、渾	肇、馥、基、正、琛、愔
第5代	敦、含、舒、廙	導、彬、澄、衍	戎、俊、曠、棱、侃
第6代	恬、應、允之	洽、薈、晏之、萬、徽	遐、悅、劭、羲之、玄、頤之、耆之、彭之、彪之、翹之、胡之、會
第7代		珣、肅之、羨之、越之	混、珉、謐、穆、默、恢、廞、凝之、徽之、獻之、操、茂、隨之、臨之
第8代		暇、曇首、華、楨之、理	誕、弘、虞、柳、朗、練、球、智、僧朗、惠、敬弘、偉之、鎮之、弘之、納之
第9代		恢、欽、宣侯、準之、僧達、僧虔	偃、錫、深、猷、遠、微、僧議、僧綽、景文、楷、粹、翼之、恢之、韶之、普曜
第10代		僧祐、珪之、蘊、鎮之、奐	藻、懋、攸、僧亮、僧衍、道琰、瞻、儉、慈、志、楫絢、繢、思遠、份、瓚之、昇之、曄之、晏、翊、逡
第11代		延之、籍、德元	瑩、亮、茂璋、長玄、騫、暕泰、筠、融、深、琳、秀之、晃
第12代			冲、實、規、訓、承、稺、祥、詡、銓、錫、僉、通、勱、質、固、峻
第13代			褒、寬、琮、瑒、瑜

上表所示，王氏參與軍事活動逐代減少。前幾代因記載不詳，且王氏並未至極盛時期。第五代是王氏軍事方面最活躍時期，王敦更爲突出，王含、王舒、王廙皆有積極的表現。第六代的王恬、王應、王允之雖不如王敦輩，但亦甚愛軍旅。自第六代以後，軍事方面活躍份子不復出現，至多只是些軍事參謀及一些不甚重要的軍職而已，且未涉軍涉者的數目遠過「不活躍」類。自第十一代以後，甚至「不活躍」者亦不見，

王氏似乎已完全退出了軍旅。涉及軍旅與否或有時勢因素，永嘉亂後誠然是用兵之時，但南朝政局變化奇大，且侯景之亂所造成的混亂局面不亞於西晉末年，而王氏第十二代第十三代（正值梁陳之際）却完全脫離了軍旅。因此應當着重於內在因素的分析。瑯琊王氏自西漢始便是一個以經業傳家的家族，本質上傾向於文才方面，此乃基本的心理傾向，但是當時文武之途並沒有截然分開，許多儒生都曾經將兵，王敦是一位文質彬彬的貴公子，同時也是一位傑出的將才，謝安的淝水之戰，證明其軍事才華。王氏之所以逐代遠離軍旅，最重要的原因是軍功雖能帶來功績，但不能給家族幸福，自王敦反後，幸賴王導忠誠，王氏才免去族滅之禍，這個打擊對兢兢業業的王導教訓很大，從一個例子中可以看出王導的心理。晉書王導傳：

（王導）長子悅，弱冠有高名，事親色養，導甚愛之。次子恬，少好武，不爲公門所重。導見悅輒喜，見恬便有怒色。

王氏一族居高官者三分之二皆王導之後裔，這種重文輕武的作風，可能已成爲王導的家訓矣！

三、王氏與社會價值觀念

在政治行爲方面王氏逐漸走因循路線，在軍事活動方面王氏又逐漸遠離軍，然則王氏如何能維持其政治地位呢？其所憑爲何物？最重要的原因是士族能適應當時的社會價值，甚或士族能掌握當時的社會價值觀念。

社會價值觀念的差異，會影響到取士的標準，這是歷代皆有的現象，魏晉南北朝時期也不例外。但是魏晉南北朝取士標準受社會價值觀念影響之巨大，是沒有任何朝代所能及的，這是因爲當時選舉制度申縮性過大所致。自曹魏文帝時吏部尚書創立了九品官人法以後，一直延用於南北朝。九品中正制度在各州郡設立大小中正，評定管轄地區內人才爲九等。如文獻通考卷二十八云：

州郡縣俱置大小中正，各地取本地人在諸府公卿及各省郎吏有德充才盛者爲之，區別所管人物，定爲九等。其言行修，則升進之，或以五升四，以六升五；倘或道德虧缺，則降下之，或自五退六，自六退七。

評定人物之權歸於中正官，而最重要之點厥爲評定人物無具體固定的標準。雖然在晉武帝時曾詔令諸郡中正帶淹滯，其詔令中定下了六個標準。即一曰：忠恪匪躬。二曰：孝敬盡禮。三曰：友于兄弟。四曰：潔身勞謙。五曰：信義可復。六曰：學以爲己。很顯然地這六個標準都以品德爲主，且模棱非常，毫不具體。所以後世中正官所採用的選士標準，全以社會價值的觀念相吻合，社會上認爲某一行爲是好的，中正官便引爲取士的好條件，故一般做人的社會價值標準亦被認爲取士標準。社會價值觀念與取士標準最廣泛的結合，誰能掌握或適應社會價值觀念，誰便能合於任官標準。且看當時的社會價值觀念如何。

①品德重於一切。

重視品德本是任何社會之常態，但當時人對品德重視之程度，遠在一般社會之上。士族皆崇尚儒家學說，儒家對於品德方面的主張是仁義孝弟，而魏晉南北朝的士族們把「孝」「弟」實踐得極爲澈底，也唯有孝弟才被時人視爲品德的最高境界。魏晉南北朝正史裏這種記載多極了，因爲孝弟實行得不澈底而被中正官降品的例子亦屢見不鮮。卽以瑯琊王氏而論，孝弟之例在當時社會中極爲稱著。如晉書卷三十三王祥傳：

> 祥性至孝，早喪親，繼母朱氏不慈，數譖之，由是失愛於父，每使掃除牛下，祥愈恭謹，父母有疾，衣不解帶，湯藥必親嘗。母常欲生魚，時天寒冰凍，祥解衣將剖冰求之，冰忽自解雙鯉躍出，持之而歸。又思黃雀炙，復有黃雀數十飛入其幙，復以供母，鄉里驚嘆，以爲孝感所致焉。有丹柰結實，母命守之，每風雨祥輒抱樹而泣。……母終居喪毀瘁，杖而後起。徐州刺史呂虔檄爲別駕。

王祥之弟王覽則以「弟」聞名。

> 母朱遇祥無道，覽年數歲，見祥被楚撻輒涕泣抱持，至于成童，每諫其母，其母少止凶虐。朱屢以非理使祥，覽輒與祥俱。又虐使祥妻，覽妻亦趨而共之，朱患之，乃止。祥喪父之後，漸有時譽，朱深疾之，密使酖祥，覽知之，徑起取酒，祥疑其有毒，爭而不與，朱遽奪反之，自後朱賜祥饌，覽輒先嘗，朱懼覽致斃，遂止。覽孝友恭恪，名亞於祥。及祥仕進，覽亦應本郡之召。……咸寧初詔曰：覽少篤至行，服仁履義，貞素之操，長而彌固，其以覽爲宗正卿。

而王獻之王徽之兄弟求代死之一幕，亦非常感人。甚至如王氏中崇尙老莊最洒脫不羈的王戎，晉書卷四十三本傳中亦云：

以母憂去職，性至孝不拘禮制，飲酒食肉，或觀奕棊，而容貌毀悴，杖然後起。裴頠往弔之，謂人曰：若使一慟能傷人，濬冲（戎字）不免滅性之譏也。時和嶠亦居喪，以禮法自持，量米而食，哀毀不踰於戎。帝謂劉毅曰：和嶠毀頓過禮，使人憂之。毅曰：嶠雖寢苫食粥，乃生孝耳；至於王戎，所謂死孝；陛下當先憂之。

孝弟被當時人視爲品德之最上品，「容貌毀悴」「杖而後起」已成爲士族居喪的基本禮貌，而王氏之孝弟行爲似乎在當時扮演偶像角色。

②文才的重視。

這也是歷代皆重視的共同社會價值觀念。文才被認爲仕進的條件之一，如陳書卷三世祖紀天嘉元年詔：

梁前征西從事中郎蕭策，梁前尙書中郎王暹，並世冑淸華，羽儀著族，或文史足用，或孝德可稱，並宜登之朝序，擢以不次。

宋臨川王劉義慶薦庾實表有云：

伏見前臨沮令新野庾實，秉眞履約，愛敬淳深。昔在母憂，毀瘠過禮。今罹父疚，泣血有聞。行成閨庭，孝著鄉黨，足以彰化率民，齊教軌俗。前徵奉朝請武陵龔祈，恬和平簡，貞潔純素，潛居硏志，耽情墳籍，亦足鎭息頹競，獎勗浮動。處士南郡師覺授，才學明敏，操介淸修，業均井渫，志固冰霜。

除孝弟以外，文才是被重視的。瑯琊王氏在這方面的造詣，可見諸南齊書卷三十三王僧虔傳，僧虔孫筠與諸兒書論家世集，曰：

史傳稱安平崔氏，及汝南應氏，並累世有文才，所以范蔚宗世擅雕龍，然不過父子兩三世耳。非有七葉之中，名德重光，爵位相繼，人人有集，如吾門世者也。沈少傅約語人云：吾少好百家之言，身爲四代之史，自開闢以來，未有爵位蟬聯，文才相繼，如王氏之盛者。汝等仰觀堂構，思各努力。

③重視禮法。

禮法是規範人與人之間行爲的準則，一個士族家庭之所以見重於世，原因固多，但有優良的禮法是其重要條件之一。錢穆教授甚至說：禮法實與門第相始終，惟有禮法乃始有門第，若禮法破敗，則門第亦終難保。如陸機服膺儒術，非禮不動。庾亮善談論，性好老莊，風格峻整，動由禮節。而王弘的禮法舉止，更成爲模倣的典型人物。宋書卷四十二王弘傳云：

> 王弘明敏有思致，旣以民望所宗，造次必存禮法，凡動止施爲及書翰儀體，後人皆依倣之，謂爲王太保家法。

除了個人及家庭間的禮法以外，能通曉朝廷禮法者亦見重於世。南齊書卷二十三王儉傳云：

> 時大典（宋禪位於南齊）將行，儉爲佐命，禮儀詔策，皆出於儉。朝廷初基，制度草創，儉識舊事，問無不答，上歎曰：詩云：維嶽降神，生甫及申，今天爲我生儉也。

又宋書卷六十王淮之傳云：

> 彪之博聞多識，練悉朝儀，自是家世相傳，並諳江左舊事，緘之青箱，世人謂之王氏青箱學。

④重視外貌與儀態。

這是一項較爲奇特的社會價值觀念，起源於漢末的品題人物，而一直沿襲至魏晉南北朝。如世說新語中篇賞譽篇對李膺的評價：

> 世目李元禮，稷稷如勁松下風。劉孝標注引李氏家傳，謂膺嶽峙淵淸，峻貌貴重。

據錢穆的理論，認爲這是時人對品德的另一標準。(註一)

> 當時人喜把外面一切人事全擺開，專從其人所表現在其本身者作品目，因之事功德業有非所重，而其人之儀容舉止，言辭音吐，反多爲人注意。當時人觀念，似乎認爲一人之德性，可在其人之日常生活與其聲音儀容中表出，而一切之遭遇與作爲，則可存而不論。此種德性之表出，而成爲一固定之格調，時人謂是其人之標致，亦稱標格，或風標，或風格，或標度。猶之此後宋儒之愛言氣象，要之總是就其人之表現在自身者言。此種氣象與標致之表現在其人之自

(註一) 錢穆：略論魏晉南北朝學術文化與當時門第之關係，新亞學報五卷二期。

身者，亦卽是其人之品格與德性。而此種品格與德性，則實具一種動的潛力，使他人與之相接而引起一種仰欽欣美之心，受其感染，羣相慕效，此乃其人人格一種內在影響力，此種潛力之發爲影響，在魏晉人則稱之爲風流。論語有云：君子之德風，小人之德草，草尙之風必偃。孟子云：其故家遺俗，流風善政，猶有存者。風流二字，大意本此。故知當時人之所謂人物風流，卽指其人之品格德性之修養可以形成爲一時風氣，爲人慕效。故風流卽是至德，至德始成風流。

「風流卽是至德」，不在本文討論範圍之內。然而貌美風儀是當時社會所崇尙者，這點可有許許多多例子證實之。例如陳書卷二十三王瑒傳：

王瑒母靜有器局，美風儀，舉止醞藉……授散騎常侍領太子中庶子侍東宮，遷領左驍將軍太子中庶子常侍侍中如故。瑒爲侍中六載，父冲嘗爲瑒辭領中庶子，世祖顧謂冲曰：所以久留瑒於承華政欲使太子微有瑒風法耳。

梁書卷二十一王峻傳：

峻少美風姿，善舉止。高祖甚悅其風采。出爲宣城太守。

王氏貌美風儀者不乏其人。而知名者有三十二人之多。

⑤淸談及應對。

自魏晉崇尙老莊之風起，淸談成爲上流社會重要的生活面之一，是社交的重要節目，同時亦爲表現才情的機會及較量學識（當時人喜談玄學）的場所。如世說新語載：

裴散騎娶王太尉女，婚後三日，諸壻大會。當時名士王裴子弟悉集。郭子玄在坐，挑與裴談，子玄才甚豐膽，始數交未快，郭陳張甚盛，裴徐理前語，理致甚微，四座咨嗟稱快。王亦以爲高，謂諸人曰：君輩勿爲爾，將受困寡人女婿。

又如：

羊孚弟娶王永言女，及王家見婿，孚送弟俱往，時永言父東陽尙在，殷仲堪是東陽女婿，亦在坐。孚雅善理義，乃與仲堪道齊物，殷難之。羊云：君四番後當得見同。殷笑曰：乃可得盡，何必相同。乃至四番後一通。殷咨嗟曰：僕更無以相異。歎爲新拔者久之。

梁書卷二十一王暕傳中記載明帝詔求異士，始安王遙光表薦暕及東海王僧孺曰：

勢門上品，猶當格以清談；英俊下僚，不可限以位貌。

可見清談受上流社會之重視。王衍善於清談，其受人景仰之程度可由晉書本傳中見之：

衍既有盛名，美貌明悟若神，常自比子貢，兼聲名藉甚，傾動當世，妙善玄言，唯談老莊爲事。每捉玉柄麈尾，與手同色，義理有所不安，隨即改更，世號口中雌黃。朝野翕然，謂之一世龍門矣！累居顯職，後進之士莫不景慕放效，選舉登朝，皆以爲稱首矜高浮誕，遂成風俗焉。

善於應對亦甚受重視。如梁書卷二十一王訓傳：

年十六召見文德殿，應對爽徹，上目送之，久之，顧謂朱异曰：可謂相門有相矣！

⑥重視藝術。

顏氏家訓雜藝篇記載分爲九類。一書法；二繪畫；三弓矢射藝；四卜筮；五算術；六醫方；七音樂琴瑟；八博戲與圍棋；九投壺與彈棋。其中以書法最受社會重視，而瑯琊王氏善書者計有二十九人，據王僧虔謂，王氏善書者居古今之半(註一)。

以上是當時社會上比較重視的社會價值。有時一人兼具上列數種的才情，如美貌風儀及善清談，或工書善屬文等，則在相互標榜的風氣之下而成爲「名士」。王氏子弟有名於當時者極多，計有五十七人。

被社會價值認爲好的，不但是好行爲好事物，並且被採用爲取士的積極條件。王氏能歷久不衰，與王氏家族的特性(其他士族亦有此特性，但王氏較爲典型)最與這些社會價值觀念接近。但是這種現象是因爲士族排握了社會價值觀念？抑或是士族適應社會價值觀念？則是一個極難分辨的問題。

(註一) 南齊書卷三十三王僧虔傳。

丁、王氏盛衰之研究

西晉之際，時人把裴王二氏並稱，瑯琊王氏雖不是第一大族，但已是前數位的士族了。自東晉開始，垂南朝四期，王氏顯然是聲勢赫赫的第一號大族。這個士族綿延及盛貴之久，罕有其例，但是它必竟有盛有衰，其間變化之痕跡，則是本節討論之主旨。一個家族之盛衰，可由二方面研究之。其一是政治地位的盛衰；其二是社會地位的盛衰。雖然政治與社會地位的盛衰有着密切的關連，但如果能分開討論則更易收相輔相成的作用。

王氏政治曁社會地位盛衰統計表

項目／世系	上品	中品	下品	合計	不仕	總計	娶	嫁
1		1		1		1		
2					1	1		
3	2	1		3		3	薛（高平）、朱（廬江）	
4	2	9	1	12	3	15	羊、任（樂安）	衞
5	8	5		13	4	17	○、裴、郭、曹（彭城）、郗（濟陰）	夏侯
6	9	8	5	22	4	26	謝、謝、周、周、荀、裴、夏侯、郄	○、裴
7	8	9	3	20	6	26	謝、謝、謝、何、郄、樂(南陽)、○	
8	19	10		29	4	33	○、桓、桓、袁	○、桓、殷
9	15	8	4	27	3	30	○、○、○、○、○、○、羊、何	○、○、○、何
10	17	11	2	30	10	40	○、○、○、○、○、謝、殷	○、謝、蔡
11	11	12	1	24	9	33	○、○、○、○、○、○、○	○、○、○、○、○、殷
12	18	12		30	9	36	○、○、○、袁	○、○、○
13	8	15	7	30	4	34	○、○	○、○
14	3	12	13	28	4	32		褚、張（南陽）
15	3	16	28	47	7	54	杜（京兆）、李（高平）	許（高陽）
16		14	25	39	25	64	○、蕭、段（雁門）	盧（范陽）
17	1	11	12	24	32	56	○、楊（弘農）、薛、薛（河東）	崔（淸河）
18	3	14	19	36	30	66	○、○、李（隴西）	張（淸河）
19	1	3	16	20	33	53	○	
20		7	5	12	19	31		
21		2	5	7	4	11		
22			1	1	6	7	韋（京兆）	湯華
23		1	3	4	3	7	范（順陽）	崔（博陵）、韋（京兆） 范（順湯）

附記：(一)　上品指第一至第三品。中品指第四至第六品。下品指第七至第九品。

(二)　"○"符號表示與皇室通婚。

政治地位之盛衰可由官宦爲其座標。任官者多與官品高是二項主要的標準，而官品高似乎又比較重要性。從「瑯琊王氏各代官品統計表」中，將第一至第三品歸成一類，稱爲上品；將四至六品稱爲中品；七至九品稱爲下品。便很容易看出政治地位盛衰現象。第一代第二代沒有什麼特出；第三、四代已逐漸「起飛」；第五、六、七代每代皆有八至九人官居上品，另有八九名官拜中品，而入仕人數每代已超過二十人，這時正當西晉末年及東晉。第八、九、十、十一、十二代達到最盛狀況，每代皆有十五名居官上品，十名以上居官中品，而尤其第八代拜上品者竟至十九人之多，每代入仕人數亦晉至三十人左右，這正時東晉末期及宋齊梁陳時代。第十三代開始下降，第十三代的現象與第五、六、七代相似。第十四、第十五代每代有上品三人，中品十幾人，與第三第四代相似，這正值唐初之際。第十六、十七、十八、十九代雖然上品人數僅只一至三人，但中品人數仍有每代十餘人，而每代入仕人數則有三十人左右，這正值中唐時期。第二十、二十一代已不見居上品者，而中品亦僅數人而已。第二十二、第二十三代幾乎只有幾人居下品而已，而入仕人數亦不過四人。顯然地，王氏政治地位的盛衰如拋物線一般，東晉南朝爲其頂峯，但其衰勢是緩慢的，這條拋物線的末端延長至唐亡。

社會地位的盛衰包含着當時人對王氏共同的看法，其盛衰是由許許多多心理因素決定，因此無法如同政治地位盛衰能有較明確的起伏線，而只能以相對的比較以判別之。本文用以比較的座標則是當時王氏的婚嫁關係。本文的基本假設是：如果二族互相通婚，則該二族的族望及社會地位相差不大。從婚嫁關係中發現；第三代王氏與高平薛氏及廬江朱氏爲婚，該二族在當時並非大士族。第四代王氏與泰山羊氏，樂安任氏及衞氏爲婚，除泰山羊氏爲大士族外，其他二族並不聞名於當時。顯然地第四代的社會地位比第三代有加焉。第五代有與皇室、裴氏、夏侯氏通婚，這皆是當時名族；又有與郭氏爲婚，郭氏乃賈后之親戚，而曹氏與郤氏則未知其社會地位之高低，總而言之，從王氏第五代的婚嫁關係看，視第四代有加焉，另一點值得注意者，即自第五代始，往後每代皆有與皇室通婚者。第六代時，王氏之婚嫁皆屬當時大族，如與皇室通婚者一，與謝氏者二，與裴氏者二，與周氏者二，荀氏、夏侯氏、郄氏各一。第七代與第六代相似。第八代的婚嫁更爲盛美，計皇室二，桓氏三，袁氏、殷氏各一。

第九代至第十三代有大批的王氏與皇室爲婚，計有三十七起，除皇室以外有謝氏、何氏、殷氏、袁氏、蔡氏，社會地位之隆，已至頂峯，這正值南朝時期。第十三代以下，資料更是殘缺，但乃可作某些程度的推論。以第十四代至第十九代而言，與王氏通婚者仍然大族爲多，如皇室有五起（第16,17,18,19代每代皆有），褚氏、南陽張氏、京兆杜氏、蕭氏、范陽盧氏、弘農楊氏、河東薛氏、清河崔氏、清河張氏、隴西李氏、高陽許氏等，皆當時大族，但值得注意者這些皆北方大士族，屬於南朝者僅蕭氏而已。第二十二及第二十三代王氏與京兆韋氏，博陵崔氏及順陽范氏通婚，且已不見與皇室通婚者。一般而論，唐朝時王氏社會地位雖不及南朝時期，但仍然有很高的地位，這種社會地位至唐末而不衰。

依上列分析，王氏政治地位的盛衰大致與社會地位盛衰相吻合，皆以南朝爲其盛極時期，兩晉爲其「起飛」時期，隋唐則其「下降」時期，而其衰微的時期較緩，延綿時期較長，尤是社會地位的衰微，沒有政治地位那樣敏感。

參考資料

曹魏至唐末間有關瑯琊王氏之墓志銘搨本（以史語所登記號爲序）。

00632 後魏貴華恭夫人王普賢墓志銘
00659 後魏鎮南將軍濟州刺吏王翊墓志銘
00613 後魏寧陵公主墓志銘
00653 後魏司空尚書右僕射徐州刺史王誦墓志銘
01539 唐忠孝王府文學王固已墓志銘
01565 唐光祿卿王訓墓志銘 （06006 同）
04921 後魏昌國縣侯王紹墓志銘
05081 東魏廣陽文獻王妃王令瑗墓志銘 （00732 同）
05082 東魏廣陽文獻王元湛墓志銘
05238 唐通泉金城二縣令王素墓志銘
05285 唐洛州河南縣錄事王寬墓志銘
05962 唐南陽郡臨湍縣尉王志悌墓志銘 （01553 同）
05964 唐秦州參軍張瑒墓志銘
07495 唐福州侯官縣丞湯華墓志銘
07762 唐行京兆府涇陽主簿王郊墓志銘
07821 唐威武軍節度瑯琊王王知德墓志銘
07843 唐宣節校尉范寓墓志銘

08877 唐王虔暢墓志銘
12948 唐雍州美原縣丞王景之墓志銘
12964 唐吏部常選王元墓志銘 (13578 同)
13210 唐襄州襄陽尉同州馮翊縣丞王鴻墓志銘 (14174 同)
13392 唐右翊衞清廟台齋郎天官常選王豫墓志銘
13411 唐臨清縣令瑯琊王君妻李氏墓志銘 (13702 同)
13424 唐正議大夫使持節都督雋州諸軍事雋州刺史高陽縣開國男許夫人王氏
13469 唐處士盧調墓志銘
13473 唐武榮州南安縣令王基墓志銘 (14024 同)
13585 唐彬州司士參軍王公度墓志銘
13762 唐衞州司馬王善通墓志銘
13765 唐先賢府車騎王君墓志銘 (13853 同)
13789 唐朝散大夫譙郡司馬王秦客墓志銘
13862 唐雅州名山縣尉王大乂墓志銘
13927 唐貝州臨清縣令王宏墓志銘 (14234 同)
13998 唐幕州刺史洛陽官總監褚夫人王氏墓志銘
14142 唐京兆府三原縣尉崔澄墓志銘
14157 唐平原郡將陵縣令張伯墓志銘
14188 唐開封右尚令王仁則墓志銘
14228 唐隋左龍驤驃騎王協墓志銘

前漢書　後漢書集解　三國志集解　晉書斠注　宋書　南齊書
梁書　陳書　魏書　隋書　新唐書　舊唐書
五朝門第　王伊同著　顏氏家訓彙注　王羲之王右軍集
西漢政權與社會勢力的交互作用　許倬雲著　史語所集刊第三十五本
略論魏晉南北朝學術文化與當時門第之關係　錢穆著　新亞學報　第五卷第二期

附記：本文撰寫期間(一九六五年七月至一九六六年六月)，曾受「國家長期發展科學委員會」之資助，寫成復承蒙　陳師槃庵審閱，謹此致謝。

唐上津道考

嚴耕望

唐世，關中中原南通江淮嶺南有東西兩大交通幹線。東線取汴河水路至揚州，西線取鄧襄陸路至荊、鄂。襄陽當西線陸路與漢水水運之交會處，得西通漢中，尤爲樞紐。安史亂後，中原多故，汴河運輸往往受阻，江淮物資輸貢上都，更集中於江漢一道，於是襄陽在交通上之地位益重。

襄陽在唐世南北交通上之重要性，觀下列四事，可見梗概：

新二〇二文藝蕭穎士傳：山南節度使源洧辟掌書記：「賊別校攻南陽，洧懼欲退保江陵，穎士說曰，官兵守潼關，財用急，必待江淮轉餉乃足。餉道由漢沔，則襄陽乃今天下喉嚥，一日不守則大事去矣。」

崔祐甫爲皇甫中丞上永王諫移鎮牋（全文四〇九）：「安祿山稱兵犯順，竊據二京，王師四臨，久未撲滅，自河淮右轉，關隴東馳，詔命所傳，貢賦所集，必由之徑，實在荊襄。」

陸扆授趙凝檢校太尉開府制（全文八二七）：「峴首漢陽之地，實四會五達之莊，扼咸鎬之咽喉，導荊吳之貢賦，途路無梗，艅舫若流，不有威聲，孰能通好。」

陸贄貞元元年冬至大禮大赦制（全文四六一）：「宜令度支取江西湖南見運到襄州米十五萬石，設法般赴上都，以救百姓荒饉。如山路險阻，車乘難通，仍召貧人令其般運，便以米充腳價，務於全活流庸。」

其餘材料尚多，散見後文各條。

然此時物資集中於襄陽後，因軍事情勢關係，不一定取道南陽武關運送上都，而往往向西北取道上津，稱爲上津路。蓋安祿山倡亂之始，盜据兩京，玄宗幸蜀，肅宗即位於靈武，南下控制京西地區。故江南物資不能利用運河，而由江漢水運至荊、襄。襄陽以北亦不能利用鄧州武關道，而須泝漢水，取上津路西經洋州、梁州，北輸扶風郡，以濟國用。

通鑑二一八肅宗至德元年八月紀：「祿山……得長安，……兵力所及者，南不出武關，北不過雲陽，西不過武功。江淮奏請貢獻之蜀之靈武者，皆自襄陽，取上津路抵扶風。道路無壅。皆薛景仙之功也。」

又二一九同年十月紀：「第五琦見上於彭原，請以江淮租庸市輕貨，泝江漢而上，至洋州，令漢中王瑀陸運至扶風以助軍。上從之。尋加琦山南等五道度支使。」（又十二月紀：「永王璘……鎮江陵，時江淮租賦山積於江陵」。）

又二一九至德二載二月紀：「上至鳳翔旬日，………江淮庸調亦至洋川、漢中。」

按此三條所書為一事，時薛景仙為扶風太守兼防禦使，能遏賊西進之路。而改變運道之設計者則為第五琦。度支使始此。五道蓋山南東西及劍南、淮南、江南歟！

此似為唐世上津道開通之始。上津縣在今鄖西縣西北一百四十里之上津堡。

一統志鄖陽府卷古蹟目，唐上津縣在今鄖西縣西北一百四十里。地典云，在鄖西縣西一百四十里甲水東岸之上津堡。

西京旋即收復，但關東不寧，東南物資仍沿江漢西運。

唐會要八七轉運鹽鐵總叙條：「寶應元年五月，元載以中書侍郎代呂諲。是時淮河阻兵，飛輓路絕，鹽鐵租賦皆泝漢而上，以侍御史穆寧為河南道轉運租傭鹽鐵使。尋加戶部員外，遷鄂州刺史，以總東南貢賦。」舊四九食貨志全同。參後引穆寧傳。

此時上津仍為水陸漕輓中心如故。然上津以上，北出商州(今商縣)，取藍田道輸京師，不必迂廻興元矣。

舊一五五穆寧傳：「寶應初，轉侍御史。……明年遷戶部員外郎。無幾，加兼御史中丞，為河南江南轉運使。廣德初，加庫部郎中。是時河運不通，漕輓由漢沔，自商山達京師。選鎮夏口者，詔以寧為鄂州刺史鄂岳沔都團練使及淮西鄂岳租庸鹽鐵沿江轉運使。」新一六三穆寧傳，同。是此時物資至襄陽取商山道入京師，不復迂廻洋梁也。考新一四七李叔明傳：「乾元中，除司勳員外郎，副漢中王瑀使回紇。……復命，遷司門郎中。東都平，拜洛陽令……擢商州刺史、上津轉運使。遷京兆尹。」東都平在寶應元年多，叔明爲商州刺史充上津轉運使，正當與穆寧官鄂岳同時。上津本商州屬縣，在州南二百九十里（寰宇記一四一），則所謂「由漢沔自商山達京師者」，當仍循上津路，唯不西出洋梁，而北出商山至京師耳。復考獨孤及商州錄事參軍鄭府君墓誌（全文三九二）：「二京返正，天子選賢守相令長……拜商州洛南令，……數月，訟平賦均。……御史中丞元公載表言其狀。……無何，遷上津令，專知轉運，水陸漕輓，邦都移用，賴公而濟。……商州刺史盧滑以公前後課績條奏，遂以本官兼商州錄事參軍。……終於位。……是歲廣德元年。」據此，其任上津令前得御史中丞元載之表薦。檢載傳，時都領江淮漕輓之任，遷戶部侍郎度支使兼諸道轉運使。則鄭某之爲上津令專知轉運，實出載之推薦爲部屬也。據此誌，上津令專知轉運，職事甚重，又以本官兼商州之首席參佐，則與州府關係之深切可知。亦猶李叔明以商州刺史兼上津轉運使也。益證寧傳所謂「由漢沔，自商山達京師」者，實仍取道上津，北出商州，循藍田舊道入京師也。今觀地圖，由襄陽經上津至商州較經鄧州南陽略近，且大部份可藉漢水漕運，故視東道爲便，且鄧州南陽地位偏東，時遭敵人威脅，亦不如西道之安全。

代宗大曆年間，關東政局較穩定，襄商交通蓋又回復鄧州武關線。及德宗建中四年，李希烈據鄧州，乃復修上津山路至商州。旋朱泚反，據長安，德宗幸奉天，西走興元，更採第五琦運道由上津西經金洋抵行在矣。

通鑑二二八德宗建中四年紀：正月「（李）希烈使其將封有麟據鄧州，南路遂絕，貢獻商旅皆不通。壬寅，詔治上津山路，置郵驛。」唐會要六一館驛條：「建中四年正月……詔商州度上津路館置舍。」此二條爲一事，（參考新二二五中李希烈傳）蓋由上津趨商州至長安，避封有麟之鋒也。

又新二二五中逆臣朱泚傳：帝在奉天，「詔殿中侍御史万俟著治金商道，權通轉輸。」通鑑二二九建中四年紀，十一月書事略同。舊一二三王紹傳：「屬德宗西幸，紹乃督緣路輕貨趣金商路，倍程出洋州以赴行在。」此長安已失，帝在奉天及興元時也。故由上津西趨金州矣。而通鑑同卷同年同月紀，又云：「(涇原兵變)時，南方藩鎮各閉鎮自守。惟曹王皐數遣使間道貢獻。李希烈攻逼汴、鄭，江淮路絕，朝貢皆自宣饒荊襄趣武關。」按奉天錄卷一全同，蓋爲通鑑所採錄者。此時南陽武關道是否暢通甚可疑，筆記書事有疏，通鑑誤取之耳。

唐代運漕取道上津之史事大抵如上述，今進而考其行程如次：

大抵由襄陽仍泝漢水三百六十里至均州(今均縣)，又西一百一十三里至鄖鄉縣(今鄖縣)，有轉運院。捨舟從陸，取道上津縣(今上津堡)，蓋避漢水澇淨二灘之險。

唐上津縣之今地已見前。自襄陽至上津必經均州。檢元和志二一，均州「東南水路至襄州三百六十里。」不云陸路。同卷襄州八到條云，西北至均州，里數同。而不云水陸。必亦水路。故里程相同也。然則由襄至均主要交通但藉水路也。是捨舟從陸必在均州以西。前引通鑑二一九至德元年十月條考異：「鄴侯家傳云，薦元載令於鄖鄉縣，置院以督運。按載傳，是時在蘇州及洪州，未嘗在鄖鄉。」今按姑無論元載是否爲鄖鄉令，然此時鄖鄉置院督運當爲事實。鄖鄉屬均州，在州西一百十三里，(據元和志)。即今鄖縣。鄖縣西北爲鄖西縣，又西北爲上津堡。蓋此時卽由鄖鄉捨舟從陸，西北向上津，故置轉運院於此耳。鄖鄉以下皆從水運，何以至此改由陸運，當亦有故。考元和志二一，均州鄖鄉縣有漢水條，「南去縣三里，東有澇灘，冬卽水淺，而下多大石。又東爲淨灘，夏水急迅，行旅苦之。歌曰，冬澇夏淨，斷官使命。」元和志述漢水之險只此一處，可見鄖鄉二灘之險當時最爲有名，故漕道至此改從陸運歟？

鄖鄉既置轉運院，則鄖鄉上津間當置陸驛無疑。上津西通金、洋，其驛道亦可略考。蓋上津西行經金州淯陽縣之聖公館，又西數十里至洵陽縣(今縣)。

地典上津堡條引鄖陽府志，有道西通洵陽。蓋亦唐運道所經歟？按漢書酈商傳「從下宛、穰，定十七縣。別將攻旬關，西定漢中。」師古曰：「漢中旬水上之關也。今在洵陽縣。」是洵陽爲自古西通漢中之要衝，唐世驛道經此益可信。

寰宇記一四一金州洵陽縣目：「聖公館，漢水記云，黃土縣鷄鳴山北十五里有聖公館。」按同目又云：「廢淯陽縣在縣東三十里。（縣本作州，據一統志興安府卷古蹟目引文改。若「州東三十里、」則當在西城縣。）本漢洵陽縣地，晉於此置淯口戍。後魏大統十七年改置淯陽郡。又於郡西三十三里置黃土縣。……後周保定三年，郡廢，移黃土縣於淯陽郡廨為理。……唐天寶元年改為淯陽縣。」新志亦云，淯陽本黃土，天寶元年更名。則漢水記當作於天寶元年以前，即唐代前期淯陽縣（本黃土縣）有聖公館也。地在洵陽縣東數十里處，當為驛道所經。

又新志，洵陽縣東有申口鎮城。舊一一四來瑱傳，裴莪受詔由穀城至襄陽代來瑱作鎮，為瑱所敗，追擒於申口。似亦在運道上。

又西一百二十里至金州治所之西城縣（今安康縣）。

元和志金州卷已佚。寰宇記一四一，金州治西城縣。洵陽在其東一百二十里。按西城在漢水南岸。水北有西城故城。寰宇記云：「水經注云，漢水經月川口又東經西城故城南。其故城即漢之西城，今州西北四里漢江之北，西城山之東，魏興郡故城是也，當谷口路，南與州城相對。其西城山在州西北五里，蓋後魏時移今理。」云當谷口蓋即驛道所經也。

又西一百八十里至漢陰縣（今縣），蓋置漢陰驛。漢陰之西三十二里有方山關，北阻方山，南臨漢水，為東西驛道之衝。

寰宇記一四一，漢陰縣在州西一百里。按唐宋漢陰即今縣治。一統志興安卷，縣在府西北一百八十里。觀地圖，統志為正。

輿地紀勝一八九金州景物目下引元和志：「方山關，在漢陰縣西三十二里，貞觀十二年置，北阻方山，南臨漢水，當東西驛路。」（今本元和志闕金州卷。）又新志，金州漢陰縣，「西有方山關，貞觀十二年置。」上津西通之道當經此無疑。寰宇記：「安陽故城在今縣西二十四里即今敖口東十里。」是宋之敖口當在唐之方山關歟？

又輿地紀勝一八九金州古迹目有漢陰驛，引圖經云：「有連理山茶，乃升平舊物，見於題詠者多矣。」此驛當在漢陰縣。據圖經所云，當亦古驛，可能不始於宋。唐世，此地既當驛道要衝，固應置驛。

竇鞏漢陰驛與宇文十相遇旋歸西川因以贈別（全詩四函十册）：「吳蜀何年別？相

逢漢水頭。」按襄陽有漢陰驛(已詳藍田武關道考)。此處漢陰縣當驛道，當亦有驛，此詩當爲兩地之一。

又西九十里至石泉縣(今縣)。

寰宇記，縣在州西約三百里。據一統志，縣在府西二百七十里，漢陰之西九十里。

又西五六十里逾漢水北岸之饒風嶺，達洋州之興道縣(今洋縣)。去金州五百里。州治本在西鄉縣，至德元年權移理興道，蓋卽以便運漕耳。

輿地紀勝一九〇洋州形勝目：「同谷志云，洋有子午，駱谷、饒風關，此皆古人之所嘗歷，今爲蜀門戶。」雲麓漫鈔卷一「異時獨倚饒風以控商、虢。」則饒風當自唐已爲交通要道。檢紀要五六西鄉縣，「饒風嶺在縣東北百六十里，漢江北，饒風關在焉。宋紹興三年，金撒離喝欲窺蜀，以吳璘扼和尚原不得逞，乃自商於擣上津，陷金州，長驅趨洋、漢。劉子羽時鎭興元，亟命將田晟守饒風關。……不支遂潰。敵入洋州陷興元。紹定四年，蒙古拖雷入大散，破鳳州，陷梁、洋，出饒風，浮漢而東，攻金人於汴。饒風者，梁州東面之險也。」地典饒風嶺條，「在陝西石泉縣西五十里，(一統志作六十里)南枕漢江，與西鄉縣接界。石徑盤紆，爲秦楚蜀往來必由之路。嶺有饒風關。」是饒風嶺爲洋州東出必經之道，東接漢陰方山關，是必中經石泉縣無疑。

洋州去金州里數，見元和志二二及寰宇記一四一。

洋州，通典一七五云治西鄉縣。元和志二二云本治西鄉，移理興道縣。寰宇記一三八洋州目：「唐武德元年復爲(於之譌)西鄉立洋州。……天寶……十五年，於(由?)西鄉權移理於興道。」又興道縣目，「先是移郡理就西鄉縣，此爲屬邑。後以險固，貞元初又移郡於此。」按天寶十五年卽至德元年，正卽第五琦創議改變運道由上津達洋梁之時也。上津、洋、梁道在漢水之北，而西鄉(今縣)在漢水南頗遠，故權移理興道以就運道耳。事平蓋復治西鄉。至興元元年，德宗由駱谷南幸，經興道至漢中。(詳駱谷道考。)有事之秋，興道爲要，故又徙治之耳。故元和志洋州已治興道矣。

興道西經成固縣(今縣)一百二十里至梁州，卽興元府也。

里程見元和志二二。中經成固不待論。

以上，上津西至梁、洋道也。前論物資聚上津後，既可西運金、洋、梁，亦可北運商州至京師。按上津縣屬商州，蓋北經豐陽縣（今山陽縣）至州治二百九十里。然後西北取藍田道入京師。此亦金州東北通長安洛陽之一要道。

寰宇記一四一，金州「北至長安，取庫谷路六百八十里，取藍田路千里。」「北至西京（洛陽）取庫谷路一千五百四十里，取藍田路一千八百六十里。」又東北至商州六百六十里。同卷商州條，西北至長安二百六十里，西至金州七百里。明金州東經上津、商州、藍田道至長安亦一經道也。藍田道，別詳藍田武關道考（刊李方桂先生六十五歲祝壽論文集）。按上津、豐陽皆商州屬縣。見通典與新唐志。自有道通州治。據寰宇記一四一商州各條，及一統志商州卷領縣目及古蹟目，此二縣當晉南北朝時屢置州郡。足見其在交通上有相當重要性。又寰宇記，上津縣在州南二百九十里。「甲水在縣西二百步，南主漢水。」豐陽縣在州南一百一十里。「唐武德元年，縣自豐陽川移於今州西南一百六十里甲水西五十步爲理。麟德元年，又於今理置。」是二縣距州之方位相同，又同在甲水流域。漢地志，宏農上雒縣，「甲水出秦嶺山，東南至錫入沔，過郡三（二之譌），行五百七十里。」補注：「一統志，商州西北諸山皆秦嶺也。甲水出南，丹水出東，西雒水出北。」是甲水甚大。蓋自上津亦沿甲水而北，一百八十里至豐陽，即今山陽縣，再北一百一十里至州治也。地典上津堡條「有官路北通陝西山陽縣。」當即沿唐以前官道耳。

由此言之，唐世上津東通襄陽多取水路，西經金、洋至興元，北經商州至京師，皆陸路，或置驛，是其地亦商嶺以南之一交通中心也。

一九六六年八月初稿

十二月七日再稿

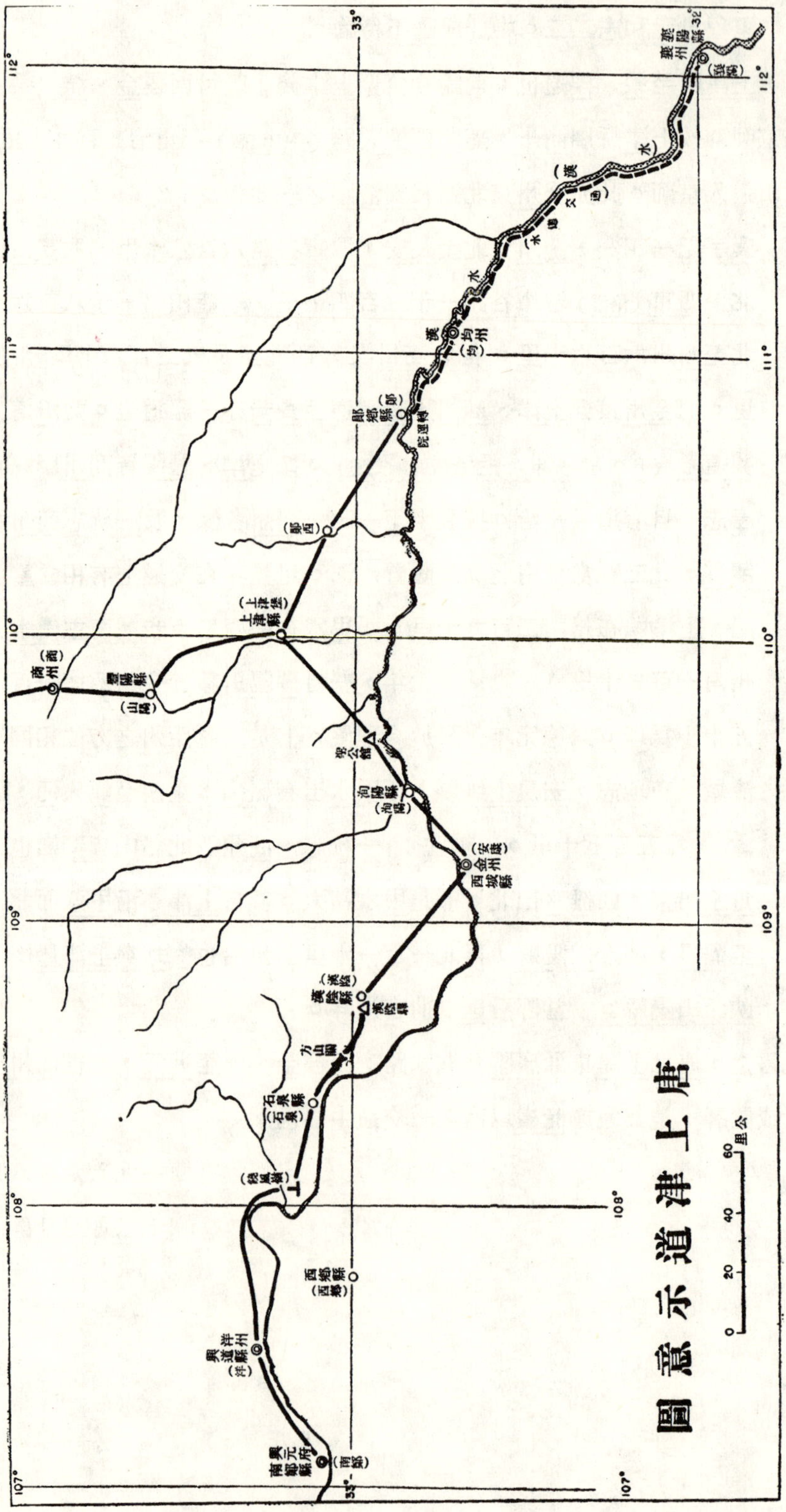

出自第三十八本(一九六八年一月)

唐駱谷道考

嚴耕望

讀史方輿紀要五六述駱谷道凡四百餘字，然不詳其行程，且頗有誤。

如駱谷位置及輿元取駱谷道至長安里數，皆誤。又八十四盤僅指靑符縣而言，非指全谷道而言，顧氏亦誤。並分詳後文。

按駱谷道之見史似始於曹爽伐蜀。當時此道之南口卽在興勢。

三國魏志九曹爽傳：「正始五年，爽乃西至長安，大發卒六七萬人從駱谷入。是時關中及氐羌轉輸不能供，牛馬騾驢多死，民夷號泣道路。入谷行數百里（元和志二作「三百里」，不知何據。後人皆因之。），賊因山爲固，兵不得進，…………乃引軍還。」事又見蜀志一三王平傳：「延熙……七年春，魏大將軍曹爽率步騎十餘萬向漢川，前鋒已在駱谷。…平，…先遣劉護軍杜參軍據興勢，平爲後拒。魏軍退還。」爽傳注引漢晉春秋：「司馬宣王謂夏侯玄曰，…今興平路勢至險，蜀已先據，若進不獲戰，退見邀絕，覆軍必矣。……玄懼言於爽，引軍退。」集解引諸家之說謂「興平路勢」當作「興勢山路」，是也。則駱谷道之南口，漢魏卽在興勢，當唐代洋州之興道縣，通典一七五洋川郡目已明之。

稍後，姜維伐魏，鍾會伐蜀，皆由此道，可謂三國時最爲軍家所重視。

此見三國志各人本傳。元和志二二洋州興道縣，「興勢山在縣北二十里，蜀先主遣諸葛亮出駱谷，戍興勢山，置烽火樓，處處通照，卽此山。按三國時蜀以漢中、興勢、白帝並爲重鎭。」

至東晉南北朝，蓋漸就堙廢。至隋，復開通此道，故置關官。

紀要述東晉史事惟永和五年南梁州刺史司馬勳出駱谷破趙長城戍一事。南北朝無所聞。蓋堙廢已久。元和志二盩厔縣，「武德七年開駱谷道以通梁州。」又云：「駱谷道，漢魏舊道也。」下述用兵故事至姜維止。寰宇記三〇盩厔縣目云：「此道近代廢塞，唐武德七年復開。」長安志一八，略同。似至唐初始復開通者。然隋書地理志，京兆府長安、藍田、盩厔三縣各有關官，當卽子午、藍田、駱谷三道關口也。是隋世已復開，唐初復治之。唐人撰史，遂以復開之功專歸於唐耳。

唐駱谷道北口曰駱谷，在盩厔縣南三十里。紀要以爲在縣南一百二十里，誤以駱谷關爲谷口也。

紀要五六漢中府儻駱道條：「北口曰駱，在西安府盩厔縣西南百二十里。有駱谷關。」是以駱谷及谷道北口皆卽在駱谷關也。然考長安志一八盩厔縣條：「駱谷關在縣西南一百二十里。」(此點，元和志及他書皆無異說，詳後。)又云：「洛谷在縣南三十里，有道入洋州。」乍看似爲兩谷道。考水經渭水注：「渭水又東，洛谷之水出其南山洛谷，北流逕長城西，魏甘露三年，蜀遣姜維出洛谷圍長城，卽斯地也。」則「洛」「駱」本一字甚明。(六典六作駱谷亦卽一字也。) 然則駱谷在縣南三十里與駱谷關在盩厔縣西南百二十里者固有別。復考沈亞之盩厔縣丞廳壁記(全文七三六)：「盩厔道巴漢三蜀，南極山不盡三十里。」是縣去山區正爲三十里。蓋谷道之口實在縣南三十里，而關則在口南九十里也。復考韓琮駱谷晚望(又玄集上)：「秦川如畫渭如絲，去國還鄉一望時。」益證駱谷卽在縣南三十里終南山坡口。若駱谷關已入終南山腹區，何得北望秦川渭水耶？復檢乾隆志一七九西安府卷關隘目駱谷關條引縣志：「自駱谷南八十里爲十八盤嶺，又南下十里至河底，卽駱谷關。」是後世駱谷口亦在故關北九十里，正卽長安志、水經注所云盩厔縣南三十里之洛口也。紀要以關爲谷口所在，實誤。

南口曰儻谷，亦名駱谷，在洋州興道縣北三十里。卽三國舊道之南口也。

通典一七五洋川郡興道縣有儻谷城。元和志二二洋川興道縣：「儻谷一名駱谷，在縣北三十里。」「駱谷路在今洋州西北二十里，州至谷(北口)四百二十里，晉司馬勳出駱谷，破趙戍，壁於懸鉤，去長安二百里。按駱谷在長安西南，南口曰儻谷，北口曰駱谷。」輿地紀勝一九〇、元大一統志五三七皆引元和志，略同。新志興道縣，「有駱谷路，南口曰儻谷，北口曰駱谷。」三國舊道南口在唐興道縣已詳前考。

其大略行程：自長安向西南歷鄠縣、盩厔，入駱谷；出駱谷至洋州治所興道縣。

寰宇記三〇鳳翔府盩厔縣：「駱谷道，漢魏舊道也。南通蜀漢，……此道近代廢塞，唐武德七年復開。東北自鄠縣界，西南經縣（盩厔），又西南入駱谷。出駱谷，入洋州興勢縣界。」長安志一八，全同。此其大略行程也。按此段蓋鈔錄括地志原文，故稱「近代」，又作興勢縣。至貞觀二十三年已改名興道，無復興勢之名矣。

今再詳考其行程如次：

由京師取駱谷道者，發自長安近郊秦川驛，西南經鄠縣、盩厔兩縣驛，相距各六十五里或七十里。

寰宇記三〇，盩厔縣，「東北自鄠縣界西南經縣，又西南入駱谷。」長安志一八，同。新一三二劉知幾傳，孫贊「爲鄠丞，杜鴻漸自劍南還，過鄠，厨驛豐給。」是鄠縣置驛甚早。長安志一五鄠縣，「驛在北門內，東北去本府秦川驛七十里，西至盩厔縣驛七十里。」同書一八盩厔縣，「驛在縣城內，至鄠縣驛七十里。」是三驛相距皆七十里也。而元和志二，盩厔東北至府一百三十里，鄠縣東北至府六十五里。是里數小異。

又長安志一二長安縣，「秦社鎭在縣西南灃水西四十里，入鄠縣路。」疑亦當長安鄠縣驛道。

盩厔縣爲谷道口外之重鎭，故置鎭遏使以守之。

通鑑二四五文宗大和九年，「李訓素與終南山僧宗密善。往投之。……將奔鳳翔，爲盩厔鎭遏使宋楚所擒。」按通鑑二三〇，德宗興元元年，「上將幸梁州，山南節度嚴震遣大將張用誠將兵五千至盩厔迎衞。車駕入谷，李懷光遣將邀車駕至盩厔。皆見盩厔爲入駱谷道要衝。

由盩厔南行三十里抵終南山入駱谷口，又南行十五里至樱桃驛，又五十五里至三交驛，又南二十里至駱谷關，爲谷道重鎭。又二十五里至林關驛，又七十五里至眞符縣大望驛。

先論駱谷關。隋志，盩厔縣「有關官」。通典一七三京兆郡盩厔縣，「有駱谷關。」六典六司門郎中條，「四面關無驛道者為中關。」本注，京兆府之子午、路谷、庫谷皆是。路谷當即駱谷也。元和志二盩厔縣目：「駱谷關在縣西南一百二十里，武德七年開駱谷道以通梁州，在今關北九里。貞觀四年移於今所。」寰宇記三〇、長安志一八，皆同。史記田叔傳正義引括地志：「駱谷間在雍州之盩厔縣西南二十里，開駱谷道以通梁州也。」「間」必「關」之譌，「二十」上脫「百」字，「里」下亦有奪文。據前引乾隆一統志，關在駱谷南八十里十八盤嶺之南十里，地在河底。亦即古關所在。

長安志一八盩厔縣條云：

「南至終南山櫻桃驛四十五里。櫻桃驛至三交驛五十五里。三交驛至林關驛四十五里。林關驛至洋州眞符縣大望驛七十五里。」

按此驛道雖未說明為駱谷道，然唐中葉以後盩厔通洋州之驛道惟駱谷一道，不容有他，故可斷此必即駱谷驛道也。駱谷口在縣南三十里，已詳前考。此云櫻桃驛在縣南四十五里，故驛在谷口南十五里。又駱谷關在縣西南百二十里，故當在三交、林關兩驛間。通鑑二三〇德宗興元元年，山南節度嚴震遣大將張用誠將兵五千至盩厔迎駕，有異謀。牙將馬勛返梁州得震符，復「出駱谷。用誠不知事泄，以數百騎迎之，勛與之俱入驛。時天寒，勛多然藁火於驛外。」遂出符執用誠。(事本舊一一七嚴震傳) 據此在中葉已有驛，不知何名。又考異引實錄曰，車駕纔入駱谷，李懷光遣其將來襲，不及，「遂焚店驛而去。」亦不知何驛也。

姜維用兵所經之沉嶺，長城，蓋亦在唐代驛道線上。蓋其道略沿駱谷水，前後變動可能不大。

三國蜀志一四姜維傳：「維……率數萬人出駱谷，經沉嶺。時長城積穀甚多，而守兵乃少，維方到，衆皆惶懼。魏大將軍司馬望拒之。鄧艾亦自隴右，皆軍於長城。」寰宇記三〇鳳翔府盩厔縣，「姜維嶺，本名沉嶺，在縣南五十里，蜀後主延熙二十年，大將軍姜維率衆出駱谷經沉嶺，即此。」紀要五三盩厔縣，「沉嶺，縣南五十里。……今亦名姜維嶺。」又：「長城戍，在縣西南三十里。」下述姜維事。又云「晉永和五年石趙亂，梁州刺史司馬勳……出駱谷，破趙長城戍，壁於懸鈎，去長安二百里。王氏曰，懸鈎在長城戍東，地險固，內控駱谷之口，外通雍豫之境。」按水經渭水注，洛谷水出洛谷，北流經長城西，卽姜維出洛谷圍長城地也。是道沿駱谷水可知。又三國魏志九曹爽傳，爽由駱谷伐蜀。注引漢晉春秋，「爽引軍退，費褘進兵據三嶺以截爽。」所謂三嶺不知何指？要當亦在此谷道中。參看三國志九曹爽傳集解。

由大望驛復南五十里而遙至梨園，又南經清水谷，望秦嶺，至眞符縣，（今洋縣東北六十里。）去大望驛二百二十里。

寰宇記一三八洋州眞符縣目云：

「唐開元十八年，梁州長史韋敬祖奏於此置華陽縣。天寶三年廢。八年，王鉷開清水谷路，復於梨園置華陽縣。其年，因鑿山路得玉册，遂改爲眞符縣，仍隸京兆府，北去府四百餘里。至十一年，又隸洋州。其年，以縣去州偏遠，移縣就桑坪店，北去盩厔四百四十里。」（元和志二二此條文簡，無梨園事及徙治事。故不引。但輿地紀勝引元和志有梨園事。紀勝又引續通典，亦云其年移縣就桑平店，北至盩厔四百四十里。新志及輿地廣記三二均記開清水谷路及縣名改易事，惟較略。）

據此，眞符本治梨園，北去京兆府四百餘里。按盩厔去京兆一百三四十里，（（元和志、長安志。）南距眞符縣大望驛二百二十里，（前引長安志。）則梨園當在大望南五十里而遙。其時隸京兆府，故治所偏處縣北境也。後改隸洋州，遂南徙近州治矣。又天寶八載，王鉷奏開清水谷路，因置華陽縣於梨園，則清水谷當距梨園不遠。紀要五六洋縣目，「青谷在縣東北，晉寧康初，秦苻堅使將王統等出漢川，梁州刺史楊亮拒敵於青谷敗績。…亦謂之清水谷。唐天寶中開青水谷路，得玉册，卽故青谷矣。」明已無青符縣，地屬洋縣，故云洋縣東北，實則尙遠在百里以外也。

眞符地望，元和志二二洋州，眞符縣「南至州六十里。」紀要五六，眞符故城，今洋縣東六十里，實洋縣東北也。眞符東北有望秦嶺，見元稹詩，詳下條。又輿地紀勝一九〇洋州風俗形勝條引洋川志：「子午、駱谷兩路，重崗絕澗，危崖亂石，自古爲形勢之地。……國家於駱谷置石佛堡，子午置陽嶺寨。」按今地圖，佛坪縣正居盩厔洋縣中間，疑卽石佛堡故地。堡爲宋置，但石佛之名當自唐已然。

縣有青山驛，八十里間凡八十四盤，極爲險峻。

元稹望雲騅馬歌(元氏長慶集二四)：

「橐它山上斧刃堆，望秦嶺下錐頭石，五六百里青符縣，八十四盤青山驛。」

按「望雲騅」爲德宗幸興元之御馬名，稹以爲詩題。輿地紀勝一九〇洋州目及元大一統志五三七洋州目均作望雲驛詩，豈青山驛後因元詩改爲望雲驛歟？詩中地名皆德宗道途所經。輿地紀勝洋州景物下：「駱谷路在眞符縣，屈曲八十里，凡八十四盤。」是青山驛卽在眞符縣。奉天錄三：「六師巡狩，駕次駱谷青山，有八十四頭盤，直上千仞，山勢岧嶤，攀蘿登陟，見蓬萊之遠岫，遙望五峰，似一拳之培塿，山頂無草木，直下望烟霞。」「南望漢江」。「從此而行，不過三五里，卽入崷崪之谷，直下萬尋，……石壁紅崖，自然錦障。……」其地高險可見。紀勝又云：「駱駝嶺在興道縣東北三十里，形如駱駞。」眞符縣旣在洋州治所之興道縣東北六十里，則此嶺正在眞符、興道兩縣之間。望秦嶺，藍田武關道中有之，見白居易詩。已詳藍田武關道驛程考。據元氏此詩，駱谷道中亦有之，地望無考。然此詩地名多距青符不遠，疑此嶺在縣東北地區。

唐代中葉，駱口道中又有華陽關，地在梨園、眞符之間，建中三年且置廻河鎭。關鎭並置，足見衝要。

柳宗元館驛使壁記(全文五八〇)：「自長安至盩厔，其驛十有一，其蔽曰洋州，其關曰華陽。」此關當在梨園或眞符，或兩地間驛道上。按輿地紀勝一九〇洋州華陽關條引柳文，乃云「今眞符卽華陽也。」元一統志五三七，同。是卽以眞符縣當之。然考陝西南山谷口考云：「華陽鎭，在洋縣北一百五十里華陽山下。唐於其地置華陽縣，屬洋州，又置華陽關。」圖書集成職方典五三〇，亦云華陽關在洋縣北一百四十里，唐置。是其地當在唐眞符縣北約九十里，卽梨園、眞符之正中間也。今觀地圖，洋縣有華陽鎭，在佛坪、洋縣間，度其里距亦當在唐眞符縣城之北數十里。疑爲近是。又輿地碑記目四洋州碑記條有「華陽寨磨崖刻。」本注：「駱谷路華陽寨下有大溪，……刻之道旁云：建中三年造此得意閣、廻河鎭。」元一統志五三七，同。是其地又置廻河鎭，蓋衝要也。

眞符西南三十里至谷道南口之儻谷，一名駱谷，有駱口驛蓋甚宏大。

儻谷一名駱谷，在洋州治所興道縣北三十里，眞符縣南至州六十里，並見元和志等書，已詳前引。則儻谷當在眞符西南三十里也。

駱口驛見白居易祗役駱口驛喜蕭侍御書至詩。（白長慶集九。）又元稹使東川序云：「元和四年，……予以監察御史使東川，往來鞍馬間，賦詩凡三十二章，…今所錄……起駱口驛盡望驛台。」按其駱口驛詩云：「我到東川恰相半，向南看月北看雲。」（元氏長慶集一七。）知此驛在駱谷道南口之駱口，非此口也。據後引元氏駱口驛詩本注，此驛行人題詩甚多，當甚宏大。

驛南三十里至洋州治所興道縣。卽古興勢、儻城地，形勢險要。

元和志二二洋州興道縣：「興勢山，在縣北二十里，蜀先主遣諸葛亮出駱谷，戍興勢山，置烽火樓，處處通照，卽此。」「後魏宣帝置興勢縣，理在興勢山上，以爲名。……貞觀二十二年改爲興道縣。」通典一七五，洋州興道縣，「今縣城卽後魏儻城郡，因自然隴勢，形似盆緣，外險，內有大谷，爲盤道上數里及門。」其形勢可見。據寰宇記一三八，縣治有遷徙，情形不詳。又云：「先是移郡理就西鄉縣。……後以險固，貞元初又移郡於此。」

縣北又有清涼川，盖谷道盡頭之稍寬曠地區矣。

御覽六八引方輿記：「清涼川在興道縣北。」又引唐史云：「德宗皇帝以朱泚之難，幸梁、洋。至此川，見旌旗蔽野，上心駭，謂泚之追兵疾路至此。見梁帥嚴震具軍容拜馬前。……上喜，……頃之，上次洋州。」（此條不見兩唐書）廣記一九〇嚴振條云，德宗幸梁、洋，「下洋州青源川，見旌旗蔽野。」云云。是其地在洋州治所興道縣之北，然云「下川」，「見旌旗蔽野」。是當已出谷至平地矣。寰宇記一三八述德宗西幸事，與御覽引唐史同。然繫於西鄉縣下。是以爲在西鄉，不在興勢也。紀要五六西鄉縣條因之，云「縣北十里爲清涼山，山南五里有清涼川。」下擧德宗幸梁洋事。一統志，同。水道提綱一三以爲西鄉境漢水南之洋河卽清涼川，與御覽引方輿記大異。按通典，洋州治西鄉。元和志二二洋州興道縣目，「後魏分置興勢縣，理在興勢山上，……貞觀二十三年改爲興道縣。」又西鄉縣目，「武德元年置洋州，州理在西鄉。後移理興道縣。」未明徙治年代。寰宇記一三八洋州興道縣目：「後魏宣武帝正始中分城固縣地於今理西九十二里興勢山(按下文興勢山在縣西北四十三里。)置興勢縣，兼立儻城郡。……按地記云，晉於今西泉縣置晉(昌)郡，魏後(當乙)移於今縣，置晉昌郡，因晉舊名也。廢帝三年改爲儻城郡。隋開皇三年罷郡，大業二年，縣自山上移居後魏晉昌郡廨理。唐貞觀二十三年改爲興道縣。(元和志同。)先是移郡理就西鄉縣，此爲屬邑；後以險固，貞元初又移郡於此。」是此州郡前後屢易名，其治所先在興勢縣即興道縣，後移理西鄉，貞元初又移理興道也。蓋清涼川本在興勢縣北，後郡移理西鄉縣，因亦名其東北之洋水爲清涼川耳。雖德宗幸梁洋時，州治尚在西鄉，然其地在駱谷道口(即儻谷口)東南百里以上，(西鄉在興道東南百里，見元和志)倉卒出幸，目的地爲梁州。出儻谷口當即由興道西趨梁州，決不致迂廻東南百數十里，且度漢水至洋州當時治所之西鄉，然後再回道興道至梁州也。且史云至此川，見「旌旗蔽野」，疑爲泚軍由秦嶺捷徑來阻御駕者，就地理情勢言之，亦絕不可能在漢水之南也。德宗出駱口，至興道，始脫危厄之運，又見城池險峻，故旋即於貞元初徙洋州治所於其地矣。

又有壻水驛者，其地望似在興道縣北，爲駱口驛之異名，實則在興道縣西北四十里，至成固道上。

通鑑二五四僖宗廣明元年條：十二月，黃巢入關，「上趣駱谷，……戊子上至壻水。」考異引續寶運錄：「戊子，帝至駱谷壻水驛，乃下詔與牛頊、楊師立、陳敬宣云，今月七日(九日之誤)已次駱谷壻水驛。」胡注引九域志：「洋州興道縣有壻水鎭。」按詔云「駱谷壻水驛。」又在興道縣。是亦當在興道縣北駱谷左近。然駱口驛距興道縣僅三十里，中間不容再有一驛。復考寰宇記一三三興元府城固縣「壻水在縣東九里。」水道提綱一三，謂城固東北有一水由西北向東南流入漢水，疑古壻水。國防研究院圖即名爲壻水。則壻水在興道、城固之間也。

按元和志二二，興道西至興元百二十里(寰宇記作二百二十里，蓋據通典爲說。通典時代，洋川郡治西鄉。)城固西至興元七十二里。則興道至城固四十八里。(寰宇記作百里，誤。)

卽滑水在興道縣西三十九里也。圖書集成職方典五三〇，「滑水渡在洋縣西四十里，東岸滑水舖，西岸漢王城，……蓋入郡（漢中）之大路也。」滑水舖蓋卽古驛地。紀要五六，興道縣有「壻水驛，在縣西北。」蓋得之，卽興道向西第一驛，過此卽入城固界歟？然亦可能由駱口驛向西南直至壻水驛，達成固縣，不經洋州興道縣。疑莫能定也。

由長安至洋州治所興道縣凡六百四十里，由盩厔縣南三十里谷道北口之駱谷，至興道北三十里谷道南口之儻谷（一名駱谷）凡四百四十里。

元和志二二，洋州「東北至上都六百四十里。」「北至京兆府盩厔縣五百里。」寰宇記一三八，同。按前引元和志，盩厔東北至長安一百三十里，而長安志作一百四十里，里距略相符。又寰宇記、眞符縣北去盩厔四百四十里，南去興勢六十里。里距亦符。谷道南北口距興道、盩厔皆三十里，已見前。則兩口里距可知也。

又梁洋間相去一百二十里。（元和志）此無大問題。則梁州漢中郡卽興元府取駱谷道至京師當爲七百六十里。而通典一七五，梁州漢中郡「去西京取駱谷道六百五十二里」「寰宇記一三三，同，里距有一百里之差。按通典此條全文云：

「去西京，取駱谷路六百五十二里，斜谷路九百三十三里，驛路一千二百二十三里。去東京，取駱谷路二千（二爲一之譌，寰宇記不誤。）五百八十里。取斜谷一千七百八十九里，驛路二千七十八里。（寰宇記作二千七百八十里誤。）

按兩京距離約八百五十里，（通典，元和志河南府條相同，而京兆府條，一作八百三十里，一作八百三十五里，蓋小譌）今就此條至東京里數減至西京里數，取斜谷道者與取驛道者，其差皆八百五十五六里，而駱谷里數之差，則爲九百二十八里，明取駱谷至長安「六百五十二里」之數字必誤無疑。豈「六百」爲「七百」之誤耶？寰宇記從通典，致誤。宋白及顧祖禹（紀要五六。）亦皆沿誤也。

開元中，此道尙不置驛。

六典六司門郎中條：「四面關無驛道者爲中關。」本注，京兆府之子午、路谷、庫谷關皆是。路谷關卽駱谷關，是開元時代此道不置驛也。

大抵承平時代，京師向南交通，西南取斜谷或大散關，東南取藍田路；子午、駱谷皆居次要。安史之亂，倉卒之間，朝士多取駱谷捷徑南逃，其後遂見有大臣自駱谷來往者。行旅漸盛，蓋漸置驛矣。

顏眞卿府君神道碑銘（全文三四一）：「以忤楊國忠貶襄陽丞，移河東司戶，京兆士曹。十五年，長安陷，輿駕幸蜀，朝官多出駱谷至興道。房琯、李煜、高適等數十人盡在。」適由駱谷西奔行在，又見舊一一一本傳，足見安史亂時朝士由此西南逃者甚多。又肅宗時宰相杜鴻漸爲劍南西川節度使，由駱谷赴任，見舊一一七崔寧傳。後鴻漸自劍南還朝，途出於鄠，見舊一三六劉滋傳、新一三二劉知幾傳。來瑱以寶應二年正月貶播州縣尉，翌日賜死於鄠縣，見舊一一四本傳。皆見安史亂後朝臣行旅頗取此道之多也。唐會要八六關市條：「寶應元年九月勅：駱谷、金牛、子午等路，往來行客所將隨身器仗等，今日以後，除郎官御史諸州部統進奉事官，任將器仗隨身；自餘私客等，皆須過所上具所將器仗色目，然後放過。如過所上不具所將器仗色目數者，一切于守捉處勒留。」足見行旅頗盛。故德宗幸興元時，駱谷北口已置驛，見前考。

朱泚之亂，德宗由駱谷道幸興元。自此行旅益盛，朝臣文士取此道者甚多。

元稹駱口驛詩本注（元氏長慶集一七）：

「東壁上有李二十員外逢吉、崔二十二侍御韶使雲南題名處。北壁有翰林白二十二居易題擁石關………等篇。有王質夫和馬王，不知何人。」

觀此，其時行旅者之多可知。白居易酬元九南秦雪詩（白氏長慶集一四）：「往歲曾爲西邑吏，慣從駱口至南秦。」是白氏必數度過矣。他如歐陽詹自梁州囘京經駱谷，有與洪孺卿自梁州廻途中經駱谷詩（全詩六函一册）；韓琮自京師還鄉經(北)駱谷，有駱谷晚望詩（又玄集上）；楊玭挈家自駱谷道入洋源，見北夢瑣言一一。

元和初，高崇文用兵西川，斜谷、駱谷兩道並進。僖宗西幸，亦由駱谷。凡此皆足徵唐中葉以後此道已爲關中西南出山南、蜀中之要道。

寰宇記三〇，鳳翔郿縣條：元和元年，高崇文征劉闢，自出斜谷，別將李元奕出駱谷，同趣梓州。通鑑二三七，同。僖宗事，見前壻水驛條。

然其道多棧閣，殊險峻，多毒蛇。

輿地紀勝一九〇，洋州風俗形勝目引德宗詔曰：「絕欄縈廻，危棧綿亙。」棧閣危峻可見。通鑑二三二、貞元三年條：「初，………上入駱谷，值霖雨，道途險滑，衞士多亡歸朱泚。叔明之子昇及郭子儀之子曙、令狐彰之子建等六人，恐有姦人危乘輿，相與齧臂為盟，著行縢釘鞵，更控上馬以至梁州。」亦正見其險阻也。又元和志二二：「駱谷路，……谷中多反鼻蛇，青攢蛇，一名佳尾蛇，常登竹木上，能數步擭人。中此蛇者，即須斷肌去毒；不然立死。」此亦大礙行旅也。

至唐代末年，蓋又因政治社會不安定，道久失修，而廢塞。至後唐長興四年雖曾復修，竟不能通。

五代會要二五道路條：「(長興) 四年三月，西京留守王思同進擬開駱谷路圖。上指山險謂侍臣曰：如此之險，何以開通？左右奏曰，據興元、關內兵戎交番，乃轉餉大散，修開斜谷路，迂廻校五百里。如從駱谷，自雍京直抵興元，糧戍稍便，然此路險阻尤甚，以此竭力開通，將來霖雨，亦煩修葺。上僶勉從其奏。竟無成功而止。」

一九六六年八月初稿，一九六七年一月再稿。一九六八年十月二十二日校稿復加訂正。適值歷史語言研究所成立四十週年紀念。時客香江

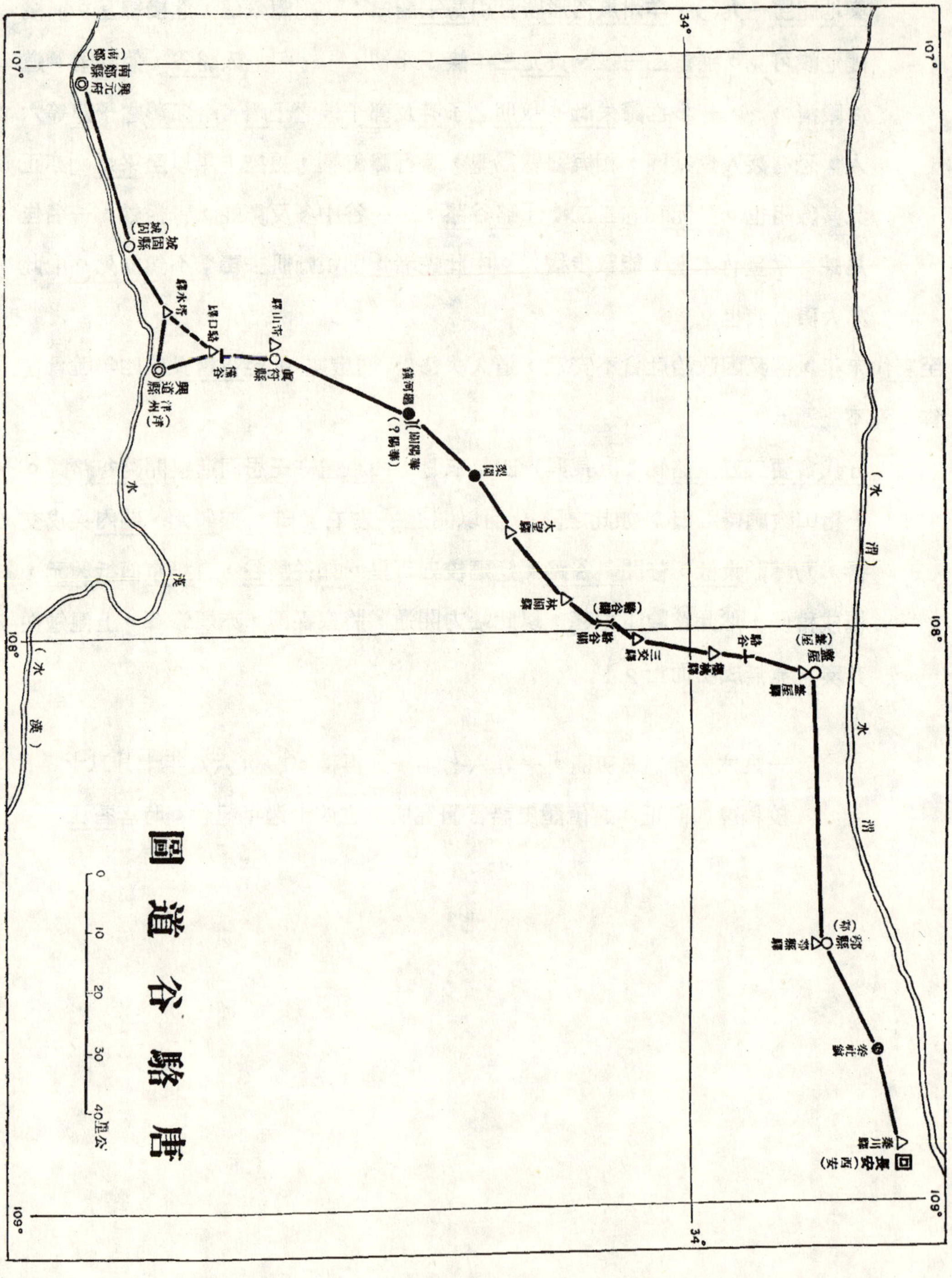

出自第三十九本上(一九六九年一月)

唐藍田武關道驛程考

嚴耕望

長安東南出武關，自古爲秦、楚間之交通孔道。讀史方輿紀要五二陝西重險武關條已就春秋以降用兵武關之史事扼要臚述。同書五四商州條且云：「州扼秦、楚之交，據山川之險，道南陽而東方動，入藍田而關右危。武關巨防，一舉足而輕重分焉。」就軍事上之重要性言，可謂審矣。然唐代承平二百數十年，長安東南甚少軍事行動，此道在唐史上之重要性，不在軍事之形勢，而在政治經濟文化之溝通。蓋唐代京師長安與江淮間之交通，除物資運輸及行李笨重之行旅者多取道汴河外，朝廷使臣及一般公私行旅遠適東川、黔中、江淮、嶺南者，皆利此道之逕捷。兼以唐代士人幾無不蟻趨京師，謀取功名富貴，又喜遨遊江湖適性謀食，故多屢經此道，至有「名利道」之目。中葉以後，因經濟文化中心之南移，此道交通所及之地區，就其範圍言，佔全國二分之一以上，就經濟文化言，又爲全國最繁榮蔚盛之域。況汴河交通常爲東方軍閥所困擾，不如此道之安全無阻，故此道之重要性益增，德宗時代更明令規定爲僅次於兩都間之大驛道，而爲全國第二驛道，直爲南北交通之大動脈，豈僅軍事而已耶！此道在唐代之重要性如此，故唐人文史典籍中保存此道驛程之史料頗豐，爰詳爲考證如次。

（一）

藍田武關道在唐代前期已置驛，郵傳運漕甚繁。

唐六典六刑部卷司門郎中條：「京城四面關有驛道者爲上關。」上關六，京兆府藍田關其一。是前期置驛也。又姚彝神道碑（萃編七二）：「乃拜鄧州刺史、兼檢校商州運漕。武關之外（闕）……況貧川滌源，疏山通道，盡賦不足以供郵傳……。」彝以開元四年卒。是前期已驛漕甚繁也。

中葉更明令定爲次驛路，地位僅次於兩都間之大驛路。

唐會要六一館驛目，貞元二年十二月勅節文：「從上都至汴州爲大路驛，從上都至荆南爲次路驛。知大路驛官，每一周年無敗闕，與減一選，仍任累計。次路驛官，二周年無敗闕，與減一選，三周年減兩選。」據此知武關驛路之重要，僅次於兩都驛道，其他驛道不與也。

以其山路崎嶇，置驛密度往往高過三十里一驛之標準。

柳宗元館驛使壁記（全文五八〇）：「館驛之制，於千里之內尤重。……自灞而南，至於藍田，其驛六。其蔽曰商州，其關曰武關。」按藍田縣東南以藍田關爲境，去長安一百七十里。置驛六者，霸橋驛、藍田驛、青泥驛、韓公驛、藍橋驛、藍溪驛，並詳後文。平均驛距不到三十里。

今考其驛程如次：

長安東南行至霸水，有橫霸官渡及南北兩霸橋，置霸橋驛，距長安二十五里，爲入藍田道之首驛。

元和志一萬年縣，「霸水在縣東二十里。霸橋，隋開皇三年造。唐隆二年（一統志引作唐永隆二年，是。）仍在舊所創爲南北二橋。」長安志一一萬年縣，「霸橋」云云，與元和志同。又云：「漢有霸館，王莽更曰長存館。霸橋，王莽更曰長存橋。」一統志西安府卷三關隘目：「霸橋在咸寧縣（即唐萬年）東二十五里。漢書王莽傳，莽名霸橋爲長存橋。水經注，霸水又北逕枳道，水上有橋，謂之霸橋。……雍錄，隋時更以石爲之。唐人以送別者多於此，因亦謂之銷魂橋。縣志，橋凡十五空，長八十餘步。宋時圮。」綜此以觀，霸橋在萬年縣東二十五里，漢世已建，隋時重建，以石爲之。唐永隆二年增建爲南北兩橋，蓋以應付交通日繁之需要也。長安志又云：「橫霸官渡在縣東南二十五里，入藍田道。」是橋渡並置也。渡爲入藍田道，霸橋亦然，且置驛。通鑑二六二，光化三年，貶王摶崖州司戶，流宦官宋道弼於驩州，景務脩於愛州。摶賜死藍田驛，道弼、務脩賜死霸橋驛。此其證。唐世所謂霸橋送別者，即謂此驛也。

然亦有出長安東北通化門，先至長樂驛，折東南至霸橋驛者，而霸橋驛亦爲東出潼關之要道，蓋京郊諸驛輻湊，行者就便取途，不必採單線也。

元和志，萬年縣有「長樂坡在縣東北十二里，卽滻水之西岸，舊名滻坡。隋文帝惡其名，改曰長樂坡。」長安志七，唐京城「東面三門，北曰通化門，門東七里長樂坡上有長樂驛，下臨滻水。」一統志引長安志，長樂驛在縣東北十五里長樂坡下。（此當另一條。）則長樂坡驛當在長安城東稍北。方輿紀要五三長安縣霸橋條：「志云，唐有霸橋驛在長樂驛東二十里。」以方向里程測之，當作東南二十里。紀要小誤。（長樂驛另詳長安洛汴道考。）霸橋爲入藍田道口，但在長樂東南，故由長安北城首途趨藍田道者，亦得先經長樂再折東南至霸橋。新二〇八宦官楊復恭傳：「孔緯出守江陵，（復恭）乃使人刼之長樂坡。」卽其證。蓋孔緯先出通化門至長樂坡，擬再折南取霸橋驛道也。又祖詠長樂驛留別盧象裴總（全詩二函九册）云：「灞水行人渡（一作絕），商山驛路深。」是亦先取道長樂再轉入覇橋藍田路也。又通鑑二六四，天復三年紀，朱全忠東歸，百官班辭於長樂驛。崔胤獨送至覇橋，自置餞席。」是東出潼關亦經覇橋也。（亦詳長安洛汴道考。）

又東南上韓公坂，一名韓公堆，越橫嶺至藍田驛。又東南二十五里至藍田縣（今縣），去長安八十里，郭下有青泥驛。

長安志一六藍田縣條：「橫嶺在縣北三十五里。自臨潼驪山東入縣界，橫接華州界。」方輿紀要五三藍田縣條，「橫嶺在縣北三十五里，自藍田西達驪山之道。嶺北爲韓公堆。」按此堆名與藍田縣南之韓公堆有涉，詳下文。然白居易初出藍田路作（白長慶集一〇）云：「朝經韓公坂，夕次藍橋水，潯陽僅四千，始行七十里。」藍橋驛在藍田縣南四十里，見長安志，（詳後引。）夕次藍橋水者，當卽宿藍橋驛也。則韓公坂當在縣北二三十里處，正當紀要所記橫嶺北之韓公堆，是唐世此處有韓公坂之名絕無可疑者。又白集八宿青源寺：「往謫潯陽去，夜憩輞溪曲。今爲錢塘行，重經茲寺宿。」次一詩爲宿藍溪對月，一作宿藍橋題月，云：「今夜藍溪口。」是前次謫潯陽及此次赴杭州，兩次之前後兩宿處皆相同。知謫潯陽時經韓公坂之前夕宿輞溪，或亦卽青源寺歟？當在韓公坂西北不遠處。

長安志同條又云：

青泥驛在縣郭下。

藍田驛在縣西北二十五里。

韓公堆驛在縣南三十五里。(本注:「作桓公驛者，非。」)

藍橋驛在縣東南四十里。

藿平驛在縣南五十五里。(本注:「以上五驛並廢。」)

按此五驛，當是唐驛，而宋已廢者。藿平驛是否當大道，待考。其餘當道，史多可證。然韓公堆驛有問題，詳下文。茲先論藍田、青泥兩驛。

藍田驛，地望惟見長安志。此驛唐史中極常見。朝臣重譴往往賜死於此。如舊代宗紀，寶應元年七月，「襄州刺史裴義(茙之形譌)長流費州，賜死藍田驛。」事又見舊一一四裴茙傳及來瑱傳。瑱傳作藍田故驛，是此時驛已有徙遷矣。又昭宗紀，光化二年六月，宰相王摶「貶崖州司馬，尋賜死於藍田驛。」(新一一一王摶傳及舊一七七崔胤傳皆同。)又舊一一八黎幹傳，德宗卽位，幹與中官劉忠翼皆長流，賜死藍田驛。

青泥驛，長安志云在藍田縣郭下。考寰宇記二六雍州藍田縣條，「縣理城卽嶢柳城也。俗亦謂之青泥城。桓溫伐苻健，使將軍薛珍擊青泥城，破之。卽其處。」長安志一六藍田縣條亦云:

「縣城本名嶢柳城，以前對嶢山，其中多柳，因取爲名。水經注曰，泥水歷嶢柳城南，魏置青泥軍於城內，俗謂之青泥城。晉中興書曰，桓溫伐苻健，遣京兆太守薛珍擊青泥城，破之。卽其處也。城周八里，今縣城上東南一隅而已，周三里餘八十步，崇一丈六尺，凡三門。」

則藍田縣治卽青泥城殆無疑。而方輿紀要五三藍田縣嶢柳城條，「今縣治也。」又云「青泥城在縣南七里……唐時置青泥驛。」則城驛皆在縣郭南七里。姑存疑。至於通鑑二四五大和八年條胡注:「青泥驛在嶢關南。」蓋誤。　此皆宋世記載也。其在唐世，亦屢見於詩篇與史文。如錢起有清(一作靑)泥驛迎獻王侍御(全詩四函五册)。又武元衡同洛陽諸公餞盧起居(全詩五函七册)云:「暮宿青泥驛，煩君淚滿纓。」尤見其爲出京第一宿處。而朝臣賜死亦有在此驛者。如大和九年召宦官山南東道監軍陳弘志還京，遣使杖殺於此驛，見舊文宗紀及兩書李訓傳。

縣距京師里數，見元和志一及寰宇記二六。然皆云藍田縣東北至京兆府八十里。按府實在縣西北，而云東北者，蓋驛道曲屈，由東北出橫嶺折而西北耳。

附望秦嶺、五松驛　白長慶集一五初貶官過望秦嶺云：「草草辭家憂後事，遲遲去國問前途，望秦嶺上回頭立，無限秋風吹白鬚。」本注：「自此後詩，江州路上作。」接下即藍橋驛見元九詩、韓公堆寄元九、發商州、武關南見元九題石榴花見寄等詩，則望秦嶺當在韓公堆藍橋驛之北，似即橫嶺或其前後，但別無可證。又同集八有自望秦赴五松驛馬上偶睡覺成吟云：「長途發已久，前館行未至。」後一詩爲鄧州路上作，前一詩爲宿藍溪對月，再前則出守杭州路次藍溪作，本注云此下諸詩皆赴杭州時作，是此望秦即卷一五初貶官過望秦嶺之望秦也。五松驛當在嶺南一程。然藍關藍橋藍田以北至京師各驛已考證明白，中間不可能另有一驛，豈前後嘗有改名者歟？復檢全唐詩白集八，此詩題作「自秦望赴五松驛馬上」云云。（原刻本七函二册及同文本卷一五皆同。）則五松前程地名秦望，非望秦。疑此詩在杭州時作，不在商山道中。白集編次多誤，此又其一例也。

由縣東南行二十五里至韓公驛（桓公驛），又十五里至藍橋驛。兩驛間山嶺盤高，唐代詩人或以七盤嶺目之。

藍橋驛屢見唐人詩篇。如白居易有藍橋驛見元九詩（白長慶集一五）。又有留呈夢得子厚致用詩（同上一九），本注「題藍橋驛。」又裴航贈樊夫人詩，本注叙事云「航，經藍橋驛，渴甚。」驛在藍田縣東南四十里，見前引長安志。

韓公驛不見於唐史詩文。考太平廣記一五三崔朴條云：朴父清，建中初爲藍田尉。戶部侍郎楊炎貶道州司戶，自朝受責，馳驛出城，不得歸第。其夕次藍田，清爲經營行李及家務甚周至。後數日，炎南行，清送至韓公驛而別。（本注，出續定命錄。）是韓公驛在藍田縣南。前引長安志，藍田縣東南四十里有藍橋驛。又云，縣南三十五里有韓公堆驛。本注，「作桓公驛者，非。」云韓公堆驛在縣南，與廣記合。然長安志此條顯有兩問題。其一，兩驛相去只五里，極不合理。其二，「韓公」一名「桓公。」檢一統志西安府卷三關隘目藍橋驛條引長安志，韓公堆驛在藍田縣南二十五里。又卷一山川目桓公堆條引長安志，在藍田縣南二十五里。則驛在縣南二十五里非三十五里。南去藍田驛十五里雖嫌太密，然有可能，蓋兩驛間正當盤嶺山區也。詳下七盤嶺條。韓公驛在藍田縣南二十五里，可以無疑，然驛名韓公之由來，仍可追究。果如長安志以爲其地本名韓公堆歟？觀一統志引長安志述韓公堆與桓公墥至藍田縣之里距與方位全同，此二名當即一地，音同而字異耳。故長安志述韓公堆驛或稱爲桓公驛也。而紀要五三藍田縣橫嶺條，「嶺在縣北三十五里，自藍田西達驪山之道。嶺北爲韓公堆。」又引志（通志）云，「縣南二十五里有桓公堆，蓋桓溫伐秦時駐此，因名。」則韓公堆在縣北三十五里橫嶺之北，縣南二十五里者爲桓公堆，非韓公堆也。紀要、通志書雖後出，然必有所據。且橫嶺北坡，唐世本名韓公坂，白氏初出藍田作詩，可爲鐵證，絕無可疑，已詳前考。地名韓公坂，亦稱爲堆，固極可能。且韓公堆之名，唐史詩篇尙多可考。白居易韓公堆寄元九（白集一五）云，「韓公堆北澗西頭……。」又李商隱偶成轉韻亦有韓公堆之名。此二詩不能斷其地望，姑存不論。又崔滌望韓公堆詩云：「韓公堆上望秦川，渺渺關山西接連。」（國秀集上。）是韓公堆必去秦川不遠，謂作於橫嶺北韓公坂上，形勢最爲切合，若謂作於藍田縣南之山嶺北坡，百里以外，是否可能，當須目驗之矣。復考通鑑二二三，廣德元年，吐蕃入長安，代宗幸陝。郭子儀收兵商州，圖復京師。先使長孫全緒「出藍田，觀虜勢。」「全緒至韓公堆，晝則擊鼓張旗幟。夜則多然火，以疑吐蕃，前光祿卿殷仲卿聚衆近千人，保藍田，與全緒相表裏，帥二百餘騎直渡滻水。吐蕃懼……稍稍引兵去。」（參舊一九六上吐蕃傳）按滻水已達長安近郊，是此韓公堆必去長安不遠，應即橫嶺北之韓公坂無疑。若在藍田南山，去長安百里而遙，事勢不合。然則唐世橫嶺北之韓公坂即爲韓公堆。至於藍田縣南二十五里處乃桓公堆，因桓溫駐軍得名。韓、桓兩堆，其地不同。紀要之說是也。惟韓公堆之名，唐世較著，後遂譌「桓」爲「韓」，其地置驛，亦以韓公名矣。

七盤嶺本在藍田關以南，商州北境，然唐代詩人或目韓公驛與藍橋驛間之山嶺盤高處爲七盤嶺，其後遂攘據七盤嶺之名，詳下七盤嶺條。

又東南至藍溪驛。

張籍使至藍谿驛寄太常王丞（全詩六函六册籍集三）：「獨上七盤去，峰巒轉轉稠，雲中迷象鼻，雨裏下箏頭，水沒荒橋路，鴉啼古驛樓。」是此驛在藍田武關道上。又白居易有出守杭州路次藍溪作（白氏長慶集八），蓋亦次藍溪驛而作者。檢元和志一藍田縣條，霸水「自商州上洛縣界流入。」水道提綱六，「灞水上源卽藍水也，出東南藍田縣藍關之西南山秦嶺。」按藍水之名，唐世已有，如杜詩「藍水遠從千澗落，玉山高並兩峯寒。」司空曙登秦嶺（御覽詩）：「商山藍水流。」是也。藍谿當卽藍水上源。則此驛當在商山秦嶺北不遠，藍田關前後。前考藍橋驛在藍田縣東南四十里，則當在藍田關西北五十里，（縣關間九十里，詳下文。）其間當另有一驛。且藍田關屬藍田縣，去京師一百七十里。」九域志三，商州「西至本州界一百一十里。自界首至京兆府一百七十里。」則藍關當卽府州分界線，亦卽藍田縣驛道之最東境。唐制當略同。而前引柳宗元館驛使壁記，「自灞而南至於藍田，其驛六。」前已考得五驛，驛距未有逾四十里者。藍橋驛、藍田關相距五十里，所缺一驛必在此間無疑。藍谿驛旣在關之前後，疑卽在關內距關不遠處。復考長安志一八，藍田縣有「玉谿館，在縣東南四十五里入商州路。俗曰礓子平。」檢元和志藍田縣條云：「周禮，玉之美者曰球，其次爲藍，蓋以縣出美玉，故曰藍田。」「藍田山一名玉山。」山旣「藍」「玉」互稱，亦可例水，是玉谿卽藍谿，宋之玉谿館蓋卽借唐藍谿驛之名歟？惟玉谿館在藍田縣東南四十五里，當入商州大道。而前述藍橋驛在藍田縣東南四十里，亦當大道，則此兩站相去才五里，是不可能。但長安志明云藍橋驛已廢，而玉谿館則宋世見存。藍田縣與藍田關相去九十里，道路險隘，唐置三驛，韓公驛在縣南二十五里，藍橋驛在縣東南四十里，而藍谿驛蓋在關之西北二三十里處。至宋，驛政廢弛，驛距加大，縣關間三驛並廢，只置一館，蓋借藍谿驛名轉變爲玉谿館耳。是亦藍谿驛本在關內之一旁證也。

又東南逾秦嶺，至藍田關，去縣九十里，去京師一百七十里。爲唐代前期六上關之一，卽秦之嶢關也。

隋地志，京兆藍田縣有關官。括地志，「藍田關在雍州藍田縣東南九十里，卽秦嶢關也。」（史記曹相國世家正義引。）六典六司門郎中條，「凡關二十有六。」上關六，藍田關，其一。通典一七三，京兆藍田「有關，秦嶢也。秦嶺在此界。」元和志一京兆府藍田縣：「藍田關在縣南九十里，即嶢關也。」寰宇記二六採元和志，而云在縣東南九十八里。其爲古嶢關無異說，方位里距小異。今從括地志書之。寰宇記又云，周明帝武成元年，自嶢關移置青泥故城側，改曰青泥關。武帝建德三年改曰藍田關。」長安志一六，同。又云「隋煬帝大業元年徙復舊所，即今關是也。」

秦嶺，見前引通典一七三藍田縣條。紀要五三藍田縣，「秦嶺在縣東南，卽南山別出之嶺，凡入商洛者必越嶺而後達。……由此東出卽藍田關。」一統志西安府卷山川目引縣志同。按此指狹義之秦嶺，在藍田關之北。韓愈左遷至藍關示姪孫湘（昌黎集一〇）：「雲橫秦嶺家何在，雪擁藍關馬不前。」亦見嶺在關北也。

出藍田關，踰七盤嶺。

唐世道路多七盤之名，斜谷道上有七盤嶺，（詳漢唐褒斜道考，刊新亞學報第八卷第一期。）巴州有七盤縣、盤道縣。（通典一七五。）而商山道中亦有七盤嶺之名。舊二〇〇下黃巢傳「巢賊出藍田七盤路，東走關東。」吳融南遷途中七首（全詩十函七册融集三）。就中有登七盤嶺二首，渡漢江初嘗鯿魚作一首，皆卽商山道中之七盤。又張籍使至藍谿驛寄太常王丞（全詩六函六册籍集三）：「獨上七盤去。」此亦商山道中之七盤也。漢書王莽傳中，莽命王級曰：「繞霤之固，南當荆楚。」師古注云：

「謂之繞霤者，言四面塞阨，其道屈曲，谿谷之水回繞而霤也。其處卽今商州界七盤十二繞也。」

通典一七五商州上洛縣條亦云：

「有商山，亦名地肺山。亦名楚山。…其地險阻，王莽命明威侯王級曰，繞霤之固，南當荆楚。繞霤者，言四面塞阨屈曲，水回繞而霤，卽今七盤十二繞。」

按寰于記一四一，同。（「而霤」作「如屋霤」，「十二繞」作「十二紆」。通鑑二二三胡注引通典亦作紆。）是唐代初年、中葉以及宋初學人皆以七盤在商州境，卽商山也、而長安志一六藍田縣，「七盤山在縣南二十里。」「紆坡在縣東南。通典曰七盤十二紆，藍關之險路也。」是謂近在藍田縣南。蓋誤讀通典歟？紀要五三藍田縣七盤條及一統志西安府七盤山條，皆謂在藍田縣南十里，亦引通典爲說。又南山谷口考：「七盤山，在藍田縣南十里，一名七盤坡，赴商州者必取道於此。」下亦引通典爲說，皆與長安志同誤。惟一統志商州山卷目商山條引舊志，云在商州界七盤十二䌇。又引地理通釋，謂七盤十二䌇即商山嶺。是也。其實通典明云在上洛。且考舊一九六上吐蕃傳述子儀由牛心谷取玉山路赴行在事云：

「判官王延昌…恐狹徑被追，前後不相救，至倒迴谷口，遂與子儀別行，踰絕澗，登七盤，趨於商州。」

檢南山谷口考述玉山通洛南道云：

「倒溝谷一名倒回谷，在藍田縣東南五十里，有倒溝谷水，一名石門水，西北流入灞。藍田縣志道路考，由縣城東行十五里曰普化鎭，又十五里屛風鎭，又五里玉山，又二十里倒溝谷。」

是倒迴谷遠在藍田縣東南五十里通洛南道上。王延昌由此谷踰絕澗登七盤至商州，則唐世七盤決不近在藍田縣南十里二十里，可斷言矣。（紀要五三，藍田縣倒回谷在縣東南五十里。志云，灞水源出於此。或謂谷在七盤山北，誤。望按以今名核之，或說誠誤，於古則不誤也。）又按商州上洛縣本在商山之南，是七盤固應在上洛之北也。此處所引吐蕃傳即其證。又通鑑二二三廣德元年，書此事云，子儀將往商州收兵，「過藍田……得兵近千人……恐吐蕃逼乘輿，留軍七盤三日乃行。比至商州。」云云。亦七盤在商州治所之北之明證。七盤既在商州上洛縣北境。而藍田關屬藍田縣，爲藍田、上洛縣接境處（詳前藍田關條。）是七盤又必在藍田關之東南。倒迴谷在藍田縣東南五十里，藍田關在縣東南九十里，但谷關不在一條交通線上，王延昌由谷南踰絕澗登七盤，則七盤雖在關外，但距關必不甚遠，可能即關南十里二十里。爲京府、商州之界嶺歟？長安志本據通典，而誤會其意，故始誤書之。至今藍田縣南十餘里之山嶺，眞有七盤之名矣。今推其致誤，當亦有故。第一，可能因藍田縣、藍田關而混淆。蓋此驛道中，縣、關、驛皆有藍田之名，又有藍橋、藍溪，最易混淆，長安志蓋誤以藍田關爲藍田縣耳。後世遂以藍田縣南郊山嶺爲七盤矣。第二，唐代後期詩人似已視藍田縣南郊之山爲七盤。如白居易初出藍田路作（同文本全詩一六白集一〇）云：

「停驂問前路，路在秋雲裏，蒼蒼縣南道(一作山)，去（一作險）途從此始。絕嶺忽上盤（一作盤上），衆山皆下視，下視千萬峯，峰頭如浪起。朝經韓公坂，夕次藍橋水，潯陽近（一作僅）四千，始行七十里，人煩馬蹄跙，勞苦已如此。」

是藍田縣南至藍橋間本亦有嶺，盤上甚高。藍橋驛既在縣南四十里，則此嶺距縣必不及四十里。南方谷口考，「嶢山在藍田縣城南二十里，一名青泥嶺。」蓋即其處。前引長安志以下謂七盤山在縣南二十里或十里者，正亦此嶺也。白氏既稱此嶺盤上，宜其後亦有七盤之名矣。又前引張籍使至藍谿驛寄太常王丞云：

「獨上七盤去，峰巒轉轉稠，雲中迷象鼻，雨裏下箏頭，水沒荒橋路，鴉啼古驛樓。」

此詩作於藍谿驛，在藍田縣南四十里。觀其遣詞，謂其將上七盤固亦勉強可通，然究不如謂其已過七盤，書其途中所見也。白詩尚未明稱此路爲七盤，此詩則明目藍谿驛以北之山區爲七盤矣。復按吳融登七盤嶺二首云：

「才非賈傅亦遷官，五月驅羸上七盤，從此自知身計定，不能迴首望長安。」

「七盤嶺上一長號，將謂青天鑒鬱陶。近日青天都不鑒，七盤應是未高高（一作爲高）！」

觀第一首詩意，似爲藍田縣南盤嶺上所作，蓋始入山區慨然有感不能再回京師也。然第二首，又似不在此處。何者？藍田縣南山嶺，白氏雖形容其盤高，然白氏一日間越橫嶺，又越此嶺，行七十里，是必不甚高可知。而觀吳融第二詩，蓋當時視七盤爲商山極高處，故稱「近日青天」，又有「七盤應是未高高」之反問嘆語也。大抵此道南行，頗多逐客，詩人感慨遣興，往往即在背離京師始入山區之時。此道高峯險峻最推七盤，藍田南山既陡起盤高爲山行之始，故即以爲七盤，而感慨吟詠之耳。唐代後期詩人既已常視藍田縣南之山嶺盤上者爲七盤，宜宋人即承襲譌誤，而七盤之名遂移於此矣。然則長安志以下或亦不誤，惟引通典以實之，則牽合有誤耳。

又東南經北川驛、安山驛、麻澗、仙娥驛，至商州治所之上洛縣（今商縣）。

北川驛、安山驛　紀要五四，商州　安山驛條，「唐置」，「州北五十三里。其地有安山。山下有紫楡澗。」又一統志商州卷關隘目桃花驛條，「安山驛在州北五十里。北川驛在州北七十里，皆唐置，久廢。」蓋皆沿古志所記。姑存之。

麻澗 杜牧商山麻澗詩(全詩八函七册)：「雲光嵐彩四面合，柔桑垂柳十餘家……征車自念塵土計，惆悵溪邊書細沙。」下卽富水驛、丹水、題武關諸詩。是麻澗亦在商山驛道中也。按紀要五四商州武關條引輿程記：「自武關西北行五十里至桃花鋪，又八十里至白羊店。又八十里至麻澗，又百里至新店，又百里至藍田縣，皆行山中，至藍田始出險就平。」一統志商州卷關隘目偏路隘條引輿程記，同。又一統志同卷山川目熊耳山條：「括地志，山在上洛縣西四十里。州志，兩峯揷漢，以形似名。丹江經此，謂之麻澗。」又丹水條，「源出州西北。……州志，水出秦嶺之息邪澗……東南流三十里逕大商原……又東南三十里逕麻澗，曰麻澗河。又東南十里逕仙娥峯。……」是澗在仙娥驛以西，州西三十里左右也。

仙娥驛屢見唐人吟詠。李日新題仙娥驛(全詩十二函八册諧謔二)：「商山食店大悠悠。」(出雲溪友議。)又趙嘏有沙溪館詩(同上九函一册)本注「一作仙娥驛。」又白居易仙娥峯下作(白長慶集一〇)：「我爲東南行，始登商山道。商山無數峯，最愛仙娥好。……渴望寒玉泉，香聞紫芝草。」韓琮題商山店(才調集八)：「商山驛路幾經過，未到仙娥見謝娥。」皆卽其處。紀要五四，商州西十五里爲仙娥峯，「唐人於此置仙娥驛」。一統志商州卷關隘目，仙娥驛在州西十五里，唐置，久廢。據趙嘏沙溪館詩，驛似又名沙溪館。按一統志商州卷山川目丹水條引州志，丹水逕仙娥峯曰仙娥谿。是仙娥峯驛本臨丹水，有谿，豈唐世一名沙溪耶？

商州去長安蓋近三百里。州有館。

州有館，見白居易發商州詩(白氏長慶集一五)。詩云：「商州館裏停三日，待得妻孥相逐行。」關於里距。通典京兆郡條及上洛郡條皆云商州距京師三百里。而元和志京兆府條作二百六十里。寰宇記二五雍州條及一四一商州條皆作二百六十里。九域志雍州卷作二百六十五里，商州卷作二百八十里。通鑑二二三胡注「上洛至京師二百八十一里。」豈貞元間李西華修山間道而縮短里距耶？然鄧州至長安，通典反較元和志近三十里。凡此里數舛譌不可校，亦不必詳校也。而陝西南山谷口考引道路考，藍田縣東南至商州二百二十五里。則三百里之說或可信。

商州爲藍田、武關驛道之中心點。其交通路線除此驛道外，其他小道尚甚多。如商州以北，驛道之西有細道通輞谷、採谷。

長安志一六藍田縣：「輞谷在縣南二十里。」「採谷在縣西南三十里，與輞谷並有細路通商州上洛縣。」紀要五三藍田縣：「輞谷水在縣南八里，谷口乃驪山藍田山相接處。山峽險隘，鑿石爲塗，約三里許。商嶺水自藍橋伏流至此，有(略)諸水會焉。如車輞環輳，……過此則豁然開朗，林野相望。」按此二小道皆在驛道之西。

崔湜開商州西山，西通石門谷，置大昌關及館驛，後雖廢，但必仍爲小徑也。

詳後第二節。

商州東行取洛南道至陝州。

舊一九六上吐蕃傳上，吐蕃入長安，代宗幸陝，郭子儀南入牛心谷，取玉山小道欲南趣商州，赴行在。行至倒回口，東趣洛南；而判官王延昌等別道登七盤嶺至商州，說商州諸將迎子儀於洛南至商州主軍務，北復長安。據此，洛南可通陝州也。檢寰宇記一四一，商州洛南縣，在州東九十里。縣在洛水之南一里，故名。蓋東北至陝州；東沿洛水，則經盧氏至洛陽也。

商州南行至上津，安史亂後，曾爲東南物資運輸之孔道。

寰宇記一四一，商州屬縣有上津，在州南二百九十里。安史亂後爲漕輓孔道，別詳上津道考（刋本所集刋第三十八本）。

商州山區，地瘠民貧，而當長安東南孔道中樞，故官其地者以交通爲第一要務。

商州刺史屢以修路功見史傳碑刻，詳後文。又新一四三王凝傳：「出爲商州刺史。驛道所出，吏破產不能給。而有冶賦羨銀，常摧直以優吏奉。凝不取，則以市馬。故無橫擾，人皆慰悅。」是亦見交通常困吏民也。又顏眞卿有商州刺史武關防禦使歐陽使君碑（全文三四三），是亦猶華州刺史兼潼關防禦使矣。

州南有四皓驛，壽泉店。由州取驛道東南行經此驛、店，又經洛源驛，凡九十里至商洛縣。有棣華驛者，蓋卽縣驛也。

寰宇記一四一，商州商洛縣在州東九十里。（元和志商州卷已佚。）一統志商州卷關隘目，商洛鎭在州東八十五里。州志，即古商洛縣。」是也。

壽泉店，見白居易重過壽泉憶與楊九別時因題店壁詩（白長慶集一一）。詩云：「商山南十里，有水名壽泉，湧出石崖下，流經山店前。」結云：「他日君過此，慇懃吟此篇。」是亦驛道所經之客館也。同文本全詩（卷十六，白集十一）作「商州南十里。」未知孰是。蓋要當在商州之南歟？

四皓驛，見竇庠四皓驛聽琴送王師簡歸湖南使幕詩（全詩四函十册），稱爲山館。按水經丹水注：「楚水……源出上洛縣西南楚山。昔四皓隱於楚山，即此山也。其水兩源合舍于四皓廟東，又東逕高車嶺南。……北轉入丹水，嶺上有四皓廟。」一統志商州卷山川目高車山條：「高士傳，高車山上有四皓碑及祠……州志在州西南五里乳水北岸。」是四皓所隱楚山及四皓廟皆在上洛縣西南不遠處。通典一七五商州上洛縣，「有商山，一名地肺山，一名楚山，四皓所隱。」是唐世傳說遺跡仍同。又白居易仙娥峯下作（同文本全詩卷一六白集十）云：「我爲東南行，始登商山道。商山無數峯，最愛仙娥好。………向無如此物，安足留四皓。」仙娥峯在商州城西，則此詩更爲唐世四皓故事在商州上洛縣附近之強證。寰宇記一四一商州上洛縣條：「皇甫謐高士傳……四皓……共入商嶺上雒，隱地肺山。」「四皓墓在縣西南四里廟後。」是與水經注、通典亦同。而同書商洛縣條又云：「商洛山在縣南一里，一名楚山，即四皓所隱之處。……高士傳謂地肺山即此。」是與前條自相重複。蓋「上洛」「商洛」地名音同致故事傳播歟？迄明淸世仍兩地各有廟。如一統志商州卷祠廟目，四皓廟「在州西金鷄原，有唐柳宗元宋王禹偁撰碑，一在州東南商洛鎭。」然陵墓目，四皓墓「在州西五里金鷄原，有廟。」則廟雖兩見，而墓則仍唯州西五里之金鷄原一處，則故事中心仍在上洛也。四皓隱處之傳說及墓祠既在上洛縣西南不遠，且或近在五里處，則驛之地望當亦在上洛縣附近，疑爲商州南行第一驛？或竟即商州館驛歟？

洛源驛，見雍陶洛源驛戲題（全詩八函六册）。又廣記一五三崔朴條，建中初，楊炎貶道州司戶，途經藍田縣、韓公驛，「至商於洛源驛，馬乏。」云云。（出續定命錄。）。按商於爲廣泛名辭，但不出商州至內鄉境。廣記此條亦提到洛源監，驛監蓋在同一地區。新書食貨志，「大曆七年禁天下鑄銅器。建中初，戶部侍郎韓洄以商州紅崖冶銅多，請復洛源廢監，起十鑪。……德宗從之。」一統志商州卷古蹟目，「洛源監在州東，唐書地理志，商州有洛源監錢官。舊志，監在州東五十里孝野崖。又東十五里東原上有紅崖冶。」又同卷津梁目，「頭渡橋在州東四十里，跨丹水上。又東十里有洛源橋。」是州東五十里又有洛源橋且跨丹水上。監在州東五十里，今仍有洛源橋，則驛蓋亦距其地不遠，當商洛縣道上也。

棣華驛，見白長慶集。白集一八有棣華驛見楊八題夢兄弟詩。又卷二〇收赴杭州路中作諸詩。就中涉及地名者有宿陽城驛對月，商山路有感，赴杭州重宿棣華驛見楊八舊詩感題一絕，內鄉村路作。是此驛當在商山道中。又雍裕之有宿棣華館聞雁詩云：「不堪旅宿棣花館。」（全詩七函九册），卽此驛也。撿一統志商州卷山川目有棣華山，「在州東七十里以山多棣花得名。」申報館、新地圖有棣華鎭，在商縣與武關正中間。與山之地望略合，當唐之商洛縣地區，疑卽縣驛歟。

由商洛又東南經桃花驛，層峯驛，至武關，亦九十里有武關驛。

隋志，上洛郡商洛縣有關官，通典一七五，亦云商洛「有武關。」而六典卷六刑部卷，上中下關二十六，無武關，豈開元時代天下太平而廢之歟？一統志商州卷關隘目武關條：「括地志，武關山，地門也，在商洛縣東九十里。史記正義在商州東一百九十里。」元和志商州卷已佚。寰宇記一四一商州商洛縣條：「武關在縣東南九十里，春秋時少習地。左傳云，楚使謂晉大夫士蔑曰，晉楚有盟，好惡同之，若將不廢，寡君之願也。不然，將通于少習以聽命。注：少習，商縣武關也。又云，武關山爲地門。」此當有承襲元和志者。其道里與括地志合。按武關爲春秋以來名關要道，詳參紀要五二陝西重險條。今不贅。關有驛，見寶刻叢編一〇唐修武關驛記。

桃花驛，見一統志商州卷關隘目，云在州東一百三十里，唐置，久廢。是在商洛縣東四十里，武關西五十里也。紀要五四商州武關條引輿程記，「自武關西北行五十里至桃花鋪。」當卽唐桃花驛地。考元稹西歸絕句云：「五年江上損容顏，今日春風到武關。兩紙京書臨水讀，小桃花樹滿商山。」蓋此一地帶多桃樹，故驛有此名歟？

層峯驛，屢見唐人詩文。韓愈女挐壙銘（全文五六六，朱校昌黎集三五）：「死於商南層峯驛，即瘞道南山下。」愈又有題層峰驛梁（昌黎集一〇），序云，「去歲貶潮州刺史，乘驛赴任。其後家亦譴逐，小女道死，殯之層峯驛旁山下。蒙恩還朝，過其墓，留題驛梁。」又元稹桐花詩序（元長慶集一九）：「元和五年，予貶掾江陵，三月二十四日，宿曾峯館，不知幾何年，復來商山道中。」又有宿曾峯館寄樂天詩（元集六），亦此時所作。杜牧將出關宿層峯驛詩（全詩八函七册牧集五）云，「孤驛在重阻，雲根掩柴扉……明日武關外，夢魂勞遠飛。」是此驛當在武關內不到一日程也。而一統志商州卷古蹟目，商南舊縣「在今商南縣南。通志，明成化十二年……分商縣以東地置商南縣，初置（於）層峯驛，尋徙於沭水西，即今治也。州志，層峯驛在州東三百二十里，唐置驛於此，韓愈南遷經此喪女，有埋女銘。」紀要五四，商南縣「相傳……今縣治即唐之層峯驛云。」按商南縣在州東少南二百五十里，（一統志商州卷建置目。）而武關在州東一百八十里，則唐層峯驛必非商南縣境，志書皆誤也。推原致誤之故，蓋韓銘云「死於商南層峯驛，」謂商嶺之南也。後人或誤讀此文，以爲商南縣耳。

又有桐樹館驛者，在商山道中，似即爲層峯驛之異名。

白居易桐樹館重題（白長慶集八，同文本全詩一五）：「階前下馬時，梁上題詩處，慘澹病使君，蕭疎老松樹。自嗟還自哂，又向杭州去。」按此詩爲赴杭州刺史途中作。前有宿藍溪對月、鄧州路上作。後有登商山最高頂初下漢江舟中作。則此館似在商州至襄州道中。又商山路驛桐樹昔與微之前後題名處（白集一八、同文本全詩一八）：「與君前後多遷謫，五度經過此路隅，笑問中庭老桐樹，這回歸去免來無。」此忠州刺史歸京時作。「商山路驛桐樹」殊不詞，觀下文「中庭老桐樹」之言，必在館驛中，則此「驛桐樹」當即「桐樹驛」之倒譌。後出刺杭州，又經此館重題也。則此驛在商山道中。復考元稹有桐孫詩（元長慶集一九，同文本全詩一五）自序云：「元和五年，予貶掾江陵，三月二十四日宿曾峯館，山月曉時，見桐花滿地，因有八韻寄白翰林詩，當時草蹙，未暇紀題。及今六年，詔許西歸。去時桐樹上孫枝已拱矣。……感念前事，因題舊詩，仍賦桐孫詩一絕。」則曾峯驛中桐樹甚壯，元氏兩度感賦寄白，則白氏上舉兩詩所謂桐樹館驛者，疑即層峯館驛也。姑存再考。

出武關，近處爲青雲嶺，有青雲驛，蓋關外第一驛也。

青雲驛屢見唐人詩篇。如雍陶有路中問程知欲達青雲驛（全詩八函六册）。蔣吉有次青雲驛（全詩第十一函七册）。吳融宿青雲驛詩（全詩十函七册）云：「蒼黃負譴走商顏，保得微躬出武關。今夜青雲驛前月，伴吟應到落西山。」是此驛當在武關外第一驛也。元稹青雲驛詩（元長慶集二）：「岧嶢青雲嶺，下有千仞谿。」此詩序在分水嶺、四皓廟兩詩後，陽城驛之前，當與吳融詩所詠爲同一驛。（輿地紀勝一八三輿元府景物條係此詩，誤。）又杜牧題青雲館（同文本全詩一九牧集四）：「虬蟠千仞劇羊腸，天府由來百二強，四皓有芝輕漢祖，張儀無地與懷王。」此亦商山道中之青雲驛無疑。且可徵此館驛當在武關，或關外不遠。檢一統志商州卷關隘目武關條引州志，「關在州東武關山下，當官道設關，北接高山，南臨絕澗。」觀元稹、杜牧兩詩所詠青雲館驛之形勢，正與武關形勢相當，豈即關上館驛耶？牧詩所詠尤爲切合，吳融詩意亦可通解，惟決不在關內。而一統志商州卷關隘目商洛鎮條：「九域志，商洛縣有青雲嶺。（按九域志三作鎮，嶺字誤）舊志。有廢青雲館在州南一百五十里，即青雲鎮也。」是此廢館在關西三十里，即關內第一驛也。與吳融、杜牧兩詩均不合。且武關與桃花驛相去五十里，其間已有層峯驛，不容別有一驛。舊志之青雲館必非唐驛故址。

又東南至分水嶺。

元長慶集二有分水嶺、四皓廟、青雲驛、陽城驛四詩連篇，此當爲商山道中之分水嶺。又白居易有和分水嶺詩（同文本全詩一五白集二），小序正謂元詩爲貶江陵道上作。按紀要五四商南縣分水嶺條，「在縣西十里，其水分東西流。」一統志商州卷山川目分水嶺條，嶺有二，其一在商南縣西十里。是在富水驛西四十里也。

又東南至陽城驛，唐末改名富水驛。蓋今陝豫界上之富水關地。

元稹陽城驛詩（元氏長慶集二）：「商有陽城驛，名同陽道州，陽公沒已久，感我淚交流。」「我願避公諱，名爲避賢郵。」白居易有和陽城驛詩（白氏長慶集二），即和元氏者。又有宿陽城驛對月詩（同集二），則赴杭州時作。又杜牧商山富水（一作春）驛（全詩八函七册牧集四）本注「驛本名與陽諫議同姓名，因此改爲富水驛。」蓋卽因元氏詩而改者。吳融富水驛東楹有人題詩（才調集二、全詩十函七册）：「秦山楚水兩乖張。」是當在秦楚之交。紀要五四商州商南縣漢王城條，「縣東三十一里，相傳沛公入關時所築。今爲富水堡，有富水巡司，本唐之富水驛也。」一統志商州卷關隘目，「富水堡在商南縣東二十五里，唐時置富水驛。……其地有古城遺址。」檢國防研究院圖，今藍田通南陽道上商南之東有富水關，在陝豫接境處，與紀要、一統志之富水堡地望相合，當卽其地。

又東至鄧州內鄉縣（今縣），去武關約三百五十里上下。

此路取道內鄉，觀後引唐會要李西華廣商州道事可知。又通典一七七鄧州內鄉條：「於中卽此地。……括地志云，戰國時張儀所言商於地。按荆州圖則（據寰宇記一四二，「則」爲「副」之譌。）云，今縣東七里於村，蓋昔所言商於也。」寰宇記一四二鄧州內鄉縣：「郡縣道記，析邑屬楚，頃襄王元年，秦昭王發兵出武關攻楚取析，卽此。」下引荆州圖副云云。則自古秦楚通道所經矣。又按鄧州去商州約近六百五十里，（詳後。）武關去商州一百八十里。而內鄉東南至鄧州約一百二十里至一百四十里，詳下文。則內鄉至武關道里可知也。

縣郭不遠有商於驛。

羅隱有商於驛樓東望有感（全詩十函四册隱集三）及商於驛與于蘊玉話別（隱集五）。首引通典一七七及寰宇記一四二，商於在內鄉縣。按越世家正義引括地志：「於中在鄧州內鄉東七里。」前引荆州圖副亦云商於在縣東七里之於村。則商於驛當在此境。而方輿紀要五四商州安山驛條，「又商於驛在州西五里，皆唐置。」一統志同。按商州西十五里已有仙娥驛，州西五里不應又有一驛。且羅隱驛樓東望詩云，「山川去接漢江東，曾伴隋侯醉此中。」商州去漢江太遠，亦以指內鄉爲宜。玩詩意，驛當距縣郭不遠。

內鄉東南沿湍水行約五十里左右至臨湍縣，置臨湍驛。又南四十里至官軍驛，又東四十五里至鄧州治所穰縣（今鄧縣），置館驛。

鄧州爲大州，治所必置館驛無疑。太平廣記三三七李咸條：「趙郡李咸居相衞間，永泰中，有故之荆襄，假公行乘傳次鄧州，夜宿郵之廳。（出通幽錄）」郵即驛也。臨湍驛及官軍驛考證如次：

胡適之先生輯校神會遺集卷一神會語錄第一殘卷云：

「問人劉（?）僙在南陽郡，見侍御史王維在臨湍驛中，屈和上………語經數日。」

按此「在南陽郡」可有兩種解釋。一爲在南陽郡治，卽驛在穰縣城。一爲在南陽郡境，郡屬有臨湍縣，則此驛當在縣治。檢元和志二一，穰縣，「湍水北至縣七里。則穰縣城驛不得名臨湍，是此驛當爲臨湍縣驛也。元和志二一，臨湍縣東南至鄧州八十五里。宇寰記一四二，亦云廢臨湍縣在州西北八十五里。按湍水由內鄉東南流經臨湍至穰縣（今鄧縣），是臨湍縣驛在內鄉至穰縣間。元和志、宇寰記皆云鄧州治所之穰縣北至南一百二十里，西北至內鄉二百四十里。觀地圖，此兩距離應大略相同，鄧縣西北至內鄉決不應有二百四十里。撿一統志南陽府卷，內鄉東南至鄧州界三十里，鄧州西北至內鄉縣界九十里，西至內鄉縣界一百里。則內鄉東南至鄧州約一百二三十里。唐世道路縱有不同，亦決不至二百四十里。疑兩書二百四十里者，「二」爲「一」之譌，如是，則內鄉東南至臨湍縣驛蓋約五十里左右耳。

又劉禹錫順陽歌（劉夢得集八，全詩六函二册）云：

「朝辭官軍驛，前望順陽路，野水齧荒墳，秋蟲鏤宮（一作官）樹。曾聞天寶末，胡馬西南騖，城守魯將軍，拔城從此去。

按元和志二一鄧州，臨湍縣「本漢冠軍縣地，後魏孝文帝割縣此境置新城縣，…廢帝以近湍水，改爲臨湍。」「冠軍故城在縣南四十里。」順陽歌之官軍驛卽此冠軍縣無疑。是由臨湍南行四十里至此驛也。臨湍東南至鄧州治所之穰縣八十五里，則冠軍至穰縣當爲四十五里。而寰宇記一四二鄧州南陽縣目云：「冠軍城在縣西四十五里。」似在南陽縣西者，與元和志不合。然同書同目又云：「廢臨湍縣在州西北八十五里本漢冠軍縣地，及魏太和二十二年，……割冠軍北境置新城縣。……天寶元年改爲臨湍縣……今廢入穰縣。」是又云冠軍在臨湍之南，與元和志合。且廢入穰縣，不入南陽縣，亦近穰縣之證。蓋穰縣爲南陽郡治，亦得稱南陽，故寰宇記「冠軍城」條誤係之南陽縣耳。然據此可知冠軍至穰縣之方向係東行四十五里，北南行也。

又按順陽歌所述並非此道，而係由鄧州西行經官軍驛向順陽者。寰宇記一四二鄧州目：「武德……三年，立順陽縣。……六年，省順陽入冠軍。貞觀元年，省冠軍入新城（臨湍）。」又州西一百二十里有「順陽縣，本順陽鎮，皇朝太平興國六年置，一在淅川內鄉縣界之中。」是鄧州西經官軍驛、順陽縣至淅川者。歌云：「秋蟲鏤官樹」，似亦為驛道，舊魯炅傳，炅守南陽郡年餘突圍，「出南陽、投襄陽。」蓋南道不通，故西取官軍、順陽道，再沿漢水下至襄陽也。

又由內鄉東行約一百五六十里至曲河驛，又三十里至南陽縣，置南陽驛。折而南行一百二十里，亦至穰縣。

南陽，古宛城，自昔為入關中孔道。其在唐世，驛道雖由內鄉東南行直達穰縣，然仍有繞道南陽者。如蕭鄴高元裕碑（萃編一一四，全文七六四），為山南東道節度使，詔徵入朝。「卽日渡江。……大中四年夏六月二十日次于鄧，無疾暴薨于南陽縣之官舍。」此襄陽、鄧、商道經南陽之證一。又韓愈過南陽（重校昌黎集六）：「秦、商邈既遠，湖海浩將經。」注：「公赴潮州作。」此鄧商驛道經南陽之證二也。元和志二一，寰宇記一四二，皆云鄧州治所之穰縣（今鄧縣）北至南陽一百二十里。但無內鄉至南陽里數。撿一統志南陽府卷鄧縣東北至南陽一百二十里，內鄉東至南陽一百九十里。唐之里距蓋略相同。

南陽大縣，有館驛。孟浩然有人日登南陽驛門亭子懷漢川諸友詩（全詩三函三册）。又劉希夷晚憩南陽旅館（唐詩紀事一三）：「旅館何年廢，征夫此日過，…行路新知少，荒田古路多。」此當是廢頹之官館，非私家客舍也。

曲河驛，見韓愈食曲河驛詩（朱校昌黎集六）。詩云：「晨及曲河驛，悽然自傷情……而我抱重罪，孑孑萬里程。……」次詩卽過南陽。是似在縣西。元大一統志三六五南陽府古蹟目曲河驛條：「河有南北，去南陽縣三十里。唐時置驛。韓昌黎愈經行有詩云晨發曲河驛云云。」則驛當在縣西三十里處也。一統志南陽府卷山川目「曲河在鄧州西北三十里。」云云。蓋上流經南陽西境耳。

鄧州北至東都六百五六十里左右。西北至商州六百四十八里，至西京九百五十里。

北至東京里數，通典一七七鄧州節作六百七十里，元和志二一鄧州節作六百四十五里。相差二十五里。兩書南至襄陽皆云百八十里。檢兩書襄陽至東京里數。通典作八百五十，元和志作八百二十五，亦各自無抵觸處。今姑折衷書之。至商州里數，見通典鄧州節（卷一七五商州節作六百四十里。）及寰宇記一四二。（卷一四一商州節作七百里。九域志三亦作七百里。）至西京里數，見元和志二一及寰宇記一四二鄧州節。而通典一七七鄧州節作九百二十里。

州「道百越之繁會，爲兩都之南蔽。」南方臣民道荆襄入兩都者，必由之。故館驛交通甚繁。

李華臨湍縣令廳壁記（全文三一六）：「鄧爲天下扃闥，兩都南蔽。」符載鄧州刺史廳壁記：「控二都之浩穰，道百越之繁會。」（全文六八九。）臣民取道於此者極多，詳後。安祿山據東都，張巡守睢陽爲江淮屏障，魯炅守南陽爲荆楚屏障，此爲人所習知者。通鑑二二八建中四年條，「（李）希烈使其將封有麟據鄧州，南路遂絕，貢獻商旅不通。」則鄧爲商嶺咽喉可知。册府六九（又一〇四）開成二年，狄兼謩對曰：「鄧州疆土濶，館驛多，須有才力，方可集事。又數道防秋兵路出鄧州，饋餉之繁，不供是懼。」正見此州之任以交通供應爲要務也。李華壁記云：「南陽爲戰地，地荒人散，千里無烟，猶以郵置之衝，往復王命，權置官吏，招集疲人。」亦其證。

鄧州南行至鄧城，臨漢，渡漢水至襄州治所襄陽縣（今縣），凡一百八十里。

鄧州至襄州里程，通典、元和志、寰宇記無異說。按臨漢縣本名安養，天寶六年改。即古樊城。在漢水北，距水南襄陽二十里。又縣北二十二里有故鄧城，春秋鄧國也。皆見元和志二一。「貞元二十一年徙臨漢縣於古鄧地，乃爲鄧城縣。」見寰宇記一四五。通鑑二四三長慶三年紀，「以尚書左丞柳公綽爲山南東道節度使。公綽過鄧縣。」即鄧城也。又吳融有過鄧城縣作（同文本全詩二五）。觀詩意，即貶時所作者。是亦途經鄧城之一證。紀要七九襄陽縣鄧城條，「（唐）乾寧五年，朱全忠侵忠義帥趙匡凝，敗襄州兵于鄧城。……今爲鄧城鎭。南北對境圖，自鄧城南過新河至樊城。」對境圖爲宋世作，蓋承唐事。

縣有漢陰驛，水陸兼用，甚宏大。

舊一七六盧商傳，由鄂岳入朝，卒於漢陰驛。白居易襄陽舟夜(白長慶集一五)：

「下馬襄陽郭，移舟漢陰驛。」廣記二三三裴弘泰條，「唐裴均鎮襄州，裴弘泰爲鄭滑館驛巡官，充聘于漢南。住於漢陰驛。（出乾𦠆子。）」據李騭徐襄州碑（全文七二四），漢陰驛甚宏大，蓋在城西，臨江滸。參之白詩，盖水陸兼驛。

綜上所考，此道由長安東南行，經藍田縣，出藍田關，經商州之上洛縣、商洛縣，出武關，經鄧州之內鄉縣、臨湍縣至穰縣，又由內鄉經南陽縣，並至穰縣，穰縣南行經鄧城縣至襄陽，凡一千一百餘里。鄧州以南館驛可考者惟襄陽之漢陰一驛。而其北九百里間，館驛可考者乃二十有三，（不計桐樹館。）蓋十得七八矣。而多得之於詩人墨客之吟詠。蓋或初出京師，離思之憂深，或將及畿甸，歡娛之情溥，兼以山谷幽邃，彌增感興歟？

（二）

此道唐世屢經修建，且曾改變路線。如景龍中，崔湜由商州西境開山道通石門，折北至藍田西境。石門在藍田西南四十里，其南置大昌關以爲戍守之所。至於商州以東，則利用丹水與漕運，由襄陽溯漢水轉丹水，蓋直達商州郭下。

新九九崔湜傳云：

「初湜建言，山南可引丹水通漕至商州。自商鑱山出石門，抵北藍田，（紀要五三及五四引此事皆作「北抵」。）可通輓道。中宗以湜充使，開大昌關，役徒數萬，死者十五，禁舊道不得行，而新道爲夏潦奔𡼏，數摧壓不通。至是（睿宗時）論功，加銀青光祿大夫。」

舊七四崔湜傳：

「初湜景龍中獻策開南山新路以通商州水陸之運。役徒數萬，死者十三四，仍嚴錮舊道禁行旅。所開新路以通，竟爲夏潦衝突，崩壓不通。至是追論湜開山路功，加銀青光祿大夫。」

按此事又略見舊五一上官昭容傳。册府六九七載此事與舊傳大體相同。皆不及新傳之詳。檢長安志一六，藍田縣有「石門谷，在縣西南四十里。唐昭宗乾寧二年行〔幸〕莎城鎮，又次石門鎮之聖壽寺。」紀要五三，石門谷在藍田縣西南五十里，大昌關在谷南。南山谷口考引通志，唐於石門谷南置大昌關，爲戍守處。考又云石門谷在藍田縣西南四十里。又西至庫合十里。「有石門谷水北入灞。咸寧縣志。自西安東南行十五里曰三兆。又二十五里鳴犢鎭，又五里至藍田界，入湯谷路，卽石門谷。入谷南行可達孝義廳。」蓋商州以西，舊道向西北至藍田縣治，湜則開新道由州直西至藍田縣治西南四十里之石門，再折北至藍田西境，蓋有所避也。今則入谷南行達孝義廳（柞水縣），蓋與庫谷路合矣。至於商州以東，新傳云，「引丹水通漕商州。」按一統志商州卷關隘目：「竹林關在山陽縣東一百三十里，臨丹水。自此登舟，經淅川、穀城，至小江口、入漢，爲下襄陽水路。」又「龍駒砦在州東一百里……其地水趨襄漢，陸入關輔，南北輻輳，一巨鎭也。」又商州卷山川目龍潭水條，「龍駒砦河，在州東百里，南入丹水，襄陽舟楫咸集於此。」又三省山內風土雜識：「商州……東南至龍駒寨小河一道，可通舟楫，東達襄陽之老河口。西商之貿易東南者，多於此買舟雇騾，人烟稠密，亦小都會焉。」今觀國防院圖，龍駒在商州武關道上，丹水自西北來，經龍駒，南至竹林關下入漢水。則至今丹水漕運仍甚繁也。惟一統志商州卷山川目丹水條云，「在州南，源出州西北。……州志，水出秦嶺之息邪澗。……東南流三十里逕大商原……又東南三十里逕廡澗，曰廡澗河。又東南十里逕仙娥峯……又東南逕州東四十里至白楊店，曰白楊河。……」是丹水上源在州西北約八十里，流經州郭之南。據新傳文意，崔湜通丹水漕運，蓋直達商州郭下，較今龍駒砦又西百里矣。惟新道路基不易鞏固，常摧陷不通。及崔湜誅死，復用舊道。而丹水漕運，則後世頗遵行之。

前引兩傳，已言新路爲夏潦衝突，數摧毀不通。册府六九七稍詳之云：「其新路每經夏潦，摧壓踣陷，行旅艱辛，僵仆相繼。後湜流於嶺表，俄誅戮，……商州奏請復依舊路而行。」是正式放棄新路，復開舊路之禁也。然姚彝碑（萃編七二）：「乃拜鄧州刺史，兼檢校商州運漕。」時在開元初。是崔湜與丹水漕運事，並未因人亡而政息。至今丹水水運頗盛，見前引一統志。

貞元七年，商州刺史李西華廣商州道，西至藍田，東抵內鄉，七百餘里。其阻山澗處，則鑿通山道，謂之偏路，以避水潦。

唐會要八六道路條：

「貞元七年八月，商州刺史李西華請廣商山道，又別開偏道，以避水潦。從商州西至藍田東抵內鄉七百餘里，皆山阻，行人苦之。西華役工十餘萬，修橋道，起官舍。舊時每至夏秋水盛，阻山澗，行旅不得濟者，或數日糧絕，無所求糴。西華通山間道，謂之偏路，人不留滯，行者爲便。」

據此，西華主要工程爲修廣商州舊道，西至藍田，東至內鄉，惟於阻山澗處，則開偏路，以避水潦。非內鄉藍田間七百里路，皆另開一新道也。此文本甚明。而新書地理志商州條云：

「貞元七年，刺史李西華自藍田至內鄉開新道七百餘里。迴山取塗，人不病涉，謂之偏路，行旅便之。」

通鑑二四五太和九年條胡注，即據新志爲說。是自藍田至內鄉七百餘里，爲西華所新開者。此實大誤，蓋省文之過歟？而一統志商州卷關隘目有偏路隘條，在州西北十里。引新唐志當之。又引輿程記：「自武關西北行五十里至桃花鋪，又八十里至白楊店子，又八十里至麻澗，又百里至新店子，又百里至藍田縣，皆行山中，即所謂偏路也。至藍田始出險就平。」（紀要五四商州武關條引輿程記，同。）桃花鋪當即唐桃花驛地。麻澗在州西二十里以上，見前引一統志商州卷丹水條。又熊耳山條：「括地志，山在上洛縣西四十里。州志，兩峯插漢，以形似名。丹江經此，謂之麻澗。」是州西四十里矣。輿程記不提商州城，蓋不經城郭歟？此蓋小路，不知何時所開，以爲即李西華所開之偏路，未必然。

元和、大中間亦曾修建，其事不詳，蓋於路線，亦無所改變。

寶刻叢編一〇商州唐新修橋驛記條引復齋碑錄：「唐韋行儉撰，柳汶正書，元和八年立。」同卷又有唐商於驛路記，引集古錄目：「唐翰林學士承旨韋琮撰，太子賓客柳公權書，李商隱篆額，商州刺史呂公移建州之新驛。碑以大中元年正月立。」是元和、大中皆曾修建也。李商隱有商於新開路（玉谿詩註一）當即詠呂公移建州驛事。說者以李西華事實之，非也。

（三）

商山武關一道既爲長安東南行之重要驛道，故公私行旅者極多，致張九齡有使多馬少之言。

張九齡荆州謝上表（全文二八八）：「屬小道使多，驛馬先少。」蓋謂山道不廣而使節多驛馬少，致稽時日也。

玆就朝臣出官或貶謫往返行旅所經明見文史者，舉例若干。如張九齡、白居易、元稹等皆數度經過。

張九齡奉使自藍田玉山南行（全詩一函九册）：「嶢、武經陳迹，衡、湘指故園。」故已不止一次。其後又由丞相出官荆州長史，亦經此。見前引荆州謝上表。白氏自忠州刺史入京經商山。此是第五次，見白氏長慶集一八商山路驛桐樹。其後出爲杭刺亦取道於此，見白集卷八諸詩。其登商山最高嶺云：「七年三往復，何得笑他人。」亦謂六次也。元稹亦數度經過（可能七度），見元氏長慶集。韓琮題商山店：「商山驛路幾經過，未到仙娥見謝娥。」（才調集八。）是亦數度也。其他曾經此道者，就唐人選唐詩所見，如李涉有再宿武關詩(才調集六)，吳融有富水驛詩（同上二），崔滌有望韓公堆詩（國秀集上），司空曙有登秦嶺詩（御覽詩）。若徵之全唐詩，則不可勝數矣。

韓愈貶潮州往還。

韓愈貶潮州刺史，取道商山，見朱校昌黎集卷十各詩。而綜觀全集，其往返行程，出藍關、武關，經南陽、鄧州、湘中、韶州至潮州，量移袁州，經洪、江、鄂、安、隨州至襄陽，當亦由武關入京也。

來瑱、袁滋、高元裕、陳弘志由荆、襄召還。

來瑱爲山南東道節度使，奉召赴京，至鄧州，復令還鎭，見舊一一四本傳及通鑑二二二寶應元年紀。袁滋爲荆南節度使，請入朝，經鄧州，見通鑑二三九元和十一年紀。高元裕爲山南東道節度使，還京，至南陽卒，見前引。宦者陳弘志爲山南東道監軍，召還杖殺於青泥驛，見舊文宗記、兩書李訓傳及通鑑二四五。

顏眞卿貶峽州，周子諒、薛瓌、楊志誠、顏師邕、王搏等貶流嶺南。

顏眞卿與李太保帖（全文三三七）：「眞卿緣驛上無馬，……今日始至藍田。」具銜「陝州別駕」，陝當作峽，見新傳。

周子諒、薛繡流瀼州，皆賜死藍田，見通鑑二一四開元二十五年紀。楊志誠爲幽州節度使，被逐入朝，以罪流嶺外，至商州殺之。見舊文宗大和八年紀及本傳。

顧師邕流儋州，至商山賜死，見通鑑二四五太和九年紀。

王搏貶崖州，賜死藍田驛，見新書本傳及通鑑二六二。

楊承和流驩州，賜死公安；韋元素流象州，賜死武昌；是必亦取道商山者。

而太平廣記所記貶逐之臣，道途可考者，例取商嶺、襄、荆道。大抵唐代京師長安與江淮嶺表間之交通，唯有東西兩幹線。東取汴河水道，西取商鄧陸路。汴河水道運輸量大，故物資運輸例多取東路，行旅者亦較安適。商鄧陸路行程捷近，故公私行旅多取西路，旅途亦較艱辛。貶逐之臣須速行速達，不得求安適，故例取襄鄧捷徑也。

貶逐之勅，往往云：「馳驛發遣」，「無許西東」。張九齡荆州刺史謝上表云：「聞命皇怖，魂膽飛越，即日戒路，星夜犇馳。」卽實情也。廣記一五三崔朴條：「楊炎貶道州司戶參軍。自朝受責，馳驛出城，不得歸第。炎妻先病……。」

唐世無論官至宰相大臣，貶逐之詔下，卽當蒼惶就道，自取捷徑，遑論安適。

且商鄧而南，西行巴、黔，東達江、淮，南通嶺表，區域遠屆，視東路水道爲尤廣。

前舉貶逐之臣皆南至嶺表也。韓愈燕喜亭記（重校昌黎集一三，全文五五七）：「（王）宏中自吏部郎貶秩而來，次其道途所經，自藍田入商洛，涉浙、湍，臨漢水，升峴首以望方城，出荆門，下岷江，過洞庭，上湘水，行衡山之下，繇郴踰嶺。」此更明述貶逐之臣取道商嶺南行之旅程矣。由鄧襄道江漢至兩浙者甚多，如白居易赴杭州刺史任卽其例。白集二〇又有商山路有感小序云：「前年夏，予自忠州刺史除書歸闕，時刑部李十一侍郎。戶部崔二十員外亦自澧果二郡徵還，相次入關，皆同此路。……。」則川東入京者亦例取道於此矣。入黔中者例取道荆州，另詳他考。是亦北取商嶺入京也。

行旅既盛，詩人吟詠遂有「名利路」之目。

王貞白商山（全詩十函九册）：「商山名利路，夜亦有人行。」

白居易登商山最高頂（白集八，同文本全詩一五）：「高高此山頂，四望惟烟雲。下有一條路，通達楚與秦，或名誘其心，或利牽其身。乘者及負者，來去何云云。我亦斯人徒，未能出囂塵，七年三往復，何得笑他人！」

然途出崇山峻嶺間，道小崎嶇，且多猛獸，行旅者不無戒心焉。

張九齡稱此爲「小道」。王維送李太守赴上洛（全詩二函 八 册）：「驛路飛泉灑，關門落照深。」李商隱商於新開路（玉谿生詩箋注一）：「六百商於路，崎嶇古共聞，峰房春欲暮，虎穽日初曛，路向泉間辨，人從樹梢分。……」亦皆見其險峻。又太平廣記四三二商山路：「舊商山路多鷙獸，害其行旅。（出玉堂閒話）」大約藍關以南，商、鄧、襄、均、金、房地區，皆多鷙獸猛虎，致州有採捕將之職。見同書同卷械虎條及卷三〇七永清縣廟條。

至於此道在物資運輸上之作用，其在前期已擔負江淮貢賦北運京師之一部份工作。

此觀前引兩書崔湜傳通商州水陸運漕事，及姚彝碑「拜鄧州刺史兼檢校商州運漕」事可知。又新書文藝蕭穎士傳，山南節度使源洧辟掌書記。「賊別校攻南陽，洧懼，欲退保江陵。穎士說曰，官兵守潼關，財用急，必待江淮轉餉乃足。餉道由漢沔，則襄陽乃今天下喉襟，一日不守則大事去矣。」亦其證。

中葉以後，經濟中心旣南移，中央政府仰賴於江淮貢賦尤切，而汴河水運常爲東方軍閥所阻擾，故此路在江淮物資北運工作上之任務尤重。

唐中葉以後，汴河常爲東方軍閥所困擾，全漢昇唐宋帝國與運河已有詳細述論。汴河旣常受阻，此路尤爲貢道之要。通鑑二二八建中四年紀，李希烈「使封有麟據鄧州，南路遂絕，貢獻商旅。皆不通。」即其證。又崔祐甫爲皇甫中丞上永王諫、移鎮陵、陸贄多至大禮大赦書及陸扆授趙凝檢校太尉開府制等（引詳上津道考）皆足見此道在江淮貢賦北運工作上所擔負之重要任務。

故此道在唐代，對於物資之運輸，政治之控制，與公私之行旅，人文之溝通，皆具有極大之作用，中葉以後影響尤巨，不僅軍事爲重也。

一九六六年七月初稿，十一月二十八日再稿。

一九六八年十日二十日校稿，復訂正若干條，增臨湍、官軍兩驛。

時客香江

出自第三十九本下(一九六九年十月)

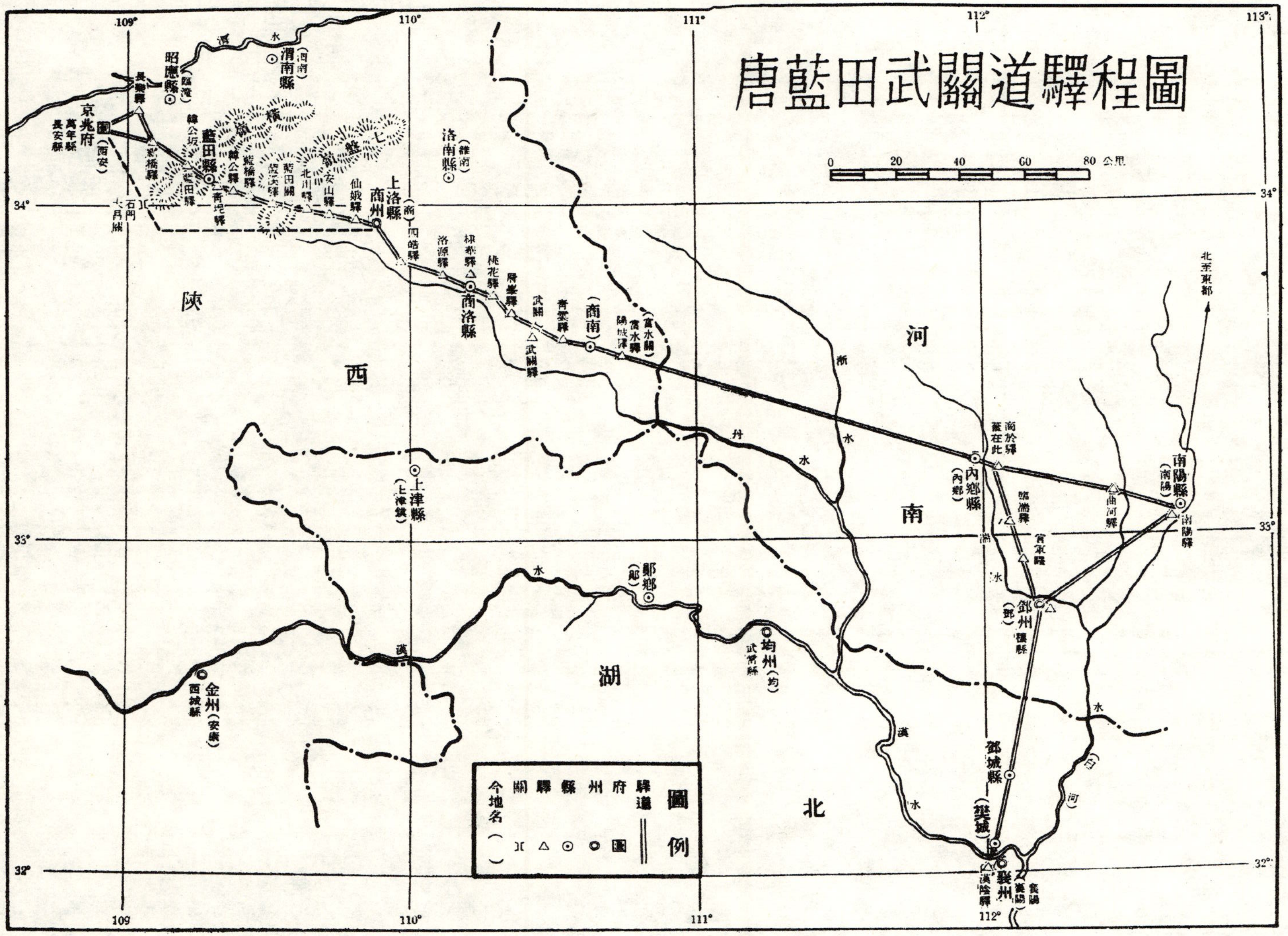

唐藍田武關道驛程圖
0 20 40 60 80 公里
圖例
驛道
府
州
縣
驛
關
今地名
京兆府
萬年縣
長安縣
(西安)
長樂驛
昭應縣
(臨潼)
渭南縣
(渭南)
藍田縣
洛南縣
(雒南)
上洛縣
商州
(商)
商洛縣
(商南)
武關
上津縣
內鄉縣
(內鄉)
南陽縣
(南陽)
南陽驛
曲河驛
臨湍驛
鄧州
(鄧)
穰縣
鄖鄉
(鄖)
均州
(均)
武當縣
金州
(安康)
西城縣
鄧城縣
襄州
(襄陽)
襄陽
漢陰驛
北至東都
陝
西
河
南
湖
北

維州在唐代蕃漢交涉史上之地位

饒　宗　頤

維州地在今四川理縣西（註一）。自開元以來，吐蕃勢盛，至德後，河西隴右盡陷于蕃，祇維州獨存。州在岷山之孤峯，爲蜀地險要，吐蕃窺西川，必先攫取維州，故在當日爲必爭之地。牛李黨爭之齟齬，維州亦爲問題之一，於中唐漢藏史上政治軍事關係甚巨。惜向來少有論及之者，去歲在巴黎，承石泰安教授（R.A. Stein）以開元十五年維州刺史焦淑平蕃題記拓本見貽。拓本乃故馬季明（鑑）教授贈與石教授者，更荷轉贈，至紉厚誼。因爲撰考釋，草成此篇。方桂先生邃於西藏語文歷史，謹以求教，並爲　先生六十五榮壽之慶。

（一）維州亦名無憂城

維州因姜維城得名。據舊唐書四十一地理志：維州以唐高祖武德元年白苟羌（鄧賢佐）降附，乃於姜維故城置維州。領金川、定廉二縣。（太宗）貞觀元年，賢佐叛，州縣俱罷。三年，生羌董屈占等內附，復置維州。始屬茂州都督府，爲羈縻州。麟德二年進爲正州。嗣降爲羈縻州。垂拱三年，又爲正州。玄宗天寶元年改爲「維川郡」，乾元元年復爲維州。此卽本州唐初以來沿革之大概。州屬於茂州都督府，有時降爲羈縻州，有時陞爲正州。舊書地理志又云：

上元元年（七六〇）後，河西隴右州縣皆陷吐蕃，贊普更欲圖蜀川，累急攻維州不下，乃以婦人嫁維州門者。二十年中生二子，及蕃兵攻城，二子內應，城遂陷；吐蕃得之，號無憂城。累入兵寇擾西川，韋皋在蜀二十年，收復不遂。至大中末，杜悰鎭蜀，維州首領內附，方復隸西川。

維州爲入蜀咽喉，贊普謀爲奪取，不惜使用女間諜，積廿年之苦心始取得之，故改名曰「無憂城」。無憂二字，以漢語解之，是高枕無憂。亦可能由梵語「無憂王」

(Asoka) 而來(註二)。無憂王在西藏神話中爲世主 (Roi Universal),一如海龍王 (Nāga dan un lac),關老爺,後來雜糅成說(註三)。維州城之號「無憂」,設非爲漢名,則疑與無憂王不無關涉也。

樂史太平寰宇記七十八劍南西道維州條,及歐陽忞輿地廣記成都府路威州條,並鈔舊書吐蕃以婦人嫁維州門者一段。宋景德三年,改維州爲威州,明仍是稱。王象之輿地紀勝一四八威州景物下,無憂城下注「李德裕」三字,殆以其原出於德裕之報告也。顧祖禹讀史方輿紀要六十七威州下云:

州憑恃險阻,控扼要衝。唐史神龍中,州沒于吐蕃,吐蕃號曰無憂城。開元二十八年復取之。李林甫等表賀言維州正當衝要,吐蕃憑險自固,恃以窺蜀。……

按此條有二誤。吐蕃號維州曰無憂城,其事在上元以後,非在神龍間。又開元二十八年,李林甫賀表,文見舊唐書吐蕃傳,原作『伏以吐蕃此城正當衝要』乃指安戎城(亦見全唐文三四五,題稱「賀克吐蕃安戎城請宣示百寮表」)。當日安戎城之收復,乃出自益州司馬章仇兼瓊之策,又令中使李思敬曉喻羌族。顧氏誤以安戎城爲維州,此則不可不辨。

(二) 焦淑平蕃題記及玄宗代宗時之維州

此碑拓本文云:

朝散大夫檢校維州刺史上

柱國焦淑,爲吐蕃賊侯援

並董敦義投蕃聚結逆

徒數千騎。淑領羌漢兵

及健兒等三千餘人討除。

其賊應時敗散。

開元十五年九月十九日記

典施恩書　　(參揷圖一)

文共八行,金石書未著錄,出土情形不詳。字體近爨龍顏與鄭文公碑,古樸勁健,書寫者典施恩,未詳何人。此事兩唐書吐蕃傳不載。舊唐書玄宗紀:「開元十五年九月丙子，吐蕃寇瓜州，執刺史田元獻及王君㚟父壽，殺掠人吏。」又舊書吐蕃傳上云：

其年九月，吐蕃大將悉諾邏恭祿（註四）及燭龍莽布支攻陷瓜州城，執刺史田元獻及王君㚟之父壽，盡取城中軍資及倉糧，仍毀其城而去。又進攻玉門軍，及常樂縣，縣令賈師順嬰城固守，凡八十日，賊遂引退。

董敦義於是時投蕃而史不書，此題記可補其闕（註五）。維州舊領縣三，戶二千一百四十二。天寶間領縣二，戶一千一百七十九，口三千一百九十八（舊唐書地理志）。觀此題記，開元十五年，刺史焦淑領羌漢兵及健兒三千餘人討賊。人數逾三千，天寶時戶數減少一半，當與此戰役有關。舊書吐蕃傳云：

開元二十七年七月，吐蕃寇白草安人等軍……拔（益州司馬）章仇兼瓊令知益州長史事，代張宥節度，仍爲之親畫取城之計。二十八年春，兼瓊密與安戎城中吐蕃翟都局及維州別駕董承宴等通謀，都局等遂翻城歸款，因引官軍入城，盡殺吐蕃將士。……其年十月吐蕃又引衆寇安戎城及維州，章仇兼瓊遣裨將率衆禦之。

此爲焦淑以後至開元末年，維州與吐蕃關涉之史實。蓋維州有一長時期吐蕃無法得手也。舊唐書地志不記維州陷蕃之年，新唐書地理志則云：

廣德元年沒吐蕃，大和五年收復，尋棄其地。

按廣德元年，京師失守，降將高輝引吐蕃入上都，皇帝車駕幸陝州，吐蕃居城十五日退，郭子儀收囘上都。當是時，吐蕃之勢最盛，唐室幾遭傾覆之虞，維州之失，自意中事。舊書十代宗紀云：

（廣德元年十二月）吐蕃陷松州、維州、雲山城、籠城。

廣德元年，去上元元年只三歲，而舊志地理志云：「以婦人嫁維州門者二十年」，其事當遠在天寶之際，足見吐蕃之深謀遠慮，對於四川之侵略，竟使用女間諜，而維州在當日軍事上地位之重要，茲可見矣。

（三） 敦煌卷所見之維州

伯希和取去敦煌卷子列P.二五二二號，存殘紙二葉，葉四行，雙面書寫，共十六行，其文略記如次。（參挿圖2）

頁1（上）：

下急州　歸城郡……　　按歸城應作「歸誠」，「急州」，乃「悉」州之誤，參舊唐書地理志。

下柘州　蓬山郡……

下靜州　靜永郡……

頁1（下）：

下保州　大保郡……

下霸州　靜戎郡……

頁2（上）：

下維州　維川郡　上三千七百四十
東三千九百四十　廢　薛城二下　小封二下　姜維城

下直（眞）州　上三千六百
東三千八百　眞符一下　維川（舊志作雞川）一下　照（昭）德一下　照（昭）遠一下　廢

下恭州　恭化郡……

下翼州　臨翼郡……

頁2（下）：

當恙（悉）、拓（柘）、靜、直、恭、翼、保、覇、維等十州並廢。

下姚州　雲南郡　姚誠　長城　長明　瀘南

下協州　……

下曲州　……

此二葉，羅振玉影入「鳴沙石室佚書」（第三册），羅氏與劉師培均據元和郡縣志，定當州至維州等十州並廢。蓋在代宗以後，憲宗以前之地誌，謂當卽貞元十道錄之屬。惟因未見原紙，以「當悉柘……等十州並廢」語爲首行（註六），實則非是。舊唐書代宗紀「大曆五年（七七〇）徙置當、悉、柘、靜、恭五州於山險要塞，備吐蕃也」通鑑二二三廣德元年（七六三）記：

吐蕃陷松維保三州，及雲山新築二城。西川節度使高適不能救，於是劍南西山諸州，亦入於吐蕃矣。

胡三省注：「開元二十八年，以維州之定廉，置奉州雲山郡，天寶八年徙治天保軍，更名天保郡，是年沒吐蕃。至乾元元年（七五八），嗣歸誠王董嘉俊以來歸，始更名保州。」（參舊書地理志保州）保州改郡置州，在肅宗乾元元年。至廣德元年陷吐蕃，在五年之後。此二葉略記十州之陷者，必至廿二年後貞元之頃。其中多鈔誤，如大保郡之「大」字，是「天保」之訛，直州應作眞州，即其一例也。

（四）維州與牛李黨爭

舊書地理志維州歷二十年始沒蕃一說，乃本李德裕之封事。舊書一百三十四德裕傳云：

> （大和）五年九月，吐蕃維州守將悉怛謀請以城降。其州南界江陽岷山，連嶺而西，不知其極，北望隴山積雪如玉，東望成都若在井底，一面孤峯，三面臨江，是西蜀控吐蕃之要也。至德後，河隴陷蕃，唯此州尙存，吐蕃利其險要，將婦人嫁與此州閽者二十年。後婦人生二子，成長，及蕃兵攻城，二子內應，其州遂陷。吐蕃得之，號曰無憂城。貞元中，韋臯鎭蜀，經略西山八國，萬計取之不獲。至是悉怛謀遣人送款德裕……盡率郡人歸成都，德裕乃發兵鎭守，陳出攻之利害。

新唐書一百八十德裕傳云：

> 吐蕃維州將悉怛謀以城降。維距成都四百里，因山爲固，東北繇索叢嶺而下二百里地無險，走長川不三千里，直吐蕃之牙，異時戍之，以制虜人者也。德裕旣得之，即發兵以守，且陳出師之利，僧孺居中沮其功，命返悉怛謀于虜，以信所盟，德裕終身以爲恨。

德裕接受蕃降事終爲牛僧孺所阻，牛議言新與吐蕃結盟，不宜背約，舊書僧孺傳云：

> （大和）六年吐蕃遣使論董勃義入朝修好。俄而西川節度李德裕奏吐蕃維州守將悉怛謀以城降。德裕又上利害云：若以生羌三千出戎不意，燒十三橋，擣戎之腹心，可以得志矣。……僧孺奏曰此議非也。吐蕃疆土四面萬里，失一維州，無損其勢……比來守好約，罷戍兵……一朝失信，戎醜得以爲詞。聞贊普牧馬茹川，俯於秦隴。若東襲隴坂，徑走回中，不三日抵咸陽橋，而發兵枝梧，駭動京國，事或及此，雖得百維州亦何補也。（參新書卷一百七十四僧孺傳）

由僧孺之奏，可見當日對吐蕃之怯懦，德裕與僧孺積怨至深，此事亦兩方意見齟齬之一例。帝卒詔西川不納維州降將，並詔德裕却送悉怛謀一部之人還維州，贊普得之，皆加虐刑。新書地理志言：「大中五年收復，尋棄其地。」即指此也。至武宗會昌三年，德裕重論其事，乞朝廷對悉怛謀予以褒獎，略云：

(先帝)詔臣還却此城(指維州)兼執送悉怛謀，令彼自戮，……感歎前事，愧心終日。……維州據高山絕頂，三面臨江，在戎虜平川之衝，是漢地入兵之路。初河隴盡沒，此州獨存，吐蕃潛將婦人嫁與此州門子。二十年後，兩男長成，竊開壘門，引兵夜入，因茲陷沒，號曰無憂，因併力於西邊，遂無虞於南路。……受降之時，指天為誓。寧忍將三百餘人性命，棄信偷安，累表上陳……竟令執還，加以體披桎梏舁於竹畚，乃將就路，寃呼叫天……送者便遭蕃帥譏誚曰：既以降彼，何須送來，乃却將此降人戮于漢界之上，恣行殘害，用固攜離，乃至擲其嬰孩，承以槍槊……。 (舊唐書一百七十四)

當時李德裕接受維州之降，已先有一月之久。降者自悉怛謀以下凡三百餘人，因牛僧孺之阻撓，竟執降者送往蕃部，備受酷刑，且遭譏誚，德裕於心不安，惟格于詔旨，無可如何，故至武宗時，重為伸寃。此一傳奇性之史事，發生於維州，而降將悉怛謀，乃因牛李黨爭而遭無謂之犧牲，可謂無辜之至。維州之重要性，及吐蕃窺伺之久，因德裕之奏而益明，吐蕃以婦人嫁維州守關之內幕，亦因是而揭露，故劉昫特書於地理志，可見此事在當時之膾炙人口也。

吐蕃之侵唐，其用兵策略，乃驅羌人及蠻人為前鋒。德裕接受維州之降，曾痛陳當時情勢，乃羌人對吐蕃征役之憎惡心理，其言曰：

臣即大出牙兵，受其降禮，南蠻在列，莫敢仰視。……諸羌久苦蕃中征役，願作大國王人。自維州降後，皆云但得臣信牒帽子，便相率內屬，其蕃屬合水，棲雞等城，既失險阨，自須抽歸，可減八處鎮兵，坐收千里舊地。臣見莫大之利，乃為恢復之基，繼具奏聞，請以酬賞。

惜此議不獲施行。先是韋皋於貞元元年為劍南西川節度使，舊書皋傳稱：「蕃人入寇必以蠻為前鋒，四年皋遣判官崔佐時入南詔蠻，說令向化，以離吐蕃之助。」韋皋之對策，主要在施行離間蕃、蠻之聯繫，使南詔不為吐蕃所利用，當日取得極大之成功。新唐書一百五十八臯傳云：

十三年，臯遣大將陳洎出三奇，崔堯臣趨石門無衣山，仇冕、董振走維州……遂圍維州……。

臯坐鎭四川共二十一年，吐蕃于蜀無從施展，然對維州，臯仍無法收囘。臯傳記載貞元十七年對維州之爭奪戰，有聲有色，文云：

十月破蕃兵十六萬……進攻維州，救軍再至，轉戰千里，……贊普遣論莽熱以內大相兼東境五道節度兵馬都羣牧大使，率雜虜十萬而來解維州之圍。（舊書一百四十）

于此可見「維州」之重要，贊普非力爭取不可，韋臯終亦不克收復，故李德裕奏中有「韋臯鎭蜀，萬計取之不獲」之語。

李文饒集十八有「進西南備邊錄狀」云：「臣頃在西川，講求利病……因著西南備邊錄十三卷……第四卷敍維州本末，尤似精詳……。」德裕當日著有備邊錄，第四卷即記維州實況也。

（五） 維州之歸唐

吐蕃與漢，自長慶元年九月會盟以後，雙方互遣使者，舊唐書吐蕃傳於大和五年，維州守將來降事，不加紀載。新唐書則於會盟以後，蕃漢交涉事多有補述，其言云：

（大和）五年維州守將悉怛謀挈城以降，劍南西川節度使李德裕受之，收符章仗鎧，更遣將虞藏儉據之。州南抵江陽岷山，西北望隴山，一面崖，三面江，虜號無憂城，爲西南要扞。會牛僧孺當國，議還悉怛謀，歸其城，吐蕃夷誅無遺種，以怖諸戎。

舊書詳其事於李德裕傳，新書則撮記其要於此。維州至大中時杜悰鎭西川始歸唐，時蕃漢不復爭奪，此地已失去重要性矣。舊書悰傳云：

大中初，出鎭西川，降冼沒吐蕃維州，州卽古西戎地也。其地南界江陽岷山，連嶺而西，不知其極，北望隴山，積雪如玉，東望成都若在井底。地接石紐山，夏禹生于石紐是也。其州在岷山之孤峯，三面臨江，天寶後河隴繼陷，惟此州在焉。吐蕃利其險要，二十年間設計得之，遂據其城，因號曰無憂城。吐蕃由是不虞邛蜀之兵。先是李德裕鎭西川，維州吐蕃首領悉怛謀，以城來降，德裕奏之，執政者與德裕不協，遽勒還其城，至是復收之，亦不因兵刄，乃人情所歸也　（舊書一百四十七）

對維州形勢，描寫入微。吐蕃所以必欲得其地者，以其進可攻取西川，退可以防邛蜀兵馬之襲擊。至以「無憂」名其城，可見此州在唐蕃交涉史上關係之巨。至大中三年二月吐蕃以秦、原、安樂三州，石門、驛藏、木峽、制勝、六盤、石峽、蕭、七關歸唐，同年十月以維州來歸，十二月以扶州來歸，杜悰適出鎭西川，遂居收復之功。實則此際形勢已迥非昔比，杜氏可謂坐享其成。特當開元至大中以前，維州有其極重要之地位，故不憚煩，稍爲闡述，惟李德裕之西南備邊錄，不可復覩，爲可惜耳。（一九六六年五月一日初稿於巴黎，越年五月改定于香港。）

本文承　嚴歸田先生賜閱一過，特此誌謝，作者識。

注　　釋

註一　理縣即舊理蕃縣，近年其地有史前遺物發現，參看「考古」 1965，12 月份四川理縣汶川縣考古調查簡報。

註二　翻譯名義大集3653，梵文 Acokah ；藏文 Mya nanmed-pa，漢譯無憂，阿育。

註三　見 R.A. Stein: Rechacehes sur L' Epopee et le Barde au Tibet p.230-232

註四　悉諾邏恭祿即開元十五年（727）任首相之巴、打札恭祿（dhás-stag-sgra-khon-lod）吐蕃歷史文書，其人以龍年（戊辰，728）夏被誅。參王忠新唐書吐蕃傳箋證 p.69，70。

註五　董敦義似是羌人。貞觀三年，維州內附者有生羌董屈占。開元二十八年，維州別駕有董承宴（舊唐書吐蕃傳）。韋皐所遣困維州之部將有董振（新書皐傳），可見董氏爲維州當地之巨姓。舊書東女國傳哥隣國王董臥庭，弱水國王董辟和，又大首領董臥卿，諸董皆羌人也。參 R.A. Stein: Les Tribus Anciens des Marches Sino-Tibétaines p.45。

註六　見雪堂校刋羣書敍錄下，及劉師培敦煌新出唐寫本提要，收入王重民「敦煌古籍敍錄」 p.106-111。

出自第三十九本下（一九六九年十月）

開元十五年維州刺史焦淑討除吐蕃題記拓片

插圖一

伯希和2522唐代地誌殘紙二葉

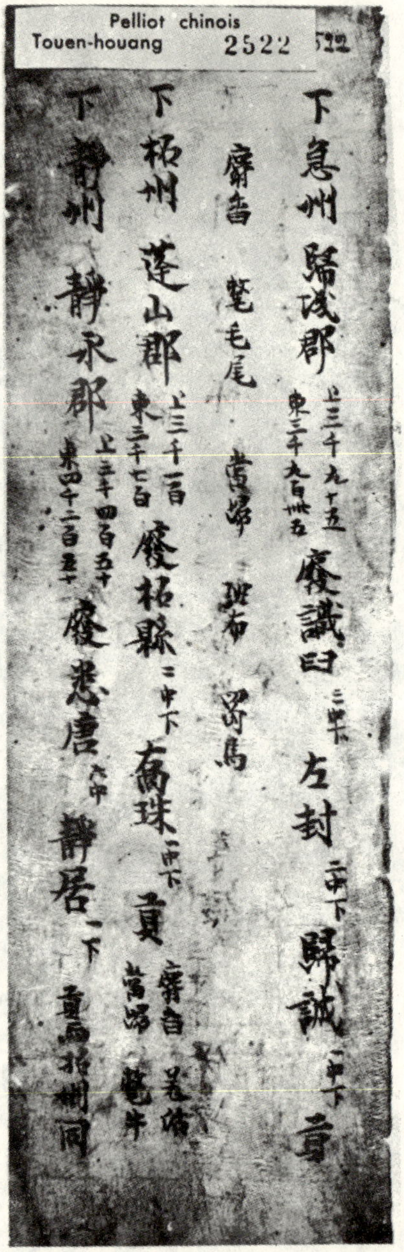

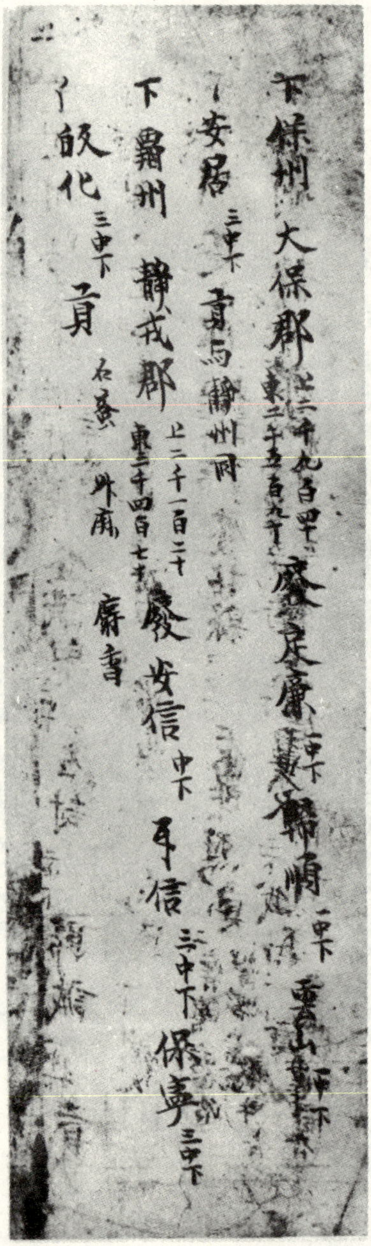

插圖一之2

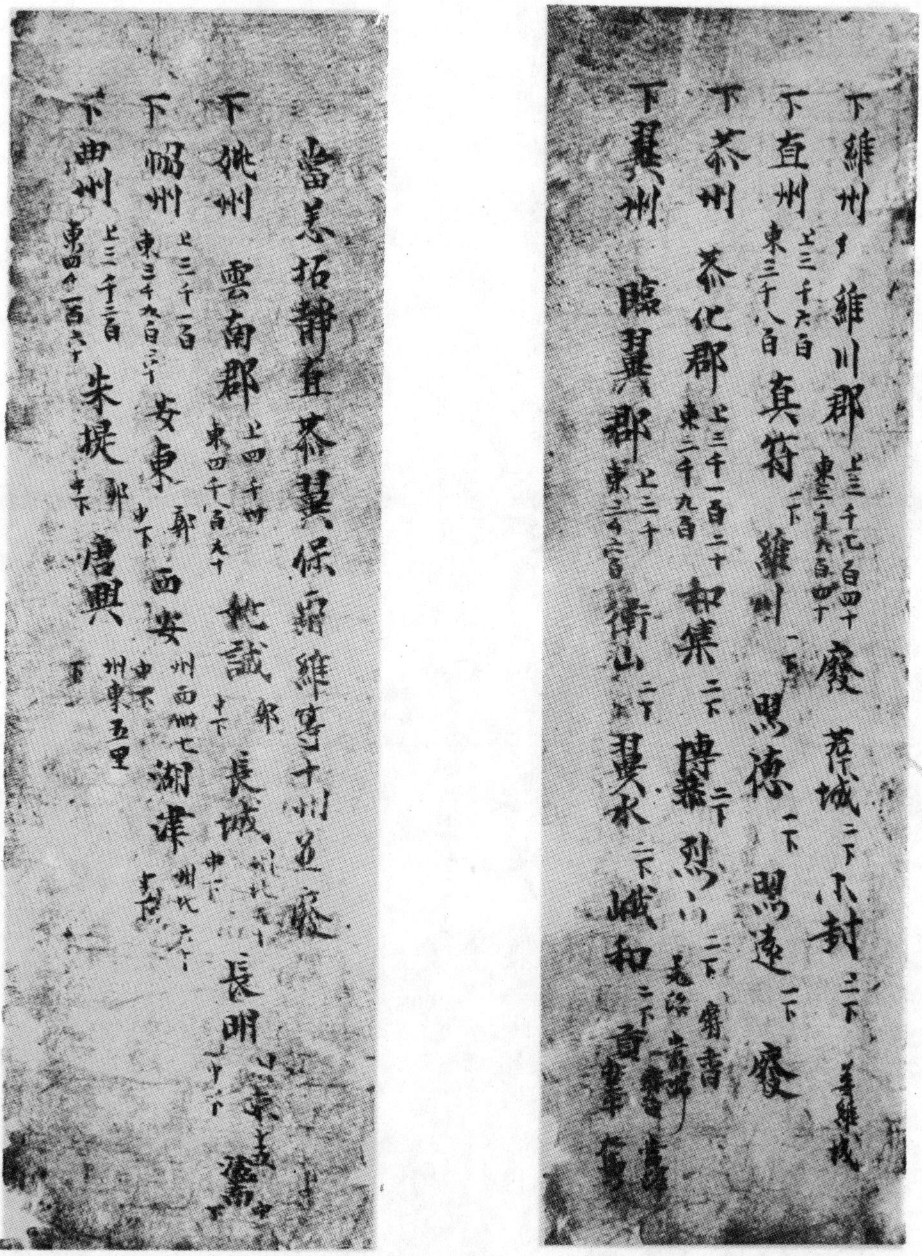
下維州 維川郡 廢
下直州 真符 一下 維川 一下 昭德 一下 昭遠 一下 廢
下恭州 恭化郡 和集 二下 博恭 二下 烈山 二下
下翼州 臨翼郡 衛山 二下 翼水 二下 峨和 二下
當悉拓靜直恭翼保霸維寄十州並廢
下姚州 雲南郡 姚城 郭 長城 中下 長明 中下
下曲州 朱提 郭 中下 唐興 下

插圖二

唐金牛成都道驛程考

嚴　耕　望

方輿紀要卷五六云：「金牛道今之南棧，自沔縣而西南至四川劍州之大劍關口，皆謂之金牛道，卽秦惠王入蜀之路也。自秦以後由漢中至蜀者必取途於此，所謂蜀之喉嗌也。鍾會下關城趨劍閣卽是道也。歷南北戰爭以迄金元角逐，蜀中有難，則金牛數百里間皆爲戰場。……由金牛而南至朝天嶺，嶺地最高。由嶺而西自劍閣趨綿、漢，以達於成都。由嶺而南，則自保寧趨潼川，以達於成都。保寧迂，而劍閣捷，故劍閣最爲要衝。」按此節敍述最爲簡要。此道開通甚早；然其行程，蓋至唐始能詳考。

唐世入蜀，或由漢中向西南，或由興州向東南，皆經金牛，爲入蜀咽喉。由金牛西南經三泉、利州、劍州、緜州、漢州，至成都。就君主行幸言，玄宗入蜀，由褒斜道轉金牛，循此道而南。僖宗入蜀，由駱谷道至興元，循此道南行。五代蜀主北巡秦州，則循漢、綿而北，亦此道也。

舊玄宗紀述其入蜀路程，先向西至扶風郡，然後南行經陳倉縣，大散關，河池郡（鳳州），益昌縣，渡吉栢江，經普安郡（劍州），巴西郡（綿州），至成都。通鑑二一八略同。其河池益昌間係取褒斜道，已詳褒斜道考。

僖宗入蜀，取駱谷道至興元。通鑑二五四，已明述之。又云：「中和元年春正月，車駕發興元。……辛未，上至綿州，（舊一七九蕭遘傳，亦云車駕次綿州。）東川節度使楊師立謁見。……鄭畋……遣其子凝績詣行在，凝績追及上於漢州。丁未，車駕至成都。」是由興元經綿州漢州至成都也。東川治梓州（今三臺縣），在綿州（今綿陽縣）之南一百六十八里（胡注），楊師立來綿謁見，尤爲僖宗非取南道經閬梓之鐵證。

又通鑑二七三同光三年，蜀主發成都，欲巡秦州，途經漢州至利州。「從駕兵自綿漢至深渡千里相屬。」據廣記二四一王承休條，此出王氏聞見錄。聞見錄又述王衍行程，出成都經漢州，上梓橦山，經劍州，劍門，白衞嶺，至利州。是亦經漢、綿、劍州，至利州，即北道也。

就用軍路線言：後唐伐前蜀，宋初伐後蜀，亦皆由興州南下循此道。

後唐伐前蜀路線，取散關興州道，已詳見散關鳳興道考。其興州以南，取道三泉，經利州、劍州、綿州、漢州，至成都。參見舊五代史三唐莊宗紀、同書五一魏王繼岌傳、同書七四康延孝傳、新五代史一四唐家人傳及通鑑二七三。

宋初滅後蜀路線，與後唐伐蜀同，宋史二五五王全斌傳述之甚詳，容後詳考驛程時引述之。

至於前代用兵，如張儀伐蜀，鍾會伐蜀，皆略循此道，然其詳不悉。北朝末期，關中政權兩次用兵伐蜀。

其一、周書二一尉遲迥傳云：

「伐蜀，以魏廢帝二年春，自散關由固道，出白馬，趣晉壽，開平林舊道，前軍臨劍閣，(蕭)紀安州(唐劍州)刺史樂廣以州先降。紀梁州刺史楊乾運時鎮潼州(唐綿州)，又降。六月，迥至潼州。」遂下成都。

其二，隋書三七梁睿傳云：

「代王謙為益州總管。行至漢州，而謙反，遣兵攻始州(唐劍州)，睿不得進。高祖命睿為行軍元帥……討之。時謙遣開府李三王等守通谷(唐金牛縣)，睿……破之，……進至龍門……破之。……謙將敬豪守劍閣，梁巖拒平林，並懼而來降，……睿進逼成都。」

此二事皆循此道，與後考此道之行程幾絕無稍異處。而尉遲迥伐蜀，由固道經白馬，更為唐世百牢關當鳳興入劍南大驛道之強證，所謂陳平道(詳後考)蓋捷徑耳。

惟高崇文伐劉闢，由興元而南取閬州、梓州道，經德陽至漢州，入成都。然興元節度使嚴礪一軍仍取劍州、綿州道，與崇文會於漢州。是南北兩路並進耳，非單取閬、梓也。

高崇文由興元引兵出閬州趣梓州，經德陽、漢州之路線，通鑑二三七元和元年條述之甚詳。但同卷又云正月戊子，命高崇文李元奕「與山南西道節度使嚴礪同討闢。……二月，嚴礪拔劍州。斬其刺史文德昭。」三月，高崇文引兵自閬州趣梓州。」則嚴礪先已取劍州道，崇文後取閬州道也。下文又云：五月，「高崇文破劉闢於德陽……又破之於漢州。嚴礪遣其將嚴秦破闢衆萬餘人於綿州石碑谷。」（胡注：「九域志，漢州綿竹縣有石碑鎭。意州字蓋竹字之誤也。」）九月，「高崇文又敗劉闢之衆於鹿頭關，嚴秦敗劉闢之衆於神泉。」胡注：「神泉……唐屬綿州。九域志，在州西北八十五里。」是嚴礪一軍在北，沿劍綿線而進，崇文一軍在南，沿閬梓線而進，同會漢州。南北並進，非單線進軍也。

然則，唐世利州以南雖南北兩道並行，至漢州會合；然主幹仍在逕捷之北道，即利、劍、綿、漢道，是以見於詩文之驛名亦較多。今自北而南考其驛程如次：

此道北段呈「丫」字形，而以金牛縣爲中心咽喉，故稱金牛道。

詳情見後文考證。會要八六關市條：「寶應元年九月勅，駱谷、金牛、子午等路，往來行客所將隨身器仗等。」云云。又胡曾金牛驛詩云：「五丁不鑿金牛路，秦惠何由得併吞。」(全詩十函二册。)是入蜀一道，至少其北段，以金牛爲稱也。而通典一七六，利州益昌縣有「古劍閣道，秦使司馬錯伐蜀所由，爲（謂）之石牛道。」此又一說矣。

金牛縣在西縣之西八十里，嘉陵江東三十里。本隋通谷鎭，久爲入蜀大道所經。

元和志二二興元府金牛縣「東至府百八十里。」「嘉陵江經縣西，去縣三十里。」按西縣在府西百里，故金牛地望甚明。志又云：「本漢葭萌縣地，東晉孝武分置緜谷縣。武德二年分緜谷通谷鎭置金牛縣，取秦五丁力士石牛出金爲名。」考隋書三七梁睿傳云：

「高祖總百揆，代王謙爲益州總管，行至漢州，而謙反。……高祖命睿爲行軍元帥……，討之。時謙遣開府李三王等守通谷，睿使張威擊破之，……進至龍門。謙將趙儼秦會擁衆十萬據險爲營，周亘三十里。睿令將士……自間道四面奮擊，力戰破之。……鼓行而進。謙將敬豪守劍閣，梁巖拒平林，並懼來降。」

是北朝末期之通谷鎭即唐金牛縣者，久爲入蜀大道所經也。

寶曆元年，縣省入西縣，仍置金牛驛。

新志，興元府西縣，「寶曆元年省金牛縣入焉。」然李商隱有行至金牛驛寄興元渤海尚書詩（玉谿詩詳注四）。又胡曾金牛驛詩云：「山嶺千重擁蜀門，成都別是一乾坤。五丁不鑿金牛路，秦惠何由得併吞。」（全詩十函二册。）時代皆在縣省以後。蓋縣廢驛存，爲蜀道之口也。

由金牛向東北略沿漢水南源（今所謂漢源）二十八里至嶓冢山。又約二十二里至沮口百牢關，與鳳興興元道會合。由此東沿漢水北岸至興元（今南鄭縣），西北略循沮水至興州（今略陽縣）。故百牢、金牛爲秦、梁入蜀之總孔道。

杜甫夔州歌：「瞿塘險過百牢關。」鏡銓一三引圖經云：「孔明所建，兩壁山相對六十里不斷。漢江水流其間，乃入金牛益昌路也。」則金牛至百牢關道當沿漢源之西岸而行。

嶓冢山，屢見唐人詩篇。羊士諤有赴資陽經嶓冢山詩（全詩五函九册。）云：「寧辭舊路駕朱轓。」又武元衡有夕次嶓山下詩（全詩五函七册元衡集一）云：「南國獨行日，三巴春草齊，漾波歸海疾，危棧入雲迷，錦谷嵐煙裏，刀州晚照西，旅情方浩蕩，蜀魄滿林啼。」當亦卽此山。是山在入蜀道上，爲行人所屢經過也。

按夏本紀正義引括地志：「嶓冢山在梁州金牛縣東二十八里。」（據地理書鈔檢。）元和志二二，同。（寰宇記誤繫於三泉縣，詳散關鳳興道考分水嶺條。）當卽羊、武兩詩所指。

按金牛縣在興元西一百八十里，西縣在興元西一百里，百牢關在西縣之西三十里之沮口，故金牛東至百牢當爲五十里，嶓冢（蓋南麓）至百牢約二十二里也。餘已詳鳳興興元道考。

又自金牛西北行，蓋略沿陳平水，經飛仙嶺亦至興州。有方奪驛，蓋在此段道中。此道在唐世可能爲捷徑，蓋至北宋始漸拓爲幹道。

宋會要方域一〇之三道路條：「神宗熙寧十年，二月二十四日，利州路提刑司言：准朝旨送下李杞奏：成都府至鳳州大驛路，自金牛入青陽驛至興州。雖興元府界上有褒斜路，久來（有）使命客旅任使往來。昨利州路提刑范百祿擘畫，改移興元府路作大驛路………。」下文引秦鳳等路提刑司言，與此同。惟「金牛」下多「驛程」二字。同書方域一〇之五述元豐元年十一月二十一日事。下云：「初三泉縣之金牛鎭有東北兩路。北通陜西秦鳳熙河京西諸州，以至京師。東通梁洋。熙寧七年，利州路提點刑獄范百祿建言廢此路，復褒斜路。」此時又復北道。是宋世北東兩道由金牛分途，非由百牢關分途也。然考之唐籍，此直趨興州之北道，蓋唐世已有此捷徑。何者？考蘇頲有曉發興州入陳平路云：「旌節指巴岷。」又云：「邑祠猶是漢，溪道即名陳。」（全詩二函二册。）此前又有陳倉別隴州司戶李維深云，「蜀城余出守。」（同上。）是此二詩明示頲由鳳興道入蜀者。考寰宇記一三三褒縣目云：

「廢金牛縣在州（梁州）西一百八十里，……南臨東漢水，西臨陳平水。」

此陳平水即頲詩所稱之陳平路無疑，故詩云「溪道即名陳」也。陳平水在金牛縣西，此道當即向西北沿陳平水而行，北達興州者。與東沿漢水達百牢興元者，別爲東西二道也。（此云西道，即上文引宋會要之北道。）又蘇頲詩集（同上）有夜發三泉即事。又有下列三詩：

興州出行

曉發方騫驛：「方知向蜀者，偏識子規啼。」

經三泉路作

此三詩連篇，當亦皆由興州取陳平路經金牛至三泉道上所作者。如排列次序不誤，是方騫驛當在此道上，蓋當在金牛以北，但亦可能在金牛三泉間。

飛仙嶺見於杜詩。杜甫發同谷入蜀紀行諸詩有飛仙閣一首（詳注卷九，鏡銓卷七）云：

「土門山行窄，微徑緣秋毫，棧雲闌干峻，梯石結構牢，萬壑欹疏林，積陰帶奔濤，寒日外澹泊，長風中怒號，歇鞍在地底，始覺所歷高，往來雜坐臥，人馬同疲勞。……」

此詩極寫險峻之狀。觀紀行詩排列次序，當在興州至三泉道上。檢一統志漢中府山川目云：

「飛仙嶺在略陽縣東南。方輿勝覽，在沔縣東三十里，相傳徐佐卿化鶴昇仙之地。上有閣百餘間，即入蜀大路。元統志，此路舊由西縣過，經由沮水，宋太平興國五年，移改於是嶺。府志，嶺在縣東南四十里。」（同書保寧府卷古蹟目亦有飛仙閣，「在劍州北」。下引杜詩，以爲在此。又云：「方輿勝覽，在梁州。」按當以在梁州爲正。劍州飛仙之名蓋後起。)

按此條「沔縣」乃「沔州」之譌。(辨詳散關鳳興興元道考。) 即唐之興州，今之略陽縣也。是此飛仙嶺之名，宋初已有。唐世興州入蜀大道，向東經西縣百牢關，宋初始移改向南經此嶺也。故前引宋會要兩條，謂劍南向北至金牛即分北東兩道，非如唐世至百牢關始分途也。然據杜詩，盛唐時代，此嶺已有棧閣道，往來人馬不少。由此南達金牛，此殆即蘇頲所詠之陳平路歟？惟杜詩云：「土門山行窄，微徑緣秋毫。」云云。盖道較狹隘，不如興州東經分水嶺沿沮水至西縣百牢關轉金牛道之寬坦耳。(路線詳見散關鳳興興元道考。) 故在唐世，興州向東經分水嶺，沿沮水，經百牢關至金牛者爲幹道。由興州向南經飛仙嶺，沿陳平水至金牛者爲捷徑。至宋太平興國五年蓋就飛仙陳平路拓廣爲幹道，故志書稱移改入蜀大路於此嶺也。於是由蜀北行幹道至金牛即分北東兩路，非如唐世至百牢關始分途矣。宋以後百牢關之重要性遠不如唐，其故在此。

以上爲此道北端之兩支。由金牛向西南行，即入蜀大道。茲續詳考如次：

金牛西南七十里至三泉縣，在嘉陵江東一里，蓋置驛。約在今寧強縣(舊寧羌州) 東北，金牛峽口之南。地甚峻險。宋初以其路當衝要，升其縣直屬朝廷。

通鑑二六三天復二年紀：「西川兵請假道於興元。山南西道節度使李繼密遣兵戍三泉以拒之。……西川前鋒將王宗播攻之，不克。……宗播令其衆曰，吾與汝曹決戰，取功名；不爾，死於此！遂破金牛、黑水、西縣、褒城四寨。」是三泉當興元入蜀之要道，而在金牛以南也。又舊五代史三三唐莊宗紀，同光三年十月，西征之師入大散關，鳳州興州次第降。「康延孝大破蜀軍于三泉。時王衍……以其軍五萬屯于利州，遣步騎三萬逆戰于三泉，……大敗。………奔潰。王衍聞敗，自利州奔歸成都，斷吉柏津浮梁而去。」唐軍於興州得「軍儲四十萬，又下三泉，得軍儲三十餘萬，自是師無匱乏，軍聲大振。」同書五一魏王繼岌傳、同書七四康延孝傳，及新五代史一四唐莊宗子繼岌傳皆略同。是後唐伐蜀，三泉一戰爲關鍵。復考宋史二五五王全斌傳，受命伐蜀，「由鳳州路……遂下興州。……先鋒史延德進軍三泉，敗蜀軍數萬，擒招討使韓保正、副使李進，獲糧三十餘萬斛，……逐蜀軍過三泉，遂至嘉陵。」是宋之伐蜀與後唐伐蜀同一路線，皆以三泉一戰爲重要戰役。而兩次勝者獲糧皆三十餘萬，蓋不但就道路形勢言爲戰略地帶，且爲軍儲重地。足見其在交通上地位之重要。寰宇記一三三：三泉縣，「皇朝平蜀後，以此縣路當要津，申奏公事直屬朝廷。」此尤地位衝要之具體表現。

縣當大道，當置驛；但無考。（元稹有三泉驛詩。其地在洛陽西至永寧道上，非此三泉縣，詳長安洛陽道驛程考。） 蘇頲有夜發三泉即事（全詩二函二册）云：「下奔泥棧榰，上覯雲梯設，摶頰羸馬頓，回眸惴人跌。」亦極寫其道之險。

縣當大道，且極衝要，已如上考。茲續論其地望。元和志二二興元府，金牛縣「東至府百八十里。」三泉縣，「東北至府二百五十里。」是三泉在金牛西南七十里。九域志八，三泉縣有金牛鎮，「縣東六十里。」即唐金牛縣，里距亦略合。寰宇記一三三，三泉縣「後魏正始中置，……唐天寶元年，自今縣西南一百二十里故縣移理嘉陵江東一里關城倉陌沙水西置，即今縣理也。」是其地西去嘉陵江僅一里。參之金牛縣距江里數，皆可信。

陸游大安病酒詩（劍南詩稿一四）云：「江驛春酲半日留。」又云：「柳花漠漠嘉陵岸。」正以近江一里也。故水道上通興州，下通利州也，詳下文。至於今地，地典，三泉縣，「唐置，元改爲大安，今陝西寧羌縣治。」此當據地方志爲說。按元和志，興元府西南至利州四百九十里。則三泉適居興元利州之正中間。今檢一統志漢中府卷沿革目，寧羌在府西南二百八十里。南至廣元縣界一百五十里。又保寧府卷沿革目，廣元縣北至寧羌界一百二十里。廣元即唐利州治所。則寧羌亦正居中。又檢一統志漢中府卷關隘目，「大安驛在沔縣西南九十里，本名金牛驛，明初置。……南九十里達寧羌州柏林驛。」「柏林驛在寧羌州治北。」按唐西縣在金牛東北八十里，而在今沔縣西不出十里處，已詳另考。則此金牛驛即大安驛者亦即唐金牛縣故址，甚明。今寧羌州地望當亦在唐三泉之南不遠。復檢蜀道驛程記上云：

閏七月「十二日，微雨。出沔縣西門，曲折行亂山中。沔水流經其中，略如棧道。西涉沮水，……暮抵大安驛，有土城廢址，唐之三泉縣，宋置大安軍。……陸放翁有……自三泉泛舟至益昌詩。今沔沮之間闊者未丈許，狹者才二三尺，沙石磷磷，深不沒踝，不可行舟，惟略陽至陽平關舟楫可通廣元昭化，去三泉尙六十里。」

十三日，雨。三十里，小憩寬川鋪。自大安西南，亂山益稠，至金牛驛。……金牛驛西三里有路通陽平關。稍南入五丁峽，一名金牛峽，舊傳蜀王遣五丁力士所開，……繆妄不稽。峽口懸崖萬仞，陰風颯然。入峽卽奔峭四合，猿鳥蹟絕，水自峽中噴薄而出，人馬從水中行，惡石如蠻象獰龍，伏水中，時時齧人。自峽口至五丁關十五里，步步懸絙，而上下峽亦如之。則傴僂循牆而走矣。傳稱此峽爲蜀道第一險。信然。雨次寧羌州。州在亂山中，無城堞，本沔縣羊鹿坪地。明洪武中，以山寇作亂，置衞于此，成化中卽衞建州治。」

按此大安驛去沔縣才一日程，而去嘉陵江尙六十里，是卽統志之大安驛，地望略相當於唐之金牛縣，宋之金牛驛。而云唐之三泉縣宋之大安軍，誤也。金牛驛自亦非唐之金牛縣。蓋明世以金牛峽在南，故移金牛驛名於峽北耳。地在大安驛（唐金牛縣）南三十里寬川鋪之南約二十里處（一統志，五丁山五丁峽在寧羌東北四十里。）當峽口險隘之北。以里距論之，疑唐三泉縣當卽在峽口之南歟？（蜀道驛程記下文，十四日發寧羌，過百牢關。是明末清初，自北而南有大安驛、金牛驛、百牢關。與唐世南北次序適相反。）

其地旣西近嘉陵江，故北通興州，南達利州（今廣元縣），皆得舟楫之利。

元和志二二，興州「南沿流至興元府三泉縣一百五十里。」是興州三泉間之嘉陵江有舟楫之利也。又陸游有「（由興元）赴成都泛舟自三泉至益昌謀以明年下三峽」詩。（劍南詩稿卷三）則宋世三泉以南江流亦有舟楫之利。想唐當無大異。

而自三泉南通利州之陸路，大抵亦沿嘉陵水東岸而行。其行程可考者：三泉西南略沿嘉陵江東岸行約六十里至九井灘。又十里至五盤嶺，蓋置驛。

廣記一三六僞蜀主舅條：「自秦州至成都三千餘里，歷九折、七盤、望雲、九井、大小漫天隘狹懸險之路。（出王氏見聞。）」是唐五代，蜀道有九井之險。陸放翁有夜夢行南鄭道中詩（劍南詩稿一四。）云：「望雲九井不可渡。」又輿地紀勝一九一大安軍景物下：「九井山……利憲張績奏云，大安灘險爲多，而九井尤甚。」又碑記目有九井灘記，云：「九井灘有大石三，其名魚梁、龜堆、芒鞋觜，危（？）參差相望於波間，操舟之人力不勝舟，而輒爲石所觸，故抵於敗。誠令絕江爲長提，度其南別爲河道，以分水勢，則北流水益減而石出矣。以火煆醯沃金鎚隨擊之，宜可去。如其言，治之。明年三大石不復見，而九井遂平。元祐五年轉運使陳鵬記。」是宋世之名不異。檢紀要六八廣元縣嘉陵江條：「又有九井灘在縣北百八十里，一名空舲灘。相傳舊有巨石伏水底爲舟楫害，宋淳熙中始平其險。」一統志保寧府卷山川目九井灘條，里距以下相同。而云：「宋轉運使陳鵬鑿平之，有記。」考蜀中廣記二四：「神宣驛，即古籌筆驛也。……又（北）八十里爲九井驛。……碑目云，九井灘，舊時有蝦蟆、青牛、青塠三巨石伏水爲舟楫害。淳熙間，利州提刑張曩容募降人冉得者治械爲桔槔狀。冶鐵爲杵，重千五百斤，拋擲半空而下，三石俱碎，化險爲夷，有碑刻剝落。其上爲七盤關，乃秦蜀分界處。」里距述事亦同。惟時間人名有異。蓋宋世前後兩次治之耳。按元和志，興元、利州間相距四百九十里，明清時代里數爲五百里，是里距略同。明清時代，九井在廣元北一百八十里，則唐世當在三泉西南約六十里也。

五盤嶺驛，見於唐人吟詠。岑參早上五盤嶺（全詩三函八册參集一）：「平明驅駟馬，曠然出五盤，江廻兩崖鬥，日隱羣峰攢。……松疎露孤驛，花密藏廻灘，棧道谿雨滑，……不覺蜀道難。」是蜀道中有五盤，蓋置驛。又杜甫秦州入蜀紀行諸詩有五盤云：「五盤雖云險，山色嘉有餘，仰凌棧道細，俯映江木疏。」（詳注九，鏡銓七。）詳注引魯訔曰：「棧道盤曲有五重。」詳詩意，當臨江，蓋即嘉陵江也。紀要六八廣元縣，「七盤嶺在縣北百七十里，與陝西寧羌州接界，一名五盤。自昔爲秦蜀分界處。」一統志保寧府卷山川目，與紀要同。又云：「石磴七盤而上因名。」下引杜詩云云。前引廣記一三六僞蜀主舅條：「自秦州至成都……歷九折、七盤、望雲………懸險之路。」蓋即此五盤歟？嶺在廣元縣北一百七十里，則唐世當在三泉西南約七十里。即九井之南十里也，故蜀中廣記云，灘上即七盤嶺。

又蜀中廣記二四保寧府廣元縣目，述廣元以北棧道甚詳，茲節其里程如次：

「北爲棧閣道……其最險者爲石欄橋。……本志，北十里千佛崖，即古龍門閣。……又北三十里有大小漫天嶺，極高峻。………又北五十里爲朝天嶺，路徑險絶。……四十里，爲潭毒關。……又二十里爲神宣驛，即古籌筆驛也。……又八十里爲九井驛，……其上爲七盤關，乃秦蜀分界處。」

按乍讀此文，「本志」以下里數似當積讀之，則朝天嶺在縣北九十里。潭毒關在縣北一百三十里。神宣驛在縣北一百五十里，九井驛在縣北二百三十里。各較本文所引輿地紀勝、紀要、一統志里程多四十里或五十里。（本文未述潭毒關。據輿地紀勝，在利州北九十里。）疑「又北五十里爲朝天嶺」之「又北」，當作「縣北」，此下當積讀之，不計此前之「十里」「三十里」，則無不與別引史料相合。下文屢引此段，故先作解釋於此。

有所謂老君祠者，當在三泉以南九井、五盤以北地區。

杜光庭歷代崇道記（全文九三三）：「（天寶）十五載，帝幸蜀，混元現於漢中郡三泉縣黑水之側，帝親禮謁，遂命刻石像眞容於所見之處。」又輿地紀勝一九一大安軍古迹仙釋目老君祠條，引杜光庭驗記：「三泉縣黑水老君（祠），天寶年間，明皇幸蜀，親見老君降見於崖石之上，上下馬禮謁訖，乃勅有司，示所見之狀，塑於見所。」所記爲一事，謂明皇幸蜀，次三泉縣黑水旁，刻石爲老君像也。又劍南詩稿卷三有老君洞一首，本注云：「有石刻，載唐明皇幸蜀，見老君於此。」按此詩爲放翁第一次由閬中北上興元時所作，觀其排列次序（詳見後嘉川條所引），當在籌筆、嘉川之北，大安（三泉）、金牛之南。即其地當在三泉之南也。而五盤嶺爲自古秦蜀之界，老君像既在三泉縣界，即當在五盤之北歟？

由嶺又西南經嘉陵江岸之嘉川驛至籌筆驛，凡七十里。

籌筆驛屢見於唐人吟詠。如李商隱（玉谿詩註注四，全詩八函九册商隱集一）、薛能（全詩九函二册能集三）、羅隱（全詩十函四册隱集三）皆有籌筆驛詩。殷潛之、薛逢皆有題籌筆驛（全詩八函一〇册）。杜牧有和殷潛之題籌筆驛十四韻及重題絶句（全詩八函七册牧集四）。陸暢有籌筆店江亭（全詩七函十册），亦其地。玉谿詩云：「徒令上將揮神筆，終見降王走傳車，……他年錦里經祠廟，梁父吟成恨有餘。」又孫樵出蜀賦：「眄山川而懷古，得籌筆於途說，指前峰之孤秀，傳臥龍之餘烈，嘗杖師而北去，抗覇國而此決。」(全文七九四。)蓋其時已有諸葛嘗駐軍籌劃於此之傳說。然此賦及諸詩皆晚唐人作，無中唐以前者。杜甫最服諸葛，亦無詩，疑此驛乃中唐以後所置耳。至其地望，輿地紀勝一八四利州景物下：「籌筆驛，在綿谷縣，去州北九十九里，舊傳諸葛武侯出師嘗駐此，唐人詩最多。」前條引蜀中廣記二四，朝天嶺在廣元縣北五十里，又四十里潭毒關，「又二十里神宣驛，即古籌筆驛。」則當在縣北一百一十里矣。今取宋人九十九里之說，則當在五盤之南七十里。一統志保寧府卷關隘目引紀勝九十九里之說。又云，「籌筆古驛在廣元縣北八十里。」又引舊志：「今有朝天廢驛，即古籌筆驛也。自漢中府褒城縣至朝天驛四百四十里。」是據舊志，當在縣北五六十里也。自相矛盾如此。紀要六八與一統志同，惟不引紀勝九十九里之說。今皆不取。

嘉川驛亦屢見於唐人詩篇。元稹元和四年使東川諸詩(元長慶集一七)有嘉陵江二首。其一云：「今日嘉川驛樓下，可憐如練繞明窗。」又江樓月云：「嘉陵江驛岸樓中。」本注：「嘉川驛望月。又姚鵠嘉川驛樓晚望(全詩九函一册)：「樓壓寒江上，開簾對翠微。」是中晚唐皆有此驛，在嘉陵江岸。考通典一七六，利州有嘉川縣。寰宇記一四〇，集州嘉川縣，魏恭帝元年置，「取嘉陵江所經爲名。」本屬利州。永泰元年割屬集州，在州西二百三里。九域志八利州嘉川縣，在州東一百一十里。唐世地望當同。紀要五八廣元縣目引郡志：「嘉川城在今縣東百里，地名嘉川鄉。」是也。(顧氏自云，「嘉川城在(廣元)縣北東五里。」蓋誤。)縣在利州東百里而遙，嘉川驛似當即同地。然嘉川縣在利州東，是縣城似不臨嘉陵江。復檢九域志八利州綿谷縣又有「朝天嘉川二鎭。」是嘉川縣外又有嘉川鎭，別屬綿谷縣也。朝天在縣北約六十里(詳後)，嘉川當在其北。考劍南詩稿三，放翁至少兩次來往利州興元道上。第一次由閬州取陸路北上經利州至興元。回程由大安舟行至利州回閬中。第二次北行，及回程至利州皆與第一次相同。茲錄其紀行詩目如次：

（甲） 第一次北上興元

果州驛

南地（因杜甫閬中南池詩而作。）

鼓樓舖醉歌

登慧照寺小閣（據後夜扺葭萌惠照寺詩，知寺在葭萌。）

雨中過龍洞閣

籌筆驛

嘉川舖

老君洞

大安病酒因小飲江月館

金牛道中

曉發金牛

山南行

南鄭馬上作

（乙） 第一次南下閬中

自三泉泛嘉陵至利州

木瓜舖短歌（歌云，「鼓樓坡前木瓜舖，歲晚悲辛利州路。」）

夜扺葭萌惠照寺寓榻小閣

太息宿青山舖作

閬中作

（丙） 第二次由閬中北上興元

自閬復還漢中次益昌

再過龍洞閣（詩云：「天險龍門道……」）

三泉驛舍

嘉川舖得檄（三泉嘉川二詩次序倒置。）

歸次漢中境上

沔陽夜行

西縣市中得羊因小酌

（丁） 第二次由興元南下益昌

初離興元

自興元赴官成都

南沮水道中

長木晚興

長木夜行抵金堆市

赴成都泛舟自三泉至益昌

雪晴行益昌道中

劍門道中

（劍門關以下不錄）

據此，嘉川驛當在龍洞閣、籌筆驛之北，蓋即五盤（五盤自昔爲秦蜀界。）籌筆間之一驛耳。是在縣北約一百三四十里歟？續通鑑長編五，王全斌伐蜀，「過三泉，遂至嘉川。」（宋史王全斌傳作嘉陵。）蓋此驛歟？

又南經龍門閣至朝天嶺約四十里。

朝天嶺，輿地紀勝一八四利州景物上：「朝天嶺在州北五十里，路徑絕險，其後即朝天程，舊路在朝天峽棧道，遂（蜀中廣記二四引作「後」是）開此道 ，人甚便之。文與可有朝天嶺詩云，山若畫屏隨峽勢，水如衣帶轉崖陰。……皇朝郡縣志云，朝天嶺即漫天寨也。」按孫樵出蜀賦：「濟梓橦之重江，出大劍之複關，……蹇余馬之不息，居峽山之偪側，……途迫高而緣深，不尺直而又曲，……朝天雙峙以斷蔽，中慘慄而陰翳，倏上馳而上廻，若出地而天闢。……」（全文七九四。）是蓋唐代已有朝天之名。紀勝云在州北五十里。前引蜀中廣記二四，經過解釋，亦在州北五十里。而紀要六八廣元縣，「朝天嶺 ，縣北六十里 。」一統志引紀勝不言里數。要當五六十里耳。然朝天程北至龍門第一洞僅十五里。朝天嶺南經小漫天、深度至大漫天，大漫南去廣元三十五里。（「然朝天程」下並詳後文。）則六十里之說似爲強。今作六十里計，則北去籌筆驛約四十里也。

龍門閣亦屢見唐人吟詠。杜甫自秦州入蜀紀行詩（詳注九，鏡銓七）有龍門閣云：

「清江下龍門，絕壁無尺土，長風駕高浪，浩浩自太古，危途中縈盤，仰望垂線縷，滑石欹誰鑿，浮梁裊相拄，目眩隕雜花，頭風吹過雨，百年不敢料，一墜那復起，飽聞驚瞿塘，足見度大庾，終身歷艱險，恐懼從此數。」

按此詩寫龍門閣道險峻之極。岑參亦有赴犍爲經龍閣道詩（全詩三函八册參集一）蓋亦此閣。（又沈全期有過蜀龍門，見全詩二函五册沈集一。詩云：「龍門非禹鑿，詭怪乃天功，西南出巴峽，不與衆山同。長竇亙五里，宛轉復嵌空，……流水無晝夜，噴薄龍門中，潭河勢不測，藻葩垂彩虹，……。」似亦此地。但有西南出巴峽之句，姑存疑。）又陸遊再過龍洞閣詩云：「天險龍門道，霜清客子遊，一筇緣絕壁，萬仞俯洪流，著脚初疑夢，回頭始欲愁，……。」（劍南詩稿卷三）參之此詩在集中排列次序（見前），即與杜詩所詠爲同一地，無疑。杜詩龍門閣所在，詳注引元和志，「龍門山在利州綿谷縣東北八十二里。」（按在卷二二。）鏡銓同。唐綿谷治今廣元縣。然蜀中廣記二四，引本志（郡志？縣志？），「廣元縣北十里千佛崖即古龍門閣。」且引杜詩云云。又一統志保寧府卷關隘目：「龍門閣在廣元縣北千佛崖側。」下引杜詩云云。今按千佛崖在廣元縣北十餘里（詳後）。去元和志之龍門山甚遠。檢輿地紀勝一八四利州景物下有涉及龍門地名者數條：

「石欄橋在綿谷縣北一里。自城北至大安軍界，管橋欄閣共一萬五千三百一十六間，其著名者爲石櫃閣、龍洞閣。」

「龍洞閣在綿谷縣，詳見石欄橋下。杜詩云：清江下龍門，絕壁無尺土。馮鈐幹田云，（一統志保寧府卷關隘目龍門閣條引方輿勝覽無田字，是。）其他閣道雖險，然在山腰亦微有徑可以增治閣道。獨惟此閣，石壁斗立，虛鑿石竅而架木其上，比之他處極險。老杜詩絕壁無尺土，謂此也。」

「龍門山，梁州記云，葱嶺石穴高數十丈，狀如門，俗號爲龍門山。元和志，在綿谷縣。圖經云，山北有鷰子谷，谷中有石磬，又有龍門洞。」（寰宇紀一三五，略同。惟不云即元和志之龍門山。又無「有龍門洞一句。」）

「龍門洞，在綿谷縣北。有三洞。自朝天程入谷，十五里有石洞，及第二第三洞。有水自第三洞發源，貫通二洞，流水出下合嘉陵江。」

是則宋人卽以龍門閣在綿谷縣北之龍門山，亦卽元和志所記縣北八十二里之龍門山也。朝天程約在綿谷北六十里，由此向北十五里至龍門洞，正接元和志所記之龍門山區矣。宋人實指如此，宜可信。復考王士禎蜀道驛程記上云：

「十五日，雨。過七盤關，入四川保寧府廣元縣界。次神宣驛。上龍洞背，兩山夾峙，一山如獰龍奮脊，橫跨兩山之間，下有洞似城門，可通九軌，水流其中，下視烟霧蓊鬱，不測尋丈。自是盤折而上，騎龍背行，四望諸山如劍鋋戟牙。二十里許始下山，渡河，卽分水嶺以西水入嘉陵江處。南山之巔爲朝天關。孫樵所謂朝天雙峙以虧蔽……是也。」

此寫龍洞形勢甚詳，位於神宣驛（卽唐籌筆驛）與朝天嶺之間，正是唐宋之龍門。至於縣北十里，蓋明清後起之說耳。且老杜入蜀紀行諸詩之次第雖不無疑問，然大體可信其爲由北而南按次排列。石櫃閣詩在龍門閣詩之後，石櫃在縣北二十五里，龍門固應在其北，不得在縣北十里也。

然輿地紀勝一九一大安軍景物上又有龍門、龍洞、後洞三條。其龍門條云：

「龍門在軍五里外，官道之旁，懸壁環合，上透碧虛，中敞大洞，下漱清泉，宛然天造，水簾懸夏，氷柱凝冬，眞異境也。文潞公、宋景文、趙清獻、王素、韓絳、田況、呂公弼、呂大防諸公皆有留題。行三里又有後洞。蘇元老龍洞記所謂重簷夏屋深不可窮者是也。又有後龍門，其境較之前龍門極幽邃。」

是三泉附近亦有龍門之目，然云官道之旁，是不當道，蓋非杜翁所寫之龍門。且陸游劍南詩稿卷三第一次北上興元諸詩有雨中過龍洞閣一首，在籌筆驛、嘉川鋪兩首之前。第二次北上興元諸詩有再過龍洞閣，亦在嘉川鋪、三泉驛兩詩之前。則所詠亦爲綿谷北八十二里之龍門，非三泉附近之龍門也。

又南歷望雲嶺、小漫天嶺、深渡驛、大漫天嶺，至石櫃閣，共約三十五里。

元稹有漫天嶺贈僧，云「五上兩漫天。」（元長慶集一五。）又題漫天嶺智藏師蘭若云：「僧臨大道閱浮生，來往憧憧利與名。二十八年何限客，不曾閑見一人行。(同上一九。)又羅隱漫天嶺(全詩十函四册隱集一〇):「西去休言蜀道難,此中危峻已多端,到頭未會蒼蒼色,爭得禁他兩度漫。」注:「嶺有大漫天小漫天,故云。」又廣記一三六僞蜀主舅條:「自秦川至成都三千餘里,歷九折、七盤、望雲、九井、大小漫天隘狹懸險之路。(出王氏見聞)」通鑑二七九後唐清泰元年,興元孫漢韶降蜀,蜀主使張業將兵一萬屯大漫天以迎之。是大小漫天爲入蜀道途必經之地。故孟知祥曰:「正欲徑取利州……獲其倉廩,據漫天之險,北軍終不能西救武信(遂州)。」(通鑑二七七。)胡注:「漫天寨在利州北,有小漫天大漫天二寨。」考宋史二五五王全斌傳,述伐後蜀事云:

「逐蜀軍過三泉,遂至嘉陵。……蜀人斷閣道,軍不能進。全斌議取羅川路以入。(康)延澤……曰:羅川路險,軍難並進,不如分兵治閣道,進與大軍會於深渡,…全斌然之,命(崔)彥進、延澤督治閣道,數日成,遂進擊金山砦,破小漫天砦。全斌由羅川趣深渡,與彥進會。蜀人依江列陣以待,彥進遣張萬友等奪其橋,會暮夜,蜀人退保大漫天砦。詰朝,……又大破之,乘勝拔其砦,……追至利州。」(續通鑑長編五,同。)

此其南北次第甚明,深渡則居二嶺之間。通鑑二七三後唐同光二年紀,蜀主北巡,「從駕兵自綿、漢至深渡,千里相屬。」(據廣記二四一王承休條,此出王氏聞見錄。)胡注:「深渡在利州綿谷縣北大漫天小漫天之間。」是也。考張說有深渡驛詩(全詩二函四册)。詩云:「旅泊青山夜,……高枕聽江流,猿響寒巖樹,螢飛古驛樓。……」是此驛臨江,且當在蜀道中。檢說又有再使蜀道詩云:「渺渺葭萌道,蒼蒼褒斜谷。」是曾兩度入蜀,且經金牛道也。則此深渡驛必即大小漫天間之深渡無疑。是此地在唐代前期已置驛矣。復檢輿地紀勝一八四,有漫天嶺條,不言里數。紀要六八,廣元縣目:「大漫天嶺,縣東北三十五里,峻出雲表,又北爲小漫天嶺。二嶺相連,一名藁本山,蜀道之險也。」一統志保寧府卷山川目漫天嶺條,同。今從之。則其地在朝天嶺以南也。

又觀前引廣記一三六僞蜀主舅條,唐世此道中又有望雲之險。又前九井灘條引陸放翁夜夢行南鄭道中詩,宋世仍有望雲之險。紀要六八廣元縣,「望雲關在縣北五十五里。山勢高聳,與雲霞相望。」一統志保寧府卷關隘目:「望雲關在廣元縣北四十五里，山勢高聳，上接雲霄，今名望雲舖。……南接問津驛，北接神宣驛。」兩書里數小異。按問津驛在廣元縣城內。神宣驛在縣北至少一百里。則此地總在廣元北五十里上下。當在朝天嶺南不遠歟？故列於小漫天之前。

石櫃閣：杜甫入蜀紀行詩，龍門閣後有石櫃閣詩。（詳注九，鏡銓七。）詩云：「蜀道多早（一作草）花，江間饒奇石，石櫃曾（音層）波上，臨虛蕩高壁。……」當亦臨嘉陵江上。詳注引方輿紀勝云：「石欄橋在綿谷縣北一里，自城北至大安軍界營橋欄閣共一萬五千三百一十六間，其著名者爲石櫃閣、龍門閣。」鏡銓引方輿勝覽，內容一字不異。今檢紀勝一八四，仇引不誤。然此於石欄橋條帶述石櫃閣，並未詳其地望。檢紀要六八廣元縣目龍門閣條附云：「石櫃閣，郡志云在縣北二十五里。」一統志保寧府卷關隘目：「石櫃閣在廣元縣北二十五里。唐杜甫有詩。」無他異說，姑從之。

又南經佛龕（千佛崖）至利州治所綿谷縣（今四川廣元縣），約二十五里。

石櫃閣南距綿谷縣二十五里，已詳前條。

佛龕之名，余始見於蘇頲詩文。詩題爲「利州北佛龕前重于去歲題處作。」詩云：「重巖載看（一作戴清）美，分塔起層標，蜀守經塗處，巴人作禮朝。」（全詩二函二册）是此龕當爲入蜀所經。文題爲「利州北題佛龕記」。云「禮部尚書兼益州大都督府長史使持節劍南節度諸州軍事許國公蘇頲敬造，因寓言曰：……山兮水兮路窮嶮，鬱南望兮此情多。吾又見像法住世於巖之阿，百千萬億兮相觀我，載琢載追兮，吾匪他……」（全唐文二五〇）則當作於開元十一年至十三年間。（參本傳及吳廷燮唐方鎮表六。）考蜀中廣記二四廣元縣條引本志「（縣）北十里千佛崖，即古龍門閣。先是懸崖架木作棧而行，後鑿石爲千佛像，成通衢矣。」紀要六八廣元縣龍門閣條，同。又云：「明洪武二十四年，景川侯曹震相視開鑿，壘石爲岸，益爲坦途。」是此千佛崖之開鑿必在明初以前。史岩云：今廣元縣北五公里嘉陵江東岸有千佛崖。其大雲古洞外有「劍南道按察使銀青光祿大夫行益州大都督府長史韋杭功德」題刻，時在開元初。又其副倅李光題記，開元十年六月七日。另有數唐刻。是千佛崖之開鑿最遲在盛唐時代。

故乾隆廣元縣志云:「千佛崖,……峭壁千仞,逼臨大江。………先是懸岩架木,作棧而行,唐韋杭鑿石爲路,並鑿千佛,遂成通衢。」然據若干洞窟佛像彫刻作風,當始於北魏,(見史岩撰關于廣元千佛崖造像的創始時代問題,刋文物一九六一年第二期。)今按史岩之說蓋可信,此當卽蘇頲詩文所指。則唐世縱無千佛崖之名,然大道所經必自唐已然。

附羅川偏道 前引宋史王全斌傳,過三泉,至嘉陵(續通鑑長編作嘉川)。大軍取羅川偏道,分軍從大道並進,會於小漫天南之深渡。按紀要六八廣元縣目,石亭戍條:「羅川戍在廢嘉川縣東南。」又嘉川城條:「縣東北五十里。」又引郡志,「嘉川城在今縣東百里,地名嘉川鄉。蓋自嘉川驛向東紆回,取嘉川縣羅川路也。

州縣城廓在嘉陵江東岸一里。爲蜀北軍事重鎭。

元和志二二利州綿谷縣,「西漢水一名嘉陵水,經縣西,去縣一里。」其地爲蜀北重鎭,故隋於此置利州總管府以鎭之。宋嘉祐八年陳恢通判廳題名記:「益昌之南,陸走劍門,過劍而外,東西川在焉。水走閬、果,由閬、果而去適夔、峽焉。西則文、龍二州,東則會集、壁諸郡,故益昌於蜀,最爲都會。」(輿地紀勝一八四利州風俗形勢目引。)按此「益昌」謂利州益昌郡,非指益昌縣而言。然州之見重,亦正以益昌縣爲交通樞紐。蓋縣當嘉陵白水之會,故有水陸交通之利也。

有嘉陵驛,在城西一二里,瀕臨嘉陵江,蓋入劍閣道之途也。

嘉陵驛屢見唐人詩篇。元長慶集一七使東川詩序,元和四年作。起駱口驛盡望驛台二十二首。就中有嘉陵驛二首。(全詩六函九册稹集一七。)又武元衡有題嘉陵驛,(全詩五函七册,元衡集二。詩云:「路半嘉陵頭已白,蜀門西上更青天。」)雍陶有宿嘉陵驛,(全詩八函六册。)薛能有嘉陵驛見賈島舊題、題嘉陵驛(詩云:「江濤千疊閣千層,銜尾相隨盡室登。」)及嘉陵驛三首,(全詩九函二册,能集三。)張蠙有題嘉陵驛,(同上十函十册。)薛濤有續嘉陵驛詩獻武相國。(同上十一函十册。)按蜀中廣記二四保寧府廣元縣,「驛路有曰問津。志云:昔孔明行師于此問津,故名。按卽古嘉陵驛也。在治西一里。」而一統志保寧府卷關隘目:「嘉陵古驛在廣元縣西二里，唐時驛道。」又有問津驛「在廣元城內。」是明清之問津，非即唐之嘉陵也。但在城西，蓋臨江而設，當無可疑。

由龢谷西南四十五里至益昌縣（今昭化縣治）。縣東北三里有桔柏渡，即白水會嘉陵江處，架浮梁嘉陵江上，爲津渡之要，故五代南北用兵，屢焚浮橋爲守禦之計。

杜甫同谷入蜀紀行詩（詳注卷九，鏡銓卷七。）有桔柏渡云：

「青冥寒光渡，架竹爲長橋。竿濕烟漠漠，江永風蕭蕭，連笮動嫋娜，征衣颯飄颻。……西轅自茲異，東逝不可要，商通荆門路，澗會滄海潮。」

按舊玄宗紀，天寶十五載，避亂入蜀。七月「壬戌，次益昌縣，渡吉柏江，有雙魚夾舟而躍。」即此桔柏渡也。至唐末五代，屢見載籍：

舊一八四楊復恭傳：「國舅王瓌頗居中任事，復恭惡之，奏授黔南節度。至桔柏江，覆舟而沒。」通鑑二五八大順二年條，略同。但作吉柏津。

舊五代史五一魏王繼岌傳：伐蜀。蜀主王衍督師利州。聞三泉之敗，「棄利州，奔歸西川，斷吉柏津浮梁而去。」通鑑二七三同光三年條同。

通鑑二七四，同光三年，李紹琛爲繼岌先鋒，「至利州，脩桔柏浮梁，」濟江至劍州。

又二七四，天成元年，魏王繼岌東還「至利州，李紹琛遣人斷桔柏津。」自稱兩川節度。

續通鑑長編五，乾德二年，王全斌伐蜀，「追奔至利州北。昭遠（蜀軍都統王昭遠）等遁去。渡桔柏津，焚浮梁，退保劍門。」

據此諸事，其爲津要可知。檢一統志保寧府卷津梁目云：「方輿勝覽：桔柏渡在昭化縣。今昭化縣有古柏，土人呼爲桔柏，故以名潭。（按通鑑二五八胡注略同。）舊志，今在縣東北三里，即嘉陵白水二江合流處。………唐宋以來皆造浮梁於此。」紀要六八昭化縣，「桔柏津，縣東三里。」「地多桔柏，因名。」關於地名之解釋，似紀要爲正。昭化即唐之益昌，則津渡在益昌縣東北三里，架浮梁於嘉陵江上也。

益昌當嘉陵白水之會，爲交通樞紐，利州之見重蓋以此也。當置驛。

岑參奉和杜相公發益昌：「相公臨戎別帝京，擁麾持節遠橫行，朝登劍閣雲隨馬，夜渡巴江雨洗兵，……暫到蜀城應計日，須知明主待持衡。」(全詩三函八册參集三。) 此即杜相公由京入蜀道經益昌也。益昌東北通金牛道，西南通劍閣道，即今考之道也。其西北則循白水出隴西，東南則沿嘉陵至閬、合。故爲川北交通重地。此地去利州嘉陵驛不到四十五里，正當置驛。但於唐無考。而通鑑二五八大順二年條，胡注云：「利州益昌縣有桔柏津，益昌驛有古柏，土人謂之桔柏，因此名津。」則此驛當甚古，疑即唐驛也。

由益昌西南入山區，踰白衞嶺至小劍戍故城五十一里。又三十里至方期驛、劍門縣。又五里至劍門關。又五里經開遠戍至大劍山口，置大劍鎭戍。此道絕險，稱爲劍閣道，亦曰石牛道，傳爲張儀伐蜀所經。

劍閣道始見於華陽國志二漢中志。志云：「德陽縣有劍閣道三十里，至險，有閣尉。」一統志綿州卷古蹟目引舊志，漢德陽故城在梓潼縣北境。則此劍閣道即指劍門閣道而言也。其後迄五代，有關劍閣道行程里距之重要材料有下列四條：

水經注二〇漾水注：「清水……逕始平郡南，又東南逕小劍戍北，去大劍三十里，連山絕險，飛閣通衢，故謂之劍閣也。張載銘曰，一人守險，萬夫趦趄。信然。故李特至劍閣而歎曰：劉氏有如此地，而面縛于人，豈不奴才也。」

元和志二二利州益昌縣條：「小劍故城在縣西南五十一里。小劍城去大劍戍四十里。連山絕險，飛閣通衢，故謂之劍閣道。自縣西南踰小山，入大劍口，即秦使張儀司馬錯代蜀所由路也。亦謂之石牛道。」

同書三三劍州普安縣條：「劍閣道，自利州益昌縣界西南十里 (「十」上當奪一數目字) 至大劍鎭，合今驛道。秦惠王使張儀司馬錯從石牛道伐蜀，即此也。後諸葛亮相蜀，又鑿石駕空爲飛梁閣道以通行路。」

舊唐志劍州劍門縣條：「縣界大劍山即梁山也。其北三十里所有小劍山。大劍山有劍閣道三十里，至劍處(?)張載刻銘之所。」

據元和志，由益昌西南五十一里至小劍戍故城，又四十里至大劍鎭戍，華陽志及酈注、舊志云三十里，蓋就兩山間之閣道而言。劍閣道即兩山間一段行程。

此觀酈注及元和志甚明。寰宇記八三綿州巴西縣條：「大劍鎮，在劍閣口，一人荷戟，萬夫莫向。」謂鎮爲劍閣道之南口，亦其明證。而舊志記述，以爲劍閣僅在大劍山，蓋欠妥。且輿地紀勝一九二劍門關景物下云：

「大劍山，在劍門縣，亦曰梁山。又有小劍山在其西北三十里，又有小劍故城在益昌縣西南五十里。……大劍雖號天險，有阨塞可守，崇墉之間，徑路頗夷。小劍則鑿石架閣，有不容越。太白所謂猿猱欲度愁攀援者，其謂是也。」

是小劍較大劍尤險，正閣道所在。舊唐志屬辭欠妥無疑。紀要六八劍州大劍山條：「志云，大小劍山峰巒聯絡，延亙如城，下有隘路，謂之劍門關。大劍路頗平，小劍則石上架閣，尤險峻。有大小劍水出於山下。勝覽云：大劍絕頂有玉女台，峭壁千仞，下瞰古道，行人如蟻。」大抵閣道多行於兩山之下。

據上所考，由益昌西南入山區五十一里至小劍戍故城，又四十里至大劍口鎮戍，里距甚明。此即秦張儀伐蜀之路，所謂劍閣道也。元和志三三，又云劍州東北至大劍鎮四十八里，至利州一百九十里。核計里程，當即此線。此線行程，尚有數地名可考如次：

白衞嶺　杜光庭歷代崇道記（全文九三三）：「（天寶）十五載，帝幸蜀，……又於利州益昌縣山嶺上，見混元騎白衞而過，示收祿山之兆，詔封其山爲白衞嶺。」是則嶺名始於天寶末，爲大道所經。又唐詩紀事一〇李嶠條：「嶠汾陰行。……天寶末，明皇……幸蜀，登白衞嶺，覽眺良久，又歌是詞。」計有功注：「利州昭化縣之南境與劍門相接，有鋪曰白衞鋪。」輿地紀勝一八四，同。是當在昭化劍門道上。又廣記二四一王承休條，蜀後主王衍北巡，歷梓橦、劍門，過白衞嶺，至利周（州）（云據王氏聞見錄。）同書四三二周雄條：「僕嘗行次白衞嶺」云云（出北夢瑣言）。亦皆見其在劍利間大道上。又茅亭客話一虎盜屏跡條：「聖朝未克蜀前，劍、利之間，虎暴尤甚。白衞嶺石洞磔虎名披鬃文。」亦云在劍、利之間。是劍門利州道上有白衞嶺，計有功之說是也。復考通鑑二七七長興元年條云，王弘贄等「引兵出人頭山後，過劍門之南，還襲劍門，克之。」胡注引李昊蜀高祖實錄：

「今月十八日，北軍自白衞嶺人頭山後過，從小劍路至漢源驛出頭，倒入劍門，打破關寨。」

是此嶺即當小劍道上，而在小劍之東，昭化之西南也。檢一統志保寧府卷山川目：「白衞嶺在昭化縣西南五十里，與劍門相接。」又云「人頭山在昭化縣西四十里。」紀要六八，同。是白衞嶺蓋緊接小劍戍之東，而人頭山蓋偏北，不當正道歟?

劍門縣、方期驛　元和志三三，劍州，東北至利州一百九十里。有劍門縣，「西南至州六十里。」寰宇記八四，同。（州東北至利州里數有兩條，一作一百九十里，一作二百里。）則劍門縣當在利州西南一百三十里，即益昌縣西南八十五里。亦卽小劍戍西南三十餘里處。又云大劍鎭在州東四十八里，則縣當在鎭東十里而遙。故今姑作小劍戍之西三十里，大劍鎭之東十里處。寰宇記八四劍州劍門縣：「本漢梓潼縣地，諸葛武侯相蜀，于此立劍門，以大劍山至此有隘東（輿地紀勝一九二引作隘束，是也。）之路，故曰劍門。即姜維拒鍾會于此。唐聖曆二年，分普安臨漢陰平三縣地於方期驛城置縣。」聖曆二年以下，舊書地理志劍州劍門縣條同。惟臨漢作永歸。輿地廣記三二，與舊志同。又云：「有大劍山，劍門峽，劍門關，劍閣道。」是因大劍東隘峽口爲名，其地則舊有方期驛也。

劍門關　此一地帶雖久以險要名，但似未置關。隋志，此處亦無關官。唐六典六刑部司門郎中條，上中下三等關二十六，亦無此關名。然杜甫劍門云：「一夫怒臨關，百萬未可傍。」李白蜀道難：「劍閣峥嶸而崔嵬，一夫當關萬夫莫開。」則天寶末當已置關矣。孫樵出蜀賦（全文七九四），「出大劍之複關。」是且不只一關。又通鑑二七四，後唐天成元年，「任圜先令別將何建崇擊劍門關，下之。」同書二七七長興元年「正月，董璋遣兵築七寨於劍門。」五月，「復於劍門北置永定關，布列烽火。」是則至五代更有增置矣。又輿地碑記目四劍門關碑記條有修關石刻，「在天成五年四月。又有五代勅牒甚多，皆天成長興廣政間牒也。」蓋世亂關隘爲重，故屢經修治。復考九域志八劍門關：「景德三年，以劍州劍門縣隸關，以兵馬監押主之。熙寧五年，縣復隸劍州。」輿地紀勝一九二劍門關：「皇朝伐蜀，克劍門，擒蜀將王昭遠。蜀平，遂以劍門縣隸劍門關，兵馬都監主之。（本注：國朝會要在景德二年。）又以劍門關直隸京師（本注：國朝會要云在景德三年。）又引圖經云：「劍門關，承平時，以東京兵出戍。關有路分，有駐泊，皆得進表。劍門知縣亦同管關事。」「景德中，勅委劍門監押使臣兼知縣事，遂移縣治在劍門關寨南。」又引劍門集云：「景德中以縣不隸於州，俾司關者兼治之。熙寧中，關縣析而爲二，皆隸於州。」同書一八六隆慶府（劍州）劍門縣條，略同。是至宋初，益重此關，直屬朝廷如三泉，不隸地方州府矣。又據此所引各條，知宋初關縣不在一處，但相近耳。此當承唐而來。至景德中始移縣治就關南設置。按前引元和志、寰宇記，縣在劍州東北六十里，而九域志八劍州，劍門縣在「州東北五十五里。」當爲移就劍門關後之位置。是則關在劍州東北五十五里；宋初以前，縣在關東五里也。然則關正在劍門縣、大劍鎭之間，蓋即大劍山峽谷之北口矣。又據此里距，是在下文所考開遠戍鍾會壘之東二三里處，紀勝稱鍾會「旣度劍閣，居死地。」正謂已度越此處耳。

大劍鎭、開遠戍　通典一七六劍州劍門縣，「有梁山，亦曰大劍山，有姜維拒鍾會故壘。」開遠戍之名始見於隋書三七梁睿傳。傳述睿平蜀事云：「謙將敬豪守劍閣，梁巖拒平林，並懼來降。」謙將達奚惎「分兵據開遠。睿謂左右曰，此虜據要。欲遏吾兵勢。」是開遠在劍閣之西，當軍事要衝甚明。復檢元和志三三劍州普安縣目有三條專記大劍山、大劍鎭、開遠戍及鍾會姜維故事云：

「鍾會故壘，一名開遠戍，在縣東北五十三里，亦曰空冢戍。晉鍾會軍至此，旣度劍閣居死地，遂掘冢爲死戰。旣無所埋，故曰空冢。後魏改名開遠戍。」

「大劍山亦曰梁山，在縣北四十九里。初姜維自沓中爲鄧艾所摧，與張翼董厥合，還保劍門，以拒鍾會。卽此也。」

「大劍鎭在縣東北四十八里，本姜維拒鍾會壘也。在開遠戍東十一里。其山峭壁千丈，下瞰絕澗，飛閣以通行旅，梁時於此置大劍戍。」

是則大劍鎭當在劍州東北近五十里處，又東三四里卽開遠戍也。輿地紀勝一八六隆慶府(劍州)古迹目,鍾會壘「在普安縣之北五十三里,三江合流。上有一峰,乃鍾會屯兵之地。會至此,既度劍閣居死地,遂倒糧掘冢,爲死戰焉。唐人詩有:鍾會壘邊山月白,……」亦與此合。元和志第三條「開遠戍東十一里。」疑有誤。(張氏考證已疑之。)

然此閣道在唐世已非驛道幹線。驛道幹線當在此閣道之南,東自益昌與閣道分途,西至開遠戍大劍鎮,復合爲一道。驛道較坦,蓋卽隋文帝初年所修建者。

前引元和志三三劍州普安縣:「劍閣道自利州益昌縣界西南十里(十上脫一數字)至大劍鎮,合今驛道。」是閣道非「今驛道」,甚明。而兩道會合處則在大劍鎮。考隋書文帝紀卷首云:

「王謙爲益州總管,……起巴蜀之衆以匡復爲辭。……進兵屯劍閣,陷始州。……乃命(略)梁睿討平之。……巴蜀阻險,人好爲亂,於是更開平道,毀劍閣之路,立銘垂誡焉。」

是隋文帝鑒於王謙恃劍閣之固,乃毀閣道。別開平道,疑卽元和志所謂「今驛道」也。此「今驛道」當在劍閣道之南,不在北。何者?前考白衞嶺條,據胡注引蜀高祖實錄記事云,北軍由白衞嶺人頭山向北繞經小劍山至漢源驛出頭。此在劍閣道之北也,明爲僻道徼徑,非驛道。且下文考望喜驛,爲唐人入蜀所常經。其地望在益昌之南,嘉陵江畔,是驛道在劍閣道之南也。盧照鄰入蜀詩有至望喜矚目言懷貽劍外知己及大劍別劉右史兩首,尤驛道經望喜至大劍之明證。則驛道在閣道之南必矣。

此驛道蓋由益昌向南沿嘉陵江西岸至望喜驛。漢川入蜀之驛道自三泉南來,皆略沿嘉陵江而行。至此驛,江流折向東南入閬州,而入成都大驛道則離開江水向西南入劍門矣。

望喜驛屢見於唐人詩篇。如元稹使東川詩有望喜驛一首。(元長慶集一七。)又李商隱望喜驛別嘉陵江水詩云:「嘉陵江水此東流,望喜樓中憶閬州。」(玉谿詩詳注四。)薛能雨霽宿望喜驛云:「江水依然浩浩聲。」(全詩九函二册薛能集三)皆卽此驛。又盧照鄰入蜀詩有至望喜矚目言懷貽劍外知己一首(全詩一函九册照鄰集一)當亦此地。按九域志八利州,昭化縣在「州南三十三里。」有「昭化、望喜、白水三鎭。」検一統志保寧府卷關隘目：「望喜鎭，在昭化縣南，江水折而東流處。蓋即唐望喜驛。」是在益昌縣南。而紀要六八廣元縣籌筆驛條，「縣北四十里有望喜驛，唐名也。今曰沙河馬驛。」是在緜谷縣北。此二說相距蓋百里以上。蜀中廣記二四廣元縣條：「南去有望喜驛，今廢。」玉谿詩詳注四，引廣元縣志文與此同。是一地有三說矣。據李商隱詩，商隱自北沿嘉陵江水南來，至此驛蓋向西南入劍門，而江水則在此驛折而東南入閬州。復考御覽五八三引羯鼓錄：「永泰中，杜鴻漸爲三川副元帥，……及出蜀至利州西界望喜驛入漢川矣。自西南來始至嘉陵江頗有山景致。……乃與從事楊崖州杜亞輩登驛樓望月。」（廣記二〇五杜鴻漸條引羯鼓錄作望嘉驛，蓋形譌。而驛下有「路」字，是也。今本羯鼓錄作望嘉陵驛，誤也。）此亦顯示望喜驛之地望，與商隱詩合。是一統志以爲「在昭化縣南，江水折而東流處。」是也。紀要以爲在廣元之北，形勢固不合。廣記以爲在廣元縣南，亦未爲正。蓋驛道直至益昌南尙沿嘉陵江而行也。

據此，驛道自益昌縣向南行。元和志二二利州益昌縣條述劍閣道下，又云：「又有古道，自縣東南經益昌戍，又東南入劍州普安縣界，即鍾會伐蜀之路也。」疑隋唐驛道（至少東段）實略循此古道歟？

由望喜驛向西南至泥溪，蓋三四十里。

通鑑二七四後唐天成元年，述伐蜀回程云：

「魏王繼岌軍還至武連。……時（李）紹琛將後軍在魏城。……是日（二月丙申）魏王繼岌至泥溪，紹琛至劍州，遣人白繼岌云，河中將士號哭不止，欲爲亂。丁酉，紹琛自劍州擁兵西還，自稱西川節度。」（參看舊五代史七四康延孝傳及新舊五代史魏王繼岌傳。）

觀此行程，泥溪當在劍州之東。又通鑑二六八梁乾化元年，岐兵伐蜀，蜀將王宗侃退守安遠軍（即西縣）。「蜀主如利州。……宗侃遣裨將林思諤自中巴間行至泥溪見蜀主告急。」胡注：「泥溪當在劍州北，利州界。」略得之。王勃有泥谿詩云：「弭櫂凌奔壑，低鞭躡峻岐，江濤出岸險，峰磴入雲危，溜急船文亂，巖斜騎影移。」……（全詩二函一册勃集二）當即此地。紀要六八昭化縣目，「泥溪河，縣西四十里，下流入嘉陵江，往來通道也。」下引前兩事以實之。是當在由望嘉驛向西南渡泥溪河處。其地旣屢爲君王所駐，當頗大，可能置驛，疑卽在望喜西南三四十里處。

又西南至大劍鎭，蓋亦一驛之程歟？

前引元和志，劍州東北至利州一百九十里。寰宇記述劍州東北至利州里距有兩項數字，一爲一百九十里，一爲二百里。一百九十里之數，與前考劍閣道各段累積之里數（一百八十五里）略合。疑二百里乃驛道里數。今核之驛道各段里數，劍州至大劍鎭近五十里。若益昌經望喜、泥溪，至大劍鎭三程各以三十五里計，則劍州至益昌一百五十五里，至利州恰得二百里之數。

大劍鎭蓋當劍門山脈在此地區之總口，稱爲蜀門。隋文另闢坦途，仍不得不取道於此。故與劍閣道相會也。

劍閣道及驛道會合於此。「其山峭壁千丈，下瞰絕澗，飛閣以通行旅。」皆見前引元和志三三。

前引寰宇記八四劍門縣條：「諸葛亮相蜀，於此立劍門，以大劍山至此有隘束之路，故曰劍門。」此當指劍門縣關至大劍鎭一帶十餘里間而言，故此一帶爲入蜀必經之路。于卲劍門山記（全文四二九）云：

「趨蜀之路，必由是山。連峰戛天，上絕飛鳥，極於此也。峭壁中斷，兩崖相嵚，如門斯闢，如劍斯植。」

扼要道，勢險峻，此數語足以盡之，可與元和志、寰宇記相印證。其他狀此山之險者尙多，茲擇錄四則如次：

張載劍閣銘：「巖巖梁山，積石峨峨，……南通邛僰，北達褒斜。……惟蜀之門，作固作鎭，是曰劍閣，壁立千仞，窮地之險，極路之峻，世濁則逆，道淸斯順……。」（全晉文八五）

杜甫劍門：「惟天有設險，劍門天下壯，連山抱西南，石角皆北向，兩崖崇墉倚，刻畫城郭狀，一夫怒臨關，百萬未可傍。」（少陵集詳注九）

岑參入劍門作寄杜楊二郎中：「不知造化初，此山誰開拆，雙崖倚天立，萬仞從地劈，雲飛不到頂，鳥去難過壁，速駕畏巖傾，單行愁路窄，平明地仍黑，亭午日暫赤，凜凜三伏寒，巉巉五丁跡，……陡覺烟景殊，杳將

華夏隔。……」（全詩三函八册參集一）

李德裕劍門銘：「羣山西來，波積雲屯，地險所會，斯爲蜀門，層岑峻壁，森若戈戟，萬壑奔東，雙飛高闕，翠嶺中横，黯然黛色。（原注：劍門當中有一峰，峻嶺横峙，望若列屏，此一峰爲最奇，而說者未嘗及之也。）樹茲雄屏，以衞王國，峰拔井幹，溪回溝洫，嚴守重扃，隱如臨敵。」（全唐文七一一）

觀此四則，益見其險峻之狀。老學庵筆記八：「劍門關皆石，無寸土；潼關皆土，無拳石。」惟其無寸土故益見峻拔耳。

劍門爲歷代用兵要衝，紀要六八四川名山條所述已詳，今不錄。

大劍鎭以南道漸平坦。約十五里至青強店，又五里至漢源驛。

陸游初入西州境述懷：「自行劍南關，大道平如席，日高徐駕車，薄暮亦兩驛。」足見大劍以南大道已較平坦。

漢源驛、青強店，通鑑二七七長興元年條云：「石敬塘入散關。……王弘贄………引兵出人頭山後，過劍門之南，還襲劍門，克之。」胡注引李昊蜀高祖實錄云：

「北軍自白衞嶺人頭山後，過小劍路，至漢源驛，出頭，倒入劍門，打破關寨。」

是劍門之南或西南有漢源驛。又廣記四三二周雄條云：

「唐大順景福已後，蜀路劍利之間白衞嶺石洞溪虎暴尤甚。……西川監軍使魚全諲特進，自京搬家，憩于漢源驛。其孀嫂……倚驛門而看，爲虎攫去。（出北夢瑣言）」

此即蜀高祖實錄之漢源驛也。又宋史二五五王全斌傳（參看續通鑑長編卷六）述乾德三年伐蜀事云：

「（王）昭遠……退守劍門。（全斌）遂克利州。……自利州趨劍門，次益光（即益昌縣）。全斌會諸將議曰：劍門天險……諸君宜陳進取之策。侍衞軍頭向韜曰，降卒牟進言，益光江東越大山數重有狹徑名來蘇。蜀人於江西置砦，對岸有渡，自此出劍關南二十里至清強店，與大路合，（長編「大路」作「官道」。）可於此進兵，即劍門不足恃也。……康延澤曰：……蜀人屢敗，併兵退守劍門，莫若諸帥協力進攻，命一偏將趨來蘇，若達青強，北擊劍關，與大軍夾攻，破之必矣。全斌納其策。命史延德分兵趨來蘇……蜀人……棄砦而遁。昭德聞延德兵趨來蘇至淸強，卽引兵退陣於漢源坡，留其偏將守劍門。全斌等擊破之，……遂克劍州。」

據此，靑強店在劍關南二十里，當大道，如以前考里數度之，約當在大劍鎭南十五里。漢源坡驛又當在靑強稍西南也。檢一統志保寧府卷山川目，漢源坡，「在劍州東。舊置驛於坡上，曰漢源驛。」又引舊志，「漢源坡在州東三十里。」紀要六八，亦云「州東三十里。今有漢源橋。」大劍鎭在州東北近五十里，則靑強當在漢源之東北約五里矣。

由漢源驛西南三十里至劍州治所普安縣(今劍閣縣治)。北依層山，南瞰巨澗，形勢險要。當置驛。

通鑑二七七後唐長興元年，「十二月壬辰，石敬瑭至劍門。乙未，進屯劍州北山。(孟知祥將)趙廷隱陣于牙城後山。」胡注：「郭忱劍州靜照堂記曰，前瞰巨澗，後倚層巒。又春風樓記曰：邊山而立是州，一逕坡陁，中貫大溪，太守之居已在平山，內外居民悉在山上，則劍州之山川可知矣。」此州置驛無疑，不待論。王勃有普安建陰題壁詩云：「江漢深無極，梁岷不可攀，山川雲霧裏，遊子幾時還。」(全詩二函一册勃集二)疑建陰乃普安縣驛名。

劍州西南十餘里或約二十里至稅人場。

廣記四三二周雄條：「唐大順景福已後，蜀路則(劍之譌)利之間白儛嶺石洞溪虎暴尤甚，號稅人場，商旅結伴而行，軍人帶甲列隊而過。……時遞舖卒周雄者……前後於稅人場連斃數虎，行旅賴之。(出北夢瑣言。)」又茅亭客話一虎盜屏跡條云：「聖朝未克蜀前，劍利之間虎暴尤甚，白儛嶺石洞溪，虎名披宗文，地名稅人場……」是劍利之間有稅人場，爲大道所經。復考廣記二四一王承休條：「蜀後主王衍……遂決幸秦之計……至劍州西二十里已來，夜過一磎山，忽聞前後數十里軍人行旅振革鳴金，……聲動溪谷。問人，云將過䄄人傷，懼有鷙獸搏人。……衆中有人言，適有鷙獸……於萬人中攫將一夫而去。……翰林學士李浩弼進詩曰……長途莫怪無人蹟，盡被山王稅殺他。少主覽此大笑。(出王氏聞見錄。)」云至劍州西二十里，將過䄄人傷，則地在州西不到二十里處。然視人傷地名不可解。觀其事類、時間、地望，皆與前兩條相近，疑「視人傷」卽「稅人場」之形譌。以其爲稅人之所，故李浩弼有「山王稅殺」之譏，致少主覽之大笑也。

又西南行至武連縣（今武連驛），去劍州八十五里。

前泥溪條引通鑑二七四後唐天成元年紀及舊五代史七四康延孝傳，魏王繼笈伐蜀東還，至武連。按武連乃劍州屬縣，在州西南八十五里。見元和志三三、輿地紀勝一八六。蜀中廣記二六，「劍門東南有七盤嶺。……方輿云，武連縣在七盤山上。」

又西南經上亭驛（今有上亭鋪）至梓潼縣（今縣），七十五里。

北朝時期梓潼當驛道，見周書一一叱羅協傳。

新五代史六三前蜀世家，王衍幸秦州，「行至梓潼」又「至緜谷」。聞唐師入境。是唐末五代梓潼仍當秦蜀道也。又寰宇記八四梓潼縣目引圖經，玄宗幸蜀過此縣。又引唐書，僖宗幸蜀過此縣。則爲大道所經無疑。檢元和志三三、寰宇記八四、輿地紀勝一八六，梓潼縣在州西南一百六十里，則當在武連縣西南七十五里。孫樵出蜀賦：「濟潼梓之重江，出大劍之複關。」（全文七九四。）梓潼江卽在城西。又輿地紀勝一八六隆慶府古迹目：「上亭驛，在梓潼武連二縣之界。唐明皇幸蜀聞鈴聲之地。又名琅璫驛，前輩詩什極多。」又同卷詩目引羅隱上亭驛詩云：「山雨霏微宿上亭，雨中因想雨淋鈴，貴爲天子猶魂斷，窮着荷衣好涕零。」則唐驛也。紀要六八梓潼縣：「上亭驛在縣北二十里。唐置。」一統志綿州卷關隘目：「上亭鎭在梓潼縣北。唐爲上亭驛。宋置鎭。……舊志在縣北二十里。今爲上亭鋪。」度其地望蓋在武連之西約五十餘里歟？

又西南六十五里至魏城縣（今有魏城鎭）。

前泥溪條引通鑑二七四，及舊五代史七四康延孝傳，後唐魏王繼笈伐蜀，軍還，繼笈軍至武連，李紹琛（康延孝）將後軍在魏城。又宋史二五五王全斌傳，乾德三年多伐蜀，「四年正月十三日，師次魏城，孟昶遣使奉表來降。」皆魏城縣當大道之證。陸游有詩題云：「綿州魏成縣驛有羅江東詩云，芳草有情皆礙馬，好雲無處不遮樓，戲用其韻。」（劍南詩稿三。）亦其證。按元和志三三，緜州東北至劍州二百九十里。(兩州至京里數之差亦爲二百九十餘里。而通典、寰宇記,作二百八十里。今從元和志。)魏城縣在綿州東北六十五里。則在梓潼西南六十五里也。

又西南三十五里至奉濟驛,又三十里至綿州治所巴西縣(今綿陽縣),有巴西驛。有綿江浮梁。

綿州爲大道所經,前於論此道之大方向時已詳引君主行幸與用兵路線以明之。通典一七六,巴西郡綿州「今郡城即漢潼縣也,在成都東北之要。」正以交通樞紐耳。權德輿送主客仲員外充黔中選補使序云:「今君道劍門,抵左綿。」(全文四九一。)亦謂道里所經也。通鑑二七七後唐長興三年,「孟知祥以朝廷恩意優厚,而董璋塞綿州路,不聽遣使入謝。」尤見當路之要。檢元和志三三、寰宇記八三,魏城縣在綿州東北六十五,是里距可知。杜甫有巴西驛亭觀江漲呈竇十五使君二首(詳注一二),是驛名亦可考。

舊五代史七四康延孝傳,後唐伐蜀,延孝爲前鋒。「王衍自利州奔歸成都,斷吉柏津浮梁,以絕諸軍。延孝復造浮梁以渡。進收綿州。王衍復斷綿江浮梁而去。水深無舟檝可渡。延孝謂招撫使李嚴曰,吾懸兵深入,利在急兵,……但得百騎過鹿頭關,彼即迎降。如俟修繕津梁,便留數日,若王衍堅閉近關,折吾兵勢,儻延旬浹,則勝負莫可知也。宜促騎渡江。因與李嚴乘馬浮江,于是得濟者僅千人,步軍溺死者亦千餘人,……」是綿州西南跨綿江有浮橋爲津渡之要也。

奉濟驛,見杜甫奉濟驛重送嚴公四韻詩(詳注卷一一)。詩云:「遠送從此別,青山空復情,幾時盃重把,昨夜月同行。」詳注引郭知達本注:「驛在綿州三十里。」未明東西方位。按此前一首爲「送嚴侍郎到綿州同登杜使君江樓宴。」重送所謂「昨夜月同行」,即指前一詩。前一詩已在綿州。蓋次日嚴武東行,杜公又送一驛,是在州東三十里也。

又西南八十七里至萬安縣,天寶元年改爲羅江縣(今羅江縣),縣西有萬安驛。又有羅江驛,豈一驛異名耶?

元和志三三,綿州羅江縣,「闕」。寰宇記八三綿州羅江縣,州「西南八十七里。」「晉於梓潼水尾萬安故城置萬安縣。晉末亂,移就潺亭,今縣是也。……

唐天寶元年改爲羅江縣。」是縣本名萬安，後改羅江。考李商隱有爲河東公謝相國京兆公啓云：「得當道萬安驛狀報。伏承遣兵馬使陳朗賫幣帛鞍馬辟召小男者。」（全文七七六。）按河東公謂柳仲郢，時爲東川節度使；京兆公謂杜悰，時爲西川節度使。是萬安驛必爲由西川入東川之第一驛。正當在羅江縣，蓋縣雖改名羅江，而驛仍萬安之名也。一統志綿州卷古蹟目萬安故城條：「萬安縣，……唐天寶元年改爲羅江。方輿勝覽，今爲萬安驛，在羅江縣西。舊志，萬安驛在縣西一里。」又蜀中廣記九羅江縣條：「圖經，唐明皇幸蜀至萬安驛，歎曰，一安尙不可，況萬安乎？乃回輦宿眞明寺。按驛在治西一里。昔有碑書一安尙不可句，云是玄宗親筆。今亦毀蝕。」是在羅江縣西一里。然唐彥謙有羅江驛詩（全詩十函五册，彥謙集二）。據全詩排列，此後爲奏捷西川題沲江驛。彥謙在川中甚久，此當卽綿州之羅江驛也。豈一驛先後異名耶？

又西南十里至白馬關，與德陽縣之鹿頭關相對。核之里數，蓋卽一關之東西口，分屬兩州縣耳。大道自北南來，此爲最後之險隘矣。

續高僧傳二七釋慧岸傳：「武德三年，科租至岷州。……蜀人……謂在天外。……衆人去至鹿頭，道逢勅停。」是鹿頭之名甚早，當通劍北大道。又新志，緜州羅江縣，「有白馬關。」寰宇記八三綿州羅江縣，「白馬關在縣西南十里，與鹿頭關相對。」是必亦當大道也。

鹿頭關在唐中葉以後屢見史傳，極有名。今據通鑑錄數事如次：

德宗建中四年，「劍南西山兵馬使張朏以所部兵作亂，入成都。……鹿頭戍將叱千遂等討之，斬朏。」（卷二二九）

憲宗元和元年，高崇文伐蜀。「劉闢城鹿頭關，連八寨，屯兵萬餘人以拒高崇文。六月丁酉，崇文擊敗之。闢置寨於關東萬勝堆。（萬勝堆，此戰後改名龜勝山，見全唐文七一六鄭宗經德陽龜勝山道場記。又參看紀要六七）戊戌，崇文遣驍將范陽高霞寓攻奪之，下瞰關城，凡八戰皆捷。……庚子，高崇文破劉闢於德陽。癸卯，又破之於漢州。……九月……壬寅，高崇文又敗劉闢之衆於鹿頭關。……河東將阿跌光顏將兵……軍于鹿頭之西，斷其糧道，城中憂懼。於是闢綿江柵將李文悅，鹿頭守將仇良輔皆以城降於崇文。……遂長

驅直入成都。」(卷二三七)

僖宗中和元年「正月，車駕發興元，」幸成都。「(陳)敬瑄迎謁於鹿頭關。」(卷二五四)

又中和四年，東川節度使楊師立反，以討陳敬瑄爲名。詔以「高仁厚爲東川留後，將兵五千以討之。」「高仁厚屯德陽，楊師立遣其將(略)據鹿頭關以拒之。」(卷二五五)

又光啓三年，王建在梓州，西川陳敬瑄召之，「建至鹿頭關。………敬瑄悔，亟遣人止之，且增修守備。建怒，破關而進。(卷二五七)

後唐莊宗同光三年，伐蜀。「李紹琛進至綿州。……謂李嚴曰，吾懸軍深入，利在速戰。乘蜀人破胆之時，但得百騎過鹿頭關，彼且迎降不暇……或敎王衍堅閉近關，折吾兵勢，儻延旬浹，則勝負未可知矣。乃與嚴乘馬浮渡江，從兵得濟者僅千人……遂入鹿頭關。……進據漢州。」(卷二七四)

觀此諸事，鹿頭關之衝要可知。蓋不惟爲劍綿入漢州道，且爲梓州入漢州道也。然盛唐以前蓋尙未置關。故六典上中下二十六關無此名。通典亦不載。杜甫鹿頭山詩，亦不以關名也。其置關蓋自安史亂後始。元和志三一漢州德陽縣，「鹿頭戍，在縣北三十八里。」當即關城所在。(紀要六六關在德陽縣北三十里。)今以里距按之。據元和志三一、三三，漢州東北至綿州一百八十里。德陽在漢州東北四十五里，關戍又在縣北三十八里。則關戍在漢州東北八十三里。卽在綿州西南九十七里。前考白馬關正在綿州西南九十七里。寰宇記云，白馬關與鹿頭關相對。明卽一關之東西口耳。

此關既當成都東北要道，唐代文史頗能見其概。舊一五一高崇文傳云：

「成都北一百五十里(按此里數當指德陽縣而言。)有鹿頭山，扼兩川之要，闢築城以守。又連八柵，張犄角之勢，以拒王師。是日破賊二萬于鹿頭城下，大雨如注，不克登乃止。明日又破于萬勝堆。堆在鹿頭之東，據堆下瞰鹿頭城。」

杜甫鹿頭山(詳注卷九)：

「鹿頭何亭亭，是日慰饑渴，連山西南斷，俯見千里豁。遊子出京華，劍門不可越，及茲險阻盡，始喜原野闊。」(詳注引王洙曰：自秦入蜀，川嶺重複，極爲險阻。及下鹿頭關，東望成都，沃野千里，葱鬱之氣，乃若堙霞靄然。」）

此二事皆足見此地之形勢。蓋自北南來，此爲最後之險隘。過此則平疇沃野，無復險阻，故爲兵家必爭之地。

又南三十八里至德陽縣（今縣），又西南四十五里至漢州治所之雒縣（今廣漢縣）。有白楊林鎮，在州東北，蓋亦爲大道所經歟？

鹿頭戍南至德陽縣里數見前引元和志三一。通鑑二三七，憲宗元和元年，高崇文伐劉闢，闢堅守鹿頭關，崇文重困之，而進破闢軍於德陽，又破之於漢州，然後取闢城，乃長驅入成都。又新一八九高仁厚傳：陳敬瑄表仁厚爲東川節度留後，討東川節度使楊師立。「師立遣大將張士安鄭君雄守鹿頭關。仁厚次漢州，前軍戰德陽。」是自鹿頭關經德陽入漢州也。而通鑑二五七僖宗光啓三年，王建破鹿頭關，敗漢州刺史於綿竹，拔漢州，然後拔德陽。是自鹿頭關經綿竹入漢州也。蓋地勢已平，軍事運用，不必遵一道矣。然考通鑑二七四，後唐同光三年，魏王繼岌伐蜀至綿州，蜀請降。繼岌經德陽、漢州至成都。此時蜀已平，繼岌當遵幹線以進。又考新五代史六四後蜀世家，周師來伐，蜀遣趙季札爲秦州監軍使。「季札行至德陽。」此非軍事行動，蓋取經常幹線。故知德陽實在幹線上，綿竹則非也。

德陽西南至漢州四十五里，見元和志三一。而寰宇記七三作五十里。今從元和志。漢州爲大道所經，前引材料已屢見，不具引。

又有白楊林鎮。通鑑二七七後唐長興三年，「東川節度使董璋……謀襲成都。……孟知祥聞之，遣馬軍都指揮使潘仁嗣將三千人詣漢州詗之。璋入境，破白楊林鎮。……兵至漢州。」胡注：「白楊林鎮當在漢州界上。」此似在漢梓界上，屬漢州者。然考茅亭客話一虎盜屏跡條：「聖朝未克蜀前，劍、利之間……白備嶺石洞磎，虎名披鬃文，……緜、漢之間白楊林，虎名……」是又當在綿、漢道上，過此即至漢州。蓋在州東至德陽道中歟？

州治近郊有金雁驛，蓋因金雁河橋而得名。

韋莊漢州詩：「十日醉眠金雁驛，臨歧無恨（一作限）臉波横。」（全詩十函九册，莊集六。）詩題爲「漢州」，而云醉眠金雁驛，當在州治所。

復考寰宇記七三漢州雒縣：「君平卜台，任豫記云：廣漢郡雁橋東有嚴君平卜處，土台高數丈。雁橋，李膺記云，張任與劉璋子循守雒城，任勒兵出於雁橋，戰敗。」是漢州治所久有雁橋之地名。又元和志三一，漢州雒縣，「君平卜台在縣東一里。鷹橋在縣南一里。」就方位與字音言，此鷹橋顯卽雁橋。復考通鑑二七四後唐天成元年，任圜圍李紹琛於漢州。「漢州無城塹，樹木爲柵。任圜……縱火焚之。李紹琛引兵出戰於金雁橋。」胡注：「金雁橋在漢州雒縣東雁江上，俗傳有金雁，故名。」是金雁橋卽雁橋、鷹橋，在漢州近郊也。金雁驛當卽因此得名，蓋卽在州治東南歟？(紀要六七，橋在州北一里。)又一統志成都府卷山川目，「金雁河，亦名雁江，自什邡縣西南發源，……東南流四十里至漢州城東北，合沈犀河。方輿勝覽，雁江在雒縣南，曾有金雁，故名。」亦見金雁卽因雁江雁橋得名，地在州治也。

自州西南逾五侯津經武侯廟至雞蹤橋，去州蓋十七里。又五里至彌牟鎮。又十一里至八陣圖，又十九里至新都縣(今縣)。

元和志三一、寰宇記七二皆稱成都至新都四十八里，至漢州一百里。則漢州、新都間當爲五十二里。其間有數地名可考：

舊五代史六二董璋傳，爲東川節度，襲西川孟知祥，戰于漢州之彌牟鎮。鑑誡錄一知機對條，孟知祥奏董璋侵西川事云：

「董璋……五月一日驟入漢川(州)，臣其日先差(銜略)趙廷隱總領三萬人騎發次新都，臣自……繼之。俱列營於彌牟鎮。比至三日詰旦……一擊而蟻潰。……」

又五代史記六四孟知祥傳述之較詳云：

「璋先襲破知祥漢州。知祥遣趙廷隱率兵三萬，自將擊之，陣雞距橋。……兵始交，……璋遂大敗，走過金雁橋，麾其子光嗣請降，以保家族。」

又通鑑二七七後唐長興三年條云：

「五月……璋遂克漢州。癸未，知祥……自將兵八千人趣漢州，至彌牟鎮；趙廷隱陳於鎮北。甲申遲明，廷隱陳於雞蹤橋，……張公鐸陳於其後。俄而，璋望西川兵盛，退陣於武侯廟下。……東川兵大敗。……知祥引兵追璋至五侯津，東川馬步都指揮使元瓌降。……是夕，知祥宿雒縣。」

綜此三條觀之，彌牟鎭在新都北。其北有雞蹤橋，橋北爲武侯庿。庿北有五侯津。皆在漢州西南大道上。通鑑二七七胡注疑雞蹤橋即金雁橋。誤也。（胡注：「薛史孟知祥傳云：知祥親帥其衆與趙廷隱等逆戰于金雁橋。璋軍大敗。按金雁橋在漢州雒縣南。璋兵旣敗，知祥追之，夕宿雒縣，豈金雁橋即雞蹤橋耶？」按輯本薛史無此段，蓋原本有之。然二橋地望不同甚明。）

九域志七，成都府新都縣有彌牟鎭。紀要六七新都縣，「彌牟鎭，縣北三十里，接漢州界。」而一統志成都府卷關隘目，「彌牟鎭在新都縣北二十里，接漢州界。」里距有異。地典作三十里。今姑從之。且據九域志，漢州與成都府接界處在漢州西南二十里。此云接漢州界，亦似以三十里爲正也。前云新都去漢州五十二里，則鎭距漢州應爲二十二里也。又紀要六七新都縣，「雞蹤橋在縣北三十五里。舊志云，彌牟鎭北有雞蹤橋。」是去漢州十七里也。則五侯庿、五侯津以次在北可知矣。紀要六七，漢州湔水條，「自灌縣湔堰分流經崇慶、彭縣、新繁，至新都彌牟鎭北而入州界，合于雒水，故亦兼彌牟河之稱。……又五侯津在州西。或曰即彌牟河津濟處也。」

鎭南有八陣圖。元和志三一，新都縣，「諸葛亮八陣圖在縣北十九里。」而寰宇記七二，新都縣，「八陣圖在縣北三十里。……李膺益州記云，稚子闕北五里，武侯八陣圖上城西門，中起六十四魁，八八爲行，魁方一丈高三尺。」兩書里數亦有十里之差，今姑從元和志。

唐初有兩女驛，蓋在雒縣、新都間。

法苑珠林三八：「有天竺僧，……至雒縣大石寺塔所敬禮，事已訖，欲往成都，宿兩女驛。」道宣塔寺感通錄上，略同。據此，驛當在雒縣成都間。然新都至成都不過四十八里，其間已有天廻驛，故此驛或當在新都以北。

縣南十里至毗橋。

通鑑二五二，咸通十一年正月「癸酉，……蠻軍抵成都城下。前一日，盧耽遣先鋒遊奕使王晝至漢州詗援軍，且趣之。時興元六千人，鳳翔四千人，已至漢州。……丁丑，王晝以興元、資、簡兵三千餘人軍於毗橋，遇蠻前鋒，與戰不利，退保漢州。」胡注「毗橋在漢州南界。」據此，地當漢州至成都道上無疑。考華陽國志八大同志，太安元年「(李)特破德陽，流次成都北上，李驤在毗橋，(羅)尙遣將張興僞降於驤。……」是毗橋之名已久。檢紀要六七，毗橋在新都縣南十里。有毗橋河。一統志成都府卷津梁目亦云縣南十里。

又南八里至天回驛(今天回鎮)。

雲溪友議卷中苗夫人條：「韋臯，……自金吾持節西川，至天回驛，去府城三十里。」本注：「上皇旋駕日以爲名。」(又見廣記一七〇引。)去府城三十里。則在新都南一十八里，毗橋之南八里也。此驛又見鑑誡錄五徐后事條，云徐后有題天廻驛詩。少帝繼題云「翠驛紅亭近玉京，夢魂猶自在青城。」檢蜀中廣記三，成都北三十里有天回山、天回鎮。今按成都市北三十里有天回山，山下有天回鎮，道通新都縣，(據地典。)即其地也。

又南二十三里至七里亭，又二里至昇仙橋。

通鑑二七四後唐同光三年，蜀主王衍北巡回。「十一月丙申，蜀主至成都。百官及後宮迎于七里亭。」(胡注「亭去成都七里，因以爲名。」)旋遣使約降於唐軍都統魏王繼岌。「甲寅，繼岌至漢州。……乙卯，至成都。丙辰，李嚴引蜀主及百官儀衞出降於升遷橋。」舊五代史一三六王衍傳，「魏王至成都北五里昇仙橋，僞百官班于橋下，衍……面縛銜璧，輿櫬于後。」是七里亭與昇仙橋里距不同。五代史記六三前蜀世家，王衍出巡還成都，百官迎于七里亭。旋出降于魏王繼岌，亦在七里亭。與舊史、通鑑異。檢五代史記一四唐家人傳，魏王繼岌「入成都，王衍乘竹輿至昇仙橋降。」是衍之降實在昇遷橋，新史王衍世家作七里亭，誤也。又續通鑑長編六宋乾德三年紀，王全斌伐蜀，「至昇仙橋，蜀主備亡國之禮見於軍門。」是後蜀降禮，亦在此橋也。考華陽國志三蜀志：成都，「城北十里，有昇仙橋，有送客觀，司馬相如初入長安，題市門曰，不乘赤車駟馬不過汝下也。」寰宇記七二，亦作十里，並引華陽志。是橋甚古，在城北十里。紀要六七，昇仙橋在府北七里。「十」「七」當有一譌。而薛史明云昇仙橋在成都北五里。今從薛史。則在七里亭南二里也。

又五里至成都府(今成都縣)。

里距見前考。

綜上所考，自金牛縣金牛驛東北行，沿漢水南源，經嶓冢山，百牢關，東至興元府，一百八十里。自金牛西北行，循陳平水，經方奮驛（此驛地望未定），飛仙嶺，至興州，蓋一百數十里。自金牛西南行，至三泉縣、當置驛。又南沿嘉陵江東岸行，歷老君祠，九井灘，五盤嶺、五盤驛，嘉川驛，籌筆驛，龍門閣，朝天嶺，望雲嶺，小漫天嶺，深渡驛，大漫天嶺，石櫃閣，佛龕，利州治所綿谷縣、嘉陵驛，至桔柏渡。渡嘉陵江，沿江西岸行，歷益昌縣，望喜驛。自此離開江岸向西南行，經泥溪至大劍鎮。益昌縣西有閣道，西經白衞嶺，小劍戍，劍門縣、方期驛，劍門關，開遠戍，至大劍鎮，與驛道合。又西南歷青強店，漢源驛，劍州治所普安縣，稅人場，武連縣，上亭驛，梓潼縣，魏城縣，奉濟驛，綿州治所巴西縣、巴西驛，羅江縣、羅江驛、萬安驛，白馬關，鹿頭關，德陽縣，白楊林鎮，漢州治所雒縣、金雁驛，五侯津，武侯廟，雞蹤橋，彌牟鎮，八陣圖，新都縣，兩女驛（此驛確實地望未定），毗橋，天回驛，七里亭，昇仙橋，至成都府治所成都縣。自金牛至此共凡一千零七十里。歷州治四（利、劍、綿、漢），縣治一十三，驛名可考者一十七。（州縣治所皆當置驛，然不見於唐人詩文史籍者亦不計。）就標準驛距而言，略得其半。

自成都至鹿頭關一百八十三里，道路平坦。鹿頭至劍州三百八十七里，漸入山區。劍州至金牛五百里間，途極險峻，多棧閣，是爲南棧，建設橋閣蓋至數萬，所謂蜀道之險，全在此段。

唐人詩篇，描寫此段棧道之狀況者甚多，前文考各處棧閣已隨地引證。至於廣泛形容之篇什：如李白蜀道難，固已燴炙人口。他如張文琮蜀道難（全詩一函八册）云：

「飛梁駕絕嶺，棧道接危巒。」

歐陽詹棧道銘序（全文五九八）云：

「秦之坤，蜀之艮，連高夾深，九州之險也。陰谿窮谷，萬仞直下，奔崖峭壁，千里無土，亘隔呀絕，纔纔冥冥，麋鹿無蹊，猿猱相望，自三代而往，蹄足莫之能越。……粵有智慮，以全元造，立巨衡而擧追氏，縋懸繿以下梓人，猿垂絕冥，鳥傍危岑，鑿積石以全力，梁半空於木柵，斜根玉壘，旁綴青泥，截斷崖以虹矯，繞翠屏而龍腕，堅勁膠固，雲橫砥平，總甫蜀之通途，統岐雍之康莊，……繇是贊幣以達，人神會同。……」

又如岑參與鮮于庶子自梓州成都少尹自褒城同行至利州道中作：（全詩三函八册參集一）

「前日登七盤，曠然見三巴。……棧道籠迅湍，行人貫層崖，巖傾劣通馬，石窄難容車，深林怯魑魅，洞穴防龍蛇，水種新挿秧，山田正燒畬，夜猿嘯山雨，曙鳥鳴江花，……」

凡此皆能眞實寫狀蜀道棧閣之景像。宋世圖經云「棧道連空，極天下之至險。」（輿地紀勝一九一利州路大安軍風俗形勝目引）蓋不虛也。

入蜀棧道，歷代修營，以維交通，於唐亦然。劉禹錫山南西道新修驛路記（全文六〇六）云：

「自散關抵褒城，次舍十有五，牙門將賈黯董之；自褒而南，逾利州至於劍門，次舍十有七，同節度副使石文穎董之。兩將受命，分曹星馳，並山當蹊，頑石萬狀，坳者垤者兀者銛者，磊落傾欹，波翻獸蹲，熾炭以烘之，嚴醯以沃之，潰爲埃煤，一篲可掃，棧閣盤虛，下臨谽谺，層崖峭絕，枘木亘鐵，因而廣之，限以鉤欄，狹徑深陘，銜尾相接，從而拓之，方駕從容，急宣之騎，宵夜不惑，郄曲稜層，一朝坦夷。」

此旣見險峻之狀，又見修繕之方。今日川北交通已化險爲夷，皆歷代如此繫修之功耳。

輿地紀勝一八四利州景物目下：

「石欄橋在綿谷縣北一里。自城北至大安軍界，管橋欄閣共一萬五千三百一十八間。其著名者爲石櫃閣、龍洞閣。」

同書一九一大安軍景物目上：

「興利州三泉縣，橋閣共一萬九千三百一十八間，護險偏欄共四萬七千一百三十四間。」

按大安至興州百數十里，不如劍門前後之險峻，則劍州至三泉（卽大安）之橋閣數決不下於兩萬左右。而護險偏欄不與焉！然此爲南宋末期橋閣數。復考宋會要方域一〇之二道路目：

「(慶曆) 三年七月二十七日，秘書丞知興元府褒城縣竇充言：竊見入川大路，自鳳州至利州劍門關，直入益州，路遙遠，橋閣約九萬餘間。每年係鋪，分兵士於近山採木，修整通行。」

則北宋中葉鳳州至劍門關(此南橋閣極少)橋閣多至九萬，測計金牛劍門間當有五萬以上。豈並紀勝所謂護險偏欄皆計入數之歟？據此上推唐世，必亦不少於此數。

一九六七年七月十五日初稿

附記：陸放翁劍南詩稿卷三，所載諸詩，見其屢次來往於興元、益昌間。所經之地，由此而南數之，有沔陽縣、沮水、長木、金牛驛、三泉驛、老君洞、嘉川鋪、籌筆驛、龍洞閣、利州、益昌，此於前論嘉川地望時已詳列之。後由漢中至成都，其益昌以南路中紀事諸詩，有劍門道中遇微雨，劍門關，過武連縣北柳池安國院煮泉試日鑄顧渚，宿武連縣驛，綿州魏城縣驛有羅江東詩戲用其韻，行綿州道中，羅江驛翠望亭讀宋景文詩，鹿頭關過龐士元廟，遊漢州西湖。據此諸詩題，至南宋時代，興元、成都間驛程仍存唐代之舊也。

出自第四十本上(一九六八年十月)

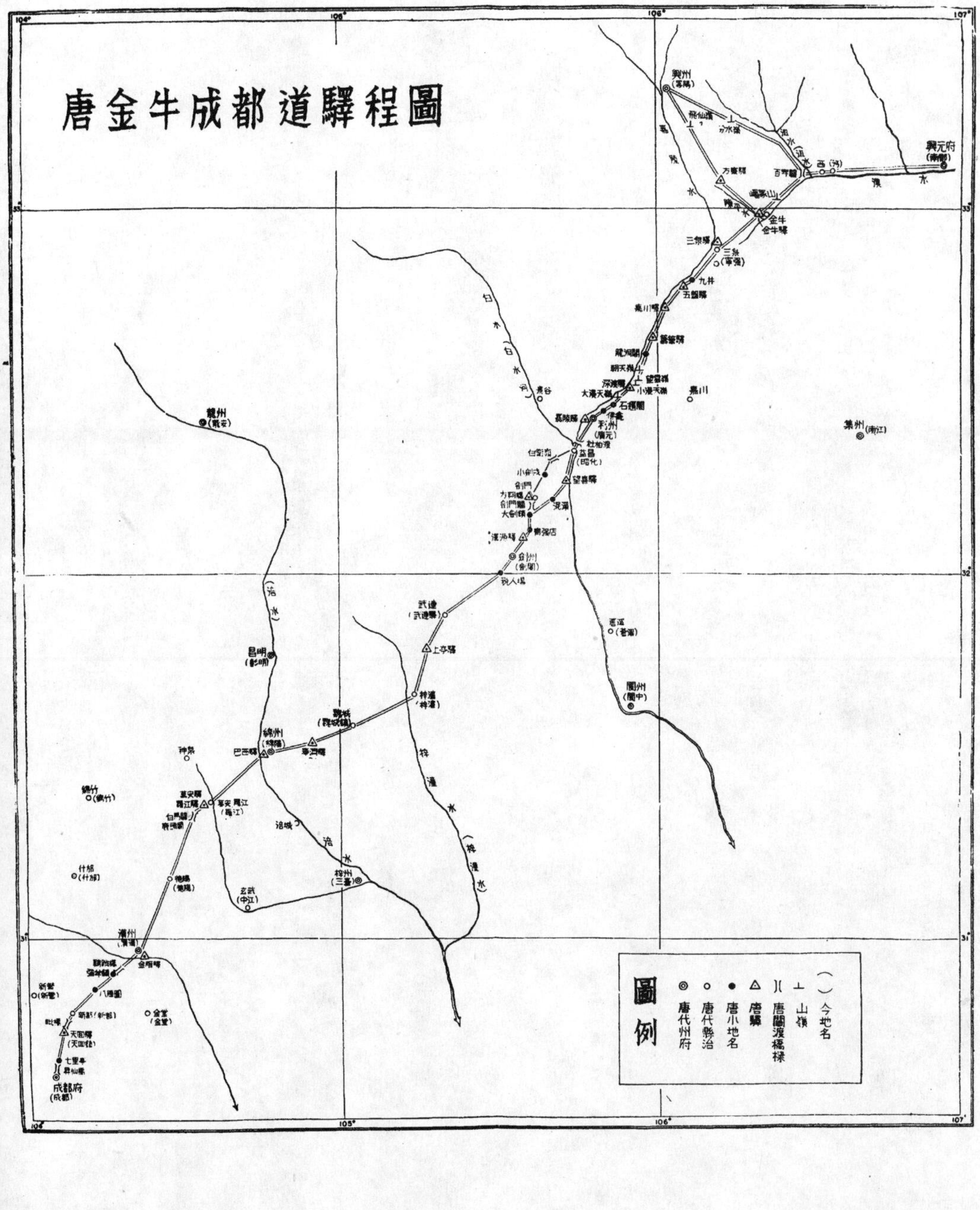
唐金牛成都道驛程圖
104°
105°
106°
107°
33°
32°
31°
興州
(略陽)
飛仙嶺
分水嶺
方廣驛
百牢關
西
興元府
(南鄭)
漢
水
嶓冢山
金牛
金牛驛
三泉驛
三泉
(寧强)
九井
五盤驛
嘉川驛
籌筆驛
龍洞閣
朝天嶺
望雲嶺
深渡驛
大漫天嶺
小漫天嶺
石櫃閣
嘉川
嘉陵驛
利州
(廣元)
集州
(南江)
杜柏渡
益昌
(昭化)
白
水
景谷
小劍戍
望喜驛
劍門
劍門關
大劍鎮
泥溪
青強店
劍州
(劍閣)
稅人場
武連
(武連驛)
上亭驛
梓潼
(梓潼)
閬州
(閬中)
昌明
(彰明)
魏城
(魏城鎮)
綿州
(綿陽)
巴西驛
奉濟驛
神泉
綿竹
(綿竹)
羅江驛
羅江
(羅江)
涪城
涪
水
梓州
(三臺)
玄武
(中江)
梓
潼
水
什邡
(什邡)
德陽
(德陽)
漢州
(廣漢)
金雁驛
彌牟鎮
八陣圖
新繁
(新繁)
新都
(新都)
金堂
(金堂)
天回驛
(天回鎮)
七里亭
昇仙橋
成都府
(成都)
圖例
（）今地名
丄 山嶺
)(唐關渡橋棧
△ 唐驛
● 唐小地名
○ 唐代縣治
◎ 唐代州府

族譜中關於中西交通若干史實之發現

羅　香　林

一

中國歷代所修正史，其列傳部分，雖每有當時相與通好諸國之傳記，然其所記史實，多數僅限於各該國之地理方位、與風土人情，及貢使來往、與貢品色目而已；於當時自外國入華經營各業之人士，與其發展情況，及其在中國之影響等，則多未遑兼述。茲以檢讀各姓族譜之便，爰就其中所記自宋至明與中西交通有關之重要史實，而為正史所失載，或載而不詳原委者，試為舉例分析如次，倘亦篤雅君子所樂聞也。惟曩歲所獲自福建德化新發現之蒲壽庚家譜（註一），及廣東南海甘蕉蒲氏家譜（註二），則曾據之而撰作蒲壽庚研究一書（註三），其書亦已為國內外諸友好所熟悉，今不為複述焉。

二

其一為宋初有自西域入華之回教徒馬氏，嘗為中國修曆之史實。如懷寧馬氏宗譜（註四）卷二始祖考妣序章凡二云：

『始祖 مايز ，馬依澤公，號漁叟，西域魯穆國人。肇由來中，時宋建隆二年，歲次辛酉，旌表天文略部，授欽天監，世襲侯爵。築居陝西西安府涇陽縣永安鎮李尚書塔傍。來中時年四旬。生於勒比阿敖勿里月，第二十日，故於景德二年五月初十日。

始祖母蘭氏，壽元九十六歲。生於三月十五日，故於七月二十三日。生子三：行一曰額，行二曰懷，行三曰憶。』

此馬依澤，行年四十，始自西域魯穆國來華，而來華後，即能參與天文推算，則其關於天文曆算之學，必為在西域時所深習。魯穆國未見宋史記載，依西域各國原名之對音求之，則似爲新唐書安國都城之阿濫謐城(Aryamithan)以該城今卽名魯穆坦(Ramithan) 也（註五）。馬依澤之所以克爲在宋服官，卽以其擅長西方之天曆推算耳。故該譜卷一所載尙志公弁言云：

『吾族系出西域魯穆。始祖諱係魯穆文字，漢譯馬依澤公，遂以馬受姓。宋太祖建極，初召修曆。公精曆學，建隆二年，應召入中國，修天文。越二年，書成，由王處訥上之。詔曰：可。授公欽天監正，襲侯爵，家陝西涇陽永安鎭。至十一世祖諱乾玠公，由進士累官河南太守，卒於官，遂籍新野。』

馬依澤事蹟，雖不見於正史載述，然爲馬氏奏上其所修曆書之王處訥，則宋史與宋會要等書，皆曾提及。宋史卷六十八律曆志一云：

『宋初，用周顯德欽天曆。建隆二年五月，以其曆推驗稍疎，乃詔司天少監王處訥等，別造曆法。四年四月，新法成，賜號應天曆。』

此應天曆亦稱建隆應天曆，原分六卷，宋史律曆志曾爲接載。宋會要輯稿曾提及各卷名目，其文云：

『太祖建隆二年五月，以欽天曆時刻差謬，命有司重加研覈。至四年四月，司天少監王處訥上新宋建隆應天曆，凡六卷，太祖御製序頒行。曆經一卷，算草一卷，五更中星立成一卷，晨昏分立成一卷，晝夜日出入立成一卷，晷影立成一卷。』（輯稿第五十三册運曆一）。

此新修應天曆，殆依中國傳統之曆書編製，然其推算方法，則可能已參用西方曆法之推算法則，以馬依澤入華未久，未必卽能盡依中國之傳統算法也。

此自西域入華之馬依澤，雖懷寧馬氏宗譜未嘗明言其爲回敎信徒，然謂其爲生於勒比阿敖勿里月，此爲回曆紀月之一名（註六），據同譜卷首馬奉廷撰『合立排行序』謂其族人曾建『清眞教悅堂』，及同譜卷十五所載『廣照山祖塋批示』，謂其族人墳地，向有『回回塋地』之稱。回敎爲其族人歷世傳襲奉行之宗敎，則馬依澤爲回敎信徒，自可引證而知。如『合立排行序』云：

『我族自有宋來中國西安，一世始祖依澤公，籍涇陽永安鎭，居以大位，封襲侯爵。歷世蕃衍，史册流芳。……其後至樞儀公，崛起新野，旗鼓天下。哈直公字天方者，因官遷皖，而齊、魯、吳、蜀凡馬氏者，人人願把臂入林。今有方伯彤昭治舒三人，同堂兄弟，加意修譜。蓋因吾宗蕃衍，散處不一，而懷邑之南城最盛，爰建清眞敎悅堂，煥然維新，誠萃煥之舉也。時大明成化七年歲次辛卯重陽後一日穀旦，奉議大夫欽天監正宗姪奉廷頓首謹敍。』

又『廣照山祖塋批示』云：

『特授安慶府正堂徐諱士林批：查看懷寧縣唐紹周控馬超一等佔墳禁葬，囑縣翻斷一案。緣懷寧縣廣照山向有回回塋地馬姓，稱爲明敕葬伊伯祖馬義之山，載在縣志。東西南北界塅，俱穿心四十丈，內送唐姓墳一棺，……其所爭之處，東西南北界塅俱穿心四十丈內，止許四塚，聽唐姓標祭，不許添葬，餘聽馬姓祭奠，亦不得再行添葬，侵害唐墳，並塞祖葬，違即嚴拿重究。…雍正九年月日批。』

近人每謂中國曆法之受回曆影響，殆始於蒙古成吉斯汗西征之採用回曆，至元世祖忽必烈時，詔許衡王恂郭守敬等，改治新曆，其所修授時曆，即爲曾受回曆影響。（註七）。此蓋就其較顯著者言之耳，若窮源竟委，則不能不謂其爲肇始於宋初馬依澤之自西域入華修曆也。

三

其二爲北宋時有自西域入華之景敎徒馬氏其子孫於遼金元三朝之景敎傳播與戰役及國交，皆有重要影響之史實。如元末黃溍撰金華黃先生文集（註八）卷四十三載馬氏世譜云：

『馬氏之先出西域聶思脫里貴族。始來中國者和祿冞思，生而英邁，有識量，慨然以功業自期，嘗縱觀山川形勢，而樂臨洮土壤之豐厚。遼道宗咸雍間，奉大珠九以進，道宗欲官之，辭不就，但請臨洮之地以畜牧，許之，遂家臨洮之狄道。和祿冞思生帖穆爾越歌，以軍功累官馬步軍指揮使，爲政廉平，而有威望，人不敢斥其名，惟稱之曰馬元帥，因以爲氏。』

所謂『聶思脫里』，即唐時所稱之『大秦景敎』，亦即基督敎最早傳入中國之一支。（註九）。此『和祿冞思』，當卽爲以基督敎聖經中之 Horam Mishael 之名爲名者，（註十），其人先世殆早已信奉景敎，而嘗爲敎中任職者，故得稱爲『聶思脫里貴族』。（註十一）。和祿冞思殆爲首由當時所稱景敎重鎭之撒馬兒罕(Samarkand)等地，東來商販，以適値遼道宗於陝甘之交擴張壓力，不克通達中國內地，乃爲貢獻大珠，而求居於臨洮郡者。遼史卷二十二至二十三道宗紀二及三，所載咸雍元年至十年（西元一〇六五至一〇七四年）事蹟，雖無關於和祿𡨧思之明文，然嘗提及遼道宗嘗頻至其國西部，以收復民心等事。如云：

『（咸雍）四年春正月，……丙子，如鴛鴦濼。辛巳，改易州兵馬使爲安撫使。……辛卯，遣使振西京饑民。』（道宗二）。

又云：

『（咸雍）九年……冬十月，幸陰山，遂如西京。十一月戊午，詔行幸之地，免租一年。……

十年春正月乙卯，如鴛鴦濼。二月癸未，蠲平州復業民租賦。戊子，阻卜來貢。……』（道宗三）。

按此所云『西京』，當指山西大同，(註十二)，『鴛鴦濼』地望，與大同相近，且在大同以西，似指今日甘肅武威以北長城外之『鴛鴦湖』。(註十三)。由武威以至臨洮，本處關隴相通要衝，距離亦近。和祿𡨧思之得前往獻珠，而求畜牧於臨洮，殆亦當日事勢所使然也。

抑和祿𡨧思之定居臨洮，當亦爲有同敎與同族諸人之聚居，而非爲一家孤居者。故金人元好問遺山集卷二十七，載其所作和祿𡨧思曾孫馬慶祥之神道碑，謂：

『君諱慶祥，字瑞寧，姓馬氏，以小字習里吉斯行，出於花門貴種。宣政之季，與種人居臨洮之狄道，蓋已莫知所從來矣。金兵略地陝右，盡室遷遼東，因家焉。』（恒州刺史馬君神道碑）。

所謂『與種人居臨洮』，正謂有同敎與同族之衆人聚居耳。據此，則北宋時此臨洮狄道，實爲景敎傳播地區也。

而和祿𡨧思之子孫，由是與遼國發生關係，迄遼亡金興，其孫伯索麻也里束，乃被掠東遷，其曾孫慶祥，後以善騎射，通諸國語言，爲金章宗與金廢帝（衞紹王）等所倚重，而蒙古成吉斯汗亦欲羅致爲用，是其人之存歿與金元轉變，亦有關焉。故黃溍撰馬氏世譜，爲接記其事云：

『帖穆爾越歌（和祿𡨧思子）生伯索麻也里束。年十四而遼亡，失母所在，爲金兵所掠，遷之遼東，久乃放還，居靜州之天山。瀝血求父母不得，遂隱居不出。業耕稼畜牧，貲累鉅萬。好施與，結交賢士大夫。金主熙宗聞其名，數遣使徵之。辭曰：古者求忠臣必於孝子之門，吾不逮事親，何顏事君乎？終不起。伯索麻也里束生習禮吉思，一名慶祥，字瑞寧，性純愨，兒時侍親側如成人，飲食必後長者。既壯，姿貌魁傑，以志氣自負。善騎射而知書，凡諸國語言文字，靡所不通，豪傑之士多樂從之遊，食客常數十人。或勸之仕，輒應之曰：幸有以具甘旨，夫復何求，況昆弟皆蚤世，我出，孰與為養乎？父有疾，粥藥必親嘗，衣不解帶，疾不可為而歿，哀慟幾絕，廬於墓側三年。母亡，執喪亦如之。聞者皆曰：篤孝君子也。金主章宗時，衞紹王在藩邸，召見禮賓之，所陳備邊理民十餘事，皆軍國之要務，悉奏行焉。泰和中，以六科中選，試尚書省譯史。衞紹王嗣位，始通問於我太祖皇帝，（按指成吉斯汗），信使之副難其人。衞紹王曰：習禮吉思信而多智，且善于辭令，往必無辱。及入見，上愛其談辯，而觀其器宇不凡，稱歎久之，因賜名曰：也而添圖古捏，漢言能士也。暨再使，因留不遣。使人風之曰：爾國危在旦夕，若屬將為虜，留此則可以長保富貴。答曰：國之興亡，係政善惡，不係勢之強弱，我國無亂政，爾何以知之？貪利則不仁，避害則不義，背君則不忠，出使而不報則不信，誠拘留不返，當以死自誓，反道失身，雖生何益。留之三旬，知不可奪，乃厚禮而歸之。』（同上金華黃先生文集卷四十三）。

此馬慶祥，在金人統治下，以『善騎射而知書』著名，自必精通金人文字(女眞文)。而又世代信奉以敍利亞文為主體之景教，當亦通曉敍利亞文。是時回紇（亦作回鶻）部族，多已改奉景教，且嘗仿照敍利亞文而製為回紇文字，即所謂畏吾兒文，其後蒙古大汗復令其屬官依畏吾兒文字製為蒙古文字。(註十四)。馬慶祥以素習敍利亞文，而兼通畏吾兒文與蒙古文，亦意料中事。故馬氏世譜謂其『凡諸國語言文字靡不通』，而其克受命以出使蒙古大汗王庭，亦即與此有關焉。

抑自和祿罙思子孫被掠，旋遷居於金人所屬靜州等地後，而金國亦遂寖為景教所傳播。同上元好問所撰馬慶祥神道碑，謂：

『（金）太宗嘗出獵，恍惚間見金人挾日而行，心悸不定，莫敢仰視，因罷獵而遷，敕以所見者物色訪求。或言上所見殆佛陀變見，而遼東無塔廟，尊像不可得。唯回鶻人梵唄之所有之，因取畫像進之，眞與上所見者合。上懽喜讚嘆，爲作福田以應之，凡種人之在臧獲者，貰爲平民，賜錢幣縱遣之。君之祖諱迭木兒越哥，(卽帖穆爾越歌)，父把騷馬也里黜，(卽伯索麻也里束)，又遷靜州之天山。天山占籍，今四世矣。(恒州刺史馬君神道碑)。

金太宗所見之『金人』，殆卽爲景敎徒被遷時所攜行之聖像，其在回紇人梵唄處所取之畫像，亦卽爲回紇人信奉景敎者所陳設之聖像。斯亦足證金自太宗以至章宗與廢帝時，其國內正有景敎傳播也。至馬慶祥子孫在元代與景敎之關係，則余別書唐元二代之景敎，已爲提及，此不複述矣。

四

其三爲元代已有遠航西洋之海客，其地望卽爲印度半島南部以至波斯灣沿岸之史實。如泉州林李宗譜(註十五)嘗記明人李贄先代之李駑事蹟云：

『公諱駑，字景文，號東湖。……壯年航吳越，爲泉巨商。洪武十七年，奉命發航西洋忽魯模斯。……行年卅，遂從其敎，受戒淸眞寺敎門，號順天之民。娶色目婢女，歸於家，卒年四十六。』(林李宗譜第十四頁下)。

按此所云之忽魯模斯，爲波斯灣東岸一小島，原音爲Ormus，別書或譯作忽魯謨斯，亦作忽魯謨厮，又或作忽魯模思。李駑之發航忽魯模斯，殆沿襲其父李閭之航海世業，故同譜載林李同宗之一世祖李閭(卽李駑之父)事蹟云：

『睦齋公諱閭，字君和，號睦齋。爲人敦厚寡言，……承藉前人蓄積之貲，常口家客，航泛海外諸國。……歲又薦饑，公嘗散積以濟之，活人者多。』(林李宗譜第八頁下)。

李駑之航行忽魯模斯，殆爲時頗久，或亦不止一次。故同譜別條又云：

『駑……洪武丙辰九年，奉命發舶西洋，娶色目人，遂習其俗，終身不革。』(林李宗譜第四頁下)

從洪武九年(一三七六年)，至上述之洪武十七年，(一三八四年)，已相距八年。是李駑在西洋忽魯模斯，或曾留寓八年也。李駑以航寓西洋，而信奉回敎，且娶回敎女子爲妻，致爲其弟李端所不滿，而逐之出族，駑乃改姓林氏。惟李端與駑之子孫，則頗爲和好，故稱所修族譜曰林李宗譜，而分之爲『林派』『李派』焉。

李駑於明初，航海至忽魯模斯，而稱其地曰西洋，是當時乃稱波斯灣一帶爲西洋也。然稱忽魯模斯等地爲西洋，早見於元人記載，非明初所首創也。同上黃溍撰金華黃先生文集卷三十五，載松江嘉定等處海運千戶楊君墓誌銘，述元人楊樞嘗浮海至西洋，以達伊兒汗國事，其文云：

『楊氏之先，世有顯人，宋之盛時，有自閩而越而吳，居澉浦者，累世以材武取貴仕。入國朝，仕益顯，最號鉅族，今以占籍爲嘉興人。君諱樞，字伯機。……大德五年，君年甫十九，致用院俾以官本船，浮海至西洋，遇親王合贊所遣使臣那懷等，如京師，遂載之以來。那懷等朝貢事畢，請仍以君護送西還。丞相哈剌哈孫答剌罕，如其請，奏授君忠顯校尉，海運副千戶，佩金符，與俱行。以八年發京師，十一年乃至，其登陸處曰忽魯模思云。是役也，君往來長風巨浪中，歷五星霜，凡舟檝糗糧物器之須，一出於君，不以煩有司。既又用私錢，市其土物白馬黑犬琥珀蒲萄酒蕃鹽之屬以進。平章政事察那等，引見宸慶殿而退。』

所謂合贊親王，爲由蒙古大汗所分封之伊兒汗國名王，其屬地甚廣，然以今日伊朗與伊拉克一帶爲重心。是元成宗大德年間（西元一二九七至一三〇七年），中國既稱波斯灣一帶爲西洋，而其登陸處，則爲忽魯模斯也。

惟元時除波斯灣沿岸外，即印度半島沿海各國，亦每稱爲西洋。如元人汪大淵所撰島夷誌略(註十六)，即以印度半島之西南各地爲屬於西洋。汪氏於其書所載之八丹國與古里佛等條有云：

『沙里八丹國，居古里佛山之後。』

所謂『沙里』即宋人所稱之注輦(Cola)。阿剌伯人自昔名此國曰 Culiyan，名此國人曰 Sali，是爲中國所譯注輦與『瑣里』二名之由來(註十七)。其地當在今印度半島 Madras 一帶。汪氏又云：

『大八丹國，居西洋之後，名雀婆嶺。』

『大八丹』與『沙里八丹』相近，其地當在印度半島西南。汪氏又云：

『古里佛，當巨海之要衝，去僧加剌密邇，亦西洋諸國馬頭也。』

所謂『古里佛』，卽今日印度半島西部之Kaulam (Quilon)，亦稱『故臨』，明初則稱小葛蘭，其地與明人所稱古里相近。古里卽今日印度半島西部之Calicut也(註十八)。是今日印度半島南部凡自 Madras 以至Quilon及Calicut等沿海，元時亦稱爲西洋。其稍後於明初由泉州出海以至忽魯模斯之李駑，殆亦必曾經行其地也。

唯李駑一家，本以航海爲業，故雖其人以信奉回教，爲弟李端所惡，然其子孫在明，仍數世與海上交通有關。如同譜所載李駑次子仙寶事蹟云：

『公諱仙寶，字居安，號通衢。……其爲人急公好義，又夙有經營四方志。……惜公以勤練之才，年未及艾，以疾卒於廣州龍州縣之爲商處，時永樂廿二年也。(林李宗譜第十二頁下)。

所謂以疾卒於爲商處之『廣州龍州縣』，殆指廣東龍川縣，蓋誤川爲州也。龍川處廣東東江上游，自昔爲交通要道，林仙寶殆嘗由內河自閩至廣州經商，或於途次病歿也。而李駑之孫林恭惠，則更以諳曉譯語，任通事官，而通好於日本及琉球等地。如同譜所載林恭惠事蹟云：

『公爲通衢公長嗣，諱恭惠，字乾甫。……初爲里老，後本道府以公諳譯語，薦爲通事官，引日本國入貢京城。成化二年，復與長男深，引琉球入貢。事畢以年邁表辭，蒙恩欽賜冠帶，壽七十六。……當景泰天順間，公奉簡書使外國，能使其人輸誠以獻，不辱朝廷嘉命，………酬庸報功，冠帶之賜，恩及兒曹，長子襲公職，仍賜冠帶，非一世也。(林李宗譜第十六頁)。

是知李駑一家，與中國對外之海上交通，關係甚切，有非明代其他家族所可比者。

五

其四爲明代鄭和等之下西洋，爲有完密組織之遠航隊伍，其所參與人員，多有事功建立之史實。如鄭和家譜(註十九)所載永樂七年鄭和第三次奉命下西洋之奉差諸官員名額，與所至諸國地名及敕書云：

『隨敕奉差諸官員名：欽差正使太監七員，副使監丞十員，少監十員，內監五十三員，都指揮二員，指揮九十三員，千戶一百另四員，百戶四百另三員，舍人二名，戶部郎中一員，鴻臚寺序班二員，陰陽官一員，陰陽生四名，醫官醫士一百八十員，旗校、勇士、力士、軍力、餘丁、民稍、買辦、書手、共二萬六千八百另三名，以上共二萬七千四百一十一員名。

又撥寶船六十三號，大船長四十四丈，濶一十八丈，中船長三十七丈，濶一十五丈。

所至諸國名：占城國、暹羅國、舊港國、滿列加國、啞嚕國、蘇門達剌國、那孤兒國、黎代國、南孛里國、錫蘭山國、小葛蘭國、柯枝國、古里國、忽魯謨思國、溜山國、祖法兒國、阿丹國、榜葛剌國、天方國、默底納國。

敕書：大明皇帝敕諭南京守備駙馬都尉宋彪，襄城伯李隆：今遣太監鄭和，往西域忽魯謨思等國公幹，合用槓擡，搬運錢糧、官軍，爾等即便照數差撥，勿得稽延，故諭。（敕命之寶）。永樂七年三月□日。

皇帝敕諭四方海外諸番王及頭目人等：朕奉命君主天下，一體上帝之心，施恩佈德。凡覆載之內，日月所照，霜露所濡之處，其人民老少，皆欲使之遂其生業，不致失所。今遣鄭和，賫敕普諭朕意。爾等祇順天道，恪守朕言，循理安分，勿得違越，不可欺寡，不可凌弱，庶幾共享太平之福；若有攄誠來朝，咸錫皆賞。故茲敕諭，悉使知聞。永樂七年三月□日。』

鄭和下西洋諸史實，數十年來中外學者著爲專文或專書以考證或述論之者衆矣。其於最近完成而爲學術界所重視者，則以門人蘇宗仁博士以英文所撰『鄭和下西洋研究』(The Expedition of Chéng Ho to the Western Ocean) (1964) 一書，爲稱精實。然前此諸家所論，多未注意鄭和遠航之組織，而此譜所載『隨敕奉差諸官員名』，則不啻爲鄭和第三次遠航之隊伍編制，雖所列官兵總數，與官兵兩數相加之總和，微有差誤，與明鈔本瀛涯勝覽卷首所載官兵總數(註二十)，亦微有出入，然足證當日遠航之組織完密，其各官兵名稱，與所歷諸國，亦克以別書所載，分別印證。

如香山小欖何氏九郎族譜(註二十一)卷一，載其七世祖何澤遠公事蹟，即足以明證當日下西洋諸官員中確有指揮、百戶、及旗校等職級，與鄭和是次下西洋之確曾至錫蘭，而與其土王發生戰役。其文云：

『七世祖諱澤遠，字元遠，號環溪，雲巖公長子也。生洪武十一年戊午三月二十日。祖妣楊氏，繼妣錢氏，俱南京人。公賦性剛勇，膂力絕人，年十六，代父戍南京鎭南衞。父不忍，公曰：愼勿顧惜，終當我行。既到衞所，即被百戶鍾餘慶劾，公訟之，改調水軍左衞百戶郭通下軍，以勇略見知。洪武三十一年五月，內寒橋朝見，陞小旗。永樂五年六月，差同內官鄭和往西洋，有功遷陞總旗。七年，差征西洋錫蘭等處。八年二月，同福建都司漳州衞百戶劉忠，擺隊於錫蘭山。九年正月初十夜，漏下三鼓，同鷹揚衞指揮陳慶等，勇敢當先，擒王殺象，屢有戰功，遂平錫蘭。六月，陞授昭信校尉，試百戶職事。尋陞承信校尉，正百戶。永樂十年，卒於任事，享年三十五歲。生一子，名定兒。』（何氏九郎族譜第二十四頁後面）。

按鄭和之第三次下西洋，實爲於永樂七年春季奉命，至多季始開船遠航，而返國則在永樂九年夏季，(註二十二)，其與錫蘭山國王亞烈苦奈兒所率大軍之交戰，則在永樂八年十二月末至九年正月之交。明史鄭和傳與明成祖實錄，雖皆曾提及此事，然皆未及明載作戰日期與參加戰役之下級軍官，不似何氏九郎族譜所記之時間明確。明史鄭和傳云：

『永樂六年九月，再往錫蘭山，國王亞烈苦奈兒誘和至國中，索金幣，發兵刼和舟。和覘賊大衆既出，國內虛，率所統二千餘人，出不意攻破其城，生擒亞烈苦奈兒及其妻子官屬。刼和舟者聞之，還自救，官軍復大破之。九年六月，獻俘於朝，帝赦不誅，釋歸國。』（明史卷三百四宦者傳鄭和）。

是不啻置鄭和等與亞烈苦奈兒等之戰役爲在永樂六、七年之交也，其文不符實，可考知焉。又如明成祖實錄卷一百十八云：

『永樂九年六月巳巳，內官鄭和等使西洋諸國還，獻所俘錫蘭山國王亞烈苦奈兒，並其家屬。和等初使諸番，至錫蘭山，亞烈苦奈兒侮慢不敬，欲害和，和覺而去。亞烈苦奈兒又不輯睦鄰國，屢邀刼其往來使臣，諸番皆苦之。及和歸，復經錫蘭山，遂誘和至國中，令其子納顏，索金銀寶物，不與，潛發番兵五萬餘，刼和舟，而伐木拒險，絕和歸路，使不得相援。和等覺之，即擁衆回舡，路已阻絕。和語其下曰：賊大衆既出，國中必虛，且謂我客軍孤怯，不能有爲，出其不意，攻之可以得志。乃潛令人由他道至舡，俾官軍盡死力拒之，而躬率所領兵二千餘，由間道急攻王城，破之，生擒亞烈苦奈兒，並家屬頭目。番軍復圍城，交戰數合，大敗之，遂以歸。羣臣請誅之，上憫其愚無知，姑釋之，給與衣食。命禮部議擇其賢者立爲王，以承國祀。十月壬辰，論錫蘭山戰功，陞錦衣衞指揮僉事李實何義宗俱爲本衞指揮同知，正千戶彭以勝、旗手衞正、千戶林全、俱爲本衞指揮同知僉事。』（成祖實錄卷一百十六）。

所記作戰緣由，雖較別書詳備，然於作戰日期，則未及提述，反不若何氏九郎族譜之有初抵錫蘭山之擺隊日期與友好破裂後之決戰日期，爲可貴也。

抑鄭和等之下西洋，爲有組織之遠航隊伍，故其參與遠航之人員，亦必有擅長財計與曆算之專家，如豐順吳氏族譜，(註二十三)，記其先代有嘗舉孝廉之吳茂參公，永樂間嘗隨鄭和，賚璽書，撫諭西洋諸國，卽其例焉。吳氏族譜雜錄云：

『吳氏，其先寧化石壁人也。元初，鼻祖四六郎公，偕其兄四五郎公，避兵於茲，（按指上杭），家焉。四五郎公之子孫，後徙於潮之海陽縣，今湯田（按卽今豐順）吳氏，卽其裔也。四六郎公生五十郎，五十郎生千五郎，千五郎公生谷用、國禎，皆濳德不仕。谷用公生福安、茂林、茂參、茂宗。永樂間，茂參公以孝廉，兼通書算，隨中官鄭和賚璽書，撫諭西洋諸番國，有功，累遷戶部郎中。始立宗譜，以裕其後。（吳氏族譜卷終）。

所謂『兼通書算』之吳茂參，殆指其通曉曆算，曾任下西洋之陰陽官也；不然，則必以其人爲精於財計之專員，故隨後乃得陞任爲戶部郎中焉。

六

蓋嘗論之，中國朝野，自昔重視遠人，其文化與社會，又特具包容德性。故凡自外國因經營各業或通使而寄居中國者，久之必寖忘其人爲客居異族，而渾然成爲中國人民；而中國文化，又特重家世傳統與纂修族譜，故此類人士，傳之數世，亦遂依中國士族，而修撰家譜，或由當世文人，爲之記其世系。而此類族譜或世譜所載述者，亦自不乏與中西交通有關之史實。故自全譜所載之事象言之，其關於中西交通之史實，雖視其中所載與別種事象有關之史實，爲比較稀少，然就各氏族與譜主之類別言之，則與中西交通有關之史實，終可循若干有關之族譜，而蒐得之焉。如上述懷寧馬氏宗譜與鄭和家譜，以至余往年嘗據之以撰作蒲壽庚研究一書之蒲壽庚家譜與南海甘蕉蒲氏族譜，即其例也。至其本屬漢人氏族，因其族人有赴西域或西洋經營各業或任通使職務，而留其事蹟於所屬氏族之譜乘者，則更無論矣，如上述曾記李鴑赴西洋忽魯謨斯之林李宗譜，與曾記何澤遠嘗隨鄭和下西洋參與錫蘭山戰役之何氏九郎族譜則其顯明例證也。

夫中西交通，關係甚鉅，其有關史實，範圍至廣。余茲所舉懷寧馬氏宗譜與黃溍金華黃先生文集所載馬氏世譜，及泉州林李宗譜、與香山小欖何氏九郎族譜等所述之四事，特與中西交通有關之一小部分史實耳，然亦有其重要性也。他日有暇，當再爲推廣蒐討焉。

附　　註

（註一）蒲壽庚家譜，亦稱德化蒲氏家譜，爲張玉光與金德寶二阿訇於一九三九年在福建德化蒲振宗家所發現者，余藏有由傳鈔配合排印之副本。

（註二）南海甘蕉蒲氏家譜，今所見者爲清光緒三十三年五修之木刻本，蓋爲廣州各蒲氏族譜中之較完備者。

（註三）關於蒲壽庚之事蹟，日人桑原隲藏教授首於一九一五年著提擧市舶西域人蒲壽庚之事蹟一長文，繼續發表於東京帝國大學史學會之史學雜誌。其後續有增删，至一九二六年乃集爲一書，由上海東亞研究會刊行。余以續獲德化蒲壽庚家譜，及其他資料，乃爲撰作蒲壽庚研究一書，於一九五九年由香港中國學社印行。

（註四）懷寧馬氏宗譜十五卷卷首一卷，清光緒二年丙子重修。木刻白紙本。此據美國哥侖比亞大學東亞圖書館所藏。（編號爲22352.8, 7132.94）。

（註五）余初疑魯穆國爲 Rome 即羅馬之對音，惟羅馬及其有關要地，中國文籍，多書作大秦或犂靬，或泛稱海西，無譯稱魯穆國者。後查新唐書西域傳下昭武九姓中之安國，其地即今蘇俄西南撒馬兒罕（Samarkand）以西之布哈爾（Bokhara），其都城唐時稱阿濫謐城，即今日之 Ramithan，而魯穆正與 Ramithan 讀音相似。自唐至宋，安國一帶，均爲西域要衝，馬依澤殆即來自其地。阿濫謐城一名之古今讀音，參見馮承鈞撰西域地名（一九五五年中華書局出版）。

（註六）按回教徒每喜以回曆記其行止或生卒月份，不獨此馬依澤爲然。余昔年嘗至廣州大北門外流花橋北『回教先賢古墓』考察，見其所謂『響墳』之墓園內，有一小碑，正中刻阿剌伯文，左旁刻中文云：『阿知墨克目德特來朝先賢古墓。乾隆十四年八月二十六日到此，係蚤劣格阿德月。乾隆十六年八月二十九日，亦係蚤劣格阿德月，辭世。』即其例焉。

（註七）參見李儼著中國算學史論叢（民國四十三年臺北正中書局出版）伊斯蘭教與中國曆算之關係，及傅統先撰中國回教史（民國二十九年商務印書館出版）第四章第七節回教對於元代文化之貢獻。

（註八）金華黃先生文集，版本不一，此據商務印書館四部叢刊本影印常熟瞿氏上元宗氏日本岩崎氏藏元刊本。

（註九）參見余另著唐元二代之景教（一九六六年香港中國學社印行）序篇。

（註十）見張星烺先生撰中西交通史料滙篇第二册古代中國與歐洲之交通第一百二十二節元代基督教二文豪傳。

（註十一）參見陳垣著元西域人華化考（民國二十三年勵耘書屋刻本）卷二基督教世家之儒學，馬祖常條。

（註十二）見遼史卷四十一地理志五西京道。

（註十三）參見丁文江等編纂中國分省新圖（民國二十二年上海申報館製印）甘肅及寧夏圖。

（註十四）參見余另書中國通史（正中書局出版）上册第五十七章中西文化之交通。

（註十五）今所傳泉州林李宗譜鈔本，乃厦門大學歷史系自晉江鳳池李家所藏原本鈔出者。譜前有明宣德十年蘊琦撰李氏族譜序，譜內有卓吾公（李贄）傳。其所以稱爲林李宗譜者，因李氏自明初李閭後，其子孫或以林爲姓，或以李爲姓，姓不同而實同出於李閭，故得合譜。此據葉國慶撰李贄先世考一文轉引。（文見歷史研究一九五八年二月號）。

（註十六）汪大淵島夷誌略，原書每有訛脫，此據羅振玉編雪堂叢刻所載藤田豐八島夷誌略校注本。

（註十七）參見余另文明初所謂西洋之地望考（文見香港大學中文學會一九六五 — 六六年刊）。

（註十八）參見馮承鈞作瀛涯勝覽校注（民國二十四年商務印書館出版）小葛蘭與古里國條注釋。

（註十九）昆陽所發現之鄭和家譜，原鈔本余未及見，此據李士厚作鄭和家譜考釋（民國二十六年昆明崇文書局印行。

（註二十）見馮承鈞作星槎勝覽校注（民國二十七年商務印書館出版）占城國條注釋所引。

（註二十一）香山小欖何氏九郎族譜八卷，民國十四年何朝淦等重修，排印本一厚册，蓋在香港所排印也。

（註二十二）參見鄭鶴聲撰鄭和遺事彙編（民國三十七年中華書局出版）第五章鄭和出使之年歲與大事。

（註二十三）豐順吳氏族譜三卷，卷首卷終各一卷，合訂四册，民國三十一年年吳桂芳等纂修，排印本。今所據爲吳子安先生所贈。

一九六七年八月二十日，作於香港大學徑一號二樓。

出自第四十本上（一九六八年十月）

山濤論

徐高阮

竹林七賢並不是一羣只愛淸談的文人。他們是魏、晉之際一個鋒芒很露的朋黨。他們的消極狂放都只是對司馬氏專政謀篡的一種抗議。他們多數有接近低微的色彩，與司馬氏所代表的大族閥閱正處在對照的地位。他們雖不是人人有放誕之行，但確都愛好老、莊，崇尙自然，反對那些大族閥閱所標榜的形式上的禮敎。他們又不是孤立的人物，他們的傾向也就是魏末及入晉以後許多名士的傾向。

不過七賢才性各異，他們在政治上的使命和遭際也彼此不同。嵇康激烈而蒙禍，阮籍至愼以全身。這兩個人都有不凡的才情，絕高的聲譽，眞可成爲精神的領袖，但也正因此似乎注定不容有實際作爲的機會。只有山濤是個深沉堅忍的角色。他在中年走入了司馬氏的政府，但那只是選擇了一條奮鬬的曲折路線。他在後半生幾十年裏一直還是名士間的重望；他在政府中作了反當權份子的一個長期的首腦。也許正是山濤的經歷最能够顯示七賢在政治上的積極目標和他們背後的政治力量的眞正性質。

山濤（漢建安十年，205生）長阮籍五歲，長嵇康十八歲(註一)。東晉袁宏的山濤別傳（御覽四〇九引）說濤初不識二人，但「一與相遇，便爲神交」。晉書山濤傳說濤先識嵇康，後遇阮籍，「便爲竹林之交」(註二)，敍在濤四十歲前。可見濤結交嵇、阮總在年輕的叔夜才致已經成熟的時期，濤自己總已將近四十。因爲濤說當世只這兩個人可以爲友，他的妻韓氏曾特意窺察嵇、阮，並且看出濤的才致不及兩人，「正當

(註一) 山濤生年，據晉書四三本傳載卒太康四年(283)，七十九歲，推定。阮籍生年是漢建安十五年(210)，據晉書四九本傳載卒魏景元四年(263)，五十四歲，推定。嵇康生年是魏黃初四年(223)，據考定卒景元三年(262)，四十歲（據晉書四九本傳），推定，參看頁92註一一。

(註二) 陳寅恪先生以爲「竹林」非實有之地，大概先有「七賢」之標榜，東晉初人承西晉末僧徒比附佛書之「格義」風氣，取天竺「竹林」之名加於「七賢」之上，東晉中葉後江左名士孫盛、袁宏、戴逵輩遂著之於書，而河北民間亦以其說附會地方名勝。看陳著陶淵明之思想與淸談之關係，民國三十四年(1945)，成都，哈佛燕京學社印，頁三至四。

以識度相友」(世說賢媛篇」;濤自己也說,「伊輩亦當謂我識度勝」(御覽四四四引竹林七賢論)。然而這個以「識度」勝的山濤,在他已近四十之年,却與宏放慷慨的嵇、阮,尤其是年輕得多的嵇康,一見卽爲神交,更說只這兩個人可以爲友,可見他一定也有潛蘊的奇氣,深藏的抱負。

比山濤年少將三十歲的王戎(魏青龍二年,234生)(註三),看「山巨源如璞玉渾金,人皆欽其寶,莫能名其器」;與王同輩的裴楷也說,「見山巨源如登山臨下,幽然深遠」(世說賞譽篇)。這兩個人所說的至少總是山濤五十以後的氣象。東晉顧愷之的畫贊更說,「濤無所標明,淯深淵默,人莫見其際,而其器亦入道,故見者莫能稱謂,而服其偉量」(世說賞譽篇注引)。這是山濤近八十歲的生涯贏得的身後評論。正是這個極有深度的山濤擔負了實際政治上一種不尋常的,極需要堅毅和忍耐的任務。他也正因爲擔負了這樣的任務,才更使人認得他的潛沉幽遠的稟賦。

魏正始十年(卽嘉平元年,249)初司馬懿殺曹爽兄弟和他們的與黨,是決定魏室運命的第一個猛烈打擊。這是懿在七十三歲(嘉平三年,251)高齡病死前兩年多的事變,是爲着確保司馬氏地位的必要行動。正始八年五月,這個大謀略家就托病不出,可以說已開始秘密作政變的準備。

山濤是在正始五年(244,四十歲)才作本郡河內的屬佐,二三年間歷任主簿、功曹、上計掾,被舉孝廉,又被司州辟爲部河南從事(註四),已是督察京師行政的要職。這也正是循着政治升進的一條主要途徑。而這二三年間曹爽正用全力擴張權勢;何晏任吏部尙書,畢軌任司隸校尉,李勝任河南尹,都是爽在這一時期的布置。何晏本來是尙淸談崇老、莊的前輩,他和畢、李等人與曹爽同日受誅是當時名士的重大損折。留傳下來的舊史雖沒有寫出山濤與何晏等的個人交誼,但他的升進到督察河南的職位總可以表示出他與當時的吏部、司隸,以及河南尹的可注意的關係。他在州郡的迅速上升總不能超乎曹氏當時擴張權勢的布置之外。因此他雖還是職在地方,却對中樞

(註三)　王戎生年,據晉書四三本傳載卒永興二年(305),七十七歲,推定。

(註四)　濤任司州部河南從事,據晉書四三本傳及太平御覽二六五引王隱晉書。世說新語政事篇注引虞預晉書作爲「河內從事」,誤。漢、魏州部郡從事用本州人,不用所部郡人;濤是河內人,故不能作部河內從事。看歷史語言研究所集刊第二十二本(民國三十九年,1950),嚴耕望漢代地方官吏之籍貫限制,頁二三九至二四一。濤爲部河南從事,受政局影響迅急離去,正因是在京畿要任,非在河內。

高層的動靜消息抱異常的關切。

晉書濤本傳載着他和石鑒在司馬懿初托病時的一段夜談的故事：

與石鑒共宿，濤夜起蹴鑒曰，「今爲何等時而眠邪！知太傅臥何意？」鑒曰，「宰相三不朝，與尺一，令歸第。卿何慮也？」濤曰，「咄，石生無事馬蹄間邪？」投傳而去。未二年果有曹爽之事，遂隱身不交世務。

石鑒的輕嘲雖未必足以證明他對政局的變化全沒有關切，山濤的早慮却已可表示他在司州的見用不是普通的仕進。在曹爽被誅前預作遠嫌避禍之計的也不止濤一人。阮籍在政變前一年餘也托病辭曹爽的參軍。然而阮是早已見狂放不仕之形，他被曹爽召爲參軍，以及後來得司馬父子或高貴鄉公授給參議，侍從的官職（大將軍從事中郎，散騎常侍），都似乎只是虛領榮銜和祿位，不是眞正的進取。所以他辭曹爽，雖然記載不詳，也似乎只是輕鬆的舉動，不像山濤棄職那樣帶一種緊急的意味。山濤不僅可以說有親曹氏的色彩，而且是正在接近中樞的實際行政上迅速升進。當然他的職位還低；他還有隱身退避的餘地。他應當還要保留未來的政治機會。所以他不能不時刻保持特別的警覺。他不能不在一個最早的時機從前進的路上迅急撤退。

山濤是河內懷人，與溫縣的司馬氏同郡。他又與司馬懿的妻張氏有中表親。自棄職隱身後幾年，總在司馬師執政（嘉平三年，251，濤四十七歲）後二三年，濤以親戚見師，被舉秀才；重登政治的階梯。魏朝末年，司馬昭特命他的兒子炎拜濤，說他是「鄉閭宿望」（濤本傳）。然而這樣的鄉閭和姻戚兩重關係不能掩去山濤和司馬氏間的家族門第的差別。

濤父曜只是宛句縣令，濤自己早孤而貧，但少年就有聲譽。世說政事篇注引虞預晉書載濤十七歲時（黃初二年，221）他的族人對司馬懿談論「濤當與景〔師〕文、〔昭〕共綱紀天下者」，懿却作戲言答說：

「卿小族，那得此快人也！」

這一句話就不只點出了山濤的家族身份，而且點出了魏、晉之際和入晉以後政治危機的一個根源：士大夫中的不同門戶的對立。

曹操的父親（嵩）是宦官的養子。操在漢末重建中央政權的過程裏擊敗了袁紹那樣四世三公的家族的人物，吸引了許多不同門第的俊傑，並且公開打破東漢以來世族所造成的衡量人才的標準，以不計家世和重才不重德代替較量家世和只重道德虛表（註五）。司馬氏專政又是世族的得勢。河內在秦、漢之際是司馬氏建殷國之地，懿以上幾代旣連出顯官，又是禮敎著名的門庭。有功於晉室受禪的幾個大老，瑯玡王祥，陳國何曾，潁川荀顗，都是世族的表率。曹爽所援引的一批名士家族背景不齊，但都不屬典型的高門（註六）。何晏、夏侯玄等倡言名敎本於自然，就是上接着曹操的通脫趨向，正違逆着世族專重禮法的傳統。司馬師在青年時也曾與何晏等接近（註七）。總是爲了爭取名士而有意表示思想的開明，不是眞正背棄他們自己家族的風尙。

竹林七賢的放達更爲顯著，實際上他們中間接近寒素的色彩也極重。嵇康還不至於靠勞力生活，但他確慣與向秀合作鍛鐵，這也許表示他們正以低微自傲。阮籍雖有名父（瑀），阮姓還不是世族，籍與咸並且說是貧家（註八）。劉伶的家世最晦暗。他的容貌旣醜，鹿車帶酒似乎更顯得傖陋。阮籍的大人先生傳還用繁麗的文辭和翱翔的意想遮飾着對士君子的譏刺，劉伶的酒德頌則簡短粗率，朝着貴介縉紳直吐極端的輕蔑。司馬昭在執政前也曾想爲他的兒子（炎）求婚於阮籍，這也是爲了求得一個名士的政治支持，不顧兩方門戶的差別。阮籍則連醉六十日，使對方的意思不能提出。

當然這也沒有產生單純的陣線。嵇、阮和山濤還得到瑯玡王戎那樣大家青年的追隨。另一個高門人物，泰山羊祜，與竹林名士結了更重要的盟誼。在晉中朝的一次眞正最有決定性的政治大權的爭奪裏，正是山濤，以一個長老的地位，支持那次爭奪中的一方面的主角羊祜。但這種盟誼和那次政爭在舊史裏幾乎全被掩蓋了。後文正要論到這個題目。

然而大族、小族的界限還是那個時代裏政治分野的一個重要因素。竹林名士顯然有一個小族的背景，總是一個廣濶的背景。山濤晚年（七十歲以後）在晉朝特別被要求長期主管吏部，也許最足以顯示他在小族份子中的地位。世族得勢的政府却不能不用一個典型的小族人物在一段長時間裏一直掌管這控制官吏進身和升降的部門，足以

（註五）看魏志一武帝紀建安八年（注引魏書）、十五年、十九年、二十二年（注引魏書）關於用人諸令。

（註六）據魏志九曹爽傳注引魏略鄧颺、丁謐、畢軌、李勝、桓範、何晏傳略，惟颺稱「鄧禹後」，範「世爲冠族」，但兩人近世無顯要可考。何晏祖父進只是因妹選入掖庭爲貴人而得官，見後漢書六九進本傳。晏母爲曹操所納，晏本人並被收養。

（註七）魏志九曹眞傳附何晏傳注引魏氏春秋，「初夏侯玄、何晏等名盛於時，司馬景王亦預焉。」

（註八）看晉書四九阮籍傳附咸傳，世說任誕篇，御覽三一引竹林七賢論。

表示那個政府不能不顧到非世族份子的願望，總也是廣泛而有力的願望。這又足以顯示山濤正是那些非世族份子的一個領袖，因此他的長期主管吏部對於滿足那廣泛的願望才正是必要的。

司馬氏在誅曹爽後，還要有十年間連串的整肅，鎮壓，凶譎的行動，才能接近禪代。司馬懿在死的前一年，嘉平三年(250)，削除了淮南的王淩。從正元元年到景元元年(254—260)，師和昭相繼殺夏侯玄、李豐等，廢齊王芳，平毌丘儉、文欽(淮南)，破諸葛誕(淮南)，一直逼出了高貴鄉公(曹髦)進攻相府被刺死的事變(景元元年，260)。

山濤在這些驚心的歲月裏，過了退隱的一段，只有若干年似乎不關輕重的經歷(郎中，驃騎將軍王昶從事中郎，趙國相)。要到景元二年(261，濤五十七歲)，即高貴鄉公事變後一年，他才就任吏部郎(年份據魏志王粲傳注引山濤行狀)，這是吏部尚書之下實際掌管銓選的關鍵位置。濤在晚年自己主管晉朝的吏部，曾形容這吏部郎是與選用事務「日夜相接」的要員(北堂書鈔六十引山濤啓事)。但他自己在這個職位只有很短的經驗，到景元四年(263)就被轉調作大將軍(司馬昭)的從事中郎(註九)。可見的舊史傳全沒有寫出什麽因素引出了那次吏部郎的任命：是司馬氏的勝利迫成了山濤的就範和升進，還是連串的鬬爭之後不同的政治力量還要尋求新的平衡？也沒有文字說明山濤在這個職位的時間的短暫：這只關涉個人的浮沉，還是牽連着政局的大勢？

在山濤就吏部郎前幾年裏吏部的主官和郎中的人選沒有可察的明白記戴(註一〇)，

(註九)　晉書山濤傳未載明濤轉大將軍從事中郎的年份。但晉書二文帝紀載，景元四年(263)三月，大將軍府增置從事中郎二人；咸熙元年(264)正月，命從事中郎山濤行軍司馬鎮鄴。濤就吏部郎在景元二年，轉大將軍從事中郎當在增置之年，即四年。

(註一〇)　自正始十年(249)何晏以吏部尚書被誅後，魏朝僅餘的十幾年間主管吏部者可能有和逌(魏志二三和洽傳)、崔讚(晉書四五崔洪傳)、盧欽(晉書四四本傳)三人。但前兩人任職年份全不可考；盧欽則在咸熙中(264-5，據魏志二二盧毓傳)，應已是山濤離吏部後，洪飴孫三國職官志列欽在嘉平元年(即正始十年)，誤。參看欽本傳。至於山濤繼何人爲吏部郎，也不可考。魏志二八鍾會傳附王弼傳注引何劭作弼傳，弼未弱冠見吏部郎裴徽。弼死在正始十年，二十四歲，可見徽在正始期中任吏部郎，或者在職甚久。藝文類聚四八引王隱晉書載王戎「二十四爲吏部郎」，依戎年歲計算，當是甘露二年(257)。但不確。世說新語識鑒篇載，「吏部郎闕，文帝問其人於鍾會，會曰裴楷淸通，王戎簡要，皆其選也，於是用裴。」晉書三五裴秀傳附楷傳及文選五八王儉(仲寶)褚淵碑文李善注引臧榮緒晉書均同世說。但賞譽篇注說，「按諸書皆云鍾會薦裴楷、王戎於晉文王，文王辟以爲掾，不聞爲吏部郎。」裴楷爲王戎同輩，較戎尙少，據晉書本傳死當惠帝元康(291-9)中，五十五歲(本傳)，在甘露二年不能長於二十一歲。劉孝標世說注謂不聞二人爲吏部郎，可信。

也許正足顯示當時沒有有重望的人物在職。但用山濤爲吏部郎的任命，以及濤的接受這任命，却實在都不是簡單的事情。照有名的嵇康與山巨源絕交書看來，那次任命實在經過很長的醞釀。康在那信裏說出他寫信的時間是才聽到了山濤新任命的消息，據信裏提到的康的男孩（紹）的年齡計算，是在景元元年(260)(註一一)。那信裏又明明提到康自己「前年從河東還」聽說濤曾提過以康「自代」。那個「前年」算來是甘露三年(258)。初有濤爲吏部郎的擬議或者更要早些，至晚也在康「從河東還」的同年(註一二)。可見從初有以濤爲吏部郎的擬議到任命的發布至少有二三年的時間。山濤就這吏部郎職位又不在任命發布的當時，而在景元二年(261)，也就是嵇康聽了那任命的消息並寫了那封絕交書的明年。因此從初有那任命的擬議到山濤的就任至少經過四個年頭(258—261)。這就更可見得那次吏部郎的選擇總是一件很不平常的事，一件有重大理由而又很費周折的事。任命這樣遲遲決定和發布的原因裏總有山濤的重大考慮和猶疑。

山濤在初有那次任命的擬議時的一個行動，就是提出以嵇康「自代」，最可以表明濤自己在當時的嚴肅立場。康在當時本來正爲了謝絕司馬氏一次徵召的意思而托詞在河東避過一段時間(註一三)，而在從那遠方回到京城或他的寓土山陽時(註一四)聽到了山濤的那個提議。一個「渞深淵默」的山濤，用嵇康絕交書的話來說是「傍通多可而少怪」的山濤，却要提議讓一個鋒芒最露的嵇康，而且是素爲神交，又是已經表明不

(註一一) 絕交書：「女年十三，男年八歲。」康子紹，晉書八九本傳載「十歲而孤」。魏志二一王粲傳附康傳載康「景元中坐事誅」；同書二八鍾會傳載誅康是會謀，在會作司隸校尉時。魏志四陳留王紀載景元元年十二月以司隸校尉王祥爲司空；鍾會傳載景元三年冬會由司隸校尉轉鎮西將軍，都督關中諸軍事。故鍾會任司隸只是景元二、三兩年，因而嵇康以會謀被誅當不遲過景元三年(262)。通鑑即敍康誅在三年。此年嵇紹十歲，故康作絕交書當紹八歲，即景元元年(260)。本文作者將發表嵇康與山巨源絕交書的年代和背景，詳論古今中外人關於絕交書年代的記載及考訂。

(註一二) 上頁註一〇舉王隱晉書載王戎二十四歲爲吏部郎，及世說識鑒篇等載吏部郎闕，鍾會薦裴、王，遂用王，雖皆不確，但可使人推測戎二十四歲時，即甘露三年，吏部郎闕，會所薦人未得用，後即有用濤之擬議，本篇設想用濤之擬議不遲過甘露三年，正合。甘露三年或更早爲補吏部郎大有籌慮，似可無疑。

(註一三) 魏志二一王粲傳附康傳注引魏氏春秋：「大將軍嘗欲辟康，康既有絕世之言，又從子不善，避之河東，或云避世。」此與絕交書所說「從河東還」當相接。

(註一四) 同上舉康傳注引魏氏春秋：「康寓居河內之山陽縣。」康「從河東還」當是還至山陽。

受徵召的嵇康，替自己接受這操縱銓選的關鍵位置，那就大概不會是要借一個美好的官缺酬答一個朋友，也不會是認爲只有這個朋友的才識恰好配這個職位，而大概是爲了表明他自己在面對着一個重要的邀請時沒有離開自己的一羣，表明他自己還深信這個朋友是一個廣濶的方面最有衆望的人物，表明他自己認爲這吏部郎的任命如果意味着一種政治的讓步，則接受這任命的還應當是這個朋友。吏部郎的任命，加上山濤的提議以嵇康自代，大概可以推想是兩個政治力量之間的一種協商。山濤用行動使人明白，沒有個人的就範或交易。

嵇康對山濤那次舉薦的表示並沒有立時的反應。那件著名的絕交書雖然有一個謝絕推引的題目，却並不是在山濤有那次推薦表示時寫的，而是在濤有那次表示之後二三年，並且是在濤的任命已經公佈之後寫的（前面已經提過）。嵇康在信裏還明白說到濤提議舉他自代的事已經過去了（註一五）。那信也絕不是兩個朋友爲了什麽薦舉的事而分裂的憑證，而是嵇康假借了一個沒有實在意義的謝絕推引的題目（註一六）針對眼前時勢而發的一份反抗的宣言。信裏所說的種種很不中聽的不堪任官的理由，顯然只是爲了托出「每非湯、武而薄周、孔，在人間不止此事，會顯世教所不容」這一句最激烈的譏刺。康在濤提議以他自代之前爲着謝絕司馬氏的一次徵召不過是托詞遠避，他在絕交書裏的激烈表現則大大不同於往日托詞的意態。因爲他這時所面對的已不是一次徵召，也不是一個朋友薦舉的提議，而是一個新的政治情勢，是司馬懿誅曹爽以後十年來終於出現的最嚴重的情勢。前面提過，嵇康寫絕交書是在景元元年。高貴鄉公在司馬氏的相府前被刺死就在這年的五月。山濤就吏部郎任是在景元二年，康寫信給濤在聽說濤的任命之後，在濤就任之前，大可推測是在元年的後半，應當是緊接着高貴鄉公那次的事變。因此他那信裏所說的「每非湯、武」和「在人間不止此事」已不是泛泛譏刺司馬氏篡奪的長期趨向，而是直指着已迫近的禪代和新發生的魏主的死難。

嵇康在那信裏又不止吐露了他自己一個人的聲音；他所表示的可以說是他的幾個

（註一五）絕交書：「前年……足下議以吾自代。事雖不行，……」

（註一六）絕交書：「恐足下羞庖人之獨割，引尸祝以自助，手薦鸞刀，漫之羶腥。」此不惟不是說濤「議以吾自代」，亦不是說濤有薦舉表示，而是預慮濤有牽引之意。此即只是一假借的題目。

親密的朋友和以外許多人當時不能表示的心情。司馬昭害嵇康（四十歲，景元三年，262）(註一七)只借了一種非政治的理由(註一八)，而三千個大學生在康下獄後請求任命他爲博士，有些豪傑還要追隨入獄，已構成一個明顯的政治抗議(註一九)。這雖然只是一個一現的運動，也足以標出司馬氏專政之下直到這時還有廣大的潛存的反對力量。晉受魏禪是嵇康死後三年的事（咸熙二年末，已是公元266年初）。可見司馬氏在走向禪代的前夕之時不能不容忍着這樣的反對力量。

山濤就任吏部郎正在高貴鄉公死難與嵇康受害這兩個禍變之間。史傳沒有寫出他是抱着怎樣的意態就這個職位，讀史的人也許可以想像他不得不忍耐着痛苦的情勢，正彷彿司馬氏政權不能不包容着反對的力量。但這絕不是達到了眞正的妥協。濤的就職距離任命的最初擬議有四個年頭之久，而不出二年多他又離開吏部轉就大將軍從事中郎，那是景元四年（263），已經更接近了禪代。如果原來以濤爲吏部郎的任命可以說是意味着求一個政治的平衡，他的早早離任也許正可以表示他的在這個銓選職位在當時急趨向於皇權大變動的局勢之下已沒有什麼實質的重要。

這又絕不是山濤的重要的消逝，而正是他將要顯出更大得多的重要的轉機。因爲入晉以後的歷史將要表明禪代並不是政爭的結束，魏末相對抗的兩個勢力在晉武帝一朝還要演出新的不斷的爭衡，而且正在臨近禪代的變動緊湊的兩年裏便要看得見那些新的爭衡的起步。山濤則正要在那些爭衡起步時，在新朝的爭衡裏，顯出一個有決定性影響力的先進者的地位，一個名士陣線的長老和組織者的地位。嵇康臨誅對他的兒子說，「巨源在，汝不孤矣」（濤本傳）。這句話應當不僅說的是遺孤的有托，還表示康對山濤的政治上的信賴。

晉室受禪以後的朝廷不再有司馬氏父子那樣一手控制全局的人物。但泰始（265—274）初幾年裏就有兩個對立的勢力要擁出各自的領袖。一方面的人物是賈充，是司馬氏一個眞正的心腹份子，是景元元年事變中下令刺死高貴鄉公的人。賈家本是儒

（註一七）看註十一。

（註一八）魏志二一王粲傳附嵇康傳注引魏氏春秋，文選十六向子期思舊賦李善注引干寶晉書，世說雅量篇注引晉陽秋，均敍康友呂安被兄誣不孝下獄，康爲保安受逮。

（註一九）世說新語雅量篇引王隱晉書：「康之下獄，太學生數千人請之，於時豪傑皆隨康入獄，悉解喻，一時遣散。」北堂書鈔六七引晉文王敎：「嵇康學生三千人上書，請康爲博士。」

學的舊族，充的標榜孝道正是追隨着王祥、何曾等禮教大家的門風。另一方面的人物是羊祜，他的立場最值得精微的分析。舊史特寫出祜在禪代之際對晉室有「佐命之勳」（祜本傳），然而他在早年確與曹氏有一段不平常的關係。泰山羊氏本是九世二千石的名門，祜自己也是拘謹守禮，然而他所愛接近的却是低微的份子，放達的名士。賈充與羊祜在泰始初幾年裏的競爭大權是晉中朝最早的，也是最重要的政爭。以後十幾年裏迭起的政爭都只是這次政爭的延續，而且，在回顧中看來，這次政爭的結果也許幾乎決定了後來那些政爭的最終結果。

然而這樣一次有決定性重要的爭衡在舊史裏却幾乎完全被掩蓋住了。這就使以後十幾年裏不斷的政爭的面貌和眞正性質也都模糊了。只有晉書山濤傳敍濤在泰始四年(268) 因爲得罪一個「權臣」而被排到冀州一節包含着這次爭衡的一點消息，却是眞正重要的消息，但也是被隱秘起來的，要有重重探測估量才可以確實得到的消息：山濤大概參與了泰始初兩、三年裏一次賈充與羊祜的爭衡，而且是一個比爭衡兩方的主角都還更重些的人物，是一個不憑政府中的地位而能够企圖左右政治大局的人，是一個名士陣線的長老，是站在羊祜背後支持他競爭大權的人。

羊祜比山濤晚生十六年（黃初二年，221）(註二〇)。這兩個人都不是單純的人格，而祜似乎更是一個包括一切的人格。論家世和稟賦，他與山濤有些相近的地方，却也有很大的差別；論政治的憑藉和趨向，他們有些不同的地方，却又有基本的一致。祜的人格似乎包括了一切難於兼備，甚至於互相矛盾的因素，而這些因素似乎樣樣要歸結到一件事情，樣樣要歸結到他是一個一出來就顯得十分重要的人物，一個當然有資格在晉朝競爭政治大權的人物，也是一個當然要得名士陣線擁護的領袖人物。只是山濤終可以說是一個比羊祜更重要些的人物，因爲在祜成爲那樣重要的角色的時候他正是祜的主要支持者。

祜和濤都與司馬氏有姻戚的關係，不過祜更是近親。司馬懿的妻張氏是濤的從祖姑的女兒；祜則是司馬師妻的同母弟。兩個人自己的家族地位更有差別。山家被司馬懿明白叫做「小族」，羊氏則到祜時是九世二千石的名門。山家的人在濤少年時說他將來應當與師和昭「共綱紀天下」，司馬懿雖是戲言却直說以山家的地位怎能出這樣

（註二〇）羊祜生年，據晉書三四本傳載卒年五十八歲，武帝紀載是咸寧四年(278)，推定。

的「快人」。祜的本傳則記着他大概十二歲時就有一個神秘的父老預言他在六十歲前要「建大功於天下」。這儘管也許是後來的傅會，史官却似乎覺得正合他的生來的身份。祜在政治上進取的途徑也不是濤所能比。濤是四十歲以後才循着從州郡屬佐起上升的路開始前進，到了五十幾歲才得吏部郎的任命。他是在入晉以後，很經過波折，到了六十八歲，才得吏部尙書的任命，就任那年整七十歲（泰始十年，274）。祜則在青年時不受地方的徵辟。他到了三十五歲，不憑經歷而被徵作機要的宮中侍從（中書侍郎・給事黃門侍郎）。到了禪代之際（咸熙二年末，改元泰始，已入266），他才四十五歲，已經是禁兵統帥（中領軍——中軍將軍）。再過兩年多，才四十八歲，他已經是尙書左僕射（泰始四年，268）（註二一），到了他接近最高的行政權力的時候。

祜和濤的禀賦很有相近的地方。濤的近八十歲的生涯贏得一個「澋深淵默」的題贊，祜的傳略也可以使人看出他的深沉。濤在晉朝主管吏部，據說每有官缺他總是先「密啓」幾人，然後公開奏舉（書鈔六十引王隱晉書）。祜半生參與晉朝樞要政事，據說他的建議「皆焚其草」，他的推薦人物也都不使人知，因此被稱爲「愼密太過」（祜本傳）。但這兩個人的資性還是大有不同。濤只被認爲「識度過人」，似乎全沒有表面上可見的才氣。祜則似乎具備了一切先天的優越，正配他淸華的家世。他大概十二歲的相貌已引起人對他的大期望，够作一個誇耀的題目。長成以後，他既博學能文，又有修偉的軀幹（七尺三寸，不及嵇康的七尺八寸）（註二二），美觀的鬚眉，而且善於談論。看後來的事業，他更是文武兼長。他能統率宿衛的重兵，能總領防吳的武力，能計劃並且預備親自指揮（只是沒有如願）一個吞滅敵國的事業，而他又常是那樣雍容文雅，所以成了歷史上的儒將典型。他在襄陽營中「輕裘緩帶」「畋漁廢政」的傳說，他的功成「角巾歸故里」的志願，他在平吳計劃被擱置後登臨峴山在酒會中的詩人般的詠嘆，他對敵國人民和將領所表示的德信，他死後襄陽人民爲他悲泣・爲他立碑的故事——這一切儘管也許經過文學的點染，總幫助表現出一個似乎全德的人

（註二一）祜本傳載是尙書右僕射，誤。武帝紀載泰始四年二月祜爲左僕射，司馬伷爲右僕射；晉書三八琅琊王伷傳載伷爲右僕射。

（註二二）依魏正始期常用尺合24.26公分計算，羊祜身高爲177公分强，嵇康爲189公分强。羅振玉藏魏正始弩機尺兩寸，每寸2.426公分，可據以推知當時常用尺。看羅福頤著傳世歷代古尺圖錄，民國四十六年（1957）文物供應社版，二一。

才。

如果只看山濤與羊祜在政治上升進的緩速，則濤對司馬氏的關係顯然比祜疏遠，而祜應當是晉室更可靠的親信。但實際上祜和濤在司馬氏與曹氏的對抗過程裏却竟有幾乎完全相同的立場，甚至於祜的偏向曹氏比濤還要更明顯些。祜在青年時因爲天資才學受本郡守將夏侯威的激賞而娶威兄霸的女兒，霸是淵的長子。曹操的父親嵩本是出於夏侯氏；淵是操的族兄，並且是曹氏的功臣。祜在青年時不受地方的徵辟，已可見他的身份不輕，他的出處很持重。祜本傳載他與王沈同時被曹爽徵召，沈勸他就徵，他答說，「委質事人，復何容易？」後來曹爽敗滅，沈以爽的故吏被免職，還佩服祜的遠見。祜與沈在被爽徵召時的商議正彷彿山濤與石鑒在司馬懿初托病時的夜談。王沈與石鑒同樣對時局似乎不經意，倒可見他們在當前兩姓的爭鬪中大概與任一邊都沒有重要的牽連。王沈後來在高貴鄉公攻擊相府前竟是向司馬氏預報消息的人(註二三)。羊祜不受曹爽的徵召，則又彷彿山濤在司馬懿托病時的急退。祜也像濤一樣在政局中必不是沒有偏向，因此要格外警覺。但是祜又有濤所沒有的刺人眼目的行動。曹爽被誅時夏侯霸正在征西軍中，於是投蜀，受了鄭重的接納。這是魏、蜀關係中的一件大事，也是魏朝內政上的一件大事。霸在國內的姻戚都與他的家族斷絕，只有祜還維持並且加厚對他們的親情。祜本傳說他在夏侯霸事件剛過後連遭母、兄喪事，乃至「毀慕寢頓十餘年」，並且形容他在這段時間裏「以道素自居，恂恂若儒者」。這也彷彿山濤在曹爽敗滅後的「隱身不交世務」，只是祜的行動更觸目得多。祜的待善夏侯氏應當不只表示他對岳家的人情或道德的風格，還表示他在時局中的獨立。喪制和哀思，無論在當時或在爲他立傳的人的筆下，可以說都正好掩飾他在政治上的挫折退避。

祜的「寢頓」實際上不到十年。司馬昭在正元元年（255，高貴鄉公在位第二年）二月爲大將軍，開始執政。祜本傳說「文帝爲大將軍，辟祜未就；公車徵拜中書侍郎。」祜的就徵若在昭執政的第一年，距夏侯霸事件（嘉平元年，249)不過七年。但這約七年的時間正當祜二十九歲到三十五歲，是人生最盛的時期。以祜的門第，以他與司馬氏密切的姻戚關係，以他本人出衆的才品，他却要把一段最好的年華在退息隱避中消度。這也許正足表示他在當時的局勢裏不是一個沒有份量的人物。他在兩姓

(註二三) 看晉書三九王沈傳，魏志四高貴鄉公紀注引漢晉春秋。

對抗中總不是沒有明白的偏向；他對於那些年裏正在強化的司馬氏的地位總是持了不輕易承認的態度。

祜的親曹傾向是使他在政治上有一段長期退避的因素，然而也是使他在禪代之際和入晉後成爲一個重要人物的因素。禪代雖然終於不能避免，而一個親曹氏的政治力量，無論在禪代的前夕，在晉朝的初年，甚至在入晉後將十年，都還顯然存在着。晉武帝一朝的兩個對立勢力的一方正是這個親曹的力量。他們雖然沒有恢復舊朝的企圖，却在司馬氏皇權之下有不懈的競奪政治大權的意志。羊祜就在這樣的兩個力量的對立中興起。但他絕不是憑着任何居間的地位得勢；他所靠的竟是那些在晉朝還不忘魏室的份子的支持。

晉朝政府裏的親曹力量並不完全掩飾他們的面貌。武帝一朝的不斷的政爭中聽得見對於司馬氏謀篡的陳跡的公開追訴。晉書裴楷傳載着武帝問，「天下風聲何得何失？」楷當時在宿衞（屯騎校尉、右軍將軍）(註二四)，答說，陛下「所以未比德於堯、舜者，但以賈充之徒尙在朝耳。」這大約在武帝受禪後六年，即泰始七年 (271) (註二四)，楷的對答是這年裏一次排賈充到中央之外的活動的一部分。楷雖然沒有說出什麼是他所指的充的罪惡，但充正是篡奪過程裏最凶險的一步行動的顯著象徵，楷的所指總也不在別的事實。這樣的言論在晉的朝廷裏不但被容納，而且收了效果。賈充在當時是車騎將軍、侍中，守尙書令。武帝聽了任愷（侍中）、庾純（中書令、河南尹）的建議，任命充爲督秦、涼二州諸軍事，保持着車騎和侍中的榮銜而奪去了在中央的政治實權。這是泰始七年七月的事（年月據武帝紀）。不但是任命已下，而且百官的餞別已經舉行。只是到了十一月將臨出發的時候，因爲荀勗、馮紞設計使充的女兒結婚太子，充才得被留在原職，一次排除他的計劃才被打破。

然而不久還要發生一次強烈的反對情緒的爆炸。賈充在泰始八年七月又得了司空的尊號（年月據武帝紀）。大概就在這以後不久(註二五)，在他的一次邀宴朝士的集會

（註二四）　晉書三五裴秀傳附楷傳載楷對武帝問與任愷、庾純進言出充同時，即泰始七年。楷傳敍對問事在楷由屯騎、右軍轉侍中後，不合。楷轉侍中由山濤薦，尙遲，看頁92註十二。

（註二五）　晉書五十庾純傳載羣臣議純犯充事者稱充「司空公」；議者中有太尉荀顗，據武帝紀是泰始十年(274)四月卒。故純事當在八年七月充爲司空後不出年餘。又純傳載議者中有何曾，傳文稱太傅，據武帝紀曾爲太傅是咸寧四年 (278) 二月，但純事仍當以顗卒時爲限。

上，庾純拒絕他的勸酒引起互相譏諷，竟變成彼此不留餘地的衝突。充也許沒有料到後果而責備純「父老不歸供養」；純則顯然不惜決裂，乘機揭開裴楷沒有明白說出的政治題目。他直呼賈充的名子說，「天下兇兇，由爾一人！」充反問「何罪？」至於如此，純竟叫出「高貴鄉公何在？」（純本傳）。宴會立時被驚散，純靠兩個同情者羊琇、王濟的救護才免於被充左右扣留（註二六）。

庾純的一叫引出一場公開的政潮，更顯出兩個對立勢力的相持。賈充以司空、車騎、尙書令的崇高權勢不得不用解職作抗議；庾純則自己繳出印綬，於是以醉酒犯上的罪名被免去河南尹與關內侯。接着在詔令之下還有一場許多人用奏議參加的辯論，但廻避着政治的忌諱，只檢討純的父老不歸和醉酒失常。一個完全替純辯護而反對免官的意見雖然不能被採納，總結辯論的詔書却承認純在孝道和禮節這兩方面都不算有過，免官只是爲「將來之戒」，還說「疑〔當時〕賈公亦醉」（純本傳）。有純那樣公開的犯忌，還有這樣迂遠的辯論和這樣寬容的詔書，可見在司馬氏皇權之下偏向舊朝的勢力還有何等份量。又過了幾年，已經是武帝在位第十年，即咸寧三年（277），純又被任爲國子祭酒（註二七），更可見他還得博士及大學生的衆望。這件事令讀史的人想到魏末嵇康入獄時大學生三千人的請願。

作爲司馬氏篡奪行動的代罪者而被仇疾的人也不只一個賈充。比充勳望更高的何曾在晉室是第一功臣；誅曹爽前他隨着司馬懿托病，廢齊王芳有他預謀，司馬炎襲晉王他作晉國的丞相，禪代之際他領銜勸進，入晉朝後他位至上公（太保、太傅）。曾死在咸寧四年（八十歲，278，武帝在位第十四年），博士秦秀議應當諡爲「繆醜」；策命諡爲「孝」（曾本傳）。而賈充身後也有完全相同的遭遇。充死在太康三年（六十六歲，282，武帝在位第十八年），又是秦秀議應當諡爲「荒」；後來另一個博士順承帝旨議諡爲「武」（充本傳）。秀論這兩個人雖然只說他們的私行（註二八），但何、賈的事業與晉室的興起有那樣不可分的關係，他們在晉朝有那樣的權勢、地位，秀爲他們前後擬的惡諡就不能不說足以表示一種總不只是一個人的對禪代的不滿與憾恨。

（註二六） 當時琇是中護軍，濟是侍中。看晉書五十庾純傳。

（註二七） 書鈔六七引臧榮緒晉書載咸寧三年（277）詔以純爲祭酒。

（註二八） 晉書五十秦秀傳載，秀議何曾「驕奢過度」，議賈充「舍宗族弗授，以異姓爲後，悖情逆禮」。

秀能够兩次強烈發洩這樣強烈的情緒，他的背後必有一個很大的力量。

在司馬氏皇權之下這樣明白的偏袒魏朝的傾向又牽連着受壓抑的家族和放達的風尙。如果羊祜親曹氏的傾向是他在晉朝得到一個廣大方面的支持的一個因素，他的接近低微和放達份子也是他後半生在政治上顯得十分重要的一個因素。祜雖然是名敎中的賢人，有幼年喪父「孝思過禮」的美德(本傳)，却也留下解釋老子的著作(註二九)，可見得他還是有崇尙自然的思想。他本人儘管是深沉愼密，他所愛好提携的人物却有顯明特異的色彩。晉書郭奕傳載着奕作野王縣令時祜到界曾邀見，奕因爲送祜出界幾百里而被免官，大概是祜盛年時代的事(註三〇)。這個郭奕恰好也得山濤賞識，被濤稱作「高簡有雅量」(御覽二二九引山濤啓事)。郭家是「累世舊族」(世說賞譽篇引晉諸公贊)，但奕在晉朝雍州刺史任上因爲拔用一個「門寒」受排斥的亭長李含而被認爲「知人」(奕本傳)。奕自己或者不能算狂放，然而「少所稱先」，却獨爲阮咸「心醉」(晉書阮籍傳附咸傳)，咸正是追隨着叔父籍的「任達不拘」而遭禮法之士譏嘲的著名份子(咸傳；世說賞譽篇引名士傳)。山濤在晉朝主管吏部，爲了引用咸任吏部郎而與賈充有一場堅持的衝突，只是終於沒有成功。(這是下文的一個題目。)從郭奕對羊祜的親密忘形到他對阮咸的「心醉」，足够透露祜與奕和阮籍、山濤一輩的愛好的相同。

祜在晚年策劃平吳，最靠兩個人幫助。一個是在中樞參與謀議的張華，這就是憑一篇鷦鷯賦被阮籍嘆爲「王佐之才」而有了聲名的人(華本傳)。他那篇文字本是借一個「育翩翾之陋體，無玄黃以自貴」的微禽比喻他自己樸素的身世，傾吐他不凡的意氣。他所歌詠的「飛不飄揚，翔不翕習，其居易容，其求易給」儘管是淡泊靜守的哲學，但他所禮讚的「匪陋荆棘，匪榮茝蘭」，「任自然以爲資，無誘慕於世僞」，還是表達着堅強不屈的情志。這又當然不只寄托着一個人的懷抱，而正發紓了一個廣大方面的心聲，所以一篇短賦便得到阮籍重大的賞識。華的父親(平)是漁陽郡守，

(註二九) 晉書祜傳、經典釋文、隋書三四經籍志三、舊唐書四七經籍志下，均載羊祜注老子。

(註三〇) 晉書四五郭奕傳載奕早年爲野王令時有奕送祜出界事，在魏時。世說賞譽篇載，「羊公還洛」，至野王界，遣人邀郭，後有郭送祜出境事。所謂還洛當是祜從泰山至洛，故野王爲所經。此當是祜早期事。

但華少年孤貧，曾過牧羊的生活，所以他後來最能鼓勵窮賤的人才。他雖是修謹有禮，但當然是阮籍那樣放達的名士的朋友和追隨者。另一個幫助羊祜的人是與張華同時贊助滅吳計劃，在祜死前被薦舉接替南方軍事的杜預。這又是一個有受壓抑的身世的俊傑。預的父親恕因爲得罪司馬懿而被免作「庶人」（魏志杜畿傳附恕傳）。預自己少年微賤，所以豪放不受拘束；在送他出發到荆州去的集會上，稱爲「名氏雄俊」的楊濟竟覺得「不堪」而離席（世說方正篇）。讀史的人便不難推測祜和華、預的關係絕不只是二三個人間的投合，而代表着祜與一羣自有色彩的名士們的盟誼。

羊祜、山濤這兩個人的家世和禀賦的重要差別，加上他們政治憑藉和趨向的基本一致，便使祜顯得是一個比濤更複雜些的人格，一個似乎是包括一切的人格。祜不只是比濤對司馬氏姻戚更近，他的清華的門第更不是濤的「小族」可比。祜與濤同樣有深沉的性格，而祜的似乎全德的天資又不是濤的僅以「識度」過人所能及。在曹氏與司馬氏的對抗中，祜與濤都有親曹的傾向，只是祜更有十分觸目的表示；他們在入晉以後當然同樣有那些不忘魏室的份子的支持。祜的門第雖高，他却正是濤所代表的非世族份子的盟友。他自己以「孝思過禮」，「恂恂若儒者」知名，却和拘謹的山濤一樣又愛好自然放達的傾向。因此他可以說是一個包括了種種難得兼備的，甚至於似乎互相矛盾的因素的人格。而這一切便似乎樣樣要引到一件事情，引到羊祜在政治上一出來就顯得十分重要而成爲在晉朝有資格競爭政府大權的人物。——但他絕不是在不同的政治力量之間憑着任何居間地位得勢。在司馬氏皇權之下，他是那個偏袒舊朝，反對閥閱，標榜自然的名士陣線所要擁護的領袖。

只是山濤終可以說是一個比祜更重要的人物。因爲在祜成爲那樣重要的角色時正是濤站在他的背後，而且，到了爭衡的一個有決定性的時機，正是濤站在一個有決定性影響的地位，雖然是落在挫敗的一方。但這點消息還要經重重探測才能估定。

司馬昭在咸熙元年（264）正月西征在蜀叛變的鄧艾，只到了長安。因爲艾和接着他叛變的鍾會失敗得迅速，昭當月內便回到洛陽，隨着在三月便以相國晉公進爵爲晉王。第二年五月炎立爲晉王太子（二十歲），八月昭病死（五十五歲）。炎的受禪就在這年十二月（改元泰始，入 266）。

晉書羊祜傳敍鍾會在蜀被誅之後祜拜相國從事中郎，應當是咸熙元年正月司馬昭回洛以後的事。這篇傳接着寫祜「遷中領軍，悉統宿衛，入直殿中，執兵之要，事兼內外」；隨後就是武帝受禪，祜「以佐命之勳進號中軍將軍」。這段記錄已可表示羊祜在禪代之際似乎一步成爲一個顯明的重要角色，但其中還有幾個疑點要追究清楚，才能更多估量祜這一步前進的意義。晉書文帝紀載司馬昭在咸熙元年五月奉魏帝命建天子旌旗之後，晉國已置御史大夫至中領軍等官。羊祜自相國從事中郎升任的是晉國的還是魏朝的中領軍？祜遷任這中領軍在咸熙元、二年裏哪一段時間？是什麼情勢使祜自相國的謀議之職一步進到「悉統宿衛」，「執兵之要」的地位？中軍將軍更是禪代告成後特設的新職(註三一)，一個崇高的統宿衛的名號。祜又爲什麼得這崇號？

讀史的人雖然容易誤認羊祜自相國從事中郎遷任的是魏朝的中領軍(註三二)，晉書司馬望傳（孚傳附）却清楚地載着望（懿侄）自魏末到晉初多年是兼中領軍不動，可見祜在禪代之前遷任的絕不是魏朝的，而是晉國的宿衛統領。祜本傳沒有記明他「遷中領軍」的確切時間，但王隱晉書的殘文在祜「遷中領軍……事兼內外」下還有「祜以大事既定，辭不復入」二句（書鈔六十四引），已可使人推測晉國的中領軍的任命是十分臨近着禪代發動之時的一步安排，是應付那個禪代「大事」的一個必要手段。

晉書武帝紀載着咸熙二年九月（司馬昭死後一個月，禪代前三個月）晉國才任命了丞相（何曾）、御史大夫（王沉）、衛將軍（賈充），而沒有提到中領軍；又載着十一月（禪代前一個月）「初置中護軍以統城外諸軍」(註三三)，也沒有載出這中護軍的任命。這都不是當日史官或後世修晉書的人的遺漏，而正足以指示晉國的中領、中護這兩個關鍵武職的任命都還要等待到一個最後的時機。魏末統率禁兵的是先以衛將軍，後以驃騎將軍、司徒兼中領軍的司馬望；統率京都「城外諸軍」的是中護軍賈充，在禪代前三個月還加了晉國衛將軍的頭銜。因此晉國的中領軍、中護軍的實際任命就將是宣布接管只在名義上還屬於魏朝的京城內外全部武裝力量，那也就應該是到了

(註三一)　書鈔六四引晉起居注：「太始元年，置中軍將軍，總宿衛，羊祜爲之也。」

(註三二)　洪飴孫三國職官表列羊祜爲魏中領軍最末一人。王樹楸西晉禁兵考（民國三十一年，1942，六月，四川省立圖書館，圖書集刊第二期），何玆全魏晉的中軍（民國三十七年，1948，歷史語言研究所集刊第十七本），均認祜任魏中領軍。

(註三三)　晉書武帝紀載，咸熙二年十一月，晉國「初置四護軍以統城外諸軍」。錢儀吉補晉兵志謂「四字疑當作中」，可採。因「四護軍」無可考，入晉後無四護軍，亦似無設四護軍之理。

禪代已經發動的時候。

舊史雖沒有寫明，賈充統率城外諸軍的權力在禪代之際總是保持不動(註三四)。他以晉國衛將軍兼魏朝中護軍在禪代發動時如果變成兼晉國中護軍，那只是名義的轉移。羊祜的遷任晉的中領軍則是一件更重大的事。因爲晉國當然早有自己的宿衛(註三五)，晉的中領軍便要統率晉的宿衛，更去接管魏的宿衛。羊祜傳寫祜「遷中領軍，悉統宿衛，入直殿中，執兵之要，事兼內外」，便不是寫一個魏朝中領軍的份內職掌，而是寫祜在禪代發動時自受命爲晉國中領軍起的一整串重大而迅速的行動：就了中領軍職，一手統率晉國與魏朝的宿衛，走入宮廷去執行職務，掌握了京城內全部兵力的指揮權力，控制着宮廷內外兩邊的局勢。王隱晉書的「大事既畢，辭不復入」兩句寫的便是祜的一整串行動在禪代大功告成之後的一個收束，雖然他並不能眞得到退休。

禪代的告成又必然引出羊祜的軍銜的進級。這不單是對祜的「佐命」功勳的酬報，也是宿衛統屬的新情勢的要求。司馬望在魏末和晉初（拜太尉）一直保持着兼中領軍的地位，可見魏朝的宿衛在禪代之際沒有脫出晉室這位近屬的掌握。羊祜以晉的中領軍「悉統宿衛」，在禪代大事進行中便暫時成了望的主將。因此晉武帝的新的朝廷便要設置「中軍將軍」這一個新的職官，一個高過中領軍的禁兵統帥。這才能够一面使望保持以兼中領軍控制魏朝舊宿衛的權力，一面使祜有總統宿衛的崇高地位。

從祜的遷任晉國中領軍到他就新朝的中軍將軍，可以斷定是從禪代發動到告成之初的短暫時間裏包含着許多重大行動的一段發展。這段發展足以顯示羊祜在禪代之際一步成爲一個顯明的重要人物。他雖然不必是能實際操縱晉國與魏朝兩部分宿衛武裝，但他與統率城外諸軍的賈充已可算有對等的聲勢。中軍將軍的崇號更只是爲他而設，所以在僅僅兩年略過之後，到泰始四年 (268) 二月，他從中軍進到政治中樞（尚書左僕射），這個總統宿衛的軍職就已撤消(註三六)。這也更加托出羊祜在禪代過程裏的

(註三四) 晉書四十賈充傳載，禪代告成，充由衛將軍拜車騎將軍、散騎常侍、尚書僕射。同書三九王沈傳載，武帝受禪後以沈爲驃騎將軍、錄尚書事，加散騎常侍，統城外諸軍事。可知禪代後充不復統城外軍。

(註三五) 晉書二四職官志序：「及文王纂業，初啓晉臺，始置二衛，有前驅、養由之弩，及設三部，有熊渠，佽飛之衆，是以武帝龍飛，乘茲奮翼，猶武王以周之十亂而理殷民也。

(註三六) 晉書武帝紀載，泰始四年二月庚子，罷中軍將軍，置北軍中候；甲寅，以中軍將軍羊祜爲尚書左僕射。

特別地位。他在遷任晉國中領軍之前的約兩年裏只是相國從事中郎，他的本傳說他在那個職位是「與荀勗共掌機密」。但他在禪代之際一步成爲這樣顯明的重要人物，便可見他本身在政治上具有不是僅僅那個「掌機密」的職位所能表示的份量。讀史的人可以想像他在當時洛陽的一般人心裏，在宮廷內外的軍心裏，一定有他的不平常的影響力，被認爲必須借重來幫助皇權轉移的完成，他才被要求在那重大的關頭擔當一個非常的任務。

然而，僅看史傳上羊祜在禪代之際的地位和行動，以及他在禪代後的升進，還不能估定他那樣的影響力的根源和他的政治方向：他的影響力是單單他個人的，還是正顯出他是魏末相對抗的政治勢力的一方的代表人物？他是純然順應着皇權轉移的大勢，還是幫助兩個對抗的勢力尋求妥協平衡？他是在政治的對抗中憑着居間的地位得勢，還是代表着一個方面在求妥協平衡中更作新的進取？

山濤在禪代之際沒有羊祜那樣顯然烜赫的聲勢，但是他在接近禪代的約兩年裏，在禪代告成之初，也曾擔當不止一件非常的任務，反覆顯出他具有在皇權轉移中必須借重的政治影響力。如果他的政治方向也是僅看禪代之際還不能估定，他在當時的被借重却已特別透露了他與將要消逝的魏皇室的不平常的關係。

司馬昭西征叛變的鄧艾，帶着魏天子同去，山濤以大將軍從事中郎受委任暫作軍司馬，領五百親兵鎭鄴，因爲那是曹氏王公所在。晉書文帝紀和山濤傳都記載着濤鎭鄴這件事，濤傳還寫着昭在出發前對他的叮囑，「西偏吾自了之，後事深以委卿」。然而曹氏王公早在魏朝盛時已受了壓抑宗枝政策的折磨(註三七)，自司馬懿死前被一律安置在鄴城以來更是像囚人一樣沒有力量(註三八)，所以司馬昭這時雖然要作小心的布置，山濤的五百親兵並不像有嚴重的軍事鎭壓的態勢。濤的被借重應該不足表示他的威稜，反倒似乎可以顯示他與魏室的親睦。司馬昭帶魏天子西行，當然不是怕這軟弱的君主留在京中會自己發難(像高貴鄉公那樣)，而應該是怕洛陽的反對勢力若有可乘的危機時刻要利用皇室行動。他委任山濤鎭鄴，也不會是怕在鄴的那些沒有力量的

(註三七) 看魏志十九陳思王植傳；二十武文世王公傳總評。

(註三八) 晉書一武帝紀載，魏嘉平三年(250)，司馬懿在削除王凌後殺楚王彪，並「悉錄魏諸王公，置于鄴，命有司監察，不得交關天子。」

人起事，而應該是怕洛陽有人果然企圖不利司馬氏，又當魏天子不在，便要從鄴城皇裔中找一個可以擁戴的角色。因此他對山濤的特別委任便不是要靠那五百親兵的武裝力量，而大概是靠濤在洛陽和鄴兩面的政治影響力，靠他對魏室的親睦，阻斷那些曹氏王公被洛陽利用的機會，消除洛陽可能有的野心形成的一個必需條件。司馬昭離洛陽時總放下可靠的留守武力(註三九)，但是他還要有了山濤鎮鄴這一步安排才算有萬全的部署。所以他對濤說的「後事深以委卿」便有切當的用意，彷彿說整個後方的安危正繫於濤赴鄴的使命。

司馬昭從順利迅速的行役回來，隨着由晉公進爵爲王。當年十月，炎立爲世子。第二年五月，世子進爲太子。山濤傳載着昭曾「以濤爲鄉閭宿望，命太子拜之」，又敍出一個理由是昭爲了立長子炎或立次子攸（繼伯父師）曾有所猶疑，在問過裴秀的意見之後又問了山濤才確定「太子位」。只是武帝記所載的繼承決定的事更準確：昭的猶疑是在定世子位時，即是咸熙元年的事，而立炎的確定是靠何曾等的「力爭」。濤本傳所載的濤受了諮詢，而且他的贊成立長也有幫助決定的作用，還應該是可信，但是他與何曾站的地位不同也可以看得分明。何曾與司馬氏有不可分的運命，曾在魏末又是重臣（司徒），他幫助司馬昭立自己的直系繼承者旣是當然，他的「力爭」與他的地位也相稱。山濤雖與晉室有親，但是他得司馬氏的任用很遲。爲了晉世子的事在濤之前受諮詢的裴秀是尚書僕射，而濤不過是相國長史（由從事中郎遷）。然而這就格外顯出濤是一個具有不尋常的政治影響力的人物。司馬昭命炎拜濤，說他是「鄉閭宿望」，也就令人想到是含了更深的用意。昭一定不僅是看重那一層鄉閭的關係，也不僅是要表示感謝濤幫助了繼承的決定，而是看重並且要表示感謝濤，作爲一個有大影響力的人物，對晉國地位的尊重與對將要到來的禪代的承認。

等到禪代告成，濤又單獨受命以司管諸侯的主官（大鴻臚）名義送讓位的天子到鄴。這正表明濤被看作是前朝最後所親賴的舊臣的代表，甚至於是那個舊朝的遺留勢力的一個象徵。不過山濤究竟只是以一個有親魏室色彩也有影響力的人被利用來幫助皇權轉移的完成，還是作爲一個大政治勢力的代表將要在新朝之下爲他所屬的方面擔

（註三九）　晉書文帝紀載，昭西征時遣護軍賈充持節督諸軍，據漢中，則是洛陽城外諸軍的統帥已出征。但京中兵力當仍有可靠的控制。

當重要的使命？濤在魏末這樣被司馬氏借重又與羊祜在禪代之際的驟然煊赫可有什麼關聯？他們可是有共同的背景，又可是有共同的方向？這一切只看史傳上的禪代之際也還都不能估定。

新朝的最初兩年多裏，羊祜在政治上實在是猛驟前進，可以說是緊追着賈充。充在禪代後放棄了統率城外諸軍的權力(註四〇)，但由衛將軍升到車騎將軍，加散騎常侍，任尚書僕射，已是位勢極重而總握着最高行政實權的人物。同時任尚書令的裴秀雖有名望，但似乎不是實際上的要角。到了泰始四年正月，就是禪代後第三個年頭的開始，秀升作司空，充便接替作尚書令，仍保持車騎的兵權和常侍的近職，隨後並由常侍進到侍中。羊祜則在同年二月解除禁兵統率權，由中軍將軍轉爲衛將軍，受命爲尚書左僕射（司馬伷同時受命爲地位較次的右僕射，年月都據武帝紀）。羊祜傳還載了武帝以祜爲僕射的詔命，說祜在中軍「雖處腹心之任，而不總樞機之重，非垂拱無爲，委任責成之意」，而要他擔任的新職是「總齊璣衡，允釐六職，朝政之本」。這就是羊祜已到了在中樞行政權力上與賈充可以抗衡的地位。

只是祜在這個地位的時間極短，又與賈充的久任成了十分的對照。依祜本傳的記載，他是因爲武帝「將有滅吳之志」而受命去都督荆州軍事，時間是在泰始五年(269)二月（據武帝紀），距他就任左僕射不過整整一年。而且他是到了荆州便要長期留下去。直到死前不久因病請求回到京城（咸寧四年，278，五十八歲），他在鎮守南方的任上整十個年頭(註四一)。充則自泰始元年便是尚書僕射，四年起是車騎將軍，守尚書令，八年起是司空，仍守令職，咸寧二年(276)起是太尉錄尚書事，直到太康三年(282)三月病死；算來他以逐步增強的地位掌握中樞大權超過十七年。祜作僕射時是衛將軍，在都督荆州任上進位車騎，緊接着因爲軍事一次挫折貶爲平南將軍(註四二)，到咸寧二年又升爲征南大將軍，三年封南城侯（不受，年份據武帝紀）。但這些榮賞

(註四〇) 晉武帝受禪後以王沈爲驃騎，統城外諸軍事，見103頁註三四。沈卒於泰始二年五月，見武帝紀。令賈充與太傅鄭冲等十四人定法律，內有中護軍王業，見晉書三十刑法志，又見充傳。

(註四一) 祜本傳載祜因病自荆州入朝，至洛陽値景獻皇后（祜姊）殯。依武帝紀此是咸寧四年(278)七月事，距泰始五年(269)二月祜受命出鎭荆州已是九年四個月。

(註四二) 武帝紀載，泰始八年七月以車騎將軍賈充爲司空，九月，詔車騎將軍羊祜率衆救吳降將步闡，十二月荆州刺史楊肇爲陸抗所擒。祜以此貶軍職，見本傳。

都不能幫助他回到中樞。祜本傳在他力辭封侯得許之後敍他「每被登進，常守沖退」，因此「名德遠播，朝野具瞻」，「縉紳僉議當居台輔」，只是武帝「仗祜以東南之任」，所以這種議論便被擱置。到祜病死前回京，山濤（已是左僕射，吏部尚書）才建議祜作尚書令，但祜已到了最後的日子(註四三)。另一方面則儘管朝廷中似乎布滿賈充的政治敵人，在祜離開尚書後兩年多也有任愷等排除他的謀劃，在那次謀劃失敗之後又有庾純那樣對他的爆炸性的攻擊，甚至在他死後還有博士對他的極端貶議，而充在世時的繼續當權可算沒有遭過眞正的搖動。

以祜與充的遭際這樣相比，便可以推測祜在泰始五年的離開中央雖說是負了準備平吳的使命，却是他的整個政治生涯裏一個重大變化的關鍵，一次決定性的挫折。祜作僕射是到了在中樞政治上與賈充可以抗衡的地位，而他的離開尚書便是他在餘生裏永久喪失了回到中央政府的機會。然而祜的這一步挫折，如果是確實的，在歷來讀史者的眼裏却也許幾乎是完全看不出了。不只是可見的史傳都不點出祜的政治上的挫折，而是以祜與充爲主角的一次最高的政治爭衡，在晉朝當時，在祜生前和身後，絕不容宣告如果羊祜的被排在當時朝廷裏不是沒有人理會的，充在祜出京後也自己表請「立勳邊境」經皇帝慰勉，才「從容任職」（充本傳），正是要洗除他有主謀的嫌疑。一次排除賈充的謀劃演到公開的地步，庾純對充的攻擊更是公開的，另一方面縉紳議論祜「當居台輔」也是公開的。晉書任愷傳寫着那次排充的謀劃失敗之後愷的友好（庾純、張華、溫顒、向秀、和嶠等）與充的親近(楊珧、王恂、華廙等)鬧到「朋黨紛然」，竟使武帝要召宴充、愷，替他們調和，而他們因爲「帝已知之而不責，結怨愈深」。但是充與祜的相抗還是絕不能提起，因爲那才是爭衡的眞正焦點，標示出兩個人物，兩個勢力，對中央政治大權的競奪。

祜本人在朋黨對立中的偏向也並沒有掩飾。他的本傳明寫他「嫉惡」邪佞，因此「荀勗、馮紞之徒甚忌之」，其實荀、馮就是充的嫡黨。但是祜本人還有重要的行動掩飾他與充的相抗。賈充傳載着那次以充都督秦、凉的任命撤消之後武帝對充說出祜

（註四三）　書鈔五九引山濤啓事舉祜補李胤尚書令缺。晉書武帝紀載，咸寧四年九月，以尚書令李胤爲司徒；十一月，祜卒。

會「密啓留充」，因此充還對祜致謝，說「始知君長者」(註四四)。這段記載也許反洩露羊祜雖在荆州還與中央的政治有牽連，充致謝的語氣更表示出他對祜的猜疑，但是祜的「密啓」正是爭衡中的一個主角掩飾他本身地位的作法。排除賈充可以說便是有利於羊祜，所以祜不待這個謀劃的成敗揭開便要作留充的建議。他的「密啓」如果不能遮蔽當時人的眼目，却還足以混亂後世讀史者的理解(註四五)。而一篇羊祜傳用力寫祜的準備平吳使命，寫他在南方軍中的閒雅風度，他的感人的德性，他的澹泊的襟懷，他的詩人的氣質，以至他死後在荆州百姓和吳國將士中引起的悲痛，正好塑成一個可欽佩可同情的完美的英雄典型。這篇傳記也許正隱托着祜的無限抑鬱，以及爲他立傳的人的無限不平，但傳中文字的蒼涼只令讀史的人興起感嘆，却恐怕更理會不到，也不屑去理會，祜後半生在政治上的大挫敗。

只有山濤傳裏一節極簡短而含糊的記載可以說包含了武帝朝初兩三年裏一場同時牽連着濤和羊、賈的爭衡的消息。這又不是一篇傳記裏偶然保存了別處迷失的史料，而是因爲濤在那場爭衡裏佔了一個比爭衡兩方的主角也許更重要些的地位，又因爲那場爭衡具有高度重要而不容宣露的性質，所以最初爲濤立傳的人大概有意在曲折隱蔽中留下一點線索，好讓後世的人憑着去追尋那場爭衡的眞相和濤在爭衡中的任務。

濤在禪代告成時送過魏天子到鄴之後只有一個奉車都尉的榮銜。他的本傳在他任奉車都尉之下敍出他被排到冀州一節，應當就是泰始四年賈、羊分任尙書令、左僕射時的事：

及羊祜執政，時人欲危裴秀，濤正色保持之，由是失權臣意，出爲冀州刺史。

這一節裏所說的「羊祜執政」自然是指祜任左僕射，可奇怪的是這一節文字完全沒有說出祜的「執政」與裴秀、山濤的事有什麼關係。所謂「時人」與「權臣」自然是指賈充(註四六)，而這樣閃避與影射的筆法也更表明這一節敍事裏必有重大的隱秘。

(註四四)　祜於泰始八年代充爲車騎，開府，見106頁註四二。祜有讓開府表(文選三七；本傳)，內有「使臣得速還屯」語，可見泰始八年祜曾還京，當接充督秦、涼事撤消後，故有武帝告充及充謝祜之事。

(註四五)　王鳴盛十七史商榷四八羊祜亦黨賈充條：「羊祜亦密啓留充，一時名德而黨惡乃爾。急功名之士，非道德中人，貌爲方雅，豈眞君子？」

(註四六)　錢大昕廿二史考異二一山濤傳條：「祜傳云，王佑、賈充、裴秀前朝名望，祜每讓不處其右。此傳所言，似秀之危出於祜意，且以權臣目祜，與彼傳殊相矛盾矣。羊公盛德，何至有此？」蓋誤解而疑。

所謂裴秀的受危並沒有別的記載可考，秀的本傳裏也沒有一點他受危的痕迹。秀在當時並沒有特別顯著的鋒芒，而且他是由尚書令進爲司空，讓出了總握樞要的位置，所以他本身也不應當成爲賈充排擊的目標。秀與山濤誠然是很有交誼，濤被調出到冀州，也許在調出的詔命公布時，秀還有書信慰問，說「方伯之任殊亦爲高，但論道之士不宜處外耳」（書鈔七二引王隱晉書山濤傳，依孔廣陶校）。然而他的意態這樣輕鬆，似乎也可見得他不會是當時一次爭衡裏的主角，不會是引起山濤被排出中央的人。

倒是尚書左僕射與尚書令的職位相聯，階秩極近，而羊祜又是在禪代之際突然顯現了重要的政治影響力，走上了聲勢可以抗衡賈充的地步，然後又迅速到了這個與尚書令一同總握樞要的位置——而他的背景和傾向與賈充又是有重大的不同——所以祜與充這兩個人在尚書的不能並立應該可以說正是必然的情勢。事實上羊祜任僕射僅一年就退出中樞，而且從此到他死前不能回來，雖然有籲請用他作台輔的呼聲也不能回來，因而在以後賈充繼續當權的十幾年裏，儘管朝廷中似乎滿布着他的政治敵人，但始終沒有一個聲勢地位可以與他正面抗衡的對手。所以泰始五年羊祜的受命到荆州，儘管說是爲了「滅吳」大計，却可以推測是祜在政治上的決定性的挫折與充的最大勝利。這就是晉初的一個政治大變化。決定這個大變化的契機便一定在於祜到荆州的前一年，即泰始四年賈、羊並在尚書時環繞着他們兩人的一次極重要而極不可宣告的爭衡。

從舊史傳的文字無法推斷裴秀與這一爭衡有怎樣的關係，秀在當時以元老的地位也許不能避免被這爭衡牽入。山濤既是得罪「權臣」而被排，秀還有慰問信說「論道之士不宜處外」，又可見他的意態雖是輕鬆，他也不是絕然不在局內。但是山濤得罪「權臣」這一節記載所涉及的主要背景還可以說應該是賈充對羊祜而不是對裴秀的排擊。「及羊祜執政」一語更應該是有意暗示這個背景，而不是僅僅昧然指明一個時間。所謂「時人欲危裴秀」和「濤正色保持之」這兩方面的行動，儘管記載過分含糊而無法追察，却可以說一定最後牽連到羊祜。

山濤在當時的行動一定是要維護政爭中一方面的眞正主角，而且他這行動是有力量的，所以他本身才成爲另一方面爲了達到一個目標而必須排除的障礙。濤本傳載明他的得罪「權臣」而被排出是跟着羊祜「執政」的事，就是泰始四年二月之後不久。祜受命出鎮荆州是在第二年三月。這就可見得山濤被排竟是羊祜外調的一個前提。泰始四年濤六十四歲，祜四十八歲，以年輩論濤也恰合是祜的支持者。如果祜可以說是一個有資格與賈充競爭掌握中樞大權的人，濤則可以說正是祜背後的一個有影響力的長老。在對面的賈充，那年五十四歲，也可以算得出有他的有權威的前輩，那就是何曾，七十二歲。不過何曾早就是晉室最倚仗的重臣，泰始三年已進位太保（年份據武帝紀），他要支持賈充總握行政最高實權的地位，並且有力量支持，正是當然的，彷彿他在魏末當然要幫助司馬昭立炎爲世子，並且有資格去力爭。曾本傳雖只載出後來充由尙書令進位爲司空（仍錄尙書事）時他「卑充而附之」，又載出充與庾純的衝突爆發時他「黨充而抑純」，但他對充的支持必不只是後來的事，充初任尙書令時他已當然在充的背後。而山濤只是在接近禪代時才被司馬氏借重，泰始以來他還只有奉車都尉這樣稍有尊榮而可以參謀議的名位，却能够參與中樞政治上一次最高的爭衡，一次環繞着尙書令、僕，至少牽連着司空（裴秀）、太保（何曾）的爭衡，而且成爲爭衡中的一方面爲了一個目標而必須排除的障礙——這就是一件很不平常的事情，一件比他在魏末晉王立世子時受諮詢更應該說是不平常的事情。

這件事情便表示山濤背後，也是羊祜背後，有一個非常大的力量。這就是魏末十幾年裏走向禪代的司馬氏不能不容忍的那個反對力量。濤在禪代前的兩年裏不止一次被借重，祜在禪代發動時一步走到顯赫的地位，兩個人各顯出了不尋常的影響力。他們的影響力的根源便都在於他們的共同背景裏的大力量。只是山濤並不是純然被利用來幫助皇權轉移的完成，羊祜也不是純然順應着禪代的趨向而在兩個勢力的對抗中憑着居間的地位得勢。他們兩個人在接近禪代時被邀請的行動實際上成了後來的新的爭衡的起步，指示出他們背後的那個力量在求政治的妥協平衡中還要作新的進取。一個原來是反對禪代的力量在新的皇權之下成了反當權份子的力量。羊祜到了尙書，到了與賈充可以抗衡的地位，便是這個反對力量迅急前進到了中樞政治大權爭奪的焦點，到了一個不可調解的衝突。這時山濤便正站在羊祜的背後。而濤與祜的先後緊接着迅速從中央被排出去，便是這個反對力量遭到了一個決定性的挫折。

在歷史的回顧中可以把泰始五年羊祜被排出中央的決定性重要看得更清楚。因爲以後十幾年裏迭起的政爭都只是祜被排出前的那次政爭的延續，而正是那次政爭的結果也許幾乎決定了後來這些政爭的最終結果——不但決定了祜被排出中央之後便直到死前不能回來，也不但決定了賈充直到死前在中央再沒有像祜那樣一個可以與他抗衡的對手，甚至決定了武帝一朝裏在充死後的政局變動。

只是山濤還可以說是一個比羊祜更重要些，比泰始四、五年的政爭兩方的主角羊祜與賈充都更重要些的人物。如果祜是站在政府的中心可以與充抗衡的角色，濤則是一個不憑政府中的地位而能够企圖左右政治大局的人。如果泰始五年祜的離去中樞幾乎決定了以後十幾年裏迭起的政爭的最終結果，則泰始四年濤的被排可以說便決定了祜的離去。

濤同時的人說看他「如渾金璞玉，人能欽其寶，莫能名其器」，又說見他「如登山臨下，幽然深遠」。他身後得的評論是「無所標明，渟深淵默」。但這樣一個深沈幽遠的人物，在他也曾盡一份力量幫助建立的新皇權之下，在他自己六十四歲之年，却以「正色」的表示干與一次最高的政治爭衡，因而得罪「權臣」，招致被排出中央的結果——這就可見得他是以一個政治勢力的首腦份子的地位臨到了爭衡的一個有決定性的時機，所以不能不擔負一個有決定性的任務，更沒有深藏廻旋的餘地。

這又令人想到深沈的山濤在魏時曾舉鋒芒顯露的嵇康代自己爲吏部郎，可以推斷是以此表明他緊守自己的政治的立場，一個名士陣線的立場。那是禪代前大約七年（甘露三年，258），即泰始四年之前十年，濤五十四歲。十年後的山濤，雖然經過了皇權的轉移，可以說還是屬於那個舊日的陣線，只是已進到一個長老的地位——不只是年輩居上，而且具有政治的權威。裴秀給濤的信說他是「論道之士」，「不宜處外」，也許絕不是僅僅表示私人的情誼，而正是宣達一個政治的方面對一個有權威的長老的慰問(註四七)。

這個長老在邊鎮不久便將被要求回到中樞來。如果羊祜有長期被排在外的理由，山濤却有被要求長期在中樞的理由。在繼續發展的爭衡中，山濤將顯示得更明白是保持平衡不可少的人物，是爭衡的一方眞正的首腦。

(註四七) 裴秀卒於泰始七年(271)，四十八歲，則泰始四年才四十五歲。故秀比濤位秩雖高，年輩則晚。

羊祜在荆州的十個年頭裏洛陽迭起的政爭還是泰始初幾年環繞着祜與賈充的爭衡的延續。祜離開中樞之後兩年半，朝廷之內一個排除賈充的謀劃幾乎眞正成功（泰始七年）。這個排充的謀劃失敗之後一年多，就有庾純公開問充「高貴鄉公何在」引起來的政治大風波（泰始八年或九年）。又過了三四年，就有兩個新的關係更重大的爭衡的線索顯露出來。一個線索關係着南方的軍事。因爲平吳統一的遲早可以決定羊祜回到中樞來的機會，所以平吳大策成了政爭的一個關鍵。另一個線索關係着帝位的繼承。因爲賈充的勢力堅強不倒，反賈的一方公然發起擁護武帝弟齊王攸（羊祜甥）(註四八)代替太子的運動，想藉帝位繼承的大變化來制勝。這兩個線索都伸展到羊祜死之後去。循着這兩個線索的爭衡都要引到強烈爆發性的結果。兩個線索合起來最後造成武帝一朝政治的一個重大的結局。

羊祜在咸寧二年(276)十月進爲征南大將軍（年月據武帝紀），於是上疏請決定伐吳，祜本傳引的這篇疏中說到蜀平(264)以來十三年，算來這年是祜在荆州的第八年。疏裏已說晉的兵力十分足够，吳的弓、弩、戟、楯和馬騎都不如「中國」，晉軍只要過了長江，吳就可以平定。後來平吳的迅速成功證明祜的估計是正確的，據祜傳的記載武帝也深深同意祜的見解。但這個大計還不能眞被採取，大概西面境內有胡人叛亂的牽制成爲反對派的一個理由，因此祜傳說，「會秦、涼屢敗」，祜有第二個表說「吳平則胡自定，但當速濟大功耳」，結果是「議者多不同」。實際上秦、涼二州各有一個刺史（胡烈、牽弘）在討伐叛胡的戰鬪中敗死在泰始六、七年（據武帝紀），賈充的政敵正是利用了那個題目設計使充都督秦、涼軍事，而充的這個任命在頒布之後半年還能够取消，以後幾年裏也沒有西邊緊急的記載。到了咸寧五年(279)正月才有涼州被胡人（鮮卑樹機能）攻破的事件（年月據武帝紀），而且引出了募兵討虜的對策，但平吳的大計就是這年秋季裏決定的。西征募集的勇士只有三千五百人(註四九)，而南伐的大軍總數二十餘萬（據武帝紀）。伐吳行動在這年十一月開始，涼州對胡人的戰役在十二月得到勝利（年月據武帝紀）。這些都顯示兩方的軍事輕重不能相比，而征伐儘可以並行，因此西邊的情況不足以成爲延緩平吳的眞正理由。祜在第二次上

(註四八) 祜姊爲司馬師妻（景獻皇后），無子，齊王攸爲師嗣。看晉書三一景獻羊皇后傳，三八齊王攸傳。

(註四九) 晉書五十馬隆傳載隆以司馬督受命募勇士。

表後因爲「議者多不同」而嘆息「天下不如意恒十居七八」，又說，「當斷不斷，天與不取，豈非更事者恨於後時？」這就是不承認西邊軍事牽制够成爲延緩平吳的一個眞正理由。祜那樣的悲鬱便可以說顯示他感到深受了軍事理由以外的阻撓，壓抑。

祜傳只載平吳的主張「議者多不同」。杜預傳說武帝「密有滅吳之計，而朝議多違，惟預、羊祜、張華與帝意合」。張華傳也說武帝「潛與羊祜謀伐吳，而羣臣多不可，惟華贊成其計」。這三篇傳都透露伐吳的建議遭到重大的阻撓，但沒有載出誰是反對的人。祜在咸寧四年夏季帶病回到京城，對武帝面陳伐吳之計，武帝命張華（中書令）在祜修養中問祜的籌劃，祜指出吳國已可「不伐而剋」；華深表贊成，祜便說「成吾志者子也」（祜本傳）。這年十一月祜在京中病死，死前他已薦杜預（度支尚書）接替自己都督荆州的軍事職務。這都是華、預爲祜的伐吳建議的支持者的確切記載。然而反對方面的人物則可見的舊史傳裏全沒有寫出。這又不是由於史料的殘缺或史家的疏漏，而是由於在羊祜作建議的當時那反對的方面原是處在不公開的地位。依據舊史傳裏關於祜死後繼續發展的平吳爭議的記載可以推測出祜在時反對他的建議的不是別人，正是後來公開阻撓南伐決策，甚至於在南伐軍事發動後還企圖破壞決策的賈充、荀勗、馮紞，也就是一個政治上反羊祜的力量(註五〇)。這個力量在當時的反對平吳也便可以推測不會是根據眞正的軍事考慮，而是根據深秘的政治謀劃，是爲了阻止羊祜得到成就了平吳大功而回到中樞的機會。正因爲他們的反對平吳牽涉着這樣重大的政治關鍵，他們的活動在當時朝廷中便不能指出，在當時的史官也不能記錄(註五一)。羊祜等傳裏說「議者多不同」，「朝議多違」，「羣臣多不可」，也便不是

（註五〇）資治通鑑似即如此推測，然有過當而致失實之處。其卷八十晉紀二，武帝咸寧十月，祜上疏請伐吳，「議者多有不同，賈充、荀勗、馮紞尤以伐吳爲不可」。此「議者多有不同」句當是據祜本傳「議者多不同」增字而來；賈等三人「尤以伐吳爲不可」句當是據晉書賈、荀、馮及王濬諸傳所載祜死以後濬表請伐吳而遭賈等反對及賈充傳所載平吳戰事發動後充等猶請罷兵等節意度補入，非可信爲有今不得見之舊史爲據。參看後文。據祜死後事斷賈、荀、馮三人當祜在時即反對祜之伐吳建議固當不誤，然通鑑逕書有此事則似已消除舊史不逕寫出此事及此時當時原不公開之實情，遂令讀史者不察此事之穩秘性質及此隱秘之重要政治意義。「賈……尤以伐吳爲不可」句則分明說當時反對之人甚衆，賈等三人不過其中尤可注意者，此即誤認祜傳「議者多不同」句實寫多數人之反對，而不知其爲隱指賈等少數人之活動，亦令讀史者不易知賈等爲惟一反動勢力。

（註五一）晉書所本最早之晉史爲王隱所著。隱父銓少有著述志，每私錄晉事及功臣行狀，未就而卒，隱受父遺業，東渡後終成晉史。銓所述作當有本於晉中朝史官。看晉書八二王隱傳。

眞說祜的建議引起普遍的反對，而正是借一種不實指的敍事寫出幾個特定的不可指名的人的反對活動。

杜預到荆州後不久即對吳國西邊（西陵）的守軍作了一次襲擊，取得一個戰役的勝利，並且以送還戰俘揭破那方守將對吳主（孫皓）的隱瞞敗喪實情，使吳主更換了守將。這應該是咸寧五年上半的事。隨後預作了必要的安排，便請求定伐吳的時期。因爲武帝的回答是「待明年方欲大舉」，預又連上兩個表力陳不可延緩的理由，預本傳載了兩個表的緊要部份。第一個表中說到「自閏月以來賊但敕嚴，下無兵上」，指示出這兩個表是這年秋間上的(註五二)。第一個表說「陛下過聽，便用委棄大計」，便是指出一個阻撓力量的存在。第二個表追溯羊祜建議遭阻撓的往事，說「祜與朝臣多不同，不先博畫，而密與陛下共施大計，故益令多異」，便是點出羊祜當初與武帝的商議對朝廷是不公開的。這就可見得後來寫成的羊祜與張華的本傳載武帝「密有滅吳之計」，「潛與羊祜謀伐吳」，並不是泛寫晉朝的軍事策劃對國人或敵國保密，而是特寫武帝與祜的計議對朝廷不公開。杜預以邊防軍事負責的地位批評羊祜與武帝的密商，一定不是批評爲了軍事理由的保密，而是批評爲了非軍事理由的不公開。因爲計議是這樣不公開的，所以羣臣中反對的人也是站在不公開的，不能指名的地位。預表所說的「多不同」，「益令多異」，便不是眞說祜的主張遭遇很多人的反對，而是借不實指的說法指出那個不公開，也不能指名的反對力量的存在。預表的文詞最可以說明羊祜傳、張華傳裏「多不同」，「多違」，「多不可」這樣的寫法的由來和眞正意義。

晉書賈充傳、荀勗傳、馮紞傳和王濬傳寫出賈、荀、馮三個人，不涉及第四個人，協同竭力阻撓伐吳決策的故事。而這四篇傳所寫的可以看明白只是羊祜死後的故事，是從反對王濬的催促決策開始的。濬是祜拔識的人物(註五三)，在泰始八年從廣漢太守升到益州刺史(註五四)，又經祜的推舉進到都督益、梁二州諸軍事(註五五)。他在咸寧

(註五二) 通鑑晉紀武帝咸寧五年引杜預此表。胡三省註云，「是年閏七月」。

(註五三) 看晉書四二王濬傳。

(註五四) 晉書武帝紀載泰始八年六月益州刺史皇甫晏爲牙門張弘所殺，弘旋被誅。王濬傳載濬受命繼晏爲益州刺史，誅弘。

(註五五) 濬傳載「濬爲龍驤將軍，監益、梁諸軍事，語在羊祜傳」。祜傳載祜除征南大將軍，「會益州刺史王濬徵爲大司農，祜知其可任……表留濬監益州諸軍事，加龍驤將軍」。祜爲征南在咸寧二年十月。

三年曾派一員益州別駕（何攀）到京遞呈伐吳的建議，並叫這人到襄陽與祜作仔細的討論(註五六)。但引起賈充等的強烈反應的不是濬那同的建議，而是祜死以後他又上的催促決策的表。濬上這個表大約是在咸寧五年的夏季，隨後就有杜預連上的兩個表(註五七)。這兩個人的催促就促成了大計的決定。荀勗傳載「濬表請伐吳，勗與賈充固諫不可，帝不從」。王濬傳則寫出更完整的故事，說濬這次上疏得到武帝的採納，「賈充、荀勗陳諫，以爲不可，惟張華固勸，又杜預表請，帝乃發詔」動兵。馮紞傳沒有提到王濬，只在平吳後補說「初帝謀伐吳，紞與賈充、荀勗同共苦諫不可。吳平，紞內懷慚懼，疾張華如仇」。這「同共苦諫」顯然也就是荀勗、王濬兩傳所寫的從反對濬開始的故事。賈充傳也是在平吳後用極簡單的文字補敍決策前的事，說充「本無南伐之謀，固諫不見用」。這補敍中的「固諫」還就是咸寧五年有了王濬的催促決策以後，直到大計決定的最後關頭，賈、荀、馮三個人「同共苦諫」的故事。

賈、荀、馮和王濬的傳都沒有透露羊祜在咸寧二年和四年主張伐吳時朝廷中反對他的人是誰。賈充傳說的「本無南伐之謀」似乎明示充是一向不贊成伐吳的。但這六個字也可以說正是小心避免了說出祜在時充可能有的反對伐吳建議的活動。咸寧五年秋季杜預的第二個表指責眼前反對的人只是因爲「計不出己，功不在身，各恥其前言，故守之」。這是點明眼前反對的人就是當初反對羊祜的人。這個表又說「近來朝廷，事無大小，異意鋒起，雖人心不同，亦由恃恩，不慮後難，故輕相異同」。這是說眼前反對的人是有特別依恃的，應該就是指像賈充那樣有特別依恃的權臣和他的黨友。但預這些話畢竟還是十分隱約，他說到羊祜當初遭遇的阻撓還只用「多不同」，「益令多異」這樣似乎所指很廣泛的言詞代替實指一個特定的反對勢力。根據賈、荀、馮、王傳和杜預表文推測羊祜在時反對伐吳建議的人就是後來「同共苦諫」的賈充一黨，並不是別人，也不是廣泛的朝臣，應該是不錯的。但這樣的推測還是不可簡單到消除了舊史傳裏沒有寫出羊祜在時反對伐吳建議的人是誰這一事實。

杜預傳載預的第二個表遞到宮廷正值武帝與張華圍棋，華就在棋枰旁催促武帝當

(註五六) 看晉書四十五何攀傳。華陽國志八載攀至洛在咸寧三年冬十月。

(註五七) 文選四十九干寶晉紀總論李善注引干寶晉紀載王濬、杜預先後上疏，語同晉書王濬傳，惟載明咸寧五年。預連上兩表爲閏七月後，見頁114註五二。濬表在前，約爲夏季。

時作了決斷。馮紞傳所寫的紞與賈充、荀勗「同共苦諫」一定不只是決策之前的事，而是在武帝採納了張華的緊急建議之後更要作的事。資治通鑑在武帝採納了華的建議並任命華作度支尚書籌劃征南的漕運之下敍賈、荀、馮三人「固爭之，帝大怒，充免冠謝罪」。這段敍事雖在今日可見的舊史裏查不到來源，但應當是可靠的材料。充的謝罪正是伐吳決策前的阻撓活動一直進行到最後的結果。馮恨華，不過充的勢力並不因爲政策決定中的挫折而搖動。咸寧五年（279）十一月伐吳的部署公布，堅持反對的賈充却受命爲南征的統帥（大都督）。這就是一個彌縫政治大裂隙的方法，也是大裂隙存在與賈充一方勢力強大的明證。第二年，太康元年（280）正月已有入吳軍隊的捷報，二月王濬的舟師已攻下武昌（年月據武帝紀）。而就在這樣軍事迅速勝利的中途，賈充還從統帥的駐地（已自襄陽移到項）上表說「吳未可悉定」，主張召回諸軍，並且說「雖腰斬張華不足以謝天下」；在中樞的荀勗則呼應說「宜如充表」（充本傳），只是武帝不聽。這雖够使充等在平吳之後大感覺慚懼（但仍受優禮），也正足顯示他們的勢力始終不倒，而完成羊祜遺志的有力份子張華已被他們看成了一個主要的敵人。

華的政治運命又與一個要直接決定皇太子地位的重大爭執有不可分的關係。賈充曾靠納女爲太子妃挽回他幾乎喪失的權勢，反賈的一方則終於有了擁立齊王攸以代太子的運動。這並不是只爲了疾視充一個人的外戚身份，因爲他有兩女分嫁給齊王和太子(註五八)。反對擁立齊王也不只是充一人或一系的勢力。在充死前幾年裏已有一個將接替充的權勢的人起來，就是弘農楊駿。楊家旣是顯著的閥閱，駿又是武帝先後兩皇后的父親。駿與弟珧、濟三個人迅速成爲顯貴。賈、楊兩家雖終於將有利害大衝突，但他們在反對擁齊王的勢力的鬪爭中正是聯合的力量。咸寧二年（277）初武帝有一次重病，當時已有「朝廷屬意於攸」的徵象(賈充傳)。因此第二年（咸寧三年，278）便有楊珧（衛將軍）領銜建議一向留在京城的諸王公一律就國（年月據武帝紀），這就是爲了驅除齊王攸謀立法準備。攸在咸寧二年八月由侍中、太傅接賈充任司空（充轉太尉），並保持原有的兩職，他的政治地位正到一個高峯。咸寧三年八月有詔命使幾個重要的王兼任都督，把他們的王國改到近都督任的所在，要他們就國；沒有

(註五八) 充本傳載，充有女爲齊王妃，又以荀勗計以女爲皇儲妃。

官守的王公也都要就國。這一次的詔命並不包括對齊王地位和國土的改變，但使諸王公就國的立法就是以後對齊王的重大行動的根據。接着諸王公的受詔就國便是在朝廷政治危機暴露中決策並完成平吳統一這個大關頭。而一過了這個關頭，正當統一盛業完成之初，武帝也沒有疾病不安的消息（他死在平吳後十年，即太康十年，289，五十五歲），太子的存廢的決定竟似乎已不容等待。泰始七、八年間顯露出來的反賈充的朋黨一份子和嶠在平吳後作侍中，他的本傳載着他因侍坐對武帝直陳太子「恐不了陛下家事」。隨後嶠與荀勗在侍坐時同時奉命觀察太子的進境，勗回報說太子「明識弘雅」，嶠則說「聖質如初」（嶠本傳）（註五九）。這就是不但爭端已經揭開，而且對抗的兩方各沒有一點退讓。齊王攸傳則寫出荀勗，馮紞都是攸所疾視的人，他們看到「朝望」在攸，對武帝說恐怕「陛下萬歲之後，太子不得立」；武帝問「何故」，勗說「百僚內外皆歸心於齊王」，「陛下試詔齊王之國，必舉朝以爲不可」。同傳又寫出馮紞建議遣王公就國應從齊王開始。擁齊王的關鍵人物則是平吳後名聲大盛的張華。華的本傳寫他以中書令的機要地位促成伐吳決策，隨後以度支尚書掌管軍事供應，而且在大軍前進時維持旣定的決策不變，因此已得衆人的欽服；他又能承擔文官制度與儀禮的改革，以及皇帝詔命的草定，所以「聲譽益盛，有台輔之望」。只是荀勗「自以大族，恃帝恩，深憎疾之」，早等待機會排他到京外，恰好武帝問他「誰可寄託後事者」，他答說「明德至親，莫如齊王攸」，而這個回答「微爲忤旨」，勗便有了離間成功的條件。於是華受命都督幽州。這是太康三年（282）正月（據武帝紀），距元年三月滅吳還不滿兩年。勗的離間當然出自他的一方排除政敵的決心，華的率直也正表示他臨到了一個不能廻避的選擇。

華的選擇及緊跟着的結果自然不是僅關乎他一個人的升沈際遇。華受命到幽州在那年正月（據武帝紀），才兩個多月後，卽四月，賈充便病死（六十六歲，年月據本傳）。到當年十二月，便是齊王受命都督青州；明年（太康四年，283）正月、二月又先後有詔增加對齊王的「崇錫」之物和齊國的封土，都是催促齊王就國的手段。但

（註五九）晉書三九荀勗傳所載略同，並有「於是天下貴嶠而賤勗」語。惟和嶠傳云荀顗、荀勗及嶠同往，還則顗、勗並稱太子「明識」云云，多出荀顗，誤。顗早卒於泰始十年，見武帝紀，嶠等往觀則太康間事。魏志荀彧傳注引干寶、晉紀載荀顗、和嶠同觀察太子，裴松之已發其誤。

齊王病發，沒有奉詔，請求留京守先后陵又不得准，到四月即病死（三十六歲）。這就是擁齊王的運動走到了破滅。而張華的被排又可以看出是齊王受逼迫的一個前提，彷彿羊祜受命離開中樞之前有山濤被排到冀州。華被排後兩個多月便有賈充的病死，這也就是充在死前看到驅除了一個有關鍵重要性的敵人，一個雖不具有羊祜那樣圓滿的條件，但可以憑擁護齊王而爲一個方面和他本身開展無限前途的敵人。荀勗、馮紞的成就都正是賈充的成就。華本傳又詳載着他到幽州後聲譽還增長，朝廷中有徵召他回來執政的議論，仍是馮紞進言，說華在方鎮掌兵的危險性，使武帝反將華召回而授給一個太常的閒職，且跟着以太廟棟折爲理由免除他這個職位。

齊王的受逼迫果然在朝廷中引起激烈的反抗，正如荀勗所預言的。有平吳的大軍功，已任尚書左僕射的王渾爲反對遣齊王就國上書（見渾本傳）。渾的兒子濟（侍中）的妻是公主，他叫他的妻與甄德（侍中）的妻，也是公主，進宮去哭諫，引得武帝動怒。羊祜的從弟琇（中護軍）與成粲（北軍中侯）合謀見楊珧，預備動刀，因爲珧「合謀構出齊王」(琇本傳)，只是珧躲避不出，使凶謀不成實現。當初庾純與賈充公開衝突時正是羊琇與王濟救護了純，使他免於被充的左右扣留。武帝詔命研討增加對齊王的「崇錫」之物，幾個博士上表不答所問而指說命齊王就國不當。這表的起草人是庾純的兒子旉；連署者有秦秀，曾主張諡何曾爲「繆醜」，諡賈充爲「荒」。幾個博士都被交廷尉論罪，定了死刑，最後得免死。庾純曾看過旉的草稿，沒有攔阻，後來因自首才得無罪。這一切人情激動的表現是武帝一朝長久的政治危機走到一個破裂的高潮——也是終局——的標誌。一方面羊祜已早死，張華已受了決定性打擊，寄在齊王身上的希望已悲慘地破滅，再沒有可以代替他們任何一個的人了；另一方面則像賈充那樣有身份，有經驗，有力量的領袖也已消逝，繼他起來的楊氏兄弟終將證明不能比他。

山濤在泰始四年離開中樞到冀州刺史任，在六年轉任北中郎將鎮鄴(註六〇)，第二

(註六〇) 晉書三七高陽王珪傳載珪於泰始六年由北中郎將任入朝，濤應於是年繼珪任。濤自冀州刺史轉北中郎將，鎮鄴，見本傳。

年（泰始七年，271，六十七歲）便被召回京城，作侍中(註六一)。他又先後被任爲尚書，太常卿，都不就，因母喪回到鄉里。他在泰始八年便被請求作吏部尚書(註六二)，仍以喪病堅決辭謝。直到十年（274）七月武帝楊元皇后死（年月據武帝紀），他回到洛陽參加殯禮，才在迫促下就吏部職，已是整七十歲。從此他便要主管吏部九個年頭。他在咸寧元年（275）受命爲太子少傅，又作尚書右僕射，加侍中，領吏部(註六三)，四年（278）進爲左僕射(註六四)，侍中與領吏部不變，直到太康三年（282）末進位司徒，才離開這兩個職位。活到七十九歲，死在太康四年（283）正月，在齊王攸死前不足兩個月(註六五)，已是攸受就國逼迫病發的時候。

從泰始七年到太康三年，從一次排除賈充的謀劃幾乎成功到齊王攸受出京的逼迫，是洛陽的政治危機一步步暴露而走向一個悽烈的終局的十二個年頭。如果依山濤傳的記載，則濤在這十二個年頭裏似乎是一個沈默保守，站在那些重大的爭衡之外的人物。他總是辭讓授給他的官職，屢次以老疾求退。本傳甚至可以給他加上「中立於朝」的標記，只是在晚年的最後看到后黨楊氏的專權才作過些終證明無益的「諷諫」。但他實在默默中擔負着一個重大的政治任務，一個反當權份子的任務。他的長期主管吏部便是他背後一向存在的那個政治大力量繼續存在的象徵。他的銓選人物的記錄顯出他爲保護與鼓勵一個方面的代表們盡到了工夫，不顧重重的打擊。他雖然似乎遠離着政治大權的爭衡，軍事大計的決定，帝位繼承的困惱，却正是那些風波中屬於一個大陣線的人的朋友和實際的首腦。他又不是完全站在後面，到了一個關頭上他也要與敵對方面眞正的主腦人物——賈充——作了正面的對抗，儘管在舊史傳裏這也是被盡力遮蓋的，却已够點明他在一個長期的政治陣線裏的究極地位。

(註六一)　藝文類聚四八引竹林七賢傳載泰始七年以濤爲侍中。

(註六二)　書鈔六十引晉起居注載泰始八年詔以濤爲吏部尚書。

(註六三)　濤本傳載咸寧初濤轉少傅，加散騎常侍，除尚書僕射，加侍中，領吏部。書鈔六五引王隱晉書，「山濤轉少傅，年已七十，表疾求退，不聽」；又，「山濤年七十，表疾求退，武帝手詔不聽，遷尚書右僕射」。咸寧元年濤七十一歲，故本傳所云「咸寧初」應即是元年。

(註六四)　晉書武帝紀，咸寧四年，「三月甲申，尚書左僕射盧欽卒，以尚書右僕射山濤爲尚書左僕射」。濤本傳載，又載「太康初遷右僕射」，顯誤。

(註六五)　晉書武帝紀載，太康四年正月戊午，司徒山濤卒；三月癸丑，大司馬齊王攸薨。自正月戊午至三月癸丑，計五十七日。

濤在泰始八年以「喪病」的理由堅決不受吏部尚書的任命，到十年再受逼迫才肯就職。朝廷對他這樣的要求和等待，他自己這樣的推避和遲疑，便表示這吏部的任命和他的最後接受這個任命都必有不尋常的重大意義。自武帝受禪到初有以濤爲吏部的任命，這六七年裏可以查出有武陔、李胤兩個人先後作吏部的主管，都是無煊赫的門第而有淸高的品節的人物（註六六）。但他們在吏部主管的職位似乎只是過渡的角色，他們的本傳都只載了吏部尚書的經歷，不僅沒有在職的淸楚年份，也沒有在職的長短，更沒有在職的事蹟。一個政治鋒芒銳利的任愷也曾被放在這個重要的位置上，但愷本傳明寫出那一任命是愷和他的朋黨排賈充到外鎮的謀劃失敗以後充的一個報復手段，爲的是使愷離開他的親近皇帝的侍中職位（註六七）。那次排充謀劃失敗在泰始七年末，愷傳接着寫的朋黨紛然，充、愷怨深，以至充有調愷的設計，應該是泰始八年的事，以愷爲吏部也許正在那年山濤拒絕了吏部的任命之後。愷傳還有「在尚書選舉公平，盡心所職」的記錄，但充和荀勗、馮紞已乘他「侍覲轉希」的機會進行毀謗，說他「豪侈，用御食器」，並且指使尚書右僕射高陽王珪彈奏，直接達到罷免。珪自泰始七年三月任右僕射，十年正月死在任上（年月據武帝紀），他被指使奏愷總不能遲過泰始九年。愷在吏部便只是泰始八、九年間一段匆促不幸的經歷。在泰始十年濤就職以前還有盧欽曾以僕射領吏部，這也是一個樸素的人物。

濤本傳說他在主管吏部的長時間裏題選謹愼，「每一官缺，輒啓擬數人，詔旨有所向，然後顯奏」。這是有根據的。今日可見的山濤啓事的片斷中還有這樣「啓擬數人」的例子。但這樣謹愼的山濤並不廻避推薦那些尖端的人物。他曾薦和嶠自黃門侍

（註六六）晉書四五武陔傳，「泰始初拜尚書，掌吏部，遷左僕射，左光祿大夫，開府儀同三司。陔以宿齒舊臣，名位隆重，自以無佐命之功，又在魏已爲大臣，不得已而居位，深懷遜讓，終始全潔」。陔在魏官至司隸校尉，轉太僕卿。晉書四四李胤傳，「泰始初拜尚書……遷吏部，尙書僕射，尋轉太子少傅……領司隸校尉……〔咸寧初〕轉拜侍中，加特進，俄遷尚書令……雖歷職內外。而家至貧儉」。

（註六七）晉書四五任愷傳，「或爲充謀曰，愷總門下樞要，得與上親接，宜啓令典選，便得漸疏……充因稱愷才能宜在官人之職，……即日以愷爲吏部尚書」。

郎作吏部郎，認爲他「最有才」(通典二一山濤啓事)，但沒有成功。嶠是反賈充的朋黨一份子，並且是一個趨向鮮明的人。他在少年便慕舅父夏侯玄的風度，玄是魏時爲司馬師所殺的名士。嶠作到中書令，因爲鄙視同時任中書監的荀勗，不與勗同車，打破了「監、令同車」出入朝的慣例。後來他與荀勗奉命同去看太子的進境，回來對武帝作了正相反的報告。任愷是與庾純共同用計促成以賈充鎮秦、涼的詔命的，後來在吏部尚書任上被奉免官，而濤到了吏部便舉他作河南尹，因爲深知他「通敏有智局」（愷本傳）。只是愷的河南尹又因盜發不獲被奏免。裴楷曾對武帝說陛下「尚未比德於堯、舜」，只因爲「賈充之徒尚在朝」。濤舉楷作侍中，說他「通理有才義」（御覽二一九山公啓事）。庾純是因爲與賈充公開衝突而自河南尹、侍中被罷免的，在咸寧三年又被任命爲國子祭酒(註六八)，這應該也由於濤的推薦。濤一次爲侍中出缺舉了三個可選用的人，一個是雍州刺史郭奕，是羊祜賞識的人；一個是右衛將軍王濟，曾與羊琇同救護庾純；再一個便是國子祭酒庾純(註六九)。濟與純都作到了侍中。羊祜是更大的人物，在他最後的日子裏也曾經濤極力舉作尚書令，說是可以「整肅朝廷，譏刺時政」（書鈔五九引山濤啓事）；又舉作太傅，說是可爲太子「儀刑」，又可「與聞國議」（書鈔六五引山濤啓事）。只是這都不能實現，因爲祜已經被病壓倒。

濤在吏部自然不是一個單純的個人。世說政事篇載有人在尚書的閣柱上寫了韵語諷刺山濤所受的包圍：

閣東有大牛，

和嶠鞅，

裴楷鞦，

王濟剔嬲不得休(註七〇)。

「大牛」的比喻也許恰好形容濤老年更加顯著的沉默的態度和他的堅強的地位。「鞅鞦剔嬲」則說的是幾個氣盛的後生對選舉事物的無限熱心的干涉。和、裴、王正

(註六八) 看頁99註二七。

(註六九) 據書鈔六十引王隱晉書。

(註七〇) 世說政事篇，「或云潘尼作之」；注引王隱晉書謂潘岳作，詞曰，「閣東有大牛，王濟鞅，裴楷鞦，和嶠刺促不得休」。

是反賈充的朋黨裏最露鋒芒的份子，嶠與濟在擁齊王的運動中有尖端的紀錄。史傳寫出山濤在主管吏部的長時間裏前後所選的「周遍內外百官」（書鈔六十引王隱晉書；世說政事篇），他在這樣廣泛的選舉事務中自然受那些包圍左右的人糾纏挑剔的影響。但和嶠輩終日與濤談論不休的一定不會限於單純的評選人物；他們論人的見解不能不牽連着他們對朝廷中的政治爭衡的觀點。濤是選官部門的首長，對政爭應該要守「中立」，但和嶠輩在重大爭衡中的言論和行動一定可以代表他們與濤互相影響而形成的立場。

濤在咸寧元年進位右僕射，四年更進位左僕射，領吏部不變。但他的本傳裏這兩次升進的紀錄都已成了錯誤。元年的進位只說在「咸寧初」，跟着寫濤「固辭以老疾」，直寫到他「發從弟婦喪，輒還外舍」，再被詔書慰勉「乃起視事」。四年的進位則寫入「太康初」，應該是平吳以後，濤入了七十六歲（太康元年，280）以後。濤在咸寧元年儘可以有固辭僕射的事，但別的史料夠說明濤「發從弟婦喪，輒還外舍」應該是在咸寧四年他再進位到左僕射以後的一個舉動。這又不是爲了辭謝一個新的任命，而是爲了接受新任命之後不久便遭遇到一次構成重大壓迫的敵人的進攻。這個進攻直接來自賈充；進攻的目標就是吏部裏的關鍵位置——吏部郎的空缺；進攻的用意就是占取吏部這個關鍵位置，同時剝奪吏部主管對這關鍵位置人選的主張權力，給山濤在任官用人事務上已建立的支配聲勢以打擊。濤在咸寧四年七十四歲，正當他泰始四年被排那件事之後十年，重入政府就吏部尙書之後的第五年，已從右僕射遷任左僕射，到了一個接近政治高峯地位的時候。而且濤遷左僕射在這年三月，羊祜還沒有報病入京（祜入京在夏季），平吳正在準備，祜建立了大功自南方回來在當時還正是一個大希望。濤這時在吏部的聲勢，加上左僕射的聲勢，從抱着這樣的大希望的一個政治的方面看來也應當是格外重要的。所以賈充這一年（六十二歲，太尉，錄尙書事）對吏部的進攻，對濤的壓迫，也就是一個重大的謀略，是一次襲擊，也是一次政治威力的表示。濤本傳所寫的「發從弟婦喪，輒還外舍」實在就是濤對這襲擊與威力表示的堅決抵抗裏的一個節目。本傳敍濤這個舉動雖然錯排了時間，更完全沒有寫出濤發喪離職的背景，但用力寫了濤的求去，錄了一個左丞白褒(註七一)的彈奏及武帝反覆慰勉的

（註七一）（編者案，原闕）

詔書，正足配合本傳外的史料說明這一場重要的戰鬬的整個經過。

濤自己在魏時曾得吏部郎的任命，又曾提議以嵇康「自代」，可稱爲禪代前的政治爭衡中一個有重大意味的事件。濤在主管晉朝的吏部任裏爲一次舉吏部郞的人選的「啓事」曾論這個位置的緊要，說是「與辟事日夜相接，非但當正己而已，乃當能正人」（書鈔六十引）。這次他舉的人是杜默、崔諒、陳淮。又一件「啓事」則舉的是崔諒、史曜、陳淮（淳化閣帖三），這個史曜得了任命。咸寧四年濤與賈充爲吏部郎人選的衝突便起於曜出缺這個機會。賈充薦舉一個陸亮，是根據一個進攻的謀略；濤也提出了人選，阮咸，則正好表明濤的與充正相反對的立場，一個名士陣線的立場。

晉書阮咸傳只說濤舉咸掌選，武帝認爲咸「酖酒虛浮」，不用，沒有寫出薦舉的時間和情勢。干寶晉紀的殘文（書鈔六十引）也只說濤舉咸爲吏部郎，「三上帝弗能用」。世說賞譽篇註引山濤啓事註明「詔用陸亮」，便點出濤舉咸是與充舉亮同時的事。舉咸的啓事說吏部郞人選的條件和咸的優點：

> 吏部郞主選舉，宜得能整風俗理人倫者。史曜出處缺，散騎常侍阮咸眞素寡欲，深識清濁，萬物不能移也，若在官人之職，必妙絕於時。

像叔父籍一樣爲當世禮法者所譏的阮咸，照武帝說來是「酖酒虛浮」的阮咸，在濤看來却是「眞素寡欲，深識清濁，萬物不能移」的典型，是「妙絕於時」的「整風俗理人倫」的人選，也就是不但「正己」還要「正人」的人選。這就顯出了兩個絕然相背的論人觀點。老年的山濤在這個時機表明了完全沒有改變他三十幾年前與嵇康、阮籍結交時的懷抱。他自己雖然是從來守禮，他所愛重的却還是自然放達的傾向。他從沒有被那些世家大族的禮法者動搖過。他舉阮咸的啓事又比什麼理論的分析更足以解釋愛好自然放達之士的思想裏的積極因素。他們所尊崇的是眞正能够克制自己而不受外物引誘的人格，他們的目標正是人倫與風俗的整理。

書鈔六十引王隱晉書說到陸亮是「詔旨所用」，濤「爭之不得」。世說政事篇注引晉諸公贊點明了賈充舉陸亮是在濤初遷任左僕射的時候（那就是咸寧四年），詳細寫出了充這一薦舉是出於對濤在吏部的權力進攻的謀略，也寫出了濤的反應：

> 亮性高明而率至，爲賈充所親。待山濤爲左僕射領選，濤行業旣與充異，自以爲世祖所敬，選用之事與充咨論，充每不得其所欲。好事者說充，宜授心腹人爲

吏部尚書〔郎〕(註七二)，參同選舉，若意不齊，事不得諧，可不召公與選，而實得效所懷。充以爲然，乃啓亮公忠無私。濤以亮將與己異，又恐其協情不允，累啓亮可爲左丞(註七三)，非選官才。世祖不許，濤乃辭疾還家。

這一節記事就是濤本傳所寫的濤「發從弟婦喪，輒還外舍」的故事的眞正面貌。本傳雖把固辭，被彈奏，得慰免，「輒還外舍」以至最後「乃起視事」這一串節目寫在濤「除尚書僕射，加侍中，領吏部」之下，但只說濤「久不攝職，爲左丞白褒(註七四)所奏」，這並不涉及濤是否接受僕射的新任命。左丞也當然不能爲濤不接受一個新任命而彈奏。詔書只說「濤以病自聞，但不聽之耳，使濤坐執銓衡則可，何必上下」；又一個詔書則說「白褒奏君甚妄，所以不即推直，不喜凶赫耳」，「便當攝職，令斷章表」；在濤「還外舍」以後的詔書則說「山僕射近日暫出，遂以微苦未還」，「若體力故未平庸者，便以輿聯輿還寺舍」。這三次詔書也都只安慰濤的告病，只是說一個在僕射職的老臣不視事也無妨，說他應當視事以斷絕言官不該有的議論，最後才要以尊重的方式要他回到官舍，而全不是說到他辭謝一個任命，要他接受這個任命。因此不論這一串節目、發生在什麼年份，若直接寫在一個遷僕射的任命之下，含糊造成一個山濤「固辭」這僕射的任命的故事，便是一個明白的錯誤。但這個錯誤產生的原因便不僅是沒有把故事的時間敍淸楚，而是完全沒有寫出故事的背景。如本傳所寫的這樣一串山濤固辭、被彈奏、得慰勉，離開官舍以至重視事的故事一定有重大情勢作背景；這就應該是像賈充蓄謀對濤的權力進行壓迫這樣的情勢。

濤與賈充誰先一步提出補吏部郎的人選雖然無從考定，但他們兩方面的薦舉有同等的積極性而又在同一段時間裏盡力進行應該容易判斷。晉諸公贊已寫出充的薦舉陸亮是因爲他早已感到對選用的事「每不得其所欲」，才有人勸他把一個「心腹人」放到吏部裏可以抵制尚書的位置上，在要抵制山濤時代替他自己出面干涉。充的薦舉應當是在吏部郎出缺後很快就提出。濤則以領吏部的地位在吏部郎出缺時自然有提出補缺人選的職責和權利，這也不會擔擱多久才作。他提出阮咸這樣的人物更是一步眞正

(註七二) 原作「吏部尚書」，補郎字。

(註七三) 原作「左丞相」，刪相字。書鈔六十引徐廣晉紀載濤「啓〔陸亮〕可爲左丞」。

(註七四) (編者案，原闕)

的進取。這時是咸寧四年，已是濤主管吏部的第五年，從晉諸公贊所記賈充方面的感受也够看出濤已在選舉事務上表現了不可輕視的力量。濤自己又從尚書右僕射進到了更有權勢的左僕射，已是一個總持行政的地位。而羊祜的成就大功還正是一個大希望。如果這時再得一個色彩顯著而在名士中有聲望的阮咸補吏部郎，那就不只是濤在選舉部門得到更強的控制，而且意味着一個陣線在整個政治局勢中得到一步重要的伸展，足以使一個廣大的方面受很大的鼓勵。十七年前（景元二年，261)，濤自己（五十七歲）在一個痛苦的局勢中就一個吏部郎的職位，不出二年多便離去。阮咸若在這時補吏部郎，他自然會有大不同於濤在魏末勉強就這個職位時的境遇；他將抱着振奮的心情望着個人與一個陣線的前途。但這樣圓滿的結果是那個敵對的方面不能容許出現的。賈充既蓄意打擊山濤在選舉上的權力，自然更不能容忍濤以阮咸補吏部郎這樣的企圖。這便要引到一場決鬪式的衝突。濤薦阮咸做到「三上帝弗能用」才止。充薦的陸亮則被濤幾次奏說「爲可左丞，非選官才」。這就是七十四歲的尚書左僕射與六十二歲的太尉錄尚書事的一場決鬪。決鬪的結果不只將決定一個吏部郎的任命，而且將顯出兩方政治大力量的強弱，甚至預示終極的勝負。詔旨用的陸亮雖然在吏部不多時就坐事免官(註七五)，但他當時的得到任命已是賈充對濤在吏部的權力和濤所屬的一個方面的重要攻擊獲得了預期的結果。

這個結果就使山濤不能不作出強烈的抗議，不能不堅決辭職——辭尚書左僕射和領吏部的職。這才是濤本傳的一段大概錯排了時間的「章表數十上」以至托詞「輒還外舍」的故事的眞正背景。武帝不能不拒絕阮咸而用陸亮，但也不能不竭力安撫山濤，不聽左丞的彈奏，說「不得有所問」，指責這彈奏「甚妄」，說只是爲了「不喜凶赫」才不加追究，最後只承認濤「以微苦暫出」，還用輿車把他請回。這就顯示兩個對抗的勢力的相持使皇帝不能不竭力維持平衡。

(註七五) 書鈔六十引徐廣晉紀載亮爲吏部郞，「後果以私被黜」；世說政事篇載亮「尋爲賄收」，注引晉諸公贊謂亮「在職果不能允，坐事免官」。

出自第四十一本第一分(一九六九年三月)

唐代洛陽太原道驛程考

嚴 耕 望

中國中古時代，中原北通北塞主要幹道有二，西爲洛陽、太原、雁代道，東爲汴梁、邯鄲、燕薊道。東道坦，西道險。唐都長安，而建洛陽爲東都，太原爲北都，故西道交通大顯重要。然其行程無能具體言之者，玆考而出之，以爲讀中古史者之一助。

由東都東北行一百四十里至懷州（今沁陽縣），又北一百四十里至澤州(今晉城縣)，又北微東一百九十里至潞州（今長治縣），又北四百五十里至太原府（今晉源縣，舊太原縣），共九百二十里。

太原至東都間之重鎭爲潞州，必爲大道所經無疑。玆就通鑑擧例，如梁大通二年，爾朱榮起兵晉陽，經上黨，河內，渡河橋入洛陽。（卷一五二。）唐武德三年，突厥遣使潛詣王世充，潞州總管李襲譽邀擊，虜牛羊萬計。（卷一八八。）開元十一年正月，車駕自東都北巡，經潞州至并州，置北都。（卷二一二。）開元二十一年，由東都，北巡北都，亦中經潞州。（卷二一三。）後晉天福元年，石敬塘由太原入洛，中經團柏，至潞州，又南經河陽，渡河至洛陽，（卷二八〇。） 天福十二年，劉知遠起兵太原，欲自石會趨上黨，出天井，抵孟津。（卷二八七。）此皆其證。潞州以南則澤、懷也。爲大道所經，俱詳後文。今就通典、元和志、寰宇記之太原府、潞州、澤州、懷州、河南府各條所記里程表列如次：

	太原至東都	太原至潞州	潞州至東都	潞州至澤州	澤州至東都	澤州至懷州	懷州至東都	其　他
通典	885	450 450	460	190 190	280 280	140 240 (此譌)	140 140 140	河南府北至澤州280里
元和志	890	450	470	187 149(誤)	280	140	150 150	澤州北至太原府大路、610里
寰宇記	890	450	470	190 190	225 (蓋誤)	140 140	140 140	河南府北至澤州280里

據此，太原至東都之總距離似爲八百九十里之譜，觀元和志澤州條云北至太原府大路六百一十里，而澤州至東都二百八十里，無異說，其和正爲八百九十里。然累積各府州間之距離計之，則當爲九百二十里，而潞州北至太原南至東都之和亦爲九百二十里或九百一十里。蓋記錄資料先後有參差耶？今姑以累計之數爲準，以便下文各小據點里數之計算。又按潞州東北爲儀州，西北爲沁州，皆可至太原府，然三書所記太原、儀州、潞州線及太原、沁州、潞州線多者六百里以上，少亦五百里以上，故知潞州至太原驛道四百五十里者，不經儀、沁也。

其詳細行程可考獲如次：

出洛陽上東門，東行經積潤驛，石橋店，蓋三十餘里；折北行渡河至河陽。又由洛城東北行三十里至白馬坡，又名白司馬陂（今白坡），亦至河陽。

新一三六李光弼傳，光弼至東都，史思明來逼，「遊騎至石橋。」光弼度不能守，乃悉軍趨河陽。「諸將曰，並城而北乎？當石橋進乎？光弼曰，當石橋進。……賊不敢逼。」是洛陽至河陽有兩道：其一東經石橋，其一由洛城東北直趨河陽也。就此事度之，東經石橋當爲主線。石橋在唐洛陽上東門東約三十餘里，卽漢代上東門故地；其西有積潤驛。並詳唐兩京館驛考（刋見唐史研究叢稿）。又蘇氏演義：「今洛陽石橋店東十里已來大道之北當高山。山巓有一塚，乃杜預塚也。首陽北望，正與河陽城相對，北去河陽二十餘里。」則石橋有店。據元和志五，河陽西南至洛八十里，偃師西南（西）至洛七十里，首陽山在偃師西北二十五里。則前撰兩京館驛考推測石橋在唐洛陽東三十餘里，益可信。

舊五代史二六唐莊宗紀，天祐八年二月，「庚午，梁祖在洛，聞王師將攻河陽，率親軍屯白馬坡。」此白馬坡必當洛陽河陽道。檢通鑑二六七梁乾化元年紀，書此事作白司馬阪。按白司馬阪屢見唐史。如舊太宗紀，貞觀十一年九月，「河溢，壞陝西河北縣，毀河陽中潭〔潬〕，幸白司馬坂以觀之。」又通鑑一八二隋大業九年，楊玄感反，攻東都，「使弟積善將兵三千自偃師南，緣洛水西入。玄挺自白司馬坂逾邙山南入，玄感將三千餘人隨其後。……玄挺直抵太陽門……玄感屯上春門。」胡注：「白司馬坂在邙山北，邙山在洛城北。」又云隋洛州「東面三門，北曰上春，中曰建陽，無太陽門，當考。……劉仁軌河洛記，東都羅郭東面北頭第一曰上春門，唐改曰上東門。」白司馬坂亦卽白馬坡無疑，在洛陽東北至河陽道中。復考通鑑一五一梁大通元年，「（魏）丹楊王蕭贊聞寶寅反，懼而出走，趣白馬山，至河橋，爲人所獲。」當卽一地，坡阪在山下耳。紀要四八，白司馬阪在府東北三十里，邙山東北垂也。一統志河南府山川目，同。

又册府一一四，後唐明宗屢幸白坡，且曾祭突厥神於此。地近邙山。申報舘新地圖，洛陽北有白坡，正當孟津道，卽唐之白司馬阪、白馬坡無疑。

河陽城在大河北岸，（今孟縣南十五里。）唐末置孟州。南臨盟津，去東都七八十里。晉杜預造浮橋於此，爲南北交通要衝。魏孝文都洛，於盟津北岸，築北中郎府城，爲京師之後衞。東魏又於南岸及中流沙渾築城，稱爲南城，中潬城，並北城爲三，南北呼應，以與西魏相拒，爭洛陽之控制權。唐代浮橋規制宏壯，爲當時第一大橋，連鎖三城，爲南北交通之樞紐。渡橋而南，臨拊洛京，在咫尺之間。渡橋而北，直北上天井關，趨上黨、太原；東北出淸臨關，達鄴城、燕、趙；西北入軹關，至晉、絳。誠爲中古時代南北交通之第一要津。顧祖禹曰：「河陽蓋天下之腰膂，南北之噤喉，」「都道所輳，古今要津。」是矣。故爲兵家必爭之地，天下有亂，常置重兵。隋及唐代前期置關于中潬，曰河陽關。安史亂後，中原多事，更置河陽三城節度使，屏障洛京，兼制北道，故李吉甫稱爲「都城之巨防」也。

河陽孟津浮橋　元和志五，河南府，「河陽縣西南至府八十里。」會昌三年置孟州，治河陽，見兩志。寰宇記五二，孟州，「西南至西京七十里。」疑寰宇記就捷徑言，元和志就石橋驛道言之歟？

孟州因孟津受名，孟津卽盟津，以武王伐紂會盟八百諸侯於此而名垂史册。河陽之名始見於春秋僖公二十八年，云「天王狩于河陽。」漢置河陽縣。寰宇記五二，孟州河陽縣，「今縣西北三十五里有古城，卽漢理所。」則非唐之河陽矣。紀要四六，以爲唐河陽縣孟州治，卽漢之河陽，誤。

通典一七七河南府河陽縣條云：

「河陽，古孟津、後亦曰富平津，在其南，謂之陶河渚。魏尙書僕射杜君畿試船沉沒之所。……浮橋卽晉當陽侯杜元凱所立。後魏莊帝時，梁將陳慶之來伐，尅洛陽，渡河守北中府城，卽此；孝文太和中築之。齊神武使潘樂鎭於此，又使高永樂守南城以備西魏，並今城也。其中潬城本東魏所築，仍置河陽關。」（參看水經注五。）

是浮橋卽在孟津。按杜畿試船沒於陶河，亦卽孟津，事見三國魏志一六本傳。畿之孫預。晉書三四杜預傳云：

「預又以孟津渡險，有覆沒之患，請建河橋于富平津。議者以爲殷周所都，歷聖賢而不作者，必不可立故也。預曰，造舟爲梁，則河橋之謂也。及橋成，帝從百僚臨會，擧觴屬預曰，非君，此橋不立也。對曰，非陛下之明，臣亦不得施其微巧。」

據此，晉以前雖歷代爲津渡之要，但不建橋，而此橋建成亦空前之津梁工程，故君臣大會，預有「微巧」之言也。通鑑八五晉惠帝太安二年，成都王穎等起兵向洛，「列軍自朝歌至河橋，鼓聲聞數百里。帝親屯河橋以禦之。是南北用兵，此橋見重之始。其後歷代用兵，事涉洛陽者，無不爭此橋之控制權。紀要四六河南重險條已詳徵引。旣爲兵家所爭，故史事所見，屢圖破壞。如通鑑一七二，陳太建七年，周主攻齊，拔河陰及洛口城，「縱火焚浮橋，橋絕。」此攻者欲壞之也。又通鑑二八〇後晉天福元年，晉主南下，唐主命將「守河陽南城，遂斷浮橋，歸洛陽。」此守者欲壞之也。然屢廢亦屢建。唐六典七工部之水部郎中條云：

「巨梁十有一，皆國工修之。……河陽橋船於潭洪二州造送，……河陽橋置水手二百五十人，大陽水手二百人，仍各置木匠十人。」

又元和志五云：

「河陽縣……浮橋架黃河爲之。以船爲脚，竹䉛亘之，……船䉛出洪州。」

此兩條見唐代此浮橋之結構與規模之大，非他橋所能及。

至於河陽城及浮橋之正確位置：元和志五河陽縣目中潬城條記浮橋事。又於偃師縣目云：「盟津在縣西北三十一里。」檢寰宇記五二孟州河陽縣，「南浮橋在縣南一里，卽太始十年杜預造。」同書五偃師縣，「盟津在縣西北三十一里。河東逕小平縣，俗謂之小平津，……河於斯有盟津之目。昔武王伐紂，諸侯不期而會者八百，故曰盟津，亦曰富平津。」（按「河東逕」以下，乃仍水經注語。）蓋浮橋北端在河陽城南一里，南端則在偃師縣西北三十一里。舊志，孟州「本河南府之河陽縣，……城臨大河，長橋架水，古稱設險。」唐會要七〇，略同。卽此浮橋矣。則河陽城幾緊迫黃河北岸可知。至其今地，元大一統志一二三孟州古蹟條，古三城在河陽縣南十五里。」又云，「盟津在今河陽縣南十里。」檢元史地理志：「孟州，唐置河陽軍，又升孟州。……至大定中爲河水所害，北去故城十五里築今城，徙治焉。故城謂之下孟州，新城謂之上孟州。」（據一統志懷慶府卷檢。）故元一統志云然，所謂「十里」者，奪「五」字耳。按上孟州新城卽今孟縣，則唐河陽縣在今孟縣之南十五里，南臨大河處，河上架浮橋爲南北津梁之要也。

河陽三城　元和志五河南縣，至德（當作乾元）中，史思明寇東都，李光弼度不能守，乃「東守河陽三城，拒逆賊，賊……不敢犯宮闕。……故自乾元以後常置重兵，貞元後，加置節度，爲都城之亘防。」按新六四方鎭表，建中二年，「置河陽三城節度使。」此職終唐世不廢，歷任人選可考，詳吳廷燮唐方鎭年表卷四。所謂三城者，前引通典，河陽城卽魏孝文帝所築之北中府城，又有南城、中潬城，皆東魏所築。檢水經河水注：「河水又東逕平縣故城北，……俗謂之小平也，有高祖講武場。河北側岸有二城相對，置北中郎府，徙諸徒棣府戶並羽林虎賁領隊防之。」通典蓋卽承此爲說；但明指其爲唐河陽城耳。寰宇記五二，孟州治河陽，「北中府城卽郡城也。洛陽記云，太和二十年造北中府。又有南城與縣接，乃東魏元象二年所築。」是亦以唐河陽城卽魏北中府城也，但引洛陽記，詳其年代。

中潬城　潬者水中沙丘也。就河中沙灘築城，是渭中潬城。中古時代，黃河中潬城有二。一在蒲州。通鑑一八四，隋義寧元年，朝邑法曹靳孝謨「以蒲津、中潬二城降。」是也。其一則在孟津。通鑑一七二陳太建七年，周主拔齊河陰、洛口城，「縱火焚浮橋。」齊將傅伏「自永橋夜入中潬城。周人既克南城，圍中潭。」又一八八，唐武德三年，魏郡「李商胡聚五千餘人，據孟津中潭。」舊紀，貞觀十一年九月，「河溢，……毀河陽中潬（潭），幸白司馬阪以觀之。」（潬爲潭之譌，新紀同誤。惟新三六五行志不誤。）及下引李光弼時事，皆是也。元和志五，河陽「中潭城，東魏孝靜帝元象元年築之，仍置河陽關。天寶以前亦於其上置關。」按魏書五八楊播傳附侃傳：「元顥內逼，……孝莊徙御河北，……顥令蕭衍將陳慶之守北中城，自據南岸。有夏州義士爲顥守河中渚，乃密信通款，求破橋立效……爲顥所害。」此事在孝莊帝永安二年，卽梁中大通元年。通鑑一五三此年紀卽據魏書述之云，陳慶之以元顥入洛，「爾朱榮與顥相持於河上。慶之守北中城，顥自據南岸，……有夏州義士爲顥守河中渚。」胡注：「水經注曰，河中渚上有河平侯祠。……意此中渚卽唐時河陽之中潭城也。」是矣。然此事在東魏元象二年之前十年，蓋築城前早已爲兵家所重，爲守禦要害也。一統志懷慶府古蹟目，「洪邁容齋隨筆，河中一洲名曰中潭，上有河伯祠，水環四周，喬木蔚然。嘉祐八年秋，大水懷襄，了無遺跡，中潭由此遂廢。明統志，中潭城今夾灘。（按元大一統志殘卷一二三已有此說。）縣志，卽今黃河中郭家灘。」

南城　元和志五河陽縣，「南城在縣西，四面臨河，卽孟津之地，亦謂之富平津。」此似在河陽城西甚近，不在大河南岸。前引寰宇記亦云，「南城與（河陽）縣接。」似亦卽在北岸。然通鑑一五八，梁大同四年，「「宇文）泰進軍瀍東，……軒騎追（侯）景至河上。景爲陣，北據河橋，南屬邙山，與泰合戰。泰……擊東魏兵大破之。……高敖曹單騎走投河陽南城守將北豫州刺史高永樂閉門不受，……追兵至，敖曹伏橋下，……追者斬其首去。」胡注：「河陽南城在河橋南岸，北岸卽北中城。」是也。是南城不但在南岸，而且卽在長橋之南端。前引通鑑陳太建七年事，齊人旣克南城，遂圍中潭。後晉天福元年，唐主憚晉兵之強，遂斷浮橋守南城。亦皆南城在南岸之證。下引李光弼事，亦見其然。蓋元和志、寰宇記誤書耳。前引水經注：「河北側岸有二城相對，置北中郎府。」云云。似北岸本果有兩城，其一亦有南城之目歟？故志、記承襲舊籍記載，皆有此誤，然非北朝末期至唐代之南城也。且志云「四面臨河」，似當是說中潬城者，亦非南城形勢也。

唐代河陽三城之見重，始自李光弼守河陽以控東都。舊一一〇李光弼傳（參舊一三二李抱玉傳、新一三六李光弼傳、通鑑二二一乾元二年紀）云：光弼入東都，度不能守，乃引軍東北屯河陽，史思明不敢犯宮闕，頓兵白馬寺，與光弼相拒。下文述戰事云：

「十月賊攻城。……光弼謂李抱玉曰，將軍能爲我守南城二日乎？……過期而救不至任棄也。抱玉……守南城……殺傷甚衆。……光弼自將於中潬城，城外置柵，柵外大掘塹，闊二丈，深亦如之。周摯捨南城，併力攻中潬。光弼命荔非元禮出勁卒於羊馬城以拒賊。……元禮……令軍中鼓譟出柵門，徒搏齊進，賊大潰。周摯復整軍押北城而下，將攻之，光弼遽率衆入北城。……一鼓而賊大潰，斬萬餘級，生擒八千餘人。……思明不知摯等敗，尙攻南城，光弼悉驅俘囚臨河以示之，殺數十人以威之，餘衆懼，投河赴南岸，光弼皆斬之。」

此南、中、北三城由南而北次第分明。通鑑二二一記此次攻守，又云：「思明怒，列戰船數百艘，泛火船於前而隨之，欲乘流燒浮橋。」光弼設計，叉其火船，使自焚，不得進。又「叉拒戰船，於橋上發礮石擊之，中者皆沉沒。」亦見橋與三城爲近，與前引高敖曹事亦相應。

河陽關　御覽一六一引冀州圖經：「河陽在河內郡南六十四里，有宮有關。」此殆河陽關之最早見者。通鑑一八五，唐武德元年紀有河陽都尉獨孤武都（隋書恭帝紀作河陽郡尉，字譌。）按隋制，關置都尉，如潼關有都尉也。知河陽亦置關。唐天寶以前亦於中潬置關，見前引元和志。新志亦云河陽縣有河陽關。元大一統志一二三孟州古蹟目，「河陽關在河陽古縣城南，遺跡猶存。」此關當驛道，六典之制，當爲中關；然六典六，中關十三，無河陽。蓋其時承平，未置耳。

綜上而言，河陽城即北城，亦即魏世北中府城，在今孟縣南十五里，南臨大河北岸。南城在大河南岸，與北城南北相望。河中有渚，置中潬城，且置關，名河陽。長橋架水，即所連鎖三城者。

交通軍事要衝　河陽直北踰天井關趨潞州、太原,即本篇所考之道也。河陽東北達鄴城、燕、趙,此亦爲自古幹道,不待言。杜翁後出塞五首(詳注四),爲出兵赴幽州、漁陽而作。詩云:「朝進東門營,暮上河陽橋,落日照大旗,馬鳴風蕭蕭。」王宏從軍行(全唐詩一函八册)云:「十五學劍北擊胡,羌歌燕筑送城隅,城隅路接伊川驛,河陽渡頭邯鄲陌。」皆云由洛陽出發,經河陽至燕趙也。此類事證至多,不可枚舉。且河陽三城爲軍家必爭之地,前引諸史料已可見。讀史方輿紀要四六河南重險河陽三城條更列舉數十事。其北趨上黨、太原,東北走鄴城、燕、趙,亦皆可於其所舉史例見之,不再贅。所未舉證者,河陽西北經軹關至晉、絳道耳。下條續考之。顧祖禹曰:「河陽蓋天下之腰膂,南北之噤喉也。三城記,河陽北城南臨大河,長橋架水,古稱設險。南城三面臨河,屹立水濱。中潬城表裏二城,南北相望。黃河兩派貫於三城之間,每秋水泛溢,南北二城皆有濡足之患,而中潬屹然如故,自古及今,常爲天造之險。」又云:「都道所輳,古今津要也。」是矣。

河陽東北行約六七十里至懷州治所河內縣(今沁陽縣)。北魏末期,道中置高頭驛。

按懷州治河內,西南至東都一百四十里,則河陽至懷州非七十里卽六十里。洛陽迦藍記一永寧寺條,爾朱榮舉兵,太后遣都督李神軌、鄭季明等領衆五千鎭河橋。……榮過河內,至高頭驛,……神軌、季明………開門降。」則其時河陽、河內間有此驛也。

懷州東北行臨晉關道,經鄴城至趙、幽,爲東北交通幹線,詳另文。懷州直北天井關道則今考之道也。其行程如次:

懷州北行十五里至雍店,又五里至萬善,又十里入太行陘,經科斗店,至天井關。

關於此段路線,觀通鑑二四七會昌三年紀述討澤潞劉稹事,最能得其詳。紀云:

「河陽節度使王茂元以步騎三千守萬善。……六月,王茂元遣兵馬使馬繼等將步騎二千軍於天井關南科斗店,劉稹遣衙內十將薛茂卿將親軍二千拒之。……八月……甲戌,薛茂卿破科斗寨,擒河陽大將馬繼等,焚掠小寨十七,距懷州纔十餘里。茂卿以無劉稹之命,不敢入,(胡注言不敢入懷州。)…

…王茂元軍萬善，劉稹遣牙將張巨、劉公直等會薛茂卿共攻之。期以九月朔圍萬善。乙酉，公直等潛師先過萬善南五里，焚雍店，巨引兵繼之，過萬善，覘知城中守備單弱，欲專有功，遂攻之。日昃，城且拔，乃使人告公直等。………會日暮，公直等不至，巨引兵退，始登山，（胡注：登太行阪也。）微雨晦黑，自相驚，……墜崖谷死者甚衆。……九月……丙午，……王茂元薨，……王宰……以忠武節度使將萬善營兵。……時王宰軍萬善，……顧望不進。十二月丁巳，宰引兵攻天井關……遂克天井關，守之。……戊辰，王宰進攻澤州。」

據此，由懷州北上經雍店，在州北不遠處，又五里至萬善，上太行山，經科斗店，至天井關，入澤州，路線甚詳。而萬善爲要地，在山南不甚遠。下文會昌四年三月，李德裕曰，「今王宰久不進軍，請徙劉沔鎮河陽，仍令以義成精兵二千直抵萬善，處宰肘腋之下。」云云。又通鑑二五五，中和四年，「二月，（李）克用將蕃漢兵五萬出天井關，河陽節度使諸葛爽辭以河橋不完，屯兵萬善以拒之。」新五代史一八七諸葛爽傳略同。皆見萬善爲懷州以北，天井關以南之軍事要衝。檢九城志二，河內有萬善鎭。一統志懷慶府關隘目，萬善鎭「在河內縣北二十里」。按元和志一六，懷州河南縣，太行山在縣北二十五里，太行陘在縣西北三十里。寰宇記五三，同。則一統志之萬善鎭殆卽唐宋舊地無疑。一統志云舊有驛。紀要四九亦云今爲萬善驛。疑唐世已置。寰宇記五三，武德縣目引郡國縣道記云，「武德有故雍城，在縣西北三十五里。」一統志懷慶府古蹟目云，雍城在河內東北。按元和志，武德縣西至河內四十七里。（寰宇記作西南四十七里。）則武德西北三十五里，正當在河內東北也。北去萬善五里，則西南至河內當十五里耳。與前引通鑑一節情勢正合，卽唐之雍店無疑。一統志又云，雍城「周初雍國。左傳，郜雍曹滕，文之昭也。注，雍國在山陽縣西。後漢書郡國志，山陽邑有雍城。水經注，長明溝水逕雍城南，寒泉水逕雍城西。京相璠曰，今河內山陽縣西有故雍城。魏書地形志，州縣有雍城」則此一小地名固有久遠歷史也。科斗店別無可考。寰宇記五三，武德縣有南北斗城。引冀州圖云：「南斗城在今縣北三十里，北斗城在縣北五十一里。」樂史疑即雍城。今按北斗城疑即通鑑之科斗城，非雍店、雍城也。

太行陘濶三步，長四十里，至險峻，古所謂羊腸坂者，此其一。陘道蓋循丹水河谷北上，故又名丹陘。入陘過白水交，蓋向西北折入白水河谷，至天井關，一名太行關，關南有天井泉三所，故名。關當山道最高處，在澤州治所晉城縣南四十五里，南去懷州蓋九十五里。關北不遠即出山，凡二十五里至馬牢關。又二十里至晉城（今縣）。又由白水交仍循丹谷，稱爲（天井）關之東谷，亦至晉城，但非大道。

漢地志，上黨郡高都縣有天井關。是爲此關見史之始。通鑑一〇八晉太元十九年紀，胡注引蔡邕曰：「太行山有天井關，在井北，遂因名焉。」後漢書章帝紀，元和二年，李賢注：「天井關在今澤州晉城縣南今太行山上，關南有天井泉三所。」通典一七九澤州晉城目，與李注同，惟「關南」作「關前」。元和志一五澤州晉城縣，「天井故關一名太行關，在縣南四十五里太行山上。」寰宇記四四澤州晉城縣，「天井關一名太行關，在太行山上。」「天井泉在天井關之南，泉有三所，極大，至深莫測。」紀要三九，云天井關在太行山頂。蓋可信，故李賢、通典、元和志諸書皆云在山上也。按元和志云關在縣南四十五里。又云，太行山在縣南四十里。寰宇記，山在縣南三十六里。則關北不遠即出山。蓋山西乃高原地區，故太行南麓甚低，而北麓去山頂固不遠也。

馬牢關　舊五代史二五後唐武皇紀，唐大順元年，汴將李讜「急攻澤州。」李存孝自潞州來救。「李讜收軍而退。大軍掩擊至馬牢關，斬首萬餘級，追襲至懷州而還。」通鑑二八五作馬牢山。蓋因山置關也。此山關當在澤州城至天井關道上。紀要四三，馬牢山在澤州東南。一統志澤州山川目，馬牢山在鳳臺縣南二十里。鳳臺即唐之晉城。則此關在天井關北約二十五里也。

太行陘　元和志一六懷州河內縣，「太行陘在縣西北三十里。……濶三步，長四十里。」並引述征記，爲太行八陘之第二陘。寰宇記五三，同。其險峻可以想見。（通鑑五胡注引括地志，太行山在懷州河內縣北四十五里。蓋陘自山口算起。）按古稱地險有羊腸坂者，其他有三。紀要三九山西重險天井條云：

「關（天井關）之南即羊腸坂道。孔穎達曰，太行有羊腸坂，南屬懷，北屬澤，呂氏春秋九山之一也，盤紆如羊腸。魏世家，如耳曰，昔者魏代趙，斷羊腸，拔閼與。又蔡澤謂應侯曰，君相秦，坐制諸侯，決羊腸之險，塞太行之道。韓非說秦王，西攻修武，逾羊腸，降代上黨。又王莽謂五威將軍王嘉曰，羊頭之阨，北當燕趙，羊腸天井，險蓋相因也。通釋，羊腸有三。一在懷澤間，卽太行坂道也。一在潞安府壺關縣東南百里。戰國策，樊餘謂楚王，韓兼上黨以臨趙，卽趙羊腸以上危。又蘇厲遺趙王書，秦以三郡，攻王之上黨，羊腸之西非王有。漢志，壺關縣有羊腸坂，是也。一在太原西北九十里。吳起曰，夏桀之居，伊闕在南，羊腸在北。淮南子注，太原西北有羊腸，通西河上郡關。」（本注：隋書，煬帝登太行，問崔頤，何處有羊腸坂？曰漢書志在上黨壺關縣。帝曰，不是。又答曰，皇甫士安撰地書云，太原北九十里有羊腸坂。帝曰是也。）

據此，懷澤間太行坂道卽三羊腸之一，卽此太行陘道也。元和志云濶三步，長四十里，眞標準之羊腸道矣。（紀要四二，壺關羊腸坂才三里。一統志同。）又據上引諸條所記里程，則懷州北行三十里卽入太行陘，陘盡四十里，又二十五里天井關，又五里或十里出山，山道凡七十餘里。考水經注九沁水注云：

「丹水……出上黨高都縣故城（按在今晉城縣東北）東北阜下，俗謂之源源水……丹水自源東北流，又屈而東注，左會絕水。……絕水出泫氏縣（按今高平縣）西北楊谷……東南入高都縣，右入丹水。……丹水又東南流注于丹谷。……晉書地道記曰，縣有太行關，丹溪爲關之東谷，途自此去，不復由關矣。丹水又逕二石人北，而各在一山，角倚相望，南爲河內，北曰上黨，二郡以之分境。（按寰宇記四四，晉城「石人山，在縣東南八十八里，有雙石高標，類人形。」殆卽此。）丹水又東南歷西巖下，巖下有大泉湧發，洪流巨輸，淵深不測，蘋藻茭芹，竟川含綠，雖嚴辰肅月，無變暄萋。丹水又南，白水注之。水出高都縣故城西，所謂長平白水也。東南流歷天井關。地理志曰，高都縣，有天井關。蔡邕曰，太行山上有天井關，在井北，遂因名焉。故劉歆遂初賦曰，馳太行之險峻，入天井之高關。……白水又東，天井溪水會焉，水出天井關北，流注白水，世謂之北流泉。白水又東南流入丹水，謂之白水交。丹水又東南出山，逕鄈城西，城在山際。……丹水又南…

…注于沁，謂之丹江。」（下文述沁水過河內縣北。）

據此所記，可作簡圖如次：

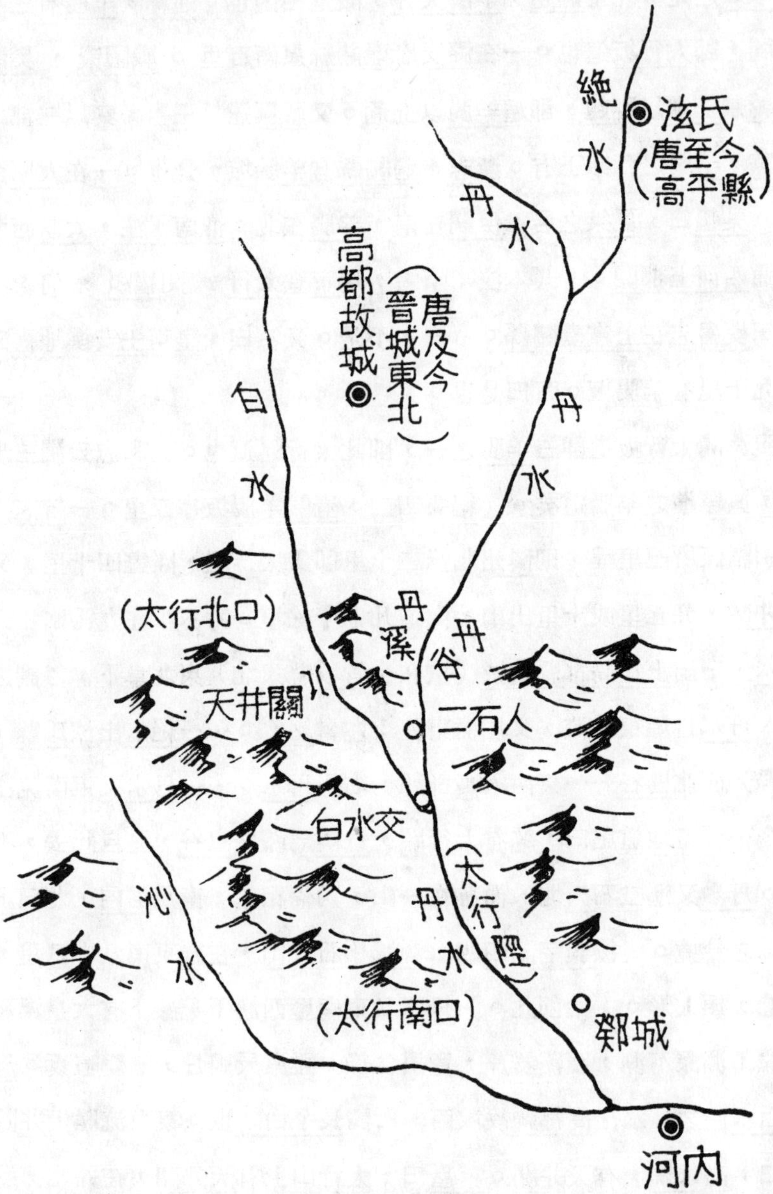

是河內北入山區之太行陘，當行丹水。紀要四九，河內太行山條，「府西北三十里曰太行陘，一名丹陘。」蓋即循丹水而行，故有丹陘之名。然天井關實當白水河谷；而丹溪僅爲關之東谷，雖可通行，非大道。蓋由河內循丹水河谷而上，至白水交之北，大道取白水河谷至天井關，達高都故城，即唐以下之澤州治所晉城縣也。又按酈注此條有丹谷丹溪之名，爲天井關之東谷，亦可通行。考魏書孝莊帝紀，永安三年，帝誅爾朱榮。遣源子恭「鎭太行丹谷，防討世隆。」世隆陷建州（唐之澤州），爾朱兆自晉陽來會。「兆寇丹谷」，子恭兵敗，兆遂渡河。此丹谷殆即天井東溪歟？然亦可指太行陘。

是此太行山道凡七十餘里，南四十里爲太行陘道，北三十餘里爲天井關道。乃晉豫交通之巨險，亦爲自古南北交通要道，南北用兵，必爭取此山道之控制權。其重要性蓋居太行八陘之首。誠以南瞰大河，凌逼洛京，故爲兵家所必爭也。

按太行八陘，見重於史者，當以太行、井陘、軍都爲最，然井陘關鍵晉、冀，軍都北通塞外，皆偏於東北，不若太行陘俯瞰大河，直脅洛京，河洛爲中原心臟地帶，故此陘尤爲見重也。通鑑五，周赧王五十二年，「秦武安君伐韓，取南陽，攻太行道，絕之。（胡注，韓之南陽即河內野王之地。）蓋取南陽而不絕太行道，則南陽亦不能守。又二四七，唐會昌三年，李德裕奏：「俟昭義平日，仍割澤州隸河陽節度，則太行之險不在昭義，而河陽遂爲重鎭，東都無復憂矣。」蓋東都以河陽爲屏障，而河陽之軍非據太行之險，仍不爲安全也。至於中國史上軍家爭取此處陘道之其他事例，紀要三九山西重險天井條及四六河南名山太行條已搜錄幾盡，茲不復贅。

此道既險而要，隋煬帝及宋太祖皆曾修鑿，唐世可能亦曾加工。

隋書煬帝紀，大業三年，五月「戊午，發河北十餘郡丁男鑿大行山，達於并州，以通馳道。」蓋其時車駕北巡也。歸途上太行山，開直道九十里至濟源（詳下文），蓋非太行陘道矣。又宋會要方域一〇之一，太祖建隆三年「五月十八日，潞州言先奉詔集丁夫開太行路，俾通餽運，今已功畢。」蓋爲北征北漢之準備耳。按唐世未見修鑿，然高宗玄宗不止一次由洛陽北巡潞、并，想當亦有經營也。

又河陽西北經濟源入軹關。而濟源東北亦有山道通澤州，蓋亦經天井關地區。

寰宇記四四澤州目，除記「南至懷州一百四十里」外，又云，「西南至孟州濟源縣一百五十里。」按濟源河陽道另詳軹關道考。是澤州又可取道濟源至河陽入東都也。檢通鑑一八〇，隋大業三年，北巡冏。「帝上太行，開直道九十里。九月己未，至濟源，幸（張）衡宅。」（參隋書張衡傳。）胡注，「開直道抵張衡所居。」天井關去澤州四十五里，則上太行，開直道者，當始途於天井以西不遠處，向西南直抵濟源也。寰宇記所記澤州至濟源道，可能與煬帝所開者有關。一統志澤州關隘目，引通志，以爲煬帝所開卽今小口道。

晉城東北行，中經巴公原（今有巴公鎭）八十里至高平縣（今縣）。

新一八二盧鈞傳，會昌間，爲山南東道節度使，遷昭義節度。「鈞次高平。」是高平當入潞州大道。又通鑑二九一，後周顯德元年，北漢主南侵，昭義節度使李筠嬰城自守。三月，「乙未，帝發大梁，庚寅至懷州，……壬辰過澤州，宿於州東北。北漢主不知帝至，過潞州不攻，引兵而南，是夕，軍於高平之南。癸巳……北漢主以中軍陳於巴公原，張元徽軍其東，楊袞軍其西。……合戰，……北漢兵大敗。……是夕，帝宿於野次。甲午，休兵於高平。………丁酉，帝至潞州。」則由澤州東北行經巴公原至高平也。又通鑑二六六，梁開平二年，周德威自潞州攻澤州，梁軍來援，「德威焚攻具，退保高平。」及下文韓店條引舊五代史，亦皆高平當大道之證。元和志一五澤州，高平縣南至州八十里。寰宇記四四，同。巴公原，一統志澤州關隘目引金史地理志，晉城縣有巴公鎭。又引舊志，「巴公鎭在州北四十四里。」而紀要四三作州北三十五里。

又北約七十里至韓店（今有韓店）。又四十里至潞州治所上黨縣（今長治縣）。又高平縣北五十里有長平關，似亦當大道，則在韓店之南二十里。

舊五代史五二唐書李嗣昭傳，嗣昭攻潞州，梁澤州刺史棄城走。「梁祖聞嗣昭之師大至，召葛從周謂曰，幷人若在高平，當圍而取之，……勿以潞州爲敵。及聞嗣昭軍韓店。梁祖曰：進通扼八議路，此賊決於我門。」此既見高平當道，亦見韓店當道。一統志潞安府關隘目，「韓店鎭，在長治縣南四十里。明洪武元年，洪霍特穆爾遣韓禮兒援潞安，偏將軍楊爆遇於韓店，大戰敗之。」據嗣昭傳，唐世已有此名，當大道也。今國防研究院地圖仍有韓店，在汽車路上。按澤潞間相去一百九十里，高平南至澤州八十里，韓店北至潞州四十里，推知高平韓店間里數。又李嗣昭傳梁祖之語不可解。一統志同目有「八義鎭，在長治縣西南六十里，見金史地理志。」所謂「八議道」者，蓋此八義歟？長治西南六十里，似與下文所述長平關相近矣。

又元和志一五澤州高平縣，「長平關在縣北五十一里。」寰宇記四四澤州高平縣，引冀州圖云，「長平關在縣北五十里。」就方向言，蓋當大道。元和志又云，「長平故城在縣西二十一里，白起破趙四十萬衆於此，盡殺之。」一統志澤州古蹟目引舊志，「在縣西北二十里王報村，今猶稱舊縣。」而寰宇記云：「省寃谷東西南北各六十步，在縣西北二十五里，秦壘西面百步。卽趙括被殺，餘衆四十萬降白起之處，懼趙變，盡坑之。……地名殺谷，唐開元十年正月明皇行幸親祭，改爲省寃谷。」是省寃谷當距唐道不遠，去長平故城亦近，當在高平西北，非正西也。新紀，高宗顯慶五年正月甲子，如幷州。己巳次長平。按唐不置長平縣，此長平非故城卽關城也。

又按元和志一五，潞州有長子縣在州西南五十二里。寰宇記四五作五十里。又云「廢長平關在（長子）縣南四十里，平嶺上。」以里程計之，是長子縣不當此驛道。

州南二里有金橋，當西通晉蒲大道，亦當南通澤州驛道。

張說皇帝在潞州祥瑞頌十九首（全唐文二二一），其一爲金橋。序云：「金橋在潞南二里，常有童謠云，聖人執節度金橋。皇帝景龍三年十月二十有五日，由此橋朝京師。」頌曰「出郡二里，橫路金橋，聖人南渡，駟馬西朝。」後潘炎有金橋賦（全唐文四四二），序與說頌序略同。則此橋當潞州西通蒲關之路無疑。然廣記二一二金橋圖條：「玄宗封泰山廻，車駕次上黨。……及車駕過金橋，御路縈轉，上見數千（十？）里間，旗纛鮮潔，羽衞齊整，謂左右曰，張說言我勒兵三十萬，旌旗經千里間，陝右、上黨，至於太原，眞才子也。……遂召吳道玄………制金橋圖。（出開天傳信記。）」按玄宗以開元十三年東封，未過上黨，此當有誤。考張說上黨舊宮述聖頌序（全唐文二二一）云：「開元十有一祀，正月，皇帝展義於河東，挾右太行，留宴上黨，整兵耀武，入於太原，……南轅汾、雎，祈穀后土。……三月庚午，歓至長安。」通鑑二一二，開元十年十二月，「上（時在東都）將幸晉陽，因還長安」。張說因上言，宜祠汾陰后土。上從之。十一年正月己巳車駕北巡，庚辰至潞州，給復五年，辛卯至并州。二月戊申還至晉州。壬子，祭后土。癸亥，張說兼中書令。三月至長安。廣記所謂東封泰山，蓋此次北巡之誤。此巡，事與張說有關，亦與廣記稱玄宗之言合，祥瑞頌十九首，蓋亦此時所作耳。惟此行由東都經上黨至太原，非由上黨至蒲、晉，則此橋亦當澤、潞大驛道明矣。橋之位置，張說頌序，潘炎賦序皆云在城南二里。一統志潞安府津梁目，「金橋在長治縣西南關。」

潞州向北有正北及西北兩道。玆先考北道，次及西北道。潞州正北行，道出潞城、屯留間，約十七里至三垂岡，又約二十八里至黃碾（今仍舊名），又北約四十八里至襄垣縣（今縣）。縣南四十里井谷關，亦有天井之名，疑當在此道上。

襄垣縣當晉陽入上黨大道，唐前史事頗多可證。通鑑八七，晉永嘉三年，「（劉）聰遂破屯留長子……上黨太守龐淳以壺關降漢。（并州刺史）劉琨以都尉張倚領上黨太守，據襄垣。」又八九，晉建興三年，「漢大司馬曜攻上黨。八月癸亥，敗劉琨之衆於襄垣。曜欲進攻陽曲。」此其證一。又北齊書神武紀上云：

「神武乃自晉陽出滏口，路逢爾朱榮妻北鄉長公主自洛陽來，馬三百匹，盡奪易之。兆聞……自追神武至襄垣，會漳水暴長，橋壞。………初魏眞君內〔中〕學者奏言，上黨有天子氣，云在壺關大王山。……神武行舍大王山六旬而進，將出滏口……。」

按一統志潞安府山川目，「大王山在壺關縣東南二十三里。」元和志，壺關縣在潞州東南三十里。則高歡此行，實由晉陽經襄垣，亦經上黨，始出滏口也。此其證二。下文引冀州圖云：「松門嶺在襄垣北一百三十里，道通太原驛道。」明襄垣固爲大道所經也。故下文引元和志武鄉去潞州里程，亦當取道襄垣，里數始合。

潞州北至襄垣縣九十三里，見元和志及寰宇記。其間行程續考如次。

新五代史五唐莊宗紀云：

「初克用破孟立方於邢州，還軍上黨，置酒三垂岡。……時存勗在側，方五歲，克用慨然……曰，吾行老矣；此奇兒也，後二十年其能代我戰於此乎？……天祐五年，即王位於太原。……周德威自亂柳還軍太原。梁夾城兵聞晉有大喪，德威兵且去，因頗懈。王……乃出兵趨上黨，行至三垂岡，歎曰，此先王置酒處也。……兵行霧中，攻其夾城，破之。」

舊五代史二七唐莊宗紀述三垂岡之戰云：

「四月……甲子，軍發自太原，己巳至潞州北黃碾下營。五月辛未朔晨霧晦暝，帝率親軍伏三垂岡下。詰旦，天復昏霧，進道直抵夾城。………梁軍大恐，……斬首萬餘級。」

按此事，新五代史二二梁臣康懷英傳述之亦詳。（云晉王「與德威等急馳六日至北黃碾。」據舊紀及通鑑，此「北」上蓋脫「潞州」二字。）通鑑二六六梁開平二年書事與月日地名皆從舊紀。惟云「己巳，晉王軍於黃碾，距上黨四十五里。」可補舊紀。胡注，「黃碾村在潞州潞城縣。」「三垂岡在屯留縣東南。」寰宇記四五潞州潞城縣，「三垂山在縣西南二十七里，前趙劉聰遣將喬衷攻晉上黨太守龐和於壺關。晉北將王廣韓柔救之，……喬衷敗之於三垂。」按同目又云，潞城縣在州「東北四十四里。」則三垂岡在州城北約十七里。（元和志作「南至州四十里。」方向小誤，今里數亦從寰宇記。）其北去黃碾當爲二十八里。以次可推黃碾至襄垣里程。國防研究院地圖，長治、襄垣適中地區尙有黃碾地名，當卽故地也。

又元和志襄垣縣目云：「井谷關在縣東南四十里，置在天井谷內，深邃似井，因以爲名。魏武初遷鄴，於此置關，周建德六年廢。」故新志作井谷故關。寰宇記述事與元和志全同，而標目作天井關。按形勢方位論之，當亦在此道上，則在黃碾北不到十里也。

又按潞州至襄垣線，當出潞城屯留兩縣，不經此兩縣城。何者？前引通鑑，黃碾南至潞州四十五里。一統志，黃碾在潞城西北二十里，潞城西南至長治（卽潞州）四十五里，則黃碾南行四十五里，不可能繞經潞城縣。又據一統志，長治東北至潞城四十五里，潞城西北至襄垣七十五里，共一百二十里。又長治西北至屯留六十里，（元和志作六十四里。）屯留東北至襄垣八十里，共一百四十里。則元和志、寰宇記潞州至襄垣九十三里者，（一統志亦云襄垣在府北稍西九十里。）決不東繞經潞城，或西繞經屯留也。

襄坦東北約三十里至松門嶺，又西北蓋略循濁漳水河谷而上約四十七里至武鄉縣（今縣）。

通鑑一五五，梁中大通四年，「魏丞相歡引兵入滏口，……擊爾朱兆。……歡軍於武鄉，爾朱兆大掠晉陽，北走秀容。」蓋歡此次入滏口擊晉陽，正即上次由晉陽東出滏口之道。是武鄉當此大道也。又通鑑二五五，唐中和三年，「昭義節度使孟立方以潞州……屢簒主帥……乃遷治所於邢州。……監軍祁審誨因人心不安，使武鄉鎮使安居受潛……乞師於李克用……克用……取潞州。」蓋武鄉當晉陽軍道之要，故置鎮使，有事亦得潛乞師於晉陽也。下文引通鑑會昌三年事，亦見武鄉當軍道。又水經洞過水注引魏土地記云，晉陽東南有蔣谷大道通武鄉。尤明證矣。詳下文象谷條。

元和志一五，潞州，鄉縣（卽武鄉縣）「東至州一百七十里。」「東」顯爲「南」之譌。如取襄垣道，則襄垣武鄉間近八十里。檢一統志潞安府卷及沁州卷，武鄉在襄垣正北九十五里，與元和志所記尙相近。可證由潞州赴武鄉實取道襄垣；如取他道則迂遠矣。

寰宇記四五潞州襄垣縣目引冀州圖云：「松門嶺在襄垣北一百三十里，道通太原驛路。」按如一百三十里不誤，則其地遠在武鄉縣之北，不應屬襄垣縣。考隋書地理志，松門嶺在上黨郡黎城縣境。檢元和志、寰宇記，黎城縣在潞州治所之東北一百二十里。一統志潞安府古蹟目引舊志，黎城舊縣在今黎城縣西北十里。則黎城縣在襄垣東北不過三四十里。又山川目，「松門嶺在襄垣縣北，接沁州武鄉縣界。」則其地固在武鄉之南，時屬襄垣，時屬黎城也。度其地當在襄垣東北，黎城西北，近濁漳水，當大道。武鄉在襄垣北約七十七里，此嶺蓋在襄垣東北三十里上下歟？則「一百」乃衍文耳。

武鄉縣北七十里至昂車關，蓋因軒車嶺受名。又東北不遠處有石會關（今楡社縣西北二十五里）。皆軍道衝要處。又石會南三十里腰鼓嶺，蓋亦當道。

武鄉、昂車關、石會關，觀會昌間平澤潞昭義之亂時事，最能見其形勢，當大道之要。通鑑二四七，唐會昌三年述事云：

「河東節度使劉沔步騎二千守芒車關，步兵一千五百軍榆社。」「六月……丙子……詔劉沔自將兵取仰車關路以臨賊境（潞州）。」

通鑑同年下文又書云：

「王宰軍萬善，劉沔軍石會，皆顧望未進。……十二月丁已，宰引兵攻天井關。……稹……以兵馬使劉公直代茂卿（守澤州），安全慶守烏嶺，李佐堯守雕黃嶺（胡注在潞州長子縣西），郭僚守石會，康良佺守武鄉。………戊辰，王宰進攻澤州，……河東奏克石會關。」

「河東行營都知兵馬使王逢奏乞益榆社兵（按榆社即指石會關守兵而言，關在縣西二十五里。）詔河東（指太原）以兵二千赴之。」

會太原兵亂，通鑑又書四年事云：

「石會關守將楊珍聞太原亂，復以關降於稹。……王逢擊昭義將康良佺，敗之；良佺棄石會關，退屯腰鼓嶺。」

旋澤潞平，劉稹誅。而五年昭義（即潞州）復有兵亂，通鑑二四八述之云：

「李德裕奏，請詔河東節度使王宰，以步騎一千守石會關，三千自儀州路據武安，以斷邢洺之路，又會河陽節度使石雄引兵守澤州，河中節度使韋恭甫發步騎千人戍晉州。……皆從之。」（胡注：分守四境，使潞之亂卒不得越逸而奔他鎮。」）

又通鑑二八七，後漢天福十二年，劉知遠在晉陽，議進取。下云：

「帝欲自石會趨上黨。」

據此前後書事，昂車、石會兩關，武鄉、榆社兩縣，當太原入潞州軍道之要可知。武鄉、榆社即今縣。胡注於此數地名或有所釋云：「仰車關即昂車關。」「芒車關即昂車關。魏收地形志，上黨郡沾縣有昂車關。其地當在唐儀州（今遼縣）東（西之譌）南界，石會關之西。」「九域志，遼州遼山縣（今遼縣）有榆社鎮，唐之榆社縣也。（下引宋白說，以爲在襄垣縣理，誤。）」按新志，潞州武鄉縣「北有昂車關。」檢紀要四三武鄉，「昂車關在縣東北七十里。唐置。」而一統志沁州關隘目，「昂車關在武鄉縣西門外。……縣志，縣西關外有下關村，小漳水所經。相近又有上關村，即古昂車關故址。」兩說相距頗遠。參之新志及下文引一統志石會關條，當以紀要爲近是。縱無七十里之程，但亦決非極近也。一統志此條之說，蓋後代別一關址耳。石會關，胡注以爲在儀州東南。按紀要四三，石會關在榆社縣西北。一統志遼州關隘目，「石會關在榆社縣西二十五里，又西南卽沁州武鄉縣之昂車關。」此最分明，與當時形勢亦切合。胡注「東南」蓋「西南」之誤。蓋由武鄉北行至昂車關，又東北不遠至石會關，在榆社縣西二十五里。據一統志遼州卷及沁州卷，武鄉北至榆社約七十里。則紀要云石會關在榆社西北，方位尤確，蓋縣西北二十五里也。

又前引通鑑會昌四年條，康良佺棄石會關退屯腰鼓嶺。考異引實錄，良佺「棄石會關移軍入三十里，守腰鼓嶺。」則石會之南三十里也。若兩關果在一條路線上，則此嶺在昂車之南約二十里也。亦當道。

昂車關，始見於魏書地形志。而下文象谷條引洞過水注轉引魏土地記云，晉陽東南有蔣谷大道，度軒車嶺通武鄉。時代正與昂車關始見史之時代不相遠，疑關因嶺名，蓋在大嶺之南也。此嶺蓋卽今黃花嶺，高達二千公尺，詳下文。此關當會昌伐澤潞時屢見通鑑如上述。其後似不復見。（通鑑二六二，天復元年，「叔琮入天井關，進軍昂車。」胡注「昂車卽昂車關，在澤州昂車嶺。」此注似誤，且與前引注文自相矛盾。然通鑑下文，叔琮拔澤州，進攻潞州，則此昂車實當在澤州，蓋昂車之名，澤、潞兩州皆有之如天井歟？）而石會關則仍屢見。紀要四三遼州榆社縣石會關條，於會昌以後續述云：

「又光化二年，汴將氏叔琮自馬嶺關西侵河東，爲河東將周德威所敗，引還。德威進之，出石會關；叔琮敗走。五年，朱全忠大舉攻河東，遣其將氏叔琮拔澤州，降潞州，進取晉陽，出石會關，營於洞過驛，攻晉陽不克，叔琮復自石會關引歸。天復二年，叔琮自晉州敗河東兵，長驅圍晉陽，不克，引還。河東將李嗣昭等追及石會關。……唐同光初，梁人謀分道攻唐，以陝虢澤潞之兵自石會關趣太原，不果。淸泰三年，契丹救石敬瑭，至太原，圍唐兵於晉安砦，遊騎至石會關。漢初，以契丹旣去汴，議進取之道，漢主欲自石會關趣上黨，不果。周顯德五年，潞州帥李筠擊北漢石會關，拔其六寨。關蓋澤潞北走晉陽之徑道也。」

足見此道在唐末五代當太原潞州間南北交通之要，蓋爲潞州直北第一軍家要地矣。

又西北越軒車嶺（今黃花嶺？）蓋此道最高處，凡約七十三里至象谷，唐以前名蔣谷，故此道有「蔣谷大道」之稱。又北蓋略沿象谷水而下西北行，中經武村堡，約五十二里至太谷縣（今縣）。又北三十七八里至洞過驛，又三十七八里至北都太原府（今晉源縣，舊太原縣，在山西省會太原市西南四十里）。

水經注六洞過水注云：

「魏土地記曰：晉陽城東南一百一十里至山，有蔣谷大道，度軒車嶺，通于武鄉。」

此爲武鄉北達晉陽大道之最具體說明。元和志，太原府太谷縣在府東南七十五里。縣有「蔣谷水，今名象谷水，源出縣東南象谷，經縣北四里，北入清源縣界。」寰宇記四〇，同。（惟云縣在府東南七十八里，小異。）一統志太原府山川目，象谷「在太谷縣東南五十二里，卽古蔣谷。」則此蔣谷大道，當卽略沿蔣谷水，經太谷縣也。隋書四五楊諒傳，諒鎭太原，擧兵，遣大將「余公理出太谷以趣河陽。」卽此道。蓋由晉陽東南行七十五里至太谷縣，循蔣谷水東南行三十五里入山，又蓋十七里至蔣谷卽象谷，又越軒車嶺通武鄉縣也。軒車嶺者，蓋卽昂車關所以受名，疑卽今圖之黃花嶺耳。申報館新地圖，此處高達二千公尺，不惟此道之最高處，且似亦爲汾水以東之最高山嶺也。

又大明一統名勝志，山西一太谷縣：「象谷一云蔣谷，谷中水西北流，武村堡戍，臨之，三面石崖，勢極險阻，唐武德初築。」此堡臨蔣谷水，當爲大道所經也。

至於象谷、石會關之距離。檢一統志，太谷東南至榆社縣一百五十里，而石會關在榆社西北二十五里，象谷在太谷東南五十二里，則石會至象谷約七十三里也。

又舊五代史二六唐書武皇紀：「光化二年……三月，汴將葛從周氏叔琮……進軍楡次，武皇令周德威擊之，敗汴軍於洞渦驛。……追擊出石會關。」舊唐書昭宗紀作出石會，攻太原。通鑑二六一，光化二年，氏叔琮進軍楡次，李克用遣周德威擊之，「戰於洞渦，……叔琮弃營走，德威追之，出石會關。」考異引唐太祖紀年錄：「三月，周德威敗氏叔琮於洞渦驛。」胡注引魏收地形志，洞渦水因「五水合流故曰同過，後語轉爲洞渦。」胡氏按云，「魏收多從其主往來晉陽宮，宜知地名之的。」以上光化二年事，知洞渦石會關爲一軍道。又舊五代史二梁書太祖紀，天復元年三月，氏叔琮等伐太原，「自太行路入。」潞州降，「乃進軍趨太原。四月乙卯，大軍出石會關，營於洞渦驛。……卽日與諸軍至〔晉〕陽城下。……以芻糧不給，遂班師。」新五代史四三氏叔琮傳，同略。舊五代史五二李嗣昭傳，只云氏叔琮營洞渦驛。通鑑二六二，天復元年，氏叔琮入天井關，拔澤州，降潞州，「進趨晉陽。夏四月乙卯，叔琮出石會關，營于洞渦驛。……叔琮等引兵抵晉陽城下……數挑戰……李存進敗汴軍於洞渦。時汴軍……芻糧不給……兵還。五月，叔琮等自石會關歸。」此天復元年事，亦見潞州進兵經石會關、洞渦驛至太原城也。（惟舊唐書昭宗紀天復元年述此事云，叔琮由上黨「長驅出團柏，營于洞渦驛。」作團柏，不作石會。團蓋團之形譌，然團柏似亦誤也。）洞渦驛當此大道無疑。胡注：「洞渦驛，臨洞渦水。」蓋得之。按元和志一三太原府：太原縣，「洞過水東自楡次縣界流入，西去縣三十里入晉陽縣界。」晉陽縣，「洞過水東自太原縣界流入，西入於汾，晉水下口也。」則此水在太原府南不過三四十里。紀要四三，楡社縣石會關條，「洞過驛在今徐溝縣。」一統志太原府關隘目：「同戈驛在徐溝縣北關外，西隅，卽洞渦字之譌也。」所指地望甚確。檢一統志，太原府治陽曲縣（卽今山西省會），太原縣（民國三十六年改名晉源縣）在府治西南四十里。徐溝縣又在其南四十里。太谷又在徐溝之南四十三里。故徐溝縣適在太原太谷兩縣之中道。唐太原府治所在一統志之太原縣，詳一統志太原府卷沿革目太原縣條。民國三十六年改名爲晉源縣，見民國行政區域簡表。故唐洞渦驛亦當太原府至太谷縣之中道。元和志，太谷縣在府東南七十五里，則此驛北至府，南至縣皆約三十七八里也。

又由潞州西北行經銅鞮縣亦至太原府，此爲另一道，且置驛。蓋即略當今日之汽車道也。

史記韓王信傳，信「反，以馬邑降胡，擊太原。七年冬，上自往擊破信軍銅鞮。」是漢世銅鞮北當太原軍道。又縣東南十五里有晉銅鞮宮，漢銅鞮城，西北二十里有閼與故城，皆古代名地。(詳後文。)似亦可爲當道之證。又魏書二一下彭城王勰傳，「後幸代都，次于上黨之銅鞮。」是北朝時代洛陽北至太原亦經銅鞮也。通鑑二五八，唐大順元年，「昭義有精兵號後院將，克用……令李克恭選後院將尤驍勇者五百人，送晉陽。……克恭遣牙將李元審及小校馮霸部送晉陽，至銅鞮，霸招其衆以叛。」是唐世潞州至晉陽亦經銅鞮也。然元和志一五，潞州目，銅鞮東至州一百五十里（當作東南）。唐世武鄉縣在州北一百七十里。檢一統志沁州卷，武鄉在沁州東北六十里，而唐之銅鞮又在沁州之西南四十里，則唐世銅鞮去武鄉無論如何皆當在六七十里以上，今元和志所記兩縣至潞州之距離僅有二十里之差，知其必非一道也。

其驛程可考者，潞州西行二十里至高河，相近有龍泉驛，爲潞州西通晉絳之第一驛，蓋亦爲西北通銅鞮、太原之第一驛。又西北六十里至太平驛。又西北三十里至梁侯驛。又四十里至銅鞮縣（今沁縣西南四十里之故縣鎭）。

通鑑二八〇，後晉天福元年，唐將趙德鈞屯團柏，晉帝由晉陽南下向洛陽。「丁卯，至團柏。」德鈞先遁，「南奔潞州」。「甲戌，帝與契丹主至潞州，德鈞父子迎謁於高河。」按團柏在今祁縣東南，是趙德鈞撤退線及晉帝進軍線，皆當行銅鞮道也。而高河當晉陽、團柏、銅鞮至潞州道。又二六六，後梁開平元年，「晉周德威壁于高河」，敗梁潞州行營都統。胡注：「高河在潞州屯留縣東南。」一統志潞安府關隘目，「高河鎭在長治縣西二十里，即古絳河也。」是則潞州西行二十里，至高河，乃西北至銅鞮、太原也。今日汽車道正如此。又通鑑二四七，唐會昌三年，劉稹欲自爲昭義節度。「上遣供奉官薛士幹往諭指。……士幹入境，……都押牙郭誼乃大出軍，至龍泉驛迎候敕使，請用河朔事體。」一統志潞安府關隘目，「龍泉驛在長治縣西二十里，以龍潭水名。唐置，今廢。」是此驛當西通晉絳之道。然亦在潞州西二十里，與高河必相近。蓋潞州西北至銅鞮、太原，亦以此驛爲起站歟？

通鑑二九一周顯德元年紀云：

「北漢主自將兵三萬……與契丹自團柏南趣潞州。……北漢兵屯梁侯驛，昭義節度使李筠遣其將穆令均將步騎二千逆戰，筠自將大軍壁於太平驛。」

此條見晉陽潞州交通線上之地名者三。胡注：「宋白曰，梁侯驛在團柏谷南，太平驛西北。太平驛東南距潞州八十里。」太平驛在潞州西北。而團柏谷在祁縣東南。（詳下文。）則此道當爲銅鞮道，非武鄉道也。太平驛始見於會昌間。新書一八二盧鈞傳，澤潞既平，遷昭義節度，發卒戍代北(通鑑作振武)，「戍卒……酒酣，反攻城……鈞奔潞城。……鈞……還府。詔趣戍者行。……戍人已去潞一舍，鈞選牙卒五百，壯騎百，以騎載兵夜趨，遲明(通鑑作明日)至太平驛，盡斬之。」通鑑二四八唐會昌五年紀書事，略同。又云「盧鈞出至裴村餞之。」潞卒亂。蓋城外村名也。胡注：「唐制三十里一驛，太平驛在潞州北六十里。宋白曰，太平驛東南距潞州八十里。」按里距方向，蓋以宋白說爲正；胡氏州北六十里之說，蓋憶測之詞耳。紀要四二亦從宋白說。一統志潞安府關隘目：「太平驛在長治縣西北太平鄉，唐置今廢。」梁侯驛惟此一見。一統志潞安府關隘目太平驛條引續通典云：「梁侯驛在上黨西北一百十里。」紀要四二，同。是即太平驛西北一驛耳。

元和志一五，銅鞮縣東至潞州一百五里。東當作東南。則當在梁侯驛西北四十里也。檢一統志沁州古蹟目引縣志：「唐銅鞮故城在州西南四十里，今爲故縣鎮，有故縣寨。」又山川目，「銅鞮山在州西南四十里。」蓋故城近山。參下文亂柳條。今圖有故城鎮，一作古城鎮，在沁縣西南，殆其地。

又由高河西北四十四里至屯留縣（今縣）。又十八里至余吾寨（今余吾鎮）。又北約八十里亦至銅鞮。

通鑑二六六，後梁開平元年，晉將李嗣昭守潞州，梁將康懷貞圍攻之。八月，「晉周德威壁于高河……帝以……李思安代懷貞爲潞州行營都統。……思安至潞州城下，更築重城，內以防奔突，外以拒援兵，謂之夾寨。」二年又書云：

「正月……晉王……病篤，周德威退屯亂柳……李思安等攻潞州，久不下。……晉兵猶屯余吾寨。……三月……帝發大梁，……次澤州。四月……夾寨奏余吾晉兵已引去，帝以援兵不能復來，潞州必可取。丙午，自澤州南還。」胡注：「漢書地理志，上黨郡有余吾縣。章懷太子賢曰，余吾故城在潞州屯留縣西北。」檢一統志潞安府古蹟目：「余吾故城，後漢書郡國志，屯留縣。劉昭注有余吾城，在縣西北三十里。縣志，在縣西十八里，城周九里，故址猶存。今爲鎭。」又關隘目：「余吾驛在屯留縣城內。舊在縣西北十八里余吾故城。」今申報館中國新地圖，屯留縣北有余吾鎭。（國防研究院地圖，屯留西北有吾元地名，疑乃余吾之倒譌。）據此條，屯留、余吾皆當在道上。元和志一五，屯留在潞州西北六十四里。寰宇記四五，同。余吾卽與太平驛相近矣。然前人注釋皆只云太平驛在長治縣西北八十里，不云在屯留西北。又前舉近代兩地圖，長治通沁縣大道亦不經屯留、余吾，而申報館圖則長治、屯留、余吾、沁縣另有小道。復檢元和志，潞州西北至銅鞮一百五十里。而寰宇記五〇，威勝軍（卽銅鞮縣）「南至屯留縣一百四十三里。」此當指移縣於今沁縣地而言，在唐銅鞮東北四十里，則唐銅鞮在屯留北約一百里有餘。是銅鞮經屯留至潞州約一百六十五里有餘也。又九域志四，威勝軍「南至本軍界八十五里，自界首至潞州八十里。」「東南至本軍界五里，自界首至潞州一百四十里。」此東南至潞州里數正與元和志合。而南至潞州里數，又與寰宇記南經屯留之里數相合。故知今日兩道，卽唐宋之兩道也。今日主道在屯留之東，不經縣城；唐世已然。

銅鞮南有銅鞮故宮，西北有閼與故城，皆春秋戰國時之名所，蓋亦因地處衝要之故。

元和志一五潞州銅鞮目，「晉銅鞮宮在縣東（一統志沁州卷引作東南）十五里，子產曰，今銅鞮之宮數里。」「閼與城在縣西北二十里。史記曰，秦昭襄王攻趙閼與。趙奢曰，其險狹，譬如兩鼠鬥於穴中，將勇者勝。遂破秦軍，解閼與之圍。」寰宇記五〇威勝軍銅鞮縣：「銅鞮城在縣南十五里，本晉銅鞮宮，在縣南十五里。上黨記云，銅鞮有晉宮闕猶存。」「閼與城今名烏蘇城，在縣西北二十里。」又引冀州圖，「烏蘇城在縣西北二十里。」按一統志沁州古蹟目,「銅鞮宮在州南。」「烏蘇城在州西南二十里,今名烏蘇村。」蓋唐縣之西北,正當今沁縣之西南,唐縣之東或東南,正當今沁縣之南也。

銅鞮東北四十(三十?)里至亂柳(今沁縣阿近),蓋即斷梁城。

新五代史二二梁書康懷英傳,懷英圍晉之潞州,築夾城。「晉遣周德威屯于亂柳,數攻夾城。」前條引通鑑,晉王病篤,「周德威退屯亂柳。」胡注:「亂柳在潞州屯留縣界。」而一統志沁州古蹟目,「威勝故軍,今州治。……五代時地名亂柳,在唐銅鞮縣東北三十里。宋置威勝軍於此,兼移銅鞮縣治焉。金時升爲沁州。」是與胡注地望相去頗遠。按宋史八六地理志,威勝軍「太平興國三年於潞州銅鞮縣亂柳石圍中建爲軍。」則一統志是也。(前引一統志,唐銅鞮在今沁縣西南四十里,此又似當爲三十里,爲小異。)胡注蓋以意言之。蓋就形勢而言,亂柳似正當在屯留縣境耳。

元和志一五,銅鞮縣有「斷梁城,在縣東北三十里,下臨深壑,東西北三面阻澗,廣袤二里,俗謂之斷梁城。」寰宇記五〇,同。一統志沁州古蹟目:「上虒亭在州城東南,一名斷梁城。漢書地理志,銅鞮縣有上虒亭。水經注,銅鞮水又東逕故城北,城在山阜之上,下臨岫壑,東西北三面阻袤二里,世謂之斷梁城,即故縣之上虒亭也。」則上虒亭俗名斷梁城,在今沁縣附近。與前舉亂柳相近,就形勢言,又頗相似,音亦相近,疑爲一地耳。一統志同目銅鞮故城條又云:「舊志有段柳寨,在州南十五里,疑即亂柳之訛。」尤一名通變之徵矣。

又西北六十里至西唐店(今有西陽鎮)。又約八十里左右(七十至九十里)中踰護甲嶺(今名分水嶺)至團柏(祁縣東南六十里)。又北約十里至盤陀嶺,北齊置盤陀驛唐蓋仍之。又北約九十餘里至晉安寨,又三十餘里至太原府。

通鑑二八〇,後晉天福元年,唐兵軍晉安寨,爲石敬塘及契丹所圍,唐帝詔幽州趙德鈞進軍河東。並遣其子樞密使「趙延壽將兵二萬如潞州」,使與德鈞會師。帝自至懷州,以康思文爲北面行營馬軍都指揮使,「帥扈從騎兵赴團柏谷。」十月「趙德鈞……至鎭州……自吳兒谷趣潞州。癸酉,至亂柳。……十一月……辛卯,……趙延壽遇趙德鈞於西湯,悉以兵屬德鈞。……德鈞逗留不進,詔書屢趣之,德鈞乃引兵北屯團柏谷口。……德鈞……至團柏踰月,按兵不戰，去晉安纔百里，聲問不能相通。」旋晉安兵潰，晉帝與契丹引兵南下，「至團柏與唐兵戰。」趙氏父子遁歸潞州。按此段紀事，見亂柳向北經西湯，至團柏，團柏去晉安寨百里。胡注：「歐史，西湯作西唐，薛史作西唐店。」檢一統志沁州關隘目：「西湯鎭在州西少北，卽古西唐店。……（引通鑑）。九域志，銅鞮縣有西湯鎭。縣志，鎭在州西北六十里，因西湯水爲名。」按水經注一〇濁漳水注，有西湯水。楊氏圖卽繪水源於此地區（沁縣北偏西），店因水受名，是也。又一統志太原府關隘目：「團柏鎭在祁縣東南六十里。……金史地理志，祁縣有團柏鎭，亦曰團柏谷。」「晉安寨在太原縣故晉陽城南，亦曰晉安鄉。史略注，晉安寨，太原縣西南三十餘里，晉祠南。」是前後里數可略知。惟西唐至團柏里距無考。檢一統志太原府沿革目及沁州沿革目，武鄉、祁縣相距二百四十里，則沁縣至祁縣當在二百里左右，推知西唐店至團柏當在八十里上下，蓋七十里至九十里也。

水經注六汾水注：「侯甲水……發源祁縣胡甲山，有長坂，謂之胡甲嶺，卽劉歆遂初賦所謂越侯甲而長驅者也。蔡邕曰，侯甲亦邑名也，在祁縣。」楊氏水經注圖繪此嶺於西湯西北，祁縣東南。寰宇記五〇，武鄉縣有「侯甲山，今名護甲嶺。」下引酈注以實之。是唐世名護甲嶺也。蓋此地區有西湯水南流入濁漳水，胡甲水西北流入汾水。此嶺則二水之分水嶺也。檢一統志沁州山川目，「胡甲山在武鄉縣西北一百里。」又關隘目，「南關在武鄉縣西 北 一百 二十里。」則嶺在南關之南二十里。又檢申報館新地圖「西湯西北，南關之南有分水嶺，蓋其地歟？

元和志太原府，祁縣北至府一百里。一統志太原府，祁縣在府南少西一百四十里。按唐太原府在清太原府西南四十里，故二書所記里距實相合。此道如經祁縣，則團柏至晉安寨當一百二十餘里。通鑑云纔百里，或舉約數；或不經祁縣城，而經祁縣東區，取較直路線也。觀今日公路，（國防研究院地圖已作鐵道。）實不經祁縣，而經縣東，蓋古道已然。

今山西祁縣有北齊天統四年造像，云：「天統四年三月十五日，佛弟子太原郡功曹王鸞、樂陀驛將張貴和……。」（燕京學報第十八期馬鑑山西佛窟考察記。)是北齊太原郡境有槃陀驛,考且或即在祁縣境。宋史三四九姚古傳:「粘罕陷隆德府,以古爲河東制置,……總兵援太原。……粘罕圍太原,內外不相通。古進兵復隆德府、威勝軍,扼南北關,與金人戰,互有勝負,太原圍不解……金人進兵迎古,遇于盤陀,古兵潰。」(此條據一統志檢。)按隆德府即唐之潞州,威勝軍在唐之銅鞮縣東北。一統志太原府關隘目:「盤陀鎭在祁縣東南五十里。」則當在團柏北十里。北齊槃陀驛正當在所處。檢申報館新地圖,沁縣北行公路上以次有西湯、南關,盤陀,即因古道耳。又考李德裕有盤陀嶺驛樓詩云:「嵩少心期杳莫攀,好山聊復一開顏,明朝便是南荒路,更上層樓望故關!」此詩如爲德裕所作,似非此槃陀驛:蓋彼雖爲趙郡人,但重貶前似無緣到太原地區也。然祁縣之槃陀既早在北朝已置驛,迄宋仍爲當道要地,唐代仍承北朝置驛固宜,不因作者之可疑而廢此詩也。

太原府,唐置北都,故有都亭驛。

令孤楚奏太原府資望及官吏選數狀(全唐文五四二):「太原府,龍興盛業,……官標留守,驛署都亭。」是唐世太原置都亭驛也。又新五代史三八宦者傳:「及(唐)明宗入主,又詔天下悉捕宦者而殺之。宦者……亡至太原者七十餘人,悉捕而殺之都亭驛。」是五代之世仍承之。

綜上所考,此道由洛陽東北渡河陽大橋至懷州。又略循丹水河谷而上入太行陘,度入白水河谷,越太行山脊之天井關至澤州。復略循丹水河谷至高平,達潞州,去洛陽四百七十里。河陽、太行爲洛陽以北之雙重天險,爲軍家角逐之目標,故在中國軍事史上極關重要。潞州正北行,經襄垣、武鄉兩縣,昂車、石會兩關,越軒車嶺,取蔣谷大道,經太谷縣至太原府四百四十餘里,或五十餘里。此道大抵循濁漳水(東源)河谷而上,踰嶺,復沿循象谷水而行也。又由潞州西北行,經太平、梁侯等驛,銅鞮縣,斷梁城,西唐店,踰護甲嶺,經團柏至太原府,四百五六十里。北道大抵循濁漳水北源,踰嶺,復沿循今昌原河(國防研究院地圖)而行也。兩道路程,皆四百五十里上下,唐宋志書,潞州至太原府四百五十里,無異說,此兩道皆可當之。惟銅鞮道置驛,武鄉道似不置驛,蓋軒車嶺較高險歟?然軍事進出武鄉道似反較銅鞮道爲多,何耶?豈險隘地區正兵家競逐用奇之目標歟?

一九六九年七月十七日初稿。一九七〇年四月二十日修訂。九月八日校畢，增訂槃陀驛一條。

出自第四十二本第一分（一九七一年三月）

ELEMENTS IN THE METRICS OF T'ANG POETRY

Feng-sheng Hsueh

1. The metrics of T'ang poetry has been a subject of numerous studies.[1] There would seem to be no reason why one more study on this topic should be added unless something new has been discovered. In what follows, a new approach will be adopted for the study of this old subject, and it is hoped that some new light can thereby be brought upon it.

1.1. It must be made absolutely clear at this point that the term 'T'ang poetry' as is used here does not mean the same thing as it does elsewhere. As we all know, poets of the T'ang dynasty wrote the shīh-poems in two different forms commonly known as the 'Ancient Style' (kŭ t'ǐ 古體) and the 'Modern Style' (chīn t'ǐ 今體 or chǐn t'ǐ 近體). I use the term to represent only the latter form. The justification for so doing is that, in my reasoning, only the 'modern style' is a typical creation of the T'ang dynasty, while the 'ancient style,' as the term indicates, is the product of earlier ages. Poems written in the 'ancient style' by poets of the T'ang dynasty and afterwards are, as far as the form is concerned, merely imitations. Seemingly, I am now using the term 'T'ang poetry' in a narrowed sense, but in reality it has now a much broader representation, because it covers not only poems of this form written in the T'ang dynasty, but also those written by people of all the dynasties and of all countries since the T'ang dynasty and conceivably in the future.

1.2. There are two formal features which mark off a T'ang poem from a so-called ancient poem, namely, verbal parallelism (tuì chàng 對仗) and rhythmic regularity(ké lǜ 格律). The former is syntactic, the latter, phonological. The two features are not interdependent, though both are often employed side by side in a T'ang poem. By verbal parallelism is meant the strict matching of the words in the two lines of a couplet. Strictly speaking, it is not a unique feature in T'ang poetry, though it is extremely common there, for it was also found in poems of the earlier ages known as kŭ-lǜ (古律) and kŭ-chüéh (古絕). For a poem to be called a T'ang poem, the only necessary and sufficient feature it has to possess is the special tonal patterns which have to be observed in every line, every couplet, and all through the whole poem. This is the feature to be discussed in this article. It is true that even in some well-known T'ang poems we may find one or two lines which do not conform to the required tonal patterns, but this can hardly be taken as an excuse to ignore the general rules underlying these patterns. As it has been said, there is nothing without exception. It just might be true that in some rare cases a talented poet might deliberately violate a certain pattern so as to achieve some desired effect.

1.3. There seem to be quite a few ways to form a system of metrics of poetry. John Lotz in his article 'Metric Typology' (Lotz 1960) first differentiates two large types, the simple and the complex, and subdivides the latter into three types, the tonal, the dynamic, and the durational, Why in one language one type is adopted rather than another is to a very large extent determined by the characteristics of the language, though strictly speaking there seems to be no logical necessity for any particular choice. Since Chinese has presumably always been a tonal language, it is thus only natural that tonality has been chosen to be the basis for formulating its metrics. This choice immediately makes the Chinese system completely different from the English metrics which is dynamic for it is based upon syllable stress and the metrics of Classical Greek which is based upon syllable length and thus called durational. Stress and length are fairly stable features, especially when they are used in metrics. The contrast is always binary, heavy vs. light and long vs. short.[2] The relative phonetic realization of these features seems to be never in doubt. Presumably, what was thought to be heavy or long in the past may probably still be regarded as heavy or long today or in the future. Thus it may be said that both dynamic and durational metrics are built upon constant foundations, so they still make as much sense as they did in the past. The same thing, however, can hardly be said about a metric system of tonality. As we all know, there are four tones in Ancient Chinese, the language of the T'ang dynasty. These tones can now be understood only in phonemic terms. Their phonetic realization is anything but clear. In fact, they seemed to vary drastically from one dialect to another even before the T'ang dynasty[3] and they surely have changed quite a few times and in many different ways since then. It follows that the metric system based upon the four tones of Ancient Chinese makes relatively less sense to us than it did to people of the T'ang dynasty.

1.4. The above conclusion forces us into direct conflict with the popular notion that the metric system of T'ang poetry is particularly closely related to music—a notion I find rather difficult to accept. If the term 'music' is defined in the broadest possible sense, that is, the regular occurrence of a sequence of sounds including speech sounds, then all metric systems are closely related to music, because the fundamental principle underlying all metric systems is variation of speech sounds in regular patterns. There seems to be nothing particular in the relation between the metric system of T'ang poetry and music in the above sense. If, however, 'music' means something more specific, i.e., poems written with a certain metric system are apt to be more suitable for music tunes, the metrics of T'ang poetry, it seems to me, just might be somewhat more awkward than the others, due to the changing nature of the tones upon which the system is built. Arthur Waley once said that the Chinese 'deflected' tones (i.e., the non-even tones) are distinctly more emphatic and so have a faint analogy to the English stressed syllables (Waley 1919:23). The analogy seems to me quite dubious, but let us accept it for the moment so as to make another analogy. If there is one line where the even tone and one of the non-even tones occur one after the other in this order, accordingly, this line will be analogous to an English line in iambic meter. If one believes that this line is particularly compatible to a certain type of music tune, it follows that its counterpart, a line in trochaic meter will be clumsy for the same tune. The situation in Ancient Chinese was unique. According to Lù Fǎ-yén, the compiler of the rime dictionary *Ch'ièh-yǜn*, words with the even tone in the dialect *Ch'ièh-yǜn* represents sounded like words with going tone in the then Szechwan dialect (see Note 3). Consequently, a line of 'iambic meter' in the standard dialect might possibly turn out to be a line of 'trochaic' meter, or even worse, of no meter whatsoever in the Szechwan dialect, because there were actually three non-even tones of which only one might possibly sound like an even tone in the standard dialect. This would mean that the metric system under study here makes sense only in the dialect where the 'even' tone is actually even and only when the phonetic value of the tones in that dialect remains unchanged. In other words, this system is hardly possible in other dialects and in the later stages of the Chinese language after the T'ang dynasty, as far as its relation to music is concerned. Since from all evidence this system worked quite well in the various dialects of the T'ang dynasty and afterward, and it still makes some sense in Modern Pekingese, though perhaps not as much as it did before, the only logical conclusion we can draw is that the system is neutral with regard to music. Just as other metric systems, the Chinese system is also merely a device to formulate some regular patterns of speech sounds. Its usefulness to musicians is also just that much.

2. After the above remarks, we can now turn to the discussion of the metric system of T'ang poetry itself. As we just said, there were four tones in Ancient Chinese. These four tones were classified into two contrasting metric bases. The even tone (p'íng-shēng 平聲) which has more than twice as many words as any other tone forms one base by itself. The other three tones, the rising (shǎng 上), the going (ch'ǜ 去), and the entering (jù 入), form together the other base, the 'tsè-shēng' (仄聲) which has been variously translated the deflected tone, the oblique tone, the changing tone, or the uneven tone. The term 'uneven' shall be used in our discussion, as it clearly indicates a contrast to the even tone.

2.1. The metric patterns of the eight line regulated poems known as 'lǜ-shǐh' (律詩) and the quatrain known as 'chüéh chǜ' (絕句) are part of the common knowledge about Chinese poetry. They appear practically in every anthology and could be recited by every pupil in the past. A number of English publications on Chinese poetry have also included these patterns, for example, Bynner and Kiang's ***The Jade Mountain***. We may list these patterns here as a convenient start for further discussion. 'O' represents the even tone, and 'ϕ' represents the uneven tone.

	Pattern A	Pattern A'
1.	ϕ ϕ 0 0 ϕ	0 0 ϕ ϕ 0 0 ϕ
2.	0 0 ϕ ϕ 0	ϕ ϕ 0 0 ϕ ϕ 0
3.	0 0 0 ϕ ϕ	ϕ ϕ 0 0 0 ϕ ϕ
4.	ϕ ϕ ϕ 0 0	0 0 ϕ ϕ ϕ 0 0
5.	ϕ ϕ 0 0 ϕ	0 0 ϕ ϕ 0 0 ϕ
6.	0 0 ϕ ϕ 0	ϕ ϕ 0 0 ϕ ϕ 0
7.	0 0 0 ϕ ϕ	ϕ ϕ 0 0 0 ϕ ϕ
8.	ϕ ϕ ϕ 0 0	0 0 ϕ ϕ ϕ 0 0

	Pattern B	Pattern B'
1.	0 0 0 ϕ ϕ	ϕ ϕ 0 0 0 ϕ ϕ
2.	ϕ ϕ ϕ 0 0	0 0 ϕ ϕ ϕ 0 0
3.	ϕ ϕ 0 0 ϕ	0 0 ϕ ϕ 0 0 ϕ
4.	0 0 ϕ ϕ 0	ϕ ϕ 0 0 ϕ ϕ 0

5.	0 0 0 ɸ ɸ	ɸ ɸ 0 0 0 ɸ ɸ
6.	ɸ ɸ ɸ 0 0	0 0 ɸ ɸ ɸ 0 0
7.	ɸ ɸ 0 0 ɸ	0 0 ɸ ɸ 0 0 ɸ
8.	0 0 ɸ ɸ 0	ɸ ɸ 0 0 ɸ ɸ 0
	Pattern C	Pattern C'
1.	ɸ ɸ ɸ 0 0	0 0 ɸ ɸ ɸ 0 0
2.	0 0 ɸ ɸ 0	ɸ ɸ 0 0 ɸ ɸ 0
3.	0 0 0 ɸ ɸ	ɸ ɸ 0 0 0 ɸ ɸ
4.	ɸ ɸ ɸ 0 0	0 0 ɸ ɸ ɸ 0 0
5.	ɸ ɸ 0 0 ɸ	0 0 ɸ ɸ 0 0 ɸ
6.	0 0 ɸ ɸ 0	ɸ ɸ 0 0 ɸ ɸ 0
7.	0 0 0 ɸ ɸ	ɸ ɸ 0 0 0 ɸ ɸ
8.	ɸ ɸ ɸ 0 0	0 0 ɸ ɸ ɸ 0 0
	Pattern D	Pattern D'
1.	0 0 ɸ ɸ 0	ɸ ɸ 0 0 ɸ ɸ 0
2.	ɸ ɸ ɸ 0 0	0 0 ɸ ɸ ɸ 0 0
3.	ɸ ɸ 0 0 ɸ	0 0 ɸ ɸ 0 0 ɸ
4.	0 0 ɸ ɸ 0	ɸ ɸ 0 0 ɸ ɸ 0
5.	0 0 0 ɸ ɸ	ɸ ɸ 0 0 0 ɸ ɸ
6.	ɸ ɸ ɸ 0 0	0 0 ɸ ɸ ɸ 0 0
7.	ɸ ɸ 0 0 ɸ	0 0 ɸ ɸ 0 0 ɸ
8.	0 0 ɸ ɸ 0	ɸ ɸ 0 0 ɸ ɸ 0

The above diagrams have always been supplemented by the famous remark 一三五不論，二四六分明，meaning, as Downer and Graham put it, 'License for 1, 3, and 5, strictness for 2, 4, and 6' (Downer and Graham 1963:146). What it actually means is that except the last syllable in a line all the odd–numbered syllables may be changed to the opposite while the even–numbered syllables must be what they are specified in the patterns. Kiang K'ang–hu did this by using the symbol ⊥ for those uneven tone syllables which can be replaced by an even tone syllable and the symbol ⊤ for the even tone syllables which can be replaced by an uneven tone syllable. This saves the trouble of drawing tediously a large number of alternative patterns, but any analytical mind can immediately see that the number of diagrams can be further reduced. By adding a note under the first line of pattern A (and A') and that of Pattern B (and B') to the effect that when rhyme is desired the line may be replaced by the first line of Pattern

C (or C') and that of Pattern D (or D') respectively, both Wáng Lì (Wang 1963:72-73) and James Liu (Liu 1962:26-27) find that four diagrams are enough. Wáng Lì also noted that the seven syllable line is actually an extention of the five syllable line by adding at the beginning two syllables which have the opposite tone to that of the two following syllables (Wang 1963:75-76). Thus it is possible for him to reduce the number of the diagrams to only two, though he did not do so. As to the four line regulated poems, chüéh-chǜ, the traditional explanation is that it is half of any of the eight line regulated forms. This is a strange reasoning, but most scholars seem to believe it, including a modern authority like Wáng Lì (Wang 1963:34). A scholar of the Ch'īng dynasty, Chào Chǐh-shēn 趙執信 (Cf. Wang 1963:34) once questioned this and said that the four line regulated form actually came into existence before the eight line regulated form and so the latter must be an extention of the former. However, very few people accept this explanation. I shall try to make it more believable.

2.2. A very ingenious approach to the problem under study is found in an article by John Lotz. By adopting a rather abstract method, he succeeds in drawing only two diagrams which can be easily compressed into one, if we put the first two syllables of a seven syllable line in parentheses to show that their occurrence is optional. Following is the revised diagram where a cross represents one of the two tonal bases, a circle represents the opposite base, and a dot represents an unspecified tone. The 'r' in parentheses means that the last syllable of the line is in rhyme (Lotz 1960:145).

(. 0) . x . 0 . (r)
(. x) . 0 . x . (r)
(. x) . 0 . x . (—)
(. 0) . x . 0 . (r)

This approach is better than the traditional one, because it shows that the two lines of a couplet are clearly in contrast and the two neighboring couplets also contrast with each other. But it is still not satisfactory. For one thing, it misleads us to believe that the last syllable of a line is unspecified while in reality it is the strictest of them all; for another, it fails to cover all the permitted patterns.

2.3. The traditional presentation of the metric system of T'ang poetry is not satisfactory in many ways. It is clumsy and yet incomplete. In fact, it is an attempt to list or enumerate a set of patterns which refuse to be listed or enumerated. As in many other cases, when we are content in enumerating the surface phenomena, we lose whatever chance we may have to discover the underlying general principles. The listing is, of course, correct in what it covers, but only that much. Some scholars claim that they can clearly see the underlying principles of this metric system from the diagrams given above.[4] I rather doubt how true this claim may be. It seems to me that diagrams of this kind, no matter how many one may draw, cannot possibly tell us in explicit terms what the principles are. The diagrams given above, even with the help of the verbal remark that the tones in some positions are changeable, also fail to cover all the aspects that have to be covered. As we shall see in later discussion, under some specific conditions, at least two deviations from the diagrams are permitted (see §3.5 and §3.6). On the other hand, these diagrams show the tonal patterns of only two special forms of regulated verse, the lǜ-shīh and the chüéh-chǜ. There are other forms of regulated verse, too. For example, a couplet may stand alone and is known as tuì-lién（對聯）or tui-tzu（對子）; three couplets can also form one unit known as sān-yǜn hsiǎo-lǜ（三韵小律）; a poem with five or more couplets is known as p'ái-lǜ（排律）which can be as long as a poet is able or willing to write. In order to cover all these metric forms and to show the general principles upon which these forms are formulated, drawing diagrams is clearly not an ideal way. Neither will the job be done by making a few impressionistic remarks as Arthur Waley and Hans H. Frankel did (Waley 1919:25 and Frankel 1963:261–63). To answer this need, we must seek a set of strict rules which will generate all the possible patterns.

3. The most important syllable in a regulated line is obviously the last one, but those close to the end are also of critical importance. This can be seen from the following facts. First, the tone of the last syllable must always be what it is specified to be. Second, the tone of the third syllable from the end had better be what it is specified to be, though it can be changed to the opposite (Cf. Wang 1963:90). Third, as Wáng Lì has accurately observed (Wang 1963:75–76), when a line is expanded from five syllables to seven syllables, the expansion comes at the beginning of the line so that the tonal pattern of the line will not be affected. Fourth, though the tone of the syllables in the even-numbered positions is supposedly not to be changed anywhere, there is evidence that poets are often less careful with those farther from the end than with those closer to the end.[5] In discussing the tonal pattern of a line, I find

it necessary to start from the end rather than from the beginning. It seems to me the facts mentioned above can be regarded as the justification for this practice. At any rate, this will simplify our discussion by treating the five syllable line and the seven syllable line in exactly the same way.[6]

3.1. Once we adopt this, so to speak, 'backward' approach, we notice, with a little stretch of our imagination, a highly powerful underlying principle for the construction of the rhythmic pattern of a line. The principle is a process of mirror image in reduplicating two contrasting elements appearing in either order.[7] If we use 'a' to represent either an even tone or an uneven tone and use 'b' to represent its counterpart, we can formulate the process as follows.

(i) $_{m}[ab]=[\cdots\cdots baabbaabbaab]$

The subscript 'm' in the above formula means that the sequence in the square brackets is to be expanded according to the process of mirror image and in the direction where 'm' appears. Theoretically, the process can operate as many times as one may wish. In other words, it can generate a line of any length. In reality, the length of a line in a T'ang poem is limited to either five or seven syllables only. This fact should by no means be taken as evidence to deny the validity of the principle given above. To borrow an idea from Chomsky, we believe that the principle represents the competence of the poets in forming a line of this kind. The fact that they did not write a line as long as nine, nineteen, or a thousand and one syllables is merely a limitation of performance. We learn from history that the seven syllable line came into existence several hundred years after the invention of the five syllable line. It is perhaps not too difficult to imagine that, before the invention of the seven syllable line, there might have been many people who thought such a thing was hardly acceptable just as a nine syllable line is hardly acceptable to us, and yet it happened. It may be interesting to note here that one special form of regulated verse known as tuì-lién may have in each of its two lines more than seven syllables arranged according to the rhythmic pattern discussed here.[8] At any rate, if we want, we can easily specify how many syllables there may be in a line. That the formula we set up can generate a line of any length only helps to demonstrate forcefully what potential it possesses. The fact should by no means be regarded as a weakness.

3.2. The formula we set up in the last section will generate two basic types of lines. When 'a' represents the even tone and 'b' represents the uneven tone, we shall have what may be called an α-line in the following form.

[…… ɸ 0 0 ɸ ɸ 0 0 ɸ ɸ 0 0 ɸ]

The last seven or five syllables will be

[(0 0) ɸ ɸ 0 0 ɸ]

When 'a' represents the uneven tone and 'b' represents the even tone, we shall have a β–line as follows.

[…… 0 ɸ ɸ 0 0 ɸ ɸ 0 0 ɸ ɸ 0]

The last seven or five syllables will be

[(ɸ ɸ) 0 0 ɸ ɸ 0]

When we compare these two basic types of lines with the eight diagrams in §2.1, we shall notice with some astonishment that the arrangement of the lines in a T'ang poem follows exactly the same principle through which the syllables of a line are arranged, if we ignore for the moment the last three positions in a line which we shall discuss later (§3.3). The only difference is that within a line the process of mirror image functions from the end backward or upward, but among the lines it functions from the beginning of the poem. We can represent this process by the following formula where 'A' stands for either an α–line or a β–line, while 'B' stands for the opposite.

(ii) {AB}m = {ABBAABBAABBA……}

Again, we may point out here that this formula has great potential. It may operate as many or as few times as the poet wishes. Fortunately, we have some empirical support for this claim, for we do find poems of this kind in various length. As noted before, we have tuì–lién (two lines), chüéh–chǜ (four lines), sān–yǜn hsiǎo–lǜ (six lines), lǜ–shīh (eight lines), and p'ái–lǜ (ten lines and over). There are quite a few p'ái–lǜ with two hundred lines. This length seems to be the upper limit in practice, but again we believe this is only a limitation in performance. There seems to be no reason why a poem of this kind with, say, ten thousand lines would be unacceptable, should anyone care to write it.

3.3. As in English poetry (Levin 1962:42), the two most important phonological conventions observed in Chinese poetry, particularly T'ang poetry, are those of meter and rhyme. The two features are, of course, always woven together. In T'ang poetry, the convention of rhyme is that only the even–numbered lines rhyme and the rhyme–words must all be in the even tone.[9] The odd–numbered lines, except the first line, do not rhyme and must all end with a word in the uneven tone. The first line is optional in rhyming, but when it does not rhyme, it must end in an uneven tone word. These restrictions clearly conflict with the arrangement of the lines specified by the formula in the last section which says that both α-line and β-line can occur as an even-numbered line or an odd-numbered line. Obviously, something must be done. Once more, we discover a powerful underlying rule for making all the necessary adjustments. In verbal terms, this rule can be expressed in a very simple though not very precise way, namely, 'In cases when required by the rhyming restrictions, exchange the tone of the last syllable of a line with that of the third from the end.' This means that when the α-line appears as an odd-numbered line, it will remain as 〔(0 0) ɸ ɸ 0 0 ɸ〕, but when it occurs as an even-numbered line, it must be adjusted to 〔(0 0) ɸ ɸ ɸ 0 0〕; the β-line will remain as 〔(ɸ ɸ) 0 0 ɸ ɸ 0〕, when it occurs as an even-numbered line, but must be adjusted to 〔(ɸ ɸ) 0 0 0 ɸ ɸ〕, when it occurs as an odd-numbered line. When they occur as the first line of a poem, the change will be optional, depending upon whether rhyme is desired there. The following rule may express the above process with a kind of mathematical precision, though it looks rather awkward in that it has to be supplemented by quite a few notes.

(iii) $[X+a+S+b]_{\text{Nth}} \longrightarrow [X+b+S+a]_{\text{Nth}}$

Notes: 1. Optional, when N=1.

2. Obligatory, when

i) N=2n, a=0, b=ɸ,

ii) N=2n+1, a=ɸ, b=0.

3. S=a single syllable.

4. n=any integer except zero.

When the above rule is added to the two formulas given before, all the possible basic forms of tonal patterns, including the eight diagrams in §2.1, will be generated. These are the strictest forms. Very few poems were actually written in these forms without further modification. It seems to me that among all the regulated poems of this kind in the famous anthology *T'ang-shīh Sān-pǎi Shǒu* (唐詩三百首),[10] there are only two short poems which conform completely to two of these basic patterns, but I confess promptly that I did not check the book with the utmost care. we may cite the two poems as examples.

李端 聽彈箏

鳴 箏 金 粟 柱 mjɐŋ tʃæŋ̣ kjem sjuok *ɸ'juo

0 0 0 ɸ ɸ

素手玉房前　　suo✱ ✱ɕju ŋjuok b'juɑŋ dz'iɛn

ɸ ɸ ɸ 0 0

欲得周郎顧　　juok tək tɕju lɑŋ kuo✱

ɸ ɸ 0 0 ɸ

時時誤拂絃　　ʑi ʑi ŋuo✱ p'juət ɣiɛn

0 0 ɸ ɸ 0

柳中庸　征人怨

歲歲金河復玉關　　sjuæi✱ sjuæi✱ kjem ɣɑ b'ju✱ ŋjuok kuan

ɸ ɸ 0 0 ɸ ɸ 0

朝朝馬策與刀環　　ȶjæu ȶjæu ✱ma tʃ'æk ✱juo tɑu ɣuan

0 0 ɸ ɸ ɸ 0 0

三春白雪歸青冢　　sɑm tɕ'juen b'ɐk sjuæt kjuəi ts'ieŋ ✱ȶjuŋ

0 0 ɸ ɸ 0 0 ɸ

萬里黃河繞黑山　　mjuɐn✱ ✱li ɣuɑŋ ɣɑ ✱ȵjæu xək ʃæn

ɸ ɸ 0 0 ɸ ɸ 0

3.4. The basic metric patterns are apparently too harsh for the linguistic reality of the language. For example, as Wáng Lì has pointed out (Wang 1963:112), among the numerals, only sān (three) and ch'iēn (thousand) belong to the even tone. A poet trying to compose in these rigid patterns must be frequently frustrated in looking for a word of the required tone. Accordingly, some relaxation is needed so as to give him a little more freedom to maneuver. Here comes the famous saying 'License for 1, 3, and 5, strictness for 2, 4, and 6,' that is, counting from the end of a line, all the even-numbered syllables must be what they are specified to be, but the odd-numbered syllables, except the first one, may be changed to the opposite. Again, we can present a rule to represent this optional modification.

(iv)　$[X+a\langle SS\rangle_n]\longrightarrow(X+b\langle SS\rangle_n]$

Notes: 1. S = a single syllable.

2. n = any integer except zero showing the times of occurrence of $\langle SS\rangle$.

3. a,b = 0, ɸ; but $a \neq b$.

Two points related to this rule have to be added here:

a) One may ask why the metric system is so strict with the even-numbered syllables. It seems to me no answer to this question is completely satisfactory, i.e., can be readily proven. One reasonable explanation is that there seems to be a tendency for Chinese words to go by two, with the second one receiving more stress. The above rule is thus simply a reflection of this linguistic phenomenon.[11] Anyway, we are here more concerned with what the metric system is than with why it should be what it is. The above is what has been observed and the rule has specified it.

b) Though, according to the above rule, the third syllable from the end of a line can be changed, the practice is often discouraged. Such a line is called a 'twisted line' (ào–chǜ 拗句) which had better be avoided or 'remedied.' The remedy for the 'twisting' is known as ào–chiù (拗救). It means that if one does not use a word of the specified tone for the third position from the end of a line, one had better balance it up by using a word of the opposite tone for the fifth position, too. It seems to me there might be some phonological motivation for both the avoidance of the 'twisting' and the remedy for it, though it is rather difficult for us to say what it is in precise terms. Unfortunately, this rhythmic feature can hardly be incorporated into the metric system, because it is not strict and definite enough to be considered part of the fundamental principles of this system. It often shows, however, the unique style of some individual authors. For example, a great late T'ang master, Hsǚ Hún (許渾), is said to be an expert in writing 'twisted' but 'remedied' lines (Wang 1963:94). The great Sung master Huáng T'íng–chiēn (黃庭堅) often deliberately wrote 'twisted' lines. Poems written in the patterns governed by Rule (iv) are very common. We may cite one here as an example. Modified positions are underlined.

賀知章 回鄉偶書

少 小 離 家 老 大 回 　ɕjæu* *sjæu lje ka *lɑu d'ɑ* ɣuAi
ɸ ɸ 0 0 ɸ ɸ 0
鄉 音 無 改 鬢 毛 摧 　xjɑŋ ʔjem mjuo *kAi pjen* mɑu dz'uAi
0 0 <u>0</u> ɸ ɸ 0 0
兒 童 相 見 不 相 識 　ȵje d'uŋ sjɑŋ kiɛn* pjuət sjɑŋ ɕjək
0 0 <u>0</u> ɸ <u>ɸ</u> 0 ɸ
笑 問 客 從 何 處 來 　sjæu* mjuən* k'ɐk dz'juoŋ ɣɑ tɕ'juo* lAi
ɸ ɸ <u>ɸ</u> 0 <u>0</u> ɸ 0

3.5. The adjusted β–line can be further changed from the form [(ɸ ɸ) 0 0 0 ɸ ɸ] to the form [(ɸ ɸ) 0 0 ɸ 0 ɸ]. This new form was officially accepted in the government examinations and, according to Wáng Lì (Wang 1963:103–8 and 823–25), was even more popular with the poets than the form from which it is derived. What this optional change means is that when a sequence of three even tone syllables occurs immediately before the last two syllables which are in the uneven tone, the neighbouring even tone and the uneven tone are interchangeable. A rule as follows can then be formulated.

(v) 〔X+0 0 0 ϕ ϕ〕⟶〔X+0 0 ϕ 0 0 ϕ〕

Poems containing lines of this form are quite common. Two may be cited here as examples. They are all the more noticeable because every line in them conforms to a basic form except the two lines which are modified according to this new rule.

孟浩然 宿建德江

移 舟 泊 烟 渚 　je tɕju b'ɑk ʔiɛn ⁎tuo

0 0 ϕ̲ 0̲ ϕ

日 暮 客 愁 新 　ȵjet muo⁎ k'ɐk dʒ'ju sjen

ϕ ϕ ϕ 0 0

野 曠 天 低 樹 　⁎ja k'uːŋ⁎ t'iɛn tiɛi ʑjuo⁎

ϕ ϕ 0 0 ϕ

江 清 月 近 人 　kɔŋ ts'jɛŋ ŋjuɐt ⁎g'jən ȵjen

0 0 ϕ ϕ 0

錢起 送僧歸日本

上 國 隨 緣 住 　ʑjɑŋ⁎ kuək zjue juæn ɖ'juo⁎

ϕ ϕ 0 0 ϕ

來 途 若 夢 行 　lAi d'uo ȵjɑk mjuŋ⁎ ɣɐŋ

0 0 ϕ ϕ 0

浮 天 滄 海 遠 　b'ju t'iɛn ts'ɑŋ ⁎xAi ⁎ɣjuɐn

0 0 0 ϕ ϕ

去 世 法 舟 輕 　k'juo⁎ ɕjæi⁎ pjuɐp tɕju k'jɛŋ

ϕ ϕ ϕ 0 0

水 月 通 禪 寂 　⁎ɕjuei ŋjuɐt t'uŋ ʑjæn dz'iek

ϕ ϕ 0 0 ϕ

魚 龍 聽 梵 聲 　ŋjuo ljuoŋ t'ieŋ⁎ b'juɜm⁎ ɕjɛŋ

0 0 ϕ ϕ 0

惟 憐 一 燈 影 　juei liɛn ʔjĕt təŋ ⁎ʔjɐŋ

0 0 ϕ̲ 0̲ ϕ

萬 里 眼 中 明 　mjuɐn⁎ ⁎li ⁎ŋæn ȶuŋ mjɐŋ

ϕ ϕ ϕ 0 0

This new rule obviously violates the well-known saying 'License for 1, 3, and 5, strictness for 2, 4, and 6,' for not only that the second position from the end has been changed from the uneven tone to the even tone but that the third position from the end must be strictly an uneven tone. For this reason, Wáng Lì repeatedly attacks this well-known remark (e.g., Wang 1963:83 and 100). He also warns that the practice represented by the above rule is limited only to those adjusted β-lines where the tone of the fifth syllable from the end has not been changed (viz., affected by Rule iv). It seems to me both the attack and the warning might be unnecessary. Here we can clearly see the power of our method. The difficulties pointed out by Wáng Lì simply do not exist, because to us the time-honored remark represents a mechanism of a somewhat higher order. Its validity is not to be doubted. When we arrannge these rules, all that we have to do is to put Rule (v) after Rule (iv) so that Rule (v) will apply only to those lines which still have a sequence of three even tone syllables in the specified positions, and its output will not be subjected to the change represented by Rule (iv).

We may venture to explain why the change represented by Rule (v) was favored by most poets and why the change is confined to the sequence of even tone syllables only. It seems to me there is a strong phonological motivation for this practice. As we have seen, the longest sequence of syllables with the same tone which our rules can generate so far is one of three syllables. What Rule (v) says now is that a sequence of three uneven tone syllables is all right, but a sequence of three even tone syllables, though tolerable, had better be changed to two. If we remember that the so-called uneven tone actually consists of three different tones while there is only one even tone, we shall be able to understand the reason. A sequence of three or more syllables in the uneven tone may still have some phonetic variation insofar as they do not belong to the same one of the three non-even tones (rising, going, and entering), but a sequence of three or more even tone syllables would perhaps sound somewhat monotonous.

3.6. We may now take into consideration another rule which will make the above explanation more believable. The rule was never officially recognized; nevertheless, many poets practised it (Wang 1963: 111). What the rule says is that in a couplet where the first line is an α-line and the second is a β-line, if the third syllable from the end in the β-line has been changed from the uneven tone to the even tone (viz., affected by Rule iv), the second syllable from the end in the *α*–line can then be changed from the even tone to the uneven tone (Wang 1963:108). The process can be formulated as follows.

(vi) 〔X+0 ɸ〕⟶〔X+ɸ ɸ〕/ ___〔X+0 ɸ 0〕

We may cite a short poem as an example.

劉長卿 聽彈琴

泠 泠 七 弦 上 lieŋ lieŋ ts'jet ɣiɛn ʑjɑŋ*
0 0 ɸ̲ 0̲ ɸ
靜 聽 松 風 寒 *dz'jəŋ t'ieŋ* sjuoŋ pjuŋ ɣɑn
ɸ ɸ 0̲ 0 0
古 調 雖 自 愛 *kuo d'iɛu* sjuei dz'jei* ʔAi*
ɸ ɸ 0 ɸ̲ ɸ
今 人 多 不 彈 kjem ^{n}jen tɑ pjuət d'ɑn
0 0 0̲ ɸ 0

In our interpretation, the rhythmic pattern of this poem is derived from its basic form first by the application of Rule (iv) which affected the second and the fourth lines, then by the application of Rule (v) which transformed the first line, and finally by the application of the present rule which modified the third line by using the fourth line as its condition. Since the present rule uses the output of Rule (iv) as its condition, we have to say that this rule operates after Rule (iv). In fact, the line this rule operates on may have been affected by Rule (iv) already. This is why we do not specify in the rule the syllables preceding the last two in the line, with the consequence that a sequence of four or even five uneven tone syllables is now permitted, —a strong and direct support to our speculation that a sequence of three or more uneven tone syllables is generally not deliberately avoided. A sequence of four uneven tone syllables will be generated when this rule applies to a 'twisted' but 'remedied' *α*–line (0̲ ɸ ɸ̲ 0 ɸ⟶0̲ ɸ ɸ̲ ɸ̲ ɸ) as the first line in the following poem.

孟浩然 登峴山

人 事 有 代 謝 ȵjen dʒ'i* *ɣju d'Ai* zja*
0̲ ɸ ɸ̲ ɸ̲ ɸ
往 來 成 古 今 *ɣjuɑŋ lAi ʑjəŋ *kuo kjem
ɸ̲ 0 0̲ ɸ 0
江 山 留 勝 跡 kɔŋ ʃæn lju ɕjəŋ* tsiɛk
0 0 0 ɸ ɸ

我 輩 復 登 臨　　*ŋɑ puAi* b'ju* təŋ ljem
ϕ ϕ ϕ 0 0
水 落 魚 梁 淺　　*ɕjuei lɑk ŋjuo ljɑŋ *ts'jæn
ϕ ϕ 0 0 ϕ
天 寒 夢 澤 深　　t'iɛn ɣɑn mjuŋ* ȡ'ɐk ɕjem
0 0 ϕ ϕ 0
羊 公 碑 尚 在　　jɪn kuŋ pje ʑj:ŋ* *dz'Ai
0 0 0 ϕ ϕ
讀 罷 淚 沾 襟　　d'uk *b'æi ljuei* ȶjæm kjem
ϕ ϕ ϕ 0 0

If the rule is applied to a plain 'twisted' α-line, the result will be a five uneven tone syllable sequence (ϕ ϕ ϕ̲ 0 ϕ ⟶ ϕ ϕ ϕ̲ ϕ̲ ϕ), like the first line in the following poem, a rather uncharacteristic line in T'ang poetry but still accepted.[12]

李商隱　登樂遊原
向 晚 意 不 適　　xjɑŋ* *mjuɐn ʔi* pjuət ɕjɛk
ϕ ϕ ϕ̲ ϕ̲ ϕ
驅 車 登 古 原　　k'juo tɕ'ja təŋ *kuo ŋjuɐn
0 0 0̲ ϕ 0
夕 陽 無 限 好　　zjɛk j:ŋ mjuo *ɣæn *xɑu
ϕ̲ 0 0 ϕ ϕ
只 是 近 黃 昏　　*tɕje *ʑje *g'jən ɣuɑŋ xuən
ϕ ϕ ϕ 0 0

3.7. We have exhausted all the fundamental restrictions of the metrics of T'ang poetry. The set of rules in the following and the order in which these rules are to be applied may hopefully represent the mechanisms of this system. Due to some technical difficulties, we shall have to slightly revise the format of some of the rules presented before, but they will stand for essentially the same principles described in our earlier discussion.

#TP# (TP=tonal patterns of T'ang poetry)

1. $$TP \longrightarrow \begin{Bmatrix} \alpha+\beta \\ \beta+\alpha \end{Bmatrix}_m$$

2. $$\begin{pmatrix} \alpha \\ \beta \end{pmatrix} \longrightarrow {}_m\begin{pmatrix} 0 & \phi \\ \phi & 0 \end{pmatrix}$$

3. $$[X+a+S+b]_{Nth} \longrightarrow [X+b+S+a]_{Nth}$$

1) Optional, when N=1.

2) Obligatory, when

i) N=2n, a=0, b=ɸ;

ii) N=2n+1, a=ɸ, b=0.

3) S= a single syllable.

4) n = any integer except zero.

4. 〔X+a<S S>$_n$〕⟶〔X+b<S S>$_n$〕

1) Optional.

2) S=a single syllable.

3) n=any integer except zero showing the time(s) of occurrence of<S S>.

4) a,b=0, ɸ; but a≠b.

5. 〔X+0 0 0 ɸ ɸ〕⟶〔X+0 0 ɸ 0 ɸ〕

Optional.

6. 〔X+0 ɸ〕⟶〔X+ɸ ɸ〕/____〔X+0 ɸ 0〕

Optional.

4. The above rules are, however, not of equal importance. Depending on how strict one desires to be, some of the optional rules could be eliminated. For example, the last rule, as has been noted, was never accepted in the civil service examinations of all the dynasties. On the other hand, some rules may be added so as to make the system even more uncompromising. One thing the above set of rules has not covered is the so-called fàn-kū-p'íng (犯孤平) which means literally 'committing the mistake of having only one even tone syllable.' What it really means is that, to put it in our terminology, Rule 4 cannot be applied to the fifth syllable from the end in a β-line (0 0 ɸ ɸ 0) unless it is also applied to the third syllable from the end in the same line. In other words, the line 〔ɸ̲ 0 ɸ ɸ 0〕 is not well-formed, but the line 〔ɸ̲ 0 0̲ ɸ 0〕 is acceptable. I have not incorporated this restriction into the above set of rules not only because it seems to be rather too arbitrary, that is, without phonological motivation, but also because it has long been forgotten (Wang 1963:88).

4.1. Of the obligatory rules in the above set, Rule 1 which specifies the arrangement of the lines in a poem does not seem to be as important as Rule 2 which describes the arrangement of the syllables in a line, for we sometimes find poems which observe Rule 2 but ignore Rule 1. Tù Mù's 'Farewell' can be given here as an example.

　　　　杜牧　贈別

娉 娉 嫋 嫋 十 三 餘　　p'ieŋ p'ieŋ ✱niɛu ✱niɛu ɕjep sɑm jo
0 0 ϕ ϕ ϕ 0 0 (α)

荳 蔻 梢 頭 二 月 初　　d'u✱ xu✱ ʃau d'u ȵjei✱ ŋjuɐt tʃ'jo
ϕ ϕ 0 0 ϕ ϕ 0 (β)

春 風 十 里 揚 州 路　　tɕ'juen pjuŋ ɕjep ✱li jɑŋ tɕju luo✱
0 0 ϕ ϕ 0 0 ϕ (α)

捲 上 珠 簾 總 不 如　　✱kjuæn ʑjɑŋ✱ tɕjo ljæm ✱tsuŋ pjuət ȵjo
ϕ ϕ 0 0 ϕ ϕ 0 (β)

Rule I can be violated in several different ways. If, in expanding a poem, the process of mirror image is overlooked, the result will be that the second line of the preceding couplet does not share the same rhythmic pattern with the first line of the following couplet. This is called 'no adherence' (shīh–chān 失粘), as has been exemplified by the poem just quoted. If, in forming a couplet, two lines of the same type, either α or β, are chosen, there will be 'no contrast' (shīh–tuì 失對). Among the T'ang poems, shīh–tuì is very rare, while shīh–chān is relatively more common. This is perhaps not too difficult to understand. The contrast of sounds in a couplet is conceivably more important than that among the couplets. The same reasoning can perhaps be extended to explain why Rule 2 and Rule 3 are almost always carefully observed while Rule 1 is occasionally overlooked. The contrast of speech sounds within a line is certainly more important than that between the two lines of a couplet and among the couplets.

4.2. We have accepted the general claim that T'ang poems rhyme with even tone words only, because we find the greatest majority of the regulated poems do rhyme in the even tone. It is, however, not difficult to find some quatrains of five syllable lines rhyming in one of the non–even tones. The following is a good example.

　　　　劉長卿　送上人

孤 雲 將 野 鶴　　kuo ɣjuən tsjɑŋ ✱ja ɣɑk
0 0 0 ϕ ϕ

豈 向 人 間 住　　✱k'jəi xjɑŋ✱ ȵjen kæn ɸ'juo✱
ϕ ϕ 0 0 ϕ

莫 買 沃 洲 山　　mɑk ✱mæi ʔuok tɕju ʃæn
ϕ ϕ ϕ 0 0

時 人 已 知 處　　ʑi ȵjen ✱i ʈje tɕ'juo✱
0 0 ϕ 0 ϕ

When earlier T'ang poets wrote regulated poems rhyming in a non–even tone, they always tried to show the greatest possible variation in using words of the other three tones as the last syllable of the lines not in rhyme (Wang 1963:80–82). For example, both the first and the third lines in the above poem are not in rhyme, but the last word of the first line is of the entering tone and the last word of the third line belongs to the even tone, while the rhyming words are in the going tone. Note, however, the rhythmic pattern of each line and the arrangement of the lines follow precisely the rules we have discovered. Should all the lines not in rhyme terminate in the even tone, we would be able to specify their forms very easily. All that we have to do is to modify slightly the conditions to Rule 3 as follows:

(For poems rhyming in words of a non–even tone.)

Obligatory, when i) $N=2n$, $a=\phi$, $b=0$;

ii) $N=2n+1$, $a=0$, $b=\phi$.

It is perhaps not surprising to learn that when poets of later ages wrote poems rhyming in a non–even tone, this was exactly the rule they followed, for they used only even tone words as the last syllable of the lines not in rhyme (Wang 1963:81).

Notes

[1] I have listed as references only a few of the researches by modern scholars. Needless to say, there are still many others. The most comprehensive and authoritative is undoubtedly Professor Wáng Lì's work (Wang 1963) which has been extremely useful to this author. The present article does not pretend to go beyond that excellent book except offering a new interpretation of the metric system, with its underlying principles unequivocally stated.

[2] This, of course, does not mean that more degrees of phonemic distinction do not exist in languages making use of such features as stress and length. It means that in metrics only a binary contrast of these features is possible, as Samuel R. Levin puts it (Levin 1962:43, fn.), 'System of metrical scansion that involve more than the two terms of "stress" and "absence of stress"—involving such additional terms as "minor" or "half-stress"—muddy the distinction between the metrical system of the poem and the suprasegmental system of the language used in the poem.'

[3] Lù Fǎ-yén, the compiler of *Chièh-yùn*, said in the preface: '秦隴則去聲爲入，梁益則平聲似去.' (In the dialect of Ch'ín and Lǔng, the going tone is like the entering tone (of the standard dialect), while in the dialect of Liáng and Yì the even tone sounds like the going tone.)

[4] For example, Professor James Liu says (Liu 1962: 27) after the four diagrams he draws: 'From the above patterns one can clearly perceive the principles of variation of tones within the line, and the repetition and contrast of tone-sequences in the whole poem.'

[5] For example, in the first line of Li Po's 黃鶴樓送孟浩然之廣陵, '故人西辭黃鶴樓,' the word 人 which belongs to the even tone is used in a position where an uneven tone is required. (Cf. Bishop 1955:55)

[6] As a vivid counterexample, see Wang 1963: 108 where he has to repeat tediously such expressions as 'the third word of a five syllable line and the fifth word of a seven syllable line.' To us, Wang is actually talking about the same word, when counting from the end.

[7] From Bishop 1955 I learned of Yoshikawa Kōjirō's 'Some Remarks on Meter in Chinese Poetry' (a paper presented before the 6th annual meeting of the Far Eastern Association, April, 1954). He was quoted in saying that 'in distinction to traditional Western prosody in which a metrical pattern is repeated indefinitely with minor variation, traditional Chinese prosody as a natural outcome

of tonality in the Chinese language is based on the principle of tonal contrast within the unit of the couplet. In musical terms (and such seem valid in this context), rather than development by imitation, a mirror counterpoint is employed.' Since I have not got the chance to read the paper, I do not know what he meant by 'a mirror counterpoint,' though I suspect he might mean something similar to what I said here.

8 For example, the well-known couplet '寄寓客家寤寐寒窗空寂寞,迷途退遠退還蓮逕返逍遙,(ϕ ϕ ϕ̲ 0 ϕ ϕ 0 0 0 ϕ ϕ, 0 0 0̲ ϕ ϕ̲ 0 0̲ ϕ ϕ 0 0) follows the rules discussed in this article with a few permitted exceptions (see §3.4).

9 This claim is based on the fact that the majority of the regulated poems rhyme with the even tone. This is obviously the result of an arbitrary convention. There seems to be no reason why regulated poems cannot rhyme in the uneven tone. In fact, we do find some regulated poems rhyming in the uneven tone (see §4.2), but they are mainly quatrains of five syllable lines—a clear indication that they were influenced by the so-called kŭ-chüéh.

10 For this anthology, I have chosen the annotated edition by Yü Shōu-chēn (Yü 1957). The phonetic transcription of the poems is based on the reconstructed system of Ancient Chinese by Professor Tŭng T'úng-hó (董同龢:漢語音韻學 Taipei, 1968). For the notation of tones, the symbol '*' will be used. When it appears at the upper left corner of a syllable, it represents the rising tone. When it appears at the upper right corner, it represents the going tone. The even tone and the entering tone will be left unmarked.

11 Dr. Fang-kuei Li said to this author in a private talk that the location of caesura in a line (after the second syllable in a five-syllable line or the fourth syllable in a seven-syllable line may have something to do with the fact discussed here. I personally feel this idea can perhaps be stretched a little by saying that after every even-numbered syllable there is a potential location of pause which makes the tone specification there rather strict. The traditional way of chanting poems lends some support to this saying in that a lingering at any even-numbered syllable is possible.

12 Arthur Waley once said (Waley 1919: 25): 'Lines can be found in pre-T'ang poems in which five deflected tones occur in succession, an arrangement which should have been painful to the ear of a T'ang writer.' The example here shows that such a line was, after all, not too painful to his ear.

References

1. Bishop, John L.: 'Prosodic Elements in T'ang Poetry,' in Horst Frenz and G. L. Anderson (ed.): ***Indiana University Conference on Oriental-Western Literary Relation***, 1955. Chapel Hill, N. C. 49–63.

2. Downer, G. B. and Graham, A. C.: 'Tone Patterns in Chinese Poetry,' in ***Bulletin of the School of Oriental and African Studies***, 1963. University of London. 145–48.

3. Frankel, Hans H.: Review of ***The Art of Chinese Poetry*** by James Liu, in ***Harvard Journal of Asiatic Studies*** 24 (1962–63). 260–70.

4. Kiang, K'ang-hu: 'Chinese Poetry' in Witter Bynner and Kiang (tr.): ***The Jade Mountain***, 1964 (Anchor Books Edition). New York. xx–xxxvii.

5. Levin, Samuel R.: ***Linguistic Structures in Poetry***, 1962. The hague.

6. Liu, James J. Y.: ***The Art of Chinese Poetry***, 1962. Chicago. (Phoenix Edition, 1966.)

7. Lotz, John: 'Metric Typology' in Thomas A. Sebeok (ed.): ***Style in Language***, 1960. Cambridge, Mass. Paperback Edition 1966. 135–48.

8. Waley, Arthur: 'The Limitations of Chinese Literature' in his own (tr.) ***A Hundred and Seventy Chinese Poems***, 1919. New York. 17–32.

9. Wáng, Lì: ***Hàn-Yǚ Shī̀h-Lǜ Hsüéh***(王力：漢語詩律學Chinese Versification), 1958. Rev. ed. 1963. Shanghai.

10. Yǘ, Shōu-chēn: ***T'áng-shīh Sān-pǎi Shǒu Hsiáng-hsì***(喻守真：唐詩三百首詳析 An Annotated Edition of the Three Hundred Poems of the T'ang Dynasty). 2nd reprint in Taiwan, 1957. Taipei.

唐詩之聲律

薛鳳生

就體裁而論，唐詩大別爲二類，卽今體與古體，二者之差異端在聲律之應用。對唐人言，顧名思義，古體乃仿古之作，今體則爲唐人所獨創。故以「唐詩」一詞專指今體，似乎更爲恰當。

舊時論唐詩聲律者，多限於律絕，以平仄歌訣爲主，輔以「一三五不論，二四六分明」等說，其法雖頗實用，然缺點仍多，其最大者厥爲使此一聲律之基本法則隱晦不彰。晚近中西學者對此問題有興趣者頗多，論著亦豐，每能超勝前修，然於該聲律之基本原理猶皆未能具體標出。本文卽針對此點，綜論唐詩聲律之構成要素，期以數條簡約之法則貫串唐詩之各種形式，從而闡明唐詩聲律之特質。結論得公式六，前三條爲必要的基本法則，說明律體詩之章法及句法皆遵循鏡式反映規律而擴展，並在特定的情況下受到韻律之節制；後三條爲選取性的輔助法則，指出在某些固定的情形下，基本的平仄格式得作某些修訂。唐詩聲律因有此六條公式乃獲得最精確之說明，卽破格之詩亦因而得以淸晰顯出其所以破格之故。

出自第四十二本第三分(一九七一年九月)

隋譙國夫人事蹟質疑及其嚮化與影響

林天蔚

㈠ 冼姓氏族源流

吾粤高涼六屬（註一），遍設冼太夫人廟（註二），香火甚盛，祀隋譙國誠敬夫人，夫人本溪洞蠻女。按吾粵之開闢，雖始自尉佗，然至唐宋二代，仍是蠻瘴謫宦之地；蓋是時開化者只是若干城市，其餘大部仍未設州郡，而爲溪洞之勢力範圍。冼氏當時據西江南路一帶，後與另一溪洞首領馮寶聯婚，勢力益大，然冼馮二族以後之發展逈異，蓋夫人在馮家，因其嚮化中原，故馮家人物輩出，而冼族則保留溪洞勢力，人物遠遜。尤其是夫人能獨具慧眼，在紛亂之際，識陳霸先于行伍，與之連結，及至天下大定，卻能首先降隋，故于南朝至隋唐間之歷史，影響甚鉅。宋蘇軾曾有詩頌之曰：（註三）

> 馮冼古烈婦，翁嫗國于茲，策勳梁武後，開府隋文時，三世更險易，一心無磷緇，錦繖平積亂，犀渠破餘疑。……

然惜此一代巾幗英雄事蹟，談之者極少（註四），府縣志僅引自北史與隋書，或語而未詳，或事有蹊蹺，尤是對其氏族源流，未能詳列，據光緒本高州府志卷四十、列女。

> 譙國夫人者，高涼冼氏之女也，世爲南越首領。

註一：高涼郡，漢建安廿五年以漢高涼縣置郡。初治今陽江縣西三十里，劉宋徙治今恩平縣北二十里，蕭梁時自合浦、廣州析置高州，治電白，後徙茂名；至清共轄六州縣，故稱六屬。

註二：「冼」夫人非「洗」夫人，見冼玉清廣東文獻叢談「冼夫人非姓洗」條。

註三：蘇文忠公詩集卷四十二（紀昀評點本）和陶擬古自九首之一。

註四：前人多是片段之記載，近人吳晗，始作學術性敍述，著「冼夫人」一文，（收于春天集中）然多是據本傳而敍述，錯誤亦多。

「世為南越首領」，是指夫人之父。因係溪洞首領，故史籍不載。其實高涼冼氏，源出南海，始祖名勁，據宣統二年冼寶幹纂修之嶺南冼氏宗譜卷一之三。

始祖名勁，字元吉。

冼勁，于東晉元興三年（西元四零四年），盧循陷廣州時殉職（註五），其後代分為三支：一支留居南海、番禺，今中區冼族屬此支；一支遷高州、電白，而為今日南路冼族之祖先，一支則遷海南（註六），而為該地冼族之祖。宗譜更顯明的記載夫人是屬第二支高涼（州）冼族之一，故知源出於南海，惟宗譜于始祖冼勁之上，別有一世祖汭，年代上推至始皇三十三年（西元前二一四年），並謂冼氏源出于沈氏，殊屬無稽，據冼氏宗譜「氏族源流」篇載：

冼氏之先，源出于沈子國，亦周之苗裔，在秦居眞定郡，有名汭者，以俠義聞，為仇家所持，因秦法嚴，改今姓，始皇三十三年，遣趙陀將謫卒五十萬人戍五嶺，汭與佗同里，且有舊，往投其帳，遂家焉，是為冼氏入粵之始。

據冼汭事蹟，未見有其他史籍記載，此疑點之一，且冼沈同源，並無其他證據，宗譜修纂者亦云：

由沈改冼，本無明文，而譜牒多同，至今沈冼二姓不通婚姻，各譜亦無妣配沈氏者，流傳既久，事非無因』（註七）。

其實冼沈二氏，並非大姓，未發現通婚，便認為同源，豈能置信，此其可疑之點二，又宗譜自汭起，傳子孟程，三傳好謀，好謀為呂后時人，由好謀至冼勁殉國（晉安帝元興三年），中間幾六百年，並無世系可尋，不無可疑，此其三也，又洪邁容齋三筆卷二、有「漢人希姓」條，單姓根本無冼字，可知漢代未有冼姓，此可疑之點四，故冼氏中開明人士亦認為「世為粵人，非若他姓之自外來也」（註八）。

註五：參明歐大任百越先賢志卷四，而阮元之廣東通志卷二六八則引此文。

註六：見嶺南冼氏宗譜「氏族源流」及「世紀」等篇。

註七：見嶺南冼氏宗譜「備徵譜」、「逸傳」篇。

註八：見嶺南冼氏宗譜備徵譜，三山公冼氏「世本條」，按三山公為康熙十八年進士冼寶幹。

按唐初修隋書及北史時，言及譙國夫人，但言「世為南越首領」(註九)，阮元廣東通志則稱為俚人(註十)，俚人者亦即土著之人，其源有自，再按唐元和七年(西元八一二年)林寶所修元和姓纂，銑韻載：

洗，又音線，南海人。

而後鄭樵通志卷二十九「氏族略」襲之，惟加上一句。

晉忠義傳有洗勁，南海人。

其實晉書忠義傳只有「沈勁」，與洗勁事蹟不同，此乃通志之誤，至北宋景祐二年(西元一零三五年)，邵思撰姓解，水四十「洗」，更指出洗氏其他二十四種僻姓，源于諸家姓書」(註十一)，換言之，即是「各家自道」而已。

至南宋時有關氏族之著作，對於洗氏已漸指出是南海之蠻姓矣，章定之名賢氏族言行類編卷六三四　洗。

洗，音線，南海人，見姓苑

按圖書集成氏族典四六云姓苑有三：劉宋時何承天撰姓苑十卷，收于玉函山房輯佚書補編中，唐林寶撰姓苑三卷，疑是元和姓纂之前身，另有崔日用撰姓苑略，亦未見是書，章氏之書，與元和姓纂記載全部相同，疑即引自此書。至王應麟之姓氏急就篇上，言洗氏。

梁高涼太守馮寶妻洗氏，高涼蠻酋女，隋番禺賊洗寶徹。

以後，至明清二代之姓書，如凌廸知之萬姓統譜，陳士元之姓觿，清黃本驥之姓氏解紛，及圖書集成之氏族典等所載之洗姓，不外是「南海人」，「蠻酋之後」，均源出以上數書而已。

洗氏既世為「南越首領」，況所居之地，皆是溪洞部落(註十二)，當然是南方蠻

註九：隋書卷八十、北史卷十一。

註十：廣東通志卷二十八「馮融」，「……業乃為其子高涼太守寶婚于郡大姓洗氏俚人」，此段引自百越先賢志卷四。

註十一：宋邵思之姓觧(古逸叢書之十七)洗姓：「沒路眞、湳、瀼、漭、汻、溺、況、注、洋、涂、漢、灐、清、澤、海、濮、沛、洗、淡、濟、流、灃、淳、涳凡二十四氏，並出諸家姓書』。

註十二：見(二)冼族之遷移與夫人之先世條。

姓，及後建功立業，遂附麗于華族，或托言源于沈氏（註十三），唐初高士廉修氏族志時，曾網羅天下譜牒，先要「考其眞僞」（註十四），至宋洪邁時，已感歎「姓氏不可考」（註十五），故單憑譜牒，又豈能盡信耶。

(二)　冼族之遷移與夫人之先世

據嶺南冼氏宗譜卷一之三宗支譜列其世系：

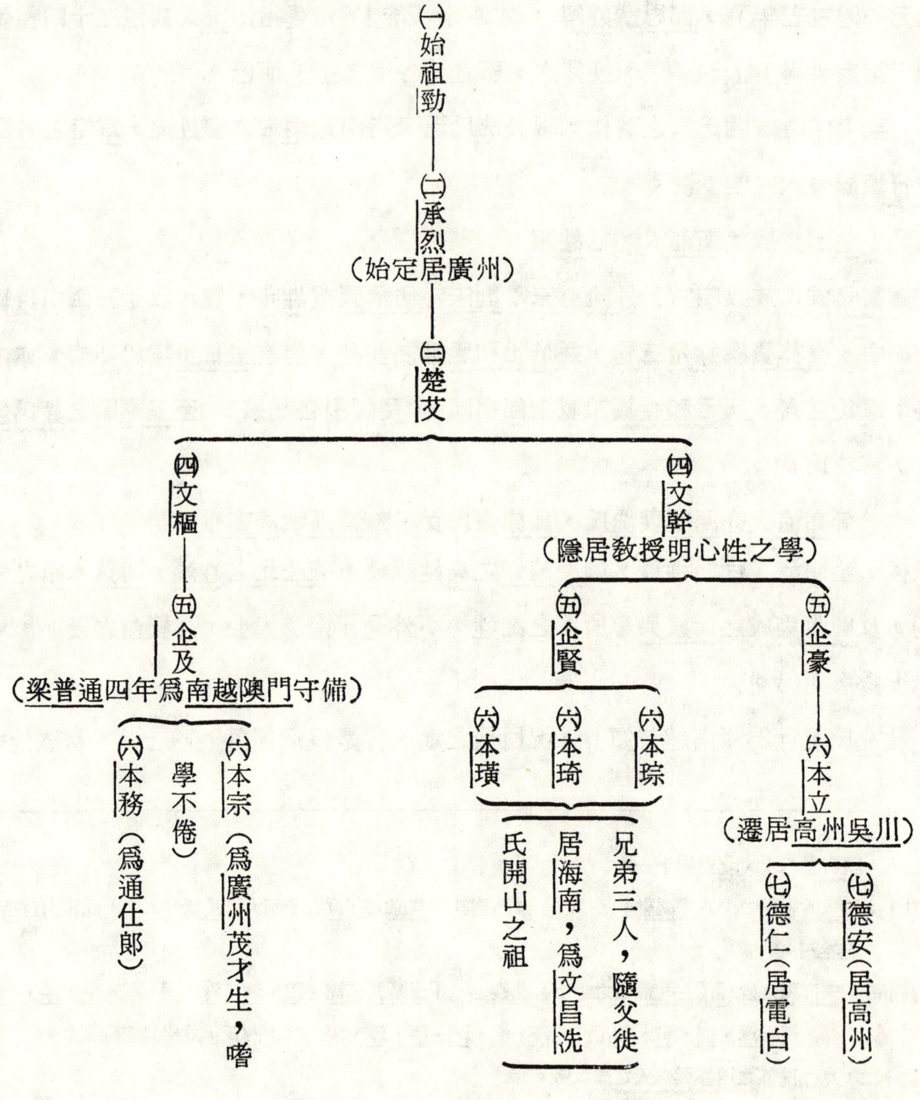

宗譜所載之事蹟，頗多可疑，如：

(一) 四世祖文幹『隱居敎授明心性之學』，所謂「心性之學」，乃是理學名詞，按冼勁于元興三年（西元四零三）殉難，二傳而至文幹，不外七十餘年，約當是劉宋與蕭梁之間人物何來心性之學？

(二) 五世祖企及，于梁普通四年（西元五二三），因南越潮陽等處盜賊橫行，祖奉文檄勸之，不復業者捕之，數郡悉賴以安。參將鄔國藩表爲南越陝門守備，按上文之陝門，以地緣判斷，當是今日之澳門，但其名稱應始於明後。因參將、守備之職，亦是明代官制（註十六），蓋蕭梁時代無此官職也。

(三) 六世祖本務爲「通仕郎」，按隋唐以前之散官以品稱，隋唐以後有登仕郎、將仕郎等十四種（註十七），直至清代仍未見有「通仕郎」之稱（註十八），即使是手民之誤，亦不應是南朝官職。按宗譜所載事蹟雖未全部可靠，惟源流世系清晰，據此以稽冼氏由南海南遷，亦寶貴之資料，而其中尤値得深思者：

(一) 始祖勁事蹟，宗譜乃引自歐大任：百越先賢志卷四，據稱：「家本武師，世爲部曲」，此二句頗堪玩味，推知冼勁乃當時擁有地方勢力之人物，若以漢人立場，稱之爲「溪洞酋長」亦無不可，後因率眾保護廣州，抗拒盧循因而遇害，追謚始興太守曲江縣侯。至五世祖企及，因「盜賊橫行，奉檄勸之，不復業者捕之，數郡悉賴以安」，時企及有武力而無官職，推知冼氏一連四世，仍是掌有地方勢力，在統一政權之下，惟一合理推測，當時仍是世襲之溪洞酋長。

(二) 當五世祖冼企及、於梁普通四年（西元五二三），平定潮陽盜賊，後十餘年，即

註十三：張說：「贈潘州刺史馮君墓誌銘」（文苑英等卷九五〇）。記高力士之父（馮盎之孫），言其源出畢萬苗裔，邑于馮城，因以爲氏，亦非確。杜佑曾爲嶺南節度，其通典卷一八四云：「自交阯至會稽七八千里，百越雜處，各有種姓，故不得盡云少康之後」。可知多其附麗華族。

註十四：見唐會要卷三十六。

註十五：見容齋隨筆卷六。

註十六：見永瑢：歷代職官表卷五十八。

註十七：見通典卷三十四。

註十八：見永瑢：歷代職官表卷六十八。

梁大同初（西元五三五），譙國夫人便婚于馮寶，據北史卷九一及隋書卷八十本傳載：

世爲南越首領，部落十餘萬家……在父母家亦能撫循部眾，能行軍用師，壓服諸越……梁大同初……（馮）寶娉以爲妻。

可知由東晉冼勁至蕭梁時，冼企及與夫人未婚于馮氏前百餘年間，冼氏仍是嶺南擁有最大武力之溪洞氏族。

(二) 冼氏自冼勁「世爲武帥」，擁有地方勢力之後，當然難爲統治者所能容忍，不過，東晉時之廣州南海郡轄六縣，範圍東自今之潮陽起，北至四會，南至海，西至肇慶一帶，戶只九千五百（註十九），可謂地廣人稀，漢人除居於三角洲之城市外，山區地帶，政府鞭長莫及，自然易爲溪洞勢力所盤據，至南朝建立，北方胡族勢力日增，政治中心南遷，加以人口增多，需要析郡治理，按廣州向治南海郡，晉時廣州轄郡十，至南朝時增至十七，且增者多在北江（樂昌），西江（肇慶、新會）一帶（註二十），該地政府控制力日強，惟有南路開闢較遲，于是向居中區之溪洞部族，既不能立足，遂向南移，據嶺南冼氏宗譜，『五世祖企豪，由廣州遷至高州吳川。』

另一五世祖企及，于梁普通四年討平潮陽等盜賊，企及與企豪乃是堂兄弟，時期不會相差太差，企及因有功出仕，當然日漸「漢化」，企豪因「道不同」，遂偕同父弟，企賢南遷高州府之吳川縣，是爲高凉冼族之祖，企豪之子二人，德安居高州（卽高凉），德仁居電白，企賢之子三人，則再徙海南島，是爲海南冼氏之祖。

(三) 夫人之父兄

若考之譙國夫人于梁大同初（西元五三五年）與馮寶結偶，彼時年齡若在二十左右計（註二十一），則夫人應是企豪或企賢之女，但北史及隋書本傳則云：

註十九：晉書十五，地理志。

註二十：顧祖禹讀史方輿紀要卷四，歷代沿革。

註二十一：夫人卒于仁壽初，據李調元之南越筆記謂夫人享年八十，如是應生于梁普通初，婚時應是二十左右。

譙國夫人冼氏者，高涼人也，世爲南越首領。

南越（粵）當然是指廣東，夫人婚前既已定居高涼，而企豪則剛開始遷徙，則又似是六世祖本立之女，妹或叔姪因堂兄年齡相差二十年並不足爲奇，夫人有兄名挺，據北史隋及書本傳：

夫人兄南梁州刺史挺，恃其富強，侵掠旁郡，嶺表苦之，夫人多所規諫，由是怨隙止息，海南儋耳歸附者千餘洞。

按：嶺表以南無「南梁州」，疑此乃指「南梁」（南朝梁代）之州刺史，而且此刺史或是追謚（註二十二），而夫人之兄挺，或是德安或德仁之本名，「侵掠旁郡」，顯非政府官員，而是一般武裝部落領袖之所爲，且經夫人規諫後，「海南儋耳歸附者千餘洞」，此「千餘洞」很明顯的是溪洞，因夫人之堂（叔）兄本琮、本琦、本璜已遷至海南，這是意味着冼族以譙國夫人爲領袖，或者因夫人已控制自高涼沿海而至海南一帶，故冼氏另外一支遂再南遷至海南，別謀發展，亦有可能。

㈣ 馮冼聯婚之政治意義

按高涼郡（治高涼縣，今電白），始建于漢建安二十五年（西元二二零），孫吳時再折置高興郡（治廣化縣，今陽江），晉初二郡合併，據王象之輿地紀勝卷一一七高州。

晉武平吳，併高興郡入高涼郡，宋又立高興郡，尋省，後爲夷獠所據，梁平俚洞，置高州。

所謂「夷獠所據」，當是包括冼氏所控制之溪洞在內，首任高州刺史爲孫冏。時爲大同七年（公元五四一）（註二十三），是時高州統六縣，範圍遠及海康（註二十

註二十二：明黃佐廣州人物傳：「南梁刺史馮公融」。按馮融爲蕭梁之羅州刺史，可知冼挺亦是南朝梁代之隴糜州刺史，或是贈刺史。

註二十三：南史卷五十一蕭勵傳謂「江西俚帥陳文徹犯高要，勵請于高梁郡立高州」，未言年月，惟通鑑繫于大同七年十二月事，高州府志卷四十八事紀則列于大同元年，茲據通鑑。

四)，因高州轄地與冼氏溪洞交錯相連。故羅州刺史（治今化縣）馮融，不能不加意籠絡（註二十五），馮寶之娶譙國夫人，純是政治因素，此爲治史者不可忽略之事實。

(五) 夫人之嚮化中原及其影響

譙國夫人婚于馮寶時，馮氏至粵已三世，馮氏亦似非漢人，新唐書卷一一零。馮盎傳（寶之孫），雖謂源出北燕馮宏之後，宏在高麗遇害後，其子業浮海至番禺，崔鴻之十六國春秋載高句麗俘得宏時，連美女皆掠去，馮氏後裔似難有漏網者。且馮業是否爲宏之子，待證，卽使屬實，馮氏多年臣服于鮮卑族，亦胡化頗深（註二十六），業之孫爲融，融之父爲誰又不可考，且新唐書卷一一零爲「諸夷蕃將傳」，將馮盎與阿史那杜尒、契苾何力等同列，舊唐書馮盎傳則謂「累爲本部大首領」，可知馮氏亦高州附近溪洞蠻酋之一，與中原馮氏未必有關。

大概嶺南之開發，雖始于南越，而其漢化則應在唐宋以後（註二十七），現代之廣東，在南朝時已設郡縣治理者，僅十之一二，是時中原大亂，政府控制力弱，大部份地方仍爲土著民族（溪洞酋長）所割據，李吉甫元和郡縣圖志卷三十四，記唐初：

註二十四：隋志及廣東通志、高州府志、茂名縣志只云轄六縣，佔今茂名、電白、吳川、化縣、陽春、廉江一帶，但隋志合浦郡海康縣條下注云：「梁大道（同字之誤）割番（潘字之誤）州，合浦立高州，則轄地遠及海康，較之淸代之高州府範圍更廣。

註二十五：高州志列女譙國夫人傳謂：夫人未婚之前，馮氏『自業及融三世爲守牧，他鄉羈族，號令不行』，自夫人來歸後，始勢力大盛，而通鑑卷一六三亦云：『融雖累世爲方伯，非土人號令不行，冼氏約束本宗，使民從禮……由是馮氏始行其政』。明黃佐之廣州人物志卷二馮融傳亦有同樣記載。且云：「融可以結人心者婚冼氏之力也」。

註二十六：北燕建國者馮跋，據晉書卷一二五謂小字乞直伐（胡名）魏書九十七則直稱爲海夷馮跋，跋之季弟爲馮宏，可知馮氏亦未必爲純漢人。

註二十七：秦漢時之梅鋗，漢初的陸賈，三國時代之虞翻南來，對學術、政治雖有貢獻，但影響不大，至唐代禪宗六祖慧能及張九齡等輩出自嶺南，其功業始超出吾粵而影響及全國，又如莫宣卿爲嶺南首位狀元，如此直至宋以後，人才始輩出也。可參考百越先賢志、廣州人物傳、廣東考古輯要及馮炳奎之中國文化、王韾生之嶺南文化與嶺南文明。

廣州，爲嶺南五府經略使理所，以綏靖夷獠。

夷獠，是指溪洞之土著民族，可知唐以前廣東大部爲土著民族所割據，其中冼族力量較強（註二十八）。自譙國夫人于梁大同初（西元五三五年）婚于馮寶後，至隋仁壽（西元601—604年）初卒，其間六十多年，夫人最大之貢獻便是嚮化中原。結果，其事影響陳隋二代嶺南之順利歸附與版圖之擴大；同時亦使馮冼二族之發展廻異。現僅據跡分敘如下：

梁武帝太清二年（西元五四八），侯景叛，陷臺城，梁武帝被軟禁，中央政府瓦解、嶺南各郡遂互相兼併。首先是廣州刺史元景仲響應侯景而獨立，臨賀內史歐陽頠，監衡州（應是東衡州治今曲江）蘭裕、蘭宗禮誘始興等十郡舉兵反（註二十九），當時廣東不外十七郡，即使其中有湘、桂、贛邊郡參加「反叛」，而廣東必有大部份州郡成爲獨立狀態，是時馮寶爲高涼太守，夫人之卓識，竟能勸馮寶與陳覇先聯絡，結果，陳覇先利用南方勢力而建國，而兩廣又可免于兵禍。按陳覇先原爲廣州刺史蕭映（梁宗室）僚佐，討交州叛賊李賁有功，太清元年（西元五四七），爲西江督護，高要太守，武力強大，僅一年，侯景陷臺城，覇先準備北上勤王，各地遂相繼獨立，據光緒本高州府志卷四：

> 侯景反，廣州都督蕭勁（註三十），徵兵援臺（城），高州刺史李遷仕據大皐口（註三十一），遣招寶、寶欲往，夫人止之曰：刺史無故不合招太守，必欲詐君爲反耳。寶曰：何以知之？夫人曰：刺史被召援臺，乃稱有疾，鑄兵聚衆，

註二十八：見註二十五。

註二十九：見廣東通志卷一八二、「前事略」、但通鑑卷一六二梁紀則云：高州刺史蘭欽與其諸弟牒誘始興等十郡攻監衡州事歐陽頠，兩者事蹟雖不同，其互相典併，藐視法令則一。

註 三 十：據廣東通志卷一八二前事略及通鑑卷一六三，將此事繫于大寶元年（公元五五零）六月事，但蕭勃爲廣州刺史，梁書元帝紀則繫于是年十二月。

註三十一：據陳書杜僧明傳：「高州刺史李遷仕據大皐口入灨石，呂思勉之兩晉南北朝史十三章（六四七頁）謂大皋（皐）在江西吉安縣南，灨石在江西贛縣至萬安縣之間，如是李遷仕當時應駐守北江，再據下文，遷仕後爲譙國夫人所敗，而迭走寧都，在今江西南康縣，故疑李遷仕未必是高州刺史，或僅是高州刺史銜，而非實職，猶如孫冏以西江督護兼高州刺史也。

而後喚君;今者若往,必留質追君兵衆,此意可見,願且無行,以觀其勢。數日,遷仕果反,遣主帥杜平虜兵入灨石。寶知之遽告,夫人曰:平虜驍將也。領兵入灨石,卽與官兵相拒,勢未得還,遷仕在州無能爲也,若君自往必有戰鬥,宜遣使詐之,卑辭厚禮云;身未敢出,欲遣婦往參, 彼聞之喜, 必無防慮,于是我將千餘人,步擔雜物,唱言輸賧(音淡,蠻人以貨爲賧),得至柵下,賊必可圖。寶從之……夫人擊之,大捷,遷仕遂走保寧都。夫人總兵與長城侯陳覇先會于灨石,還謂寶曰:陳都督大可畏,極得衆心,必能平賊,君宜厚資之。

按是年陳覇先適由始興經大庾嶺北上勤王,李遷仕于粵中謀策應侯景,夫人與陳覇先聯兵而平之 (註三十二),嶺表既定,陳覇先無後顧之憂, 全心北上, 助王僧辯平侯景。及後西魏南犯,陷江陵;而陳覇先駐守京口,終受梁禪。另一方面,陳覇先北上後,廣州仍有局部戰爭 (註三十三),但高涼附近(應包括西江、南路一帶),都安然無事,均夫人保境安民之功 (註三十四)。

陳覇先建國後,嶺南僅名義上歸順而已,當時之刺史,全是將軍銜,可知是用武力鎭壓,事見于陳書本紀。但夫人子馮僕,年僅十齡,于陳建國後第二年,便率各溪洞酋長入朝;朝廷以僕爲陽春太守 (註三十五)由此可見夫人之嚮化及其影響之大。而嶺南方面因此又獲十餘年之和平,覇先死後,夫人仍效忠於陳,陳宣帝太建元年(公元五六九),左衞將軍歐陽紇據廣州反,又是夫人平定之,據隋書本傳:

註三十二:高州府志載夫人與陳覇先會師于灨石,是其證據,且夫人僅擊敗李遷仕而已。據通鑑翌年三月,陳覇先將杜僧明生擒李遷仕,可知此次戰役陳覇先爲主,夫人僅從旁助之也。事見陳書高祖本紀。

註三十三:廣東通志卷一八二前事略。承聖元年(公元五五二),衡州(曲江)刺史王懷明作亂,廣州刺史蕭勃討平之,二年(公元五五三)、王琳爲廣州刺史,副將孫湯先行據番禺。

註三十四:北史卷九十一本傳:『及寶卒(永定二年, 卽公元五五八), 嶺表大亂 , 夫人懷集百越,數州晏然,隋書本傳亦有同樣記載,惟「 數州晏然 」則改爲『新州晏然』。按梁有新州,治今西江新興縣。但新州亦可作新成立州縣之意思。按蕭梁新設之州郡,除高州外,有高要郡,其他縣治更多,故疑當時夫人之勢力範圍在西江,南路一帶。

註三十五:見高州府志卷四十八:紀事。

> 廣州刺史歐陽紇謀反，召（馮）僕至高安（註三十六），誘與爲亂，僕遣使歸告夫人，夫人曰：我爲忠貞，經今二代，不能惜汝輒負國家。遂發兵拒境，帥百越酋長迎韋昭達（陳將），內外逼之，紇潰散。

夫人此次平亂，仍是以「百越酋長」之地方勢力爲主，總之，夫人與陳霸先合作後，對陳矢志忠貞，而陳待夫人亦甚厚，册封夫人爲中郎將石龍夫人（應是高涼郡夫人。茲據北史及高州府志等修正），賚繡幰油絡駟馬安車一乘，給鼓吹一部並麾旌節，其鹵簿一如刺史之儀，而馮僕以母故封信都侯，以一女子而有「麾旌節，鹵簿」，封爲中郎將，其武功之超卓，可謂前無古人了。

馮僕卒于陳後主至德中，時夫人已屆六十餘高齡，陳亡，嶺南未有所附，數郡共奉夫人爲聖母，保境安民，是時夫人之勢力已伸展至廣州，因隋遣韋洸安撫嶺外，夫人之孫，馮魂帥衆迎至廣州，廣東始入隋之版圖（註三十七），及後番禺人王仲宣反，又是夫人另一孫馮盎所討平之（註三十八），此是夫人功業最輝煌之時代。

當夫人功業最盛之際，亦是夫人接受漢化最深之時，蓋隋統一天下，不能容許溪洞勢力存在，夫人爲效忠新朝，在開皇十年（公元五九零），討平王仲宣之役，遂與西江羅定之溪洞領袖陳氏相決裂，據隋書本傳：王仲宣圍韋洸于廣州。

> 夫人遣孫暄帥師救洸，暄與逆黨陳佛智素相友善，故遲留不進，夫人知之大怒，遣使執暄繫於州獄，又遣孫盎出討佛智，戰克，斬之。

時夫人年已近七十，馮暄爲其諸孫，竟能以大義而繫之于獄，當然深受漢化之影響，至于陳佛智，其父爲陳法念，其子爲陳龍樹，廣東通志均有傳，孫陳集原，在新舊唐書中均入孝友傳，據舊唐書一八八。

> 陳集原，瀧州開陽人也，代爲嶺表酋長。

而羅定州志則稱佛智世襲爲羅州刺史。按唐之羅州治今廉江，其轄地與夫人諸孫相鄰，故陳佛智與馮暄素相交往，但夫人却能洞識時勢，與梁亡時之認識陳霸先一樣，

註三十六：高安縣一在安南，一在江西廬陵，一在湘北，均不應爲馮僕所至之地疑有誤，而北史、廣東通志、高州府志、茂名縣志均删此句。

註三十七：黄佐：廣州人物志卷二、馮融：「孫魂以所部八州降」。

註三十八：見北史、隋書本傳及通鑑。

毅然與陳氏決裂，而馮盎斬陳佛智後，嶺表遂定，西江南路以至粵桂邊區各溪洞首領均降，于是被册封爲譙國夫人，並開幕府置長史，聽發部落六州兵馬，並降勅書曰：

夫人宜訓導子孫，敦崇禮教，遵奉朝化，以副朕心。

顯然的是說明夫人已接受漢化，脫離溪洞蠻風，這轉變似乎引起當時溪洞很大的反應，據通鑑：

仁壽元年（公元六零一）十一月，潮成等五州獠反，高州酋長馮盎（註三十九），馳詣京師討之，帝勅楊素與盎論賊形勢，素嘆曰：不意蠻夷中有如此人。

譙國夫人卒于仁壽中，年約八十，謚曰「誠敬」，夫人諸孫當時均爲地方首長，馮暄任羅州刺史，馮盎任高州刺史，或因領導權未能妥爲安排，于是久被壓抑之冼族領袖冼瑤徹（唐書作寶徹）遂起而叛變，當時已是隋末，羣雄競起（註四十），所以此次亂事，歷時四載，蔓延達廣東大部，據隋書帝紀記大業十二年（公元六一六）七月：

高涼通守（卽太守，據高州府縣志更正）冼瑤徹擧兵作亂，嶺南溪洞多應之。

至唐高祖至德二年（公元六二〇），始由馮盎討平之，據舊唐書卷一〇九馮盎傳：

武德三年，廣新二州賊帥高法澄、冼寶徹等並受林士弘節度，殺害隋官吏，盎率兵擊破之，旣而寶徹兄子智臣又聚兵于新州自爲渠帥，盎趕往擊之……擒寶徹智臣等，嶺外遂定。

新唐書卷一一零馮盎傳更進一步指出。

註三十九：按北史、隋書本傳，馮盎于討平王仲宣之時，已拜高州刺史，廣東通志及高州府志之職官，亦有馮盎爲高州刺史之記載，但通鑑則一律稱之爲酋長，甚至降至貞觀七年多，馮盎遣子智戴入朝，仍有命「南蠻酋長馮智戴詠詩」之記載。按上下文觀看，馮盎若非現職刺史，豈能馳詣京師請討潮成之獠？通鑑或以漢人立場記載，視之爲土司而已。

註四十：大業十二年，林士弘自稱南越王（通鑑引唐高祖實錄），其地北自九江，南及番禺皆爲所有。

遂有番禺、蒼梧、朱厓地，自號總管。

在馮盎轄地之下有二十餘州，地數千里，當時曾有勸盎稱南越王號，盎以受譙國夫人「嚮化」之影響。「常常恐忝先業」（本傳語），因堅決反對，而於武德五年（公元六二二）舉而降唐，唐將其轄地分成八州。新唐書卷一一的本傳載：

（唐）高祖析爲高（今茂名）、羅（今廉江）、春（今陽春）、白（今博白）、崖（今崖縣）、儋（今儋縣）、林（治今？）振（今陵水）八州（註四十一），授盎上柱國、高州總管，封越國公，拜其子智戴爲春州刺史，智彧爲東合州刺史，盎徙封耿（國公）（註四十二）。

此爲馮族最光輝之時代，其實也是馮盎執行譙國夫人嚮往漢文化及歸順朝廷之政策，而此族屢與中原統治者合作，結果，馮氏享有富貴繁華，而唐得以開發溪洞，擴大版圖，故顧亭林在郡國利病書廣東中云：

隋唐之際，馮冼內屬，荒梗之俗爲之一變。

此爲治史者不可忽略之重要史實。

㈥ 馮冼二族發展不同

譙國誠敬夫人，原是溪洞蠻女，其與馮寶締婚之時，馮氏雖亦是溪洞領袖，但早已受任命于中原統治者而爲地方首長，夫人成爲馮氏婦後，當然受夫家影響，馮寶死，夫人握權，首先與陳霸先合作，陳亡而降隋，夫人卒後，其孫馮盎繼續遵行夫人舊策，率衆降唐，于是馮氏五代，均能保持在嶺南之權力。茲據上文所述而將馮家世系列成下表：

㈠
馮融
（蕭梁羅州刺史）

註四十一：元和郡縣圖志卷三十四載：今海南有「崖、瓊、振、儋、萬安五州」，振州即隋之臨振，疑本傳之林、振兩州即臨振而缺瓊州，因萬安州係龍朔三年始析置，故唐書本傳有誤。

註四十二：周廣廣東考古輯要卷三十九馮盎傳：「高祖時降，封耿國公，奴婢至萬人，所居地二千里，子三十人，智戴最知名」。

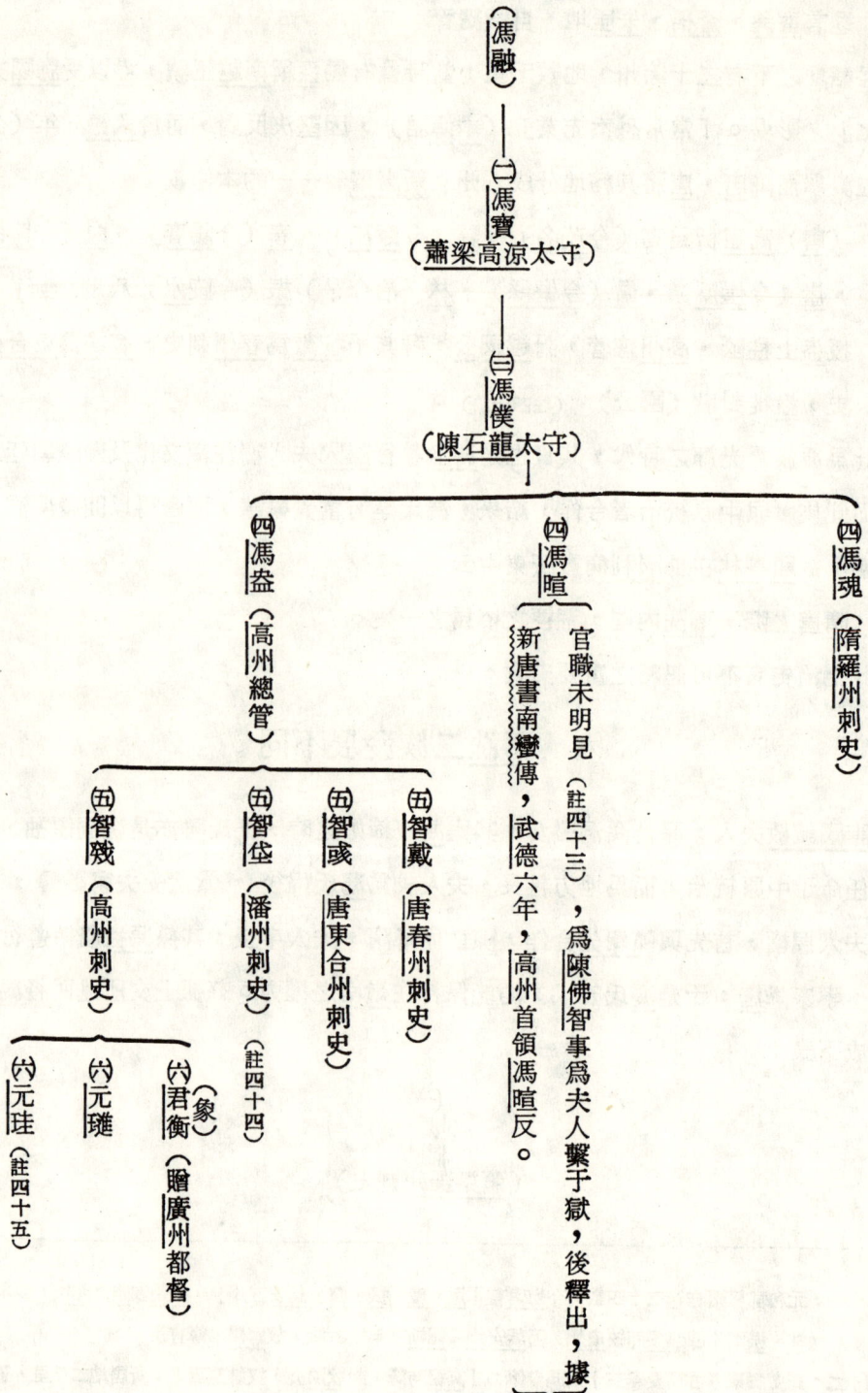

- （馮融）
  - (二)馮寶（蕭梁高涼太守）
    - (三)馮僕（陳石龍太守）
      - (四)馮盎（高州總管）
        - (五)智戣（高州刺史）
          - (六)君衡（象）（贈廣州都督）
          - (六)元璡
          - (六)元珪（註四十五）
        - (五)智岱（潘州刺史）（註四十四）
        - (五)智彧（唐東合州刺史）
        - (五)智戴（唐春州刺史）
      - (四)馮暄｛官職未明見（註四十三），爲陳佛智事爲夫人繫于獄，後釋出，據新唐書南蠻傳，武德六年，高州首領馮暄反。｝
      - (四)馮䰟（隋羅州刺史）

此外，通鑑武德六年七月，岡州刺史馮士翽反，此馮氏乃高涼溪洞馮氏之支系（註四十六），另觀夫人娘家——冼氏後人似乎因反對夫人之嚮化中原，仍保留溪洞本色，譬如冼寶徹之反抗馮盎便是一證，因爲未嚮化，故人物不盛，直至趙宋以後，高涼、瓊崖之冼氏人物仍不及番禺爲多，蓋番禺南海乃首府之地，人物薈萃，居于是地之冼族，受文化之熏陶，成就較多，據明凌迪知之萬姓統譜載：宋代冼氏人物，著者有三，明代有十，加上廣東通志之數人，亦不外十餘人而已（註四十七），降至清初，士林仍以冼氏爲稀姓。據嶺南冼氏宗譜，大羅譜「三山公秦對」條：

> 康熙十八年，三山公國幹擧進士，引見之日，上以冼姓稀僻，垂詢先代達人，隨擧前明南京工部右侍郎冼光奉對，命取家乘進呈。

此與馮氏在隨唐之際，喧嚇一時，及唐以後，冠冕人物之衆多，實一強烈對比，此蓋譙國誠敬夫人「嚮」化之貢獻，以致影響二族之發展大不相同耳。

註四十三：高州府志卷十八職官，謂馮暄即馮魂，但證據不足也。

註四十四：馮盎之子三十人正史並無智垈、智戣，據大曆十二年之高力士殘碑補上（王昶金石萃編卷一百）。

註四十五：據張說贈廣州大都督馮府君神道碑補上（文苑英華卷九一三）。

註四十六：明天順五年李賢大明一統志卷八十一高州府山川條：「特恩山在吳州縣西北五十里……上有羅州刺史馮士歲並妻吳川郡夫人之墓」，同卷陵墓亦有同樣記載，此馮士歲或即馮士翽，至於岡州刺史則爲羅州刺史之誤。

註四十七：據萬姓統譜，宋有冼積中、冼雲擧、冼一龍，明有冼用行、冼尙文、冼文淵、冼桂芳、冼桂彥、冼桂奇、冼思謙、冼嘉謨、冼　照、冼明任，另廣東通志明有冼光、冼二等。

洗氏勢力範圍及其遷移路線圖

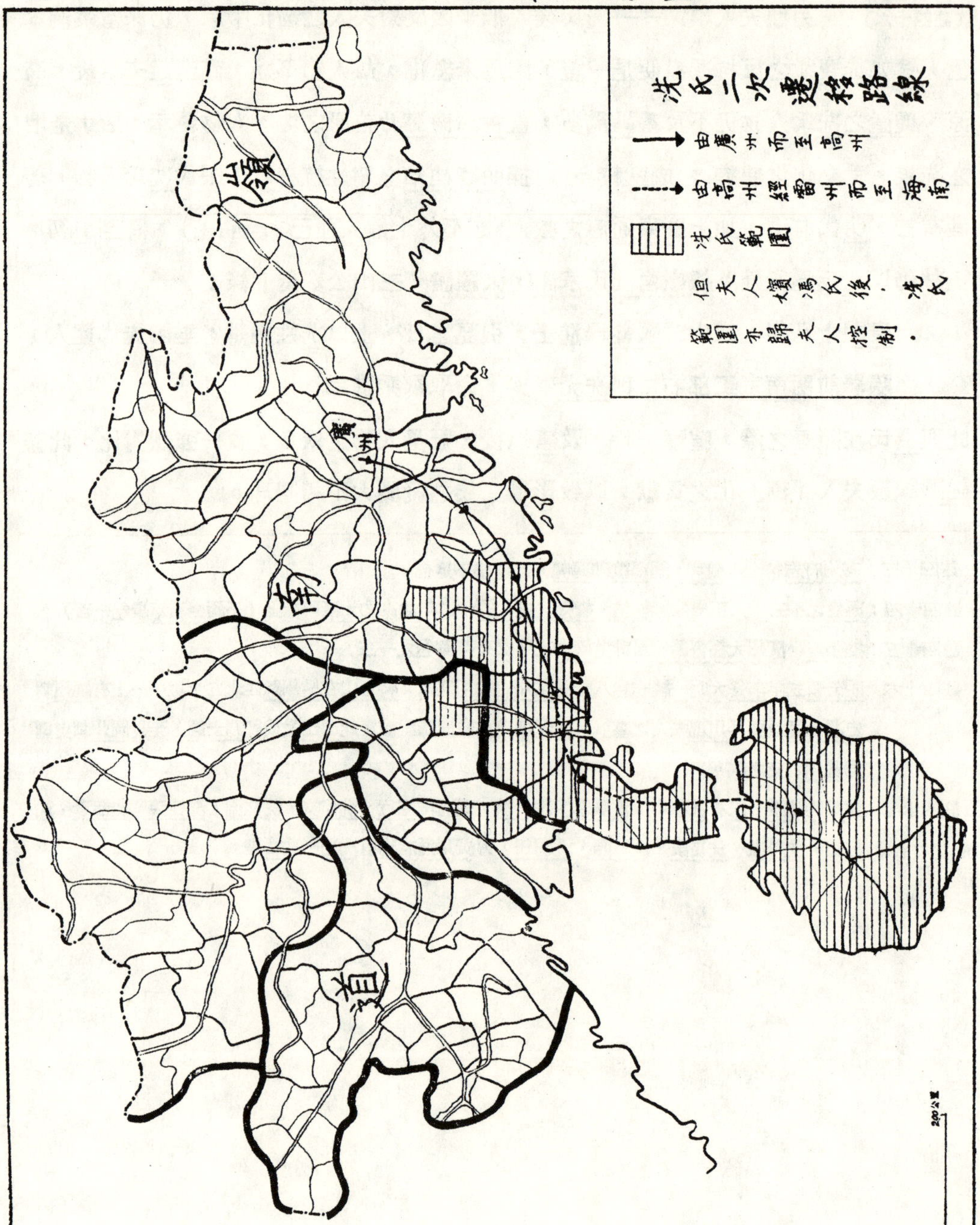

唐初嶺南道區域圖

出自第四十三本第二分（一九七一年六月）

敦煌唐代氏族譜殘卷之商榷

毛　漢　光

一、前　　言

在敦煌所遺存的唐代文獻裡，有二種氏族譜殘卷，其一是藏於北平圖書館的敦煌唐寫姓氏錄殘卷（本文簡稱北平藏譜）（註一）；其二是藏於英國倫敦大英博物館的新集天下姓望氏族譜（本文簡稱倫敦藏譜）（註二）。大家族在我國中古時期政治社會中所占的角色，已爲中外學者所公認，當時曾有許多官私編撰的氏族譜，惜乎時隔千載，除在後世書籍中爬梳出一鱗半爪外，還沒有較原始性的譜牒傳至今日，故當敦煌石窟出現唐代氏族譜時，學者非常重視，雖然發現的氏族譜仍屬殘缺不全，但其史料價值甚高。北平藏譜資料公布較早，所引起的討論較多，向達先生認爲是貞觀氏族志，而非顯慶四年的姓氏錄，刋於北平圖書館館刋五卷六號敦煌叢抄敍錄；牟潤孫先生與向達先生復於該刋六卷六期敦煌叢抄補註中討論年代問題及書錄者究係何人。牟潤孫先生於一九五三年又作敦煌唐寫姓氏錄殘卷考，載於台大文史哲學報第三期，謂斯卷固非顯慶姓氏錄，而亦非貞觀氏族志，而謂殘卷爲僞託之氏族志云云，見解又深一步。一九五八年，日人仁井田陞先生發表敦煌發見之天下姓望氏族譜（註三），比較北平藏譜、倫敦藏譜、氏族譜斷簡（註四）之異同，提出避諱（註五）、道數、婚姻等問題研究殘卷的時代與性質，貢獻甚大，然著者覺得除精確推敲氏族譜時代外，士族譜所反映出若干社會現象，值得進一步商榷。

二、氏族譜殘卷年代考

向達先生認爲北平藏譜非顯慶姓氏錄（註六），頗可信。向達先生復比較北平藏譜與古今姓氏書辨證所引貞觀氏族志，指出若干相同之點（註七），以此推論兩譜相同，不合邏輯；牟潤孫先生亦比較北平藏譜與辨證，得相同十五則，以此破向達先生之說。兩譜相同點僅可證明有關聯性，兩譜相異點適足以證明並非一譜，其理甚明。今需進一步討論者，北平藏譜與倫敦藏譜和辨證的相關性如何？緣因氏族志姓氏錄等業已亡佚，今存典籍中僅宋鄧名世古今姓氏書辨證引錄十餘條氏族志輯文，除向達牟潤孫已作比較外，內中有二例值得注意。

例一：三譜廣陵郡望的記載爲：

鄧氏辨證謂隋代廣陵四姓，其次序爲：戴商盛游

北平藏譜廣陵三姓，其次序爲　　戴商盛

倫敦藏譜廣陵十姓，其次序爲　　高　錢盛慶於立戴

游貢莉（高疑商字）

辨證比北平藏譜多一「游」姓，其他三姓次序亦完全相同，而倫敦藏譜多至十姓，雖包括四姓「戴、商、盛、游」，但其次序排列極不相同；此條辨證指隋代廣陵郡望，並不專指某譜，故僅能佐證北平藏譜較近隋譜，而倫敦藏譜與隋譜差距甚大，故亦可能距隋代甚晚。

例二：三譜清河郡望的記載爲：

辨證引貞觀氏族志清河六姓依次　　崔張房何傅靳

北平藏譜清河七姓依次　　崔張房向傳路勒

（向字疑何字，勒字疑靳字）

倫敦藏譜清河十九姓依次　　張房崔戴蓆聶孟傅蓋卓

隋尙汲檀且貴革舒路

氏族志與北平藏譜比較之，除後者多一「路」姓外，其排列次序完全相同。以氏族志與倫敦藏譜比較之，後者缺「何、靳」二姓，而多了其他十五姓，且排列次序亦不同。以北平藏譜與倫敦藏譜比較之，後者亦缺「何、靳」二姓，而多了其他十四姓，且姓氏排列亦不一。

譜牒編撰時，依族望高下排列，姓氏次序先後極受重視，北平藏譜與隋代譜及貞觀氏族志就其排列次序、郡姓數目（註八），都是極爲類似的，雖不可以此推斷北平藏譜即某譜，但至少可說北平藏譜與氏族志隋譜編撰風格類似，且必是唐代前半期的作品。倫敦藏譜將清河崔氏排在張房之後，且在郡望數目上亦不類似隋唐之際的譜系，可能是唐代後半期之物。

從避諱推測殘卷時代，可更為準確，如下：

例一：倫敦藏譜江東道項下有「處州松陽郡」；北平藏譜亦有松陽郡，但屬「括州」。按元和郡縣圖志卷二十六江南道項下處州條云：

隋開皇九年平陳，改永嘉為處州，十二年又改為括州。

大業三年復改為永嘉郡。武德四年討平李子通，復立括州，仍置總管府，七年改為都督府，貞觀元年廢。天寶元年為縉雲郡，乾元元年復為括州，大曆十四年以與德宗諱同音改為處州。（註九）

唐德宗名适，适與括同音，括州因避同音諱而改為處州，時在代宗大曆十四年。新唐書本紀第七云：「大曆十四年五月辛酉代宗崩，癸亥（德宗）即皇帝位」。自唐初至德宗即位，無處州稱號；北平藏譜稱松陽郡屬括州，是表示其為代宗大曆十四年五月以前所編撰；倫敦藏譜稱處州，是表示其為避德宗諱以後所編撰，所以大曆十四年五月是兩譜年代的重要分界線。

例二：北平藏譜吳郡條云屬於「豫州」，而倫敦藏譜吳郡則屬於「蘇州」。唐代吳郡自始至終皆屬蘇州；觀乎晉書宋書隋書等地理志，吳郡亦從未隸屬豫州，是則北平藏譜言吳郡屬豫州恐有誤。按唐代宗名豫，曾因此將豫州改為蔡州（註十），李豫即皇帝位以後，極不可能將蘇州的「蘇」字錯寫成避諱的「豫」字，故其筆誤乃發生於代宗李豫即位（代宗即位於肅宗寶應元年四月己巳）以前。

例三：北平藏譜有「弘農郡（郛州）」條。

按唐中宗神龍時，因避高宗太子弘諱，改弘農縣為恆農縣（註十一）；玄宗開元十六年後又復為弘農縣，假設縣名避諱更名，同一郡名亦可能避諱更名，果如此，則唐代稱「弘農郡」的時期有二：其一是貞觀八年至神龍元年(634—705)；其二是開元十六年至肅宗末年（728—762）。事實上唐代「弘農郡」從未改為「恆農郡」，原因是唐代以弘農為郡名在天寶元年（742）之後，亦即不在太子弘避諱時限之內(即705—728）。舊唐書卷三十八地理志虢州條（元和郡縣圖志卷六虢州條、新唐書卷三十八地理志虢州條略同）：

虢州，望。漢弘農郡。隋廢郡為弘農縣，屬陝州，隋末復置郡。義寧元年改為鳳林郡，仍於盧氏置虢郡。武德元年改為虢州，改鳳林為鼎州，貞觀八年，廢鼎州，移虢州於今治，屬河南道，開元初以巡按所便屬河東道，天寶元年改爲弘農郡，乾元元年復爲虢州。

例四：北平藏譜有中山郡（恒州）條，倫敦藏譜有冀州中山郡條。兩譜皆有大姓「甄」氏，顯係同地。其所以同是中山郡而州名不一，可能與避唐穆宗諱有關，新唐書卷三十九地理志鎭州常山郡條（元和郡縣圖志卷十七恆州條、舊唐書卷三十九地理志鎭州條略同）：

鎭州常山郡大都督府本恆州恆山郡，治石邑。義寧元年析隋高陽郡置。武德四年徙治眞定。天寶元年更郡名，十五載曰平山，尋復爲恆山。元和十五年避穆宗名更（鎭州）。

按元和郡縣圖志卷十七恆州條屬下有「靈壽縣，存中山國都也」。該地區常以古中山名之，尤以崇尙源流的氏族爲然。中山在元和十五年前屬恆州，故倫敦藏譜可能撰於其後，倫敦藏譜之所以不用「鎭州」，恐怕因爲士大夫在撰譜的時候，喜用大區域名詞替代新的生疏名詞。

廟號	名諱	建元	西元	例一	例二	例三	例四	例五	結論
高祖	淵	武德元年	618						
太宗	世民	貞觀八年	634						
高宗	治	顯慶四年	659						
武后	曌	光宅元年	684						
中宗	哲	神龍元年	705						
睿宗	旦	景雲元年	710						
玄宗	隆基	開元十六年	728						
		天寶元年	742						742
		天寶十四年	755						
肅宗	亨	至德元年	756						
		乾元元年	758						
		寶應元年	762						762
代宗	豫	廣德元年	763						

		大曆十四年	779
德宗	适	建中元年	780
順宗	誦	永貞元年	805
憲宗	純	元和元年	806
		元和十五年	820
敬宗	湛	寶曆元年	825
文宗	昂	太和元年	827
武宗	炎	會昌元年	841
宣宗	忱	大中元年	847
		大中五年	851
懿宗	漼	咸通十三年	872
僖宗	儇	乾符元年	874
昭宗	曄	天佑三年	906

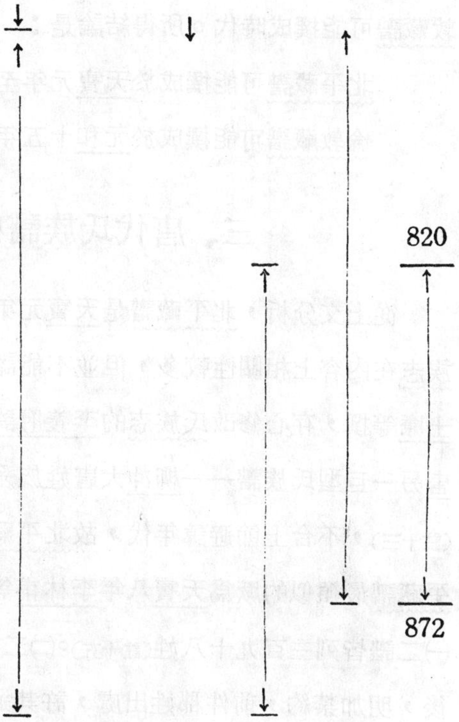

另有一條與避諱無關，但與考證氏族譜年代有關的例子（註十二）：

例五：敦煌唐代屬沙州，肅宗時涼隴諸州皆陷於吐蕃，周鼎閻朝固守沙州，至代宗大曆末亦陷沒。涼隴介於敦煌與中原之間，肅宗時既陷於吐蕃，是則肅宗以後敦煌與中原交通必極不便，北平藏譜既是唐代前半期之作品，殘卷原樣本必在涼隴沒有陷於吐蕃以前流入沙州敦煌（即肅宗以前）。又

新唐書卷八宣宗本紀（舊唐書卷十八下大中五年條略同）：

宣宗大中五年八月（851），汝州刺史張義潮遣兄義澤以瓜沙伊肅等十一州戶口來獻，自河隴陷吐蕃百餘年，至是悉復隴右故地，以義潮爲瓜沙伊等節度使。

二十一年以後，懿宗咸通十三年八月（872），歸義節度使張義潮卒，回鶻陷甘餘二州。敦煌又與中原不同。倫敦藏譜是唐代後半期作品，當撰成於懿宗咸通十三年八月（872）以前。

*　　　*　　　*

將上列五個例子刻畫在時間表上，虛線代表北平藏譜可能撰成時代；實線表示倫

敦藏譜可能撰成時代。所得結論是：

北平藏譜可能撰成於天寶元年至寶應元年（742—762）。

倫敦藏譜可能撰成於元和十五年至咸通十三年（820—872）。

三、唐代氏族譜標準與雙線發展

從上文分析，北平藏譜是天寶元年至寶應元年間（742—762）間作品，與貞觀氏族志在內容上相關性較多，但並不能認定就是貞觀氏族志。由於北平藏譜殘卷末書高士廉等撰，存心修改氏族志的李義府許敬宗等自不會在顯慶姓氏錄卷末留此字樣。初唐另一巨型氏族譜——柳冲大唐姓族系錄，撰成於神龍元年至先天二年（707—714）（註十三），不合上節避諱年代，故北平藏譜亦似非大唐姓族系錄。按唐代前半期中與北平藏譜最類似的厥爲天寶八年李林甫等撰天下郡望姓氏族譜（註十四），其相同之點有：㈠二譜皆列三百九十八姓（註十五）。㈡二譜皆爲一卷（註十六）。㈢北平藏譜卷末云「自今已後，明加禁約，前件郡姓出處，許其通婚媾，結婚之始，非舊委怠，必須精加研究，知其囊譜，相承不虛，然可爲疋」；而玉海引李林甫撰譜亦云：「非譜裔相承者，不許昏姻」，二譜語氣內容甚似（註十七）。㈣二譜卷末敍文皆以「太史因堯置九州」等語作爲開始。㈤二譜卷末皆提到「商賈之類」字樣。㈥二譜撰成時代相近，李林甫天下郡望姓氏族譜撰成於天寶八年（749）；上節考證北平藏譜成於天寶元年至寶應元年（742—762）。二譜雖有以上許多相同之處，但亦有很重要的相異之處，㈠二譜撰者不同，北平藏譜卷末書高士廉等撰；天下郡望姓氏族譜是李林甫等撰（註十八）。㈡若干州郡，姓望數目不一，姓望略異（註十九）。

要解釋各譜之間同中有異，異中有同的現象，需要研究唐代氏族譜發展脈絡，譜與譜之間的關係方可明瞭。我國東漢以降、士族在政治社會地位甚爲重要，初則各大族編撰家乘譜牒（註二十），正昭穆，以此相高；兩晉南北朝時，因與九品官人法相結合（註二十一），選擧依據門望（註二十二），至於各族門望之高下，雖亦有爭執，但那是社會士大夫爲其本族地位的爭論（註二十三），皇帝與主持選擧的官吏（中正官及吏部官吏）對於評定族望高下似無獨特的標準而與社會上士大夫所定標準相左（註二十四），兩晉南北朝統治階級這樣廣泛地謀求與世家大族結合，固有其政治上的需要（註二十五），亦因爲如此，在政治與社會上對氏族標準並未分立。唐代修氏族譜，皇帝與士大夫對氏族高下標準不同，例如：

貞觀六年，太宗命修氏族志，云：貞觀政要卷七：「貞觀六年，太宗謂尙書左僕射房玄齡曰：比有山東崔、盧、李、鄭四姓，雖累葉陵遲，猶持其舊地，好自矜大，稱爲士大夫。每嫁女他族，必廣索聘財，以多爲貴，論數定約，同於市賈，甚損風俗，有紊禮經，旣輕重失宜，理須改革，乃詔吏部尙書高士廉……等刊正姓氏」。又新唐書卷九十五高儉傳：「太宗嘗以山東士人，尙閥閱，後雖衰，子孫猶負世望，嫁娶必多取貲，故人謂之賣昏，由是詔士廉與韋挺、岑文本、令狐德棻，責天下譜牒，參考史傳，檢正眞僞，進忠賢、退悖惡、先宗室、後外戚、退新門、進舊望、右膏粱、左寒畯」。

高士廉等的初奏本氏族志現今已無從看到，從二點可以推測其編撰氏族志的標準與立場。其一，初奏本氏族志分爲九等，「崔幹仍居第一」；太宗詔中指「崔盧李鄭四姓，雖累葉陵遲，猶持其舊地，好自矜大」，意欲降之，今竟然崔幹仍列首位，可見修譜諸公標準大異於太宗。其二，貞觀六年詔，太宗雖以賣買婚姻爲由，改革風俗，實欲從婚嫁之改變，貶降舊門大族，這一點亦與當時士大夫的標準大異，新唐書卷九十五高儉傳：「先是後魏太和中定四海望族，以(李)寶等爲冠，其後矜尙門地，故氏族志一切降之，王妃主壻皆取當世勳貴名臣家，未嘗尙山東舊族，後房玄齡魏徵李勣復與昏，故望不減」。太宗的原意是「進忠賢，退悖惡，先宗室，後外戚」，改變「門第婚姻」等(註二六)，而當時士大夫在「退新門，進舊望，右膏粱，左寒畯」的標準上發揮。

初奏本氏族志這種濃厚的士大夫立場，必不合太宗意，太宗在詔令修正初奏本氏族志時，不得不坦率地說出自已的標準。舊唐書卷六十五高士廉傳：「太宗曰，我與山東崔盧李鄭舊旣無嫌，爲其世代衰微，全無冠蓋，猶自云士大夫，婚姻之間，則多邀錢幣，才識凡下，而偃仰自高，販鬻松檟，依託富貴，我不解人間何爲重之，祇緣齊家，惟據河北，梁陳僻在江南，當時雖有人物，偏僻小國，不足可貴，至今猶以崔盧王謝爲重，我平定四海，天下一家，凡在朝士，皆功效顯著，或忠孝可稱，或學藝通博，所以擢用，見居三品以上，欲共衰代舊門爲親，縱多輸錢帛，猶被偃仰，我今特定族姓者，欲崇重今朝冠冕，何因崔幹猶爲第一等，昔漢高祖止是山東一匹夫，以其平定天下，主尊臣貴，卿等讀書見其行迹，至今以爲美談，心懷敬重，卿等不貴我官爵耶！不須論數世以前，止取今日官爵高下作等級，遂以崔幹爲第三」。通鑑卷一百九十五，貞觀十二年：「上曰：……乃更命刊定，專以今朝品秩爲高下，於是以皇族爲首，外戚次之，降崔(民)幹爲第三」(註二十七)。「不須論數世以前，止取今日官爵高下作等級」是太宗意想中最具體的標準；士大夫並非完全不重視官爵，而是一個門望的高下，必須累數世之功，北魏定三世冠冕作爲門望的標準(註二十八)，似頗合社會上士大夫之意。設若太宗嚴格地實行「止取今日官爵高下作等級」，定本氏族志爲當時士大夫所接受的程度，大爲可疑。

顯慶姓氏錄似乎貫澈官品主義的標準(註二十九)。唐會要卷三十六「顯慶四年九月五日，詔改氏族志爲姓錄，上親製序，仍自裁其類例，凡二百四十五姓，二百八十七家，以皇后四家酅公、介公、贈臺司、太子三師、開府儀同三司、僕射，爲第一等；文武二品及知政事者三品，爲第二等；各以品位爲等第，凡爲九等，並取其身及後裔，若親兄弟，量計相從，自餘枝屬，一不得同譜」，當時士大夫必然無法接受姓氏錄，「以皇朝得五品者，書入族譜，入譜者，縉紳士大夫咸以爲恥，議者號其書爲勳格」(註三十)。

唐代前半期另一官修氏族譜是柳冲大唐姓族系錄，册府元龜卷五百六十國史部譜牒條：「依據氏族志重加修撰，仍令取其高名盛德，素業門風，國籍相傳，士林標準，次復勳庸克懋，榮絕當朝，中外相輝，譽兼時望者，各爲等列；其諸蕃酋長，曉襲冠帶者，亦別爲一品」。上述所引標準，非常概括，諸譜現已佚亡(註三十一)，無法得知細節，大約以貞觀氏族志定本爲標準。

* * *

上列所引例子中，看出氏族譜的標準爭論甚烈，顯露出政治權力中心皇帝與社會勢力重心的士大夫之間立場之差距。貞觀六年太宗詔修氏族志，曾廣泛地徵求士大夫家譜(註三十二)，高士廉等亦大都承襲兩晉南北朝以來一般士大夫的標準，已如上述，故氏族志初奏本無論從資料方面或精神方面看，最合當時士大夫之意。初奏本亦可能被許多士大夫收藏（北平藏譜卷末謂成於貞觀八年五月十日壬癸，正可能是初奏本修成時間)。緣因氏族譜是記載政治社會上世家大族的書籍，時間推移，氏族必有興衰，官方屢次修譜，以與實際政治社會相符合；士大夫私修譜，亦因在士大夫標準中，某些家族有了榮枯。明乎此，則知唐代氏族譜自太宗時便呈雙線發展，一是詔修譜，一是士大夫私修譜；前者如氏族志、姓氏錄、大唐姓族系錄；後者流行於民間，譜數甚多(註三十三)，北平藏譜是當時士大夫私修譜之一(也許是較重要的一部私修氏族譜)。由於貞觀六年是第一次以唐代政治社會大族為背景，整理譜系，其後詔修譜都以此為圭臬，加以變動。這部氏族志初奏本最合士大夫意，故初奏本亦可能是若干士大夫私修譜的基準，北平藏譜即其一也。今日所見北平藏譜保持氏族志初奏本的外觀，內容則略有變更，正表示私修譜在發展中有若干修改。(上節考證北平藏譜撰成於天寶元年至寶應元年(742—762)，距初奏本貞觀八年(634)已一百零八年以上)。

李林甫氏，正史列傳中未聞其善於譜學，亦未聞任何善於譜學者為其助力，編撰一部全國性的譜系，是一項大工程(註三十四)，李林甫所修譜僅一卷，由此可見實未大規模編撰，僅從現存資料中綜合成為一卷而已，比較李譜與北平藏譜之同異，李譜可能抄襲尚時民間流行譜，冠以李林甫之名，作若干部份更動，此被抄襲的民間譜即可能源自貞觀氏族志初奏本演變而來的氏族志，亦即今日所見的北平藏譜是也。新舊唐書李林甫傳中均未顯耀這項事蹟，可見唐代士大夫不重視李林甫的抄襲本，後世僅能在玉海中興書目、崇文總目、新唐書藝文志、直齋書錄解題等書目中得知譜名而已。

倫敦藏譜(新集天下姓望氏族譜)撰成在元和十五年至咸通十三年間(820—872)(註三十五)，似乎亦是士大夫私修，其承襲關係已難考證。

茲試繪各譜關係圖如下：

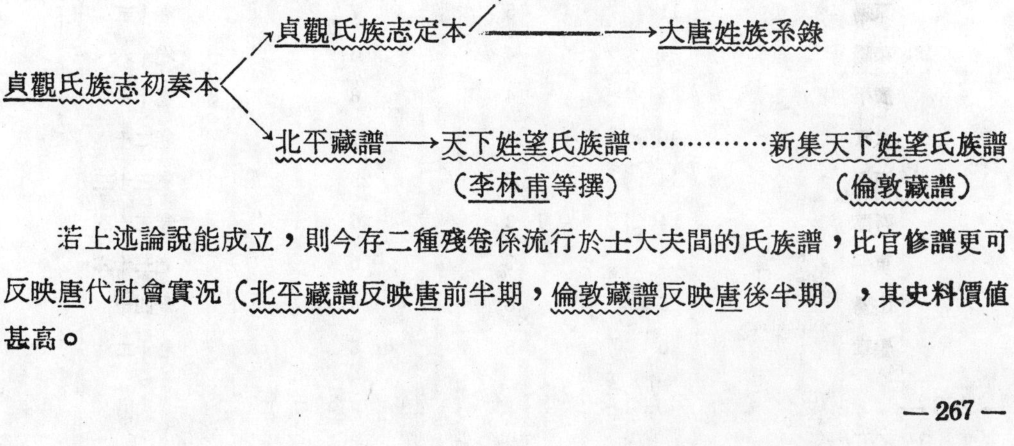

若上述論說能成立，則今存二種殘卷係流行於士大夫間的氏族譜，比官修譜更可反映唐代社會實況(北平藏譜反映唐前半期，倫敦藏譜反映唐後半期)，其史料價值甚高。

註一: 原譜藏於北平圖書館，轉刊於北平圖書館館刊六卷六期敦煌叢抄。

註二: 原譜藏於倫敦大英博物館，今有影印本流行於世，編號爲Order No. O.P.B.& MSS, 11431/4200; Title: Stein Rolls. No: 2052.

註三: 原載於昭和三十三年十一月石濱先生古稀紀念東洋學論叢，復刊於昭和三十七年中國法制史研究家族村落法第十章「敦煌發見　天下姓望氏族譜」。

註四: Stein Rolls, No. 5861

註五: 同二註仁井田陞先生第一個提出大曆十四年亦即八世紀末是北平藏譜與倫敦藏譜之間重要的時代劃分線。參見註三文。

註六: 向達先生語：「依李義府許敬宗諸人奏改之姓氏錄，卷末必不煩重敍高士廉之名及貞觀時詔勅」，甚合理。見北平圖書館館刊第五卷第六期。

註七: 向達先生指出北平藏譜有，氏族志亦有之例：「按貞觀所定姓氏，太原郡閻氏見姓氏書辨證卷廿；平原郡東方氏見辨證卷二；河內郡司馬氏見辨證卷四，淳于氏見卷六；河南郡賀蘭氏見辨證卷三十三；東平郡畢氏見辨證卷三十六；濮陽郡黃氏、東陽郡黃氏、松陽郡黃氏、南安郡黃氏見辨證卷十五；豫章郡章氏見辨證卷十三。」亦云：「此中除濮陽郡六姓，殘卷與辨證相合外，其他諸郡姓氏之數彼此互異」。出處見註六。

註八: 辨證氏族志、北平藏譜、倫敦藏譜，三譜同郡姓望數目之比較，如下：

郡名姓望數	辨證氏族志	北平藏譜	倫敦藏譜	備　註(辨證卷數)
河內	7	9	17	辨證卷六
廣陵	4	3	10	卷十三
平原	8	3	7	卷二
清河	6	7	19	卷五
松陽	3	4	5	卷十五
南安	6	5	4	卷十五
濮陽	6	6	6	卷十五
東陽	11	5	7	卷十五
滎陽	4	4	6	卷十八
廣平	4	4	8	卷十八
太原	10	11	27	卷二十
河南	14	7	23	卷三十三
齊郡	4	3	26	卷三十四
東平	4	3	6	卷三十六
山陽	5	3	6	卷四十
豫章	6	5	8	卷十二

同郡姓望數目之比較，原不足以證明二譜間關連性，然上列倫敦藏譜中許多大郡姓望數目與辨證氏族志，北平藏譜顯著不同，值得注意。

註九： 本條仁井田陞最早提出，見註三。

註十： 舊唐書卷三十八地理志蔡州：「隋汝南郡，武德三年四月………置豫州。天寶元年改爲汝南郡，乾元元年復爲豫州，寶應元年改爲蔡州」。

又有豫章郡，以避代宗諱改爲洪州，參見舊唐書卷四十地理志及舊唐書校勘記卷二十二。

註十一： 新唐書卷三十八地理志虢州弘農郡條：「緊，本隋弘農郡，義寧元年日鳳林，領弘農、閿鄉湖城。武德元年日：鼎州，因鼎湖爲名，貞觀八年州廢，縣皆來屬，神龍初避孝敬皇帝諱日恆農，開元十六年復故名」。

註十二： 下列例五有關敦煌地區之得失，係向達先生首先提出，參見北平圖書館館刊六卷六期敦煌叢抄。

註十三： 玉海卷五十：「神龍元年五月十八日（705），柳冲上表願修氏族之譜，上從之，令左僕射魏元忠等八人重修，至先天二年三月（712），柳冲奏所修姓族錄成，上之，凡二百卷，又令刊定，至開元二年（714）七月二十二日畢，上之」。

註十四： 今日所能見有關李林甫等撰天下郡望姓氏族譜的資料如下：

玉海卷五十唐新定諸家譜錄條引中興書目：「天下郡望姓氏族譜一卷，李林甫等撰，記郡望出處，凡三百九十八姓，天寶中頒下，非譜裔相承者，不許昏姻」。

直齋書錄解題卷八，「唐李林甫等天寶八年所纂。並附五音於後」。崇文總目卷二：「唐新定諸家譜錄一卷，李林甫撰」。

Stein Rolls No: 5861 見附錄。

註十五： 北平藏譜殘卷末云三百九十八姓凡三次。李林甫譜亦三百九十八姓，參見註十四。Stein Rolls No: 5861.卷末亦云三百九十八姓。姓數完全相同，不可以偶然巧合視之。按貞觀氏族志二百九十三姓。顯慶姓氏錄二百四十五姓。

註十六： 按貞觀氏族志一百卷，新唐書卷三太宗紀云一百三十卷，恐有誤。

顯慶姓氏錄二百卷。大唐姓族系錄二百卷。

註十七： 太宗命修貞觀氏族志本意之一，出於厭惡門第婚姻。顯慶姓氏錄刊行以後，禁七姓十家間通婚。

註十八： Stein Rolls No: 5861， 斷簡卷末撰者位置有「甫」字，似應李林甫撰。又三百九十八姓數目與玉海所引天下郡望姓氏族譜李林甫等撰相同，故此斷簡極可能即李林甫撰譜。

註十九： Stein Rolls No: 5861斷簡（即假定係李林甫撰譜，參見註十八）卷末殘缺尤甚，所能看清的「太史因堯置九州」「月十日」「三百九十八姓」「戶商價之類」等字樣，與北平藏譜卷末相同。而斷簡記「上柱國」「甫等奏敕令」，則與北平藏譜所記「光祿大夫兼吏部尚書許國公士廉等奉敕令」異。

所記郡望亦有參差，將二譜可比較的資料對照於下：

	Stein Rolls No: 5861斷簡	北平藏譜
河南郡宋氏	有	無
廣平郡宋氏	有	有
中山郡陽氏	有	無
滎陽郡陽氏	有	有
河內郡車氏	有	無
魯郡車氏	有	有
平陽賈氏	有	無
越州會稽郡	七姓	七姓
洪州豫章郡	五姓	五姓
潭州長沙郡	五姓	四姓
泉州安南郡	二姓（疑五字）	五姓
果州武都郡	二姓	一姓

註二十：參見新唐書卷五十八藝文志。舊唐書卷四十六經籍志上。隋書經籍志卷三十三。拙著兩晉南北朝士族政治之研究第七章第三節。

註二十一：參見宮崎市定九品官人法の研究。

註二十二：參見拙著兩晉南北朝士族政治之研究第四章、第六章。

註二十三：如魏書卷六十三宋弁傳，廣平宋氏與太原郭氏之爭。北齊書卷四十三羊烈傳，泰山羊氏與東平畢氏之爭。魏書卷六十四郭祚傳，太原郭氏與王氏之爭。

註二十四：北魏太和年間所訂評定族望辦法，似無反對的論調。

註二十五：北朝努力於得到中原漢大族的支持。南朝則自始因大族得以偏安南方。

註二十六：唐皇室及若干主要的開國功臣源於西魏北周隋一脈，太宗有意壓抑山東舊族，提高關中功臣社會地位，參見陳寅恪先生唐代政治史述論稿，及日人布目潮渢唐朝創業期の一考察東洋史研究25-1(1966)

註二十七：新唐書卷九十五高儉傳。唐會要卷三十六。玉海卷五十藝文譜牒條。册府元龜卷五百六十國史部譜牒條。等略同。

註二十八：參見新唐書卷一百九十九柳冲傳。

註二十九：池田溫氏唐朝氏族志の一考察刊於北海道大學文學部紀要 13—2 (1965)

註三十：引文出於唐會要卷三十六。以五品官作爲士族標準源自兩晉南北朝，參見宮崎市定九品官人法の研究及拙著兩晉南北朝士族政治之研究第一章。

註三十一：池田溫氏考證今存敦煌名族志殘卷與大唐姓族系錄有相關性，刊於北海道大學文部紀要 13—2 (1965)。

註三十二：參見竹田龍兒貞觀氏族志の編纂に關する一考察刊於史學 25—4 (1952)。

註三十三：參見玉海卷五十。

註三十四：貞觀氏族志初奏本一百卷。氏族志定本一百卷。顯慶姓氏錄二百卷。大唐姓族系錄二百卷。

註三十五：唐代後半期官修元和姓纂，已佚其書，今本輯自他書，見岑仲勉四校林寶元和姓纂，史語所專刊第二十九，該書主旨在探求各姓淵流，體例有別，無法與倫敦藏譜作比較。

參考書目

新唐書　舊唐書　唐書合鈔　隋書　魏書　資治通鑑　唐會要

册府元亀　玉海　崇文總目　全唐文

鄧名世　古今姓氏書辨證附校勘記　叢書集成初編

劉復　敦煌掇瑣　史語所專刊第二。

許國霖　敦煌石室寫經題記與敦煌叢抄　北平圖書館館刊六卷六期。

陳寅恪　唐代政治史述論稿　史語所專刊第二十。

陳寅恪　隋唐制度淵源略論稿　史語所專刊第二十二。

陳　垣　史諱擧例　燕京學報第四期

陳　垣　敦煌刼餘錄　史語所專刊第四

岑仲勉　四校林寶　元和姓纂　史語所專刊第二十九。

李吉甫　元和郡縣圖志　岱南閣叢書

牟潤孫　敦煌唐寫姓氏錄殘卷考　臺大文史哲學報第三期

向　達　敦煌叢抄　北平圖書館館刊五卷六期

毛漢光　西晉南北朝士族政治之研究　中國學術著作獎助出版委員會

大英博物館搬藏敦煌發見唐代氏族譜

Order No. O. P. B. & M S S　11431/4200

Title Stein Rolls

No. 2052.　No: 5861.　No. 3191

宮崎市定　九品官人法の研究

池田溫　唐朝氏族志の一考察　北海道大學文學部紀要　13—2 (1965)

池田溫　八世紀初における敦煌 氏族　東洋史研究　24—3

竹田龍兒　貞觀氏族志の編纂に關する一考察　史學　25—4 (1952)

布目潮渢　唐朝創業期の一考察　東洋史研究　25—1 (1966)

仁井田陞　支那身分法史

仁井田陞　中國法制史研究（奴隸農奴法、家族村落法）。

附 錄 (一)

貞觀氏族志殘卷

陽郡三姓并州儀景魚

雁門郡三姓岱州續薄解

中山郡一姓恒州甄

康平郡四姓冀州宋焦啖游

高陽郡四姓冀州紀公孫耿夏

范陽郡三姓幽州盧鄒祖

河澗郡一姓滈州邢

內黃郡一姓相州扈

趙遷二姓趙州李眭

黎陽郡二姓衞州璩桑

弘農郡四姓郛州楊劉張贇

滎陽郡四姓鄭州鄭毛潘陽

陳留郡四姓汴州元謝衞虞

梁國郡三姓宋州宋喬張

齊陽郡三姓曹州蔡丁江

濮陽郡六姓濮州吳徐表扶黃慶

高平郡五姓兗州郤檀徐曹孫

東平郡三姓兗州萬呂畢

魯國郡七姓兗州夏孔車唐曲粟齊

太山郡四姓兗州胡周羊鮑

樂安郡七姓青州孫任高元薛門蔣

臨甾郡三姓青州史甯左

彭城郡五姓徐州劉曹袁行受

太原郡十一姓□□□□□□□郝溫閻鮮于令狐尉□

上黨郡五姓潞州包鮑連赫連樊

渤海郡四姓冀州吳歐陽高刀

上谷郡四姓燕州猣榮侯痲

清河郡七姓貝州崔張房向傅路勒

錐鹿郡三姓邢州莫魏時

平原郡三姓德州師雍封

河內郡九姓懷州宋司馬苟向浩渟于東尋

河南郡七姓潞州賀蘭丘士穆祝

南陽郡十姓□州張樂趙滕井何白鄧姖

潁川郡七姓許州陳苟韓鍾許庾庫

東來郡三姓□州費盛上官

誰郡國八姓亳州戴夏侯桓規婁龎

汝南郡七姓□州殷昌表應和荆梅

濟陽郡五姓濟州董禾丁都苗

濟北郡一姓洛州氾

山陽郡三姓兗州叨革郡

平陽郡一姓兗州孟

平昌郡一姓兗州管

千乘郡一姓青州倪

成陽郡二姓□□成盖

沛郡三姓徐州朱張周

瑯琊郡六姓沂州王顏諸葛惠苻徐	蘭陵郡一姓徐州蕭
下邳郡四姓泗州陳郤谷囨	東莞郡四姓海州臧關竹刀
廣陽郡三姓楊州戴高盛	長城郡一姓胡州錢
會稽郡七姓越州虞孔賀榮盛鍾離	吳郡四姓豫州朱張顧陸
吳興郡七姓胡州姚明丘紐閒施沈	
餘康郡三姓杭州金褚花	鹽官郡三姓杭州岑鄔臧
丹陽郡四姓潤州紀甘許左	東陽郡五姓婺州莿姚習黃留難
臨海郡四姓台州屈譚請弋	松陽郡四姓括州黃瀨曲豆
尋陽郡二姓江州陶翟	豫章郡五姓洪州熊羅章雷湛
武陵郡二姓□州供仵	長沙郡四姓譚州劉茹曾秦
武都郡一姓果州犇	南安郡五姓泉州黃林單仇盛

以前太史，因堯置九州，今爲八千五郡，合三百九十八姓。今貞觀八年五月十日壬辰，自今已後，明加禁約。前件郡姓出處，許其通婚媾。結婚之始，非舊委怠，必須精加研究，知其囊譜，相承不虛，然可爲疋。其三百九十八姓之外，又二千一百雜姓，非史籍所戴。雖預三百九十八姓之限，而或媾官混雜，或從賤入良，營門雜戶，慕容商賈之類，雖有譜，亦不通。如有犯者，剔除籍！光祿大夫兼吏部尙書許國公士廉等奉

勅，令臣等定天下氏族，若不別條擧，恐無所憑，准令詳事訖，件錄如前。敕旨依奏。

大蕃歲次丙辰後三月庚午朔十六日乙酉魯國唐氏苾蒭悟眞記勘定

* * * * * * * *

附錄(二)

Stein Rolls. No: 2052 British museum

敦煌發見天下姓望氏族譜 (一)

新集天下姓望氏族譜一卷并序
夫人立身在世，姓望為先。若不知之，豈為人子。
雖即博學，姓望殊乖，晚長後生，切須披覽。但看
注脚姓望，分明諳練，[illegible]出州郡，分為十道如右。
第一關內道郡
雍州京兆郡 [illegible]
雍州始平郡出四姓 馮 龐 宣 陰
雍州武功郡出四姓 蘇 韓 是 足
岐州扶風郡出十一姓 [illegible]
邠州新平郡出四姓 古 異 附 孫
涇州安定郡出八姓 梁 皇甫 席 伍 胡 安 [illegible]
同州馮翊郡出八姓 魚 吉 党 雷 印 令 力 狄
同州郃陽郡出四姓 支 奉 党 [illegible]
第二隴右道四郡
涼州西平郡出三姓 申屠 段 池
涼州武威郡出六姓 索 石 賈 安 廉 陰
渭州隴西郡出十三姓 [illegible]
秦州天水郡出廿姓 [illegible]
第三山南道五郡
襄州襄陽郡出五姓 [illegible]
鄧州南陽郡出七姓 [illegible]
荊州江陵郡出五姓 熊 [illegible] 伴 戎 酒
朗州武陵郡出五姓 伍 龍 冀 卜 無 華
鄂州江夏郡出七姓 李 黄 程 費 任 衙 喻

敦煌發見天下姓望氏族譜 (二)

朗州武陵郡出五姓 伍 龍 冀 卜 無 華
鄂州江夏郡出七姓 李 黄 程 費 任 衙 喻
第四河東道十郡
蒲州河東郡出十五姓 [illegible]
汾州西河郡出十姓 靳 卜 宋 林 植 相里 任 [illegible]
晉州平陽郡出十姓 [illegible]
澤州高平郡出五姓 范 巴 翟 過 揚 扶
澤州晉昌郡出五姓 唐 杜 也 閔 昊
潞州上黨郡出六姓 鮑 包 陳 樊 苞 尚
并州太原郡出廿七姓 [illegible]
代州鴈門郡出五姓 續 解 田 文 秋
虢州弘農郡出七姓 楊 譚 強 晉 歸 宋
第五河北道十七郡
冀州渤海郡出廿八姓 [illegible]
冀州中山郡出六姓 甄 焦 蘭 仲 郎 官
冀州高陽郡出五姓 許 耿 紀 祿 蒯
洺州廣平郡出八姓 游 程 宋 談 藉 [illegible]
幽州范陽郡出九姓 盧 湯 祖 鄒 范 簡 張 [illegible]
易州上谷郡出六姓 侯 榮 麻 燕 寇 谷
定州博陵郡出五姓 崔 邵 壽 辛 濮陽
瀛州河間郡出八姓 刑 俞 家 玄 堯 [illegible]
相州內黄郡出四姓 路 駱 虛 庫
貝州清河郡出十九姓 [illegible]
邢州鉅鹿郡出六姓 魏 耿 時 莫 時 郁
德州平原郡出七姓 [illegible]
趙州趙郡出六姓 李 刁 從 睦 郎 也 閻 閑
魏州魏郡出六姓 申 果 栢 [illegible]

敦煌發見天下姓望氏族譜（三）

□州　汲郡　出十九姓 [illegible]
邢州　鉅鹿郡　出六姓　魏　耿　時　莫　郜
德州　平原郡　出七姓　董 [illegible]
趙州　趙郡　出六姓　李 [illegible]
魏州　魏郡　出六姓　申　畢　柏 [illegible]
衛州　黎陽郡　出四姓　殷　桑　衛 [illegible]
懷州　河內郡　出十七姓　司馬 [illegible]
第六淮南道四郡
揚州　廣陵郡　出十姓　高 [illegible]
楚州　山陽郡　出六姓　曲　楚 [illegible]
廬州　廬江郡　出四姓　何　況 [illegible]
舒州　同安郡　出二姓　舒　傑　固
第七河南道廿二郡
洛州　河南郡　出廿三姓 [illegible]
許州　潁川郡　出十一姓 [illegible]
鄭州　滎陽郡　出六姓　鄭　潘　毛　陽 [illegible]
滑州　白馬郡　出三姓　盛　費 [illegible]
汴州　陳留郡　出五姓 [illegible]
宋州　梁國郡　出四姓　高　宋 [illegible]
亳州　譙郡　出十姓　曹　丁 [illegible]
豫州　汝南郡　出廿六姓 [illegible]
曹州　濟陽郡　出八姓　丁　卞　江 [illegible] 蔡　單　曹　郁
濮州　濮陽郡　出六姓　吳　文 [illegible] 黃　慶 [illegible]
兗州　魯國郡　出廿姓 [illegible]
兗州　太山郡　出四姓　鮑　羊　胡　斛斯
兗州　平昌郡　出四姓　管 [illegible]
鄆州　東平郡　出六姓　魏　呂　萬　平 [illegible]
青州　北海郡　出廿六姓 [illegible]
青州　樂安郡　出十二姓 [illegible]

13

敦煌發見天下姓望氏族譜（四）

曹州　濟陽郡　出八姓　丁　卞　江 [illegible] 蔡　單　曹　郁
濮州　濮陽郡　出六姓　吳　文 [illegible] 黃　慶 [illegible]
兗州　魯國郡　出廿姓 [illegible]
兗州　太山郡　出四姓　鮑　羊　胡　斛斯
兗州　平昌郡　出四姓　管 [illegible]
鄆州　東平郡　出六姓　魏　呂　萬　平 [illegible]
青州　北海郡　出廿六姓 [illegible]
青州　樂安郡　出十二姓 [illegible] 蔣 [illegible]
齊州　濟陰郡　出四姓　卞　單　東門 [illegible]
徐州　彭城郡　出十二姓 [illegible]
徐州　蘭陵郡　出四姓　蕭　繆　万俟 [illegible]
泗州　下邳郡　出八姓　闕 [illegible]
沂州　瑯琊郡　出十三姓　王 [illegible]
第八江東道二十郡
潤州　丹陽郡　出八姓　甘　紀 [illegible] 洪 [illegible]
宣州　宣城郡　出四姓 [illegible]
蘇州　吳郡　出五姓　朱　張　顧　陸 [illegible]
杭州　錢塘郡　出七姓 [illegible]
杭州　鹽官郡　出五姓 [illegible]
杭州　餘杭郡　出四姓 [illegible]
湖州　吳興郡　出十六姓 [illegible]
常州　晉陵郡　出四姓　蔣 [illegible]
越州　會稽郡　出十四姓　夏 [illegible]
越州　松陽郡　出五姓 [illegible]
台州　臨海郡　出六姓　屈　冷　靖　譚 [illegible]
婺州　東陽郡　出七姓 [illegible]
歙州　新安郡　出五姓 [illegible]
洪州　豫章郡　出八姓　羅　雷　熊 [illegible]
虔州 [illegible]

4

敦煌發見天下姓望氏族譜 (四)

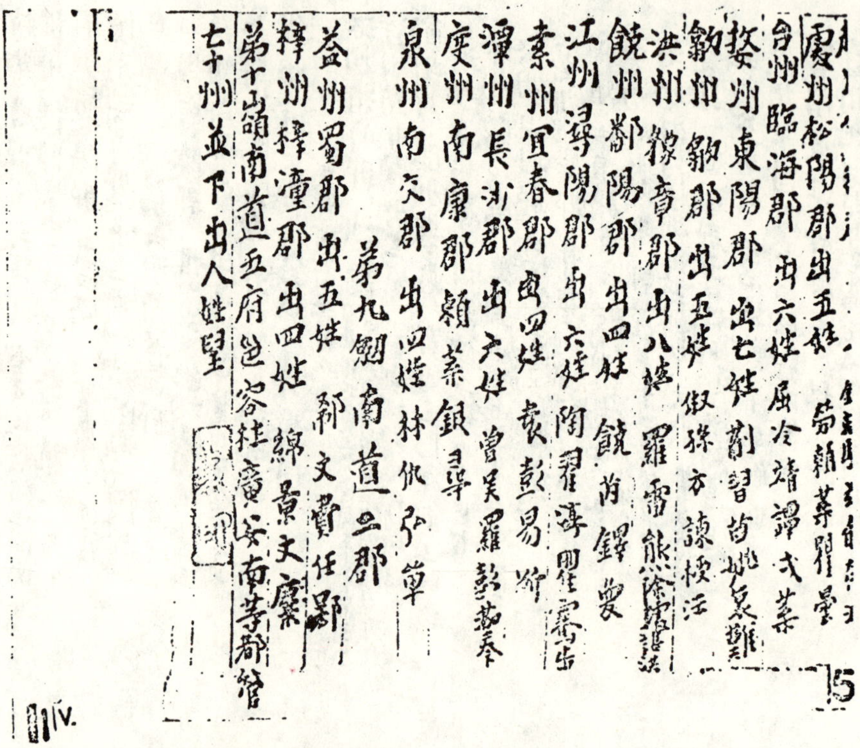
處州松陽郡出五姓
台州臨海郡 出六姓
婺州東陽郡 出七姓
歙州歙郡 出五姓
洪州豫章郡 出八姓 羅 雷 熊
饒州鄱陽郡 出四姓 饒
江州潯陽郡 出六姓 陶
袁州宜春郡 出四姓 袁 彭 易
潭州長沙郡 出六姓 曾 吴 羅
虔州南康郡 賴 綦
泉州南安郡 出四姓 林
第九劍南道二郡
益州蜀郡 出五姓
梓州梓潼郡 出四姓
第十嶺南道五府
七十州並下出入姓望
海州東海郡 出十姓 徐

附　錄 (三)

Stein Rolls. No:5861 British museum

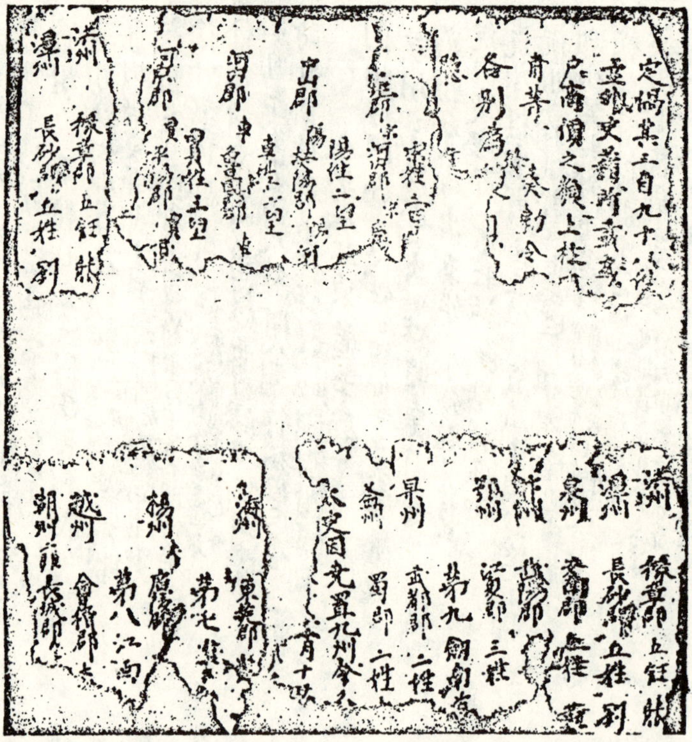

出自第四十三本第二分(一九七一年六月)

唐代涼州西通安西道驛程考

嚴　耕　望

目　次

序　言

涼州（今武威）爲盛唐時代西北地區政治軍事經濟文化之中心，極爲繁榮。安西都護府（今庫車）則唐代前期中央政府控制西域之總部。其間相去五千里，有道通達，爲唐代西通西域中亞之交通孔道，亦唐代前期控制西域中亞之工具也。故此道允爲當時國際交通之第一重要路線，全程皆置驛。岑仲勉前輩云，玉門以西，漢唐不見驛傳之記載；偶失檢照耳。今就此道所經，凡州、縣、軍、鎭、關、戍、館、驛，有可考者，皆表而出之，以明此道之正確路線，並略及交通繁榮之概況。前撰唐代長安西通涼州兩道考（刊香港中文大學中國文化研究所學報第四卷第一期），取與此文參看，長安西至安西之交通情況皆可瞭然。其間行程七千里，急行一月可達，而西州（今吐魯番東六七十里）市場所見內地出產品之價格，並未達到昂貴驚人之程度，此與長安涼州兩道考所引水部式，會寧關黃河渡口具舟五十艘、渡子殆二百人者，皆足見當時長安西域間交通暢盛、商貿發達，誠非千載以下之今日所能想像也。

一九七一年六月二十日

(一)　涼州至安西間行程概略

由涼州向西微北行，五百里至甘州(今張掖縣)，又四百里至肅州(今酒泉縣)，又五百里至瓜州(今苦峪城或布隆吉城地區)，又三百里至沙州(今敦煌縣)。去涼州約一千七百里，去長安約三千七百里。

武經總要前集一八上邊防目，述秦州向西路程，歷渭、臨、蘭三州，至涼州。續云：

「涼州又五百一十里至甘州，又四百里至肅州，又九十里渡玉門關，又四百二十里至瓜州，又三百里至沙州。」

此條記涼州西經甘、肅、瓜三州至沙州。今就通典、元和志、寰宇記及舊唐書地理志表列此各鄰州間之距離及各州至長安之里程如下：

	通典	元和志	寰宇記	舊唐志
涼州至長安	2020	2000		2010
涼甘間	500 500	500	500 500	
甘州至長安	2510	2500	2500	2500
甘肅間	420 420	400 400	420 420	
肅州至長安	3968〔2968〕 (去洛陽3780)	2900	2900	2858 (至洛陽3780)
肅瓜間	526 526	480〔500〕	526	
瓜州至長安	3384	3400	3384	3310
瓜沙間	280 280	300 300	280 280	
沙州至長安	3759 (去洛陽4609)	3700	3859〔3759〕 (去洛陽4609)	3650

上表所列數字，各書雖偶有小誤，然各書皆並記東至洛陽之里數。唐宋志書，長安洛陽間通常皆云八百五六十里，故此所記至長安里數如有可疑，往往可據至洛陽里數作最少之更正，如表中〔　〕內數字是也。檢此各州去長安之里數

大抵卽等於本州東至鄯州之里數加鄯州東至長安之里數。換言之，卽此道誠如武經總要所示，由涼州西經甘州、肅州、瓜州至沙州也。此諸州間之距離，大抵寰宇記採自通典，然元和志最爲整齊，且各數亦最勘合無歧紛。且中古里程未必皆經準確測量，邊區當更就大體約計，與其取畸零數字，而彼此乖違，反不如據元和志僅取大數之爲佳也。是則由涼州五百里至甘州，四百里至肅州，五百里至瓜州，三百里至沙州，沙州去涼州一千七百里，去長安三千七百里。此與通典、寰宇記所記涼沙間一千七百二十六里，武經總要所記涼沙間一千七百二十里，雖小有差異，但大數不爽，可無深論矣。

沙州折北微西取矟竿道七百里至伊州（今哈密縣），又由瓜州西北取第五道經莫賀延磧，九百里亦至伊州。玄奘西行取瓜州伊州道。其後矟竿、第五兩道交替置驛，蓋因軍政情勢而異也；然取莫賀延道爲多。

玄奘行程，見慧立慈恩法師傳，詳後引。元和志四〇、寰宇記一五三關於伊、瓜與伊、沙間行程及伊州去長安、洛陽里程之記述如下：

元和志：沙州，「北至伊州七百里。」

伊州，「東南至上都四千四〔三〕百三十里。」

「東南至東都五千一百六十里。」

「東南取莫賀磧路至瓜州九百里。」

「正南微東至沙州七百里。」

寰宇記：瓜州，「西北至伊州九十〔百〕里。」

伊州，「東南至長安三〔四〕千三百里。」

「東南至西京（卽洛陽）五千一百五十里。」

「正北〔南〕微東取梢竿館路至沙州七百里。」

據此，瓜州西北取莫賀磧至伊州九百里，卽沙州圖經之莫賀延磧第五道也。沙州正北微西取梢竿館至伊州七百里，卽沙州圖經之梢竿道也。兩道交替置驛情形，可考見圖經，並詳後文。

又觀兩書記伊州至洛陽之里程僅差十里，自可信。而去長安之里程一作四千四百三十里，一作三千三百里，差誤極大。按長安洛陽間相距八百五六十里，故志文四百當爲三百之譌，記文三千當爲四千之譌，卽一作四千三百三十里，一作四千三百里，無大異矣。前論瓜州至長安三千四百里，沙州至長安三千七百里，則兩書記伊州東至長安、洛陽之里程似係就莫賀磧道而言，卽由伊州東南直達瓜州，非取梢竿道繞沙州而言也。蓋莫賀延磧道尤爲幹線。且考之唐人行程，如玄奘由瓜州取莫賀延道至伊州，見慈恩法師傳卷一。岑參有日沒賀延磧作（見後引），是亦取此道也。又舊八四裴行儉傳，爲送波斯王，經莫賀延磧至西州，亦其證。而未見有由沙州取梢竿道至伊州者，蓋取莫賀延磧道爲多也。

伊州向西微南至西州，（今吐魯番縣東七十里之阿斯塔拉，或此西十餘里之哈喇和卓。）唐宋志書云七百三十里或五十里，實則伊西間交通有南北兩道，皆當九百里有奇，非七百數十里也。

慈恩法師傳，由瓜州經莫賀延磧至伊州，更向西至高昌，卽西州也。通典一七四，伊州「西至交河郡七百五十里。」西州交河郡條，方向里數皆合。寰宇記伊州、西州兩目亦皆作七百五十里；而伊州目作「西南至西州」，方向較準。元和志四〇伊州、西州兩目作「東北」、「西南」向，里數皆爲七百三十里。似伊西兩州間不過七百三十里或五十里者。其實不然。玆先就唐宋志書所記伊西間之里數及兩州東至長安之里數，續作表如次：

	通典	元和志	寰宇記	舊唐志
伊州至長安	4800 (去洛陽5650)	4430〔4330〕 (去洛陽5160)	3300〔4300〕 (去洛陽5150)	4416 (去洛陽5330)
伊西間	750 750	730 730	750 750	
西州至長安	5265〔5365〕 (去洛陽6215)	5030 (去洛陽5000)	5367 (去洛陽6215)	5516 (去洛陽6215)

按通典、舊志，伊州去長安里數各與本書瓜、沙去長安里數不相應，姑存不論。其元和志、寰宇記，伊州去長安之里數雖皆有譌，然可據去洛陽之里數校正，上文已言之。至於伊西間里數，三書記載極相近，而西州至長安之里數，則相差甚遠。就中元和志所記里數，本身前後最無矛盾，似「730」「5030」兩數字最爲正確。然按通典、寰宇記、舊志所記去長安里數雖頗參差，但去洛陽里數則皆作六千二百一十五里。以兩京間八百五十里計之，西州至長安當爲五

千三百六十五里，則寰宇記所記最正確，而通典「二百」爲「三百」之譌也。是伊西間相去殆千里有零。後文引新志納職縣條所記里程，伊州西至赤亭鎮已七百里，赤亭以西又當二百餘里，即伊西間當近千里，最少九百里有奇，作七百數十里者皆非也。詳後文。

又由沙州西北行取大海流沙道一千三百六十里亦至西州，惟行旅蓋少。

此見西州圖經，通典、元和志、寰宇記亦有記載，考詳後文。

西州西南行七百二十里至焉耆國（今焉耆縣），置焉耆鎮，爲安西四鎮之一。又西約八九百里至龜茲國（今庫車縣），置安西鎮及安西都護府，爲統治西域之總部。東去涼州大數約近五千里，去長安大數約近七千里。

元和志四〇，西州「西南至焉耆七百二十里。」而通典一七四，西州「西至焉耆鎮守軍七百一十里。」安西郡、安西都護府「東至焉耆鎮守軍八百里，去交河郡七百里。」謂焉耆去交河郡大數七百里也。寰宇記一五六西州條及安西都護府條，並與通典同，惟無「去交河郡七百里」一句。按西州至焉耆實爲七百二十五里，詳後文，今據元和志書之。焉耆至安西，通典及寰宇記皆作八百里，舊唐志亦爲八百里，然通典焉耆國傳及寰宇記焉耆國傳皆作九百里。實考之，當爲八百三十里，八百九百皆大數也。詳後文。

綜上所書，伊州至涼州取莫賀延道二千三百里，取梢竿道二千四百里，加伊州至安西約二千五百里，又若涼州至長安取秦州道，則安西至長安約六千八百數十里，或六千九百數十里，即大數約七千里也。而通典一七四，安西都護府「至西京七千六百里，去洛陽八千三百三十里。」又一九一龜茲傳，「東去長安七千五百里。」又一九二焉耆傳「去長安七千三百里。」與今所考之數頗異。按漢書西域傳，龜茲去長安七千四百八十里，焉耆去長安七千三百里，明通典襲用漢代計程，非唐代記程也。（且漢書西域傳記程取鄯善道，亦非取伊吾車師道，詳後文。）

此爲長安通西域之大道。唐人行旅所經之能詳考者，莫過於玄奘與岑參。玄奘由長安經秦州、蘭州、涼州、瓜州、玉門關，渡莫賀延磧，經伊吾（伊州）高昌（西州），又經焉耆、龜茲而西。岑參由長安逾隴坂、大震關、分水驛，經渭州、臨州、蘭州，至涼州，又經肅州、玉門關，渡莫賀延磧至西州，亦曾到沙州；西州又西經銀山、焉耆、鐵門關，至安西。全在此道上。

玄奘行程詳慧立慈恩法師傳卷一。

岑參來往長安、安西間，吟詠最多，茲就全唐詩第三函八册所收各詩之詩題涉及沿途地名者，自東而西表列於次：

初過隴山途中呈宇文判官（參集一）

經隴頭分水（參集四）

西過渭州見渭水思秦州（參集四）

臨洮客舍留別祁四（參集三）

發臨洮將赴北庭留別（參集三）

臨洮泛舟趙仙舟自北庭罷使還京（參集三）

題金城臨河驛樓（參集三）

河西春暮憶秦中（參集三）

涼州館中與諸判官夜集（參集二）

武威春暮聞宇文判官西使還已到高昌（參集三）

武威送劉單判官赴安西行營便呈高開府（參集一）

武威送劉判官赴磧西行軍（參集四）

過燕支寄杜位（參集四）

酒泉太守席上醉後作（參集二）

過酒泉憶杜陵別業（參集三）

玉關寄長安李主簿（參集四）

題首蓿峰寄家人（參集四）

日沒賀延磧作（參集四）

過磧（參集四）

磧中作（參集四）

敦煌太守後庭歌（參集二）

經火山（參集一）

火山雲歌送別（參集二）

銀山磧西館（參集二）

早發焉耆懷終南別業（參集三）

題鐵門關樓（參集一）

宿鐵關西館（參集三）

安西館中思長安（參集一）

觀此諸詩，其行程可瞭。其地名爲前文所未考者，首蓿峰與玉關相近，火山在伊州至西州道側，銀山在西州至焉耆道上，鐵門關在焉耆至安西道上，皆下文續詳。

今就涼州至安西五千里之詳細行程續考如次：

(二) 涼州西至瓜州玉門關之驛程

涼州西北行一百八十里至番禾縣，更名天寶縣（今永昌縣西）。

元和志四〇涼州，「天寶縣，東至州百八十里。本漢番禾縣，屬張掖郡。北涼沮渠蒙遜立爲番禾郡。後魏太武平涼州，罷郡置軍，開皇三年改爲縣，……天寶中改爲天寶縣。」按觀此縣地望與歷史名稱，應當大道。又嘉麟縣，「東南至州七十里。……前涼張軌於此置武興郡，後梁呂光改置嘉麟縣。」亦可能在道上，今姑不書。

又西北越删丹嶺（今水泉子），經漢日勒故城（今古城窪），凡二百里至删丹縣（今山丹縣），在焉支山北五十里，弱水之北，置删丹鎭。

武經總要前集一八下邊防西蕃地界條，涼州「西甘州五百里。西北三百里先至甘州删丹縣，又二百里至州。」是兩州間道經删丹也。然元和志，甘州「删丹縣西至州一百二十里。」寰宇記一五二甘州，「删丹縣，(州) 東北二十里。」考道宣神州塔寺感通錄卷上，「甘州删丹塔………在甘州東一百二十里，縣城東，弱水北，大道側。」足證元和志記載不誤，寰宇記「北」爲「百」之音譌；武經總要記程則誤也。元和志又云，删丹縣「弱水在縣南山下。」觀塔寺感通錄信然。通說，古删丹城即在今山丹縣治，觀去甘州里距及弱水之北，確然不誤。又元和志云，「焉支山一名刪丹山，故以名縣。山在縣南五十里，東西百餘里，南北二十里，水草茂美，與祈連山同。」是縣南山下，即焉支山之北麓耳。岑參過燕支寄杜位云，「燕支山西酒泉道，北風吹沙卷白草。」（全唐詩三函八册）。蓋謂刪丹縣也。

羅振玉莫高窟石室秘錄，寺歷三卷有康公者，書銜「大唐前河西節度押衙銀青光祿大夫檢校太子賓客甘州刪丹鎭遏使充涼州西界遊奕防採營田都知兵馬兼殿中侍御史。」時在中和元年。則刪丹置鎭。

通鑑一一二晉隆安五年，楊頴諫涼王纂曰：「今疆宇日蹙，崎嶇二嶺之間。」胡注：「姑臧南有洪池嶺，西有丹嶺，一作刪丹嶺。」是涼甘間有刪丹嶺。紀要六三山丹衞，「日勒城在衞東南，漢縣，屬張掖郡。……獻帝分置西郡，治日勒縣。晉亦爲西郡治。志云，自姑臧西北出張掖，其間有大嶺，度嶺而西，西郡當其要。嶺謂刪丹嶺也。」又涼州衞目洪池嶺條：「自刪丹嶺以西謂之嶺西。張氏以後，西郡、張掖、酒泉、建康、晉昌皆謂之嶺西地。」按日勒縣、西郡在刪丹縣東南。寰宇記一五二刪丹縣條，「日勒城，漢爲日勒縣，故城在今縣東南。」是也。則刪丹縣在嶺之西。復檢西北叢編卷三（民國八年二月二十九、三月一日條）：「早發永昌縣，晚宿水泉驛，計行六十里。」「驛地高七千七百呎。」又西二十五里至「古城窪，入山丹縣界。………漢朝之日勒縣也。……十里定羌廟，……南北兩山脈至此漸近。又行平地十五里山丹峽，大石當道。五里峽口驛。」又八十里至山丹縣。按漢日勒縣當爲古代大道所經，則刪丹嶺當卽今之水泉子，爲涼甘道上之最高處也。

五代時期，大食作家依賓墨哈黑爾所記之 Sandabil 稱爲支那國都者，其城極爲宏大，水利建設優良，殆卽甘州回鶻所都，似亦卽唐之刪丹城也。

岑仲勉前輩誤傳的中國古王城與其水力利用（中外史地考證下册，原刊東方雜誌四十一卷第十七期）引大食作家依賓墨哈黑爾 (Ibn Muhalhil) 遊記費瑯法文譯本云：

「吾人於是到達關口，地在沙磧中，支那王遣衞戍守此。凡從各突厥國或他處來欲進支那境者，須在此請准。吾人前行三日，受國王名義之招待。每歷一程，即換乘牲畜。吾人於是抵驛谷，在此又須請准而後得前進，故使臣輩別吾人先行。隨後得到允許，經過河谷，其風景優美為世界之冠。行凡三日，都享受國王之招待。次越過河谷後行一整日。次吾人下向 Sandabil 城。此是支那之國都，行政機關所在。是夜，吾人於距城一日處住宿。翌日黎明即起程，直至日落然後到達。」

「是城（如此）宏偉，故需一日（之程）乃能（橫過）之。內計六十街，每街各延達於官署。吾人往遊一（城）門，知其牆高厚各九十臂。牆上有一大川，分為六十支流，每支流向一閘流去，衝動一個轉水之風輪，於是別風輪，又將水捲流至地面。由是渠水之一半流出牆外而灌溉田園，他半則導向城中以供給（渠水所經之）街上居民及（街道所向之）官署之用水。後此（渠水）達到街之他端，（最後）流出城外。因是之故，每街有兩條流渠。全街上兩流渠之流向係一順一逆。其由城外流向城內之渠，所以供飲；其由城內流向城外者，載（居民之）污穢以去。」「國有一大寺。國內行政扼要，法律嚴明。寺比耶路撒冷之教堂更大，內有刻像，肖像，偶像，及一大佛。土人不殺（牲為食），全不食肉。有人殺生者犯死刑。（此城）同時為印度人及突厥人之都城。」（費瑯極東史料）

按此遊記約成於十世紀中葉，當中國五代之世。所謂支那王城，或指為長安，或指為成都，驟非其他。馬迦特指為甘州，近之。仲勉前輩云，Sandabil 為刪丹城，即甘州回鶻都城所在。按此文首云「到關口，地在沙磧中。」由關口到此城八日程。五代玉門關在肅州西二百里，（詳後文。）去刪丹約七百里。正當八日程。對音亦最近，故岑說最可取。但岑先生又以為刪丹城太狹小，不足當此大城。乃引甘州府志：「刪丹古城，明一統志曰在今衞南一百二十里，燕支山下。按在今扁豆口內，近馬營屯地。」望按此未必然。考紀要、一統志、甘肅通志皆以唐代刪丹古城即在今之刪丹縣，非另有一城。且元和志明云刪丹縣在甘州東一百二十里，寰宇記亦同（詳前），正即今縣地，不得在今縣南一百二十里，去甘州二百四十里也。蓋明統志本意謂古城在甘州東南一百二十里，亦即今山丹城附近，此本舊說，而誤書之，府志遂沿誤，以為在今刪丹縣南一百二十里扁豆口內馬營屯耳。(註一)按前考刪丹縣在焉支山脈北只五十里,又侍行記四云:「出山丹南門,經西南關,過山丹河……十里大佛寺。寺在獅山,一名石礶岩,大佛負山面東,高十三丈,覆屋七層。」則縣城固近頗高之山。又明人陳棐山丹詩云:「綠水穿城入圃畦。」清人高元振山丹弱水賦云:「既屈曲以繞城,亦瀠廻而穿郭。」(岑文引府志一四)又府志六:「山丹五大壩,曰草湖渠,分十三壩;曰煖泉渠,分五閘。」西北叢編卷三,至「山丹縣。午尖於南關外。城周七里,只有東南兩門,………沿關商戶皆臨渠而居。」正與前引Sandabil城水利情形相合。復次,林則徐荷戈紀程,到山丹後記云:「連日所過大路之旁,多依山爲牆,係明代所築邊牆。」又叢編述山丹峽西之峽口驛云,「城長方形,一面倚邊牆,周三里。」正卽城牆依山建築之一例,依賓所記Sandabil牆高九十臂,牆上有大川者,正可據此兩條,想像其彷彿。而山丹城近山,固能有此水利建設也。

刪丹又西一百二十里至甘州治所張掖縣(今縣),在弱水(今張掖河)南二十三里。甘州南通吐蕃,北達居延至回鶻衙帳,爲河西重鎭之一,刺史兼充河西節度副使。且置張掖守捉,管兵六千三(五)百人。

刪丹至甘州方向里數,見元和志及寰宇記,前已引述。寰宇記一五二甘州張掖縣,「弱水東自刪丹縣界流入,在州北二十三里。」

甘州南通吐蕃,另詳大斗拔谷道考;北通居延、回鶻衙帳,另詳甘瓜北通居延、回鶻道考。

新六七方鎭表河西欄,景雲元年,「置河西諸軍州節度支度營田督察九姓部落赤水軍兵馬大使,領涼州甘肅伊瓜沙西七州,治涼州;副使治甘州,領都知河西兵馬使。」天寶四載,「以張掖太守領河西節度副使。」是其在軍事上之地位僅次於涼州也。

通典一七二河西節度使統軍有「張掖郡守捉,東去治所(涼州)五百里,管兵六千三百人,馬千匹。」元和志同,惟「三百」作「五百」。而舊地志云,

註一:府志指謂衞南、卽山丹衞南,故云在扁豆口內,近馬營屯。岑氏引此,又誤會爲甘州南一百二十里,見隋唐史頁四三〇。其實馬營屯去甘州殆二百里以上。

「張掖守捉在涼州南二里，管兵五百人。」新志涼州目亦云：「南二百里有張掖守捉。」蓋皆誤也。通鑑二一五天寶元年胡注云：「張掖守捉在涼州南二百里，管兵五百人。」蓋即據舊志爲說也。今據通典、元和志書之。按張掖爲甘州治所，正在涼州西五百里，則此軍即在甘州城也。

州南有鞏筆驛。

舊玄宗紀上，開元十五年閏九月，「迴紇部落殺王君㚟于其州之鞏筆驛。」舊一〇三王君㚟傳，判涼州都督。回紇護輸「謀殺君㚟」，「會吐蕃使間道往突厥、君㚟率騎往肅州掩之，還至甘州南鞏笔驛，護輸伏兵突起，………遂殺君㚟。」通鑑二一三，同。在甘州南，似當在甘州至刪丹道上。然新唐志，甘州張掖縣「西有鞏笔驛。」胡注亦云：「甘州張掖縣西南有鞏筆驛。」則又當在甘州西行之道上。要去甘州城不遠。

甘州西行一百九十里至建康軍（今高台縣西南四十里），管兵五千三百人。在祁連山北麓，相近有祁連戍。

通典一七二，「建康軍，張掖郡西二百里，證聖初王孝傑置，管兵五千二百人，馬五百匹，東去治所七百里。」元和志四〇，「建康軍，證聖元年，尙書王孝傑開鎭，周廻以甘肅兩州中間濶遠，頻被賊鈔，遂於甘州西二百里置此軍，兵五千三百人，馬五百匹，東去理所七百餘里。」武經總要前集一八下，西蕃地界目，「建康軍在(甘)州西二百里，卽甘肅兩州中路，在祁連山下。」是此軍當在甘肅二州間大道上。(註二)元和志於甘州目云：「建康軍在州西北一百九十里。」卽此軍。新地志，甘州「西北百九十里，祁連山北有建康軍。」下文與元和志略同。蓋實一百九十里，二百乃大數耳。按元和志，甘州張掖縣，「祁連山在縣西南二百里，張掖、酒泉二（郡）界上，有美水茂草，山中多溫夏涼，宜牛羊。」則軍誠在祁連山北麓矣。

按建康爲東晉十六國時代之郡名，引詳一統志甘州卷古蹟目。同目又云：「建康故城在高臺縣南。……名勝志，城在高臺所西南四十里。舊志，建康軍城在所東南十里。」按甘肅兩州距離，今里四百三四十里。而高臺在肅州東南二百

註二：舊志云：「建康軍在涼州西百二里，管兵五千三百人，馬五百匹。」涼亦甘之譌，百二當乙作二百。

七十里，在甘州西北一百六七十里。唐世，此軍略當兩州中途，則名勝志云在高台西南四十里爲近實。祁連戍詳下條。

又西，道出崆峒山北，鹽池（今明海湖）之南，一百一十里至福祿縣（蓋今新橋堡、龍興𦋺地區），又西北一百里至肅州治所酒泉縣（今縣）。

元和志肅州，福祿縣「西至州一百里。本漢樂涫縣。……崆峒山在縣東南六十里，黃帝西見廣成子於崆峒，漢武帝行幸雍，祠五時，遂登崆峒，並此山也。」寰宇記一五二，略同。元和志又云，「鹽池在縣東北八十里，周廻百姓仰給焉。」新志，鹽池方向里數同。觀此形勢，崆峒山當爲祁連山脈之北麓一山名，大道當經其北。鹽池則在道之北頗遠。檢國防研究院地圖，元和志所記之鹽池，當即今之明海湖。福祿縣則今金佛寺、新橋堡、龍興𦋺地區。又檢一統志肅州卷關隘目，「金佛寺堡在州東南九十里，東至清水堡五十里，城在近山，周二里四十丈。」則唐之福祿縣即當在此堡東北新橋堡龍興𦋺地區。甘肅兩州相距約四百里，建康東去甘州一百九十里，福祿西去肅州一百里，則此二地間當爲一百一十里也。

元和志又云，「祁連戍在縣東南一百二十里。」新志，同。岑參有過酒泉憶杜陵別業（全唐詩三函八册參集三）及酒泉太守席上作（同上集四）。其憶杜陵別業詩云：「昨夜宿祁連，今朝過酒泉。」此祁連殆即指戍而言，是亦當道。則地望與建康軍相近。紀要六三甘州鎭，「祁連城在鎭西北百九十里。晉永興中前涼張祚置漢陽縣以守牧地。張元靚改爲祁連郡，呂光因之。唐開元十六年，吐蕃寇甘州，涼州將杜賓客破吐蕃於祁連城下，即故城也。胡氏曰，城在祁連山旁。」蓋得之。城在甘州西北一百九十里，正即建康軍地也。

又由甘州略循弱水即張掖河西北行三百餘里至福祿縣界之鹹池鋒，蓋在鹽池之東。又西南二百三十餘里亦至肅州。

通典一七四甘州張掖郡，「西北到酒泉郡福祿縣咸池烽東張掖河三百五里。」肅州酒泉郡，「東北到張掖郡鹹池烽二百三十二里。」寰宇記一五二，同。則甘州西北略循張掖河經鹹池烽亦至肅州，凡五百數十里，鹹池當即指福祿縣東北八十里之鹽池而言，則烽在鹽池之東，約當今馬連井地區。此可視爲北道，行程五百數十里。唐宋志書，甘肅間例云四百里，或稍多。惟高居誨使于闐行記（五代史記七四于闐傳引）云，「甘州……西北五百里至肅州。」豈取此道耶？今日鐵路線似略取此道。

州置酒泉守捉，蓋在城區。其西南八十里有崑崙山，傳爲周穆王會西王母處。東北四十里有白亭海，爲衆水所會，蓋今臨水堡地區。

新唐志肅州酒泉郡，「有酒泉、威遠二守捉城。」酒泉守捉蓋即在州左近。元和志，肅州酒泉縣，「崑崙山在縣西南八十里，周穆王見西王母，樂而忘歸，即此山。」一統志肅州卷山川目，引括地志亦云縣西南八十里。按寰宇記一七二肅州酒泉縣，「崑崙山在縣西南八十里。十六國春秋云：後魏昭成帝建國十七年，前涼張駿酒泉太守馬岌上言：酒泉南山即崑崙之體也。昔周穆王見西王母，樂而忘歸，即此山。有石室玉堂，珠璣鏤飾，煥若神宮。刪丹西河名曰弱水，禹貢崑崙在臨羌之西，即此明矣。宜立西王母祠，以裨朝廷無疆之福。駿從之。」此傳說所自始。

元和志：酒泉縣，「白亭海在縣東北四十里，一名會水，以衆水所會故曰會水，以北有白亭故曰白亭海。方俗之間，河北得水便名爲河，塞外有水，便名爲海。」

寰宇記一七二：酒泉縣，「會水一名白亭海，在縣東北三十里。十三州志云，衆羌之水所會，故曰會水，北有白亭，俗因謂之白亭水也。」檢國防研究院地圖，酒泉縣東有臨水堡，爲衆水之會。西北叢編卷三，臨水驛在縣東四十二里，驛縣間「人烟稠密，道路平坦，農事發達。」意者唐之白亭海即在今臨水堡地區也。

肅州西行一百里至天門關（今嘉峪關西黑山下），五代時見，蓋即北宋時代所謂玉門關也。又西約一百二十里至玉門縣（今縣東頗遠，蓋赤金峽赤金堡地區），曾置玉門軍，管兵五千二百人。五代時置玉門關。

高居誨使于闐行記（五代史記七四于闐傳引）云：

「肅州渡金河，西百里出天門關，又西百里出玉門關，…西至瓜州。」

武經總要前集一八上邊防沭秦州通沙州道云：

「肅州又九十里渡玉門關,又四百二十里至瓜州。」

同書一八下西蕃地界條云:

肅州「西至玉門關七十里,又四百一十里瓜州。」

據此,五代時期,肅瓜間有天門、玉門兩關,而北宋時代記事,所謂玉門關者,卽五代之天門關無疑。地望約在肅州西八九十里,大數一百里也。日本栗棘庵所藏宋代輿地圖石刻拓本云,「甘州東南至涼州五百里,西至玉門關四百九十里。」按甘州至肅州四百里,是亦謂玉門關在肅州西九十里也。此爲宋末刻石,仍承北宋舊說言之。檢一統志肅州卷關隘目,「嘉峪關在州西七十里嘉谷山麓。」又西北叢編三,肅州至嘉谷關六十里。「有天門關址,在黑山下。」又云出嘉谷關三十三里至黑山湖軍塘。則五代天門關卽宋玉門關,正當今黑山地,而五代玉門關則在黑山西約百里也。

又元和志四〇肅州,「玉門縣,東至州二百二十里。本漢舊縣,屬酒泉郡。漢罷玉門關屯戍,徙其人於此,因以名縣。後(魏)孝明帝改爲玉門郡,周武帝省入會川縣。開皇十年復爲玉門縣,皇朝因之。……開元中,玉門縣爲吐蕃所陷,因於縣置玉門軍。天寶十四年,哥舒翰奏廢軍重置縣。」寰宇記一五二,云在州西二百里。蓋就大數而言。又引十三州志云:「玉門縣置長三百里石門周匝山間,裁經二十里泉流入延興。」云云,記其形勢頗詳,惜有奪誤。

又考通鑑一五九梁中大同元年,魏以史寧爲涼州刺史;前刺史宇文仲和據州不受代。瓜州民張保殺刺史應之,晉昌民呂興殺太守以郡應保。保使主簿令狐整將兵東救仲和。「整行及玉門,召豪傑述保罪狀,馳還襲之,先克晉昌,斬呂興,進擊瓜州,……保奔吐谷渾。」胡注以爲卽此玉門縣,是也。則縣當大道,五代高居誨所記之玉門關亦在肅州西二百里,其爲一地無疑,蓋唐末五代就漢唐舊縣置玉門關耳。

元和志「玉門軍,肅州西二百餘里,武德中楊恭仁置,管兵千人,實三百人,馬六百匹,東去理所(涼州)一千一百餘里。」通典一七二,略同。惟作「五千二百人」又無「實三百人」之語。舊志亦作「管兵五千二百人,馬六百匹」,蓋盛時管五千餘,後乃減少耳。

至其今地，一統志安西州卷古蹟目云：「玉門廢縣在今縣東，漢置。…通志，今赤金所去肅州二百三十里，與古玉門關道里相仿，蓋卽玉門縣地。」勞貞一先生兩關遺址考（史語所集刊第十一本）云，赤金所在赤金湖畔。殆卽國防研究院地圖之赤金堡。按楊炳堃西行記程（咸豐元年），肅州西行二百四（？）十五里至赤金湖，又二十里赤金臺，又二十里赤金峽，又九十里至玉門縣。西北叢編卷三，由肅州西行二百一十三里赤金湖，二里赤金墩，三十五里赤金河，又五里至赤金峽。又赤金湖南二十里有上赤金，又西二十里赤金堡，又西二十里，亦至赤金峽。赤金峽又西九十里至玉門縣。則赤金地名甚多，皆在今玉門縣東一百里左右。檢寰宇記，玉門縣有金山。引九州要記云，「山有赤彈水，堪爲漆用。」又引十三州志云：「延壽縣在郡西，金山在其東。」則古玉門縣卽有金山、赤水，誠可能卽在今赤金地區也。且西北叢編云：「南北山勢由西趨東，至赤金峽，相距最近，形勢頗要，明戍邊將士常禦寇於此。」此其形勢，與前引十三州志頗相合，更增加古代設軍關縣治之可能矣。且下文論定，唐代瓜州不在布隆吉城，卽在鎖陽城一名苦峪城；玉門縣在州東三百里，亦勢不得在赤金峽以西也。

又西蓋經沙頭故城（今玉門縣西），凡約三百里至瓜州，（今苦峪城，俗名瑣陽城，亦可能在布隆吉城。）在苦水之南十餘里。唐初玉門關在州西北五十里之瓠𧮫河（今疏勒河或窟窿河）上，後遷至瓜州城近處。

瓜州東至肅州約五百里，而玉門縣在肅州西二百里，故玉門縣至瓜州約三百里。

瓜州與唐代玉門關　瓜州亦稱晉昌郡，岑參有武威春暮聞宇文判官西使還已到晉昌詩（全唐詩三函八册參集三）。其地望前人說者最爲紛紜。玆引岑仲勉先生一段述論如次：

「西域圖志，『古瓜州在新瓜州西十五里，東距安西州治四十五里，有土城。』水道記三，『安西州城西南八十里有故瓜州城，唐以來所治也。』侍行記，『（安西）州西三十里新瓜州，三十里瓜州口。』今以斯坦因圖驗之，上文所稱古瓜州或瓜州口，約在安西州西南六十餘里。圖志云四十五，顯是失入，水道記之八十，或即六十之筆誤。陶氏曾疑此非唐之瓜州。其說云，『元和志，瓜州……東南至肅州四百八十里，西至沙州三百里。今肅州至安西州六百六十里，又西至敦煌，即唐沙州二百七十里，乾隆時考古者（即指西域圖志）以安西州西南六十里之瓜州口為唐瓜州，則東距肅州七百里，西距沙州祇二百一十里，較元和志所言相差太遠。兪浩西域考古錄疑之，以布隆吉為唐瓜州，繼又云在雙塔堡，則近似矣。蓋布隆吉東距肅州五百里，較元和志多二十里，其西距沙州四百三十里，較元和志多一百三十里，左右未均。若雙塔堡，則距肅距沙較元和志各多數十里，……不甚懸殊也。』按依侍行記所載，雙塔堡至安西一百十三里，再加安西至敦煌二百七十里，共三百八十餘里，比元和志多八十餘里，而肅州至雙塔五百二十二里，比元和志只多四十餘里，仍是左右未均。況古地理書傳久失眞，里數多誤，元和志所不免。……通典一七四『瓜州東至酒泉郡五百二十六里，……西至敦煌郡二百八十里。』又依本篇校正道里，肅州至瓜州應五百九十里，瓜州至沙州二百六十里，前者比通典多六十五里，後者比通典少二十里，未見得雙塔之比定較優。且古瓜州之稱，傳自明代，初非發生於西域圖志之考古。吾人尤須知者，塞地風沙無常，水源時變，行程曲直，屢有更改，古今旅程，固不易全脗合也。」（從嘉峪關到南疆西部之明人紀程，刊入中外史地考證下册。）

按岑先生最後數語極為得體，然欲維持唐瓜州在今安西西六十里，去敦煌更近，無可解矣。今按唐之瓜州決不在今安西以西殆可斷言。就以上各說觀之，當以布隆吉城最為可能，蓋里數既略相當，又有窟𥫗河河床之形式可證也。然岑文漏列一重要新說，即勞貞一先生云苦峪城，似較布隆吉說更優。玆就此二說分列於次：

考慧立慈恩法師傳云：

「晝伏夜行，遂至瓜州。……因訪西路，或有報云：從此北行五十餘里，有瓠𧮯河，下廣上狹，廻波甚急，深不可渡，上置玉門關，路必由之，即西境之襟喉也。」

是瓜州在瓠𬬻河南五十里。出瓜州經此河至西域。檢西域圖志二四窟䆤河條云：

「窟䆤河在安西州雙塔堡東，西距州城一百三十里，東西分流，經雙塔堡東，入蘇賴河。內多窟穴，上小下大，深邃不測，盤渦湍急，流不及遠。南爲土葫蘆溝，即窟䆤河發源處也。」

「柳溝衞城，地名布隆吉，亦稱布隆吉城，窟䆤河居其西。」

又西北叢編三，民國八年三月二十日條云：

「早發布隆吉爾城，……一里，出北門。……六里，過小河，即布隆吉爾水。三十里，過窟䆤河橋，以源出土葫蘆村，故又名葫蘆水，西北流入蘇賴河。上狹下廣，廻波甚急。唐移玉門關於其上，今不見其址。西數十步即雙塔堡。或謂唐瓜州晉昌縣故址。證之元和志所云晉昌縣東二十步有玉門關頗似。」

按蘇賴河，國防研究院地圖作疏勒河（即布隆吉河）。又此圖，雙塔堡東布隆吉西有小水自南而北流入疏勒河，即此窟䆤河。慈恩傳之瓠𬬻河可能即此窟䆤河，蓋河狀特殊，最可比定也。若唐初之玉門關在此河上，則瓜州當在今布隆吉地區殆爲可信。西北叢編又云，布隆吉爾東「地味肥沃，甚類黑龍江省之平原。」其西至雙塔堡間，亦「一片膏原。」固宜爲古代州治矣。復按今道經布隆吉。檢明永樂十二年陳誠所撰西域行程記，所記西域大道已經卜隆吉，若唐道與明以下路線相同，則瓜州城必在此無疑。至於苦峪城之說，勞貞一先生兩關遺址考云：

「距肅州四百八十里，距敦煌三百里，只有苦峪城相符。清一統志云，『苦峪城在淵泉（即安西城）東南，東去嘉峪關四百二十里。』再加上嘉峪關至肅州六十里，恰爲四百八十里。今城爲明成化十三年修，但早已有遺址。徐松西域水道記云：『斷碑沒草，尋其殘字曰：「大興屯墾，水利疏通，荷鍤如雲，萬億京坻。」耆舊相傳，是張義潮歸唐部人所造，以述功德。』可證城之建造，至晚在明以前。現在本地人稱爲瑣陽城。……斯坦因的 Serindia 載發現的陶片，最晚到宋。所以此城決不太晚。此城爲安西屬內最大遺址，明代所建，當仍舊基。照 Serindia 的圖，城距疏勒河可二十英里，與五十華里之數相近。斯坦因云，疏勒河即玄奘所經之瓠𧯄河。」

按此條引考古證據，以見苦峪城遺址既大且古，且北距疏勒河東去肅州之里距，皆極相當，誠極可能爲唐瓜州之遺址。向達兩關雜考亦疑苦峪城卽唐代瓜州故址，且謂與水利之碑碣可能爲頌張守珪者。（見該文附註十一。刊見向著唐代長安與西域文明一書）。今按沙州都督府圖經云：

「苦水源出瓜州東北十五里，名鹵澗水，直西流至瓜州城北十餘里，西南流百二十里至瓜州常樂縣南山南，號爲苦水，又西行三十里入沙州東界故魚泉驛南，西北流十五里入常樂山，又北流至沙州階亭驛南，卽向西北流，……散入沙鹵。」

則唐世有苦水，發源瓜州東北近處，經城北十餘里處，再西流入沙州境。疑今苦峪城卽因苦水河谷而受名。論其地位，正與古瓜州之地望相當，可爲勞、向新說之一證。所當更進一步求證者，不知疏勒河之河牀形式是否與窟窿河略相似，亦卽是否與慈恩傳所記瓠𧯄河之河牀略相符耳。（註三）今姑兩存之，然余頗傾向勞文新說，則唐道與明初以來大道不同也。

前引慈恩傳，唐初玉門關在瓜州北五十里。若瓜州在今布隆吉，則關當在其西三十里窟窿河之下流，接近入疏勒河地區。若瓜州在今苦峪城卽瑣陽城，則關當在今小王堡之西，安西之東，疏勒河上。而元和志四〇，瓜州晉昌縣爲州郭下縣，「玉門關在縣東二十步。」則關又在瓜州治所，蓋後期移關就州耳。

又唐初及後期，此關旣皆見置。岑參有玉關寄長安李主簿云，「玉關西望腸堪斷。」（全唐詩三函八册參集四）。則盛唐時代亦置。而六典云上中下關凡二十六，玉關不在其列，何耶？余嘗疑六典所載各事往往不盡，此亦爲強證。

苜蓿峰　岑參有題苜蓿峰寄家人云：「苜蓿峰邊逢立春，胡蘆河上淚沾巾。」胡蘆河當卽慈恩傳之瓠𧯄河。西北叢編三云，唐玉關在窟窿河橋，橋西數十步爲雙塔堡。「堡北有苜蓿峰。」按推此詩意，苜蓿峰固有去玉關不遠之可能，

註三：余頗疑「苦」爲「瓠𧯄」之合音。水在城北十餘里，然關固可在城北之較下流，慈恩傳云州北五十里，亦不能看得太死。

然亦不能必。今姑書之如此。至其今地自因瓜州是否在苦峪城或布隆吉城而異。

沙頭故城　漢志有池頭縣，後漢作沙頭縣。三國魏志一八閻溫傳：河右擾亂，敦煌太守卒，功曹張恭代行長史事。「遣子就東詣太祖請太守。……就至酒泉為華（酒泉黃華）所拘執，……恭即遣弟華攻酒泉沙頭乾齊二縣。」又通鑑一一一晉隆安四年，「北涼晉昌太守唐瑤叛，……酒泉太守王德亦叛北涼。……北涼王業使沮渠蒙遜討之，德焚城，將部曲奔唐瑤，蒙遜追至沙頭，大破之。」是沙頭當大道。三國志集解引李兆洛曰，「沙頭故城，今安西州玉門縣北少西一百十里，蘇賴河之南。」一統志則作縣西南。而紀要六三，肅州衞，「沙頭城在衞西二百五十里。」則在今玉門縣之東。今姑據一統志書之。

瓜州置墨離軍，統兵五千人，稱為四鎮之東門，例以刺史充使，蓋在瓜州城或西北不遠處。

通典一七二，墨離軍，「晉昌郡西北千里，管兵五千人，馬四百匹，東去治所千四百里。」此所謂「治所」指河西節度使治所之涼州而言。元和志四〇，同；惟「千」上皆有「一」字，又「四百」下有「餘」字。

考舊一〇三張守珪傳，「為瓜州刺史墨離軍使。」羅振玉西陲石刻錄索勳紀德碑，授持節瓜州諸（缺。當為「軍事瓜州刺史」數字）墨離軍押蕃（缺）。」時在景福元年。同書李氏再修功德記碑，「次男，使持節瓜州刺史墨離軍押蕃落等使。」是自盛唐時代，瓜州刺史兼領墨離軍使，遂為恒例，故至唐末，仍存兼銜也。按西北通道上諸州城，或置軍或置守捉，如涼州城內置赤水軍，沙州城內置豆盧軍，甘州城有張掖守捉，肅州城有酒泉守捉，惟瓜州城不見軍或守捉，而刺史例兼墨離軍使，蓋此軍即置於瓜州城也。通典、元和志，皆云此軍東至涼州一千四百里，正為瓜州東至涼州之里數。至於「瓜州西北一千里」者，蓋誤書，或「千」為「十」之譌文耳。或者疑「一千四百里」為「二千四百里」之譌。然考敦煌名族志殘卷（羽田亨敦煌遺書活字本第一集）陰氏條云：

「守忠充墨離軍副使。……涼州都督郭元振判錄奏：謀略克宣，勤勞久著，當王〔五〕涼之西面，處四鎮之東門。」

則此軍不在瓜州城，即在瓜州至伊州道上，故志書云在瓜州西北也。前考瓜州西北至伊州不過九百里。又寰宇記一五三，瓜州「西至伊州界吐蕃魯兒山四百五十里。」武經總要前集一八下，瓜州「西至伊州界五百里。」據沙州都督府圖經所記常樂至伊州驛道，自常樂至伊州界四百數十里，加常樂瓜州間一百一二十里（詳後文），正爲五百數十里。知總要所記甚確。則由瓜州至西北邊界不過五百數十里，不到六百里，墨離軍既例由瓜州刺史所兼領，何得越界至伊州境，且或在伊州以北耶？此皆斷不可能。故最恰當之解釋，此軍當在瓜州城或其西北不遠處。玉門關在州城西北不過四五十里，或者軍即在玉門關，故當時視爲四鎮之東門也。

㈢ 玉門關至安西之驛程與捷道

玉關又西約六十五里至常樂縣（今安西縣西），在苦水之北，置常樂驛。

元和志四〇，瓜州常樂縣，「東至州百一十五里。」寰宇記一五三作「一百五十一里。」按沙州都督府圖經苦水條：「西流至瓜州城北十餘里，西南流百二十里至瓜州常樂縣南。」疑寰宇記里數「五十一」爲「一十五」之倒譌耳。而縣城則在苦水之北也。縣置驛，見下文。瓜州至沙州驛道，及瓜州至伊州驛道，皆由常樂縣出發，亦詳下文。故知由瓜州經玉門關至常樂也。關縣間相距六十五里。其今地，舊說在安西縣西。就東西里距而言，蓋可信。

常樂西至沙州有南北兩道。南道由常樂縣驛西南行四十五里至魚泉驛，高宗咸亨四年置；又西二十五里至黃谷驛；又西四十里至空谷驛，在空谷山南；又西三十里至無窮驛，在無窮山。又西三十五里至其頭驛；又西二十五里至東泉驛；又西四十里至沙州州城驛；在州城東二百步。永淳二年，廢山南之黃谷、空谷、無窮三驛，而於山北懸泉谷置懸泉驛，在懸泉水之東，東去魚泉驛四十里，西至其頭驛八十里。其地有懸泉城，及懸泉祠、寺，蓋爲驛道要衝。此皆南道也，取空谷驛路凡二百四十里，取懸泉驛路凡二百三十里。天授二年，以南道石磧山險，迂曲近賊，遂盡廢南道諸驛，改取北道置驛。北道由常樂驛正西行三十里至階亭驛，在階亭烽側；又西北二十五里至甘草驛；又西二十五里至長亭驛，在長亭烽下；又西南四十里至白亭驛，在白亭烽下；又南二十里至橫澗驛，證聖元年增置；又西南二十里至神泉驛，後其旁置清泉戍，驛亦更名清泉；又西南四十里至沙州州城驛。北道行程凡二百里，大抵皆沿烽戍建置。

沙州都督府圖經（羅振玉鳴沙石室佚書本）云：

「州城驛　在州東二百步，……東北去清泉驛四十里。

清泉驛　在州東北四十里，去橫澗驛二十里。承前驛路在瓜州常樂縣西南。刺史李無虧以舊路石磧山險，迂曲近賊，奏請近北安置。奉天授二年五月十八日勅，移就北。其驛置在神泉觀庄側，故名神泉驛。今爲清泉戍，置在驛傍，因改爲清泉驛。

橫澗驛　在州東北六十里，北去白亭驛二十里。刺史陳玄珪爲中間迂曲，奏請奉證聖元年十二月三十日勅置。驛側有澗，因以爲名。

白亭驛　在州東北八十里，東北長亭驛四十里。同前奉勅移。爲置白亭烽下，因烽爲號。

長亭驛　在州東北一百二十里。東去甘草驛二十五里。同前奏勅移。爲置在長亭烽下，因烽爲號。

甘草驛　在州東北一百四十五里，東南去階亭驛二十五里。前刺史李無虧爲中間路遠，兼有沙鹵，奏請奉勅置。驛側有甘草，因以爲號。

階亭驛　在州東一百七十里，東去瓜州常樂驛三十里。同前奉勅移。爲置在階亭烽側，因烽爲號。

東泉驛　在州東四十里，東去其頭驛二十五里。刺史李無虧爲其路山險迂曲，奏請就北安置。奉天授二年五月十八日勅，移就北，其驛遂廢。

其頭驛　在州東六十五里，西去東泉驛二十五里，東去懸泉驛八十里。同前奉勅移廢。

懸泉驛　在州東一百四十五里。舊是山南空谷驛。唐永淳二年錄奏，奉勅移就山北懸泉谷置。西去其頭驛八十里，東去魚泉驛四十里。同前奉勅移廢。

魚泉驛　唐咸亨四年，刺史李祖隆（隆）奏奉勅置。去州東一百八十五里，東去瓜州常樂驛四十五里，西去懸泉驛四十里。同前奏〔奉〕勅移廢。

无窮驛　在州東一百里，在无窮山置。西去其頭驛三十五里，東去空谷驛三十里。唐永淳二年奏移就北行，其驛遂廢。

空谷驛　去州東一百三十里，在空谷山南置，西去无窮驛三十里，東去黃谷驛四十里。爲同前移道，其驛遂廢。

黃谷驛　去州東一百七十里，東去魚泉驛二十五里。爲同前移道，其驛遂廢。

據此可作簡圖如次：

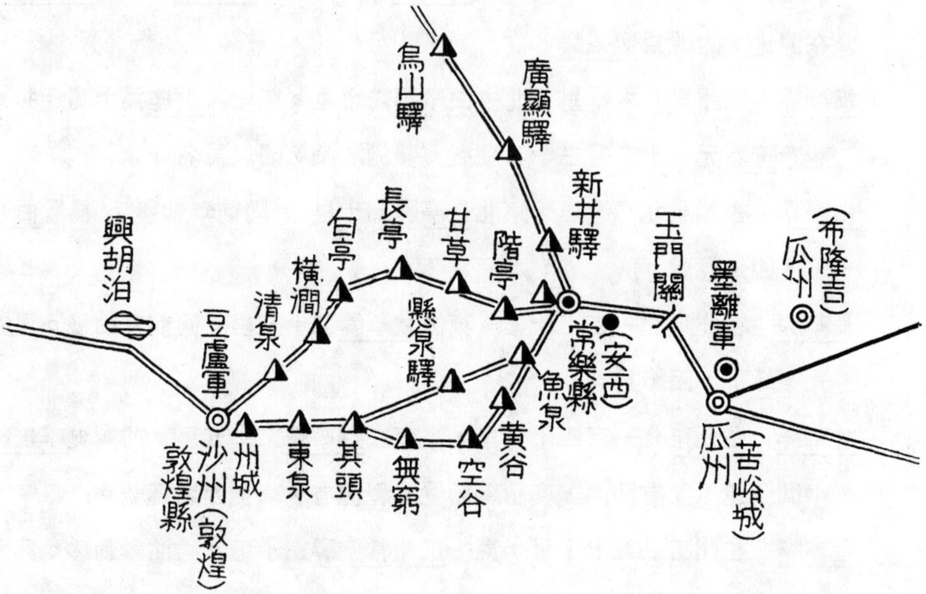

據此段史料，高宗永淳二年以前，道由常樂縣驛西南行，經魚泉、黃谷、空谷、無窮、其頭、東泉六驛至沙州城東之州城驛。是年廢黃谷、空谷、無窮三驛，而於山北置懸泉驛，由魚泉驛西經懸泉驛直取其頭驛、東泉驛至沙州城。至武后天授二年又以南道山險，改從北道，由常樂縣驛西經階亭、甘草、長亭、白亭、橫澗、清泉六驛至沙州城，北道多因烽戍置驛，南道諸驛遂廢。

此諸驛中，惟懸泉驛地方情形可更一步考述。沙州圖經有懸泉水條，云「在州東一百三十里，出於石崖腹中，其泉旁出細流一里許即絕，……三軍人多皆足，人少不盈。側出懸崖，故曰懸泉。」寰宇記一五三沙州敦煌縣目亦云：「懸泉水，一名神泉，在州東一百三十里，出龍勒山腹。……今有祠甚嚴，郡侯歲謁。」則驛在泉東十五里，因泉受名。復考敦煌掇瑣七一常樂副使田宗員啓云：

「把瓜州大道取向東去，從後奔趂，至橫堆東大墥彌地突處，亦見牛蹤。不過其兵馬多分取懸泉奔逐……。其賊向東到懸泉城下……。」

是懸泉尙有城。又許國霖敦煌石室寫經題記有「懸泉學仕郎」，是必寺名。則其地置驛築城，且有佛寺、神祠，其爲南道要地可知矣。

沙州城內有豆盧軍，管兵四千五百人。

元和志四〇沙州目，「豆盧軍，神龍元年置，在州城內。」又涼州目，述河西節度使統軍，有豆盧軍，「沙州城內，以當匈奴要路，山川廻濶，神龍初，置立豆盧軍以鎭之。管兵四千五百人，馬四百匹。」通典「五百」作「三百」。

瓜沙兩州各有道通伊州（今哈密）。沙伊道曰稍竿道；瓜伊道曰第五道，一曰莫賀延磧道。高宗、武后時代，此東西兩道曾交替使用。第五道者，由瓜州常樂縣驛西北行二十七里二百步至新井驛，又一百五十一里，中經廣顯驛至烏山驛，又北六十九里二百六十步至雙泉驛，又六十四里八十步至第五驛，蓋即第五烽建置。又北入莫賀延磧，六十八里三十步至冷泉驛，又八十四里至胡桐驛，又八十里至赤崖驛，在伊州柔遠縣西南境，相近有赤崖戍。又西北經兩驛二百四十餘里至伊州治所伊吾縣（今哈密縣），去瓜州九百里。明清大道及今日汽車火車道大抵即循此古道而行也。稍竿道者，由沙州州城驛西北行，一百一十里至興胡泊，又一百三十二里至河倉城（今大方盤城），又三十里至玉門故關城（今小方盤城），又折北行蓋六十六里至鹹泉戍，爲沙伊兩州分界處。又北至稍竿館，置稍竿戍。又北至伊州治所伊吾縣，去沙州七百里。

欲考此道，先當明伊州所在。顧氏紀要六五哈密衞目云，伊吾廢縣即今衞治。是謂唐之伊州在今哈密也。此殆明人通說。西域圖志九，雖仍舊說；然有所疑。其哈喇和屯條云：

「按唐伊州伊吾縣故城基址，史無明文。以元和志、新唐書，伊吾縣南有陸鹽池及鹽池海之說推之，是當時縣治在鹽池北也。若以今哈密城鎭西府城當之，則鹽池在城東北，不在城南，而今哈喇和屯則適居鹽池之北，疑屬唐時伊吾縣故城也。蓋歷代置立州縣治所，不必一處，疑漢伊吾舊城、隋伊吾新城皆在今哈密，至唐景龍四年於伊州西北三百里置伊吾軍，乃移縣治於此，今之哈喇和屯，殆即其遺址，故南有鹽池，形勢相合耳。」

一統志哈密卷從其說。按清哈喇和屯在鎭西東稍北三百二十里、天山之北，當在哈密之北二百里以上。唐之伊州南至沙州七百里，東南至瓜州九百里，西至西州七百五十里以上至九百里，指爲哈密地區，最爲適當。且慈恩法師傳云，行莫賀延磧中，忽得青草水池，「更經兩日，方出流沙，到伊吾矣。」則行盡流沙，即到伊吾，不云越大山始至。且唐世瓜沙至西州之交通主道旣經伊州，西州在天山之南，驛道無緣先越天山峻嶺，至山北，旋又折入山南也。圖志作者徒執唐代志書鹽池之說以立論，不知西北沙磧地區，山脈無變化，池澤則可隨時變移，況今哈密城南有南湖，西域圖志二四：「南湖在哈密城南二十里，賽巴什湖東來入之，又滙南山口以西諸泉，折而西流二百里，爲沙磧所限。」安知非即唐代陸鹽池耶？論西北地理總當通觀形勢，執一水一湖以證古地，往往失之。

伊州地望已明，茲考瓜沙通伊州之驛道。按此驛道明見沙州都督府圖經云：

新井驛　廣顯驛　烏山驛　已上驛，瓜州捉。在州（沙州）東北二百二十七里二百步，瓜州常樂縣界。同前奉勅置。（望按謂天授二年五月十八日勅。）遣沙州百姓越界供奉　。如意元年四月三日勅移就矟竿道行。至證聖元年（即天册萬歲元年）正月十四日勅爲沙州遭賊少草，運轉極難，矟竿道停，改於第五道來往。又奉今年二月二十七日勅，第五道中總置十驛，擬供客使等食，付王孝傑并瓜州沙州審更檢問。令瓜州捉三驛，沙州捉四驛。件檢瓜州驛數如前。

雙泉驛　在州東北四百七十七（按當作四十七）里一百六十步，瓜州常樂縣界。唐儀鳳三年閏十月奉勅，移矟竿道就第五道莫賀延磧置。沙州百姓越界捉。奉如意元年四月三日勅，移就矟竿道行。至證聖元年正月十四日勅，爲沙州遭賊，改第五道來往。南去瓜州常樂縣界烏山驛六十九里二百六十步，北去第五驛六十（脫四？）里八十步。

第五驛　在州東北五百一十一里四十步。同前奉勅置。沙州百姓越界捉。南去雙泉驛六十四里八十步，北去冷泉驛六十八里三十步。

冷泉驛　在州東北五百七十九里一百七十步。同前奉勅置。沙州百姓越界捉。南去第五驛六十八里三十步，北去胡桐驛八十四里。

胡桐驛　在州東北六百六十三里一百七十步。同前奉勅置。沙州百姓越界捉。南去冷泉驛八十四里，北去伊州柔遠縣界赤崖驛八十里。」

據此一段詳細史料，可識數事：⑴以上七驛皆在瓜州境內，為由南向北至伊州柔遠縣境之驛道。第一條所列新井、廣顯、烏山三驛由瓜州捉；雙泉至胡桐四驛由沙州百姓越界捉。⑵所云去州方位里數皆就去沙州言。雙泉驛在沙州東北「四百七十七里一百六十步」，校以第五驛至雙泉里數，此「七十」當為，「四十」之誤，即雙泉實在沙州東北四百四十七里。⑶雙泉驛南至烏山驛六十九里二百六十步，則烏山驛當在沙州東北三百七十八里。第一條所謂「州東北二百二十七里二百步」者，係就第一驛新井驛而言，則烏山南至新井當為一百五十一里，廣顯驛居其間。⑷圖經之文先述沙州東至常樂諸驛，起清泉至階亭，「階亭在州東一百七十里，東去瓜州常樂驛三十里。」下即接列新井三驛，云新井在州東北二百二十七里二百步，即在常樂之北二十七里二百步。綜合上列四點觀之，即由常樂縣驛北行二十七里二百步至新井驛，又北一百五十一里，中經廣顯驛至烏山驛，又北六十九里二百六十步雙泉驛，又北六十四里八十步至第五驛，又北六十八里三十步至冷泉驛，又北八十四里至胡桐驛，又北八十里至伊州柔遠縣境之赤崖驛。此即所謂第五道也。

又據新井驛、雙泉驛兩條記事，儀鳳三年（西元678）閏十月勅移矟竿道就第五道莫賀延磧置驛。如意元年（西元692）四月三日勅仍移就矟竿道行。證聖元年（即天册萬歲元年，西元695）正月十四日勅又改由第五道往來。下文「又奉今年二月二十七日勅第五道中總置十驛」者，此「今年」當即次年之萬歲通天元年（西元696），蓋是年三月王孝傑已免官，數月敗沒。（參看舊九三本傳及通鑑二〇五）是在高宗武后時代，時取矟竿道，時取第五驛莫賀延磧道。今分論此兩道如下：

先論第五道。元和志四〇，伊州目，「東南取莫賀延磧路至瓜州九百里。」（

寰宇記，瓜州西北至伊州九十里。十爲百之譌。）當卽指沙州圖經之第五道經莫賀延磧之通道而言，亦卽上文所引由常樂北至柔遠縣境之驛道也。復考慈恩三藏法師傳述貞觀三〔元〕年，玄奘西行云：

「遂至瓜州。…因訪西路，或有報云，從此北行五十餘里，有瓠𧮭河，…上置玉門關，路必由之。…關外西北又有五烽，候望者居之，各相去百里，中無水草，五烽之外，卽莫賀延磧，伊吾國境。聞之愁憒。…有一胡人…言送師過五烽，法師大喜，…於是裝束與少胡夜發，三更許到河，遙見玉門關，…旣渡而喜，因解駕停憩。…天欲明，…欲發，胡人曰，弟子將前途險遠，又無水草，唯五烽下有水，必須夜到偸水而過，但一處被覺，卽是死人，不如歸還。…法師知其意，遂任還。……因是孑然孤遊沙漠矣。惟望骨聚馬糞等漸進，…逕八十餘里見第一烽。…夜到第四烽，…烽官相問，答欲往天竺，…第一烽王祥校尉故遣相過。彼聞歡喜…云，師不須向第五烽，彼人疏率，恐生異圖。可於此去百里許有野馬泉，更取水。從此已去，卽莫賀延磧，長八百餘里，古曰沙河，上無飛鳥，下無走獸，復無水草。…行百餘里失道，覓野馬泉不得。…更經兩日（狀作三日）方出流沙，到伊吾矣。」（註四）。

據此，唐初瓜州至伊吾已取莫賀延磧道，磧南就有水處置五烽，防守甚嚴，五烽相去或八十里或近百里，其第五烽去瓜州蓋四百餘里，幾五百里。核之沙州圖經所記里數，第五驛南至常樂縣三百一十一里，卽至瓜州四百二十六里，里數頗相當，疑第五驛卽唐初之第五烽也。（註五）然則玄奘所行亦卽略循沙州圖經之第五道也。

圖經所記第五道旣卽玄奘所行與元和志所記之瓜州至伊州道，今再推求「總置十驛」中除瓜州境七驛（卽上文所述瓜州所捉三驛，沙州百姓越境所捉四驛）外之各驛所在，亦卽此道北段之路線。

此道北段之路線有兩種可能。或經柔遠縣城，或不經縣城。茲續論之如次：

註四：玄奘此段行程參看斯坦因玄奘沙州伊州間之行程，刋見西域南海史地考證譯叢。

註五：岑仲勉先生以慈恩傳之五烽釋魏略之五船，見中外史地考證所收歷代西疆路程簡疏頁六九四，蓋誤新舊玉門關爲一耳。

首先所已知者，柔遠縣境之赤崖驛必爲十驛之一。赤崖南去常樂縣五百四十三里，卽南去瓜州六百五十八里。據元和志及寰宇記，皆云柔遠縣在伊州東南二百四十里。在州東南，頗有爲此大道所經之可能。前述瓜州至伊州取莫賀延磧路九百里，則赤崖驛至柔遠縣城僅二里，似卽爲縣城驛，然圖經云驛在「縣界」，且大道自常樂北行凡七驛至胡桐，剛入柔遠縣界卽抵縣城，亦絕不合理。明赤崖驛絕非柔遠縣驛。所謂九百里者可作大數解，則赤崖當爲柔遠縣南之一驛，北去柔遠縣城當有三五十里。另外兩驛自當解釋爲在柔遠西北至伊州二百四十里之道上矣。然此種解釋本身有一大弱點，卽柔遠縣城必亦置驛而不計算在內。且唐光啓元年書寫之沙州伊州地志殘卷（據羽田博士史學論文集上卷所錄）之伊州篇云：

「伊吾縣在郭下。…（有）戍三：□亭、赤崖、狷竿。」

「柔遠縣，西南去州二百四十里。」

是柔遠縣在伊州東北，與元和志、寰宇記作東南者不同。此已使大道經柔遠縣城之說發生問題，但尙不能斷。最足使道經柔遠城之說發生問題者，乃因伊吾縣有赤崖戍。赤崖地名之範圍不會太大，前引沙州圖經，有赤崖驛在柔遠境界，而此沙州伊州地志，有赤崖戍在伊吾縣境。戍驛同名，縱非一地，亦必相去不遠，而分屬兩縣，（或卽在一地，而屬所之縣因時而異。）而縣治又相去二百四十里之遙，則赤崖地乚決不在柔遠縣南三五十里，而當在柔遠西南，伊吾東南皆甚遠。是大道當不經柔遠縣城，而由赤崖向西北直趨伊吾，中間二百四十餘里，置二驛。就赤崖、胡桐、冷泉三驛間之距離八十里、八十四里觀之，赤崖至伊吾中間置二驛，正各相去八十里也。故此道不經柔遠縣城之可能性爲大。

次論狷竿道。據此圖經所記，唐代前期，狷竿道與第五道交替使用，兩道對擧，第五道既在沙州之東北，爲東道，則狷竿道當爲西道。考寰宇記一五三伊州目云：

「（伊州）正北（南之譌）微東取梢竿舘路至沙州七百里。」

按元和志四〇，伊州「正南微東至沙州七百里。」寰宇記「北」爲「南」之誤無疑。「梢竿」自即「䆉竿」之異寫，是所謂「䆉竿道」者，即取道䆉竿舘也。前引光啓元年所書寫之沙州伊州地志殘卷，伊吾縣所屬有䆉竿戍、赤崖戍。赤崖戍既在縣之東南，與柔遠縣接境，則䆉竿戍當在赤崖戍之西，正當䆉竿舘路所行地區。置戍即所以保衞此通道耳。

復考通典一七四，沙州「北至故鹹泉戍三百三十六里，與伊吾郡分界。」寰宇記一五三，全同。此戍當在道上，南去沙州，北去伊州里程略均。

又考沙州都督府圖經云：

　興胡泊，東西十九里，南北九里，深五尺。在州西北一百一十里。其水鹹苦，唯泉堪食。商胡從玉門關道往還居止，因以爲號。」

羽田亨云，「興胡」即「商胡」。(羽田博士史學論文集上卷興胡名義考。)據此條，商胡來往經此泊及玉門故關。元和志，沙州壽昌縣「東至州一百五里。」志又云：

　「玉門故關在縣西北百一十八里，謂之北道，西趣車師前庭及疏勒，此西域之門戶也。」

寰宇記云壽昌縣在州之西南一百五十里。元和志奪「十」字。按玉關故城西北直通西州之道(即漢世敦煌趣車師前庭之新道。)唐世雖尙存，然無井泉水草，沙磧難行，商旅往來絕少，(詳後文。)此云「商胡從玉門關道往還」，蓋仍取伊州道，即梢竿道也。故可斷興胡泊及玉門故關皆在此道上。玉關故城，道光敦煌縣志以爲在敦煌西北之小方盤城，斯坦因所指認之遺址在敦煌西九十四度以西者，亦即其地。辛卯侍行記以今大方盤城當之，非也。勞文已有詳細論證，可無疑矣。小方盤城高踞原頭，二三十里外即可望見，正當爲置關之所。

復考沙州都督府圖經云：

　「阿倉城周廻一百八十步，在州西北二百四十二里，俗號阿倉城，莫知時代，其城頹毁，其址猶存。」

又倫敦藏石室本 S.5448 敦煌錄亦云：

　「河倉城，州西北二百三十里，古時軍儲在彼。」(此條轉引自向達兩關雜考。)

檢通典一七四，沙州「西北到河蒼烽二百四十二里。與廢壽昌縣分界。」寰宇記作阿蒼烽。蓋皆即一地，因城置烽耳。向氏兩關雜考云，「河倉城，以今地考之，即在古玉門關故址之小方盤城東四十里，俗名爲大方盤城者是也。」又云，民國三十二年曾出石碣，云泰始十一年造，即造此城也。勞文云大方盤在小方盤之東三十里，今去大道不遠。所出漢簡大半有關廩給，故亦疑爲一倉庫。殆即此河倉城也。蓋古道即自沙州西北行一百十一里，至興胡泊，又一百三十二里至河倉城，又三四十里至玉門故關，然後北至鹹泉也。

伊州之北時羅漫山（天山）有貞觀十四年姜行本所立記功碑，在今哈密東北五十里天山上。第以天山高處，故立碑於此，實非大道所經也。

姜行本記功碑（金石萃編四五）以貞觀十四年六月立。有云：

「以通川公（行本封通川縣男）深謀間出，妙思縱橫，命□前軍，營造攻具，乃…率驍雄鼓行而進，以貞觀十四年五月十日師次伊吾時羅漫山，北登黑紺所（？）未盈旬日，尅成奇功，伐木則山林殫盡，叱咤則川谷蕩薄，衝梯蹔□，百□冰□，機檜一發，千石雲飛，墨翟之拒無施，公輸之妙詎比。」

按此，似是過時羅漫山者。考舊五九姜行本傳云：「及高昌之役，以行本爲行軍副總管，率衆先出伊州，未至柳谷百餘里，依山造攻具。其處有班超記功碑，行本磨去其文，更刻頌陳國威德而去。遂與侯君集進平高昌。」是則釋爲道經此山固可，但亦可認爲只依山造攻具，非必當道也。檢一統志哈密卷山川目，庫舍圖嶺在哈密東北五十里。庫舍圖，譯言碑也。嶺以碑名，上有唐左屯衞將軍姜行本勒石文。雍正十一年，將軍查郎阿開南山運道，經數十折達於山頂。」又王昶跋尾引乾隆間錢塘施養浩出塞存稿邊碑詩自注云：「雍正九年，大將軍查郎阿以（巴里坤）南山達坂陡峻，不能運車糧，乃相度山形，開鑿以通之，山巔得唐碑，係貞觀十四年伐高昌，左屯衞將軍姜行本勒石紀文碑。」又西北叢編卷四，鎭西縣勝蹟條，雍正七年，岳鍾琪在鎭西城東五十里獲漢裴岑紀功碑。又城東七十里爲奎蘇，又東八十里爲松樹塘，塘東南十餘里，俗稱天山頂，即唐姜行本碑所在。是則唐碑在今鎭西縣東偏南一百六十餘里，哈密縣東北五十里之天山巔。授堂金石跋云「碑今在哈密城北天山之麓，土人名濶石圖，漢言碑嶺也。」方位是，而云「山麓」似非也。蓋姜行本兵至伊州，屯駐之，因採時羅漫山之木材造攻具，遂立碑於山巔，非必行經此山巔也。

伊州西至西州有南北兩道。北道由伊州直西行經益都一百二十里至納職縣 (今 Lap-chuk. 即四堡)。又西經獨泉、東華、西華、駝泉，渡茨萁水，過神泉，三百九十里至羅護鎮守捉城(今納呼)，又西南經達匪、草堆，一百九十里至赤亭鎮守捉城(今七克騰木)。納職縣西有大患鬼魅磧，道行磧中三日約二三百里至鬼谷口，地有風險，故置驛以避風名，其地望當在羅護以東，(今十三間房東南。)所謂柳谷者亦當在此段道中。南道稱為伊西道，行納職縣南，至赤亭鎮，與北道合，行程不詳。大抵北道行今順納湖(Sho Na Nur)之北，路線略與今鐵道線相同而稍南；南道則行順納湖之南也。兩道既會於赤亭，故稱道口，為要衝。赤亭西行約九十里至白力城(今鄯善縣)，又約四十里至柳中縣，古田地城(今魯克沁)，縣置驛。又西約四十里上下至西州治所高昌縣。(今吐魯番東七十里之阿斯塔拉，即二堡；或阿斯塔拉西十餘里之哈喇和卓，即三堡。)

新唐志伊州納職縣條云：

「自縣西經獨泉、東華、西華、駝泉，渡茨萁水(註六)，過神泉，三百九十里有羅護守捉，又西南經達匪、草堆，百九十里至赤亭守捉，與伊西路合。別自羅護守捉西北上乏驢嶺百二十里至赤谷，又出谷口，經長泉、龍泉，百八十里有獨山守捉，又經蒲類百六十里至北庭都護府。」

此所記伊州至西州道甚詳。據此文，兩州間之交通線似有兩道，一為伊西道，一即此條所詳記之道也。觀「別自羅護守捉西北上乏驢嶺」至北庭云云，知此所詳記自納職出發之道，乃北道，所謂伊西道乃南道，兩道至赤亭會合也。

復考宋史四九〇外國傳六高昌國傳引王延德使高昌記曰：

「次歷洩利王子族，有合羅川，唐回鶻公主所居之地，城基尚在，……次歷小石州，次歷伊州。州將陳氏，其先自唐開元二年領州，凡數十世，唐時詔勅尚在。……次歷益都，次歷納職城。城在大患鬼魅磧之東，南望玉門關甚

註六：按魏書一〇一高昌傳，太和二十二年，高昌王馬儒欲舉國內徙，帝使韓安保自伊吾迎之，至羊榛水。儒遣使迎安保，去高昌四百里，而安保不至。北史西域傳同。疑此羊榛水即茨萁水歟？

近。地無水草，載糧以行。凡三日至鬼谷口避風驛，用本國法設祭，出詔神禦風，風乃息。凡八日至澤田寺，高昌聞使至，遣人來迎。次歷地名寶莊，又歷六種，乃至高昌，高昌即西州也。」

按延德以太平興國六年出使，八年回程，雍熙元年至京師，則上距五代僅二十年。所行當即唐五代時期之故道，所謂避風驛者或即唐代故驛。又此行程亦經納職，殆取新志所詳記之北道；「南望玉門關甚近」者，蓋臆測之辭耳。

此外唐代初年尚有兩項記載。其一，慧立慈恩法師傳云：

「出流沙，到伊吾。………法師意欲取可汗浮圖過；既爲高昌所請，辭不獲免，於是遂行南磧，經六日至高昌界白力城。時日已暮，法師欲停。…使者曰，王城在近，請進，數換良馬前去，…即以其夜半到王城。」

按此云「行南磧」，似指南道而言，然觀此文與可汗浮圖城道對舉，則只能斷定玄奘係行天山之南，至於取南道抑北道，固不能斷。所可知者，去伊州六日程接近高昌國處，有白力城。其二，通鑑一九五貞觀十四年紀，述侯君集伐高昌事云：

「高昌王文泰…聞唐兵臨磧口，憂慮不知所爲，發疾卒。…軍至柳谷，鼓行而進，至田城（考異曰，實錄作田地城，今從舊傳。今按舊六九侯君集傳及一九八高昌傳皆作田地城，是也。）…攻之，及午而克。虜男女七千餘口，…夜趨其都城，高昌逆戰而敗。」

據前引舊五九姜行本傳，柳谷當在伊州西百里以上，當大道。胡注引新志，「西州交河縣北行二百一十里至柳谷渡。」爲說，誤也。按伊西地區蓋多柳，故西州之東有柳谷縣，交河之北有柳谷渡，元和志柔達縣有柳谷水，不可執一而說也。然道經谷地，似當行天山南麓，即前述南北兩道之北道，亦即似行新志所詳記之道也。又據此文，知近高昌都城處有田地城，人口頗多。

由上言之，伊州西至西州有南北兩道。北道經益都至納職縣，又西經獨泉、東華、西華、駝泉，渡茨萁水，過神泉，至羅護守捉城，又西南經達匪、草堆至赤亭守捉城，東去納職縣五百八十里。納職在大患鬼魅磧之東，由此西行三日約二三百里至鬼谷口，蓋即鬼魅磧口。地有風險，故置驛，以避風名，觀其日程，當在赤亭以東。南道稱爲伊西道，行程不詳；所可知者，行納職之南，至赤亭與北道合。通鑑所記之柳谷，當在納職至赤亭間。至其所記田城（當作田地城）及慈恩傳所記之白力城，王延德所記之澤田寺、寶莊、六種，皆當在赤亭以西道上也。今就以上地名之別可推證者續考如次：

納職縣　元和志四〇伊州，「納職縣東北至州百二十里。」寰宇記一五三，方向里數同。近代中外學人皆以爲卽 Tapchuk ，亦卽今圖之四堡。按西域圖志九，「拉布楚喀亦名五堡（觀前後次序，此五爲四之譌）……東距哈密城一百四十里，境有村莊凡十三，一泉九處，小河一道。」此卽 Lapchuk. 誠與納職之音爲近。檢明永樂間陳誠西域行程記云：

「十五日早起，由哈密城東門外渡溪水向西行，皆平川，約行七十餘里，有人烟好水草處安營。十六日晴明，起向西行，有古城名臘竺，多人烟樹木，敗寺頹垣。此處氣候與中原相似。過城通行九十餘里，好水草安營。」（此條岑仲勉前輩曾引用。）

就方向里距而言，近代之拉布楚喀 Lapchuk 卽臘竺之遺音無疑，而臘竺又卽唐宋時代納職之音寫，亦無疑也。觀其氣候及人烟樹木敗寺頹垣之狀況，尤可徵信。至於此地在哈密正西，而唐宋志書云伊州西南，只是小小差異耳。且柔遠縣本在伊州東北，而唐宋志書云州之東南，此等處不可泥。又按納職縣既在今之四堡，據國防研究院地圖，四堡在順納湖 (Shona Nur) 之北，則北道當行湖之北，南道當行湖之南矣。

避風驛　據王延昌記，由納職三日行，至此，地有大風，當在納職西二三百里處。考清咸豐間楊炳堃西行記程二，哈密至烏魯木齊（廸化）有兩道，大道由哈密北經鎭西，使車多由之。又有小南路，自哈密至白山子與大北道合。小道可避天山撻坂之險，貨運較易，故商販均取小南路。小南路經十三間房，有風險。又西北叢編卷三民國八年四月十九日條，由哈密西行二百六十八里至瞭墩，此處西去吐魯番有兩道，南道經胡桐窩至十三間房，凡二百八十里。「以十三間房屢有怪風，今無行之者。」（下述左文襄西征時，一陣大風造成之慘案甚詳。）其地東去哈密五百四十八里。（行順那湖之北，）西至齊克塔木一百三十里 。又九十里至鄯善縣，又二百一十里至吐魯番，即十三間房西去吐魯番四百三十里。檢國防研究院地圖，十三間房約居哈密與吐魯番之正中間，在鐵道上。就形勢論，此正當唐之伊州通西州道上，疑避風驛即約當今十三間房東南地區。又按四堡在今鐵道之南。十三間房之南有唐朝墩，可能亦爲唐代遺址之一。疑唐道行今鐵道之南也。

白力城　據慈恩傳所記，此城當在高昌城東不算太遠。考魏書四三唐和傳，和兄契爲伊吾王，「爲蠕蠕所逼，遂擁部落至於高昌。蠕蠕遣部帥阿若率騎討和，至白力城。和率騎五百先攻高昌，契與阿若戰歿。」下文又云和復攻高寧、白力二城。通鑑一二四，繫此事於宋元嘉十九年，而文稍略。胡注：「李延壽曰，高昌國有四十六鎭，交河、田地、高寧、白刃、横截等，餘不具載。白力當作白刃。」按南史七九西域高昌傳，「置四十六鎭，交河、田地、高寧、臨川、横截、柳婆、洿林、新興、寧由、始昌、篤進、白刃等。」胡注當據此而言。檢梁書五四西域高昌國傳，與南史同，惟寧由作由寧，白刃作白刀。又考魏書一〇一高昌傳，太和二十一年，高昌王馬儒請內徙，高祖遣韓安保率千騎赴之，及過伊吾，儒遣長史顧禮「迎安保至白棘城，去高昌百六十里。」按此白棘城與唐和傳、慈恩傳之白力城地望頗相當，蓋即一音而異寫耳。南史作白刃、梁書作白刀，皆白力之形譌，非「力」譌也。胡注誤。其地，馮承鈞以爲在今闢展，即鄯善，蓋略近之。

田地城　初學記八隴右道目引地輿志曰：「晉咸和二年置高昌郡，立田地縣。」則田地之名極早。前引李延壽說，田地城爲高昌四十六鎭之一，是也。侯君集以日午克田地城，遂夜襲高昌都城，其去高昌自亦不遠。通典一九一邊防高昌傳，魏太和末，麴嘉爲王，「國內有城十八，置四十六鎭。官有令尹，有交河公，田地公，皆其王子也。」貞觀十四年，滅高昌，「以交河城爲交河縣……田北城爲柳中縣。」田北即田地之譌。檢元和志四〇，西州有柳中縣，「西至州三十里。貞觀十四年置，當驛路程，極險固。」則田地城即柳中縣，在西州東三十里也。寰宇記一五六，柳中縣在州東四十四里。里距小異。黃文弼高昌疆域郡城考（國學季刊三卷一期）云，王延德所記六種乃柳中之對音。未知確否？

西域圖志十四闢展條:「今魯克察克爲唐柳中縣,在闢展西七十里。」又魯克察克條,云:「按今魯克察克,本漢柳中地,戊巳校尉城此,因名柳城,後訛爲柳陳,轉爲魯陳,復轉爲魯克塵。肅州新志作魯谷慶,一名魯普秦,後名魯克沁,要不外音之相襲成訛也。」黃文弼似未檢此條,但亦以魯克沁當之。其言曰,纏民讀『克』均爲語助詞,有音無字,『沁』則讀如『慶』,卽城也,如吐魯番城曰吐魯番沁爾是也。馮承鈞高昌城鎭與唐代蒲昌(中央亞細亞創刊號)亦云田地城非魯克沁莫屬。今檢國防研究院地圖,鄯善(卽闢展)至吐魯番間有魯克沁地名。

赤亭守捉城 據前文所考,赤亭爲伊州西行之南北兩道會合處,自爲要地,故置守捉。復考日比野丈夫唐代蒲昌府文書の研究(京都東方學報第三十三册)引寧樂美術館所藏文書有赤亭、赤亭鎭之名,(又有赤京鎭疑亦赤亭鎭之誤釋。)卽其地,且置鎭也。敦煌石室佚書本西州志殘卷記州境十一道,首爲赤亭道,惜下文殘闕,(註七)當卽指西州通伊州之道也。以其當兩道之會口,爲西行道中之要衝,故岑參詩篇屢詠及之。如:

武威送劉單判官赴安西行營便呈高開府云:「曾到交河城,風土斷人腸,寒(紀事作塞)驛遠如點,邊烽互相望,赤亭多飃風,鼓怒不可當。」(全唐詩三函八册參集一,唐詩紀事二三)

天山雪歌送蕭沼歸京云:「北風夜捲赤亭口,一夜天山雪更厚。」(同上,參集二,紀事同上)

火山雲歌送別云:「火山突兀赤亭口,火山五月火雲厚。」(全唐詩同上)

送李副使赴磧西官軍云:「火山六月應更熱,赤亭道口行人絕。」(全唐詩同上。)

按此四詩,三稱道口,兩涉多風,卽爲今考之赤亭鎭守捉無疑。其地當在今鄯善縣以東。中外學人,皆以爲卽今日齊克塔木,一作七克騰木之本音。此說創始於辛卯侍行記,岑仲勉先生又申其說,並引陳誠西域行程記,明初七克騰地

註七:據日比野丈夫同上文及馮承鈞高昌城鎭與唐代蒲昌所引,余所用鳴沙石室佚書本西州圖經缺此道及新開道。

尙名赤亭也。見其所著吐魯番一帶漢回地名對音（史語所集刊十二本）。按七克騰木，侍行記云在闢展東九十里。西北叢編三，齊克塔木一作七克騰木，在鄯善縣東九十里，十三間房西一百三十里，殆卽國防研究院地圖之南湖地區歟？

羅護、達匪　日比野丈夫唐代蒲昌府文書の研究引寧樂美術館所藏文書有羅護、羅護烽及達匪等地名，卽此新志所記者無疑。日野云：「斯坦因第三次中亞探險漢文文書第二七五號及大谷探檢隊所獲文書第三三五四號，有羅護鎭。安部健夫以爲卽今之納呼。」檢西域圖志一四，納呼「西距闢展城（今鄯善縣）二百一十里。四圍皆山，濱湖之地可駐牧。其西谷口狹而深，爲闢展東境關隘。」又云：「齊克塔木在納呼西一百四十里，東距闢展城七十里，（實在闢展東七十里。）自納呼西入谷口，山徑崎嶇，自高而下，七十里就平地，又七十里至齊克塔木。」就字音里距及形勢言，羅護鎭守捉固當卽今之納呼也。其地有湖，似卽國防研究院圖之南湖。然就上引西北叢編所記之里距言，南湖當爲齊克塔木，納呼當爲其東一百三十里之十三間房也。又考初學記八隴右道目引十三州志：「高昌壁……有長谷在東。」今按吐魯番以東皆平地，至齊克塔木與納呼間始有此峽谷，殆卽十三州志所謂長谷也。達匪居羅護、赤亭之間，蓋卽當此谷之東西耳。

西州高昌縣　西域圖志一四，哈喇和卓，「在洋赫西北三十里，東北距闢展城二百六十里。地方三百里，舊城已廢，……唐交河郡高昌縣治也。」馮承鈞譯伯希和高昌和州火州哈喇和卓考（收入史地叢考）云：「紀元初時，車師前部中又有高昌壁，爲漢兵屯住之所，應爲後之哈喇和卓。當紀元四六年時，闞伯周始稱高昌王（見北史），顧名思義，其都城應爲漢之高昌壁也。近日格林維對耳（Grunwedel）在哈喇和卓附近之雅圖庫城（Ydygut, Sahri）所發現五世紀之古碑，自經弗蘭克（Franke）譯出之後，前說遂以證實。…六四〇年，唐兵所取之高昌都城亦在哈喇和卓。……九八一年王延德使高昌，卽其地也。」是與西域圖志之說相同。而黃文弼高昌疆域郡城考稱伯氏之說未可信，云詢之土人，舊城在阿斯搭拉，義謂二堡；在今吐魯番東南七十里；哈喇和卓在二堡之西約十餘里，地名三堡。是黃氏新說在舊說之東十餘里耳。按明史三二九西域傳，「火州(和卓)又名哈喇，……隋時爲高昌國，唐太宗滅高昌，以其地爲西州。……東有荒城，卽高昌國都。」是明人已有高昌故城在哈喇和卓之東之說。又檢西域圖志一四，魯克察克卽魯克沁，在闢展城西二百十里，哈喇和卓在闢展城西二百六十里，若唐柳中縣誠在魯克沁，則據元和志、寰宇記，柳中去高昌三十里或四十四里，則高昌城固應在今哈喇和卓稍東，或者黃說爲更準確歟？

唐宋志書稱伊西間七百三十里或七百五十里，實則南北兩道皆當在九百里上下，不止七百數十里也。

伊西里距，通典作七百五十里，寰宇記同。而元和志作七百三十里。就各書所記，西伊兩州至長安里數之差距言，元和志無自相矛盾處，似當以七百三十里爲正；然實不止此數。

前引新志記納職縣西至赤亭守捉之詳細行程，累計爲五百八十里，加伊州至納職間一百二十里，已爲七百里。此道至赤亭與伊西道合，赤亭以西決不止三五十里，自不待言。若擬赤亭在七克騰木之說不誤，(卽非其地，西東相去亦不遠。)據一統志吐魯番卷屬境目，自七克騰木(卽齊克塔木)經闢展至哈喇和卓二百二十里(下文據西北叢編計算，亦略同此數。)是唐世北道當在九百里之譜。今檢西北叢編卷三述哈密西二百六十八里至瞭墩，瞭墩西南經十三間房至七克騰木四百一十里，瞭墩正西行經一碗泉、七箇井，折而西南亦至七克騰木，凡四百四十九里，七克騰木經闢展至吐魯番二百九十八里，則七克騰木至哈喇和卓亦二百二三十里，故叢編所記兩道或近九百里或九百二三十里也。唐代北道與西北叢編所記經十三間房之道，略相當，則古今里數無大差異，皆近九百里也。至於唐之南道里數雖不可考，要與北道相差亦不會太遠，恐亦不止七百五十里也。

而寰宇記釋裴矩所稱伊吾路，以爲由柳中縣東南行經大沙海之東，又東南度磧至伊州界者。蓋不經伊州城歟？若亦至伊州城，則南道之南又一道矣，里程當更紆。

寰宇記一五六西州柳中縣條，有柳中路，引裴矩西域記云，「自高昌東南去瓜州（即唐之沙州）一千三百里，並沙磧乏水草。…是以商客往來多取伊吾路。」下文，寰宇記編者按云：

「又一路，是縣（柳中縣）東南行經大海之東，又東南度磧，入伊州界，即裴矩所爲〔謂〕伊吾路也。」

按大海卽後文考大海道時所論之大沙海，在柳中縣東南九十里。不知裴矩所謂伊吾路者，果如寰宇記所釋歟？若所釋不誤，是此伊吾道由柳中縣東南行，經大沙海之東，又東南度磧，所謂「入伊州界」者，豈僅入州界而不經州城歟？此道方向，決不經赤亭，若此道亦至伊州城，則必南道之南又一道矣，至少西段爲另一道。

高宗永徽二年再置安西都護府，治高昌縣；顯慶三年，移治龜茲國。開元二年置天山軍，管兵五千人，在州城內，故以刺史兼軍使，或統屬安西都護、磧西節度使，或統屬北庭節度使。

永徽二年置安西都護府於西州高昌縣，詳後文安西都護府治龜茲國條。張九齡敕西州都督張待賓書（全唐文二八七），待賓書銜爲「天山軍使西州刺史。」是西州刺史嘗兼天山軍使也。檢元和志四〇，西州，「天山軍在州城內，開元二年置。」又庭州目，置北庭節度使，所管有天山軍(在)西州城內，開元二年置，管兵五千人，馬五百匹，在理南（庭州之南）五百里。」按庭州至西州正爲五百里。是西州天山軍統屬於北庭也。然六典五兵部卷，磧西節度使所統除安西、疏勒、于闐、焉耆四鎭外，又統西州鎭守使。是西州天山軍者亦如四鎭之比，統屬於安西都護府磧西節度使也。蓋亦因時而異所統屬。

西州高昌縣向西微南行，經南平城（今雅爾湖東南七十里？）、安昌城（今雅爾湖南三十里？）一百五十里至天山縣（今大墩子或托克遜）。又由高昌縣向西微北行八十里至交河縣（明代崖兒城，今吐魯番西二十里之雅爾），本古交河城，貞觀十四年平高昌時，曾置安西都護府於此。由此復折而西南行約百餘里亦至天山縣。古篤進城在此地區。再由天山縣西南行七十里至天山山麓（今蘇巴什山），西南入谷，經礌石磧、阿父師泉（今阿海泉）二百二十里至銀山磧（庫木什山），有磧西館，又四十里至呂光館，又經盤石（今額格爾齊山中）百里至張三城守捉（淸烏沙克塔勒，蓋今楡樹溝），又西南經新城館渡淡河（蓋今塔哈其、塔未曼西之河流），一百四十五里至焉耆鎮城（今焉耆縣），即焉耆國所都。城極大，在海水（今博斯騰海）之北，大河（今海都河）東岸，衆流交帶，羣山外繞，極爲險固，爲安西四鎮之一。

焉耆古國，太宗貞觀十八年，以其貳於突厥，詔郭孝恪伐而降之，爲屬國，仍置兵鎮守，爲盛唐時代安西四鎮之一。詳後文。

西州圖經（羅氏鳴沙石室佚書所收）所記西州通道之殘存者，有銀山道，云：

「右道出天山縣界，西南向焉耆國七百里，多沙磧滷，唯近烽足水草，通車馬行。」

此由西州通焉耆之道，行程七百里也。新唐書地志西州目，記此道較詳云：

「自州西南有南平、安昌二城，百二十里至天山，西南入谷，經礧石磧二百二十里至銀山磧，又四十里至焉耆界呂光館，又經盤石百里有張三城守捉，又西南百四十五里，經新城館，渡淡河至焉耆鎮城。」

按通典一七四西州交河郡，「西至焉耆鎮守軍七百一十里」「西南到焉耆七百一十里。」元和志四〇，西州，「西南至焉耆七百二十里。」寰宇記一五六，西州目，與通典同。（註八）大約此道七百里有餘，西州圖經舉大數言之。新志所記里程總和只六百二十五里，當有脫誤，無疑。俟後文續證再論之。

新志所述既詳如此，前人解釋此道行程，似以西域圖志爲最早，近人亦無能異之者，茲先詳錄圖志之說如次：

西域圖志二三，蘇巴什塔克條云：

「蘇巴什塔克(塔克，山也)……自博羅圖（蓋即今天格爾山 Tiengar）納林奇喇諸塔克迤邐東屬，經闢展南境，踰東界而止，爲闢展南屏。……其北谷口在托克三（即托克遜）西南五十里，谷內有兩大石，入谷行十里，微有水草，蓋古車師通焉耆道也。……唐地理志稱西州西南入谷者，當指蘇巴什山谷而言，谷內兩大石，意即所謂礧石也。又按自托克三西出有三道：其一出伊拉里克，由阿拉癸鄂拉入谷口，經裕勒都斯，以抵伊黎。其一，經納林奇

註八：寰宇記一八一，焉耆國「東去交河城九百里，西去龜茲九百里，皆沙磧。」蓋舊日計程。

喇山口，踰博羅圖谷口，迤南以抵楚輝。其一，西南入蘇巴什山口，踰庫木什阿克瑪塔克，亦抵楚輝。」（按楚輝在哈喇沙爾城東一百二十五里。）

又庫木什阿克瑪塔克條云：

「庫木什阿克瑪塔克在蘇巴什塔克北谷口西南一百四十里。自蘇巴什北谷迤邐西南行十里，漸聞水聲，遍谷皆淺水，山勢漸狹，兩厓壁立，人行其間如一線天。又里許卽沙灘。又二十里有大石崎嶇者二處，車不能行，爲古車師西境關隘。又二十里至艾噶爾布拉克（布拉克，泉也。）又五十里出南谷口。山脈自蘇巴什塔克分支西南行至此。按回語，庫木什，銀也；卽唐書所謂銀山磧也。」

又額格爾齊塔克條云：

「額格爾齊塔克在庫木什阿克瑪塔克西南一百三十里，自庫木什阿克瑪塔克東口西行四十里入南山之北口，折而東南，又迤邐西南行三十里出南口，又轉而西行六十里至西山下，玲瓏怪石，徧地葦草，掘之得水。自此西南行入於沙磧。………額格爾齊塔克有奇石，當庫木什阿克瑪西南境，卽唐書所云盤石也。

同書一五烏沙克塔勒條云：

「烏沙克塔勒（此當卽今圖之楡樹溝）在哈喇沙爾城東二百十五里，自闢展西行，入蘇巴什塔克口，又西南行，踰庫木什阿克瑪塔克，額格爾齊塔克，三百四十里至其地。……唐書地理志，經盤石百里有張三城守捉。……烏沙克塔勒之廢城應卽所謂張三城者也。」

又哈喇沙爾條云：

「哈喇沙爾……土地肥沃，魚鹽蒲葦之饒，甲於他處。…城北倚大雪山，額格爾齊塔克屏其東南，庫隴勒塔克繞其西南，遙山環拱，所包面積縱橫四五百里，當爲焉耆國全境。後漢書謂四面有大山，（按又云「道險阨易守，有海水曲入四山之內，周匝其城三十餘里。」）唐書謂橫六百里，縱四百里。西域記謂東西六百餘里，南北四百餘里，四面據山者，是也。山內海都郭勒南趨，會博斯騰淖爾之水，西南出庫隴勒塔克口，東赴羅布淖爾。羅布淖爾爲古蒲昌海，所謂海水曲入山內者也。(後漢書西域傳云:「海水曲入四山之內」)云曲入者,約略之詞。……其實四山內之水流出注海耳。其爲古焉耆無疑也。惟是城廓變遷,今城南去博斯騰淖爾止四里,以魏書南去海十餘里之文證之,度古員渠城故址猶在今城北十數里,所謂(海)水匝其城三十餘里者,(見後漢書西域傳。)形勢宛然。」

按此所釋以焉耆古國城在哈喇沙爾(Kara Shahr)即今焉耆縣,誠爲形勢宛然,殆不可易。然沙畹西突厥史料云:「世人考訂昔之焉耆爲今之哈喇沙爾Karac-har; 然應注意者,今之哈喇沙爾城在海都河 Khaidou 左岸,而唐書及玄奘則位置焉耆城於此河之西。」檢慈恩傳卷二,在阿耆尼國停宿後,始云:「前渡一大河,西履平川行數百里入屈支國界。」是焉耆城實在海都河(即今圖之珠勒都斯河 G. Yuldus)之東。又唐志只云「經新城館,渡淡河,至焉耆鎮城。」淡河未必即海都河。且西域圖志一五,「塔噶爾齊,在楚輝西三十里,踰小河一道,至其地。西距哈喇沙爾城九十五里。」國防研究院圖,焉耆東有塔哈其(Tagharche),塔未戛(Tawigha)兩地名,其處有河水,自北向南流入博斯騰海,塔淡音近,疑此水即古淡河也。是古焉耆城仍當在海都河東岸,非西岸也。

又圖志以庫木什阿克瑪山釋唐志之銀山磧。按銀山,唐代載籍除前引西州圖經及新唐志外仍屢見。如慈恩傳卷二:「西行至阿耆尼國阿父師泉…宿於泉側。明發,又經銀山。山甚高廣,皆是銀礦,西國銀錢所從出也。」又舊八三郭孝恪傳,授安西都護、西州刺史。率步騎三千,出銀山道伐焉耆。通鑑一九七,貞觀十八年述其事云:「焉耆貳於西突厥……詔以孝恪爲西州道行軍總管,帥步騎三千出銀山道以擊之。……執其王突騎支……而還。孝恪去三日,(西突厥大臣)屈利啜引兵救焉耆不及。……以勁騎五千追孝恪至銀山,孝恪還擊破之。」足見此處爲軍道之要。岑參有銀山磧西館詩(全唐詩三函八册參集二)云:「銀山磧口風似箭,鐵門關西月如練。」是置館尚可考也。就形勢方位與出銀甚豐言之,圖志以庫木什阿克瑪山釋之,亦無可疑。

焉耆城及銀山磧地望,圖志所釋既不誤,則此道大勢即如圖志所釋可知矣。即唐代行程略如清之驛道，亦即略如今之汽車道也。茲再增釋數地名如次：

南平城、無半城、及安昌城　唐志有南平城及安昌城在西州西南道上。考慈恩傳卷一云：「從是(高昌國)西行，度無半城、篤進城，後入阿耆尼國。」沙畹西突厥史料第一篇第二節路程云，玄奘行程之無半城得爲唐書之南平城。字形相近，頗有可能。黃文弼高昌疆域郡城考曰，「南平安昌二城，新志云在州之西南。余此次由雅爾岩西南行，……發現舊城二，一在雅爾岩南三十里，一在雅爾岩東南七十里。據其遺物及城基，大概在北魏之末及隋唐間，其城址建築亦與魯克沁舊城相同，故疑此二城即新唐志所述之南平、安昌二城遺址也。」結云：「南平城在今雅爾湖東南七十里之讓布工尙，安昌城在今雅爾湖南三十里之柏克布拉克。」今姑存其說。

天山及天山縣　西州圖經云此道出天山縣界，新唐志云道至天山西南入谷。按元和志，天山縣東至西州一百五十里。圖經及新志雖不云經天山縣城，然磧中置縣，當爲大道所經無疑。況縣在州之正西，方向正合。黃文弼高昌疆域郡城考云：「天山縣，西域圖志以連木齊當之，非也。陶保廉辛卯侍行記謂當在托克遜，似頗近理。蓋托克遜距哈拉和卓一百九十里，此指繞經吐魯番之道；若直徑可減二十里。又在托克遜之東二十餘里有古址，……漢人名爲大墩子。審其陶片及形式，或爲唐代建築。……其南車轍道深丈餘，皆爲數百年前往來人所留，蓋此處適當東西交通之衢，且南北均爲天山，與元和志所述之地位與距離亦相合，故余以天山城在此。」按徐松西域水道記卷二，述交通路線云：「托克遜台又南而西入山百里爲蘇巴什山溝。」正與新志所云「至天山，西南入谷」形勢相合。大敦子旣有古城，在托克遜東二十里，黃說固有理據也。

復按徐松所謂「托克遜西南入山百里爲蘇巴什山溝」者，正即前文引西域圖志蘇巴什塔克條所述，蘇巴什山北谷口在托克三西南五十里者是也。此大山脈爲天山正脈向南疆分出之最大一支。（觀前引西城圖志可知。）考舊八三郭孝恪傳，伐焉耆，虜其王。太宗璽書勞之曰：「焉耆絕域，地阻天山，恃遠憑深，敢懷叛逆。」天山正脈在焉耆、吐魯番之北，不能阻唐兵，此所謂「地阻天山」當指此大支脈而言，即指蘇巴什山及庫木什阿克瑪山（銀山磧）等一系列之山脈而言，則新志所謂「至天山，西南入谷者」即至今蘇巴什山也。此山北谷口在托克遜西南五十里，即在大墩子西南七十里，故置縣即名天山縣耳。（註九）唐志、郭孝恪傳之天山及天山縣所以受名之天山既皆即指蘇巴什山脈而言，山北口在托克遜西南五十里，即在唐代西州之西約二百餘里。唐志云西州西南百二十里至天山。按西州至天山縣已一百五十里。此「百二十里」顯有脫誤。前已提到西州至焉耆七百一二十里，簡稱七百里。而新志記此道里程總和只六百二十五里，必有脫誤無疑。今疑此「百二十里」之「百」上脫「二」字，則西州至天山二百二十里，全程總和七百二十五里，則無不皆合矣。

篤進城　前引慈恩傳卷一，西州西行有無半城、篤進城。考梁書五四高昌傳，置四十六鎮。篤進爲其一。則此城甚古，至唐初仍存，且名稱不異。馮承鈞高昌城鎮與唐代蒲昌曰：「篤進必爲脫克遜今名之所本，可無疑也。」若然，則余頗疑唐之天山縣即本梁及唐初之篤進城，因城置縣，未可知也。

阿父師泉　慈恩傳卷二：「從此西行至阿耆尼國阿父師泉。泉在道南沙崖，崖高數丈，水自半而出，……行旅往來，隨衆多少，下有細霾……法師與衆宿於泉側。明發，又經銀山。」是在篤進城以西，銀山磧以東道上。今按國防研究院地圖，蘇巴什至庫木什之間有阿海泉及阿海泉山口(Arghai Bulak Davan)，地望與慈恩傳之阿父師泉相當，而有 Ar-Bu 音，殆即阿父之遺音歟？

交河縣　以上所考乃就新志所記路線而言，似不經交河縣。今按高昌之西有交河城，爲自古名城，唐亦置交河縣。且貞觀初平高昌時，始置安西都護府於此，詳後文安西府治龜茲條。元和志，交河縣在西州西北八十里。寰宇記同。元和志又云：「交河出縣北天山，水分流於城下，因此爲名。」即漢書西域傳所稱「河水分流繞城下，故號交河」也。是形勢甚顯，易爲指證。西域圖志一四，「招哈和屯亦稱交河城，在吐爾番城西二十里。……招哈郭勒出其北。郭勒之水分道南流，環城左右，即漢時交河舊地也。北倚金嶺，峯巒層疊，經城西而迤南，形勢佳勝，民物殷繁。」一統志吐魯番卷古蹟目交河故縣條及山川

註九：黃文弼云托克遜大墩子南北皆有天山。南天山亦即指蘇巴什山而言。

目招哈河條，皆同。屬境目云：「回語謂交河爲招哈。徐松西域水道記云：「今吐魯番廣安城西二十里雅爾湖有故城，周七里，即古交河城。」今人說者皆無異辭。按前人釋此城所在當以明永樂間陳誠西域番國志爲最早。志云：「崖兒城在土爾番之西二十里，二水交流，斷崖居中，因崖爲城，故曰崖兒城。廣不二里，居民百家，舊多寺宇，有石刻存，古爲率帥〔車師〕國王所居，後復立交河縣治。」此其形勢最顯豁，殆無疑矣。國防研究院地圖有燕木什 Yamshi。西域圖志一四，雅木什在招哈和屯西南十五里；一統志作五十里，誤。則唐代交河縣即在今圖燕木什東北十五里也。

唐交河縣既在今雅爾城，是在西州之西微北八十里，非眞正西北也。其地固當西州西北通北庭之要道（見西州圖經），然交河爲自古名城，西通焉耆。則唐世由西州經交河縣亦通焉耆無疑。蓋即由交河西南行至天山縣，與前述之道接會耳。明陳誠西域行程記，由土爾番西行三十里崖兒城，住十七日。「由崖兒城南順水出山峽，向西南行……約五十里。」又「向西行平川地約行五十餘里有小城名托遜。」此即唐交河縣西南通天山縣之道也，約一百餘里。

焉耆又西渡河（今海都河）向西南行，約一百五十里至鐵門關(今關？)，甚險隘，爲開元時代十三中關之一，以其當驛道也。張九齡所謂「鐵關千術，四鎭咽喉」者，是矣。關西置館。又西〔一百〕二十里至于術守捉城（今查爾赤地區？），又二百里至榆林守捉城（今英吉沙地區？），又五十里至龍泉守捉城（今英吉沙以西？），又六十里至東夷僻守捉城（今輪台縣西？），又七十里至西夷僻守捉城（今二巴召或大勞場？），又六十里至赤岸守捉城，又一百二十里至龜茲國（今庫車縣），置安西都護府。東去焉耆八百數十里，號稱九百里。龜茲東境又有泥師城，當大道，其地無考。

安西亦爲四鎭之一，及安西都護府之遷定與四鎭之列名，皆詳後文。

漢書九六下西域傳，龜茲東至都護治所烏壘城三百五十里，焉耆西至都護治所四百里，是龜茲焉耆相距七百五十里。魏書一〇二西域傳，焉耆國「東去高昌九百里，西去龜茲九百里，皆沙磧。」先後記程頗異。檢通典一七四，「安西都護府，本龜茲國也，大唐顯慶中置。」「東至焉耆鎭守軍八百里。」同書一九二邊防八焉耆條云：「南去尉犂百里，北與烏孫接，東去交河城（本注：今郡）

九百里，西去龜茲九百里，皆沙磧。」寰宇記一五六安西大都護府條及卷一八一焉耆國條，全同。是唐人記程，焉耆龜茲間亦九百里，一云八百里也。唐初玄奘西行，由高昌經焉耆、龜茲、姑墨，出凌山，至熱海、千泉。慈恩傳卷二云，在阿耆尼國「停一宿而過，前渡一大河，西履平川，行數百里入屈支國界，舊云龜茲，訛也。」而玄奘大唐西域記卷一詳之云：

「阿耆尼國……國大，都城周六七里。…從此西南行二百餘里，踰一小山，越二大河，西得平川，行七百里，至屈支國，舊曰龜茲。……東西千餘里，南北六百餘里，國大，都城周十七八里。」

又新二二一上西域傳龜茲國條亦云：

「自焉耆西南步行二百里，度小山，經大河二，又步七百里乃至。」(此據百衲本，中華聚珍本，「二百」譌爲「一百」。)

是尤唐人記程九百里之明據。然則唐人記程大抵爲九百里，前代計程或九百里，最少七百五十里也。而新四三下地理志末附通四夷道條述此段行程云：

「自焉耆西五十里過鐵門關，又二十里至于術守捉城，又二百里至榆林守捉，又五十里至龍泉守捉，又六十里至東夷僻守捉，又七十里至西夷僻守捉，又六十里至赤岸守捉，又百二十里至安西都護府。」(又同書四〇地理志安西大都護府目，亦云：「焉耆西有于術、榆林、龍泉、東夷僻、西夷僻、赤岸等六守捉城。」)

此段記事甚詳，極可寶貴，然行程總和僅六百三十里，與玄奘記程及通典所記以及新書西域傳所記相差太遠，即與漢書記程七百五十里者，亦差少一百二十里，必有奪誤無疑。然參之新志安西府目，此所述一關六守捉名稱次序當未奪譌，蓋僅里數有譌誤耳。今先就鐵門關之形勢與今地及安西都護府之今地論之如次，然後校正里數。

鐵門關　鐵門關爲唐代此地區重要關隘。唐六典六刑部司門郎中條，凡京城四面關而不當驛道及當驛道而非四面關者，皆爲中關。中關一十三，安西鐵門爲其一，重要可知。故岑參詩屢詠及之，舉列於次：

使交河郡獻封大夫：「鐵門控天涯，萬里何遼哉！」(全唐詩三函八册參集一)

題鐵門關樓：「鐵關天西涯，極目少行客，關門一小吏，終日對石壁，橋跨千仞危，路盤兩崖窄。」（同上）

天山雪歌送蕭沼歸京：「北風夜捲赤亭口，一夜天山雪更厚，能兼漢月照銀山，復逐胡風過鐵關。」（同上參集二）

銀山磧西館：「銀山磧口風似箭，鐵門關西月如練。」（同上）

火山雲歌送別：「火山突兀赤亭口，火山五月火雲厚，……繚繞斜吞鐵關樹，氛氳半掩交河戍。」（同上）

宿鐵關西館：「那知故國月，也到鐵關西。」（同上參集三）

此卽六典及新志所記之鐵門關無疑。據最後一詩，關西有館驛。又據題鐵門關樓詩，見此關形勢甚險，故爲要隘也。張九齡敕西州都督張待賓書（全唐文二八七）云：

「吐蕃背約，入我西鎭，……必與突騎施連謀，……諸處散下。鐵關千術，四鎭咽喉，倘爲賊所守，事乃交切。」

亦卽此鐵門關無疑。（不知「千術」是否與「于術守捉」有關？）蓋其地東通焉耆，南通于闐，西通龜茲、疏勒、及碎葉，而關以鐵名，是必當交通要衝，且深險阻也。又考晉書七九焉耆國傳云：

「其地南至尉犂，北與烏孫接。……四面有大山，道險阻，百人守之，千人不過。……張駿遣沙州刺史楊宣率衆疆理西域。宣以部將張植爲前鋒，所向風靡，軍次其國。（焉耆王）熙距戰於賁崙城，爲植所敗。植進屯鐵門。未至十餘里，熙又率衆先要之於遮留谷……植馳擊敗之，進據尉犂，熙率羣下四萬肉袒降於宣。」

是此鐵門之名甚古。蓋焉耆王熙先戰敗，已失國都，乃退屯尉犂，（時焉耆覇西胡，葱嶺以東皆服屬。）鐵門在焉耆城西南至尉犂道上，遮留谷又在其北十里也。尉犂在焉耆南百里，則新志云關在焉耆以西（卽西南）五十里，似不誤。然據玄奘所記焉耆至龜茲道甚平坦，僅靠近焉耆國處有一小山。西域記又云：阿耆尼國「四面據山，道險易守。」鐵門關者，蓋卽焉耆西南一山口，故云小山也。至於小山今地，西域圖志一五庫隴勒條：「庫隴勒……東北距哈喇沙爾城一百八十里，山勢險峻，古焉耆以西諸國關隘也。山南海都郭勒（卽河）繞而西流，山麓瀕河處，右山左河，徑極險窄，河南岸爲庫隴勒城。」又同書二三庫隴勒塔克（山）條，亦云「在哈喇沙爾西南一百八十里……勢極險峻，古焉耆以西諸國關隘也。」並以爲卽唐書西域傳之「小山」所在。又丁謙晉書四夷傳地理考證云：「鐵門卽水經注鐵谷關。（按酈注本作鐵關谷。）今哈喇沙爾西南百餘里有兩山對峙成峽，凡三十里，河經其中，其北口有大石嶺卽鐵門，其南口卽遮留谷也。」按淸代地書所記，焉耆以西最近之山僅庫隴勒山，山在城西南一百八十里，前人以爲卽鐵門關在此地區不爲無理。丁謙又云，張植進據之尉犂「乃渠犂之誤。……今庫勒爾城（按卽前引之庫隴勒城）卽漢渠犂。」（註十）所疑蓋甚是。新志「焉耆西五十里過鐵門關」者蓋「五十」上奪「百」字歟？今檢國防研究院地圖，焉耆西南有庫爾勒（Kuerhlei），在孔雀河南岸，其東北，河之北岸有鐵門關，正約在焉耆西南一百五十里，今之汽車道由焉耆西至此關，分爲南西兩道，西通庫車，南渡孔雀河，經庫爾勒至婼羌折西南至和闐，蓋眞唐代鐵門關舊址矣。

安西都護府　府治龜茲國。一統志庫車卷古蹟目古龜茲國條云：「按龜茲故城雖不可考。然水經注城東西有川，則今之庫車城，烏恰特河流逕其西，額什克巴什河流逕其東，正與酈注所稱方位相合。又元史太祖紀尙稱龜茲，而地理志西北地附錄則曰庫徹，正與庫車音合，則庫車之卽龜茲國都無疑矣。」其他各家所說皆同。惟西域圖志一五庫車條據古今志書所記里數，推論龜茲故城，「當在今額什克巴什郭勒之東，阿巴特、托和鼐間，而庫車特其西境耳。」按托和鼐在庫車東六十里，又東一百四十里爲阿巴特。是謂龜茲故城當在今庫車東百里左右。然圖志同卷中，釋前引新唐志各守捉城仍以庫車當龜茲城爲準，是則自相矛盾矣。按龜茲大城，當有其客觀條件，庫車之說較爲近是，圖志僅據史志所述里數推論，殊薄理據，蓋西北遠荒，里程不實，固難拘執也。況唐代記程亦九百里較近代記程九百八九十里者，不過數十里之差，固不足異也。

註十：檢漢書西域傳，焉耆、龜茲間七百五十里；渠犂西至龜茲五百八十里，則東至焉耆一百七十里，其地正當在今庫勒爾城。

至於新志所記各守捉城之今地殊難確指，但西域圖志一五對於此諸守捉亦頗有推測，茲引錄如次，並據一統志喀喇沙爾及庫車兩卷之臺站目注其相距里數。

◎喀喇沙爾（焉耆國、焉耆鎮）〔今圖焉耆〕

（158）

○哈喇噶阿璊

（60）

○庫隴勒〔今圖庫爾勒Kuerhlei〕

（30）

○哈喇布拉克

（100）

○車爾楚（于術在此地區）〔今圖查爾赤 Charchi〕

（160）

○策特爾〔今圖且廸多 Chadir〕

（80）

○英噶薩爾（楡林在此間，龍泉在此西）〔今圖英吉沙 Yingkisha〕

（80）

○玉古爾（古輪臺在此地區，唐東夷僻在此西）〔今圖輪臺縣，Bugur〕

（100）

○阿巴特（西夷僻）〔今圖二巴召 Erhpachao? 或大勞場Chol-Abad〕

（140）

○托和鼐〔今圖塔什子?〕

（80）

◎庫車（龜茲國、龜茲鎮）〔今圖庫車〕

此項臆測雖無所據。然唐代紀錄，兩國間距離較今日紀錄既僅數十里之差，且鐵門關以西皆行平川，則與今日鐵門關以西直向西行至庫車之汽車道當無大差異，殆可斷言，故此所測亦可能近是也。

又通鑑二〇〇，顯慶三年，遣左領軍郎將雷文成送龜茲王布希畢歸國。「至龜茲東境泥師城，龜茲大將羯獵顛發兵拒之。」此城地望無考。

龜茲國都城周十六七里，於高昌以西至葱嶺間最爲大國，亦爲唐置五鎭之中心，故安西都護府經常設治於此，統四鎭兵二萬四千至三萬人，西盡波斯皆隸屬焉。所謂四鎭者，安西、疏勒、于闐、焉耆；高宗末武后初，曾以碎葉代焉耆爲四鎭之一，兵威極盛矣。

龜茲大國，城周十六七里，見大唐西域記。唐六典五兵部卷，「磧西節度使，其統有安西、疏勒、于闐、焉耆，爲四鎭經略使。」通典一七二作：「鎭西節度使，寧西掘(?)，統龜茲國、焉耆國、于闐國、疎勒國。」置屬國，仍置鎭兵也。故同書一七四，西州「西至焉耆鎭守軍七百一十里。」北庭府「西南到焉耆鎭守軍八百七十里。」也。又考慧超往五天竺國傳，歷遊疏勒、于闐、焉耆，皆云漢軍馬領押守捉，「從疏勒東行一月，至龜茲國，卽是安西大都護府，漢國兵馬大都集處。」時開元十五年十一月上旬也。下云：「安西山〔四〕鎭名數，一安西，二于闐，三疏勒，四焉耆。」又慧超傳，歷擧疏勒王裴冷冷，鎭守使魯陽；于闐王尉遲曜，鎭守使鄭據；龜茲王白環，安西四鎭節度使郭昕；焉耆王龍如林，鎭守使楊日祐。是安西、于闐、疏勒、焉耆皆爲屬國，各有國王，唐政府遣兵駐守，各置鎭使以統之。安西鎭守使蓋卽由都護節度使兼之也。舊一九八龜茲傳，長壽元年破吐蕃，復四鎭，「復於龜茲置安西都護府，用漢兵三萬人，以鎭之。」通典一七二云：鎭西節度使「治安西 ， 二萬四千人，馬二千七百匹。」大約分駐諸鎭及守捉城，而安西爲駐兵大本營，故慧超云「漢國兵馬大都集處」。

然安西都護府初非置於龜茲，四鎭列名，前後亦不盡同。前史紀述頗爲參差。據大谷勝眞安西四鎭之建置及其異同（周一良譯本，刊禹貢第一卷第十一期）、松田壽男碎葉與焉耆（楊鍊譯本，刊西北古地研究中）及松田壽男古代天山の歷史地理學的研究，貞觀十四年（西元640）八月，侯君集平高昌，置西州；九月置安西都護府於此。貞觀十六年（西元642），郭孝恪見以西州刺史兼充都護。二十二年（西元648）平龜茲之叛，遂移都護府於龜茲。旋因阿史那賀魯之叛，永徽二年（西元651）復內徙都護府於西州。顯慶三年（西元658）賀魯亂平，唐勢復振，遂復移安西都護府於龜茲國，統轄四鎮，西盡波斯，並隸屬之。所謂四鎮者，本爲龜茲、焉耆、疏勒、于闐。咸亨元年（西元 670）陷于吐蕃。調露元年（西元679）大築碎葉城，其時四鎮有碎葉，無焉耆。長壽元年（西元 692）復安西四鎮時，與前同。開元七年（西元719），十姓可汗阿史那獻移駐碎葉，復以焉耆代碎葉，備四鎮之數，迄於唐衰。按此項結論大體可信。然安西都護府先後兩度在西州，而治所卻不相同。唐會要七三，「安西都護府，貞觀十四年九月二十二日，侯君集平高昌國，於西州置安西都護府，治交河城。」通鑑一九五，貞觀十四年九月，以高昌地置西州。……乙卯，置安西都護府於交河城。」則貞觀十四年始置此府，在西州境，但治交河城，不治西州治所之高昌城也。舊紀於此年九月書云，「乙卯於西州置安西都護府。」蓋就西州境而言耳。舊紀，永徽二年十一月「丁丑，以高昌故地置安西都護府。」此蓋眞在西州治所高昌縣耳。故會要云，顯慶「三年五月二日移安西都護府於龜茲國，舊安西復爲西州都督……以統高昌故地。」通鑑二〇〇，同。

以上所考皆通安西之驛道也。此外沙州西北通西州及焉耆又各有捷道。其通西州之捷道，乃由沙州向西微北行一百一十里至興胡泊，又一百三十二里至河倉城（今大方盤城），又三十里出玉門故關（今小方盤城），西北經白龍堆、大沙海（沙海之西北邊緣在今魯克沁東南九十里）亦至柳中縣，達西州，全程一千三百六十里，是爲大海道。道當大磧流沙，無水草，行旅困弊，殆少行者。

西州圖經云：

「大海道　出柳中縣界，東南向沙州一千三百六十里。常〔當〕流沙，人行迷誤。有泉井，鹹苦，無草，行旅負水擔糧，履踐沙石，往來困弊。」

考史記二三大宛傳「鹽水中數敗」。正義引裴矩西域記云：

「在西州高昌縣東，東南去瓜州一千三百里，並沙磧之地，(乏) 水草難行，四面危，道路不可準記，行人唯以人畜骸骨及駞馬糞爲標驗，以其地道路惡，人畜卽不約行，曾有人於磧內時聞人喚聲，不見形，亦有歌哭聲，數失人，瞬息之間，不知所在，由此數有死亡，蓋魑魅魍魎也。」

又寰宇記一五六西州柳中縣條亦引裴矩書云：

「柳中路，裴矩西域記云：自高昌東南去瓜州一千三百里，並沙磧，乏水草，人西行四面茫茫，道路不可準記，惟以六〔人〕畜骸骨及駞馬糞爲標驗，以知道路。若大雪即不能行。兼有魑魅。是以商客往來多取伊吾路。」

此兩條所引，即爲西域記之同一段，惟省略不同，並各有譌奪耳。(註十一)按隋代瓜州即在敦煌，亦即唐代之沙州。觀裴矩所述此道情形，即西州圖經之大海道無疑。元和志四〇西州柳中縣，「大沙海在縣東南九十里。」蓋取道於此，故云大海道也。又通典、元和志、寰宇記之西州卷述西州東南所至如下：

通典一七四，西州「東南到敦煌郡一千一百里。」

元和志四〇，西州「東南至金沙州一千四百里。」

寰宇記一五六，西州「東南經少海，又渡磧至伊州一千三百里。」

三書所記似頗不同。元和志「金」字顯爲衍文。又寰宇記西州卷述四方四隅所至，惟東南一條與通典不同如此，其餘七條所至及里數皆與通典全同。寰宇記四至八到條絕大多數抄自通典，此處蓋同，且西州至伊州亦絕無一千三百里，則此「伊州」必爲「沙州」之譌誤無疑。所謂「經少海又入磧」者，「少」即「沙」之壞字耳。其里程，圖經作一千三百六十里，裴氏西域記及傳本志書作一千三百里或一千四百里者，出入固微。魏書一〇一高昌傳，「去敦煌十三日行。」隋書八三西域高昌傳及寰宇記一八〇四夷車師國傳，全同。殆亦謂一千三百里也。通典作一千一百里者，蓋字之形譌耳。

此道西北端由西州東南經柳中縣，又東南九十里至大沙海，入沙磧中。又考元和志四〇沙州壽昌縣條云：

「玉門故關在縣西北百一十八里，謂之北道，西趣車師前庭及疏勒，此西域之

註十一：周書五〇異域傳下高昌條：「自敦煌向其國，多沙磧，道里不可准記，唯以人畜骸骨及駞馬糞爲驗，又有魍魎怪異，故商旅來往，多取伊吾路云。」隋書八三西域高昌傳：「從武威西北有捷路，度沙磧千餘里，四面茫茫然，無有蹊徑，欲往者尋有人畜骸骨而去。路中或聞歌哭之聲，行人尋之，多致亡失，蓋魑魅魍魎也。故商客往來多取伊吾路。」又寰宇記一八〇車師國：「從武威西北有捷路」云云，與隋書西域高昌傳全同，惟一兩字之異。此三者皆卽錄取裴矩西域圖記無疑。其「武威」則「敦煌」之誤耳。

門戶也。」

唐之西州即漢之車師前庭，此亦即圖經之大海道矣。則此道東南端發自敦煌，西北出玉門故關。據前引沙州都督府圖經，由敦煌至故關，當經敦煌縣西北一百一十里之興胡泊，又一百三十二里至河倉城，又三十里乃至關，已詳前文。沙州至焉耆，亦有捷道，稱爲大磧路，惟行程不詳。

舊一九八西戎焉耆國傳云：

「其王姓龍氏，名突騎支。……貞觀六年，突騎支遣使貢方物，復請開大磧路以便行李，太宗許之。自隋末罹亂，磧路遂閉，西域朝貢者皆由高昌。及是，高昌大怒，遂與焉耆結怨，遣兵襲焉耆，大掠而去。」（新二二一上同傳，略同。）

則前世自焉耆本有大磧路通中國，隋末閉塞，貞觀初又開之，不經高昌，則必直達敦煌無疑。

又按漢代經營西域之始，其南北兩道之北道乃由陽關向西，經鄯善、山國、尉犂至焉耆、龜兹，約行今羅布泊之北，沿庫穆河（庫魯克河）孔雀河而上至尉犂，達焉耆、庫車者，唐書此條所謂大磧路者，即此道也。漢道詳下文。

(四) 漢隋間通西域諸道及其與唐道之關係

瓜沙以東，州郡一線排列，自古稱爲河西走廊，地形所限，故古今通道亦大抵爲單線，且甚少變動。至於瓜沙以西，則因時代不同，頗多更易。今就史料解析可審知者，略述如次：

漢代經營西域，初期已有南北兩道。Ⓐ南道，見漢書西域傳。由敦煌西出陽關至鄯善（羅布泊地區），行南山（崑崙山脈）之北麓、塔里木盆地之南緣，至于闐以西。Ⓑ北道，由敦煌西出陽關，亦至鄯善，又西經山國（危須東二百六十里），危須國（尉犂東二百里），尉犂國（焉耆西南一百里），至烏壘、龜兹（今庫車）以西。此道行今羅布泊之北，略循庫穆河（又名庫魯克河）、孔雀河而上者。漢書西域傳，塔里木河以北諸國去長安之記程，即以此道爲準；然傳序所謂北道却非此道。蓋敦煌西北地區之車師（今吐魯番地區）、伊吾（今哈密地區）境接匈奴，漢人經營西域之始，爲避匈奴之鋒，故先致力於敦煌以西地區，即鄯善、于闐、焉耆、龜茲諸國，是以最初南北道爲Ⓐ Ⓑ也。逮已控制敦煌、鄯善以西諸國，乃以鄯善、焉耆爲基地，由南由西兩路進兵，與匈奴爭車師前國。已得車師，乃有Ⓒ道，即由鄯善向北微西行，至車師前國，再折西至焉耆、龜茲以西也。至西漢末年，更進而經營Ⓓ道，即所謂新道。係由敦煌玉門關西北行直至車師前國。由前國兩道分出，北至後國，西至焉耆、龜茲以西。其敦煌、車師間之交通里程，視舊道減半。漢書西域傳序所謂北道，非Ⓒ道，即Ⓓ道。蓋西域傳之內容所述各國去長安之里程乃較早期之記錄，傳序北道乃較後期之形勢也，故有不同。

東漢之世，又有Ⓔ道，即伊吾道。由敦煌北行千餘里至伊吾，折西行至車師前國，又北至後國金滿城。蓋漢人勢力更向東北擴展，已能控制最接近匈奴之伊吾也。此道見後漢書西域傳序。至於此序所謂南道，自即Ⓐ道，所謂北道，則Ⓒ道也。

至曹魏魚豢魏略西戎傳所述有南、中、新（北新）三道。其南道亦即Ⓐ道，中道即Ⓑ道，新道一稱北新道者，則Ⓓ道也。下及魏收魏書西域傳亦有四道之說，然自敦煌玉關西出，仍僅二道。一道由玉門出鄯善，乃Ⓐ道，或亦兼Ⓑ道言之。一道由玉門一千二百里至車師，則Ⓓ道也。至於由莎車西出之二道，乃前二道西出後之分歧申延，不得與前二道並列矣。

魏略、魏書皆不提Ⓔ伊吾道。然在兩晉北朝時代，伊吾道似爲通西域之主要幹線，用兵節使多出此途，豈史臣偶疏耶？逮隋世裴矩撰西域圖記序，有南中北三道。南道仍即Ⓐ道，北道即Ⓔ伊吾道，中道即Ⓓ道，亦即新道。惟Ⓓ道已荒蕪，殆至廢棄，商旅往來，多取Ⓔ伊吾路矣。然觀玄奘行程，由瓜州直至伊州，唐瓜州在敦煌東三百里，不經敦煌矣，蓋隋世已然。

唐以前諸史載西域通道有下列各重要史料，先錄列於次。

漢書九六上西域傳序：

「自玉門陽關出西域有兩道。從鄯善傍南山北，波河西行，至莎車爲南道，南道西踰葱嶺則出大月氏、安息。自車師前王庭隨北山，波河西行，至疏勒爲北道，北道西踰葱嶺則出大宛、康居、奄蔡焉。」

同書九六下西域傳下末段述漢與匈奴爭車師事有云：

「元始中，車師後王國有新道出五船北，通玉門關，往來差近。戊己校尉徐普欲開以省道里半，避白龍堆之阸；車師後王姑句以道當爲柱置（補注引宋祁曰，通典「道」下有「通」字。）心不便也，地又頗與匈奴南將軍地接，普欲分明其界，然後奏之。召姑句使證之；不肯，繫之。（繫於高昌壁，其時戊己校尉屯此）」

後漢書八八西域傳序云：

「自敦煌西出玉門、陽關，涉鄯善；北通伊吾千餘里。自伊吾北通車師前部高昌壁千二百里。（北當作西，古人記事方向不能準。）自高昌壁北通後部金滿城五百里。此其西域之門戶也，故戊己校尉更互屯焉。伊吾地宜五穀桑麻蒲萄，其北又有柳中，皆膏腴之地，故漢常與匈奴爭車師伊吾，以制西域焉。自鄯善踰葱嶺，出西諸國有兩道，傍南山北，陂河西行，至莎車爲南道。南道……（此下與漢書西域傳序同。）

魏略西戎傳（三國志三〇烏丸鮮卑東夷傳末裴注引）：

「道從敦煌玉門關入西域，前有二道，今有三道。（此兩句，通典作「前向西域有二道，自元始以後有三道。」寰宇記，同。）從玉門關西出（通典作「出西」）經婼羌轉西越葱嶺，經縣度，入大月氏爲南道。從玉門關西出，發都護井，回（通典寰宇記皆作廻）三隴沙北頭，經居盧倉，從沙西井轉（通典寰宇記皆脫「西井轉」三字）西北過龍堆，到故樓蘭，轉西詣龜茲，至葱嶺，爲中道。從玉門關西北出，經橫坑，辟三隴沙及龍堆，出五船北，到車師界戊己校尉所治高昌，轉西與中道合龜茲，爲（通典脫爲字）新道。（註十二）（以上，通典一九一邊防西戎總序全抄此段，惟頭兩句小異，已校如上。寰宇記一八〇，則抄通典。）……南道西行且志國，（沙畹箋注曰，志爲末之訛。）小宛國，精絕國，樓蘭國，皆并屬鄯善也。戎盧國，扜彌國，渠勒國，皮冗國，皆并屬于闐。……中道西行尉梨國，危須國，山王國，皆并屬焉耆。姑墨國，溫宿國，尉頭國，皆屬龜茲也。楨中國，莎車國……皆并屬疏勒。……北新道西行至東且彌

註十二：新，今本作西。集解曰：宋本作新。按通典抄魏略亦作新道。岑仲勉先生歷代西疆路程簡疏，據下文「北新道」云云，以作新爲正。極碻。

國，西且彌國，單桓國，畢陸國（沙畹曰卽兩漢書之卑陸國），蒲陸國（沙畹曰卽蒲類），烏貪國，皆幷屬車師後部王。……轉西北則烏孫，康居……。」

魏書一〇二西域傳序云：

「其出西域本有二道，後更爲四。出自玉門，渡流沙，西行二千里至鄯善爲一道。自玉門渡流沙，北行一千二百里至車師爲一道。從莎車西行百里至葱嶺，葱嶺西一千三百里至伽倍，爲一道。自莎車西南五百里葱嶺，西南一千三百里至波路爲一道焉。」

隋書六七裴矩傳載矩西域圖志序曰：

「發自敦煌至于西海，凡爲三道，各有襟帶。北道從伊吾經蒲類海，鐵勒部，突厥可汗庭，渡北流河水，至拂菻國，達于西海。其中道從高昌，焉耆，龜茲，疏勒，度葱嶺，又經鏺汗，蘇對，沙那國，康國，曹國，何國，大小安國，穆國，至波斯，達于西海。其南道，從鄯善，于闐，朱俱波，喝槃陀，度葱嶺，又經護密，吐火羅，挹怛，帆延，漕國，至北婆羅門，達于西海。其三道諸國亦各自有路南北交通。……故知伊吾、高昌、鄯善並西域之門戶也。總湊敦煌，是其咽喉之地。」

玆以次分別論述如次：

（甲）先論兩漢書所記之通道。　觀漢書西域傳序文，由玉門陽關西出至鄯善，再循南山（今崑崙山脈）北麓西行爲南道，今姑稱爲Ⓐ道。其北道似由兩關西北行，至車師前庭，再循北山（卽天山）南麓西行也。是惟南道由鄯善，北道則否。而據後漢書西域傳序，則所謂南北兩道皆至鄯善乃分途，卽北道亦由鄯善出發，北至車師，再轉西並北山南麓也。至所謂「北通伊吾千餘里」者，則爲漢書西域傳序所未記之另一道。此道卽後世所稱之伊吾道，始自敦煌，北達伊吾，非自鄯善分途也。今姑稱爲Ⓔ道，俟下文再論之。今試先討論兩書序文所述之北道（卽車師前庭道）是否自鄯善出發。

按後書文意甚明，不待論。而前書行文，固可解作由兩關西北至車師，不經鄯善；但亦未排除由鄯善北行至車師之可能性。今按漢書西域傳，婼羌「去陽關千八百里，去長安六千三百里。」又鄯善國「去陽關千六百里，去長安六千一百里。」則陽關去長安四千五百里也。而車師前國「王治交河城。……去長安八千一百五十里。」此國左近諸國，亦皆云去長安八千里上下，是此「八千」之數非形譌。則車師前國去陽關地區三千六百里也。按交河城在今吐魯番西二十里。北朝及隋唐記錄，高昌至敦煌僅一千三百里上下，最爲正確。今據圖觀測，如由玉門陽關直西北行至吐魯番，無論如何，亦不能有三千里以上。然則漢書所記，由兩關至車師三千里以上者，必繞道甚多，非直達也。復按班氏又記，車師西南至焉耆八百三十五里，焉耆去長安七千三百里。若由車師繞道焉耆至長安，當爲八千一百三十五里，與車師至長安八千一百五十里者，僅十餘里之差，可斷此項記程，實繞道焉耆也。據上引魏略，中道由鄯善至龜茲，中經尉犂、危須、山王三國，皆屬焉耆。據漢書西域傳，尉犂在焉耆西南百里；危須在尉犂東二百里，焉耆東南；山國在危須東二百六十里，東南與鄯善接境。則魏略此道，即漢代已然。西域傳記龜茲以西諸國至長安之里數，固以此道爲準，即車師及其左近諸國至長安八千里以上者，亦即繞道焉耆，行此道也。此殆漢代經營西域最初之北道，今姑稱爲Ⓑ道。蓋西域傳各國去長安之記程，乃較早期之材料，故塔里木河以北諸國去長安之里程皆以此道爲準也。

又按鄯善國條又特記至車師之里數云：「西北至車師千八百九十里。」則由陽關出鄯善北向車師亦有一道。且鄯善國條有擊車師都尉及擊車師君。及車師條末述胡漢爭車師，首云：「武帝天漢二年，以匈奴降者介和王爲開陵侯，將樓蘭國兵始擊車師。」「征和四年……復遣開陵侯將樓蘭、尉犂、危須凡六國兵別擊車師。」樓蘭即鄯善，此皆鄯善當車師道之明證。然則班氏此段序文，誠當如范氏序文作解，所謂北道者，亦由鄯善境與南道分途北行至車師，非由兩關即分途也。今姑稱之爲Ⓒ道。（范氏改篇班文，蓋亦覺班文易滋迷惑歟？）蓋伊吾、車師最接近匈奴，漢人經營西域先由鄯善向西取焉耆、龜茲，然後再東北與匈奴爭車師，屢得屢失，然後據有，乃置戊己校尉以鎭之耳。敦煌兩關至車師距離雖較近，然車師始非漢人勢力所能控制，故就漢人經營西域之歷史程序言，敦煌兩關西出之南北兩道，南道始終無變動；北道最開始之路線則由鄯善西至焉耆、烏壘、龜茲；及車師已定後，乃可自鄯善西北經車師，西至焉耆、烏壘、龜茲以西，故西域傳序述北道以車師爲始矣。至西漢末葉元始前後始有新道，即班書西域傳下末段所述者，今姑稱爲Ⓓ道。其道即由車師後王國南至前王國，再東南經五船北，直至玉門關，既避白龍堆之阸，且省道里之半。蓋繞經鄯善或更繞經焉耆至車師前王國皆三千數百里，北至後王國且四千里；而新道不及二千里也。前論班氏序文之北道當據後書序文作解，然班氏撰西域傳序時，此新道既已開通，則所謂北道者，固亦有即指由敦煌北至車師之可能，然則班氏序文之北道，固有Ⓒ線之可能，亦有Ⓓ線之可能，然絕非Ⓑ線也。島崎昌西域交通史上の新道と伊吾道以爲此元始新道即魏略所稱之新道，亦即前文所考隋唐時代西州通沙州之大海道。此論誠是，可無疑矣。故通典三道之說全抄魏略，而云本有二道，「元始以後有三道」也。岑仲勉前輩歷代西疆路程簡疏，引通典以證魏略之新道北新道即漢書徐普欲開之道，是也；但云亦即後漢書北通伊吾之道，則非矣。

前漢後期，漢人僅能控車師，尚不能控制伊吾（今哈密）。後漢書西域傳，永平「十六年，明帝乃命將帥北征匈奴，取伊吾盧地，置宜禾都尉以屯田，遂通西域。」伊吾在敦煌正北微西，道里最近，既得其地，遂爲西域通道之要衝，故范書乃有伊吾一道，今姑稱爲Ⓔ道。島崎昌云，范書雖不記新道，然通東漢之世，此道當仍暢通。觀魏略三道，有北新道而無伊吾道，可知也。然前據史記正義及寰宇記所引裴矩西域記述此道荒蕪難行，故「商賈往來，多取伊吾路。」然則最遲至北朝末年，新道已漸廢，行旅多從伊吾道矣。晉書一二二呂光載記，光伐龜茲將歸，高昌太守楊翰說涼州刺史梁熙距守高桐、伊吾二關，熙不從。光至玉門，熙始拒之。是光取道伊吾至玉門，非取高昌玉門間之新道也。島崎引此，以證晉世伊吾路之盛，且見新道廢棄之漸，是也。復考魏書一〇一高昌傳，太和二十一年，高昌王馬儒求舉國內徙，高祖遣韓安保率騎千餘赴之，「割伊吾五百里以儒居之。至羊榛水，儒遣使來迎，失期未會。保安還伊吾，旋復西行至白棘城，去高昌百六十里，會儒爲國人所殺。後王麴嘉仍乞內徙，乃遣孟威發涼州兵三千迎之，「至伊吾，失期而返。」此條更足證北朝時代伊吾爲進出高昌之要道，新道絕不能與之爭，故至隋世裴矩撰西域圖記，此高昌敦煌間直達之新道，遂被描寫爲魑魅魍魎之域，荒蕪不可行矣。

（乙）次論魏略西戎傳及魏書西域傳所記之通道。 魏略之南、中、北新三道：南道卽漢代之南道，亦卽Ⓐ道，最無問題。北新道由玉門關直西北至高昌，由高昌北行至車師後王庭，轉西北至烏孫、康居。又由高昌西行經焉耆至龜兹，與中道合。亦卽由敦煌玉門關直西北行至今吐魯番地區，分爲北西兩支，北支越天山，至濟木薩，轉向西，行天山北麓；西支由吐魯番向西行天山南麓，至焉耆、葱嶺也。此道高昌至敦煌段及北支乃漢書所記元始前後之新道，卽Ⓓ道，已詳前文。至於此道西支，亦卽漢得車師前庭以後，新道開通以前之北道之一段也。至於魏略之中道，從玉門關西出經白龍堆至故樓蘭（卽鄯善），又西經山王國、危須國、尉犂國至龜兹（今庫車縣）、莎車等國，出葱嶺。此卽由今敦煌直西經白龍堆、羅布泊北岸，循庫穆河（Kum）至博斯騰湖南，又經焉耆西南境，庫爾勒，至庫車以西也。亦卽漢書西域傳所記鄯善西北至山國千三百六十五里，至都護治所千七百八十五里之Ⓑ道也。

至於魏書西域傳序所謂「本有二道，後更爲四」者。今按從莎車西出之兩道僅爲原有兩道之向西延申，故不得謂爲四道。至於所述本有之兩道，其由玉門出鄯善者自包括漢書、魏略之南道Ⓐ，是否包括魏略之中道，亦卽是否包括漢代最開始之北道Ⓑ，未可知矣。其由「玉門北行一千二百里至車師」者，則卽西漢末年之新道Ⓓ，亦卽魏略之新道也。蓋里程僅一千二百里，旣不得釋爲經伊吾至車師，更不得釋爲經鄯善北轉至車師也。是則北朝時代，此Ⓓ道雖已不如伊吾道之盛，然仍爲一相當之要道，故魏書記之。且魏書西域傳，焉耆「東南去瓜州二千二百里」。按此瓜州亦卽敦煌。（看元和志沙州目。）傳又云，焉耆「東至高昌九百里。」則此二千二百里者，卽由焉耆東經高昌，折而東南直至敦煌，不繞道伊吾也。此又當時記程取新道Ⓓ之一實例矣。

(丙)最後論裴矩西域圖記序所列之三道。 圖記之南道卽漢世之南道Ⓐ，亦卽魏略之南道，自不待言。其北道蓋卽後漢書所記之伊吾道Ⓔ，然似不經高昌。若然，則大同而小異矣。但事實上，伊吾西至高昌道仍暢通，亦曰伊吾道，見寰宇記引裴矩記，詳下文。裴矩傳引裴矩記序，蓋文有省略耳。至於中道，由高昌西行，即漢書西域傳序所記之北道。然敦煌至高昌一段，取直道Ⓓ，抑取伊吾道Ⓔ經伊吾，則未明言。然史記大宛傳正義及寰宇記一五六皆引裴矩西域記（前考大海道已引之），云高昌東南至瓜州（即敦煌）一千三百里，並沙磧，乏水草，云云。前文已證即唐之大海道，亦即西漢末年所見之新道，並即魏略所記之新道。則裴矩傳載西域記序所謂中道者，即自敦煌西北至高昌一千三百里，然後折向西，經焉耆、龜茲也，是Ⓓ道矣。然寰宇記引裴矩西域記述此一千三百里通道之險，接云：「是以商客往來多取伊吾路。」下文寰宇記作者即接云：「又一路，是縣（柳中縣）東南行，經大海之東，又東南度磧入伊州界，即裴矩所爲（謂）伊吾路也。」則裴矩所記伊吾路雖西北出天山至天山北路，然另支亦西至高昌；且由高昌至敦煌，取伊吾路者爲多，直接至敦煌者反較少也。

又按裴矩西域圖記序謂發敦煌有三道，其北道出伊吾者，固可解釋爲由敦煌郡治所之敦煌縣出發至伊吾，即唐之稍竿道也；但據慈恩傳，玉門關在瓜州（晉昌），玄奘西行由瓜州取莫賀延磧道，且見此道在隋世已暢通。又考隋書八四西突厥傳：「處羅大敗，棄妻子……遁於高昌，東保時羅漫山。……帝遣裴矩將向氏親要左右馳至玉門關晉昌城。矩遣向氏使詣處羅所。」是隋世，玉關已在晉昌，與慈恩傳同。按晉昌城，唐之瓜州，在隋亦屬敦煌郡，故裴矩所謂發敦煌者，不一定指敦煌縣，其由晉昌城出發行莫賀延磧道者，亦得謂之發敦煌也。故隋之北道亦有指唐之莫賀延磧道之可能。

綜上所論，前考唐代瓜沙以西之驛道及捷道皆即漢以來之舊道。就驛道言，沙伊間之稍竿道，及伊州西至西州，皆漢世之Ⓔ伊吾道也。沙西間之捷徑大海道，則漢之Ⓓ道，所謂新道也。沙州至焉耆間之大磧道，則漢之Ⓑ道，即最初之北道也。惟瓜伊間之莫賀延磧驛道，雖不知所始，然至遲隋世已然。至於漢以來最無變動之南道Ⓐ，唐仍暢通，然非本文所考之範圍矣。

㈤ 長安安西道在交通上之重要性

前撰唐代長安西通涼州兩道驛程考以明長安西至涼州之交通狀況。今復考涼州以西至安西都護府之交通路線如上文。合而言之，即爲唐代長安西通西域中亞之大孔道也。全線行程皆置驛，使騎急行，約一月可達。

涼州至長安有南北兩道，皆置驛，已詳另考。涼州以西亦置驛。驛名有可考者，本文第二三兩節亦已備論。岑仲勉前輩云：「漢唐在玉門以西，未見驛傳之記載。」（中外史地考證前言頁三。）意謂至元始置驛。按唐代玉門關在瓜州。關西之常樂縣西至沙州，北至伊州皆置驛。敦煌發現之沙州都督府圖經記此兩道之驛名驛距里數皆極詳。前文已詳引之，岑說不待辯自破。即就敦煌縣西之玉門故關言。其西亦置驛，如元和志四〇，西州柳中縣「當驛路程，極險固。」又唐詩紀事二三岑參武威送劉單判官赴安西行營使呈高開府云：「曾至交河城，風土斷人腸，塞驛遠如點，邊烽互相望。」又宋史四九〇，高昌傳載王延德使高昌記，納職西行三日至鬼谷口、避風驛，時在宋建國二十二年，自是唐驛，則唐代伊州以西道上亦置驛無疑，皆玉門以西也。岑氏以爲唐代玉門關西不見驛傳，非也。

關於使騎急行所需之時間。通鑑一九七貞觀十八年紀云：

「九月……辛卯，上謂侍臣曰，（郭）孝恪近奏稱八月十一日往擊焉耆，二十日應至，必以二十二日破之，朕計其道里，使者今日至矣。言未畢，驛騎至。」

按下文書「冬十月辛丑朔。」則此九月辛卯爲九月十九日或二十日，若果以八月二十二日破焉耆，則使者在途約二十七八日。安西又在焉耆西八九百里，則安西至長安使騎急行，蓋稍逾三十日也。岑參初過隴山途中呈宇文判官詩（全唐詩三函八册參集一）云：「西來誰家子，自道新封侯，前月發安西，路上無停留。」此亦安西至長安約需一月之旁證。

道中情形，大抵自甘州以西始涉石磧，而玉關、伊州間之莫賀延磧，伊州西州間之大患鬼魅磧，情況最爲惡劣，行旅常爲水草而憂，駝馬亦須特別裝備。

五代時，高居晦使于闐，有記，（五代史記七四四夷附錄于闐國條引）云：

「自甘州西始涉磧，磧無水，載水以行。甘州人教晉使者作馬蹄木澁，木澁四竅，馬蹄亦鑿四竅，而綴之，駝蹄則包以氂皮，乃可行。」

此見甘州以西石磧行旅須特別裝備。關於莫賀延磧之狀況，慈恩法師傳記之最詳，文長不具錄。舊八四裴行儉傳云：「命行儉册送波斯王，仍爲安撫大食使，途經莫賀延磧，屬風沙晦暝，導者益迷。……俄而雲收風靜，行數百步，水草甚豐。」亦見莫賀延磧中氣候瞬息幻變不常。岑參諸詩詠沙磧行旅者甚多，其武威送劉單判官赴安西行營詩云：「曾到交河城，風土斷人腸，………赤亭多飄風，鼓怒不可當，有時無人行，沙石亂飛颺，夜靜天蕭條，鬼哭夾道旁。」又初過隴山呈宇文判官云：「西來誰家子……前月發安西……七日過沙磧，終朝風不休，走馬碎石山，四蹄皆血流。」此蓋皆指伊州西州間之石磧而言，即大患鬼魅磧是也。又舊六九侯君集傳，高昌王麴文泰謂其國人曰：「唐國去此七千里，涉磧濶二千里，地無水草，多風凍寒，夏風如焚，風之所吹，行人多死，常行百人不能得至，安能致大軍乎？」舊八〇褚遂良傳，諫遠戍高昌曰：「高昌途路，沙漬千里，多風冰冽，夏風如焚，行人去來，遇之多死。」此則總莫賀延磧與大患鬼魅磧而言也。其西州以西又有銀山磧，焉耆至沙州之捷道名大磧道；而沙州西州間之大海道情況尤惡，已詳前文。

故此道交通不可謂平易，然行旅來往甚多，商業貿易甚盛，慈恩傳云：「涼州爲河西都會，……葱左諸國，商侶往來無有停絕。」正藉此道也。故其時高昌與焉耆因爭道而交惡，唐亦以高昌閉道絕西域商賈而興問罪之師。

隋書六七裴矩傳：「時西域諸蕃多至張掖，與中國交市，帝令矩掌其事。」隋書二四食貨志略同，且云：「西域諸蕃往來相繼。」足見隋世中國與西域交通商貿之盛。慈恩法師傳語，見卷一。慈恩傳又云，在瓜州時，遇「一胡老翁，……極諳西路，來去伊吾三十餘返。」亦見此道行旅之盛。

復考舊六九侯君集傳云：「高昌王麴文泰時遏絕西域商賈，太宗………詔以君集………討之。」舊一九八西戎傳高昌國條云：「時西戎諸國來朝貢者，皆途經高昌，文泰後稍雍絕之。」故興討伐之師。又姜行本記功碑（粹編四五），數高昌之罪，首云：「杜遠方之職貢，阻重譯之往來。」職貢實即商業貿易，侯君集傳所言最得其本質。只爲阻碍東西貿易，而萬里興師，足見商貿之被重視。故魏徵雖反對招徠西域諸國使臣，然仍云：「若任其商賈來往，邊人則獲其利。」（舊七一魏徵傳）也。不但唐爲商貿而伐滅高昌，高昌亦且先爲商貿而伐焉耆。舊一九八西戎傳焉耆國條云：「貞觀六年，（焉耆王）突騎支遣使貢方物，復請開大磧路，以便行李，太宗許之。自隋末罹亂，磧路遂閉，西域朝貢者皆由高昌。及是，高昌大怒，遂與焉耆結怨，遣兵襲焉耆，大掠而去。」即其事也。

其後西域中亞諸國通使臣，貢方物，絡繹不絕，册府元龜外臣部載之甚詳，蓋亦多循此道。直至唐末李茂貞據鳳翔，財力枯竭，仍藉此道通西域貿易而立國焉。凡此皆見此道在交通貿易上之重要性。

册府元龜卷九六九至九七二外臣部之朝貢目及卷九九九外臣部之入覲目、請求目、互市目，載唐代四夷貢獻貿易甚詳。貢獻即變象之貿易也。

輯本九國志七李彥琦傳：「鳳翔李茂貞委以心腹之任。……大軍之後，府庫空竭，彥琦請使甘州以通回鶻，往復二年，美玉名馬相繼而至，所獲萬計，茂貞賴之。（出永樂大典一八三七）。」即此一事，足見當時西域商業貿易對中國經濟之重要性。

又當唐盛時，西州市場所見內地出產品之價格，較之內地價格相去亦不甚遠，足見物資流通甚暢，尤爲東西商業貿易甚盛之明證。

池田溫中國古代物價の一考察（史學雜誌第77編第一號），據大谷探檢隊所獲資料作交河郡物價表。余讀此表，注意數事。其一，有帛練行、綵帛行等。此皆內地產品，而在西州市場有專行賣之。其二，西州市場所賣內地紡織品之價格。茲錄數種如次：

常州布壹端　上直伍百文　次四百九十文　下四百八十文

益州半臂　段壹　上直錢四百五十文　次四百文　下三百五十文

梓州小練　壹疋　上直錢三百九十文　次叁百八十文　下叁百七十文

河南府生絁　上直錢陸百五十文　次陸百四十文　下陸百三十文

蒲陜州絁　壹疋　上直六百三十文　次六百二十文　下六百拾文

按此數種紡織品皆爲較高級之品質。至於普通紡織品之價格當較低。檢全漢昇先生唐代物價的變動（史語所集刊第十一本）引通典七，「至(開元)十三年封泰山，米斗至十三文，……自後天下無貴物。兩京米斗不至二十文，麪三十二文，絹一疋二百一十文。」通鑑二一四，「開元二十八年，西京東都米斛直錢不滿二百，絹疋亦如之。」新五一食貨志，「是時（天寶五載）海內富實，米斗之價錢十三，……絹一疋錢二百。」全文所引資料，絹僅此數條。而就米價言，此爲米價最低之時代，料想絹價亦以此時爲低也。內地絹價最低時爲二百文。上引交河郡物價亦屬前期，時代當不相遠。假若爲同時代之紀錄，則西州市場所賣內地各州之高級紡織物即鍊絁等，其價高者僅爲內地普通紡織物絹價之三倍，低者不到兩倍。若非同時，則內地絹價不只二百文，是西州市場所賣內地各州之高級紡織物，其高於內地普通紡織物之絹價且不及此倍數。由此推之，若就普通紡織品之絹而言，西域與內地之價格，當不至相差一倍以上。故內地生產品在邊區之價格並不算昂貴驚人，此正顯示內地通至西域之交通甚便，物資遷貿不滯也。

至於唐人藉此道可控制西域中亞之交通樞幹，更不待論，故盛唐時代西北邊防軍大部份皆屯駐此道沿線之州縣軍戍也。

㈥ 結　　論

涼州（今武威縣）爲西北交通樞紐，置河西節度使，統兵七萬餘，爲西北軍政之重心。安西都護府（今庫車縣）統軍三萬，鎮撫西域，凡焉耆（今焉耆縣）、于闐（今和闐縣 Khotan）、疏勒（今疏附縣Kashgar）、碎葉（今 Tokmak, 在 Issyk 湖之西 Frunze 之東）諸鎮及諸屬國，西盡波斯（今 Parsa 伊朗）皆屬焉。兩地皆爲唐代控制西北邊區及屬國之重鎮。其間相去五千里。茲綜上所考，述其行程如次：

由涼州西北行，經番禾縣（今永昌縣西），越刪丹嶺（今水泉子），至刪丹縣，置刪丹鎮(今山丹縣)，蓋即五代時期甘州回鶻所都，大食依賓墨哈黑爾所記之 Sandabil 也。又西至甘州治所張掖縣（今縣），東去涼州五百里。其地南通吐番，北達居延至回鶻衙帳，爲河西重鎮之一，置張掖守捉，統兵六千餘。州南有鞏筆驛。

甘州又西經建康軍（今高台縣西南四十里），統兵五千餘；又經福祿縣（蓋今新橋堡、龍興關地區），至肅州治所酒泉縣（今縣），置酒泉守捉，東去甘州四百里。

肅州又西百里至天門關（今嘉峪關西黑山下），蓋即北宋時代所謂玉門關也。又西經玉門縣（蓋今赤金峽赤金堡地區），曾置玉門軍，統兵五千餘；五代時置玉門關。又西經沙頭故城至瓜州（今苦峪城，亦可能在布隆吉城），去肅州約五百里。

瓜州置墨離軍，統兵五千人，稱爲四鎭之東門。唐初玉門關在州西北五十里之瓠𤬴河（今疏勒河或窟窿河）上，後蓋移至州城近處。由州城出玉關至常樂縣（今安西縣西）置常樂驛。常樂西至沙州治所敦煌縣有南北兩道。由縣西南經魚泉、黃谷、空谷、無窮、其頭、東泉六驛，至沙州州城驛。永淳二年廢山南之黃谷、空谷、無窮三驛，而於山北置懸泉驛，東接魚泉，西接其頭。此皆南道也。天授二年，以南道山險，遂盡廢以上諸驛，改取北道，即由常樂直西行，經階亭、甘草、長亭、白亭、橫澗、神泉（後更名清泉）六驛至州城驛。由敦煌東去瓜州，取北道三百一十五里，南道稍迂。城內置豆盧軍，統兵四千五百人。

瓜沙兩州，各有道通伊州治所伊吾縣（今哈密縣），皆置驛。沙伊道曰稍竿道；瓜伊道曰莫賀延磧道，一曰第五道。高宗武后時代，二道交替使用。第五道者，由常樂縣西北行，經新井、廣顯、烏山、雙泉、第五諸驛，入莫賀延磧，又經冷泉、胡桐二驛至赤崖驛，置赤崖戍，又兩驛至伊州，東南去瓜州九百里。明淸大道及今日汽車火車道即大抵循此古道而行也。稍竿道者，由沙州西北行，經興胡泊，河倉城（今大方盤城），玉門故關（今小方盤城），折北行經鹹泉戍至稍竿館，置稍竿戍，又北至伊州，南去沙州七百里。兩道並通，大抵取第五道爲多。

伊州西至西州有南北兩道。北道由伊州直西經納職縣（今 Lapchuk，即四堡），行大患鬼魅磧中，至避風驛（蓋今十三間房東南），又經羅護鎭守捉城（今納呼），至赤亭鎭守捉城（今七克騰木），東去伊州七百里。南道又稱伊西道。行今順納湖之南，亦至赤亭鎭，與北道合。故岑參詩屢稱赤亭道口也。赤亭又西經白力城（今鄯善縣），柳中縣、驛（古田地城，今魯克沁），至西州治所高昌縣（今吐魯番東七十里之阿斯塔拉，即二堡；或堡西十餘里之哈喇和卓，即三堡），東去伊州九百里上下，唐宋志書謂七百三五十里者，非也。城內置天山軍，管兵五千人。

西州向西微南行，經南平城，安昌城，至天山縣（今大敦子，或托克遜）。又由州城向西微北行經交河縣(今吐魯番西二十里雅爾), 古交河城也,折西南亦至天山縣。由縣西南入谷,經礌石磧,阿父師泉(今阿海泉?),銀山磧(庫木什山),磧西館,呂光館,張三城守捉(今楡樹溝?),新城館,渡淡河至焉耆鎭城(今焉耆縣),東去西州七百二十五里。城極大,衆流交帶,羣山外繞,極爲險固,爲安西四鎭之一。

焉耆又西渡河(今海都河)約百五十里至鐵門關(今關?),爲開元時代十三中關之一,以其當驛道也。張九齡所謂「鐵關千術,四鎭咽喉」者,是矣。又西經于術(今查爾赤地區?),楡林(今英吉沙地區?),龍泉,東夷僻(今輪台縣西?),西夷僻,赤岸六守捉城,至龜茲(今庫車縣),東去焉耆鎭八百數十里,號稱九百里。

龜茲置鎭,亦爲安西四鎭之一,太宗貞觀十四年平高昌,始置安西都護府於交河城,旋西遷至龜茲,不久廢。高宗永徽二年復置安西都護府於西州城,顯慶三年,唐勢復振,仍遷府於龜茲。地居焉耆、于闐、疏勒、碎葉之中心,統重兵,爲鎭撫西域之總部。

以上所述,自安西都護府東至涼州約五千里,至長安約七千里,皆置驛。此驛道大抵皆漢以來之舊道,其沙伊間之梢竿道及伊西間之一道,即漢世之伊吾道也。瓜伊間之莫賀延磧道,則隋以前不知何時所開者。又沙州直西行經塔里木河北岸至焉耆,稱爲大磧道,則漢世最初通西域時之北道也。沙州西北有捷道,經玉門故關至西州一千三百六十里,稱爲大海道,則漢世所謂新道也。然隋唐時代,此道多沙磧,乏水草,行旅維艱,蓋幾廢棄矣。故唐通西域之主要路線仍僅取莫賀延磧之大驛道也。

此驛道由安西都護府東經涼州,至長安,雖甘州以西多行沙磧,乏水草,多風險;然行旅不絕,商業交通甚盛,不但爲唐室控制西域中亞之大孔道,亦爲國際貿易、文化交流之大動脈。故此道之交通價値至高,對於唐與西域中亞之政治外交關係,經濟供求,文化交流,皆具重大作用,祝爲唐代前期中國第一重要之國際交通路線,可也。

一九七一年五月三日初稿,二十七日增訂畢功,時端陽節前一日。

六月二十四日增寫第五節,並再度訂正完稿。

補 記

一九七一年十一月十一日校稿完畢。有四事欲作補訂;但恐原版改訂太多,致手民誤植，故只作補記如次：

其一，本文第77頁論墨離軍之地望。通典、元和志皆云在瓜州西北一千里，去河西節度使治所之涼州一千四百里。此兩項里數無法契合。前文就瓜州刺史例兼墨離軍使之制度及此道各州城皆置軍或守捉之事實，論定此軍即在瓜州城，東至涼州正爲一千四百里；其一千里者爲誤書或字譌。頃檢唐會要七八節度使目，「墨離軍本是月支舊國，武德初置軍焉。」或者，唐初就月支舊國置軍在瓜州西北一千里。其後移就瓜州城，例以瓜州刺史兼充軍使，通典、元和志合先後事書之耳，不覺自歧也。

其二，本文第86頁論矟竿道行程，引元和志壽昌縣目，「玉門故關在縣西北百一十八里，謂之北道，西趣車師前庭及疏勒，此西域之門戶也。」一條，以證沙州、伊州間之矟竿道當經興胡泊與玉門故關。按沙州西北直通西州之大海道，即漢世之新道，由敦煌西北直達車師前國者。此道經興湖泊、玉門故關無疑，惟此道，唐世已荒廢，少行之者，詳第 107頁大海道條。元和志此條所記仍即指大海道而言，不過直錄前代地志原文，非謂唐世商旅仍盛行也。故不得因唐世大海道行旅絕少，遂謂此條係指沙州北至伊州之矟竿道而言也。今爲謹愼計，此處結論只能云，矟竿道由沙州州城驛向北微西三百三十六至鹽泉戍，爲沙伊兩州分界處；又經矟竿館、矟竿戍凡約三百六十四里至伊州。

其三，本文第90頁納職縣條，論其地在伊州之正西；而元和志、寰宇記皆云納職縣東北至州一百二十里。今續檢沙州伊州地志殘卷有納職縣條，正作「東去州一百廿里」，無北字。

其四，本文第 117 頁論玉門關以西亦置驛。茲續得兩條佳證。西嶋定生吐魯番出土文書所見之均田制施行狀態引2598號文書云：「一段貳畝，以城西五里申石渠，東驛田，西至渠，北至渠。」又引2914號文書云：「尚賢鄉和靜敏一段二畝，城東二里七頃渠，東渠，以南驛田，北渠。」是西州有驛田，自置驛。又唐會要七三安西都護府目：「顯慶二年十一月，伊麗道行軍大總管蘇定方大破賀魯於金牙山，盡收其所據之地，西域悉平。定方悉命諸部歸其所居，開通道路，別置館驛。」是西域諸部皆置館驛，不限於唐之正州也。

參考書目

本文取材除正史、通鑑、政書、地書、詩文、碑刻等基本史料及清代地志工具書外，又參考下列諸考古史料與論著。清人西疆紀程之書與近代中日及西方學人研究中國西疆之論著甚多，愧未能盡事搜集也。

1. 沙州都督府圖經 鳴沙石室佚書本（羅振玉編）
2. 西州圖經 鳴沙石室佚書本（羅振玉編）
3. 沙州伊州地志殘卷 羽田博士史學論文集上卷唐光啓元年書寫沙州伊州地志殘卷に就いて錄本
4. 燉煌錄 敦煌石室碎金本（羅振玉編）
5. 莫高窟石室秘錄 羅振玉編
6. 敦煌遺書活字本第一集 羽田亨編
7. 敦煌石室寫經題記 許國霖編
8. 大唐西域記 玄奘撰
9. 慈恩法師傳 慧立撰
10. 集神州塔寺三寶感通錄 道宣撰
11. 慧超往五天竺國傳 藤田豐八箋釋 大日本佛教全書本
12. 西域行程記 （明）陳誠撰 北平圖書館善本叢書第一輯本
13. 西行記程 （清）楊炳堃撰 中央研究院傅斯年圖書館藏舊鈔本
14. 西北叢編 （民國）林競撰 中國文獻出版社出版
15. 魏略西戎傳箋注 沙畹撰、馮承鈞譯 刋史地叢考（商務印書館出版）
16. 西突厥史料 沙畹撰、馮承鈞譯 商務印書館出版
17. 高昌和州火州哈喇和卓考 伯希和撰、馮承鈞譯 刋史地叢考（商務出版）
18. 玄奘沙州伊州間之行程 斯坦因撰、馮承鈞譯 刋西域南海史地考證譯叢（商務出版）
19. 「興胡」名義考 羽田亨撰 刋羽田博士史學論文集上卷
20. 安西四鎭之建置及其異同 大谷勝眞撰、周一良譯 刋禹貢第一卷第十一期。
21. 碎葉與焉耆 松田壽男撰、楊煉譯 刋西北古地研究（商務出版）
22. 古代天山の歷史地理學的研究 松田壽男撰 早稻田大學出版
23. 唐代蒲昌府文書の研究 日比野丈夫撰 刋東方學報京都第33册
24. 西域交通史上の新道と伊吾路 島崎昌撰 東方學第□輯
25. 中國古代物價の一考察 池田溫撰 刋史學雜誌77編第1號
26. 晉書四夷傳地理考證 丁謙撰 刋蓬萊軒地理學叢書（正中書局出版）
27. 西域地名 馮承鈞編 中華書局刋本
28. 高昌城鎭與唐代蒲昌 馮承鈞撰 刋中央亞細亞創刋號
29. 高昌疆域郡城考 黃文弼撰 刋國學季刋第三卷第一期

30. 誤傳的中國古王城與其水力利用　岑仲勉撰　刋中外史地考證下册
31. 從嘉峪關到南疆西部之明人紀程　岑仲勉撰　刋中外史地考證下册
32. 歷代西疆路程簡疏　岑仲勉撰　刋中外史地考證下册
33. 吐魯番一帶漢回地名對證　岑仲勉撰　刋史語所集刋第十二本
34. 兩關雜考　向達撰　刋唐代長安與西域文明（書）
35. 兩關遺址考　勞榦撰　刋史語所集刋第十一本
36. 唐代物價的變動　全漢昇撰　刋史語所集刋第十一本

出自第四十三本第三分（一九七一年九月）

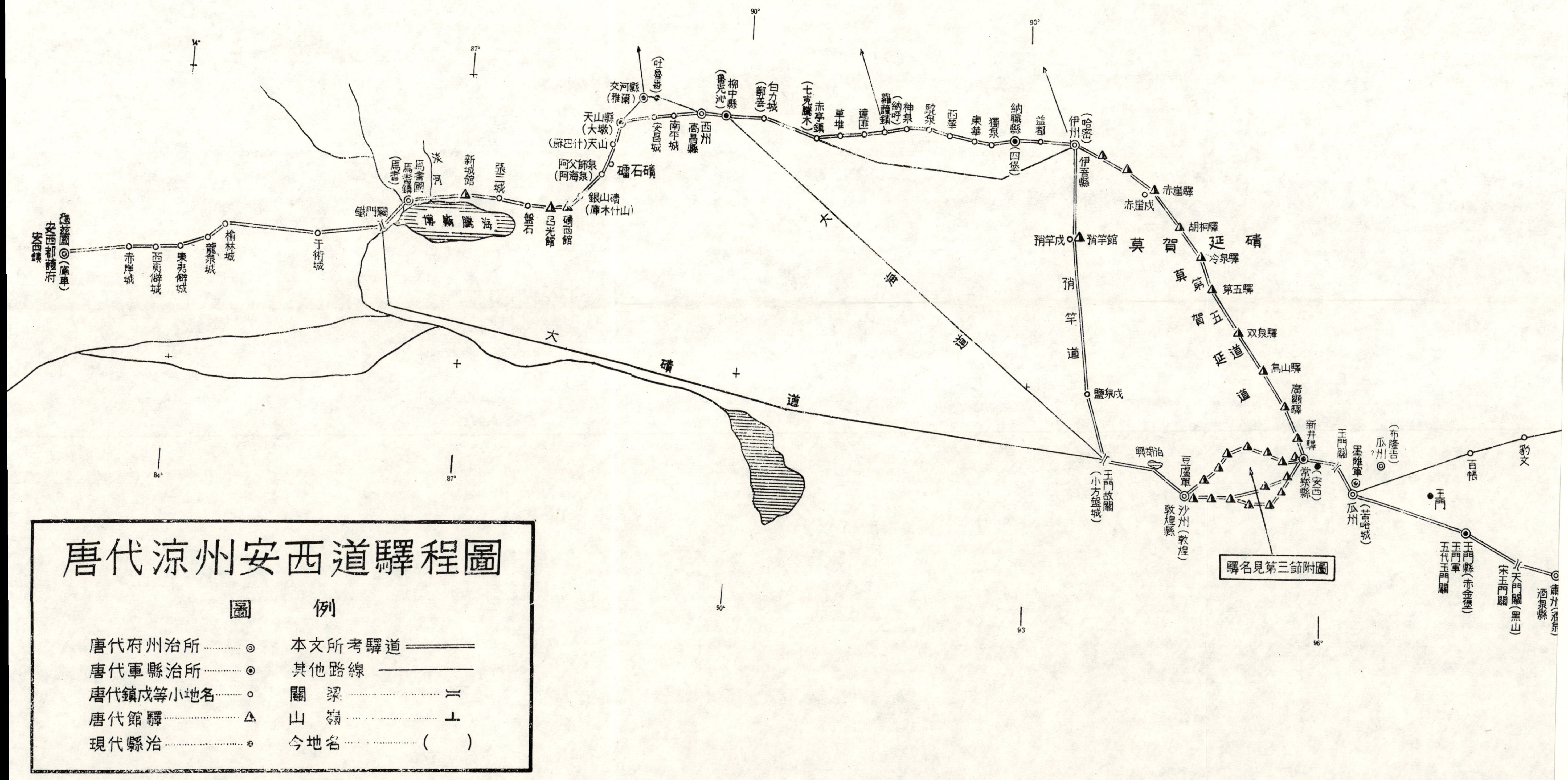
唐代涼州安西道驛程圖
圖例
唐代府州治所
唐代軍縣治所
唐代鎮戍等小地名
唐代館驛
現代縣治
本文所考驛道
其他路線
關梁
山嶺
今地名
安西都護府
龜茲國
安西縣
(庫車)
赤岸城
西柘厥城
東柘厥城
龍泉城
榆林城
于術城
鐵門關
焉耆鎮
焉耆國
(焉耆)
淡河
新城館
張三城
博斯騰湖
盤石
呂光館
礌石磧
礌石館
銀山磧
(庫木什山)
阿父師泉
(阿海泉)
天山縣
(大墩)
天山
交河縣
(雅爾)
(吐魯番)
安昌城
南平城
高昌縣
西州
柳中縣
(魯克沁)
白力城
(鄯善)
赤亭鎮
(七克騰木)
草堆
達匪
羅護鎮
神泉
(納呼)
駝泉
西華
東華
獨泉
納職縣
(四堡)
益都
伊州
(哈密)
伊吾縣
赤崖戍
赤崖驛
胡桐驛
冷泉驛
第五驛
双泉驛
烏山驛
廣顯驛
新井驛
莫賀延磧
第五道
莫賀延道
稍竿戍
稍竿館
稍竿道
鹽泉戍
大海道
大磧道
興胡泊
玉門故關
(小方盤城)
豆盧軍
沙州
敦煌縣
(敦煌)
常樂縣
(安西)
玉門關
墨離軍
瓜州
(布隆吉)
瓜州
(苦峪城)
玉門
百帳
豹文
玉門縣
玉門軍
(赤金堡)
五代玉門關
宋玉門關
天門關
(黑山)
肅州
酒泉縣
驛名見第三節附圖
84°
87°
90°
93°
96°

三國政權的社會基礎

毛漢光

一、前　言

黨錮事件，士大夫受制於內廷；黃巾亂起，亦未能推翻漢室。事雖失敗，皆表露出政治社會已至不得不變的程度。曾幾何時，董卓入京，盡殺宦官，結束了多年來糾纏不清的統治階層間權力鬥爭，也瓦解了中央統御地方的體系。自此以降，軍人、官吏、士大夫、平民等，都捲入了一個新的時代。從社會史觀點而言，這是一段社會發展過程中的過渡時期，由兩漢俯視，政治社會問題叢生，漢法已不足救其弊，何去何從，沒有先例可循，居於這段時期的人們(尤其是士大夫)，皆感到非常迷惘，由兩晉南北朝上溯，這段時期乃是孕育士族社會的淵源。中央控制力的瓦解，羣雄並起，戰亂連年，中國曾有五大勢力集團，卽董卓、袁紹、曹操、孫氏、劉備是也。各集團如何擴大其社會基礎，增強其競爭實力，是成敗的契機。最後曹魏、孫吳、劉蜀三個政權鼎足而立，分析其統治階層社會成分，觀察各類人物如何建立其新的組合，是進一步研究社會變動的基礎。本文所謂社會勢力，是指力量源於社會上何類人物；所謂社會成分，是指身份背景屬於社會上何類人物。前者勢力大小不能以數量度之，靜態的多數不一定比動態的少數能在一定的時空內產生較大的力量，故以分析法爲主，後者社會成分的研究，係當政權業已建立之際，需要有龐大的官吏羣爲其推行政令，這一套架構中的每個官吏，都足以影響政權的性質，量化官吏社會成分，可以獲得較清晰的輪廓，透過三個政權時間空間的綜合比較，追索社會變動的脈絡，這是本文研究的主要目的。

二、漢末羣雄之社會勢力

1. 董卓集團之社會勢力

董卓是瓦解漢中央政權的關鍵人物，也是其後若干英雄的原型(註1)，有關董卓的記載，參見後漢書卷七十二董卓列傳(三國志魏志卷六略同)：

董卓字仲潁，隴西臨洮人也。性麤猛有謀，少(好俠)嘗遊羌中，盡與豪帥相結，後歸耕於野，諸豪帥有來從之者，卓爲殺耕牛與共宴樂，豪帥感其意，歸，相斂得雜畜千餘頭以遺之，由是以健俠知名，爲州兵馬掾，常徼守塞下。卓膂力過人，雙帶兩鞬左右馳射，爲羌胡所畏。桓帝末，以六郡良家子爲羽林郎，從中郎將張奐爲軍司馬，共擊漢陽叛羌，破之，拜郎中，賜縑九千匹，卓曰：爲者則已，有者則士。乃悉分與吏兵，無所留，稍遷西域戊己校尉，坐事免，後爲并州刺史，河東太守。中平元年，拜東中郎將、持節代盧植擊張角於下曲陽，軍敗抵罪……(隨張溫擊邊章韓遂，隨皇甫嵩擊王國)……徵卓爲少府，不肯就……朝廷不能制，頗以爲慮。及靈帝寢疾，璽書拜卓爲并州牧……於是駐兵河東，以觀時變。及帝崩，大將軍何進、司隸校尉袁紹謀誅閹宦，而太后不許，乃私呼卓將兵入朝，以脅太后，卓得召即時就道……少帝在北芒，因往奉迎帝。

註1. 出自董卓麾下的羣雄如表所示，皆成爲董卓作風的化身。

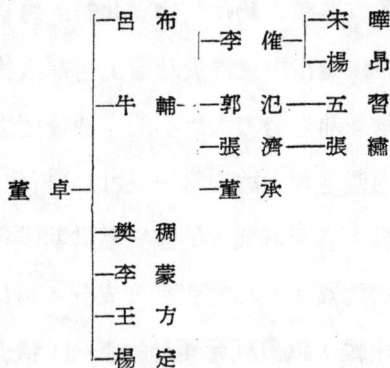

- 董卓
  - 呂布
    - 李傕
      - 宋曄
      - 楊昂
  - 牛輔
    - 郭汜——五習
    - 張濟——張繡
    - 董承
  - 樊稠
  - 李蒙
  - 王方
  - 楊定

參見宮川尚志六朝史研究頁一五。

董卓是隴西人，涼州一帶在後漢時期以勁旅聞名（註2），董卓顯然是後漢末葉涼州軍的首領，深得其部屬的擁戴，三國志吳志卷一孫堅傳中有記載：

中平三年遣司空張溫行車騎將軍西討（邊）章等……溫以詔書召卓，卓良久乃詣溫，溫責讓卓，卓對應不順，堅時在坐，前耳語謂溫曰：卓不怖罪而鴟張大語，宜以召不時至，陳軍法斬之。溫曰：卓素著威名於隴蜀之間，今日殺之，西行無依……。

其勢力以涼州軍旅為骨幹。董卓死後其部將李傕、郭汜、樊稠、張濟等，橫行於洛陽長安一帶，與董卓扮演同一類型的角色。這個集團在涼州一帶有其社會基礎，及駐軍兩京，猶如無根之花，憑其赤裸武力，威震域內，十足軍閥典型。至廢弘農王而立獻帝事，與袁紹等鬧翻，自此更與中原人士勢成水火。實際上董卓在初入京時，亦頗想拉攏中原士大夫，後漢書卷七十二董卓列傳（三國志魏志卷六、蜀志卷八許靖傳等略同）：

（初），卓素聞天下同疾閹宦誅殺忠良，及其在事，雖行無道，而猶忍性矯情，擢用羣士，乃任吏部尚書漢陽周毖、侍中汝南伍瓊、尚書鄭公業、長史何顒等，以處士荀爽為司空，其染黨錮者陳紀韓融之徒，皆為列卿，幽滯之士多所顯拔，以尚書韓馥為冀州刺史、侍中劉岱為兗州刺史、陳留孔伷為豫州刺史、潁川張咨為南陽太守，卓所親愛並不處顯職，但將校而已。初平元年，馥等到官與袁紹之徒十餘人各興義兵，以同盟討卓，而伍瓊周毖陰為內主，（魏志云：以為瑟瓊等同情賣己），皆斬之。

同卷董卓斬毖瓊時曾云：

卓初入朝，二子勸用善士，故相從，而諸君到官，舉兵相圖，此二君賣卓，卓何用相負，遂斬瓊毖……卓既殺瓊毖，旋亦悔之。

後漢書卷七十四袁紹列傳（三國志魏志卷六袁紹傳略同）記載董袁二人決裂的經過：

卓議欲廢立（立陳留王）……紹曰：今上春秋未有不善宣於天下，若公違禮任情，廢嫡立庶，恐衆議未安。卓按劍叱紹曰：豎子敢然，天下之事，豈不在我，我欲為之，誰敢不從。紹詭對曰：此國之大事，請出與太傅（是時紹叔父隗

註2. 後漢書列傳六十鄭太列傳：「（鄭太）曰：關西諸郡頗習兵事，自頃以來，數與羌戰，婦女猶戴戟操戈，挾弓負矢，況壯勇之士，以當妄戰之人乎？」。

爲太傅)議之。卓復言劉氏種,不足復遺。紹勃然曰:天下健者,豈惟董公。橫刀長揖徑出,懸節於上東門而奔冀州,董卓購募求紹,時侍中周毖、城門校尉伍瓊爲卓所信待,瓊等陰爲紹說卓曰:夫廢立大事,非常人所及,袁紹不達大體,恐懼出奔,非有它志,今急購之,勢必爲變,袁氏樹恩四世,門生故吏徧於天下,若收豪傑以聚徒衆,英雄因之而起,則山東非公之有也。不如赦之,拜一郡守,紹喜於免罪,必無患矣。卓以爲然,乃遣授紹渤海太守,封邟鄉侯。初平元年,紹遂以渤海起兵,以從弟後將軍術、冀州牧韓馥、豫州刺史孔伷、兗州刺史劉岱、陳留太守張邈、廣陵太守張超、河內太守王匡、山陽太守袁遺、東郡太守橋瑁、濟北相鮑信等同時俱起,衆各數萬,以討卓爲名……卓聞紹起山東,乃誅紹叔父隗及宗族在京師者,盡滅之……其時豪傑既多附紹,且感其家人禍,人思爲報,州郡蜂起,莫不以袁氏爲名。

上段伍瓊云「袁氏樹恩四世,門生故吏徧於天下,若收豪傑以聚徒衆,英雄因之而起,則山東非公之有也」;與前段引孫堅傳中張溫不殺董卓時語「卓素著威名於隴蜀之間,今日殺之,西行無依」,充分對稱出董卓集團與袁紹集團社會勢力之所在。董卓勢力出於涼州,由於拉攏中原士大夫失敗,遂至決裂,於是表露出其本質,一付軍閥作風,對中原百姓毫無愛惜之心,三國志魏志卷六董卓傳云:

卓嘗遣軍到陽城,時適二月,社民各在其社下,悉就斷其男子頭,駕其車牛,載其婦女財物,以所斷頭繫車轅軸,連軫而還洛,云:攻賊大獲,稱萬歲,入開陽城門,焚燒其頭,以婦女與甲兵爲婢妾,至於姦亂宮人、公主,其凶逆如此。

其結果使中原殘破,兩都遭刼,亦因此之故,董卓在中原完全沒有建立社會基礎,一直保留着其涼州軍閥特性,使自已在中原陷於孤立狀態,其內心是空虛的,他怕中原人採取報復,在長安附近築郿塢,可見其當時處境,同上卷云:

卓以山東豪傑並起,恐懼不寧,初平元年二月,乃徙天子都長安,焚燒洛陽宮室,悉發掘陵墓取寶物,卓至西京爲太師,號尙父……卓以弟旻爲左將軍,封鄠侯,兄子璜爲侍中、中軍校尉,皆典兵,宗族內外,並列朝廷……築郿塢,高與長安城埒,積穀爲三十年儲,云:事成雄據天下,不成,守此足以畢老。

董卓外受中原人士的壓力，自洛陽而長安；內遭王等計謀政變，結束其生命。其部屬李傕、郭汜等，亦是與卓同一類型的軍閥集團，在中原無社會基礎，但掌握兵權，在亂世中扮演破壞的角色。

2. 袁紹集團之社會勢力

袁紹集團擁有的社會勢力，可與董卓作強烈對比。袁紹是東漢典型的名士，祖先顯赫，氣質高貴，三國志魏志卷六袁紹傳（後漢書卷七十四上略同）：

> 高祖父安，爲漢司徒（湯之祖），自安以下，四世三公位，由是勢傾天下；紹有姿貌威容，能折節下士，士多附之。

當董卓私議廢立，與袁紹鬧翻以後，紹糾合關東人士討董，被推爲盟主，正如其謀士從事沮授說（同上卷）：

> 將軍弱冠登朝，則播名海內；値廢立之際，則忠義奮發；單騎出奔，則董卓懷怖；濟河而北，則渤海稽首，振一郡之卒，撮冀州之衆，威震河朔，名重天下。

及卓誅紹宗族及太傅隗等，當時豪傑多附紹，皆思爲之報，州郡蜂起，莫不假其名，如豫州刺史孔伷、袞州刺史劉岱、陳留太守張邈、廣陵太守張超、河內太守王匡、山陽太守袁遺、東郡太守橋瑁、濟北相鮑信等，類皆官僚及士大夫階級，又如三國志魏志卷十四郭嘉傳注引傅子曰；轉引郭嘉向曹操分析敵我優劣之對答文：

> 紹外寬內忌，用人而疑之，所任唯親戚子弟……紹因累世之資，高議揖讓，以收名譽，士之好言飾外者多歸之。

後漢書卷七十四上袁紹列傳中亦云：

> 袁紹有姿貌威容，愛士養名，既累世臺司，賓客所歸，加傾心折節，莫不爭赴其庭，士無貴賤，與之抗禮。

時中原士大夫，以汝潁爲盛，由黨錮人物（註3）及世說新語中所載人物看，該地區人

註3　金發根「東漢黨錮人物的分析」文中指出，以汝南、潁川、山陽三郡人物最多。刊於史語所刊集第三十四本下册。

士獲得全國性聲譽者，爲數最多，故爲爭奪天下的野心家吸收士大夫的重要地區，曹操曾云「汝潁多奇士」，袁紹既本身蘊含士大夫氣質與身份，當亦傾力招納汝潁人物，三國志魏志卷二十三和洽傳云：

袁紹在冀州，遣使迎汝南士大夫，洽獨以冀州土平民彊，英桀所利，四戰之地，本初（紹字）乘資，雖能彊大，然雄豪方起，全未可必也。

郭嘉、荀彧、董昭等名士，皆曾任袁紹謀士；荀彧後雖入曹操陣營，仍有許多家族留在河北。然袁紹優渥士大夫，獲得士大夫與官僚的讚譽，似未能進一步擴大其社會基礎；在聲勢上高人一等，但在戰陣方面並不突出，此士大夫階級之弱點，亦因此袁紹未能翦滅董卓於先，而又敗於曹操於後。

3. 曹操集團初期之社會勢力

曹操之父嵩，嵩之養父是漢桓帝宦官曹騰，宦官在東漢末葉與士大夫對立甚劇，曹操曁涉及宦官家庭，故其身世極不足道，初年曾想擠身於名士，三國志魏志卷一武帝紀建安十五年注引魏武故事載：

公十二月己亥令曰：孤始舉孝廉，年少。自以本非巖穴知名之士，恐爲海內人之所見凡愚，欲爲一郡守，好作政教以建名立譽，使世上明知之，故在濟南始除殘去穢，平心選舉，違迕諸常侍，以爲彊豪所忿，恐致家禍，故以病還。

只落得許劭「君清平之姦賊，亂世之英雄」評語（後漢書卷五十八許劭傳）。然操父嵩既官拜太尉，當非貧寒之輩，從史籍中看曹氏家族，可列爲地方豪族無疑。例如三國志魏志卷九曹仁傳裴注引英雄記曰：

（曹）純字子和，年十四而喪，父與同產兄仁別居，承父業，富於財，僮僕人客以百數。

當曹操「至陳留，散家財，合義兵，將以誅卓」（魏志武帝紀）之時，曹氏家族紛紛參加，同上卷曹仁傳云：

曹仁字子孝，太祖從弟也，少好弓馬弋獵，後豪傑並起，仁亦陰結少年，得千餘人，周旋淮、泗之間，遂從太祖爲別部司馬。

同上卷曹眞傳亦云：

曹眞字子丹，太祖族子也。太祖起兵，眞父邵募徙衆，爲州郡所殺。

袁紹與董卓破裂東歸時，關東士大夫及州郡皆同情袁紹，並歡迎之。曹操與董卓破裂東歸時之情況，可成強烈對比，三國志魏志卷一武帝紀：

太祖乃變易姓名，間行東歸，出關過中牟，爲亭長所疑，執詣縣邑中，或竊識之，爲請得解。

其風聲鶴唳之情景，更可由下列一則故事襯託出來，同上卷引魏書曰：

太祖以卓終必覆敗，遂不就拜(驍騎校尉)，逃歸鄉里，從數騎，過故人成皐呂伯奢，伯奢不在，其子與賓客共刼太祖，取馬及物，太祖手刄擊殺數人。

但同卷引世語曰：

太祖過伯奢，伯奢出行，五子皆在，備賓主禮，太祖自以背卓命，疑其圖已，手劍夜殺八人而去。

同卷引孫盛雜記更曰：

太祖聞其食器聲，以爲圖已，遂夜殺之，既而悽愴曰：寧我負人，無人負我，遂行。

由此觀之，至少說明曹操在州郡官吏及士大夫心中的地位，不可與袁紹相比，故其初期擁護者並非官僚士大夫。然則曹操初期勢力的基礎爲何？自其屢踣屢起的記載中發現除曹氏宗族以外，他每於敗退勢蹙之時，深得若干地方豪族的擁戴。例如當曹操回陳留，散家財，合義兵，討董卓時，三國志魏志卷一武帝紀裴注引世語文曰：

陳留孝廉衞茲以家財資太祖，使起兵衆有五千人。

是時中平六年，是曹操初次起兵的重要力量。及操與卓將徐榮戰，不利，士卒死傷甚多，衞茲戰死滎陽，操爲流矢所中，僅以身免，以兵少至揚州募兵，族人曹洪用力最大，三國志魏志卷九曹洪傳云：

(操)爲卓將徐榮所敗……還奔譙，揚州刺史陳溫素與（曹）洪善，洪將家兵千餘人，就溫募兵，得廬江上甲二千人，東到丹陽，復得數千人，與太祖會龍亢。

獻帝初平年間，是操與羣雄鏖戰最緊張的時刻，復有李乾李典來歸，三國志魏志卷十八李典傳云：

李典從父乾，有雄氣，合賓客數千家於乘氏，初平中以衆隨太祖。……

三國志魏志卷十六任峻傳亦云：

……會太祖起關東，入中牟界，衆不知所從，峻獨與同鄉張奮議，舉郡以歸太祖。峻又別收宗族及賓客家兵數百人，願從太祖。太祖大悅，表峻爲騎都尉，妻以從妹，甚見親信。

三國志魏志卷十八許褚傳云：

許褚字仲康，譙國譙人也……漢末聚少年及宗族數千家，共堅壁以禦寇……太祖徇淮汝，褚以衆歸太祖，太祖見而壯之曰：此吾樊噲也。卽日拜都尉，引入宿衞，諸從褚客皆以爲虎士，從征張繡，先登，斬首萬計，遷校尉，從討袁紹於官渡。

建安初來歸者如三國志魏志卷十八李通傳云：

通以俠聞於江、汝之間……(併)周直衆二千餘家……建安初，通舉衆詣太祖于許，拜通振威中郎將，屯汝南西界，太祖討張繡，劉表遣兵以助繡，太祖軍不利，通將兵夜詣太祖，太祖得以復戰，通爲先登，大破繡軍，拜裨將軍封建功侯，分汝南二縣以通爲陽安都尉……太祖與袁紹相拒於官渡，紹遣使拜通征南將軍，劉表亦陰招之，通皆拒焉。通親戚部曲流涕曰：今孤危獨守，以失大援，亡可立而待也。不如亟從紹，通按劍以叱之曰：曹公明哲 ，必定天下 ，紹雖彊盛，而使任無方，終爲之虜耳，吾以死不貳，卽斬紹使，送印綬詣太祖。又擊羣賊瞿恭江宮沈成等，皆破殲其衆，送其首，遂定淮汝之地，改封都亭侯，拜汝南太守……病薨……文帝踐祚，詔曰：昔袁紹之難，自許蔡以南，人懷異心，通秉義不顧，使攜貳率服，朕甚嘉之……。

官渡戰時，除上述例外，李典率宗族加入，李典傳云：

時太祖與袁紹相拒官渡，典率宗族及部曲輸穀帛供軍。

故每當曹操危急之時，常有地方豪族舉宗來奔，增強其勢力，曹操初期勢力亦以此輩爲主(註4)。隨着勢力的擴張，曹操不但在軍隊方面收編降兵，同時也成功跳出單一武裝集團的小圈圈，吸收當時社會中的另一類重要人物——士大夫階級。荀彧是關鍵性的人物，當其去袁就曹，操大悅曰：「吾之子房也」。曹操之所以如此重視，除了荀彧本身才華以外，最重要的是打開與士大夫階級結合之通道（註5），荀彧是汝潁士大夫的重要領袖，德高望重，三國志魏志卷十荀彧傳末注引彧別傳曰：

> 彧德行周備，非正道不用心，名重天下，莫不以爲儀表，海內英儁咸宗焉。司馬宣王（懿）常稱書傳遠事，吾自耳目所從聞見，逮百數十年間，賢才未有及荀令君也。

同上卷本傳云：

> 太祖以彧爲知人，諸所進達皆稱職。

同卷末注引彧別傳舉出許多荀推薦的人物如下：

> 前後所舉者，命世大才，邦邑則荀攸、鍾繇、陳羣，海內則司馬宣王，及引致當世知名郗慮、華歆、王朗、荀悅、杜襲、辛毗、趙儼之儔，終爲卿相以十數人。取士不以一揆，戲志才、郭嘉等有負俗之譏，杜畿簡傲少文，皆以智策舉之。終各顯名。荀攸後爲魏尚書令，亦推賢進士。太祖曰：二荀令之論人，久而益信，吾沒世不忘。

士大夫階級加入曹操集團，擴大了其社會基礎，自此以後，以地有豪族爲主的軍人與以士大夫爲主體的文士，成爲曹魏政權的兩大支柱（註6），同時也潛伏了曹魏中期兩

註4. 據五井直弘「曹操政權の性格について」引川勝義雄「曹操軍團の構成について」中，川勝義雄謂曹操軍團的構成有：(1)招募及徵發亡戶。(2)自願投靠的武力集團。(3)改編投降軍團。川勝義雄原文刊於京大人文科學研究所創立二十五週年紀念論文集1954。

濱口重國「秦漢隋唐史の研究」1966頁327—335謂曹操軍團的構成有：(1)招撫流賊如初平二年的黑山賊；初平三年的青州黃巾等。(2)徵編亡戶。(3)改編降兵，如建安四年破張繡；官渡戰後得袁氏來等。(4)各地來投靠的私兵（宗族、親黨、私客、流民）等。

依本文所舉例子，曹操初期尤其是初平二年破青州黃巾以前，實得力於地方豪族之來歸。

註5. 陳啓雲 Ch'en Ch'i-yün “The Rise & Decline of the Hsün Family–A Case Study of One of the Aristocratic Families in the Six Dynasties” 刊於 International Conference on Asian History, University of Hong Kong, 1964. 所宣讀的論文中曾對荀氏作詳細研究，特別討論到荀彧與曹操間的關係。文中謂汝潁士大夫自從遭受黨錮打擊以後，走向二條路。其一是教授門徒，如李膺有門徒千餘人；其一是與地方長官暗通款曲，互增聲勢，如杜密。

作者按荀彧與曹操結合，並推薦許多士大夫加入許昌政權，乃是士大夫達成進入中央級官吏的初步。是合則兩利的情況下結合。

註6. 萬繩楠「曹魏政治派別的分野及其升降」。

大派別傾軋的因素。然在曹操有生之年,力能駕御地方豪族與士大夫,這兩類人物是中古社會勢力的主流,曹氏能較有彈性地擴張其社會基礎,是其能自羣雄中脫穎而出的重要原因之一。

4. 孫氏集團初期之社會勢力

孫氏本身的出身,三國志吳志卷一孫破虜討逆傳云:「孫堅,蓋孫武之後也」,同卷中鄭蘇年認爲這是疑詞,裴注吳書曰:「堅世仕吳,家於富春」。故富春孫氏仕吳地州郡爲吏,已有若干世,至孫堅時亦爲縣吏,而以勇氣聞,同卷中記載稱:

> 少爲縣吏 , 年十七 , 與父共載船至錢塘,會海賊胡玉等從匏里上掠取賈人財物,方於岸上分之,行旅皆住船不敢進。堅謂父曰:此賊可擊,請討之。父曰:非爾所圖也。堅行操刀上岸,以手東西指麾,若分部人兵以羅遮賊狀,賊望見以爲官兵捕之,即委財物散走。堅追斬得一級以還。父大驚,由是顯聞,府召署假尉。會稽妖賊許昌起於句章,自稱陽明皇帝,與其子韶扇動諸縣衆以萬數,堅以郡司馬募召精勇得千餘人,與州郡合討破之。

裴注引江表傳又稱:

> 堅歷佐三縣,所在有稱,吏民親附,鄉里知舊好事少年往來者常數百人,堅接撫待養,有若子弟焉。

孫氏旣世代仕吳地亦有一個龐大的宗族,三國志吳志卷六孫靜傳云:

> 孫靜字幼臺,堅季弟也。堅始舉事,靜糾合鄉曲及宗室五六百人以爲保障,衆咸附焉。

川勝義雄認富春是漢民族向南發展與山越交界處,故人民剽悍(註7),孫堅復得「淮泗勁旅」,這些都是孫氏初期力量的主力,同上卷云:

> 漢遣車騎將軍皇甫嵩、中郎將朱儁,將兵討擊之(黃巾),儁表請堅爲左軍司馬,鄉里少年隨在下邳者,皆願從堅,又募諸商旅及淮泗精兵合千餘人,與儁並力奮擊,所向無前。

當時東方諸侯聯兵討董卓,卓獨畏堅,同卷裴注引山陽公載記曰:

註7. 川勝義雄「貴族制社會と孫吳政權下の江南」中國中世史研究 p.p. 148-149。

卓謂長史劉艾曰：關東軍敗數矣，皆畏孤，無能爲也。惟孫堅小戇，頗能用人，當語諸將，使知忌之。

孫堅是一個標準軍人，召募鄉里少年及淮泗精兵爲其爪牙，轉戰中原，與漢末士大夫原無來往，甚至地方豪族亦甚少附隨。堅早卒，子策繼父業，三國志吳志卷一孫破虜討逆傳裴注引吳歷曰：

初，策在江都，時張紘有母喪，策數詣紘，咨以世務曰：先君與袁氏共破董卓功業未遂，卒爲黃祖所害，策雖暗稚，竊有微志，欲從袁（術）揚州求先君餘兵，就舅氏於丹陽，收合流散，東據吳會，報讎雪恥，爲朝廷外藩，君以爲如何。

三國志吳志卷八張紘傳云：

張紘字子綱，廣陵人，少游學京師，還本郡舉茂才，公府辟皆不就，避難江東，孫策創業，遂委質焉，表爲正議校尉。

又同書卷七張昭傳云：

張昭字子布，彭城人也。少好學，善隸書，從自侯子安受左氏春秋，博覽衆書，與瑯琊趙昱、東海王朗，俱發名友善，弱冠察孝廉，不就。與朗共論舊君諱事，州里才士陳琳等皆稱善之……漢末大亂，徐方士民多避難揚土，昭皆南渡江，孫策創業，命昭爲長史撫軍中郎將，升堂拜母，如比肩之舊，文武之事，一以委昭。

這是孫策初度與士大夫接近，同書卷八張紘傳引吳書曰：「紘與張昭並與參謀，常令一人居守，一人從征」。而孫策得周瑜之助，使得孫氏與士大夫間關係邁進一大步。按廬江周氏是東漢時期的大士族之一，三國志吳志卷九周瑜傳云：

從祖父景，景子忠，皆爲漢太尉……從父尚爲丹陽太守。

故吳志卷一孫策傳云：「與周瑜相友，收合士大夫，江淮閒人咸向之」。孫策雖有文武全才的大士族子弟周瑜爲其征戰，復有張昭、張紘、秦松、陳端等文士爲其計謀，仍未能脫離其武人氣質，是故當孫策臨終呼弟權佩以印綬時曰：「舉江東之衆，決機於兩陣之閒，與天下爭衡，卿不如我。舉賢任能，各盡其心，以保江東，我不如卿」。（吳志卷一孫策傳）。孫氏自孫堅至孫策，由孫策至孫權，其人物組合的趨向，充分表露出孫氏初期社會勢力擴張的痕跡。

5. 劉備集團初期之社會勢力

據三國志蜀志記載，劉備集團初期主要人物的出身皆極微下。蜀志卷二先主傳雖謂劉備是「漢景帝子中山靖王勝之後也」，至備時已成爲「少孤，與母販織席爲業」得二商人之助，略有徒衆（註8）。關羽張飛的記載見蜀志卷六關羽傳云：「亡命奔涿郡，先主於鄉里合徒衆，而羽與張飛爲之禦侮」。他們是由若干武夫所結合的一股小勢力，先後依公孫瓚、陶謙、袁紹、曹操，在羣雄夾縫中生活，如皮球一般被人踢來踢去，雖有英雄之名，實無長策久安之計。在移入荆州以前，追隨劉備的地方豪族可能祇有麋竺，兩者結爲姻親，三國志蜀志卷八麋竺傳云：

> 麋竺，東海朐人也。祖世貨殖，僮客萬人，貲產鉅億。後徐州牧陶謙辟爲別駕從事。謙卒，竺奉謙遺命迎先主於小沛。建安元年，呂布乘先主之出拒袁術，襲下邳，虜先主妻子。先主轉軍廣陵海西，竺於是進妹於先主爲夫人，奴客二千，金銀貨幣以助軍資，于時困匱，賴此復振。

至於士大夫來歸者則未見，後漢書列傳卷六十卷孔融傳中有一段記載：

> 北海相孔融爲賊管亥所圍，融逼急乃遣東萊太史慈求救於平原相劉備，備驚曰：孔北海乃復知天下有劉備邪！即遣兵三千救之，賊乃散走。

故劉備對文士之需要，如倒懸之急，屈意求賢，三顧茅廬，迎出諸葛亮爲其謀士。及退入荆州，荆州本是劉表地盤，表是東漢末年「八及」之一，士大夫領袖，許多士大夫避亂南下依附，人才盛極一時，有所謂荆州學派（註9）。劉表卒後，繼起無人。劉備在荆州乘機吸收人才，先後荆州豪傑（註10）、及荆楚羣士（註11）加入其陣營甚多，

註8. 三國志蜀志卷二先主傳云：「好結豪俠，年少爭附之。中山大商張世平、蘇雙等貲累千金，販馬周旋於涿郡，見而異之，乃多與之金財，先主由是得用合徒衆」。

註9. 參見牟潤孫「論魏晉以來之崇尙談辯及其影響」第五節荆州學派 p.p. 18 及湯用彤「魏晉玄學論稿」，p.p.86

註10 劉表生前已有豪傑來附劉備，蜀志卷二先主傳云：「屯新野，荆州豪傑歸先主者日益多」。

註11 劉表卒後羣士歸劉備者甚衆，蜀志卷八劉巴傳云：「表卒，曹公征荆州，先主奔江南，荆楚羣士從之如雲。」

例如龐統、蔣琬、董允、楊儀、費禕、劉敏、向朗、伊籍、馬良等，大部份成爲其後蜀漢政權的重要份子。自荆州入蜀。有以部曲相隨者，如魏延；有劉表部屬率衆來歸者，如霍峻。自從劉備開始吸收士大夫加入陣營，引起與原本武人集團格格不入的現象，例如三國志蜀志卷五諸葛亮傭云：

> 於是(劉備)與亮情好日密，關羽張飛等不悅，先主解之曰：孤之有孔明，猶魚之有水也。願諸君勿復言，羽飛久止。

又同書卷九劉巴傳裴注引零陵先賢傳云：

> 張飛嘗就巴宿，巴不與語，飛遂忿恚，諸葛亮謂巴曰：張飛雖實武人，敬慕足下，主公方今收合文武，以定大事，足下雖天素高亮，宜少降意也。巴曰：大丈夫處世，當交四海英雄，如何與兵子共語乎？

按劉巴是漢末士，與吳之張昭，魏之陳羣善。由此觀之，亦可見劉備集團初期的本質，及其擴大社會勢力的努力。

三、三國統治階層之社會成分

從一股勢力的發展過程觀察，其初期僅屬單純的性質，亦卽由某一類人爲其組成份子的主幹。然而，隨着勢力範圍的擴張，它必須廣泛地吸收社會上各類人參與，尤其是社會上主要的人羣；反言之，亦唯有兼容並納，方能成其大。如果不能成功地吸收社會上主要的人羣參與，不但難以擴大，並且會漸漸地萎宿。魏、蜀、吳初期的發展，暗合了上述的原則。曹操立足中原，孫氏在長江中下游發展；劉備棲身於漢中四川；鼎足之勢已成，三者展開更複雜的競爭。承襲上章社會勢力的分析，本章進一步討論政權成立以後統治階層組合的研究。

1.　曹魏統治階層之社會成分

魏居中原地帶，官吏與人民皆屬本土，故其重點在於如何緣引本土力量的支持。前言曹操初期勢力頗得地方豪族(尤其是譙沛地區)的支持，與士大夫階級並無太多交往，自得荀彧以後，經彧之引薦，許多士族子弟和士大夫參加操之陣營，然終曹操一生，與士大夫格格不入，禰衡受辱，楊修、孔融被殺，荀彧自殺，論者或認爲曹操有意壓制士大夫，使其在曹氏政權中不致於過度發展，或認為曹操的作風與理想與士大夫迥異的結果。自操卒後，這種情勢改變，操之二子丕植與士大夫交往頗深。曹丕當政，旋卽採納吏部尚書陳羣建議，制九品官人之法。羣祖父寔，父紀，叔爭諶，皆漢末名士，故羣屬士族子弟。觀乎九品中正之標，「準其有言行修著，則升進之……… 倘或道義虧闕，則降下之。」其所持品德優先的價値觀念，與漢末士大夫完全一致，卽中正官之設，亦係漢末品藻人物風氣的制度化而已（註12）。若以九品中正之標準與魏武三令比較，可以發現二代間的變化如何巨大。這個差異充分表示出曹魏政權吸收人物的新方針。緣因漢末天下大亂。士人四方流竄，失其原籍者甚多，為承繼兩漢鄉舉里選之遺意，用原籍在中央任官的人士，任本州郡大小中正官，用以評定本州郡人物（註13）這完全為士大夫着想的選擧制度，一般農工商庶民，甚至地方豪族，不會有中央官注意他們。故九品官人法初意或非為士族而設（註14），然其標準與方式皆適合於漢末漸次發展成熟的士族，曹丕採納陳羣的建議，表示出曹魏政權組成份子將趨向於士族子弟。且將曹氏政權分為三期（代），以分析其社會成分的變動。

第一期。漢獻帝建安元年至二十四年，曹操雖未簒位，然是實際政治的推行者，自三國志魏志中獲得建安年人物一百三十一人，名屬漢室，實則魏臣。曹氏政權有實無名。

第二期。魏文帝明帝，共有二十年。曹氏政權有名有實。

第三期。魏齊王芳至魏亡，共有二十六年。曹眞被殺後，司馬氏相繼主政，改朝換代僅是時間問題。曹氏政權有名無實。

社會階層的劃分，有士族、小姓、平民三大級。

士族階級的定義：⑴州郡級著姓；⑵父祖輩有二世任刺史太守或二千石官者。

小姓階級的定義：⑴縣級大姓及地方豪族；⑵父祖輩曾任州郡掾屬或千石以下官吏者；⑶父祖輩之一曾任刺史太守或二千石官者。

平民階級的定義：父祖皆未曾任大小官吏者。

註12　唐長孺「九品中正制度試釋」。

註13　毛漢光「兩晉南北朝士族政治之研究」 p.p.100

註14　同註13，第四章。

三國時期門第社會正在形成中，本文第四章另有詳論，以上社會階級之劃分係按當時社會現象而定。士族與小姓之間，小姓與平民之間，已漸次階級化，但沒有像兩晉南北朝時期那樣僵化。

曹魏統治階級社會成分統計表

		士	族	小	姓	平	民	合計
		數量	百分比	數量	百分比	數量	百分比	數量
Ⅰ曹操當政	196—219A.D	38	29.0	19	14.5	74	56.5	131
Ⅱ文帝明帝	220—239A.D	60	38.7	38	24.5	57	36.8	155
Ⅲ齊王、高貴鄉公	240—265A.D	74	47.1	59	37.6	24	15.3	157

第一期曹操當政時期，其人物大都是初期依附曹操者。平民官吏的比例占百分之五十六點五。共計平民官吏七十四人；文士出身者三十五人，占平民官吏的百分之四十七點三；吏出身者十五人，占平民官吏的百分之二十點三；兵出身者二人；俠盜出身者三人；未詳者十九人。文士幾占平民官吏的半數。在文士之中，雖有魏武三令公然宣稱不拘汚行，或不仁不孝，唯才是舉（註15），實際上僅見魏志卷十荀彧傳注引彧別傳云︰「戲志才、郭嘉等有負俗之譏，彧皆以智策舉之，終各顯名」。反之，在三十五個平民官吏的文士之中，有許多人與黨錮人物有關係（註16），曹操也用名士（註17）即以上列戲志才、郭嘉而論；戲志才無列傳；郭嘉有傳，但沒有具體汚行記載，兩人皆潁川人，亦皆荀彧推薦，恐亦非十惡不赦之徒。具有濃厚刑名主義的曹操，在思想與價值標準上與士大夫有極大的差異，在實際用人方面，却很重視這股漢末的士大夫勢力。

註15 三國志魏志卷一武帝紀載：「建安十五年春；建安十九年十二月乙未；建安二十二年八日令」。

註16 與黨錮人物直接間接有關係的文士出生平民官吏者，如國淵（卷十一）、管寧（卷十一）、邴原（卷十一），華歆（卷十三）、王修（卷十一）、阮瑀（卷十一）、路粹（卷二十一）、劉粹（卷二十一）、嚴幹（卷二十三）、楊浚（卷二十三）、衞覬（卷二十一）、孫資（卷十四）；又所謂「名士」，也是漢末士大夫所慣用的名稱。見註17。

註17 參見三國志魏志卷十四劉曄傳：「太祖徵曄及蔣濟、胡質等五人，皆揚士。」名士同書卷二十三常林傳：「并州刺史梁習薦州界名士，林及王淩，王象、荀緯，太祖皆以爲縣長」。

第一期士族官吏占百分之二十九，很多出自汝穎一帶（註18），與黨錮人物更有關連。小姓官吏占百分之十四點五，其中包括初期隨曹操起兵的地方豪族，及父祖輩有一任官的官家子弟。士族加小姓合計占百分之四十三點五，以人數而論，似乎不及平民官吏多，後者占百分之五十六點五。但士族與小姓大部有部曲或宗族團體，每一個官吏代表着一個單位力量，在初期打天下階段，比單士的力量重要，此在上章已有分析，在政權剛建立，士族小姓尚未完全步入官僚化之前，士族小姓的部曲宗族力量仍需以實質的分析才能獲得正確的認識。政權穩固、官僚體系成立、士族小姓官僚化之後，分類計算官僚架構之中社會成分的比例，漸漸有重要的意義。

士族官吏自第一期至第二期，復自第二期至第三期，每期以大約百分之十的比例增加；小姓官吏自第一期至第二期，復自第二期至第三期，每期亦大約以百分之十的比例增加；平民官吏自第一期至第二期，復自第二期至第三期，每期以大約百分之二十的比例減少。這是一項很有趣的增減級數。這種趨向每常是新王朝成立後的普遍現象。但曹魏改權中發生內件大事，影響統治階層人物轉移，使統治階層變動，有別於純粹功臣子孫充塞官吏，而進入另一條軌道，此所以上述級數增減的現象，包含有新的意義。第一件大事發生第二期的魏文帝時代，吏部尚書陳羣創九品官人法，現在已無法從殘缺的史書中獲知其初期實施成效與反映，然而顯然地，九品官人法已打破功臣子孫嗣官襲位的方式，而爲一羣較爲擴大些的圈內人所代替，漢末士大夫（尤其與黨錮有關的士大夫）成爲統治階層的候選人羣，這並非立刻排除現有任官吏，事實上現任官吏祇要接收士大夫的價值標準，下一代極易滲入此大溶爐之中。下一章另文討論。第二件大事發生在第三期齊王芳嘉平元年，司馬懿在一次改變中殺曹爽，取得實際政權。明顯表示曹氏宗親及譙沛功臣子孫之消退，以及以河內司馬氏爲首的士大夫集團，取得絕對優勢。第三期士族官吏占百分之四十七點一，幾近半數，自此以

註18　如潁川荀氏的荀彧荀攸、潁川陳氏的陳羣、潁川杜氏的杜襲、汝南應氏的應瑒、山陽王氏的王粲、潁川鍾氏的鍾繇，其他如河內司馬氏、魯國孔氏的孔融、弘農楊氏的楊修、陳郡袁氏的袁渙、太山鮑氏的鮑勛鮑邵、南陽韓氏的韓曁、京兆韋氏的韋誕、京兆杜氏的杜畿、扶風蘇氏的蘇則、河東裴氏的裴潛、河東賈氏的賈逵、太原郭氏的郭淮等。

後，以迄唐末，士族在統治階層中恒在半數以上（註19）。如果我們以此將漢末至唐末這七百年視爲社會史上的一個架構，則曹魏期間的演變，正是這個架構形成的上坡面。（註20）

2. 孫吳政權之社會成分

三國之際，東吳領域內有三類人，孫氏政權之安定，有賴於如何安置這三類人，第一類是漢末以前中原人士南遷而居江東者；孫氏本身亦屬此類，上章已有論及。大臣如吳郡顧氏（吳志卷第七）、吳郡朱氏（吳志卷十一、十二）、吳郡張氏（吳志卷十二）、吳郡陸氏（吳志卷十三、卷十三）吳郡全氏（吳志卷十五）、會稽賀氏（吳志卷十五）、會稽鍾離氏（吳志卷十五）、會稽虞氏（吳志卷十二）等。孫氏政權，尤其自孫權當政以後，與這大士族關係極爲密切，彼此間屢有婚嫁，孫權的宰輔亦大部份出此這一類人物（註21），江東大族以吳郡朱張顧陸爲最重要（註22），孫氏與四大姓一直維持着良好的關係，基本上他們是屬於同一類人，雖然在孫氏未當權以前，朱張顧陸的江東的地位，遠在富春孫氏之上。依孫氏建過程的史實觀察，他們的合作遠勝過矛盾（註23）。例如三國志吳志卷七顧雍傳：

註19　參「見拙作兩晉南北朝士族政治之研究」及「唐代統治階層社會變動」。孫國棟「唐宋之際社會門第之消融」。

註20　宇都宮清吉評岡崎博士著「南北朝における社會經濟」（東洋史研究 1：3；1935）文中認爲士族始於西漢。川勝義雄「シナ中世貴族政治之成立について」（史林 33：4；1950）認爲始於東漢末葉清流士大夫集團。五井直弘曹操の政權「について」（歷史研究195 1956）認爲兩晉南北朝士族依其血緣僅可溯及曹魏時期。作者按：若以社會架構而論，士族延續不斷地占統治階層之多數，始於曹魏，參見註19引書。所以曹魏時期是門第社會架構的上坡面。中古型門第社會雖然甚爲閉塞，家族間盛衰亦屢屢發生，這是現象屬於架構內個別家族的變動，與整個社會架構變動性質不同，本文認爲中古型門第社會始於曹魏，結論雖與五井直弘氏相同，但並非按其血緣推論獲得的結果，實是與門第社會架構上坡面切合也。士族可源於西漢，雖然當時並未發展成士族社會。

註21　顧雍於黃武四年代孫劭爲丞相，至赤烏六年卒，爲相共十九年，陸遜於赤烏七年繼顧雍爲相。赤烏九年才由步隲代陸遜爲相，已是孫權的末期。

孫氏與吳四姓嫁娶關係參見何啓民「中古南方門第——吳郡朱張顧陸四姓之比較研究」民六十二年政大學報第二十七期。

註22　參考註引何啓民文，尤其對朱氏有獨到的看法。

註23　宮川尚志「六朝史研究、政治社會篇」 p.p.243 。及岡崎文夫「魏晉南北朝通史」。謂孫權移都秣陵，是吳姓的壓力所致，無強有力的證據，恐係猜測之言。

孫權領會稽太守，不之郡，以(顧)雍爲丞，行太守事，討除寇賊，郡界寧靜，吏民歸服。

又三國志吳志卷十一朱桓傳：

朱桓字休穆，吳郡吳人也。孫權爲將軍，桓給事幕府，除餘姚長。往遇疫癘，穀食荒貴，桓分部良吏，隱親醫藥飧粥相繼，士民感戴之。遷盪寇校尉，授兵二千人，使部伍吳會二郡，鳩合遺散，期年之間，得萬餘人。

第二類是漢末天下大亂時南遷者，寄身吳會，這一類人與孫氏頗爲合作，也很受重用，例如張昭(註24)、步騭(註25)、張紘(註26)、嚴畯(註27)、程秉(註28)、薛綜(註29)、魯肅(註30)、呂蒙(註31)、呂岱(註32)、是儀(註33)、胡綜(註34)、諸葛瑾

註24　三國志吳志卷七張昭傳：「張昭字子布，彭城人也。………漢末大亂，徐方士民多避難揚土，昭皆南渡江。孫策創業，命昭爲長史、撫軍中郎將，升堂拜母，如比肩之舊，文武之事，一以委昭。……策臨亡以弟權託昭，昭率羣僚立而輔之」。

註25　吳志卷七步騭傳：步騭字子山，臨淮淮陰人也。世亂避難江東，單身窮困，與廣陵衞旌同年友善，俱以種瓜自給，晝勤四體，夜誦經傳。……孫權爲討虜將軍，召騭爲主記……赤烏九年，代陸遜爲丞相。」

註26　吳志卷八張紘傳：「張紘字子綱，廣陵人，少游學京師，還本郡舉茂才，公府辟皆不就，避難江東。孫策創業遂委質焉。」

註27　吳志卷八嚴畯傳：「嚴畯字曼才，彭城人也，少耽學善詩書三禮，又好說文，避亂江東，與諸葛瑾步騭齊名友善，性質質純厚，其於人物忠言善道，志存補益。張昭進之於孫權……後爲尚書令。」

註28　吳志卷八程秉傳：「程秉字德樞，汝南南頓人也。逮事鄭玄，後避亂交州，與劉熙考論大義，遂博通五經。士燮命爲長史，權聞其名儒，以禮徵秉，既到拜太子太傅。」

註29　吳志卷八薛綜傳：「薛綜字敬文，沛郡竹邑人也。少依族人，辟地交州，從劉熙學，士燮既附，孫權召綜爲五官中郎……赤烏三年徙選曹尚書。」

註30　吳志卷九魯肅傳：「魯肅字子敬，臨淮東城人也。……居家富於財，性好施與，爾時天下已亂，肅不治家事，大散財貨，摽賣田地，以賑窮弊，結士爲務，甚得鄉邑歡心。周瑜爲居巢長，將數百人故過候肅，並求資糧，肅家有兩囷米，各三千斛，肅乃指一囷與周瑜，瑜益知其奇也。遂相親結，定僑禮之分……乃携老弱將輕俠少年百餘人，南到居巢就瑜。瑜之東渡，因與同行。」

註31　吳志卷九呂蒙傳：「呂蒙字子明，汝南富陂人也。少南渡依姐夫鄧當，當爲孫策數……隨孫策」……後定荆州，以蒙爲南郡太守封孱陵侯」。

註32　吳志卷十五呂岱傳：「呂岱字定公，廣陵海陵人也。爲郡縣吏，避亂東南渡，孫權統事，岱詣幕府，出守吳丞……後爲大司馬」。

註33　吳志卷十七是儀傳：「是儀字子羽，北海營陵人也……避亂江東……孫權承攝大業，優文徵儀，到見親任，事典機密……後拜尚書僕射」。

註34　吳志卷十七胡綜傳：「胡綜字偉則，汝南固始人也。少孤，母將避難江東，孫策領會稽太守，綜年十四爲門下循行，留吳與孫權共讀書。」

（註35）滕胤（註36）、濮陽興（註37）等。

以上兩類人有的在孫策時已加入孫氏集團，然大部份都是孫權當政以後引進並獲重用，故孫權當政以後的人物結合有一番新的氣象，使孫堅孫策的武人集團，性質有重大的改變。當然，孫氏政權並無大政潮發生，其政權性質的改變是透過大量綠引第一類漢末以前已來江東的大族，及第二類漢末天下大亂時南遷的宗族團體和個人，早年隨孫堅征伐的武人如韓當（註38）、程普（註39）、黃蓋（註40），和追隨孫策開拓江南的蔣欽（註41）、周泰（註42）、陳武（註43）、淩操（註44）等，仍然在孫權時代繼續獲得重用，尤以軍功聞名。然而，孫氏實施世兵制，這批功臣後裔漸次走向士族化。

註35　吳志卷七諸葛瑾傳：「諸葛瑾字子瑜，瑯琊陽都人也。漢末避亂江東，值孫策卒，孫權姐婿曲阿弘咨見而異，之薦之，於權，與魯肅等並見賓待……後爲大將軍左都護、領豫州牧。」

註36　吳志卷十九滕胤傳：「滕㑽字承嗣，北海劇人也。伯父耽父冑與劉繇州里通家，以世擾亂，渡江依繇。孫權爲車騎將軍，拜耽右司馬……弱冠尙公主，年三十起家爲丹楊太守，徙吳郡會稽。」

註37　吳志卷十九濮陽興傳：「濮陽興字子元，陳留人也。父逸漢末避亂江東，官至長沙太守。……興後至太常衞將軍平軍國事。」

註38　吳志卷十韓當傳：「韓當字公義，遼西令支人也。以便弓馬有膂力幸於孫堅，從征伐，周旋，數犯危難，陷敵禽虜爲別部司馬。及孫策東渡，從討三郡，……山越畏服。黃武二年，封石城侯，遺昭武將軍領冠軍太守，後又加都督……病卒，子綜襲侯領兵。」

註39　吳志卷十程普傳：「程普字德謀，右北平土垠人也。初爲州郡吏，有容貌計略，善於應對。從孫堅征伐，討黃巾、董卓……復隨孫策……與張昭等共輔孫權……與周瑜爲左右督，破曹公於烏林。卒，追論普功封子咨爲亭侯。」

註40　吳志卷十黃蓋傳：「黃蓋字公覆，零陵泉陵人也。初爲郡吏，察孝廉，辟公府。孫堅擧義兵，蓋從之。南破山賊，北走董卓」拜蓋別部司馬。堅薨，隨策及權……論其功賜子柄關內侯」。

註41　吳志卷十蔣欽傳：「蔣欽字公奕，九江壽春人也。孫策之襲袁術，欽隨從給事，及策東渡，拜別部司馬……權討關羽，欽督水軍，入沔還道病卒……子壹封宣城侯領兵。卒，壹無子，弟休領兵。」

註42　吳志卷十周泰傳「：周泰字幼平，九江下蔡人也。與蔣欽隨策爲左右服事恭敬，數戰有功……督濡須，拜平虜將軍……封陵陽侯，黃武中卒，子邵以騎都尉領兵……黃龍二年卒，弟承領兵襲侯」。

註43　吳志卷十陳武傳：「陳武字子烈，廬江松滋人。孫策在壽春，武往修謁時年十八長七尺七寸，因從渡江征討，有功，拜別部司馬。策破劉勳，多得廬江人，料其精銳，乃以武爲督，所向無前。及權統事，轉五校。」

註44　吳志卷十凌統傳：「凌統字公績，吳郡餘杭人也。父操，輕俠有膽氣，孫策初興，每從征伐……及權統事，從征江夏………中流石死。統年十五，左右多稱述者，權亦以操死國事，拜統別部司馬，行破賊都尉使攝父兵」。

第三類是南方土著一山越，山越到底是另一種種族，抑或其中大部份是漢人，是許多學者仍在爭論的謎。無論如何，他們並沒有像第一類第二類人那樣地參入孫氏公權，孫氏政權他們處於對立狀態，從吳志列傳中發現許多人因平定山越民帥而封侯賜爵（註45）。

三國志吳志中所尋得的官吏，按其社會成分統計於下：

孫吳統治階級社會成分統計表

	士族		小姓		平民		合計
	數量	百分比	數量	百分比	數量	百分比	數量
Ⅰ 前期（開國至赤烏八年陸遜丞相卒 220—245A、D）	31	38.3	19	23.4	31	38.3	81
Ⅱ 後期（孫權赤烏九年至吳亡 246—280A、D）	58	54.2	31	29.0	18	16.8	107

孫氏政權前期之中，士族加小姓占百分之六十一點七，平民官吏占百分之三十八點三，表示出當其開國之始，政權更有濃厚的貴族色彩，正如上文分析，孫氏立基南方，極力拉攏江東大族參加政權，早年功臣如廬江大士族周瑜、臨淮地方富豪魯肅，吳郡四大姓朱張顧陸、會稽經學世家虞氏、謝氏等，尤以顧雍爲相十九年及陸遜繼之爲最明顯，即如北來避亂的人士之中，亦有大族子弟，如瑯琊諸葛氏。

平民官吏比例雖低，但並未排斥於統治階級之外，在前期三十一位平民官吏之中，文士占十一人，大都是上文所引自中原南奔者。其中步隲在赤烏九年繼陸遜爲丞相。前期以吏出身者有六人；兵出身者七人；農出身者一人；道出身者二人；未詳者四人，加文士十一人，共計平民官吏三十一人。機會雖不多，並未完全閉塞。

後期士族官吏的比例一躍而達百分之五十四點二；小姓官吏略升爲百分之二十九；平民官吏落至百分之十六點八。表示出其士族化之繼續。孫吳似乎也有九品中正制度，三國志吳志卷十六潘濬傳末注引襄陽記曰：

> 襄陽習溫爲荆州大公平，大公平今之州都（潘眉曰：爲作大公平，今之州都中正，周壽昌曰：晉承其制，遂有大中正之設），（潘）秘過辭於溫，問曰：先

註45　參見高亞偉「孫吳開闢蠻越考」刊於大陸雜誌七卷七、八期。

君昔因君侯當爲州里議主，今果如其言，不審州里誰當復相代者。溫曰：無過於君也。後秘爲尚書僕射，代溫爲公平，甚得州里之譽。

可能在末期部份地區實施，詳細辦法已無記載可考。然後列傳的記載中發現，子孫襲爵領父兵者，又有奉邑制（註46），孫氏政權封建意味最濃。這種發展，自有其特殊因素，孫氏初期立基江東，惟有五郡（註47）。經孫權銳意經營，本文上述漢末以前定居江東的吳郡會稽大姓，以及漢末時南奔的中原人士，大都皆納入其政權，而南方土著山越，地方民帥等，一直與孫氏處於對立狀態。濱口重國氏謂，孫氏有奉邑制、世兵制等，因孫氏除了北有強敵曹操、西有強敵劉蜀以外，境內山越不寧。孫氏無法負擔龐大的軍事費用，故有類似封建制的辦法出現，使大族能自行供養世兵部曲。（註48）另一方面，江南下層階級中農民在財富上分化出上下層次來（註49），演變成與上層社會同一方向的平行發展，門第社會是一套極其層次化的社會，江東的發展已刻劃出概略的模型，這便是東晉南朝門第社會的溫床。

3. 劉蜀政權之社會成分

自漢室失去統御的力量，州牧擁兵自立，各自爲政，劉焉劉璋雄據四川，亦一方之霸，然以四川人而言，劉焉劉璋是外來的統治者，不幸兩者關係並不融洽，劉焉曾「託他事殺州中豪強王咸、李權等十餘人以立威刑」（註50）於是乎蜀郡人（註51）「犍爲太守任岐及賈龍由此反攻焉，焉擊殺岐龍」（註52），劉焉之克岐龍，得力於東州兵

註46　參見川勝義雄「中國中世史研究」書中「貴族制度．孫吳政權下江南」文。濱口重國「秦漢隋唐史の研究」第十一章「吳、蜀の兵制と兵戶制」

註47　同註46引濱口重國書。

註48　吳志卷二吳主傳二建安五年：「是時惟有會稽吳郡丹陽豫章廬陵，然深險之地，猶未盡從，而天下英豪布在州郡，賓旅寄寓之士，以安危去就爲意，未有君臣之固……分部諸將，鎭撫山越，討不從命」。

註49　唐長孺文。

註50　蜀志卷劉焉傳語。

註51　蜀志卷劉焉傳注引英雄記云：「（任）岐、（賈）龍等皆蜀郡人」。

註52　同註50

(註53)，東州兵者，是「南陽三輔人流入益州數萬家，收以爲兵，名曰東州兵」(註54)東州兵與劉焉都是外來者，又助焉平定蜀人，故受優容，至劉璋時尤甚，可能侵犯到四川大族的利益，遂引起一次重大的衝突，蜀志卷一劉璋傳裴注引英雄記云：

> 璋性寬柔無威略，東州人侵暴舊民，璋不能禁，政令多闕。益州頗怨，趙韙素得人心，璋委任之，韙因民怨，謀叛，乃厚結賂荆州請和(劉表)，陰結州中大姓，與俱起兵，還擊璋，蜀郡廣漢犍爲皆應韙，璋馳入成都城守，東州人畏威(韙)，咸同心並力助璋，皆殊死戰，遂破反者，進攻韙於江州，韙將龐樂李異反殺韙軍，斬韙。」

按官職與事蹟對照，蜀志英雄記中趙韙可能即華陽國志中的安漢趙穎(註55)。安漢縣有大姓陳范閻趙(註56)，故趙韙本人亦是大姓，又「陰結州中大姓，與俱起兵」，外來者劉璋及東州兵背水之戰，才戰勝四川大姓，是時建安六年。這次事件，使劉璋與四川大姓之間關係破裂。劉備應邀入川是建安十六年，十七年璋備不和，十九年璋降。似乎並不見四川大姓助璋的紀載。

以四川人而言，劉備也是外來的統治者，狩野直禎氏計算蜀志自諸葛亮傳至楊戲傳，凡得五十六列傳，其籍貫分配爲：荆州二十二人，益州十八人、司隷五人、徐幽涼豫各二人、冀青兗各一人(註57)。劉備將要遭遇劉焉劉璋同樣的難題，諸葛亮處理這個難題的方式爲：中央級官吏如錄尚書事、平尚書事、尚書令、尚書僕射等以非益州人爲主體；丞相府的主簿、參軍等，非益州人與益州縣大姓參半；地方級官吏如治中從事、別駕從事、議曹從事、督軍從事、部郡從事等，用益州縣大姓(註58)。在諸

註53 蜀志卷劉焉傳注引華陽國志云：「漢獻帝初平二年，犍爲太守任岐與賈龍惡焉之陰圖計也，舉兵攻焉，燒城都邑下邑禦之，東州人多爲致力，遂克岐龍。」

註54 蜀志卷劉璋傳裴注引英雄記語。

註55 華陽國志卷一巴志「漢獻帝初平元年，征東中郎將安漢趙穎建議分巴爲二郡，穎欲得巴舊名……」。蜀志卷劉焉傳末「以韙爲征東中郎將」，同卷劉璋傳首注引「趙一清曰：續郡國志巴郡注引譙周巴記曰：初平六年，趙韙分巴爲二郡，欲得巴舊名……」事蹟與官職皆同，故趙韙可能是安漢趙穎。時間差異見上條注引金祖望考證。

註56 華陽國志卷一巴志。巴西郡安漢縣條號出人士姓陳范閻趙」。

註57 參見狩野直禎「蜀漢政權の構成」史林 42—4。

註58 同註57。

葛亮的嚴刑、公平的治理之下（註59），似乎還沒有發生衝突現象。然劉備政權這種用人方式，將使人才枯竭，尤其是中央官吏和武將，且從蜀志的人物，按其社會成分統計於下：

劉蜀政權統治階級社會成分統計表

	士族		小姓		平民		合計
	數量	百分比	數量	百分比	數量	百分比	數量
Ⅰ 前期（黃皓當政以前 220—245 A、D）	14	20.0	10	14.0	47	66.0	71
Ⅱ 後期（黃皓當政至蜀亡 246—263 A、D）	19	40.5	21	44.7	7	14.8	47

前期平民官吏占百分之六十六，幾近三分之二，士族與小姓官吏比例甚低。正如上章分析，劉備雖記漢裔之名，實則甚少大士族、官僚、地方豪族歸附。平民官吏的出身又可統計於下：

	文士	吏	兵	未詳	共計
數量	20	5	5	17	47
百分比	42.5	10.6	10.6	31.3	100.0

單身之士，大都是在荆州時所得，隨劉備入川。

第二期即黃皓當政至蜀亡，蜀志上共得四十七個官吏，其中十一人由第一期任官而延續至第二期者，平民占七人，嗣侯襲官者有十六人，另有十人亦可能以父爲官，其他三人未詳。嗣侯襲官及以父爲官的現象是劉備政權後期的普遍現象，意味着已經參加政權者其子孫有高度的保障，使統治階層局限於一個小圈圈內。人才的枯竭自諸葛亮時已經發現（註60）至後期更加嚴重。

註59　蜀志卷五諸葛亮傳裴注引蜀記云：「亮刑法峻急，刻剝百姓，自君子小人，咸懷怨歎，法正諫曰：昔高祖入關，約法三章，秦民知德，今君假借威力，跨據一州，初有其國，未垂惠撫，且客主之義，宜相降下，願緩刑弛禁，以慰其望。亮答曰：君知其一，不知其二，秦以無道，政苛民怨，匹夫大呼，天下土崩，高祖因之，可以弘濟；劉璋暗弱，自焉以來，有累世之恩，文法羈縻，互相承奉，德政不舉，威刑不肅，蜀土人士，專權自恣，君臣之道漸以陵替，寵之以位，位極則賤，順之以恩，恩竭則慢，所以致弊，實由於此，吾今威之以法，法行則知恩，限之以爵，爵加則知榮，榮恩並濟，上下有節，爲治之要於斯而著」。

註60　蜀志卷五諸葛亮傳裴注引漢晉春秋（即後出師表）曰：「自臣到漢中，中間期年耳，然喪趙雲陽羣馬玉閻芝丁立白壽劉郃鄧銅等，及曲長屯將七十餘人，突將無前，賨叟青羌，散騎武騎，一千餘人，此皆數十年之內，所糾合四方之精銳，非一州之所有，若復數年，則損三分之二也，當何以圖敵，此臣之未解五也」。

4. 三國統治階層社會成分之比較

曹魏	士族	小姓	平民	孫吳	士族	小姓	平民	劉蜀	士族	小姓	平民
Ⅰ	29.0	14.5	56.5	Ⅰ	38.3	23.4	38.3	Ⅰ	20.0	14.0	66.0
Ⅱ	38.7	24.5	38.8	Ⅱ	54.2	29.0	16.8	Ⅱ	40.5	44.7	14.8
Ⅲ	47.1	37.6	15.3								

比較魏、吳、蜀三國政權的社會成分；發現孫吳第一期與曹魏第二期、孫吳第二期與曹魏第三期的比例極相似。這表示孫吳政權從其立國之始，已是高度貴族化。而曹魏與孫吳政權不但同樣走向一條歷史軌道，且屬同一速率。劉蜀第一期與曹魏第一期較類似，說明兩個政權初期性質相似，祇是前者型小，後者型大，前者有一州，後者居於中原。劉蜀第二期已發展成高度的士族化，如前文所述，其政權基礎已囿於既定的統治階層，強烈地排斥新血輪加入。曹魏亦朝向士族化推進，九品官人法演變的結果，日趨士族化，亦屬於一種圈圈內選擇的選舉制度，但曹魏有其時間空間二方面的優越條件，所謂空間優越條件，指曹魏境內是當時中國最開發的地區，文化水準高，士子衆多，九品中正制之初意，亦在於收納因戰亂而散失的人才，士子衆多則表示圈圈內候選人多，維持着圈內競爭與流動的型態，此所以九品中正制不等於世襲制度也。所謂時間優越條件，指曹魏有較充裕的時間，由功臣世襲型態轉移到九品中正的新制度上。所以曹魏無人才枯竭現象。自漢朝選舉制度弊端叢生、以及漢末政局紊亂以來，魏文帝時吏部尚書陳羣所創的九品官人法，是無法之中的辦法，在魏、蜀、吳三個政權比較之下，曹魏的制度似乎略勝一籌。

四、結論——三國時期之社會變動

1. 士

余英時先生在“漢晉之際士之新自覺與新思潮”文中指出，「東漢中葉以前，士大夫之成長過程較爲和平，故與其他社會階層之殊異，至少就其主觀自覺言，雖存而尚不甚顯著。中葉以後，士大夫集團與外戚宦官之勢力日處於激烈爭鬥之中，士之羣體自覺意識，遂亦隨之而日趨明確」(註61)。按士較之與社會上其他人物，原本有其獨立異行的外在表現與內在觀念，經與宦官外戚衝突之激發，共同利害，很自然地形成自我團體，黨錮事件士受害最烈，也是士互相奧援，急速交流的高潮。兩漢已發展出若干士族，論者多矣！然尚有未如兩晉南北朝般的門第社會。公私立教育盛行，社會上亦許許多多單士，黨錮列傳中有許多人是未曾任官的「處士」，跟隨這次運動的主要後援隊——太學生，僅是官吏候選人，亦屬「處士」。這些人物之中，有許多人是平民出身，至少在東漢末葉士族與單士的界線分別不大。也就是說當時職業間的階級意識較濃，同職業中地位高下的意識較淡(註62)。捲入黨錮事件的士，紛返故里，他們是社會領袖，有社會勢力。黨錮也者，禁錮終身不得爲仕之意，在學而優則仕的時代，是嚴重的處罰。漢政府既已無門而入，他們等待其他機會。三國之際，天下大亂，羣雄並起，各方爭相吸收社會勢力，以爲爭天下的資本；士遂流入各勢力集團之中，從下列統計中，可發現在魏蜀吳初期政權中，單士在平民出身的官吏中所占比例甚高。

	文士		未詳		其他		平民官吏
	數量	百分比	數量	百分比	數量	百分比	總數
曹魏初期	35	47.3	19	24.3	20	28.4	74
孫吳初期	11	35.5	4	12.9	16	51.6	31
劉蜀初期	20	42.5	10	21.2	17	31.3	47

黨錮事件促進士的自我團體凝結力甚大，他們散居各方，仍維持往來，如受孫氏重用的張昭「與瑯琊趙昱、東海王朗俱發名友善……昭每得北方士大夫書疏…」(註63)，張紘「建安四年，策遣紘奉章至許宮，留爲侍御史，少府孔融等皆與親善」(註64)，「紘至與在朝公卿及知舊述策材略」(註65)，吳國會稽餘姚虞翻與孔融書信往返，討

註61 參見余英時「漢晉之際士之新自覺與新思潮」刊於新亞學報第四卷。p.p.26

註62 例如時黃憲世貧窮，父爲牛醫，潁川荀淑、同郡陳蕃、周擧皆對黃憲甚尊敬，語見後漢書黃憲傳。

註63 吳志卷七張昭傳文。

註64 吳志卷八張紘傳文。

註65 同註64裴注引吳書曰文。

論經學（註66）。劉蜀尹默與荆州士大夫交往頗深（註67），另一位劉巴「交四海英雄」拒「與兵子(張飛)共語」（註68），劉巴所謂四海英雄是持張昭、陳羣等。蜀政權中許靖亦未脫離與中原士大夫交往（註69）。空間與時間都能維持久遠，有賴於內在因素，世說新語中記載的漢晉間士大夫逸聞佚事，充份表露出他們蘊含着一股精神體，亦卽如陳寅恪錢穆先生所強調的學術品德（註70）。

單士之成爲士族、士族之繼續發展，其主流仍應從曹魏政權中探索，五井直弘氏從中古士族血緣來觀察，後漢與曹魏之間有斷層現象，而兩晉以降的士族大都源於曹操「辟召」的人物（註71）；此事實應從另一角度解釋這批人物(兩晉南北朝士族)從學術文化背景看，其脈絡應上溯黨錮人物，當時他們多數是在野身份。曹操勢力初期以譙沛地方豪族爲主體，得荀彧以後，經彧之推薦遂有大量士大夫加入。對曹操而言，是政權基礎的擴大，對士大夫而言，隨着許昌政權的穩定，原本在漢朝未能求得的名位，終於實現，也就是說他們由在野步入從政，由社會領袖的身份兼具政治領袖的身份，是單士的上升，亦是士族的繼續發展。嘉平年間司馬懿勝曹爽的政潮，代表着傳統王朝功臣嗣襲方式的挫折，具有學術文化精神體的士大夫，進一步發展，單士成爲官僚，再成爲士族。往昔他們的自我意識，今日又可在排外的作法上表現出來，九品中正制是也。

2. 地方豪族

曹操集團初期勢力之形成，深得地方豪族之助，並成爲曹魏政權中的重要支柱，前文已有論及。漢末天下大亂，中原或四戰之地受禍最烈，單士較易於四散避難（註72），

註66　吳志卷十二虞翻傳。

註67　蜀志卷十二尹默傳。

註68　蜀志卷九劉巴傳語。

註69　蜀志卷八許靖傳。

註70　參見陳寅恪「隋唐制度淵源略論稿」「唐代政治史述論稿」。錢穆「略論魏晉南北朝學術文化與當時門第之關係」

註71　五井直弘「曹操政權の性格について」。

註72　參見龐聖偉「論三國時代之大族」第五章。

地方豪族大都以田地產爲基業，遷徙困難，然兵燹可怕，安危可慮，如潁川荀氏在本文分類雖列爲士族，其遷移宗族的記載，可作地方豪族的寫照，魏志卷十荀彧傳曰：

(彧)謂父老曰：潁川四戰之地，天下有變，常爲兵衝……獨將宗族至冀州，從韓馥留者，後多爲董卓將李傕所殺略焉。

蜀志卷八糜竺傳亦云：

糜竺，東海朐人也，祖世貨殖僮客萬人，貲產鉅萬。（裴注引搜神記曰：竺歎曰：人生財運有限，不得盈溢，懼爲身之患，時三國交鋒，軍國萬倍，乃輸其委物車物以助先主劉備」，黃金一億斤，錦繡氈罽積如丘壠，駿馬萬疋…。」

劉備勢力極蹙，願依附的地方豪族遠不如曹操之多，此在上章已有細論。然淮、泗之地，地近江東，南方沃野萬里，少戰爭，南下依孫氏者衆多。魯肅的想法可代表其心聲，吳志卷九魯肅傳云：

(肅曰)中國失綱，寇賊橫暴，淮、泗閒非遺種之地，吾聞江東沃野萬里，民富兵強，可以避害……相率渡江往見（孫）策。

歷代新王朝之建立，若經戰爭而有天下者，常有這一類的地方豪族依附，成爲後來的開國功臣，封侯賜爵，傳綿若干世。以地方豪族而論，這是家族地位之上升，一躍而成爲士族。這類人雖升爲士族，但與經術傳家而來的士族稍有差別，兩者仍有衝突，曹魏政權中譙沛集團與潁汝集團間的政事，卽其例也，當然，譙沛集團之失勢，並非表示這一類的士族完全被排除於統治階級之外，事實上有一部份仍在兩晉南北朝扮演次級士族的角色，如曹氏、夏侯氏。然而，繼續能够留在統治階級中的士族(由地方豪族晉升的士族)，必須隨着這個時代的潮流——士族化、官僚化，失去其原來的性格。

3. 其　　他

以吏身份上升者，魏初期得十五人，占平民官吏百分之二十點三；吳得六人，占平民官吏百分之十九點三；蜀得五人，占平民官吏百分之十點七。儒吏之辭，屢見於漢代的言論中，本文不作討論。然自儒家興起，吏的機會日減。以兵的身份上升者，魏，初期得二人，占平民官吏百分之二點七；吳得七人，占平民官吏百分之二十二點六；蜀得五人，占平民官吏百分之十點七。其他俠盜共得二人 ，道得二人 ，農得一人。凡此皆開國之際上升者。

。　。　。

綜上所述，在三國時期單士與地方豪族的動態，可由下圖示之：

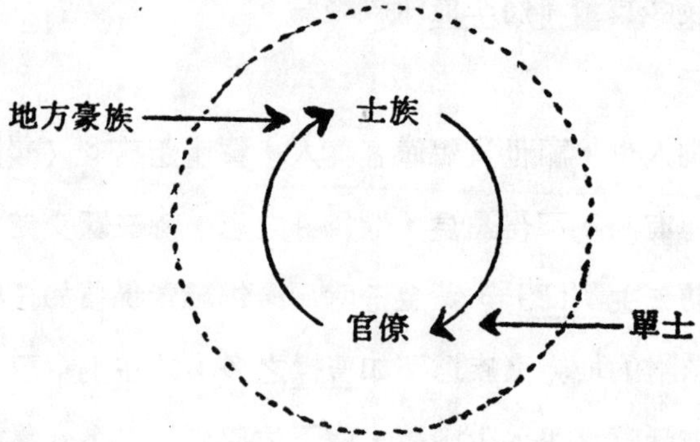

士族與官僚互轉，融合成中古的統治階層，這個核心的外殼(虛線)，越變越硬，三國以後的單士與地方豪族漸漸無法打入，門第社會於焉成立，而三國時期是中古七百年門第社會的上坡面。

附記：本文係綜合『漢唐間士族性質之轉變』稿及『我國中古統治階層社會成分之變動197—906A.D.』兩稿有關三國部份而成，該兩稿在寫作期間曾先後獲一九七二年度及一九六六年度「國科會」研究補助。謹此申謝。

後漢書集解　三國志集解　晉書斠注　華陽國志　世說新語
嚴耕望　中國地方行政制度史　史語所專刊之四十五
薩孟武　中國社會政治史第一册第二册　三民書局
錢　穆　「略論魏晉南北朝學術文化與當時門第之關係」新亞學報五卷二期
龐聖偉　「論三國時代之大族」新亞學報六卷一期
勞　榦　「漢代的豪彊及其政治上的關係」　清華學報慶祝李濟先生七十歲論文集上册「論東漢時代的世族」
學原卷三第三、四期
陳寅恪　隋唐制度淵源略論稿　史語所專刊　唐代政治史述論稿、史語所專刊
許倬雲　「西漢政權與社會勢力的交互作用」　史語所集刊第三十五本
「三國吳地的地方勢力」　史語所集刊第三十七本上册
孫國棟　「唐宋之際社會門第之消融」　新亞學報四卷一期
陶元珍　「三國吳兵考」　燕京學報第十三期
高亞偉　「孫吳開闢蠻越考」　大陸雜誌七卷七、八期
金發根　「東漢黨錮人物的分析」　史語所集刊第三十四本下册
「塢堡溯源與兩漢的塢堡」　史語所集刊第三十七本上册
牟潤孫　論魏晉以來之崇尚辯談及其影響　香港中文大學
何啓民　「中古南方門第與郡朱張顧陸四姓之比較研究」　政大學報第二十七期
余英時　「漢晉之際士之新自覺與新思潮」　新亞學報四卷一期
王伊同　五朝門第　金陵大學中國文化研究所叢刊乙種
毛漢光　兩晉南北朝士族政治之研究　中國學術著作奬助委員會叢書
唐代統治階層社會變動　影印博士論文
濱口重國　秦漢隋唐史の研究　東京大學出版會
狩野直禎　「蜀漢政治の構造」　史林 42—4
「後漢末の世相と巴蜀の動向東洋史研究 15—3
宮川尙志　六朝史研究政治、社會篇　日本學術振興會刊
「三國吳の政治と制度」　史林 38—1
岡崎文夫　魏晉南北朝通史
宮崎市定　九品官人法の研究　京都大學
好並隆司　「曹操の時代」　歷史學研究 207
志田不動麿　東洋中世史　平凡社
宇都宮淸吉　評岡崎博士著「南北朝における社會經濟」　東洋史研究 1：3
矢野主稅　「門閥貴族の系譜試論」　古代學 1—7
五井直弘　曹操の政權について　歷史學研究
川勝義雄　「シナ中世貴族政治の成立について　史林 33—4
「貴族制社會と孫吳政權下の江南」　中國中世史研究 6

上田早苗 「巴蜀の豪族と國家權力」 東洋史研究 25—4

Ch'en Ch'i-yün "The Rise and Decline of the Hsün Family (ca 100–300 A.D.): A Case Study of One of the Aristocratic Families in the Six Dynasties"
—International Conference on Asian History, University of Hong Kong 1964.—

出自第四十六本第一分(一九七五年十月)

從中正評品與官職之關係論魏晉南朝之社會架構

毛　漢　光

趙翼二十二史劄記卷八九品中正條云：

> 溫嶠已爲丹陽尹，平蘇峻有大功。司徒長史以嶠母亡，遭亂不葬，乃下其品。是已入仕者，尚須時加品定，其法非不密也。且石虎詔云：『魏立九品之制，三年一淸定之。』亦人倫之明鏡也。先帝（疑第字）黃紙，再定以爲選舉，今又閱三年主者更銓論之，是魏以來尚有三年更定之例，初非一經品定，卽終身不改易，其法更未嘗不詳愼也。

按中正評品（或曰鄉品）與初仕官之關係，日本學者已有精闢的研究（註 1），不在本文討論範圍。趙翼之言，引發起已入仕者之中正評品與其官職之間的對應關係。中正評品之標準，是「其有言行修著，則升進之，或以五升四，以六升五；倘或道義虧缺，則降下之，或自五退六，自六退七矣！」（註 2），曹魏末年（咸熙二年）晉王司馬炎令諸郡中正以六條舉淹滯爲「一曰：忠恪匪躬。二曰：孝敬盡禮。三曰：友于兄弟。四曰：潔身勞謙。五曰：信義可復。六曰：學以爲己。」（註 3）；而官職升降之標準，係據考課之法。又兩者主持人亦不同；中正評品係由州郡大小中正將人物評定後，呈上司徒左長史、司徒；而官職升降之程序係由各長官考課，再由尚書吏部郎、吏部尚書、偶或錄尚書吏部者主持之。標準旣不同、主持人亦異，在同一個選舉制度之中，難免出現不協調現象，其權限如何劃分、其權力消長的演變又如何等問題，不僅是一個純政治制度問題，抑亦屬中古門第社會的重要課題之一。

註 1：參見宮崎市定九品官人法の硏究頁105—219。矢野主稅「魏晉中正制の性格について一考察—鄉品と起家官品の對應を手掛りとして—」刊於史學雜誌第72編第 2 號，頁 1—47。宮川尙志六朝史硏究政治社會篇第四章中正制度の硏究第四節西晉の中正制度，頁277—283。

註 2：通典卷十四選舉條杜氏括中正條。

註 3：晉書卷三武帝紀。

茲先從中正的立場觀察：若中正將已入仕者的中正評品提高或下降，其官職是否相對地變遷？若任用官完全依據中正評品的升降、而對已入仕者之官職作相對地調動，則中正的權限勢將凌駕於任用官之上？若任用官不理會已入仕者中正評品之升降，則所謂中正評品與官職之間的對應關係，是否祇限於初任之時？

西晉武帝末惠帝初的李含，常被中外學者引作研究九品中正制的例子，值得再予推敲，晉書卷六十李含傳云：

> 李含字世容，隴西狄道人也。僑居始平，少有才幹，兩郡並舉孝廉。安定皇甫商，州里年少，少恃豪族，以含門寒微，欲與結交，含距而不納，商恨焉。遂諷州以短檄召含爲門亭長。會州刺史郭奕素聞其賢，下車擢含爲別駕（八品官），遂處羣僚之右。尋舉秀才，薦之公府，自太保掾（七品官）轉秦國郎中令（六品官）。司徒選含領始平中正。秦王柬薨，含依臺儀葬訖，除喪，尚書趙浚有內寵，疾含不事已，遂奏含不應除喪。本州大中正傅祇以名義貶含。中丞傅咸上表理含曰……帝不從，含遂被貶退割爲五品〔通典卷八十八引傅咸又理李含云：中正龐騰無所據仗，貶含品三等……〕。歸長安，歲餘，光祿差含爲壽城邸閣督（九品官），司徒王戎表含曾爲大臣，雖見割削，不應降爲此職，詔停，後爲始平令。

秦王柬死後無子，由弟吳王之子鄴嗣，鄴即愍帝也，羣臣於「永嘉六年九月辛已奉秦王爲皇太子……」(註4) 含去職歸長安，其原因與新舊秦王交替及割品皆有關連。自此案發生以後，李含似已失去始平中正之職。含被貶三等，退割爲中正評品的第五品，在未降品以前若爲中正評品之第二品，官拜秦國郎中令（六品官），完全合於宮崎市定氏鄉品二品任官六品之說。含歸長安後，歲餘，光祿將差含爲壽城邸閣督（九品官），亦合於宮崎氏鄉品五品任官九品之說(註5)。然中正之降品所引起的影響並非絕對的，司徒王戎表奏李含曾爲大臣(註6)，雖見割削（爲中正評品第五），反對

註4：參見晉書卷六十四秦獻王柬條及同卷吳敬王晏條。引文見同書卷五孝愍帝紀。

註5：參見宮崎市定九品官人法の研究頁110。

註6：李含曾任秦國郎中令。晉書斠注卷六十四武十三王傳秦王柬條：「於諸子中尤見寵愛，以左將軍居齊獻王故府，甚貴寵，爲天下所屬目……太康十年，徙封於秦，邑八萬戶，於時諸王封中土者皆五萬戶，以柬與太子同產，故特加之。」

降爲此職，此項任命遂「詔停」。未見含中正評品之恢復，後爲始平令（七品官）（註7），對於曾任秦國郎中令的李含而言，正應驗了中正評品下降，其官職亦隨之下降矣！

在魏晉九品中正制度之中，司徒之地位很特殊，他有審核州郡大小中正評品之權，但司徒王戎並未能變更皇帝決定貶含爲中正評品第五之裁決，王戎的建議，無非在中正評品第五的範圍之內，免降含任下限官職（壽城邸閣督），得到皇帝之同意，任含就中正評品第五之上限官職（始平令）。亦可見已入仕者中正評品與其官職之對應關係矣！

再以本文文首提及的溫嶠案件而言，其中更值得推敲，時在東晉初創，晉書斠注卷六十七溫嶠傳載：

> 〔司空劉琨〕乃以爲左長史，檄告華夷，奉表勸進〔晉元帝〕……屢求反命不許……。除散騎侍郎〔御覽二二〇晉中興書曰肅祖（元帝）以溫嶠爲散騎常侍侍講。虞預晉書亦曰散騎常侍。〕初，嶠欲將命，其母崔氏固止之，嶠絕裾而去，其後母亡，嶠阻亂不獲歸葬，由是固讓不拜，苦請北歸，詔三司八坐議其事，皆曰：『昔伍員志復私讎，先假諸侯之力，東奔闔閭，位爲上將，然後鞭荆王之尸。若嶠以母未葬沒在胡虜者，乃應竭其智謀，仰憑皇靈，使逆寇冰消，反哀墓次，豈可稍以乖嫌，廢其遠圖哉？』嶠不得已乃受命。

溫嶠是劉琨的重要僚屬（司空左長史），也是劉琨的親戚，劉琨妻即嶠之從母（註8）司馬睿稱帝江左，固由於王敦王導等之力，劉琨領銜一百八十位北方牧伯上表勸進，是重要的助力（註9）。溫嶠負這項重要使命，從其不顧母崔氏之阻止，毅然南下，對瑯琊王睿必有很強的向心力，同時亦極可能促成一百八十位北方牧伯連名勸進的幕後重要人物，對於元帝而言，他是忠臣。這種明朗的態度與重要的貢獻，在官吏考績升遷的標準方面，應屬上等條件，元帝任命他爲散騎常侍(三品官)，並不爲過。而在另

註7：通典卷三十七晉官品：「諸縣置令秩千石者第六品。諸縣置令六百石者第七品。」按縣令秩千石者皆屬特殊之縣。

註8：參見晉書卷六十七溫嶠傳文。

註9：語見晉書卷六元帝紀建武元年。及同書卷六十二劉琨傳。

一方面。中正評品以「言行修著」「道義虧缺」爲升降之標準；重孝道是當時最重要的項目，其例已不勝枚擧。溫嶠絕裾於先，適巧母喪，阻於敵，不克臨葬於後，乃犯了中正評品中最嚴重的一條項目。這兩種標準引起了衝突，「朝議頗有異同」（參見下文引虞預晉書）。從史書中看不出有黨派恩怨的因素，時人亦都知道溫嶠是格於客觀局勢而無法奔母喪，他們之間的異同是在爭執兩種不同的標準。如何解決呢？元帝命三司八座議其事。三司乃司徒、司空、太尉。八座是指六曹尚書、尚書僕射、尚書令；或五曹尚書、尚書左右僕射、尚書令（註10）。由於這件案子除了任用與中正評品之間的不協調以外，溫嶠是元帝的大功臣，故亦從中作有利的斡旋，晉書斠注卷六十七溫嶠傳斠注引虞預晉書曰：

元帝卽位，以溫嶠爲散騎常侍，嶠以母旣亡，逼賊，不得往臨葬。固辭，詔曰：嶠以未葬，朝議又頗有異同，故不拜，其令八座議，吾將折其衷。

其結果是溫嶠可以任散騎常侍，對於中正評品作如何交待，未有明文。又據晉書斠注卷七十八孔愉傳記載：

及蘇峻反，愉朝服守宗廟。初，愉爲司徒（左）長史，以平南將軍溫嶠母亡遭亂不葬，乃不過其品，至是（蘇）峻平，而嶠有重功，愉往石頭詣嶠，嶠執愉手而流涕曰：天下喪亂，忠孝道廢，能持古人之節，歲寒不凋者，唯君一人耳。時人咸稱嶠居公，而重愉之守正。

「晉司徒加置左長史，掌差次九品，銓衡人倫」（註11），孔愉「乃不過其品」，應指不通過其中正評品也。就是說得不到官職對照應有之中正評品品位。有二種可能性：其一原任官職如司空左長史與新任的散騎常侍之中正評品相同，溫嶠因母喪未歸葬而遭受降品（類此例子甚多），因此不合上任新官之例；其二，司空左長史之中正評品較低，散騎常侍之中正評品較高，因溫嶠在孝道上有缺點，自不應升其中正評品，故嶠無法獲得散騎常侍應需之中正評品；而以前者之可能性較大（註12）。二種可能都表示出中正評品與官職升降有不協調。從上文所引孔愉傳內容看，似乎溫嶠雖任散騎常侍，其中正評品仍未通過，這種中正評品與官職之間不對應的現象，是九品中正制所

註10：參見晉書卷二十四職官志。

註11：通典卷二十總敍三師三公官屬。

註12：按司空左長史與散騎常侍皆可以中正評品第二出任之。參見註1各篇。

不許可的，所以要以皇帝的特詔行之。世說新語尤悔篇曰：

> 溫公初受劉司使勸進，母崔氏固駐之，嶠絕裾而去。迄於崇貴，鄉品猶不過也。每爵皆發詔。

此處爵字應作廣義的解釋，指「每次任官」也。

再從任用官的立場觀察：若已入仕者其官職品位上升或下降，中正評品是否隨之升降？若中正評品隨之升降，則所謂以「言行修著」爲標準的中正評品，其功效僅限於未仕之前，入仕以後將完全取決於吏部。若不隨之升降，理論上將出現官拜第一品的公卿，其中正評品仍居第九的不協調現象？

西晉初衞瓘奏論九品中正制度之中有一段記載，晉書卷三十六衞瓘傳：

> （九品中正）其始造也，鄉邑清議，不拘爵位，褒貶所加，足爲勸勵，猶有鄉論餘風。中間漸染，遂計資定品，使天下觀望，唯以居位爲貴。

通典卷十四選舉二：

> 於時雖風教頽失，而無典制，然時有清議，尚能勸俗。陳壽居喪，使女奴丸藥，積年沉廢，郗詵篤孝，以假葬違常，降品一等，其爲懲勸也如是。其後中正任久，愛憎由己，而九品之法漸弊，遂計官資，以定品格，天下惟以居位者爲貴。

通典中所謂「遂計官資，以定品格，天下惟以居位者爲貴」，比衞瓘所謂「遂計資定品，使天下觀望，唯以居位爲貴」，更明顯地指出其中關係，可解釋成已入仕者之中正評品，隨着官職之上升而上升，這種依附官資而作中正評品之調整的對應關係，在當時除了發生特殊事件之外，可能是政治社會體系中的常態。衞瓘所謂「中間漸染，遂計資定品」，與杜佑引文「九品之法漸弊，遂計官資，以定品格」，是有感於鄉擧里選遺風遭到侵染，對此事作出的價値論斷，從而亦反映出演變中正「計資定品」的蛛絲馬跡。宋寒素朱幼及劉係宗的官歷事蹟，則是寒素人物中正評品與其官職對應關係之旁證（註13）。

官職貶退是否亦引起中正評品之下降，若依照矢野主稅氏鄉品與官位較彈性的初

註13：詳見本文後段之引證與分析。

仕對應關係（註14），則殊少會發生這種可能，矢野氏之說，中正評品（鄉品）二品者任官五品、六品、七品，公卿被貶落七品以外而任八、九品官職者，在門第色彩濃厚的魏晉南北朝時代，似乎難尋其例，故這種情況不得而知。矢野氏的彈性對應關係是綜合若干實例而來。或許在當時運用上一方面要顧及中正評品與官職對應關係，一方面要使得制度能靈活運用的必須然演變罷！

中正評品是一種資格，有資格者並不一定在任何時期皆可任官，然一旦被任某官職，就必須具有中正評品的對應地位。去官罷職，宦海沉浮，並不由此而涉及中正評品之升降。此理甚明。

關於中正與任用官之權限不清，而引起兩者間權力上之衝突，在曹魏末已有人很明白地指出。三國志魏志卷九夏侯玄傳云：

> 奚必使中正干銓衡之機於下，而執機柄者有所委杖於上，上下交侵，以生紛錯哉？中正則唯考其行迹。別其高下，審定輩類，勿使升降。

九品中正制度起源於魏文帝時，一般而論在魏末西晉之際，九品中正制還未完全失去其原意；即中正評品以品德爲最重要的標準（註15），並藉此以達勸勉之效，個人的後天修爲應該是原意的主要內容。其法先由訪問、清定收集資料（註16），中正定品後呈司徒府。「三年一清定之」（註17），正如趙翼所言，「初非一經品定，即終身不改易」。個人的行蹟是中正查詢的基本對象，即令同胞兄弟，其中正評品不一定完全一（註18）

註14：參見矢野主稅「魏晉中正制の性格について一考察—鄉品と起家官品の對應を手掛りとして」頁45。

註15：參見晉書卷四十六李重傳例、同書卷八十六張軌傳例。及同書卷三十六衛瓘傳之語。

註16：參見晉書卷三十六劉卞傳載：「訪問令寫黃紙一鹿車。卞曰劉卞非爲人寫黃紙者也。訪問知，怒言於中正，退爲尙書令史。（御注引初學記二十一王隱晉書…訪問：案，卞罪下品二等，補尙書令史）「。又參考楊筠如九品中正與六朝門閥頁26—27。
又參考宮川尙志六朝史研究頁272—274。

註17：晉書卷一〇六石季龍載記：「下書曰……魏始建九品之制，三年一清定之。」

註18：參見矢野主稅」魏晉中正制の性格についての一考察」云：曹魏末司馬氏近親系統初仕官自三品至八品官不等，如按中正評品與初仕官有對應關係，則其中正評品並不一致。對這個現象之解釋，宮川尙志認爲魏時中正評品與初仕官尙未有關係（六朝史研究第四章），矢野主稅認爲中正及其評品成立較後，陳羣初初創是九品官職。宮崎市定傾向於官品九品與中正評品九品同時成立（九品官人法の研究頁 92 —96）。著者以爲當時以個人品德作爲評定的標準，仍然存在。例如宣帝子駿（第七子宗室之中，最爲儁望」魏景初中封平陽亭侯，齊王芳立，年八歲爲散騎常侍（三品官）」（晉書斠注卷三十八扶風王駿傳）。成爲初仕官最高者。

様，在這種情況之下，中正在運用評判權時，高下很有出入，中正對個人官宦前途之影響，遂顯得格外鉅大。故在初期中正的權限似有凌駕吏部之上的現象。例如晉書斠注卷四十八段灼傳云：

今台閣（指吏部）選舉，徒塞耳目，九品訪人，唯問中正。

參照夏侯玄所謂「中正則考其行迹，別其高下，審定輩類，勿使升降」。似乎中正對於初仕者、已入仕者之升降，有很大的權力。

凡一種甄選標準不固定的制度。當其演變之時，有力量的人常常抓住這個弱點，侵蝕選舉制度，以此作爲保障、甚至於擴張本身權益的工具，九品中正制度是很好的例子（註19）。然其間主流自暗而明、支流若隱若顯，一條條脈絡皆需整理，方不致於掛一漏萬，以偏概全。原來九品中正制度之演變趨向，極其複雜，初不限於所謂「門第」一個因素而已。大體有三種因素：其一，是權貴爲其子弟開辟仕進之途。其二，是門第之發展。其三，是品學之強調。這三種屢有重叠面，但究其精髓，皆有獨特的內容。

權貴本身的中正評品，若非特殊事件，應是「計資定品」之對應關係。然而對於權貴子弟的評品作何規定，制度原無固定的辦法。然子弟因父兄之權位而獲得有利的中正評品，是極易推想之事，尤其在中正之權限如此地具有彈性，評品標準又如此地模稜不清的制度之中。故九品中正制度成立後的第一個演變，當有利於權貴子弟，西晉人對於這個現象討論者甚多，晉書卷四十八段灼傳：

今台閣選舉，徒塞耳目。九品訪人，唯問中正。故據上品者，非公侯之子孫，則當塗之昆弟也。二者苟然，則華門蓬戶之後，安得不有陸沉哉？

晉書卷四十一劉寔傳崇讓論曰：

官職有缺，主選之吏，不知所有，但案官次而擧之，同才之人先用者，非勢家之子，則必爲有勢者之所念也。

此條所謂「官次」，當指其父兄之官職。下列劉頌之言，更可見初期演變痕跡，晉書卷四十六劉頌傳疏中語：

註19：有關九品中正制被世家大族利用的論說，參見唐長孺「九品中正制度試釋」及宮崎市定九品官人法の研究頁 168「九品官人法の貴族化」。

自嘉平之初，晉祚始基，逮于咸熙之末，其間累年，雖鈇鉞屢斷。翦除凶醜，然其存者，咸蒙遭時之恩，不軌於法。泰始之初，陛下踐阼，其所服乘，皆先代功臣之胤，非其子孫，則其曾玄。

嘉平政變，司馬懿殺曹爽，是奠定晉政權的關鍵。這些功臣可能在晉室放縱的政策之下，侵蝕九品中正制度，亦可能是司馬氏有意的安排，以不露痕跡的手法，整肅親魏者（註20）。無論基因是前者、後者、或兩種因素都有，皆以九品中正制為工具，而九品中正制度的初步演變，遂注入了濃厚的權貴因素。

權貴並不一定是「世族」或「士族」，權貴是政治地位，高居公位的人物之中，如石苞曾販鐵於市，並無顯赫的家世（註21）。鄭冲，榮陽開封人，是「起自寒微」，他這支可能在當時亦非顯赫門戶（註22）。山濤亦非大族出身者（註23）。當然，世家大族或士族也可能是高官重臣，這是自東漢以來的發展趨勢。所以權貴與士族的重疊面愈來愈大。然而，本文亟需指出之點，乃是在魏末西晉之際，仍沒有發展成以門第作為定品之跡象。以權貴作為選舉標準與以門第作為選舉標準，兩者間差之毫釐，其意義上將謬之千里。前者的變動重心掌握在政治統治者之手，在政治統治者的利益之下，決定個人或家族之消沉。後者形成門閥政治。當二者重疊程度加大時，很難看出其中之差異；當二者漸漸錯開時，便可察知其本質之差異，唐代是權貴與門第漸漸在統治階層錯開的例子（註24）。曹魏西晉之際，「以位命賢」與「以族舉德」的風氣漸次發展。劉毅名言「上品無寒門，下品無勢族」（註25）；「勢族」二字有兼容並包「勢」與「族」之意，也可由此看出這二條潮流在魏晉之際發展的蛛絲馬跡。

寒素在曹魏西晉時並非全然沒有仕進的機會，這是拜九品中正制度原意之賜，至

註20：矢野主稅「魏晉中正制についての一考察」認為晉宣帝加置大中正以後，中正制自平面變為立體，成一系統。而與排除親魏者有關。

註21：參見晉書卷三十三石苞傳。

註22：參見晉書卷三十三鄭冲傳。

註23：參見晉書卷四十三山濤傳。及徐高阮「山濤論」。

註24：參見拙文「敦煌唐代氏族譜殘卷之商榷」。

註25：引文係晉書卷四十五劉毅傳語。

宋書卷九十四恩倖列傳序引劉毅所云：「下品無高門，上品無賤族」。

少在制度演變的初期還沒有把品德因素完全忽視。如霍原事例之辯論之中，似乎選擧有「寒素」之科。晉書卷四十六李重傳：

時燕國中正劉沉擧霍原爲寒素，司徒府不從，沉又抗詣中書奏原，而中書復下司徒參論。司徒左長史荀組以爲寒素者當謂門寒身素，無世祚之資。原爲列侯，顯佩金紫，先爲人間流通之事，晚乃務學，少長異業，年踰始立，草野之譽未洽，德禮無聞，不應寒素之目。重奏曰：案如癸酉詔書，廉讓宜崇，浮競宜黜，其有履謙寒素，靖恭求已者，應有以先之，如詔書之旨，以二品繫資，或失廉退之士，故開寒素以明尙德之擧……且應二品，非所求備，但原定志窮山，修述儒道，義在可嘉，若遂抑替，將負幽邦之望，傷敦德之教，如詔書所求之旨，應爲二品，詔從之。

文中指中正評品二品「繫資」，「或失廉退之士，故開寒素以明尙德之擧」。這應該是「癸酉詔書」之旨。同時也反映出當時選擧之主支流現象。再者如太平御覽卷二四三引晉中興書祖納「少持操行，以門寒品能，清言名理」之例，尙有門寒品能之可能性。

魏晉之際，縱然有程度之分，權貴、門地、品學等三項標凖，同時影響着選擧。中正評第爲第二品者，是人臣之最高評價（註26），從當時「二品」所表示的內容分析，似亦包羅多項因素。宋書卷六十范泰傳有云：

昔中朝助教，亦用二品，潁川陳載，已辟太保掾，而國子取爲助教，卽太尉淮之弟。所貴在於得才，無繫於定品，教學不明，獎厲不著，今有職閑而學優者，可以本官領之。門地二品，宜以朝請領助教，旣可以甄其名品，斯亦教學之一隅。其二品才堪，自依舊從事。

泰上表時間，在宋開國之次年，身份是光祿大夫加散騎常侍、領國子祭酒。原意是要提高國子助教的人選。潁川陳氏是三國時的大族之一，唯魏末西晉似還沒有「門地二品」之選格，雖然陳載是一個重疊門第與權貴爲一身的人物，按范泰行文語氣的重點，陳載之「二品」，應與乃兄太尉陳淮（凖）相連，亦卽含有本文所謂「權貴」因

註26：史籍中尙未發現何人被評爲中正評品第一的明確記載。宮崎市定從司馬炎的事蹟與初仕官觀察，認爲可能是中正評品第一，參見九品官人法の硏究頁 111。

素是也。在范泰上書之中，得三種中正評品「二品」。其一是陳載以父兄權貴而列中正評品二品。其二是「門地二品」。其三是「二品才堪」。「二品才堪」似應捨權貴與門第二因素之外，而具有才德之人而言。范泰提高國子助教人選之法，乃以這三種中正評品「二品」人物兼任國子助教，如像太保掾（七品）的陳載兼國子助教（八品）；以「門地二品」任奉朝請（六品）者兼國子助教（八品）；及以「二品才堪」者依舊從事。所謂依舊從事，已不可考。

門第雖然不是唯一因素，但却成爲愈來愈重要的因素，曹魏西晉以來，政治社會之發展便是以門第爲軸心地轉動着，「門地二品」之成立，已從優勢而趨凝固成制度，編列士族譜成爲選舉的依據，是門第發展到達頂峯。

按中正大都是士族子弟充任（註27），主觀的心理偏向與客觀的社會形勢皆足以使中正官注意到士族的利益，中正各有簿狀（註28），行使權力時參考士族的譜牒（註29）。唯初期僅引以選舉時有利的資料，並非「門地二品」，西晉末瑯琊王戎任「尚書左僕射領吏部……自經典選，未嘗進寒素、退虛名，但與時浮沉，戶調門選而已」（註30），似乎「門調戶選」還未成選舉的必然因素。由政府資助，大規模地撰編士族譜，則始於東晉太元中賈弼氏。册府元龜卷五六〇國史部譜牒云：

先是譜學未有名家，（賈）希鏡祖弼之廣百氏譜紀，專心習業。晉太元中，朝廷給弼之令史書史撰定譜，寫藏秘閣及左戶曹。

南史卷五十九王僧孺傳亦云：

始，晉太元中，員外散騎侍郎平陽賈弼篤好簿狀，乃廣集衆家，大搜羣族，撰十八州一百十六郡，合七百十二卷，凡諸大品，略無遺闕，藏在秘閣，副在左戶……。劉湛爲選曹，始撰百家以助銓序，而傷於寡略。

新唐書卷一九九柳冲傳載：

晉太元中，散騎常侍河東賈弼撰姓氏簿狀十八州百十六郡，合七百十二篇。甄

註27：參見拙著兩晉南北朝士族政治之研究頁 104，表十三兩晉南北朝中正官士族成分統計表。

註28：玉海卷五十引鄭樵曰：「魏立九品，置中正，州大中正主簿、郡中正功曹各有簿狀，以備選舉，晉宋齊梁因之」。

註29：玉海卷五十引晉陽秋：「初陳羣爲吏部尚書，制九格。登用皆由中正考之簿世，然後授任」。

註30：晉書卷四十三王戎傳語。

析士庶，無所遺。宋王弘劉湛好其書……湛爲選曹，譔百家譜，以助銓序，文傷寡省。王儉又廣之……。

撰成後藏在秘閣及左戶曹，是晉官方文籍聚集之所，稱爲「晉籍」(註31)。劉湛「景平元年召入拜爲尚書吏部郎」(註32)，范泰提及「門地二品」在永初二年，比劉湛「撰百家以助銓序」早二年以上。晉太元中賈弼撰百氏譜可視爲中央政府統一當時選擧官的簿狀。「門地二品」在東晉末期成立的可能性最大。

「門地二品」之成立，表示選擧制度已達到很殭化的程度，受影響最大的是既無社會地位又無政治地位的寒素。寒素之中亦有人才，爲達成政治社會上某些功能所必需，這種殭化後的制度，自不能有彈性地適應政治社會上各種情況。一個眞正的寒素(註33)，如有機緣入仕，不能沒有適當的中正評品以與其官職相對應，勳位之成立，補助這方面的需要。按勳位除通典職官志引列「三品勳位」以外，從唐六典中還可爬梳出若干可貴的資料，列擧如下：

例一。唐六典卷十四太常寺條太常陵令項：

宋太常統陵令。齊職儀每儀令一人，品第七，秩四百石。舊有三品勳位，(宋)孝建三年改爲二品。梁太常統陵監，其後改爲令，班第二，正第九。陳承梁制，秩六百石。

例二。唐六典卷十一殿中省條尙衣局奉御項：

文帝又置，初宋氏用三品勳位，明帝改用二品，準南台御史。

例三。唐六典卷二十六太子三師條，太子通事舍人項：

齊職儀，中庶子下有門下通事守舍人四人，三品勳祿，紱武冠朱服。……梁中庶子有通事舍人，又庶子下通事舍人二人，視南台御史，並一班，從九品，陳因之。

註31：南史卷五十九王僧孺傳：「晉咸和初，蘇峻作亂，文籍無遺：後起咸和二年，以至於宋，所書皆詳實，並在下省左戶曹前廂，謂之晉籍，有東西二庫」。

註32：參見宋書卷六十九劉湛傳。

註33：魏晉南北朝時期門望較高的家族常視門望較低的士族爲寒素，這是相對的看法，並非眞正的寒素，參見拙著兩晉南北朝士族政治之研究第一章第二節士族、小姓、寒素之劃分。眞正的寒素應如晉書卷四十六李重傳中荀組云：「寒素者：當謂門寒身素，無世祚之資」。

例四。唐六典卷二十七太子家寺條，太子僕主簿項：

齊職儀，太子僕主簿，四品勳位。

例五。唐六典卷二十七太子家寺條，太子率更令項：

齊職儀，太子率更令主簿，四品勳位。

例六。唐六典卷二十七太子家寺條，太子家令主簿項：

齊職儀，（太子）家令主簿一人，四品勳位。

例七。唐六典卷二十六太子三師條，內直局內直郎項：

齊職儀，太子有內直兵局內直兵史二人，五品勳位。

例八。唐六典卷十秘書省條，秘書令史項：

魏甲辰儀，秘書令史品第八。晉品第九。宋品第八。齊秘書令史品勳位第六。梁陳品第九。

例九。唐六典卷九中書省條，中書令史項：

魏置中書令史品第八。晉氏品第九。宋氏品第八。齊中書令史品(勳位)第六。梁中書令史、書令史，品皆第九。〔本條漏勳位二字，按中書令史不可能品列第六，參照例八所引，當知係勳位第六〕。

例一太常統陵令「舊有三品勳位，孝建三年改爲二品」，這個「舊有」時間非常模糊，宋孝武帝孝建以前的年號有文帝元嘉三十年，再前有少帝景平二年，再前就是武帝永初三年。孝建三年的「舊有」，可指劉宋之初期，當然亦可能早至東晉末葉。前文論氏族譜時曾云：由政府資助的賈氏（弼）百氏譜，在晉太元中撰定，時在東晉末葉，故若推定「勳位」之成立，是因「門地二品」出現後，使中正評品與官職對應關係運用不靈之故，至少在時間上頗爲適切。

又例一云：「舊有三品勳位，孝建三年改爲二品，梁太常統陵監，其後改爲令，班第二，正第九」，查隋書卷二十六百官志及通典卷三十七職官十九梁官品，二班項中有「帝陵令」，當指此。按二書梁官品流內十八班之末云：「位不登二品者又爲七班」，是卽流內十八班者皆屬中正評品之二品、或二品以上；然則此處二品是否包括「二品勳位」呢？　且先對照下列二例以研究之。宋書卷九十四恩倖列傳阮佃夫傳末附載朱幼傳云：

外監典事東陽朱幼……幼泰始初爲外監，配張永諸軍征討，有濟辨之能，遂官涉二品，爲奉朝請、南平太守、封安浦縣侯，食邑二百戶。

又南齊書卷五十六倖臣列傳劉係宗傳云：

劉係宗，丹陽人也。少便書畫，爲宋竟陵王誕子景粹侍書……泰始中爲主書，以寒官累遷至勳品，元徽初爲奉朝請兼中書通事舍人、員外郎、封始興南亭侯、食邑三百七十戶……轉右軍將軍淮陵太守。

宋書恩倖列傳與南齊書倖臣列傳都是記載「寒素」憑機緣入仕的事蹟。朱幼與劉係宗二人是同一時間人物，官歷又復類似。前者官涉二品，爲奉朝請；後者以寒官累遷至勳品，不久（元徽初與泰始七年僅隔泰豫一年），亦爲奉朝請。按宋奉朝請爲六品官。似勳品亦可任奉朝請。對照二人的事蹟而推測之，朱幼的「官涉二品」可能是「二品勳位」，而劉係宗的「勳品」亦可能是「二品勳位」。綜合觀之，例一「舊有三品勳位，孝建三年改爲二品」，例二「初宋氏用三品勳位，明帝改用二品」等例中所謂「二品」，當指「二品勳位」。而前述梁官品十八班之末云：「位不登二品者又爲七班」中所謂「二品」亦包含「二品勳位」。若如此，不但例一太常陵令「舊有三品勳位，孝建三年改爲二品，梁太常統陵監，其後改爲令，班第二，正第九」之行文通暢合理，抑且可使下列制度獲得合理的解釋。隋書卷二十六百官志及通典梁官品載：

流內一班	三品勳位（三品蘊位與三品勳位同級）
太樂令	太樂丞
太醫令	太醫二丞（三品蘊位）
左右尚方令	左尚方五丞
	右尚方四丞
太官令	太官四丞
南北武庫令	南北武庫丞（三品蘊位）
太史令	太史丞（三品蘊位）

丞屬三品勳位（或蘊位）；令秩流內一班，屬二品勳位。與帝統令屬二品勳位之說合。

所以，梁官品流內十八班末「位不登二品者，又爲七班」語中之「二品」，應泛指中正評品士人清貫(註34)中之二品及二品勳位；士人清貫實際上又分爲「寒微士人」由三品以上升至二品者及「門地二品」；如以中正評品、官職、社會階級三者間相關性而言，「二品」實有三種內容，分別對應三類人物。二品勳位者可任流內十八班之官職，可能是士人清貫殭化後的一種補救辦法，將眞正寒素另立一個系統，以與士人清貫區別，在晉宋之後門閥高度發展之時，極易理解(註35)。

從例一至例九所示，勳位有二品、三品、四品、五品、六品等，似祇有這五種，而以六品勳位爲最低。然著者推測勳位之成立，亦可能如士人清貫一般，分爲九等。七品勳位、八品勳位、九品勳位亦可能有，因官微而不見載。觀乎例八、例九之引文，六品勳位大抵是八品官職和九品官職，似非政治制度之末端人物，且各朝官品之末，皆有龐大數目的吏職，未書其品第，可能是七、八、九品勳位所任之職。關於這個看法，除推論以外，還有一個旁證以資參考，唐六典卷一三師三公尚書都省尚書省令史書令史條有云：

> 隋開皇初著令有流外勳品二品、三品、四品、五品、六品、七品、八品、九品之差。

勳位專爲寒素而設，勳位之內容包含中正對寒素之評品及作爲寒素之官階。勳位之出現，使若干機緣出身的寒素有所品第，而又可不與淸貫區別。因此之故，梁官品文末「位不登品者」語中所謂「二品」，實具有廣義的內容，同具「二品」資格者，其官職之「淸」「濁」就顯得非常重要了(註36)。九品官人法在這種巧妙的安排下，維持着中正評品與官職間之對應關係。

綜合上述之研究，玆擬構寒素勳位之系統表如下：

註34：淸貫語出於梁書卷四十九鍾嶸傳云：「軍官是素族，士人自淸貫」，本文權借此以表示士人（包括寒微士人）系統的中正評品。有關淸流、淸貫、淸級、淸官、淸階、淸華、淸顯、淸塗諸名詞資料之收集，請參見越智重明「南朝の淸官と濁官」。

註35：在同一時期士人在生活起居方面與寒素隔離區別的現象，是同一觀念之另一角度之表現，參見宋書卷五十七蔡興宗傳、宋書卷四十六張劭傳、南史卷三十六江斆傳等例。

註36：參見通典卷二十五職官十七祿秩條注：「當是其時更以淸濁爲差耳！」。又通典卷三十八職官二十陳官品文末云：「……其餘並遵梁制爲十八班，官數未詳，大抵其官唯論淸濁，從濁得官微，淸則勝於轉。」

勳位　〔一品〕(註37)　二品　三品　四品　五品　六品　七品　八品　九品

在士人清貫中正評品之九品之中，二品是重要的，自「門地二品」成立之後，凡士族皆屬二品，所謂「凡厥衣冠，莫非二品，自此以下，遂成卑庶」(註38)，亦卽自中正評品三品及三品以下，皆成卑庶之謂，此處「卑庶」仍屬相對的說法，事實上他們是「寒微士人」，「寒微士人」仍有機會上升爲二品，例如宋書卷四十三徐羡之傳云：

徐羡之，東海郯人也。祖寧，尙書吏部郞江州刺史，未拜，卒。父祚之，上虞令。……轉太尉左司馬……曰：吾位至二品，官爲二千石，志願久克。

行文語氣及父祖官歷，似不屬「門地二品」，引文「二品」係指中正評品。(註39) 又梁書卷三十八朱异傳：

朱异，吳郡錢塘人也。父巽，以義烈知名，官至齊江夏王參軍吳平令。………(异) 乃折節從師，遍治五經，尤明禮易，涉獵文史……。舊制年二十五方得釋褐，時异適二十一，特擢爲揚州議曹從事史。尋有詔求異能之士，五經博士明山賓表薦异。……仍召异直西省俄兼太學博士。

朱异不是甲族，亦非「門地二品」，屬於後門(註40)。按其父之官歷，原不及中正評品二品，因特詔擢爲揚州議曹從事史，按梁官品，此職屬於流內一班，亦是「二品」起家之職，所以朱异是特擢爲中正評品二品，亦卽前文所謂「二品才堪」之屬也。

梁武帝改制，「寒微士人」從流外七班任職，是社會階級之制度化。觀乎參軍、王國三令等官制自流外七班至流內一班之連續性，及通典卷三十八職官二十陳官品末云：

又流外有七班，此是寒微士人爲之，從此班者，方得登第一班。

又表示出清貫之啣接關係，而清貫自三品以降，除「寒微士人」之外，尙有許多稱呼

註37：一品勳位與清貫中之一品，是中古選制中的謎。

註38：宋書卷九十四恩倖列傳序文。

註39：參照宮崎市定九品官人法の研究頁 259。

註40：梁書卷一武帝紀齊末中興二年有云「中間立格，甲族以二十登仕：後門以過立試吏」。

（註41），著者名之曰「小姓」（註42）。

若如此，則當時社會階級可大分爲三，士族、小姓、寒素是也。梁武帝改制，使中正評品、官職、社會階級這三者間的對應該關係，更有了具體的安排。

綜合以上分析，得到下列初步結論：

一、中正評品與官職之間的對應關係，不限於初仕之時，在已入仕者官歷之中，這種關係一直存在着，且很受朝野之重視。

二、在中正評品每品之中，吏部命官有一定程度的上限和下限，俾使得中正評品不致隨快速的官職升降而無法同速率地調整，使制度更臻靈活，從這點而言，矢野主稅氏彈性對應關係之說，似乎較合於當時實情。

三、在官職沒有調動期間，未必受中正評品升降之影響而作即刻的升降。但每次官職調動時，中正評品對吏部的任命權是重大的限制。

四、吏部的標準與中正的標準不一致時，由大臣議定，最後甚至皇帝以詔書定之。

五、自「門地二品」出現（可能東晉末葉）以後，士族子弟皆成「門地二品」，選制對低層者殭化，勳位之出現，是維持寒素入仕對應關係之補救辦法。

六、魏晉中正評品「二品」有三個內容。卽：權貴子弟被評爲「二品」者、「門地二品」及寒素「二品才堪」。

七、南朝中正評品「二品」（卽梁官品十八班末所謂「二品」）亦有三個內容。卽：「門地二品」、（士族居之）、清貫二品（猶如魏晉間「二品才堪」但由「寒微士人」爲之）、及二品勳位（寒素任之）。

八、梁武帝改制，使魏晉南朝中正評品、官職、社會階級三者間的對應關係，表露在政治制度上。士族、小姓（寒微士人）、寒素等三大層次是當時主要的社會架構。

註41：有關不同的稱呼與不同的劃分辦法，參見越智重明「魏晉南朝の最下級官僚層について」。越智重明「梁の天監の改革と次門層。」宮川尚志「魏晉及び南朝の寒門、寒人」。宮崎市定九品官人法の研究頁 253「寒士の實態」。安田二郎「南朝の皇帝と貴族と豪族、土豪層」。

註42：參見拙著兩晉南北朝士族政治之研究頁 3「士族、小姓、寒素標準之劃分」。及拙著影印博士論文唐代統治階層社會變動頁21「分類與分期」。

參考書目

三國志集解　晉書斠注　宋書　南齊書　梁書　陳書　魏書　北齊書　周書　南史

隋書　新唐書　舊唐書　唐書合鈔

玉海　太平御覽　册府元龜

通典　唐六典　文獻通考

世說新語

趙翼　二十二史劄記　廣雅叢書

毛漢光　兩晉南北朝士族政治之研究　中國學術著作獎助委員會獎助出版

毛漢光　唐代統治階層社會變動　影印博士論文

徐高阮　「山濤論」　中央研究院史語所集刊第四十一本第一分

楊筠如　九品中正與六朝門閥　商務

嚴耕望　中國地方行政制度史　中央研究院史語所專刊之四十五

矢野主稅　「魏晉中正制についての一考察」　史學研究第八十二期

矢野主稅　「魏晉中正制の性格について一考察一鄉品と起家官品の對應を手掛りとして　史學雜誌第72編第2號

井上晃　「後魏姓族分定考」　史觀第九期

宮川尚志　「魏晉及南朝の寒門、寒人」　初刊於東亞人文學報第三卷第2號

宮川尚志　六朝史研究

宮崎市定　九品官人法の研究

越智重明　「南朝の貴族と豪族」　史淵第69期

越智重明　「東晉の豪族」　史淵第76期

越智重明　「州大中正の制に關する諸問題」　史淵第94期

越智重明　「南朝の淸官と濁官」　史淵第96期

越智重明　「梁陳時代の甲族層起家の官をめぐつて」　史淵第97期

越智重明　「梁の天監の改革と次門層」　史學研究第97期

越智重明　「魏晉南朝の最下級官僚層について」　史學雜誌第74編第7號

出自第四十六本第四分(一九七五年十月)

中國中古社會史略論稿

毛　漢　光

前　言

社會所表露的現象，林林總總，千頭萬緒；欲提綱挈領，抽絲剝繭，本已困難重重。而過去的社會現象，復由於史料缺乏，或史家記載角度不同，越增研究艱難。後人研究旣囿於材料，於是乎記載較詳部份常被細論，少見於記載者每被忽略，屢屢輕重失敍，難窺全豹。又國人記載歷史，有關政治活動者居多，社會史要從政治史中爬梳而得，一項社會發展，每困於政治史的斷代而不能通其變。在此一鱗半爪的社會史料裏，其能超越朝代更迭，點中演變關節，而爲社會史探出蛛絲馬跡如前輩陳寅恪先生者，鳳毛麟角。著者有見於社會史有其獨自發展的趨向與意義，多年來習作試探性論著七、八篇，普遍論及魏晉南北朝隋唐各代社會現象，思前慮後，尋其脈絡，今融會寫出，以就教於世人。

一如自然科學然，當新工具新觀念的出現，每每鼓舞人們追求新的發現。近代社會科學所採用的方法與觀念，激起著者重整社會史的動機，在資料許可的情況之下，本文儘量以客觀的量化以展示出種種社會現象，以減少主觀所引起的誤差。社會是變動的，今日的事物與昨日不同，明日又不同於今日，故動態觀念是研究本題的中心思想。

中國正史內容多偏於統治階層的活動，本文受此資料之限制，祇得把重心放在討論統治階層這一層次上，名雖曰社會史，實際上兼有政治史的內容，尤其集中在政治領域與社會領域的焦點上；故政治力與社會勢力之消長演變，常被用以說明種種社會現象的內在因素。社會史中的平民部份，亦甚重要，待收集足够資料後，再予細論。

本文所謂「中古」，是指東漢獻帝建安至唐昭宗天祐年間(公元197-906 A.D.)，本文並不欲捲入中國社會史分期的論辯之中，其所以取這七個世紀作為研究對象。乃依據本文量化之結果所示，漢末興起的那一類士族，在這段時期之中，連續性地占統治階層的絕對多數，構成一個共同社會架構也。

本文包括四大部分，即：中古統治階層之社會基礎、中古統治階層之社會成分、中古家族之變動、中古士族性質之演變。中間二章以量化為骨幹，首尾二章重視質的分析，希望能兩者並重，表裏相映。

第一篇 中古統治階層之社會基礎

(一) 統治階層與社會領袖

影響國家政治者可以是少數人，也可以是多數人，也可以是人民全體，端視其政體的不同及人民對政治的關心程度而有差異。然而揮舞政治權力和直接行政者恒是全體人民中的少數人而已。墨斯加氏的大著「統治階級」(Gaetano Mosca: The Ruling Class)[1] 裏，曾經討論分析了各種統治型態，就其整個貢獻而言，最被人們採信的一點乃是在於他强調統治者在各種政體中只是整個人口的少數人。這是一個平淡無奇不言而喻的見解，但也是研究社會科學的最基本認識，有了這種認識才不會被某些政治哲學家帶向理想，而作罔顧現實的研究。然則吾人要問，統治階層既屬整個人口的少數人，何以能順利地統治多數人？純武力的控制只能解釋為一時的現象，是當征服者或新建立王朝者的最初憑藉，但是一個政權若永遠憑藉其赤裸裸的權力是危險的，我們雖不可武斷地說這種方式不能保持長久，至少這種統治型態不會太穩固，被統治者誠然感到不舒服，統治者何嘗會高枕無憂。俗語云：「馬上得天下，不可馬上治天下」，顯然治天下與得天下的方法不同。統治階層既不能由多數人參與，則如何能得到多數人的支持呢？我國歷來採用的方法之一，是統治階層實施為大多數人的福利政策，孔子的仁政、孟子的民本思想是也。但是人民需要什麼？如何去實行？並非容易之事，統治者認為一種政策有利於人民，而實際上却常是擾民或害民，尤其在古代社會科學不發達，對於政治社會上若干問題沒有深刻的研究，民意不能很正確地表

1. Gaetano Mosca: The Ruling Class. McGraw-Hill Book Company. 1939

達，在這種社會裏，即令有心想把事情做好的統治者，有時也無形中做些害民之事，從這方面而言，從民間出身的人物，猜測人民的需要較爲準確，但是到了第二代以後，子孫們「生於深宮之中，長於婦人之手」，我們常常看到民間出身皇帝若干措施受到讚美，而末期皇帝不是暴君便是昏君，盡是做些害民之事，所以所謂仁政、民本的福利政策，尙屬學者們的理論階段。

另一種獲得大多數人支持的方法是引用社會領袖參與統治階層。社會中領導階層一方面是社會力量的中堅份子，一方面能反映社會一般需要，我國歷史上能夠安定社會及穩定政治者，大都採取或巧合了這種辦法。社會領袖在社會中所扮演的角色，使我們想起羅素在其「權力論」(Bertrand Russell: Power-A New Social Analysis)[1]第三章中所舉的例子——「即引誘羊羣上船，必須使用强力將其領袖拉過舷門，其餘的於是便自動的跟了上去」。當然人類比動物複雜得多，人的思想豐富，生活多姿多彩，長於某一方面者可能短於其他方面，也就是說某些地方是他的强點，某些地方可能是他的弱點，我們如果假定强點即是力量即是權力，則人類相互間的權力大小是如此地複雜，以致無法像動物一般地很明顯找出自然領袖來，但是社會領袖畢竟是有的，這需要從綜合力量的分析中獲得。綜合力量是多元的，正如羅素在「權力論」中所說：從社會意義上將權力分爲若干種，即僧侶的權力、帝王的權力、赤裸的權力、革命的權力、經濟的權力、輿情的權力、教條的權力等。我們融合羅素之意，可將權力分析爲下列幾種：(一)赤裸的權力：依羅素云，這種權力是剝去所有其他權力，最後所露的力量，亦即當人民尊敬或服從權力，而非爲其他任何理由時，其權力是赤裸裸的，如武力、如打手等。(二)傳統權力：人大多數是依習慣而生活，對於慣例常視爲當然，而不去想一下。傳統權力有習慣力量擁護它，它不須以理由肯定自已，也不須繼續證明，反對它却需要强大的力量，從這時就可發現傳統權力的存在。一般而論，第一代開國之君或憑武力，第二代即可能初具傳統權力。(三)知識權力與宗教權力：除了「知識即力量」以外，知識與宗教本身都被人們認爲有某些神秘性，一個社會裏知識及宗教權力的大小與該社會對其敬仰成正比。(四)經濟權力：由於經濟權力常常衍生其他權力，或表現在其他權力上，所以許多人相信經濟權力不是原始的，而

1. Bertrand Russell: Power-A New Social Analysis 王鳳喈譯本

是轉成的。但也有許多人認爲經濟因素是人類文化中最重要的基因，因此經濟權力也具根本性與原始性，(五)輿情權力。憑藉宣傳力量，製造出社會上共同的欲望、目標、價值標準，而使符合者獲得公認的價值，不符合者蒙受壓抑。

人類所擁有這些權力是複雜的，這種權力綜合的大小決定社會階層，拉斯威爾氏 (Harold D. Lasswell) 從事於權力的研究，他認爲社會上有許多有價值之物 (Available Values)，獲得較多者是傑出之士 (Elites)，獲得較少者便是人民大衆[1] (Masses)。「價值」是拉斯威爾所認爲產生權力的原素，他是以另一角度分析權力，然而其所指的 Influence 與羅素所謂 Power 在意義上有異曲同工之妙。而兩氏皆共認社會領袖是綜合某些優勢而產生的。

有關社會領袖的研究，自 Vilfredo Pareto 提出 Elite 觀念以來[2]，經 Gaetano Mosca 系統整理[3]，有 Thostein Veblen[4]、Joseph Schumpeter[5]、Ferdinand Lundberg[6] 等着重經濟角度分析，有 Harold D. Lasswell[7]、Raymond Aron[8] 等着重政治角度分析，有 Stanislav Andreski[9]，着重軍事角度分析，有 James Burnham 氏着重商業經理之分析[10]，有 S. N. Eisenstadt[11] 着重官僚之分析，有 Karl Mannheim 對智識方面之分析[12]，而 C. Wright Mills[13]、G. William Domhoff[14]、

1. Harold D. Lasswell: The Political Writing of Harold D. Lasswell. pp. 295.
2. Vilfredo Pareto: The Mind and Society. Brace and Company 1942
3. Gaetano Mosca: The Ruling Class McGraw-Hill Book Company. 1939.
4. Thostein Veblen: The Theory of the Leisure Class. Viking press paperback 1948. First published 1899.
5. Joseph Schumpeter: Imperialism—Social classes. World publishing company 11th printing 1971. First published 1955.
6. Ferdinand Lundberg: The Rich and Superrich. Bantam Book, Inc. 4th printing 1969. First published 1968.
7. Harold D. Lasswell: Politics—who gets, what, when, how. World publishing company 11th printing 1968. First published 1958,
   Harold D. Lasswell, D. Lerner and C.E. Rothwell: The Comparative study of Elites.
8. Raymond Aron "Social Structure and the Ruling Class"—British Journal of Sociology I. 1950.
9. Stanislav Andreski: Military Organization and Society. University of California press 1968.
10. James Burnham: The Managerial Revolution
11. S.N. Eisenstadt: The Political systems of Empires—The Rise and Fall of the Historical Bureaucratic Societies. Free press paperback 1969. First published 1963.
12. Karl Mannheim: Idealogy and Utopia. Harvest Book paperback. First published 1936.
13. C. Wright Mills: The Power Elite. Oxford Univesity press paperback 1959. First published 1956.
    C. Wright Mills: White Colar. Oxford University press 13th printing paperback 1964. First published 1951.
    Compiled by G. William Domhoff and Hoyt B. Ballard: C. Wright Mills and the Power Elite. Beacon press 1969. First published 1968.
14. G. William Domhoff: Who Rules America ? Prentice-Hall 1967.

及 Robert A. Dahl[1] 等氏對美國社會之研究，已綜合各種角度的 Elites 而論之。

以中國史爲研究 Elites 的著作，有許倬雲「先秦社會史論」[2]、Wolfram Eberhard: The Rulers and Conquerors: Social Forces in Medieval China[3]、何炳棣「明清社會史論」[4]、費孝通「中國的紳紳」(China's Gentry)[5]「農民與紳紳」(Peasantry and Gentry)[6]、張仲禮「中國紳紳」(Chinese Gentry)[7] 蕭公權「中國鄉村」(Rural China)[8] 都承認中國的紳紳在地方上是核心人物，對一般人民而言，他們是社會領袖，社會的上層人物，就是因爲紳紳綜合所有權力的平均力量較高。在我國中古——卽漢末宋前時期，擁有較大社會力量者亦卽社會階層的上層人物是士族及地方豪族。在漢朝崇尙儒術之後，上自帝王，下至庶民，皆以學術（尤其是儒術）爲高，士族擁有知識，受整個社會的敬仰。又自東漢以來，士族在政治上日占重要性[9]，累代官宦在地方上常是多世大族[10]，品德、才貌、官宦、一代代地累積着，自然產生羅素所謂的傳統權力，又不論官宦以前或官宦以後，每個大族常建立有龐大的經濟後盾，通常都以大地主的身份出現，這是支持其門望的物質基礎。從史料裏我們每常發現這些士大夫相互標榜，這種風氣自東漢末年就已流行，如「三君」「八俊」「八厨」等，好像整個社會中好人就只有他們幾個。不獨此也，他們似乎是社會上價值標

1. Robert A. Dahl: Who Governs? Yale University press 11th printing 1967. First published 1961.
2. 許倬雲 Ancient China in Transition, Stanford University Press, 1965. 關於這方面的論文還有：
   "西漢政權與社會勢力的交互作用" 史語所集刊第35本 1964。
   "三國吳地的地方勢力" 史語所集刊第37本上册 1967。
3. Walfram Eberhard 關於這方面的著作還有：
   Social Mobility in Traditional China 1962.
4. Ho, Ping-ti: The Ladder of Success in Imperial China-Aspects of Social Mobility. Columbia University press 1962.
5. Fei, Hsiao-t'ung: China's Gentry. Univesity of Chicago press 1953
6. Fei, Hsiao-t'ung: "Peasanty and Gentry: An Interpretation of Chinese social Structure and its Changes"
7. Chang, Chung-li: The Chinese Gentry: Studies on their Role in Nineteeth-century Chinese society. University of Washington press 1955
8. Hsiao, Kung-chuan: Rural China; Imperial Control in the Nineteeth century. University of Washington press 1960.
9. 參見楊聯陞 "東漢的豪族" 清華學報11卷4期 1936
   余英時 "東漢政權之建立與世家大姓之關係" 新亞學報1卷2期 1956
10. 參見龐聖偉 "三國時代大族" 新亞學報6卷1期 1964

準的制定者，又配合選舉制度(九品中正制度)，其輿論的力量更顯得無比的巨大。當亂世之秋，大族的宗黨、部曲、門生、幕客、奴婢常常是一股武裝單位[1]，是赤裸權力的基礎。白樂日著「中國的文明與官僚政治」(Etienne Balazs: Chinese Civilization and Bureaucracy)[2]中亦强調中國士大夫家族所包含的力量是綜合各方面的，他說：

> (中國)士大夫(官吏)階級在數量上僅是極少數人，但是由於他們有力量、影響力、地位、聲望，掌握有所有的權力，擁有大量的土地，因此權力顯得無比的巨大，這個階級並且有每種特權，最主要的因爲他們壟斷敎育而享有塑造其本身成員的特權。

就社會勢力而言，團體的力量應比個人的力量爲大。在我國中古時期，宗教極爲盛行，但遠無歐洲中古天主敎有組織有力量；新型政黨尙沒有出現；行業公會亦沒有建立[3]；唯有以血緣爲基礎的家族是當時社會力量的中堅。社會中有能力的個人雖亦有某些力量，但個人不能延續長久，他雖可作爲反映社會需要的代表，如「鹽鐵論」中賢良方正與大司農桑弘羊的辯論，但大部份都很快失去其社會性，而成爲統治者的爪牙。

士大夫家族——士族，是中古社會上一股最有力量的社會勢力。政治統治者爲了要穩定其政權，設若無法摧毀這股勢力，以自己所建立的社會勢力代之，則必須覓取這股社會勢力的合作，獲得他們對政權的支持，也就是引用社會領袖參與統治階層，分享政治地位與政策。擁有社會勢力者一旦參與政治統治階層，旣可以保持其現有的社會地位與利益，由於政治地位之獲得，還可以增强其原有的社會地位與利益，這兩者之間的合作，是民主政治以前較普遍現象，也成爲古代政治社會安定的重要基石，在這種大趨向之下所形成的大框框，也可以反映在社會架構上。然而政治力與社會勢力畢竟不是一件事，兩者也並非永遠維持等距同重，當社會勢力較强大時，則視朝代之改變猶如一家物換一家物，其自身政治社會地位並不受重大的影響；如果政治力强大時，則將伸張其政治力，增加其對各階層人力物力之吸取，甚至努力塑造適合自己所需的社會基礎，以便於貫澈政令，兩者間權力的消融與伸縮，遂呈現出各種型態的政變與政潮，在大框框中也有一番熱鬧的景象。

---

1. 金發根「永嘉亂後北方的豪族」中國學術著作獎助委員會 1964
2. Etienne Balazs: Chinese Civilization and Bureaucray. Yale University press 1964. pp. 6
3. 參見何炳棣「中國會館史論」引言及第一章。臺灣學生書局 1966.

有關政治力與社會勢力之間的演變關係，本章將中古時期又分爲四個階段落，卽漢魏西晉時期、東晉南朝時期、北朝時期，隋唐時期，逐次討論。

（二）兩漢魏西晉

許師倬雲“西漢政權與社會勢力的交互作用”一文，對於大一統以後中央政府如何覓尋其社會基礎的嘗試，頗有啓發。該文以西漢丞相之身分爲標竿，發現高祖惠帝文帝三朝丞相皆開國功臣；景帝時爲功臣子弟；武帝時則功臣子弟外戚雜用；昭帝用掾史文吏爲相；宣帝則文吏與經學之士參半；自宣帝末期至西漢末年，顯以儒生爲主，西漢政權在覓尋其社會基礎的過程當中，並非毫無波折，自漢高至武帝，政治力的核心——皇權與社會勢力之間曾發生衝突，政治力爲想獲得較多的人力物力資源，先後約束、限制、壓迫擁有社會勢力者，如六國貴族後裔、二千石子弟、商人、游俠等，所以在西漢前期，政治階層與社會階層之間的拉力是相當緊張的。雙方都覺得不舒服、不穩定。宣帝以後逐漸任用儒生爲相，似乎找到了溝通雙方的媒介。可是這時的士大夫是個人參政。東漢政權之成立及其性質，都與豪族有較密切的關係，論者多矣！長期的發展的結果，至東漢末擁有社會勢力者有兩種人，其一是凝結中的士族，其二是地方豪强。這便是魏晉時期的歷史背景。

有關東漢末葉之羣雄紛爭以及魏蜀吳政權與社會勢力間之關係，拙文“三國政權的社會基礎”曾有分析。聲勢最龐大而又安居中原之地的曹魏政權，自其開創時期至政權穩固時期，建立在兩大支柱之上。其一是潁泗集團、其二是譙沛集團。前者是士族子弟的中心，後者是地方豪强之代表。曹操雄桀，在其有生之年頗能平衡運用這兩股勢力，有「謀士如雲，武將如雨」之感。其後這兩股勢力在曹氏政權之中漸漸磨擦與鬬爭，魏齊王芳嘉平元年，司馬懿在一次政變中殺曹爽，取得實際政權。明顯表示曹氏宗親及譙沛功臣子孫之消退，以及以河內司馬氏爲首的士大夫集團，取得絕對優勢[1]。且不論潁泗士族集團與譙沛地方豪族集團之間的鬬爭情況如何，曹魏政權大體上吸收了社會上有力量者，且維持其政權之穩定性。司馬氏當政及西晉政權之建立，士族得到充分的發展，地方豪强亦並沒有被遺棄，祇是由原先平行的地位，變成爲士族與地方豪强間上下關係的地位。九品官人法在制度上加强了這種關係。所以西晉政

1. 參見萬繩楠“曹魏政治派別的分野及其升降”，徐高阮“山濤論”史語所集刊第41本1分。1968。

權仍以士族與地方豪强作爲基石，士族則成爲居上位的主導者。士族居統治階層五品官以上之絕對多數，也在此時間昇起，這一種社會架構延續到唐代末年，凡七百年。

(三) 東晉南朝

永嘉亂起，中原政局不定，許多士族大舉渡江，司馬睿立足江東，在南方建立王朝，是爲東晉。這個政權是以士族爲立國基石，其中包括二大主體。其一是僑姓，另一是吳姓。僑姓與司馬睿面臨同樣的命運，遭受同等的災難，東晉元帝之能够即位，他們的功勞最大，東晉政權可以說是僑姓捧出來的[1]， 所以僑姓在東晉朝廷中所占的比重甚大。隨着中央政府之南移，這一批遠離原籍的僑姓，不論其如何大規模地舉宗南下，他們也無法將原籍數世所累積成的經濟及社會關係完全南移。定居在南方的僑姓，大都在中央所在地建康之附近，尤以三吳、丹陽、會稽之地爲多[2]。荆州是由河南陝西南下士人的另一安居地[3]， 嶺南雖有人去，並非很大的比例；對僑姓而言，原本擁有「城市與鄉村的雙家型態」[4] ，至此一變爲純粹居住京師或京師附近的單一型態。

吳姓，不論其先世在何時遷入南方，至少在三國東晉之時，大家已認定他們是南方土著，通常以盛行於三國之際的「朱、張、顧、陸」[5] 作爲代表，實際上它的含義應該更爲廣泛。三吳士族常常被人作爲南方士族的代表，原因甚多，其中之一是孫氏政權與東晉政權立基江東，三吳卽有三輔之說[6]， 在這種局面下，三吳士族無形中成爲中央人物，西晉滅孫氏 ，三吳士族所受歧視 ，永刻在他們內心[7]， 以西晉政權而言，三吳祇是遠方州郡，並不能算作樞紐區，這一點當然無法滿足三吳士族心理上的要求，所以當東晉立基建康以後，三吳士族至少在這個角度上滿足了。

西晉政權有濃厚的士族色彩，東晉的客觀形勢更形成其政權「優渥士族」[8]， 兩者之間的接合，從政治現象的發展演變到制度的建立，九品中正制發揮重要功能，九品

1. 參見拙文“五朝軍權之轉移及其對政局之影響”淸華學報新八卷一、二合期，1970。
2. 參見譚其驤“晉永嘉喪亂後之民族遷徙”燕京學報卷15 1934
3. 參見安田二郎“南朝の皇帝と貴族と豪族、土豪層——梁武帝の革命を手がかりに”載於「中國中世史研究」
4. 參見 Eberhard Wolfram: Conquerors & Rulers-Social Forces in Medieval China 導論1965修正版
5. 參見世說新語賞譽篇注引吳錄士林曰：吳郡的顧陸朱張爲四姓，三國之間，四姓盛焉。
   又見新唐書卷一九九柳冲傳。
   又見何啓民“中古南方門第——吳郡朱張顧陸四姓之比較研究”刋於政大學報第27期。1973
6. 宋書卷五十四傳末沈約論。
7. 參見何啓民“永嘉前後吳姓與僑姓關係之轉變”政大學報第26期，1972。
8. 參見顏氏家訓第十一涉務篇。

中正制起源於魏文帝時，一般而論在魏末西晉之際，九品中正制還未完全失去其原意。即中正評品以品德爲最重要的標準，並藉此以達勸勉之效，個人的後天修爲應該是原意的主要內容。這個制度在西晉開始不斷地士族化，至東晉而大備，於是乎不但政治力與社會勢力找到了結合的固定通道，而且密切地、層次地、制度地緊緊拉在一起，拙文「從中正評品與官職之關係論魏晉南朝之社會架構」所示，在東晉南朝時期，政治階層與社會階層結合之發展，及其最後凝固的情形。在這種大框框的體制之下，東晉南朝的改朝與政潮，一如拙文「五朝軍權轉移及其對政局之影響」一文所示，表現在士族與士族之間，士族與宗室之間等權力平衡與平衡破壞之關係上，梁末地方豪强略有風采，但寒素似乎一直僅占百分之十的比重。

儘管僑姓與吳姓有許多不同之點，在共同的强敵壓迫威脅之下，僑姓吳姓扮演建設性的角色遠蓋過兩者間相互破壞的角色，在同一片空間上延續了五朝（東晉、宋、齊、梁、陳）。這是南方政權最重要的支柱。

（四）北朝之漢姓

南北朝時期，北方與南方的社會架構相似，但由於各自複雜的組合與發展，故其類似之中，有不同的特色。永嘉亂後，北中國所遭遇的紊亂與破壞，非南中國可比。司馬睿在南方建立政權的前後，有許多大族南遷，當然，一個大士族的房支甚繁，與中央政府較密切的房支可能南渡，地方性較濃厚的房支仍留在原籍，其例甚多，如河東聞喜裴氏、河東解縣柳氏、京兆杜陵韋氏、太原晉陽王氏等，皆分裂爲南北二大支。在新唐書宰相世系表中，也可找到很多類似例子。還有一些士族甚至無人南奔。這些留在北方的士族或房支，因中原失御，屢屢易主，爲求生存，不得不保持地方力量，而表現出濃厚的地方色彩。士族及各地地方豪族在永嘉亂後到處建立塢堡[1]，是最具體的地方自衞方式。全晉文卷一〇八劉琨與丞相牋：「（兗州）二千石及文武大姓連遣信使求刺史……」，一般認爲所謂文大姓可能指士族，武大姓大部份指地方豪族。「文」是士族的特色之一，但亦非沒有以「武」爲特質的士族，如河東汾陰薛氏[2]；「武」是地方豪族的特色之一，然而事實上由於北方特殊情況，士族純以文事相尙者，

1. 金發根「永嘉亂後北方的豪族」。中國學術著作獎助出版委員會。
2. 參見魏書卷四十二薛辯傳、卷六十一薛安都傳。

甚難生存，許多士族兼有龐大的地方勢力，例如范陽涿縣盧氏[1]、清河東武城崔氏[2]、趙郡平棘李氏[3]、及「瀛冀諸劉，清河張、宋，幷州王氏，濮陽侯族」[4]，在北魏後期仍保持强大的地方勢力。所以北方的士族與地方豪族重疊面較廣，尤以北魏政權仍未强化之前爲甚。

（五）胡人政權與漢人社會勢力之結合

北魏入主中原是第一個在北中國成功地建立王朝的異族，一百五十餘年的統治大體上相處尚爲融洽，拓拔氏自始便採取與漢族士大夫合作態度。魏書卷二太祖道武帝本紀記載太祖道武皇始元年（稱帝後之第十一年）平幷州時：

> 帝初拓中原，留心慰納，諸士大夫詣軍門者，無少長，皆引入賜見，存問周悉，人得自盡，苟有微能，咸蒙敍用。

魏書卷三十二崔逞傳記述太祖時：

> 司馬德宗（東晉）荆州刺史司馬休之等數十人爲桓玄所逐，皆將來奔，至陳留南分爲二輩，一奔長安，一歸廣固。太祖初聞休之等降，大悅，後怪其不至，詔兗州尋訪，獲其從者，問故，皆曰：國家威聲遠被，是以休之等咸欲歸闕，及聞崔逞被殺，故奔二處。太祖深悔之，自是士人有過者，多見優容。

許多異族的統治者都瞭解與被征服者合作之重要，北魏是成功的實例。北魏的做法完全吻合於政治力與社會勢力結合的原則，這是欲與被統治者維持良好關係的辦法。北魏在「馬上定天下」之後，假藉豪族合作以治理天下。魏書卷一一三官氏志：太祖道武帝天賜二年（稱帝後之第二十年）制：

> 諸州置三刺史，刺史用第六品者，宗室一人，異姓二人……郡置三太守……縣置三令長。

異姓之中有鮮卑貴族、從龍部落酋豪、與中原大姓，由當時實際任命者看，刺史、太守、縣令往往以本地大姓爲之，則此三頭馬車政策係政治力與社會勢力合作之最佳實例。迨北魏軍事上漸次統一中國北方之後，更廣泛地吸收各地大豪族參與統治階

1. 參見北齊書卷二十二盧文偉傳。
2. 參見北齊書卷六十三崔㥄傳。
3. 參見資治通鑑卷一五五梁中大通三年二月條。
4. 通典卷三引宋孝王關東風俗傳。

層。

魏書卷四十八高允傳：

> 魏自神䴥以後，宇內平定，誅赫連積世之僭，掃窮髮不羈之寇，南摧江楚，西盪涼域，殊方之外，慕義而至，於是偃兵息甲，修立文學，登延儁造，酬諮政事，夢想賢哲，思遇其人，訪諸有司，以求名士，咸稱范陽盧玄等四十二人，皆冠冕之胄，著聞州邦，有羽儀之用，親發明詔，以徵玄等，乃曠官以待之，懸爵以縻之，其就命三十五人，自餘依例，州郡所遣者，不可稱記。爾乃髦士盈朝，而濟濟之美興焉。

這三十五位徵士的族望姓氏為：

范陽　盧玄
范陽　祖邁
范陽　祖侃
渤海　高允
渤海　高毗
渤海　高濟
渤海　高欽
博陵　崔綽
博陵　許堪
博陵　崔建
廣寧　燕崇
廣寧　常陟
京兆　杜銓
京兆　韋閬
趙郡　李靈
趙郡　李遐
趙郡　李詵
趙郡　呂秀才
太原　張偉
中山　劉策
中山　張綱
中山　郎苗
常山　許琛
西河　宋宣
西河　宋愔
燕郡　劉遐
河間　邢潁
雁門　李熙
廣平　游雅
長樂　潘天符
長樂　杜熙
上谷　張誕
上谷　侯辯
雁門　王道雅　闕弼

以上三十五人，從其身份而言，「皆冠冕之胄」，從其社會地位而言，「著聞州邦」。

如若再注意其地望，所徵人物「東至渤海，北極上谷，西盡西河，南窮中山」，從徵士地理分佈圖可見北魏不但吸收社會階層的上層人物，且注意及其地理分配[1]。

不僅在形式上北魏統治階層徵用中原士族，「曠官以待之，懸爵以縻之」，在實質上這批參與北魏統治階層的社會領袖們確實影響到北魏的政策與行政，有許多重要政策的擬訂似乎皆經過諮商的結果。例如當遊牧民族統治農業民族時，最易發生衝突的是生產方式過於懸殊，遊牧民族以畜牧爲主，草地是畜牧的根本，其所需要的面積較大，所以當遊牧民族征服農業民族時，常常大量地圈劃良田爲草場，引起統治者與被統治者嚴重的衝突。在高允與世祖的一段政策諮議中，我們發現異族統治者與被統治者協調的實例。魏書卷四十八高允傳云：

> 世祖引允與論刑政，言甚稱旨，因問允曰：萬機之務，何者爲先，是時多禁封良田，又京師遊食者衆。允因言曰：臣少也賤，所知唯田，請言農事，古人方一里則爲田三頃七十畝，百里則田三萬七千頃，若勤之則畝益三升，不勤則畝損三升，百里損益之率爲粟二百二十二萬斛，況以天下之廣乎？若公私有儲，雖遇饑年，復何憂哉？世祖善之，遂除田禁，悉以授民：

崔浩爲相，大量援引中原士族，同傳云：

> 初崔浩薦冀、定、相、幽、幷五州之士數十人；各起家郡守。恭宗謂浩曰：先召之人，亦州郡選也，在職已久，勞勤未答，今可先補前召外任郡縣，以新召者代爲郎吏，又守令宰民宜使便事者，浩固爭而遣之。

拓拔氏的另外一項成功的政策是把胡人的上層階級與中原士大夫結合在一起[2]，一方面冲淡了種族的隔閡，一方面顧及社會勢力的平衡。

（六） 北魏政治力與社會勢力之推移

北魏採取較具有彈性的政策以統治北中國，故其政治力與社會勢力之間，一直在微妙地變動着。

永嘉亂後至拓拔氏統一北方以前，漢人社會大致上以地方自衞體系爲主，士族一般都是郡級領袖，地方豪族則爲縣級以次的領袖。胡人則以部落爲單位，以與拓拔氏之親疏和部落大小爲等次。

---

1. 參見賀次君"西晉以下北方官族地望表"禹貢3卷4期，北魏一朝皆重視地理分配。
2. 參見孫同勛「拓拔氏的漢化」頁50，胡漢官吏比例統計表。

及拓拔氏力排羣雄，最後統一中國北方，王權已超過往昔部落盟主之時，但仍然沒有力量直接控制地方，尤其是地廣人衆的漢人社會。自道武入居中原，乘王權高漲之勢，首先是將部落解散，改爲編戶，魏書卷一二三官氏志云：

四方諸部，歲時朝貢。登國初，太祖散諸部落，始同編民。

北史卷八十外戚賀納傳亦云：

道武平中原，離散諸部，分土定居，不聽遷徙，其君長大人，皆同編戶。

僅有極少數部落可得例外，如北史卷九十八高車傳云：

道武時分散諸部，唯高車以類粗獷，不任使役，故得別爲部落。

能將有形的同盟部落打散，已顯示出拓拔氏王權已强化，但部落遺留下的無形力量，不可忽視，所謂「其君長大人，皆同編戶」，恐怕是從純政治體制而言，在社會體系上其君長大人決不可能立刻降爲一般編民，故有宗主督護制出現，陳寅恪先生「隋唐制度淵源略論稿」禮儀篇有云：

魏初宗主督護之制，蓋與道武時離散部落，改爲編戶一事有關，實本胡部之遺蹟，不僅普通豪族之兼併已也。

宗主督護制實施於整個北方的胡漢社會中，對於胡人而言，陳寅恪先生之論甚是；對於漢人社會而論，宗主督護制是承認並鼓勵豪族兼併現象。承認漢豪族是拓拔氏的重要政策，將打散後的小部落（宗主督護）與中原地方豪族結合，使成爲北魏政權的基層領袖，既吻合漢地的社會架構，同時亦是北魏前半期政治力的極限，所以宗主督護制是拓拔氏的巧妙安排，當然，其中含有濃厚的政治力與社會勢力妥協的意味，余遜在"讀魏書李冲傳論宗主制"文中云：

抑魏初之於鄉里豪右，不僅採羈縻之策，使其不爲已害而已，甚且假以位號，牢籠之，策勵之，以收其力用。夫旣撫之以恩，則自不願綜覈名實，出其苞蔭之戶，以重傷其心。宗主制者，以督護之責，委之大族豪右，而不必檢校其戶口，斯豪强之所甚願。故宗主制與羈縻政策，如輔車之相依。

北魏同盟部落在入居中原以後，放棄以部落爲單位的政經大權，在宗主督護制之下，還享有何種特權（漢人豪族同）呢？據魏書卷五十三李冲傳云：（孝文帝時）

舊無三長，惟立宗主督護，所以民多隱冒，五十三十家方爲一戶。

又魏書卷一一〇食貨志云：

魏初不立三長，故民多蔭附。蔭附者，皆無官役，豪彊徵歛，倍於公賦。

從北魏前半期的稅制入手，更能看出其中癥結所在。按魏書卷一一〇食貨志云：

太和八年，始準古班百官之祿，以品第各有差。先是，天下戶以九品混通，戶調帛二匹，絮二斤，絲一斤，粟二十石；又入帛一匹二丈，委之州庫，以供調外之費。至是，戶增帛三匹，粟二石九斗，以為官司之祿。後增調外帛滿二匹，所調各隨其土所出。

這麼高的賦稅，非一夫一婦所構成的小戶所能負擔。又北魏屢有臨時徵調，如魏書卷三太宗紀泰常三年九月詔：

諸州調民租戶五十石，積于定、相、冀三州。

同書卷七高祖紀上延興三年七月詔：

河南六州之民，戶收絹一匹，綿一匹，租三十石。……（十月詔）州郡之民十丁取一，以充行，戶收租五十石以備軍糧。

祇有五十三十家合一戶，才能繳付如此鉅大稅徵。這種方式形同包稅制，以一個宗主的小部落或一個小村落算作一戶，政府指定每年徵收一個整數的粟米布帛；若在特殊情況下，亦以此大戶為單位，要求支付三十石、五十石以作急需之用。制度上並沒有規定每戶包含幾家，有的大戶恐怕還會超過五十家。戶長當然是士族、地方豪族、散解後的部落大人。戶長與各家的權利義務如何，亦無規定，故在政府徵收公賦與豪强私收的私賦之間，有着鉅大的彈性，這便是豪族的實利。

士族相當於郡級豪族，其權利義務型態一如地方豪族，在程度上可能較大型些。這一點從上段引文「太和八年，始準古班百官之祿」語中得知，按北魏曾吸收許多郡級士族任官中央，在孝文帝太和八年以前，官吏無俸祿，自必需有龐大的原籍基業才能供養。這也注定了北魏士族對原籍特別重視，對地方利益非常關懷。中央化的士族亦有，但與南朝僑姓多以俸祿為生[1] 的情況，在程度上有極大差別。北朝士族大部份皆未完全脫離其原籍基業，所以「包稅制」對他們的利益一如地方豪族，這一點可從

1. 顏氏家訓卷十一涉務篇：「江南朝士，因晉中興，南渡江，卒為羈旅，至今八九世，未有力田，悉資俸祿而食耳」。

孝文帝廷議改革宗主制時，分析其正反意見之人物背景時得知，魏書卷五十三李冲傳云：

舊無三長，惟立宗主督護，所以民多隱冒，五十三十家方爲一戶，冲以三正治民，所由來遠，於是創三長之制而上之。文明太后覽而稱善，引見公卿議之。中書令鄭羲、秘書令高祐等曰：「冲求立三長者，乃欲混天下一法，言似可用，事實難行」。太尉元丕曰：「臣謂此法若行，於公私有益。」咸稱「方今有事之月，校比民戶，新舊未分，民必勞怨。請過今秋，至冬閑月，徐乃遣使，於事爲宜。」冲曰：「民者冥也，可使由之，不可使知之。若不因調時，百姓徒知立長校戶之勤，未見均徭省賦之益，心必生怨，宜及課調之月，令知賦稅之均」，著作郎傅思益進曰：「九品差調，爲日已久，一旦改法，恐成擾亂。」太后曰：「立三長則課有常準，賦有恒分，苞蔭之戶可出，僥倖之人可止，何爲而不可？」遂立三長，公私便之。

三長制原提議人李冲，魏書卷五十三本傳云：「隴西人，敦煌公寶少子也」。同書卷三十九李寶傳：「私署涼王暠之孫也」。這一支似乎是涼室後裔，附魏以後，漸漸步向官僚羣中，以俸祿賞賜爲重要經濟來源，本傳云：「冲爲文明太后所幸，恩寵日盛，賞賜月至數十萬，進爵隴西公，密致珍寶御物，以充其第，外人莫得而知焉。冲家素淸貧，於是始爲富室」。文明太后及太尉元丕贊成立三長，他們站在皇室立場，三長制對皇室最有利，贊成理由可以理解。反對三長的有鄭羲、高祐、傅思益。魏書卷五十六鄭義傳云：

滎陽開封人，魏將作大匠渾之八世孫也。曾祖豁，慕容垂太常卿，父曄，不仕……遷（羲）中書侍郎。延興初陽武人田智度年十五，妖惑動衆，擾亂京索，以羲河南民望，爲州郡所信，遣羲乘傳慰諭，羲到宣示禍福，重加募賞，旬日之間，衆皆歸散，智度奔潁川，尋見擒斬，以功賜爵平昌男，加鷹揚將軍。

魏書卷五十七高祐傳云：

渤海人也……司空允從祖弟也。祖展，慕容寶黃門侍郎……父讜，功拜游擊將軍。……子和璧……和璧子顥……出爲冀州別駕，未之仕，屬刺史元愉據州反，世宗遣尙書李平爲都督，率衆討之，平以顥彼州領袖，乃引爲錄事參軍，仍領統軍，軍機取捨，多與參決，擒愉之後，別黨千餘人皆將伏法，顥以爲擁逼之徒，前許原免，宜爲表陳請，平從之。於是咸蒙全濟。

可見鄭羲及高祐二家族在原籍有雄厚的地方勢力。〔傅思益正史無傳，不可查〕。去宗主督護，立三長，對士族及其親黨皆有很大的影響。

自道武帝登國起，至孝文帝太和九年，恰恰實施一百年（西元386～485），宗主督護制在道武時開始實施幾約占北魏王朝的三分之二時間。

北魏百年統治，至孝文帝時王權又獲得進一步的擴張，除遷都漢化等政策外，實施三長制和均田制，對解散後部落、士族、地方豪族等，進一步縮小其社會勢力和經濟特權。實施三長制，由原先五十三十家爲一戶，變爲五家立一隣長，五隣立一里長，五里立一黨長；單戶則從私附地位變爲編戶地位，可減免豪族從中剝削，但是三長制和均田制實施後的士族與地方豪族，雖然受到了打擊，也祇是特權之受限制，對其本身宗黨所產生的地方勢力，並不減色，可由下列現象證明之。

其一：三長制仍以豪族爲長。魏書卷一一〇食貨志云：

（太和）十年，給事中李冲上言：宜準古，五家立一隣長，五隣立一里長，五里爲一黨長，長取鄉人彊謹者。

其二：均田制僅在公田上實施[1]， 並非將全國公私土地一律均分，所以士族及地方豪族原有私產，仍然保留。

其三：奴婢受田數，北齊河清三年令（北魏記載不詳，僅以此推測）據隋書卷二十四食貨志載：

奴婢受田者，親王止三百人，嗣王止二百人，第二品嗣王已下及庶姓王止一百五十人，正三品以上及王宗止一百人，七品以上限止八十人，八品已下至庶人限止六十人。

「庶人」不知界限爲何？極可能指無品位的地方豪族。

本期自孝文帝太和九年至北魏分裂止，共五十年（西元485～534）。實施百官俸祿制、職官受田制、官品奴婢受田制、三長取鄉人彊謹制、公田均田制等，其目的是想將士族、地方豪族、平民，相對地、層次地套入其政治體系之中，增長其政治力與

1. 賀昌羣：「漢唐間封建土地所有制形式之研究」

控制力。因其制度本身仍然過於稀鬆，僅得到部份成功。但其精神却被宇文氏吸收。

（七） 府兵制度在政治力與社會勢力間之意義

北魏於公元 534 年分爲東西二部。西魏自始至終是宇文氏實際上掌握政權，六軍是其底班，六軍最遲在東西魏分裂時已有跡象，大統八年（公元 542）宇文泰正式制立，此一結合政、經、軍、社爲一體的組織，卽關中六柱國是也。宇文氏以關中一隅之地與東魏及南方抗衡，除其團結胡漢以外，還能善於吸收組合社會勢力，故能發揮出巨大力量。吸收社會勢力爲政權之一部，其他朝代亦行之，唯宇文氏不但積極，並且使其制度化，甚至成爲社會體系。在邙山之敗(大統九年，公元 543)以後，且已成爲基本政策。原來北方有鄉兵存在，這都是分散的力量，以士族及地方豪族爲頭目，以私兵、部曲和一些地方豪俠武士做骨幹的團體；或者以宗族、鄉黨再附以賓客、義從的團體。這是社會上潛在的武裝力量。宇文氏的召募政策，當然重視團體力量勝過個別豪俠、武士；重視大宗族勝過小宗族。例證如下：

例一，周書卷三十九韋瑱傳：

韋瑱，京兆杜陵人，世爲三輔著姓。……大統八年，齊神武侵汾絳，瑱從太祖禦之。……頃之，徵拜鴻臚卿，以望族兼領鄉兵，加帥都督，遷大都督、通直散騎常侍、行京兆郡事，進車騎大將軍儀同三司……進授侍中驃騎大將軍開府儀同三司。

例二，周書卷三十二柳敏傳：

柳敏，河東解縣人，晉太常純之七世孫也；父懿，魏車騎大將軍儀同三司汾州刺史。……(敏)累遷河東丞，朝議以敏之本邑，故有此授，敏雖統御鄉里，而處物平允，甚得時譽。及文帝克復河東，見而器異之……遷禮部郎中，封武城縣子，加帥都督，領本鄉兵，俄進大都督……進驃騎大將軍開府儀同三司……除河東郡守……進位大將軍。

例三，周書卷三十七郭彥傳：

郭彥，太原陽曲人也，其先從宦關右，遂居馮翊。……大統十二年，初選當州首望，統領鄉兵，除帥都督……進大都督，遷車騎大將軍儀同三司……進驃騎大將軍開府儀同三司。

例四，周書卷二十三蘇綽傳附弟椿傳：

蘇椿，武功人……關右賊亂，椿應募討之……加都督……大統四年，改授西夏州長史，除帥都督……十四年，置當州鄉帥，自非鄉望，允當衆心，不得預焉，乃令驛追椿領鄉兵……加大都督……尋授持節車騎大將軍儀同三司……進位驃騎大將軍開府儀同三司大都督。

例五，周書卷三十三王悅傳：

王悅，京兆藍田人也，少有氣幹，爲州里所稱……太祖初定關隴，悅率募鄉里從軍，屢有戰功……侯景攻圍洛陽，太祖赴援，悅又獲鄉里千餘人從軍……大統十四年，授雍州大中正，帥都督，加衞將軍右光祿大夫都督……尋拜京兆郡守加持節驃騎大將軍開府儀同三司大都督。

例六，周書卷三十六司馬裔傳：

司馬裔，河內溫人也……及魏孝武西遷，裔時在鄴，潛歸鄉里，志在立功。大統三年，大軍復弘農，乃于溫城起義……八年率其義衆入朝，太祖嘉之，特蒙賞勞。頃之，河內有四千餘家歸附，並裔之鄉舊，乃授前將軍太中大夫領河內郡守，令安集流民，十三年，加都督……十五年，太祖令山東立義諸將等能率衆入關者，並加重賞，裔領千室先至……授帥都督加授撫軍將軍大都督……授使持節車騎大將軍儀同三司……進使持節驃騎大將軍開府儀同三司。

例七，周書卷三十六令狐整傳：

令狐整，燉煌人也……世爲西土冠冕……魏孝武西遷，河右擾亂。(元)榮仗整附扞，州境獲寧……太祖嘉其忠節。表爲都督……遂立爲瓜州義首，仍除持節撫軍將軍通直騎散常侍大都督……整以國難未寧，常願舉宗效力，遂率鄉親二千餘人入朝，隨軍征討……遷使持節車騎將軍儀同三司……尋除驃騎大將軍開府儀同三司……天和六年，進位大將軍。

例八，隋書卷七十四酷吏列傳田式傳：

田式，馮翊下邽人也。祖安興，父長樂，仕魏俱爲本郡太守，周明帝時，年十八。授都督，領鄉兵。

按宇文氏的府兵制度體系如下：

六柱國	六軍	正九命
↓十二大將軍	十二軍	正九命
↓二十四開府將軍	二十四軍	九命
↓若干儀同將軍	若干團	九命
↓若干大都督	若干團	八命
↓若干帥都督	若干旅	正七命
↓若干都督	若干隊	七命

據上列諸例，與宇文氏府兵制度作一對照，例一「三輔著姓」京兆杜陵韋氏，例二河東解縣柳氏，例三「當州首望」太原陽曲郭氏等，皆以族望領鄉兵，拜以帥都督，進入府兵體系，循大都督、儀同將軍、開府將軍、大將軍升遷。而例四武功蘇氏、例七敦煌令狐氏、例八馮翊下邽田氏等，亦以鄉望領鄉兵拜以都督，居帥都督之下。例五京兆藍田王氏，初任帥都督，加升都督，依制度而言，恐是史書筆誤倒置。河內溫人司馬氏是晉帝室後裔，恐爲其一支。綜上而論，大體上按照族望高下、鄉兵强弱爲評定都督、帥都督官職，州郡級的士族委以高一級的帥都督，地方豪族則授以都督。此卽北史卷九周本紀謂：

帝以邙山諸將失律，上表自貶，魏帝不許，于是廣募關隴豪右以增軍旅。

是故府兵制度是將州郡士族、地方豪族、民間富室，相對地、層次地納入制度之中，使地方力量中央化。

（八） 隋

隋朝統一中國，府兵仍然是承襲北魏北周系統的國家支柱，祇是漸漸減退鄉兵色彩而增加中央化的濃度[1]。 隋政權本不應如此速亡，但其屢舉兵役、大興土木，業已超過農業社會生產力的負荷，挺而走險者日衆，遂授予各方擁有社會勢力者良機。按陳寅恪"論隋末唐初所謂「山東豪傑」"文中看法，「當時中國武力集團最重要者，爲關隴六鎮及山東豪傑兩系統，而太宗與（徐）世勣二人卽可視爲其代表人也。世勣地位之重要實因其爲山東豪傑領袖之故，太宗爲身後之計欲平衡關隴山東兩大武力集團之力量，以鞏固其皇阼，是以委以長孫無忌及世勣輔佐柔懦之高宗，其用心可謂深

1. 谷霽光：「府兵制度考釋」

遠矣!後來高宗欲立武曌為后,當日山東出身之朝臣皆贊助其事,而關隴集團代表之長孫無忌及其附屬系統之褚遂良等則竭力諫阻,高宗當日欲立武氏為后,以元舅大臣之故有所顧慮而不敢行,惟有取決於其他別一集團之代表人卽世勣之一言,而世勣竟以武氏爲山東人而贊成其事,(見冊府元龜叁叁陸宰輔部依違門)。論史者往往以此爲世勣個人道德之汚點,殊不知其社會集團之關係有以致之也。又唐書以李靖李勣同傳,後世亦以二李並稱,此就二公俱爲唐代之名將而言耳,其實靖爲韓擒虎之甥屬於關隴府兵集團,而世勣則是山東豪傑領袖,其社會背景廻然不同,故二人在政治上之地位亦互異,斯亦治唐史者所不可不注意及之者也。史復言世勣家多僮僕,積粟常數千鍾,當是與翟讓張亮同從事農業,而豪富遠過之者,卽所謂大地主之流也,此點亦殊重要。」

(九) 唐

李淵在隋末「自衞尉卿轉右驍衞將軍,奉詔為太原道安撫大使,郡文武官治能不稱職者,並委帝(李淵)黜陟選補焉。河東已來兵馬仍令帝(李淵)徵發,討捕所部盜賊」,[1] 太原是唐的發跡之地,乘天下大亂,肅淸太原附近,下西河,破宋老生精兵二萬於霍邑,圍河東,渡河,直撲關中,溫大雅大唐創業起居注卷二謂:

> 庚申,率諸軍以次而渡。甲子舍于朝邑長春宮,三秦士庶衣冠子弟郡縣長吏豪族弟兄老幼,相携來者如市。帝(李淵)皆引見親勞問,仍節級授官。教曰:義旗濟河,關中響應,轅門輻湊,赴者如歸,五陵豪傑,三輔冠蓋,公卿將相之緖餘,俠少良家之子弟,從吾投刺,咸畏後時,扼腕連鑣,爭求立效,縻之好爵,以永今朝。於是秦人大悅,更相語曰:眞吾主也,來何晚哉!咸願前距,以死自效。

次年(義寧二年)春正月,同書又云:

> 蜀漢及氐羌所在諸郡雄豪並守長等,奉帝書感悅,競遣子弟獻欵,絡繹而至,所司報答,日有百餘,梁益之間,宴如也。

按大唐帝室與楊隋有姻親關係,[2] 同屬西魏北周八柱國之一,卽陳寅恪先生所謂

1. 溫大雅 大唐創業起居注卷一。
2. 新唐書卷一高祖本紀(舊唐書卷一同):「隋文帝獨孤皇后,高祖之從母也。是故文帝與高祖相親愛」。

「關中」集團是也。故當隋煬帝被弒於江都，天下紛亂，羣雄並起，李淵所領導的這股勢力，在未克屈突通之前，就渡河至關中，一方面是戰略上之成功[1]，另一方面亦由於李氏本屬關中集團，較易獲得三秦人物支持。由上文而觀之，果然順利地擁有關中。及李世民破薛擧於隴西，李淵集團已獲得故秦之地。李唐東向平定天下與嬴秦幷呑六國有相似之處，而其能順利完成，與李世民能降服另一系勢力「山東豪傑」有重要的關係。然而，關中仍爲其根基，唐初仍圖以府兵制度的精神，結合地方力量，以爲其政權之基礎，新唐書卷五十兵志謂：「府兵之制，起自西魏後周，而備於隋，唐興因之」。除唐高祖武德六年一度停廢以外，府兵大體因隋制。同書同卷稱：「太宗貞觀十年，更號統軍爲折衝都尉，別將爲果毅都尉，諸府總曰折衝府，凡天下十道，置府六百三十四，皆有名號，而關內二百六十有一，皆以隸諸衞」。[2] 又唐六典諸衞卷二十四載諸衞統折衝府之驍騎。這種制度寓兵於農，使耕戰合體，而地方的軍事訓練與徵調又與中央十六衞有嚴密的關連[3]。

據谷霽光考釋，唐十道折衝府數分配爲：

	關內	河東	河南	河北	隴右	山南	劍南	淮南	嶺南	江南	合計
軍府數	288	164	74	46	37	14	13	10	6	5	657
占軍府總數的百分比	43.9	24.9	11.2	7.0	5.6	2.1	2.0	1.5	0.9	0.8	100.0

唐的基業以河東、關中、隴右爲主，這個區域亦正是當年宇文氏建立府兵時之轄區，關中本位政策之原始地。唐在這三道的軍府數爲四百八十九個，占軍府總數的百分之七十四點四。輕重之勢，頗爲明顯。李唐以關中河東爲基業，在形勢上與嬴秦有類似之處，但李唐對山東之關係，遠沒有嬴秦對六國那樣惡劣。六國本有社稷，經過長期戰爭與對抗以後，秦卒滅六國而統一天下，六國貴族與遺民一直努力反秦。隋末山東人物與關中人物雖然不屬同一集團，但亦沒有深仇大恨。何況唐代統一後不久，

1. 新唐書卷八十八裴寂傳（舊唐書卷五十七同）：「至河東，屈突通未下，而三輔豪傑多歸者，唐公欲先取京師，恐通掎其後，猶豫未決。寂說曰：今通據蒲關，未下而西，我腹背支敵，敗之符也，不若破通而後趨京師。秦王（李世民）曰：不然，兵尚權，權利於速，今乘機度河以奪其心，且關中羣盜處處屯結，疑力相仗，易以招懷，撫而有之，衆附兵强，何向不克……唐公兩從之，留兵圍蒲，而遣秦王入關」。
2. 有關折衝府之總數，各種記載不一。其增減可能因時而有小異。
3. 陶希聖「中國政治制度史」第四册隋唐五代，頁246語。

較與山東豪傑有來往的李世民取得政權[1]，除河北地區[2]以外關中與山東人物有某些程度的調和[3]。

一個大帝國的創業，固先由某一地區或某一階層人作其基業；但帝國的發展與穩定，則應超脫地域利益與階級利益，方能克其功。故當軍事停息之際，也是統治階級努力尋覓社會基礎，穩固其政權之時。「貞觀政要」中記述唐太宗融合以前敵對人物，接納雅言，以及想以科舉盡納天下英雄於其彀中的看法與作法，正是克已私慾而為其政權長遠打算之計。武則天為了把持政局建立武周，以科舉和薦辟方式大量吸引非關中集團人物，實際上已有意無意地擴大了社會基礎，科舉和薦辟方式所吸引的人物，理論上包括社會上各階層人物，實際上則仍以士族為多[4]。故武則天當政時期，於其說其政權基礎平民化，毋寧說地域的普遍化。武氏在實施的時候常令所謂酷吏對唐功臣集團加以整肅，關中集團人物被貶退者很多，但並非關中集團勢力都被鏟除[5]，而是使其失去絕對優勢，或許是下降到其應有的比例上。

府兵制度到唐玄宗時漸漸鬆弛而被破壞，其原因甚多[6]，要研究府兵的徭役與一般人民的徭役之比較、及府兵制有密切關係的均田制之存廢，才能得其實況，就以鄴侯家乘所敍述的府兵義務而言，在唐玄宗承平之世，恐怕不足以吸引府兵久任。再者，一個大帝國最高的政治統治者的保位，掌握京師為其重點，政變發動之時，皇宮禁城是決勝負之地，禁軍最為重要[7]。所以玄宗天寶年間以彍騎取代府兵，彍騎乃十二萬常備的宿衛精兵，其戰鬪力必較府兵為强，在純政治觀念而言，極易理解，但這項改變已飛越府兵制度連繫中央政權與地方勢力結合的原則，中央宿衛逐成為皇帝政治力的赤裸裸爪牙。然而大唐帝國，疆土遼濶，自西北迄東北，時有烽火，在府兵時

1. 參見李樹桐“初唐帝室間相互關係的演變”載於「唐史考辨」。
2. 參見谷霽光“安史亂前之河北道”燕京學報卷19.
3. 參見布目潮渢“唐初の貴族”載於「隋唐史研究」。
4. 參見本文第二篇中古統治階層社會成分統計表。
5. 參見章羣「唐史」頁44之分析。
6. 王壽南「唐代藩鎮與中央關係之研究」頁 105，謂府兵之制破壞的原因主要有三：一、均田制度之破壞。二、府兵之櫂久戍遠征。三、府兵在社會上地位之低落。及陶希聖「中國政治制度史」謂當時客觀的環境逐漸使府兵制度趨於隳敗。第一是當時的交通條件不够，各地府兵番上宿衞旣疲於勞役而不能按時；第二是普遍的府兵訓練，强壯與孱弱同流，兵多而不精；第三開元以後，國家承平旣久，軍事訓練廢弛。
7. 陳寅恪「唐代政治史述論稿」中篇“政治革命及黨派分野”頁44。謂：「自高祖太宗至中宗玄宗，中央政治革命凡四次，俱以玄武門之得失及屯衞北門禁軍之向背為成敗之關鍵」。

期尙且徵用蕃兵蕃將，彍騎集聚中央，去府兵猶如東漢光武去州郡都尉，故唐室有不得已而重用蕃人之苦衷[1]，種下了日後藩鎭之亂的遠因。

府兵廢弛之後有彍騎、禁軍，唐皇室並非僅以此赤裸裸權力維持其政權。唐政權在其他方面的社會基礎尙稱成功。從武后玄宗以來，它的官僚體系之中實已吸收了各地域的社會人物。士族（包括魏晉舊族與唐代新族）仍然是當時社會中的優勝者[2]，雖然士族在軍事方面的參與，已日益減退；地區性的功能也漸趨疏遠，但在其他方面的功能，仍然存在。這些功能透過唐代官僚體系表現出來，兩者相形得彰，這是中央政權與社會勢力結合的另一形態。唐代統治階層仍以士族爲主體，但士族的性質不斷地轉變，轉變後的優點與缺點又反映在以此爲基礎的政權上。安史之亂，叛軍長驅直入，不旋踵而下兩京。肅宗在靈武興兵，也可以看出西北仍有唐室的傳統勢力。安史雖亡，自此以後，河北成爲半獨立狀態，這一地區的節度使隨時向唐室加壓力，唐室大致守住自西北至東南的一條防線上，東南的財力與西北的軍力維持了剩餘的一百餘年。運河[3]、藍田武關道[4]的暢通，成爲安危之所繫，漕運與理財成爲中晚唐宰輔大臣之特色。均田似乎是行在北方公田上的土地制度[5]，以均田制爲基礎的租調庸賦稅制度，自均田破壞、北土殘破以後，實際上在安史亂後已無法實施，在客觀的現象改變以後，兩稅法繼之而起[6]。在土地不平均的狀態之下，以資產爲宗，不以丁身[7]爲本的稅法，更能有效地抽取物力財力。又「其見任官一品至於九品，同上上至下下戶等級之數，並寄住寄莊，及前資勳蔭寄住家，一切並稅」[8]，通典作者杜佑評爲「蓋近如晉宋土斷之類也」。這顯然是指「安史亂起中原士族衣冠及各地難民，羣起浮盪，大部份到江南方面，僑居各地」[9] 而言。人口比重的趨勢，若以淮河秦嶺爲南北界線，在隋代南北之比爲15:85，至安史亂前爲35:65，[10] 安史亂起，河北藩鎭割據，百姓南

1. 參見王壽南「唐代藩鎭與中央關係之研究」頁316，唐之重用蕃將條。
2. 參見第二篇中古統治階層社會成分統計表，唐代部份。
3. 參見全漢昇「唐宋帝國與運河」。
4. 參見嚴耕望“唐藍田武關道驛程考”。史語所集刊第39本下册，1969。
5. 賀昌羣「漢唐間封建土地所有制形式之研究」。
6. 參見楊聯陞“中唐以後稅制與南朝稅制之關係”淸華學報12-3。
7. 參見新唐書卷五十二食貨志。或唐會要卷八十三租稅上、新唐書卷一四五（舊唐書卷一一八）楊炎傳。
8. 通典卷六賦稅下。
9. 鞠淸遠「唐代財政史」頁224。
10. 人口統計之可信性，向爲國史中最受懷疑的一部份，本數字參考 E.G. Pulleyblank: The Background of the Rebellion of An Lu-shan. Oxford University Press 1955. pp. 172-174.

遷，會昌年間杜牧曾謂「三吳者國用半在焉」[1]， 整個南方比重可見而知。江淮等地既是中央經濟命脈，故中晚唐江淮藩鎮之選任，非常慎重，大都是忠心於唐室的高級中央官派任之[2]， 唐之中晚期似乎比東晉南朝更直接地抽取百姓的財力，並有效地予以輸送。唐增添其他稅項，以減緩土地稅的壓力，並彌補北方若干地區失御的財政損失[3]， 是一種比較進步的政策。

在這種情況之下，唐對江淮地區也做一些水利工程建設[4]， 但吾人看不出有任何大規模有系統的建樹，充其量祇是當經濟由北向南遷轉[5] 時，扮演先驅角色，下開五代十國之吳越[6] 及宋代有系統發展水利系統之始。隴右涼州之地，晚唐一直受吐蕃的壓迫與侵犯，在張義潮最後廻光反照之後，大至已非唐的勢力範圍。南方經黃巢之動亂，已非昔比。經過人力物力之損耗，唐帝國已失其根本。唐在吸收社會領袖時，有其成功的一面，但社會領袖的性質漸漸改變，原本居於皇帝與百姓之間的地位，移近政治中心的那一端，本文第四篇另有分析。均田制之破壞，兩稅法之實施，都意味出土地平均精神之消失，土地兼並愈來愈烈，莊園出現後的社會問題，政治與社會領袖無法解決。晚唐南方的社會動亂，以及北方强鎭、五代十國之赤裸權力，都顯示出政權與社會基礎脫節，新王朝新政權的穩定，要尋找新的社會基礎和接合型態。

1. 杜牧樊川集14。
2. 參見王壽南「唐代藩鎭與中央關係之研究」頁273。
3. 參見 D.C. Twitchett: Financial Administration Under the T'ang Dynasty. Cambridge University Press. 1963. pp. 23語，及其後各章文。
又鞠清遠「唐代財政史」第三章至第五章文。
4. 如全唐文卷五六六韓愈撰江西觀察使韋公墓誌，在南昌「灌陂塘五百九十八，得田萬二千頃。」又全唐文卷五二九顧況撰湖州刺史廳壁記于頔「作塘貯水，溉田三千頃」。又册府元龜卷六七三牧守部，孟簡爲常州刺史「開古孟瀆，長四十一里，得沃壤四千餘頃」。又册府元龜卷六七八牧守部，李德裕引高郵縣築堤爲塘「溉田數千頃」。又唐會要卷八十九，疏鑿利人條，嗣曹王皋爲荊南節度使「修堤得良田五千頃，畝收一鐘」。
5. 嚴耕望「中國歷史地理」唐代篇，農林，頁21。「就興建次第而言，北方工程幾皆天寶以前所興建，長江以北者亦前期爲多，江南東道則中葉興建者爲多，而江南西道則盡中葉之工程矣！」
及鄒逸麟"從唐代水利建設看與當時社會經濟有關的兩個問題"文中之水利建設

道／時期	關內	河南	河東	河北	隴右	山南	淮南	江南	劍南	嶺南	合計
安史亂前	11	20	16	54	1	5	4	22	27	3	163
安史亂後	13	7	2	3	1	6	13	49	4	3	101

6. 參見繆啓愉"吳越錢氏在太湖地區的圩田制度和水利系統"農史研究集刊第2册。

第二篇　中古統治階層之社會成分

（一）分　　類

我國中古社會具有濃厚的階級性，階級社會所呈現的現象顯著地反映在政治人物上，歷來治中古社會政治史者皆有此共同認識。中古階級社會是以家族爲座標之單位，依其家族地位聲望之高低而決定其社會階層之層次，皇室當然是全國最華貴的家族，累世有三公九卿之族，乃是僅次於皇室而高居社會階層之頂層者，官大及系長是一個家族建立其政治社會地位的有形標準，因此在社會階層高低層次面的一系列刻度上，我們可以塡入許許多多家族。垂直分類是必要的，其原因有二。其一：一項科學化的研究，若從其全面整體或外在觀察，不如先予解剖分段而從內在分析着手，然後再合而觀其全貌。分類是分析的標準與起點，可增强觀察力的明銳，使研究更加便利。其二：一個較大的家族與一個較小的家族就其性質而言，皆居於社會階層的水平面之上，但對政治社會的影響力而言，不能等量齊觀，其間自有輕重程度之分，而有分類必要。在社會階層的一系列層次面上，把它切爲一層一層是困難的，問題是在所定的標準爲何？從何處作爲分類的分野？歷來中外學者研究中國社會史者，亦作過這一方面的努力。新唐書卷一九九柳芳將魏晉以來的大族分爲四類，即：山東郡姓，關中郡姓，東南吳姓，代北虜姓。凡二十六族。柳芳是唐代人，以研究譜學聞於世，其所記載的大族可信性極高，被後人視爲寶貴資料，然當時的階級社會，自大族以次於平民寒素，尙有千百家族，此點柳芳亦極瞭解，其所擧二十餘族，乃階級社會中之頂層大族，而所列四類亦屬地理分類，實屬同一層次；如以此頂層人物與平民寒素相對，似爲二分法的分類，旣非當時社會實情，亦非柳芳本意。若爲了强調某一角度或某一層次之特性，而以二分法作爲强烈對比，猶有可說，例如前輩陳寅恪先生[1]錢穆先生[2]强調大士族的學業品德家學家風；宮川尙志[3]以寒門、寒人爲着眼點，以大族作爲對照；唐長孺[4]致力於門閥形成與衰落；井上晃[5]之考定姓族；王伊同先生[6]對大族諜譜

1. 陳寅恪「唐代政治史述論稿」「隋唐制度淵源略論稿」
2. 錢穆“略論魏晉南北朝學術文化與當時門第之關係”新亞學報5卷2期。
3. 宮川尙志“魏晉南朝の寒門寒人”刊於「六朝史研究」
4. 唐長孺“門閥的形成及其衰落”
5. 井上晃“後魏姓族分定考”
6. 王伊同「五朝門第」金　大學中國文化研究所叢刊乙種。

之貢獻等。再如 Eberhard Wolfram氏[1] 列述拓拔魏一百個家族，但似未作垂直之分類。宮崎市定[2] 曾對魏晉南北朝士庶作一分界線變遷表，以官品爲標準；全書最大的貢獻在於分析門第與官職之關係上。另一位日本學者矢野主稅[3] 亦以官職作爲族望高下的標竿。日人越智重明[4] 着力於下級官僚之研究，因此他不但重視「門地二品」大士族，且在士族以下分類較詳，分爲甲族、次門、後門、三五門，似乎是四分法。何啓民[5] 的標準重視門第民間的聲望，如吳郡朱氏雖官宦不多，不減其社會地位。David Johnson[6] 認爲法律上的地位、權利、義務、戶籍等，是「士」的重要標準，這當然受日人仁井田陞[7] 諸輩之影響。又如其論點不屬本期範圍之內，但事涉中國社會史分類之名著，關於漢朝者如楊聯陞先生[8] 東漢的豪族泛指外戚、宦官、清流與濁流。瞿同祖先生[9] 所謂漢代大族(Powerful families)是指六國舊貴族後裔、漢朝皇室及王侯、外戚、二千石官吏、富商、游俠等；余英時先生[10] 是指南陽一帶大地主及東漢以來單士與家族結合而成的士族；許師倬雲[11] 指出春秋戰國時士與公子階層，同時在漢末三國時有地方勢力——地方豪强。凡此種種皆與本文擬定分類標準有重大影響。至於明清之際社會史方面的學者，有張仲禮[12]、何炳棣[13]大抵以科舉名位作爲重要標準，而 Gentry 一詞常被借用；費孝通[14] 亦是此中翹楚，然費氏將 Gentry 概括自秦漢以

1. Wolfram Eberhard: Das Toba-Reich Nordchinas. Leiden 1946.
2. 宮崎市定「九品官人法の研究」東洋史研究叢刊之一，1956。
3. 矢野主稅"魏晉中正の性格についての一考察"史學雜誌72-3。
4. 越智重明"魏晉南朝の最下級官僚層について"史學雜誌74-7"梁の天監の改革と次門層"史學研究卷 97
5. 何啓民"中古南方門第——吳郡朱張顧陸四姓之比較研究"
6. David Johnson "The Medieval Oligarchy: A study of Great Families in their Social, Political & Institutional setting" p.p. 49. Chapter 3. Shih status: Legal Aspect. 博士論文 University of California, Berkeley 1970.
7. 仁井田陞「中國法制史研究」1962.
   增村宏"黃白籍の新研究"東洋史研究 2-4。
8. 楊聯陞"東漢的豪族"清華學報11卷 4 期
9. Chu, T'ung-tsu: Han Social structure. Chapter Five. Powerful families p.p. 160.
10. 余英時"東漢政權建立與士族之關係"新亞學報 1 卷 2 期"漢晉之際士之新自覺與新思潮"新亞學報 4 卷 1 期。
11. Hsu, Cho-yun: Ancient China in transition-An analysis of Social Mobility.
    許倬雲"三國吳地的地方勢力"史語所集刊第37本上册，1967。
12. Chang, Chung-li: The Chinese Gentry: Studies on their role in Nineteeth-century Chinese society.
13. Ho, Ping-ti: The Ladder of Success in Imperial China-Aspects of social Mobility.
14. Fei, Hsiao-t'ung "Peasantry & Gentry: An Interpretation of Chinese social Structure & its Changes"

來中國士大夫階層[1]，與白樂日 (Etienne Balazs,)[2] 將中國二千年來社會看作一樣，乃忽略了時代特點，不能被視爲精確的分類法。

十年以前，當著者遍閱中古各朝正史時，發現史家對於這個時期官吏出身背景之社會成分記載頗詳，遂嘗試以較精確的方法來衡度統治階層，當時所採用的方法是以魏書卷一一三官氏志中所載之標準。凡稱士族需合於二大條件，其一：累官三世以上。其二：任官需達五品以上者。這二個條件完全符合官氏志中所謂膏粱、華腴、甲、乙、丙、丁姓的標準。蓋因北魏統治北中國以後，採與漢人合作之策，亦希望將其官吏酋豪套入中國社會架構中，此項法令之正式公布，當亦參照當時漢人社會無疑，故三世及五品兩個條件可能與當時漢社會相去不遠。用此項標準試用於兩晉南北朝各代[3]，使階級社會有着明確的百分比，而所得之大士族又與柳芳所言大體相同，證明了此項標準與當時社會實情差距不大。然而，社會階級之分類，究非如此簡易之法所能含蓋，在撰寫「兩晉南北朝士族政治之研究」時，發現吳郡朱氏竟然任官者甚少，而朱氏在許多記載中似乎是吳姓「朱、張、顧、陸」四姓之首，這是柳芳所列姓望與著者統計所得之間的唯一例外，於是乎著者在撰寫博士論文「唐代統治階層社會變動」時，在分類項下除仍採用三世爲官、五品以上的標準以外，還添加凡史書皆稱大族者，雖任官次數甚少，亦屬士族範圍。以法律地位爲標準評定士族，是以現代標準衡量中古社會，有關「士」之特權之記載，魏晉南北朝時史資料記載不多，在這些片斷的行文中，是因爲官宦的因素，抑或是家族地位之因素，一直是糾纏不清的問題。同時也牽連到政治性的運用與習慣法等在中古是否是法律等問題，況且隋唐時期，唐律中並無階級社會之記載，然這也無法抹去唐代濃厚士族社會的色彩。在魏晉南北朝時，常有大士族稱次級大士族爲寒族、寒門[4]，這是相對的稱呼，其實次級大士族也是士族，同理一個次級大士級亦會稱初次形成的士族(三世爲官，任官五品)爲寒門。而實際上若將初次形成的士族與寒素及地方豪族、小姓等作一對照，其政治社會之影響力當列士族無疑。故本文士族之定義，包含柳芳所說的郡姓、虜姓、吳姓；亦包括正史中所提及的大族；還包括一切三世爲官、任官五品的家族，其中有唐代新族；列

1. Fei, Hsiao-t'ung: China's Gentry; Chapter I. The Gentry & The Imperial Power p.p. 17.
2. Etienne Balazs: Chinese Civilization & Bureaucracy
3. 參見拙著「兩晉南北朝士族政治之研究」中國學術著作獎助出版委員會。
4. 參見拙著「兩晉南北朝士族政治之研究」

朝皇室亦包含在內。是廣義的士族。

寒素類指素士、農、工、商、兵、其他半自由民，及非自由民如奴婢、門客等。寒素類中有平行的職業分類，上下層次的非自由民，本身可再予細分，亦可深入研究，本文將他們歸爲一類，是因爲他們的祖父輩皆無參與統治階層的跡象。

在士族與寒素之間，本文列小姓類。這類人物之存在，可見於華陽國志中各縣的大姓、豪富；永嘉亂後北方的塢堡[1]；梁末侯景之亂時的縣姓、地方酋豪、洞主[2]；隋末所謂「山東豪傑」[3]；以及唐代前後期氏族譜殘卷中千百計的郡縣大姓[4]。拙文“從中正評品與官職之關係論魏晉南朝之社會架構”更具體指出三個層次的社會架構。小姓是一個複雜的層次，它的名稱也最多，包括縣姓、地方豪族、酋豪、部落酋長、洞主、累世低品、累世校尉、或曾有一世五品以上等家族。

(二) 分 期

爲研究動態變化的痕跡，本文分期以「代」(Generation) 爲單位，每代通常是以二十五至三十年計，但研究中國歷史，需配合皇帝的更換與朝代的變動，因爲每個皇帝的更換與朝代的變動常常引起內外大臣的更易，故略微依據朝代與建元要比硬性規定以一定的年代斷代 (Generation) 較爲實際。從比較觀察的立場而言，又希望分期後的每期都大致能自成單元，或在某事上有若干特色，自東漢獻帝建安元年始至唐昭宗天祐三年止，凡得七百十一年 (卽 196～906 A.D.)。其所以取這段時期作爲研究範圍是因爲漢末與唐亡是中古階級社會架構的起點與落點(見下文)。以下且劃分各期年代，並略述各期之特有內容。

第一期。公元196～219年。漢獻帝建安 24 年。凡 24 年。在政局方面，自董卓被召入中原，宦官雖除而天下自此分裂。建安年間，代表着曹操竊奪朝政，也意味着三國鼎立的開始。從社會角度看，這是大族出任政治角色的上坡點。

第二期。公元220～239年。曹魏文帝黃初 7 年。明帝太和 6 年，青龍 4 年，景初 3 年。共二十年。曹魏王朝正式建立，三國分治，魏文帝及明帝時期，曹氏仍能掌握政權，司馬氏雖漸次得勢，但未能危及朝基。黃初初年吏部尙書陳羣建議行九

1. 金發根「永嘉亂後北方的豪族」中國學術著作獎助出版委員會。
2. 拙著“五朝軍權轉移及其對政局之影響”清華學報新八卷一、二合期。
3. 陳寅恪“論隋末唐初所謂「山東豪傑」”
4. 拙著“敦煌唐代氏族譜殘卷之商榷”史語所集刊第43本第二分，1971。

品官人法取士，其結果加速門第社會的發展。

第三期。公元240～264年。曹魏齊王芳正始9年，嘉平6年。高貴鄉公髦正元1年，甘露4年。常道鄉公奐景元4年，咸熙1年。共25年。司馬氏積極擴張勢力，正始十年卽嘉平元年曹爽被殺是司馬氏權力穩固的轉捩點。

第四期。公元265～289年。西晉武帝太始10年，咸寧5年，太康10年，共計25年。本期內中國又歸統一，而社會方面是因襲的，門第社會至此漸次發展成熟，若干大族均已顯示出其鞏固的政治社會地位。

第五期。公元290～316年。西晉惠帝永熙1年，元康9年，永康1年，永寧1年，泰安2年，永興2年，光熙1年。懷帝永嘉6年。愍帝建興4年。共27年。中央有賈后專政、八王之亂，旋卽引起永嘉之亂，外族侵入，中原失御，這是一個極大的轉變時期，無論在政治上社會上經濟上都可作爲一個單位研究。

第六期。公元317～344年。東晉建武1年，大興4年，永昌1年。明帝太寧3年。成帝咸和9年，咸康8年，康帝建元2年。共28年。在王氏的扶助下，晉元帝據有南中國，在這個時期中，瑯琊王氏及潁川庾氏等相繼把握朝政。

第七期。公元345～370年。東晉穆帝永和12年，升平5年。哀帝隆和1年，興寧3年。帝奕太和5年。共26年。桓溫與殷浩兩家族執本期政治之牛耳，桓溫曾北伐至洛陽，幾乎簒代晉室。

第八期。西元371～396年。東晉簡文帝咸安2年。孝武帝寧康3年，太元21年。共26年。桓氏仍是重要家族之一，謝氏挾其淝水戰功極爲强盛。苻堅淝水之敗使北中國再度陷入紛爭局面。

第九期。公元397～419年。東晉安帝隆安5年。元興3年。義熙14年。恭帝元熙1年。共23年：本期之初桓玄擁有南朝三分之二的土地，最後實行簒代，爲新興勢力劉裕所敗，又有孫恩盧循事件，皆爲劉裕所破，强人劉裕終於取晉自代。

第十期。公元420～453年。宋武帝永初3年。廢帝景平1年。文帝元嘉30年。共有34年。宋文帝當政凡30年，是東晉南朝政治較上軌道的時期，史稱元嘉之治。同時拓拔氏亦統一北中國，史稱北魏，南北朝開始。

第十一期。公元454～478年。宋孝武帝孝建3年，大明8年。明帝或泰始7年，泰豫一年。廢帝昱4年。順帝昇明2年。共25年。這個時期是劉宋衰弱時代，政潮、廢立屢起，强人蕭道成乘機而起，取代劉宋。宋亡。

第十二期。公元479～501年。南齊高祖建元4年。武帝永明11年。明帝建武4年，永泰1年。東昏侯永元2年。和帝中興1年。共23年。整個南齊一朝合爲一期。這期，武帝有承明之治，明帝以後濫殺傾軋，强人蕭衍取南齊而代之。南齊亡。

第十三期。公元502～528年。梁武帝天監18年，普通7年，大通2年，共27年。南北屢有交戰，梁制定新官品十八班制，佛教大盛於南方，昭明太子文學傳世。

第十四期。公元529～556年。梁武帝中大通6年，大同11年，中大同1年，太淸3年。簡文帝天寶2年。元帝承聖3年、敬帝紹泰1年、太平1年。共28年。梁共享國凡五十五年，而梁武帝在位四十八年，故梁武是兩期的當政者，前期(即第十三期)雖有對外戰事，大致太平，第十四期發生侯景之亂，使梁室傾覆，同時對於自東晉以還的南朝社會階層，有某些程度的變化。强人陳霸先平亂自立。梁亡。

第十五期。公元557～589年。陳武帝永定3年。文帝天嘉6年，天康1年。臨海王伯宗光大2年。宣帝太建14年。後主叔寶至德4年，禎明2年。共32年。有陳一朝皆合爲第十五期，這是東晉南朝系統的最後一期，國勢及疆域已無法與東晉劉宋時相比。

❀　❀　❀

依相對的時間順序及政治社會的特定事件，北朝亦可劃分爲若干時期。

〔第八期〕。公元386～408年。北魏太祖道武帝登國10年，皇始2年，天興6年，天賜5年。共23年。北方自永嘉之亂以後，先後有五胡十六國。戰亂不已。道武帝時，拓拔氏已顯示出其强大力量，且有統一中原的趨向，但必竟是一個草創時期。

〔第九期〕。公元409～431年。北魏太宗明元帝永興5年，神瑞2年，泰常8年。世祖太武帝始光4年，神䴥4年。共23年。拓拔氏繼續擴張，驅柔然、降丁零、高車，滅勑勒，神䴥四年又廣徵漢大族參政，南北對峙形勢初成。

〔第十期〕。公元432～451年。北魏世祖太武帝延和3年，太延5年，太平眞君12年，正平2年。共有22年。伐鄯善，通西域。李寶來朝，降遼西，大體上統一了中原，政治上開始大量吸收漢人參與統治，社會上承繼西晉以來的門第社會。

〔第十一期〕。公元452～476年。北魏高宗文成皇帝興安2年，興光1年，太安5年，和平6年。顯祖獻文帝天安1年，皇興4年。高祖孝文帝延興5年，承明1年。共有25年。佛教大盛，魏宋時戰時和。

〔第十二期〕。公元477～499年。北魏高祖孝文帝太和23年。孝文當政，遷都洛陽，議定律令、班祿之制，定姓氏，大力推行漢化政策。

〔第十三期〕。公元500～530年。北魏世宗宣武帝景明4年，正始4年，永平4年，延昌4年，肅宗孝明帝熙平2年，神龜2年，正光5年，孝昌3年，敬宗孝莊永安3年。共三十一年。北魏進入衰微時期，戰亂頻起，六鎮反叛，尤其爾朱氏之亂，朝士死亡甚多。

〔第十四期〕。公元534～577年。東魏孝靜帝善見天平4年，元象1年，興和4年，武定7年。東魏名義上仍屬於元氏，實際上高歡高洋相繼專政。北齊顯祖文皇帝高洋天保10年。廢帝濟南王殷乾明半年。肅宗孝昭帝皇建1年。世祖武成帝大寧1年，河清3年。後主溫公緯天統5年，武平6年，隆化1年。幼主恒承光1年。共計44年。

〔第十五期〕。公元532～580年。西魏孝武帝永熙3年。文帝大統17年。廢帝欽3年。恭帝3年。宇文泰專政西魏，實際上是北周的前身。大統九年，宇文有芒山之敗。北周閔帝宇文覺。世宗明帝武定2年，武成1年。高祖武帝保定5年，天和6年，建德6年。宣帝宣政1年。靜帝大象2年。共49年。建德6年，西周滅北齊。

第十六期，公元581～617年。隋文帝開皇20年，仁壽4年。煬帝大業13年。共計三十七年。開皇九年，隋滅陳，中國統一。大業二年，建進士科。

第十七期。西元618～649年。唐高祖武德9年。太宗貞觀23年，共32年。包括唐朝開國時期及貞觀之治。貞觀十三年頒氏族志。

第十八期。公元650～683年。唐高宗永徽6年，顯慶5年，龍朔3年，麟德2年，乾封2年，總章2年，咸亨4年，上元2年，儀鳳3年，調露1年，永隆1年，開輝1年，永湻1年，弘道1年。共34年。顯慶四年改訂氏族志爲姓氏錄。麟徵元年，高宗與武后同稱二聖這是唐朝國力極强盛時期，末期武則天已掌握了實際政權。

第十九期。公元684～709年。唐中宗哲嗣聖、睿宗旦文明、武太后光宅共1年，垂拱4年，永昌1年。周天授2年，如意1年，長壽1年，延載1年，天冊萬歲與萬歲登封共1年，萬歲通天1年，神功1年，聖曆2年，久視1年，大足半年，長安4年。唐中宗神龍2年，景龍3年。共26年。本期中武則天從幕後到幕前，最後登上了皇位，中宗再登位亦列入本期，蓋其性質係武后之延長也。

第二十期。公元710～730年。睿宗景雲2年，太極1年。玄宗開元 1～18年。共計21年。本期係唐代另一個治世——開元之治。

第二十一期。公元731～755年。唐玄宗開元19～29年，天寶14載。共25年。開元二十四年李林甫爲相前半期是開元之治的延續，後半期天寶年間政治漸壞，安祿山之亂起。

第二十二期。公元756～779年。唐肅宗至德2載、乾元2年，上元2年，寶應1年。代宗廣德2年，永泰1年，大曆14年。共24年。本期安史之亂波及中國大部，戰亂不絕，本期末安史雖已消滅，藩鎮割據已有雛形。

第二十三期。公元780～805年。唐德宗建中4年，興元1年，貞元21年。共26年。藩鎮割據的局面已成，德宗僅能採取安撫政策，唐中央權力極爲薄弱，建中元年楊炎立兩稅法。

第二十四期。公元806～826年。唐順宗永貞半年。憲宗永和15年，穆宗長慶4年，敬宗寶曆2年。共21年。憲宗時期，唐中央與藩鎮展開力量的爭奪，本期是自安史亂後中央權力稍微復振的時期。但唐朋黨之爭發生。

第二十五期。公元827～846年。唐文宗太和9年，開成5年 。武宗會昌6年 。共20年。藩鎮割據復盛，朋黨之爭加劇，復有甘露之變，宦官實際影響唐中央政治，會昌5年武宗打擊佛寺。

第二十六期。公元847～873年。唐宣宗大中13年。懿宗咸通14年。共27年。牛李朋黨繼續傾軋，藩鎮割據蔓延，宦官操縱政治。咸通元年裘甫起於浙東，咸通十三年歸義侯張義潮率甘沙等州陷。

第二十七期。公元874～906年。唐僖宗乾符6年，廣明1年，中和4年，光啓3年，文德1年。昭宗龍紀1年，大順2年，景福2年，乾寧4年，光化3年，天復3年，天祐2年，共32年。乾符元年王仙芝、黃巢等起、光啓元年秦宗權兵熾，政治敗壞、藩鎮、宦官、朋黨爲害。朱全忠篡唐自代。唐亡。

（三） 中古統治階層社會成分統計表 （公元 197～906A.D.）

期別	朝代	公元	士族 No.	士族 %	士族 （魏晉舊族%）↓	小姓 No.	小姓 %	寒素 No.	寒素 %	合計 No.
1	漢	197～219	38	29.0		19	14.5	74	56.5	131
2	曹魏	220～239	60	38.7		38	24.7	57	36.8	155
3	曹魏	240～264	74	47.1		59	37.6	24	15.3	157
4	西晉	265～289	84	46.2		67	36.8	31	17.0	182
5	西晉	290～316	179	66.3		58	21.5	33	12.2	270
6	東晉	317～344	110	65.9		33	19.7	24	14.4	167
7	東晉	345～370	90	79.6		21	18.6	2	1.8	113
8	東晉	371～396	80	79.7		13	13.2	6	6.1	99
9	東晉	397～419	58	68.1		4	4.9	23	27.0	85
10	宋	420～453	153	72.0		38	18.0	21	10.0	212
11	宋	454～478	150	64.3		36	15.5	47	20.2	233
12	南齊	479～501	109	58.9		39	21.1	37	20.0	185
13	梁	502～528	85	52.5		32	20.0	44	27.5	161
14	梁	529～556	80	56.4		30	21.1	32	22.5	142
15	陳	557～589	86	56.7		39	25.6	27	17.7	152
（8）	北魏	386～408	14	31.2		20	44.4	11	24.4	45
（9）	北魏	409～431	33	36.7		37	41.1	20	22.2	90
（10）	北魏	432～451	92	63.0		40	27.3	14	9.7	146
（11）	北魏	452～476	146	73.0		26	13.0	28	14.0	200
（12）	北魏	477～499	244	77.5		40	12.7	31	9.8	315
（13）	北魏	500～530	545	79.7		73	10.7	66	9.6	684
（14）	東魏北齊	534～577	163	55.6		65	25.3	49	19.1	257
（15）	西魏北周	532～580	329	69.3		55	11.7	90	19.0	474
16	隋	581～617	311	67.0		73	15.2	80	17.2	464
17	唐	618～649	219	64.8	61.5	21	6.2	98	29.0	338
18	唐	650～683	189	62.7	57.9	67	22.7	43	14.6	295
19	唐	684～709	231	63.3	51.5	41	11.2	93	25.5	365
20	唐	710～730	212	67.5	58.9	25	8.0	77	24.5	314
21	唐	731～755	199	70.6	63.0	34	12.1	49	17.3	282
22	唐	756～779	204	56.2	44.1	56	15.4	103	28.4	363
23	唐	780～805	215	60.4	45.5	52	14.6	89	25.0	356
24	唐	806～826	209	63.3	41.2	56	17.0	65	19.7	330
25	唐	827～846	237	75.5	57.6	40	13.1	37	11.4	314
26	唐	847～873	196	88.7	64.2	12	5.4	13	5.9	221
27	唐	874～906	126	65.3	39.2	10	5.2	57	29.5	193

(四) 變動之分析

士族之變動

大家族的子弟累代官宦的現象，漢代已有。以大家族成爲政治社會中統治階層的骨幹，似乎是魏晉以來降至隋唐期間社會型態的特點。本章以量化證明之。從第三期開始統治階層中士族所占比例已近百分之五十。第三期正值曹魏的後半期，士族成分是百分之四十七點一。比第二期士族所占成分高出百分之九弱，而第二期又比第一期士族成分高出百分之九强。這前三期士族成分的梯升，值得重視，第一期是指漢末建安年間，政治社會紛亂，羣雄並起，山林水澤中的草莽英雄有較大的機會上升，然而許多主要的人物都是漢末的刺史太守或其他官吏，因此我們亦可從第一期的統計數字上回看東漢末年的政治社會，也就是說除去因戰亂政潮所引起的士族成分改變以外，東漢末年士族在整個統治階層中所占比例不會過高，因此從這一段時期作爲士族成爲統治階層架構中骨幹的起點。第一期士族占百分之二十九，第二期占百分之三十八點七，第三期占百分之四十七點一，這是很明顯的上坡面。從第三期至第二十七期，士族的比例雖時高時落，但一直在百分之五十以上（北魏初期例外。後文討論），因此第三期士族成分上升到接近百分之五十，是上坡線上的重要點，而第二期却是研究第三期成因的重要時期，第二期是曹魏的上半期，在這一期的初年亦卽黃初年間魏吏部尙書制定了九品官人法，許多研究九品官人法的學者認爲這是產生士族的最大原因，但是由於九品官人法以前士族已經出現社會中，九品官人法產生士族之說不能解釋這種現象。然而由於第二期初期採行九品官人法以後，自第三期以後士族卽占百分之五十以上而不墜這點來看，九品官人法與士族盛行顯然其間有若干因果關係，關於這一點拙著「兩晉南北朝士族政治之研究」中曾有兩章討論之。

司馬氏之篡魏乃積三代之功，自第二期中司馬懿誅曹爽以後，魏的政權實際上已落在司馬氏手中，在漸次的剪除魏室支持者與擴張自己勢力的過程中，司馬氏之篡魏是一個政權轉移的最佳例子[1]，許多重要的大臣並沒有因改朝換代而影響到他們的祿位，因此在統計數字上顯示第三期與第四期的士族比例是非常的接近，（第三期百分之四十七點一，第四期百分之四十六點二）。第五期是西晉的後半期，在沒有發生八

1. 參見徐高阮"山濤論"

王之亂以前，政治社會在表面上是平靜的，這有利於士族的發展，第五期士族占百分之六十六點三，這個百分比已達中古士族在統治階層中所占百分比的平均數。

第五期末期發生永嘉之亂，政治社會紛亂，應當是社會變動的活潑時期，但家族成爲政治中堅份子的趨勢已成，在這段時期士族們除了扮演政治和社會領袖的角色以外，仍然保持着軍事的才華，在混亂的局面之中，擁兵自守的地方長官大部份是世家子弟，故第五期的士族比例占百分之六十六點三。

東晉在南半部中國立足，是靠着僑姓與吳姓的支持，東晉皇帝的權力似乎極小，其主要的功能在於平衡內部大族的勢力，及維繫强大地方力量的向心力，這種地方力量的代表厥爲各州的刺史都督，垂整個東晉一百餘年，其刺史都督大部亦由士族子弟掌握，拙著"五朝軍權的轉移及其對政局之影響"一文曾有詳細的統計資料證明之。因此自第六期至第九期有一項極明顯的傾向，卽士族所占的比例由百分之六十三點三升至百分之七十九點七的高峯而接近百分之八十，這是士族極盛時代，許多形容階級森嚴的故事發生在這一時期。

劉裕以武力淸除桓氏，他是一位極想削弱大家族力量的皇帝，首先他剝奪了士族子弟軍權，使其皇位鞏固，皇權增加，但是在政治與社會方面，仍不得不與士族合作，所以雖然在宋以後士族掌軍權者愈來愈少，士族仍然能够不受改朝換代的影響而居官位，第十期第十一期是劉宋時期，士族已自百分之七十二降到百分之六十四點三，南齊復降到百分之五十八點九。梁降至百分之五十二點五的低點，逐次減退充份表示出士族失去軍權以後的影響，但對於整個政治社會的架構而言仍然未變。梁末的侯景之亂使許多士族沉淪[1]，士族的百分比降至百分之五十六點四，這是東晉南朝的低潮[2]。

依本文的時期劃分法，將北魏分爲六個時期，按其公元前後，約相當於南朝第八期至第十三期，爲分别計，以(8)(9)(10)(11)(12)(13)等符號表示之。有一個有趣的現象，卽北魏前三期〔卽第(8)、(9)、(10)期〕士族比例上升之幅度，很類似於漢魏之際（卽本文第 1.2.期）。第(8)與第(9)之間逐漸上升，每每是開國時期引用

1. 參見顏氏家訓卷十一涉務篇。
2. 唐長孺"南朝寒人的興起"篇「魏晉南北朝史續論叢」，過份强調南朝（尤其梁陳）的實際政權正在轉入寒人手中，易於予人寒人占優勢的錯覺。而本文統計表所示之比例，可予人淸晰的觀念。

功臣子弟的普遍現象。然北魏第(9)與第(10)期之間上升幅度極大(卽自百分之三十六點七升至百分之六十三),有其特殊意義,蓋因北魏自神𪊨以來,大量吸收中原漢士族參與統治,其胡族部落亦仿漢人習俗,變成大小不等的家族,出現在統治階層,凡此種種皆表示北中原胡漢政治社會亦已納入中國社會史的發展洪流之中。至北魏高宗文皇帝及顯祖獻文帝時〔卽第(11)期〕,士族升至百分之七十三點零。而第(12)期再次升至百分之七十七點五的高峯,這正值北魏漢化最澈底時期——孝文帝親自當政時期;北魏最後一期〔卽第(13)期〕達到北朝的最高峯點,士族占百分之七十九點七。更有趣的是北朝的最高峯點與東晉南朝的最高峯點相映齊頭,同爲百分之七十九點七。極其巧合。

北魏的河陰之役,使統治階層起了極大的變化,其影響之巨一如南朝的侯景之亂,隨卽魏分東西,戰禍連年,雖然北朝士族子弟每每允文允武,但仍壓抑不住寒素憑藉軍功上升進入統治階層的機會。西魏與北周的士族成分降至百分之六十九點三,而東魏北齊更下降達百分之五十五點六。其情況與南朝類似。

隋文帝取代周室也是一個緩和方式轉移政權的實例,隋朝的大臣大部出自北周,及其次第亡齊亡陳以後,雖然也吸收些北齊及陳的官吏,但爲數甚低,從表五「隋官吏社會成分統計表」所示,隋朝士族占統治階層的百分之六十七點零,與北周的百分之六十九點三最爲接近,而與北齊的百分之五十五點六及陳朝的百分之五十六點七差距較大。陳寅恪先生指出西魏北周、隋、唐初之人物,因關中本位政策而相承襲,與本文之統計暗合。隋是大統一局面的朝代,在隋以前南北分立凡三百餘年,隋以前的統一局面是西晉,西晉末期(卽第五期)士族成分占百分之六十六點三,與隋朝極爲接近,這是一個很有趣的現象。

第十七期是唐朝開創時期,唐初的統治階層與北周楊隋有密切關係(陳寅恪語),然以戰爭方式取代前朝者,恒給予其他階級上升之機會,與隋朝相比,第十七期士族占百分之六十四點八,大同而小異。代表高宗的第十八期與代表武周的第十九期,有兩股相逆的潮流會聚在一起,一方是唐初功臣後裔的累積梯升趨向,一方是武后以科學及薦舉引進新貴;功臣後裔頗受武則天之壓抑,而武后所引進的新貴之中,有一些是新士族,彼等取代了部份舊士族,如:

時期＼類別		士族總比例	舊士族比例	新士族比例
第十八期	高宗時期（武后已開始當政）	62.7	57.9	4.8
第十九期	武周時期	63.3	51.5	11.8

由此可見第十九期士族總比例雖穩定在百分之六十三的基礎上（與前二期接近之意），但武周時期新士族已占百分之十一點八，而魏晉舊士族則已落入百分之五十一點五矣！第二十期與第二十一期分別代表唐玄宗的前期與後期，士族又略微升至百分之六十七點五與百分之七十點六。所值得注意的是舊士族增加較多，如：

第二十期	玄宗前期	67.5	58.9	8.6
第二十一期	玄宗後期	70.6	63.0	7.6

安史之亂對我國中古所帶來的震撼，可由多角度去觀察，論者多矣！在於統治階層社會變動而言，士族成分在第二十二期（安史之亂），急速降至百分之五十六點二，這是另一個最低點，可與第十三期的梁侯景之亂（士族降至百分之五十二點五，及北魏亡後的東魏北齊百分之五十五點六相比，尤其值得重視的是魏晉以來舊士族落入百分之五十，即第二十二期百分之四十四點一；第二十三期百分之四十五點五；第二十四期百分之四十一點二。

另一項重要事實，即自安史亂後，藩鎮割據，全國漸漸佈滿節度使，中央所能直接統轄地區日蹙，藩鎮大都有任命僚屬之權，於是乎唐室除能任命中央官吏及所轄州縣官吏以外，較唐代前半期已不可同日而語，於是乎出現在唐史記載中，大都麇集在首都與若干州郡的士族羣們，這種現象的演變，及其所代表的歷史意義，在另章士族性質之轉變中討論之。故第二十五及第二十六期士族比例上升達百分之八十八點七，是唐室蹙局情況下的中央官吏士族成分。這種集中在中央的官僚化現象，在黃巢之亂以後，使士族遭受很大傷亡。第二十七期，士族分降至百分之六十五點三，其中魏晉舊族僅占百分之三十九點二，已表明出歷史演變趨向。

孫國棟先生"唐宋之際門第的消融"比較唐末、五代、北宋初三階段舊士族趨於消失的研究，爲士族走下其歷史舞臺提供證明。

小姓之變動

小姓在統治階層中所占比例之消長，表示兩種意義，其一：小姓是介於寒素與士族之間的階層，依本文之定義，由寒素晉升爲士族必需經過小姓這個階段，故從小姓比例的變化觀察寒素的上升運動，以及士族的下降運動。其二：小姓的另一含義包括所謂縣姓、地方酋豪、地方豪族等，這個階層在整個中國社會史上是很重要的一環，在士族出現以前(曹魏以前)、及士族沒落以後(唐末以後)，都是很重要的社會階層，即在中古這段時期，小姓亦與士族同時存在，祇是在門第炫耀的時代中，史書沒有太多的記載罷了。小姓的變化亦表示地方勢力的盛衰。

在第三期及第四期小姓的比例較高，依次爲百分之三十七點六、百分之三十六點八，這是上升運動活潑時期，使次一期士族的比例依次推進爲百分之四十六點二、百分之六十六點三。前三期的小姓如下：

時　　期	占該期官吏的 %	差　距 %
第　一　期	14.5	
		10.2
第　二　期	24.7	
		12.9
第　三　期	37.6	

表現出上坡面很急峻。小姓在第五、第六、第七期的比例依次爲百分之二十一點五、十九點七、十八點六，仍然表示上升運動在繼續中，但其幅度已漸小，這種上升運動使次一期士族的百分比遂漸提高，故第八、第九期士族百分比達到一個新的高峯。

東晉南朝階級愈來愈森嚴，士族任中上品官、小姓任低中品官的現象，不但成爲習慣，抑且與選學制度配合，拙文"從中正評品與官職之關係論魏晉南朝社會架構"

曾有細論，故小姓大都在低品中品官任職。自第八期至第十三期小姓曾占比例在百分之二十一點一與百分之四點九之間，然而上升至士族的現象並不活潑。梁末侯景之亂，陳霸先最後建立陳朝，其基本武力建立在許多地方首豪及縣姓之上，拙文“五朝軍權之轉移及其對政局之影響”曾有細論。第十四、第十五期小姓依次爲百分之二十一點一、百分之二十五點六，其中有上升運動出現。

北魏在第(八)、第(九)期時小姓依次爲百分之四十四點四、百分之四十一點一，甚高，將此與曹魏時期比較，這個上升運動高潮使北魏第十期第十一期士族比例急速上升至百分之六十三及百分之七十三。自第十一、第十二至第十三期，小姓比例急速下降至百分之十三與十之間，甚低；北魏這段時期與南期一樣地漸趨階級社會。

東魏北齊小姓占百分之二十五點三，同期因爲北魏末年河陰之役士族消滅甚多，故仍不足以補充大幅下降的士族比例。西魏北周小姓占百分之十一點七，前與北魏末期相仿，後與隋代類似。

隋朝（卽第十六期）士族占百分之六十七，小姓占百分之十五點二，這個比例很接近各朝的平均數，可能是因爲在時間上居七百年之中間，地區上又統合宇內之故。

唐代第十七期時值開國之際，似乎是士族與寒素的天下，小姓僅占百分之六點二。第二代（卽第十八期）小姓比例高達百分之二十二點七，顯然是從唐初第一代寒素開國功臣子弟中升上來者，第一代寒素占百分之二十九。從第十八期以迄第二十七期唐亡，小姓的比例一直很低，最高只有百分之十七，最低僅百分之五點二。然唐代階層之間流動並沒有像南朝梁代那麼僵化，科舉當然是重要因素，因此寒素小姓可藉考試而做大官，累積一二代便可成爲本文定義之士族，然這條通道 (Channel) 並非非常廣濶，拙著「唐代統治階層社會變動」所示，每一代由小姓而士族者（卽唐代新族），僅增加百分之二。

寒素之變動

士族、小姓都是在政治社會中有地位者，寒素才是平民，許多研究社會變動者的注意力集中在寒素階層，當然寒素仍過於籠統，實際上包括各地區各種不同行業的自由民、半自由民、甚至非自由民。同時寒素在統治階層所占比例的升降，亦最能反映出戰爭、政潮、政變等之社會意義，在資料充分的情況之下，應有專文討論之。本文僅就整個社會架構中比重而論之。

第一期漢末建安時期，這是士族仍未完全凝固而又逢天下大亂之際，寒素占百分之五十六點五；第二期即曹魏初年寒素仍然有百分之三十六點八；這中間以文士爲最多，拙文"三國政權與社會基礎"中已有細論，從第三期士族比例接近百分之五十，並繼續穩定成爲一種社會架構以後，寒素任官機會微小。自第三至第六期，約在百分之十五上下；第七期的百分之一點八及第八期的百分之六點一，正是東晉後半段門第森最嚴的時刻，東晉與宋政權交替，復有一個很好的機會，寒素竟有百分之二十七，梁代亦出現一次侯景之亂，是寒素憑軍功出仕的機會，占百分之二十七點五，南朝其他各期大率在百分之二十以下。

北魏開創期間寒素尙有百分之二十四點四。二十二點二，自此以降，未再達百分之二十者，北中國胡姓尙武，漢士族尙文，寒素仕進機會遜於南朝。

隋代寒素占百分之十七點二，亦近各期之平均數。

唐代寒素有三個高潮，即開國期間（第十七期）的百分之二十九、安史之亂（即第二十二期）的百分之二十八點四、及唐末天下大亂(即第二十七期)的百分之二十九點五；這都是用兵之際，拙文「唐代統治階層社會變動」中曾有細論。第十九期武后當政，與第二十期玄宗前期，亦達百分之二十五點五，與百分之二十四點五，這就與科舉及政潮有關了。第二十三期占百分之二十五，這是安史之亂的延長。除第二十五、二十六期以外，似乎唐代寒素任官比魏晉南北朝時期略大。

❋　❋　❋

著者曾對第一、二、三期作過個案研究[1]，對於唐代各期士族、小姓、寒素亦曾有系統討論[2]；其實在上列二十七期之中的任何兩期間的士族、小姓、寒素百分比之升降，與當時政潮政變有密切關連，都可作進一步的個案分析。

1. 參見拙文"三國政權的社會基礎"史語所集刊 第46本第1分1974。
2. 參見拙文「唐代統治階層社會變動」影印博士論文，1969。

第三篇　中古家族之變動

(一)

客觀的局勢將大族引進了統治階層，產生了一種特殊的政治現象——士族政治。有關士族如何在政治上保持其地位的主觀及客觀因素，拙文「兩晉南北朝士族政治之研究」中提出初步的分析，但該書文不及隋唐，以致不能看到全豹。士族是中古政治社會的中堅力量，從前篇所示，自漢末至唐末士族長期位居統治階層之絕對多數，也就是說整個中古時期社會架構無甚變化，然而這並不表示中古士族全然沒有盛衰升降，事實上各士族盛衰升降與當時政治社會有密切關連，同時也直接影響到當時政治社會的內容。就以家族爲單位而言，有若干大家族在政治上綿延達二十幾世，然社會必竟是動的，有的家族只興旺一二代，有的七八代；卽令長達二十幾世的家族，其間亦有盛衰起伏。問題是卽令某些士族衰微，繼之而爲統治階層者亦是士族，所以中古家族的變動從大處看屬於框框內的變動，而非社會架構的變動。

政權需要社會勢力爲其基礎，而社會勢力是會變動的，這是變動的內在要素，形之於外則是家族的變動。且以士族與地方豪族二大基層敍述之。

(一)士族：士族是已經被吸收成爲高級統治階層的社會力量，由於時間的推移，有的會漸漸失去其社會性、有的增減其社會力量、有的轉移社會力量之地盤，各家族有其特殊的主觀客觀條件，而有不同的發展。當士族被吸收入統治階層以後，其社會基礎的變化如下：

其一：家族中某些人至中央或他州任官，其原籍仍保留族人及退休的族人，誠如 Eberhard 在其大著「征服者與統治者」中說[1]：

> 一個縉紳家族通常有一個鄉村家和一個城市家。鄉村家卽家族田產所在地，那裏居住一部份族人，管理經營其財產，如向佃農收租等，鄉村家是家族經濟的支持骨幹。當其家族有足夠的資金時，則聘請教師教育其子孫，使其子孫能從事官宦生涯。……
>
> 縉紳家族中受教育的份子常常搬進城市中居住，其生活較爲安逸，他們有鄉村

1. Wolfram Eberhard: Conquerors and Rulers-Social Forces in Medieval China pp. 44-45. 1965年修訂版

家爲其經濟基礎，……

縉紳在城市的支族的主要活動是政治性的，其家人千方百計謀求進入官僚羣中，或做中央官或做地方官，或爲文官或爲武官。……

這種在城市與鄉村皆有基業的家族較爲穩固，同書云：

社會的安定與權力的訣竅基於雙重意義上；如果在中央的城市支族在權力爭奪時失利，則該家族鄉村部份仍能繼續生存與維持，政局的轉移很少能够同時影響到城市及鄉村兩地方的族人。若當城市支族當權時，彼可保護並援助居住在鄉村的支族。……[1]

依社會勢力的轉變進而會影響其政治地位的理論而言，這種大家族很少受某一政局改變而影響其地位。

四民月令所述東漢博陵安平崔氏可作爲這個類型的範本。又例如隋書卷四十二李德林傳云：

(李德林)博陵安平人。祖壽，湖州戶曹從事。父敬族，歷太學博士鎮遠將軍。(德林)年十六遭父艱，自駕靈輿反葬故里，時正嚴冬，單衰跣足，州里人物由是敬慕之。博陵豪族有崔諶者，僕射之兄，因休假還鄉，車服甚盛，將從其宅詣德林赴弔，相去十餘里，從者數十騎，稍稍減留，比至德林門，才餘五騎云：不得令李生怪人熏灼。

中古若干通朝大族大都屬於此型，尤以北中國系統的士族爲然，如趙郡平棘李氏、河南滎陽鄭氏、太原王氏、弘農華陰楊氏、趙郡武城崔氏、范陽涿縣盧氏等。並參見第一篇第10頁首段注。

其二：支葉稀疏的家族，一旦加入了統治階層，常常舉家遷入城市，久而久之，與其原籍斷絕關係。這種家族漸漸喪失其原有的社會力量及社會性，其子孫僅能憑藉才能干祿時主。若能延綿若干代，則僅爲官僚家族而已，一旦政局轉移，其政治地位影響至鉅。最能澈底表現這種類型的是東晉南朝的僑姓，所謂僑姓當然指原籍非南方的士族（尤其是中原地區的士族），有的原本頗有聲勢，如瑯琊臨沂王氏、潁川潁陰荀氏、陳郡陽夏袁氏；有的薄具聲名，如泰山平陽羊氏；沛國龍亢桓氏、陳郡

1. Wolfram Eberhard: Conquerors and Rulers-Social forces in Medieval China pp. 46. 1965年修訂版

陽夏謝氏，汝南安城周氏、河南陽翟褚氏、陳留尉縣阮氏等。以上所述諸士族，自隨東晉司馬睿僑遷南方以後，本籍似乎無甚人物出現，他們自東晉而南朝，漸漸步向官僚家族。

其三：有些家族由於其主要份子到其他州郡任官，久而久之，落籍於新住處。有的或因戰亂之影響，整族遷往邊區，如兩晉南北朝時的涼州與東北之地，於是乎產生遷籍及分支現象。這種現象在隋唐時期亦甚普遍，大部份士族雖然遷移與分支，仍然保留其原籍之稱號，稱之為「郡望」，於是乎在唐代常常出現「郡望」與居住之「籍貫」不能合一之現象[1]，在感情疏隔多世，再從兄弟當然比不上親兄弟，同族的社會地位則以家譜維繫着。這是大族社會勢力之新增。有些較單薄的士族，若遷移他處，其原籍的社會領袖可能因此空虛，於是次一級的家族可能漸漸取代之，而形成為該地區的新社會領袖。這是社會勢力之移植與新生。

其四：異族酋豪因政治及軍事因素遷入中國者，有的僅在中央任官，久而久之，失去其社會力量而成於官僚的一分子；有的在某地落籍，可能形成一個新的州郡豪族，這種大族之地區性之消融，直接影響到社會勢力的變化，這種例子在北朝系統頗為普遍，而宇文氏關中本位政策與本類型有更顯著的關係。

❀ ❀ ❀

(二)地方豪族，地方上次一級的家族，常被人忽略，這些小姓見諸史冊中的名稱如：地方酋豪、縣姓、洞主、豪强等。其社會力量容或小於大士族，但在地方上仍擁有許多實力。一般而論，大士族對地方豪族之顧忌遠勝過對平民之顧忌，因為這些小姓隨時有取代大士族的實力與資格，由於地方豪族與中央政治力的連繫遠不及大士族密切，因此當政局安定或中央政治力强大之時，作用顯得不大。而自漢朝以來，大士族運用中央政治力來壓抑地方豪族的例子屢見不鮮[2]，拙文“從中正評品與官職之關係論魏晉南朝之社會架構”中所示，魏晉南朝九品官人法之演變，中正評品、望族、與官職之間，都有屢次性的相對關係。亦即門望高的士族，其中正評品為「門地二品」

1. 參見岑仲勉「唐史餘瀋」頁229，唐史中之望與貫條，引列十條。又十七史商榷、抱經堂集等書亦有類似見解。
2. 參見許倬雲“西漢政權與社會勢力的交互作用”史語所集刊第35本，1964。

任官由五、六、七品起家；低者依次遞減。地方豪族則屬「寒微士人」，至梁代別開一格卽由流外七班入官。地方豪族由低品官入仕，其上達頗受限制，士族與次一級的地方豪族間之衝突，構成中古統治階層之中的主要事件。在魏晉南北朝門閥深嚴之秋，唯有政權更迭，或大變故的出現，地方豪族的實力才顯示出來，尤其是赤裸權力，例如永嘉之亂後，中原板盪，地方上塢堡大行其道[1]；梁末侯景之亂，陳霸先集團是以南方小姓、酋豪、縣姓爲基礎，而平亂建元[2]；而隋末有所謂「山東豪傑」者[3]，亦屬此類。總之，在亂變之餘，部份地方豪族纔能上升，而達到社會勢力與其政治地位間相應關係之新平衡。唐代科擧制度仕進稍具彈性，使部份地方豪族得以循和平方式而上達。

(二)

本章且以家族爲單位，縱觀士族之發展，自東漢至唐末，凡七百餘年。東漢爲源流，三國是中古社會架構之上坡面[4]，依次展開分爲四大階段：(A)兩晉南朝；(B)北朝；(C)隋→安史亂前；(D)安史之亂→唐末。士族之標準仍以三世任官達五品者[5]，然中古時期達此項標準者爲數甚多，本章取其最大或系長之六十族。表中各族之後的數字，表示該族五品以上之人數。在東漢、三國、兩晉南朝、北朝各朝，係取材於後漢書、三國志，晉書、宋書、南齊書、梁書、陳書、魏書、周書、北齊書等正史列傳上之人物。隋唐時期係混隋書、唐書合鈔及隋唐墓誌拓本而成。新唐書宰相世系表有更多的人物，唯該表僅記載曾任宰相的家族，且卽令有記載之家其偏廢不一，故本表不以宰相世系表作爲基本材料，以免詳簡不同，失去比例平衡。本表按正史與隋唐墓誌拓本爲主要材料，是一種最好的自然抽樣。亦以此之故，本表所列之數字，於其看作絕對數目，不如看作一種相對的比例，對於各大族興衰起伏，庶幾乎才有正確的瞭解。除此之外，本表附帶說明如下：

(1) △符號表示某時期是大族。

(2) ☆符號表示前期曾是王朝宗室。

---

1. 參見金發根「永嘉亂後的北方豪族」第一章。
2. 參見拙文"五朝軍權之轉移及其對政局之影響"。
3. 陳寅恪"論隋末唐初所謂「山東豪傑」"。
4. 參見拙文"三國政權的社會基礎"史語所集刊第46本第1分，1974。
5. 參見拙書「兩晉南北朝士族政治之研究」第一章，及拙論文"唐代統治階層社會變動"1969。

(3) 劉、蕭、高、楊、李各族之數字，未含宗室人物。

(4) ……符號表示漢代已有端倪。

(5) 表中數字，東漢爲二千石以上，其他各朝爲五品官以上。

(6) 東漢部份僅作參考，未在本文討論範圍之內。

(7) 本表上方部份，大都是某時期大族，亦即綿延不長之家族。

(8) 本表最後一欄(A+B+C+D)是通朝大族之總和。

(四)

表中所示，自魏晉以迄唐末，延綿不絕一直維持强盛的士族，有十姓十三家，卽：京兆杜陵韋氏、河南開封鄭氏、弘農華陰楊氏、博陵安平崔氏、趙郡武城崔氏、趙郡平棘李氏、隴西狄道李氏、太原晉陽王氏、瑯琊臨沂王氏、范陽涿縣盧氏、渤海蓨縣高氏、河東聞喜裴氏、彭城劉氏等，任官五品以上者在197人以下，116人以上。另河東解縣柳氏、京兆杜陵杜氏、蘭陵蕭氏、河東汾陰薛氏、吳興武康沈氏、吳郡吳縣陸氏、陳郡陽夏袁氏等七姓亦屬通大族，唯任官人數略遜，在74人以下，48人以上，此二十家衣冠人物，相繼不絕，凡七百年之久。其次扶風竇氏，洛陽長孫氏、洛陽于氏、洛陽源氏、渤海蓨縣封氏、高陽新城許氏、外加曾經宗室者洛陽元氏、河內溫縣司馬氏、洛陽宇文氏、潁川陳氏等，此十家列位統治階層凡五百年之久，再如：沛國龍亢桓氏、潁川潁陰荀氏、泰山平陽羊氏、陳郡陽夏謝氏、吳郡吳縣張氏、吳郡吳縣顧氏、汝南安城周氏、會稽山陰孔氏、盧江濡縣何氏、河南陽翟褚氏、陳留尉縣阮氏、濟陽考城江氏、陳郡長平殷氏、代郡穆氏、代郡陸氏、清河繹幕房氏、上谷沮陽張氏、隴西狄道辛氏、北秀容縣爾朱氏、安定鄧氏、代郡羅氏、清河武城張氏、隴西獨孤氏、南陽張氏、燉煌令狐氏、樂安孫氏、幷州文水武氏等三十家皆有三百年以上之人物。以上六十家是中古政治社會最重要的士族。

兩漢雖不能稱爲士族時期，然兩漢給予以後士族早期萌芽與發展的時空條件，許多大士族在漢代已漸露曙光。表中所示，中古最興旺悠長的二十姓，大都可推自漢代、如韋氏、鄭氏、楊氏、崔氏（博陵）、崔氏（趙郡）、李氏（趙郡）、王氏（太原）、王氏（瑯琊）、盧氏、高氏、裴氏、劉氏；李氏（隴西）、柳氏似乎在漢以後發展而成。其中韋氏、鄭氏、楊氏、崔氏（博陵）等在東漢時期尙屬較大的士族。大部份的中古士族，在曹魏西晉時期（公元第三世紀）已漸次凝成，與前章統計表對照看，曹魏西晉正是士族社會架構的上坡面，自此以迄唐末，士族居統治階層之絕對多數，歷久而不衰。東漢末期(即公元第二世紀)的黨錮之禍，加速強化士族的同類感，這種內在精神之養成與維持，陳寅恪與錢穆兩位先生皆有深論，乃是使士族能够超越朝代更迭、政潮起伏的凝固力。這並不意味着追隨着這股精神的家族必然延綿不絕，一個家族的長期高官厚祿，仍需具備許許多多主觀客觀因素，這需從個案研究中發現[1]，然而就其大趨勢而言，大部份的大士族在這段漫長的七百年之中，皆能維持其政治社會地位，已非偶然因素可以解釋。

東漢較大的士族有南陽新野鄧氏、扶風茂陵竇氏、扶風茂陵馬氏、扶風平陵耿氏、安定烏氏梁氏。鄧禹、馬援、耿弇爲開國元勳，竇融、梁統率河西之地歸漢，時皆在東漢開創之際。他們在西漢時已非泛泛之輩，梁氏在西漢以貲千萬徙茂陵[2]，耿氏在武帝時以吏二千石自鉅鹿徙焉[3]，竇融七世祖廣國漢孝文皇后之弟封章成侯，融高祖父宣帝時以吏二千石自常山徙焉[4]。鄧氏、馬氏、竇氏、耿氏、梁氏在東漢復具外戚身份，與宗室關係甚爲密切。除耿況、耿伋兄弟學老子於安丘先生，似有學以外，鄧禹是太學生，其餘未聞在經學上有特殊聲名。故他們皆屬官僚類型，可評爲政治性家族，政治性的家族隨政局的變動而盛衰，脫離不了朝代更迭與政潮起伏之影響，故在魏晉以後已非大族矣！以經業聞名的袁楊二族，袁氏自袁良袁安傳孟氏易[5]，至東漢後期有四世三公，漢魏之際與曹操爭天下失敗，自此衰落。另一支陳郡陽夏袁氏，盛行於中古[6]。弘農華陰楊氏習歐陽尚書，楊震有關西孔子之稱[7]，至唐不衰。京

1. 竹田龍兒“門閥としての弘農楊についての一考察”。史學31—1—4
守屋美都雄“六朝門閥の一研究——太原王氏系譜考”。法制史研究4
矢野主稅“韋氏研究”。長崎大學學藝部研究報告臨時增刊號
矢野主稅“鄭氏研究”。社會科會論叢8
矢野主稅“裴氏研究”。社會科會論叢14
拙文“我國中古大士族之個案研究——瑯琊王氏”。史語所集刊第37本上册，1967.
Ch'en Ch'i-yün "The Rise and Decline of the Hsün Family (ca. 100-300 A.D.):—
A Case Study of One of the Aristocratic Families in the Six Dynasties."
2. 後漢書列傳卷二十四梁統傳。
3. 後漢書列傳卷九耿弇傳。
4. 從漢書列傳卷十三竇融傳。
5. 後漢書列傳卷三十五袁安傳。
6. 趙鐵寒“記袁安碑”大陸雜誌卷十二第五、六期。謂汝南汝陽袁氏與陳郡陽夏袁氏、並非一支。
7. 後漢書卷列傳卷四十四楊震傳。

兆杜陵韋氏[1]、河南開封鄭氏[2]、博陵安平崔氏[3]，亦屬東漢大族，由北朝而隋唐，成中古名族。泰山平陽羊氏[4]、潁川潁陰荀氏[5]、沛國龍亢桓氏[6]，在東漢亦以經術傳家，享盛名於魏晉，衰於南朝。

西晉司馬氏政權對士族政治之完成，是重要的關鍵。這又可以推溯到曹魏時期潁泗士族集團與譙沛地方豪族集團之鬭爭，魏齊王芳嘉平元年司馬懿勝曹爽，穩替曹氏政權，是因爲司馬氏本身是士族之一，同時又得到士族支持之故，拙文"三國政權與社會基礎"[7]曾有討論。

永嘉之亂，西晉中央政府破碎，司馬睿在南方建立政權，是爲東晉。東晉元帝原無實力，由大士族擁戴下而偃有半壁江山[8]，士族得到充分發展[9]，當此時也，其政權支柱爲僑姓與吳姓。僑姓依地理之遠近，又有區別，大凡距離南方較近者，較易舉宗南遷，此類如瑯琊臨沂王氏、蘭陵蕭氏、陳郡袁氏、陳郡陽夏謝氏、沛國龍亢桓氏、潁川潁陰荀氏、太山平陽羊氏、汝南安城周氏、河南陽翟褚氏、陳留尉縣阮氏、濟陽考城江氏、陳郡長平殷氏；這些士族的主要房支與南方政權密切結合，是東晉南朝政府中之重要人物。另一類距南方較遠，或房支甚多的大族，有一部份南奔，有一部份留在北方原籍，就該家族而言，形成南北二支平衡發展的現象，如京兆杜陵韋氏、太原晉陽王氏、河東聞喜裴氏、河東解縣柳氏等。自晉室南渡，建康成爲首府，三吳猶如三輔，吳郡吳縣張氏、顧氏、陸氏，原本東南地望，甚少機會參與西晉中央政府[10]，如今在僑吳結合的政策之下[11]，成爲中央級的士族，其他環繞此樞紐地區的大族如吳興武康沈氏、會稽山陰孔氏、盧江潛縣何氏等，亦皆籍地緣之影響力，盛行於東晉南朝朝中。東晉優渥士族，士族軍權甚盛，皇室居於平衡地位[12]，士族間多次

1. 後漢書列傳卷十六韋彪傳。
2. 後漢書列傳卷二十五鄭玄傳。
3. 後漢書列傳卷四十二崔駰傳。
4. 後漢書列傳卷二十一羊續傳。
5. 後漢書列傳卷五十二荀淑傳。
6. 後漢書列傳卷十八上桓譚傳、卷二十七桓榮傳。
7. 並參見萬繩楠"曹魏政治派別的分野及其升降"。
8. 參見拙文"五朝軍權之轉移及其對政局之影響"。
9. 參見拙文"從中正評品與官職之關係論魏晉南朝之社會架構"。
10. 參見何啓民"永嘉前後吳姓與僑姓關係之轉變"。
11. 參考晉書卷六十五王導傳。
12. 參見拙文"五朝軍權之轉移及其對政局之影響"。

勢力之平衡及其平衡之破壞，使若干士族敗亡與沒落，桓氏、殷氏、褚氏、周氏、以及未見於本表的次級大族如太原祁縣溫氏、潁川鄢陵庾氏、高平金鄉郄氏、義興陽羨周氏等皆因與軍權過於密切而卒致衰落。自此以後，南朝士族不喜軍旅。宋齊梁陳之軍權大都掌握在皇帝與宗室手中[1]，大士族子弟以任文職官吏爲主，集中在王、謝、袁、沈、張、顧、陸、孔氏之中。而其中尤以瑯琊王氏一支獨秀。

距離南方愈遠，擧宗南下愈爲困難，此理甚明，故諸如趙郡武城崔氏、博陵安平崔氏、趙郡平棘李氏、隴西狄道李氏、范陽涿縣盧氏、渤海蓚縣高氏、河東汾陰薛氏、京兆杜陵杜氏等，皆在原籍謀求發展；太原晉陽王氏、京兆杜陵韋氏、河東聞喜裴氏、河東解縣柳氏等，雖有一支南下，大部份仍居籍。而弘農華陰楊氏，河南開封鄭氏、則是世代長居中原的重要家族。

在北魏安定北中國之前，中原政局極爲紊亂。在失去保護的士族們，祇有聚塢集堡，以求自衞，拓拔氏統一北方，漸採與漢人合作之政策，然胡漢相處，牽徙到文化之差距，其困難遠甚於僑與姓地域之差異。北方士族之生存與成長，包含着許許多多血淚史[2]。所以北方士族有其堅毅的生存力，表現在盤根錯節的社會基礎之上，這項因素是其與拓拔氏共同維繫中原政治社會安定的最大資本，在北朝較大的士族有：京兆杜陵韋氏、河南開封鄭氏、弘農華陰陽氏、博陵安平崔氏、趙郡武城崔氏、趙郡平棘李氏、隴西狄道李氏、太原晉陽王氏、范陽涿縣盧氏、渤海蓚縣高氏、河東聞喜裴氏、彭城劉氏、河東解縣柳氏、京兆杜陵杜氏、河東汾陰薛氏、河內溫縣司馬氏、渤海蓚縣封氏、高陽新城許氏、清河繹幕房氏、上谷沮陽張氏、隴西狄道辛氏、安定鄧氏；胡姓亦甚多，其最盛者除元氏外，有：穆氏、陸氏、長孫氏、于氏、竇氏、源氏、爾朱氏、羅氏等。一般而論，北朝大族之數量較多，分布地域亦較廣，西自隴西、東至渤海、北起代郡、南臨彭城，皆平衡分布，此與拓拔氏吸收各地地方勢力之政策有關。

北朝系統最後統一中國，建立隋唐帝國，注定北方士族在統治階層占有較優勢的

1. 參見拙文"五朝軍權之轉移及其對政局之影響"。
2. 如崔浩之死。論崔浩死因之論說甚多，如陳寅恪"崔浩與寇謙之"。王伊同"崔浩國書獄釋疑"。孫同勛"北魏時期政治的衝突與崔浩之獄"。逯耀東"從北魏前期的文化與政治形態論崔浩之死"等。

地位。盛行南朝的陳郡陽夏謝氏、吳郡吳縣張氏在隋唐二朝鮮有人物，更遑論沛國龍亢桓氏、潁川潁陰荀氏、泰山平陽羊氏、吳郡吳縣顧氏、汝南安城周氏、會稽山陰孔氏、廬江灊縣何氏、河南陽翟褚氏、陳留尉縣阮氏、濟陽考城江氏、陳郡長平殷氏。然吳興武康沈氏、吳郡吳縣陸氏、陳郡陽夏袁氏雖趨衰微，仍有十餘人任官五品以上，保持遞減衰退速度，盛極一時的瑯琊臨沂王氏，在隋至安史亂前這二世紀之中，略可與其他北朝大士族比美，望族尙高，然至安史亂後以迄唐末，則急速下降而趨沒落，南齊與梁代的宗室蘭陵蕭氏，稍爲幸運，在隋唐頗有人物。

有一項很明顯的現象，卽北朝胡姓大族，至隋唐時急速衰微，如穆氏、陸氏、爾朱氏、羅氏等，幾乎甚少官宦，長孫氏、于氏亦急速衰落，然尙保有十餘人居官五品以上，竇氏在隋唐全期頗爲幸運；源氏在唐代前半期亦甚幸運，似乎頗爲特殊，北朝的宗室元氏及宇文氏與源氏的情況很類似，他們在安史亂後已一蹶不振。北朝關東關中地區的士族在隋唐的盛況，遠非南朝士族與北朝胡姓可比。京兆杜陵韋氏、河南開封鄭氏、弘農華陰楊氏、博陵安平崔氏、趙郡武城崔氏、趙郡平棘李氏、隴西狄道李氏、太原晉陽王氏、范陽涿縣盧氏、渤海蓨縣高氏、河東聞喜裴氏、彭城劉氏、河東解縣柳氏、京兆杜陵杜氏、河東汾陰薛氏等，此十五姓是隋唐全期三百餘年的寵兒，子孫有極高的任官率。

（五）

以上是以每個大士族爲單位而觀其盛衰。由於許多大士族源於兩漢或魏晉，若干代以後，昭穆疏遠，分支分房的現象常常發生，例如以王祥王覽爲其共同祖先的瑯琊臨沂王氏，至南朝初有所謂烏衣巷王氏及馬糞巷王氏之分。降至唐朝，各大士族分房分支更爲普遍。然而，士族內部官宦型態是否像周朝「宗法式」現象？抑或沒有主系旁支之分、各房支在族內所享的機會平等？或者另有方式？解決這個問題無法從有形的律令中獲得。各房支的變動原因極多，各族的情況又不盡相同，故這是一個具有高度彈性的問題，應該需要完整的資料才能圓滿地解釋，本文僅能依現今所能看到的資料作爲基礎，先觀察各族內部官宦變化的通性，然後以典型的例子深入分析與討論。

大士族隨時會發生分房分支現象，有的房支因年久失官，其地位亦隨之下降，故多代失官或多世低品的支系，其政治社會上的地位與主房無法相比，唐書合鈔卷一一六高士廉傳中亦謂：「每姓第其房望，雖一姓中高下懸隔。」在另一方面至唐代時大士族房望高者往往不僅一個，有的有十幾個著房，從各族的例子觀察，著房不一定是各族的長房，這一點與周朝「宗法式」有別，宗法制度大宗(主支)占優勢，所謂百世不遷，小宗（旁系）則逐代下降，從南北朝以迄唐代而觀之，房支的興衰與該支子孫官宦顯赫有密切關係，而所謂官宦顯赫實由許多偶然因素造成，沒有一定的規則。因唐代大士族的著支不祇一個，故唐代大士族並非單一主系的官宦型態，各大族有許多主系並列，這些主系皆被社會政治上共認其門第地位，當然這些主系又復有盛衰之變化。從新唐書宰相世系表看，這些主系的盛衰跳動不定，第一時期若是甲主系興盛，至第二代可能另一主系興盛，有時亦有輪換的現象。茲舉新唐書卷七十一上宰相世系表裴氏爲例：其著房有五，卽西眷裴、洗馬裴、南來吳裴、中眷裴、東眷裴。實際上其後南來吳裴又分爲叔業支及令寶支；中眷裴又分爲萬虎、雙虎、三虎支、苞支；東眷又分出道護支。故唐代裴氏著房共有十個主支。若以上品（一、二、三品）爲其盛衰的標記，則各主系盛衰變動如下表：（未計者表示三品以下或未仕者）。

唐代裴氏各主支盛衰表

	入唐一世	二世	三世	四世	五世	六世	七世	八世
西眷	2	1	1	0	2	0	0	0
洗馬	1	2	3	0	0	1	4	2
南來吳叔業支	0	0	1	2	1	0	0	0
南來吳令寶支	2	1	3	3	0	0	2	0
中眷萬虎支	0	0	0	0	0	1	0	0
中眷雙虎支	2	2	2	0	1	2	0	0
中眷三虎支	0	0	0	1	2	1	1	0
中眷苞支	1	0	2	2	1	1	1	0
東眷	1	1	6	3	4	2	0	0
東眷道護支	1	2	2	1	1	3	1	0
	10	9.	20	12	12	11	9	2

除第三世有二十人，第八世僅二人以外，其他各世任官三品以上在十人上下。這並非

由一支構，而是由十支合成，其型態是相間跳動的。

為了進一步說明這種現象的典型狀況，且舉唐代范陽涿縣盧氏陽烏房為例（唐代著姓房支之一），並作世系表如下：（新唐書卷七十三上宰相世系表范陽盧氏陽烏房）。

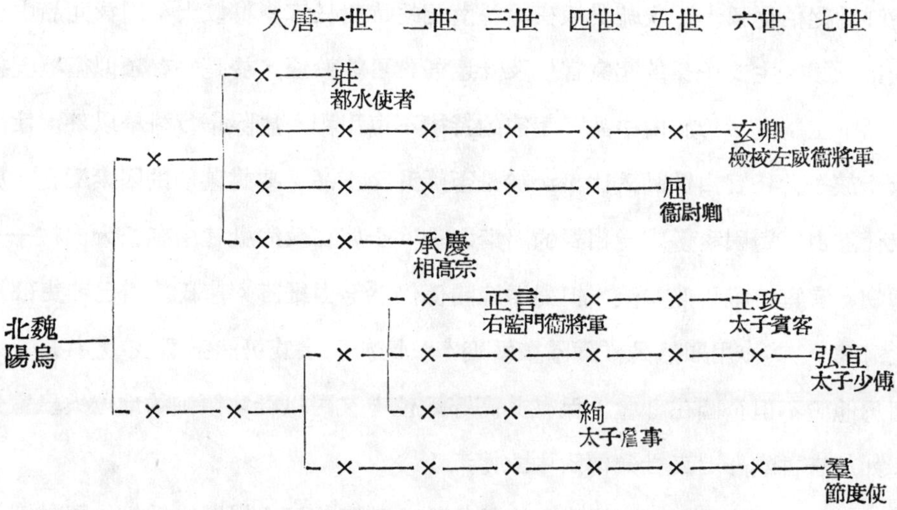

附注：符號「×」代表三品以下或未仕者。

若將該房視為一個整體看，則其各世居官三品以上者統計為：

范陽盧氏陽烏房	入唐一世	二世	三世	四世	五世	六世	七世
三品以上人數	1	1	1	1	1	2	2

每世平均一人以上，以陽烏房的例子而言，雖然每代皆有一人官拜上品，但沒有二人是父子關係，而祇是從父或再從父的關係。入唐第一世盧莊，第二世的承慶是其二從姪。第三世的正言是承慶的四從姪。第四世的盧絢是正言的二從姪。第五世的屈是絢的六從姪。第六世的玄卿是屈的六從姪；另一位士玫是屈的七從姪。第七世的弘宜是士玫的五從姪，另一位羣則是士玫的六從姪。唐代並非沒有父子相襲為上品官者，但為例不多，至於能延襲三四世為三品者，更屬罕見。

若以兩晉南北朝時期與唐代作一比較，前者似乎有主幹房支的型態，例如兩晉南朝瑯琊臨沂王氏各房支之中最華貴的一支，其世系[1]為：

1. 參見拙文"我國中古大士族之個案研究——琅琊王氏"中央研究院史語所集刊第三十七本下册，1967.

導	洽	珣	曇首	僧綽	儉	暕	訓
丞相	中書令	衞將軍	侍中	侍中	侍中	尚書左僕射	侍中
一品	三品	二品	三品	三品	三品	三品	三品

這種現象在唐代各著姓中從未出現過，而兩晉南北朝累世數代居官上品者比比皆是。

在親疏關係上再從當然不如父子叔姪，但地域也有影響，河北重視同宗，三二十世，猶呼為從伯從叔[1]。親疏關係在兩晉南北朝時對任官影響較大，因為九品中正制度士族化以後，主支子孫的起家官以及升遷機會可能較優，於是乎有類似循環現象。隋廢九品中正制度，士族由中品官起家的特權不復出現。唐除舉行科舉以外，仕出多途，大士族子弟任官由低品入仕，至於是否能升至上品，要靠其他的因素配合。族望在唐代仕進由絕對因素變成為相對的因素之一。士族在政治社會中有二大支柱——官宦與婚姻。官宦特權雖然沖淡，但對婚嫁關係仍然努力維護。唐氏族譜已非吏部按譜任官之簿牒，其作用顯然是維護階級婚姻[2]，同族同宗感仍然强烈，尤其是著姓盛支，因為他們不但企圖在社會上保有其高等地位，又可以社會領袖的地位與皇室分庭抗禮，如新唐書卷一七二杜兼傳附中立傳云：

開成初，文宗以眞源臨眞二公主降士族，謂宰相曰：民間修婚姻，不計官品，而上閥閱，我家二百年天子，顧不及崔盧邪！詔宗正卿取世家子以聞！

時已唐代末葉矣！

維持社會地位及維繫疏遠昭穆的法寶，是各士族的譜牒，唐末亂起，許多士族損毁家譜與喪失生命[3]同具社會意義。

1. 顏氏家訓第六風操篇。
2. 參見拙文"敦煌唐代氏族譜殘卷之商榷"史語所集刊第43本第2分，1971.
3. 參見孫國棟"唐宋之際社會門第之消融"新亞學報 4-1.

第四篇　中古士族性質之演變

（一）

秦漢統一宇內，置全國於一個政權之下，築馳道，開關梁，最受惠者是商賈，他們在廣大地域上周流，交通有無，往返取利，設若從事鐵的開採（鐵是漢朝農工製造工具的主要原料），或鹽的製銷（鹽是民生必需品之一），所謂「冶鑄鬻鹽」，貲產可累積千萬[1]，史記貨殖列傳裏記載三十幾種商業，每種收益皆可比美食邑千戶的封君[2]。這種現象引起統治者不滿，「（漢）高祖乃令賈人不得衣絲乘車，重稅租以困辱之」[3]，這都是消極的作法，並不能止住商賈的發展；武帝征伐匈奴，國家所費甚鉅，大司農桑弘羊「民（指農民）不加賦，而國用足」的政策之下，進一步向商賈聚斂，實施新稅[4]，徵收算緡錢[5]，又有告緡令，沒收商賈財產，商人中產以上破產者甚多[6]。漢政府最打擊商賈的辦法，乃是鹽鐵專賣，及均輸平準等法。前者遏止商賈從生產工具及民生必需品中牟利；後者以國家的財力做生意，與商人競爭，取代商人「通有無」的功能，平抑物價[7]。總之，以農業爲主要生產的時代，農爲本商爲末，政權最後抉擇重農輕商，乃極自然之舉，故在西漢前期的重農主義[8]及武帝國有政策之下，商人雖有萬里江山可供其周流，復有高惠呂文景長期太平盛世以養其孳息，但在政治力不斷的壓抑之下，商人徘徊在控制與被利用的曲折道路上[9]，所以自昭宣以降，論者涉及經濟社會問題時，對於土地問題的疾呼，愈來愈盛。土地問題成爲社會問題的關

---

1. 漢書卷二十四下食貨志：「而富商大賈……冶鑄鬻鹽，財或累萬金」。
2. 史記卷一二九貨殖列傳序：「酤一歲千釀，醯醬千瓨，醬千甔，屠牛羊彘千皮，販穀糶千鍾，薪藁千車，船長千長，木千章，竹竿萬個，其軺車百乘，牛車千輛，木器髤者千枚，銅器千鈞，素木鐵器若巵茜千石，馬蹄躈千，牛千足，羊彘千雙，僮手指千，筋角丹沙千石，其帛絮細布千鈞，文采千匹，榻布皮革千石，漆千斗，糵麴鹽豉千荅，鮐鮆千斤，鯫千石，鮑千均，棗栗千石者三之，狐貂裘千皮，羔羊裘千石，旃席千具，佗果菜千鍾，子貸金錢千貫」。按此處千字是不定數，形容極多。
3. 漢書卷二十四下食貨志及同書卷一高帝紀八年三月令。
4. 漢書卷二十四下食貨志：「商賈人軺車二算，船五丈以上一算。」
5. 漢書卷二十四下食貨志：「諸賈人末作貰貸賣買，居邑貯積諸物，及商以取利者，雖無市籍，各以其物自占，率緡錢二千而算一；諸作有租及鑄，率緡錢四千算一。
6. 漢書卷二十四下食貨志：「楊可告緡遍天下，中家以上，大氐皆遇告。……於是商賈中家以上大氐破。」
7. 漢書卷二十四下食貨志。
8. 韓復智「兩漢的經濟思想」中國學術著作獎助出版委員會。
9. 楊聯陞「傳統中國政府對城市商人之統制」刊於清華學報新八卷第一、二期合刊。

鍵，它不但意味着商賈、官僚日漸流入土地兼並的陣營，並且使以地主（地主亦兼營定量商業，如四民月令中所載）爲主的豪族，在中國社會架構上發展出特定的地位。

土地兼幷，起因於民可自由買賣土地[1]，一般認爲始於秦商鞅廢井田[2]，漢前期經濟政策是抑商路線，已如上述，其賦稅政策，則利於擁有土地者，按漢初土地稅三十而一(3.3%)，比商稅少半，其原意是減輕農民負擔，但直接受惠者是大地主，因爲地租通常什稅伍(50%)[3]。官稅與地租之間的差額，便是地主的淨利。以人獸力爲主的初級農業生產方式，其淨利有一定的限制，不如商賈累積之速，豪族想獲得大量的淨利，必須：其一土地大量兼幷。其二大量役使佃農或奴婢。兩者是中古農業經濟獲利基礎，也是豪族爭奪的焦點，如漢書卷九十寧成傳：

寧成乃貰貸陂田千餘頃，假貧民，役使數千家，……致產數千萬。

漢書卷五十九張安世傳：

張安世家童七百人，皆有手技作事，內治產業，累積纖微，是以能殖其貨。

又如西漢末期南陽樊氏，後漢書卷二十二樊宏傳：

其營理產業，物無所棄，課役童隸，各得其宜，故能上下戮力，財利歲倍。至乃開廣土田三百餘頃。其所起廬舍，皆有重堂高閣，陂渠灌注，又池魚牧畜，有求必給，嘗欲作器，先種梓漆，時人嗤之，然積以歲月，皆得其用，向之笑者，咸求使焉。

在中古自然經濟優勢狀態下，豪族在經濟上以自給自足爲目標，這就需要將土地與人力作有組織的安排，一方面使田地佃農奴婢得到充分的利用，一方面可因此獲得各類物品，從田地上的種植，到食物加工、民生手工藝品、衣著、生產工具、藥品、武器、屋舍等，有時也作些有限度的物品交易，務使家族本身成爲一個完整的生產和消費體系，所謂「閉門成市」的境界。上述南陽樊氏，「營理產業，物無所棄，課役童隸各得其宜」，是指田地與奴婢的利用；而「起廬舍高閣，陂渠灌注，又池魚牧畜」，

1. 土地可自由買賣，問題頗不簡單。按陳槃師「漫談地券」刊於大陸雜誌第二卷第六期，戰國時中原國家似有地券。

2. 漢書卷二十四上食貨志：「秦用商鞅之法，改帝王之制，除井田，民得買賣，富者田連仟伯，貧者亡立錐之地」。據秦統一中國，毀各國史籍，六國經濟發展，未必遲於秦，可參見前註。

3. 漢書卷二十四上食貨志：「漢氏減輕田租，三十而稅一，常有更賦，罷癃咸出，而豪民侵陵，分田刼假，厥名三十，實什稅五也。」

則爲了「有求必給」的目標，樊氏的記載，雖能見其規模，語焉未詳。東漢中期崔寔著四民月令，則有較詳細記載可視爲研究豪族內在經濟體系與性質的重要資料[1]，該文陳述崔氏家族全年按月經營生產項目，其農業生產品類極多，有「瓜、瓠、葵、䪥、韭、芥、大小葱、蒜、苜蓿、雜蒜、蓼、春麥、蜿豆、冬藍、采求、大豆、胡豆、胡麻、稙禾、苴麻、薑、黍穄、粳稻、禾、黍、小豆、蕪菁、芥、葶藶、冬葵，莨菪子、小蒜、乾葵、樵麥、牧宿、胡葱、豆藿」，樹木有「竹、漆、桐、梓、松、柏」，果樹有「杏、桃、棗」；農產品加工有「釀春酒、𩑶醬、肉醬、清醬、鯛魚醬、藏瓜、炒豆、碎豆作末、作麵」又有繕治檠鋤、合耦田器；及張弛角弓弩、竹木弓弩、正縛鎧弦，繕五兵等；又合諸膏、小草續命丸、法藥，生產者當然是崔家的佃農、奴僕，豪族對人力物力的運用，有其經營程序及組織系統，如正月，農事未起，命女紅趣織布。二月，蠶事未起，命縫人浣冬衣，徹複爲袷，其有羸帛，遂爲秋製。六月，命女紅織縑縛，可燒灰染青紺雜色。七月，浣故製新，作袷薄以備始寒。八月，趣練縑帛，染綵色，擘綿治絮，製新浣故。十月，析麻，趣績布縷，作白履、不借。崔氏起於西漢昭帝時，屢有官宦，至東漢中期崔實時，已有二百多年歷史，經過長期的發達，其經濟自給自足的體系已較完整，其他豪族容或在規模上有大小之別，其類型甚爲相似。

豪族在初期發展及其後的擴張中，對土地兼幷的方式極多，且大部份是長期地、漸進地進行着，正史對於這方面的變動，殊少專卷記載，及至侵犯統治者的利益、或大量危害平民生計時，才有人提出呼籲，所以這方面的具體資料甚難找尋，我們暫以爬梳所得，歸納出下列幾種擴張土地方式。

其一，戰國末期開放土地自由買賣，當是土地私有制的重要關鍵，儘管在中古時有許多人提出防止兼幷的言論，然土地自由買賣，兼幷現象亦必相應而生。擁有少量土地的自耕農，在正常的年頭，其辛勤收穫扣除生活及賦稅以外淨剩餘極低，若遇天災人禍，不得不向豪族舉債，甚或賣出自己田地，正如晁錯所說：「水旱之災，急政暴虐，賦斂不時。……於是有賣田宅，鬻子孫者」[2]

1. 參考邱漢生“從四民月令看東漢大地主的田莊”。

2. 漢書卷二十四上食貨志，文帝時晁錯之言。

其二，是「豪民侵陵，分田刼假」[1]。分田刼假的意義是政府計口假與貧民的口分田，實際上都被豪强刼奪去了[2]，漢書卷七十二頁禹傳：

……貧民雖賜之田，猶賤賣以賈。

實際上漢政府對商賈購買土地有形式上的限制，農民失去的土地大部分皆落入地方豪族之手。

其三，是遷徙或開闢新的肥沃之區，獲得比以前更大更好的土地。華陽國志卷三蜀志汶山郡條：

然秦惠王始皇克定六國，輒徙其豪俠於蜀，資我豐土，家有鹽銅之利，戶專山川之材，家給人足，以富相尙，故工商致結駟連騎，豪族服王侯美衣……若卓王孫家僮千數，程鄭各八百人，而郗公從禽巷無行人，蕭鼓歌吹擊鍾肆懸富侔公室，豪過田文漢家食貨以爲稱首，蓋亦地沃土豐，奢侈不期而至也。

一般而論，豪族遷徙或開闢新的區域，以邊地爲多，但當中原一帶田地，因特殊原因而有某程度荒蕪時，通常政府皆將其列爲公田，當此時也，亦是豪族發展良機。後漢書載仲長統有見於豪族自取荒地可耕者，曾作下列呼籲，後漢書卷七十九本傳損益篇：

今者土廣民稀，中地未墾，雖然猶當限以大家，勿令過制。其地有草者盡曰官田，力堪農事，乃聽受之，若聽其自取，後必爲姦也。

在豪族的形成過程之中，由於中古去上古未遠，宗法制度的影響很深。豪族建立一個以血緣爲基礎的單位，是很自然的發展。據芮逸夫先生[3]及許師倬雲[4]對漢代家庭的研究，認爲主幹家族 (Stem family) 盛行於漢世，以「同居共財」的標準論，主幹家庭只容約一個已婚兒子與父母同居，其餘已婚及成年的兒子分出居住。對於一般平民而言[5]，此論甚是，然從資料所示，漢朝豪族頗有直系家庭 (Lineal family) 的實例，直系家庭包括同父的已婚諸子。漢代是否以尊長在世爲已婚諸子同居共財的

1. 漢書卷二十四上食貨志，王莽時令。
2. 賀昌羣著「漢唐間封建土地所有制形式研究」頁30，曾有闡述。
3. 參見芮逸夫「遞變的中國家族結構」刊於臺大考古人類學刊 17-18 合刊。
4. 參見許倬雲「漢代家庭的大小」刊於清華學報，慶祝李濟先生七十歲論文集下册。
5. 同註 4，頁799，所舉四個例子，可作爲大族代表。

要件，則無明確的證據。總之，像魏晉以後那様的大家族，似乎在漢代正在發展中。直系家庭是豪族倫理體系的基本單位[1]，以此爲核心，對於宗族親戚作層次的連繫。如崔寔四民月令中記載石漢聲校注本：

> 正月之旦，是謂正日，躬率妻孥，絜禮祖禰。……及祀日，進酒降神，畢，乃家室尊卑，無小無大，以次列坐於先祖之前，子婦曾孫，各上椒酒于其家長，稱觴擧壽，欣欣如也（二月、六月、十一月亦有祀祖）。

從核心家庭的祭祖及和睦作起點，推衍到「九族」的連繫，同書云：

> 三月…冬穀或盡，椹麥未熟，乃順陽布德，振贍匱乏，務施九族，自親者始。
>
> 九月…存問九族，孤寡老病，不能自存者，分厚徹重，以救其寒。

又推及同宗，同書云：

> 十月…五穀既登，家儲蓄積，乃順時令，敕喪紀，同宗有貧寠久喪不堪葬者，則糾合宗人，共興擧之，以親疏貧富爲差，正心平斂，毋或踰越，務先自竭，以率不隨。

再推及宗族、婚姻、賓旅、君師等，同書：

> 十二月…請召宗、親、婚姻、賓旅，講好和禮，以篤恩紀。
>
> 冬十一月…冬至之日…進酒肴，及修刺謁賀君師耆老如正月。

這種由直系家庭推及九族、同宗、宗族、婚姻、賓旅、君師、耆老的方式，正是承繼周朝宗法制度，以及儒家親疏有等思想的具體實踐。

豪族如果僅以血緣爲其範圍，在人數及財富上都有很大的限制。豪族在擴張其社會影響力的過程中，有二件事實應予重視，其一是婚姻，其二是部曲奴婢，婚姻是一種平行的社會連繫，豪族因婚嫁關係，使兩者之間拉得親近，社會上同等財富的豪族相互通婚的現象，非常自然和普徧。這種橫面牽連常常構成很大的勢力網。當然以婚姻爲連繫力量並不能保證兩族間必然會採取同一態度，在以男性爲中心的社會裏，婚姻關係的結果通常較同宗同族爲鬆懈。但是當他們之間有共同利害時，由於婚姻關係的存在，可以使豪族間迅速地結合起來，而構成一個共同的對外勢力。劉秀起兵，母

1. 同上頁註4。

黨樊氏、妻黨陰氏、姊婿鄧氏等，皆擧族響應[1]，地皇四年王莽詔有云：「劉伯升（縯，秀之兄）與其婚姻黨與妄流言惑衆，悖畔天命」。

部曲奴婢是一種上下關係的社會連繫。奴婢固且不論，因自古被視爲私產，是主人直接控制的人。部曲也者，楊忠一認爲在漢末三國時期，已從士卒隊伍的意義轉化爲私兵的身分[2]，金發根先生認爲在東漢初年就有轉變私兵的跡象，並擧銅馬等各領部曲，及李寶被殺後其弟收寶之部曲報仇爲例[3]，金說甚是。賓客、門生亦流行於兩漢，其地位亦漸漸下降[4]。部曲、賓客、門生等身分之低落趨向，與豪族勢力上升恰好成反比例地演進，漸漸地演變成在政府與人民之間，多出一層社會階層——豪族。我們知道在農業社會裏，大部份都是安份守己的農民，其中常常分化出一小部份人，或因家中人多地少，或因生性不喜務農，或因其他原由，這一小部份人與城市裏分化出的游手好閒之徒常常殊途同歸，成爲社會中的寄生者，此輩很容易被豪富吸收，成爲部曲、賓客等，原本僅僅個別的游離體，如今結合在一個一個豪族的家門中，成爲豪族的爪牙。此外，替豪族耕地的佃農，在法律上是自由民，理論上與豪族的關係是納田租，然而中古力役地租的型態並未完全脫去[5]，佃農除交納田租以外，每常爲豪族作些力役雜事，這些人實際上受豪族人身與經濟雙重約束，當政治社會有亂變時，他們也很自然地亦屬豪强勢力中的一份子。

豪族所擁有的勢力，與皇帝所掌握的政治力，常常徘徊在衝突與妥協之間。例如漢書卷九十酷吏傳記載：

郅都：「……濟南瞯氏宗人三百餘家豪滑，二千石莫能制，於是景帝拜都爲濟南守，至則誅瞯氏首惡，餘皆股栗」。

周陽由：「由居二千石中最爲暴酷驕恣，所居郡必夷其豪」。

義縱：「爲長陵及長安令，直法行治，不避貴戚。……遷爲河內都尉，至則族滅其豪穰氏之屬」。

1. 參見後漢書列傳卷二十二陰識傳、卷五鄧晨傳、卷二十二樊宏傳等。
2. 參見楊忠一"部曲沿革略考"食貨半月刊一卷三期。
3. 參見金發根"永嘉亂後北方的豪族"頁25。
4. 同註3，第二章第二節東漢門生故吏部曲賓客地位的改變。
5. 參見四民月令。

又如後漢紀卷四建武四年條記載：

> 鬲縣五姓反，逐其守長。諸將曰：「朝擊鬲，暮可拔也」。（吳）漢怒曰「敢至鬲下者斬，使鬲反者守長罪也」。移檄告郡牧守長，欲斬之。諸將皆竊言，不擊五姓，反欲斬守長乎？」漢乃使人謂五姓曰「守長無狀，復取五姓財物，與寇掠無異，今已收繫斬之矣！」五姓大喜，相率而降。（按後漢書吳漢傳注：「曰五姓蓋當土强宗豪右也」）

綜合以上所述，初期地方豪族有以下幾個特點。其一、經濟性：其社會地位的建立，起初在於獲得比一般人有較多的財富，而從土地上獲利是最普遍的現象。除此以外，還有若干人從工商業中獲得財富，在人數上沒有大地主多，但有時也顯得很活躍。地方豪族是當時社會上財富競爭的勝利者，他們所重視的是如何保持現有的財富，並企望進一步如何擴張其財富，政治、文化等活動是達成這項目標的手段，經濟是最原始目的，如東漢光武帝劉秀起兵時，姻親樊宏從征，樊氏其他親友認爲家財已足，不必作如此冒險，是很明顯的心理寫照。其二、是區域社會性，以土地爲根本的豪族，勢將局限於一定的區域之中，因各地物產環境不同，而又具有不同的地方性色彩。豪族以宗親血緣爲連繫力，表明其社會性的特質。其三：武質團體：在平時是自衞團體。在亂時是戰鬪單位，如東漢開國時大族參與光武集團[1]；曹操南征北伐，亦以地方豪族從征爲骨幹[2]。

（二）

兩漢士族凝成，乃由於社會勢力之存在，掌握政治權力的皇帝爲增强其社會基礎計，自西漢昭宣以降，採取吸收社會勢力參與政權的辦法[3]而啓其端。以農業生產爲主的社會中，擁有土地者常常又是擁有社會勢力者，故地方豪族成爲被吸收的對象。一端是代表政治力的皇帝；一端是代表社會勢力的地方豪族；二者間的結合需要透過某些媒介，而這種媒介的存在，又必需在政治社會領域中完成重要的功能，才能長久。官僚與士大夫是居於這二極之間的媒介人物，在兩漢三百年來大致安定的政治社會中，他們一直扮演着中間角色的功能，長期間的發展，使這批中間人構成一個特殊

1. 參見余英時“東漢政權建立與士族之關係”。
2. 參見拙文“三國政權的社會基礎”。
3. 參見許倬雲“西漢政權與社會勢力的交互作用”史語所集刊第35本，1964.

的團體與社會階層，地方豪族之士大夫化，以及士大夫之家族化，走向了中古士族之道路。

地方豪族之士族化，可由下列例子中看出。

漢書卷七十八蕭望之傳：

家世以田為業，至望之好學，治齊詩，事同縣后倉且十年，以令詣太常受業……（後為丞相）。

漢書卷七十一平當傳：

祖父以訾百萬，自下邑徙平陵。當少為大行治禮丞，功次補大鴻臚文學，察廉為順陽長栒邑令，以明經為博士。

漢書卷七十七鄭崇傳：

本高密大族，……祖父以訾徙平陵。父賓，明法令，為御史。……崇少為郡文學史，至丞相大車屬。

華陽國志卷四南中志牂牁郡條：

公孫述時三蜀（牂柯郡）大姓龍、傅、尹、董氏……明章之世，毋斂人尹珍字道真，以生遐裔未漸庠序，乃遠從汝南許叔重受五經，又師事應世叔學圖緯，通三材，還以教授，於是南域始有學焉。珍以經術選用，歷尚書丞郎、荆州刺史，而世叔為司隸校尉，師生並顯。

漢書卷八十一張禹傳：

河內軹人也，至禹父徙家蓮勺。……卜者謂禹父曰：是兒多知，可令學經，及壯，至長安學，從沛郡施讎受易，瑯琊王陽、膠東庸生問論語，既皆明習，有徒衆，擧為郡文學。……代王商為丞相，……家以田為業，及富貴多買田，至四百頃，皆涇渭溉灌，極膏腴上賈（師古曰，賈讀曰價）。

兩漢士大夫階層之養成是經過長時期的，而扮演改變性質的養成所，首推太學與公私立教授。太學創設於武帝，原提案人是董仲舒，漢書卷五十六董仲舒傳云：

董仲舒對策曰；養士……莫大於太學，太學者賢士之所關也，教化之本原也。……臣願陛下興太學，置明師，以養天下之士，數考問以盡其材，則英俊宜以得矣！……武帝立學校之官……皆自仲舒發之。

按初置五經博士，博士弟子在武帝元朔五年僅五十人而已，此後發展神速，漢書卷八十八儒林傳：

昭帝時擧賢良文學，增博士弟子員滿百人。宣帝末增倍之。元帝好儒，能通一經者皆復。數年以用度不足，更爲設員千人。郡國置五經百石卒吏。成帝末或言孔子布衣養徒三千人，今天子太學弟子少於是，增弟子員三千人。歲餘復如故。

又前漢紀卷三十載，平帝元始四年，王莽「爲學者築舍萬區」云云。太學生每代以等比級數增加，至少在推進經學方面，有巨大的社會功能。學成士大夫並非最終目標，通經能被任用爲官吏，這是很誘惑人的，元帝以後「通一經皆復」，所謂利祿所在，趨之若騖，故漢書韋賢傳記載，當時鄒魯所流行的諺語「遺子黃金滿籯，不如一經」。郡國有學官，始於文翁（漢書卷八十九），元帝更令郡國置五經百石卒吏。私學亦頗有人，如云敞、疏廣、朱博、翟方進、珪孟；後漢有王良、劉昆、夏恭、劉茂、索盧放、伏湛、承宮；分見於本傳或儒林、文苑、獨行列傳。接受教育成爲時尙，文化的培養又成爲各種人物結合融化的大熔爐。博士弟子的社會成分大都已不可考，然而一般平民（大部份是農民）的子弟無錢無閒獲得教育（極少數例外），能夠獲得受教育機會的必定家頗富於財，前文所擧便是明證。地方豪族子弟走進士大夫階層是一波波的改造與推進。地居中原一帶的豪族，比較容易獲得公私教育機會，而邊區地帶則較困難。所以並非所有的地方豪族都在變，他們因時、因地、因人的差異，而有種種程度之別，機緣最好的地方豪族，不但接受教育，並且擠身爲官僚階層，如潁汭、山陽之地，於是乎身兼官吏、士大夫、地方豪族的身分。亦有僅遊學京師，一直以官吏候選人的身份存在於京師與地方之間。然而，大部的豪族，在兩漢三百年來，或多或少都感受到儒家的影響，這種影響使得原本武質的地方豪族，兼備了文儒的性質。

地方豪族的轉變除了因利祿的誘力以外，政治的壓力也產生推動作用，尤其是當强而有力皇帝主政時，更加明顯，從刺史所賦予的責權觀察，自武帝元封五年初分十三州刺史，在西漢一朝皆主地方政府監察之任，漢書卷十九百官公卿表注引漢官典職儀：

以六條問事，非條所問卽不省。一條、强宗豪右、田宅踰制，以强凌弱，以衆暴寡。二條、二千石不奉詔書遵承典制，倍公向私，旁詔守利，侵漁百姓，聚斂爲姦。三條、二千石不恤疑獄，風厲殺人，怒則任刑，喜則淫賞，煩擾苛暴，剝截黎元，爲百姓所疾，山崩石裂，祆祥訛言。四條、二千石選署不平、苟阿所愛，蔽賢寵頑。五條、二千石子弟恃怙榮勢，請託所監。六條、二千石違公下比，阿附豪强，通行貨賂，割損政令。

其中第一條與第六條是症對着地方豪族，由刺史促令郡太守負責。兩漢酷吏傳中人物，是負責推行中央政令，記載着許多鎮壓地方豪族的事蹟。而循吏傳中人物，其主要功績則在於推廣教化。漢政府軟硬兼施的兩面手法，加速了改變地方豪族的作用。這並非意味着所有豪族都因而改變其性質，一方面是漢政府沒有如此巨大的行政能力。二方面是地方豪族遍佈全國各個角落。能夠獲得士族化的地方豪族，則由經濟性的特質進而兼具學業文化的特質。而那些邊陲地區的地方豪族，則仍然保持其土皇帝的嘴臉[1]，介於此兩端者，便有種種不同程度的排列。

(三)

地方豪族另一項性質上的重大改變，厥爲由區域性進入中央性。地方豪族演變成士族，需要包涵學業品德，有的甚至兼具官吏資格；這並非每一地方豪族都能有的機會，所以除部份脫穎而出外，大部份豪族仍然停留在各地方，繼續成爲地方領袖，華陽國志是現存記載較詳的古地方志，對於巴、漢中、蜀、南中諸郡的地方豪族均有提及，如該書卷一巴志臨江縣：「枳東四百里，接朐忍，有鹽官在監塗，二溪一郡所仰，其豪門亦有鹽井，又嚴、甘、文、楊、杜爲大姓」。又同書卷三蜀志汶山郡成都縣：「大姓有柳、杜、張、郭、楊氏；富先有程、鄭、郄公，後有郭子平；奢豪楊伯侯兄弟」又同書同卷廣都縣：「郡西三十里，元朔二年，置有鹽井漁田之饒，大豪馮氏有魚池鹽井」。這些「大姓」、「豪門」、「富」室、「奢豪」、「大豪」等名詞亦反映出社會性、經濟性、武質特點，這都是縣級地方豪强，從魏晉南北朝史書觀察，絕大部份都未進入士族，他們是社區領袖。另一方面，至東漢末葉士族之凝成，孕育出另一種社會領袖。黨錮成爲重要的轉捩點，由於這個事件加速了士大夫間的交流，交接之風，無代無之，其對於政治社會產生影響，則應視其參與人物的社會勢力强弱而

1. 參見三國志吳志步騭傳。

定，而交接頻率增加，則又可以加速和擴大其對社會的影響力。東漢末葉交接之風甚熾，正如徐幹中論譴交篇所說：

桓靈之世，其甚者也。自公卿大夫州牧郡守，王事不恤，賓客爲務，冠蓋塡門，儒服塞道。饑不暇餐，倦不獲巳，殷殷沄沄，俾夜作晝。下及小司，列城墨綬，莫不相商以得人，自矜以下士，星言夙駕，送往迎來，亭傳常滿，吏卒傳問，炬火夜行，閽寺不閉。

專制政體時代，交接被統治者視爲壞事，因爲交接在傳播工具不發達的社會裏，是主要的人際溝通方式，也就是朋黨形成的先決條件，其功能甚爲巨大。黨錮事件以前，京師太學成爲士大夫交接中心，其人物實包羅全國各主要州郡，據金發根先生東漢黨錮人物的分析一文臚列的黨人籍貫所示[1]，其地理分配非常廣泛，如下：

司隸。河南郡三人，河內郡一人，弘農郡三人，京兆五人，扶風一人。

豫州。潁川郡二十一人，汝南郡十七人，梁國一人，沛國五人，陳國三人，魯國四人。

冀州。魏郡二人，中山郡二人，河間郡三人，清河郡一人，渤海郡五人。

兗州。陳留郡十五人，東郡二人，東平郡二人，任城郡一人，泰山郡一人，山陽郡二十八人。

徐州。東海郡一人，瑯琊郡一人，彭城郡一人，下邳郡一人。

青州。平原郡二人，北海郡一人，東萊郡一人。

荆州。南陽郡六人，南郡二人，江夏郡二人，桂陽郡一人。

揚州。廬江郡二人，會稽郡二人，吳郡一人，豫章郡一人。

益州。漢中郡二人，巴郡一人，蜀郡二人，犍爲郡一人。

涼州。安定郡一人，敦煌郡二人。

并州。上黨郡一人，太原郡八人。

幽州。漁陽郡一人。

交州。無。

另八人未詳。

1. 金發根"東漢黨錮人物的分析"史語所集刊，第34本下册，1963.

以上分析，黨錮士大夫以豫州的潁川、汝南，及兗州的山陽最多，但全國除交州以外，皆有人物。故此次運動(太學生對抗宦官)是平面極廣的運動。世說新語雖是二百年後劉宋時臨川王劉義慶所作，實記載黨錮後常被士族所傳聞的逸聞佚事，從世說新語中所得二十三條人物間交接事例來看[1]，士大夫似已超越區域的界線。這些例子大部份列入卷一德行篇，所謂德行實際上很難提出具體的表現，士大夫間除了相互捧場外，最值得重視的是對於交接本身亦大讚特讚，如「陳太丘(寔)詣荀朗陵(淑)，貧儉無僕役，乃使元方(紀、寔長子)將車，季方持杖從後，長文(郡)尚小載著車中；既至，荀使叔慈應門，慈明行酒，餘六龍下食，文若亦小坐箸鄰前，于時太史奏眞人東行(檀道鸞續晉陽秋曰陳仲弓從諸子姪造荀父子，于時德星聚，太史奏五百里賢人聚)」[2]。士大夫超越區域界線，而構成一體的現象，亦可由張儉逃亡事件中發現，後漢書卷六十七張儉傳：

趙王張耳之後也，父成，江夏太守。……結仇(侯)覽等，鄉人朱並素性佞邪，爲儉所棄，並懷怨恚，遂上書告儉與同郡二十四人爲黨，於是刊章討捕，儉得亡命，困迫遁走，望門投止，莫不重其名行，破家相容。後流轉東萊，止李篤家，外黃令毛欽操兵到門，篤引欽謂曰：張儉知名天下，而亡非其罪，縱儉可得，寧忍執之乎？……欽歎息而去，篤因緣送儉出塞〔(集解)惠棟曰袁紀篤導儉經北海戲子然家，遂入漁陽出塞)〕，以故得免，其所經歷伏重誅者以十數，宗親並殄滅，郡縣爲之殘破。

這些士大夫似已成爲全國性大社會領袖，其後袁紹去董卓東奔，亦甚類似。黨錮事件，促使士大夫結合在一起，最後超越了地域性，而成爲大社會領袖，又可從他們之間互捧的讚語中看出區域性已經昇華了，如下[3]：

天下忠誠竇游平(武)　　天下德弘劉仲承(淑)

天下義府陳仲擧(蕃)　　以上三君。

天下模楷李元禮(膺)　　天下英秀王叔茂(暢)

1. 參見世說新語上卷各篇。

2. 參見世說新語上篇德行篇。

3. 陶潛「羣輔錄」漢魏叢書第三十六册。

天下良輔杜周甫（密） 天下水凌朱季陵（寓）

天下忠貞魏少英（朗） 天下好交荀伯條（翌）

天下稽古劉伯祖（祐） 天下才英趙仲經（典）

以上八俊。

天下和雍郭林宗（泰） 天下慕恃夏子治（馥）

天下英藩尹伯元（勳） 天下清苦羊嗣祖（陟）

天下瑋金劉叔林（儒） 天下雅志蔡孟喜（衍）

天下臥虎巴恭祖（肅） 天下通儒宗孝初（慈）

以上八顧。

海內貴珍陳子鱗（翔） 海內忠烈張元節（儉）

海內奢謂范孟博（滂） 海內通士檀文有（敷）

海內才珍孔世元（昱） 海內彬彬范仲眞（康）

海內珍好岑公孝（晊） 海內所稱劉昇升（表）

以上八及。

海內賢智王伯義（商） 海內修整蕃嘉景（嚮）

海內貞良秦平王（周） 海內珍奇胡毋季皮（班）

海內光光劉子相（翊） 海內依怙王文祖（考）

海內嚴恪張孟卓（邈） 海內清明度博平（尙）

以上八廚。

所謂「天下」、「海內」也者，其內心已認爲全國爲一大社會的意識甚明。不獨此也，從史書中發現他們所注意的事情，亦以學業品德[1]及全國性利益爲多，例如世說新語卷一德行篇首段「陳仲擧（蕃）言爲士則，行爲世範，登車攬轡，有澄淸天下之志」。以天下爲己任的思想，本是儒家修、齊、治、平的一貫理論，並非漢末士大夫唯一特色，然而漢末士大夫在程度上的强調，足以看出部份地方豪族在其凝結成士族的過程中，從區域性的小社會眼界擴大到全國性的大社會領域。

1. 參見世說新語及後漢書、三國志、晉書，尤其列傳之贊語。

（四）

綜前所述，經兩漢三百年漸次演變，暨政治力與社會勢力相互融合，產生一類新的社會階層——士族；這個社會階層在東漢末年黨錮之禍以後，由於同舟共濟，密集交往的結果，越形凝固，一連串外在改變，最後又引起性質的改變，對於這時期士族性質的演變方向而言，是：由武質團體而兼及文章世家、由地方性人物而中央性人物、由社會體而兼具政治性、由經濟性而形而上的趨向。

近人陳寅恪先生與錢穆先生對士族內在精神都曾有精闢的看法，似亦注意到士族初凝成階段的特性所在，錢穆先生在「略論魏晉南北朝學術文化與當時門第之關係」（新亞學報五卷二期頁54）中說：

> 今再滙納上面各項敍述而重加以一番綜合的說明，則可謂當時門第傳統共同理想所希望於門第中人，上自賢父兄，下至佳子弟，不外兩大要目：一則希望其所具孝友之內行，一則希望能有經籍文史學業之修養，此兩種希望，並合成爲當時共同之家敎。前一項之表現，則成爲家風，後一項之表現，則成爲家學。

略言之，士族之家風與家學成爲其主要特性矣！陳寅恪先生「唐代政治史述論稿」中篇政治革命與黨派分野頁54亦云：

> 夫士族之特點既在其門風之優美，不同於凡庶，而優美之門風，實基於學業之因襲，故士族家世相傳之學業乃與當時之政治社會有極重要之影響……。

學業之中，更以經學爲重，錢穆先生在該文中曾分析當時士大夫所作的典籍，云「若以著作數量作爲當時對經學中某一部份重視與否之衡量標準，則此時代之經學最重禮、次春秋、易居第三位」（同書頁27）。禮的實踐，在個人與家族方面，表現於孝行的重視，成爲團結家族的法寶。在另一方面，「然其與政治之關鎖仍循其東漢以來通經義勵名行以致從政之一貫軌轍」（陳寅恪文）。一言以蔽之，經學是溝通個人、家族、國家的方法，經可以指示人在三者之間如何扮演角色。經大部份是儒家所定出的法則，禮是儒家理想的實行方式，我人雖不可說儒家的精義盡在於此，至少當時人對於禮的實踐非常賣力，尤其在孝行方面，表面上近乎澈底。總之士族以經作爲內涵要件，成爲其主要的特質。無怪乎錢穆先生云「門第即來自士族，血緣本於儒家，苟儒家精神一失，則門第亦將不復存在」（同上書），錢氏之言，已指出初期士族性質之主流。

士族中央化過程——從地方而中央，在漢末已表現得很明朗，但最重要的還是思想上從區域性進入全國性，這是地方豪族蛻變成士族的關鍵，也是中古士族的特性之一。中央化可以獲得更多的機會在中央或州郡任官，但並非指全部可以任官，許多人物享譽於朝野，而並不兼具官吏身份。有一點特別强調的是：士族子弟在這時期雖然出任官吏，並沒有脫離其社會性，這與純官僚有極大的差別。自永嘉亂後，士族分散各地，有的甚至到邊陲地帶，如河西、遼東、嶺南等地。要之，這一類人在精神上已經結成一體，含有同類感，成爲一個特殊社會層，他們在思想與言行方面，於其與同地區地方人士相同，毋寧與他郡士族較近[1]。這羣人所具有超地區的想法與行爲法則，實是中央化過程以後無法再抹去的士族特色之一。

僑姓南遷以後，遠離原籍，雖累世堅持原籍地望，可是實際上已是可望而不可及，遍立僑州僑郡形式上滿足了他們心理要求，從社會意義而言，他們居住南方，與南方政權之間發生特定的社會連繫，長期失去原籍的社會基礎，在南方一直無法像吳姓一般地盤根錯節，於是乎他們愈來愈依賴中央政府，也就是說，原本兼具社會及政治性的僑姓人物，漸漸走向單一的政治方向，步入官僚，依賴中央在南朝時更加明顯，顏氏家訓第十一涉務篇：

> 江南朝士，因晉中興，而渡江，本爲羈旅，至今八九世，未有力田，悉資俸祿而食耳，假令有者，皆信僮僕爲之，未嘗目觀起一墢土，耘一株苗，不知幾月當下，幾月當收……。

這與「四民月令」中所記述有很大差異，有的僑姓在南方亦建有大莊園，然這與原籍性質上不同，在南方所建立的莊園似乎專供揮霍享樂之用[2]，僑姓大都居住在京師附近。

僑姓與三吳會稽文質士族之間，縱有差異之點[3]，就其大處衡量，仍屬大同小異。緣因三吳會稽文質士族原本亦是崇尙經學的世家，如陸氏、虞氏、姚氏，其與中原一帶世家大族所崇尙的經學，原出一轍，所以當僑吳姓文質士族接觸之時，吾人看不出在思想學術上有多大的衝突，在初期相處階段地域觀念的差異遠勝過文化上的小

1. 參見拙文「三國政權的社會基礎」末段。
2. 如宋書卷五謝靈運傳所述的田園。
3. 參見何啓民"永嘉前後吳姓與僑姓關係之轉變"政大學報第26期，1972.

別。這一點從王導對地域界線所採取的政策可以發現[1]，地域差異的互容與文化因素的共同感，是東晉立國的重要凝固力；在另外角度，僑姓與三吳會稽文質士族在性質轉變上，亦有若干共同的傾向，此點後文再予細論之。

上文曾述，南方人物有其復雜性，除了三吳會稽文質士族以外，武大姓是另一類重要人物，他們的性質與三吳人物有異，東晉南朝政權對他們的重視程度，不亞於三吳會稽文質士族，拙著「兩晉南北朝士族政治之研究」統計吳興武康沈氏在東晉南朝僅次於瑯琊臨沂王氏、陳郡陽夏謝氏，而居官人數共達四十五人。按沈氏可作爲南方武大姓的代表人物，且以其爲例，觀察武大姓性質之演變。

據唐書卷七十四上宰相世系表云：吳興武康沈氏係後漢光祿勳沈戎之後，戎子酆零陵太守。酆子景、河間相。姓纂卷七景子彥。彥子規。以上皆無事蹟可查，入晉以來，以沈充首見於列傳，晉書卷九十八王敦列傳中附沈充傳云「少好兵書，頗以雄豪聞於鄉里，（王）敦引爲參軍」。爲部將吳儒所殺。晉書卷八十九忠義傳云：「（充子勁），竟殺讎人」亦以義勇聞，後爲慕容氏所害。宋書卷六十三沈演之傳：「高祖充，晉車騎將軍吳國內史（按晉書卷九十八王敦傳附沈充傳注晉陽秋曰：敦克京邑，以充爲車騎將軍吳國內史）。曾祖勁、冠軍陳祐長史戍金墉城，爲鮮卑慕容恪所陷，不屈節見殺，追贈東陽太守。祖赤黔廷尉卿。父叔任，以平蜀全涪之功，封寧新縣男食邑四百四十戶，出爲建威將軍益州刺史……家世爲將，而演之折節好學，讀老子日百遍，以義理業尙知名……。子勃好爲文章，善彈琴，能圍棊，而輕薄逐利，歷尙書殿中郎，太宗泰始中爲太子右衛率，加給事中，時欲北討，使勃還鄉里募人，多受貨賄，上怒下詔曰，沈勃琴書藝業口有美稱，而輕躁耽酒，幼多罪愆，比奢淫過度，妓女數十，聲酣放縱，無復劑限，自恃吳興土豪，比門義故，脅說士庶，告索無已，又輒聽募將，委役還私，託注病叛，遂有數百，周旋門生，競受財貨，少者至萬，多者千金，考計贓物二百餘萬，便宜明罰敕法，以正典刑。……復爲司徒左長史，爲廢帝所誅」。沈懷文從兄曇慶，宋書卷五十四載：「宋大明元年督徐兗二州及梁郡諸軍事輔國將軍徐州刺史……本州大中正，三年遷祠部尙書。……世以長者稱之。」宋書卷八十二沈懷文傳謂「懷文少好玄理，善文章，嘗爲楚昭王二妃詩，見稱於世。……何

1. 晉書卷六十五王導傳。

尙之設祖道，文義之士畢集，爲連句詩，懷文所作尤美，辭高一座。……遷尙書吏部郎、侍中……撰南越志及懷文文集並傳於世」。

另一房沈慶之，宋書卷七十七本傳載：「少有志力，孫恩之亂也，遣人寇武康，慶之未冠隨鄉族擊之，由是以勇聞」，其後轉戰各地，官拜太尉，賜死。子文叔。文叔子昭明，亦自殺。慶之第三子文耀，文耀子五兵尙書毅，毅子梁左民尙書僧旻，僧旻子梁東陽太守巡。似以文質傳家矣！尤其巡子君理，據陳書卷二十三載：「(君理)美風儀，博涉經史，有識鑒。……太建五年官至尙書右僕射領吏部侍中，君理第五弟君高，於太建八年詔授持節都督交廣等十八州諸軍事寧遠將軍平越中郎將廣州刺史，嶺南俚獠世相攻伐，君高本文吏，無武幹，推心撫御，甚得平和」。其他諸房支在梁陳以降，亦多文士。如陳書卷十八沈衆傳云：好學頗有文才。陳書卷十九沈烱傳云：少有儁才，荆州陷，爲西魏所虜……魏人愛其文才而留之。陳書卷三十三儒林傳所載，「沈峻及其子文阿。沈休稚及其子山卿，其孫洙」，皆通五經章句文史之士。

從吳興沈氏主要人物事蹟觀察，這個家族的特質，已逐漸地從武而文，如義興陽羨周氏，曾顯赫一時，這類武大姓若不及時改變爲文質士族，很容易與其他政治勢力相衝突，而導至覆滅。

在東晉南朝時期，就士族整體而言，也有偃武就文的傾向。漢末曹魏西晉之際，士族雖以經學家風爲其內涵，爲官爲宦，甚多文武兼備，如漢末大族袁氏，有袁紹袁術。瑯琊諸葛氏之誕、亮、瑾，分仕魏、蜀、吳，皆曾掌大軍。河內司馬氏之懿、昭、師，曾轉戰各地，掌兵權，最後卒以此篡魏。潁川鍾會以平蜀聞於世。泰山羊祜鎭守南界，有名於魏吳之間。瑯琊王敦在永嘉亂時爲揚州刺史左將軍都督征討諸軍事假節，成爲東晉立國的主要軍力，又如汝南周馥、周訪，范陽祖逖，高平郄鑒等。著者曾依吳廷燮歷代方鎭年表，統計都督及刺史任期，觀察宗室士族、小姓、寒素等社會階級在東晉、宋、齊、梁、陳軍權之消長[1]。

在東晉的四個階段中，士族掌兵權的比例約在百分之七十至百分之九十四之間，宋齊降爲三分之一；梁又降至四分之一；陳代則落入六分之一，顯示出士族急速退出軍事舞臺。如果以「族」爲單位，從士族子弟曾否出現於某時期，觀察其退出與加入

1. 參見拙文"五朝軍權轉移及其對政局之影響"淸華學報新八卷一、二合期。

軍事舞臺的比例，亦可發現變動頻率甚大，而主要的趨向是士族退出者多，加入者

期　間[1]	士族總數變遷	退出士族		加入士族		變遷頻率 %
		N	%	N	%	
1-2	15-19	2	9.5	6	28.5	38
2-3	19-12	9	42	2	10	52
3-4	12-17	1	6	6	33	39
4-5	17-17	8	29	8	29	58
5-6	17-16	7	30	6	26	56
6-7	16-12	7	36	3	16	52
7-8	12-12	3	20	3	20	40
8-9	12-6	6	50	0	0	50
9-10	6-2	4	67	0	0	67

少。加入者比例逐漸減少，正表示該文所示三十四大士族漸漸退出軍事舞臺之痕跡。

士族逐漸退出軍事舞臺的原因甚多，以東晉南朝而論，南方空間結構與朝廷中士族的地位，一直處於權力競爭與均衡維持的局面之下，每一次均衡之破壞，皆引起若干參與的大士族消亡，所以大士族父兄皆喜子弟尙文，如晉書卷六十五王導傳載：

> 六子悅、恬。……悅弱冠有高名……少侍講東宮，恬少好武，不爲公門所重，導見悅輒喜，見恬便有怒色。

顏氏家訓卷十四闕有誡兵專章，陳述顏氏祖先崇武者「皆罹禍敗」，「此皆陷身滅族之本也，誡之哉！誡之哉！」，所以南朝至梁世，士大夫皆不尙武，如顏氏家訓涉務篇第十一中所形容：

> 梁世士大夫，皆尙褒衣博帶，大冠高履，出則車輿，入則扶持，郊郭之內，無乘馬者。周弘正爲宣城王所愛，給一果下馬，常服御之，舉朝以爲放達，至乃尙書郎乘馬，則糾劾之，及侯景之亂，膚脆骨柔，往往而然。建康令王復，性既儒雅，未嘗乘騎，見馬嘶歕陸梁，莫不震懾，乃謂人曰：正是虎，何故名爲馬乎，其風俗至此。

（五）

北方漢姓士族，其性質上是郡級地方豪族，自拓拔魏吸收他們加入政權以後，他

1. 此處分期係按拙文"五朝軍權轉移及其對政局之影響"文中所定標準。

們從社會領袖跨越政治領袖，然而這並非立卽放棄其原有的社會勢力，有見於永嘉亂後北方長期紊亂，祇有聚宗自衞才能渡過災難，士族對其原籍一直引爲重要的根基；北魏吸收他們加入政權，亦因爲要借重於他們的地方聲望。這種覺悟也促使他們重視同宗[1]。胡漢之間的關係，雖然經雙方努力改善，不能不承認其間甚爲微妙，拓拔氏一方面希望借重他們社會地位以穩定社會，一方面雅不欲他們地方勢力過於强大，成爲尾大不掉的局面。如世說新語卷六雅量篇引祖約別傳：

約字士少，范陽遒人，累遷平西將軍，豫州刺史，鎭壽陽，與蘇峻反，峻敗，約投石勒。約本幽州冠族，賓客塡門，勒登高望見車騎，大驚。又使占奪鄉里先人田地，地主多恨，勒惡之，遂誅約。

事雖發生在石勒時，而北魏有崔浩之禍，其理甚近。

如以中原漢姓士族而言，北魏時顯已大量兼具政治領袖的身份，並沒有完全走入官僚體系。與南方相比較，北朝士族似乎大部份都是「城市鄕村之雙家型態」[2]。

孝文始有百官俸祿，對於士族中央化有促進作用，有些士族、或有些士族中的某些房支，已有官僚化的傾向，然此時北魏已過一百年，所剩僅五十年。再者地方聲望之消失，要經過數代時間；房支之間的疏遠，亦需多世之後。所以吾人祇能說，在北魏後半期，漢士族中央化已有開始的痕跡，大部份漢士族兼具中央與地方勢力。參見第三篇第42頁隋書載博陵安平崔氏之例。

北魏政權之中，胡姓士族由社會性轉變爲政治性，由地方性轉變爲中央化的趨向，比漢士族更爲明顯。緣因北魏胡姓的三十六國，九十九姓，原爲朔土舊部落大人，是遊牧民族的部落單位，充分含有地方性與社會性。待拓拔氏建立政權，這一批部落成爲圍於元氏的政治性人物。初都代郡時他們稱爲代人，孝武南遷洛陽，大部份隨至洛陽，又稱洛陽人，隨着北魏政權領袖的强化，社會領袖由部落酋豪變成宗主督護，再由宗主督護而演變爲三長。對胡姓部落而言，表示其社會勢力之日漸減弱，而與編戶無異，另一方面，孝文厲行漢化以後，百官有祿，將部落大人後裔[3]定出姓

1. 顏氏家訓卷六風操篇導論。
2. Wolfram Eberhard「Conquerors & Rulers」導論，1965年修正版。
3. 魏書卷一一三官氏志載。

族，而成爲官吏候選人。就社會意義而言，胡姓與漢姓不同，胡姓由代而洛，數世依附中央，部落解散，已無基本社會勢力，當此時也，他們走進了政治圈即意味着變成官僚體系的一部份，也就是本文所謂中央化了。

然而，部份胡姓仍有居住在北方沿邊者，遷都洛陽以後，與中央愈來愈隔絕。如北齊書卷二十三魏蘭根傳：

> 尙書令李崇爲本郡都督，率衆討茹茹，以蘭根爲長史，因說崇曰：緣邊諸鎭，控攝長遠，昔時初置，地廣人稀，或徵發中原强宗子弟，或國之肺腑，寄以爪牙，中年以後，有司乖實，號曰府戶，役同廝養，官婚班齒，致失淸流，而本宗舊類，各各榮顯，顧瞻彼此，理當憤怨……。

這些緣邊的地方勢力，斷絕了中央化，與洛陽政治中心相隔，最後導致「六鎭之叛」。魏分東西。西魏宇文氏當政，由弱勢變爲優勢，正如上篇所示，因爲宇文氏的府兵制度能結合地方勢力。並使地方勢力中央化，宇文氏「關中本位政策」包羅了胡漢兩族，其社會勢力政治化，地方勢力中央化更爲普及。這時期崛起的胡漢士族，成爲西魏、北齊、楊隋、及初唐統治階層的主體[1]。其性質之演變，在隋唐部份論之。

士族文武性質之轉變，北朝胡姓比較明顯。拓拔魏及其隨同入主中原中部落，善弓馬騎射，原以武勇而有天下，然而，治理國家時，文治勝於武功。此所以跖拔氏自始吸引漢族士人參與統治。同時在另一方面，胡姓亦開始學文，這是漢化的重要部份，至孝文帝時，由於孝文積極推展，以及北魏積百年來風氣已成，所以州郡鄉里都瀰漫着一片學術氣氛，趙翼二十二史箚記北方經學條，北方經學比南方尤盛云，當指孝文以後，在這種潮流之中，使許多胡姓亦傾向於學術，其中變遷，並非一朝一夕可成，要之，有關一個家族性質的轉變，要以代 (Generation) 爲單位來觀察，因爲在中古時期，一般社會的變動速率並不很大，要接受一種較爲生疏而又涉及性質改變時，似乎要透過孩童時期的教育，所以轉變是緩慢的。從北魏胡姓士族而論，他們雖然吸收漢文化，而日趨於文質，由於種族關係，他們並沒有立刻拋棄其武質，因爲軍權乃是胡人政權的基石。就北魏政權核心家族而論，其文質傾向的速率，並不一定快

1. 陳寅恪先生所創名詞，參見「隋唐制度淵源略論稿」「唐代政治史述論稿」。

於他族，其一是因爲北魏需要他們掌兵權；其二是他們既是政權的核心，地位獲得較易，並不太渴望於在文學方面入仕。許多年青的子弟繼任父兄的爵位兵權，作爲北魏政權第一級爪牙，東征北伐，或戍守重要地區。例如：

于氏。魏書卷三十一于栗磾傳：

代人也，能左右馳射，武藝過人。……襲慕容寶……趙魏平定，太祖置酒高會謂栗磾曰：卿卽吾之黥彭。……轉虎牢鎭大將加督河內軍，尋遷使持節督督兗恒二州諸軍事鎭南將軍枋頭都將。……子洛拔，襲爵，出爲使持節散騎常侍寧東將軍和龍鎭都大將營州刺史。……（子孫以軍功居高位者甚多，詳見本傳）

長孫氏。魏書卷二十五長孫嵩傳：（大意如下）

太祖時來歸，以爲南部大人，累有戰功。太宗時都督山東諸軍事，劉裕北伐，嵩與其對抗於關中，世祖時爲左輔，爵北平王，遷太尉，加柱國大將軍。其子頹，善騎射，襲爵，加侍中征南大將軍。頹子敦，敦子道。皆襲爵而爲將軍。嵩從子道生，亦是太尉。世祖時重要人物，曾從征蠕蠕，並與宋將鏖戰於南方，子抗早卒。抗子觀，觀子冀歸，幼承家業，高祖以後皆是掌兵權人物。冀歸，魏太師、錄尙書事上黨王。子紹遠，紹遠弟澄，（同書卷二十六本傳）。兼具文武，「雅好墳籍，聰慧過人」，然這已是北魏末期，西魏初期了。

有的胡姓由武而文的轉變較快，尤其在北魏後期。如：

陸氏。魏書卷四十陸俟傳：

世領部落，曾祖幹、祖引、父突、皆有戰功。俟長子馛，是幹吏。馛子琇，「雅好讀書」。琇弟凱，好學，年十七爲「中書學生」，以功臣子孫曾任文官。子暐與弟恭之，並有時譽，有文章。

馛弟麗，高宗時領太子太傅，好學愛士，當以講習爲業，其所待者皆篤行之流，士多稱之，至孝過禮……自麗以降，如子叡，叡子希道，陸氏兼具文武。尤以文才聞。

穆氏。在北魏政權中地位甚爲重要，魏書卷二十七穆崇傳云：「其先世效節於神元桓穆之時」，元穆二族交往甚密，穆氏尙公主者最多，如次[1]：

1. 參見拙著「兩晉南北朝士族政治之研究」。

穆	盧	司馬	李	陸	崔	鄭	裴	杜	共計
11	3	3	2	2	1	1	1	1	25

且以魏書卷二十七穆崇傳中的世系表爲例，以觀察該家族文武性質之動態。

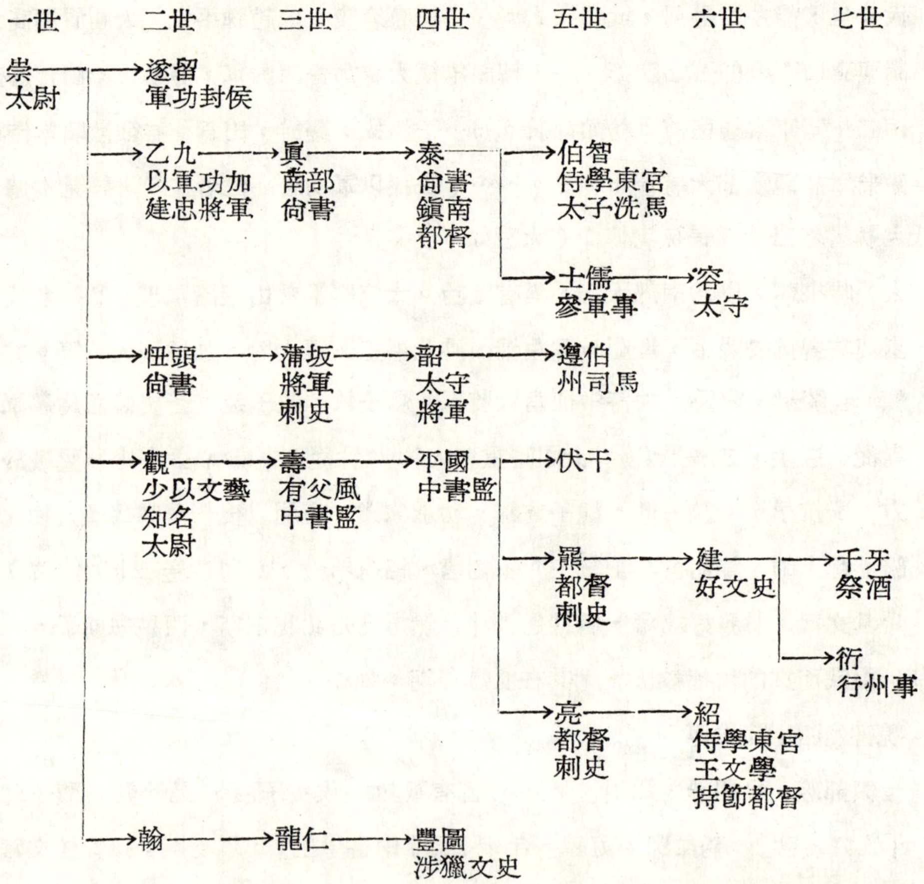

穆氏與元氏的密切關係，是其走向官僚體系主因，在各族之中，穆氏在高級官吏者甚多。又自崇以降，穆氏大都漸漸兼具文武官職，愈到後世，家族中善於文史者愈多。

元氏。北魏皇室急速趨向於文學，又表現於武將的銳減，孫同勛著「拓拔氏的漢化」頁74統計元氏歷代猂將人數及所佔全體宗室百分比表：

帝　號	太　祖	太　宗	世　祖	高　祖	顯　祖	高　祖	高祖後
武將％	54％	51.5％	61.5％	47.2％	38.7％	26.7％	38.0％

（六）

關中、山東、南方，由於地區環境不同，政治社會情勢不同，所以士大夫階層的組合與發展也不盡相同。在南北朝末期，有一位顏之推氏在其顏氏家訓中對南北士大夫的差異點，偶有陳述。顏之推係瑯琊臨沂人，九世祖含，從晉元帝東渡，官至侍中右光祿大夫西平侯。父勰，梁湘東王繹鎮西府諮議參軍。之推初仕梁朝鎮西府墨曹參軍，經侯景之亂，又爲後梁散騎侍郎奏舍人事。後梁爲北周軍所破，入周；偷奔北齊，爲奉朝請，官至黃門侍郎。齊亡，又入周，大象末爲御史上士，隋開皇中爲太子學士。（詳見北齊書卷四十五顏之推傳）。以其家世與經歷，他所作的比較應屬可信。茲摘錄於次：

顏氏家訓第四後娶篇：

江左不諱庶孽，喪室之後，多以妾媵終家事，疥癬蚊虻，或未能免，限以大分，故稀鬩鬩之恥。河北鄙於側出，不預人流；是以必須重娶，至於三四。母年有少於子者，後母之弟與前婦之兄，衣服飲食，爰及婚宦，至於士庶貴賤之隔，俗以爲常。身沒之後，辭訟盈公門，謗辱彰道路，子誣母爲妾，弟黜兄爲傭，播揚先人之辭跡，暴露祖考之長短，以求直已者，往往而有。

同書第五治家篇：

今北土風俗，率能躬儉節用，以贍衣食，江南奢侈，多不逮焉。

同書第五治家篇：

江東婦女，略無交遊，其婚姻之家，或十數年間未相識者，性以信命贈遺，致殷勤焉。鄴下風俗，專以婦持門戶。爭訟曲直，造請逢迎，車乘塡街衢，綺羅盈府寺，代子求官，爲夫訴屈，此乃恒代之遺風乎？〔注：言孝文未遷都以前胡人舊俗也〕。

同書第五治家篇：

南間貧素，皆事外飾。車乘衣服，必貴齊整；家人妻子，不免饑寒。河北人事多由內政。綺羅金翠，不可廢闕，羸馬顇奴，僅充而已，倡和之禮，或爾汝之。

同書第六風操篇：

江南人，事不獲已，須言閥閱，必以文翰，罕有面論者。北人無何，便爾話說，及相訪問。

同書第六風操篇：

凡宗親世數，有從父，有從祖，有族祖。江南風俗，自茲已往，高秩者通稱呼爲尊；同昭穆者，雖百世猶稱兄弟；若對他人稱之，皆云族人。河北士人，雖三二十世，猶呼爲從伯從叔。

顏之推以南方與北方士人作比較。實則尙可細分，如南方有僑姓、吳姓，在東晉時頗有分野，南朝以降，其性質上大致趨一，北朝始則有胡漢士族之分，自魏分東西以後，亦另成一系，而表現出獨特性質。故唐朝人論士族異同時，對北周在宇文氏「關中本位政策」之人物，視爲另一單元，有四分之說，新唐書卷一九九柳冲傳云：

山東之人質，故尙婚婭，其信可與也。江左之人文，故尙人物，其智可與也。關中之人雄，故尙冠冕，其達可與也。代北之人武，故尙貴戚，其泰可與也。及其弊則：尙婚婭者先外族後本宗。尙人物者進庶孽、退嫡長。尙冠冕者，略伉儷，慕榮華。尙貴戚者，徇勢利，亡禮敎。

「質」者，樸實也。由此發展，則重視婚婭，如上文引顏氏家訓後娶篇、治家篇、風操篇所示，重視正側。推而廣之，則對於同姓同宗的同類感較深，所謂「雖三二十世，猶呼爲從伯從叔」者也。南史卷二十五王懿傳：

北土重同姓，謂之骨肉，有遠來相投者，莫不竭力營贍。王懿聞王愉在江南貴盛，是太原人，乃遠來歸愉。愉接遇甚薄，固辭去。

江左之人文，「文」者，華飾也。如顏氏家訓云，其風俗重視「外飾」對人物標準則首重文采，如梁書卷三十三王筠傳云：

史傳稱安平崔氏，及汝南應氏，並累世有文才。所以范蔚宗世擅雕龍，然不過父子兩三世耳，非有七葉之中，名德重光，爵位相繼，人人有集，如吾門世者也。沈少傅約語人云：吾少好百家之言，身爲四代之史，自開闢以來，未有爵位蟬聯，文才相繼，如王氏(瑯琊臨沂)之盛者。

關中之人雄，「雄」者勇壯也，關中自宇文氏結合胡漢士族以來，另發展出一種特性，周書卷十六末：

初魏孝莊帝以爾朱榮有詡戴之功，拜榮柱國大將軍，位在丞相上，榮敗後，此官遂廢。大統三年，魏文帝復以太祖建中興之業，始命爲之，其後功參佐命，望實俱重者，亦居此職。自大統十六年以前任者凡八人，太祖位總百揆督中外軍，魏廣陵王元欣，元氏懿戚，從容禁闈而已，此外六人，各督二大將軍，分掌禁旅，當爪牙禦侮之寄，當時榮盛莫與爲比，故今之稱門閥者，咸推八柱國家云。

故關中集團門閥地位之高低，以政治地位高下爲依歸，其人以冠冕爲重，下列例子，亦可見其一般。

舊唐書卷六十一竇威列傳：

扶風平陸人也，太穆皇后從父兄也。父熾，隋太傅。威家世勳貴，諸昆弟並尙武藝，而威躬翫文史，介然自守，諸兄哂之，謂爲書癡。隋內史令李德林擧秀異，射策甲科，拜秘書郞，秩滿當遷而固守不調，在秘書十餘歲，其學業益廣，時諸兄並以軍功致仕通顯，交結豪貴，賓客盈門，而威職掌閑散，諸兄更謂威曰：昔孔子積學成聖，猶狼狽當時，栖遲若此，汝效此道，復欲何求，名位不達，固其宜矣！

代北之人，原指拓拔魏初入中原時的胡姓，經北魏一百五十年後，大部份同化，一如漢姓；另一部份隨宇文氏入關中，尙保留胡風，降至隋唐，代北之人已無獨特的團體。柳冲所指，當爲北魏時的情況。「雄」與「武」；「冠冕」與「貴戚」；其性質甚近，殊難嚴格分野。

綜上所述，是關中、山東、南方三大區域因形勢不同而發展出不同性質，實則士族乃綜合性的社會領袖，其性質是多方面的，魏晉南北朝隋唐士族皆重視婚嫁、人物才華、冠冕、貴戚，緣因各地區獨特的客觀因素，遂使對某一項或數項比較重視，循此發展，遂成風氣。隋唐統一全國，定於一，各區域人物滙聚一堂，於是自永嘉亂後各自發展的特質，有了比較的機會，同時也呈現出各區域人物間之競爭，此事另文論之。

從社會科學的角度而觀之，以上各地區人物之差異，乃是事物之表象。各地區士族本身性質之轉變，是由於其由地方性而中央化，由社會性而政治性，由武而文的變化。一切流風習俗是士族性質變遷後的外在表現，例如在本文第三篇所述，僑姓南渡，與吳姓在南方建立東晉，至隋統一全國，一直離本籍而僑居江南。本身已失去社會基業，從此成爲依附中央政權的官僚人物。以功能主義而言，他們所能貢獻出的力量，是以文才干祿。其尙文之風亦宜矣！官僚型的人物，首重政治階層中的關係。而北方胡人當政，漢士族之被重視，爰因其有充分的地方勢力，助統治者安定社會，故北方的特殊環境，養成士族地方與中央，社會與政治兼顧的性質，故其對於同族關係深厚，而表現在累世同堂[1]，而婚嫁又是連繫其他士族的最佳方法[2]，故重視婚嫁。關中自宇文泰當政以後，以府兵制度結合胡漢社會上的勢力，大族高位，小族低位，納入政治體系中，其以冠冕相尙，亦符合其社會地位，表現出特有性質。

如陳寅恪先生所言，李唐初建國時的統治集團，乃是西魏北周楊隋以來的人物，其性質當與關中士族相同，此點可由李唐皇室對「禮儀」標準，遠沒有士族重視[3]。唐太宗令修氏族志，高士廉輩初定稿列崔幹爲第一，不合太宗意，太宗的士族排列標準爲：(舊唐書卷六十五高士廉傳)

> 太宗曰：我與山東崔、盧、李、鄭，舊既無嫌，爲其世代衰微，全無冠蓋，猶自云士大夫，婚姻之間，則多邀錢幣，才識凡下，而偃仰自高。販鬻松檟，依託富貴，我不解人間何爲重之，祇緣齊家，惟據河北，梁陳僻在江南，當時雖有人物，偏僻小國，不足可貴，至今猶以崔盧王謝爲重，我平定四海，天下一家，凡在朝士，皆功效顯著，或忠孝可稱，或學藝通博，所以擢用，見居三品以上，欲共衰代舊門爲親，縱多輸錢帛，猶被偃仰，我今特定族姓者，欲崇重今朝冠冕，何因崔幹猶爲第一等，昔漢高祖止是山東一匹夫，以其平定天下，主尊臣貴，卿等讀書見其行迹，至今以爲美談，心懷敬重，卿等不貴我官爵邪；不須論數世以前，止取今日官爵高下作等級，遂以崔幹爲第三。

1. 如唐書合鈔卷二四五張公藝傳，鄆州壽張人，九代同居……。
唐書合鈔卷二四五劉君良傳，瀛州饒陽人，累代義居，兄弟雖至四從，皆如同氣……。
同書同卷宋興貴傳，雍州萬年人，累世同居……。
2. 逯耀東"拓拔氏與中原士族的婚姻關係"新亞學報7卷1期。
3. 陳寅恪指出此點，"統治階級之氏族及其升降"載於「唐代政治史述論稿」上篇。

通鑑卷一九五，貞觀十二年：

> 上曰：……乃更命刋定，專以今朝品秩爲高下，於是以皇族爲首，外戚次之，崔（民）幹爲第三。

唐太宗「欲崇重今朝冠冕」「止取今日官爵高下作等級」「專以今朝品秩爲高下」等思想，乃是承襲關中集團對士族的一貫看法。然而山東士族仍有雄厚的勢力，論者認爲武曌時期，代表關中集團爲核心的勢力衰退，山東士族優勢之建立。但是，由於政治制度社會環境不斷地在變，武周以後參加政治階層的新士族，有另外一種性質，而舊士族不論其來自關中、山東、南方，面臨着這種變化，有一部份亦在轉變，有一部份不變，故在中唐晚唐之時，士族性質之轉移，又有一番新的內容。

（七）

隋朝廢除九品官人法，去州郡大小中正官，至少在形式已打破按門第高下臚列官吏候選人的選擧法，寒素入仕的可能性增加。然而，若將唐代官吏依其社會成分分類統計[1]，其結果如下：

士族 (N)	士族 (%)	小姓 (N)	小姓 (%)	寒素 (N)	寒素 (%)	合計
2233	66.2	414	12.3	724	21.5	3,471

士族仍然占官吏三分之二弱。唐代與魏晉南北朝之間的差別之一，是唐代已有若干比例的寒素入仕，入仕的寒素之中，亦有能升至士族者，所以唐代的社會變動（Social Mobility），除了個人的上升變動之外，還包含着家族的升降，有的魏晉舊族萎縮或退出政治統治階層，有的寒素由小姓而士族。所以在唐代官吏百分之六十六點二的比例中，有一部份是唐代新進的士族，稱之爲唐代新士族。

按拙著「唐代統治階層社會變動」之分類，唐代新族者，係指新進士族、新進士族之後裔、蕃族等。換言之，士族階級中除去魏晉南北朝以來的舊族以外，蓋稱唐代新族，下列統計表係示舊士族與新士族在各期中占官吏之百分比：

1. 參見拙文「唐代統治階層社會變動」1969.

唐代舊士族與新士族比較表

期	皇帝	A(舊族)	B(新族)	A+B(唐士族)
I	高祖太宗	61.5	3.3	64.8
II	高宗	57.9	4.8	62.7
III	武周	51.5	11.8	63.3
IV	玄宗	58.9	8.6	67.5
V	玄宗	63.0	7.6	70.6
VI	肅宗、代宗	44.1	12.1	56.2
VII	德宗	45.5	14.9	60.4
VIII	順、憲、穆、敬	41.2	22.1	63.3
XI	文宗、武宗	57.6	17.9	75.5
X	宣宗、懿宗	64.2	24.5	88.7
XI	僖宗、昭宗	39.3	26.0	65.3
	唐代總比例	53.1	13.1	66.2

舊士族强調家風家學，錢穆先生及陳寅恪先生皆有論及[1]，引爲士族之重要特質，然而以隋唐科擧取士，崇尚詩詞，尤以進士科爲甚，此涉及中古時期士大夫階級賢能標準之爭與黨派之爭，拙文「唐代統治階層社會變動」中已有論及，將有另文細論，經學派與詩詞派之爭，影響所及，不僅表面上人物升降，亦且意味着士族性質的改變。在舊士族中本有一些人喜詞藻，故有一些舊族跟隨時代的變遷，賢能觀念亦轉變，從而對詩詞歌賦喜好。隋唐新興士族以及許多魏晉舊族已轉變成詞詩派者，其內在性質已與魏晉以來所謂舊族家風家學者，已有重大不同。

（八）

實施府兵制度的關中集團，原本有結合政治力與社會勢力，用意是使地方力量走向中央化，隋唐承襲傳統，中央化更形明顯，中軍統率十二軍，十二衞這是中央集權的具體表現，然而，自隋統一中國以後，對全國（關中、山東、南方）人物最具影響的政策，厥爲廢九品中正，將官吏任用權（包括州郡長吏）皆集中在吏部，隋書卷二十八百官志下：

（開皇）三年四月……舊周、齊州郡縣職，自州都郡縣正已下，皆州郡將縣令至而調用以理時事；至是，不知時事，直謂之鄉官，別置品官，皆吏部除授，

1. 參見本篇前段。

每歲考殿最。

通典卷十四選舉二歷代制中云：

隋文帝……自是海內一命以上之官，州郡無復辟署矣！

這項措施是剝削士族覇占州郡「上綱」[1] 任官特權，使大小官品皆由中央政府吏部主之。造成士族子弟集中中央政府所在地，營鑽求官。通典卷十七選舉典雜論議中亦云：

隋氏罷中正，選舉不本鄉曲，故里閭無豪族，井邑無衣冠，人不土著，萃處京畿。

士族中央化趨勢，在南北朝末期已經開始，至隋愈爲明顯。中央研究院傅斯年圖書館有唐代墓誌銘搨本七千餘張大部份的士族子弟死後埋葬在長安與洛陽附近。白氏長慶集卷六十一唐故虢州刺史贈禮部尚書崔公墓誌銘並序云：

自天寶以還，山東士人皆改葬兩京，利於便近，唯吾一族至今不遷，我歿宜歸全于滏陽。

士族多世居住兩京，加以分房分支，漸與原籍隔離，逐失去其地方性，譜牒成爲連繫重要之物，而爲官吏而官吏是士族子弟追求的目標。是故唐代士族除居住於兩京以外，則有隨任官地而居者，造成「郡望」與「居住地」分離現象，郡望成爲銜頭，錢大昕十駕齋養新錄卷十二郡望條：

自魏晉以門第取士，單寒之家，屏棄不齒，而士大夫始以郡望自給，唐宋重進士科，士皆投牒就試，無流品之分，而唐世猶尙氏族，奉勅第其甲乙，勒爲成書，五季之亂，譜牒散失，至宋而私譜盛行，朝廷不復過而問焉。士旣貴顯，多寄居它鄉，不知有郡望者蓋五六百年矣！

從社會史的觀點而言，至此士族已脫離地方而趨中央，由社會勢力而變成爲官僚體系之一員了。擁有社會勢力者較不易受政權變動的影響，官僚人物常隨朝代與衰而沉浮。此所以同樣經歷亂世，在五胡亂華之時士族穩立不移；在五代十國之時，士族逐漸退出歷史舞臺。

---

1. 參見嚴耕望「中國地方行政制度史」上編一卷中，頁三九七。

參考書目

史記 漢書補注 後漢書集解 三國志集解 晉書斠注 宋書 南齊書 梁書 陳書 魏書 北齊書 周書 隋書 新唐書 舊唐書 唐書合鈔

南史 北史 資治通鑑

玉海 太平御覽 册府元龜 文苑英華 崇文總目 北堂書鈔 初學記 登科記考

唐六典 通典 文獻通考 通志 唐會要 唐律疏義 唐大詔令集

全上古三代秦漢三國六朝文 全唐文 唐文粹

鹽鐵論 論衡 潛夫論 申鑒 中論 人物志 抱朴子 世說新語 顏氏家訓

中央研究院歷史語言研究所藏墓誌拓本

華陽國志 元和郡縣圖志 太平寰宇記 長安志 洛陽伽藍記

三國兩晉及南北朝各代方鎮年表(吳廷燮撰)

日知錄 二十二史劄記 十七史商榷

大英博物館攝藏敦煌遺書照像本 Order No. O.P.B. & MSS 11431/4200 Title Stein Rolls

四民月令 唐摭言 唐語林 漢唐事箋 唐才子傳 翰林志

封氏見聞記 翰林院故事 隋唐嘉話 唐闕史 北夢瑣言

大唐創業起居注 貞觀政要 鄴侯家傳

王伊同 「五朝門第」 金陵大學中國文化研究所叢刊乙種 1943

王伊同 "崔浩國書獄釋疑" 清華學報新1卷2期 1957

王壽南 「唐代藩鎮與中央關係之研究」 嘉新研究論文 1969

王夢鷗 「唐人小說研究」 藝文印書館 1971

毛漢光 「兩晉南北朝士族政治之研究」 中國學術著作獎助出版委員會,1966

毛漢光 "我國中古大士族之個案研究——瑯琊王氏" 歷史語言研究所集刊第37本,1967

毛漢光 「唐代統治階層社會變動」 影印博士論文,1969

毛漢光 "五朝軍權轉移及其對政局之影響" 清華學報新8卷第1,2合期,1970

毛漢光 "敦煌唐代氏族譜殘卷之商榷" 歷史語言研究所集刊第43本第2分,1971

毛漢光 "三國政權的社會基礎" 歷史語言研究所集刊第46本第1分,1974

毛漢光 "從中正評品與官職之關係論魏晉南朝之社會架構" 歷史語言研究所集刊第46本第4分,1975

向 達 "敦煌叢抄" 北平圖書館館刊5卷6期,1931

牟潤孫 「論魏晉以來之崇尚辯談及其影響」 香港中文大學 1966

牟潤孫 "敦煌唐寫姓氏錄殘卷考" 臺大文史哲學報第3期 1951

全漢昇 「唐宋帝國與運河」 歷史語言研究所專刊之24,1944

余英時 "東漢政權之建立與世家大姓之關係" 新亞學報1卷2期 1956

余英時 "漢晉之際士之新自覺與新思潮" 新亞學報4卷1期 1959

余 遜 "南朝之北士地位" 輔仁學誌12—1~2,1943

何啓民 "中古南方門第吳郡朱張顧陸四姓之比較研究" 政大學報第27期 1973

何啓民 "永嘉前後吳姓與僑姓關係之轉變" 政大學報第26期,1972

何炳棣 「中國會館史論」 臺灣學生書局,1966

李樹桐 「唐史考辨」 中華書局 1965

杜 牧 「樊川文集」 四部叢刊初編集部

邱漢生 "從四民月令看東漢大地主的田莊"

谷霽光 「府兵制度考釋」 1962
谷霽光 "六朝門閥" 武漢大學文哲季刊5卷4期
谷霽光 "安史亂前之河北道" 燕京學報卷19 1936
瞿同祖 「中國法律與中國社會」 上海 1947
周一良 "北朝民族問題與民族政策" 燕京學報第39期
周一良 "南朝境內之各種人及政府對待之政策" 歷史語言研究所集刊第7本第4分 1938
岑仲勉 「唐史餘瀋」1960，「隋唐史」 1957
岑仲勉 四校林寶「元和姓纂」 歷史語言研究所專刊之 29, 1948
周一良 "領民酋長與六州都督" 歷史語言研究所集刊第20本上册 1948
芮逸夫 "遞變的中國家族結構" 臺大考古人類學刊17-18合刊 1961
金發根 「永嘉亂後北方的豪族」 中國學術著作獎助出版委員會 1964
金發根 "東漢黨錮人物的分析" 歷史語言研究所集刊第34本下册 1963
金發根 "塢堡溯源與兩漢的塢堡" 歷史語言研究所集刊第37本上册 1967
武仙卿 "魏晉時期社會經濟的轉變" 食貨半月刊1-2 1934
姚薇元 「北朝胡姓考」 1962
祝秀俠 「唐代傳奇研究」 現代國民基本知識叢書第四輯 1957
唐長孺 「魏晉南北朝史論叢」「魏晉南北朝史續論叢」「三至六世紀江南大土地所有制」
唐長孺 "門閥的形成及其衰落"
徐高阮 "山濤論" 歷史語言研究所集刊第41本第1分 1969
孫同勛 "拓拔氏的漢化" 臺大文史叢刊 1962
孫同勛 "北魏初期政治的衝突與崔浩之獄" 幼獅學誌 3-1，1964
孫國棟 "唐宋之際社會門第之消融" 新亞學報4卷1期 1959
孫國棟 "唐貞觀永徽間黨爭試釋" 新亞學院學術年刊7
高亞偉 "孫吳開闢蠻越考" 大陸雜誌7卷7、8期 1953
許倬雲 "西漢政權與社會勢力的交互作用" 歷史語言研究所集刊第35本 1964
許倬雲 "漢代家庭的大小" 清華學報慶祝李濟先生七十歲論文集下册 1967
許倬雲 "三國吳地的地方勢力" 歷史語言研究所集刊第37本上册 1967
許國霖 "敦煌石室寫經題記與敦煌叢抄" 北平圖書館館刊6卷6期 1932
陳 垣 "史諱擧例" 燕京學報第4期 1928
陳 垣 "敦煌刼餘錄" 歷史語言研究所專刊之4，1931
陳 槃 "漫談地券" 大陸雜誌2卷6期 1951
陳寅恪 「唐代政治史述論稿」 歷史語言研究所專刊之20，1944
陳寅恪 「隋唐制度淵源略論稿」 歷史語言研究所專刊之22，1944
陳寅恪 「元白詩箋證稿」
陳寅恪 "李唐氏族之推測" "——後記" "——三論" 歷史語言研究所集刊第3本1分、4分、第5本1分，1931，1933，1935
陳寅恪 "崔浩與寇謙之"
陳寅恪 "論隋末唐初「所謂山東豪傑」"
陳寅恪 "記唐代之李、武、韋、楊婚姻集團" 1954
章 羣 「唐史」 現代國民基本知識叢書第1輯 1958
章 羣 "論唐開元前的政治集團" 新亞學報1卷2期 1956
陶 潛 「羣輔錄」 漢魏叢書第36册
陶希聖 「中國社會之史的分析」 新生命書局 1929

陶希聖鞠清遠　「唐代經濟史」　1935
陶希聖武仙卿　「南北朝經濟史」　1937
陶希聖　「中國政治制度史」　初版 1944，臺一版 1974，啓業書局
陶元珍　"三國與兵考"　燕京學報第 13 期　1933
傅樂成　"荊州與六朝政局"　臺大文史哲學報第 4 期　1952
勞　榦　"論漢代的游俠"　臺大文史哲學報第 1 期　1950
勞　榦　"漢代察舉制度考"　歷史語言研究所集刊第 17 本 1948
勞　榦　"論漢代的豪疆及其政治上的關係"　清華學報慶祝李濟先生七十歲論文集上册　1967
勞　榦　"論東漢時代的世族"　學原卷 3 第 3, 4 期
勞　榦　"關東與關西的李姓與趙姓"　歷史語言研究所集刊第 31 本 1960
賀次君　"西晉以下北方宦族地望表"　禹貢 3 卷 4 期　1935
賀昌羣　「漢唐間封建土地所有制形式研究」　1964
逯耀東　"拓拔氏與中原士族的婚姻關係"　新亞學報 7 卷 1 期　1965
逯耀東　"從北魏前期的文化與政治形態論崔浩之死"　新亞學報 7 卷 2 期　1966
楊筠如　「九品中正與六朝門閥」　上海商務 1930
楊忠一　"部曲沿革略考"　食貨半月刊 1 卷 3 期　1935
楊聯陞　"東漢的豪族"　清華學報11卷 4 期　1936
楊聯陞　"傳統中國政府對城市商人之統制"　清華學報新 8 卷 1, 2 合期　1970
楊聯陞　"中唐以後稅制與南朝稅制之關係"　清華學報 12-3　1937
楊樹藩　「唐代政制史」　正中書局 1967
鄒文海　「鄒文海先生政治科學文集」　鄒文海先生六十華誕受業學生慶祝會印行
萬繩楠　"曹魏政治派别的分野及其升降"
趙鐵寒　"記袁安碑"　大陸雜誌 12-5～6　1956
鄧名世　「古今姓氏書辨證附校勘記」　叢書集成初編
鄧嗣禹　「中國考試制度」　1967
劉　復　「敦煌掇瑣」　歷史語言研究所專刊之 2，1931
錢　穆　"略論魏晉南北朝學術文化與當時門第之關係"　新亞學報 5 卷 2 期　1963
繆啓愉　"吳越錢氏在太湖地區的圩田制度和水利系統"　農史研究集刊第 2 册
鞠清遠　"兩晉南北朝的客、門生、故吏、義附、部曲"　食貨 2-12　1935
鞠清遠　「唐代財政史」　商務　1940
韓復智　「兩漢的經濟思想」　中國學術著作獎助出版委員會　1969
薩孟武　「中國社會政治史」　第一、二、三册三民書局　1966
譚其驤　"晉永嘉喪亂後之民族遷徙"　燕京學報卷 15　1934
龐聖偉　"論三國時代之大族"　新亞學報六卷一期　1964
蘇慶彬　"北齊北周政權下漢人勢力之推移"　新亞學報 6 卷 2 期　1964
蘇慶彬　「兩漢迄五代入居中國之蕃人氏族研究——兩漢至五代蕃姓錄」　新亞研究所專刊　1967
嚴耕望　「中國地方行政制史」　歷史語言研究所專刊之 45，1950-52
嚴耕望　"秦漢郎吏制度考"　歷史語言研究所集刊第 23 本上册 1951
嚴耕望　「中國歷史地理」　現代國民基本知識叢書第 2 輯
嚴耕望　"唐藍田武關道驛程考"　歷史語言研究所集刊第 39 本下册 1969
嚴耕望　"略論唐六典之性質與施行問題"　歷史語言研究所集刊第 24 本 1953
嚴耕望　「唐史研究叢稿」　新亞研究所出版 1969

上田早苗 "巴蜀の豪族と國家權力" 東洋史研究 25-4，1967
川勝義雄 "曹操軍團の構成について" 創立廿五周年紀念論文集 1954
川勝義雄 "孫吳政權の崩壞から江南貴族制へ" 東方學報 44，1973
川勝義雄 "シナ中世貴族の成立について" 史林 33-4，1950
川勝義雄 "貴族制社會と孫吳政權下の江南" 刊於中國中世史研究 6，1970
五井直弘 "曹操の政權について" 歷史學研究 178，1954
仁井田陞 「支那身分法史」1942
仁井田陞 「中國法制史研究」1962
仁井田陞 「唐令拾遺」1933
井上晃 "後魏姓族分定考" 史觀第9期 1936
矢野主稅 "魏晉中正制についての一考察" 史學研究第82期 1961
矢野主稅 "魏晉中正制の性格について一考察——鄉品と起家官品の對應を手掛りとして" 史學雜誌 72-2，1963
矢野主稅 "裴氏研究" 社會科學論叢 14
矢野主稅 "鄭氏研究" 社會科學論叢 8
矢野主稅 "門閥貴族の系譜試論" 古代學 1-7，1952
矢野主稅 "韋氏研究" 長崎大學學藝部研究報告臨時增刊號
布目潮渢 "唐朝創業期の一考察" 東洋史研究 25-1，1966
布目潮渢 「隋唐史研究——唐朝政權の形成」 東洋史研究叢刊之 20，1968
竹田龍兒 "唐代士人の郡望について" 史學 24-4，1951
竹田龍兒 "貞觀氏族志の編纂に關する一考察" 史學 25-4，1952
竹田龍兒 "門閥としての弘農楊についての一考察" 史學 31-1～4，1958
安田二郎 "南朝の皇帝と貴族と豪族、土豪層——梁武帝の革命を手がかりに" 刊於「中國中世史研究」1970
守屋美都雄 "六朝門閥の一研究——太原王氏系譜考" 法制史研究 4，1951
西村元佑 「中國經濟史研究——均田制篇」 東洋史研究叢刊之 17，1970
池田溫 "唐朝氏族志の一考察" 北海道大學文學部紀要 13-2, 1965
池田溫 "八世紀初における敦煌の氏族" 東洋史研究 24-3，1965
吉田虎雄 「魏晉南北朝租稅の研究」 中國學術研究叢書 3，1943
多田猶介 "後漢豪族の農業經營" 歷史學研究 286，1964
好並隆司 "曹操の時代" 歷史學研究 207，1957
宇都宮清吉 "評岡崎博士著「南北朝における社會經濟」" 東洋史研究 1:3，1936
谷川道雄 "北魏末期の鄉兵について" 東洋史研究 20-4，1962
志田不動麿 「東洋中世史」 平凡社 1939
岡崎文夫 「魏晉南北朝通史」 弘文堂書房 1932
岡崎文夫 「南北朝に於ける社會經濟制度」 1935
周藤吉之 「唐宋社會經濟史研究」 東京大學出版會 1965
宮川尙志 「六朝史研究」政治、社會篇 日本學術振興會刊 1956
宮川尙志 "三國吳の政治と制度" 史林 38-1，1955
宮川尙志 "魏晉及南朝の寒門、寒人" 初刊於東亞人文學報 3-2
宮崎市定 「九品官人法の研究」 東洋史研究叢刊之一，1956
狩野直禎 "蜀漢政治の構造" 史林 42-4，1959
狩野直禎 "後漢末の世相と巴蜀の動向" 東洋史研究 15-3，1957
越智重明 "南朝の貴族と豪族" 史淵第69期 1956
越智重明 "東晉の豪族" 史淵第76期 1958

越智重明 "州大中正の制に關する諸問題" 史淵第94期 1965
越智重明 "南朝の淸官と濁官" 史淵第96期 1966
越智重明 "梁陳時代の甲族層起家の官をめくつて" 史淵第97期 1966
越智重明 "梁の天監の改革と次門層" 史學研究第97期 1966
越智重明 "魏晉南朝の最下級官僚層について" 史學雜誌 74-7,1965
越智重明 "淸議與鄕論" 東洋學報 48-1,1967
增村宏 "黃白籍の新研究" 東洋史研究 2-4,1937
濱口重國 「唐王朝の賤人制度」 東洋史研究叢刊之15,1966
濱口重國 「秦漢隋唐史の研究」 東京大學出版會 1966

Andreski, Stanislav: Military Organization and Society-University of California press 1968.
Aron, Raymond "Social Structure and the Ruling Class" -British Journal of Sociology I, 1950.
Balazs, Etienne.: Chinese Civilization and Bureaucracy. Trans. by H.M Wright ed. by Auther F. Wright. New Haven. Yale University Press 1964.
Bendix, Reinhard and Lipset, Seymour Martin: Class, Status, and Power-Social Stratification in Comparative Perspective. Free Press 2nd ed. 1966.
Bottomore, T.B.: Elites and Society. Penguin Books L.T.D. 1964.
Burnham, James: The Managerial Revolution
Chang, Chung-Li: The Chinese Gentry: Studies on their Role in Nineteenth-Century Chinese Society. Seattle: University of Washington Press 1955.
Ch'en, Ch'i-yün "The Rise and Decline of the Hsun Family (ca 100-300 A.D.): A Case Study of One of the Aristocratic Families in the Six Dynasties" — International Conference on Asian History, University of Hongkong 1964
Ch'ü, T'ung-tsu: Law and Society in Traditional China. Paris and The Hague 1961.
Ch'ü, T'ung-tsu: Local government in China under the Ch'ing. Harvard University Press.
Ch'ü, T'ung-tsu: Han Social Structure. 1972.
Ch'ü, T'ung-tsu: "Chinege Class Structure and its Ideology" in Fairbank, J.K. (ed), Chinese Thought and Institutions. University of Chicago Press 1957.
Creel, H.C.: Confucius, the man and the myth. New York. 1949.
Dahl, Robert A.: Who Governs, Yale University Press 11th Printing 1967. Frist Published 1961.
Dien, Allert E.: "The Use of the Yeh-hou chia-chuan as a Historical Source" -Harvard Journal of Asiatic Studies Vol 34, 1974.
Dien, Allert E.: "Elite Lineages and the T'o-Pa Accommodation: A Study of the Edict of 495" -Journal of the Economic and Social History of the Orient, Vol XIX Part I.
Domhoff, G. William and Ballard, Hoyt B.: C. Wright Mills, and the Power Elite. Beacon Press 1969. First Published 1968.
Domholf, G. William: Who Rules America, Prentice-Hall 1967.
Eberhard, Wolfram: The Rulers and Conquerors: Social Forces in Medieval China. Leiden first Edition 1952. Second Edition 1965.
Eberhard, Wolfram: Social Mobility in Traditional China. Leiden E.J. Brill 1962.
Eberhard, Wolfram: "Additional Notes on Chinese *gentry society*" -Bulletin of the School of

Oriental and African Studies. Vol 7 No. 2. 1955.

Eberhard, Wolfram: "Research on the Chinese Family". Sociologus Vol 9. 1959.

Eisenstadt, S. N.: The Political system of Empires-The Rise and Fall of the Historical Bureauratic Societies. Fress Press paperback 1969. First published 1963.

Eisenstadt, S. N.: "Sociological Analysis of Historical Societies". -Comparative Studies in Society and History. Vol VI. (n. 4 July 1964).

Fairbank, John K.: Chinese Thought and Institutions. University of Chicago Press.

Fairbank, John K. Reischaner, Edwin O.: *East Asia: The Great Tradition.* Houghton Mifflin Company, Boston.

Fei, Hsiao-t'ung: China's Gentry, University of Chicago Press. 1953.

Fei, Hsiao-t'ung: "Peasantry and Gentry: An Interpretation of Chinese Social Structure and Its Changes" -American Journal of Sociology Lll. 1946.

Fei, Hsiao-t'ung: Peasant Life in China. London: Routledge & Kegan Paul. 1939.

Feng, Han-Yi: "The Chinese Kinship System" -Harvard Journal of Asiatic Studies II, 2 (July, 1937).

Frankel, Hans H. "The K'ung Family of Shan-yin" 清華學報新2卷2期

Johnson, David "The Medieval Oligarchy: A Study of Great Families in their Social, Political & Institutional Setting" 博士論文 University of California, Berkeley. 1970.

Ho, Ping-ti: The Ladder of Success in Imperial China-Aspect of Social Mobility 1368-1911, Columbia University Press. 1962.

Ho, Ping-ti: "The Salt Merchants of Yang-chou: A Study of Commercial Capitalism in Eighteenth-Century China" Harvard Journal of Asiatic Studies, XVII (Nos. 1-2. June, 1954).

Hsiao, Kung-Chuan: Rural China: Imperial Control in the Ninetecth-century. University of Washington Perss. 1960.

Hsu, Cho-yun: Ancient China in Transition-An Analysis of Social Mobility, 722-222B. C. Stanford University Press. 1965.

Hsu, Cho-yun: "The Changing Relationship between Local Society and the Central Political Power in former Han" Comparative Studies in Society and History Vll. 1965.

Lasswell, Harold D.: The Political Writing of Harold D. Lasswell

Lasswell, Harold D.: The Comparative Study of Elites-An Introduction and Bibliography. Stanford University Press. 1952.

Lasswell, Harold D.: Politics-Who gets, what, when, how. World Publishing Company 11th Printing 1968. First Published 1958.

Kracke, Jr. E. A: "Family vs. Merit in Chinese Civil Service Examination under the Empire" -Harvard Journal of Asiatic Studies X (No. 2. Sept. 1947).

Kracke, Jr. E. A.: Civil Service in Early Sung China, 960-1059. Cambridge, 1953. Harvard-Yenching Institute Monograph Series Volume XIII.

Kracke, Jr. E. A.: "Region, Family, and Individual in the Chinese Examination System" -Chinese Thought and Institutions.

Li, Chi: The Formation of the Chinese People. Harvard University Press. 1928.

Lundberg, Ferdinand: The Rich and Superrich. Bantam Book, Ice. 4th Printing 1969.. First Published 1968.

Liu, Hui-Chen (Wang).: The Traditional Chinese Clan Ruler. N. Y. 1959.

Liu, James T. C.: Reform in Sung China; Wang An-Shih (1021-1086) and his New Policies. Harvard University Press 1959.

Mannheim, Karl: Idealogy and Utopia. Trans from the German by Louis Wirth the Edward Shils. N. Y. 1936.

Marc, Block: Feudal Society. Trans. by L. A. Manyon Roullege & Kegon Paul L. T. D. London.

Marsh, Robert. M.: Mardarin and Executive: Elite Mobility in Chinese and American Societies. Columbia University 1959.

Menzel, Johanna M.: The Chinese Civil Serivce-Career Open to Talent D. C. Heath and Company. 1963.

Meskill, John: The Pattern of Chinese History-Cycles, Development or Stagnation, C. D. Heath and Company. 1965.

Mills, C. Wright: The Power Elite. Oxford University Press paperback 1959. First Published 1956.

Mosca, Gaetono: The Ruling Class. Trans. by Hannah D. Kahn. N. Y. and London. 1939.

Nivison, David S. and Wright, Auther: Confucianism in Action. Stanford University Press 1959.

Pareto, Vilfredo: The Mind and Society. Brace and Company, 1942.

Parsons, Talcott: Societies-Evolutionary and Comparative Perspectives. Prentice-Hall, Inc., 1966.

Pasons, Talott: Theories of Society. The Free Press of Glencoe Inc. 1961.

Pulleyblank, Edwin. G. The Background of the Rebellion of An Lu-Shan. Oxford University Press 1955.

Pulleyblank, Edwin. G. "Gentry Society: Some remarks on recent work by W. Eberhard -Bulletin of the School of Oriental and African Studies Vol 5. 1953.

Reischauer, Edwin O.: Ennin's Diary, and Ennin's Travels in T'ang China. 1955.

Rusell, Bertrand.: Power-A New Social Analysis. London, George Auen & Unwin L. T. D. 王鳳喈譯本

Ruey, Yih-Fu (芮逸夫): "Changing Structure of the Chinese Family" 臺大考古人類學刊第 17. 18 期

Schumpeter, Joseph: Imperialism-Social Classes. World Publishing Company 11th Printing 1971. First Published 1955.

Shils, Edward: "The Intellectuals and the Powers: Some Perspectives for Comparative Analysis" - Comparative Studies in Society and History Vol 1. 1958.

Skinner, G. W.: Chinese Society in Thailand. Ithaca, Cornell University 1957.

Sorokin, Pitirin. A.: Social and Cultural Mobility. Free Press of Glencoe. Illinois.

Thrupp, Sylvia L.: "Hierarchy, Illusion and Social Mobility: A Component on Ping-Ti Ho, Aspect of Social Mobility in China, 1368-1911" - Comparative Studies in Society and History II (No. 1. Oct. 1959).

Twitchett, D. C.: Financial Administration under the T'ang Dynasty. Cambridge University Press, 1963.

Twitchett, D. C.: "The Monasteries and China's Economic n Medieval Times" - Bulletin of School of Oriental & African Studies Vol XIX. Part 3. 1957.

Veblen, Thostein: The Theory of the Leisure Class. Viking Press paperback 1948. First Published 1899.

Wang, Gungwu: The Structure of Power in North China during the Five Dynasties. Kuala Vumpur, University of Malaya Press 1963.

Wang, Yi-t'ung: "Slaves and other Compararable Social groups during the Northern Dynasties"

- Harvard Journal of Asiatic Studies XVI. Nos. 3-4. Dec. 1953.

Weber, Max: The Theory of Social and Economic Organization. Trans. by A.M. Henderson and Talcott Parsons. The Free Press of Glencoe, 1947.

Webex, Max.: From Max Weber: Eassys in Sociology. Trans by H.H. Gerth and C.W. Mills (N.Y. 1946).

Weber, Max: The Methodology of the Social Sciences. Trans. by Edward A. Shils and Henry A. Finch. Free Press Glencoe. Illinois. 1949.

Weber, Max.: The Protestant Ethic and the Spirit of Capitalism. Trans. by Talcott Parsons. Charles Seribner's Sons. N.Y. 1958.

Wittfogel, K.A.: New Light on Chinese Society. 1938.

Wittfogel, Karl. A.: Oriental Depotism: A Comparative Study of Total Power. New Haven, Yale University Press 1957.

Wittfogel, Karl. A.: "Public Office in the Liao Dynasty and the Chinese Examination System" - Harvard Journal of Asiatic Studies Vol X.

Wright, Arthur F. and Twitchett, Denis: Perspectives on the T'ang. 1973.

Wright, Arthur F.: The Confucian Persuasion. Stanford. 1960.

Wright, Arther F.: "The Formation of Sui Ideology". Chinese Thought and Institution.

Yang, Lien-Shêng: Studies in Chinese Institutional History. Harvard University Press 1961.

Yang, Lien-Shêng: Topics in Chinese History. Harvard University Press 1950.

Yang, Mattin C.: A Chinese Village. Columbia University Press. N.Y.

出自第四十七本第三分(一九七六年九月)

中國中古賢能觀念之研究

——任官標準之觀察——

毛 漢 光

一、導 論

如果統治機構是不可缺少之物（necessary evil），那麽賢能之士出任政府官吏就幾乎成爲古今中外一致的呼聲。

所謂賢能也者，乃是一種價值觀念，價值觀念涉及人的思想與信念，本難有一致的標準，何況隨着客觀形勢的不同，賢能的內容也在增減，更顯出其不可捉摸的特性。然而，賢能觀念的異同及其變遷，却是影響政治社會變動的內在要素，許多林林總總的表象，若不追根於賢能觀念，則無法獲得圓滿的解釋，因此雖然在研究時無法很具體的表達，這仍然是一個不能逃避的題目。自來史學家在其各自研究和解釋專題之時，對於賢能的價值觀念亦常提及，但那是片斷的觸及，殊少有人在這方面作有系統的探討。本文研究千年間[1] 賢能觀念的演變，上起西漢武帝、下迄李唐之末，重點放在我國的主流學派——儒家，範圍集中於政治與社會的交滙點——任官標準。本文之所以選擇任官標準作爲研究焦距，乃因爲任官標準是社會人物進入政治領域的重要通道，亦是政權欲維持或改變其性質的座標，以政治社會勢力而論，各種人羣爲使適於自己所長的因素成爲擇官標準，在此關鍵之上，必然盡其全力說出其最高的、最多的、最深的理由，從而本文可由此更確實地獲得各種人之眞正價值觀念。是以本文一

1. 如以西漢武帝建元5年置五經博士開始，至唐朝末年，即公元 136 B.C.～906 A.D.，凡一千零四十二年。

連串地明辨分析時人在任官標準上之爭論，並相對地印驗當時政治社會現象，用以追尋其賢能觀念的演變與脈絡。這個題目所涉及的範圍甚廣，本文僅從史學角度去作嘗試，實難周全，希望藉此拋磚引玉，激起進一步的討論與研究。

我國中古時期，在討論賢能之時，有四個項目常被論者提及，即：德行、經術、文章、吏幹。古籍中德行一目，每每是指儒家所主張的道德倫理體系，以仁爲出發點，以孝爲實行的起步，從修齊治平的過程中，逐步附有各種品德，古來論者多矣！相對於其他項目而言，德行本已屬界限甚廣的一項，在此需要强調之點，乃儒家復將「好人」的德行與「好官」的德行合而爲一[2]，如果我們將遵循法律與完成行政稱爲官吏的政治道德，則儒家所主張的任官德行實已超過一般政治道德甚多，其中絕大部份是屬於做「好人」的範疇之內，因此原本與任官或無甚關連的德行項目，却成爲最重要、討論最多的一項，這是我國政治社會中的特色。經術是指能以經典應用於政治之術，此處「經」也是指儒家的經，以五經[3]爲主體，涵蓋其後析增的十三經[4]，或唐代用以考試的經典。經術從漢開始便愈來愈自我凝結於大框框範圍，使原本包羅萬象的內容，却變成爲具體的項目。文章，五經本亦文章，本文所謂文章係指經典固步於特定範圍以後所發展出的作品，概以文章稱之；兩漢以策論、傳記、辭賦三大支派爲著，魏晉以還辭派特盛，愈到後來，頗有波濤壯濶之勢，是本文討論的重點之一。吏幹是指處理大小政務的行政能力。這四大項目若從任官角度而言，似乎又模稜又不合邏輯；經術可指能實踐的德業，與德行難分；經術與文章祇是作者或德化之別；儒家的德行將「好人」與「好官」合而爲一，而本應賢能主要要素的吏幹，屈居爲末，事實上吏幹亦是四項之中時人討論最少的一目。這四個項目的界限與內涵，亦有變化，經術流於詮釋、文學日益擴大、德行趨於加深、吏幹日漸忽視；其各朝內容在大同中亦呈小異；本文下列各節論及賢能觀念變動之時，某一項目本質之移動，實亦含定義之變動。本文對此四項目作大範圍之限說，是便利於研究與分析也。

綜括而論，這四個被討論較多的項目，若細細觀察其史料，以與賢能要素對照，

2. 儒家主要的精神是人治。
3. 樂經已亡佚，六經實爲五經。
4. 十三經的名稱至宋代才有，但其內容在宋前已有。

可以發現兩者有相應關係，所以時人討論這四個項目，實際上就是賢能價值的論辯，其關係圖如下：

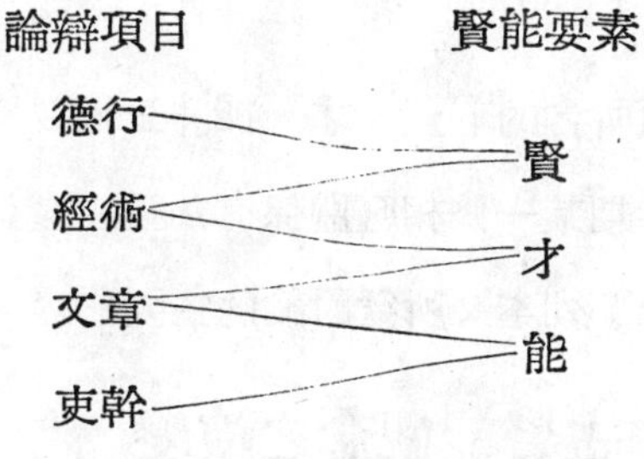

「賢」「才」「能」正是一個好官吏的條件，而史籍中討論時是表現在德行、經術、文章、吏幹四個項目之中。「賢」是儒家德行在任官時的表露，經術之中有儒家道德倫理體系，含有「賢」的因素。「才」[5] 是智慧與學識，表現在政治上是籌劃與設計；經術是儒家綜合當時學問的術業，當然亦有「才」的訓練；文章是經典固步於特定範圍後的一切作品，是智慧與學識的結晶，也是「才」的主要內容。「能」[6] 是處理行政事務的魄力、膽氣與幹練，吏幹是「能」的主要表現；在推行自已設計之方案時，部份文章之士亦可能具有某種治能。在邏輯上「德行」與「經術」之士也可能有「能」，孔子七十二門徒之中也有能夠處事幹練之輩，有漢以來的歷史發展，經術之士有「能」者日少，可能是不屑下學[7]，當時履行「能」的功能者爲「吏」[8]。在另一方面，有「吏幹」者亦可以「賢」，事實上兩漢的吏似乎法家之士居多，論者分辨儒吏之時，特別强調吏缺乏儒家的德行[9]，卽「吏幹」者沒有「賢」的因素也。再者，「吏幹」

5. 「才」的含義很廣，種類亦多，人物志卷上流業第三：「蓋人流之業，十有二焉；有淸節家、有法家、有術家、有國體、有器能、有臧否、有伎倆、有智意、有文章、有儒學、有口辯、有雄傑……凡此十二材。」又如顏氏家訓涉務第十一：「國之用材，大較不過六事：一則朝廷之臣，取其鑒達治體，經綸博雅；二則文史之臣，取其著述憲章，不忘前古；三則軍旅之臣，取其斷決有謀，强幹習事；四則蕃屛之臣，取其明練風俗，淸白愛民；五則使臣之臣，取其識變從宜，不辱使命；六則興造之臣，取其程功節費，開略有術，此則皆勤學守行者所得辦也，人性有長短，豈責具美於六塗哉？」
6. 人物志卷中材能第五：「有立法使人從之之能、有消息辨護之能、有德教師人之能、有行事使人譴讓之能、有司察糾摘之能、有權奇之能、有威猛之能。」
7. 論衡卷12程材篇：「(儒)不肯下學，亦時或精闇不及，意疏不密，臨事不識，對向謬誤，拜起不便，進退失度……。」
8. 論衡卷12程材篇：「文吏更事，儒生不習也……夫論善謀材，施用累能，期於有益，文吏理煩，身役於職，職判功立，將尊其能；儒生栗栗，不能當劇，將有煩疑，不能效力……。」
9. 論衡卷12量知篇：「儒生不爲非，而文吏好爲姦者，文吏少道德，而儒生多仁義也。」程材篇：「文吏以事勝，以忠負……。」

無「才」[10]，是兩漢儒吏分道以來，儒家控制教育，而法家之吏在智識培養上沒有正當發展的結果。所以上述這一套相應關係，並非純推理上的關連，而是中國中古時期政治社會發展而成的現象。

德行、經術、文章、吏幹四項所含的「賢、才、能」三個要素，隨時代及客觀情況有着不同程度的變動，卽在某時期某一條相應關係有加重或減退，凡此種種變化，及此變化下的政治社會現象，正是下列本文所欲討論的主要內容。

二、中古賢能觀念之演變

儒術以五經爲主體。五經是指詩、書、禮、易、春秋等。有人說經學之開闢，斷自孔子刪定六經爲始[1]，有人說周公集大成[2]，開闢時期的學術文化是逐漸累積的，將其歸功於某一人本是不當的說法，但在此演進過程之中，周公與孔子可能較有貢獻；春秋時期，「孔子曾作春秋，整理詩三百零五篇，亦以尙書授弟子，但與後世尙書不儘相同」[3]，禮、易亦屬古儒家主要內容，禮在孔子時期可能僅有內容，似乎尙未有書籍[4]。易或說作成於西周初葉[5]，無論如何，孔子是重要人物，五經卽教科內容[6]，恐係古儒家一脈的精義所在。從五經的範圍而言，其中詩是古代文學之一種[7]，失傳的樂如果有樂詞，當然亦屬文學。凡此經過孔子編撰之後，列入儒家道德倫理體系中的一環[8]，作爲傳播其王道的資料[9]。所以初期文學並沒有分離出來，同爲儒家教學大全中

10. 王充形容東漢之吏，論衡量知篇：「無道藝之業，不曉政事，默坐朝庭，不能言事，與尸無異，故曰尸位，然則文吏所謂尸位素餐者也。」「學士有文章之學，猶絲帛之有五色之巧也。本質不能相過，學業積聚，超踰多矣，物實無中核者謂之郁，無刀斧之斷者謂之樸，文吏不學世之教，無核也，郁樸之人，孰與程哉！」
1. 今文學家認爲有孔子而後有六經，孔子以前不能有所謂經，皮錫瑞經學歷史第一章及注1，頁1及3。
2. 章學誠文史通義原道上。
3. 屈師翼鵬授語。
4. 胡適“說儒”謂儒是殷民族的教士，他們的宗教是殷禮。禮之成書籍可能是秦漢間、甚或漢儒所作，參見經義考卷 120。
5. 易的出現很早，翼鵬師認爲卦辭、爻辭與六十四卦皆同時之產物“易卦源於龜卜考”，卦爻辭成於西周初葉。本條係張以仁先生提示。
6. 皮錫瑞經學歷史頁 9 謂：「六經卽萬世教科書」云云。按六經在孔子時代雖未必皆成如後世一般地書籍，但似已成爲教學上具體內容。
7. 按本文「文學」是指詩、賦、辭章。本文「文章」定義參見導論，文章在兩漢有策論、傳記、辭賦三大支派，亦卽本文後文頁 339 引揚雄傳贊語及顏之推文中所述之內涵，故本文「文章」含義較廣，且包括「文學」。
8. 史記孔子世家：「禮樂自此可得而述，以備王道，成六藝。」
9. 淮南子氾論訓：「王道缺而詩作，周室廢禮義壞，而春秋作。」

的一部分。孔子這一套教科大全涉及相當廣泛[10]，由此教育成的人物，是當時許多羣知識份子之一羣，這些知識份子都想以其所學，解生民於倒懸，或助時君强國，他們擁有的是「才」[11]，並到處以才干祿。然儒家之士，除了擁有才以外，還有一項特質——德行（儒家標準下之德行），這是孔子在教學之時，精心注入的一套道德倫理體系，所謂修、齊、治、平的道理，孔子對德行之重視，還超過教學中的才識[12]部分。

在春秋戰國之際，儒家在社會上雖然是顯學，但由於戰亂頻起，爭覇者大都急功近利，這套德重於才的學問，似乎沒有很受到時君的激賞。在西漢的前半期，儘管重視德行是儒家自始的主張，儒家之士漸次晉身於統治階層，並非皇帝先相信那一套德行，而是儒家「才」的那一部份先行發生效果所致。叔孫通爲漢高祖制定朝儀，文帝時的賈誼、景帝時的晁錯，是以高超的政見見重。武帝時的「董仲舒表春秋之義，稽古於律，無乖異者」[13]，皆以才見用，這是罷黜百家獨尊儒家以前的情況。自武帝至西漢末，經術擴大應用在政治上，除董仲舒以春秋決獄[14]以外，平當以禹貢治水[15]，漢宮室依禮經[16]；卽以洪範察變，時人亦認爲是經術之能[17]。淸儒皮錫瑞謂「漢崇經術，實能見之施行」[18]，日人本田成之亦謂：「前漢諸儒偉大的處所，就是"通經致用"經學不是書在紙上的空理，直是應用於實際政治上而做着可驚的活動」[19]。在比較着迷於儒術的元成時代，甚至「皇帝詔書，羣臣奏議，莫不援引經義，以爲據依，國

10. 本田成之，中國經學史，緒言：「所謂經學……將今日的學問：宗教、哲學、政治學、社會學、文學，冶做一爐的、廣義的人生教育學，就是經學。」

11. 胡適"說儒"頁242謂：「在西周民族的眼裏，儒是社會上多材藝的有用的淸客顧問。」頁249「他們(儒)是靠他們的知識做"衣食之端"。」

12. 論語卷8泰伯篇：子曰，如有周公之才之美，使驕且吝，其餘不足觀也已。

13. 王充論衡。

14. 漢書藝文志六藝略春秋家著錄公羊董仲舒治獄十六篇，王先謙補注云：後漢書應劭傳故膠西董仲舒老病致仕，朝廷每有政議，數遣廷尉張湯親至陋巷問得失，於是作春秋決獄二百三十二事。

15. 漢書卷71平當傳：當以經明禹貢，使行河，爲騎都尉，領河隄。顏師古注：尙書禹貢載禹治水次第，山川高下，當明此經，故使行河也。

16. 參見勞貞一師"禮經制度與漢代宮室"。

17. 漢書卷75夏侯勝傳：會昭帝崩，昌邑王嗣立，數出。勝當乘輿前諫曰：「天久陰而不雨，臣下有謀上者，陛下出，欲何之？」……是時（霍）光與車騎將軍張安世謀，欲廢昌邑王，光讓安世，以爲泄語。安世實不言，乃召問勝。勝對言在洪範傳。曰：「皇之不極，厥罰常陰，時則下人有伐上者，惡察察言。」故云臣下有謀。光、安世大驚，以此益重經術士。

18. 皮錫瑞書第四章經學極盛時代，頁101。

19. 本田成之中國經學史頁143。

有大疑，輒引春秋爲斷，一時循吏多能推明其意，移易風化，號爲以經術飾吏事」[20]。後儒更誇大其辭，且有孔子制作春秋以授漢之說[21]。實則孔子在漢以前數百年，何能想像到大一統局面下之吏治情況，此說顯嫌過份。然從另一角度看，較之後世，西漢社會與春秋社會可能尙有部份相似，五經中的才識或可部份適用於西漢，其有不足或不適應部份，漢儒爲了立身於朝廷，勢必有所修補，例如有名的賈誼，乃是明申韓[22]之士。武帝時列位宰輔的儒生董仲舒、公孫弘、兒寬三人，皆「明習文法，以經術潤飾吏治」[23]；又如董仲舒取信武帝的那套天人感應[24]理論，與陰陽家的說法無異[25]。當律法未十分完備之時，勉可輔以春秋斷獄；當吏道尙未複雜之時，儒術雜以文法尙可應用；當君主惑於自然現象之時，天人災異之說亦可取信於人。時代在改變中，這一切都衹能收一時之效，這一時之效，已嘔盡了西漢諸儒的心血，其後經典日漸凝固[26]，所以後世愈難對當時政治社會提出「才」識方面的貢獻，後文再予細論。重要之點是西漢前半期之儒確以才識稱著，而在獨尊儒術以後，能够將「德行」因素的價值標準，深植在政治及社會領域之中，西漢前期的非醇儒實已完成其歷史使命。

孔子編撰詩樂之後，文學亦有發展，南方有楚詞，入漢則有賦。文學之士率多善於運用文詞，修辭甚美，茲舉西漢文學大師司馬相如、揚雄爲代表。道德意味當然較經典爲淡，如漢書載：

> 相如雖多虛辯濫說，然要其歸引之於節儉，此亦詩之風諫何異？揚雄以爲靡麗之賦，勸百而風一，猶騁鄭衛之聲，曲終而奏雅，不已戲乎（虧）！[27]

---

20. 皮錫瑞書第四章經學極盛時代，頁 101。
21. 唐徐彥春秋公羊傳疏書題下有云：必知孔子制春秋以授漢者。
22. 史記太史公自序。
23. 漢書卷89循吏列傳序。
24. 參見董仲舒春秋繁露。按儒者受陰陽家影響，可從讖緯溯原得知，如槃庵師謂：「讖緯之爲讖緯，古思想之淵海也。於古思想與讖緯之間爲承先啓後之爲者，則騶衍者也。」語見“讖緯溯原上”及“論早期讖緯及其與鄒衍書說之關係”。又謂：「春秋緯既云公羊傳孔經，公羊與春秋緯說信多合，是公羊善於緯也……。春秋緯又可以名“圖讖”也。」語見“讖緯釋名”。槃庵師又按：同一時代的優良思想，常有互相採補之現象，公羊春秋家似亦受陰陽家之形響也。又見下注。
25. 槃庵師比較春秋繁露與孝經鉤命決，指出董著與讖緯有不期而同之處，語在“古讖緯書錄解題（三）”。又槃庵師“戰國秦漢間方士考論”引漢舊儀，奏董仲舒請雨事，董近乎行「法術」。
26. 「凝固」的意思並非內容上沒有絲毫增補，而是指科目上極小增加，詮注與演義都限制在原科目的大框框之中。本節後文亦闡明這種現象。
27. 漢書卷57下司馬相如傳贊。

（揚）雄以爲賦者將以風也，必推類而言，極麗靡之辭，閎侈鉅衍，競於使人不能加也，旣廼歸之於正，然覽者已過矣！[28]

其實文章與經，本非異物，誠如南北朝顏之推所云：

夫文章者，原出五經，詔命策檄，生於書也；序述論議，生於易者也；歌詠賦頌，生於詩者也；祭祀哀誄，生於禮者也；書奏箴銘，生於春秋者也。[29]

西漢以後的儒者，把儒家已有的經典、及西漢時秉承先儒之義而作成的經典，看成一部不變的實體，於是乎此一實體與其後所產生的文章作品，日益分離，本應承襲並演進的內容，無法及時融入經典之中，因此文章祇有另行發展了。揚雄曾試圖擴大經學，班固在揚雄傳末贊曰：

（雄）實好古而樂道，其意欲求文章成名於世。以爲經莫大於易，故作太玄；傳莫大於論語，作法言；史篇莫善於蒼頡，作訓纂；箴莫善於虞箴，作州箴。賦莫深於離騷，反而廣之；辭莫麗於相如，作四賦；皆斟酌其本，相與放依而馳騁云[30]。

同時代而稍晚的桓君山對揚雄的評價甚高，其新論中有云：

揚子雲何人耶？答曰：才智開通，能入聖道，漢興以來，未有此人也。國師子駿曰：何以言之。答曰：才通著書以百數，惟太史公廣大，其餘聚殘小論，不能比之。子雲所造法言、太元、經也。人貴所聞，賤所見也，故輕易之，若遇上好事，必以太元（玄）次五經也[31]。

然而，班固在揚雄傳末記載諸儒非議揚雄，並非基於作品本身好壞而論斷，而實因經學不可輕易擴大也，揚雄傳末云：

諸儒或譏以爲雄非聖人而作經，猶春秋吳楚之君僭號稱王，蓋誅絕之罪也。[32]

揚雄是一位才氣縱橫的學者，早年他似乎辭賦與經學並重，到了末年，他重視經學而貶辭賦[33]，就揚雄個人而論，實際上是日漸傾向當時正統經學，貶低經學以外作品的

28. 漢書卷87下揚雄傳載。

29. 顏氏家訓第9文章篇。

30. 漢書卷87下揚雄傳末贊曰。

31. 桓子新論，孫馮翼輯刊於問經堂叢書。

32. 漢書卷87下揚雄傳末。

33. 漢書藝文志卷10：「漢興，枚乘、司馬相如，下及揚子雲，競爲侈麗、閎衍之詞，沒其風諭之義，是以揚子悔之曰：詩人之賦麗以則，辭人之賦麗以淫。」

價值。史載專工於文之人，論者以爲始於楚[34]，臺靜農先生謂：「……不是思想家，更非政治家，單憑文學作品稱於一時的文士，這在漢以後誰都不會懷疑到這種人的存在，因爲文士早成了一階層的關係，如歷史上『儒林』而外又有『文苑』。至於獨立的文士身份出現的時代，當在戰國末季，如宋玉景差之流，屈原還不在此列，他是因爲政治失敗，才以離騷來表現自己的。……在漢初如鄒陽、枚乘、嚴忌、司馬相如等……『爲創作而創作』在中國文學史上也就確定了文士文的這一疇範。」「鄒陽等雖然上承荀李一脈，但發展到了武帝朝，已經變質，其特徵是弘大與華麗，可是只宜於抒寫情感，而不適於傳達思想，因此形成了後來與學術分立的文士文。」[35] 臺文所述，可視爲文學獨立於經學之先聲。但純文學之士的人數不很多。又西漢時經學之士與文學之士甚多重合，故正史西漢無文苑列傳，自東漢始有專載文苑之傳。

五經僅在經典論述增益，儒家並不吸收後來所產生的學問成爲經[36]，對儒家的成長自有損失，這是因爲儒家正宗的一脈，一直把「德」放在一切之上，其他學問祇是證明「德」的資料。孔子作（或編）春秋，是以史事作爲發揮政治社會倫理體系之凡例。以强調「德行」爲本的孔子，我們自不可懷疑他會不會篡改史事以附合其「德」的倫理體系，但孔子作春秋顯然不是史家保存資料方式，在編撰時其中或許有合於其倫理體系者留，不合用者删的可能；退一步而言，即令沒有「合則留，不合則删」的作法，孔子是有目的而編删的，在史實之後，注入自己的「德」的價值觀念，這是無可置疑之事[37]。史事的去删留存之編撰，已可串在某一「德行」，解釋史實更可褒揚某一「德行」、或貶損某一「非德行」。設若准許後來的史家將其史書加入「經典」之行列，是否會對孔子的「德」有解釋的作用、或修正的可能，這會影響到孔子「德」的原始性及倫理體系的完整性。儒家原本以五經作爲其「德」的證明資料，如何可以資料而影響其主旨。除了上述揚雄例子以外，又如顏氏家訓勉學篇云：

34. 郭紹虞中國文學批評史頁 141。
35. 臺靜農“兩漢散文的演變”
36. 東漢末王充論衡卷12謝短篇：「夫儒生之業，五經也。南面爲師，旦夕講授章句，滑習義理，究備於五經可也。五經以後，秦漢之事，無不能知者，短也。夫知古不知今，謂之陸沉，然則儒生所謂陸沉者也。」
37. 孟子滕文公下：「世衰道微，邪說暴行有作，臣弑其君者有之，子弑其父者有之孔子懼。作春秋，春秋，天子之事也。是故孔子曰：知我者其惟春秋乎！罪我其惟春秋乎！」

魏收在議曹，與諸博士議宗廟事，引據漢書，博士笑曰：未聞漢書得證經術，收便忿怒，都不復言。

俗閒儒士，不涉羣書，經緯以外，義疏而已，吾初入鄴，與博陵崔文彥交遊，嘗說王粲集中難鄭玄尚書事，崔轉為諸儒道之，始將發口，懸見排蹙，云：文集止有詩、賦、銘、誄，豈當論經書事乎？且先儒之中，未聞有王粲也。粲笑而退，竟不以粲集示之。

劉秀本係儒生出身，其功臣亦多儒者，故賢能價值承繼西漢元成哀平時期，自始就講究儒家之「德行」，如范蔚宗在儒林傳末論之曰[38]：

所談者仁義，所傳者聖法也，故人識君臣父子之綱，家知違邪歸正之路。自桓靈之間，君道秕僻，朝綱日陵，國隙屢啓，自中智以下靡不審其崩離，而權强之臣息其窺盜之謀，豪傑之夫屈於鄙生之議者，人誦先王言也，下畏逆順勢也……跡衰敝之所由致，而能多歷年所者，斯豈非學之效乎？

清儒皮錫瑞比較兩漢儒者，謂[39]：

後漢取士，必經明行修；蓋非專重其文，而必深考其行。前漢匡、張、孔、馬，皆以經師居相位，而無所匡救。光武有鑒於此，故舉逸民，賓處士，褒崇節義，尊經必尊其能實行經義之人。後漢三公，如袁安、楊震、李固、陳蕃諸人，守正不阿，視前漢匡、張、孔、馬大有薰蕕之別。儒林傳中所載如戴憑、孫期、宋登、楊倫、伏恭等，立身皆有可觀。

如以才識觀點而言，東漢之儒祇能與西漢元成哀平之儒相比，如何及得上西漢文帝時的賈誼及武帝時董仲舒之輩，顯係指「德行」而言，特以東漢儒者重德行耳。重視「德行」之完整，東漢普遍做到某一程度，後儒有謂：「三代以下，風俗之淳美，無尙於東京者」[40]，這是儒家在德行方面的實踐時代，其代價則是經術內容之維持原始性，本文所謂原始性者，是指經文的探討，以及圍繞經的內容反覆辯證，對於經以外的科目殊少發展。卽令偶有經外著作，亦未予以對等地位。

38. 後漢書卷 109 儒林傳下。

39. 皮錫瑞經學歷史頁 125。

40. 顧炎武日知錄卷13兩漢風俗條。

自西漢末至東漢末，儒家主流人士甚大部份皆圍繞經典著述，或致力於經典原始性之探討，即今古文之爭[41] 及章句是也。博士制度及官方任命博士使主宰經典者僅限於一小撮人之手，師法家法[42] 之說變得非常重要，超過師說便是「意說」[43]，於是儒家主流之士祇能在師說底下的章句發展，章句繁雜，動輒爲數達數十萬言，實際上仍然是經學的大框框中發展[44]， 當然無法滿足學者的求知欲，在這種限制之下，一個有才華的人所可以做的是貫通各家章句，或兼通他經，故後漢儒者大都通數家之言，這是儒家所允許的最大極限。至後漢末葉鄭玄王肅出而總合各家章句以後，章句的發展已達頂峯。

---

41. 馬宗霍中國經學史頁50語引「劉歆移博士書有曰：『綴學之士，不思廢絕之闕，苟因陋就寡，分本析字，煩言碎辭，學者罷老且不能究其一藝，信口說而背傳記，是末師而非往古』，觀比，其意雖在立古文，實欲學者治經宜返求諸本經，而不可專信師說。」屈師翼鵬「尚書釋義」頁14，謂「今文家說經，率皆借經論政，而不注重訓詁；且雜以陰陽五行迂誕可怪之論。其說尚書，自不例外，而尚書中洪範一篇，尤爲陰陽五行說之總滙。」按致力於經典原始性之探討方面，今文學家在大框框之中略可發揮；而東漢古文學家則更自限其範圍矣！

42. 皮錫瑞經學歷史頁 139，謂：「前漢重師法，後漢重家法，先有師說，而後能成一家之言。師說者，溯其源家者，衍其流也……然師法別出家法，而家法又各分顓家，如幹旣分枝，枝又分枝。」

43. 後漢書卷74徐防傳，永元十四年，司空徐防上疏云：「伏見太學試博士弟子，皆以意說，不修家法，私相容隱，開生姦路，每有策試，輒興諍訟，論議紛錯，互相是非，……今不依章句，妄生穿鑿，以遵師爲非義，意說爲得理，輕侮道術，寖以成俗，誠非詔書實選本意……宜從其家章句……若不依先師，義有相伐，皆正以爲非……。詔書下公卿，皆從防言。

44. 後漢書卷55魯丕傳，永元十一年，魯丕上疏：「說經者傳先師之言，非從已出。」

按漢儒對於經書詮注工作，方式極多。馬宗霍中國經學史頁54云：「經學得漢儒而始明，漢儒說經之書，具見兩漢書儒林傳及藝文志，綜其立名，各有不同。其在西漢，則有曰傳者，如王同周王孫丁寬服生皆著易傳；詩有齊后氏傳孫氏傳；禮有周官傳是也。有曰故者，如詩有魯故韓故齊后氏故孫氏故是也；一稱解故；又或稱故訓傳，如書有大小夏侯解故；詩有毛詩故訓傳是也。有曰微者，如春秋有左氏微鐸氏微張氏微虞氏微傳是也。有曰說者，如丁寬作易說；詩有魯說韓說；禮有中庸說；論語有齊說魯說；孝經有長孫氏說江氏說翼氏說后氏說是也。一或稱說義，如書有歐陽說義是也 。 有曰記者 ， 如書有劉向許商五行傳記；樂有王禹記；春秋有公羊雜記公羊顏氏記是也。有曰章句者，如書有歐陽大小夏侯章句；春秋有公羊穀梁章句是也。至於東漢，立名益繁，傳、故、說、記、章句而外，有曰注者，如張楷作尙書注；鄭玄作周易尙書儀禮周官禮記注是也。有曰通者，如易有洼君通；杜撫作韓詩題約義通是也。有曰箋者，如鄭玄毛詩箋是也。有曰學者，如何休公羊解詁又稱何休學是也。有曰釋者，如謝該左氏釋是也。有曰刪者，如鄭衆作春秋刪；孔奇作春秋左氏刪是也。有曰略者，如景鸞禮略是也。有曰問者，如荀爽作公羊問是也。有曰難者，如曹充作慶氏禮章句辨難；張奐著尙書記難是也。有曰解者，如伏黯作齊詩解說；服虔作春秋左氏傳解是也。有曰條例者，如鄭興賈徽潁容並作左氏條例是也 。 有曰訓旨者 ， 如衞宏從杜林受古文尙書，爲作訓旨是也。有曰異同者，如賈逵撰歐陽大小夏侯尙書古文同異；馬融著三傳異同說是也。其他若趙曄詩細；何休公羊墨守、左氏膏肓、穀梁廢疾，名頗殊詭；而景鸞作易說及詩解，文句兼取河洛，以類相從，名爲交集，尤爲僅見。要之立名雖繁，而通行之體，則不外乎傳、注、章句三者。別有譜學圖學，綱擧目張，力鮮思寡，蓋亦與經說相發明者也。

漢儒治經，固各有其師法家法，而釋經之體，則大約可分爲數類。其一以經解經，如費直治易亡章句，徒儒家主流向博通各經路線發展、向章句發展，這仍然是限制在一定的範圍之內。東漢儒家的另一支文士，向策論、傳記、辭賦發展[45]，就中以承襲西漢暗流的辭賦派較引人重視，也就是從這時候開始，儒家的經術派與辭章派日趨分野，其變化之契機正如范蔚宗在儒林傳序中稱：「章句漸疏，多以浮華相尙，儒者之風蓋衰。」[46]，浮華是當時對辭章派之價值評論，後文另有討論。又樊準之疏云：「議者每稱盛時，咸言永平，今學者蓋少，遠方尤甚，博士倚席不講，儒者競論浮麗，忘謇謇之忠，習諓諓之辭。」[47]，梁元帝金樓子亦謂：「古人之學有二，今人之學者有四。夫子門徒轉相師受，通聖人之經者謂之儒；屈原、宋玉、枚乘、長卿之徒，止於辭賦，則謂之文」[48]。世儒不增加「教科書」之內容，末流又發展爲章句，更不合世用，亦不足以滿足人們心智發展，正如顏之推所說：「學之興廢，隨世輕重，漢時賢俊皆以一經弘聖人之道，上明天時，下該人事，因此致卿相者多矣！末俗以來不復爾，空守章句，但誦師言，施之世務，殆無一可，故士大夫子弟，皆以博涉爲貴，不肯專儒。」[49]，博覽的文

以彖象繫辭十篇文言解說上下經；劉歆治左氏，引傳文以解經，經傳相發明，由是章句義理備焉。此以本經解本經者也；又如毛公詁詩，多用爾雅；鄭玄箋詩，廣引禮經，此以他經解本經者也。其一以字解經，如孔氏有古文尙書，孔安國以今文讀之，考論其文義，定其可知者爲隸古定，劉陶明尙書，推三家尙書及古文，是正文字三百餘事，名曰中文尙書，皆是此例」。……「其一以師說解經，如毛公詩，則有仲梁子孟仲子高子之說，公羊穀梁二傳，則有子沈子司馬子女子北宮子尸子之說；而鄭玄注周官，亦多引杜子春說鄭司農說，是其證也。其一以事義解經，如韓嬰推詩人之意而作內外傳，又推易意而爲之傳，今易傳詩內傳雖無可考，韓詩外傳尙存。……」

三國六朝時期，有經學義疏之興起，張西堂"三國六朝經學上的幾個問題"一文曾有闡述。張西堂謂：「……在晉武帝時已有伊說的義疏，三國時已有疏之名的。……疏是解注的，如若依此體裁來看，則所謂鄭玄的詩箋，在實際上已是具有疏的性質的一部書。……賈公彥周禮疏說：『注者于經之下自注已意，使經義可申，故云注也，孔君王肅之等則言傳，傳者可傳述；若然，或云注，或云傳，不同者，立意有異，無義例也。』……義疏的興起，說早一點，是在漢末；說晚一點，則在晉初；其發達的原因不是受佛教的影響是極顯明的。那而是因爲要專主一家的注來講經，注意隱晦之處則不得不加以疏解。……當時學者對於注家有所爭持，他們要疏解他們之注是必然的。……講說要有區段次第，析理分明，而於經又奉一家之注爲主，這也是義疏的發達的。惟是這種講經之法，或緣于當時佛教說法的影響，或是受當時喜言名理的影響，證以老莊的講疏在當時也發達，則是由經學本身的原因要少，而受當時玄學的原因爲多。但是經學的發展，在本身上也可以促成義疏的發達，若一概地歸之於玄學的原因，那就未免看得太簡單了。……」張文又引劉毓崧尙書舊疏考證說；「唐人作疏，不敢輕議注家，豈敢輕經疑聖」云云。

45. 易君左中國文學史頁86。
46. 後漢書卷 109 儒林傳序。
47. 後漢書卷62樊宏傳附樊準傳。
48. 梁元帝金樓子立言篇。
49. 顏氏家訓卷 8 勉學篇。

士，其才識已非章句之儒所能比，例如向歆以博雅閎通稱，曾讓太常博士書，謂：「因陋就寡，分文析字，煩言碎辭，學者罷老不能究一藝。」[50] 王充以才識爲標準時，認爲文人比經學之士高明，其超奇篇是以「才」爲中心的論說，謂：

故夫能說一經者爲儒生，博覽古今者爲通人，采掇傳書以上書奏記者爲文人，能精思著文，連結篇章者爲鴻儒。故儒生過俗人，通人勝儒生，文人踰通人，鴻儒超文人。

大抵文章之儒所强調者爲「才」，經術之儒所强調者爲「德」。東漢末劉劭人物志云：「能屬文著述，是謂文章，司馬遷、班固是也；能傳聖人之業，而不能幹事施政，是謂儒學毛公貫公是也。」[51]，劉劭所擧爲文章派中之史學，能屬文著述而有文章者，尙可包括所有辭章派人物；値得注意的是他說儒學「傳聖人之業」，當然指孔子之「德業」，又謂儒學「不能幹事施政」，這應指漢末之儒學，孔子本來訓練出來的儒，應該「能幹事施政」的，也就是說儒應兼備「德」與「才」，這正是演變的焦點，而「才」的那一部份由儒的另一支辭章派所肩負。

「德」與「才」之分，也可以漢魏之際的「才性論」表現出來，「才性論所研究的問題爲才與性的涵義，以及操行與才能的關係。」[52]，有四本之說，卽才性同、才性異、才性合、才性離也。劉劭「人物志以情性之根本，而只論情性之用，因此自須進而對於人物本身加以探討，最後也走向才性之辯矣。」[53]，他把人物分爲許多性，實際上就是人所擁有的德行，祇是他認爲德是生而具有的[54]。

經術派批評辭章派最常用的名詞是「浮華」。「浮華」一詞在東漢中末期出現的時候是指遠離經典之謂。如永元十一年魯丕上疏云：「說經者傳先師之言，非從已出，浮華無用之言，不陳於前。法異者，各今自說師法。」[55]，范蔚宗謂自本初以後，「章句漸疏，各以浮華相尙」[56]。當時儒家維持六經原始性者，是說經者所傳先師之章句，

50. 漢書卷36楚元王傳附向歆父子傳。

51. 劉劭人物志流業篇。

52. 參見唐長孺"魏晉才性論的政治意義"魏晉南北朝史論叢。

53. 湯用彤、任繼愈魏晉玄學中的社會政治思想略論讀人物志篇。

54. 參見劉劭人物志卷首。

55. 後漢書卷55魯丕傳。

56. 後漢書卷 109 儒林傳序。

離此則浮華。道教亦稱離經者爲浮華，如漢末的太平經謂：「書有三等，一曰神道書，二曰覈事文，三曰浮華討。神道書者，精一不離，實守本根，與陰陽合，與神同門。覈事文，覈事異同，疑誤不分。浮華記者，離本已遠，錯亂不可常用，時時可記，故名浮華記也。」[57]，同書「其好外學，才太過者，多入浮華，令道大邪，而無正文，反名爲眞道，更以相欺詔也。」[58]、「乃聞天下要道，守根者王，守莖者相，守浮華者善則亂而無常。」[59]、「其後世學人之師，皆多絕匿其眞要道之文，以浮華傳學，違失天道之要意，今後世日浮淺，不能善自養自愛，爲此積久，因離道遠。」[60]、「失其正路，遂從惑亂，故曰：就浮華，不得共根基至意，過在此，令使樸者失其本也。」[61]。

「浮華」在魏晉時又增添了新的意義，那就是指文章徒有美麗的修辭，而缺乏實際內容，以及行爲上虛而無實。如王充論衡「……故作實論，其文盛，其辭爭，浮華虛僞之語，莫不澄定。」[62]，劉勰文心雕龍「曹公稱，爲表不必三讓，又勿得浮華，所以魏初表章，指事造實，求其靡麗，則未足美矣！」[63]，又「文家各有所慕，或好浮華而不知實覈，或美衆多而不見要約。」[64]，晉書載「高貴鄉公時，重老莊而輕經史，（庾）峻懼雅道陵遲，乃潛心經典。又疾浮華不修名實，著論非之。」[65]，荀悅申鑒：「去浮華，擧功實，絕末伎，同本務，則事業修矣！」[66]，又如晉武帝泰始五年載：「凡求人才，欲以治民也，今當官著效者，或附卑品，在官無績者，更獲高敍，是爲抑功實而隆虛名，長浮華而廢考績，六也。」[67]。

儒家以「德行」爲本位的禮教，使學問走向章句之途，文人祇有在文學作品之中，才能表現出自已的才華與個性，如此勢必稍離經典的約束，然而大部份文人終究

57. 王明校太平經合校卷1至17，甲部不分卷，頁9。
58. 太平經合校卷70學者得失訣第106，頁276。
59. 太平經合校樂安王者法，頁21。
60. 太平經合校卷37，試文書大信法第47，頁55。
61. 太平經合校卷50，去浮華訣第72，頁174。
62. 論衡卷30自紀篇，頁 583。
63. 文心雕龍第二十二章表。
64. 文心雕龍第三十定勢引桓譚語。
65. 晉書卷50庾峻傳。
66. 荀悅申鑒時事篇第二。
67. 資治通鑑卷81晉紀三武帝泰始五年正月己亥。

是儒家的一脈，初無意否認儒家所亟力維護的「德行」，吾人亦從未見有任何文人攻擊「德行」，所以文人說其「離經」則可，罪其「背道」則非事實。然而既然離經，走向思想上之解放[68]，其收放之準繩，非常困難，如顏之推所云：「每嘗思之，原其所積，文章之體，標擧興會，發引性靈，使人矜伐，故忽於持操，果於進取，今世文士，此患彌切，一事愜當，一句清巧，神厲九霄，志凌千載，自吟自賞，不覺更有傍人，加以砂礫所傷，慘於矛戟，佩刺之禍，速乎風塵，深宜防慮，以保元吉。」[69]，經術派遂指責辭章派「文」「德」不雙修，文中沒有「德行」作爲主要內容，王充所謂「文儒爲華淫之說，於世無補。」[70]，梁裴子野雕蟲論說：「古者四始六藝，總而爲詩，既形四方之風，且章君子之志，勸美懲惡，王化本焉，後之作者，思存枝葉，繁華蘊藻，用以自通，若悱惻芳芬，楚騷爲祖，靡漫容與，相如和其音，由是隨聲逐影之儔，棄指歸而無執，賦詩歌頌，百帙五車，蔡邕等之俳優，揚雄悔爲童子，聖人不作，雅鄭誰兮？其五言爲詩家，則蘇李自出，曹劉偉其風力，潘陸固其枝柯，爰及江左，稱彼顏謝，箴繡鞶帨，無取廟堂，宋初迄於元嘉，多爲經史，大明之代，實好斯文，高才逸韻，頗謝前哲，波流相向，滋有竺焉。自是閭閻年少，貴遊總角，罔不擯落六藝，吟咏情性，學者以博依爲急務，謂章句爲專魯，淫文破典，斐爾爲功。」劉勰所謂：「儷采百字之偶，爭價一句之奇」[71]。隋代李諤亦謂：「然降及後代，風教漸落，魏之三祖，更尙文詞，忽君人之大道，好雕蟲之小藝，下之從上，有同影響，競騁文華，遂成風俗，江左齊梁，其弊彌甚，貴賤賢愚，唯務吟詠，遂復遺理存異，尋虛逐微，競一韻之奇，爭一字之巧，連篇累牘，不出月露之形，積案盈箱，唯是風雲之狀。」[72]，唐劉知幾稱：「大抵皆華多於實，理少於文，鼓其雄辭，誇其儷事。」[73]，文章浮麗無內容，是指二方面而言，其一是純文學詞句之堆砌；其二是文內沒有讚揚「德行」之義。一個儒者比較重視後者，這當然是「有文以載道，文原於道之意。」[74]，

68. 賀昌羣魏晉清談思想初論謂「漢末所謂浮華，指清談啓明期從事於思想解放者而言」云云。
69. 顏氏家訓第9文章篇。
70. 論衡卷28書解篇，頁 562。
71. 文心雕龍宗經第三。
72. 隋書卷66李諤傳語。
73. 史通論贊篇。
74. 文心雕龍原道第一。

儒家並不反對文學，六經之中的詩經就是一種文學，但要有諷諫德行的作用，（孔門文學科雖與後來文學的定義頗有出入），事實上經典與文章有密切關連，如劉勰云：「文章之用，實經典枝條，五禮資之以成，六典因之致用，君臣所以炳煥，軍國所以昭明，詳其本原，莫非經典，而去聖久遠，文體解散，辭人愛奇，言貴浮詭，飾羽尙畫，文繡鞶帨，離本彌遠，將遂訛濫。」[75]。

注重德行，並進一步重視實踐德行的學說，其信徒較為修行勵品，是可以理解的。但一位文句豔麗的純文學之士，或文章內容不涉及德行之士，其品德會有虧缺，邏輯上並沒有必然性，妙的是在中古時期，論者的確抓到很多辭章派人物作為實例，指責其薄於「行」，如魏文帝曹丕與吳質書曰：「觀古今文人，類不護細行，鮮能以名節自立。」[76]，顏之推云：「然而自古文人，多陷輕薄，屈原露才揚己，顯暴君過；宋玉體貌容冶，見遇俳優；東方曼倩滑稽不雅；司馬長卿竊貲無操；王褒過章僮約；揚雄德敗美新；馮敬通浮華擯壓；馬季長佞媚獲誚；蔡伯喈同惡受誅；吳質詆忤鄉里；曹植悖慢犯法；杜篤乞假無厭；路粹隘狹已甚；陳琳實號粗疏；繁欽性無檢格；劉楨屈强輸作；王粲率躁見嫌；孔融禰衡誕傲致殞；楊修丁廙扇動取斃；阮籍無禮敗俗；稽康凌物凶終；傅玄忿鬬免官；孫楚矜誇凌上；陸機犯順履險；潘岳乾沒取危；顏延年負氣摧黜；謝靈運空疏亂紀；王元長凶賊自貽；謝玄暉侮慢見及。凡此諸人，皆其翹秀者，不能悉紀，大較如此。至於帝王，亦魏太祖、文帝、明帝、宋孝武帝，皆負世議，非懿德之君也。自子游、子夏、荀况、孟軻、枚乘、賈誼、蘇武、張衡、左思之儔，有盛名而免過患者，時復聞之，但其損敗者居多耳。」[77]，北魏「楊遵彥作文德篇，以為古今辭人，皆負才遺行，澆薄險忌，唯邢子才、王元景、溫子昇彬彬有德素。」[78]，隋大儒王通中說[79]鄙責六朝的文人如謝靈運、沈約、謝朓、吳均、謝莊、王融、湘東王兄弟、徐陵、庾信、劉孝綽兄弟、江總緒人。隋書文學列傳之史臣曰：

75. 文心雕龍序志篇第五十。
76. 三國志魏志卷21王粲傳附吳質傳裴注引魏略。
77. 顏氏家訓。
78. 魏書卷85溫子昇傳。
79. 中說一書，或云係王通後人唐人所撰。

「魏文有言，古今文人，類不護細行，鮮能以節自立，信矣！王胄虞綽之輩，崔儦孝逸之倫，或務氣負才，遺落世事，成學優命薄，調高低下，必鬱抑而孤憤，志盤恒而不定，嘯傲當世，脫略公卿，是知跅弛見遺，嫉邪忤物，不獨漢陽趙壹，平原禰衡而已，故多罹咎悔，鮮克有終。」[80]，其中所舉人物之遭受非議，有言過其實之處，然至少表示儒者認爲文人的行爲無法達到「德行」標準。魏徵的見解是因爲文人「負才」而受壓抑的心理所致。後人王先謙亦認爲文人有「才」，集解後漢書文苑列傳之後，王氏補贊曰：「所傳者大率恃才傲物，淺中小夫，未聞君子之道，異乎游夏文學之科焉。王逸以鼉夢溺水死，酈炎病風殞命囹圄，邊韶對嘲，徒禦口給，未足珍也。崔琦之箴外戚近矣！其賦白鵠以諷梁冀，是亦自貿其死乎？邊讓禰衡之仕，以辱侮曹操，取快一時，操旣殺讓，而以雀鼠視衡，一再假手斃於黃祖，奸雄意忌，自古所歎，然解祖裸立，果大雅所當爾邪？適以長後進輕猥之餘，而授殺士者以口實也。自後史臣載筆，踵而弗失，無行才士，率厠玆傳，文人之目，遂爲世詬流岩忘返，君子懼旃，劉摯嘗言，士當以器識爲先，一命爲文人，無足視觀！葉適亦謂文不足關世教，雖工無益，士之學古而負才俊者尙鑒於斯。」[81]，所以很多人認爲文人是有「才」而無「德」，儒者正宗是有「德」，自兩漢以降，經術內容與政治社會現況差距愈來愈大，經術直接用於治術方面的可能性愈來愈小，其中較可予提出者，祇有禮方面，在魏晉南北朝有關婚喪朝儀之禮的作品頗多[82]，這是因爲中古是士族時代，禮與家族德行息息相關之故[83]。魏晉南北朝隋唐時期，幾乎很少人强調經術的「才」識部份；相反地，有人認爲經術演變成章句以後，已經無「才」可言，如顏之推批評專經而不文者，謂：「問一言輒酬數百，責其指歸，或無要會，鄴下諺云：博士買驢，書劵三紙，未有驢字。使汝以此爲師，令人氣塞。孔子曰：學也，祿在其中矣！今勤無益之事，恐非業也。夫聖人之書，所以設教，但明練經文，粗通注義，常使言行有得，亦足爲人，何必『仲尼居』卽須兩紙疏義，燕寢講堂，亦復何在？以此得勝，寧有益乎？光陰可惜，

80. 隋書卷76文學列傳。
81. 後漢書卷80下文苑列傳末。
82. 隋書卷32經籍志。
83. 參見錢穆“略論魏晉南北朝學術文化與當時門第之關係”及陳寅恪隋唐制度淵源略論稿、唐代政治史述論稿。

譬諸流水，當博覽機要，以濟功業，必能兼美，吾無閒焉。」[84]，這段時期「德、才」並不一定合於一人之身，南北朝時精於經術及文章者被崇爲上品[85]。一個正宗儒者最要强調的是「德」要駕凌「才」之上，一方面守德業是原則問題；另一方面也關係到切身的政治社會地位。附合這種言論的如：劉勰謂：「是以子政論文，必徵於聖，稚圭勸學，必宗於經。」[86]，又「文能宗經，體有六義……。」[87]，中說有云：「古君子志於道，據於德，依於仁，而後藝可游也。」[88]，新唐書文藝傳上序謂：「夫子之門，以文章爲下科，何哉！蓋天之付與君子小人無常分，惟能者得之，故號一藝自中智以還恃以取敗者有之，朋姦飾僞者有之，怨望訕國者有之。若君子則不然，自能以功業行實，光明於時……。」，尙衡文道元龜：「君子之文爲上等，其德全；志士之文爲中等，其義全；詞士之文爲下等，其思全。」，說得最傳神的是王充：「著作者爲文儒，說經者爲世儒。二儒在世，未知何者爲優，或曰：文儒不若世儒，世儒說賢人之經，解賢人之傳，義理廣博，無不實見，故在官常位，位最尊者爲博士，門徒聚衆，招會千里，身雖死亡，學傳於後。文儒爲華淫之說，於世無補。」[89]，祇有葛洪將文章與德行置於對等地位，抱朴子尙博篇曰：「文章與德行，猶十尺之與一丈，謂之餘事，未之前聞。」，葛洪者，非儒家也。

三、賢能觀念與中古之選制

政治階層最高統治者——皇帝，不會以純理論中的賢能觀念作爲其選士抉擇的唯一依憑，他每每摻雜以政權社會基礎、權力制衡、法律與秩序、官僚功能、乃至於個人喜好等因素。當然，統治者並不能與當時思潮隔絕，也並不願與社會人物對立，他要尋找並建立社會基礎，另一方面，社會人物對參與政治大都具有程度上的喜愛，一則可從政治體系中獲得某些利益，二則可保持並增强其社會地位。重要的是：在同一

84. 顏氏家訓第8勉學篇。
85. 顏氏家訓第8勉學篇：「劉瓛、明山賓、周捨、朱異、周弘正、賀琛、賀革、蕭子政、劉縚，兼通文史，不徒講說也。……洛陽亦聞崔浩、張偉、劉芳；鄴下又見邢子才，此四儒者，雖好經術，亦以才博擅名，如此諸賢，故爲上品。」
86. 文心雕龍徵聖篇。
87. 文心雕龍宗經篇。
88. 中說事君篇卷第三。
89. 論衡第28事解篇，頁 562。

個時空生長着，協調總比衝突舒服些，雙方一直在尋找媒介與通道，在建立具體選士制度之時或之前，某一程度理念上的共同點誠屬必要，一個毫不顧及社會人物理念的制度，徒具空殼，無法達成溝通的目標，在這個觀點上，故皇帝與社會人物之間的共同需要，每每超過其相異之點。本文所討論的主旨，是在學術理論與政權作用的交滙點上，任官時的賢能價值標準成爲第一步要探討的主題。

西漢初期高、呂、文、景之際，大臣大抵是功臣、外戚、功臣子孫，一般官吏則以文吏爲主，這當然與開國形勢及秦之「以吏爲師」有關，皇帝雖有吸收社會上賢能之士的意願[1]， 這段時期並沒有找到其社會基礎的固定通道，政權與社會勢力有着某程度的緊張關係[2]。 武帝開始與儒家有較密切的結合[3]，也創立了一套察舉制度，其原始提議人是董仲舒，自始便注入了儒家的賢能價值觀念。武帝元光元年，固定地「令郡國舉孝廉各一人」[4]，自此以後，孝廉成爲兩漢吸收人物最多的常科[5]（另一常科爲茂才，係州級察舉，人數較少）。「孝」與「廉」皆屬德行範疇，孝是白衣的品德，本與任官無絕對關係，但在儒家道德體系之中，孝是出發點，有關移風易俗，安定社會。廉是指吏的品德。這個常科顯然重視品德，然而是否就忽略「才」的因素呢？西漢宣帝時曾謂：「漢家自有制度，本以霸王道雜之，奈何純任德教。」[6]， 元帝以後，德行因素加强，但亦沒有忽略「才」，終兩漢之世，屢頒發特詔，從其名詞上看，便知與求治之才有關。如賢良方正、賢良文學、直言極諫、有道、武猛兵法、陰陽災異等。賢良方正、賢良文學是常見的特科，看起來是品德名詞，實際上是每次發生事故

1. 漢書高帝紀十一年詔曰：「蓋聞王者莫高於周文，伯者莫高於齊桓，皆待賢人而成名。今天下賢者智能豈特古之人乎？患在人主不交故也。士奚由進？今吾以天之靈，賢士大夫定有以天下以爲一家，欲其長久世世奉宗廟亡絕也。賢人已與我共平之矣！而不與我共安利之，可乎？賢士大夫有肯從我游者，吾能尊顯之。布告天下，使明朕意。御史大夫昌下相國，相國酇侯下諸侯王，御史中執法下郡守，其有意稱明德者，必身勸，爲之駕，遣指相國府，署行義年。有而弗言，覺，免。」
2. 參見許師倬雲"西漢政權與社會勢力的交互作用"。
3. 參見漢書卷26董仲舒傳。及
漢書卷88儒林傳載，武帝時丞相公孫弘與太常孔臧等議奏曰：郡國縣官，有好文學，敬長上，肅政教，順鄉里，出入不悖，所聞令相長丞上屬所二千石，二千石謹察可者，常與計偕，詣太常，得受業如弟子，一歲皆輒課，能通一藝以上，補文學掌故缺，其高第可以爲郎中……制曰：可。自此以來，公卿大夫吏彬彬多文學之士矣！」
4. 漢書卷6武帝本紀。
5. 勞貞一師"漢代察舉制度考"。
6. 漢書卷9元帝紀。

時，爲備策問而下特詔，如鹽鐵論之對策。直言極諫、有道等，則當災異發生時徵召。另一常科茂才（原名秀才，後避劉秀諱改之）在當初之定義是求茂材異等、茂材異能、直言極諫、治劇等[7]，凡此皆表示亦重「才」的因素。不僅如此，漢尤其西漢還重視「能」，在孝廉項內有許多是州郡及縣吏出身，所謂臨之以事而後察焉。宣帝以前更以雜霸爲用人任事的法則，所謂雜霸是除了任用儒生以外，亦任用法家之幹吏，有關「吏」的問題，另文討論之。

北堂書鈔設官部引漢官儀說：「中興甲寅詔書：方今選舉，賢佞朱紫錯用。丞相故事，四科取士。一曰；德行高妙，志節淸白。二曰；學通行修，經中博士。三曰；明達法令，足以決疑，能案章覆問，文中御史。四曰；剛毅多略，遭事不惑，明足以決，才任三輔令。——皆有孝悌、廉正之行。自今以後，察四科辟召，刺史二千石察茂才、尤異、孝廉之吏，務盡覆選，擇英俊賢行廉潔平端於縣邑，務授事以職。有非其人，臨計過署。不便習官事，書疏不端正，不如詔書，有司奏罪名，並正舉者。」勞貞一師認爲此處「丞相故事」是西漢武帝至哀帝時之詔令。這項詔令中所表明的標準爲：德行、經術、文章、吏幹，實與本文所定四大項目契合。貞一師綜合研究後，謂：「漢代的察舉，除去特殊的，(一)茂才異等，(二)尤異；以及臨時的特別需要，例如(一)知兵法，(二)通陰陽災異，以外，雖與孝廉異科，但其標準亦略同於孝廉之選。自然，在武帝時代孝廉之選雖分爲二科，但到了昭宣以後，已經漸漸的固定，到哀帝時代便可能的確實歸入相關的四類。因此除在官的特殊的曰尤異，而民間特殊的茂才，凡是歲舉的都歸入孝廉一類了。」[8]

三署郎是兩漢儲備人士之所，嚴耕望先生以「郎」爲中心，計前漢以孝廉爲郎者占七分之一，後漢占五分之二[9]。正如光武詔令「如丞相府詔」所引，後漢有許多特詔科目皆並入孝廉科內，故孝廉之重要性日增。從貞一師“漢代察舉制度考”所條引西漢孝廉、茂才、賢良方正、文學、有道、陰陽災異等科人物，按其德行、經術、才、吏幹分類列表如下：

7. 勞貞一師“漢代察舉制度考”。
8. 勞貞一師“漢代察舉制度考”。
9. 嚴耕望“秦漢郎吏制度考”。

	孝廉	茂才	賢良方正 賢良文學 有道	陰陽災異	總計	
儒家德行	15	6			21	78.3%（21、97、75）
明經、儒生 + 儒家德行	95	2			97	
才 + 儒家德行		14	61		75	32.2%（75、14）
才 + 政治道德	5	3		6	14	
吏幹 + 政治道德	30				30	12.2%
其他 + 政治道德	7				7	
合計	151	25	61	6	244	

所謂儒家德行是指儒家在修齊治平整個過程中所主張的品德；所謂政治道德是指遵守法律與完成行政任務等作爲。事實上儒家德行觀念已廣被兩漢各界，以上僅是程度上的差異，以便於討論。孝廉、茂才是按各人記載描述分類。賢良方正、賢良文學、有道，前文已述，是因特殊需要的求「才」特詔，這三項又有儒家德行含義。陰陽災異亦是求才特詔，但科名沒有明顯的德行意義。以上分類無法做得十分精確。從分類表所示，有濃厚儒家德行色彩的入仕人物，占78.3%；因「才」之士，約占32.2%；吏幹則僅占12.2%；經術在兩漢仍包涵着「才」的因素，故選擧「才」的比例還可能比32.2%略高；後漢書文苑列傳凡二十一人，以孝廉出身者四人——葛龔、崔琦、劉梁、高彪[10]，純以文才似乎還不太被激賞。貞一師謂：「就選擧孝廉的標準言，最初是分選孝和廉，以後便合併孝廉爲一科，漸至不必兼有孝和廉兩類品德的人，只要是一個人材，便可被擧。因此在一個劇烈競爭的當中，對於被選者的標準，在個人方面要因事知名，而在所屬的家族要爲世家大族。」[11]，大致上已點出孝廉演變的脈絡。然而，當孝廉合爲一目以後，「漸至不必兼有孝和廉兩類品德的人，只要是一個人材，便可被擧」云云，似乎需進一步商榷，從上述入仕科別分析，以孝廉爲主的入仕制度，儒家德行標準已成爲必需的條件，在這個必需的條件之上再以經術或文才等，構成各種科目，有的卽令純儒家德行亦可被察孝廉。大體上自西漢元、成、哀、平，至東漢光武、明、章、和、安，這一百五十餘年之中，代表着這種賢能的人物是儒者、明經者，是個體士人。既得利益者自然想把權利遺留給子孫，其演變結果，正如嚴耕望先

10. 後漢書卷70上下文苑列傳。

11. 勞貞一師"漢代察擧制度考"。

生所案：「漢制，孝廉爲仕進正途，故德舉將，視如君父；舉將亦以此樹恩以遺子孫。故率年少能報恩者。（明帝）永平中，樊儵已洞察其弊，故上言：郡國舉孝廉率取年少能報恩者，老宿大賢多見廢棄，宜敕郡國簡其良俊。事未施行。」[12]，又「河南尹田歆外甥王湛名知人。歆謂之曰：今當舉六孝廉，多得貴戚書，命不宜相違，欲自用一名士，以報國家，爾助我求之。」[13]，這種演變的原因是由於沒有具體標準，既得利益者可上下其手，故有左雄限年考試之法，順帝陽嘉元年，雄上言：「請自今，孝廉年不滿四十，不能察舉。皆先詣公府，諸生試家法，文吏課牋奏，副之端門，練其虛實，以觀異能，以美風俗。有不承科令者，正其罪法，若有茂才異行，自可不拘年齒。」[14]，「賢」「才」「能」皆非考試或短期觀察評判，況且當時考試之法尙未成熟。其後黃瓊[15]分二科爲四科，皆並未產生作用。東漢中晚期之發展，正如王符所說：「以族舉德，以位命賢。」[16]，「論古則知稱夷齊原顏，言今則必官爵職位，虛談則知以德義爲賢，貢薦則必閥閱爲前。」[17]，官宦之家族，被認爲有德，官位崇高者被認爲是賢者。至此，政治人物的子弟，有着特權及保障，末流之輩，甚忘至了修德力學，如葛洪述靈獻之世，時人流行語：「舉秀才，不知書，察孝廉，父別居。」[18]，視官位高下作爲有無賢德的選舉弊端，使得外戚、宦官得以引用親屬、門徒，於是乎這種徒具賢德之名的孝廉茂才，自然被眞正重視賢德的儒生反對，掀起了太學生運動[19]。同時也激起了漢末三國形名核實的思想論潮[20]。

思想界形名責實的疾呼，並沒有否定德行因素的重要性，而是要名符其實的德行。在政治統治者方面，却因爲孝廉等選士之不實，而懷疑儒家德行在任官時之相關性，曹操便是這種思想的極端者，建安年間，他有三次下詔徵士：

12. 嚴耕望“秦漢郎吏制度考”。
13. 後漢書卷86種暠傳。
14. 後漢書卷91左雄傳。
15. 後漢書卷91黃瓊傳。
16. 潛夫論第四論榮篇。
17. 潛夫論第三十交涉篇。
18. 抱朴子卷15審舉篇。
19. 金發根“東漢黨錮人物之分析”。
20. 如王符潛夫論、王充論衡、劉劭人物志、荀悅申鑒、徐幹中論。論才性者有：傅嘏論同；李豐論異，鍾會論合；王廣論離。

建安十五年春，下令曰：自古受命及中興之君，曷嘗不得賢人君子與之共治天下者乎？及其得賢也，曾不出閭巷，豈幸相遇哉，上之人不求之耳。今天下尙未定，此特求賢之急時也。孟公綽爲趙魏老則優，不可以爲滕薛大夫；若必廉士而後可用，則齊桓其何以霸世，今天下得無被褐懷玉而釣於渭濱者乎，又得無盜嫂受金而未遇無知者乎，二三子其佐我明揚仄陋，唯才是舉，吾得而用之。[21]

建安十九年十二月乙未令曰：夫有行之士，未必能進取，進取之士，未必能有行也。陳平豈篤行，蘇秦豈守信邪！而陳平定漢業，蘇秦濟弱燕；由此言之，士有偏短，庸可廢乎。有司明思此義，則士無遺滯，官無廢業矣！[22]

建安二十二年秋八月令曰：昔伊摯傅說出於賤人，管仲桓公賊也，皆用之以興，蕭何曹參縣吏也，韓信陳平負汙辱之名，有見笑之恥，遂能成就王業，聲著千載，吳起貪將，殺妻自信，散金求官，母死不歸，然在魏、秦人不敢東向，在楚，則三晉不敢南謀，今天下得無有至德之人，放在民間，及果勇不顧，臨敵力戰，若文俗之吏，高才異質，或堪爲將守，負汙辱之名，見笑之行，或不仁不孝，而有治國用兵之術，其各舉所知，勿有所遺。[23]

詔文之中强調求「才」「能」之士，而將「德」的因素放在一邊，尤其他還列舉缺「德」有「才」之人之功業，似乎完全症對儒家德行而發，與孝廉的賢能標準成强烈的對照。自來重視「才能」因素者甚多，但同時與儒家德行觀念公開對抗者，古今少見。儒家之士認爲東漢末葉的弊病是制度沒有能找出眞正有德行之人，而對德行因素之主張，毫無動搖，曹操這種觀念與兩漢二百餘年孕育而成的德行觀念相悖，自難被社會主流所接受，故雖有魏武三令，公然宣稱不拘汚行，或不仁不孝，唯才是舉，實際上僅見魏志卷十荀彧傳注引彧別傳云：「戲志才、郭嘉等有負俗之譏，彧皆以智策舉之，終各顯名」，反之，在三十五個魏廷平民官吏的文士之中[24]，有許多人與黨錮

21. 三國志魏志武帝建安十五年。
22. 三國志魏志武帝建安十九年。
23. 三國志魏志武帝建安二十二年注引。
24. 拙文"三國政權的社會基礎"頁15。

人物有關係[25]，曹操也用名士[26]，卽以上列戲志才、郭嘉而論；戲志才無列傳，郭嘉有傳，但沒有具體汚行記載，兩人皆潁川人，亦皆荀彧推薦，彧是重德行的儒者，故二人恐非有重大德行缺陷之徒。但在曹操之重「才」輕「德」，以及漢末亂世時百家思想之復活，也可能是純文學思想燦爛的條件，文學在三國時確有高度發展，然還沒有列爲選士的重要因素[27]。曹魏死後，魏政權正式成立，曹丕又回到重視「德行」因素的道路上。魏文帝接受吏部尙書陳羣之議，立九品官人法，其法爲：

州郡縣俱置大小中正，各取本處人在諸府公卿及臺省郎令有德充才盛者爲之，區別所薦人物，定爲九等。其有言行修著，則升進之，或以五升四，以六升五。倘若道義虧缺，則降下之，或自五退六，自六退七矣！[28]

德行是九品官人法最重要的條件，甚至並沒有强調「才」「能」因素，如曹魏末年(咸熙二年)晉王司馬炎（卽西晉武帝）令諸郡中正以六條擧淹滯，爲「一曰：忠恪匪躬。二曰：孝敬盡禮。三曰：友于兄弟。四曰：潔身勞謙。五曰：信義可復。六曰：學以爲已。」[29]前五條都屬德行內容，第六條勉可與「才」有關。其賢能觀念實際上一如東漢時期所持之標準。衹是有專司甄評的中正官，屬地主義改爲屬人主義[30]，又立下了九等級數而已。骨子裏仍然嚮往鄉擧里選，並以「德」爲本的選擧精神。中正官的人事資料之中，本也有相對於「德、才」的「品、狀」二大項目，「未仕者居鄉有履行之善惡，所謂品也。旣仕者居官有才能績效之優劣，所謂狀也。品則中正可得而定，狀則非中正可得而知，今欲爲中正者以其才能之狀著於九品，則宜其難憑。」[31]，又如未曾入仕的處士，如何「狀」其才能，故當其實施之時，德行最爲重要[32]，行孝的故事特多，其結果比東漢更爲「士族化」[33]；東漢時相互報恩的現象，此時士族子

25. 參見注24，頁15之注16所引人物。
26. 參見注24，頁15之注17所引人物。
27. 三國志魏志卷9曹爽傳載：明帝時，南陽何晏、鄧颺、李勝，沛國丁謐、東平畢軌，咸有聲名，進於趣時。明帝以其浮華，皆抑黜之。
28. 文獻通考卷28擧士條。
29. 晉書卷3武帝紀。
30. 參見拙著兩晉南北朝士族政治之研究。
31. 文獻通考卷36擧官條。
32. 矢野主稅“狀の研究”中所擧之例子。
33. 拙文“從中正評品與官職之關係論魏晉南朝之社會架構”。

弟則直截了當地成爲中正官[34]，自東晉末期，垂南北朝時期，士族成爲「德」的代表，有所謂「門地二品」，卽承認士族子弟天生「德行」可列爲中正評品之第二品（第一品留給皇室子弟）。或許是因爲選擧制度有固定的保障；或許因爲玄學清談之風對東晉南朝的影響較深，心智上較爲豁達；或許因爲山明水秀激發起豐富的連想；東晉南朝文學上有高度的發展[35]，且大部份皆士族子弟的作品[36]，常有累世文才，如瑯琊王筠與諸兒書論家世集云：

史傳稱安平崔氏及汝南應氏，並累世有文才。所以范蔚宗世擅雕龍，然不過父子兩三世耳，非有七葉之中，名德重光，爵位相繼，人人有集，如吾門世者也。沈少傅約語人云：吾少好百家之言，身爲四代之史，自開闢以來，未有爵位蟬聯，文才相繼，如王氏之盛者，汝等仰觀堂構，思各努力[37]。

經學之中的禮，與維繫門第內在精神有關[38]，亦受士族子弟重視[39]，但以整個作品而言，僅以文章派中之「集」的數量，已經追及六經作品[40]。六朝重視文章，在選擧時

34. 拙著兩晉南北朝士族政治之研究第五章。

35. 統計隋書卷35經籍志四集項，東晉南朝凡得257文集；北朝共得18文集(其中尙包括王褒、庾信文集在內)。

36. 隋書卷35經籍志四集項，若按家族爲單位，統計於下：（部數）

	瑯琊臨沂王	陳郡陽夏謝	潁川鄢陵庾	吳郡吳縣張	彭城劉	東海郯縣徐	吳興武康沈	陳郡長平殷	吳郡吳縣陸	蘭陵蕭	汝南安城周	會稽山陰孔	濟陽考城江	陳郡陽夏袁	吳郡錢塘范	廬江灊縣何	會稽餘姚虞	吳郡吳縣顧	陳留圉城蔡	瑯琊臨沂顏	潁川潁陰荀	譙國龍亢桓	高平金鄉郗	河南陽翟褚	各朝宗室	其他	合計
東晉	12	5	8	2	0	2	0	5	0	0	1	3	1	2	2	1	0	2	1	0	0	2	2	0	0	35	86
宋	4	4	1	1	2	2	2	2	0	0	0	2	1	2	1	2	1	0	1	3	2	0	0	0	8	14	55
南齊	2	1	0	1	0	1	1	0	1	0	1	1	1	1	0	0	1	0	0	0	0	0	0	1	2	1	16
梁	10	3	2	3	6	2	3	0	2	6	1	0	3	0	2	1	1	0	0	0	0	0	0	0	15	16	76
陳	0	0	0	3	0	1	1	0	3	0	3	0	0	0	0	0	1	1	1	0	0	0	0	1	1	8	24
合計	28	13	11	10	8	8	8	7	6	6	6	6	6	5	5	4	4	3	3	3	2	2	2	2	26	74	257

各朝宗室係指宋劉氏、南齊梁蕭氏、陳朝陳氏等之宗室。「其他」項內包括溫氏一人、祖氏一人、羊氏一人、傅氏一人等。

37. 梁書卷33王筠傳。

38. 陳寅恪隋唐制度淵源略論稿二、禮儀。

39. 南史卷22王曇首傳附儉傳；南齊書卷33王儉傳。及北史卷42王肅傳。

40. 隋書卷32經籍志一經，及卷35經籍志四集。取其魏晉南北朝時期之作品比較之。如下：

	部數	卷數
經	582	4983
集	483	6134

的實質意義不大，因爲九品官人法士族化以後，並不以文才選官，而由族望高下決定之，文才祇可作爲維持族望的間接因素之一，但是以文章爲賢能的觀念正在强烈地醞釀成熟。相形之下，南朝經學，不若文學發展之快速，李延壽在南史儒林傳序云：「宋、齊國學，時或開置，而勸課未博，建之不能十年，蓋取文具而已，是時鄉里莫或開館，公卿罕通經術，朝廷大儒，獨學而弗肯養衆，後生孤陋，擁經無所講習。」[41]，梁武帝一度鼓勵，陳代又衰[42]。北朝經學雖稱不上輝煌，除梁武時期以外，一般皆較南朝爲盛[43]。北朝的文集數量雖遜於南朝，且經術較文章爲盛，但經術與文章之分，仍然存在，例如北齊時有馬敬德者：「河間郡王將擧敬德爲孝廉，固辭不就，乃詣州求擧秀才。擧秀才例取文士。州將以其純儒，無意推薦。敬德請試方略。乃策問之，所策五條，皆有文理，乃欣然擧選。」[44]（按當時孝廉、秀才是九品中正制度大框框之中的項目）[45]，顯然屬於：孝廉——「德」——純儒；及秀才——「才」——文士；這一類型的賢能觀念。王褒庾信入周，曾引起北方一陣騷動[46]。關中地域的北周，依周禮之文定制度，似乎儒術對政治的影響較大，經術派與辭章派之對抗亦較爲明顯。如蘇綽傳：「自有晉之季，文章競爲浮華，遂成風俗，太祖欲革其弊，因魏帝祭廟，羣主畢至，乃命綽作大誥奏行之。」[47]隋司馬幼之表華豔，有司治罪云云[48]。隋書文學傳序言：「高祖初統萬機，每念斵彫爲樸，發號施令，咸去浮華，然時俗詞藻猶多淫麗，故憲臺執法，屢飛霜簡。」，但是「煬帝初習藝文，有非輕側之論，暨乎卽位，一變其風。」[49]。

---

41. 南史卷71儒林傳序言。
42. 廿二史劄記卷15南朝經學條：「南朝經學，本不如北，兼以上之人不以此爲重，故習業益少，統計數朝，惟蕭齊之初及梁武四十餘年間儒學稍盛，齊書劉瓛傳謂：晉尚元言，宋尚文章，故經學不純，齊高帝少爲諸生，卽位後王儉爲輔，又長於經禮，是以儒學大振。建武以後，則日漸衰廢。梁書姚察論曰：崔伏何嚴等遭梁之崇儒重道，皆至大官，稽古之力，諸儒親遇之。陳書儒林傳序亦謂梁武開五館建國學、置博士，以五經教授，帝每臨幸，親自試冑，故極一時之盛。陳初未遑勸課，間有以經學名者亦皆梁之遺儒云，益可見經學之盛衰。」
43. 北史卷81儒林傳序言。
44. 北齊書卷36儒林傳馬敬德傳。
45. 參見宮崎市定九品官人法の研究。
46. 隋書卷76文學傳序言。
47. 周書卷23蘇綽傳。
48. 參見本章注50。
49. 隋書卷76文學傳序言。

唐人薛登是反對以辭章作爲賢能標準者，下面這段話是以經術派之立場，對辭章派淵源之檢討，他對於漢隋間的選舉制度的瞭解不一定完全正確，但陳述辭章漸次興起之發展，粗得其意：

漢代求才，猶徵百行，是以禮節之士，敏德自修，閭里推高，然後爲府寺所辟。魏氏取人，尤愛放達。晉宋之後，祇重門資，獎爲人求官之風，乖授職惟賢之義。有梁薦士，雅愛屬詞。陳氏簡賢，特珍賦詠，故其俗以詩酒爲重，不以修身爲務。逮至隋室，餘風尚在，開皇中李諤論之於文帝曰：魏之三祖，更好文詞，忽君人之大道，好雕蟲之小藝，連篇累牘，不出月露之形，積案盈箱，唯是風雲之狀，代俗以此相高，朝廷以茲擢士，故文筆日煩，其政日亂。帝納李諤之策，由是下制禁斷文筆浮詞，其年泗州刺史司馬幼之以表不典實得罪，於是風俗改勵，政化大行。煬帝嗣興，又變前法，置進士等科，於是後生之徒，復相放傚，因陋就寡，赴速邀時，緝綴小文，名之策學，不以指實爲本，而以浮華爲貴。[50]

*　　　　*　　　　*

自隋廢九品官人之法，解除了選舉制度的僵化，科舉在唐代漸成爲仕進的主要通道，標榜「德」的經術派與被認爲「才」的辭章派，這二股力量交集在較爲彈性的選士制度之上，競爭與衝突。故隋唐時期的現象可將賢能觀念、選士制度、政治現象（黨爭）等合爲一章討論，以便更能見其相互關係。

四、賢能觀念與唐代之黨爭

「唐制取士之科，多因隋舊，然其大要有三：由學館者曰生徒；由州縣者曰鄉貢，皆升於有司而進退之；……其天子自詔者曰制舉，所以待非常之才焉。」科舉之項目「有秀才、有明經、有俊士、有進士、有明法、有明字、有明算、有一史、有三史、有開元禮、有道舉、有童子；而明經之別有五經、有三經、有二經、有學究一經、有三禮、有三傳、有史科。」[1]，而「唐之秀才科罷於永徽，孝廉科停於建中，

50. 唐書合鈔卷152薛登傳。舊唐書卷101本傳同。新唐書卷112本傳略同。

1. 以上括號中引文出自新唐書卷44選舉志。

中葉以還則以秀才爲進士之稱，孝廉爲明經之號，凡斯之類，不可以文害意。」[2]，制舉之項目名稱甚多，包括「賢、才、能」各方面的內容[3]。取士之科雖然繁多，而以明經、進士兩科最爲重要。初期之意義，明經科是取經術之士，進士科是取辭章之士爲主。純從制度上看，唐政府似乎較爲重視明經科，蓋因及第以後，明經科出身的入仕品階較高也，「明經上上第從八品下，上中第正九品上，上下第正九品下，中上第從九品下。進士、明法甲第從九品上，乙第從九品下。」[4]，所以唐代取士是兼經術與辭章這兩類人物，初無偏坦辭章之意。緣因北周、北齊、及陳等三個朝廷合而爲一之後，任官的機會減少；復由於士族子孫累代增加[5]，已無法維持九品中正制度之「門地二品」的辦法，著者依此種種現象，提出「圈內競爭」理論，另文討論，隋廢中正而行科舉與唐代經術派與辭章派之爭，都與此「圈內競爭」理論有關。

正如上章分析，經魏晉南北朝之發展，辭章派已蔚然成爲一股勢力，唐代亦承繼着這兩派「德、才」之爭的遺緒，如貞觀二年時：

> 上問王珪曰：近世爲國者益不及前古，何也？對曰：漢世尚儒術，宰相多用經術士，故風俗淳厚，近世重文輕儒，參以法律，此治化之所以益衰也。上然之。[6]

「參以法律」是指隋代亦重吏幹，本文不予細論。大的趨勢則屬「文、儒」之輕重。唐代經術派與辭章派在選士時的第一次衝突發生於貞觀二十二年的進士舉時：

> 貞觀二十二年九月，考功員外郎王師旦知舉。時進士張昌齡王公瑾並有俊才，聲振京邑，而師旦考其文策全下，舉朝不知所以，及奏等第，太宗怪無昌齡等名，因召師旦問之。對曰：此輩誠有文章，然其體性輕薄，文章浮艷，必不成令器，臣若擢之，恐後生相效，有變陛下風雅，帝以爲名言，後並如其言。[7]

張昌齡非文章不好，而是在經術派看來「體性輕薄，文章浮豔」，「輕薄」「浮豔」「浮華」，皆爲經術派罵辭章派的專用名詞，貞觀時進士科考的科目以試策爲主，帖

2. 徐松登科記考。
3. 參見登科記考唐會要等。
4. 新唐書卷45選擧志。
5. 參見新唐書卷 61～63 宰相世系表。
6. 資治通鑑貞觀二年九月。
7. 唐會要卷76貢擧中進士條，唐書合鈔卷 249 文苑列傳張昌齡傳略同。

經為副。能够發揮的衹有試策，而試策的策題大部份得依經史。一般而論，經術派在此時仍占優勢，太宗雖喜文學，但亦徵召名儒修訂經籍，如：

太宗又以經籍去聖久遠，文字多訛謬，詔前中書侍郎顏師古考定五經，頒於天下，命學者習焉。又以儒學多門，章句繁雜，詔國子祭酒孔穎達與諸儒撰定五經義疏，凡一百七十卷，名曰五經正義，令天下傳習。[8]

高宗武后時作風稍變，如：

時天后諷高宗廣召文詞之士入禁中修撰，(元)萬頃與左史范履冰苗神客，右史周思茂胡楚賓咸預其選，前後撰列女傳臣軌百寮新誡樂書等凡千餘卷，朝廷疑議及百司表疏皆密令萬頃等參決，以分宰相之權，時人謂之北門學士。[9]

高宗永隆二年，進士科加試雜文：

永隆二年考功員外郎劉思立建言，明經多抄義條，進士唯誦舊策，皆亡實才，而有司以人數充第，乃詔自今明經試帖，粗十得六以上，進士試雜文二篇，通文律者然後策試。[10]

辭章派的主張被採用為取士的標準，這是一大變化，從此詩賦成為優先的、主要的試題。引起經術之士的抨擊，高宗上元元年劉曉上疏：

禮部取士，專用文章為甲乙，故天下之士，皆捨德行而趨文藝，有朝登甲科而夕陷刑辟者。雖日誦萬言，何關理體，文成七步，未足化人。……陛下若取士以德行為先，文藝為末，則多士雷奔，四方風動矣！[11]

中宗時韋嗣立上疏云：

國家自永淳已來，二十餘載，國學廢散，胄子衰缺，時輕儒學之官，莫存章句之選，貴門後進，競以僥倖昇班……。

高宗武后玄宗繼踵喜愛文學，其結果有肅宗時楊綰之疾呼：

國之選士，必藉賢良，蓋取孝友純備，言行敦實，居常育德，動不違仁，體忠信之資，履謙恭之操，藏器則未嘗自伐，虛心而所應必誠，夫如是故能率已從

8. 唐書合鈔卷 246 儒學列傳序言。舊唐書卷 189 上儒學傳上序言。新唐書卷 198 儒學傳上略同。
9. 唐書合鈔卷 250 文苑傳元萬頃傳云。舊唐書卷 190 中文苑傳中本傳同。新唐書卷 201 文藝傳上本傳略同。
10. 登科記考卷28別錄上。
11. 資治通鑑卷 202 高宗上元元年。

政，化人鎮俗者也。自叔葉澆詐，玆道浸微，爭尙文辭，互相矜衒，馬卿浮薄，竟不周於任用，趙綰虛誕，終取擯於鄉閭，自時厥後，其道彌盛，不思實行，皆徇空名，敗俗傷教，備載前史，古人比文章於鄭衛，蓋有由也。近煬帝始置進士之科，當時猶試策而已，至高宗朝劉思立爲考功員外郎，又奏進士加雜文，明經塡帖，從此積弊浸轉成俗。幼能就學，皆誦當代之詩，長而博文，不越諸家之集，遞相黨與，用致虛聲，六經則未嘗開卷，三史則皆同挂壁，況復徵以孔門之道，責其君子之儒者哉？祖習既深，奔競爲務，矜能者曾無愧色，勇進者但欲凌人，以毀讟爲常談，以向背爲已任，投刺干謁，驅馳於要津，露才揚己，喧勝於當代，古之賢良方正，豈有如此者乎？朝之公卿以此待士，家之長老以此垂訓，欲其返淳朴，懷禮讓，守忠信，識廉隅，何可得也[12]。

經術派這些呼聲亦可反映出詩詞在當時社會中已被大家所崇尙，引以爲賢能的準則，並作爲入仕的「敲門磚」，所以當經術派建議廢進士科時，代宗以此問翰林學士，對曰：進士行來已久，遽廢之恐失人業，云云。自高宗武后以後，社會習尙及進士科取士愈來愈崇尙詩賦詞章，公卿大臣漸漸由文章之士充任，如沈濟之言：

初，國家自顯慶以來，高宗聖躬多不康，而武后任事，參決大政，與天子並。太后頗涉文史，好雕蟲之藝，永隆中始以文章選士，及永淳之後，太后君臨天下二十餘年，當時公卿百辟無不以文章達，因循日久，寖以成風，至於開元天寶之中，太平君子唯門調戶選，徵文射策，以取祿位，此立身行已之美者也。父教其子，兄教其弟，無所易業，大者登台閣，小者任郡縣，資身奉家，各得其足，五尺童子恥不言文墨焉。其以進士爲士林華選，四方觀聽希其風采，每歲得第之人不浹辰而周聞天下，故忠賢雋彥韞才毓行者咸出於是。[13]

於是乎經術派人士認爲要改變這種風尙，而達到尊經術卑文士的效果，則繫於時主，如柳冕謝杜相公論房杜二相書[14]、及與權德輿書[15]中之主張。他們與辭章派對抗的法寶仍然是高舉「德行」的大纛。緣因「進士既以詞科出身，而不出於經術，於是學動

12. 唐書合鈔卷170楊綰傳。舊唐書卷119本傳同。
13. 通典卷15選擧典三，沈濟之言。
14. 全唐文卷527柳冕謝杜相公論房杜二相書。
15. 全唐文卷527柳冕與權侍郎書。

浮華，放蕩不羈，出入妓院，以爲風流」[16]，當時「長安平安坊，妓女所居之地，京師俠少萃集於此，兼每年新進士以紅箋名紙，遊謁其中，時人謂此坊爲風流藪澤。」[17]又如北里志中載：「京中飲妓，籍屬教坊，凡朝士宴聚，須假諸曹署行牒，然後能致於他處，惟新進士設筵顧，吏便可行牒追，其所贈之資，則倍於常數。諸妓皆居平康里，擧子新及第進士，三司幕府，但未通朝籍、未直館殿者，咸可就詣」[18]，這與經術派的禮教主張，顯有差異。辭章之士受人重視，與皇帝喜附風雅及文士攀緣政治中心有關，論者認爲與文士交被視爲風雅之擧，在南朝已發展而成，兩者之結合，初則視文士猶如弄臣[19]，其後有被封爲學士者，此輩較有機會與皇帝常常接近。如：

初，中宗景龍二年，始於修文館置大學士四員，學士八員，直學士十二員，象四時八節十二月。於是李嶠、宗楚客、趙彥昭、韋嗣立爲大學士，李適、劉憲、崔湜、鄭愔、盧藏用、李乂、岑羲、劉子玄爲學士，薛稷、馬懷素、宋之問、武平一、杜審言、沈佺期、閻朝隱爲直學士，又召徐堅、韋元旦、徐彥伯、劉允濟等滿員，其後被選者不一。凡天子饗會游豫，唯宰相及學士得從，春幸梨園並渭水，祓除則賜細柳圈辟癘；夏宴蒲萄園賜朱櫻，秋登慈恩浮圖獻菊花酒稱壽；冬幸新豐歷白鹿觀上驪山，賜浴湯池給香粉蘭澤，從行給翔麟馬品官黃衣各一。帝有所感，卽賦詩，學士皆屬和，當時人所歆慕，然皆狎猥佻佞，忘君臣禮法，惟以文華取幸。[20]

當然，文士在當時被認爲有「才」之人，故除了吟詩作對及遊宴以外，就近皇帝常與他們私下討論國事，上文高宗武后時北門學士已開其端（見注9），玄宗以後文士待詔似成慣例：

玄宗卽位，張說張九齡等召入禁中，謂之翰林待詔，四方進奏，中外表疏批答，或從中出，宸翰所揮，亦資其檢討，謂之視草，故常簡當代士人，以備顧

16. 臺靜農“論唐代士風與文學”中語。

17. 王仁裕開元天寶遺事。

18. 孫棨北里志序。

19. 臺靜農“論唐代士風與文學”謂：以賦詩爲逸樂，視詩人爲倡優，直是陳後主隋煬帝之遺風，而(唐)宋之問沈佺期兩大詩人竟恬不知恥的自居於弄臣之列，此唐初詩人猶在六朝士風影響之下，故不以較優劣於妃妻之前爲可恥。

20. 新唐書卷202文藝傳中，李適傳。

問。至德已後，天下用兵，軍國多務，深謀密詔，皆從中出，尤擇名士爲翰林學士，得充選者文士爲榮。……德宗好文，尤難其選，貞元已後爲學士承旨者，多至宰相焉。

演變至此，若非辭賦登科者，要受排斥，如常袞在代宗大曆當政時：

尤排擯非文辭登科第者[21]。

常袞當國，……非以辭賦登科者，莫得進用[22]。

此處所謂「非文辭登第科者」主要的是指經術派而言，如白居易傳云：

貞元末進士尙馳競不尙文，就中六籍尤擯落[23]。

凡此種種，使得經術之士所受的壓力愈來愈大，於是乎經術派的抗力亦愈來愈大，這段時期出現抨擊進士科的文章特多，正是抗力的表示。憲宗元和二年，出現一條這樣詔書：

元和二年十二月勅：自今已後，州府所送進士，如跡涉疏狂，兼虧禮教，或曾任州府小吏，有一事不合淸流者，雖有辭藝，並不得申送[24]。

按憲宗元和二年正月李吉甫（德裕之父）爲中書侍郎同中書門下平章事[25]，此卽宰相之任。李吉甫是經術世家，元和二年十二月勅顯然是李吉甫所爲，勅令崇禮教、後辭藝，且以此標準令州府送鄉貢進士。也可以說對於常袞時代擯落六經的反擊，當然對辭章之士的仕進是一項打擊。其後李德裕爲相，其父在策試時受擧子譏切[26]，亦與元和二年勅令有關。蛛絲馬跡所示，唐牛李黨之爭，是累世存在於儒家之中的兩種不同賢能標準衝突的白熱化。所謂李黨也者，與其說是代表門第，毋寧說代表主張經術和德行者；所謂牛黨也者，與其說是新興階級或舊族的「破落戶」[27]，毋寧說代表主張辭章才學者。且進一步觀察兩黨賢能觀念之主要差異。如：

「李相德裕抑是浮薄，奬拔孤寒」[28]。

---

21. 唐書合鈔卷 170 常袞傳。舊唐書卷 119 本傳同。新唐書卷 150 本傳略同。
22. 唐書合鈔卷 170 崔祐甫傳。舊唐書卷 119 本傳同。
23. 唐書合鈔卷 217 白居易傳。舊唐書卷 166 本傳同。
24. 唐會要卷76進士條。
25. 新唐書卷 7 憲宗本紀元和二年正月。舊唐書卷14憲宗本紀同。
26. 資治通鑑卷 241 唐紀57穆宗長慶元年。
27. 陳寅恪是以門第作爲牛李黨分野的巨擘，參見唐代政治史述論稿及隋唐制度淵源略論稿。
28. 玉泉子。

「陳夷行鄭覃請經術孤立者進用；李珏與楊嗣復論地胄詞采者居先，每延英議政多異同，卒無成效，但寄之頰舌而已。」[29]

「(鄭)覃雖精經義，不能爲文，嫉進士浮華。開成初奏禮部貢院宜罷進士科。初紫宸對上(文宗)語及選士，覃曰：南北朝多用文華，所以不治，士以才堪卽用，何必文辭？帝曰：進士及第人已曾爲州縣官者，方鎭奏署卽可之，餘卽否。覃曰：此科率多輕薄，不必盡用，帝曰：輕薄敦厚色色有之，未必獨在進士，此科置已二百年，亦不可遽改。覃曰：亦不可過有崇樹。……上嘗於延英論古今詩句工拙。覃曰：……近代陳後主隋煬帝皆能章句，不知王者大端，終有季年之失，章句小道，願陛下不取也。」[30]

李黨視經籍爲其準則，如：

「(鄭)覃長於經學，稽古守正，帝(文宗)尤重之，覃從容奏曰：經籍訛謬，博士相沿，難爲改正，請召宿儒奧學，校定六籍，準後漢故事，勒石於太學，永代作則，以正其闕。從之。」[31]

「(李德裕)苦心力學，尤精西漢書、左氏春秋。」[32]

牛黨人士則視文選詩詞爲至寶[33]。

李黨除了重視經學以外，還重視德行，這是正宗儒家一貫的主張，如李德裕薦處士李源表示：

自天寶以後，俗尙浮華，士罕仗義，人懷苟免，至有棄城郭委符節者，其身不以爲恥，當代不以爲非，臣恐風俗旣成，紀綱皆廢，此當今之急務，敎化所宜先也。臣訪聞處士李源，卽故禮部尙書都留守贈司徒忠烈公憕之少子也，天與貞孝嗣茲忠烈。[34]

29. 唐語林三識鑒類。

30. 唐書合鈔卷224鄭覃傳。舊唐書卷173本傳同。新唐書卷165鄭珣瑜傳附覃傳略同。

31. 唐書合鈔卷224鄭覃傳。舊唐書卷173本傳同。新唐書卷165鄭珣瑜傳附覃傳略同。

32. 唐書合鈔卷225李德裕傳。舊唐書卷174李德裕傳。

33. 唐語林二文學類云：「文宗皇帝曾製詩以示鄭覃，覃奏曰：乞留聖慮於萬幾，天下仰望。文宗不悅；覃出，復示李宗閔，歎伏不已，一句一拜，受而出之。上笑謂之曰：勿令適來阿父子見之。」
又唐書合鈔卷19武宗本紀會昌四年宰相李德裕云：「……臣祖天寶以來以仕進無他岐，勉強隨計，一舉登第，自後不於家置文選，蓋惡其祖尙浮華，不根藝實。」可見試進士需讀文選。

34. 會昌一品集李德裕薦處士李源表。

這一派賢能觀念比較傾向於大家族的家風家學[35]，推衍到極端，則將禮儀視爲任官的重要條件，如李德裕任武宗宰相時有言：

然朝廷顯官須是公卿子弟，何者？自小便習舉業，目熟朝廷間事，臺閣儀範班行准則不教而自成，寒士縱有出人之才，登第之後始得一班一級，固不能熟習也[36]。

但是自南北朝以來，有的士族漸漸喜好詞藻文章，若比較牛李黨主要人物的家庭背景，如下：

李黨：李吉甫，趙郡著姓（合鈔卷 199）。李德裕，吉甫之子（卷 225）。鄭覃，滎陽著姓（卷 224）。陳夷行，潁川，江左諸陳（卷 224）。李紳，本趙郡著姓（卷 224）。李回，宗室（卷 224）。元稹，河南，後魏宗室後裔（卷217）。杜元穎，杜如晦裔孫（卷 214）。封敖，渤海士族（卷 219）。王質，太原著姓（卷 214）。盧簡辭，范陽著姓（卷 214）。李讓夷，隴西著姓（卷227）。鄭肅，滎陽著姓（卷 227）。

牛黨：牛僧孺，隋儒牛弘之後（卷 223）。李宗閔，宗室（卷 227）。李逢吉，隴西著姓（卷 218）。李珏，趙郡著姓（卷 224）。李固言，趙郡著姓（卷224）。楊於陵，宏農著姓（卷215）。楊嗣復，於陵子（卷227）。楊虞卿，宏農著姓（卷227）。白敏中，太原士族（卷217）。蕭俛，蘭陵，南朝著姓（卷222)。令狐楚，德棻之裔。令狐綯，楚之子（卷222)。韋貫之，京兆著姓（卷209)。

兩黨的主要人物都是士族子弟出身，家世顯然不是他們的差異點。牛黨人士雖然常被李黨批評爲「輕薄」「浮華」，在作風方面帶有濃厚文人灑脫的氣息，但終係儒家一脈，並非傷風敗俗之類。其最大差異是牛黨認爲入仕條件應以「才」學爲主。而李黨則係「德」行爲主。才學在唐代主要的由進士舉試之，所以牛黨與進士第密不可分。明經科本爲經術之士而開，其後以帖經、墨義方式考之，人愈輕視；最重要的是德行無法以考試求得，故經術之士對進士與明經舉都不滿意。如柳冕所謂：「進士以詩賦

35. 陳寅恪唐代政治史述論稿、隋唐制度淵源略論稿。錢穆"略論魏晉南北朝學術文化與當時門第之關係"。
36. 唐書合鈔卷19武宗本紀會昌四年十二月宰相李德裕云。舊唐書卷18上武宗本紀同。

取人，不先理道；明經以墨義考試，不本儒意。」[37]，然唐代上至皇帝，上及平民，皆重進士第，經術之士爲求功名不得不參加進士科考試，如李德裕「祖(栖筠)天寶末以仕進無他岐，勉强隨計，一擧登第。」[38]，而上列十三位李黨主要人物之中，陳夷行、李紳、李回、杜元穎、封敖、王質、盧簡辭、李讓夷、鄭肅等九人擢進士第，元稹是制擧。所以亦不可以進士第之有無，區別兩黨。李黨人士格於客觀形勢而參加進士考試，並沒有放棄以經術德行爲仕進條件的主張，故賢能標準的不同才是這兩類人眞正差異之所在，而這種差異的暗流，自兩漢以來已有脈絡可尋，由暗而明，至唐代復由冷戰而趨熱戰矣！

截至唐朝末年，並沒有想出融合兩種不同賢能觀念之法，祇是在考試之時，以消極的連保方式，防止德行虧缺者參加入試而已，如：

> 開成元年十月，中書門下奏：「……今日以後，擧人於禮部納家狀後，望依前，五人自相保；其衣冠，則以親姻故舊，久同遊處；其江湖之士，則以封壤接近，素所諳知者爲保。如有缺孝弟之行，資朋黨之勢，跡由邪徑，言涉多端者，並不在就試之限。如容情故，自相隱蔽，有人糾擧，其同擧人並三年不得赴擧。」……勅依奏[39]。

五、結　　論

中外有很多學者認爲：在中國歷史上有一士大夫階層。這一階層人物的動態是研究中國歷史不可忽略的課題，著者曾撰“中國中古社會史略論稿”一文，對中古時期嘗試作有系統之分析，在研究現象動態之餘，發現該階層的內在要素的變化，實與人物變遷、選制更革、政潮起伏等現象，有着息息相連的關係，這是「圈內競爭」的現象之一環，是由內而外的觀察研究。

古籍中常見的德行、經術、文章、吏幹等四個項目，實含着「賢、才、能」三大價值要素；而一連串的「賢」(德)與「才」之論辯，構成中古賢能觀念演變的主要

37. 全唐文卷257柳冕與權侍郎書云。

38. 同注36。

39. 唐會要卷76貢擧中。

現象。儒家源遠流長，到孔子時才變成爲積極的儒[1]，大思想家孔子最特出之處是完整地建立一套德行體系，且十分重視「賢」(德)的因素。孔子孟子等周遊列國，是想以這一套德行體系安定政治社會，但一直未被激賞。西漢初期，儒家之士時而雜以他學，以求適應時代，屢以才見聞，故多非醇儒。待儒家爭得主導地位之後，很成功地將「德」的因素深植於政治社會，爲了要維持德之原始性與完整性，經典不輕易吸收新的內容，於是乎主流儒者盡其心力於今古文、師說、章句等，經學內容實自限於一個大框框之內。乃促使部份有才識之士，以文章表達其才華與個性。東漢時期，已有辭章與經術分道的跡象；經術强調德，辭章强調才。魏晉以降，文風尤熾，兩者之間的爭議轉濃。經術派指責辭章派爲浮華、文德不雙修、文士多薄行等等；而時人復認爲經術派無應世之才。當此時也，經術派所欲亟力强調者，乃德在才之上云云。

漢武帝時儒家與政權開始密切結合，兩漢任官標準很受儒家賢能觀念的影響，孝廉、茂才、特詔、四科取士等，德行是必要條件，德行標準不易具體，故政治社會上强有力者常利用這一空隙，以族舉德，以位命賢；眞才不彰，察舉流於形式。魏武三令是反動之特例，倡導任官唯才是舉，且明顯地反對德行與任官之間的相關性，這種反主流的作法，維持不久，曾經何時，乃子曹丕已回復注重德行路線，九品中正的品狀標準，似乎比東漢更重德行，以儒教爲其內在精神[2]的士族，自此獲得更高的評價，士族代表德，選舉士族化，士族子弟生而評爲「門地二品」，選舉制度僵化以後，部份優閒中的士人，以辭章自娛，純文學漸次孳長；南北朝時，文集數量已追及經典銓注作品。隋廢九品，行科擧，經術之士與辭章之士在彈性的選制之中，開始劇烈競爭。唐選制原始設計兼顧經術與辭章，然關中、山東、南方三大地區所累積的龐大官吏候選人，聚擠一朝；在貞觀時，經術之士與辭章之士已展開第一回合角逐，武后重視文章與學士，辭章之風行與經術派之反對之聲，相對地扶搖升高。時人以辭章爲才之代表，政權緣引文士參與機要，經術之士在選擧時常遭擯落。憲宗朝以經術之士爲宰相，對辭章派進行反擊，永和二年詔令州府所送進士，如虧禮教，雖有辭藝，不得申送。牛李兩黨從其身世、進士第觀察，皆無太大差異，李黨之言論顯然執着重德行

1. 胡適"說儒"。
2. 錢穆"略論魏晉南北朝學術文化與當時門第之關係"。

之大纛，他們所爭論的是兩漢以來二種不同的賢能標準，自論辯而發展成政潮矣！隨着時代和環境的變遷，「才、能」內容亦有不同；「德行」則不可改變、不可修改，千餘年來，儒家學派內的「德行」與「才、能」因素不斷地在競爭，這種競爭當統治階層僧多粥少時，最爲緊張，中古時期在任官標準上表現得最爲明顯，因爲在這個關鍵上影響「名、利」最爲重大之故也。

*　　　　*　　　　*

唐代辭章派波濤洶湧，激起衛道者古文運動，古文運動有二種含義[3]，其一是文學上的復古，如李白；其一是儒家德行之復古；前者是純文學史上的課題，不屬本文討論範圍；後者涉及道統。世人祇注意韓、柳，然在此之前，已有陳之昂、李華、蕭穎士、元結、梁肅、獨孤及、柳冕諸人倡導，旨在「文以載道」，道卽孔孟之道，實儒家之德行也。這是部份儒者力圖挽囘經術頽勢所作的努力，讓有才華者可以得以發揮，但仍需在德行的範圍之內，這個修正自必引起各人對德行意義的推論，而對德行產生多種解釋；德行可以推論、道可以頓悟，若以此與漢唐正宗儒者的師說、章句、注疏等，作一比較，似有很大差別，而與宋明學風頗爲接近。所以韓、柳之說，與其放在中古賢能論辯之末，毋寧將其視爲近古之濫觴也。

余師英時謂：「儒家雖也有智識主義與反智識主義的對立，但遠不像西方所表現的那樣强烈。這種對立並非兩種截然相異的文化衝突的結果，而是起於儒學內部學者對“道問學”與“尊德性”之間的觭輕觭重有所不同。」[4]，我們若將宋明“道問學”與“尊德性”看作儒家內部「才」「德」之爭的另一型態[5]， 則當德與才有抵觸時、或權衡兩者擇其一時，儒者衛道之士大抵亟力倡導德行而非議「才、能」，當此時也，其言論跡似反智。

當一套觀念體系在政治社會上取得主導地位以後，卽開始努力維護其純粹性。觀

3. 錢穆“雜論唐代古文運動”謂：「抑太白雖主變風俗，復元古，而心不喜儒術。」「故太白僅屬一種文學之復古，至工部始站在儒家地位而爲復古」。

4. 余師英時「歷史與思想」“從宋明儒學的發展論淸代思想史”頁92，之引文。

5. 「道問學」與「尊德性」兩者的含義甚爲複雜，道問學亦不否定德行，但亦重視「格物」，正如漢唐時，「才」亦不否定德；尊德性重視理，理又含仁義德性，唯宋明「尊德性」允許學者直接悟孔孟之道，顯然受佛學影響，這一點又與漢唐正宗儒者謹嚴解釋有別，但「尊德性」極重德，所以以才德兩者關係而言，似與中古儒學手德關係類似。

念體系的核心點不許變，實行的方法或表現的方式允許變，卽「體」不可變，「用」可以變是也。當兩者之間衝突時，孰重孰輕，孰先孰後，每每引發內部價值觀念的論辯；表現在學派上有「德」與「才」之爭；表現在政治社會上有正統精神與專業精神之爭；表現在宗教信仰上有教義與知識之爭；表現在現代政黨上有主義與實用之爭。德行、教義、主義是否可以因時因地而改變呢？肯定或否定，或許是自由思想與保守思想的分水源頭。

參考書目

史記　漢書補注　後漢書集解　三國志集解　晉書斠注　宋書　南齊書　梁書　陳書
魏書　北齊書　周書　隋書　唐書合鈔　舊唐書　新唐書　南史　北史　資治通鑑
全上古三代秦漢三國六朝文　文選　全唐文　唐文粹　文苑英華
十三經注疏　王明校太平經
文獻通考　通志　唐會要　唐大詔令集　登科記考
祁玉章賈子(誼)新書校釋　董仲舒春秋繁露　汪榮寶(揚雄)法議疏
桓寬鹽鐵論　桓子新論（孫馮翼輯刋於問經堂叢書卷 8 ）　王充論衡
王符潛夫論　荀悅申鑒　徐幹中論　劉劭人物志　葛洪抱朴子
梁元帝金樓子　王通中說　玉泉子（唐人佚名）
曹丕典論（問經堂叢書卷 8 ）　劉勰文心雕龍　劉知幾史通　章學誠文史通義
劉義慶世說新語　顏之推顏氏家訓　虞世南北堂書鈔　徐堅初學記　唐摭言　唐語林
漢唐事箋　唐才子傳　翰林志　翰林院故事　日知錄　二十二史箚記　十七史商榷
王仁裕開元天寶遺事　孫棨北里志　封演封氏見聞記
權德輿　權載之文集
嚴耕望　"秦漢郎吏制度考"　史語所集刋 23上
顧頡剛　五德終始說下的政治和歷史
顧　實　漢書藝文志講疏　東南大學叢書　商務
謝幼偉　"孝與中國社會"　新亞學報 4-1
薩孟武　中國社會政治史　第一、二、三冊

羅龍治 進士科與唐代的文學社會 國立臺灣大學文史叢刊
錢 穆 “略論魏晉南北朝學術文化與當時門第之關係” 新亞學報 5-2
錢 穆 “讀文選” 新亞學報 3-2
錢 穆 “雜論唐代古文運動” 新亞學報 3-1
獨孤及 毘陵集
劉師培 劉申叔先生遺書
劉大杰 中國文學發展史 中華書局
臺靜農 “西漢散文的演變” 大陸雜誌 5-6
臺靜農 “論唐代士風與文學” 臺大文史哲學報 14
逯耀東 “魏晉雜傳與中正品狀的關係” 中國學人 2.
楊樹藩 唐代政制史
勞 榦 “漢代察舉制度考” 史語所集刊 17
勞 榦 “禮經制度與漢代宮室” 北大四十周年紀念論文集
賀昌羣 魏晉清談思想初稿
湯用彤、任繼愈 魏晉玄學中的社會政治思想略論
湯用彤 魏晉玄學論稿
張秉權 “論謝靈運” 大陸雜誌 11-2
張秉權 “杜甫與謝靈運” 大陸雜誌 11-9
張以仁 “論國語與左傳的關係” 史語所集刊 33
張以仁 “村老老是信口開河——談談李辰冬教授對詩經作者的新發現” 文星 74
張心澂 僞書通考 明倫出版社
張西堂 “三國六朝經學上的幾個問題” 北平師大月刊 18, 1935
張美煜 “釋「鄭聲淫」” 孔孟月刊 13-10
康有爲 新學僞經考
康有爲 春秋筆削大義微言
康有爲 春秋董氏學 萬大堂叢書
康有爲 孔子改制考 臺灣大通書局

陳慶新 “宋儒春秋尊王要義的發微與其政治思想” 上、下 新亞學報 10至12

陳寅恪 唐代政治史述論稿 史語所專刊之20

陳寅恪 隋唐制度淵源略論稿 史語所專刊之22

陳 槃 “讖緯釋名” 史語所集刊 11

陳 槃 “讖緯溯原上” 史語所集刊 11

陳 槃 “戰國秦漢間方士考論” 史語所集刊 17

陳 槃 “古讖緯書錄題解”(三) 史語所集刊 17

陳 槃 “論早期讖緯及其與鄒衍書說之關係” 史語所集刊 20上

庾 信 庾子山集

郭紹虞 中國文學批評史

黃彰健 “論四書章句集注定本” 史語所集刊 28上

黃彰健 “釋孟子公都子問性章之才字情字” 民主評論 6-16

許倬雲 “西漢政權與社會勢力的交互作用” 史語所集刊 35

陸 贄 “陸宣公翰苑集”

馮承基 “牛李黨爭始因質疑” 臺大文史哲學報 8

馮炳奎 “積極的黨錮爲什麼變成消極的清談” 孔孟月刊 11-40

陶希聖 中國政治制度史

孫廣德 先秦兩漢陰陽五行說的政治思想 嘉新水泥公司文化基金會

孫國棟 “唐宋之際社會門第之消融” 新亞學報 4-1

徐 彥 春秋公羊傳疏

徐復觀 “王充論考” 新亞學報 4-1

傅錫壬 “劉勰對辭賦作家及其作品的觀點” 淡江文史叢書文心雕龍研究論文集

唐長孺 “魏晉才性論的政治意義” 魏晉南北朝史論叢

侯紹文 唐宋考試制度史

馬宗霍 中國經學史 中國文化史叢刊 商務

馬國翰 玉函山房輯佚書

屈萬里 “宋人疑經的風氣” 大陸雜誌 29-3

屈萬里 "周誥十三篇中的政治思想" 中國政治思想與制度史論集 1-9

屈萬里 "詩三百篇成語零釋" 臺大文史哲學報 4

屈萬里 "經義新解舉例" 孔孟月刊 14-11

屈萬里 尙書釋義 中華文物出版社

屈萬里 "十三經注疏板刻述略" 學原 3-3、4

胡 適 "說儒" 史語所集刊 4-3

林文月 "南朝宮體詩研究" 臺大文史哲學報 15

易君左 中國文學史

金發根 "東漢黨錮人物之分析" 史語所集刊 34上

李德裕 會昌一品集

臭 英 經學叢書

余英時 "漢晉之際士之新自覺與新思潮" 新亞學報 4-1

余英時 歷史與思想 聯經出版事業公司 臺北

杜 牧 樊川文集

杜 預 春秋左傳集解

牟潤孫 論魏晉以來之崇尙談辯及其影響 香港中文大學

甘鵬雲 經學源流考

白居易 白氏長慶集

皮錫瑞 經學歷史

元 稹 元氏長慶集

王夫之 尙書引義 船山遺書全集

王安石 周官新義

王安石 王臨川集

王應麟 困學記聞

王 瑤 中古文人生活

王夢鷗 唐人小說研究

王恒餘 "由論語中看孔子對於「君子」所訂的標準" 孔孟月刊 1-12

毛漢光 兩晉南北朝士族政治之研究 中國學術著作獎助出版委員會

毛漢光 唐代統治階層社會變動 影印博士論文

毛漢光 "從中正評品與官職之關係論魏晉南朝之社會架構" 史語所集刊 46-4

毛漢光 "三國政權的社會基礎" 史語所集刊 46-1

毛漢光 "敦煌唐代氏族譜殘卷之商榷" 史語所集刊 43-2

毛漢光 "中國中古社會史略論稿" 史語所集刊 47-3

宮崎市定 九品官人法の研究

谷川道雄 "北魏官界における門閥主義と賢才主義" 名古屋十周年論文集

矢野主稅 "狀の研究" 史學雜誌 76-2

本田成之 中國經學史 （中譯本）

江村治樹 "「賢」の觀念より見たる西漢官僚の一性格" 東洋史研究 34-2

出自第四十八本第三分（一九七七年九月）

唐代的雇傭勞動

黃清連

一、前　　言

本文所討論的「雇傭勞動」，是指由身分自由的雇農與傭工等勞動者，所提供的有償勞動。由這種勞動所引起的契約、工資等雇傭關係，也在討論之列。

雇傭勞動雖然很早就在我國歷史上出現，並在秦漢以迄魏晉南北朝八百年間屢見不鮮。但是，唐以前的雇傭勞動只是偶發的、分散的；身分自由的傭作者與身分不自由的奴隸，往往難以分辨；傭作者通常僅爲某些個人服務，或構成國家勞動力的一小部份來源；並沒有形成普遍而有組織的現象。因此，唐以後逐漸盛行的雇傭勞動，一方面代表工商業的漸次發達，另方面則代表社會經濟結構的次第轉變。在中國社會經濟變遷或成長過程中，雇傭勞動的普遍化，無疑是一項值得注意的問題。本文的目的，就是要說明唐代雇傭勞動發展的過程和內容，並藉雇傭關係的分析結果，來觀察唐代社會經濟的一些現象。

雇傭勞動的發生，是由於政府或私人的勞動力需要，無法以強制力量獲得滿足，因而只有以資財（實物或貨幣）雇用勞動者爲其工作。從這個角度看，雇傭勞動的普遍發展，最少必須具備下列三個條件：（一）社會經濟結構不再以「奴隸」爲主要基礎，否則可由奴隸提供勞力，不必雇傭；即使偶而有雇傭，也不會普遍。（二）社會經濟力量逐漸成熟，農工商業發展漸次活潑，才有必要使用大批雇傭勞力。（三）人身自由漸漸受到重視，自由轉移爲人執事的傭作者，才會構成較大的勞力來源。用這些條件作衡量標準，唐以前的雇傭勞動約可分作三個時期：（一）秦以前，由於政府或私人的强制力量甚大，常使用大批奴隸勞動，農工商業也不是非常發達，人身自由仍受法律、道德的一定規範，所以儘管有一些雇傭勞動的零星記載，但仍可視爲雇傭勞動醞釀時期。(二)兩漢時，由於農工商業漸漸發達，需要大量勞力；這些勞力又無法完全自奴隸獲得，於是雇傭勞動漸次萌芽、滋生，可視爲雇傭勞動萌芽時期。[1](三)魏晉南北朝四百年間，由於政權分裂，戰亂頻仍，人民流徙，往往依附士族或莊園，成爲部曲、佃客，兩漢以來逐漸發達的農工商業，又遭受打擊，雇傭勞動因之萎縮，可說是雇傭勞動萎縮時期。[2] 但自唐以後，由於各種條件的配合，雇傭勞動就轉入成長時期，這是值得賦予相當注意的。唐以前雇傭勞動的萌芽及一段時期的萎縮，正好說明唐代雇傭勞動的普遍發展，具有社會經濟結構變遷的重要意義。

唐代雇傭勞動的範圍相當廣泛，除了由政府和私人雇賃而從事農業、手工業生產外，還有許多非生產性勞動，如建築宮室、傭力負運等。以勞動形態說，唐時已出現日傭、月傭等短期勞動者，勞力甚至集中到「傭作坊」待價而沽。傭作者付出勞力後，可從雇主處得到工資；工資的獲得與雇傭關係的建立，多半藉雇傭契約訂立。所以，從雇傭勞動的範圍與形態，可以看出唐代工商業已頗發達；由雇傭工資自實物工資轉變爲貨幣工資，及實質工資的數額，可以觀察經濟制度的變遷和傭作者的生活程度；就雇傭契約的訂立與內容，則可瞭解傭作者的身分是自由民，並非賤民。凡此種種，都說明雇傭勞動在唐代社會經濟結構中，有探討的必要。

關於宋代以前的雇傭勞動，前人研究不多，僅勞榦[3]、翦伯贊[4]、傅安華[5]、文

1. 漢代雇傭勞動的情形，參看：勞榦，「漢代的雇傭制度」，中央研究院歷史語言研究所集刊，23本，上册(1951)，pp.77-87；翦伯贊，「兩漢時期的雇傭勞動」，歷史問題論叢(北平，1962)，pp.304-17。勞氏曾以奴隸使用的減少，反證雇傭勞動的增加。翦氏認爲兩漢雇傭勞動範圍雖然廣泛，但仍屬偶發現象。

2. 魏晉南北朝時期政府雇傭勞動情形，參看：唐長孺，「魏晉至唐官府作場及官府工程的工匠」，魏晉南北朝史論叢續編(北平，1959)，pp.29-59；私人雇傭勞動情形，散見八書、二史的忠義、孝行、孝義等類傳。又，此時期經濟發展情形，參看：全漢昇，「中古自然經濟」，中國經濟史研究(香港：新亞研究所，1976)，上册，pp.6-13。

3. 參看：勞榦，前揭文。

4. 參看：翦伯贊，前揭文。

5. 傅安華，「唐代的雇傭勞動」，北平華北日報史學周刊 48期(1935.8.15)。筆者未見此文，雖有遺珠之憾，但此文成於四十餘年前，而本文曾引用、參考近數十年來發表的敦煌史料及研究成果，因此所討論的內容與方法當有所不同。

君[6]、柯昌基[7]、仁井田陞[8]等數人而已[9]。本文在缺乏豐碩的研究成果及材料零散的困難下，試圖以唐代的政府雇傭、私人雇傭、雇傭契約的訂立與內容、工資的給付、傭作者的身分等項，作爲以下討論的主要課題。

二、唐代的政府雇傭

唐自貞觀、永徽以後，雇傭勞動逐漸普遍化，歸納起來，有下列幾項因素：

(一)由於太宗、高宗以後，浮客、游民逐漸成爲社會、經濟問題，其後更因安史之亂的關係，華北地區人口急速減少，或死於兵禍，或避亂而流轉南方，農村遭到極大破壞；[10] 華南地區人口則相對增加，經濟漸次發展。[11] 在南北社會經濟結構轉變過程中，若干地區或因土地制度改變，或因經濟利益吸引人口，集中到都市，造成「都市化」(Urbanization)現象。[12] 流民湧到都市後，常常變成所謂「游手墮業」或「流

6. 文君，「唐代的雇傭——評孔經緯先生關於唐代已有資本主義萌芽的意見——」，光明日報(1957.3.28)，後收入中國封建經濟關係的若干問題(北平，1958)，pp. 223-9。此文主要在反駁孔經緯所說唐代已有資本主義萌芽的意見，對唐代雇傭勞動本身及其所牽涉的雇傭關係，討論不多。案：孔經緯認爲唐代中葉以後，已出現「最初資本主義萌芽形式」。見氏著，「中國封建社會手工業中的資本主義萌芽」，中國資本主義萌芽問題討論集(北平，1957)，pp. 467-70。

7. 柯昌基，「宋代雇傭關係的初步探索」，中國資本主義萌芽問題討論集續集(北平，1960)，pp. 30-75。

8. 仁井田陞，「中國の農奴、雇傭人の法的身分の形成と變質——主僕の分について——」，中國法制史研究——奴隸農奴法、家族村落法(東京：東京大學出版會，1962)，pp. 147-89。此文主要敍述唐末五代至明末清初農奴及雇傭勞動者法律身分的形成與轉變。

9. 關於唐宋雇傭勞動研究狀況，參看：菊池英夫，「唐宋時代を中心とする所謂『雇傭勞動』に關する諸研究」，東洋學報43卷3號(1960)，pp. 49-66，菊池氏曾廣泛檢討前人研究的課題與方法論。

10. 安史亂後華北農村破壞情形，參看：黃穀仙，「天寶亂後農村崩潰之實況」，食貨半月刊1卷1期(1934)，pp. 14-19.

11. 唐代戶口變遷情形，參看：易曼暉，「唐代的人口」，食貨半月刊3卷6期(1936)，pp. 10-27；池田溫，「現存開元年間籍帳の一考察」，東洋史研究35卷1號(1976)，pp. 76-77。唐代南北戶口數的變遷，參看：青山定雄，「隋唐宋三代に於ける戶數の地域的考察(一)」，歷史學研究6卷5號，(1936)，pp. 59-94。唐代南北戶口消長的主要因素，Hans Bielenstein 認爲是外患與苛稅重役所導致的由北向南移民，其分析與統計參氏著 "The Census of China During the Period 2-742 A.D.", *Bulletin of the Museum of Far Eastern Antiquities* 19 (1947), pp. 148-151.

12. 唐代人口集中到都市，造成「都市化」現象，參看：Charles O. Hucker, *China's Imperial Past: An Introduction To Chinese History And Culture* (Stanford: Stanford Univ. Press, 1975), pp. 173-6。他指出：八世紀初，唐有二十六個大都市，人口都超過五十萬人，如長安二百萬，洛陽、大名各一百萬，蘇州六十三萬，杭州五十八萬等。又，中唐至宋，長江下游的都市化現象，更值得注意，參 Yoshinobu Shiba (斯波義信), "Urbanization and the Development of Markets in the Lower Yangtze Valley", (J.W. Haeger ed.) *Crisis and Prosperity in Sung China* (Arizona: The Univ. of Arizona Press, 1975), pp. 13-48.

庸」，爲解決生活問題，最簡單的辦法就是爲人傭賃。[13] 至於殘留在農村或轉徙其他農村的人，因爲耕地逐漸被剝奪、兼併，遂投靠日益茁壯的莊園，充當佃客，或成爲雇工、雇農。[14]

(二)由於唐代的徭役，逐漸變爲雇役形態；這種發展又與貨幣經濟有合流的傾向，遂刺激了政府和私人雇傭的部份發展。[15] 譬如：公共工程的建設，政府常先以「庸」法徵役百姓，再採取「和雇」方式，繼續完成全項工程，這就成了政府雇傭的重要部份。至於被徵役的百姓，用現錢免除徭役也漸形普遍，亦構成私人雇傭的一部份。免役錢的繳納與免役法的運用，到王安石變法時，還被模倣。

(三)由於運河逐漸扮演南北交通的積極角色，江南財賦也逐漸在全國財政上居於重要地位，因此稅糧的運輸，成爲南北漕運的主要項目，運輸工人的需要量因而激增。這些需要量既無法從徵役滿足，於是雇傭挽夫、脚力就出現了。

(四)由於唐代奴隸或賤民，較魏晉南北朝時期有逐漸減少的趨勢，不論是政府或私人的勞動力，都必須再取自從土地游離出來的農民或自由民，所以雇傭勞動者的出現，可說是奴隸勞力的遞補。

(五)由於工商業逐漸發達，雇傭勞動的需要因而增加。譬如：在唐代官私作坊裡有大量雇傭工匠，在商業活動中，雇傭勞力也日益重要。甚至還出現專門出賣勞力的

13. 所謂「游手墮業」，舊唐書（以下所引各種正史，如未特別註明，皆用臺北新文豐出版公司「斷句本二十五史」。），卷140，頁12a,「張建封傳」說：貞元末，戶部侍郎判度支蘇弁上奏：「京師游手墮業者，數千萬家，無土著生業，仰宮市取給。」所謂「流庸」，見：陸贄，陸宣公翰苑集（四部叢刊初編本，以下簡稱陸宣公集），卷4，頁31a，「優恤畿內百姓并除十縣令詔」。游民湧入都市，多「傭假取給」，造成社會問題，如開元二十四年「聽逃戶歸首敕」稱：「黎甿失業，戶口凋零，忍棄枌榆，轉徙他土，傭假取給，浮窳求生。」見：宋敏求（編），唐大詔令集（臺北：華文書局影明鈔本），卷101，頁4a。

14. 參看：王溥，唐會要（上海：商務印書館，叢書集成初編本），卷85，頁1560-7，「逃戶」條；三島一，「流民奴婢の發生と大土地所有の成立」，（三島一、鈴木俊編）東洋中世史(二)（東京：平凡社，1934；收入世界歷史大系(五)），pp.219-30；王仲犖，「唐代兩稅法的研究」，歷史研究，1963年6期，p.118.

15. 參看：全漢昇，「中古自然經濟」，pp.117-24，全氏認爲雇役制度的發生，主要是錢幣勢力的侵入，這是由自然經濟轉入貨幣經濟，必然發生的現象。但日人小笠原宣秀、西村元祐則持另一種看法，他們從敦煌文獻中發現：天寶及其以後，敦煌縣雜徭差配的可能人數，約減少全丁中的10%以下，這些減少的數額，自然要仰賴雇役來補足，這就反映了唐初以降由實役轉移到雇役的傾向。其說見：二氏合著，「唐代役制關係文書考」，敦煌、吐魯番社會經濟資料(下)（京都：法藏館，1960），p.139。其實，上述二種不同意見，都只說明部份現象，因爲雇役制的產生，與政府用強制或半強制力量施行的「和雇」，及私人以免役錢募人代役有關。換言之，雇役制的發展，與雇傭勞動的普遍發展，頗有互爲因果的連帶關係。其進一步說明，詳本節以下的討論。

「傭作坊」，更顯示雇傭勞力的「商品化」。（詳二、三節）

以上因素，促成了唐代雇傭勞動的普遍化。本節卽先敍述唐代政府雇傭普遍發展的情形。

唐政府對勞動力的需要，主要有農業、手工業、運輸、公共工程、雜徭（或稱雜役、色役）等方面。爲滿足上述需要，就訂立一些制度來獲取勞動力。這些制度主要有三種形態：(1)政府所訂正規的勞役制度，卽「役」和「雜徭」，是由應役者本人親自就役，事實上就是一種「差役」或「現役」制度；(2)由於徵發、番上、逃亡等造成政府徵役時技術上的困難，因而又推廣出「納資代役」制，卽役者出資，由政府雇人代役（私人出資自行雇人代役的例子也有，但屬於私人雇傭的範圍，參三、四節。）這也就是「庸」制；(3)政府出錢雇人代役，此卽「雇役」，它又有一個特別名稱叫「和雇」（嚴格說，庸制與和雇制有所不同，庸是由役者納資代役，和雇的經費來源則不一定是役者所納之資，也可以是政府的財力。）以上三種制度，彼此之間有相當關係，它們雖然都是因襲前代舊制，但却在唐初至安史之亂一百四十年間(618～755)，才陸續發展完成並且制度化的。安史亂後，由於社會經濟結構起了變化，這些制度也隨著有所改變。現在先說明安史之亂以前唐政府勞動力的獲得，及其與政府雇傭勞動有關的發展如下：

關於唐初役制，唐六典（卷三）戶部說：

> 凡賦役之制有四：一曰租、二曰調、三曰役、四曰雜徭。課戶每丁租粟二石，其調隨鄉土所產綾、絹、絁各二丈，布加五分之一，輸綾、絹、絁者綿三兩，，輸布者麻二〔？〕斤，皆書印焉。凡丁歲役二旬〔原注：有閏之年加二日〕，無事則收其庸，每日三尺〔原注：布加五分之一〕。有事而加役者，旬有五日免其調，三旬則租調俱免〔原注：通正役並不得過五十日〕。[16]

役和雜徭就是一種差役或現役，但事實上政府並不需要課戶之丁都親服勞役，於是而有庸。稱爲庸的原因，是「以其出絹而當庸直，故謂之庸。」[17] 這種力役制度直接承

16. 唐六典（掃葉山房刊本，以下如不特別註明，皆用此本。）卷3，頁15，「戶部」條。案：引文中「輸布者麻二斤」，文海本（臺北文海出版社影印日本享保甲辰年(1724)據明正德本刻考證本），卷3，頁35a-36a，作「輸布者麻三斤」。

17. 引文見：陸宣公集，卷22，頁 183，「均節賦稅恤百姓」(六條)，「其一論兩稅之弊須有釐革」條。

襲隋制：開皇三年(583)「初令民二十一成丁，減役者每歲十二番爲二十日役」，十年(590)規定丁年五十者，可以「免役收庸」或「輸庸停防」。[18]不過，隋的輸庸代役辦法並未徹底施行，到唐才制度化，並適用於一般力役。唐的徵役較隋爲輕，這主要表現在輸庸代役的普遍施行上。此外，唐初又規定按災害情況，訂立優復蠲免之制。[19]高祖時，「徵斂賦役，務在寬減。」[20]太宗時也繼續輕徭薄賦政策，經常曲赦、給復華北各州縣。[21]這些措施，對農業生產及安定人民生活是有利的。輕徭薄賦既成爲唐初的一貫政策，爲解決隋末唐初因戰爭引起的戶口減耗、增闢勞動力來源，於是政府雇傭制度就發展起來了。

貞觀初年，人口總數比不上隋代全盛之日。但農工生產力亟待增加，也有許多公共工程需要進行，這些勞動力起先是仰賴徵役，因而使百姓疲弊不堪。舊唐書(卷七四)馬周傳說：

> (貞觀)十一年(637)，周又上疏曰：「……今百姓承喪亂之後，比於隋時，纔十分之一，而官供徭役，道路相繼，兄去弟還，首尾不絕。遠者往來五六千里，春秋冬夏略無休時。陛下雖每有恩詔，令其減省，而有司作既不廢，自然須人。徒行文書，役之如故。臣每訪問，四五年來，百姓頗有嗟怨之言。……」

同年，中書侍郎岑文本也有類似論諫，他說：「(今)既承喪亂之後，又接凋弊之餘，戶口減損尚多，田疇墾闢猶少。……(宜)去奢從儉，省工役之費。」[22]這裡所謂「工役之費」，除工程材料費用外，還包括勞動者的工資。貞觀政要(卷一〇)論愼終載貞觀十三年(639)魏徵的上疏說：

18. 開皇三年的減役，見：資治通鑑(臺北：世界書局，1962)，卷175，頁5461，「陳長城公至德元年三月」條；又，隋書，卷24，頁11b，「食貨志」，略同。免役收庸及輸庸停防的辦法，見：資治通鑑，卷177，頁5529，「隋文帝開皇十年六月辛酉」條；隋書，卷2，頁6b，「高祖紀」(下)及卷24，頁12b-13a，「食貨志」。
19. 唐六典，卷3，頁16，「戶部」條。
20. 舊唐書，卷48，頁1b，「食貨志」(上)。
21. 這類記載頗多，據筆者統計，兩唐書「太宗紀」中，其曲赦或給復共十七次。給復的地區，遍及華北各地，尤以關內及河南爲多。給復的動機很複雜，如見京城父老而勞之、巡幸某地、某地有兵亂或自然災害等。給復的時間，常爲一至三年。這類事例，雖歷代皆有，但從其次數之多，地域之廣看，已有輕徭薄賦精神。
22. 吳兢，貞觀政要(臺北：河洛圖書出版社，1975)，卷10，頁454-5，「論災祥」。

> 貞觀之初，頻年霜旱，畿內戶口，並就關外。攜負老幼，來往數千。……頃年已來，疲於徭役，關中之人，勞弊尤甚；雜匠之徒，下日悉留和雇。

這段疏文，新唐書（卷九七）魏徵傳所載略同，惟末段作：「雜匠當下，顧而不遣。」從上引，有幾件事值得注意：(一) 由政府出資的「和雇」形態出現了；(二) 和雇的產生，是由於政府避免百姓千里應役，或雜匠輪番時作業上的麻煩；(三)唐代官府工匠，有一定的服役期限，期限外卽「下日」，也就是休息的日子，他們有權「當下」，但和雇的方式，則顯示政府有時使用強制力量，在非服役期間內，以低於市價的工資顧工匠而不遣，這種「和」，並非基於雙方的共同意願（和雇在中唐以後，成爲弊政，詳本節以下討論；和雇工資的數額，詳四節二項的討論。）總之，和雇的方式，就是唐政府在正規徵役制度以外獲取勞力的辦法，它的發展和唐代政府雇傭勞動有密切關係。下文將再以各種不同勞動範圍，說明其發展。

貞觀初，一般徭役出現和雇的方式後，就爲太宗以下各朝所沿用，成爲政府雇傭勞動中需要量較多的一種。更由於國內社會經濟逐漸繁榮、人口增加及公共工程建設增多，在安史之亂以前，以和雇爲名的雇役制有一定的發展。舊唐書（卷四）高宗紀說：

> (永徽五年，654) 春三月辛未，以工部尙書閻立德領丁夫四萬，築長安羅郭。……冬十一月癸酉，築京師羅郭，和雇京兆百姓四萬一千人板築，三十日而罷。[23]

長安外郭的興築，自永徽五年三月開始進行，此處雖未明言繼續多久，但以是年十一月再「和雇」百姓板築，顯然卽爲上文所說「顧而不遣」的留役。像這類修築城郭的工程，終有唐一代屢見不鮮，其勞力來源也常藉和雇方式獲得。譬如：「長壽元年

23. 本段引文，其他各書記載，頗有出入，如：新唐書，卷3，頁4b，「高宗紀」作：「(永徽）五年十月癸卯，築京師羅郭，起觀于九門。」資治通鑑，卷199，頁6248，「高宗永徽五年冬十月」條作：「雇雍州四萬一千人，築長安外郭，三旬而畢。」胡注：「雇者，以錢若物酬其功庸，不徒役其力也。」唐會要，卷86，頁1583-4，「城郭」條作：「永徽五年十一月十一日，和雇雍州夫四萬一千人，修京羅城郭〔羅城二字倒置〕，三十日畢。九門各施觀，明德觀正門，以工部尙書閻立德爲始。」案：新唐書，卷100，頁16b-17a「閻讓傳」稱：「（讓）字立德……永徽五年……領徒四萬治京城。」舊唐書，卷77，「閻立德傳」不載此事。又，宋敏求，長安志（光緒辛卯年思賢講舍據乾隆校刊本印），卷7，頁5a，「唐京城」條，畢沅補曰：「永徽四年率天下口稅一錢更築之。」徐松，唐兩京城坊考（叢輔叢書本），卷2，頁1a，「西京、外郭城」條注與畢補同，其繫年誤。

(692)九月,神都改造文昌台及定鼎、上東等城門,修築外郭。」「開元十八年(730)四月一日,築京城,九十日畢。」「天寶二年(743)正月二十八日,築神都羅城,號曰金城。」「(天寶)十三載(754)十月十七日,和雇華陰、扶風、馮翊三郡丁匠,及京城人夫一萬三千五百人,築興慶宮城,並起樓,四十九日畢。」[24]

除上述修築城郭的公共工程,有時以和雇方式施工外,唐政府雇傭勞動較主要的發展,是在官府手工業方面。唐中央政府中有工部、少府監、將作監等機構,掌管手工業和工匠。工匠人數相當多,管理也很嚴格,對於和雇工匠補爲正工亦有規定,唐六典(卷七)工部說:

> 少府監匠一萬九千八百五十人,將作監匠一萬五千人,散出諸州。皆取材力强壯、技能工巧者,不得隱巧補拙、避重就輕。其驅役不盡,及別有和顧者,徵資市輕貨,納於少府、將作監。其巧手供內者,不得納資。有闕,則先補工巧業作之子弟。一入工匠後,不得別入諸色。其和顧鑄匠有名解鑄者,則補正工。

從上引,可見和雇工匠原是政府以傭資雇來的(其工資是按日計算,每天可得絹三尺。[25])但由於他們可能是工巧業作之子弟,具有特殊技能,所以往往被政府「顧而不遣」,成爲一種不得別入諸色的正工。換句話說,和雇工匠的身分原是自由民,一旦補爲正工後,就被束縛在官府中勞動了。案:唐代官府正工有三類,一爲長上工匠,是長役無番的官奴婢;二爲輪番工匠,番戶一年三番,雜戶三年五番,一番一個月(一般丁男一年二十日);三爲明資工匠,是公開承受官府貨幣工資的工匠。[26]從和

24. 以上見:唐會要,卷86,頁1584,「城郭」條。此條又載天寶以後,修築城郭的例子,共計八款,不具引。案:天寶十三載,和雇工匠築城事,舊唐書,卷9,頁17b,「玄宗紀」(下)作:「(天寶十二載,冬十月戊申)和雇京城丁戶一萬三千人,築興慶宮牆,起樓觀。」又案:上引前三條記載,過於簡略,雖無法斷定其工匠是否藉和雇方式徵來,但亦不可斷其必無,本文並錄於上,一方面在說明修築城郭之頻繁,另方面則在說明修築城郭時有和雇現象。

25. 見新唐書,卷46,頁21a,「百官志」「工部尚書」條。案:唐律中,在平贓(評定贓物價值)時有「計庸賃爲贓者」的規定,其法是:「平功庸者,計一人一日爲絹三尺。」見:(官版)唐律疏議(東京:汲古書院,1975),卷4,頁12a-16b,「名例」部份,「以贓入罪」、「平贓者」條。從這項法令規定,也可看出一人一日三尺絹是當時通行的雇傭工資。

26. 參看:鞠清遠,唐宋官私工業(上海:新生命書局,1934),pp. 17-21, 28-29;韓國磐,隋唐五代史綱(北平,1962),pp.113-4。鞠氏稱唐代官工業的勞動者,有短蕃匠、和雇匠、長上匠、明資匠、官奴婢等五類;韓氏則分作長上工匠、輪番工匠、和雇工匠等三類。實則和雇工匠原非正工,一入正工後,就不得列入諸色,這是和雇工匠和其他類別工匠,最大的區別;也是本文不把和雇匠列入官府正工的理由。

雇工匠和其他正工來源、身份、役期及工資的不同，可知和雇工匠受領傭資而工作，與政府庸雇勞動的發展有關。換言之，和雇工匠的使用，是唐政府爲補充手工業等勞力，而採取雇傭方式的。

自貞觀、永徽使用一些和雇工匠以後，一方面顯示雇役制是逐漸取代人民直接向政府提供徭役的辦法；另方面顯示和雇工匠的使用，有其優點，即可減少作業上及百姓千里應役的麻煩，也可減少政府的財政負擔。因此，雇役制成爲太宗、高宗以下各朝沿用的辦法。譬如，新唐書（卷五四）食貨志說：

是時〔天寶十一載（752）以後〕增調農人鑄錢，既非所習，皆不聊生。內作判官韋倫請厚價募工，繇是役用減而鼓鑄多。

雇役鑄錢可使「役用減而鼓鑄多」，也可免除徵役的弊端（如上引稱應役者皆不聊生），却仍遭致反對。反對的理由，是雇役仍會擾民，釜底抽薪的辦法是「省其徭役」。唐會要（卷五二）忠諫條說：

顯慶元年（656）四月二十五日……中書令來濟對曰：「……近者爲山東〔今河南、河北一帶〕役丁，年別有數萬人，將爲煩擾，欲取其庸直，在京雇人充役，復恐非宜。臣等商量，望長久法，依舊役丁爲便。凡所施令，貴在長行，今正課外，無別徭役，足爲穩便。」

然而，這種論調無濟於事。睿宗時韋湊曾指出雇役制會使農人「趨目前之利」、「捨農受雇，棄本逐末」，結果也只讓睿宗停止一兩項工程，仍無法阻止雇役制的整體發展。[27]

一般富戶可納錢免役，貧戶只有親自就役，以致破產甚衆。百姓爲了避役而逃亡，成爲流民；流民爲解決生活問題，又轉而爲人傭賃。從高宗到玄宗時，這種現象越加普遍。新唐書（卷五五）食貨志說：

富戶幸免徭役，貧者破產甚衆。祕書少監崔沔請計戶均出，每丁加升尺，所增蓋少，流亡漸復，倉庫充實，然後取於正賦，罷新加者。開元十年（722），中書舍人張嘉貞又陳其不便（遂罷若干雜稅）。

從這段資料看，富戶可幸免徭役，則其徭役自然落入貧戶，貧戶爲避役而逃亡，再轉

27. 舊唐書，卷101，頁11b-12a，「韋湊傳」。

而爲人(政府或私人)傭賃。其間,政府爲撫恤逃戶,再「計戶均出,每丁加升尺」,貧戶已經避役逃亡,如何能够再忍受多加的「升尺」?於是,崔沔的意見成爲空談。再配合前引天寶末和雇百姓築興慶宮,及厚價募工鑄錢等事例觀察,則歲役用「和雇」方式處理,多少含有撫綏逃亡之意,而逃戶也願意就高貲而受雇,否則韋湊所諫「趨目前之利」、「捨農受雇」之事不會發生。如此看來,「和雇」方式極爲複雜:有時是出於政府强制力量的「雜匠當下,顧而不遣」、有時是「厚價募工」的高貲吸引、有時是「捨農受雇」的自願受雇。總之,不論是否眞正基於雙方自由意願,雇役制在玄宗時期已蔚爲普遍情形了。這件事反映了貲役是以「庸」的代償物來折納,也就是所謂「免番代償金制度」已經確立了。[28]

以上所論,僅就唐政府和雇工匠或勞動者,從事官府手工業或公共工程等勞動而言;事實上在雇役制逐漸發展的同時,和雇方式也被應用到其他方面。如開元二十五年(737)規定:百姓送納庸調之物,必須和雇送達,更說明了雇役制的發展。唐令稱:

諸庸調物,每年八月上旬起輸,三十日內畢,九月上旬各發本州。租調車舟未發閒,有身死者,其物却還。其運脚出庸調之家,任和顧送達,所須裹束調度,折庸調充隨物輸納。[29]

運脚是一種傭力負運,在私人雇傭中是依商業性契約而存在(詳三節),在政府雇傭中則有制度化的傾向。據上引,各州府須在規定期限內,將租庸調之物(錢帛及實物)輸納京師,運脚的工資由庸調之家負擔,政府以「和雇」方式雇用脚力,傭資從輸納總值中扣除。這種運輸,除勞力之外,還需要車、船、牛等交通工具,政府也須一併計值折算。[30] 當然,這項供役勢必困擾百姓,於是出錢免役的情形更多。甚至除運脚(或作租脚)外,還遍及其他雜役。開元二十三年(735)禁資課稅戶納見錢勅說:

天下百姓,正丁課輕,徭役所入,惟納租庸,人以守之,國用常足。比緣戶口

28. 參看:小笠原宣秀、西村元祐,「唐代役制關係文書考」, p.135;又,西村元祐,中國經濟史研究(京都:京都大學東洋史研究會,1968),pp.726-7。
29. 杜佑,通典(臺北:新興書局,1963),卷6,頁33,「食貨」(下)、「賦稅」(下);又,仁井田陞,唐令拾遺(東京:東方文化學院東京研究所,1933),p. 667,「賦役令」「三(開二五)」條下補:「皆州司領送,不得僦勾隨便糴輸。」
30. 陸宣公集,卷20,頁 162-3,「論度支令京兆府折稅市草狀」。

殷重，色役繁多，每歲分番計勞入任，因納資課，取便公私，兼租脚、稅戶，權宜輕率，約錢定數，不得不然。如聞州縣官僚，不能處置，凡如此色，邀約見錢，或非時徵納，賤賣布帛，旣輕蠶織，爭務貨泉，農桑之間，頗亦爲弊。朕每思敦本，將以便人，期於省約，使致通濟。自今以後，凡是資課、稅戶、租脚、營窖、折里等應納官者，竝不須令出見錢，抑遣徵備，任納當土。[31]

這項勅令，雖是禁止現錢的使用，實際上並無法阻止貨幣經濟取代實物經濟的潮流，却反映了開元時期雇役制已發展到相當普遍的地步，除正役外，還有雜役。

唐的雜役，又稱雜徭或色役，種類繁多。[32] 這些雜役，也有由差役（直役其身）轉爲雇役的傾向。譬如：唐六典(卷三)戶部說人民爲免雜役而向政府繳納的錢數是：「其防閤、庶僕、白直、力士納課者，每年不過二千五百，執衣不過一千文。」又如天寶五載(746)勅：「郡縣官人及公廨白直，天下約計一載破十萬丁已上，一丁每月輸錢二百八文。每至月初，當處徵納。」[33]

以上按正役、和雇工匠、運脚、雜役等四類，略述唐的政府雇傭，主要是就雇役制的發展情形加以說明，這些發展都是安史之亂以前的事。現在再舉數端，說明安史之亂以後，唐政府雇傭的發展如下：

(一)「和雇」仍爲政府雇傭的主要形式，但因安史亂後，河北、河南殘破、人口減少，百姓紛紛逃至江淮，華北地區的地方政府機構、戶籍制度，和建立在均田制上的賦稅系統，都呈現一片混亂。[34] 帝國財政重心逐漸由北方轉移至南方，財政收入也發生困難。於是，過去能够高價募人的和雇，因主事者的科斂，有時改以「召雇」的名目出現。新唐書（卷五二）食貨志說：

（貞元中）復有奉進、宣索之名，改科役曰「召雇」、率配曰和市，以巧避徵

31. 全唐文（臺北：滙文書局，1961；影印本），卷35，頁 10b-11a，「禁資課稅戶納見錢勅」；又，册府元龜（道光廿六年重修明西極文氏刊本）卷487，頁 17b-18a,「邦計部」(五)、「賦稅」條，略同。

32. 唐雜役種類繁多，參看：王永興，「唐代敦煌差科簿考釋」，歷史研究，1957年12期，pp.71-100，共列三十五種；又，西村元祐，「唐代敦煌差科簿を通じてみた唐均田制時代の徭役制度」，中國經濟史研究 pp. 546-612，所列較王氏更多；又，濱口重國，「唐に於ける兩稅法以前の徭役勞動」，秦漢隋唐史の研究（東京：東京大學出版會，1971），上卷，pp. 519-30，特別考證六種雜役。

33. 唐會要，卷91，頁1655，「內外官料錢」(上)條。

34. 參看：Denis C. Twitchett, "Merchant, Trade and Government in Late T'ang", *AM*, Vol. XIV, Part I (1968), p. 74.

文。

這是假藉「召雇」之名，而行「徵役」之實，是裴延齡主持度支時設計出來的，當時的理財家陸贄曾上書直斥其非，贄論裴延齡姦蠹書一首說：

（延齡）供辦嚴約，苟在及期，遂乃搜求市鄽，豪奪入獻，追捕夫匠，迫脅就功，以敕索爲名而不酬其直，以和雇爲稱而不償其傭。都城之中，列肆爲之晝閉；興役之所，百工比於幽囚。聚詛連羣，遮訴盈路。[35]

「不償其傭」的召雇或和雇，自然是一種弊政。這類情形，初唐已有，但不會太嚴重；[36] 至中唐政事日非以後，才猖獗起來。譬如：元和末，「方營景陵，詔（令狐）楚爲使，而親吏韋正牧、奉天令于翬等，不償傭錢十五萬緡，楚獻以爲羨餘，怨訴係路。」[37] 又如元和時，華陰令柳澗向百姓「遮索軍頓役直」[38]，這些都是召雇的弊政。不過，上述情形只能說是主事者的科斂徵求，不必視爲一定制度。事實上，「和雇」儘管有時並非兩「和」之「雇」，但政府往往也能以高價吸引一些工匠。譬如：懿宗時，「丞相夏侯公爲宣宗山陵使，有司妙選陵寢，雖山形外正而蘊石中頑。丞相銜命，以豐價募丁匠，開鑿皇堂……役百萬丁力，孜孜矻矻。」[39] 又如李德裕節度西川時（830-2），不但「復葺關防，繕完兵守，又遣人入南詔，求其所俘工匠，得僧道工巧四千餘人，復歸成都。」[40] 又「請甲人於安定，弓人河東，弩人浙西、蜀，兵器皆犀銳。」[41]

簡言之，安史亂後，雇役制仍承唐初以來的發展趨勢，繼續滋長。如大曆八年

---

35. 陸宣公集，卷21，頁168，「論裴延齡姦蠹書一首」。案：舊唐書，卷135，頁10b-11a,「裴延齡傳」略同。此外，陸宣公集，卷22，頁185，「均節賦稅恤百姓」(六條)，「其一論兩稅之弊須有釐革」也說：「於是有巧避徵文，曲承睿旨，變徵役以召雇之目，換科配以和市之名，廣其課而狹償其庸，精其入而麤計其直。以召雇之目而捕之，不得不來；以和市爲名而迫之，不得不出。其爲妨抑，特甚常徭，此則人益困窮。」
36. 劉復(輯)，燉煌掇瑣（中央研究院歷史語言研究所專刊之二），「瑣三一」，p. 160,「五言白話詩」(擬)：「工匠莫學巧，巧即他人使，身是自來奴，妻亦官人婢。夫聟暫時无，曳將仍被恥，未作道與錢，作了擘眼你。」唐長孺，前揭文，p. 61, 斷定此詩年代在開元前，並認最後兩句是指「名爲和雇，而實不給工資。」
37. 新唐書，卷166，頁17b,「令狐楚傳」。
38. 新唐書，卷176，頁 1b,「韓愈傳」。
39. 高彥休，唐闕史（叢書集成初編本），卷上，頁17，「貞陵開山」條。
40. 舊唐書，卷174，頁 11a,「李德裕傳」。
41. 王應麟，玉海（光緒九年浙西書局刻本），卷 151，頁 33a,「兵制」。

(773) 政府即曾規定「諸色丁匠如有情願納貲課代役者，每月每人任納錢二千文。」[42] 其間雖有巧立召雇名目、不給傭資的弊政，仍不能視爲政府雇傭勞動已經沒落；相反的，由於以下各點，更有蓬勃發展的跡象。

（二）自隋開運河後，江南穀米運輸多仰賴這條水道。唐初，關中一帶的農業生產，大致還可供給帝國的需要，漕運不繁。至開元、天寶，漕運轉多，如開元二十一年 (733) 戶部侍郎裴耀卿奏曰：

> 往者貞觀、永徽之際，祿廩數少，每年轉運，不過一二十萬石，所用便足……今國用漸廣，漕運數倍於前，支猶不給……今天下輸丁，約有四百萬人，每丁支出錢百文、五十文……從都至陝，河路艱險，既用陸脚，無由廣致，若能開通河漕，變陸爲水，則所支有餘，動盈萬計。[43]

玄宗時國用日多，遂四處斂求，水運和陸運的雇傭脚夫也大量需要。如天寶五載 (746)，王鉷廣徵京畿、關內脚錢，又令「高戶爲租庸脚士，皆破其家產，彌年不了，恣行割剝，以媚於時，人用嗟怨。」[44] 安史亂後，由於河北、山東藩鎮，據地稱雄，租賦悉數自肥；而西北各地財賦，又爲守邊部隊消耗，於是唐中央財政只有仰賴江淮，運河的重要性日益增加。不過，由於戰爭的發生及軍閥的破壞，中唐至唐末的運河交通時暢時阻。[45] 但是，漕運的盛衰，只影響雇傭脚夫數量的多寡，却無礙於這些雇傭勞力的繼續存在。

唐政府雇傭的脚夫，可分水、陸兩類。水路方面，雇有河工，名稱頗多，有河師水手、輓夫、篙工、牽船夫、水工等；[46] 陸路方面，則兼用車、牛，雇民以載。[47] 這些脚夫，本來都可以計傭受直，肅宗初逐漸產生弊端，「州縣取富人督漕輓，謂之船頭主……人不堪命，皆去，爲盜賊。」[48] 寶應二年 (763)，吏部尙書同平章事劉晏大

42. 册府元龜，卷487，頁22b，「邦計部」(五)、「賦稅」條。
43. 舊唐書，卷98，頁20b-21a，「裴耀卿傳」；又，新唐書，卷53，頁1a-3b，「食貨志」。
44. 舊唐書，卷105，頁13b-14a，「王鉷傳」。
45. 參看：全漢昇，唐宋帝國與運河（中央研究院歷史語言研究所專刊，1956），pp. 42-92。
46. 這些名稱，前三種見：新唐書，卷53，頁1a-4b，「食貨志」；及舊唐書，卷49，頁1a-5a，「食貨志」；後二種見下頁引杜牧、司空圖文。
47. 新唐書，卷53，頁3b-4a，「食貨志」。
48. 新唐書，卷149，頁6a，「劉晏傳」。

加整頓,用政府專賣食鹽所得的收入作「漕傭」(即雇傭脚夫的傭資),「自江淮至渭橋,率十萬斛,傭七千緡」,因此舊唐書稱美爲「不發丁男,不勞郡縣,蓋自古未之有也。」[49] 不過,以鹽利爲漕傭,行之不久,又雇役如故。在唐政府雇傭中,脚夫的需要量極大,他們有時是百姓赴差役,有時是受雇而得到傭資,一般的生活也極苦。杜牧與汴州從事書說:

> 汴州境內最弊、最苦是牽船夫,大寒虐暑,窮人奔走,斃踣不少。某數年前赴官入京,至襄邑縣,見縣令李式甚年少,有吏才,條疏牽夫,甚有道理,云:「某當縣萬戶已來,都置一板簿,每年輪檢自差,欲有使來,先行文帖,尅期令至,不揀貧富職掌,一切均同,計一年之中,一縣人戶,不著兩度夫役。如有遠戶不能來者,即任納錢與於近河雇人,對面分付價直,不令所由欺隱,一縣之內稍似蘇息。」[50]

又,司空圖唐故宣州觀察使檢校禮部王公(凝)行狀說:

> (宣宗時)內外使臣自江陵理棹,則緣境數州皆弊挖舟之役。公舉奏條約,給官緡以僦水工,自是行役不淹,人皆安逸。[51]

强派挖舟,不與官緡,自然與雜役無異。不過,這只是地方官的科斂過甚,如上引李式雇人分付價值,王凝給官緡以僦水工,當是正常情形。

簡言之,安史亂後,雇傭脚夫是運輸勞力的主要來源,儘管運河交通時暢時阻,但雇傭脚夫一直存在著。

(三)政府以資財雇傭農民耕作,亦爲中唐以後政府雇傭的項目之一。但從現有史料看,唐的政府傭耕並不發達,其重要性不如私人傭耕。

唐政府直接管理國內一大部份土地,主要的經營、耕作方式,有屯田、營田和軍田等。[52] 至於發放給職官充當部份俸祿的職官田、充當地方政府機構部份經費來源的

49. 舊唐書,卷49,頁5a,「食貨志」。

50. 杜牧,樊川文集(四部叢刊初編本),卷13,頁 114,「與汴州從事書」;又,全唐文,卷751,頁10b-11a, 同。

51. 司空圖,司空表聖文集(四部叢刊初編本),卷 7,頁 39a,「唐故宣州觀察使檢校禮部王公(凝)行狀」;又,全唐文,卷 810,頁 22b-23a, 略同,惟「挖舟」作「挽舟」,「給官緡」作「結官緡」。

52. Denis C. Twitchett, "Lands Under State Cultivation Under the T'ang", *JESHO*, 2, II (1959), pp. 162-203, 此文即就此三類耕地,討論唐的政府耕作。

公廨田，也可說是政府的財產。本文所指唐政府傭耕的對象，即上項各類耕地。

唐代公私土地的經營形態，有雇傭經營、莊園經營、合種經營、租佃經營等四種。以雇傭經營說，其土地所有權、耕牛、農器具、種子等皆雇主所有，經營企劃權屬雇主，勞動形態由雇主役使，雇農僅依約獲得傭金而已。[53]

就上舉耕地種類及經營形態看，唐政府傭耕並不普遍的理由，約略可以窺知。因爲前述政府耕地，都有一定來源的耕作者，如軍人、官奴婢及罪犯等；尤其唐初承周、隋遺規，實行均田制，在理論上自由民都可得到耕地，無暇再從事傭耕。（案：百姓可利用農閑期爲人從事其他性質的傭作，傭耕則不可能，除非已拋離土地。）此外，政府耕地也必須用比較經濟的方式經營，傭耕的成本較高，對經營不利。因此，安史亂前土地兼併尚未大盛、大部份農民仍未脫離土地時，政府傭耕情形不多。所有屯田、營田或軍田，在中唐以前多以軍人屯墾，其耕地多分佈在沿長城邊境及河西、隴右一帶。唐六典（卷七）屯田郎中說：

> 凡軍州邊防，鎮守轉運不給，則設屯田，以益軍儲。其水陸腴瘠，播植地宜，功庸煩省，收率等級，咸取決〔屯田郎中、員外郎〕焉。

不過，這些屯墾區常常荒廢，大曆（766–79）末，楊炎請屯田豐州（陝西榆林西北），發關輔民鑿陵陽渠，當時熟習朔邊利病的嚴郢就執反對意見，認爲雇傭經營的成本偏高，收支不能相抵，而且千里出塞，徒然擾民。嚴郢說：

> 舊屯肥饒地，今十不墾一，水田甚廣，力不及而廢。若發二京、關輔民，浚豐渠營田，擾而無利。請以內苑蒔稻驗之，秦地膏腴田上上，耕者畿人，月一代，功甚易。又人給錢月八千，糧不在；然有司常募，不能足。合府縣共之，計一農歲錢九萬六千，米月七斛二斗。大抵歲僦丁三百，錢二千八百八十八萬，米二千一百六十斛。臣恐終歲穫不酬費，況二千里發人出塞，而歲一代乎？[54]

雇民到邊境屯田的成本過高，內苑傭耕也是如此，自然不便施行。其後偶而有一兩處雇民傭耕，也是時舉時廢。譬如：「憲宗末，天下營田皆雇民，或借庸以耕；又以瘠地易上地，民間苦之。穆宗即位，詔還所易地，而耕以官兵，給三分之一以終身。」[55]

53. 參看：草野靖，「唐中期以降における商品經濟の發生と地主制」，歷史學研究 292（1964），p. 17。
54. 新唐書，卷 145，頁 18，「嚴郢傳」。
55. 新書唐，卷53，頁10a，「食貨志」。

到了唐末，政事日非，關內地區置營田以耕種荒地，却招募「高貲戶」來輸課佃種，引起許多弊端。資治通鑑(卷二九一)後周紀(二)、「後周太祖廣順三年(953)」條說：

前世屯田皆在邊地，使戍兵佃之。唐末，中原宿兵，所在皆置營田以耕曠土。其後又募高貲戶，使輸課佃之，戶部別置官司總領。或丁多無役，或容庇奸盜，州縣不能詰。

總之，唐政府傭耕或由於耕地有其固定勞力來源，或由於雇傭經營成本過高，或由於傭耕易生擾民之弊，終有唐一代僅偶而行之，並不普遍。

以上所述，是政府雇傭勞動的一般情形，茲再說明私人雇傭勞動的發展如下。

三、唐代的私人雇傭

唐代私人雇傭的種類繁多，形態也很複雜。傭作者大致可分雇農與雇工兩類；工作的範圍，是農業耕作、手工業勞動及其他力作。傭作者的大量出現，主要是自由民因戰亂、土地兼併等因素，拋離土地，成為飄泊異鄉的流民或浮客後，為解決生活問題，而從事傭作；也有部份農民，利用農閒期為人雜作，貼補家用。唐代私人雇傭的發展趨勢，與前述政府雇傭頗相一致。就現有史料可以發現：太宗、高宗以後，私人雇傭逐漸增多，安史亂後更有蓬勃發展的跡象。試說明如下：

如上節所述，貞觀初戶口不多，又屢遭霜旱，人民攜老負幼，關內百姓千里就穀，傭作者因而出現。宋蔡襄蔡忠惠公文集說：

(唐太宗)請(原注：一作「以諸」)使者所至之郡，存問鄉里……卽貧無所養，而有男女傚傭於人，償其餘直而追還之。[56]

「傚傭於人」是指「貧無所養」而為人傭作的百姓，他們傭作的目的，正如長安(701-4)時李嶠所說：「天下編戶，貧弱者衆，亦有傭力客作，以濟糇糧；亦有賣舍貼田，以供王役。」[57] 這些「傭力客作」的雇農或雇工，除拋離田舍成為浮客外，有時還得典賣子女。如開元四年(716)敕：「雇男鬻女，折舍賣田，力極計窮，遂卽逃竄，勢不

56. 蔡襄，蔡忠惠公集(雍正十二年遜敏齋刊乾隆間復印本)，卷19，頁2b，「乞戒勵安撫使書」。
57. 舊唐書，卷94，頁4b，「李嶠傳」。

獲已，情實可矜。」[58] 這些傭作者，在安史戰亂之後更多了。

傭作者多由脫離土地的浮客構成，他們爲人傭作後，可能的去處有二：一是成爲流動性的傭作者，即所謂「流庸」[59]，如太平廣記(卷一二八)尼妙寂條引續幽怪錄說：

(唐貞元中，尼妙寂男服)易名士寂，泛傭於江湖之間……默往〔申村〕求傭，輒賤其價……於是勤恭執事……晝與群傭苦作。[60]

一是成爲固定性的傭作者，他們「傭食寄養」，成爲「守莊」、「寄莊戶」或「寄住戶」，要爲雇主從事各類雜作，也要納定額賦稅。如大谷2835號文書稱：

甘涼瓜肅所居停沙州逃戶

牒奉處分，上件等州，以田水稍寬，百姓多

悉居城莊野少至執作，沙州力田爲務

小大咸解農功，逃迸投詣他州，例被招

携安置，常遣守莊農作，撫恤類若家

僮，好即薄酬其傭，惡乃橫生構架，爲

客脚危，豈能論當。……[61]

從上引可知，「守莊」有的是由逃戶構成，他們被雇主招携安置，並從事傭作，也可得到傭資。這種生活，唐時又稱「傭居」[62] 或「傭食」、「寄養」[63]。由於他們是脫離戶籍所在地，附託於雇主家成爲寄籍戶，在身分上說仍是自由民，所以要比照唐初以來的舊制，即「寄莊戶」年納稅錢七百文的八等稅、「寄住戶」年納五百文的九等稅，至大曆四年(769)後又遞加一等稅。[64]

---

58. 册府元龜，卷502，頁23b,「邦計部」、「常平」條。
59. 參看：中川學，「唐代の『流庸』について」，東洋史研究，26卷2號(1967)，pp.1-19。中川氏所作的討論，與本文所敍述的私人雇傭勞動頗有關係，但因本文是以唐代雇傭勞動所作的通盤討論，因此中川氏所舉流庸史料，本文並未悉數引用。
60. 太平廣記(北平文友堂書坊依明談刻本景印)，卷128，頁3b-4a,「尼妙寂」條引續幽怪錄。
61. 轉引自：內藤乾吉，「西域發見唐代官文書の研究」，敦煌、吐魯番社會經濟資料(下)，p.12。敦煌等地發現的文書，常有殘缺，爲存眞起見，本文在轉錄時，盡量依原件形式(字體、行列)抄寫，以下同。
62. 太平廣記，卷347，頁7a,「李佐文」條引薛用弱集異記稱：「我傭居袁莊七年矣」。莊就是指當時的莊園。
63. 舊五代史，卷1，頁1b,「梁太祖本紀」稱：朱溫父卒，家貧，「母携養寄于蕭縣人劉崇之家。」五代史記，卷1，頁1，「梁太祖本紀」則作：「與其母傭食蕭縣人劉崇家」。
64. 舊唐書，卷48，頁7b-8b,「食貨志」。

除由浮客或逃戶構成傭作者外，一般農民也可能利用農閒期，充當短期雇農或雇工，成爲「日傭人」、「月作人」或「月傭人」，按日或按月支領工資。如太平廣記（卷二四三）竇乂條引溫庭筠乾𦠆子說：

（竇乂）雇日傭人於宗賢西門水澗，從水洗其破麻鞋，曝乾貯廟院中……（又）廣召日傭人令剉其破麻鞋，粉其碎瓦，以疏布篩之，合槐子油靛，令役人日夜加工。

又如大谷4935號文書稱闞孝方於某年某月「廿九日用錢叁拾文雇董玄運」[65]、大谷4936號文書稱闞大方於某年「三月十五日（用）錢十五文雇董玄運兩日」。[66] 又太平廣記（卷八四）唐慶條引盧氏逸史稱：「壽州唐慶中丞栖泊京都，偶雇得月作人，頗極專謹，常不言錢，冬首暴處雪中。」再如王定保唐摭言說：「盧相國鈞初及第，頗窘於牽費，俄有一僕願爲月傭，服飾鮮絜，謹幹不與常等。」[67] 從日傭與月傭的出現看，唐的私人雇傭已相當發達了。更値得注意的是：傭作者爲尋求雇主、爭取合理或高額的雇價，而集中在市坊中，遂出現所謂「傭作坊」，更顯示唐的雇傭勞力已有商品化的趨勢。如太平廣記（卷七四）陳生條引盧氏逸史說：

茅山陳生者，休糧服氣，所居草堂數間。偶至延陵（今江蘇鎮江），到傭作坊，求人負擔藥物，却歸山居。以價錢多，不肯。有一夫壯力，然神少，頗若癡者，疥瘡滿身。前拜曰：「去得！」遂令挈囊而從行，其直多少，亦不問也。旣至，因顧留採薪，都不計其價。

同書（卷八四）奚樂山條引薛用弱集異記說：

上都通化門長店，多是車工之所居也。廣傭其財，募人集車，輪轅輻轂，皆有定價。每治片輞，通鑿三竅，懸錢百文，雖敏手健力，器用利銳者，日止一二而已。有奚樂山者，攜持斧鑿，詣門自售，視操度繩墨頗精，徐謂主人曰：「幸分別輞材，某當併力。」……及曉，啓主人曰：「並已畢矣，願受六十緡而去也。」

65. 轉引自：仁井田陞，「吐魯番出土の唐代取引法關係文書」，敦煌、吐魯番社會經濟資料(下)，p.201。
66. 轉引自：周藤吉之，「佃人文書の研究——唐代前期の佃人制」，敦煌、吐魯番社會經濟資料(上)，p.110.
67. 王定保，唐摭言（臺北：世界書局，1962），卷3，頁37，「慈恩寺題名賦詠雜記」。案：太平廣記，卷84，頁8b,「盧鈞」條引摭言略同。

同書(卷二〇一)權長孺條引溫庭筠乾𦠆子說:

長慶(821-4)末……(權長孺)留滯廣陵(卽揚州)多日……有嗜人瓜〔爪?〕,

乃於步健及諸傭保處,薄給酬直,得數兩。[68]

「傭作坊」是出售雇傭勞力的市場,顯示唐的雇傭勞力的商品化;它的出現,並非偶然,而是建築在唐代日益蓬勃的經濟基礎之上的。上引三條資料,一在延陵、一在廣陵,一在上都,唐時延陵屬江南道潤州管縣,是運河所經之地,貿易發達;廣陵卽揚州,是「當南北大衝,百貨所集」的繁榮商業都市;[69] 至於上都,卽唐都城長安,更是當時世界第一大都市。這些都市的商業都很發達,不同類別的市坊極多。以長安爲例:其東市和西市是兩個商賈雲集的商業中心,宋敏求長安志說:東市「市內貨財二百二十行,四方珍奇,皆所積集。」西市「市內店肆,如東市之制。長安縣所領四萬餘戶,比萬年爲多〔東市屬萬年縣所領〕。浮寄流寓,不可勝計。」[70] 各個不同的「行」,代表不同商品的銷售區,每個銷售區內店肆林立,[71] 如會昌三年(843)六月「廿七日夜三更,東市失火,燒東市曹門已西十二行,四千餘家,官私錢物,金銀絹藥等總燒盡。」[72] 據此,東市每行得三百三十餘家以上,而西市人口又比東市多,則唐代長安商業鼎盛情形,灼然可見。東、西市行的名稱,可考的僅肉行、鐵行、大衣行、鞦轡行、秤行、絹行、藥行等七種;但其他都市中,不同名稱的行更多,由此多

68. 案:陶希聖、鞠淸遠,唐代經濟史(上海,1936),p.75. 註引此條說:「『步健』與『傭保』處,蓋是人多的地方。」

69. 延陵見:元和郡縣圖志(岱南閣叢書本)卷25,頁4,「江南道」(一),「潤州」條;廣陵見:唐會要,卷86,頁1582,「市」條。又,關於揚州的繁榮,參看:全漢昇,「唐宋時代揚州經濟景況的繁榮與衰弱」,中國經濟史論叢(香港:新亞研究所,1972),第一册,pp.1-28.

70. 宋敏求,長安志,卷8,頁10b,「東市」條;卷10,頁6b,「西市」條。又參:徐松,唐兩京城坊考,卷3,頁22b,「東市」條;卷4,頁21b,「西市」條。足立喜六(著)、楊鍊(譯),長安史蹟考(上海:商務印書館,1935),pp.119-22,「東西兩市之制」節。

71. E.O. Reischauer 認爲「行」不一定指單獨街道,而是相同商業形式及商人聚集之處,見氏著:*Ennin's Diary* (N.Y.: The Ronald Co., 1955), p.333。加藤繁亦認爲「行」是同業商店區,見氏著:「唐宋時代の商人組合『行』を論じて淸代の會館に及ぶ」,支那經濟史考證(東京:東洋文庫,1952)上册,pp.422-60. 案:「行」在唐宋時期也有「同業商人組織」的意義,見加藤繁文。

72. 圓仁,入唐求法巡禮行記(收入大日本佛教全書「遊方傳叢書」(第一);東京:1932),卷4,p.261,「會昌三年六月廿七日」條。此書又收入續續羣書類從(第十二,宗教部;東京:1907),卷4,頁241,所載同。

少可以推知唐代都市的商業發達程度。[73] 此外，唐手工業最盛行的形式是「作坊工業」，和「作坊」名異而質同的稱呼很多，有坊、作、鋪、店等，如紙坊、糖坊、餻作坊等；北宋初年，甚至謔稱妓館爲烟月作坊。名目雖繁，但「作坊」與「坊」，則爲較通行的名稱。[74] 前引「上都通化門長店，多是車工所居也。」及延陵的傭作坊、廣陵的「諸傭保處」，正是在上述的行制與作坊制的經濟基礎上形成的。陳生在傭作坊與諸傭議論價錢，最初「以價錢多，不肯」，自然是一種商業行爲；奚樂山工畢索酬，則更顯示唐時的工資給付方式，有時是依「計件」或「包工」作爲標準的（詳四節二項）。雖然，由於史料的限制，無法進一步說明唐代各大都市或州縣，是否都有「傭作坊」存在，但即以上舉三例並配合整個唐代都市、商業及雇傭勞動的發展而論，則傭作坊的出現，是社會經濟力量成熟下的產物，當無疑問。

如上所述，唐代私人雇傭已發展出幾個進步的現象：(一)流動性和固定性的傭作者紛紛出現；(二)日傭人或月傭人，按日或按月計酬；(三)在手工業、商品經濟發展的同時，雇傭勞力也逐步「商品化」，因而出現了「傭作坊」；(四)工資的給付方式，有時採「計件」或「包工」制。從這些現象看，秦漢以迄魏晉南北朝，曾一度萌芽但又萎縮的雇傭勞動，到了唐代因爲社會經濟力量逐漸成熟的結果，而得到新的發展。爲明此點，茲分農業耕作、手工業及其他等三類私人雇傭的形式，再簡單說明私人雇傭的一般情形如下：

(一)農業耕作：

唐初行均田制，授田於民，按丁徵收租庸調。這種田賦制的發展，象徵著土地平均分配理想的推行，它的基礎建立在國家能掌握大批土地的分配、授與的權力上。但

73. 參看：全漢昇，中國行會制度史（上海：新生命書局，1934），pp. 29-43；佐藤武敏，「唐代の市制と行——とくに長安を中心として」，東洋史研究，25卷3號（1966），pp. 48-9; Denis C. Twitchett, "The T'ang Market System", *AM*, XII, 2 (1964), pp. 209-10, 227。案：佐藤列舉了蘇州、揚州、交河郡、范陽郡、幽州、涿州及地域不明等地的行，共計三十五種，除重覆者外，尙有二十六、七種左右；Twitchett則列舉敦煌地區的行，計六種：菓子行、帛練行、菜子行、綵帛行、米麵行、鐺釜行等。又案：唐宋時代都市的發展與商業的發達，有密切關係；上文所稱長安的東市、西市之「市」，就是一種商業區、定期市，類似的名稱也見於唐代其他都市中，如洛陽有南市、北市，揚州有東市，淮安有西市，夔州有西市，成都有東市、南市等等，各都市的「市」也有許多「行」。參見：加藤繁，「唐宋時代の市」，支那經濟史考證（上），pp. 347-79.

74. 各類作坊名稱及作坊工業盛行情形，參看：鞠清遠，唐宋官私工業，pp. 52-7.

自安史亂後，流民急速增加、戶籍制度發生紊亂；戰爭的破壞，使若干耕地成爲荒土；土地兼併的盛行，令原有田制改觀。因此，均田制破壞、租庸調法不行，代之而起的是兩稅法和莊園經濟。以農業耕作者的構成說，實行均田制時期，理論上每人都可獲致土地，都是「自耕農」，但自農民拋離土地成爲流民、構成大批浮客之後，就顯示土地兼併已在蘊釀、莊園經濟逐漸茁壯。那些飄泊異鄉的農民，除泛傭江湖成爲流動性的傭作者外；其他的只有投靠莊園主，租佃一些土地成爲佃農；或受莊主所雇，爲其傭耕，成爲「雇農」。換句話說，實行均田制時期，雇農不易產生；自莊園盛行後，雇農才逐漸增多。

就唐代有限的傭耕資料看，雇農多爲一般私人莊園或寺院莊園耕作。傭耕的範圍很廣，所謂「庭草傭工薙，園蔬稚子培，」[75] 凡墾田、植蔬、舂米等農事，都包括在內。譬如太平廣記有下列四種不同農事的傭耕資料：

1. 打麥：

王老與妻子，並打麥人共飲，皆大醉。…(王老)屋舍、草樹、全家人物、鷄犬一時飛去，空中猶聞打麥聲。……風定，其傭打麥二人，乃遺在別村樹下。[76]

2. 瓜園傭作：

去此（徐州城）五里瓜園中，有一人姓陳，黑瘦貧，爲人傭作，賃半間茅屋而作……衆皆呼黑老……黑老曰：「某傭作而食。」[77]

3. 茶園傭作：

九隴人張守珪，仙君山有茶園，每歲召採茶人力百餘人，男女傭功者雜處園中。有一少年，自言無親族，賃爲摘茶，甚勤愿了慧，守珪憐之，以爲義兒。[78]

4. 舂米：

齊州有一富家翁，郡人呼曰劉十郎，以鬻醋油爲業。自云：壯年時，窮賤至極，與妻傭舂以自給。[79]

---

75. 元稹，元氏長慶集（四部叢刊初編本），卷13，頁52，「江邊四十韻」。
76. 太平廣記，卷51，頁2，「宜君王老」條引沈汾續僊傳。
77. 同上，卷35，頁4b,「韋丹」條引包胥(?)會昌解頤錄。
78. 同上，卷37，頁3a,「陽平謫仙」條引杜光庭仙傳拾遺。
79. 同上，卷 138，頁7a,「齊州民」條引王仁裕玉堂閒話。

以上四條資料，前三條都是私人莊園中傭耕的情形，從 1、2 條可看出傭作者的身分是自由民，他們可以與雇主共飲，也可賃屋而居，絕非奴婢等賤民可比。2條中的黑老，當係前文所說的流民、浮客，在拋離田舍後，爲人傭作，並賃屋而居。3條顯示摘茶之類，需要大批勞力的季節性農事，常以雇傭方式獲得。4條顯示傭作者窮賤的生活有時也可改變，說明他們的身分是自由民。（參四節三項）此外，唐時寺院莊園也是整個莊園經濟中重要的一環，許多寺院莊園的規模都很大，經營範圍除莊舍外，有碾磑、車乘、林地、放貸舉息等。寺院莊園勞動者的構成，和一般莊園相似，有部曲、奴婢、莊客、雇農等，因此其組織或分工也頗複雜，有園頭、磨頭、莊主等主持勞動之事。[80] 在固定的勞動人手不能完全供給勞動需要時，也常雇傭勞動人力。如P.2415號文書有關於寺院莊園傭作的事例：「乙酉年二月十二日，乾元寺僧寶香爲少人力，遂雇百姓鄧仵子捌個月……。」[81]「爲少人力」或「爲家內闕少人力」，是唐雇傭文書中常見的雇傭動機（詳四節一項），由此可知雇農存在於莊園中的理由，是莊園主私人役使的部曲、奴婢無法滿足勞力需要，因此才雇人耕作。

（二）手工業：

唐代官府手工業有雇傭工匠，已見上節；私人也有雇傭工匠的事，茲依手工業類別舉數例如下：

1. 坐具：

（開成三年，838，十月）廿四日，雇人令作惟正等坐具兩箇，當寺僧貞順亦勾當此事。坐具一條料絁二丈一尺，表八尺四寸，裏八尺四寸，緣靳四尺二寸。兩箇坐具之靳，都計四丈二尺，作手功作一箇用二百五十文，總計五百文。[82]

2. 木工：

房〔琯〕自袁州除漢州，及罷，歸至閬州，舍紫極宮，適雇工治木。[83]

3. 紉針：

80. 參看：黃敏枝，唐代寺院經濟的研究（臺北：臺灣大學文學院，1971；文史叢刊），第三章，「唐代的寺領莊園」，pp. 47-73.

81. P. 2415 號文書 (P.指伯希和 Paul Pelliot)又題乾元寺僧寶香雇百姓鄧仵子契文，轉引自：那波利貞，「梁戶考」，支那佛教史學，2卷1號，(1938)，p.6。

82. 圓仁，入唐求法巡禮行記（大日本佛教全書本），卷1，頁179a，「開成三年十月廿四日」條。

83. 段成式，酉陽雜俎（汲古閣津逮祕書本），卷2，頁20a，「壺史」。

汴州百姓趙懷正住光德坊，太和三年（829），妻阿賀常以女工致利……阿賀今住洛陽會節坊，〔段〕成式家雇其紉針。[84]

4. 圬鏝：

圬之爲技，賤且勞者也。有業之，其色若自得者……王其姓，承福其名，世爲京兆長安農夫，天寶之亂……喪其土田，手鏝衣食……傭以償之，有餘則以與道路之廢疾餓者。[85]

5. 車工：

如本節前引太平廣記稱上都通化門長店的雇傭車工。

唐時私人手工業已經逐漸轉盛，上引之例，只是其中一部份而已。譬如再以紡織業論，其產品種類繁多，有絲織品、麻織品、毛織品、棉織品、草織品等；分佈的區域，在安史亂前以大河南北爲多，亂後以西川、兩浙爲盛。[86] 一般作坊，莊園及私人家庭從事紡織業者極多，規模也有不小的，如定州何明遠貲財巨萬，「家有綾機五百張」，這個數字竟比宋代蜀錦院，多出三倍以上。[87] 總之，唐時私人手工業發達的結果，自然會出現一批雇工，這些雇工有流動性與固定性之分，卽有時可在都市裡的傭作坊臨時雇來，有時則是長期依附在私家或莊園中。

（三）其他：

除農業耕作、手工業外，其他類別的私人雇傭勞動也不少。就所得材料看，「傭力負運」（脚夫、脚力、傭載者）多和商業或運輸業有關，這類材料也較多。如太平廣記（卷二三）馮俊條引原仙記說：

唐貞元初，廣陵人馮俊以傭工資生，多力而愚直，故易售。常遇一道士於市買藥，置一囊，重百餘斤，募能獨負者，當倍酬其直。俊乃請行，至六合，約酬一千文，至彼取資。俊乃歸告其妻，而後從之。

廣陵卽揚州，其貿易發達，並有傭作坊，已詳上述。從這段材料看，所謂「倍酬其直」，則傭力在揚州應有一定價格；而「至彼取資」，則是論件計酬、事後付款（詳

84. 段成式，酉陽雜俎續集（汲古閣津逮祕書本），卷3，頁 2b-3a，「支諾皐」(下)。
85. 韓愈，朱文公校昌黎先生集（四部叢刊初編本；以下簡作昌黎集），卷12，頁 104，「圬者王承福傳」。
86. 參看：嚴耕望，「唐代紡織工業之地理分佈」，唐史研究叢稿（香港：新亞研究所，1969），pp. 645-56.
87. 張鷟，朝野僉載（叢書集成初編本），卷3，頁41；又參：鞠清遠，唐宋官私工業，pp. 52-73。

四節二項）。這種臨時雇傭脚力，在唐都市中常可見到，如「元和末，鹽城（今河北遵化縣北）脚力張儼遞牒入京。」[88] 傭力負運者多由貧民構成，其主要的勞動項目是「負財貨」，酉陽雜俎（卷五）怪術條說：「且富商大賈，力皆有餘；而傭力負運者，力皆不足。雲安（四川雲陽縣）之貧民，自江口負財貨至近井潭，以給衣食者衆矣。」傭力負運以「負財貨」爲主，則這類勞動者的大量出現，當然要在商業及水陸交通發達的都市或水陸關津。如上節所述的各種河工，就是在運河及其他河川，從事傭力負運的；至於陸路，也有「馭者」、「傭載者」等雇傭勞動者，如司空表聖文集（卷四）段章傳說：

段章者，不知何許人也。咸通十年（869），吾中第在京，章以自傭爲馭者，亦無異於他傭也。夏，歸蒲久之，力不足以膽給，乃謝去。

「自傭爲馭者」就是一種「傭載者」，如太平廣記（卷三八五）辛察條引河東記說：

（太和四年，830，有一黄衫人謂辛察曰：）「請乘致脚直，送出〔長安〕城。」察思度良久，忽悟其所居之西百餘步，有一力車傭者……（遂詣之，曰：）「有客要相顧，載錢至延平門外。」

傭載者所從事的是運輸業，在都市中較爲常見，上引即在長安城內。值得注意的是：唐的都市及各州縣，有很多「車坊」，是置車場所，也是出租車輛的地方。[89] 從唐代車坊的普遍存在及運輸事業的發達看，則傭載者的數量必不在少數。[90]

除傭力負運外，還有一些其他私人雇傭的事例，如私人雇役、傭僕、雇書手、雇乳母等。上節說過，政府徵發民間色役，百姓如不應役，可出錢雇人代替，但應役者出錢與官，再由官出資雇役，則是一種政府雇傭形式。直接由私人出資雇人代役，才是私人雇傭形式。這類例子，也偶而可見，如大谷5376號文書[91] 載：

□□遍錢雇□□□

□差夫不可長□□

□一日　從州□□

88. 酉陽雜俎，卷5，頁 9b-10a，「怪術」。
89. 加藤繁，「車坊に就いて」，支那經濟史考證(上)，pp. 294-8。
90. 日野開三郎，唐代邸店の研究（福岡：作者自印，1968），pp. 137-47。
91. 轉引自：小笠原宣秀、西村元祐，「唐代役制關係文書考」，p. 138。

這件文書殘缺過甚，但大體可辨出是私人雇役文書；其較完整的是解火德受雇當柳中役文約（詳下節所錄雇傭契約第Ⅰ件），從這件文約，可看出私人雇役契約的形式與內容（其分析討論詳四節一項，此處不贅）。其次，傭作者在雇主家從事各類雜作，卽傭僕。這類資料較多，如唐摭言（卷一五）賢僕夫條載：李敬爲夏侯譙公之傭，寒苦備歷。再其次，如雇書手、雇乳母等，[92] 也是私人雇傭中常見的事例，但因不在本文討論的雇傭勞動範圍之內，姑從略。

如上所述，唐代私人雇傭勞動已經相當普遍、相當興盛了。雇農、雇工的大批出現，和當時農業、手工業及商業、運輸業的發展，有密切的關係；傭作坊的出現，更顯示勞動力的商品化，這些都是社會經濟力量逐漸成熟以後，才可能產生的現象。

四、唐代雇傭關係的分析

雇主與傭作者間的相互關係，稱爲「雇傭關係」。唐代的雇傭關係，有時藉文字契約而訂立，有時僅用口頭約定。又因雇傭勞動是一種有償勞動，所以契約中對工資數額的規定，成爲重要部份。再者，傭作者的身分是自由民，他們去就之間有一定程度的自由；換句話說，他們和雇主間並非隸屬性的人身依附關係，更非所謂「封建關係」。因此，在分析唐代雇傭關係時，雇傭契約的訂立、工資的給付、傭作者的身分，就成爲討論主題。本節以下就以這三個課題爲主，分別作簡單的分析。

(一)雇傭契約的訂立與內容：

唐代的雇傭契約，可分口頭契約與文字契約（或稱雇傭文書）二類。前者僅由雇主與傭作者雙方，用口頭約定傭資、工作範圍及給付方式等款項，這類契約多用在短期或臨時性的雇傭勞動上。後者則由雇主與傭作者雙方及見人（保證人）等，共同在書面上寫明傭作期間、工作範圍、工資給付、損害賠償、違約賠償等款項，這類契約多用在長期性的雇傭勞動上。

唐代口頭契約的資料，由若干文集保存下來，它所涵蓋的地區多在中國本部。至

92. 雇乳母之例，如：盧氏，逸史（涵芬樓說郛本，卷24），「蕭家乳母」條，p.21b。雇書手，見：入唐求法巡禮行記（大日本佛教全書本），卷1，頁189，「開成四年二月廿日」條；舊唐書，卷189下，頁5，「王紹宗傳」；新唐書，卷199，頁9b，「王紹宗傳」。

於文字契約的資料，則僅在敦煌、吐魯番等邊陲地區發現。但據唐詔令及宋人記載看，文字契約在中國本部亦有之，如唐會要（卷八六）奴婢條載大中九年（855）閏四月二十三日勅說：

> 嶺南諸州，貨賣男女，奸人乘之，倍射其利。今後無問公私土客，一切禁斷。若潛出券書，暗過州限，所在搜獲，以強盜論。如以男女傭賃於人，貴分口食，任於當年之年限爲約，不得將出外界。[93]

這項詔令明言雇傭要「立年限爲約」，當與買賣人口的「券書」相似，都是一種文字契約。宋代也有，宋人袁采說：

> 雇婢僕須要牙保分明，牙保又不可令我家人爲之也。……〔買婢妾如已成契〕契中稱說少與雇錢，待其有親人識認，即以與之也。[94]

所謂「牙保分明」，就是契約保證或見證人清楚，沒有糾紛。從上可知，唐時中國本部，當亦有雇傭文書存在，可惜沒有保存下來。至於口頭契約，雖然在敦煌等地沒有資料可徵，但因它是建立雇傭關係最簡單的形式，似亦可認定必已存於邊區。

唐人口頭雇傭契約的記載，往往過於簡略，如上節所引太平廣記稱廣陵人馮俊以傭工爲生，遇一道士而傭力負運，約定從廣陵至六合酬一千文，給付地點在六合，即工作完畢後付款。又如新、舊唐書稱王紹宗少貧，爲人傭書三十年，「每月自支錢，足即止，雖高價盈倍，亦即拒之。」[95] 日人仁井田陞認爲王紹宗爲人傭書的期間雖長，但傭足即止，即可說是一種「非繼續的契約」。[96] 總之，這種口頭契約當時已普遍存在，但因它的訂立常因人、因地而異，記載內容也比較不詳盡，此處不再贅論，本節第二項討論工資的給付時，偶而會再提及。

關於唐代雇傭文書的研究，以仁井田陞爲最多，他在一九三七年曾有一些簡略分析，但僅據二件雇傭文書討論（即以下所錄Ⅵ、Ⅹ二件），儘管其中一件（Ⅵ）記載頗詳，仍嫌不足。[97] 其後他又在一九三九年，據另外三件雇傭文書討論（即以下所錄

93. 案：唐大詔令集，卷109，頁 7b，「禁嶺南貨賣男女敕」作：「……如有貧窮不能存濟者，欲以男女傭雇與人，貴分口食，任於行止，當立年限爲約，不得將出外界。」與會要所載略異。

94. 袁采，袁氏世範（四庫全書珍本別輯本），卷下，頁 13b-14a，「治家」。

95. 同註92。

96. 仁井田陞，唐宋法律文書の研究（東京：東方文化學院東京研究所，1937，67），p. 432。

97. 同上，第七章，「雇傭文書」，pp. 422-47。

V、VII、VIII三件），提出稍微詳細的分析。[98] 由於本文立論角度與仁井田氏不同，爲說明唐代雇傭關係，玆再從仁井田氏及其他各家著述中所引用資料，蒐得五件，共計十件。從這十件記載詳略不一、年代間有不明的契約中，約略可以看出唐代雇傭關係的內容。爲下文討論方便起見，玆先將十件契約按可能的年代（年代不詳者列在最後）、及文件原來形式，編號排列如下：

I 解灮德受雇當柳中役文約（隋末唐初，640年以前）[99]：

□□□正月廿八日武城鄉〔人張玉

坦〕饋錢八文，雇同鄉人解灮〔知？〕德肖柳中□

壹以〔亥？〕拾伍日，其叚〔成？〕仰回文相〔付〕□□□□

□□□〔未〕行，乙〔及〕有逋，留召罪亊〔事〕仰解灮德

肖〔當〕；張玉坦〔悉〕不〔知〕。有先悔

者，一罰貳，﹝入﹞〔交〕不悔人。〔…………〕爲記

錢主　　〔張玉〕抇

受雇人　〔解灮〕德

保人　　張振德

灮〔知〕見人　張俊典

II 趙沙弥爲武城諸人放羊文約（隋末唐初，640年以前）[100]：

□□□□□□□〔歲〕〔十〕月廿五日，趙沙弥爲武城諸人放羊□□□

中羊三口與粟一斗。從未歲正月到未歲十月卅日，羊五口與□

□□正月內償放羊價錢，使畢。羊朋大，償大；朋小，償小。若羊

折骨，仰放羊光〔兒〕，若□□□□□□□□□□□□□□□□

98. 仁井田陞，「スタイン・ペリオ兩氏將來敦煌法律史料數種」，東方學報（東京），第九册（1939），pp. 13-23。

99. 吳震，「介紹八件高昌契約」，文物，1962年7, 8期合刊，pp. 78-9。吳氏稱此件契約出吐魯番縣，阿斯塔那北區326號墓，這些契約都是高昌時代（即640年唐滅高昌置西州以前）之物。從本件以下各契約，多殘缺不全，本文盡量依原件行列、字體、花押（多爲符號）抄錄，其擬補、疑問、說明（如示明爲花押或反書）或已知各正誤俗體字、誤字，皆以方括弧示於各字之後或於各字應列之處。其原缺無法補闕者，則以□示之。

100. 同上。

卅日羔子入郡〔群〕與大麦〔麥〕一斗。若羊徑宿究具庄〔？〕，放羊光悉不食〔管〕上〔倘〕有破祓〔壞〕處，仰〔仰〕大〔打〕放羊光了。諸人和可后，爲卷〔券〕要〔約〕，卷□□□□□□□□不得返悔。乙者壹署〔罰〕二，入不悔者，民有私要〔約〕，乙〔及〕行二主，各□□□□□□〔放〕羊光，放羊光忞〔悉〕不知。

□□□□□□□□〔法賢？〕□

……………下缺……………

Ⅲ P. 2415 號文書（又題乾元寺僧寶香雇百姓鄧仵子契文）（中唐？）[101]：

乙酉年二月十二日，乾元寺僧寶香爲少人力，遂雇百姓鄧仵子捌個月，每月斷作雇價麦粟壹馱……從入雇已後，便須逐月逐日駈駈入作，不得拋〔拋〕却作功。如若忙月拋一日，勒物五斗；閑月拋一日，勒物壹斗。□□□□□□□□

…………下缺…………

Ⅳ P. 3150 號文書（中唐？）[102]：

癸卯年十月廿八日，慈惠鄉百姓吳慶順三人商擬，爲緣家中貧乏，缺負廣深，今將慶順已身，典在龍興寺索僧政家，見取麥壹拾碩，黃麻壹碩陸㪷，准麥叁碩貳㪷，又取粟玖碩，更無交加。自取物後，人无〔無〕雇價，物无利頭，便任索家駈馳，比至還得物日，不許左右，或若到家被惡人拘卷，盜㓹〔㓷？〕他人牛、羊、薗〔園〕、菜、麥、粟，一仰慶順袛當，不忓〔干〕主人之事。或若兄弟相爭，延引拋功，便同雇人，逐日加物三㪷。如若主人不在，所有農遺失，亦仰慶順塡倍〔賠〕，或若瘡出病死，其物本在，仰二弟塡還。兩共面對商量爲定，恐人無信，故立此契，用爲後憑。

101. 轉引自：那波利貞，「梁戸考」，p. 6。

102. 轉引自：燉煌綴瑣，「瑣五四」，pp. 227-8，劉復擬題吳慶順質身契；又，仁井田陞，「唐末五代の敦煌寺院佃戸關係文書」，中國法制史研究：奴隸農奴法、家族村落法，pp. 73-4 及圖版三附原件照片。嚴格說，這是一件質身契，但因其中談到「雇價」及「雇人」與「典身人」之差異，筆者亦將之列入，以便下文討論。

又麥壹碩，粟貳𣂁，恐人不信，只典㒸慶順力〔花押〕

押字爲憑。叔㒸仫婢七㒸〔花押〕　同取物口承弟㒸万〔萬〕昇ナ〔花押〕

同取物口承弟㒸慶信七〔花押〕

口承見人房叔㒸仫婢㒸〔花押〕

見人安寺主□□□□〔花押？〕

V富康子雇人文書(擬)（大中七年，853，左右）[103]：

□年□月□日，百姓富康子，爲緣欠少人力，遂雇□鄉百姓□專

甲□，雇領一周年，斷作雇價每月多少，收〔？〕事酌度。立

契已後，便須入作，所有籠具什物等，一仰受雇

□□什，若是放畜牧，畔上失却，狼咬煞，一仰售〔？〕雇人

袛當，與充替，若無替，剋雇價物。一定已後，比年限

滿中間，不得拋直。若有拋直五日已外，便知竿〔？〕日剋勿〔？〕。

若有年未滿蕃悔者，罰在臨時入不悔人。官有致〔政〕法，人從私契，兩共對面

〔平〕章，書紙爲記，用爲後憑。

VI S. 1897 號文書（五代初，924）[104]：

龍德肆年甲申歲二月一日，敦煌郡鄉百姓張ㄙ〔某〕甲爲家內

闕少人力，遂雇同鄉〔原件鄉陰之上有百姓二字〕陰ㄙ甲，斷作雇價，從正〔原

件「正」上有「二」字〕月至九月末

造作，逐月壹馱，見分付多少已訖，更殘到秋物出〔？〕

之時收領，春衣一對〔對〕，褄袖并褌皮鞋一量，餘外□□□

欠闕，仰自枇棑〔批排〕。入作之後，比至月滿，須須兢心，勿□□

二意，時向不離城內，城外一般獲時造作，不得

拋滌〔拋擲〕工夫。忽忙時，不就田畔，蹭蹬閑行，方南

103. 轉引自：仁井田陞，「スタイン・ペリオ兩氏將來敦煌法律史料數種」，p. 15。案：這件契約的反面抄錄論語卷六，有「大中七年十一月廿六日學生判官高英建寫記」等識語，那波利貞、仁井田陞二氏都以爲契約年代也應該在大中七年左右。

104. S. 1897號文書（S. 指斯坦因 A. Stein）轉引自：仁井田陞，唐宋法律文書の研究，pp. 440-1 及圖版四原件照片。案：這件文書相當完整；又，梁末帝龍德只有二年，這件文書所說的龍德四年，應爲同光二年。

直北，拋工一日，剋物貳酙，，應有沿身使用農

具，兼及畜業，非理失脫損傷者，陪在〔陰〕厶甲身

上。忽若偷盜〔原件盜麦之上有他人二字〕麦粟牛羊鞍馬〔原件馬一之上有逃走二字〕，一仰〔陰〕厶甲親眷

〔袛〕當。或若澆溉溉〔衍字〕之時，不慎睡臥，水落在

□處，官中書罰，仰自袛當，亦不得侵損他

〔人〕田苗針草，須守本分。大例賊打輸身却者，

無親表論說之分，兩共對面平章爲定，

准法不許翻悔。如先悔者，罰上羊壹口，充

入不悔人，恐人無〔信〕，故立明文，用爲後驗。——〔契約正文完畢記號〕

甲厶人見〔反書〕　雇身厶甲

甲厶人見　口丞〔承〕人厶甲

Ⅶ P. 5522號文書(五代或宋初，928或988年)[105]：

戊子年二月廿九日立，梁戶史氾三家中欠少人力□□□□

平康鄉百姓朴願弘面上，雇弟願長，斷作雇價每月斷□□□

捌酙粜斲。自雇已後，便須兢心造作，不得拋敞工袂〔夫〕□□□□

汗衫一札。若忙時拋工一日，勒物貳酙；若閑時拋工一日，勒□

恐無交加，故立私契，用爲後憑。←—〔契約正文完畢記號〕

雇兄　願弘　ㄊ〔花押〕

雇身弟　願長　ㄊ〔花押〕

Ⅷ丁巳年賀保定雇契(擬，年代不詳)[106]：

丁巳年四月七日立契，莫高鄉百姓賀保定，爲緣家中欠少人力，遂雇赤心鄉百姓龍員定男，造作壹周年，斷作雇價每月壹馱，乾濕中亭，春

105. 轉引自：那波利貞，「千佛巖莫高窟と敦煌文書」，敦煌、吐魯番社會經濟資料(上)，p.47引法國國立圖書館藏文書：又，仁井田陞，「スタイン・ペリオ兩氏將來敦煌法律史料數種」p.16。案：那波氏以爲契約中的朴姓百姓，是唐高宗討高麗以後，才流入中國的高麗俘戶。仁井田氏以爲契約中的戊子年，當爲後唐明宗天成三年(928)或宋太宗端拱元年(988)。

106. 轉引自：仁井田陞，「スタイン・ペリオ兩氏將來敦煌法律史料數種」，p.17。

衣壹對，汗衫壹領，裩袖衣襴褸襠壹薯〔？〕，皮鞋壹兩〔量？〕。自雇已後，便須駈駈造作，不得忙時左南直北，苟作抛功一日，兗物貳㪷。忽若伺他人牛羊麥粟𦬆菜蕖茹，忽以捉得，倍〔賠〕在自身袨當，更若畔上失他主人農具鏵鑱鎌刀鍬钁袋器什物者，陪〔賠〕在作兒身上。若分付主人，不忓〔干〕作兒之事。或遇賊來打將，壹看丈例。兩共對面平章爲定，准法不悔許〔悔許二字倒置〕，休悔者罰青麥伍䭾，充入不悔人。恐人無信，故勒斯契，用爲後憑。|──〔契約正文完畢記號〕

Ⅸ大谷5444號文書（年代不詳）[107]：

…………上缺…………

不在，一仰保人□□□□□□□□□□□□〔不許〕

休悔，如先悔者，罰錢□□□□□□□〔恐人無信〕

故立私契，兩共平章，畫指〔爲記〕〔用爲後憑〕

受雇人　白蘇大□□□〔花押〕

同受雇兒　白□□〔名字〕□□□〔花押〕

Ⅹ P. 2869 號文書（年代不詳）[108]：

…………上缺…………

官罰羊米〔？〕，一仰□□人袨當，立約之後□□□□

悔者罰麦伍碩，充入不悔之人，恐人無〔信〕〔兩共平〕

章，故立私契，用爲後憑。

售雇　□□□□□□□

口丞〔承〕人兒　□□□□□□

見人　□□□□□□□

以上所錄是隋末唐初至五代的雇傭契約，Ⅰ～Ⅷ大體完整，Ⅸ、Ⅹ殘缺較甚。仁井田陞曾據Ⅵ、Ⅹ認爲契約的要項有十四部份：（1）立契年月日、（2）雙方當事者、（3）雇傭理由、（4）工資協定、（5）雇傭期間、（6）工資給付方法、（7）受雇人衣物等之

107. 轉引自：仁井田陞，「吐魯番出土の唐代取引法關係文書」，敦煌、吐魯番社會經濟資料(下)，p.200。

108. 轉引自：仁井田陞，唐代法律文書の硏究，pp. 442-3。

給付、(8)受雇人義務、(9)受雇人不法行爲的責任歸屬、(10)發生盜賊等意外事件的責任歸屬、(11)兩當事者守約文字、(12)違約處罰文字、(13)契約「後還」文字、(14)受雇人、雇主、見人署名[109]。仁井田氏曾據Ⅴ、Ⅵ、Ⅶ、Ⅷ、Ⅹ等件分析:(1)工資的給付方式、(2)受雇人及雇主的義務、(3)兩當事者的守約文字、違約處罰文字、(4)署名等項。他認爲:(1)Ⅵ件契約稱工資爲「雇價」,其給付方法是「一月一馱」、「見分付多少已訖」,即在締結這件契約時,工資的一部份已「分付」了,其後付部份是「更殘到秋物出之時收領」。(2)受雇人被雇後,在雇傭期間必須忠於其事,不得蹭蹬閑行,否則有處罰的明文規定。(3)兩當事者守約及違約處罰文字中,規定先悔者要納罰金(通常是實物)給未悔者,如「先悔者,罰上羊壹口,充入不悔人。」(Ⅵ)及「若悔者罰粟伍碩,充入不悔之人。」(Ⅹ)(4)是關於「署名」(花押)的討論,暫不引述[110]。以上是仁井田氏討論的大意,由於本文立論角度和他不同,爲說明唐代的雇傭關係,茲配合有唐一代的雇傭勞動,再作若干分析如下:

(1)雇傭勞動的範圍:

唐的公私雇傭勞動範圍相當廣泛,各項傭作也和各地的經濟生活有密切關係,本文前二節已略說明。在上錄契約中,有私人雇役(Ⅰ)傭牧(Ⅱ)、傭耕(Ⅳ、Ⅴ、Ⅵ)及雜作或勞動性質不明(Ⅲ、Ⅶ、Ⅸ、Ⅹ)等。從這些範圍可以看出,唐時西北邊區也有農業耕作[111],而畜牧業應是主要的經濟活動,證之各項契約的違約處罰,多以農產品和牲口來償納,多少可以窺知。至於私人雇役的出現(Ⅰ),則爲本文第三節的討論,提供了補充說明,即唐代除政府雇役外,也有私人直接出錢雇役的情形。

(2)傭作者的身分:

唐時傭作者的身分是自由民,從上錄各件契約中,可知他們在雇傭期間,只有履行契約的義務;如不履行,則有處罰規定,這裡顯示了傭作者的身分,並非賤民可比。如Ⅳ件稱:吳慶順典賣自身後,取得麥粟等物,「自取物後,人无雇價,物无利

109. 參考:同上,pp. 443-4。

110. 以上參見:仁井田陞,唐宋法律文書の研究,pp. 443-4;又,氏著,「スタイン・ペリオ兩氏將來敦煌法律史料數種」,pp. 18-21。

111. 從敦煌、吐魯番等地發現的文書中,可看出唐西北邊區農業發展的情形,其最新而有系統的研究,參看:池田溫,「中國古代の租佃契」(上、中),東洋文化研究所紀要,六十册(1973),pp. 1-112,及六十五册(1975),pp. 1-112。

頭」，如果延引抛（拋）功，其處罰是「便同雇人，逐日加物三㪷。」可見典賣人身後，其身分已非自由的傭作者，工作也沒有工資。（不過，也有保障典賣人的地方：典賣所得的東西，買主不得再計算利息，即所謂「物无利頭」。）這種情形說明，傭作者和典賣人的身分不同。（關於傭作者的身分問題，本節第三項將再討論。）

（3）雇傭勞動的發生：

雇傭勞動是一種有償勞動，也是一種經濟行為，當然要符合經濟學上「供給」與「需要」的原則。從上錄契約可看出，雇主有需要雇傭他人的原因，都是因為勞動力不足；又因無法用强制力量取得勞動力（如奴婢、部曲等），因此才會出錢雇傭他人來滿足勞力需要。如：Ⅲ件稱「乾元寺僧寶香為少人力」、Ⅵ件稱「敦煌郡鄉百姓張ㄙ甲為家內闕少人力」、Ⅶ件稱「梁戶史氾三家中欠少人力」等，其雇傭動機都是缺乏勞動力（又如Ⅴ、Ⅷ等）。從這個角度看，雇傭勞動的普遍發生，是和社會經濟力量的成熟與否，有密切關係的。

（4）雇主的經濟地位：

雇主既有錢雇傭他人，自然也有較高的經濟地位。在上錄契約中，其已知的雇主（或錢主）分別是：武城鄉人張玉垉（Ⅰ）、武城諸人（法賢等？）（Ⅱ）、乾元寺僧寶香（Ⅲ）、敦煌郡鄉百姓張ㄙ甲（Ⅵ）、梁戶史氾三（Ⅶ）、莫高鄉百姓賀保定（Ⅷ）等。雇主們的身分，雖然無法全部得知，但從Ⅱ、Ⅲ、Ⅳ、Ⅶ等件契約，都顯示唐時西北地區的寺院莊園經濟勢力相當龐大，它擁有畜牧業、製油業（由梁戶所生產）[112]、農業等生產事業。此外，雇主們也可採取「合雇」方式，共同雇用他人（Ⅱ）。合雇的原因，應當是比較經濟、方便的關係。

（5）雇傭農業經營的土地、農具、企劃權：

本文二節提到：唐代公私土地的雇傭經營，其土地所有權、耕牛、農器具、種子等皆為雇主所有，經營企劃權屬雇主，勞動形態由雇主役使，雇農僅依約獲得定額傭金而已。這個說法的具體例證是Ⅴ、Ⅵ、Ⅷ件契約：雇主富康子、張ㄙ甲、賀保定提供田地、農具、什物等，雇農□專甲、陰ㄙ甲、龍員定男要依照雇主的意思耕作。換

112. 所謂「梁戶」，就是在寺院保護下，持有特別的製油及賣油權的戶口。他們利用寺院的油樑設備製油，並每年向寺院納課，謂之「梁課」。從上引Ⅶ件契約看，梁戶如欠缺人力，也可雇傭他人，足見其經濟地位較高。參看：黃敏枝，唐代寺院經濟的研究 pp.106-8。

句話說，經營企劃權、勞動形態由雇主持有、役使；雇農在履行契約後得到一定數額的傭金。

(6)契約的性質：

唐代的雇傭勞動，有政府雇傭與私人雇傭二類。如二節所述，政府雇傭中的和雇或雇役，是用「留」(所謂下日悉留和顧)、「募」(如厚價募工)、「令」(如剋期令至)或「追捕」(如追捕夫匠、迫脅就功)等强制、半强制或非强制的方式，來補足勞力需要。不論採取溫和或不溫和的手段，政府雇傭都不必訂立雇傭文字契約，只需「置一板簿，每年輪檢自差，欲有使來，先行文帖，剋期令至……如有遠戶不能來者，卽任納錢與於近河雇人，對面分付價值。」[113]據此，政府雇傭中的契約性質，只是口頭契約而已。至於私人雇傭中，則有口頭與文字契約二類。如前所述的私人口頭契約，對責任、義務、處罰條款等可能也有「言明在先」的規定，但易生糾紛，所以這類契約多用於臨時性或短期的雇傭勞動中。文字契約則因對各項責任、義務、處罰條款及工資協議，都有清楚的規定，因此多用於長期的或特殊性的傭作中。如上錄契約中，有按月斷價(長期傭作？)(Ⅶ)、八個月(Ⅲ)、九(八？)個月(Ⅵ)、十個月(Ⅱ)、一周年(Ⅴ、Ⅷ)等，都是長期傭作；其特殊性的傭作，則如Ⅰ件的私人雇役，因爲牽涉到「役」而與政府有關，爲避免發生刑責問題，才訂立這項契約。總之，文字契約訂立的目的，是在於防止雇主與傭作者雙方可能發生的爭端。

以上是對上錄十件契約所作的簡單分析，其中較值得注意的「工資的給付」與「傭作者的身分」問題，因爲牽涉較多，本節以下再立二項提出討論。

(二)工資的給付：

工資是對勞動者所提供勞務的報酬，它的種類由於計算方法及支付手段的不同，而有以下的區分：從計算方法的不同來區分，有計時工資(time wage)與計件工資(piece wage)兩種；從支付手段的不同來區分，有貨幣工資(money wage)與實物工資(wage in kind)兩種[114]。唐代的雇傭勞動中，政府雇傭多採計時工資，私人雇傭則計時、計件都有。以支付手段說，則貨幣與實物兩種工資，都是公私雇傭

113. 杜牧，樊川文集，卷13，頁114，「與汴州從事書」；又，全唐文，卷751，頁10b-11a同。
114. 參看：施建生，經濟學原理(臺北，1976，六版)，pp. 246-7。

中常見的形式，安史亂前多以實物工資支付，安史亂後則貨幣工資較爲普遍，這是因爲安史亂後的經濟型態，已經漸漸由自然經濟轉向貨幣經濟的緣故[115]。不過，由於唐代的物價。有過多次明顯的變動時期[116]，因此各期中傭作者所得的實質工資（real wage，卽工資所能購得的實物數量，亦卽工資的購買力。）是否相同或相差不遠；全國各地的生活水準不一，各地傭作者的實質工資，是否有差異，這些都是值得探討的。但因各項公私雇傭材料，或時間不明，或地域不淸，遂增加這項討論的困難。本文以下試就各種雇傭勞動的工資，加以分析、比較，雖然無法正確獲知各個不同時期和地區的實質工資，但從傭作者的生活情形，仍可窺知一二。至於工資的計算方法與支付手段，則可得其大概。玆分三點說明如下：

（1）雇傭工資的計算方法：

就雇傭工資的計算方法說，唐時政府雇傭多採計時工資，私人雇傭則因產業或契約性質的不同，而包括計時和計件工資在內。

唐代政府雇傭工資的計算方式，大部份採計時方式，有計日、計月之分。一般政府雇傭工匠是計日工資，如新唐書（卷四六）百官志稱：「（凡工匠）雇者日爲絹三尺」，這種計日工資當是由「庸」制演變而來，唐六典（卷六）戶部尚書說：「凡丁歲役二旬（原注：有閏之年加二日），無事則收其庸，每日〔綾、絹、絲〕三尺（原注：布加五分之一）。」又政府雇傭中的「下日悉留和雇」，其和雇工資的計算，亦採計日方式。在政府雇農方面，多爲計月工資，如嚴郢稱內苑植稻的雇農工資，是「人給錢月八千，糧不在。」[117]不過，由於工作性質特殊並爲計算方便起見，在水陸運輸方面有時也有計件工資的情形。譬如：貞元八年（792），戶部侍郞判度支裴延齡「奏論令京兆府以兩稅靑苗錢市草百萬圍，送苑中。」[118]這種「市草」，當時以「束」爲單位，其方式是「令人戶送入城輸納，每束兼車脚，與折錢二十五文。」[119]所謂「車

115. 參看：全漢昇，「中古自然經濟」，中國經濟史研究(上)，pp. 89-138。

116. 關於唐代物價的變動，全漢昇氏認爲有四次上漲、三次下落時期，其曲線呈一起一伏形態，卽：唐初物價上漲、太宗高宗間物價下落、武周前後物價上漲、開元天寶間物價下落、安史亂後物價上漲、兩稅法實行後物價下落、唐末物價上漲。參看氏著，「唐代物價的變動」，中國經濟史研究(上)，pp. 144-208。

117. 新唐書，卷 145，頁 18，「嚴郢傳」。

118. 舊唐書，卷 135，頁 8b-9a，「裴延齡傳」。

119. 陸宣公集，卷 20，頁 162，「論度支令京兆府折稅市草事狀」。

脚」，卽政府雇車與雇傭脚力，所應給予的工資，其計算是以「里」爲單位，視里程的遠近而給資。由於花費過大，擾民過甚，宰相陸贄大加反對，陸宣公集(卷二〇)論度支令京兆府折稅市草事狀分析說：

> 臣等又勘度支京兆此來雇車、估價及所載多少，大率每一車載一百二束，每一里給傭錢三十五文，百束應輸二束充耗。今京畿諸縣，去城近者七、八十里，遠者向二百里。設令遠近相補，通以百里爲程，則雇車載草百束，悉依官司常估，猶用錢三千五百文，卽是一束之草，唯計般運已當三十有五文，買草本價又更半之。而度支曾不計量，自我作估，徑以胷臆斟酌，限爲二十五文。

其次，在私人雇傭方面，計時與計件工資都相當普遍。就計時工資論，有所謂「日傭」與「月傭」之分，卽工資以計日或計月方式計算，這種情形以一般私人手工業、農業耕作及雜作等方面爲多。如上節引竇乂召日傭人從事手工業勞動，盧鈞得一僕願爲月傭等。又如本節第一項所錄契約中，有傭牧(Ⅱ)、農耕(Ⅴ、Ⅵ、Ⅷ)、雜作(Ⅲ、Ⅶ、Ⅹ)等計月的雇傭。其工資給付方法，多半是「斷作雇價每月多少」(Ⅴ)，或明言「每月斷作雇價麥粟壹馱」(Ⅲ)、「斷作雇價，逐(每)月壹馱」(Ⅵ、Ⅷ)。至於計件工資，則在運輸方面爲多，如上節引茅山陳生到傭作坊求人負擔藥物、馮俊爲一道士負藥材，都是論件計酬；在手工業及雇役方面也有，如上節引奚樂山工畢索酬，及日本僧圓仁等雇人作坐具，共「作手功作一箇用二百五十文」、本節所錄Ⅰ件契約稱解火山德受雇當役以「壹次」計算，這些都是計件工資。

不論是計時或計件工資，其工資都有「先付」、「後付」與「分期付款」(逐月支給)等不同的給付方式。一般說，在口頭契約裡，因爲傭作期間通常較短，雇主多採「後付」方式支給工資，如上節所稱奚樂山工畢受六十緡、馮俊傭負至彼取資。至於文字契約中，則因契約明白規定對違約者(先悔人)的處罰條款，因此雇主肯「先付」若干雇價作爲傭作者生活之資，如張玉坦先付八文給解火山德作雇役之資(Ⅰ)。有時更因雇傭期間較長，雇主採「分期付款」方式，亦卽逐月支給，如張厶甲雇陰厶甲耕作九(八？)個月，其工資給付方式是：「逐月壹馱，見分付多少已訖，更殘到秋物出(？)之時收領，春衣一對，袜袖並褌皮鞋一量。」(Ⅵ)

(2)雇傭工資的支付手段：

就雇傭工資的支付手段說，安史亂前多以實物工資支付、安史亂後則以貨幣工資爲較普遍。這是因爲自安史亂後，已漸由中古自然經濟時期轉變爲貨幣經濟時期，一般商業、租稅及工資之往來、給付，多以貨幣爲手段，這個轉變是中國經濟史上重要的關鍵。[120]就本文二、三節所述，上項說法亦可得到支持，其中雖有少數例外，並未妨礙此項立論。不過，以本節所錄契約而言，則實物工資和貨幣工資，在敦煌、吐魯番一帶的私人雇傭勞動中，仍多幷存，如採貨幣工資的有Ⅰ、Ⅸ等件，採實物工資的有Ⅱ、Ⅲ、Ⅵ、Ⅶ、Ⅹ等件。其違約處罰的支付手段，也是實物和貨幣幷存，凡雇傭工資以實物支付，則其處罰也多以實物相抵。以上契約年代有的不易確定，但如Ⅵ、Ⅶ兩件已至五代或北宋初期，仍以實物爲支付手段。從這些情形看，敦煌等西北地區的經濟活動，當仍較中國本部遲滯。（當然，唐時全國各地，也會因地區不同而有歧異。因資料所限，不再深論。）總之，雇傭工資的支付手段，往往因時、因地的不同而有差別；在貨幣工資較爲普遍的時期和地區，其經濟活動當屬較爲活潑的形態。

(3)實質工資與傭作者的生活情形：

實質工資往往因時間、地區及物價的改變，而發生變動，除非資料豐富，否則很難得到正確數字。再加上雇傭工資的多寡，多半決定於雇主與傭作者私人間的契約協議，因此其實質工資並無一定標準，常視雇主個人的喜怒而定，所謂「好即薄酬其庸，惡乃橫生構架（三節引大谷2835號文書）、「羊朋大，償大；朋小，償小。」(Ⅱ)及「倍酬其直」（三節引太平廣記（卷二三）馮俊條）等，都說明實質工資的變動性頗大。同時，有關唐代雇傭工資的記載，其地域、時間常甚模糊，所以本項的討論，僅能以物價中最重要指標的米價作基準，略舉約數，並配合若干傭作者生活情形的記載，加以觀察。

先論政府雇傭的實質工資，其數字及年代較詳的有雇傭工匠、雇農及脚夫的工資。雇傭工匠的工資是每日三尺絹，其給付辦法直接由唐六典所載庸制演變而來，二節已作說明。唐六典成書年代在開元全盛之日，故「每日絹三尺」可視爲開元天寶間物價低落時期的工資。開元十三年(725)時的絹價、米價是「米斗至十三文，青、齊

120. 參看：全漢昇，「中古自然經濟」、「從貨幣制度看中國經濟的發展」。

穀斗至五文。自後天下無貴物，兩京米斗不至二十文、麵三十二文、絹一疋二百一十文。」[121] 一疋當四丈，卽四十尺，則當時一尺的絹價是五·二五文，如每日工資絹三尺，實得一五·七五文。如米價以斗十五文計，其購買力約爲一斗，卽十升。案：「人(日)食米二升」，大約是唐時個人每日穀物的平均消耗量[122]。如此，則雇傭工匠的實質工資是每日可得十升米，但如以一家五口計，扣除其消耗量，則無賸餘。

其次，以雇農工資說，大曆(766-79)末，嚴郢上疏稱內苑植稻雇農的工資是「人給錢月八千，糧不在……計一農歲錢九萬六千，米月七斛二斗。」[123]案：安史亂後三十年內(757-87)，米價甚貴，大曆年間的米價常在一斗千文左右[124]。以內苑雇農月得八千文計，則其實質工資每月可得米八斗，卽每日平均可得二·六升，如再加上「米月七斛二斗」的實物補貼，則每日平均實質工資約得米二六·六升，以一家五口計，每口平均得五·三升，扣除二升的基本消耗量，餘三·三升。

再次，以政府雇傭脚力的工資說，玄宗時的脚直有其定制，唐六典(卷三)度支郎中說：

> 河南、河北、河東、關內等四道諸州，運租庸雜物等脚，每馱一百斤，一百里一百文；山阪處一百二十文，車載一千斤，九百文。黃河及江水河，并從幽州運至平州，上水十六文、下水六文；餘水，上十五文，下五文。從灃、荊等州至揚州四文。其山陵險難、驢少處，不得過一百五十文；平易處不得下八十文。其有人負處，兩人分一馱；其用小船處，并運向播、黔等州，各任本州量定。

如以一人日行平地七十里計[125]，則在河南等四州的脚力，每日所得工資約七十文，易以米斗十五文，其實質工資日得米四六升，但因「其有人負處，兩人分一馱」，故每人每日實得二三升。再以一家五口計，每口得四·六升，又扣除基本消耗量二升，僅

121. 通典，卷7，頁41，「食貨」(七)、「歷代盛衰戶口」。
122. 新唐書，卷54，頁1b，「食貨志」稱：肅宗時議者以爲「人(日)食米二升」，本文卽以此數爲準。
123. 新唐書，卷145，頁18，「嚴郢傳」。
124. 參看：全漢昇，「唐代物價的變動」，pp. 159-74。
125. 一人日行七十里(平地)只是約數，如日本僧圓仁入唐，於開成五年(840)三月在河南道黃縣、萊州一帶步行(有傔從、脚夫)的速度如下：十二日平明至晚共七十里，十三日早至晚共七十里，十四日早至晚共六十里等。見：入唐求法巡禮行記，卷2，頁51。

餘二・六升。這個數字比雇傭工匠高、比雇農低，所賸亦無幾。這是玄宗時期，脚力每日實質工資的盈餘，由此可見其生活也相當困窘。但在貞元八年（792）却有一項有趣的例外，即裴延齡主張的運草脚直（詳本項「工資的計算方法」引），其車脚每里給二十五文（事實上陸贄的估計更高，是三十五文以上）如亦以日行七十里計，則傭運者每日約得一七五〇文，易以米斗直百五十文計[126]，則每日可得一一・六升；以一家五口計，每口得二三・三升，再扣除每口基本消耗量，每日餘二一・三升。但因前項計算都以傭載者一人為單位，如二人或二人以上，就要扣減一半以上（以二人計，每口實得一一・六升；以三人計，每口實得七・八升。）即使如此，也比前述各項實質工資每口每日盈餘額高出很多，可見所費不貲。正因花費過多，陸贄大力反對，嚴厲批評裴延齡「曾不計量，自我作估，徑以智臆斟酌。」因此，這項脚直只能視為例外。

再看私人雇傭的實質工資，其數字（尤其是工作日數）及年代多半不詳；敦煌雇傭契約中，其日數及傭資固然清楚，但或因年代不詳、或因米價不詳，無法換算實質工資。茲僅得前引太平廣記（卷二三）馮俊條載貞元初，馮俊在廣陵遇一道士，雇俊傭力負運，約定「倍酬其直」是一千文，行程自廣陵至六合（案：揚州府志稱其里程一百一十里[127]）其單程約需二日，則每日可得五百文，但因俊獲得倍酬，故貞元初廣陵一般傭力負運者的日傭工資約在二百五十文左右。貞元初，一般農產品價格頗低，關中一帶每斗糙米三十七文，好米七十文以下；但淮南道因水潦成災，米價曾貴至一百五十文[128]。唐時廣陵屬淮南道，故當以一斗一百五十文折算，則廣陵一般傭力負運者每日實質工資為米一六・六升，如以一家五口計，每口得三・三升，再扣除基本消耗量，僅餘一・三升。

綜上所述，唐代公私雇傭勞動中，傭作者所得實質工資都不高，其中如政府雇傭工匠僅能達到基本消耗量的邊緣；有的盈餘額稍多，如政府雇農每口每日餘三・三升、政府雇傭脚力餘一・五升、私人雇傭脚力一・三升。如果要再以這些少數盈餘，作為納稅及其他生活必需品的消費額，就不免捉襟見肘了。當然，上述實質工資的換

126. 貞元八年米價不詳，但貞元三年米斗直百五十文，此後十數年沒有劇烈變動，故米斗百五十錢，仍可視為八年米價。參看：全漢昇，「唐代物價的變動」，p. 173。
127. 尹會一(等)，揚州府志（臺北：成文出版社，1975；據雍正十一年刊本影印），卷4，頁1a，「疆域」。
128. 參看：全漢昇，「唐代物價的變動」，p. 186。

算，需注意到傭作者的工作是否持續不斷，如果一天打魚、三天曬網，那就更難以維生了。這種情形極有可能，以今日一般土木工人說，他們的工作並非經常持續，則在社會經濟繁榮景況不如今日的唐代，當亦如此。同時，支領計日或計件工資的短期傭作者，偶而得一二筆收入較長期傭作者爲多的工資，似乎只是一種臨時性、非持續的傭金。因此，在傭作者實質工資普遍不高的情形下，唐人詩文集中，常會出現一些描寫雇傭勞動者貧苦生活的情形。這些資料，稍可補充上項統計的不足，茲摘錄三則，以見一斑：

(甲)敦煌掇瑣引 P. 3418 號文書描寫雇農生活的五言白話詩[129]：

貧窮田舍漢，菴子極孤栖，兩共前生種，今世作夫妻。婦卽客舂擣〔擣？〕，夫卽客扶梨〔犁？〕，黃昏到家裏，無米復無柴。男女空餓肚，狀似一食齋，里政〔正〕追庸〔庸〕調，村頭相催襪。頭巾子路□，衫破䏌皮開，體上無褌袴，足下復無鞋。

(乙)白居易和春深描寫傭力賃車者的生活[130]：

何處春深好，春深貧賤家，荒涼三徑草，冷落四鄰花。奴因歸傭力，妻愁出賃車，途窮平路險，擧足劇槃〔裹？〕斜。

(丙)王建水夫謠描寫挽夫的生活[131]：

苦哉生長當驛邊，官家使我牽驛船，辛苦日多樂時少，水宿沙行如海鳥。……一間茅屋何所直，父母之鄉去不得，我願此水作平田，長使水夫不怨天。

唐人關於這類描述極多，不贅。總之，從本項的討論中，可得知傭作者物質條件與生活情形的大概。由於他們工作辛苦、收入微薄，自然是過著比較貧困的日子。但傭作者有時也有樂天知命的，如韓愈所記圬者王承福卽抱著「有功取其值，雖勞，無愧，吾心安焉。」[132]不過，唐代傭作者是否全部都安於其事，不得而知[133]；但他們傭力得

129. 敦煌掇瑣，「瑣三〇」，pp. 146-7，擬題「五言白話詩」。

130. 白居易，「和春深(二十首之一)」，全唐詩，卷449，頁5063。

131. 王建，「水夫謠」，唐詩百名家全集(掃葉山房石印本，1920)，「王建詩(一)」p. 4b。

132. 韓愈，「圬者王承福傳」，昌黎集，卷14，頁104。

133. 入唐求法巡禮行記，卷4，頁 267，「會昌五年(845)正月」條載有政府雇傭和按正規役制調集的築臺夫暴動事件，說他們因爲「寒食之節不蒙外出，怨恨把器仗，三千人一時衙聲。皇帝驚怕，每人賜三疋絹，放三日暇。」這次暴動的主要目的在爭取假日，可能是前述政府雇傭工匠「下日悉留和顧」後，不滿情緒的表現。可見傭作者並無法全都樂天知命，安於其事。

錢，積年累月後，似乎也可逐漸改善其經濟生活和地位，只是機會也許不多罷了。然而比起奴婢、部曲等賤民，他們的身分自由得多了。

（三）傭作者的身分：

傭作者的身分是自由民，但因其工作性質是付出勞力、辛苦工作後，才獲得微薄工資，因此易使人以爲他們是廝賤之徒、賤民，甚至是農奴。本項討論的目的，卽旨在澄清上述歧見。

唐代的賤民，有奴婢、官戶、雜戶、太常音聲人、樂戶、部曲、客女等，前人致力於研究這類問題者頗多，譬如：楊中一氏論「唐代的賤民」、「官戶的異義」[134]，玉井是博氏論唐的賤民制度及其由來[135]等，都未將傭作者列爲賤民；卽使研究唐代賤民制度最具成績的濱口重國氏，亦未將之列入[136]。但仁井田陞氏却認爲唐代實行農奴制，並認爲這時的農奴和雇工在法律上陷入最低劣時期。他說：中國到十世紀前後，生產關係的重心，才由奴隸轉變到農奴及雇傭人。另外，從此時的敦煌雇傭契約可以看出，對受雇人的違約處罰有極大約束力，這種約束與中古時期德國的「忠勤契約」類似。因此，中國的雇傭關係是一種「主僕之分」，此後歷宋、元、明各代，雇主都獲得極高的法律地位；到明末清初時，主僕之分才逐漸消失[137]。這個說法頗有商榷的必要，茲就與本文有關的傭作者身分，提出數點說明如下：

（1）要討論中國生產關係的重心，由奴隸變爲雇傭人，是否在十世紀前後的五代或宋初，會面臨一個現階段史料無法解決的問題，卽奴隸或雇傭人的總人口數，在全國總人口及總勞動人口中所佔比例無法得知。不過，從唐代雇傭勞動所顯示的各種跡象看，當時雇傭勞動的範圍已相當廣泛，凡農、工、商、運輸、雜徭、雜作等，都有傭作者參與其中。以政府和雇工匠從事公共工程的人數說，常達數千人或萬人以上，各地水陸運輸的雇傭脚力也不在少數；以私人雇傭勞動說，其使用範圍的普遍及日傭、月傭、傭作坊等的出現，更象徵短期或臨時性勞動的需要量增加。這些勞動需

134. 這二篇文章同時發表在食貨半月刊，1卷4期（1935）。
135. 玉井是博，「唐の賤民制度とその由來」，支那社會經濟史研究（東京：岩波書店，1941），pp. 147-209.
136. 濱口重國，唐代の賤民（京都：京都大學東洋史研究會，1966），pp. 3-10，討論「唐法上の賤人という用語」，並未將傭作者列爲賤民；pp. 468-80，討論「傭客と佃客」，認爲唐以前「傭」、「客」都是賤民；但唐代的「傭」是否爲賤民，濱口氏並未討論。
137. 仁井田陞，「中國の農奴、雇傭人の法的身分の形成と變質——主僕の分について」，pp. 147-93。

要，如果在所謂「奴隸社會」中，正可由奴隸或賤民來獲得滿足。因此，要說生產關係的重心，由奴隸轉變為雇傭人，是在十世紀以後，是值得商榷的。

(2)從傭作者的經濟地位看，他們的實質工資雖然不高(如前項統計)，但只要傭作者肯努力改善其經濟生活，似乎也有機會。如酉陽雜俎(卷一四)諾皐記(上)說：「元和初，洛陽村百姓王清，傭力得錢五鐶，因買田畔一枯栗樹，將為薪，以求利。」又如三節引太平廣記(卷一三八)齊州民條稱：劉十郎壯年時，與妻為人傭舂自給，後來累積金錢以鬻醋油為業，成為「富家翁」。這些都說明傭作者的經濟地位並非絕對不能改變，只是大部份傭作者是否都有機會改善其生活，仍值得懷疑。但就此點而論，已可看出傭作者可以和其他自由民一樣，透過契約的關係，在付出勞力之後，獲得一定數額的工資。這種有償勞動和奴隸的無償勞動，是不可同日而語的。

(3)從傭作者遷徙、轉移的權利看，他們非但沒有被嚴格束縛在土地之上，反而可以自由去就。前文說過，傭作者多由流民構成，或自由農利用農閑期為人傭作，因此其身分原來即屬自由民。傭作者在受雇約滿之後，甚至還可以轉移為人執事，正說明他們沒有失去「自由」。譬如：唐摭言(卷三)稱，光化(898-900)初，盧肅始登第，有李鴻者願傭力，「及一春事畢，鴻即辭去。」[138]又如前引太平廣記(卷七四)陳生條稱：茅山陳生在延陵傭作坊雇一夫，工作完畢後，此夫「因願留採薪」，也說明他們有自由定居的權利。再如二節論政府雇傭工匠之所以和官府手工業其他工匠不同，是因為他們和雇受薪，倘使他們一入正工，就「不得別入諸色」，同樣說明和雇工匠的身分是自由民。

(4)從雇主與傭作者訂立的契約精神看，其損害賠償、「忠勤」勞動等規定，對傭作者固然不利，但這是保護出資者的條款，如果傭作者認為條件太苛，儘可不簽訂雇傭契約。至於契約中「違約處罰」條款(即仁井田氏所稱「有極大約束力」部份)，明言是對「先悔人」的處罰(Ⅰ，Ⅱ，Ⅴ，Ⅵ，Ⅷ，Ⅸ，Ⅹ)，先悔人可以是當事者的任何一方，則在契約精神上仍是平等的。同時，它的「約束力」也不是絕對的，簽約雙方之所以要另覓「見人」，要「兩共面對平章，書紙為記，用為後憑。」正因為怕引

138. 唐摭言，卷3，頁38。案：太平廣記，卷 275，作李鴻。

起糾紛；倘有糾紛，就以該契約作爲「憑驗」，以爲執行處罰條款的依據；其「執行」與否，仍需經民事訴訟的裁定。再以契約內容看，傭作者在雇傭期間只有履行契約的義務，但相對的也可取得「雇價」(卽工資)。換言之，雇傭勞動是一種有償勞動，它和奴婢等賤民的無償勞動顯然不同，和典身人「自取物後，人无雇價」(Ⅳ)也不同，這些都說明傭作者的身分是自由民。

總之，唐雇傭勞動者的身分應是自由民，殆無疑問。仁井田氏從「主僕之分」的角度論雇傭人的身分，然而唐律中對雇主與傭作者的關係並未明文規定爲「主僕」，仁井田氏亦瞭解此點，却轉而以唐律對「僕」、「隨身」的規定，來求得雇傭人的法律地位，立論基礎自不穩固。從而，其所謂農奴說及雇工在法律上陷入最低劣時期的說法，也就值得商榷了。

五、結　　語

綜合以上的敍述，可以得到下面幾點結論：

1. 雇傭勞動是一種有償勞動，它的發生，是由於政府或私人的勞力需要，無法用强制力量獲得滿足，才以資財雇傭他人。因此唐代雇傭勞動的增加，意味著奴隸勞力的減少。
2. 唐代雇傭勞動比前代更趨普遍的原因，是由於社會經濟結構的漸次轉變，及工商業的漸次發達。
3. 唐代公私雇傭勞動範圍相當廣泛，凡農業、手工業、運輸、雜役、雜作等，都有雇傭勞力參與。各類性質的勞動，以傭作者來補足其勞力需要，正顯示這些生產性或非生產性事業的發展。
4. 唐代雇傭勞動已出現日傭、月傭等短期傭作者，顯示勞動需要的增加；傭作坊的出現，更代表勞力的商品化，這些都是建立在日益蓬勃的經濟基礎之上的現象。
5. 唐代雇傭勞動者的實質工資並不高，但傭作者的身分仍爲自由民，他們透過契約而支領一定數額的傭資，在契約期滿後，非但可以轉移爲人執事，也可自由遷徙、定居。傭作者的經濟地位並非絕對一成不變，他們傭力得錢，積年累月後，似乎也可逐漸改善其經濟生活，只是機會也許不多罷了。

後　　記

本文初稿承張以仁、毛漢光兩位先生細心審閱，賜正良多；英文摘要承戴仁柱(Richard L. Davis)兄斧正；完稿後，又得「國家科學委員會」獎助；謹此一併致謝。

HIRED LABOR DURING THE T'ANG DYNASTY

(**Abstract**)

Huang Ch'ing-Lien

The practice of hiring labor appears very early in Chinese history, and there are numerous examples of it as early as Ch'in and Han times. Then again, prior to the T'ang dynasty, it was only sporadically employed; it had yet to become either commonplace or systematized. Meanwhile, the distinction between free-lance and slave labor is frequently impossible to make. The increased popularity of using hired labor during the T'ang period, on the one hand, demonstrates the gradual flowering of handicraft industries and commerce, while on the other hand, demonstrating the long-term transformation of T'ang China's socio-economic structure. The purpose of my research is to describe the procedure used in hiring labor and the overall context of the system during the T'ang; moreover, I have attempted to gain insight into several problems related to the T'ang socio-economic environment through my analysis of the relationship between hired labor and its employers.

The conclusions reached from my study of hired labor are as follows:

1. T'ang dynasty hired labor was a type of salaried labor. Its origins are related to increased demand for manual labor, the inability to satisfy this demand through compulsory service, and the resulting necessity for the government and potential employers to use either commodities or cash to hire laborers. Thus, the increase in hired labor during the T'ang reflects a decline in the use of slave labor.

2. The increased popularity of hired labor during the T'ang is caused by the evolution of the socio-economic structure and the heightened demands upon handicraft industries and commerce.

3. The range of publically and privately employed labor is vast: agriculture, handicraft industries, transport, along with conscription and miscellaneous labor were all included within the hired labor group. Furthermore, that demands for these various types of labor came to be met by hired laborers, demonstrates the extent to which the above activities had expanded in both quantity and scope during the T'ang.

4. Demand for hired labor had increased so very much during this period that there came to exist short-term—daily or monthly—contracting of hired labor. Moreover, the appearance of "labor blocks" further proves the extent to which manual labor had become commercialized. Both of these phenomena were built upon a steadily flourishing economic base.

5. The real wage of T'ang dynasty hired labor was by no means high, but they nevertheless remained free of bondage. They could not only change their employment, but also had some opportunity to improve their economic standing; then again, the extent to which *most* such laborers actually did remains doubtful.

出自第四十九本第三分(一九七八年九月)